E-Book inside.

Mit folgendem persönlichen Code können Sie die E-Book-Ausgabe dieses Buches downloaden:

```
3r65p-6zoo0-18200-74185
```

Registrieren Sie sich unter

www.hanser-fachbuch.de/ebookinside

und nutzen Sie das E-Book auf Ihrem Rechner*, Tablet-PC und E-Book-Reader.

Der Download dieses Buches als E-Book unterliegt gesetzlichen Bestimmungen bzw. steuerrechtlichen Regelungen, die Sie unter **www.hanser-fachbuch.de/ebookinside** nachlesen können.

* Systemvoraussetzungen: Internet-Verbindung und Adobe® Reader®

Tiemeyer (Hrsg.)

Handbuch IT-Management

Bleiben Sie auf dem Laufenden!

Unser **Computerbuch-Newsletter** informiert Sie monatlich über neue Bücher und Termine. Profitieren Sie auch von Gewinnspielen und exklusiven Leseproben. Gleich anmelden unter:

www.hanser-fachbuch.de/newsletter

Der Verlag und die Autoren haben sich mit der Problematik einer gendergerechten Sprache intensiv beschäftigt. Um eine optimale Lesbarkeit und Verständlichkeit sicherzustellen, wird in diesem Werk auf Gendersternchen und sonstige Varianten verzichtet; diese Entscheidung basiert auf der Empfehlung des Rates für deutsche Rechtschreibung. Grundsätzlich respektieren der Verlag und die Autoren alle Menschen unabhängig von ihrem Geschlecht, ihrer Sexualität, ihrer Hautfarbe, ihrer Herkunft und ihrer nationalen Zugehörigkeit.

Handbuch IT-Management

Konzepte, Methoden, Lösungen und Arbeitshilfen für die Praxis

Herausgegeben von
Ernst Tiemeyer

Mit Beiträgen von
Robert Bergmann, Matthias Farwick, Vanessa Greger, Torsten Groll,
Norbert Gronau, Christiana Klingenberg, Michael Klotz,
Dietmar Kopperger, Helmut Krcmar, Jörg Kunsmann, Klaus Schmidt,
Tobias Schmidt, Ernst Tiemeyer, Thomas Trojer, Kristin Weber,
Anette Weisbecker, Walter Wintersteiger, Helmut Zsifkovits

8., überarbeitete Auflage

HANSER

Alle in diesem Werk enthaltenen Informationen, Verfahren und Darstellungen wurden nach bestem Wissen zusammengestellt und mit Sorgfalt geprüft und getestet. Dennoch sind Fehler nicht ganz auszuschließen. Aus diesem Grund sind die im vorliegenden Werk enthaltenen Informationen mit keiner Verpflichtung oder Garantie irgendeiner Art verbunden. Herausgeber, Autor:innen und Verlag übernehmen infolgedessen keine Verantwortung und werden keine daraus folgende oder sonstige Haftung übernehmen, die auf irgendeine Art aus der Benutzung dieser Informationen – oder Teilen davon – entsteht.

Ebenso wenig übernehmen Herausgeber, Autor:innen und Verlag die Gewähr dafür, dass die beschriebenen Verfahren usw. frei von Schutzrechten Dritter sind. Die Wiedergabe von Gebrauchsnamen, Handelsnamen, Warenbezeichnungen usw. in diesem Buch berechtigt also auch ohne besondere Kennzeichnung nicht zu der Annahme, dass solche Namen im Sinne der Warenzeichen- und Markenschutz-Gesetzgebung als frei zu betrachten wären und daher von jedermann benutzt werden dürften.

Bibliografische Information der Deutschen Nationalbibliothek:
Die Deutsche Nationalbibliothek verzeichnet diese Publikation in der Deutschen Nationalbibliografie; detaillierte bibliografische Daten sind im Internet über http://dnb.d-nb.de abrufbar.

Dieses Werk ist urheberrechtlich geschützt.
Alle Rechte, auch die der Übersetzung, des Nachdruckes und der Vervielfältigung des Buches, oder Teilen daraus, vorbehalten. Kein Teil des Werkes darf ohne schriftliche Genehmigung des Verlages in irgendeiner Form (Fotokopie, Mikrofilm oder ein anderes Verfahren), auch nicht für Zwecke der Unterrichtsgestaltung – mit Ausnahme der in den §§ 53, 54 URG genannten Sonderfälle –, reproduziert oder unter Verwendung elektronischer Systeme verarbeitet, vervielfältigt oder verbreitet werden.

© 2023 Carl Hanser Verlag München, www.hanser-fachbuch.de
Lektorat: Brigitte Bauer-Schiewek
Copy editing: Petra Kienle, Fürstenfeldbruck
Umschlagdesign: Marc Müller-Bremer, www.rebranding.de, München
Umschlagrealisation: Max Kostopoulos
Titelmotiv: © istockphoto.com/kates_illustrations
Satz: Eberl & Koesel Studio, Kempten
Druck und Bindung: Hubert & Co. GmbH & Co. KG BuchPartner, Göttingen
Printed in Germany

Print-ISBN: 978-3-446-47372-0
E-Book-ISBN: 978-3-446-47464-2
E-Pub-ISBN: 978-3-446-47752-0

Inhalt

Vorwort XXIII

1 IT-Management – Einordnung, Handlungsfelder, Rollenkonzepte 1
Ernst Tiemeyer

1.1 Megatrends in Wirtschaft und Gesellschaft und Konsequenzen
    für die IT-Organisation 3
1.2 Managementtätigkeit im Unternehmenskontext 8
    1.2.1 Visionen, Leitbilder und Zielsysteme von Unternehmen 10
    1.2.2 Business IT-Alignment und digitale Transformation 12
    1.2.3 Strategische versus operative Managementtätigkeiten 15
1.3 Die IT im Unternehmensumfeld – Bedeutungswandel und Konsequenzen .. 16
    1.3.1 Informations- und Kommunikationstechnologien
          im Wandel der Zeit 16
    1.3.2 Der Wandel der IT zum kundenorientierten Dienstleister 19
    1.3.3 Beitrag der IT zum Unternehmenserfolg 20
    1.3.4 Die Integration der IT in die Unternehmensstrategie 22
1.4 IT-Management – Rollenverständnis und Kernaufgaben 25
    1.4.1 Positionierung des IT-Managements im Unternehmen 25
    1.4.2 Partner für das IT-Management und die Rolle der IT 25
    1.4.3 Strategisches und operatives IT-Management 27
1.5 Herausforderungen und Handlungsfelder für IT-Verantwortliche 29
1.6 IT-Management – Orientierungen für die Zukunft 58
1.7 Literatur 64

**2 Strategisches IT-Management – IT-Strategien entwickeln
    und umsetzen 65**
Walter Wintersteiger, Ernst Tiemeyer

2.1 Rahmenbedingungen für die IT-Strategieentwicklung 66
    2.1.1 Strategische Unternehmensführung 66
        2.1.1.1 Unternehmensleitbild 67
        2.1.1.2 Unternehmensstrategie 67

		2.1.1.3	IT-Organisation	68
	2.1.2	Zweck und Grundsätze der IT-Strategieentwicklung		69
	2.1.3	Inhalte einer IT-Strategie		70
	2.1.4	Einschlägige Methoden und Techniken		72
2.2	IT-Strategien entwickeln – wesentliche Teilschritte			74
	2.2.1	Analyse der Unternehmensstrategie und Ermittlung der strategischen Erfolgsfaktoren		75
	2.2.2	Situationsanalyse		76
	2.2.3	Umfeldanalyse		83
	2.2.4	Zielfindung		84
	2.2.5	Strategische IT-Grundsätze definieren		85
	2.2.6	IT-Teilstrategien entwickeln		87
		2.1.1.4	Enterprise IT-Servicestrategien	88
		2.1.1.5	IT-Sourcing-Strategie	90
		2.1.1.6	Daten- und Analytics-Strategien	91
	2.2.7	Enterprise IT-Architektur planen		94
		2.1.1.7	IT-Applikationsarchitektur planen	94
		2.1.1.8	Soll-Datenarchitektur dokumentieren	96
		2.1.1.9	Soll-Technologiearchitektur entwickeln	96
		2.1.1.10	Sicherheitsarchitektur festlegen	96
	2.2.8	IT-Prozesse weiterentwickeln		97
	2.2.9	Ausrichtung und Gestaltung der IT-Organisation		98
2.3	Business-IT-Strategien umsetzen – von der Roadmap zur IT-Vorhabensplanung			100
	2.3.1	Roadmapping und IT-Masterplanung		101
	2.3.2	Vorhabensplanung aus IT-Strategien ableiten		103
	2.3.3	Projektportfolio ableiten und im IT-Masterplan dokumentieren		105
2.4	Eine IT-Strategie umsetzen			106
	2.4.1	IT-Strategie kommunizieren		106
	2.4.2	(IT-)Projekte realisieren		107
	2.4.3	Sonstige IT-Entwicklungsmaßnahmen umsetzen		107
	2.4.4	Umsetzung der IT-Strategie prüfen		107
	2.4.5	Ein Beispiel aus der Praxis		111
2.5	Literatur			116

3	**Management der Digitalisierung**			**117**
	Ernst Tiemeyer			
3.1	Die digitale Revolution – Herausforderungen für das IT-Management			119
	3.1.1	Wandel der Geschäftstätigkeit durch Digitalisierung – branchentypische Disruptionsfelder		120
	3.1.2	Digitalisierung gestalten – Kern-Aktionsfelder für das Management		123
	3.1.3	Managementdisziplinen und digitale Transformation		126
3.2	Technologien und Plattformen digitaler Transformation			129

	3.2.1	Cloud Computing – tragende Säule der Digitalisierung	130
	3.2.2	Vernetzungstechnologien und IoT sind digitale Treiber	131
	3.2.3	Mobile Computing – flexible Nutzung digitaler Potenziale	133
	3.2.4	Datengetriebene Digitalisierung – Big Data und Data Analytics	134
	3.2.5	Innovative Anwendungsformen digitaler Transformation – KI, AR/VR, Blockchain	136
3.3	Digitalisierungsstrategien entwickeln und umsetzen		138
	3.3.1	Strategische Lagebeurteilung und Business-Analyse	139
	3.3.2	Digitalisierungslösungen konzipieren	141
	3.3.3	Strategische Handlungsfelder für die digitale Transformation vereinbaren	143
	3.3.4	Roadmap, Masterplanung und Digital Change entwickeln	147
3.4	Digital Business und Innovation – Geschäftsmodelle, Geschäftsprozesse, Kundenzentrierung		149
	3.4.1	Innovative Technologien und Trends analysieren	149
	3.4.2	Digitale Geschäftsmodelle entwickeln und implementieren	150
	3.4.3	Geschäftsprozesse digitalisieren	152
	3.4.4	Kundenschnittstelle mit digitalen Technologien optimieren	158
3.5	Digital Change – kultureller Wandel und Digital Workplace		161
	3.5.1	Kultureller Wandel – Digital Leadership, Digital Teams	161
	3.5.2	Digital Workplacemanagement	162
3.6	Literatur		165

4 Enterprise Architecture Management (EAM) ... 166
Ernst Tiemeyer

4.1	Herausforderungen und Handlungsfelder von EAM		167
4.2	Ordnungsrahmen und Grundausrichtungen für das Architekturmanagement		173
	4.2.1	Grundelemente einer Enterprise- bzw. IT-Architektur	174
	4.2.2	Architekturvisionen entwickeln	176
	4.2.3	Zielsetzungen und Handlungsprinzipien für das Enterprise-IT-Architekturmanagement	177
4.3	Hauptbereiche der Enterprise Architecture – Dokumentation und Integration		179
	4.3.1	Dokumentationsformen für Enterprise-Architekturen	181
	4.3.2	Applikationsarchitektur	182
	4.3.3	Geschäftsarchitektur (Business Architecture)	184
	4.3.4	Datenarchitektur	186
	4.3.5	Technologiearchitektur	189
	4.3.6	EA-Metamodell und Unternehmensmodellierung	191
4.4	EAM-Use-Cases – Beispiele für unternehmensspezifische Umsetzungen		192
	4.4.1	Use Case „Architekturlandschaft planen und ausgestalten"	193
		4.4.1.1 Generelle Vorgehensweise zur Architekturplanung	193
		4.4.1.2 Applikationslandschaft planen – Varianten, Methoden	197
	4.4.2	Use Case „IT-Konsolidierungsprojekte"	198

		4.4.3	EA-Use-Case: Business Demand Management unterstützen	199
		4.4.4	EA-Use-Cases mit Fokus „Data Architecture"	200
		4.4.5	EA-Use-Cases mit Fokus „Digitale Transformation"	201
	4.5	EAM-Instrumente und -Tools		202
		4.5.1	Methoden zur EA-Dokumentation, Bewertung, Analyse und Steuerung	203
		4.5.2	EAM-Toolkit und konfigurierbares MIS/Dashboard	205
	4.6	Einführung und Ausbau von EAM in der Unternehmenspraxis		206
		4.6.1	Einführungskonzepte für EAM	206
		4.6.2	Weiterentwicklung der EAM-Organisation	208
	4.7	EA-Organisation und EA-Governance		211
		4.7.1	Aufgaben und Rollenkonzept im Architekturmanagement	211
		4.7.2	Prozesse im Architekturmanagement	215
		4.7.3	EA-Governance und EA-Controlling	222
	4.8	Framework TOGAF im Architekturmanagement nutzen		228
	4.9	Nutzen und Wertbeiträge von EAM		231
	4.10	Literatur		234
5	**Daten- und Informationsmanagement**			**235**
	Christiana Klingenberg, Kristin Weber			
	5.1	Treiber des Daten- und Informationsmanagements		236
	5.2	Daten- und Informationsmanagement – eine Einordnung		240
		5.2.1	Daten, Information und Wissen	240
		5.2.2	Begriff des Informationsmanagements	244
		5.2.3	Modell des Informationsmanagements	246
	5.3	Bedeutung und Rolle von Informationen im Unternehmenskontext		247
		5.3.1	Information als Wettbewerbsfaktor	248
		5.3.2	Information als Produktionsfaktor	250
		5.3.3	Information als Produkt	252
		5.3.4	Information als Ware	253
		5.3.5	Information als Kosten-/Nutzenfaktor	256
		5.3.6	Information als Risikofaktor	258
		5.3.7	Fazit	260
	5.4	Daten- und Informationsqualität		261
		5.4.1	Informationsprobleme	262
		5.4.2	Herausforderungen zur Daten- und Informationsqualität	263
		5.4.3	Verständnis von Daten- und Informationsqualität	264
	5.5	Stammdatenmanagement und Data Governance		268
		5.5.1	Stammdaten als Gestaltungsobjekt des Datenmanagements	268
		5.5.2	Handlungsfelder im Stammdatenmanagement	269
		5.5.3	Rollen im (Stamm-)Datenmanagement	270
		5.5.4	Prozesse im (Stamm-)Datenmanagement	274
		5.5.5	Datenqualitätsmanagement	274

		5.5.6	Data Governance	275
5.6	Umsetzung des Informations- und Datenmanagements: Konzepte und Tools			278
	5.6.1	Strategische Tools		278
	5.6.2	Tools auf Ebene der Organisation		280
	5.6.3	Tools auf Ebene der Informationssysteme		284
5.7	Zusammenfassung und Ausblick			286
5.8	Literatur			287

6 Geschäftsprozessorientierte Softwaresysteme – Planung und Anwendung ... 291
Norbert Gronau

6.1	Ausgangssituation und Herausforderungen		291
6.2	Geschäftsprozessorientierte Softwaresysteme		292
6.3	Auswahl geschäftsprozessorientierter Softwaresysteme		293
	6.3.1	Probleme im Auswahlverfahren	293
	6.3.2	Anforderungen an ein zeitgemäßes Auswahlverfahren für Business-Software	297
	6.3.3	Vorgehensmodell der ERP-Auswahl	298
6.4	Best Practices bei der Einführung von geschäftsprozessorientierten Softwaresystemen		303
	6.4.1	Risikoanalyse	306
	6.4.2	Überprüfung der Projektorganisation	307
	6.4.3	Aufgaben des Projektleiters	308
	6.4.4	Einstellen der Geschäftsprozessparameter	308
	6.4.5	Prototypphase	309
	6.4.6	Parametertest	310
	6.4.7	Umstellungsstrategien	311
	6.4.8	Zur Notwendigkeit einer externen Projektsteuerung	312
	6.4.9	Betriebsformen für Business-Software	313
6.5	Betrieb von geschäftsprozessorientierten Softwaresystemen		315
	6.5.1	Die Organisation der Wartung für geschäftsprozessorientierte Softwaresysteme	315
	6.5.2	Service Level Agreements	316
	6.5.3	Implikationen für das Management	317
6.6	Literatur		320

7 Cloud Computing ... 321
Matthias Farwick, Tobias Schmidt, Thomas Trojer

7.1	Grundlagen des Cloud Computing		322
	7.1.1	Technische Grundlagen der Cloud	324
	7.1.2	Cloud-Service-Modelle	326
	7.1.3	Modelle der Cloud-Bereitstellung	329

		7.1.4	Datenschutz und Cloud	332
7.2			Cloud Computing im Jahr 2022	332
		7.2.1	Public-Cloud-Anbieter	332
		7.2.2	Trend Cloud-Native-Anwendungen	334
		7.2.3	Trend On-premise-Clouds	335
		7.2.4	Trend Industrie-Cloud	336
		7.2.5	Green Cloud Computing	336
		7.2.6	Trend Edge Cloud Computing	337
		7.2.7	Ausblick: Cloud-Modernisierung und Cloud-zu-Cloud-Transformationen	337
7.3			Cloud-Strategie	338
		7.3.1	Einflussfaktoren der Cloud-Strategie	339
		7.3.2	Entwicklung der eigenen Cloud-Strategie	340
		7.3.3	Das Cloud Center of Excellence	341
		7.3.4	Einflussbereiche der Cloud-Strategie	342
		7.3.5	Die 6 Rs	345
		7.3.6	Migrationsvorgehen im Vergleich	346
		7.3.7	Empfehlungen für die Cloud-Strategie	348
7.4			Cloud-Transformationsprozess	350
		7.4.1	Datenerhebung	350
		7.4.2	Datenbewertung	354
		7.4.3	Roadmapping und Migration	356
7.5			Cloud-Management	357
		7.5.1	Strategisches Cloud-IT-Management	357
		7.5.2	Werkzeuggestütztes Cloud-Management	358
		7.5.3	Die Cloud-Organisation	358
7.6			Literatur	360

8	**IT-Sourcing**			**361**
	Helmut Zsifkovits			
8.1	Sourcing und Supplier Management			362
		8.1.1	IT-Sourcing	364
8.2	Zentraler vs. dezentraler Einkauf			366
		8.2.1	Strategien im IT-Sourcing	367
8.3	Prozesse im IT-Sourcing			369
8.4	Make-or-Buy-Entscheidungen und Outsourcing			370
8.5	Einfluss der Komplexität im Einkauf			374
8.6	Lieferantenmanagement			376
		8.6.1	Lieferantenbeziehungen im IT-Umfeld	377
		8.6.2	Phasen des Lieferantenmanagements	378
		8.6.3	Lieferantenklassifikation und Normstrategien	379
		8.6.4	Supplier Relationship Management (SRM)	384
8.7	Standards und Frameworks für das Management von IT-Lieferanten			385

8.8	Einfluss der Digitalisierung auf den Beschaffungsprozess	386
8.9	E-Procurement	388
8.10	Cloud-Sourcing	392
8.11	Literatur und weiteres Informationsmaterial	395

9 IT-Anforderungsmanagement ... 397
Ernst Tiemeyer

9.1	Anforderungsmanagement – Notwendigkeit und Erfolgsfaktoren	397
	9.1.1 Ausgangssituation und Handlungsszenarien	398
	9.1.2 Erfolgsfaktoren	400
	9.1.3 Organisatorische Verankerung und Qualitätsmanagement für das IT-Anforderungsmanagement	402
9.2	Anforderungen im Fachbereich erheben – Techniken und Vorgehen	404
	9.2.1 Anforderungsarten – Möglichkeiten der Systematisierung	405
	9.2.2 Varianten des Vorgehens	406
	9.2.3 Methoden und Techniken der Anforderungserhebung	409
	9.2.4 Toolgestützte Erfassungsmöglichkeiten	411
9.3	IT-Anforderungen in einer Anforderungsspezifikation dokumentieren	413
	9.3.1 Anforderungen – Dokumentationsvarianten	413
	9.3.2 Typische Inhalte einer Anforderungsspezifikation	414
	9.3.3 Qualitätssicherung der Anforderungsdokumentation	417
9.4	IT-Anforderungen analysieren und bewerten	418
9.5	Systemanforderungen definieren	420
9.6	IT-Anforderungen validieren	423
9.7	Besonderheiten des Anforderungsmanagements in agilen Entwicklungsumgebungen	425
9.8	Literatur	427

10 IT-Servicemanagement ... 428
Dietmar Kopperger, Jörg Kunsmann, Anette Weisbecker

10.1	Effizientes IT-Servicemanagement – eine permanente Herausforderung	429
	10.1.1 IT-Servicemanagement – begriffliche Orientierung	429
	10.1.2 Grundlagen eines professionellen IT-Servicemanagements	430
	10.1.3 IT-Servicequalität definieren – ein wichtiger Produktivitätsfaktor	432
	10.1.4 Erfolge durch professionelles Management der IT und ihrer Services	433
10.2	IT-Servicemanagement – Konzepte und Standards	434
	10.2.1 Die Vielfalt der Lösungen – Überblick über vorhandene Konzepte	434
	10.2.1.1 IT-Service CMM	435
	10.2.1.2 COBIT	436
	10.2.2 Servicemanagement nach ITIL	438
	10.2.2.1 Nutzen von ITIL	439
	10.2.2.2 ITIL im Wandel der Zeit	440

	10.2.2.3	Überblick über die Managementmodule der Version 3 und ITIL 2011	441
	10.2.2.4	Grundkonzepte der ITIL Version 4	443
	10.2.2.5	Die vier Dimensionen von ITIL 4	445
	10.2.2.6	Die Wertschöpfungskette in ITIL 4	449
	10.2.2.7	Leitprinzipien: Grundsätze der IT-Service-Management-Organisation	451

10.3 ITIL-Praktiken 453
    10.3.1 Servicemanagement-Praktiken 454
        10.3.1.1 Change Control 454
        10.3.1.2 Incident Management 455
        10.3.1.3 Problem Management 456
        10.3.1.4 Service Desk 457
        10.3.1.5 Service Level Management 458
        10.3.1.6 Service Request Management 459
        10.3.1.7 Weitergehende Servicemanagement-Praktiken 459
    10.3.2 Generelle Managementpraktiken 464
    10.3.3 Technische Managementpraktiken 467

10.4 Fahrplan zu einem optimalen IT-Servicemanagement 468
    10.4.1 Kritische Erfolgsfaktoren für die Einführung 469
    10.4.2 Einführung von IT-Servicemanagement – eine Vorgehensweise ... 470
        10.4.2.1 Komplett- oder Teileinführung 471
        10.4.2.2 Projektorganisation und Projektteam 471
        10.4.2.3 Der Ablauf der Einführung von Services 472
        10.4.2.4 Zeitliche Planung 473
    10.4.3 Einführungsaspekte bei ITIL 3 und ITIL® 2011 473
    10.4.4 Einführungsaspekte bei ITIL 4 476
    10.4.5 Aufbau einer Servicekultur in der IT 480
        10.4.5.1 Kunden- und serviceorientierte IT-Organisation 481
    10.4.6 IT-Servicemanagement in der Praxis 483

10.5 IT-Services verrechnen und überwachen 484
    10.5.1 IT-Services verrechnen 485
        10.5.1.1 Möglichkeiten der Verrechnung 485
        10.5.1.2 Verrechnungspreise – Grundlagen und Einführung 487
        10.5.1.3 Einsatz von Verrechnungspreisen 490
    10.5.2 IT-Services überwachen 490
        10.5.2.1 Schlüsselfaktoren und Methoden 491
        10.5.2.2 Kennzahlen und ihre Funktionen im IT-Servicemanagement-Umfeld 492

10.6 Tool-Auswahl für das IT-Servicemanagement 493
    10.6.1 Die richtigen Werkzeuge wählen – eine Vorgehensweise 494
    10.6.2 Funktionsvielfalt und Produktkategorisierung 495

10.7 Literatur 497

11 IT-Systeme und digitale Plattformen managen – Planung, Organisation, Betrieb, Monitoring 502
Ernst Tiemeyer

11.1 Einordnung von IT-Systemmanagement 503
    11.1.1 Herausforderungen und Zielsetzungen für die Planung und den Betrieb von IT-Systemen 504
    11.1.2 Erfolgsfaktoren/Capabilities für das IT-Systemmanagement 508

11.2 Handlungsfelder für das Managen von IT-Systemen 510
    11.2.1 IT-Systemlandschaft dokumentieren, planen und weiterentwickeln 511
        11.2.1.1 Varianten zur Dokumentation der IT-Systemlandschaft 511
        11.2.1.2 Optionen für die IT-Systemplanung und die Weiterentwicklung der IT-Systeme 513
    11.2.2 IT-Systeme betreuen und Systemsupport 514
        11.2.2.1 Change und Release Management 515
        11.2.2.2 IT-System-Support 516
    11.2.3 Applikationen und IT-Infrastrukturen bereitstellen und verwalten 517
        11.2.3.1 Application Management and Delivery 517
        11.2.3.2 IT-Infrastruktur-Management (Endpoint-, Desktop-, Server- und Storage-Systeme) 518
        11.2.3.3 Computernetzwerke verwalten und überwachen 519
        11.2.3.4 Cloud-Integration managen 521
        11.2.3.5 Enterprise Mobility Management und Mobile Device Management 522
    11.2.4 IT- und digitale Plattformen managen 525
    11.2.5 Beziehungsmanagement für das Bereitstellen von IT-Systemen ... 527
        11.2.5.1 Kundenbeziehungsmanagement gestalten 527
        11.2.5.2 Lieferantenbeziehungsmanagement für IT-Systeme und Beschaffungen 528
    11.2.6 Leistungsfähigen IT-Systembetrieb sichern 528
        11.2.6.1 Identity Management 529
        11.2.6.2 Sicherheitsmanagement für IT-Systeme 530
        11.2.6.3 Risikomanagement für IT-Systeme 531
        11.2.6.4 Availability Management und Notfallmanagement (Continuity Management) 533
        11.2.6.5 Qualitätsmanagement für IT-Systeme – Konzepte und Methoden 536
    11.2.7 Wirtschaftlichen und Compliance-gerechten Systembetrieb managen 538
        11.2.7.1 IT-Systemkostenanalyse und Handlungsoptionen 538
        11.2.7.2 Compliance-gerechten Systembetrieb sichern 540

11.3 Organisation des IT-Systemmanagements – Rollen und Aufgabenbereiche.. 542
    11.3.1 Rollen und Skills im IT-Systemmanagement 542
    11.3.2 Aufgabenbereiche im IT-Systemmanagement 544
    11.3.3 Prozesslandkarte für das IT-Systemmanagement 545

11.4 Literatur 548

12	**Digital Workplace Management – Anforderungen, Transformationen und Digital Change**	**549**
	Ernst Tiemeyer	
12.1	Innovative (digitale) Organisations- und Arbeitsformen – Herausforderungen für die IT	550
	12.1.1 Neue Organisation des Arbeitens (New Work)	551
	12.1.2 Digitaler Arbeitsplatz und Potenziale für flexiblere Arbeitsmodelle	552
	12.1.3 Digitale Arbeits- und Geschäftsprozesse	554
12.2	Der „Digital Workplace" – Planung und Konzeption im Unternehmenskontext	555
	12.2.1 Ausgangspunkte für Digital-Workplace-Projekte	556
	12.2.2 Anforderungen und Handlungsfelder für Digital-Workplace-Projekte	558
	12.2.3 Toolauswahl und Entwicklungsarbeiten	560
	12.2.4 Digital-Workplace-Projekte erfolgreich steuern	560
12.3	Toolgestützte Anwendungen am digitalen Arbeitsplatz	562
	12.3.1 Mit digitalen Kollaborations-Tools Teamarbeit neu organisieren ...	563
	12.3.2 Anwendungen von Kommunikationsfunktionen für den Digital Workplace	564
	12.3.3 Informations- und Wissensmanagement-Tools	566
	12.3.4 IT-Serviceaufgaben für das „Digital Workplace Management"	567
12.4	Kompetenzmanagement und neue (digitale) Bildungsformate	569
	12.4.1 Digital Workplace stellt neue berufliche Anforderungen	569
	12.4.2 Digitale Lernformate gewinnen an Bedeutung	570
	12.4.3 Weiterbildungsformate zur Kompetenzförderung	572
	12.4.4 Konzeptentwicklung für digitale Bildungsangebote	574
12.5	Literatur	576
13	**IT-Organisation – Strukturen, Prozesse, Rollen**	**577**
	Ernst Tiemeyer	
13.1	Einordnung und organisatorische Gestaltungsaufgaben	579
13.2	Schritte zur optimalen IT-Organisation	582
13.3	Entscheidungen zur Ausrichtung der IT	584
	13.3.1 IT-Prinzipien vereinbaren	585
	13.3.2 Center-Konzepte für den IT-Bereich auswählen	586
	13.3.3 Neuorientierungen zur Organisation der Unternehmens-IT	588
13.4	IT-Aufgabenmanagement – Aufgaben identifizieren und bündeln	593
13.5	Management- und Governance-Prozesse der Unternehmens-IT gestalten ...	595
13.6	Rollen und IT-Stellen vereinbaren	603
	13.6.1 Typische Rollen innerhalb der IT-Organisation	603
	13.6.1.1 Management- und Führungsfunktionen	604
	13.6.1.2 IT-Planung und IT-Controlling	606
	13.6.1.3 IT-Betrieb (IT-System- und Plattformmanagement)	608
	13.6.1.4 Anwendungsentwicklung	610
	13.6.1.5 Projektmanagement	610

	13.6.2 Stellenbildung und Personalbemessung	610
13.7	Organisation der Unternehmens-IT im Wandel	612
	13.7.1 Zentrale IT-Abteilung oder dezentrale Organisationsformen?	612
	13.7.2 Gremien in der Unternehmens-IT	614
	13.7.3 Standortkonzepte für die Unternehmens-IT	615
13.8	Outsourcing von IT-Leistungen	615
	13.8.1 Grad des IT-Outsourcing bestimmen	616
	13.8.2 IT-Outsourcing projektieren	619
13.9	Steuerung der IT-Organisation – mit Kennzahlen und Online-Reporting	621
	13.9.1 Kennzahlensysteme für das IT-Management	621
	13.9.2 Reportingfelder der IT-Organisation	622
13.10	Benchmarking für die IT-Organisationsanalyse	624
13.11	Literatur	627

14 Personalmanagement und Leadership im IT-Bereich 629
Ernst Tiemeyer

14.1	IT-Personalfragen lösen – Situationen und Handlungsgrundsätze	630
14.2	Personalmanagementaufgaben für IT-Verantwortliche	634
14.3	Führungsaufgaben im IT-Management	636
14.4	Führungsstile und Führungsprinzipien	638
14.5	Instrumente für erfolgreiches Führungshandeln	642
	14.5.1 Zielvereinbarungen	643
	14.5.2 Mitarbeitergespräche	644
	14.5.3 Konfliktmanagement	646
14.6	Führung von IT-Teams – Teambildung und Teammanagement	648
	14.6.1 Teams in der IT-Organisation formieren	648
	14.6.2 Teamentwicklungsprozesse identifizieren	649
	14.6.3 Teamkultur aufbauen und weiterentwickeln	652
	14.6.4 Wissensmanagement und Teamarbeit	653
	14.6.5 Organisation und Führung virtueller Teams	655
14.7	Personalführung und Leadership im IT-Bereich	656
	14.7.1 Digital Leadership	657
	14.7.2 Das EFQM-Modell und die Rolle der Mitarbeiterführung	658
	14.7.3 Agile Methoden im Führungsprozess	660
14.8	Anforderungen an IT-Führungshandeln in der Zukunft	663
14.9	Literatur	666

15 IT-Controlling 667
Helmut Krcmar, Vanessa Greger

15.1	Begriff des IT-Controllings und konzeptionelle Aspekte	667
	15.1.1 Funktionsbegriff und Institutionenbegriff	668
	15.1.2 Organisatorische Einbindung des IT-Controllings	669
	15.1.2.1 Abgrenzung IT-Controlling und IT-Management	669

		15.1.2.2	Zusammenhang zwischen IT-Controlling und IT-Governance	670
		15.1.2.3	Einbindung des IT-Controllings in die Organisation	670
15.2	Ziele, Objekte und Aufgaben des IT-Controllings			672
	15.2.1	Ziele und Objekte für ein IT-Controlling		672
	15.2.2	Aufgaben im IT-Controlling		673
		15.2.2.1	Portfolio-Controlling	675
		15.2.2.2	Projekt-Controlling	676
		15.2.2.3	Produkt-Controlling	678
		15.2.2.4	Infrastruktur-Controlling	680
15.3	Methoden, Instrumente und Werkzeuge im IT-Controlling			683
	15.3.1	IT-Balanced Scorecard		683
	15.3.2	IT-Kennzahlensysteme		685
	15.3.3	Benchmarking		688
	15.3.4	Service-Level-Agreements (SLA)		690
	15.3.5	Leistungsverrechnung		692
		15.3.5.1	Grundlagen der Kosten- und Leistungsrechnung	693
		15.3.5.2	Arten der Leistungsverrechnung	693
		15.3.5.3	IT-Outsourcing als Sonderfall der Leistungsverrechnung im IT-Controlling	696
15.4	Umsetzung von IT-Controlling			697
15.5	Literatur			700

16 Lizenzmanagement in IT-Umgebungen 703
Torsten Groll

16.1	Lizenzmanagement im Wandel	704
16.2	Was ist eine Softwarelizenz?	706
16.3	IT-Architektur und das Lizenzmanagement	712
16.4	Aspekte des Lizenzmanagements	714
16.5	Lizenzmanagement on-premises versus Cloud	718
16.6	Aktives Lizenzmanagement – Potenzial und Nutzen	723
16.7	Welche Daten sind für das Lizenzmanagement erforderlich?	724
16.8	Der Software-Lifecycle-Prozess und seine Teilprozesse	728
16.9	Komplexitätstreiber im Lizenzmanagement	732
16.10	Das Lizenzmanagement-Tool	734
16.11	Einführung einer Lizenzmanagement-Lösung	740
16.12	Handlungsfelder des operativen Lizenzmanagements	742
16.13	Literatur	748

17 Enterprise IT-Governance ... 749
Robert Bergmann, Ernst Tiemeyer

17.1 Merkmale und Bedeutung von Enterprise IT-Governance ... 751
    17.1.1 Einordnung von Corporate Governance und IT-Governance ... 752
    17.1.2 Enterprise IT-Governance – die erweiterte Sichtweise von IT-Governance ... 757
    17.1.3 Zielsetzungen und Rahmenbedingungen für eine erfolgreiche Enterprise IT-Governance ... 757

17.2 Enterprise IT-Governance-Aufgaben ... 760
    17.2.1 Planungsaufgaben (Plan) ... 761
    17.2.2 Steuerungsaufgaben (Control) ... 763
    17.2.3 Bewertungs- und Entscheidungsaufgaben (Evaluate, Decide) ... 764
    17.2.4 Überwachungs- und Kontrollaufgaben (Monitor) ... 766

17.3 Kern-Handlungsfelder der Enterprise IT-Governance ... 767
    17.3.1 Ganzheitliche IT-Strategieentwicklung ... 769
    17.3.2 Enterprise Architecture Management ... 771
    17.3.3 Multiprojektsteuerung für IT-Projekte ... 777
    17.3.4 Enterprise IT-Risikomanagement ... 779
    17.3.5 Compliance Management ... 791
    17.3.6 IT-Investitionsmanagement und Value-Management ... 793

17.4 Zentrale Enterprise IT-Governance einführen ... 796
    17.4.1 Die Ansätze ... 796
    17.4.2 Vorgehen ... 798

17.5 Performance Management für IT-Governance ... 800

17.6 Framework COBIT ... 801
    17.6.1 Entwicklungsstufen und Elemente der Frameworks COBIT ... 801
    17.6.2 Zielorientierung – die COBIT-Goals-Kaskadierung ... 804
    17.6.3 Governance-Enabler und Ressourcen ... 805
    17.6.4 Governance- und Managementprozesse in COBIT 2019 ... 806
    17.6.5 Designfaktoren und Designprozess zur COBIT-Implementation ... 809

17.7 Fazit ... 810

17.8 Literatur ... 813

18 Information Security Management ... 815
Klaus Schmidt

18.1 Rechtlicher Rahmen für die Information Security ... 816
    18.1.1 IT-Sicherheitsgesetz ... 817
    18.1.2 EU Datenschutz-Grundverordnung (DSGVO) ... 818
    18.1.3 KonTraG und DCGK ... 819
    18.1.4 UK Corporate Governance Code ... 820
    18.1.5 Sarbanes Oxley Act (SOX, SOA) ... 821
    18.1.6 8. EU-Richtlinie (EuroSOX) ... 821
    18.1.7 Weitere Gesetze ... 822

18.2		Sicherheitsorganisation für die Information Security		822
	18.2.1	Positionierung des Information Security Managements		823
		18.2.1.1	Information Security Management als Teilfunktion des IT-Managements	823
		18.2.1.2	Information Security Management als Teil der Corporate Security	824
		18.2.1.3	Information Security Management als Teil der Corporate Compliance	826
		18.2.1.4	Information Security Management als losgelöste Funktion	826
		18.2.1.5	Dezentralisierung des Information Security Management	827
		18.2.1.6	Gremienmodell für das Information Security Management	828
	18.2.2	Rollen im Information Security Management		828
	18.2.3	Zusammenspiel mit anderen Sicherheitsbereichen		830
18.3		Information Security Management System (ISMS)		830
	18.3.1	Schutzziele		831
		18.3.1.1	Verfügbarkeit	831
		18.3.1.2	Vertraulichkeit	832
		18.3.1.3	Integrität/Ursprünglichkeit	832
		18.3.1.4	Authentizität	833
		18.3.1.5	Nachvollziehbarkeit	833
		18.3.1.6	Konformität	833
		18.3.1.7	Verbindlichkeit	833
	18.3.2	Schutzklassen		834
	18.3.3	Grundsätzliche Information-Security-Strategien		835
		18.3.3.1	Top-down Security	835
		18.3.3.2	Bottom-up Security	835
		18.3.3.3	Strategie der Chinesischen Mauer	836
		18.3.3.4	Strategie der prozessbasierten Sicherheit	837
		18.3.3.5	Strategie der Sicherheit von innen nach außen	837
		18.3.3.6	Strategie der Sicherheit durch Eigentümerschaft	837
	18.3.4	Corporate-Information Security Policy		838
		18.3.4.1	Dreistufiges Modell für die Corporate-Information Security Policy	838
		18.3.4.2	Die Information Security Policy (ISP)	839
		18.3.4.3	Der generische Security Standard (GSS)	840
		18.3.4.4	Der produktspezifische Security Standard (PSS)	841
		18.3.4.5	Information Security Policy-Management	841
	18.3.5	Information Security Circle		842
18.4		Einsatz von Sicherheitsstandards		843
	18.4.1	ISO/IEC 27001		844
	18.4.2	BSI-Grundschutz		845
18.5		Funktionsblöcke des ISMS		847
18.6		Architektursicherheitsmanagement		848
	18.6.1	Ermittlung des Geschäftseinflusses		848

		18.6.2	Schutzbedarfsanalyse	849
		18.6.3	Sicherheitskonzepte und Sicherheitslösungen	850
	18.7		IT-Notfallmanagement	851
	18.8		Information Security Auditing	851
	18.9		Sicherheit in externen Partnerschaften	852
		18.9.1	IT-Sicherheitsrisiken in externen Partnerschaften	852
		18.9.2	Security Service Level Agreements	853
		18.9.3	Cloud Security Management	854
	18.10		Information Security Reporting	855
		18.10.1	Reifegrade	856
		18.10.2	Grafische Darstellung der Sicherheitssituation	857
	18.11		IT-/OT-Sicherheit	858
		18.11.1	Erweiterter Sicherheitsbegriff	859
		18.11.2	OT Security Norm IEC 62443	860
			18.11.2.1 Teil 1-1: Terminologie, Konzepte und Modelle	861
			18.11.2.2 Teil 2-1: IACS Security Program	861
			18.11.2.3 Teil 3-3: Systemanforderungen und Security Level	862
			18.11.2.4 Teil 4-2: Technische Security-Anforderungen für IACS-Komponenten	862
		18.11.3	Übergreifendes IT-/OT-Sicherheitsmanagement	863
	18.12		Literatur	865

19 IT-Compliance ... 866
Michael Klotz

	19.1		Begriff und Aktualität von Compliance	866
		19.1.1	Begriffliche Grundlagen	867
		19.1.2	Beispiele von Compliance-Verstößen	870
	19.2		IT-Compliance	872
		19.2.1	Begriffliche Grundlagen	872
		19.2.2	IT-Compliance als Verhalten	875
		19.2.3	Compliance der IT-Funktion vs. IT-gestützte Corporate Compliance	877
		19.2.4	„Governance – Risk – Compliance" und IT-Compliance	881
	19.3		IT-Compliance nach COBIT®	882
		19.3.1	COBIT® als ITGovernance Framework	882
		19.3.2	IT-Compliance als Gegenstand der IT-Ziele	884
		19.3.3	IT-Managementziel zur Sicherstellung von Compliance	886
		19.3.4	Compliance als Designfaktor	888
	19.4		Nutzen von IT-Compliance	889
	19.5		Beteiligte und Interessenlagen	891
	19.6		IT-relevante Regelwerke	894
		19.6.1	Klassifikation der Regelwerke	894
		19.6.2	Rechtliche Vorgaben	896
		19.6.3	Verträge	898

	19.6.4	Unternehmensexterne Regelwerke	899
	19.6.5	Unternehmensinterne Regelwerke	901
19.7		Organisatorische Verankerung von IT-Compliance	902
19.8		Management der IT-Compliance	907
19.9		Literatur	912

20 Partnermanagement in der IT – Relationship Management, Stakeholder Management ... 914
Helmut Zsifkovits

20.1	Einordnung und Ausblick	914
20.2	Aspekte eines Relationship Managements	915
20.3	Aufgabenfelder des Relationship Management	916
20.4	Relationship Management – spezifische Anforderungen und Standards	918
20.5	Stakeholder Management	920
20.6	Kundenmanagement und IT-Marketing	922
20.7	Demand Management für IT-Lösungen	924
	20.7.1 Service Portfolio Management	924
	20.7.2 Requirements Management	925
	20.7.3 Requirements-Management-Prozesse implementieren	927
	20.7.4 Lastenheft und Pflichtenheft	928
	20.7.5 Use Cases als Form der Anforderungsspezifikation	932
20.8	Service Level Management	934
	20.8.1 Service-Katalog-Management	934
	20.8.2 Service Level Agreements (SLAs)	935
20.9	Best Practices im Business Relationship Management	937
20.10	Relationship Management und die Potenziale der Digitalisierung	939
	20.10.1 Digitale Unternehmen und Wertschöpfungsketten	939
20.11	Literatur und weiteres Informationsmaterial	941

21 Enterprise IT-Projektmanagement ... 943
Ernst Tiemeyer

21.1	Von der Projektinitiative zum Projektantrag	944
	21.1.1 IT-Projekttypen und ihre Besonderheiten	944
	21.1.2 Auslöser für IT-Projekte	947
	21.1.3 Wichtige Festlegungen für erfolgreiche Projektarbeit	949
	21.1.4 Die Projektskizze	950
	21.1.5 Der Projektantrag	950
21.2	Projektgenehmigungsverfahren und Projektaufträge	954
	21.2.1 Bewertungskriterien für IT-Projekte und Priorisierungsverfahren	955
	21.2.2 Wirtschaftlichkeitsbeurteilung von IT-Projekten	958
	21.2.3 Der Projektauftrag als Grundlage für die Projektarbeit	960
21.3	Projektaufträge erfolgreich umsetzen – Einzelprojektmanagement	960

	21.3.1	Klassische Vorgehensmodelle für das IT-Projektmanagement	962
	21.3.2	Agiles Management von IT-Projekten	963
21.4	IT-Projekte starten		964
	21.4.1	Start-up-Workshop/Kick-off-Meeting	965
	21.4.2	Projektvisionen entwickeln	966
	21.4.3	Stakeholder-Analyse und Stakeholder-Management	967
	21.4.4	Projektziele präzisieren	971
	21.4.5	Phasengliederung und Meilensteine festlegen	971
21.5	Projektbeteiligte und Projektorganisation		974
	21.5.1	IT-Projektleitung – Aufgaben, Anforderungen und Befugnisse	975
	21.5.2	Das Projektteam – Rollenkonzept und Teambildung	976
	21.5.3	Projektauftraggeber und unterstützende Gremien	979
		21.5.3.1 Der Auftraggeber im Projektmanagement	979
		21.5.3.2 Die Rolle der Unternehmensführung	980
		21.5.3.3 Der Projektlenkungsausschuss	981
		21.5.3.4 Das Projektbüro (Project Office)	982
		21.5.3.5 Projektcontrolling und Projektqualitätsmanagement als Sonderfunktionen	982
		21.5.3.6 Beteiligung der Arbeitnehmervertretung	983
	21.5.4	Kooperation mit externen Fachkräften	983
21.6	Planungsaufgaben in IT-Projekten		984
	21.6.1	Rahmenbedingungen moderner Projektplanung	984
	21.6.2	Projektstrukturplan und Arbeitspakete	987
	21.6.3	Projektablauf- und Terminplanung	991
		21.6.3.1 Projektablaufplan erstellen	991
		21.6.3.2 Projektterminpläne (als Gantt- oder Netzplandiagramm) erstellen	992
	21.6.4	Ressourcenbedarfsplan und Ressourceneinsatzplan	997
		21.6.4.1 Ressourcenbedarfsplanung	998
		21.6.4.2 Ressourcenkapazitätsplanung	998
		21.6.4.3 Ressourceneinsatzplanung	999
	21.6.5	Projektkostenplanung	1000
	21.6.6	Projektqualitätsplanung	1002
	21.6.7	Projektrisikoplanung	1005
	21.6.8	Nutzung von Projektmanagementsoftware für die Projektplanung	1007
21.7	Kontrolle und Steuerung von IT-Projekten		1009
	21.7.1	Varianten der Projektüberwachung	1010
	21.7.2	Statuserfassung für Projektvorgänge	1011
		21.7.2.1 Kostenerfassung	1013
		21.7.2.2 Sachfortschritte im Projekt erfassen	1013
	21.7.3	Plan-Ist-Vergleiche und Reviews	1014
	21.7.4	Kostencontrolling in Projekten	1015
	21.7.5	Project-Scorecard – IT-Projekte mit Kennzahlensystemen steuern	1016
	21.7.6	Projektreporting	1017

	21.7.7	Claim Management und Änderungsverfahren	1019
	21.7.8	Projektmarketing	1020
	21.7.9	Nutzung von Projektmanagementsoftware für die Projektsteuerung	1021
21.8		Multiprojektmanagement und Projektportfoliomanagement	1023
	21.8.1	Zielsetzungen und Erfolgsfaktoren im Multiprojektmanagement	1024
	21.8.2	Projektauswahl mittels IT-Portfolioanalyse	1027
	21.8.3	Planungsaktivitäten im Multiprojektmanagement	1028
	21.8.4	Steuerung des IT-Projektportfolios	1029
	21.8.5	Softwareunterstützung im Multiprojektmanagement	1030
21.9		IT-Projekte abschließen	1030
	21.9.1	Projektabnahme und Produktübergabe	1032
	21.9.2	Projektabschlussanalyse durchführen – Evaluierung und Auswertung der Projektarbeit	1033
	21.9.3	Projekterfahrungen sichern	1034
21.10		Literatur	1037

22 Digitale Transformation und IT-Management – digitale Projekte agil in Teams umsetzen ... 1038

Ernst Tiemeyer

22.1	Digitale Transformation – Einordnung, Treiber und Erfolgsfaktoren	1039
22.2	Management-Handlungsfelder und erfolgreiche digitale Transformationsvorhaben	1044
22.3	Das digitale Projektportfolio vereinbaren und managen	1049
	22.3.1 Verfahren zur Portfolioentwicklung	1051
	22.3.2 Digitalisierungsprojekte systematisch identifizieren	1051
	22.3.3 Projektideen mit Digitalisierungsstrategie abgleichen	1053
	22.3.4 Digitale Projektideen (im PAB) bewerten	1053
	22.3.5 Masterplan „Digitale Projekte" und Roadmapping	1056
22.4	Digitales Projektportfolio umsetzen	1057
	22.4.1 Ganzheitliches, agiles Projektmanagement ermöglichen	1059
	22.4.2 Teamorientiertes Arbeiten sichern	1060
22.5	Szenarien für digitale Transformationsprojekte	1061
	22.5.1 Projekte zur Geschäftsfeld- und Produktentwicklung – Business Model Innovation	1062
	22.5.2 Projekte zur Prozessdigitalisierung „aufsetzen"	1063
	22.5.3 Datengetriebene Digitalprojekte	1065
	22.5.4 Digital-Workplace-Projekte	1067
22.6	Literatur	1068

23 Die Autoren ... 1070

Index ... 1075

Vorwort

Moderne Informations- und Kommunikationstechnologien sind bereits seit der Jahrtausendwende zum unverzichtbaren Enabler von Geschäftsprozessen geworden. Darüber hinaus können viele Geschäfte von Unternehmen mittlerweile erst durch den effizienten Einsatz von IT realisiert werden. Mit dem derzeit durch die Digitalisierung vielfältig sich abzeichnenden Paradigmenwechsel – der digitalen Revolution – werden von den Informations- und Kommunikationstechnologien nicht nur Geschäftsprozesse unterstützt bzw. Geschäfte ermöglicht. Gestützt durch leistungsfähige Technologien wie Big Data und Data Analytics, Cloud-Computing, Künstliche Intelligenz (KI), mobile Endgeräte, neue Formen der Vernetzung bzw. technischer Kommunikation (Maschine-zu-Maschine-Kommunikation) werden nun völlig neue Geschäfte, Produkte und Prozesse entwickelt und erfolgreich realisiert bzw. implementiert.

Erfolg oder Misserfolg der Unternehmenstätigkeit hängt heute zu einem recht hohen Anteil von einem funktionierenden Einsatz moderner Informations- und Kommunikationstechnologien ab. Zahlreiche Studien und Analysen zeigen, dass digitale Produkte und Prozesse heute nahezu alle Wirtschaftssektoren dominieren – von der Produktion über Handel und Logistik bis in den Dienstleistungsbereich. Digitalisierung ist mittlerweile nicht mehr nur auf bestimmte Unternehmen und Sektoren konzentriert, sondern zu einem beherrschenden Thema in allen Bereichen von Wirtschaft und Gesellschaft geworden.

Dies hat natürlich zur Konsequenz, dass die Anforderungen an ein gutes IT-Management in den letzten Jahren gestiegen sind und IT-Manager in vielen Organisationen zunehmend eine Schlüsselposition einnehmen. War die IT zunächst rein für Rationalisierung von Daten- bzw. Informationsverarbeitungen verantwortlich, leistet sie heute in modern ausgerichteten Unternehmen im Rahmen digitaler Transformationsprozesse einen nicht unerheblichen Wertbeitrag. Mit dem digitalen Zeitalter wird dieser sog. Business Value, den die IT zum Unternehmenserfolg liefert, in den Mittelpunkt gestellt.

Die Bedeutung der IT wird auch weiterhin noch wachsen. Das ist beispielsweise an Diskussionen um die Themen IT-Governance, IT-Value- und Performance-Management, digitale Transformation sowie der zunehmenden Abhängigkeit der Geschäftsprozesse von effizienter und sicherer IT-Unterstützung zu erkennen. Proportional zur Bedeutung der IT steigen aber auch die Risiken: Als Beispiele seien hier ein Systemausfall durch zu hohe Komplexität der IT-Systeme genannt oder Angriffe auf IT-Systeme von innen und außen. All diese Aspekte sind durch ein hochleistungsfähiges IT-Management nicht nur zu koordinieren und zu optimieren, sondern auch zu verantworten, was nicht zuletzt in Diskussionen um IT-Compliance deutlich geworden ist.

Erfolgreiches IT-Management – so zeigen auch verschiedene unabhängige Untersuchungen – ist zwischenzeitlich also zu einem der wichtigsten Erfolgsfaktoren eines jeden Unternehmens geworden. Deshalb sind fundiertes Fach- und Methodenwissen zu verschiedenen Managementthemen, Kompetenzen zur Wahrnehmung von Führungsfunktionen sowie Kenntnisse und Fähigkeiten zur Steuerung digitaler Transformationen für im IT-Bereich tätige Personen mit Management- und Führungsaufgaben inzwischen unverzichtbar. Dazu gehören insbesondere: die Fähigkeit zur Entwicklung von IT-Strategien, die nachhaltige Konzipierung von leistungsfähigen Enterprise-Architekturen, technisches Know-how zu den IT-Architekturen und digitalen Plattformen, fundiertes Anwendungswissen zu verschiedenen Managementthemen (Projektmanagement, IT-Servicemanagement, IT-Anforderungsmanagement, Partner- und Relationship-Management in der IT, Risiko- und Sicherheitsmanagement), Führungs- und Controlling-Kompetenz sowie Kenntnisse zu den IT-Anwendungsfeldern (Geschäftsprozesswissen als Basis eines erfolgreichen Business-IT-Alignments, Kompetenz im Informations- und Datenmanagement) und zu wichtigen Rechtsgebieten (IT-Compliance, IT-Recht).

Obwohl einzelne technische Komponenten billiger werden, ist eine steigende Kostentendenz bei IT-Produkten, IT-Services und IT-Projekten insgesamt zu beobachten. IT-Verantwortliche sind heute damit konfrontiert, komplexere Aufgaben in kürzerer Zeit unter Beachtung von strengen Wirtschaftlichkeitsvorgaben wahrnehmen zu müssen. Eine effiziente Erfüllung dieser Aufgaben macht einen aktuellen Stand der Kenntnisse in den wichtigsten Themenbereichen des IT-Managements sowie eine ganzheitliche Prozess- und Gestaltungskompetenz des IT-Führungspersonals notwendig.

Das Ziel dieses umfassenden Handbuchs IT-Management ist, Ihnen in systematischer Form das nötige Wissen zu den verschiedenen Handlungs- und Kompetenzfeldern des IT-Managements praxisnah und anschaulich aufbereitet zu vermitteln. Insbesondere sollen Sie – ausgehend von vorhandenem Basiswissen und Erfahrungen im IT-Bereich – die für ein erfolgreiches IT-Management notwendigen Methoden und Instrumente sowie relevante Frameworks kennenlernen und auf Ihre Praxissituationen transferieren können. 18 Experten aus der Wirtschaft und Verwaltung, von Consulting-Unternehmen, Fachhochschulen und Universitäten stellen in den einzelnen Kapiteln die folgenden Themen vor und geben hilfreiche Tipps für die Umsetzung in der Praxis:

- Strategisches IT-Management – IT-Strategien entwickeln und umsetzen
- Management der Digitalisierung – Technologien, Geschäftsmodelle, Strategien, Lösungen
- Enterprise Architecture Management (EAM) – Managementsystem, Anwendungsfälle, EA-Organisation und EA-Governance
- Daten- und Informationsmanagement
- Geschäftsprozessorientierte Softwaresysteme – Planung und Anwendung
- Cloud-Computing – Plattformen, Management, Transformation
- IT-Sourcing
- IT-Anforderungsmanagement
- IT-Servicemanagement

- IT-Systeme und digitale Plattformen managen – Planung, Organisation, Betrieb, Monitoring
- Digital Workplace Management – Anforderungen, Transformationen und Digital Change
- IT-Organisation – Strukturen, Prozesse, Rollen
- Personalmanagement und Leadership im IT-Bereich
- IT-Controlling
- Lizenzmanagement in IT-Umgebungen
- Enterprise IT-Governance
- Information Security Management
- IT-Compliance
- Partnermanagement in der IT – Relationship Management, Stakeholder Management
- Enterprise IT-Projektmanagement
- Digitale Transformation und IT-Management – digitale Projekte agil in Teams umsetzen

Dieses umfangreiche Handbuch möchte einen wesentlichen Beitrag leisten, um allen im IT-Bereich tätigen Fach- und Führungskräften die für ein erfolgreiches IT-Management notwendigen Methoden und Techniken zu vermitteln:

- Nach Durcharbeiten des Buchs besitzen Sie das fachliche und methodische Know-how, um IT-Managementaufgaben erfolgreich wahrzunehmen.
- Gleichzeitig erweitern Sie mit dem Lesen des Buchs integrativ Ihre sozialen und personalen Kompetenzen, die Ihnen beim Entwickeln, bei der Entscheidungsfindung und der Durchsetzung von IT-Lösungen zugutekommen.
- Das Durcharbeiten des Buchs soll Ihnen außerdem helfen, die Herausforderungen und Strukturen Ihres Handelns im IT-Bereich zu erkennen, zu analysieren und so umzusetzen, dass Sie erfolgreich in Planungs-, Entscheidungs- und Controlling-Funktionen tätig sein können.
- Insgesamt liefert Ihnen das Buch ein umfangreiches Repertoire an Vorgehensweisen, Praxistipps und Methoden im Business-IT-Bereich. Welche der vorgestellten und angebotenen Werkzeuge und Methoden Sie in der Praxis jeweils auswählen und wie Sie diese nutzen, das hängt natürlich von Ihrem konkreten Tätigkeitsbereich, dem Unternehmensumfeld und von Ihnen selbst ab.

Das Buch richtet sich an Fach- und Führungskräfte im IT-Bereich; beispielsweise

- IT-Leitung (CTOs),
- Chief Information Officer (CIOs),
- Chief Digital Officer bzw. Chief Data Officer (CDOs),
- Leitung von IT-Kompetenzzentren (Shared Service Center für IT-Lösungen),
- IT-Verantwortliche verschiedener Schwerpunktbereiche; z. B. EAM-Leader, Leitung System- und Anwendungsentwicklung, Digital-Platform-Management, Cloud-Management, Leitung Data Center sowie System- und Servicemanagement etc.,
- Projektleiter für Enterprise IT-Projekte, Multiprojektmanager, PMO-Leitung
- Enterprise IT-Architekten, Applikations- und Data-Architekten,

- Leitung Enterprise IT-Servicemanagement/Verantwortliche für IT-Services,
- IT-Prozessverantwortliche (IT-Process-Owner),
- IT-System- und Produktverantwortliche (System-Owner),
- Qualitätsmanager in der IT,
- IT-Controller und IT-Revisoren,
- IT-Compliance-Manager,
- IT-Consultants,
- Organisatoren, deren Arbeitsfeld auch IT-Aufgaben umfasst,
- Daten- und Informationsmanager, Data Scientist, Data Stewards,
- Verantwortliche für digitale Transformationen.

Nicht zuletzt dürfte das Handbuch für alle Studierenden beispielsweise der Wirtschaftsinformatik oder anderer angewandter Informatik-Studiengänge an Fachhochschulen und Universitäten höchst interessant und lesenswert sein. Gerade von künftigen Fach- und Führungskräften der Informations- und Kommunikationstechnik sowie im Umfeld digitale Transformation wird ein immer komplexeres Management-Know-how erwartet, wollen sie den Herausforderungen der Praxis im digitalen Zeitalter gerecht werden und ihnen übertragene Aufgaben erfolgreich wahrnehmen.

Ich freue mich sehr, dass das Handbuch aufgrund der hohen Nachfrage nach so kurzer Zeit bereits in der achten Auflage erscheinen kann und eine Neubearbeitung seitens des Verlags ermöglicht wurde. Dies gab mir als Herausgeber und allen Autoren die Möglichkeit, einerseits die bereits vorliegenden Beiträge auf einen aktuellen Stand zu bringen bzw. eine mehr oder weniger intensive Bearbeitung der Beiträge vorzunehmen. Gleichzeitig konnten wir sich aktuell herauskristallisierende Managementthemen neu in diese Auflage des Handbuchs aufnehmen (wie beispielsweise einen gesonderten Beitrag zum IT-Sourcing).

Ich hoffe jedenfalls, dass es mir und meinen Autoren, denen ich für ihre äußerst engagierte und qualifizierte Arbeit an ihrem jeweiligen Beitrag ausdrücklich danken möchte, auch in der achten Auflage wieder gelungen ist, Ihnen ein Handbuch zu präsentieren, das interessante, umfassende sowie auf alle Fälle für die berufliche Tätigkeit hilfreiche Einblicke und Handlungshilfen gibt.

Danken möchte ich auch dem Carl Hanser Verlag, hier insbesondere Frau Brigitte Bauer-Schiewek als verantwortliche Lektorin und der Herstellung, die durch ihre Vorgaben und weiterführenden Hinweise sowie durch ein zielgerichtetes Controlling für die professionelle Umsetzung dieser neuen Ausgabe gesorgt haben. Ich wünsche Ihnen viel Spaß beim Lesen der Beiträge in diesem Handbuch sowie Ideen zur Umsetzung des Gelesenen in Ihre Praxis. Über Anregungen zur Verbesserung und Weiterentwicklung des Buchs aus dem Kreis der Leserinnen und Leser würde ich mich freuen.

Hamminkeln, im Dezember 2022

Ernst Tiemeyer

ETiemeyer@t-online.de

1 IT-Management – Einordnung, Handlungsfelder, Rollenkonzepte

Ernst Tiemeyer

 Fragen, die in diesem Kapitel beantwortet werden:
- Welche Megatrends in Wirtschaft und Gesellschaft zeichnen sich ab (Stichworte: Digitalisierung, Globalisierung, Sustainability) und welche Konsequenzen haben diese für die Unternehmensorganisation sowie für die Rolle und Bedeutung der IT?
- Können Entwicklungstrends im IT-Umfeld identifiziert werden, die für den Aufbau einer nachhaltigen IT-Organisation mit entsprechenden Kompetenzen (Capabilities) im IT-Management zu beachten sind?
- Inwiefern ist die Unterscheidung von strategischem und operativem Management auch für die optimale Organisation und Führung im IT-Bereich wesentlich?
- Welche Handlungsfelder sind im Managementbereich von IT-Abteilungen bzw. IT-Organisationen zu unterscheiden?
- Welche Rollen sind im IT-Management vorhanden und wie kann das Rollenverständnis für ausgewählte Managementfunktionen konkretisiert sein?
- Welche Kompetenzen sollten vorliegen, um die verschiedenen Rollen im IT-Management erfolgreich „ausfüllen" zu können?

Insbesondere die Entwicklung neuer Technologien sowie die Globalisierung, Internationalisierung und Liberalisierung des Weltmarkts stellen Unternehmen und Verwaltung vor immer größere Herausforderungen. Intensivierung des Wettbewerbs, zunehmende Dezentralisierung von Organisationseinheiten, kürzere Time-to-Market-Zyklen, steigende Kundenanforderungen und die Beschleunigung des technologischen Wandels (Stichwort „Digitale Transformation") sind nur einige dieser Herausforderungen, denen sich die Unternehmensführung stellen muss. Auch die öffentliche Verwaltung, Organisationen im Umfeld Gesundheit und Pflege sowie des Bildungswesens müssen zunehmend durch neue Technologien effizient unterstützt werden, um effektiv die Arbeits- und Geschäftsprozesse steuern zu können und eine hohe Leistungsqualität zu ermöglichen (Stichworte wie Smart-E-Government, E-Health und Digital Learning).

Ein echter Entwicklungssprung bezüglich der Bedeutung und Anwendungspotenziale der Informations- und Kommunikationstechnologien ist seit etwa 2013 aufgrund der **digitalen Revolution** zu verzeichnen. Durch den aktuellen Paradigmenwechsel der Digitalisierung – gestützt durch Technologien wie Big Data und Data Analytics, Cloud-Computing, mobile Devices, neue Formen der Vernetzung bzw. technischer Kommunikation (Maschine-zu-Maschine-Kommunikation) – werden mit Informations- und Kommunikationstechnologien nicht nur Prozesse unterstützt bzw. Geschäfte ermöglicht, sondern völlig neue Geschäfte, Produkte und Prozesse entwickelt und umgesetzt.

In der Praxis ändern sich die Gegebenheiten, wie Unternehmen erfolgreich agieren, mit der digitalen Transformation erheblich. Vielfach wurden bzw. werden umfassende Online-Plattformen als Innovatoren in der digitalen Wirtschaft entwickelt, die auch kleineren Unternehmen helfen, sich online erfolgreich zu betätigen und neue Märkte zu erschließen. Unter anderem in den Bereichen Mobilitätsdienste, Tourismus, Medien (Zeitungen, Musik, Videos), Bildung, Finanzen, Versicherungen, Hotel- und Gastgewerbe sowie Personaldienstleistungen haben neue Plattformen die herkömmlichen Geschäftsmodelle schnell und tiefgreifend unter Handlungsdruck gebracht und dabei ein exponentielles Wachstum erzielt.

Damit verbunden befindet sich die Arbeitswelt – dies gilt insbesondere auch für die in IT-Bereichen tätigen Personen – in einem permanenten Umbruch. Um die geänderten und gewachsenen Herausforderungen erfolgreich zu meistern, sind als Folge davon neue Konzepte und Vorgehensweisen im IT-Management sowie besondere Anstrengungen zur Kompetenzentwicklung aller Beschäftigten (sowohl der Managementebene als auch für Fachkräfte) notwendig.

In diesem Handbuch erhalten Sie detaillierte und handlungsorientierte Informationen, um die vielfältigen Anforderungen und Herausforderungen im IT-Bereich noch erfolgreicher zu bewältigen:

- Das Handbuch liefert angehenden und erfahrenen IT-Managern (sei es für den klassischen IT-Leiter, den CIO, CTO oder CDO sowie das IT-Personal mit Managementausrichtung) umfassendes, aktuelles und in der Praxis notwendiges Wissen aus allen wesentlichen Bereichen des IT-Managements. Dazu zählen sowohl
  - das strategische IT-Management (Strategieentwicklung, Enterprise Architecture Management, Projekt-Portfoliomanagement, IT-Governance, IT-Riskmanagement, Management der digitalen Transformation etc.) als auch
  - operative Managementthemen wie etwa das IT-Servicemanagement, IT-Systemmanagement, Applikationsmanagement (Standardlösungen, Cloud-Computing), IT-Projektmanagement, Cyber-Security, IT-Compliance-Management sowie IT-Recht.
- Im Mittelpunkt der Ausführungen stehen neben der Darstellung bewährter Instrumente und erprobter Verfahren auch anwendbare Lösungsansätze, die Anregungen und Antworten für typische Fragen und Problemstellungen im Kontext des IT-Managements geben. Dabei gibt es für viele Aufgabengebiete bereits umfassende Tools und Frameworks (ITIL, CoBiT, TOGAF u. a.), die ebenso wie bewährte Vorgehensmodelle und Konzepte in diesem Handbuch systematisch und problemlösungsorientiert dargestellt werden.

Dieses erste Kapitel des Handbuchs ist als Einstieg in die vielfältige Thematik des IT-Managements sowie als Überblick und Einordnung für die nachfolgenden Kapitel gedacht. Dazu werden – ausgehend von aktuellen Herausforderungen in Megatrends in Wirtschaft und

Verwaltung – zunächst wesentliche Aufgaben und Handlungsfelder skizziert, die im Management- und Führungsbereich generell (unabhängig vom Aufgabenbereich) wahrzunehmen sind. Darauf bezogen werden dann die Bedeutung und die Rolle der IT in der Unternehmenspraxis analysiert und die notwendigen Konsequenzen für das IT-Management diskutiert.

Im Kern finden Sie in diesem Kapitel eine systematische Beschreibung der wesentlichen Aufgaben und Handlungsfelder im IT-Management sowie Hinweise, wie das IT-Management in der Unternehmenspraxis positioniert und organisatorisch verankert sein kann, um einen hohen Wertbeitrag der IT-Leistungen zum Unternehmenserfolg sicherzustellen. Damit lässt sich dann integriert aufzeigen, über welche Managementkompetenzen das IT-Leitungspersonal verfügen sollte.

■ 1.1 Megatrends in Wirtschaft und Gesellschaft und Konsequenzen für die IT-Organisation

Wirtschaft und Gesellschaft unterliegen einem erheblichen Veränderungsdruck, der aus vielfältigen Treibern „gespeist" wird. Die Herausforderungen, denen sich Unternehmen und damit insbesondere die Unternehmensführung (inkl. der IT-Organisation sowie der Fachbereiche) stellen muss, sind heute immens. Nur schnelle Entscheidungen, die auf einer fundierten Informationsbasis getroffen werden, sichern ein nachhaltiges Erreichen der strategischen Unternehmensziele sowie der daraus abgeleiteten Teilziele für die Unternehmensbereiche (etwa auch der IT). Dies kann durch geeignete organisatorische Gestaltungskonzepte, darauf abgestimmte Managementinstrumente sowie zeitgemäße IT- und Digitalisierungslösungen erfolgreich realisiert werden.

Folgende **Megatrends** mit Relevanz für die Unternehmenswelt bedürfen der Berücksichtigung für strategische Konzepte und nachhaltige Handlungsweisen der Unternehmensführung und des Business-IT-Managements:

- **Gravierende Veränderungen auf den Märkten** (Globalisierung, Internationalisierung, Regulierung) führen dazu, dass auch disruptive Veränderungen für Unternehmen und ihre Geschäftsfelder die Folge sind.
- **Unternehmerisches Handeln in gesellschaftlicher Verantwortung** erfordert eine Beachtung der weltweit akzeptierten Nachhaltigkeitsziele (sog. sustainable goals) durch das Management und bei der Formulierung und Umsetzung strategischer IT-Zielsetzungen.
- **Demografischer Wandel sowie Fachkräftemangel** (in ausgewählten Kompetenzfeldern) machen eine Verstärkung der Mitarbeiter- und Partnerorientierung für Unternehmen notwendig.
- **Digitalisierung** als aktueller Megatrend betrifft nahezu alle Lebensbereiche und führt disruptiv zu Veränderungen in Wirtschaft und Gesellschaft.
- **New Work:** Veränderungen der Arbeitswelt und neue Arbeitsplatzorganisation sind insbesondere bei umfassender digitaler Transformation unausweichlich. Der Weg zum „digital workplace" in einer veränderten Arbeitsumgebung ist dabei absehbar.

- **Neue Führungs- und Unternehmenskulturen** müssen entwickelt und „gelebt" werden. Nur so können die skizzierten Veränderungen erfolgreich „bewältigt" werden.

Märkte im Wandel (Globalisierung, Internationalisierung, Regulierung)

Als Beispiele für die Vielzahl neuer Herausforderungen, denen sich die Unternehmensführung und die Mitarbeiter von Unternehmen derzeit gegenübersehen, seien erwähnt:

- Das Marktgeschehen ist durch eine immer stärkere Internationalisierung gekennzeichnet, auf die sich viele Unternehmen vorbereiten müssen, wollen sie am Markt langfristig bestehen. Durch die Globalisierung der Märkte ergeben sich immer komplexer werdende Rahmenbedingungen für Entscheidungen im Management.
- Durch eine Verkürzung der Produktlebenszyklen bleibt Unternehmen immer weniger Zeit zu reagieren und sich neuen Marktgegebenheiten anzupassen. Daraus folgt die Notwendigkeit einer erhöhten Agilität im Unternehmen allgemein sowie in den einzelnen Bereichen und Projekten.
- Die Mitkonkurrenten weisen eine zunehmende Flexibilität auf. Wettbewerbsvorteile sind daher heute nur noch temporär realisierbar und müssen immer wieder neu „errungen" werden.
- Regulatorische Rahmenbedingungen stellen sich für viele Unternehmen als wesentlich für die Ausgestaltung der Handlungsfelder und der vorhandenen Aktionsmöglichkeiten dar. Ohne ein entsprechendes Compliance-Management sind negative Folgewirkungen „vorprogrammiert".

Festzuhalten ist: Unternehmen haben vielfach nur dann eine echte Zukunftschance, wenn es dem Management gelingt, die erfolgskritischen Faktoren zeitnah zu identifizieren, agil zu steuern und geeignete Maßnahmen „auf den Weg" zu bringen. Damit wird die Organisation des Unternehmens (einschließlich der Leistungsfähigkeit des Informationssystems und der hier verarbeiteten Informationen) zu einem entscheidenden Erfolgsfaktor für das Unternehmen als Ganzes (unabhängig von Branche und Unternehmensgröße).

Um in globalen Märkten wettbewerbsfähig zu sein, sind außerdem neue Kooperationskonzepte erforderlich. Vor dem Hintergrund von Konzepten wie Lean-Enterprise und verteilte Unternehmensarchitekturen (Enterprise Architecture Management) gewinnen unternehmungsübergreifende Aspekte eine immer größere Bedeutung; beispielsweise der Aufbau strategischer Allianzen sowie eine systematische Lieferantenintegration.

Die Praxis zeigt deutlich: Für Reaktionen auf neue Marktbedingungen bleibt immer weniger Zeit. Kürzere Produkt- und Produktionszyklen und ein immer härterer Kampf um Marktanteile werden neue Organisationsformen geradezu erzwingen und auch für das IT-Management bedeutsam.

Verantwortungsvolles Handeln von Unternehmen

Die Notwendigkeit, verstärkt gesellschaftliche Verantwortung zu übernehmen (inkl. nachhaltige Ausrichtung der Unternehmenspolitik), ist für Unternehmen in den letzten Jahren immer wesentlicher geworden. Weltweit messen Wirtschaft und Gesellschaft den Unternehmen eine zentrale Funktion nicht nur im Hinblick auf Einkommenssicherheit, sondern auch auf Umweltbewusstsein, Diversity oder Gesundheitsvorsorge zu.

Für Unternehmen bedeutet das insgesamt gesehen eine deutlich größere Verantwortung. Diese geht über das hinaus, was bislang unter dem Begriff der Corporate Social Responsibility (CSR), der gerade im deutschsprachigen Raum vielfältig ausgeformt ist, zusammengefasst wurde.

Die Notwendigkeit der Unternehmen zur Übernahme von mehr gesellschaftlicher Verantwortung betrifft sowohl die Produkte und Dienstleistungen als auch die Verantwortung gegenüber den Kunden und Beschäftigten. Neue Handlungsfelder, die sich bereits in den strategischen Zielorientierungen der Unternehmen finden, sind der Fokus auf sozialverträgliches Handeln sowie ein Handeln in ökologischer Verantwortung.

Demografischer Wandel und Fokussierung auf Fachkräfte/Mitarbeiterorientierung

Unternehmen und öffentlich-rechtliche Organisationen, die auf die Zeichen der Zeit reagieren und sich auf neue Situationen und aktuelle Herausforderungen einstellen wollen, müssen sowohl die Effekte der Globalisierung als auch des Wertewandels in Wirtschaft und Gesellschaft mit den Auswirkungen auf den „Faktor Mensch" beachten. Ergänzend zeigt eine Studie der Unternehmensberatung Deloitte, dass insbesondere jüngere Beschäftigte (der Generation Y bzw. Z; sog. Millenials) ein Führungsvakuum in der Gesellschaft beklagen, das durch mangelnde Handlungsperspektiven der Politik entstehe. Auch hier sind seitens der Unternehmen zukunftsfähige Handlungsweisen gefordert.

Mitarbeiter und Öffentlichkeit üben gleichermaßen Druck auf die Unternehmen aus, sich für mehr soziale Verantwortung einzusetzen. Gerade die jüngeren Beschäftigtengenerationen fordern von ihren Arbeitgebern mehr als „nur" die Erfüllung der üblichen Verpflichtungen einer Corporate Social Responsibility (kurz CSR):

- Das Wohl der Belegschaft rückt zunehmend in den Fokus und die Mitarbeiterzufriedenheit wird zur strategischen Priorität.
- Dabei stehen für sie vor allem die Mitarbeiterbindung und die Gestaltung der Arbeitsbedingungen im Vordergrund.
- Erfahrungen und Studien zeigen bei den Teilnehmern oft eine Lücke zwischen Erwartung und Realität. Ob flexible Arbeitszeiten, Mobile Working, Kinderbetreuung oder Prävention: Nachfrage und Angebot klaffen jeweils um 30 bis 40 Prozentpunkte auseinander.

Ein Fachkräftemangel ist derzeit am stärksten und besonders dramatisch im Technologie-IT-Bereich zu verzeichnen. Im Wettbewerb um die IT-Fachkräfte spielen neben dem Lohn der Arbeitsort, der Arbeitsplatz, das Arbeitsklima im Team, flexibles Arbeiten und Work-Life-Balance eine immer größere Rolle. Auch diese Faktoren bedürfen einer Beachtung bei der Entscheidungsfindung durch das IT-Management.

Generell rückt für das Management der Betriebe als besondere Herausforderung die Aufgabe in den Blickpunkt, der Belegschaft die notwendigen Fähigkeiten für eine neue Lernkultur zu vermitteln: Eigenverantwortliches Lernen und Eigenmotivation nehmen gegenüber der tradierten Wissensvermittlung an Bedeutung zu. Mehr Übernahme von Verantwortung, mehr kooperatives Lernen und mehr Selbstlernen sind gefordert. Die Beschäftigten in Unternehmen müssen deshalb frühzeitig ermutigt werden, an kooperativen Lern- und Arbeitsformen teilzunehmen sowie ihr erworbenes Wissen durch entsprechende Transferförderung in ihrem jeweiligen betrieblichen Umfeld effizient einzusetzen.

Digitalisierung führt vielfach zu disruptiven Veränderungen

Digitalisierung ist mittlerweile nicht mehr nur auf Unternehmen bestimmter Größen und ausgewählter Sektoren beschränkt. Digitale Produkte und Prozesse dominieren heute nahezu alle Wirtschaftssektoren – von der Produktion über Handel und Logistik bis in alle Dienstleistungsbereiche. Die technisch-digitale Revolution erfordert heute ein rasches, aber auch strategisches (überlegtes) Handeln aller Verantwortlichen. Nur so lassen sich die richtigen „Leitplanken" und Hebel für erfolgreiche digitale Veränderungen in der Praxis (digitale Anwendungen, Produkte, Prozesse) etablieren.

Alle Akteure in Wirtschaft und Gesellschaft stehen heute permanent vor der Herausforderung zu prüfen, inwiefern Digitalisierungspotenziale für den Wirtschaftssektor relevant sind, für das Unternehmen unverzichtbar zu transformieren sind und wie diese ggf. zeitnah umgesetzt werden können.

Die Digitalisierung bzw. IoT (= Internet of things) hat Einfluss auf nahezu alle Branchen und Wirtschaftszweige. Eine Orientierung über die Veränderungen etwa auch im Verkehrswesen durch zum Beispiel intelligente Verkehrssysteme sowie für die Energiebranche (intelligente Netze und Verbrauchsmessung) gibt die Tabelle 1.1.

Tabelle 1.1 Anwendungsfelder der Digitalisierung in Wirtschaft und Gesellschaft

Anwendungsfelder	Datenquellen	Erkenntnisse, hilfreiche Handlungsunterstützungen
Smart Factory	Sensoren in Maschinen und Werkstücken	Frühwarnsysteme für Wartungs- und Reparaturarbeiten etc.
Smart Grid (Smart Energy)	Sensorgesteuerte Energiebereitstellungssysteme	Rechtzeitiges Erkennen von Eingreifmaßnahmen im Energiebereich
Connected Cars (Smart Cars)	Telematikboxen im Auto; Sensoren in Autoteilen (in Reifen etc.)	Serviceunterstützung, Fehlererkennung (Hilfe bei der Fehlersuche), individualisierte Versicherungsangebote
Connected Health	Wearables, Smartphone-Data, Implantables	Proaktive Behandlung, Selbstdiagnosen
Connected Consumer	Vernetzte Devices, Internetnutzung (Social Media etc.)	Maßgeschneiderte Produktangebote, individuelle Serviceangebote
Smart City	Vernetzte Sensoren in Fahrbahnen	Ampelsteuerung, flexible Verkehrsschilderinformationen

Insgesamt gilt es als wahrscheinlich bzw. gehen alle Experten davon aus, dass der skizzierte digitale Wandel sich in einer nie da gewesenen Geschwindigkeit vollziehen wird. Deshalb ist es auch naheliegend, dass Unternehmen, die sich den skizzierten Herausforderungen und Digitalisierungspotenzialen nur unzureichend stellen, angesichts der Vielfältigkeit und Vielzahl der anstehenden disruptiven Veränderungen in nahezu allen Handlungsfeldern zeitnah mehr oder weniger große Schwierigkeiten haben werden.

Veränderungen der Arbeitswelt – New Work und neue Führungs- und Unternehmenskultur

Die Arbeitswelt um uns herum verändert sich rasant. Die treibende Kraft dieser Revolution ist die Digitalisierung. Sie beeinflusst die Art und Weise, wie wir miteinander kommunizieren – und letztendlich auch, wie wir miteinander arbeiten. Unternehmen, die zukunftsfähig bleiben wollen, müssen entsprechende Rahmenbedingungen schaffen und neue Wege der Rekrutierung gehen, um Talente zu finden und zu binden.

Der Wandel in der Arbeitswelt ist dank digitaler Technologien wie zum Beispiel Künstliche Intelligenz (KI), Internet der Dinge, Virtual Reality, mobile Endgeräte und Cloud Computing in vollem Gange. Besondere Auswirkungen haben diese Veränderungen auf die Arbeitsplätze und deren Organisation. Gleichzeitig ist die Arbeit an sich von einem Wandel geprägt. Festzustellen ist, dass nahezu alle Beschäftigten betroffen sind:

- Veränderungen der Arbeitsplatzorganisation ergeben sich vor allem bei einer vermehrten Digitalisierung von Arbeitsprozessen sowie einer Flexibilisierung der Arbeitsmodelle.
- Neue Formen der Unterstützung mit digitalen Technologien haben auch neue Formen der Gestaltung der Arbeitsbedingungen zur Folge: Die intelligente Nutzung digitaler Kollaborations- und Kommunikationstools stellt hier eine besondere Herausforderung dar.
- Insbesondere Beschäftigte mit Arbeitsplätzen, die geprägt sind von Agilität, Mobilität und Online-Diensten (etwa im Bereich Marketing/Vertrieb) unterliegen einer laufenden Veränderung: mehr mobiles Arbeiten und Teamarbeit sind gefragt.

Unternehmen werden immer mehr Funktionen und Einflüsse zugemessen, die weit über ihren ursprünglichen Wirkungsbereich hinausgehen. Dazu gehört auch, die eigene Führungskultur kritisch zu hinterfragen und zu verändern. So müssen Top-Manager beispielsweise zunehmend in der Lage sein, Teams nicht nur zu führen, sondern selbst in crossfunktionalen Teams zu agieren.

Ein erfolgreicher digitaler Wandel gelingt nur dann, wenn auch die Unternehmenskultur den neuen Herausforderungen gerecht wird und vor allem inspirierend „aufgesetzt" wird, die auch disruptive Veränderungen ermöglicht. Unterstützend bedarf es eines umfassenden Digital Mindsets der Beschäftigten im Unternehmen und einer Unternehmenskultur, die auf eine hohe Innovationsbereitschaft setzt.

Digitales Denken, Flexibilität, Kreativität und Innovationsbereitschaft sind elementare Anforderungen, wenn es um die Steuerung der Initiativen im Hinblick auf digitale Produkte, Prozesse und Services sowie die Ausgestaltung von nachhaltigen Arbeitsformen geht. Um eine Unternehmenskultur im Hinblick auf Innovation zu positionieren, gilt es vor allem aber auch Rahmenbedingungen zu schaffen, die die Kreativität der Mitarbeiter fordern, so dass vielfältige neue Ideen generiert und kommuniziert werden können.

1.2 Managementtätigkeit im Unternehmenskontext

Im Mittelpunkt jeder **Managementtätigkeit** steht heute die übergreifende Koordination von Leistungsprozessen, die in Unternehmen und Verwaltung anfallen. Dabei sind verschiedene Einzelaktivitäten notwendig, die immer auf ein gemeinsames Ziel (abgeleitet aus den strategischen Unternehmenszielen) auszurichten sind.

Auf der Geschäftsebene besteht ein Managementbedarf zur Sicherstellung der Wirtschaftlichkeit und des Geschäftserfolgs von Unternehmen. Bezüglich des Managementbegriffs werden im Wesentlichen zwei Bedeutungsvarianten unterschieden:

- „Management im funktionalen Sinn": Wichtig sind dabei die Identifikation und die Steuerung der Prozesse und Funktionen, die in arbeitsteiligen Organisationen notwendig werden. Dies sind insbesondere Planung, Organisation, Führung und Kontrolle.
- „Management im institutionalen Sinn": Notwendig dazu sind die Beschreibung und die Schaffung förderlicher Rahmenbedingungen für die Personen(-gruppen), die Managementaufgaben wahrnehmen. Ihre Tätigkeiten und Rollen sind zu vereinbaren und kontinuierlich weiterzuentwickeln (vgl. [St08] S. 9).

Die Teilaktivitäten im Management können durch den sogenannten **Managementprozess** beschrieben werden:

- Ziele setzen,
- Planen,
- Entscheiden,
- Realisieren und
- Kontrollieren.

Der zentrale Ausgangspunkt im betrieblichen Steuerungsprozess ist das **Setzen von Zielen** (= Soll-Werte). In jedem Unternehmensbereich sind diese Ziele vor dem Hintergrund festzulegen, die Effektivität und Effizienz des Unternehmens zu verbessern (Oberziel).

In der **Planung** werden die Maßnahmen zur Erreichung dieser vereinbarten Ziele definiert und die dazu erforderlichen Ressourcen festgelegt. Um Maßnahmen erfolgreich umsetzen zu können, ist eine entsprechende organisatorische Einbettung notwendig (Struktur- und Prozessorganisation).

Die geeigneten Handlungsalternativen müssen schließlich durch das **Treffen von Entscheidungen** ausgewählt und die erzielten Ergebnisse mittels eines Soll-Ist-Vergleichs mit der Planung verglichen und somit kontrolliert und gesteuert werden. Dazu ist eine kontinuierliche Fortschrittskontrolle notwendig, so dass die Wirtschaftlichkeit und die Steuerbarkeit des Unternehmens sichergestellt sind.

Managen, Führen und Organisieren ist grundsätzlich nichts anderes als Problemlösung. Bei der Lösung von Management- und Organisationsproblemen ist die Komplexität allerdings häufig sehr groß. Jedes „vernünftige" Handeln stößt schnell an die Grenzen dieser Komplexität. Erfolgreiche Problemlösungen sind daher ohne Einsatz geeigneter Techniken und die effiziente Nutzung von Instrumenten nicht denkbar.

Bekannte Techniken wie etwa Management by Objectives (Managen durch Zielvorgabe) sowie Management by Exception (Managen nach dem Ausnahmeprinzip; d. h. weitgehende Eigenverantwortung der Mitarbeiter, Eingriff nur im Ausnahmefall) sind bereits seit Jahrzehnten bewährt und werden heute in der Praxis in unterschiedlichen Ausprägungsformen erfolgreich genutzt.

Die Auswahl einer geeigneten Handlungsalternative ist in der Managementpraxis eine wichtige, häufig wiederkehrende Aufgabe. Typische Entscheidungsprobleme sind: Preisvergleiche, Beschaffungsplanungen, Investitionsplanung, Personaldisposition, Lieferantenauswahl, Wahl zwischen Eigenfertigung und Fremdbezug, Standortwahl sowie Entscheidungen über IT-Infrastrukturen und IT-Applikationen. In allen Fällen sind die wahrscheinlichen Wirkungen der alternativen Lösungen in Bezug auf die verfolgten Gestaltungsziele zu beurteilen.

Unabhängig vom Entscheidungsproblem ist im Regelfall ein systematisches Vorgehen „angesagt". Vermieden werden sollte in den meisten Situationen, sich allein von subjektiven Überlegungen leiten zu lassen. Transparent und nachvollziehbar werden Bewertungs- und Auswahlprozesse allerdings erst dann, wenn die subjektiven Bewertungsvorgänge in formalisierte Bewertungs- und Entscheidungsverfahren eingebettet werden.

Jeder Entscheidungsprozess kann als ein Informationsverarbeitungsprozess bezeichnet werden. In ihm sind tatsächliche und bewertete Komponenten wirksam, die miteinander in Einklang zu bringen sind:

- Tatsächliche Entscheidungskomponenten sind:
  - Situationen (Handlungsherausforderungen, Umweltzustände)
  - Mögliche Aktionen (alternative Handlungen)
  - Erwartete Ergebnisse (Konsequenzen) der Aktionen
- Wertende Entscheidungskomponenten umfassen insbesondere:
  - Ziele (mit unterschiedlichen Präferenzen)
  - Nutzen der Ergebnisse der Aktionen (unter Berücksichtigung der Ziele)

Beachten Sie:

Für die zukunftsorientierte Ausrichtung von Unternehmen durch die Unternehmensführung ist die differenzierte Betrachtung von Stake- und Shareholdern von Bedeutung. Die Kenntnis und Berücksichtigung ihrer Interessen bestimmen wesentlich die Zielsetzungen und Entscheidungen, nach denen Unternehmen handeln bzw. wie die einzelnen Mitarbeiterinnen und Mitarbeiter eines Unternehmens mit dem Umsystem verbunden sind und mit den entsprechenden Akteuren (Stakeholdern) agieren.

1.2.1 Visionen, Leitbilder und Zielsysteme von Unternehmen

Eine wesentliche Aufgabe des General Management besteht darin, eigene Visionen für die Unternehmensentwicklung zu formulieren und zu kommunizieren. Dabei kommt es darauf an, „realistische Visionen" zu fixieren und andere (etwa die betroffenen Beschäftigten sowie die Stakeholder des Unternehmens) dafür zu begeistern.

Dabei gilt es zu beachten: **Chancen für die Zukunftsfähigkeit von Unternehmen** liegen nicht primär in der Realisierung weiterer Kosteneinsparungen oder des „Aufkaufens" anderer Unternehmen, sondern vielmehr

- in einer Nutzung der Chancen der Digitalisierung sowie – damit verbunden – einem effektiven Einsatz moderner Informations- und Kommunikationstechnologien,
- in der optimalen Gestaltung überbetrieblicher Vernetzungen unter Nutzung von Kommunikationstechnologien,
- in einer konsequenten Ausrichtung der Geschäftsprozesse und der IT-Prozesse an Bedürfnissen und Erwartungen der (externen und internen) Kunden und
- in der ganzheitlichen und umfassenden Kompetenzentwicklung der Beschäftigten im Hinblick auf die Herausforderungen agiler Arbeitsweisen sowie einer Ausstattung und Bereitstellung von spezifischen digital workplaces.

Diese Herausforderungen bedeuten insbesondere erhebliche Anstrengungen für das Innovations- und Technologiemanagement sowie für die Personalentwicklung in Wirtschaft und Verwaltung. Dem Personal müssen unter diesen Perspektiven eine Zukunftsorientierung und eine entsprechende Sicherheit gegeben werden, die gleichzeitig eine hohe Effizienz und Effektivität ermöglicht.

Bei der **Formulierung der Vision** gilt es zu beachten, dass das Engagement, das Wissen und die Flexibilität der Beschäftigten die Basis für die Verwirklichung der Visionen und der Werte bilden. Unternehmen und Verwaltung müssen ihre Mitarbeiterinnen und Mitarbeiter als das wichtigste Kapital für eine erfolgreiche Zukunft ansehen und daher auf kontinuierliches Lernen setzen. In Zeiten permanenten Wandels ist Lernen von zentraler Bedeutung, um sowohl die Leistungs- und Wettbewerbsfähigkeit von Unternehmen als auch die Entwicklungs- und Beschäftigungsfähigkeit der Mitarbeiter langfristig zu sichern.

Aus der Vision heraus sind entsprechende **Leitbilder** zu entwickeln. Leitbilder von Unternehmen und praktisches Handeln in den Unternehmen sind – natürlich – unterschiedlich geprägt von Branchen und Betriebsgrößen. Liegt unabhängig davon eine klare Orientierung an einem zukunftsorientierten Leitbild und damit verbundenen Werten (für das Handeln) vor, dann bedeutet eine solche Veränderung natürlich auch eine Auswirkung auf nahezu alle beruflichen Tätigkeiten in diesem Unternehmen bzw. in dieser Branche.

Beachten Sie:

Aufgrund der vielfältigen Herausforderungen ist für nahezu alle Branchen ein umfassendes und aktuelles Bereitstellen von Informationen wichtig, beispielsweise über Marktentwicklungen, Wettbewerber, Kunden (bisherige und künftige Zielgruppen), Kaufverhalten sowie Gesetze, Normen und Technologien. Nur so können auch der Unternehmensführung nachgeordnete Bereiche optimal handeln.

Aus der Vision und dem Leitbild heraus müssen konkrete **Unternehmensziele (Systemziele)** abgeleitet und permanent fortgeschrieben werden. Um Ziele zu konkretisieren, wird heute sehr häufig der **Balanced-Scorecard-Ansatz** verfolgt. Es handelt sich hierbei um einen methodischen Ansatz zur strategischen Steuerung von Organisationen. Als konkretes Ergebnis wird darüber hinaus der Vorschlag eines umfassenden Kennzahlenkanons unterbreitet.

Dabei werden finanzielle Kennzahlen natürlich auch als notwendig angesehen. Allein sind sie jedoch nicht geeignet, um zukünftige Werte durch Investitionen in Kunden, Zulieferer, Mitarbeiter, Prozesse, Technologien und Innovationen zu schaffen. Die Balanced Scorecard (kurz BSC) ergänzt deshalb finanzielle Kennzahlen vergangener Leistungen um die treibenden Faktoren zukünftiger Leistungen. Die **Ziele und Kennzahlen**, die aus der Vision und Strategie des Unternehmens abgeleitet werden, fokussieren die Unternehmensleistung im Kern aus vier Perspektiven:

- aus der finanziellen Perspektive,
- aus der Kundenperspektive,
- aus der Perspektive der internen Geschäftsprozesse sowie
- aus der Personal- und Innovationsperspektive (Lernen und Entwicklung).

Diese vier Perspektiven schaffen den Rahmen für die Balanced Scorecard. In Bild 1.1 werden sie illustriert.

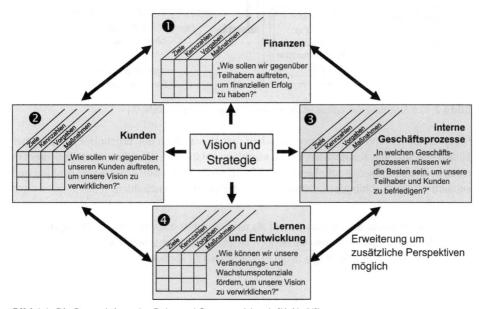

Bild 1.1 Die Perspektiven der Balanced Scorecard (nach [KaNo01])

Grundsätzlich bietet sich das Herunterbrechen der Unternehmens-BSC auf den IT-Bereich an; im Ergebnis wird heute der Aufbau einer IT-BSC empfohlen. Der Vorteil liegt darin, dass das IT-Management nun messen kann, inwieweit der IT-Bereich für gegenwärtige und zukünftige Kunden wertschöpfend arbeitet und inwieweit interne Möglichkeiten und Investitionen in Personal, Systeme und Abläufe aufrechterhalten werden müssen, um in Zukunft die IT-Leistungen noch zu steigern.

Die Balanced Scorecard erfasst die kritischen Wertschöpfungsaktivitäten, die durch ausgebildete, motivierte Mitarbeiter geschaffen werden. Während sie durch die finanzielle Perspektive das Interesse an kurzfristig orientierter Leistung aufrechterhält, offenbart sie die Werttreiber für wichtige, langfristige und wettbewerbsfähige Leistungen.

Die Ziele und Kennzahlen der Balanced Scorecard sind mehr als eine Ad-hoc-Sammlung von finanziellen und nicht finanziellen Leistungsmessern. Sie werden aus einem Top-down-Prozess hergeleitet, dessen Mission und Strategie der Geschäftseinheit die treibenden Faktoren sind. Die Balanced Scorecard sollte die Mission und Strategie einer Geschäftseinheit in materielle Ziele und Kennzahlen übersetzen können. Wie sich aus Vision und Strategien die Perspektiven und Kennzahlen ergeben, illustriert Bild 1.2.

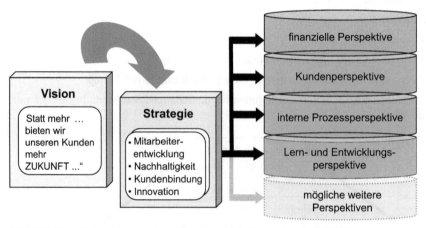

Bild 1.2 Die Ableitung der Balanced Scorecard (als Prozess); vgl. [KaNo01]

Die Kennzahlen sind eine Balance zwischen den Messgrößen der Ergebnisse vergangener Tätigkeiten und den Kennzahlen, die zu künftigen Leistungen antreiben. Und die Scorecard ist ausgewogen in Bezug auf objektive, leicht zu quantifizierende Ergebniskennzahlen und subjektive, urteilsabhängige Leistungstreiber der Ergebniskennzahlen.

 Die Balanced Scorecard ist mehr als ein taktisches oder operatives Messsystem. Innovative Unternehmen verwenden sie als ein strategisches Managementsystem, um ihre Strategie langfristig verfolgen zu können.

1.2.2 Business IT-Alignment und digitale Transformation

Das IT-Management muss – gerade im digitalen Zeitalter – kontinuierlich die Geschäftsanforderungen „im Visier" haben bzw. diese konsequent bei allen Planungen, Entscheidungen und Implementierungen einbeziehen. Dies bedeutet eine konsequente Ausrichtung der IT an unternehmensweiten strategischen Plänen (**„Business IT-Alignment"**).

Die Herausforderung des „Strategic Alignment" bzw. der Ausrichtung der IT-Strategie an der Geschäftsstrategie besteht in der ganzheitlichen Verzahnung beider Strategien. Gelingt es, die Unternehmensziele durch geeignete IT-Aktivitäten bzw. IT-Produkte zu unterstützen, ist eine effektive Basis für eine nachhaltige Unternehmensentwicklung geschaffen.

Diese Verzahnung muss auch auf einer Ebene der Zusammenarbeit im operativen und im strategischen Bereich geschehen. So können die Grenzen der Strukturorganisation mit klar geregelten Zuständigkeiten schon im Planungsstadium überwunden werden. Geschäftsbereichsstrategien müssen auf Kundenprodukte und Kundenprozesse abstellen und zukünftige Transaktionsarten zwischen Kunden und Unternehmen in die Betrachtung einbeziehen. Darauf aufsetzend, kann eine zentrale IT-Steuerung im Rahmen geeigneter Gremien neue Ideen generieren und für das Gesamtunternehmen erfolgreich umsetzen (etwa im Bereich Innovationsmanagement). Den Zusammenhang zeigt Bild 1.3:

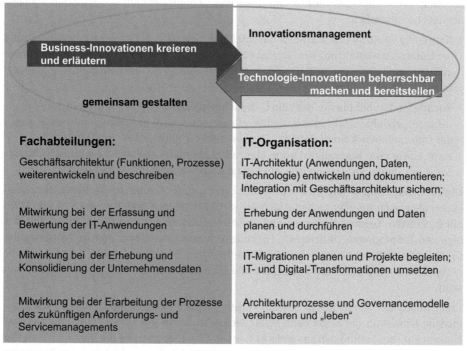

Bild 1.3 Business-IT-Alignment: Fachbereiche und IT-Organisation „treiben" gemeinsam Innovationen

Digitale Transformation entwickelt sich immer mehr zu dem wesentlichen Erfolgsfaktor für Unternehmen, Dienstleistungsorganisationen und Verwaltungen. Es gilt deshalb, die vielfältigen Potenziale der Digitalisierung gezielt und ganzheitlich zu nutzen. Voraussetzungen dazu sind Initiativen und Projekte für betriebliche Veränderungen (Entwicklung neuer, digitaler Produkte, Digitalisierung der Prozesse, Neuausrichtung von Unternehmenskulturen, Einführung von Digital Leadership etc.), die professionelle Gestaltung der zwischenbetrieblichen Kooperationen sowie das Beachten der Stakeholder-Anforderungen (insbesondere sind Kunden unmittelbar in die Veränderungsprozesse bzw. die digitalen Produktentwicklungen einzubeziehen).

Der Großteil der Unternehmen und Dienstleistungsorganisationen kommt – wie eingangs festgestellt – um die Herausforderungen der Digitalisierung nicht herum. Was bedeutet dies nun konkret für die Praxis? Sowohl die Prozesse als auch die Produkte des Unternehmens sind im Hinblick auf Digitalisierungspotenziale und deren Nutzung einer Prüfung zu unterziehen und auf die neuen Herausforderungen hin zu gestalten.

Digitale Transformation bedeutet letztlich, dass in Unternehmen aller Branchen auf nahezu allen Ebenen der Organisation an verbesserten (datengetriebenen) Prozessen, neuartigen digitalen Produkten und Strategien gearbeitet werden muss. Auf die Gesamtwirtschaft bezogen zeichnet sich außerdem die Etablierung neuer Unternehmen ab, die die Digitalisierung als ihre Basis haben.

Der **Unternehmensführung** kommt für die digitale Transformation eine wesentliche Bedeutung zu. Für einen erfolgreichen digitalen Wandel sind insbesondere eine durchdachte Roadmap sowie ein verbindliches und intensives Commitment auf der gesamten Managementebene wesentlich:

- Notwendig ist, dass Unternehmen ihre digitalen Geschäftsmodelle unter Verantwortung der Unternehmensführung konsequent nach einem strukturierten Gesamtplan (Roadmap) aufbauen und allen Entwickler- und Implementationsteams eine ganzheitliche Managementunterstützung zukommt.
- Wichtig ist darüber hinaus, dass die Unternehmensführung Akzeptanz für digitale Unternehmensprodukte sowie zu den digitalen Prozessen schafft und dazu die Veränderungen der Unternehmenskultur „anstößt". Das bedeutet vor allem, dass ein Vertrauensmanagement sowie eine Innovationskultur über alle Unternehmensbereiche hinweg gefördert sowie ein Digital Leadership bzw. ein Digital Empowerment entwickelt wird.

Digital Leadership schlägt sich etwa in der Unternehmenskultur, im Verhalten der Mitarbeiter, aber auch im öffentlichen Auftreten von Mitarbeitern und Managern nieder. Dazu gilt es kreative Teams aufzubauen und zu stützen, die die übrigen Beschäftigten mit den digitalen Innovationen „infizieren". Führungsverantwortlichkeiten und -rollen (etwa der Chief Digital Officer) können – so die Meinung vieler Experten – dafür sorgen, dass die nötigen Leadership-Skills vorhanden sind und ein Entrepreneur-Geist im Unternehmen entsteht.

Erfahrungen der Praxis sowie Studien zeigen darüber hinaus: Neue, digitale Geschäftsmodelle können in der Regel dann erfolgreich sein, wenn die Entwicklung und Nutzung konsequent vom Endkunden aus gedacht werden. Unternehmen, die die Digitalisierung der Kundenerlebnisse sowie der internen Prozesse im Blick haben und in einer strukturierten Entwicklung vorantreiben, gelingt die digitale Transformation besonders gut.

Beachten Sie:

Da die Informationstechnologien und Businessprozesse mit der digitalen Transformation immer stärker verschmelzen, sollte der CEO im digitalen Zeitalter mehr als ein Executive sein. Er muss quasi als Chief Excellence Officer gemeinsam mit seinen Business-Partnern (CDO, CIO, CTO, CMO, CFO, HR) die Unternehmensstrategie festlegen sowie den Rahmen für die Unternehmenspolitik und Unternehmenskultur vorgeben.

Digitale Transformation erfordert darüber hinaus, dass ein Wandel der Arbeitsorganisation und der Arbeitsweisen erfolgt, was einer gezielten Begleitung und Gestaltung durch das Management bedarf. Die Beschäftigten werden also nicht nur Teil der skizzierten Entwicklungen und Veränderungen sein, sondern können und müssen sie auch selbst gestalten. Wichtige Faktoren, die bei der Gestaltung der Arbeitsorganisation zu berücksichtigen sind, sind:

- die individuellen Bedürfnisse der Beschäftigten (zum Beispiel die erforderliche Vereinbarkeit von Familie und Beruf),
- das ortsunabhängige Arbeiten sowie
- das mobile, selbstorganisierte und kooperative Lernen.

Fazit: Unternehmen müssen sich darauf konzentrieren, es allen Beteiligten – den Konsumenten, Arbeitskräften und Branchenpartnern – zu ermöglichen, mithilfe der neuen digitalen Technologien Mehrwerte zu schaffen. Typische Visionen können etwa eine durchgehende Digitalisierung „nach innen und außen", ganzheitliche Effizienz der Prozesse und erfolgreiche Verankerung von Zukunftsthemen wie Internet of Things, Big Data und Cloud im Portfolio sein.

1.2.3 Strategische versus operative Managementtätigkeiten

Zur Sicherung des langfristigen Unternehmenserfolgs wird vom Management in jedem Fall ein Denken in strategischen Dimensionen erwartet. Gleichzeitig sind für die Erledigung des Tagesgeschäfts aber auch kurzfristige operative Entscheidungen notwendig. Aufgrund der unterschiedlichen Reichweite und Bedeutung von Managemententscheidungen im Unternehmen hat sich in der Praxis deshalb als ein Hauptkriterium zur **Klassifizierung der Managementaufgaben** die Unterscheidung in strategisches und operatives Management durchgesetzt.

Das **strategische Management** dient dem Erkennen und Beachten von zukünftigen Chancen und Risiken. Es verfolgt das Ziel, eine möglichst gute Adaption des Unternehmens in seine Umwelt zu erreichen und eine möglichst klare Zukunftsausrichtung zu den angestrebten Ergebnissen zu vereinbaren.

Das strategische Management beschäftigt sich vor allem mit der Frage: **Machen wir die richtigen Dinge?** Letztlich geht es um die Entwicklung zukünftiger und die optimale Nutzung vorhandener Erfolgspotenziale. Wichtig ist dabei die Beeinflussung der Effektivität des unternehmerischen Handelns bzw. des Handelns der Akteure. Jedes Unternehmen hat eine spezifische Ausprägung und ist in eine konkrete wirtschaftliche, technische und soziale Umwelt eingebunden. Daraus leiten sich die Möglichkeiten seiner Entwicklung ab. Durch die Definition der strategischen Ziele entscheidet sich das Unternehmen bewusst, einen Teil dieser Möglichkeiten wahrzunehmen.

Operatives Management zielt im Gegensatz zum strategischen Management primär auf die Beeinflussung der Effizienz des unternehmerischen Handelns. Im Mittelpunkt steht die Frage: **Machen wir die Dinge richtig?** Die Zielgrößen des operativen Managements sind der Erfolg bzw. der Gewinn des Unternehmens, seine Liquidität sowie die Rentabilität der Geschäftsprozesse.

Der Schwerpunkt des operativen Managements liegt in der finanziellen Steuerung. Das operative Management richtet die Produktpolitik und die Geschäftsprozesse des Unternehmens auf eine kurz- bis mittelfristige Gewinnerzielung bei gleichzeitigem Erhalt der Liquidität aus. Bei gegebener Liquidität stehen die Gewinnmaximierung sowie das Sichern der Kundenzufriedenheit bei entsprechender Produkt- und Leistungsqualität im Vordergrund. Die zeitliche Dimension des operativen Managements liegt im kurz- bis mittelfristigen Bereich.

Zusammenfassend lässt sich festhalten:
- Strategisches und operatives Management haben eine unterschiedliche zeitliche Orientierung (Zukunftsorientierung versus aktueller Handlungsbedarf).
- Reichweite und Auswirkung von Entscheidungen sind unterschiedlich im Unternehmen (Gesamtauswirkung versus Einfluss auf Teilbereiche).
- Das strategische Management ist durch mehr Freiheitsgrade gekennzeichnet als das operative Management.

■ 1.3 Die IT im Unternehmensumfeld – Bedeutungswandel und Konsequenzen

Die Bedeutung der IT für das Unternehmen hat in den letzten Jahren einen Wandel erfahren. Während IT in der Anfangszeit primär als Rationalisierungsinstrument gesehen wurde, wird sie zunehmend auch als wichtiger Wettbewerbsfaktor betrachtet. Ergänzend wird heute der Wertbeitrag der IT zum Unternehmenserfolg diskutiert (Stichwort „IT-Governance"). Mit der veränderten Rolle der IT im Unternehmen ergeben sich natürlich entsprechende Veränderungen hinsichtlich der Anforderungen an ein modernes IT-Management. Deshalb sollen nachfolgend diese Änderungen genauer betrachtet werden.

1.3.1 Informations- und Kommunikationstechnologien im Wandel der Zeit

Der Fokus der IT ist im Verlauf der Nutzung der Informationstechnologien durch folgende Entwicklungsströme gekennzeichnet:
- Ursprünglich (bis in die 1970er-Jahre) orientierten sich die IT-Anwendungen, die zumeist auf zentralen Rechnern bzw. Servern implementiert waren, sehr stark an der Rationalisierung der Informationsverarbeitung im Unternehmen. Durch den Einsatz von IT-Systemen konnte die Leistungserbringung (= Kernprozesse des Unternehmens) sowie die Verwaltungsarbeit (= Unterstützungsprozesse) erheblich wirtschaftlicher erbracht werden.
- In den 1980er-Jahren setzte sich die Erkenntnis durch, dass die IT das Geschäft unterstützt (z. B. durch Differenzierung). Produkt- und Dienstleistungsqualität konnten mit IT-Unterstützung verbessert werden und damit ließen sich höhere wirtschaftliche Erfolge realisieren.

- Seit den 1990er-Jahren wird die IT primär als Enabler eingeschätzt. Bestimmte Geschäftsprozesse lassen sich mit den neuen Möglichkeiten der Informations- und Kommunikationstechnologie überhaupt erst realisieren.
- Seit der Verfügbarkeit des Internets setzte sich zunächst für ausgewählte Branchen die Erkenntnis durch, dass die IT auch Teil des Geschäfts sein kann. So konnten etwa durch Online-Geschäfte (E-Commerce) ganz neue Zielgruppen erschlossen und bestimmte Kundengruppen intensiver gebunden werden. Diese Optionen wurden auch in den letzten Jahren im Zeitalter der Digitalisierung weiter ausgebaut und optimiert.
- Mit Beginn der Jahrtausendwende geht die Aufgabenorientierung stärker in Richtung Produktivitäts- und Qualitätssteigerung. Gleichzeitig sind die Unterstützung und Optimierung von Geschäftsprozessen, die auch übergreifender Natur sind, in den Mittelpunkt des Interesses für IT-Anwendungen gerückt. Im Zentrum der IT-Investitionen stehen seither innerbetriebliche Anwendungen, seien es betriebswirtschaftliche Applikationen (wie Auftragsabwicklung, Controlling, Materialwirtschaft, PPS etc.) oder technische Applikationen wie CAD, CAM, NC und Simulation. Außerdem wurden erste Investitionen stärker zwischenbetrieblich orientiert: Beispiele sind IT-Infrastrukturen zur Kommunikation mit Kunden (wie CRM, E-Business, E-Learning, E-Government, Collaboration Tools, …) sowie zur Kommunikation mit Lieferanten (wie SCM, E-Procurement, …).

Eine Orientierung darüber, wie im Unternehmenskontext Investitionen in neue Informations- und Kommunikationstechnologien bzw. der **Stellenwert der IT im Laufe der letzten Jahrzehnte** eingeschätzt wurden und welche zunehmende Bedeutung für den Unternehmenserfolg heute gegeben ist, gibt Tabelle 1.2.

Tabelle 1.2 Stellenwert der IT im Unternehmen – Sichtweisen im Wandel

Stellung der IT	Merkmale und Beiträge der IT
Rationalisierung	- Kostensenkung (primär Personalkosten) durch automationsunterstützte Aufgabenerledigungen - Ausrichtung der IT-Lösungen am Geschäftsmodell des Unternehmens (aber ohne direkten Einfluss auf das Geschäft)
Unterstützung von Kern-Geschäftsprozessen	- IT-Lösungen unterstützen primär die Kern-Geschäftsprozesse - Beschleunigung von unternehmensbezogenen Geschäftsprozessen (inklusive Kostenersparnis) - Steigerung von Effizienz und Qualität der Aufgabenerfüllung im Betrieb - Zuverlässiger und kostengünstiger Basisbetrieb
IT als Enabler	- IT ermöglicht die Kommunikation zwischen Unternehmen und Kunden. - Alle Kernfunktionen und Prozesse des Unternehmens lassen sich durch IT unterstützen.
IT als Teil des Business	- IT etabliert sich als gleichberechtigter Partner der Fachbereiche (Business-IT-Alignment). - IT leistet einen Beitrag zum Erreichen strategischer Unternehmensziele (etwa durch E-Commerce-Lösungen).
IT leistet unverzichtbare Wertbeiträge für die Geschäftstätigkeit	- IT liefert durch die Bereitstellung von vielfältigen Technologien (Plattformen, Applikationen etc.) wesentliche Impulse für Geschäftsprozesse sowie IT-Innovationen. - Digitale Technologien und Tools ermöglichen disruptiv neue Geschäftsmodelle für Unternehmen.

Einigkeit besteht heute darüber, dass die **Märkte, Produkte und Prozesse** bereits jetzt (und in der Zukunft verstärkt) durch ein hohes Maß an Digitalisierung geprägt sind. Wie die jeweiligen Digitalisierungslösungen in den einzelnen Unternehmen bzw. Branchen konkret aussehen bzw. aussehen können, ist allerdings so vielfältig und individuell wie die Unternehmen und deren Märkte. Deshalb gibt es natürlich auch branchenbedingte Differenzierungen hinsichtlich der Ausprägung und der Bedeutung der Digitalisierung in der Unternehmenspraxis. Eine Einschätzung der Herausforderungen ist für das Entwickeln einer Digitalisierungsstrategie sowie das Festlegen von Handlungsplänen wichtig und zielführend.

Im Besonderen ist dabei festzustellen:

- Digitalisierung schafft neue Produkte, die unmittelbar bis hin zum Endkunden einer Betreuung durch den Entwickler und Anbieter erfordern. Beispiele dafür sind Fahrtassistenz- bzw. Connect-Systeme in der Kfz-Branche oder neue Möglichkeiten für das Smart Home.
- Die Prozesse im Unternehmen bzw. unternehmensübergreifende Austausche werden zunehmend digital realisiert (bis hin zu mehr automatischer Kommunikation zwischen Geräten und Systemen). Dabei spielen neue Formen und Potenziale der Vernetzung sowie des Datenmanagements (Big Data, Data Analytics) die entscheidende Rolle für die Entwicklung und Umsetzung.

Es ist davon auszugehen, dass sich der Paradigmenwechsel zur Digitalisierung, der damit verbundene Technologiewandel sowie die neuen digitalen Produkte, Prozesse und Systeme in vielen Branchen in den nächsten Jahren zügig weiterentwickeln werden. Insbesondere für die Geschäftsprozesse sowie für viele Produkte der Wirtschaft (Unternehmen und Dienstleistungsorganisationen) sind damit gravierende Veränderungen zu erwarten. Gleichzeitig werden sich auch völlig neue digitale Produkte und Lösungen rasch etablieren.

Insgesamt gilt es als wahrscheinlich bzw. gehen alle Experten davon aus, dass der skizzierte digitale Wandel sich in einer nie dagewesenen Geschwindigkeit vollziehen wird. Deshalb ist es auch naheliegend, dass Unternehmen, die sich den skizzierten Herausforderungen und Möglichkeiten in der Vergangenheit nur unzureichend gewidmet haben, angesichts der Vielfältigkeit und Vielzahl der anstehenden Aufgaben und Entscheidungen kurzzeitig ein Problem haben dürften. Mitunter kann damit eine Überforderung dieser Unternehmen einhergehen, um eine erfolgreiche Umsetzung der Digitalisierung für die Praxis von Unternehmen, Wirtschaft und Gesellschaft zu gewährleisten. Hier gilt es für die Geschäftsführung (CEO) und das IT-Management (CIO, CTO und ggf. CDO). sich neu zu positionieren oder entsprechend gegenzusteuern.

Die Unternehmen müssen sich diesen neuen Herausforderungen der IT bzw. der Digitalisierung stellen, wenn sie auch zukünftig im Wettbewerb bestehen wollen. Das Spannungsfeld verdeutlicht Bild 1.4.

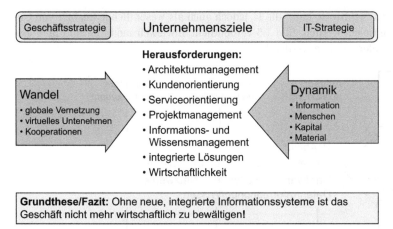

Bild 1.4 IT-Herausforderungen im Spannungsfeld von Geschäftsstrategie und IT-Strategie

1.3.2 Der Wandel der IT zum kundenorientierten Dienstleister

Die Unternehmen, die auf die Zeichen der Zeit reagieren und sich auf neue Situationen und neue Technologien „offensiv" einstellen, werden heute von Beratern, Organisatoren, Wissenschaftlern und sonstigen Fachleuten mit guten Ratschlägen nur so überhäuft. Ein besonders beeindruckendes Beispiel ist die rasant verlaufende Entwicklung im Internetumfeld. Kaum eine Technologieveränderung hat in den letzten Jahren so weitreichende Auswirkungen innerhalb der Volkswirtschaft wie auch in der Gesellschaft insgesamt nach sich gezogen.

Der Trend zur Informations- und Wissensgesellschaft ist unaufhaltsam. Dies hat zur Folge, dass die Informations- und Kommunikationstechnologie auch weiterhin eine hohe und steigende Bedeutung für Wirtschaft und Verwaltung haben wird. So werden Produktion, Handel und Dienstleistungen immer mehr von der effizienten Nutzung moderner Informations- und Kommunikationstechnologien abhängig. Entsprechende Geschäftsprozesse in den genannten Bereichen lassen sich ohne Unterstützung durch die IT gar nicht mehr bzw. bei weitem nicht so effizient abwickeln.

Für die Mehrzahl der Unternehmen ist der Einsatz moderner Informationstechnologien (IT) inzwischen eine unabdingbare Grundvoraussetzung ihrer Geschäftstätigkeit. Wichtig ist in jedem Fall eine klare Kundenorientierung für das Handeln im IT-Bereich; also eine Sichtweise auf die Fachabteilung als sog. internen Kunden. Damit verbunden ist die Notwendigkeit einer umfassenden Serviceorientierung (etwa durch Bereitstellung von IT-Produkt- und Leistungskatalogen, die Vereinbarung von Service Level Agreements sowie die Einrichtung eines leistungsfähigen Service-Desk).

Der IT-Bereich muss sich als Dienstleister organisieren, eine wichtige Aufgabe des IT-Managements besteht in der Koordination der IT-Leistungsprozesse. Diese IT-Leistungsprozesse erzeugen für einen Kunden die gewünschten IT-Produkte. Der Kunde möchte durch das Einsetzen der IT in seinen Leistungsprozessen bestimmte Effekte erzielen. Insofern tritt neben die nach innen gerichteten Managementaufgaben auch ein Stakeholder-Management nach außen.

In einer erweiterten Sichtweise kann die IT jedoch auch als wesentlicher Enabler von Geschäftsprozessen gesehen werden. Bild 1.5 verdeutlicht, inwieweit moderne Informationstechnologie als Enabler gesehen werden kann.

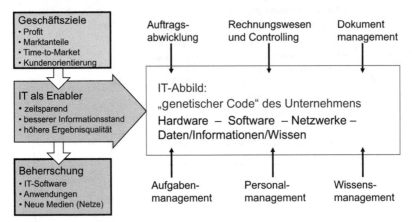

Bild 1.5 Informationstechnologien als Enabler

 Die Informationstechnologie (IT) leistet einen wesentlichen und unverzichtbaren Beitrag zur Bewältigung der Herausforderungen des Informationszeitalters bzw. des digitalen Zeitalters. Sie stellt die Summe der technischen und organisatorischen Mittel (Hardware, Software, Services) zur Unterstützung der Geschäftsprozesse sowie der verschiedenen informationellen Prozesse (der Beschaffung, Verarbeitung, Speicherung, Übertragung und Bereitstellung von Informationen) dar.

1.3.3 Beitrag der IT zum Unternehmenserfolg

Für die Mehrzahl der Unternehmen ist der Einsatz moderner Informationstechnologien (IT) inzwischen eine unabdingbare Grundvoraussetzung ihrer Geschäftstätigkeit. Banken und Versicherungen können zum Beispiel ohne zuverlässige und hochverfügbare IT-Systeme nicht mehr im Wettbewerb bestehen.

Darüber hinaus können viele Geschäfte von Unternehmen mittlerweile erst durch den effizienten Einsatz von IT realisiert werden – zu denken ist etwa an die heute vielfältigen Print- und Digital-Angebote der Medienbranche. Ein echter Entwicklungssprung bezüglich der Bedeutung und der Anwendungspotenziale der Informations- und Kommunikationstechnologien ist allerdings seit 2015 aufgrund der **digitalen Revolution** zu verzeichnen.

Beachten Sie: IT wird mittlerweile nicht mehr nur als Kostenfaktor und Dienstleister, sondern zum Beispiel als „Value Center" oder Werttreiber gesehen, der durch seine Orientierung am langfristigen Erfolg ein Unternehmen auch zu besseren und neuen Leistungen befähigen und sich durch seine Marktorientierung sogar als „Profit Center" profilieren kann. Im Grunde wird also – in der Theorie wie in der Praxis – die IT zunehmend als eine

Art Unternehmen im Unternehmen betrachtet, das Kundenbedürfnisse befriedigen, profitabel im Markt agieren, kostenbewusst arbeiten und zukunftsfähig handeln muss.

Die Möglichkeiten und Chancen der IT, den Erfolg zu beeinflussen, liegen unter anderem in der Kostensenkung. Die positive Beeinflussung der Erlössituation ist sicherlich auch durch eine Steigerung der Erlöse möglich, leichter und prozentual gewichtiger aber durch eine Kostensenkung erreichbar. Durch eine effiziente betriebliche IT können Bestandskosten und Gemeinkosten nachhaltig gesenkt werden. Wichtig ist es aber auch, den anfallenden Kosten den Wertzuwachs gegenüberzustellen, der durch die Anwendung von Informations- und Kommunikationstechnologien realisiert werden kann.

Möchte man den Beitrag eines Informationssystems zur Wertschöpfung eines Unternehmens genauer untersuchen, gilt es zunächst einmal, bestimmte Wertkategorien abzugrenzen sowie die Nutzenvorteile herauszuarbeiten:

- **Erhöhte Wirtschaftlichkeit:** Mit dem Einsatz neuer Informations- und Kommunikationstechnologien wird generell ein Beitrag zur erhöhten Wirtschaftlichkeit geleistet. So können etwa kostenintensive Medienbrüche vermieden werden, wenn Workflow-Applikationen über ein einheitliches Technologiesystem realisiert werden. Des Weiteren lassen sich viel Redundanz und hohe Kosten durch Mehrfachspeicherungen vermeiden.

- **Abwicklung von Arbeits- und Geschäftsprozessen mit hoher Wertschöpfung:** Zahlreiche Arbeits- und Geschäftsprozesse lassen sich mit IT-Unterstützung bei überschaubarem Input und einem qualitativ hohen Output realisieren, wobei gleichzeitig der Aufwand insgesamt minimiert werden kann. Kaum ein Unternehmen kann seine Geschäftsprozesse noch reibungslos und performant abwickeln, wenn die Unterstützung der IT nicht oder nur eingeschränkt gegeben ist.

- **Bessere Informationsversorgung führt zu Wettbewerbsvorteilen:** Ein entscheidender Vorteil, der immer wieder herausgestellt wird, ist die bessere Informationsversorgung. Da die mit einem IT-System abrufbaren Zahlen wesentlich genauer und aktueller sind, erfüllen viele Informationssysteme die Funktion eines Frühwarnsystems. Gerade im Hinblick auf die zunehmende internationale Verflechtung der Wirtschaft ist für Fach- und Führungskräfte auch ein schneller Zugriff auf unternehmungsexterne Informationsquellen (z. B. Marktinformationen) von besonderer Bedeutung.

- **Unterstützung der Entscheidungsfindung:** Fach- und Führungskräfte verwenden einen großen Teil ihrer Zeit für strategische und dispositive Entscheidungen. IT-Anwendungen bieten die Möglichkeit, übersichtliche und aussagefähige Entscheidungsunterlagen direkt zu erzeugen. Bei professioneller Einrichtung wird mehr als nur ein traditionelles Berichtswesen bereitgestellt. Die für Entscheidungen verfügbare Zeitspanne wird immer kürzer. Grundsätzlich gilt: Eine IT-unterstützte Entscheidungsvorbereitung ermöglicht gegenüber der konventionellen (bei gleichem Entscheidungszeitpunkt) einen höheren Sicherheitsgrad oder (bei gleichem Sicherheitsgrad) eine frühzeitigere Entscheidung.

- **Schnellere Reaktionsfähigkeit der Unternehmensführung:** Ein entscheidender Wettbewerbsvorteil, der durch moderne IT-Anwendungen erzielt werden kann, liegt in dem für alle Führungsebenen transparenten und umfassenden Informationsvorsprung. Die Unternehmensführung kann nun schneller reagieren, da Detailinformationen bei Bedarf unmittelbar zur Verfügung stehen. Nur durch die Möglichkeit einer elektronischen Verwaltung von Daten und Dokumenten ist ein schnelles Auffinden von relevanten Informationen gewährleistet.

- **Zielgerichtete Planungsmöglichkeiten als strategische Unterstützung:** Eine wichtige Führungsfunktion ist generell das Setzen von Zielen und das Ausarbeiten von Planungen. Dies kann die globale Unternehmensplanung sein; es können aber auch Teilplanungen sein wie beispielsweise die Finanzplanung sowie Produkt- und Absatzplanungen. Bei Nutzung einer IT-Lösung können nun auf einfache Weise Prognosen, Simulationen oder Szenarien entworfen und in allen erdenklichen Varianten durchgerechnet werden. So lassen sich z. B. schnell und problemlos individuelle Analysen aus vorhandenen Daten vornehmen, Kennzahlen ableiten und bewerten sowie Prognosemodelle aufstellen. Die Multidimensionalität der Märkte, Unternehmen und Unternehmensaufgaben kann man deshalb nur mit modernen, computergestützten Methoden in den Griff bekommen.

Gerade die nächsten Jahre werden für zahlreiche Unternehmen die Notwendigkeit bringen, sich stärker als bisher mit der Ressource Information auseinanderzusetzen, was auch eine aktive Mitwirkung von Fach- und Führungskräften einschließt. Informationssysteme werden zur strategischen Waffe erfolgreicher Unternehmensführung, das Management wird zum Gestalter und Nutzer derartiger Systeme. Viele IT-Verantwortliche haben mittlerweile die Herausforderungen erkannt und sehen zunehmend die Notwendigkeit, dass sie die IT anhand von Leistungskennzahlen steuern müssen. Dazu zählen etwa ein optimiertes Managen und Steuern der IT-Services und eine verbesserte Kundenbindung, um so auch den IT-Beitrag zur Wertschöpfung des Unternehmens ermitteln und kommunizieren zu können.

1.3.4 Die Integration der IT in die Unternehmensstrategie

Für einen nachhaltigen Erfolg der IT wird es heute als wesentlich angesehen, dass Entscheidungen und IT-Lösungen in enger Kooperation mit den Fachbereichen (den Kunden) im Unternehmen abgestimmt werden. Dabei sollte gleichzeitig eine Einbettung der IT in strategische Überlegungen des Gesamtunternehmens erfolgen.

Die Erarbeitung einer IT-Strategie kann als eine wesentliche Voraussetzung angesehen werden, um optimale IT-Services unter Beachtung von wirtschaftlichen Aspekten bereitzustellen. Hauptzielsetzungen sind daher die Sicherung der Betriebs- und Lieferfähigkeit der eigenen Organisation sowie die Verbesserung der Leistungsfähigkeit der IT, was sich auch auf die Wettbewerbsfähigkeit des Unternehmens positiv auswirkt.

Der erste Schritt ist immer eine **Analyse der Unternehmensstrategie** und der sich daraus ergebenden Auswirkungen auf die IT-Strategie. Die wesentlichen Treiber für die IT-Strategie werden festgehalten: abgeleitet aus der IT-Position des Unternehmens sowie der strategischen Rolle der IT in der Branche. Danach werden die daraus abgeleiteten Informationsbedürfnisse aufgezeigt. Zweck der **Erfolgsfaktorenanalyse** ist die Beschaffung von Information für die strategische IT-Planung, insbesondere die strategische Maßnahmenplanung.

Die permanenten Leistungssteigerungen bei den Informationstechnologien erlauben es den Unternehmen, immer intensiver alle Phasen ihrer Wertschöpfungsprozesse zu unterstützen. In den vergangenen Jahren entstandene funktionsorientierte Insellösungen werden heute von integrativen, **ganzheitlichen Systemlösungen** abgelöst, die dem neuen Ansatz einer prozessorientierten Unternehmensorganisation besser gerecht werden. Dennoch stellen sich zahlreiche Fragen, für die das Management Unterstützung benötigt (vgl. [Ge02]):

- Inwiefern werden die Unternehmensziele durch die eingesetzten IT-Produkte optimal unterstützt und welchen Wertbeitrag leistet die IT für das Unternehmen?
- Wann sollte welches IT-Produkt zum Einsatz kommen?
- Welches der zur Auswahl stehenden IT-Produkte (Hardware, Applikationen, Netze, Speichersysteme u. a.) weist jeweils das beste Kosten-Nutzen-Verhältnis auf?
- Ist die IT „zur Genüge" strategisch aufgestellt oder beschränkt sie sich zu sehr auf operative Aktivitäten?
- Wann ist der richtige Zeitpunkt, um auf eine neue innovative Technologie zu migrieren?
- Wie sehen die grundlegenden IT-Architekturen aus, die eingeführt und fortentwickelt werden sollen?
- Welche IT-Prozesse sind identifiziert und wie lassen sich diese optimieren?
- Wann werden eher zentrale, wann eher dezentrale IT-Systeme eingesetzt?
- Welches Vorgehen ist in den anstehenden IT-Projekten (etwa zur Realisierung eines neuen Anwendungssystems) zweckmäßig und zielführend?
- Wie kann die IT übergreifend geplant, überwacht und nachhaltig gesteuert werden?
- Welche rechtlichen Besonderheiten sind bei einer IT-Einführung bzw. bei einer vorhandenen IT-Lösung zu beachten?
- Welches Personal wird für die Realisierung von IT-Aufgaben und IT-Prozessen benötigt? Über welche Skills sollte das IT-Personal verfügen?

Dies sind nur einige Fragen, mit denen sich IT-Manager heute unter Beachtung strategischer Aspekte konfrontiert sehen. IT-Manager tragen die Verantwortung unter anderem für die Auswahl, die Einführung und den störungsfreien Betrieb geeigneter IT-Systeme. Die eingesetzten Technologien und Produkte sollen die Geschäftsprozesse des Unternehmens optimal unterstützen. Dabei sind die Interessen des einzelnen Anwenders genauso zu berücksichtigen wie die strategischen Ziele des Unternehmens insgesamt. IT-Manager müssen die Balance zwischen den begrenzten Ressourcen des Unternehmens und den vielfältigen Möglichkeiten, die die modernen Informationstechnologien heute eröffnen, täglich neu finden. Gleichzeitig müssen sie in der Lage sein, im Team aus der Unternehmensstrategie auch geeignete IT-Strategien für ihr Unternehmen abzuleiten.

Der strategische Einsatz von Informationssystemen wird durch innovative Anwendungen realisiert, die zur Erlangung von Wettbewerbsvorteilen beitragen. Ist das Informationssystem in entsprechender Weise auf die Unternehmensstrategie ausgerichtet, so kann die Technologie mithelfen,

- die Branchenstrukturen zu verändern;
- Eintrittsbarrieren gegenüber neuen Mitbewerbern aufzubauen;
- neue Märkte zu schaffen;
- die kritischen Erfolgsfaktoren des Unternehmens zu fördern.

Es gibt mehrere Lösungswege, die das IT-Management gezielt angehen sollte:

- Unter dem Motto „Betroffene zu Beteiligten machen" sind die Erstellung und die Umsetzung der IT-Strategie nicht nur Aufgabe der Leitung des IT-Bereichs, vielmehr müssen alle Führungskräfte des gesamten Unternehmens in den Prozess eingebunden werden.
- Die gemeinsame Erarbeitung einer IT-Strategie ist Chance und Verpflichtung zu einem Stück Organisationsentwicklung im Sinne eines umfassenden Gestaltungs- und Lernprozesses auf der Metaebene.
- Unterschiedliche Sichten und Erwartungen der Beteiligten prallen auf diese Weise frühzeitig aufeinander und die Erkenntnisse aus einschlägigen Diskussionen – vielleicht auch Konflikten – können entsprechend genutzt werden.
- Gerade für den IT-Bereich als Dienstleister ist die Kooperation mit den Kunden sowie zur Unternehmensführung von besonderer Bedeutung. Wichtig ist ein optimales Beziehungsmanagement zu allen Kooperationspartnern.

Erfahrungen der Praxis zeigen: IT-Verantwortliche, IT-Projektleiter oder IT-Service-Manager sind zunehmend gefordert, ein professionelles Anforderungsmanagement zu etablieren. Nur so lassen sich IT-Lösungen mit hoher Akzeptanz implementieren, eine hohe Qualität der IT-Services gewährleisten und gleichzeitig die IT-Kosten „im Griff" behalten. Gleichzeitig sind aber auch die Fachbereiche stärker gefordert, die Potenziale von IT-Lösungen kompetent zu eruieren und in adäquate Anforderungen umzusetzen.

Eine besondere Neuausrichtung ergibt sich mit den Optionen der digitalen Transformation. Diese können nur dann nachhaltig realisiert werden, wenn dazu eine Orientierung an strategischen Überlegungen erfolgt, die in die gesamte Unternehmensstrategie eingebettet sind.

Zu beachten ist, dass Digitalisierung nicht einfach in einer Ergänzung einiger digitaler Funktionalitäten bei den bestehenden Produkten oder in dem einmaligen Überarbeiten der IT-Infrastruktur besteht. Digitalisierung bedeutet vielmehr die kontinuierliche Überarbeitung und Neuausrichtung der digitalen Produkte nach den Spielregeln eines immer schnelleren und globaleren Markts. Die Früchte der Digitalisierung in Form digitalisierter Produkte und Geschäftsmodelle können nur dann geerntet werden, wenn die Voraussetzungen geschaffen werden bzw. diese in eine ganzheitliche Unternehmensstrategie eingebunden sind.

Diese umfassen neben

- einer digitalen Unternehmenskultur mit agilen Methoden,
- digitalen Fähigkeiten und Werten als grundlegendstes Element
- digitale Prozesse, Informationen und Dokumente.

1.4 IT-Management – Rollenverständnis und Kernaufgaben

1.4.1 Positionierung des IT-Managements im Unternehmen

Das Top-Management Ihrer Organisation schätzt die Leistungen der IT, die Benutzer Ihrer Anwendungen sind motiviert und hochzufrieden mit dem IT-Bereich, die Kooperation funktioniert bestens. Stellen Sie sich vor, diese „heile Welt" wäre für Sie möglich! Stellen Sie sich vor, dass das General Management sowie Ihre Anwender Ihre Leistungen, die bereitgestellten IT-Produkte sowie die Ergebnisse Ihrer IT-Projekte tatsächlich in hohem Maße anerkennen und honorieren.

Es liegt auf der Hand, dass die zunehmende Bedeutung der IT für die Unternehmenspraxis und den Unternehmenserfolg es erforderlich macht, dass sich auch das General Management eines Unternehmens mit den Kernfragen der Auswahl und Nutzung der IT-Systeme im Unternehmen befassen muss. Dies bedingt gleichzeitig verschiedene **Aufgaben für die Entscheidungsträger** im Unternehmen. So ist es unabdingbar, dass das General Management

- über die Rolle der IT innerhalb des Unternehmens informiert sein muss,
- Zuständigkeiten (etwa auch bezüglich der Kooperation von IT und Fachbereich) festsetzt,
- die Performance der IT misst und ggf. steuernde Maßnahmen überlegt und ergreift,
- IT-Risiken und Chancen der Digitalisierung managt sowie
- Vertrauen für die IT und ihre Services in der Organisation schafft.

1.4.2 Partner für das IT-Management und die Rolle der IT

Verstand man in den letzten Jahrzehnten unter der IT-Abteilung häufig einen Teil des Unternehmens, der „lediglich" technische Komponenten und eine Infrastruktur zur Verfügung stellt, so wird die IT zunehmend als aktiver Partner für diverse andere Bestandteile eines Unternehmens gesehen, etwa:

- als Unterstützung für Fachabteilungen,
- als zentraler Anlaufpunkt für Mitarbeiter und Kunden bei technischen Fragen und Problemen,
- als Geschäftspartner für externe und interne Lieferanten, Outsourcing-Firmen oder für externe Consultants.

Aus diesem neuen Rollenverständnis, als Partner für unterschiedlichste Stakeholder, ergibt sich, dass an die IT verschiedenste neue Anforderungen gestellt werden. Neben den „klassischen" Anforderungen an die IT wie Benutzerfreundlichkeit, Performance, Sicherheit, Funktionalität, Support werden Aspekte wie

- Know-how-Transfer zwischen Abteilungen,
- wirtschaftliche Bereitstellung von IT-Produkten (Hardware, Applikationen),

- qualitativ hochwertige IT-Services oder
- konsequente Unterstützung der Geschäftsprozesse

immer wichtiger. Wie einleitend dargestellt, spielt die IT heute in allen Bereichen eines Unternehmens eine zunehmend wichtigere Rolle. Untersucht man diese Rolle weiter, lassen sich vier verschiedene Partner herausarbeiten, jeweils gekennzeichnet durch eine spezifische Sicht auf die IT und, daraus abgeleitet, unterschiedliche Ansprüche an die IT:

- Unternehmensführung
- Anwender
- Geschäftspartner (Lieferanten, externe Kunden und Consultants)

Im vorherigen Abschnitt wurde bereits darauf hingewiesen, dass die **Unternehmensführung** sich intensiv mit der strategischen Positionierung der IT im Unternehmen beschäftigen muss. Um langfristig die Existenz des Unternehmens zu sichern, verfolgt die Unternehmensführung vielfach das Ziel, alle Ressourcen des Unternehmens und die damit mögliche Leistungsfähigkeit der IT optimal auf die Erreichung der strategischen Unternehmensziele auszurichten. Für die Unternehmensführung stehen langfristige Aspekte des Einsatzes und der Bereitstellung von Informationstechnologien im Vordergrund. Sie trägt die Gesamtverantwortung für die Effektivität und Effizienz der IT im Unternehmen. Sie verfolgt eigene strategische Interessen mit der Etablierung von IT im Unternehmen.

Die **Anwender** in den verschiedenen Geschäftsbereichen nutzen die IT in unterschiedlicher Ausprägung zur Erledigung ihrer Aufgaben. Sie wünschen sich eine funktionstüchtige, preisgünstige und termingerechte IT, die ihre Aufgaben effektiv und effizient unterstützt. Entsprechend ihrem jeweiligen Aufgabenumfeld stellen sie vielfältige Anforderungen hinsichtlich Funktionalität, Benutzerfreundlichkeit, Performance, Verfügbarkeit, Support etc.

Beachten Sie:

IT-Anforderungen zu spezifizieren und zu managen, ist eine Herausforderung, deren Optimierung sich die IT-Abteilung einer jeden Organisation stellen muss. Erst eine Optimierung ermöglicht der IT zufriedene (interne) Kunden und die Erbringung qualitativ hochwertiger Produkte und leistungsfähiger IT-Services.

Die mit dieser gewünschten IT-Unterstützung verbundenen IT-Systeme müssen konzipiert, realisiert, in Betrieb genommen und betrieben werden. Je nachdem, wie das Unternehmen aufgestellt ist, kann dies durch einen unternehmensinternen IT-Bereich oder durch externe IT-Dienstleister erfolgen. Der **IT-Lieferant** verfolgt das Ziel, seine Leistungsprozesse effektiv und effizient zu gestalten. Dabei bewegt er sich im Spannungsfeld zwischen langfristiger und kurzfristiger Erfolgsorientierung. Langfristiges, zukunftsorientiertes Denken führt nicht immer zu schnellen, preisgünstigen Lösungen. Kurzfristig ausgerichtete Lösungen bringen vorübergehend den einen schnellen Erfolgseffekt, rächen sich aber oft in der späteren Betriebs- und Wartungsphase.

Jede dieser Gruppen verfolgt ihre **eigenen Ziele.** Interessenskonflikte können hier leicht entstehen, wie die folgenden Beispiele zur **Sichtweise der Anwender** verdeutlichen (vgl. auch [Ge02]).

Der **Anwender** möchte ein funktionierendes, sicheres und kostengünstiges System. Ständige Neuheiten stören ihn eher. IT-Entwickler wünschen sich ein fortschrittliches und technologisch anspruchsvolles System. Modernste Technologien sind ihnen wichtig. Kosten treten für sie oft in den Hintergrund. Die Bereitstellung von 100 % Leistung bringt jedoch keinen Vorteil, wenn der Anwender nur eine 30 %-Leistung bestellt, also keine „Cartier-Lösung" will, wenn die „Swatch-Lösung" ausreicht.

Auf der anderen Seite ist dem Anwender die Art und Weise, wie die IT-Unterstützung realisiert wird, völlig gleich. Er stellt seine Anforderungen und erwartet eine qualitäts-, termin- und kostengerechte Umsetzung. Seine Wünsche können mitunter hohe Aufwände bei der Bereitstellung, z. B. in der Programmierung oder im Service, hervorrufen, ohne dass ihm dies bewusst ist. Aus Sicht des Unternehmens soll die Bereitstellung möglichst wirtschaftlich erfolgen. Hier muss der Anwender mitunter gebremst werden.

In vielen Fällen erweist es sich auch als sinnvoll, die Wünsche der Anwender zu bündeln, sodass nur ein Anwendungssystem entwickelt, implementiert und gewartet werden muss. Es ist zum Beispiel ausreichend, im Unternehmen ein Bestellsystem zur Verfügung zu stellen, auch wenn mehrere Geschäftsprozesse dieses benötigen und zum Teil unterschiedliche Anforderungen an den Funktionsumfang stellen. Das Ausbalancieren dieser verschiedenen Zielvorstellungen gehört zu den täglichen Aufgaben des IT-Managers.

Mit der digitalen Transformationsherausforderung kommt der **externe Kunde** als weiterer Geschäftspartner für alle IT-Organisationen dazu. Kunden und Partner (Stakeholder) sind vielfach treibende Kräfte der digitalen Transformation. Aufgabe von Unternehmen muss es folglich sein, deren Erwartungen und Anforderungen zu verstehen und diesen möglichst schnell gerecht zu werden.

1.4.3 Strategisches und operatives IT-Management

Die gegenwärtige Entwicklung der IT ist durch eine hohe Komplexität und immer kürzer werdende Innovationszyklen gekennzeichnet. Die zunehmende Dynamik der Umweltveränderungen fordert von Unternehmen ein immer früheres Erkennen von Chancen und Risiken. Andererseits sollten sich die IT-Lösungen in den Unternehmen jedoch auch durch Stabilität und Kontinuität auszeichnen. Dies zeigt, dass neben dem operativen Handeln auch strategisches Denken benötigt wird.

Strategisches IT-Management stellt die Synchronisierung der Unternehmensziele mit der Informationssystemstrategie in den Mittelpunkt. Dazu muss es die Entwicklung der Unternehmensziele kontinuierlich reflektieren und geeignete IT-Ziele und -Strategien für die operative Umsetzung in den IT-Leistungsprozessen ableiten. Die Effektivität des IT-Systems und der IT-Leistungsprozesse werden kontinuierlich verbessert. Dabei geht es auch um die Initiierung und Planung von IT-Vorhaben und die Priorisierung dieser Vorhaben, mit dem Ziel der Verbesserung der strategischen Position der Organisation durch die implementierten Informationssysteme.

Einen Überblick über wesentliche strategische IT-Handlungsfelder gibt Bild 1.6:

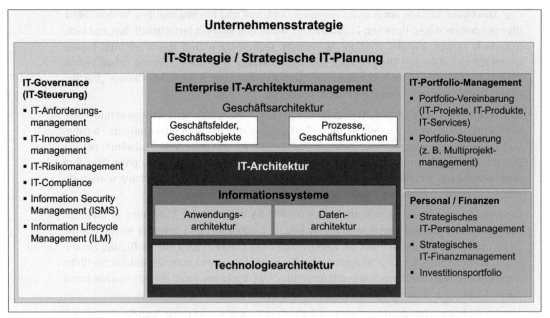

Bild 1.6 Strategische Handlungsfelder für das IT-Management

Eine neue Dimension des strategischen IT-Managements ergibt sich bei digitaler Transformation. Mit dem Weg zum digitalen Unternehmen werden unmittelbar neue Geschäftspotenziale und Geschäftsfelder erschlossen. Erfahrungen und Studien zeigen, dass digitale Unternehmen/Markführer bessere Chancen haben auf:

- Umsatzsteigerungen von über 10 %,
- über dem Branchendurchschnitt liegende Gewinnmargen,
- zukunftsfähige, nachhaltige Produkte.

Das Hauptaugenmerk des **operativen IT-Managements** liegt auf der wirtschaftlichen Nutzung der IT-Ressourcen. Es stellt die wirtschaftliche Durchführung der IT-Leistungsprozesse im Unternehmen sicher. Beim operativen IT-Management geht es letztlich um die effektive Entwicklung von IT-Lösungen, den reibungslosen IT-Betrieb sowie die Weiterentwicklung und Wartung von Informationssystemen. Ausgehend von Kosten- und Leistungsdaten erfolgt eine Steuerung der Prozesse und Produkte über konkrete Kennzahlen und ein angepasstes Berichtswesen.

1.5 Herausforderungen und Handlungsfelder für IT-Verantwortliche

Der Wertbeitrag, den die IT bzw. digitale Produkte und digitalisierte Prozesse für Wirtschaft und Gesellschaft erbringen, ist heute unbestritten. Neben einer erhöhten Wirtschaftlichkeit in Unternehmen und Verwaltung trägt die IT heute auch in hohem Maße zum Unternehmenserfolg und zur unmittelbaren Wertschöpfung von Unternehmen bei. Um die IT- und Digitalisierungspotenziale auch erfolgreich auszuschöpfen, sind jedoch eine leistungsfähige organisatorische Positionierung der IT im Unternehmen sowie hochqualifiziertes IT-Personal unverzichtbar.

Neben den oben genannten generellen Veränderungen in Unternehmen und Verwaltung, die Einfluss auf die IT-Leistungen haben, lassen sich auch spezifische **Änderungen im IT-Bereich** feststellen, die zu neuen **Herausforderungen** führen (siehe Tabelle 1.3).

Tabelle 1.3 Herausforderungen für IT-Verantwortliche

Phänomene in der IT-Welt	Herausforderungen für IT-Verantwortliche
Höhere Anforderungen an die IT-Abteilungen durch Fachabteilungen und Unternehmensführung (bei Wunsch nach hoher Effizienz und Effektivität)	IT-Strategieentwicklungen optimieren und Kundenorientierung in der IT forcieren; Professionalisierung der Leistungsbeschreibungen und Leistungsvereinbarungen (auch interne SLAs)
Digitale Transformation ganzheitlich und zeitnah realisieren	Lagebeurteilung und Geschäftsfeldanalysen vornehmen; Digitalisierungsstrategie entwickeln und umsetzen; Business Model Innovation
Historisch gewachsene IT-Landschaften, steigende Komplexität der eingesetzten IT-Technologien	Geschäfts- und IT-Architekturen zielorientiert planen und managen (IT-Architekturmanagement, Enterprise Architecture Management); betrifft unter anderem die IT-Infrastrukturen/Technologiearchitektur, IT-Applikationen, die damit verbundenen Geschäftsprozesse und IT-Services, Datenmanagement
Steigende Benutzerzahlen, die IT-Support benötigen	Unterstützung für die IT-Kunden/Endbenutzer verbessern (Optimierung der Benutzerverwaltung, automatisierter Support etc.); IT-Services umfassend managen
Modularisierung der Software und Nutzung von Standards (umfangreiches Angebot an Standardsoftware)	Koordination der Einführung von Software-Applikationen, Notwendigkeit der Integration von Standardlösungen forcieren
Digital Governance und Data driven Agility Management	Kundenbeziehungsmanagement stärken, Datenmanagement und Datenqualität sichern, Process Digitisation und Automation weiterentwickeln
Zunehmende Anzahl kritischer IT-Anwendungen (immer mehr „mission-critical"-Applikationen)	Umfassende IT-Serviceleistungen anbieten und IT-Security-Lösungen entwickeln/implementieren

(Fortsetzung nächste Seite)

Tabelle 1.3 Herausforderungen für IT-Verantwortliche *(Fortsetzung)*

Phänomene in der IT-Welt	Herausforderungen für IT-Verantwortliche
Zahlreiche Einflussfaktoren und Vorgaben für Rahmenbedingungen der IT-Nutzung (Gesetze, Verordnungen etc.)	Risikomanagement in der IT und IT-Compliance (Einhaltung von gesetzlichen Regeln und Verordnungen) sicherstellen
Wirtschaftlichkeit der IT nachhaltig sichern; Value Management (Performance Management)	IT-Budgetierung und interne Kosten- und Leistungsverrechnung in der IT einführen; Suche nach Kostensenkungen bei gleichzeitigem Erhalt der System- und Servicequalität; IT-Kennzahlensystem aufbauen/nutzen sowie IT-Reporting und IT-Benchmarking implementieren
Extrem hohe Fluktuation bei den im IT-Bereich Beschäftigten; Fachkräftemangel	Personalmanagement in der IT ausbauen: Mitarbeiterzufriedenheit steigern, Personalentwicklung fördern, Fachkräftesicherung, Digital Leadership, Digital Empowerment

Ausgehend von den beschriebenen Veränderungen und Herausforderungen müssen sich IT-Verantwortliche eines Unternehmens zukunftsorientiert „aufstellen". Dies bedeutet im Einzelnen:

- Aufgrund des nach wie vor rapiden **Technologiewandels** ist ein permanentes Mitverfolgen der Technologietrends unumgänglich. Die daraus resultierenden Potenziale erfordern eine umfassende, ganzheitliche Architektur- und Systemplanung und die Sicherstellung des entsprechenden Deployments bei Release- und Systemwechseln.
- Gleichzeitig sehen sich IT-Verantwortliche **steigenden Anforderungen von Seiten der Kunden** der IT (Fachabteilungen, Niederlassungen/Werke) gegenüber. Umfassende Unterstützung der Geschäftsentwicklung und der unterstützten Geschäftsprozesse sind dabei wesentliche Optionen und Anforderungen an die bereitgestellten IT-Systeme. Damit werden Business-IT-Know-how sowie ein Relationship-Management auch für das IT-Management wesentlich.
- Kunden und Partner (Stakeholder) sind treibende Kräfte der IT-Innovationen sowie digitaler Transformationen. Aufgabe von IT-Verantwortlichen muss es folglich sein, deren Erwartungen und Anforderungen zu verstehen und diesen möglichst schnell gerecht zu werden.
- Digitale Transformation bedeutet letztlich, dass in Unternehmen aller Branchen auf nahezu allen Ebenen der Organisation an verbesserten (datengetriebenen) Prozessen, neuartigen digitalen Produkten und Strategien gearbeitet werden muss.
- Seitens der Geschäftsführung wird außerdem ein hohes Maß an Operational Excellence der IT erwartet. Dazu sind ein **optimiertes Ressourcenmanagement und eine Automatisierung für den Betrieb der IT-Systeme** unverzichtbar. Die Anwender aus den Unternehmen benötigen eine integrierte Bereitstellung von umfassenden IT-Services, um vor allem eine hohe Ausfallsicherheit der IT-Systeme zu gewährleisten. Dies bedeutet neben einem Service „rund um die Uhr" auch das Vorhandensein von „klaren" Ansprechpartnern für Service und Support.

- Eine weitere Herausforderung für IT-Verantwortliche ist der Tatsache „geschuldet", dass auch für die IT ein erheblicher **Kostendruck** gegeben ist. Um diesem Rechnung zu tragen, sind eine effektive Auslastung der IT-Systeme (IT-Infrastrukturkomponenten, Applikationen) sowie integrativ ganzheitliche Applikationen zu gewährleisten, die eine Schnittstellenoptimierung beinhalten. Insgesamt werden vom IT-Management vor allem wirtschaftlich und effektiv betriebene IT-Systemlösungen erwartet; sowohl von der Unternehmensführung als auch von den Fachabteilungen (insbesondere wenn auch eine interne Verrechnung von IT-Kosten und IT-Leistungen erfolgt).
- Die **Einhaltung rechtlicher Rahmenbedingungen** sowie intern formulierter Nutzungsrichtlinien macht einen weiteren Handlungsbereich aus (z. B. Maßnahmen für das Einhalten von Unternehmensrichtlinien sowie von Lizenzbestimmungen). Dies umfasst auch das Risiko- und Sicherheitsmanagement sowie umfassende Maßnahmen für das Notfallmanagement.

Eine effiziente Erfüllung der sich aus den skizzierten Anforderungen ergebenden Handlungsfelder für das IT-Management setzt umfassende Kenntnisse und vielfältige (persönliche und soziale) **Handlungskompetenzen** in den skizzierten Themenbereichen des IT-Managements voraus. Insbesondere sollte das IT-Management in der Lage sein,

- die IT im Unternehmen erfolgreich zu etablieren und dabei zukunftsträchtige IT-Strategiekonzepte bzw. integriert (oder additiv) Digitalisierungsstrategien zu entwickeln;
- das Management der Digitalisierung in Kooperation mit den Fachbereichen so zu realisieren, dass eine erfolgreiche Integration und Nutzung der Anwendungspotenziale digitaler Technologien für das Unternehmen sichergestellt ist;
- Enterprise-Architekturen bzw. IT-Architekturen (IT-Infrastrukturen, Applikationen, Datenarchitekturen sowie Geschäftsarchitekturen) ganzheitlich zu planen und zielorientiert zu steuern;
- Systeme für das Managen von Daten und Informationen anforderungsgerecht zu konzipieren und nachhaltig zu managen;
- Software-Einführungsentscheidungen methodengestützt vorzunehmen und dabei sicherzustellen, dass die Applikationen (sowohl die Eigenentwicklungen als auch die Standardsoftware) die Geschäftsprozesse des Unternehmens optimal unterstützen;
- die Anwendung von Cloud Computing für das Unternehmen sorgfältig zu planen sowie die Cloud-Integration in Abstimmung mit den übrigen Systemen zu sichern;
- das Partnermanagement des IT-Bereichs zu professionalisieren und insbesondere mit den Lieferanten (Providern) sowie mit den Kunden (Fachbereichen, Niederlassungen) der IT permanent weiterzuentwickeln;
- Sourcing- und Beschaffungslösungen zu konzipieren und entsprechende Entscheidungsprozesse kompetent zu begleiten;
- für die IT ein professionelles Anforderungsmanagement im Unternehmen zu etablieren und dabei zukunftsträchtige IT-Lösungen zu entwickeln;
- IT-Services zu definieren, IT-Produkte zu beschreiben und ein Service-Level-Management aufzubauen bzw. zu optimieren;
- IT-Systeme und digitale Plattformen zu planen und nachhaltig zu implementieren sowie den Systembetrieb (inkl. eines Deployment) sicher und wirtschaftlich zu gewährleisten;

- ein Digital Workplace Management aufzubauen und so für eine anforderungsgerechte Endpoint-Ausstattung (inkl. Endpoint-Security) gezielt und kontinuierlich zu sorgen;
- eine leistungsstarke IT-Organisation für eine Unternehmung/Behörde aufzubauen und dabei eine Prozess- und Kundenorientierung in den Mittelpunkt zu stellen;
- IT-Personalmanagement prozessorientiert zu realisieren und entsprechende Personalführungsinstrumente (Leadership) zu nutzen;
- Kosten- und Leistungstransparenz in der IT zu schaffen, ein effizientes IT-Controlling zu realisieren sowie geeignete IT-Kennzahlen zu nutzen;
- Software-Lizenzen in ausreichender Anzahl zu beschaffen und compliant zu nutzen;
- Verfahren und Instrumente der IT-Governance für die eigene Organisation zu überprüfen und unter Nutzung bewährter Rahmenwerke in die Praxis zu implementieren;
- ein Information Security Management aus strategischer und operativer Sicht umfassend aufzubauen und entsprechende Prozesse zu controllen;
- ein IT-Compliance-Management zu gewährleisten, das den verschiedenen regulatorischen Anforderungen umfassend gerecht wird;
- typische Rechtsfragen im IT-Bereich situativ zu analysieren und sachgerecht zu bewerten;
- die „richtigen" IT-Projekte erfolgreich zu initiieren, diese Projekte sorgfältig zu planen und effizient zu controllen sowie als Projektleiter erfolgreich zu führen (sowohl mit klassischen als auch mit agilen Vorgehensmodellen);
- digitale Transformationsprozesse unter Begleitung durch das IT-Management erfolgreich zu gestalten und die dabei entwickelten Produkte, Prozesse und Service nachhaltig zu etablieren bzw. zu betreiben.

Aus den vorangegangenen Ausführungen wurde deutlich, dass die IT in modernen Unternehmen eine immer wichtigere Rolle spielt. Weiterhin ist festzustellen, dass die Anforderungen an das IT-Management gestiegen sind und daher vom IT-Management neue Vorgehensweisen und Instrumente verlangt werden. Welche Arbeitsaufträge ergeben sich daraus?

- Es ist zu prüfen, welchen Zielen und Aktivitäten (Aufgaben) beim IT-Management besondere Bedeutung zukommt.
- Es ist zu bestimmen und zu konkretisieren, in welchen Rollen das IT-Management agieren sollte.
- Es ist zu erheben, in welchem situativen Umfeld bzw. unter welchen Rahmenbedingungen das IT-Management agiert.

Genauere Ausführungen dazu finden Sie in verschiedenen Kapiteln dieses Handbuchs. Bezüglich der Zielorientierung muss das IT-Management immer wieder die nötige Balance finden, wie dies in Bild 1.7 illustriert wird.

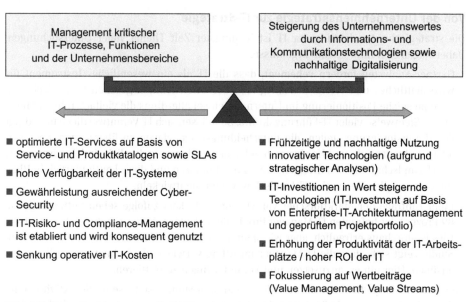

Bild 1.7 Herausforderungen an das IT-Management in der richtigen Balance

Die notwendigen Fähigkeiten des IT-Personals lassen sich am besten aus den Aufgaben ableiten. Vielfältige Erfahrungen zeigen, dass die IT-Mitarbeiter vor allem aktuell für Managementaufgaben befähigt sein müssen. Dazu zählen insbesondere:

- das Entwickeln von Business-IT-Strategien;
- das Planen und Steuern von Enterprise-IT-Landschaften (Business Architecture, Informationssystemarchitekturen, Informationstechnologien und Cloud-Architekturen);
- das Planen und Bereitstellen von IT-Infrastrukturen und Lizenzen;
- das Managen von IT-Systemen und das Bereitstellen hochwertiger IT-Services;
- das Managen von IT-Projekten und das Führen von Projektteams;
- die Übernahme von Organisationsaufgaben im IT-Bereich;
- das Führen und Coachen von IT-Mitarbeitern und Teams;
- das Managen von Software-Entwicklungen und Software-Einführungen (Software-Lizenzen) sowie von Software-Qualität;
- das Treffen von Investitions- bzw. Sourcing-Entscheidungen im IT-Bereich;
- die Budgetierung der IT-Abteilung und der IT-Produkte sowie der IT-Beschaffungen;
- das Controlling der IT-Kosten, IT-Services und IT-Produkte (mittels Kennzahlen- und Reporting-Systemen);
- das Entwickeln und Umsetzen von Konzepten für das IT-Risiko- und IT-Sicherheitsmanagement;
- Maßnahmen zur Sicherstellung des Einhaltens von Richtlinien und rechtlichen Erfordernissen (IT-Compliance-Aufgaben).

Von der Unternehmensstrategie zur IT-Strategie

Die strategische Ausrichtung der IT ist in jüngster Zeit Thema vieler Untersuchungen. Dabei zeigen sich interessante Ergebnisse:

- Gartner-Analysten fordern vehement, dass die IT als ein wesentliches Instrument für wirtschaftliches und erfolgreiches Agieren der Unternehmen gesehen wird. Nachteilig für eine solche Positionierung im Unternehmen sei allerdings die vielfach rein technologische Sichtweise vieler IT-Führungskräfte. So müssen sich IT-Verantwortliche unbedingt der Herausforderung stellen, die Entscheidungsträger davon zu überzeugen, dass veraltete und teure Soft- und Hardware dem Firmenerfolg wenig dienlich sind. Wichtig ist es, die IT-Landschaft klar als Erfolgsfaktor zu positionieren und diese kontinuierlich in Richtung einer agilen Enterprise-IT-Landschaft weiterzuentwickeln.
- Einer Umfrage der Marktforscher von Dynamic Markets zufolge sehen mittlerweile ca. 89 Prozent der befragten IT-Manager ihre Rolle im Unternehmen zunehmend strategisch. Dies ist durchaus erfreulich, aber wie sieht die Realität aus? Nach Auswertung derselben Studie zeigt sich, dass die IT-Manager im Alltag vorwiegend administrative Tätigkeiten ausüben. Hier gilt es, anzusetzen und Veränderungen zu initiieren.

Eine entscheidende Konsequenz aus allen bekannten Studien sollte sein: Die Aktivitäten im IT-Bereich müssen – unabhängig von der Unternehmensgröße – stärker strategisch geplant und daran orientiert konsequent zu einer Umsetzung „geführt" werden. Dies setzt bei den Verantwortlichen sowohl eine Kenntnis der Anforderungen des Unternehmens an die IT sowie ein Wissen um die aktuellen IT-Trends voraus.

Die IT-Strategie beschreibt ausgehend vom Ist-Zustand der IT im Unternehmen, den Anforderungen des Unternehmens an die IT sowie den Möglichkeiten auf dem Gebiet der Informations- und Kommunikationstechnologie

- die Vision, die Mission, die Ziele und Wege, wie die IT einerseits in Zukunft in einem Unternehmen genutzt und
- andererseits als Instrument und durch moderne Architekturen gestaltet werden soll.

In einer Handlungsanleitung von Gartner für IT-Entscheider wird festgestellt, dass unter anderem die strategische Ausrichtung der IT zunehmend eine wichtige Rolle spielen wird. Gleichzeitig ist die Strategieorientierung in der IT in der Praxis viel zu wenig verbreitet (erst 20 Prozent der Unternehmen verfügen laut Studien über eine ausgereifte IT-Strategie). Zahlreiche Nachteile und Probleme können die Folge sein. So lässt sich insbesondere das Ziel, zukunftsfähige IT-Infrastrukturen zu schaffen und dauerhaft bereitzustellen, nur schwer ohne ein integriertes strategisches Vorgehen erreichen. Laut einer Studie der Meta Group sollte man sich **fünf Todsünden der IT-Strategie** (siehe Tabelle 1.4) vergegenwärtigen, wenn eine IT-Strategieorientierung aufgesetzt werden soll.

Tabelle 1.4 Todsünden der IT-Strategie

Todsünden der IT-Strategie	Begründung/Erläuterung
Keine systematische Vorgehensweise	Sofern auf eine abgestimmte methodische Vorgehensweise bei der Strategieentwicklung verzichtet wird, ist die Erarbeitung einer IT-Strategie und der darauf aufbauenden IT-Architektur zum Scheitern verurteilt.

1.5 Herausforderungen und Handlungsfelder für IT-Verantwortliche

Todsünden der IT-Strategie	Begründung/Erläuterung
Produktstandards als Ausgangspunkt	Die Festlegung von Produktstandards (etwa eines Servertyps) sollte gemäß der IT-Strategie gewählt und nicht zum Ausgangspunkt von strategischen Überlegungen gemacht werden.
Fehlende Business-Vision	Ohne eine von der Unternehmensführung entwickelte Business-Vision besteht die Gefahr, dass die IT-Strategie nur wenig Bezug zu den eigentlichen Anforderungen des Unternehmens an die IT hat.
Kein gemeinsames Verständnis über die Rolle der IT	Die Unternehmensführung sollte die IT-Organisation als strategisches Potenzial schätzen.
Das Projekt „IT-Strategie"	IT-Strategien lassen sich auf Dauer nicht im Projekt ermitteln, sondern sollten als iterative Prozesse gesehen und etabliert werden (wichtig: Prozessbeschreibung nötig).

Aus den Schwachstellen vieler Organisationen wird deutlich, dass das IT-Management sich für die kontinuierliche Entwicklung von IT-Strategien verantwortlich zeigen muss. Im Ergebnis ist ein „Vorgehen" zu realisieren, das

- die Erarbeitung einer an den Unternehmenszielen ausgerichteten IT-Strategie ermöglicht,
- aus der IT-Strategie heraus die IT-Zielsetzungen und Maßnahmen für das jeweilige Jahr ableitet,
- eine darauf aufbauende technische Architektur und Infrastruktur
- letztlich in Form eines IT-Masterplans umsetzt.

Die Konsequenz lautet: IT-Verantwortliche sind zunehmend gefordert, eine IT-Strategie zu implementieren und diese fortzuschreiben. Damit verbunden ist die Etablierung eines professionellen IT-Architekturmanagements, um so die Qualität der IT-Services zu gewährleisten und gleichzeitig die IT-Kosten langfristig senken zu können.

Unter Berücksichtigung der vorgenannten Punkte ist die IT-Strategie eigentlich als Leitfaden für die Entwicklung der Handlungsschwerpunkte zu sehen. Sie stellt also eine Verbindung zwischen den Unternehmenszielen und den „notwendigen Ausprägungen" in der IT-Organisation dar. Außerdem sollte die IT-Strategie dazu dienen, die internen Projekte der IT abzuleiten und zu begründen. Es bietet sich daher an, die Konsequenzen aus der Strategiebetrachtung direkt im Projektportfolio zu integrieren und zu konkretisieren.

Kapitel 2 dieses Handbuchs vermittelt Ihnen kompaktes Know-how zur Entwicklung und praktischen Umsetzung von IT-Strategien. Sie erfahren anhand von praktischen Beispielen, wie Sie die IT Ihrer Organisation zukunftsorientiert positionieren können und welche IT-Innovationen nötig sind. Damit machen Sie Ihre IT-Landschaften fit für die Zukunft. Gleichzeitig können Sie ein optimales Enterprise Architecture Management realisieren.

Digitalisierung im Team gestalten – digitale Geschäftsmodelle planen und umsetzen, Geschäftsprozesse digitalisieren und digitale Lösungen an der Kundenschnittstelle optimieren

Für das Management der Digitalisierung ist es von besonderer Bedeutung, dass – im Gegensatz zu früheren klassischen Handlungsfeldern des IT-Managements – nunmehr die IT verstärkt in Kooperation mit anderen Bereichen des Managements agieren muss. Dazu rechnen insbesondere ein Einbezug der Unternehmensführung, eine intensivere Zusammenarbeit mit ausgewählten Fachbereichsverantwortlichen (primär aus den Bereichen Vertrieb und Marketing) sowie eine differenzierte Beteiligung von Managementbereichen wie das Prozess- und Projektmanagement sowie – falls vorhanden – des Innovationsmanagements.

Unternehmen und Dienstleistungsorganisationen aller Art müssen sich heute den vielfältigen Herausforderungen der Digitalisierung stellen und – mit Blick auf vorhandene und potenzielle Geschäftsfelder sowie der Wettbewerbsposition – prüfen sowie rasch entscheiden,

- welche **innovativen Geschäftsfelder** sich in der Branche abzeichnen und für das Unternehmen einer adäquaten Adaption und Umsetzung bedürfen,
- inwiefern eine Automatisierung der Arbeits- und Geschäftsprozesse in Angriff zu nehmen ist,
- wie an der **Schnittstelle zum Kunden** eine optimierte Kundenbeziehung mittels Digitalisierung realisierbar ist.

In Kapitel 3 stehen die Themen und Handlungsfelder im Mittelpunkt, die im Laufe der Gestaltung der Digitalisierung angegangen werden:

- **Entwicklung neuer Geschäftsfelder bzw. neuartiger digitaler Produkte:** Aufgezeigt wird, wie Unternehmen ihre Geschäfte/Geschäftsfelder überdenken können, um nicht Anschluss an den Wettbewerb zu verlieren. Durch den Einsatz neuer Technologien wie Big Data/Analytics, Social Media, Mobility, Vernetzungstechnologien (Connectivity-Optionen) und Cloud Computing ergeben sich – differenziert nach Branchen – dabei oft vielfältige Potenziale für neue Geschäftsmodelle, neue (digitale) Produkte und Dienstleistungen.
- **Entwicklung neuer Kooperations- und Marktmodelle:** Dargelegt wird, wie Unternehmensgründungen, die auf digitale Geschäftsmodelle und Geschäftsprodukte fokussieren, neue Kooperationsmodelle entwickeln können; etwa für den Finanzdienstleistungssektor, für den Handel oder Logistikunternehmen.
- **Digitalisierung der Prozesse (auch über die gesamte Wertschöpfungskette hinweg):** Digitale Prozesse bzw. die Unterstützung der Wertschöpfungsketten ermöglichen es beteiligten Unternehmen, effizienter und effektiver zu arbeiten. Ausgehend von Digitalisierungspotenzialen bedarf es in vielen Unternehmen der Entwicklung und Etablierung digitaler Prozesse.
- **Intensivierung der Kundenorientierung mit vielfältigen Kundenschnittstellen:** Eine weitere Ziel- und Handlungsoption durch Digitalisierung besteht darin, Kunden über eine Vielzahl bzw. über nahezu alle Kanäle hinweg einheitlich anzusprechen (sog. Omni-Channel als eine Plattform für alle Kanäle). Bei derartigen Lösungen ist es möglich, Filial-, Webshop- und mobile Anwendungen intelligent miteinander zu verbinden. So lassen sich personalisierte Angebote in Echtzeit entwickeln und den potenziellen Kunden präsentieren (Berichte, Analysen und Prognosen in Echtzeit).

Kapitel 3 dieses Handbuchs vermittelt Ihnen kompaktes Know-how zur Entwicklung und praktischen Umsetzung von Digitalisierungslösungen. Sie erfahren anhand von praktischen Beispielen, welche Rolle dabei die IT-Organisation dabei übernehmen muss. Die Entwicklung von neuen digitalen Geschäftsmodellen bzw. die Umstellung herkömmlicher Modelle auf digitale Optionen ist heute für den Geschäftserfolg wesentlich. In dem Kapitelbeitrag wird – ausgehend von Business-Analysen – mit Hilfe der Canvas-Methodik gezeigt, wie erfolgreiche digitale Geschäftsmodelle entworfen und für Unternehmen umsetzbar gemacht werden können.

Die Transformation vorhandener Geschäftsprozesse auf eine digitale Basis ist für viele Unternehmen ein überlebenswichtiger Schritt, um veränderten Kundenanforderungen und Markttrends in der Branche gerecht zu werden. In dem betreffenden Kapitel erfahren Sie, wie solche Umstellungsprozesse geplant, begleitet und umgesetzt werden können.

Komplexität beherrschen – IT-Architekturen bzw. Enterprise-Architekturen erfolgreich planen und steuern

Ein weiteres Handlungsfeld für das IT-Management umfasst die **Entwicklung, Auswahl und Umsetzung von IT-Architekturen bzw. Unternehmensarchitekturen.** Ausgehend von strategischen und operativen Anforderungen an die IT kommt es für das IT-Management hier darauf an, ein tragfähiges Gesamtbild der IT-Entwicklung für das Unternehmen zu „zeichnen" und dazu einen Architekturorientierungsrahmen zu entwickeln, der insbesondere die Zielarchitektur von IT-Infrastrukturen und IT-Applikationen beschreibt. Dazu sind Gestaltungsprinzipien für Systementscheidungen zu formulieren sowie Architekturvorgaben (= „strategische" Technologien und IT-Produkte) zu definieren und mit den Kunden und Stakeholdern der IT zu kommunizieren. Im Sinne des Strategic Alignment muss daraus auch die Konzeption von Zukunftsszenarien oder verbindlichen „Roadmaps" für die weitere IT-Entwicklung ableitbar sein, wozu neben geeigneten Architekturplanungsprozessen vor allem auch Controlling-Prozesse für bestimmte Domänen bzw. für das gesamte Unternehmen zu etablieren sind.

Aus der Geschäftswelt (den Fachbereichen des Unternehmens) heraus findet sich insbesondere die Forderung an das IT-Management, grundlegende Geschäftsfelder durch zeitgemäße IT-Architekturen flexibel „zu bedienen" und strategische Geschäftsprozesse zeitnah umzusetzen, indem die IT mit entsprechenden Lösungsangeboten reagiert (also etwa angepassten Applikationslandschaften bzw. innovativen Datenarchitekturen).

Das klassische IT-Architekturmanagement hat sich als Folge daraus zunehmend zu einem ganzheitlichen Enterprise Architecture Management (kurz EAM) entwickelt. EAM ist ein umfassender Ansatz zur Planung, Entwicklung, Implementierung und Weiterentwicklung von Unternehmensarchitekturen. Dabei werden vier wesentliche Ebenen der Unternehmensarchitektur (Enterprise Architecture) betrachtet, aus denen sich dann entsprechende **Architekturbausteine** ableiten lassen:

- Geschäftsebene (Geschäftsarchitektur bzw. Business Architecture),
- Anwendungen (Applikationsarchitektur),

- Daten (Daten- oder Informationsarchitektur) sowie
- Technologie/IT-Infrastruktur (Technologiearchitektur).

Das Managementkonzept umfasst neben der Dokumentation der Ist-Landschaft auch die Konzeption und Planung einer zukünftigen Soll-Landschaft des Unternehmens (Enterprise-Bebauungsplanung) sowie Controlling-Instrumente zur kontinuierlichen erfolgreichen Steuerung und Weiterentwicklung der Enterprise Architecture. Ziel ist es, durch einen ganzheitlichen Blick die Unternehmensarchitektur in allen wesentlichen Teilbereichen (Domänen) transparenter zu machen und damit die Planbarkeit und Steuerbarkeit des Unternehmens sowie seiner IT-Systeme und IT-Services zu verbessern (in jedem Fall ist ein klares Top-down-Vorgehen „angesagt").

Einen Überblick illustriert Bild 1.8:

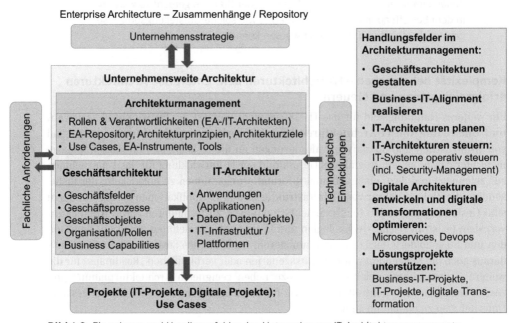

Bild 1.8 Einordnung und Handlungsfelder des Unternehmens-IT-Architekturmanagements

Die Konsequenz: Das IT-Management muss die vier Architekturbausteine beherrschen und in der Lage sein, die dazu notwendigen Entscheidungen für die eigene Organisation auf den Weg zu bringen. Von besonderer Relevanz sind die ganzheitliche Entwicklung und Betrachtung von Architekturen auf Unternehmensebene sowie die Berücksichtigung der Wechselwirkungen zwischen den verschiedenen Bausteinen der Architektur, um zu zukunftsorientierten integrierten Lösungen zu gelangen.

In jedem Fall sind umfassende und handlungsorientierte Managementkompetenzen erforderlich, um die vielfältigen Anforderungen und Herausforderungen für ein modernes IT-Architekturmanagement/EAM in der Praxis von Wirtschaft und Verwaltung erfolgreich bewältigen zu können:

- So sollte das IT-Management über ganzheitliches Wissen aus allen wesentlichen Architekturbereichen und Aktionsfeldern des Architekturmanagements verfügen (von der

Geschäftsarchitektur, der Applikationsarchitektur, der Daten- und Informationsarchitektur bis hin zur Technologiearchitektur).

- Ausgehend von den Anforderungen der Praxis muss das IT-Management entscheiden, wie die IT-Architekturen in den jeweiligen Domänen dokumentiert werden können und welche Prozesse im IT-Architekturmanagement möglich sind (Darlegung eines Vorgehensmodells).
- Darüber hinaus ist festzulegen, wie eine organisationsspezifische Verankerung von IT-Architekturmanagement in der Praxis aussehen kann (Rollen, Prozesse etc.).
- Das IT-Management muss ebenfalls Einfluss darauf nehmen, wie in der IT-Organisation das Architekturmanagement zukunftsorientiert positioniert werden kann und welche IT-Innovationen daraufhin möglich und nötig sind. Damit zusammen hängen vielfältige Kompetenzen, vorhandene IT-Architekturen zu bewerten bzw. zu analysieren und daraufhin leistungsfähige Unternehmensarchitekturen für das Unternehmen zu planen.

 Für große und komplexe IT-Systeme ist es wichtig, die grundlegenden informationstechnischen und organisatorischen Strategien in Form einer übergreifenden IT-Architektur bzw. einer ganzheitlichen Unternehmensarchitektur festzuschreiben. Welche Aufgaben sich für das IT-Management in Zusammenhang mit der Planung, Verwaltung und Weiterentwicklung von IT- und Unternehmensarchitekturen ergeben und wie diese optimal gelöst werden können, erfahren Sie in **Kapitel 4** dieses Handbuchs.

Informations- und Datenmanagement – Datenqualität ist wesentlich für den Erfolg

Die Bedeutung von Informationen bzw. Daten nimmt für die Unternehmenspraxis immer mehr zu und rückt auch für das IT-Management wieder in den Fokus. Es ist heute unbestritten, dass Informationen nicht nur zur erfolgreichen Aufgabenbewältigung vieler Mitarbeiterinnen und Mitarbeiter erforderlich sind, sondern dass sie auch einen wesentlichen Beitrag zum Unternehmenserfolg leisten. Denken Sie insbesondere an CRM-Lösungen sowie Anwendungen im Finanzmanagement.

Erfahrung und Intuition reichen in der Regel nicht mehr aus, um die komplexen Anforderungen moderner Unternehmensführung bewältigen zu können. Die Situation auf den Absatz- und Beschaffungsmärkten ist heute im digitalen Zeitalter des Internets durch eine enorme Dynamik gekennzeichnet. Gleichzeitig ergibt sich ein erhöhter Aufwand zur Koordination einzelner Unternehmensbereiche. Dies geht nur durch eine gezielte Bereitstellung von aktuellen Informationen (Realtime-Verarbeitung wird immer wichtiger).

In diesem Zusammenhang spielt die **Informations- und Wissensorganisation** eine besondere Rolle. Wichtig dabei ist, das bei den Beschäftigten und an Projekten Beteiligten vorhandene (individuelle) Wissen zu kollektivem Wissen zu machen. Wissen wird hier als die zentrale Ressource erkannt, die im IT-Bereich „zirkuliert" und einen wesentlichen Beitrag zur Qualitätssteigerung der IT-Produkte und IT-Leistungen liefern kann. Diese zentrale Ressource wird sinnvollerweise einem unternehmensspezifischen Wissensmanagement zugeführt. Dabei kann Informationstechnik (IT) unterstützend wirken, indem eine Bündelung über einen webgestützten Server oder eine Cloud-Lösung vorgenommen wird.

Ein zweiter wesentlicher Bereich, der in einem gesonderten Kapitel des Handbuchs systematisch dargestellt wird, setzt bei dem folgenden Grundproblem der Unternehmenspraxis an: Viele Daten sind verstreut gespeichert, werden auf unterschiedlichen Medien verwaltet, durch verschiedene Programmsysteme erzeugt und stehen damit für eine gezielte Verwendung nicht zur Verfügung. Die Folge für viele Firmen: Zahlreiche Daten, die in verschiedenen IT-Systemen gespeichert sind, schlummern eigentlich nur so vor sich hin.

Ein Weg zur Problemlösung wurde in der Vergangenheit vielfach in der Einrichtung eines Data Warehouse gesehen. Hauptzielsetzung eines Data Warehouse ist es, aus den reinen Produktionsdaten eines Unternehmens (etwa den Bestell-, Auftrags- oder Lohndaten) Informationen zu extrahieren, auf deren Basis geschäftsrelevante Entscheidungen getroffen werden können. Erst aus der gezielten Verdichtung der verstreut gespeicherten Daten entstehen neue, komprimierte Informationen, die wettbewerbsrelevant sind. Damit rückt die Datenqualität in den „Blickpunkt".

Infolge des rasanten Datenwachstums reichen für viele Unternehmen Data-Warehouse-Lösungen nicht mehr aus. So zählt derzeit Big Data zu den aktuellen wesentlichen Herausforderungen für die Organisation und Nutzung moderner IT-Systeme. Unternehmen und Verwaltungen müssen sich in Kooperation mit dem IT-Management derzeit unbedingt dem Thema stellen, denn nur so kann es in der Praxis gelingen, aktiv dem Datenwachstum, der Datenvielfalt und den verschiedenen Datenquellen entgegenzutreten und geschäftlichen Nutzen daraus zu ziehen.

Big-Data-Projekte werden – das steht außer Zweifel – große Veränderungen in der IT und der Business-Organisation bewirken. Um den erfolgreichen Umgang mit riesigen Datenmengen, unterschiedlichen Datenformaten und Datenquellen zu realisieren, müssen die herkömmlichen Methoden und Vorgehensweisen (Datenorganisation, Datenarchitektur, Datenmanagement, Datenanalyse und Datenpräsentation) mit neuen speziellen Tools und Konzepten verbunden werden, um rasch wirtschaftlichen Nutzen aus den Daten zu ziehen bzw. eine hohe Datenqualität (etwa für Entscheidungsfindungen) zu gewährleisten.

Im Einzelnen erfahren Sie in **Kapitel 5**:

- die Bedeutung und unterschiedlichen Rollen, die Informations- und Datenmanagement heute in der Unternehmenspraxis haben;
- welche Informationsprobleme in der Unternehmenspraxis typisch sind und welche Ansatzpunkte für die Lösung gegeben sind;
- inwiefern der Informationsqualität eine besondere Relevanz für das IT-Management zukommt;
- welche Ziele und Nutzen ein professionalisiertes Datenmanagement hat;
- warum eine Data-Governance-Organisation etabliert werden muss und welche Handlungsfelder dabei zu vereinbaren sind;
- welche Aufgaben im Rahmen eines systematischen Stammdatenmanagements wahrzunehmen sind.

Kapitel 5 zeigt Ihnen – ausgehend von grundlegenden Informationen zur Informations- und Datenorganisation in Unternehmen –, wie mittels Data-Governance IT-Lösungen im Datenmanagementumfeld erfolgreich geplant und implementiert werden und wie ein effektives Management solcher Lösungen erfolgen kann.

Geschäftsprozessorientierte Softwaresysteme – Applikationen unterstützen und ermöglichen erfolgreiche Geschäftsprozesse

Die Geschäftsprozesse einer Organisation lassen sich nur dann erfolgreich realisieren, wenn die sie unterstützenden IT-Applikationen und IT-Infrastrukturen störungs- und problemfrei arbeiten sowie eine adäquate Funktionalität aufweisen. Um dies sicherzustellen, ergibt sich in der Praxis ein wachsender Bedarf an Applikationen, die den Anforderungen der Geschäftsprozesse angepasst sind und diese erfolgreich umsetzen.

Ein zentrales Problem bei der Umsetzung neu gestalteter Geschäftsprozesse ist oft die Missachtung des Zusammenhangs zwischen Prozessgestaltung und der Implementation von Applikationen. Die Einführung von Standardsoftware führt beispielsweise im Regelfall nur dann zum Erfolg, wenn sich das Unternehmen hinsichtlich seiner Prozesse an die vorgesehenen Möglichkeiten der Standardsoftware anpasst. Das Beharren auf traditionellen Lösungen erhöht die Einführungskosten und den späteren Wartungsaufwand, z. B. bei Release-Wechseln.

Moderne betriebswirtschaftliche Standardsoftware setzt eine Prozessorganisation voraus. Allgemein gilt heute der Grundsatz, dass betriebswirtschaftliche Standardsoftware (Business-Software, ERP-Software) prozessorientiert zu implementieren ist. Dies bedeutet: Es muss möglich sein, für bestimmte Kernprozesse (etwa für die Auftragsbearbeitung) Software modulübergreifend einzuführen.

Probleme ergeben sich durch die unterschiedlichen Prozesssichten von Geschäftsführungen, Fachabteilungen und IT-Management. Die Folge ist: Wer die Kernprozesse des Unternehmens nicht sieht und versteht, wird mit Anwendungsprogrammen immer nur die Unterstützung traditioneller Funktionen erreichen. Voraussetzung zur prozessorientierten Anwendungslösung ist deshalb auch hierbei zunächst die Identifikation und Modellierung bereichsübergreifender Prozesse.

Zu beachten ist, dass eine Einführung von betriebswirtschaftlicher Standardsoftware (wie ERP-Systeme) eine Anpassung der Geschäftsprozesse an die Möglichkeiten des jeweiligen Softwaresystems erfordert. Dabei sollten folgende Grundsätze berücksichtigt werden: Bei Standardprozessen sollte versucht werden, möglichst weitgehend die vorhandene Funktionalität der Standardsoftware zu nutzen. Kernprozesse, mit denen ein Wettbewerbsvorteil erreicht werden kann, sollten hingegen individuell gestaltet werden. Hierfür sind durchaus Erweiterungen der Standardfunktionalität sinnvoll.

 Die Herausforderung, der sich die IT-Abteilung bei der Software-Einführung heute stellen muss, lautet: möglichst eng am Standard bleiben und dennoch dem stetigen Wandel, den das Business Re-Engineering fordert, konsequent Rechnung tragen. Wie heute geschäftsprozessorientierte Softwarelösungen realisiert und kontinuierlich weiterentwickelt werden können, erfahren Sie in **Kapitel 6** dieses Handbuchs.

Cloud Computing – ein Paradigmenwechsel in der Bereitstellung von IT-Services

Cloud Computing ist mittlerweile ein schillernder Begriff in der IT-Welt geworden. Folglich sind auch eine Einordnung und eine Positionsbestimmung für die Unternehmenspraxis nicht immer ganz einfach. Vielfach wird davon ausgegangen, dass Cloud-Services die Realisierung von Arbeits- und Geschäftsprozessen im Unternehmen agiler und kosteneffizienter machen können.

Grundsätzlich bieten sich hinsichtlich der Umsetzung folgende **Alternativen:**

- **Private Cloud:** Im Rahmen einer „Private Cloud" behält die IT-Abteilung die Kontrolle über das Cloud-Management, so dass Sicherheitsbedürfnissen in besonderer Weise Rechnung getragen werden kann.
- **Public Cloud:** Die „Public Cloud" wird vom Anbieter der Cloud-Lösung verwaltet und ermöglicht es dem Anwender, in erhöhtem Maß von Skaleneffekten zu profitieren.
- **Managed Private Cloud:** Unternehmen erhalten hier eine dedizierte Infrastruktur in einer Public-Cloud-Umgebung, die eigens für sie bereitgestellt wird. Diese Variante gewinnt an Bedeutung, da im Laufe der Zeit die Anbindung zur Public Cloud durch VPNs und Direct Ethernet Links verbessert wurde.

Folgende **Bereiche des Cloud Computing** werden vielfach unterschieden:

- **Infrastructure as a Service:** In diesem Fall können Ressourcen wie Rechen- oder Speicherleistungen geordert werden, wobei eine bedarfsorientierte Skalierung der Ressourcen für die Cloud möglich ist (etwa Speicherkapazität, Zeitfenster der Leistungserbringung).
- **Software as a Service:** Durch die Cloud werden komplette Applikationen dem Unternehmen zur Verfügung gestellt. Der Vorteil: Software muss nun nicht mehr in Eigenregie auf Servern oder Clients installiert werden.
- **Platform as a Service:** Eine mit Basissoftware vorbereitete Cloud-Plattform kann geordert werden, wobei dort dann eigene Applikationen installiert und verfügbar gemacht werden können.
- **Business-Processes as a Service:** Diese Option ermöglicht es, komplette Geschäftsprozesse als Services zu abonnieren und in eine Cloud-Umgebung zu verlagern.

Der Einstieg und die Optimierung von Cloud-Optionen verlangen vom IT-Management darüber hinaus Entscheidungen, auf welche Plattformen das Unternehmen bzw. die IT-Organisation dabei künftig setzen will. Zu entscheiden ist unter anderem, mit welchen mobilen Geräten die Endbenutzer künftig auf die Cloud zugreifen können. Darüber hinaus muss entschieden werden, mit welcher Plattform eigene Anwendungen für die Cloud entwickelt werden sollen.

Eine Besonderheit besteht auch darin, den richtigen Partner zu finden. So hat sich mittlerweile ein breiter Markt rund um Infrastruktur, Software und Services aus der Cloud entwickelt. Neben bekannten IT-Unternehmen, die bereits seit Jahrzehnten Dienste für die Enterprise-IT anbieten, gibt es auch interessante Anbieter, die erst in der jüngeren Zeit auf dem Feld der Unternehmens-IT aktiv sind.

Im Einzelnen erfahren Sie in Kapitel 7:

- welche Komponenten Cloud-Computing-Lösungen umfassen können;
- wie wirtschaftliche Aspekte für den Einsatz von Cloud Computing berücksichtigt werden können;
- welche rechtlichen Aspekte beim Cloud Computing eine Rolle spielen;
- was beim Einsatz von Cloud-Computing-Technologien zu beachten ist;
- welche Entscheidungskriterien für den Einsatz von Cloud Computing wesentlich sind.

IT-Sourcing in der Unternehmenspraxis – Herausforderungen, Ziele, Handlungsfelder und Instrumente

Steigende IT-Beschaffungskosten in Unternehmen und Verwaltungen sowie erweiterte strategische Nutzungsmöglichkeiten haben in letzter Zeit zu einem immer stärkeren Bestreben geführt, den IT-Einkauf (das IT-Sourcing) genauer zu betrachten und ein optimiertes IT-Sourcing-Management zu organisieren.

Als wesentliche Herausforderungen, denen sich ein moderner IT-Einkauf heute stellen muss und die die Einführung neuer Konzepte bzw. neuer Handlungsfelder unumgänglich machen, können herausgestellt werden:

- globale Beschaffungsmärkte mit hoher Dynamik
- höhere Bedeutung strategischer Überlegungen (etwa bezüglich der Wahl der Kooperationspartner für den IT-Einkauf)
- Optimierung der Beschaffungsprozesse

Eine Entscheidungsfrage für Unternehmen ist, ob ein eigenständiger IT-Einkauf als Organisationseinheit nötig ist bzw. wo die organisatorische Einordnung erfolgt. Als Vorteil eines ausgesonderten IT-Einkaufs gilt, dass die Einkäufer diese Aufgaben als Tagesgeschäft durchführen und somit ständig mit der Verhandlungssituation und der Bedarfserfüllung beschäftigt sind. Für den einzelnen Bedarfsträger aus den Fachbereichen handelt es sich meistens um einen einmaligen Vorgang.

Die Bedeutung der Beschaffung von IT-Produkten und IT-Diensten ist im Wandel. Selbst in großen Unternehmen wird immer mehr IT eingekauft und immer weniger „selber" produziert (Rückgang der Eigenentwicklung von Software, weniger Eigenerbringung von IT-Services etc.). Letztlich stellt sich bei allen Beschaffungsobjekten für die IT-Organisation die Make-or-Buy-Entscheidung.

Zu den wesentlichen Handlungsfeldern IT-Einkauf rechnen das Management von Kundenanforderungen (Aufnehmen der Anforderungen der Fachabteilungen) an die zu beschaffenden IT-Systeme, Plattformen und Services, Auswahlentscheidungen zu verschiedenen Beschaffungsobjekten, Lieferantenmanagement, das Managen der Beschaffungsprozesse sowie die Budgetierung und Finanzierung von Beschaffungsaktivitäten.

Softwareauswahl und Lizenzerwerb sind darüber hinaus ebenfalls zunehmend zu einer Daueraufgabe für den IT-Einkauf geworden. Dies ist einmal darauf zurückzuführen, dass immer wieder neue interessante IT-Produkte auf den Markt kommen; seien es Weiterentwicklungen der bisherigen Produkte (als Updates) oder vollkommen neue Produkte für bewährte Anwendungsgebiete. Gleichzeitig sind neue Anwendungsgebiete sowie veränderte Anforderungen der Fachbereiche einzubeziehen.

Das Management der IT-Lieferanten sollte geplant und in Abstimmung mit den Unternehmens- und IT-Strategien durchgeführt werden. Eine Lieferantenbewertung nach abgestimmten Bewertungskriterien, die darauf aufbauende Lieferantenklassifizierung, die Lieferantenentwicklung (Definition und Umsetzung von Lieferantenentwicklungsmaßnahmen auf Basis der Bewertung) sind wesentliche Instrumente zum Aufbau einer erfolgreichen Wertschöpfungspartnerschaft für die Unternehmens-IT.

In **Kapitel 8 „IT-Sourcing"** erfahren Sie, welche Aufgaben und Prozesse bei verschiedenen Optionen von IT-Beschaffungen anfallen und sich in welcher Weise bewährt haben. Auf dieser Basis können Sie Konzepte zur Lieferantenauswahl sowie zur Lieferantenbewertung für Ihre Organisation entwickeln und anwenden. Darüber hinaus lernen Sie die Handlungsfelder im IT-Einkauf kennen sowie Formen des Outsourcing einordnen sowie begründen, welche Motive für ein Outsourcing in bestimmten Kontexten sprechen.

IT-Anforderungen managen – Instrumente und Prozesse

IT-Verantwortliche und IT-Fachkräfte müssen zunehmend kundenorientiert denken und handeln, um erfolgreich zukunftsfähige IT-Lösungen planen, realisieren und managen zu können. Im Kern geht dies nur, wenn die Anforderungen der Kunden – also der Anwender in den Fachabteilungen – bekannt sind und angemessen berücksichtigt werden.

Wichtig ist deshalb ein professionelles **Anforderungsmanagement.** Dazu finden sich in vielen Unternehmen mittlerweile auch besondere Akteure/Rollen; in der Regel **IT-Anforderungskoordinatoren** genannt (synonym existieren auch Bezeichnungen wie Key User, Power User, IT-Beauftragter, Fachkoordinator oder Business-Analyst). Das Anforderungsmanagement stellt sich dabei als „Drehscheibe zwischen IT und Fachbereich" dar. So können effiziente, harmonisierte und ganzheitliche IT-Lösungen gewährleistet werden.

Das entsprechende Kapitel im Handbuch gibt Ihnen einen kompakten Einblick in Aufgaben, Prozesse, Techniken und Tools, die für ein erfolgreiches IT-Anforderungsmanagement in der Praxis wesentlich sind. Ausgehend von einer grundlegenden Positionierung von Anforderungsmanagement im Unternehmen wird dargelegt, wie die Kundenanforderungen an die IT-Produkte und IT-Lösungen

- erhoben, gesammelt und (in einer Anforderungsspezifikation) dokumentiert werden,
- analysiert und priorisiert werden sowie
- letztlich in Systemanforderungen transferiert werden.

 IT-Anforderungen zu spezifizieren und zu managen, ist eine Herausforderung, deren Optimierung sich jede IT-Organisation (die IT-Abteilung einer jeden Unternehmung, jeder IT-Dienstleister) stellen muss. Erst eine Optimierung ermöglicht der IT zufriedene (interne und externe) Kunden und die Erbringung qualitativ hochwertiger IT-Produkte und leistungsfähiger IT-Services.

In **Kapitel 9** erfahren Sie, wie sich das IT-Management in den diversen Projekten (etwa Software-Entwicklungsprojekte oder Architekturkonzeptionslösungen) „einbringen" muss und dabei die Zusammenarbeit der IT mit dem Fachbereich erfolgreich steuern kann. Sie erwerben das Know-how, wie sich Anwenderanforderungen genau erkennen, dokumentieren und qualifiziert kommunizieren lassen. Außerdem erfahren Sie, wie Sie die Anforderungsoptionen richtig bewerten und validieren.

IT-Servicemanagement – durch Prozessorientierung zu einer höheren Servicequalität

Der immer wichtiger werdende effiziente Einsatz der Informations- und Kommunikationstechnologien zur Unterstützung der Geschäftsprozesse in Unternehmen und Verwaltung legt die Notwendigkeit eines professionellen IT-Servicemanagements nahe. Ein wesentlicher Ansatzpunkt für die Planung und Steuerung sind dabei die Aktivitäten und Prozesse, die IT-Serviceleistungen betreffen. Dementsprechend werden heute hohe Anforderungen sowohl an interne IT-Abteilungen als auch an externe IT-Service-Dienstleister gestellt.

IT-Servicemanagement umfasst jene Prinzipien, Prozesse und Instrumente, die der Erstellung und Erbringung von zuverlässigen, kundengerechten IT-Dienstleistungen dienen. Neben der Verbesserung der Kundenbeziehungen soll ein organisiertes IT-Servicemanagement auch eine Qualitätsverbesserung der IT-Leistungen sowie Kostenbewusstsein in Bezug auf die IT-Lösungen in den Fachbereichen schaffen. Diese Ziele bedeuten letztlich einen Paradigmenwechsel – vom IT-Anwender zum IT-Servicekunden – und setzen einen kulturellen Wandel in der Unternehmens- und IT-Organisation voraus (wenn etwa auch eine verursachungsgerechte Verrechnung der IT-Serviceleistungen auf die Fachabteilungen als Kostenträger erfolgt).

Wie lauten die grundlegenden Zielsetzungen im IT-Servicemanagement? IT-Services müssen zum richtigen Zeitpunkt, in der richtigen Quantität, mit der richtigen Qualität, am richtigen Ort und zu marktfähigen Preisen für die internen Kunden der IT-Abteilung (also die Fachabteilungen) bzw. bei eigenständiger IT-Organisation für die externen Kunden erbracht werden. Dieses Gleichgewicht ist nur durch eine optimal aufgestellte IT-Serviceorganisation zu erreichen. Dazu müssen die IT-Ressourcen und IT-Architekturen sorgfältig und nachhaltig geplant, überwacht und optimal eingesetzt werden. Daraufhin gilt es, die IT-Prozesse auf der Basis von Frameworks (wie ITIL und CobiT) zu unterstützen und kontinuierlich zu professionalisieren.

Laut verschiedener Studien kann eine unzureichende IT-Servicequalität erhebliche Risiken für den IT-Betrieb und damit letztlich gravierende negative Konsequenzen für die Geschäftsprozesse des Unternehmens haben. So sind hohe Produktivitätsverluste und Unterbrechungen in den Geschäftsprozessen oft die Folge. Die Konsequenzen können sich bis zu den Kunden auswirken und den Ruf des gesamten Unternehmens schädigen.

IT-Servicemanagement zählt mittlerweile zu den etablierten Managementdisziplinen für die „IT-Welt", seine Bedeutung in Unternehmen wächst zunehmend. Schließlich bildet eine funktionierende IT heute in Unternehmen und Verwaltungen gewissermaßen das Rückgrat für die Geschäftsprozesse.

In Kapitel 10 des Handbuchs

- erhalten Sie eine Einordnung, wie IT-Services in einer modernen IT-Organisation zu „positionieren" sind;
- gewinnen Sie einen Einblick in die wichtigsten IT-Serviceprozesse (orientiert am ITIL-Standard);
- erfahren Sie, wie IT-Serviceprozesse erfasst, beschrieben und optimiert werden können;
- lernen Sie kennen, welche Methodik sich für ein zeitgemäßes IT-Servicemanagement bewährt hat;

- erfahren Sie, welche organisatorischen Vorarbeiten für die Anwendung moderner IT-Servicemanagement-Lösungen erforderlich sind;
- eignen Sie sich ein fundiertes Wissen über die Vorgehensweisen im IT-Servicemanagement an und gewinnen Sie einen Überblick über relevante Tools;
- lernen Sie, wie IT-Servicemanagement zur professionellen Steuerung der IT-Abteilung genutzt werden kann sowie die IT-Ressourcen geplant, überwacht und optimal eingesetzt werden können.

Erfahrungen der Praxis zeigen es: IT-Verantwortliche oder IT-Servicemanager sind zunehmend gefordert, ein professionelles IT-Servicemanagement zu etablieren. In **Kapitel 10** erfahren Sie, wie eine umfassende Qualität der IT-Services gewährleistet und gleichzeitig die IT-Kosten langfristig gesenkt werden können. So lassen sich Ausfälle von IT-Systemen besser „beherrschen" und wirtschaftliche Schäden vermeiden, die nicht zuletzt auch das Image der IT und des Unternehmens insgesamt gefährden.

IT-Systemmanagement – IT-Systeme und digitale Plattformen planen, implementieren und erfolgreich betreiben

Ein effizientes und ganzheitliches Management der installierten IT-Systeme ist heute unverzichtbar, damit die IT-Anwendungen optimal die Geschäftsprozesse der Wirtschaftsunternehmen und der Dienstleistungsbetriebe unterstützen und ggf. sogar neue Geschäftspotenziale eröffnen. IT-Systeme umfassen Applikationen, IT-Infrastruktur-Komponenten und die dazugehörigen Daten/Informationen, die in einem vernetzten Zusammenhang stehen.

Um den vielfältigen Herausforderungen der Praxis gerecht zu werden, müssen allerdings klare Verantwortlichkeiten definiert und Personen für das Systemmanagement ausgewählt werden, die die für ihre Systeme erforderlichen Methoden, Techniken, Vorgehensweisen und Hilfsmittel kennen und beherrschen.

Folgende Handlungsfelder werden in Kapitel 11 dieses Buchs dargestellt:

- *Handlungsfeld 1 „IT-Systemlandschaft planen".* Eine Planung der Systemlandschaft ist sowohl aus strategischer Sicht notwendig als auch auf „Jahresebene". Neben einem Innovationsmanagement ist ein kontinuierliches Product Lifecycle Management sowie eine systematische Migrationsplanung notwendig.
- *Handlungsfeld 2 „IT-Systeme installieren, Deployment und Systemverwaltung".* Differenziert nach den Kernobjekten (Infrastruktur- und Netzwerkkomponenten, Mobile Systeme, Applikationen, Cloud-Services) können unterschieden werden: Application Management und Application Delivery, Infrastrukturmanagement, Netzwerkaufbau und -implementation, Cloud Management und Mobile Device Management. Übergreifend ist ein Asset Management notwendig.
- *Handlungsfeld 3 „Systeme betreiben: Koordinationsaufgaben, Auftragsmanagement und Systemsupport".* Wesentliche Teilbereiche umfassen verschiedene Koordinations- und Steuerungsaufgaben (Identity Management, System-Monitoring), das Ressourcen- und Auftragsmanagement sowie Prozesse des IT-Systemsupports.

- *Handlungsfeld 4 „Leistungsfähigen Systembetrieb sichern".* Um einen leistungsfähigen, fehlerfreien und sicheren Betrieb der IT-Systeme zu gewährleisten, sind begleitende Maßnahmen und Instrumente notwendig. Dazu zählen ein kontinuierliches Test- und Qualitätsmanagement, ein ganzheitliches System-Risikomanagement, ein ausgefeiltes Sicherheitsmanagement sowie ein Notfallmanagement.
- *Handlungsfeld 5 „Verfügbarkeit, Wirtschaftlichkeit und Compliance managen".* Wesentliche Teilbereiche sind das System-Monitoring, Financial-Controlling sowie ein Compliance Management.
- *Handlungsfeld 6 „System-Beziehungsmanagement".* Hierzu zählen sowohl das Kundenmanagement als auch das Sourcing Management.

Digital Workplace Management – Gestaltung des Endpoints und Sicherstellung der Security

Als Folge innovativer digitaler Optionen stellen sich für das HR-Management, die Prozess- und Organisationsverantwortlichen sowie das IT-Management zahlreiche Herausforderungen, die für Lösungsentwicklung und den „Betrieb" der Lösungen zu beachten sind. So zeichnen sich – insbesondere auch als Folge der Digitalisierung – neue Formen der Arbeitsorganisation, veränderte Arbeitsmodelle sowie veränderte Arbeits- und Geschäftsprozesse ab, die für die Arbeitsplätze adäquate unterstützende digitale Tools und Applikationen erfordern.

Gestalter moderner Lösungen für den digital workplace müssen daher zunächst die nachfolgend skizzierten Fragen klären und damit die entsprechenden Rahmenbedingungen für entsprechende Einführungsprojekte bzw. die nachhaltige Weiterentwicklung legen:

- Welche Formen der **Arbeitsorganisation** sind für die verschiedenen Bereiche und Arbeitsplatztypen im Unternehmen vorgesehen und sind für die Entwicklung von digitalen Lösungen die Grundlage?
- Inwiefern erfordern die neuen digitalen Möglichkeiten und sich abzeichnende Arbeitsorganisationsformen neue, **flexible Arbeitsmodelle** bzw. welchen Nutzen können diese Arbeitsmodelle für wen bereitstellen?
- Welche grundsätzlich **veränderten Ausstattungen** (Endgeräte, Zugriffsmöglichkeiten, Tools) benötigen die jeweils vorgesehenen digital workplaces, um ein effizientes Arbeiten für alle Beschäftigten sicherzustellen?
- Inwiefern werden sich **die Arbeits- und Geschäftsprozesse** im Hinblick auf Automatisierung bzw. digitale Unterstützung verändern und wie lassen sich diese integriert für den Ausbau des digital workplace integrieren?
- Welche **Konsequenzen** haben die geplanten Veränderungen der umfassenden Etablierung des **digital workplace für die erforderlichen Kompetenzen** und die notwendige permanente **Qualifizierung** der Beschäftigten?

Wesentliche Trends, die die Arbeitsweise in Büros, Verwaltungen, aber auch bei Produktions- und Logistikberufen verändern, werden in Kapitel 12 aufgezeigt:

- Der Großteil der bisherigen Einzelarbeitsplätze wird in Räume für die Zusammenarbeit „umgewandelt". Arbeit fokussiert damit nicht mehr auf einen Ort, sondern stellt die Aktivitäten in den Mittelpunkt der Betrachtung.

- Die Beschäftigten in Büro und Verwaltung arbeiten nicht mehr in einem Raum, in dem sich für sie ein „fixer" Schreibtisch bzw. ein bestimmtes Computersystem befindet. Trend ist die vermehrte Einrichtung von Gruppenräumen, in denen die vorhandenen Bildschirmarbeitsplätze flexibel von mehr als nur einem Benutzer verwendet werden können.
- Traditionell starre Arbeitsabläufe, die von IT-Systemen bestimmt werden, werden reduziert. Stattdessen unterstützen die digitalen Tools vermehrt kollaboratives Arbeiten, bei denen die Abläufe nicht vorprogrammiert sind, sondern flexibel gestaltet werden können und ein agiles Arbeiten realisiert werden kann.
- Ein Großteil der Beschäftigten wird tendenziell mehr Freiheiten kriegen und zumindest einen Teil der Arbeit im Homeoffice erledigen können.
- Die neuen Ansprüche an Zusammenarbeit lauten: überall, einfach, effizient, zusammen. Digitale Techniken und Tools helfen, die Arbeit zu flexibilisieren, zeitlich und räumlich.
- Verstärkte Formen von Teamarbeit

Organisation im IT-Bereich – organisatorische Gestaltung als Erfolgsfaktor

Grundsätzlich ist die IT-Leitung für die Bereitstellung der IT im Unternehmen verantwortlich. Die Sicherstellung des effektiven und effizienten Einsatzes der bereitgestellten IT-Lösungen in den Geschäftsprozessen des Unternehmens liegt in der Verantwortung der Fachbereiche und ist keine Aufgabe des IT-Bereichs. Daher sollte es eine eigenständige Instanz in jedem Geschäftsbereich geben, die sich für den ordnungsgemäßen Einsatz der IT in den Geschäftsprozessen des Unternehmens verantwortlich fühlt. Nur bei kleinen Unternehmen kann diese Rolle gleichzeitig von der Geschäftsführung wahrgenommen werden. In Kapitel 13 erfahren Sie, welche organisatorischen Optionen sich für den IT-Bereich stellen und wie diese zu bewerten sind.

Organisation ist immer im Wandel. Deshalb stellt sich – unabhängig vom Niveau bzw. vom aktuellen Organisationsgrad – permanent die Herausforderung, eine optimale und nachhaltige organisatorische Regelung und Verankerung der Aufgaben und Prozesse vorzunehmen. Um zu einer zukunftsfähigen Ausrichtung der IT-Organisation zu gelangen, empfiehlt sich in der Regel ein stufenweises Vorgehen. Dabei sollten – ausgehend von den bestehenden Rahmenbedingungen, der vorhandenen Kundenstruktur (Art und Anzahl der Anwender) sowie dem Aufgaben- und Leistungsportfolio des IT-Bereichs – folgende Teilschritte in Angriff genommen werden:

- *Stufe 1:* Grundsatzentscheidungen zur Einordnung des IT-Bereichs für ein Unternehmen treffen (etwa hinsichtlich der Kunden und des Leistungsportfolios der IT-Organisation)
- *Stufe 2:* Aufgaben analysieren und systematisieren, die in der IT-Organisation anfallen
- *Stufe 3:* Prozesse der IT-Organisation und unterstützende Geschäftsprozesse identifizieren, dokumentieren (in Form einer Prozesslandkarte) und optimiert gestalten
- *Stufe 4:* Rollen für die IT-Organisation vereinbaren, definieren und in Prozessen sowie den Stellen zuordnen
- *Stufe 5:* Konsequenzen für die Stellen- und Leitungsorganisation ableiten sowie Struktur- und Verfahrensfragen regeln

Zu Stufe 1 „Grundsatzentscheidungen treffen": Folgende Leitfragen können helfen, die Grundsatzentscheidungen über das Leistungs- und Kundenportfolio und damit die Einordnung (bzw. Aufspaltung) der IT-Organisation „abzusichern": Ist die IT-Organisation ein reines Cost-Center oder findet eine Kosten- und Leistungsverrechnung statt? Ist ggf. eine Positionierung als Profit-Center gegeben bzw. möglich? Inwieweit lassen sich die IT-Kunden systematisieren (mögliche Kundensegmente), um daraus differenzierte Lösungswege für die IT-System- und Serviceleistungen bzw. Digitalisierungslösungen ableiten zu können sowie ggf. auch digitale Produkte zu entwickeln und bereitzustellen? Welche IT-Systeme bzw. digitalen Produkte und damit verbundene Services werden für die verschiedenen Kundensegmente bereitgestellt?

Für die Umsetzung der Grundsatzentscheidungen können die anderen vier Stufen herangezogen werden. Insbesondere gilt es die Aufgaben und Prozesse (vgl. Stufe 2 und 3) zu identifizieren und optimiert zu gestalten. Hilfreich dazu ist die Beantwortung der folgenden Fragenkreise:

- Wie werden die IT-Systeme und digitalen Produkte bereitgestellt und welche IT-Dienstleistungen bzw. digitale Services werden dazu erbracht?
- Kann der Umfang der anfallenden Aufgaben ermittelt werden, der erforderlich ist, um eine optimale Diensterbringung zu gewährleisten?
- Wie können die Aufgaben der IT-Organisation differenziert und hinsichtlich ihrer Realisierung optimal umgesetzt werden?
- Welche IT-Prozesse können identifiziert und müssen organisiert werden, um die gewünschten IT-Leistungen erfolgreich zu erbringen?
- Welches Optimierungspotenzial haben die vorhandenen IT-Prozesse?

In den dann folgenden Stufen 4 und 5 sind die Rollen und Stellen auf der Basis der grundlegenden Prozesse und Strukturen zu vereinbaren. Typische Fragenkreise, die einer Entscheidung bedürfen, sind:

- Welche Rollen sind in den jeweiligen Prozessen nötig, um die Aufgaben optimal zu erledigen?
- Sind bei den ausgewählten Personen die Skills im Unternehmen vorhanden, um die identifizierten und definierten Rollen entsprechend erfolgreich ausführen zu können?
- Wie kann/muss die IT strukturell organisiert sein (Einordnung, Stellenbildung)?
- Welches Standortkonzept bezüglich der IT-Organisation empfiehlt sich für Unternehmen mit verschiedenen Filialen und Ländergesellschaften (Grad der Aufgaben- und Entscheidungsdezentralisation für die lokalen IT-Organisationen)?
- Welche organisatorischen Regelungen müssen vereinbart und getroffen werden, um die Zielsetzungen der IT-Organisation zu erreichen (etwa hohe und sichere Verfügbarkeit der IT-Systeme gewährleisten)?

Festzustellen ist: Da es sich dabei um sehr unterschiedliche Aufgabenstellungen handelt, ist nicht ohne Zweifel festzustellen, welche Organisationsform die höchste Effizienz und Erfolgswahrscheinlichkeit für ein Unternehmen hat. Vermutlich werden sich deshalb beide zuvor skizzierten Varianten etablieren – abhängig von den Zielen, Anforderungen und Möglichkeiten der jeweiligen Unternehmen.

Personalmanagement und Leadership im IT-Bereich – den Faktor Mensch nicht vernachlässigen!

Ohne ausgefeilte Führungstechniken und ausgeprägtes Teamverhalten ist heute eine moderne IT nicht mehr vorstellbar. Wie alle Führungsaufgaben im Unternehmen ist auch die Führung des IT-Bereichs den Einflüssen aus den Veränderungen der allgemeinen Wirtschaftslage sowie den Veränderungen der Aktivitäten innerhalb der Unternehmensorganisation unterworfen. Zu beachten ist darüber hinaus, dass Veränderungen bei den Anforderungen und Rahmenbedingungen fester Bestandteil des IT-Umfelds sind (Beispiel: es müssen immer wieder neue Projektteams gebildet werden).

Im Einzelnen lernen Sie in Kapitel 14,

- wie Sie Ihre vielfältigen Rollen als IT-Verantwortlicher erfolgreich meistern und abhängig von der IT-Organisation Ihre Führungsaufgaben wahrnehmen;
- wie Sie Motivationen für die Beschäftigten im IT-Bereich „freisetzen";
- Zielvereinbarungen als Basis erfolgreicher Zusammenarbeit mit Mitarbeiterinnen und Mitarbeitern kennen;
- mit Mitarbeiterinnen und Mitarbeitern im Team erfolgreich zu kommunizieren;
- für den IT-Bereich eine erfolgreiche Personalentwicklung zu initiieren und umzusetzen,
- wie man durch ein bestimmtes Führungsverhalten Widerständen in IT-Teams begegnet (Konfliktmanagement).

Die Wahrnehmung von Führungsaufgaben stellt für das IT-Management eine echte Herausforderung dar. Der Erfolgsfaktor „Personal" sollte keinesfalls unterschätzt werden, wenn es um die Optimierung des IT-Bereichs und die Bereitstellung hochwertiger IT-Produkte geht. Nur so können die Mitarbeiter ihre Leistungsfähigkeit voll entfalten und Teams erfolgreich arbeiten. Letztlich ergibt sich damit auch eine hohe Qualität der IT-Services, der entwickelten IT-Produkte (Applikationen) sowie der Projektergebnisse. **Kapitel 14** widmet sich diesem Thema ausführlich.

IT-Controlling erfolgreich managen – Performance-Management in der IT etablieren

Durch das Messen von Performance (IT Performance Measurement) soll die Umsetzung von Strategien (hier der IT-Strategie des Unternehmens) verfolgt und überwacht werden. Gleiches gilt für die Verwendung von Ressourcen bzw. des Value von Investitionen. Die Performance-Messungen zur Leistungserbringung werden z. B. mit Hilfe von Balanced Scorecards heute erfolgreich vorgenommen.

Neben der Definition von IT-Governance-Prozessen und -Strukturen ist auch die Einführung geeigneter Messgrößen von Bedeutung. Nur so kann sichergestellt werden, dass die angestrebten Ziele durch die IT-Governance ebenfalls erreichbar sind. Die Kontrolle der IT-Governance wird durch die Definition von Kennzahlen, sogenannter Key Performance Indicators (KPIs), formalisiert. Mit ihrer Hilfe kann überprüft werden, inwieweit die in der IT-Strategie festgelegten Ziele erreicht werden. Für die Definition von KPIs lassen sich einige Grundregeln festlegen, die dann im IT-Controlling nutzbringend umgesetzt werden müssen:

- Die KPIs müssen eindeutig messbar und durch die verantwortlichen Strukturen, Prozesse und Personen beeinflussbar sein.
- Die Kontrollmechanismen müssen bekannt und allgemein akzeptiert sein.
- Die KPIs sollten nicht auf quantitative finanzielle Messgrößen beschränkt sein, sondern auch qualitative Kriterien in Betracht ziehen (vgl. IT Balanced Scorecard).
- Der Aufwand bei der Ermittlung von KPIs sollte immer in angemessener Relation zum Nutzen stehen.
- Eine Verbindung von KPIs mit Leistungsanreizen (z. B. Prämien) erhöht die Motivation zur Erreichung der Zielwerte.

Über Zieldefinitionen bzw. sog. „Critical Success Factors" (CSF) und korrespondierende Messgrößen zur Zielerreichung – „Key Performance Indicators" (KPI) – und andere Kennzahlen wird im Rahmen von IT-Governance-Konzepten dem Bedarf des Managements nach Kontrolle und Messbarkeit der IT Rechnung getragen. Im Fokus stehen dabei nicht die Kosten, sondern die Zusammenhänge zwischen Zielen, Kosten und Ergebnissen – die Performance.

Zweck eines kennzahlengestützten IT-Controlling durch eine zentrale Instanz ist es, in einem ersten Schritt die IT-Kosten und -Leistungen innerhalb des Unternehmens transparent zu machen. Betroffen hiervon sind sowohl bezogene IT-Leistungen als auch solche, die durch Geschäftsbereiche oder Tochterfirmen des Unternehmens in Eigenregie erbracht werden. Die geschaffene Transparenz ermöglicht es der Geschäftsleitung und nachgeordneten Führungskräften, steuernd auf die IT-Kosten, somit aber auch auf die gesamte IT-Landschaft sowie ihrer Organisationseinheiten einzuwirken.

Wie die Aufgaben und Herausforderungen des IT-Controlling im Unternehmenskontext einzuordnen sind, ist Gegenstand von **Kapitel 15** dieses Handbuchs. Gleichzeitig soll in dem Beitrag deutlich werden, welche Optimierungsansätze für das IT-Management heute für den Bereich „IT-Controlling" gegeben sind.

Software-Lizenzmanagement – vielfältige Potenziale nutzen

Das Thema „IT-Asset- und Lizenzmanagement" hat in den letzten Jahren immer mehr an Relevanz gewonnen. Dabei ist festzuhalten, dass hier verschiedene wichtige Ziele und Teilgebiete angesprochen werden, die es zu berücksichtigen gilt:

- strategische IT-Aspekte (IT-Investitionen, IT-Produktlebenszyklen),
- optimale IT-Serviceerbringung und verstärkte Kundenorientierung,
- wirtschaftliche/finanzielle Fragestellungen sowie
- rechtliche/vertragliche Dimensionen (IT-Compliance-Fragen).

Die Auflistung zeigt, dass es für IT-Organisationen aller Art und Größe sowie für das dort tätige IT-Management gleichzeitig wichtig und notwendig ist, sich mit diesem Themenbereich zu beschäftigen und die notwendigen Kompetenzen zum optimalen Handeln in den genannten Bereichen zu erwerben. Leider wird IT-Asset- und Lizenzmanagement von manchen noch oft als eine lästige Pflichtaufgabe betrachtet. Dies sollte nicht so sein; denn durch ein konsequentes IT-Asset- und Lizenzmanagement

- kann den Anforderungen von IT-Auditierungen und IT-Revisionssicherheit in hohem Maße Rechnung getragen werden,
- lassen sich mitunter erhebliche Kosteneinsparungen realisieren,
- können Entscheidungen im Rahmen eines abgestimmten IT-Produkt-Lebenszyklusmanagements auf einer fundierten Basis getroffen werden sowie
- IT-Prozesse verschiedener Art optimiert realisiert werden.

Im Kern gibt es also mehrere Gründe für die zunehmende Bedeutung von IT-Asset- und Lizenzmanagement:

- immer komplexer werdende IT-Bebauungslandschaft (Applikationen, vielfältige Infrastrukturkomponenten, Vernetzungen);
- zunehmender Erwerb von Standardsoftware (mit entsprechender Lizenzierung bei unterschiedlichsten Lizenzmodellen) führt zu höherer Bedeutung von Lizenzmanagement;
- intransparenter und „vermuteter" hoher Finanzaufwand für IT-Produkte und IT-Services;
- Entscheidungsunsicherheit bzgl. nötiger IT-Investitionen und Beschaffungen: Über die Einführung neuer Technologien oder Produkte kann nur „richtig" entschieden werden, wenn ausreichend Bestands- und Wertinformationen vorliegen (Unterstützung des IT-Purchasing, gezieltes Produktlebenszyklusmanagement). Business-Case-Ermittlungen werden unverzichtbar;
- zunehmende IT-Risiken mit der Notwendigkeit der Implementation eines IT-Risikomanagements,
- vielfältige rechtliche Vorgaben (Gesetze, Richtlinien, Normen): Handeln unter Rechtssicherheit gewinnt für das IT-Management immer mehr an Gewicht (Gesetze, Verträge, Vorschriften einhalten!).

Wie die Aufgaben und Herausforderungen des IT-Asset- und Lizenzmanagements im Kontext der IT-Prozesse, neuer IT-Technologien und von Compliance-Anforderungen einzuordnen sind, ist Gegenstand von **Kapitel 16** dieses Handbuchs. Gleichzeitig soll in dem Beitrag deutlich werden, welche Optimierungsansätze für das IT-Management heute gegeben sind.

Enterprise IT-Governance

Als Antwort auf die vielfältigen technologischen und organisatorischen Herausforderungen zur Steuerung im IT-Bereich hat sich mittlerweile der Begriff „IT-Governance" etabliert. Wichtige Anforderungen dabei waren die Harmonisierung der IT-Bebauung (Architektur) sowie die Notwendigkeit einer verstärkten Strategie- und Kundenorientierung. Durch die Schaffung von zentralen Strukturen zur Organisation, Steuerung und Kontrolle der IT eines Unternehmens – kurz **IT-Governance** – finden sich heute vielfältige Handlungsfelder, um die IT-Leistungen und IT-Produkte in Unternehmen mit hoher Qualität und Sicherheit kundenorientiert bereitzustellen. Hauptstoßrichtung dieses Ansatzes ist die konsequente Ausrichtung der IT-Prozesse und IT-Produkte an der Unternehmensstrategie. Diese zentrale

Steuerung (engl. „Governance") der IT mit expliziter Unterstützung der Unternehmensführung wird als dringend notwendig angesehen, weil

- die IT-Prozesse – insbesondere die Serviceprozesse – in vielen Unternehmen eine zunehmend wichtige Rolle spielen und somit
- ihr reibungsloser Ablauf und ihre konsequente Verbesserung wesentliche Erfolgsfaktoren für die Unternehmen und Verwaltungen selbst darstellen.

Was sind die primären Zielsetzungen? Die IT-Governance soll sicherstellen, dass die Umsetzung der IT-Strategie im Sinne der Verantwortungsträger – also der Unternehmensführung – erfolgt. Insbesondere können folgende Anforderungen und Zielsetzungen formuliert werden:

- IT-Governance soll zentral die Sicherheit (Integrität, Verfügbarkeit, Vertraulichkeit) und Verlässlichkeit (Einhaltung externer Anforderungen) der Informationen bzw. der IT-Systeme sicherstellen.
- Es soll ein effizienter Einsatz der IT-Ressourcen bei gleichzeitiger Ausrichtung der IT auf die Unternehmensziele hergestellt werden (IT-Strategie als integraler Bestandteil der Business-Strategie eines Unternehmens).
- Durch das Schaffen von Transparenz (etwa Risikobewertungen zu den eingesetzten IT-Systemen, die strategische und betriebswirtschaftliche Bewertung von IT-Projekten unter Berücksichtigung von Aspekten des Risikomanagements) soll auch ein Beitrag zur Kostensenkung im Bereich der IT geleistet werden.
- Durch eine klare, revisionssichere Strukturierung der IT-Prozesse und der IT-Projekte nach allgemeinen Standards (z. B. ITIL, PRINCE) wird ein Beitrag zur optimalen IT-Organisation geschaffen.
- Es kann die Erfüllung gesetzlicher Vorgaben (z. B. Ableitung von Sicherheitsanforderungen aus der IT-Risikoanalyse) gewährleistet werden.

Dabei sind im Rahmen der Organisation zweckmäßige und funktionsbezogene **Planungs- und Kontrollsysteme** einzurichten und weiterzuentwickeln.

Kapitel 17 behandelt und beschreibt insbesondere die wesentlichen Handlungsfelder zentraler Enterprise IT-Governance: unternehmensweite IT-Strategieentwicklung, unternehmensweites Architekturmanagement (EAM), IT-Portfoliomanagement (Multiprojektmanagement), IT-Investitions- und Innovationsmanagement sowie IT-Risikomanagement. Diese Kernbereiche stehen in einem engen Zusammenhang und müssen deshalb integrativ und ganzheitlich implementiert werden. Der Beitrag skizziert ergänzend die Rahmenbedingungen erfolgreicher IT-Governance und entwickelt dabei Empfehlungen als „Fahrplan für die Einführung" von IT-Governance-Strukturen und -Prozessen.

Information-Security managen – Herausforderungen und Lösungsansätze

Die Bedeutung eines ausgereiften Security Management für ein zukunftsorientiertes IT-Management ist heute unbestritten. Wesentliche Gründe für die enormen Zuwächse an Bedeutung sind: wachsende Internetaktivität und zunehmende Komplexität der IT-Bebauungslandschaft, kombiniert mit der Nutzung vielfältiger Web-Services, drahtlosen Verbindungen (WLAN etc.) und anderen neuen Techniken. Wenn beispielsweise die Ausfallzeiten der IT-Systeme überhandnehmen, dann wird deutlich, dass bei fehlender IT-Sicherheit mitunter enorme Folgekosten in Kauf genommen werden müssen.

Eine Vielzahl von Einflussfaktoren kann dazu führen, dass das Erreichen der angestrebten strategischen und operativen IT-Ziele gefährdet ist oder gar erhebliche negative Folgewirkungen (etwa aus Fehlern der IT-Produkte oder Verzögerungen in der Ausführung der IT-Prozesse oder der IT-Projekte) denkbar sind.

Für die Handhabung von IT-Sicherheitsrisiken sind inzwischen einige hilfreiche und für die Praxis unverzichtbare Lösungsansätze entwickelt worden, die erhebliche Potenziale zur Zukunftssicherung eröffnen können. Sie helfen unter anderem, Gefahrenquellen frühzeitig zu erkennen und – falls notwendig – geeignete Gegenmaßnahmen zu ergreifen. Sicherheitslücken können so erfolgreich beseitigt und Haftungsrisiken minimiert werden.

In jedem Fall müssen sich die IT-Verantwortlichen vergegenwärtigen,

- welche IT-Sicherheitsaspekte bei den IT-Produkten, IT-Prozessen und IT-Projekten zu beachten sind,
- welche Aktivitäten für das IT-Securitymanagement üblich sind,
- wie eine Einordnung dieser Aktivitäten aus operativer und strategischer Sicht erfolgen kann.

In **Kapitel 18** erfahren Sie, wie man IT-Security-Lösungen erfolgreich implementiert und wie ein effektives Management solcher Lösungen möglich ist. Intensiv geht der Autor auch ein auf Fragen zur Sicherheitsorganisation in der IT sowie auf Kriterien für ein hochwertiges IT-Security-Management. Ausführungen zur Sicherheitspolitik und zur Sicherheitsstrategie runden dieses Kapitel ab.

IT-Compliance – die Einhaltung von Richtlinien und rechtlichen Erfordernissen sichern

Mit dem Schlagwort „IT-Compliance", das zunehmend die Runde macht, wird eine neue Herausforderung für das IT-Management deutlich. Die Notwendigkeit, die Umsetzung von gesetzlichen Vorschriften, Standards und Richtlinien zu „begleiten", ist unbestritten. Dabei gilt: Das Management des IT-Bereichs ist selbst gefordert – weil hauptverantwortlich –, für die Einhaltung vorliegender Richtlinien und gesetzlicher Vorgaben, die den IT-Bereich betreffen, zu sorgen.

Eines kann vorweg festgestellt werden: IT-Compliance bedeutet für das IT-Management eine Herausforderung, aber auch eine Chance. So kann der IT-Einsatz im Unternehmen durch den besonderen IT-Compliance-Fokus durchaus einen neuen Stellenwert erhalten. Die IT wandelt sich vom Dienstleister für die anderen Unternehmensbereiche zu einem Kernbereich des Unternehmens, der regulatorischen Anforderungen und internen wie externen Prüfern im selben Maß unterworfen ist, wie etwa das Rechnungswesen oder der Personalbereich. Hinzu kommt: Die IT-Compliance ist aufgrund der zunehmenden Relevanz von Informations- und Kommunikationstechnologien für das unternehmerische Handeln eine notwendige Voraussetzung für das Erreichen von Compliance auf Unternehmensebene.

IT-Compliance als Teilbereich der Enterprise-Compliance fokussiert diejenigen Aspekte, welche die IT-Systeme eines Unternehmens aus regulativer Sicht betreffen. Zu den Compliance-Anforderungen in der IT zählen dabei vor allem das Herstellen von Informationssicherheit und Verfügbarkeit sowie die Berücksichtigung und das Einhalten von Datenschutzregelungen. Allgemein gilt: Unternehmen unterliegen zahlreichen rechtlichen Verpflichtungen, deren Nichteinhaltung zu hohen Geldstrafen und Haftungsverpflichtungen führen kann. EU-Richtlinien, internationale Konventionen, unternehmensinterne Konventionen und Handelsbräuche mit den damit verbundenen Regeln sind ebenfalls zu beachten.

IT-Richtlinien legen die wesentlichen Leitlinien für Informationsqualität, IT-Sicherheit, Schutz der informationellen Ressourcen etc. fest. Sie bilden eine Basis für die Umsetzung strategischer IT-Planungen. Die Wirksamkeit von Richtlinien hängt von ihrer erfolgreichen Kommunikation ab.

Beachten Sie: Unternehmen müssen zwar für Initiativen zur Einhaltung von Compliance-Regularien bezahlen, allerdings kann auch die Nichteinhaltung teuer werden. Darüber hinaus können weitere Kosten aus unterschätzten oder unentdeckten IT-Risiken entstehen.

Das **Kapitel 19** berücksichtigt, dass die Vorgabe von Richtlinien bzw. das Einhalten rechtlicher Anforderungen für Unternehmen einen zunehmenden Stellenwert einnehmen. IT-Compliance beschreibt aus Sicht der Unternehmensführung die Einhaltung der gesetzlichen, unternehmensinternen und vertraglichen Regelungen im Bereich der IT-Landschaft. Sie erfahren in dem Beitrag, wie es auf nationaler, europäischer und internationaler Ebene ein Anliegen des Gesetzgebers ist, verbindliche Standards für die Risikovorsorge in Unternehmen, für das Etablieren von unternehmensinternen Systemen zur Kontrolle dieser Risiken und für eine interne und externe Berichterstattung über die Wirksamkeit solcher Kontrollsysteme festzulegen.

Partnermanagement in der IT etablieren – Herausforderungen mit System begegnen

Zur Umsetzung der Kunden- und Serviceorientierung auf der einen Seite sowie der Lieferantenbeziehungen auf der anderen Seite ist eine kontinuierliche Maßnahmenentwicklung unumgänglich. Unter anderem ist eine Harmonisierung der Kunden- und IT-Anforderungen (Customer-Relationship-Management, Demand-Management) wesentlich, die in Bezug auf die IT-Systeme eine Organisation ermöglicht. Systematisches Lieferantenmanagement ist auch in Bezug auf die IT-Systeme enorm wichtig. Das Lieferantenmanagement umfasst dabei die effektive Gestaltung, Lenkung und Entwicklung der Lieferantenbasis und der Lieferantenbeziehungen eines Unternehmens in Bezug auf die IT-Systeme und ihre Beschaffung.

Wesentliches Ziel für das kundenorientierte IT-Anforderungsmanagement ist es, effiziente und fehlerarme (störungsfreie) IT-Systeme bzw. IT-Lösungen zu entwickeln und dem Anwender so bereitzustellen, dass eine hohe Kundenzufriedenheit für den Systembetrieb erreicht wird. Im Hinblick auf ein geeignetes Kundenmanagement aus Sicht der Systemverantwortlichen ist es besonders wichtig, die Kundenanforderungen an die IT-Systeme zu verstehen und gemeinsam zu Vereinbarungen über die Qualität der Bereitstellung von IT-Systemleistungen zu gelangen. Wesentliche Fragenkreise dabei sind:

- Wie zufrieden ist der Kunde mit den bisher eingesetzten IT-Systemen und den dazu erbrachten Supportleistungen?
- Wann benötigt der Kunde neue Infrastrukturkomponenten, eine verbesserte Applikation oder optimierte IT-Services?
- Wie können die Richtlinien zur Nutzung mit den Kunden erarbeitet und weiterentwickelt werden und dabei wesentliche Faktoren wie Sicherheit und Verfügbarkeit der Systeme gewährleistet bleiben?

Anforderungen der IT-Kunden können sich auf unterschiedliche Domänen beziehen, etwa auf verschiedene Architekturbereiche bzw. Systemebenen (Standardanwendungen, Individualapplikationen, Datenarchitekturen und Storage, Infrastrukturen etc.), oder verschiedene Funktions- und Prozessfelder betreffen.

Typischerweise werden drei Hauptaktivitäten zum Lieferanten-Beziehungsmanagement unterschieden:

- Management der Lieferantenbasis
- Lieferantenentwicklung
- Lieferantenintegration

Für das Management der Lieferantenbasis kann die Segmentierung der Lieferantenbasis sinnvoll sein (bspw. nach Beschaffungsvolumina, nach ABC-Analyse bei A-Lieferanten Optimierung der Systemkosten). Wichtig sind auch Themen wie Lieferantenauditierung (= Audits zur Feststellung der Kompetenz des Lieferanten) und Lieferantenbewertung.

Eine Lieferantenentwicklung ist vor allem dann wesentlich, wenn IT-Lieferanten (wie etwa beim IT-Outsourcing) mit langfristigen Verträgen ausgestattet sind. Hier sind dann kundenspezifische Besonderheiten seitens des Lieferanten zu erfüllen, weshalb eine intensive und enge Abstimmung der Anwender mit den Lieferanten notwendig sind.

Besondere Fragenkreise des IT-Partnermanagements für IT-Verantwortliche werden in **Kapitel 20** dieses Buchs behandelt. Der Autor geht u. a. auf die speziellen Herausforderungen für die Beschaffung von IT-Leistungen (IT-Systeme, Systemkomponenten) ein und behandelt Fragen, wie diese zielorientiert und effektiv adressiert werden können. Ausgehend von Aufgabenbereichen des Lieferanten-Beziehungsmanagements im IT-Umfeld werden unterschiedliche Ansätze und Methoden für das Lieferanten-Beziehungsmanagement aufgezeigt.

Enterprise IT-Projekte erfolgreich managen – Einzel- und Multi-Projektmanagement

Neue IT-Systeme oder Erweiterungen vorhandener Systeme werden in der Regel durch das Aufsetzen von IT-Projekten implementiert. IT-Projekte stellen eine besondere Form der Arbeitsorganisation dar, deren Ausgestaltung sich ein IT-Verantwortlicher in jedem Fall stellen muss.

Die Arbeit des IT-Bereichs ist weitgehend durch das Arbeiten in Projekten gekennzeichnet. Daher widmen wir auch dem Projektmanagement ein eigenständiges Kapitel. Dazu ist es wichtig, dass das IT-Management bewährte Methoden, Techniken, Vorgehensweisen und

Hilfsmittel kennt, die helfen, mögliche Probleme in IT-Projekten zu erkennen, zu analysieren, zu lösen und künftig zu vermeiden.

Fast immer muss eine Vielzahl von Projekten gleichzeitig realisiert werden. IT-Projekte – gleich welcher Art – können aber nur dann erfolgreich abgewickelt werden, wenn ein entsprechendes Projektmanagement und geeignete Rahmenbedingungen vorhanden sind.

Besonderes Augenmerk ist im Rahmen der IT-Projektorganisation auf die Etablierung eines Multi-Projektmanagements bzw. strategischen Projektmanagements und die Nutzung von IT-Projektportfolios zu richten (zuweilen auch als **Enterprise Project Management** bezeichnet). Es dient der integrierten und ganzheitlichen Planung, Steuerung und Kontrolle einer Vielzahl von Projekten. Ansonsten laufen IT-Projekte Gefahr, intransparent und zu komplex für eine effiziente Koordination zu werden. Ohne Multiprojektmanagement erweisen sich Gremien und Ausschüsse (beispielsweise Project Advisory Board oder Lenkungsausschüsse) häufig überfordert, als Mittler zwischen Projekt und Linie (General Management, Fachbereiche) zu agieren.

In Kapitel 21 erfahren Sie:

- wie ein IT-Projekt durch effiziente Projektsteuerung auf Erfolgskurs bleibt;
- wie Leistungen, Termine und Ressourcen eines IT-Projekts zu überwachen sind (etwa die vereinbarten Arbeitspakete oder das Festhalten der tatsächlich benötigten Zeiten bzw. der jeweiligen Arbeitsfortschritte);
- wie man die Kosten und die Qualität eines IT-Projekts in den Griff bekommt;
- wie eine realistische Projektfortschrittskontrolle und Risikosteuerung in IT-Projekten eingebaut werden kann;
- welche Werkzeuge und Tools für ein erfolgreiches IT-Projektcontrolling geeignet sind;
- wie durch die Entwicklung und Nutzung von Kennzahlen geeignete Führungsinformationen für ein IT-Projektcontrolling zur Verfügung stehen;
- welche Berichtsarten für ein Reporting zu IT-Projekten sinnvoll sind und
- wie ein zukunftsorientiertes Multiprojektmanagement aufgebaut und umgesetzt werden kann.

Eine notwendige Konsequenz: Das IT-Management muss die für ein erfolgreiches Projektmanagement erforderlichen Methoden, Techniken, Vorgangsweisen und Hilfsmittel kennen und beherrschen. Dazu zählen Konzepte und Verfahren zum Erarbeiten von Projektvisionen und Projektanträgen, Projektplanungstechniken sowie die eigentliche Durchführung der Projektarbeit. Doch nicht nur methodisches Know-how ist wichtig, auch soziale Kompetenzen sind für eine erfolgreiche Projektarbeit unverzichtbar (Führungsaufgaben, Teamarbeit etc.). Hinzu kommen neue Herausforderungen im IT-Projektmanagement; als Beispiele seien das Projekt-Risikomanagement, Claim Management, Change Management sowie Qualitätsmanagement in IT-Projekten genannt. **Kapitel 21** liefert Ihnen dazu wichtige Informationen. Um den Besonderheiten digitaler Transformationsvorhaben Rechnung zu tragen, sind ausgewählte digitale Projekte mit ihren spezifischen Anforderungen und Vorgehensweisen in **Kapitel 22** des Handbuchs dargestellt.

1.6 IT-Management – Orientierungen für die Zukunft

Die Ausführungen in diesem Kapitel haben gezeigt, dass ein erfolgreiches IT-Management eine Vielzahl von Kompetenzen erfordert. Folgende Merkmale und Kompetenzbereiche sollten heute den modernen IT-Manager kennzeichnen:

- Der IT-Manager denkt und handelt strategisch, er kümmert sich als Manager um die Auswahl und Implementierung von Unternehmens- und IT-Architekturen (Enterprise Architecture Management), die das Business und die Kunden intern wie extern bestmöglich unterstützen unter Beachtung von Governance, Budget, Risikoabschätzung und Technologieinnovationen.
- Der IT-Manager führt Mitarbeiterinnen und Mitarbeiter leistungs- und zielorientiert, ist ein Teamplayer, der integrativ mit allen Führungslinien im Unternehmen „kann" und sich als Unterstützer für die Geschäftsprozesse im Unternehmen konstruktiv einbringt.
- Der IT-Leiter hat eine klare Linie, welche Aufgaben von externen IT-Dienstleistern (IT-Service-Centern) erbracht werden, und bestimmt den Grad des Outsourcing aufgrund abgesicherter Vorüberlegungen (etwa unter Beachtung von Studien). Zu den zuliefernden Organisationen ist er partnerschaftlich und fair, er managt sie aktiv und verhandelt Verträge (z. B. Lizenzverträge, Outsourcing-Verträge) sicher zum Wohle seines Unternehmens.
- Der IT-Manager misst ständig die Performance und den Zufriedenheitsgrad der IT, führt Benchmarks mit geeigneten Methoden und Partnerunternehmen durch und entwickelt die IT ganzheitlich im Unternehmen weiter.

Wenn Sie künftig vermehrt Führungs- und Managementfunktionen im IT-Bereich übernehmen wollen, sollten Sie sich auf die entsprechenden Herausforderungen technischer, personeller und organisatorischer Art intensiv vorbereiten. Berücksichtigen Sie dabei aber auch, dass die **Anforderungen an das Management im Wandel** begriffen sind:

- Personen mit Führungsaufgaben – so auch IT-Verantwortliche – müssen neu, anders, quer denken.
- IT-Management bedeutet künftig, dass insbesondere Architekturinnovationen planmäßig gestaltet und systematisch unterstützt werden.
- Führungskräfte von morgen zeichnen sich durch geistige Flexibilität, Risikobereitschaft und ständige Lernwilligkeit aus. Das gilt auch für Führungskräfte im IT-Bereich.
- Sich selbst führen können, ist eine weitere wichtige Forderung, die Führungskräfte an sich selbst stellen sollten. Die wichtigsten Managementfähigkeiten dazu sind die Delegation von Aufgaben sowie das richtige Setzen von Prioritäten.

Wie sich das IT-Management gewandelt hat, soll die Übersicht in Tabelle 1.5 schlagwortartig darlegen.

Tabelle 1.5 IT-Manager – Berufsbild im Wandel

Typische Orientierungen „alt" – IT-Manager klassisch	IT-Orientierungen „neu" – IT-Manager als CIO
• Denken und Handeln der IT-Verantwortlichen ist kostenorientiert geprägt. • Technikorientierung • Kundenorientierung • Mitarbeiterorientierung • Interne Orientierung	• IT-Verantwortliche denken in Ergebnissen (performant)/Value Management. • Business- und geschäftsprozess-orientiert • IT in Kooperation mit Business (Business IT-Alignment) • Teamsteuerung (Teambuilding, Teams zum Erfolg führen etc.) • Externe Orientierung (strategisch, Partnerorientierung via Beziehungsmanagement)

Immer mehr Unternehmen reagieren auf die größere Bedeutung der IT für das Unternehmen, indem sie neben dem klassischen IT-Leiter die Rolle des Chief Information Officer (CIO) vergeben. Von seiner Stellung her ist der CIO normalerweise Mitglied der Geschäftsleitung oder des Vorstands oder dieser Ebene direkt zugeordnet. Ausschlaggebend hierfür ist die Bedeutung der IT im Unternehmen. Durch den CIO wird technisches Know-how und ein detailliertes Wissen über den momentanen Stand der IT-Organisation, der IT-Services und der IT-Infrastruktur in die höchste Führungsebene gebracht. Damit kann die Bedeutung der IT-Abteilung in einem Unternehmen besonders hervorgehoben werden.

Als typische Aufgabenbereiche eines CIO werden gesehen:

- Entwicklung und Umsetzung einer IT-Strategie für die Informationstechnik- bzw. das Informationsmanagement
- Erarbeitung, Festlegung und Durchsetzung von IT-Standards
- Unterstützung der Fachbereiche bei der Entwicklung und Optimierung von Lösungen für deren Geschäftsprozesse
- Identifikation und Einführung von sogenannten „Best Practices" für das Unternehmen
- Förderung des Informationsflusses zwischen allen Gruppen des Unternehmens, die an IT-Lösungen arbeiten bzw. mit diesen arbeiten (Stakeholder-Orientierung)
- Planung, Überwachung und Analyse der IT-Budgets und IT-Kosten sowie Initiierung und Überwachung von Kostensenkungsprogrammen in Zusammenarbeit mit dem IT-Controlling

Bezüglich der neuen Aufgaben, Rollen und Ziele muss das IT-Management heute beachten, dass hier gravierende Veränderungen stattgefunden haben, wie dies in Bild 1.9 illustriert wird.

Eine Trennung zwischen **CIO und IT-Leitung** ist dann zu sehen, wenn es sich um große Organisationen handelt bzw. eine klare organisatorische Trennung zwischen dem Unternehmen und der IT besteht (beispielsweise die IT-Serviceorganisation in eine gesonderte rechtliche Einheit abgespalten wird). Dies kann durch Auslagerung als rechtlich selbstständige Einheit festgelegt sein. In diesem Fall ist der CIO auf der Unternehmensseite der Ansprechpartner für den Leiter des IT-Bereichs. Bei integrierten Einheiten in Unternehmen und Verwaltung ist die Aufgabenstellung IT-Leitung und CIO auf eine Person konzentriert.

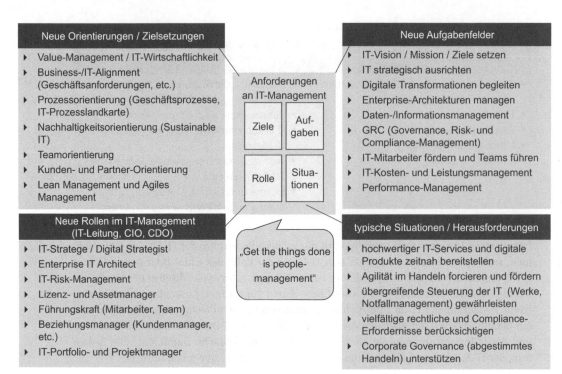

Bild 1.9 Neue Aufgaben, Rollen, Ziele und Situationen im IT-Management

Auch die Rolle des CIO befindet sich natürlich in einer permanenten Weiterentwicklung. Dies steht in einem engen Zusammenhang mit organisatorischen Veränderungen im IT-Bereich. Dabei kann generell nach wie vor festgestellt werden, dass sich die IT vom reinen technischen „Bereitsteller" immer mehr zum Business Enabler entwickelt. Dies hat zur Folge, dass neben dem Erbringen von IT-Services das Steuern dieser Services immer stärker in den Vordergrund tritt. Das hat dann etwa für das IT-Management zur Folge, dass die IT künftig Services für das Business definieren muss und dabei standardisierte und modularisierte IT-Lösungen sowie ein Delivery-, Supply- und Sourcing-Konzept etablieren und nutzen muss. Erfolgreich kann dies nur dann gelingen, wenn sich das IT-Management sowohl um das ganzheitliche Management von Business- und IT-Prozessen kümmert als auch gleichzeitig die Steuerung und Koordination der Entwicklungs- und Betriebsleistungen des IT-Bereichs verantwortet (vgl. auch Ergebnisse einer Detecon-Studie „IT Organisation 2015 – Facelift oder Modellwechsel?", die in Zusammenarbeit mit dem Branchenverband Bitkom (Bundesverband Informationswirtschaft, Telekommunikation und neue Medien) erschienen ist).

In Tabelle 1.6 finden Sie abschließend einige Thesen und Beispiele, die im Hinblick auf den **künftigen beruflichen Erfolg** gerade auch für im IT-Management tätige Personen diskutiert werden.

Tabelle 1.6 Orientierungshilfen für erfolgreiches IT-Management

Fähigkeiten für den persönlichen Erfolg	Beispiele/Orientierungshilfen
Visionen	Gestalten Sie Ihre eigene Vision! • Vision zur Ausrichtung des IT-Bereichs (als Business-Enabler etc.) • Vision für künftige Technologie- und Personalorientierung • Visionen für die Etablierung der IT-Prozesse und IT-Services • Visionen zur Integration von Business- und IT-Prozessverantwortung • Visionen für eigenes Handeln
Prioritäten	Setzen Sie Prioritäten! • Disziplin und Flexibilität in der persönlichen Planung (dringend oder wichtig?) • Richtungsänderung (neues Denken) • Selbstmotivation
Macht	Entwickeln Sie Ihren persönlichen Einfluss! • Wissen ist Macht • Lebenslanges Lernen als Grundsatz • Intuition nicht vernachlässigen • Freunde um sich „scharen", aber keine Cliquenbildung
Networking	Arbeiten und denken Sie in Netzwerken! • Who knows whom? (Stakeholder-Orientierung, Networking über die verschiedenen Bereiche des Unternehmens hinweg und nach außen) • Beteiligung an Communities (offline und online); denken Sie daran, diese Communities überschaubar zu halten!
Risikobereitschaft	Entwickeln Sie die Fähigkeit, Risiken einzugehen und Verantwortungen zu übernehmen! • Neue Technologien rechtzeitig erproben • Moderne Organisations- und Arbeitsformen einsetzen
Kreatives Denken	Seien Sie kreativ! • Innovationsmanagement in der IT und Trendscouting betreiben • Neuen Ideen gegenüber aufgeschlossen sein • Kreative Phasen (etwa in Meetings) bewusst einplanen
Serendipity	Nutzen Sie Chancen! • Fragen stellen • Nicht immer „Nein" sagen • Synergie der 7 Erfolgsfaktoren

„Man kann nicht in die Zukunft schauen, aber man kann den Grund für etwas Zukünftiges legen – denn Zukunft kann man bauen."

Antoine de Saint-Exupéry

Das Wichtigste – zusammengefasst

- **Moderne Informations- und Kommunikationstechnologien sind in den letzten Jahren zum unverzichtbaren Enabler von Geschäftsprozessen geworden. Darüber hinaus werden vielfach Geschäfte von Unternehmen erst durch den effizienten Einsatz von IT realisiert.**
  Ein Paradigmenwechsel bezüglich der Bedeutung und Anwendungspotenziale der Informations- und Kommunikationstechnologien zeichnet sich mit der digitalen Revolution ab. Gestützt durch Technologien wie Big Data und Data Analytics, Cloud Computing, mobile Endgeräte etc. werden völlig neue Geschäfte, Produkte und Prozesse entwickelt und implementiert.

- **Um im IT-Management erfolgreich agieren zu können, ist es unumgänglich, die Visionen und Strategien der Unternehmensführung bzw. der Unternehmenseigner (Shareholder) zu kennen.**
  Es bietet Vorteile, wenn Sie diese bewährte Handlungsleitlinie auch für das IT-Management umsetzen. Empfohlen wird außerdem eine stärkere Fokussierung der Zusammenarbeit von IT mit den verschiedenen Partnern auf die Nutzengenerierung und Wertorientierung. Ein Beispiel dafür ist etwa ein verstärkter Fokus auf den Wertbeitrag bei den Beziehungen zu externen Lieferanten.

- **Beachten Sie, dass IT-Management sowohl eine strategische Dimension als auch eine operative Ausrichtung haben muss.**
  Im strategischen IT-Management muss primär die Frage „Machen wir die richtigen Dinge?" beantwortet werden. Es sind also beispielsweise die richtigen Projekte auszuwählen (Aufstellen des IT-Masterplans und eines IT-Projektportfolios) oder geeignete Architekturstandards bzw. IT-Services für das Unternehmen zu entwickeln und vorzugeben. Demgegenüber geht es bei der operativen Ausrichtung darum, „die Dinge richtig zu machen"; also beispielsweise die einzelnen IT-Projekte erfolgreich zu managen sowie die IT-Serviceprozesse nachhaltig zu optimieren und zielgerecht umzusetzen.

- **Die Innovationspotenziale der Digitalisierung sind enorm. Damit einher gehen müssen oft auch Konsequenzen für die IT-Organisationen bzw. für die separate digitale Unit und für die Anforderungen des dort tätigen Managements bzw. der dort tätigen Fachkräfte.**
  Die notwendigen Veränderungen betreffen neben den eingesetzten Architekturen insbesondere die Aufgaben und Rollen der in der digitalen Unit beschäftigten Personen sowie die Methoden und Verfahren für ein erfolgreiches Arbeiten (klassische versus agile Vorgehensmodelle bei digitalen Projekten).

- **Prüfen Sie, welche Kern-, Management- und Unterstützungsprozesse für das IT-Management von besonderer Bedeutung sind, und ziehen Sie daraus entsprechende Konsequenzen für die Organisation und die Personalentwicklung!**
  Das Systemmanagement, die Anwendungsentwicklung (in der Regel in Projekten), das IT-Servicemanagement sowie die Entwicklung und Etablierung von IT-Architekturen bilden die Kernprozesse der IT-Bereitstellung. Der Definition und Etablierung von Risiko- und Sicherheitsmaßnahmen kommt in allen Bereichen der IT zunehmende Bedeutung zu. Qualitätsmanagement, IT-Controlling, Asset- und Lizenzmanagement, Organisation und IT-Recht sind notwendige querschnittliche Aufgaben und Prozesse. Sie sind in Abhängigkeit von der Größe des Unternehmens unterschiedlich stark ausgeprägt.

- **Um die zunehmende Bedeutung der IT für den Unternehmenserfolg abzusichern bzw. den neuen Herausforderungen der Digitalisierung Rechnung zu tragen, findet sich immer stärker eine Etablierung einer besonderen Rolle auf C-Level-Ebene im Unternehmen (etwa als CIO).**
  Damit werden technisches Know-how und ein detailliertes Wissen über den momentanen Stand der IT-Organisation, der IT-Services und der IT-Infrastruktur in die höchste Führungsebene gebracht.

- **Unterhalb des C-Level-IT-Managements sind weitere Managementbereiche für die IT üblich bzw. festzulegen, für die entsprechende Rollen zu spezifizieren sind bzw. Personen ausgewählt werden, die diese Rollen erfüllen.**
  Analog zu den festgelegten strategischen und operativ-taktischen Handlungsfeldern sind die entsprechenden Rollen festzulegen, zu denen sich definierte Handlungsfelder in der Praxis finden.

- **Zu den wesentlichen strategischen Handlungsfeldern im IT-Management, zu denen Rollenvereinbarungen benötigt werden können, zählen:** die strategische IT-Planung, Enterprise IT-Architecture Management, IT-Portfoliomanagement (IT-Projekte, IT-Services, IT-Produkte), strategisches IT-Personalmanagement, strategisches IT-Finanzmanagement, IT-Governance sowie IT-Risikomanagement.

- **Zu operativ taktischen Handlungsfeldern, denen ebenfalls eine unterschiedliche Zahl von Rollen zuzuordnen ist, zählen:** IT-Demand-Management (IT-Anforderungsmanagement), Programm- und IT-Projekt-Management, Applikationsentwicklung und -implementation, IT-Systemmanagement, Plattformmanagement (Cloud, Mobile), Daten- und Informationsmanagement, Enterprise IT-Service- und Support-Management, Software-Lizenzmanagement/Technology Asset Management, CyberSecurity-Management sowie IT-Compliance-Management.

- **Stellen Sie für sich – und gegebenenfalls auch für Ihre Mitarbeiterinnen und Mitarbeiter – sicher, dass die in Ihrer IT-Organisation benötigten Managementkompetenzen vorhanden sind! Das IT-Management und die Mitarbeiter sind die wichtigsten Erfolgsfaktoren für das Erbringen hochwertiger IT-Leistungen.**

1.7 Literatur

[Ba01]   *Baschin, A.:* Die Balanced Scorecard für Ihren Informationstechnologie-Bereich. Ein Leitfaden für Aufbau und Einführung. Campus-Fachbuch 2001

[BrWi07] *Brenner, W.; Witte, C.:* Erfolgsrezepte für CIOs. Was gute Informationsmanager ausmacht. Hanser, München 2007

[Bu09]   *Buchta, D.; Eul, M.; Schulte-Croonenberg, H.:* Strategisches IT-Management. Wert steigern, Leistung steuern, Kosten senken. 3. Auflage. Gabler, Wiesbaden 2009

[Ge02]   *Gernert, Chr.; Ahrend, N.:* IT-Management: System statt Chaos. Ein praxisorientiertes Vorgehensmodell. Oldenbourg, München 2002

[Ha10]   *Hanschke, I.:* Strategisches Management der IT-Landschaft. Ein praktischer Leitfaden für das Enterprise Architecture Management. Hanser, München 2010

[KaNo01] *Kaplan, R. S.; Norton, D. P.:* Die strategiefokussierte Organisation. Führen mit der Balanced Scorecard. Schäffer-Poeschel, Stuttgart 2001

[Ke17]   *Keller, Wolfgang:* IT-Unternehmensarchitektur: Von der Geschäftsstrategie zur optimalen IT-Unterstützung. 3. Auflage, dpunkt.verlag, 2017.

[Kr15]   *Krcmar, Helmut:* Informationsmanagement. 6. Auflage. Springer Gabler, Wiesbaden 2015.

[St08]   *Stoll, S.:* IT-Management. Betriebswirtschaftliche, ökonomische und managementorientierte Konzepte. Oldenbourg, München 2008.

[Ti05a] *Tiemeyer, E.:* IT-Servicemanagement kompakt. Elsevier, Spektrum Akademischer Verlag, Heidelberg 2005

[Ti05b] *Tiemeyer, E.:* IT-Controlling kompakt. Elsevier, Spektrum Akademischer Verlag, Heidelberg 2005

[Ti17]   *Tiemeyer, E.:* IT-Finanz- und Kostenmanagement. 2. Auflage. Bookboon, 2017

[Ti18]   *Tiemeyer, E. (Hrsg.):* Handbuch IT-Projektmanagement – Vorgehensmodelle, Managementinstrumente, Good Practices. 3. Auflage. Hanser, München 2018

[Ti21]   *Tiemeyer, E. (Hrsg.):* Handbuch IT-System- und Plattformmanagement – Handlungsfelder, Prozesse, Managementinstrumente, Praxisbeispiele. Hanser, München 2021.

[UA16]   *Urbach, Nils; Ahlemann, F.:* IT-Management im Zeitalter der Digitalisierung: Auf dem Weg zur IT-Organisation der Zukunft. Springer, Berlin, Heidelberg 2016.

2 Strategisches IT-Management – IT-Strategien entwickeln und umsetzen

Walter Wintersteiger, Ernst Tiemeyer

Fragen, die in diesem Kapitel beantwortet werden:
- Warum sind strategische Überlegungen für jede IT-Organisation bzw. für jeden IT-Bereich unverzichtbar?
- Welche Vorgehensweisen und Methoden zur Entwicklung von IT-Strategien haben sich bewährt? Gibt es förderliche Rahmenbedingungen, die es zu beachten gilt?
- Wie lassen sich für die IT-Strategieentwicklung Methoden wie die Erfolgsfaktorenanalyse, die SWOT-Analyse oder die IT-Diagnosetechnik (IT-Assessments) erfolgreich einsetzen?
- Was sind die typischen IT-Prinzipien (Grundsätze) als Treiber einer IT-Strategieentwicklung?
- Welche Inhalte sollte ein IT-Strategiedokument aufweisen, um wesentliche Leitlinien und Handlungsfelder für die zukünftigen Aktivitäten der Unternehmens-IT-Organisation zu skizzieren?
- Wie werden IT-Teilstrategien wie etwa IT-Servicestrategien, Datenstrategien sowie IT-Sourcing-Strategien entwickelt und erfolgreich umgesetzt?
- Welche Ergebnisse werden im Rahmen von IT-Strategieentwicklungen erwartet?
- Wie kann über ein IT-Roadmapping eine gezielte Vorhabensplanung (IT-Masterplan) erstellt und ein strategisches IT-Projektportfolio vereinbart werden?
- Welche Steuerungsoptionen zur Verfolgung der Strategieumsetzung gibt es?

Das IT-Management ist im digitalen Zeitalter vermehrt gefordert, strategisch zu denken und zu handeln. In regelmäßigen Abständen sind heute ganzheitliche Business-IT-Strategien zu entwickeln bzw. kontinuierlich fortzuschreiben. Neben einer eher übergreifenden IT-Gesamtstrategie bzw. einer Digitalisierungsstrategie, die idealerweise jeweils aus der Unternehmensstrategie abgeleitet werden, sind oft ergänzend IT-Teilstrategien (etwa Daten- und Analytics-Strategien, IT-Sourcing-Strategien, Enterprise IT-Servicestrategien, KI-Strategien, Cloud-Strategien) zu formulieren.

Auf dieser Basis können Umsetzungs-Roadmaps sowie zukunftsweisende Entscheidungen für das Agieren in strategischen Handlungsfeldern vereinbart werden. Dazu sind dann Vereinbarungen über die durchzuführenden Initiativen bzw. Business-IT-Projekte zu treffen.

Die Abhängigkeit der Unternehmen und Verwaltungen von einer funktionierenden IT ist in den letzten Jahren immer größer geworden. Hinzu kommt, dass der Wert der installierten IT-Systeme mittlerweile ebenfalls immens ist. Die Bedeutung der Informations- und Kommunikationstechnologie für Wirtschaft und Gesellschaft wird weiterhin zunehmen.

Trends wie der steigende Vernetzungsgrad der Unternehmen, die Globalisierung und Dynamisierung des unternehmerischen Umfelds und die wachsende Informationsflut stellen die Unternehmen vor Herausforderungen, die ohne einen verstärkten Einsatz von Informations- und Kommunikationstechnologien nicht mehr zu bewältigen sind. In vielen Bereichen der Wirtschaft ist die IT weit über ihre Unterstützungsfunktion hinausgewachsen und zu einem wichtigen Treiber des Geschäfts oder sogar zum Geschäft selbst geworden.

Beachten Sie:

Die zuvor aufgezeigten Phänomene zum technologischen und wirtschaftlichen Wandel verdeutlichen die Notwendigkeit, ein effizientes strategisches IT-Management in der Praxis zu etablieren. Die Aktivitäten im IT-Bereich müssen – unabhängig von der Unternehmensgröße – stärker strategisch geplant und daran orientiert konsequent zu einer effektiven Umsetzung „geführt" werden.

■ 2.1 Rahmenbedingungen für die IT-Strategieentwicklung

Eine Ausgangsfeststellung: Das Erstellen und die Umsetzung von IT-Strategien sind einerseits eine wichtige Aufgabe der Leitung des IT-Bereichs, andererseits müssen aber auch alle Führungskräfte des gesamten Unternehmens daran mitwirken. Denn die Qualität der IT (die Organisation, die erbrachten Services und die Leistungsfähigkeit ihrer Systeme) stellen heute einen wichtigen (wenn nicht gar den wichtigsten) Erfolgsfaktor für das Unternehmen insgesamt dar. Nachfolgend soll zunächst deutlich werden, dass das Vorhandensein und die Kenntnis der Unternehmensstrategie eine wesentliche Voraussetzung für eine erfolgreiche IT-Strategieentwicklung bilden. Ein wichtiger Erfolgsfaktor ist darüber hinaus das Anwenden bewährter und geeigneter Methoden und Techniken für die Strategieentwicklung (wie zum Beispiel IT-Assessments, SWOT-Analysen und andere).

2.1.1 Strategische Unternehmensführung

Bevor wir uns mit der Aufgabe „IT-Strategie entwickeln und umsetzen" im Detail beschäftigen, wollen wir uns mit einigen grundsätzlichen Überlegungen zur strategischen Unternehmensführung auseinandersetzen.

Der Begriff der „**Strategie**" fand in den 60er-Jahren Eingang in die amerikanische Managementlehre und entwickelte sich immer mehr zu einem zentralen Begriff der Betriebswirtschaftslehre – auch im deutschsprachigen Raum.

Übernommen wurde er aus der Wahrscheinlichkeits- bzw. Spieltheorie, die nach grundsätzlichen Wegen fragt, unter Berücksichtigung bestimmter Wahrscheinlichkeiten zu einem Zielwert zu kommen, und aus der Lehre der Kriegsführung, die zahlreiche Grundsätze der strategischen Führung entwickelt – so z.B. die Grundsätze Konzentration der Kräfte, Vermeidung von Schwächen bzw. Aufbau von Stärken, Ausnützen von Umweltbedingungen.

Zwei wichtige Vorgaben für die IT-Strategieentwicklung stellen in diesem Zusammenhang das **Unternehmensleitbild** und die **Unternehmensstrategie** dar.

2.1.1.1 Unternehmensleitbild

Im Brockhaus-Lexikon wird „Leitbild" definiert als eine „idealhafte richtungsweisende Vorstellung, deren Verwirklichung in der Praxis durch entsprechende Grundsätze, Methoden und Einzelziele angestrebt wird". Demnach ist ein **Unternehmensleitbild** eine schriftliche Darlegung von ideellen Werten, Normen und Überzeugungen eines Unternehmens. Durch ihr Leitbild gibt eine Organisation Auskunft über ihre grundsätzlichen Vorstellungen hinsichtlich der anzustrebenden Zielsetzungen und Verhaltensweisen. So dient ein Leitbild als Orientierungshilfe sowohl für Mitarbeiter als auch für Kunden und sonstige Interessenten.

2.1.1.2 Unternehmensstrategie

Eine **Unternehmensstrategie** ist eine umfassende Beschreibung des Entscheidungsverhaltens der Unternehmensführung zur Sicherung zukünftiger Erfolgspotenziale. Obwohl sie sich von einem zukünftigen Erfolg ableitet, gibt sie den Weg vor, wie in der Gegenwart entschieden werden soll.

Die Unternehmensstrategie gibt Antwort auf folgende essenzielle Fragen:

- Wo stehen wir (mit unserem Unternehmen)? (IST-Zustand)
- Wo wollen wir hin? (Ziel, SOLL-Zustand)
- Wie kommen wir dorthin? (Weg zum Ziel)

Bild 2.1 verdeutlicht die wichtigsten Teile einer Strategie.

Bild 2.1
Die wichtigsten Teile einer Strategie

Beispiele für strategische Unternehmenszielsetzungen:

- Persönliche Betreuung der Großkunden durch Mitarbeiter vor Ort
- Erhöhung der Deckungsbeiträge durch Forcierung der Produktgruppen X, Y, Z
- Erschließung neuer Absatzwege (z. B. E-Commerce)
- Optimierung der Lagerverwaltung durch Aufbau einer zentralen Logistik
- Erhöhte Mitarbeitermotivation durch finanzielle Beteiligung der Mitarbeiter am Unternehmenserfolg

2.1.1.3 IT-Organisation

Wesentlich für die Einordnung und die strategische Positionsbestimmung sind die jeweilige organisatorische Verankerung der IT im Unternehmen, das vorhandene IT-Produkt- und Kundenportfolio sowie die Rolle und Bedeutung, die die IT im Unternehmenskontext derzeit bzw. künftig einnimmt. Auf dieser Basis kann eine strategische Positionierung der IT vorgenommen werden sowie eine strategische Einordnung für das IT-Management erfolgen. Dazu zählen unter anderem auf die Ansprüche der Stakeholder abgestimmte Maßnahmen, die Formulierung eines IT-Leitbilds mit entsprechender Werteorientierung für das IT-Personal sowie die Festlegung von Visionen, die aufzeigen, in welche Richtung sich die Business-IT-Organisation in den nächsten drei bis fünf Jahren entwickeln soll.

Die Effektivität der eingesetzten IT-Systeme und der IT-Leistungsprozesse sind kontinuierlich zu verbessern. Dabei geht es wesentlich um die Initiierung und Planung von IT-Vorhaben. Es erfolgt dazu eine Priorisierung dieser Vorhaben, mit dem Ziel der Verbesserung der strategischen Position der Organisation durch die implementierten Informationssysteme. Letztlich sind auch Personal- und Finanzfragen strategisch zu entscheiden sowie regulatorische Notwendigkeiten im Rahmen einer Enterprise IT-Governance zu berücksichtigen (to do the right things).

Um die strategische Ausrichtung der IT-Organisation entwickeln und präzisieren zu können, ist zunächst ein Blick auf die Ausgangslage (primär auf die IT-Organisation selbst sowie auf das vorhandene Leistungs- und Kundenportfolio der IT-Organisation) und die Ableitung der wesentlichen Erfolgsbedingungen für die Erbringung von hochwertigen IT-Dienstleistungen in der jeweiligen Branche erforderlich.

- Sollen IT-Leistungen auch künftig kundengerecht erbracht werden, dann müssen die Leistungen bzw. Produkte der IT genau definiert werden. Der IT-Service- und -Produktkatalog bietet eine detaillierte Übersicht aller IT-Services, die eine IT-Organisation ihren Kunden bereitstellen kann, sowie die Standard-Service-Levels und Optionen, um den IT-Service anzupassen. Das IT-Leistungsportfolio kann beispielsweise Applikationsservices, Data Services, Infrastrukturservices bis hin zur Planung und Umsetzung von Projekten und Entwicklung innovativer IT-Lösungen umfassen. Verfügt die IT-Organisation über einen gut dokumentierten aktuellen IT-Service- und -Produktkatalog, stellt dieser eine gute Grundlage für strategische Planungsüberlegungen dar.

2.1.2 Zweck und Grundsätze der IT-Strategieentwicklung

Grundsätzlich kann festgestellt werden, dass eine IT-Strategie für Unternehmen aller Größenordnungen notwendig ist, um eine zukunftsorientierte Planung und Steuerung der IT-Services und der IT-Organisation zu gewährleisten. Darum sollen auch immer mehr Personen in der Unternehmenspraxis aktiv an der optimalen Gestaltung – nicht nur Nutzung – der IT mitwirken.

Welche **Erwartungen** werden **an IT-Strategien** gestellt? Hauptzielsetzungen sind

- die Sicherung und Verbesserung der Betriebs- und Lieferfähigkeit des Unternehmens sowie
- die Verbesserung der Leistungsfähigkeit der IT, was sich – wie viele Benchmarks zeigen – auch auf die Wettbewerbsfähigkeit des Unternehmens positiv auswirkt.

Ausgehend vom Ist-Zustand der IT im Unternehmen, den Anforderungen des Unternehmens und der Mitarbeiter des Unternehmens an die IT sowie den Möglichkeiten auf dem Gebiet der Informations- und Kommunikationstechnologie sind verschiedene strategische Überlegungen anzustellen. Diese umfassen

- das Festlegen der Vision, der Mission und der strategischen Ziele, wie die IT in Zukunft in einem Unternehmen genutzt werden soll,
- das Skizzieren der Stärken und Schwächen der IT-Organisation und daraufhin das Fixieren wesentlicher IT-Prinzipien und daraus ableitbarer IT-Richtlinien,
- das Beschreiben der dazu notwendigen Soll-IT-Architekturen,
- einen Masterplan für organisatorische Veränderungsnotwendigkeiten und die daraus erwachsenden IT-Projekte.

Die IT-Strategie baut auf dem Unternehmensleitbild bzw. der Unternehmensstrategie auf und wird mitunter als **„funktionale Strategie"** bezeichnet, weil sie sich mit einer Querschnittsfunktion im Unternehmen beschäftigt – wie zum Beispiel auch die Finanzstrategie.

Die IT-Strategie wird in der Regel unter der Federführung der IT-Abteilung unter Mitwirkung ausgewählter Personen aus allen Fachbereichen eines Unternehmens erarbeitet. Sie wird meist für einen Zeitraum von drei bis fünf Jahren ausgelegt; es hat sich aber als zweckmäßig erwiesen, die IT-Strategie jährlich zu überprüfen und gegebenenfalls anzupassen. Eigner des Dokuments ist in der Regel die IT-Leitung.

Beachten Sie:

Um die IT strategisch optimal ausrichten zu können, ist eine hohe Wertschätzung der IT im Unternehmen insgesamt von erheblichem Vorteil. Darüber hinaus ist es ganz wesentlich, die Anforderungen der Fachabteilungen des Unternehmens an die IT sowie die aktuellen IT-Trends zu kennen.

In der Praxis gibt es – je nach Auslöser – zwei grundsätzlich unterschiedliche **Vorgehensweisen** für einen IT-Strategieprozess:

Top down:

- Die IT-Strategieerstellung ist Teil einer bewährten Unternehmenspraxis und wird aus der Unternehmensstrategie abgeleitet.

- Ein außerordentliches Ereignis im Unternehmen findet statt (Fusion, Filialgründung, neues Geschäftsmodell, neues Produkt/neue Dienstleistung).
- Eine maßgebliche Intensivierung der Kooperation mit Geschäftspartnern erfordert eine – auch unternehmensübergreifende – neue strategische IT-Ausrichtung.
- SWOT-Analyseergebnisse zeigen wesentliche Business-IT-Alignment-Notwendigkeiten auf.
- Umfassendes Rightsourcing der IT wird angestrebt.

Bottom up:

- Realisierung eines Großprojekts, dessen Rahmenbedingungen erhoben und/oder neu gestaltet werden sollen
- Einsatz neuer technologischer Möglichkeiten (z. B. mobile Lösungen, RFID oder Cloud-Computing)
- Unzufriedenheit der IT-Nutzer mit IT-Leistungen und/oder IT-Kosten

2.1.3 Inhalte einer IT-Strategie

Die schriftliche Fixierung der IT-Strategie kann in der Praxis einen sehr unterschiedlichen Umfang und Detaillierungsgrad haben. Welchen Umfang und Detaillierungsgrad das Strategiepapier hat, hängt von der Größe des Unternehmens und der jeweiligen IT-Organisation ab, für die eine Strategie entwickelt wird. So ist klar, dass das Strategiepapier eines mittelständischen Unternehmens, das sich die IT-Strategie ggf. mit Unterstützung externer Experten erarbeitet, einen anderen Umfang und Detaillierungsgrad hat als eines für ein großes Unternehmen oder einen multinationalen Konzern.

Ausgehend vom Ist-Zustand der IT im Unternehmen, den Anforderungen des Unternehmens an die IT sowie den Möglichkeiten auf dem Gebiet der Informations- und Kommunikationstechnologie beschreibt auch eine IT-Strategie die Vision, die Mission, die Ziele und die Wege, wie die IT in Zukunft in einem Unternehmen genutzt und wie sie als Instrument gestaltet werden soll.

Im Vordergrund steht die Frage: Wie kann mithilfe der IT der Unternehmenserfolg gesichert und gesteigert werden (Effektivität der IT)? Dann erst folgen die Fragen in Richtung IT-Organisation: Wie lassen sich die IT-Leistungen verbessern und die IT-Kosten senken (Effizienz der IT)? Bild 2.2 zeigt die Hauptstoßrichtungen für eine IT-Strategie.

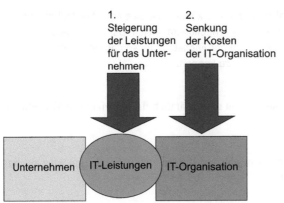

Bild 2.2
Die Hauptstoßrichtungen einer IT-Strategie

Beispiel eines Inhaltsverzeichnisses einer IT-Strategie

0.	Zusammenfassung (Management-Summary)
1.	Situationsanalyse (Assessments)
1.1	Fachliche Beurteilung
1.2	Technische Beurteilung
1.3	Organisatorische Beurteilung
2.	Umfeldanalyse
2.1	Interne Aspekte (Geschäftsmodelle, Kundenanalyse, SWOT-Analysen)
2.2	Externe Aspekte (Wettbewerbsanalyse)
2.3	Technologische Aspekte (IT-Trend-Analysen)
3.	Ziele und Rahmenbedingungen
4.	Grundsätze der IT (IT-Prinzipien)
5.	IT-Teilstrategien (IT-Services, Daten, IT-Sourcing, KI, Cloud)
5.1	Zulässige Basissysteme der IT (Architekturvorgaben)
5.2	Organisatorische Positionierung der IT
5.3	Daten- und Analytics-Strategien
5.4	IT-Servicestrategie
5.5	IT-Personalstrategie
5.6	IT-Sourcing-Konzept
5.7	Cloud-Strategien
5.8	KI-Strategie
5.9	IT-Qualitätsmanagement und IT-Qualitätssicherung
5.10	Richtlinien für Cyber-Security und IT-Risikopolitik
6.	Enterprise IT-Architekturen
6.1	Technologiearchitektur
6.2	Datenarchitektur
6.3	Applikationsarchitektur
6.4	Business Architektur und Organisation (Prozesse, Business Capabilities, Strukturen)
6.5	Sicherheitsarchitektur
7.	Roadmap und Vorhabensplanung
7.1	IT-Masterplan und Projektportfolio
7.2	Wirtschaftlichkeits- und Risikobewertung
7.3	Projektbudgetierung

2.1.4 Einschlägige Methoden und Techniken

Entscheidend für die erfolgreiche Nutzung der IT ist und bleibt die konkrete Umsetzung der IT-Strategie. Die anspruchsvollen Themen und die verschiedenen Sichten der Beteiligten sowie deren unterschiedliche Qualifikation machen diese Aufgabe meist sehr schwierig. Hilfreich dabei ist die Verwendung einschlägiger Methoden und Techniken, namentlich Business Engineering, Projektmanagement sowie gute Praktiken auf dem Gebiet der Kommunikation und Präsentation.

Business Engineering ist eine Managementdisziplin und bezeichnet die methoden- und modellbasierte Konstruktionslehre für Unternehmen des Informationszeitalters. Die Merkmale sind:

- ingenieurmäßiges Vorgehen, wobei Werkzeuge genutzt werden, die eine klare Struktur aufweisen;
- ganzheitliche Sichtweise, die Strategie, Prozess und Informationssystem miteinander verbindet;
- Informationstechnik wird als Enabler der Innovation verstanden;
- der Prozess wird als Schlüssel zur steuerbaren Geschäftsabwicklung angesehen. Dabei löst ein Input verschiedene Aktivitäten aus, die zu einem messbaren Ergebnis führen;
- Prozessverantwortliche, die als Vertreter des Fachmanagements Verantwortung für die Fachprozesse übernehmen;
- operationale Prozessführung ermöglicht ein gezieltes Controlling der Prozesse;
- vernetzte Organisation selbstständiger Einheiten.

Für die systematische Erschließung und Umsetzung der Geschäftspotenziale von IT-Innovationen ist es notwendig, dass sich mehr oder weniger große und multifunktionale Teams professionell mit Strategien, Prozessen, IT-Applikationen und IT-Technologien auseinandersetzen. Weil die Transformation komplexe Mensch-Maschine-Systeme betrifft, reicht es nicht aus, sich auf den technischen bzw. fachlichen Aspekt der Veränderung zu beschränken. Zum Instrumentarium des Business Engineer gehören auch Fähigkeiten im Hinblick auf Change Management sowie Einfühlungsvermögen und Verständnis für die menschlichen, kulturellen und politischen Aspekte von Veränderungen [ÖST95]. Eine Orientierung gibt Bild 2.3.

Business Engineering trifft Entscheidungen auf allen Ebenen der Gestaltung eines Unternehmens, namentlich auf den Ebenen Strategie, Prozess, Informationssystem. Dabei ist stets darauf zu achten, dass die wechselseitigen Entsprechungen sichergestellt werden, in der Art, wie sich beim Menschen Körper und Nervensystem entsprechen. Das Modell im Überblick zeigt Bild 2.4.

Das (unternehmensweite Gesamt-)**Informationssystem** muss so gestaltet werden, dass es die Geschäftsprozesse optimal unterstützt.

Die **Geschäftsprozesse** müssen so gestaltet werden, dass die Unternehmensstrategie verwirklicht werden kann.

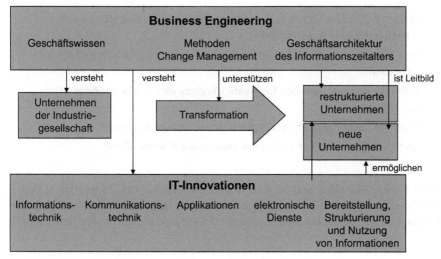

Bild 2.3 Business Engineering – Inhalte und Transformation

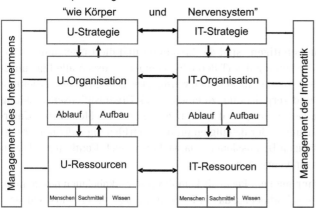

Bild 2.4 Business-Engineering-Modell

Gerade in jüngster Zeit wird von vielen Unternehmen in das sogenannte „Business-IT-Alignment" investiert, das heißt in die optimale Anpassung der IT an die Anforderungen des Unternehmens als Ganzes und die Geschäftsbereiche bzw. Geschäftsprozesse im Einzelnen.

Dazu war beispielsweise in der „InformationWeek" zu lesen:

A New Look at the Relationship Between Business and IT

If you find that the role of technology is still undervalued at your company, it may be a sign that it's not considered as strategic as it should be. To measure the importance that the CEO and other business executives place on technology, consider the following:

- Does the CEO insist that business managers commit to savings or revenue growth to cover IT investments?
- How interested are the CEO and his/her staff in keeping up with technology advances?
- Is the IT executive rewarded for creating bridges with senior business executives?
- Does the CEO engage at all with strategic technology suppliers?
- Do the CEO and his/her staff utilize appropriate IT themselves?

Das Thema Business-IT-Alignment wird in diesem Buch im Kapitel „Enterprise IT-Governance" noch sehr ausführlich behandelt. Sehr nützlich ist in diesem Zusammenhang auch das Studium der ISO/IEC 38500:2008 „Corporate Governance of Information Technology".

2.2 IT-Strategien entwickeln – wesentliche Teilschritte

Unter dem Motto **„Betroffene beteiligen"** sind die Erstellung und die Umsetzung der IT-Strategie nicht nur Aufgabe der Leitung des IT-Bereichs, vielmehr müssen alle Führungskräfte des Unternehmens in den Prozess eingebunden werden. Die gemeinsame Erarbeitung einer IT-Strategie ist Chance und Verpflichtung zu einem Stück Organisationsentwicklung im Sinne eines umfassenden Gestaltungs- und Lernprozesses auf der Metaebene. Unterschiedliche Sichten und Erwartungen der Beteiligten prallen so frühzeitig aufeinander und die Erkenntnisse aus einschlägigen Diskussionen – ja, vielleicht auch Konflikten – lassen sich auf diese Weise nutzbringend einsetzen.

Die strategische IT-Planung kann man mit Recht als komplex und risikobeladen bezeichnen; sie hat somit alle Attribute eines Vorhabens, das in Form eines eigenen Projekts realisiert werden sollte.

Das Management des **IT-Strategieentwicklungsprozesses** sorgt für eine gute Abwicklung und den Know-how-Transfer an Schlüsselleute in den einzelnen Organisationseinheiten. Die Projektleitung sorgt dafür, dass die Planungsarbeiten nicht „formalistisch", sondern immer ausgerichtet auf die Zielsetzung – optimale Auslegung der IT-Aktivitäten für die Organisationseinheit – durchgeführt werden. Sie sorgt mit der Art der Arbeitsorganisation und der Führung des Projekts für die Vernetzung aller Elemente, für eine gezielte Hinterfragung der Erkenntnisse und dafür, dass nicht zu früh vordergründig attraktive Lösungen ins Auge gefasst werden. [Zarnekow2004]

Wichtig ist, dafür zu sorgen, dass der Strategieentwicklungsprozess iterativ angelegt wird, weil es immer wieder zwischen den Möglichkeiten und den Grenzen der IT-Gestaltung abzuwägen gilt.

Die Durchlaufzeit eines Vorhabens zur Erstellung oder Totalüberarbeitung der IT-Strategie sollte bei maximal sechs Monaten liegen und nahtlos in die Masterplanung zur Umsetzung der IT-Strategie übergehen. Die einzelnen Schritte sollten dabei innerhalb von ein bis zwei Monaten erfolgen.

Der IT-Strategieentwicklungsprozess startet mit der Analyse der Unternehmensstrategie und endet mit der Erstellung des Maßnahmenplans, der wiederum die Grundlage für eine erfolgreiche Umsetzung der IT-Strategie bildet.

2.2.1 Analyse der Unternehmensstrategie und Ermittlung der strategischen Erfolgsfaktoren

In der Praxis ist nicht selten zu beobachten, dass es keine bzw. keine ausreichend operationalisierte Unternehmensstrategie gibt bzw. diese dem IT-Management nicht bekannt ist. Im Fall einer zusätzlich unzureichenden Kommunikation zwischen IT und Fachbereich bzw. Unternehmensführung ist das IT-Management bei der „Ableitung" der IT-Strategie nicht selten auf sich allein gestellt.

In einem ersten Schritt bietet es sich in dieser Situation an, im Rahmen von gezielten Interviews mit der Unternehmensführung die zentralen Parameter für die zu entwickelnde IT-Strategie zu ermitteln und zu dokumentieren. Wichtige Fragen, die adressiert und beantwortet werden sollten, sind beispielsweise:

- Welches sind die Hauptgeschäftsfelder sowie die wesentlichen Kundensegmente unseres Unternehmens?
- Wie wird die zukünftige Geschäftsentwicklung des Unternehmens in den verschiedenen Geschäftsfeldern eingeschätzt?
- Gibt es aktuell Einflüsse durch Branchentrends und Wettbewerber, die bei der Strategieformulierung zu berücksichtigen sind?
- Welche aktuellen Herausforderungen sind durch rechtliche Regularien (IT-Compliance) zu beachten?

Im Wesentlichen können die notwendigen Informationen bei der Unternehmensführung generiert werden. Darüber hinaus sind auch Interviews mit Leitern aus den Fachabteilungen zu führen. Dies kann in Anlehnung an die oben skizzierten Fragestellungen erfolgen. Allerdings ist hier auch auf die Besonderheiten der jeweiligen Geschäftseinheiten einzugehen. Als Ergebnis der Interviewrunden mit der Unternehmensführung und/oder Abteilungsleitung sollten sich folgende wesentliche Input-Faktoren für die Entwicklung der IT-Strategie ergeben:

- Strategische Zielsetzungen des Unternehmens (Unternehmensstrategie)
- Abgeleitete strategische Zielsetzungen der Geschäftseinheiten (Teilstrategien)
- Spezielle IT-Trends in den Fachbereichen
- Erwartungen und Zielsetzungen der Unternehmensführung und der Fachbereiche an die IT und die von ihr angebotenen Lösungen und Services

Eine Ermittlung der wesentlichen Erfolgsfaktoren für eine integrierte IT-Strategie, die auch erfolgreich umgesetzt werden kann, ist zu Beginn außerordentlich nützlich. Als kritische Erfolgsfaktoren bezeichnet man dabei im Allgemeinen solche Erfolgsfaktoren, die zwingend oder ganz dringend erfüllt sein müssen, um die gesetzten Ziele erreichen zu können. In der Literatur bezeichnet man die „kritischen Erfolgsfaktoren" oder „Critical Success Factors" (CSF) auch anders, z. B. als Schlüsselfaktoren, strategische Variablen oder strategische Prinzipien. Eine besondere Aufgabe besteht darin, aus den vielen Faktoren die relevanten herauszufiltern, weil die Faktoren hinsichtlich der Relevanz unternehmensindividuell sind.

Zweck der **Erfolgsfaktorenanalyse** ist die Beschaffung von Information für die strategische IT-Planung, insbesondere die strategische Maßnahmenplanung. Mit dieser Zwecksetzung ist sie ein Instrument des strategischen IT-Controllings, dessen primäre Aufgabe in der Informationsbeschaffung für das Top-Management gesehen wird. Die für das Verständnis der Methodik wesentlichen Begriffe sind Erfolgsfaktor, Priorität, Leistung und Erfolg; alle weiteren Begriffe leiten sich daraus ab (z. B. Leistungsdifferenz als Differenz zwischen Priorität und Leistung). Im Sinn der strategischen Unternehmensplanung ist die IT ein strategisches Erfolgsobjekt, jede ihrer Komponenten (z. B. Hardware, Anwendungssoftware, Daten und Personal) ist ein Teilobjekt. Eine Eigenschaft dieser Objekte bzw. Teilobjekte, die einen Einfluss auf die Schaffung und/oder Erhaltung von Unternehmenserfolg hat, wird als Erfolgsfaktor bezeichnet (genauer gesagt also als IT-Erfolgsfaktor).

Allgemein lässt sich die erfolgreiche **Ausrichtung der IT an den Geschäftszielen** über drei zentrale Fragestellungen treffend charakterisieren:

- Wie kann eine strategische IT-Steuerung das Geschäft des Unternehmens verbessern und somit den Unternehmenswert erhöhen?
- Ist die IT im Unternehmen so positioniert, dass entsprechende Infrastrukturen, Lösungen und Services optimal operieren?
- Sind die eingesetzten IT-Architekturen, die Organisationsformen und die IT-Prozesse an den strategischen Vorgaben ausgerichtet und werden diese „richtig" und erfolgreich ein- bzw. umgesetzt?

2.2.2 Situationsanalyse

IT-Situationsanalysen (realisiert im Rahmen von IT-Assessments) liefern eine umfassende Sicht der IT-Situation im Unternehmen aus fachlicher, technischer und organisatorischer Sicht. Dabei wird

- der erreichte Stand skizziert,
- eine Standortbestimmung vorgenommen und
- der Handlungsbedarf aus Sicht der Fachbereiche (des Business) und der IT-Organisation für die Bewältigung der erkannten Herausforderungen der nächsten drei bis fünf Jahre aufgezeigt.

Hilfreich sind hier übersichtliche Darstellungen des **IST-Zustands des Unternehmens und der IT** zum Beispiel in Form von Verzeichnissen/Tabellen und Beschreibungen für

- Unternehmenspolitik, Unternehmensstrategie,
- Managementsysteme,
- Kunden, Lieferanten, andere Geschäftspartner,
- Produkte und Dienstleistungen,
- Geschäftsprozesse,
- Unternehmensressourcen,
- (derzeitige) IT-Politik und IT-Strategie,
- IT-Kunden und sonstige Partner,
- IT-Produkte und IT-Dienstleistungen,
- IT-Prozesse,
- IT-Personal (Anzahl und Qualifikation),
- IT-Ressourcen (Daten, Software, Hardware, Netzwerke),
- IT-Richtlinien,
- IT-Projekte in Arbeit,
- Kosten, Nutzen, Wirtschaftlichkeit der IT,
- Maßnahmenlisten für Verbesserungen aller Art.

Nachdem der Ist-Zustand abgeklärt ist und erste Analysen dazu erfolgt sind, können mittels der sogenannten SWOT-Analyse alle Gegebenheiten bewertet werden. SWOT steht als Akronym für Strengths, Weaknesses, Opportunities und Threats (auf Deutsch: **Stärken, Schwächen, Chancen, Risiken**).

Die SWOT-Analyse ist ein bewährtes Werkzeug des strategischen Managements, das sowohl innerbetriebliche Stärken und Schwächen (Strength-Weakness) als auch externe Chancen und Gefahren (Opportunities-Threats) betrachtet. Demgemäß kann für die SWOT-Analyse zwischen interner und externer Analyse unterschieden werden:

- Bei der **internen Analyse** findet eine unternehmensbezogene Analyse in Form einer Selbstbeobachtung statt – etwa zu IT-Herausforderungen wie IT-Kosten, IT-Prozesse, IT-Systeme oder IT-Personal. Sie fokussiert die unternehmensspezifischen Stärken (Strength) und Schwächen (Weakness).
- Die **externe Analyse** betrachtet die Unternehmensumwelt. Sie fokussiert die Chancen im Sinne günstiger Bedingungen (Opportunities) sowie Risiken und Gefahren im Sinne ungünstiger Bedingungen (Threats). Beispiel sind etwa technologische Entwicklungen (neue IT-Komponenten und Systeme) sowie neue Anforderungen für sich wandelnde Geschäftsfelder und Geschäftsprozesse.

Aus der Kombination der Stärken/Schwächen-Analyse und der Chancen/Gefahren-Analyse kann eine ganzheitliche IT-Strategie abgeleitet werden. Die Stärken und Schwächen sind dabei relative Größen und lassen sich erst im Vergleich mit den Zielkriterien beurteilen. Den Zusammenhang zeigt Bild 2.5.

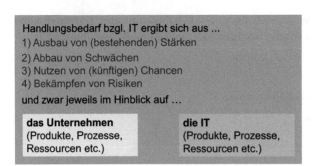

Bild 2.5 SWOT-Analyse

Für die Anwendung der SWOT-Analyse liegt es nahe, einen Workshop mit den entsprechenden Experten zu dem Thema durchzuführen. Dabei kommt zunächst der Teambildung eine besondere Bedeutung zu. Der Teilnehmerkreis könnte sich im Beispielfall aus dem IT-Management sowie ausgewählten IT-Experten zusammensetzen. Ergänzend sollten aber auch – je nach konkreter Zielsetzung des Einsatzes der SWOT-Analyse – Vertreter der Fachabteilungen/Fachbereiche sowie weitere Beteiligte (Personalvertretungen, Controlling) in die SWOT-Analyse und den Maßnahmenentwicklungsprozess einbezogen werden.

Im Rahmen der Durchführung des Workshops bietet es sich dann an, dass – orientiert an Leitfragen – die Stärken und Schwächen bzw. Risiken und Chancen der IT herausgearbeitet werden. Folgende Tabelle 2.1 kann hier als Checkliste dienen und den Workshop-Teilnehmern an die Hand gegeben werden. Die Fragen zielen dabei auf die Zuordnung der Ergebnisse zu den vier skizzierten Bereichen ab:

Tabelle 2.1 SWOT-Analyse (Fragen)

S	Strengths Stärken	Gibt es besondere Verfahren und Ergebnisse, die in der vergangenen Periode hervorragend waren (IT-Services, IT-Prozesse, IT-Projekte)? Was sind unsere Stärken (IT-Produkte, Personal, Organisation)? Worauf sind wir stolz (Ergebnisse, Qualität)?
W	Weaknesses Schwächen	Was ist/war in der Vergangenheit schwierig? Wo liegen typische Barrieren, um erfolgreich agieren zu können (Mitarbeiterqualifikation, Finanzen etc.)? Welche Störungen behinderten in der Vergangenheit die Arbeit im IT-Bereich (personelle Fluktuationen etc.)? Woran fehlt es aktuell, um erfolgreich IT-Produkte und IT-Services zu erbringen (z. B. Unterstützung durch Führungskräfte)?
O	Opportunities Chancen	Wo liegen unsere Zukunftschancen (neue Technologien, innovative IT-Projekte)? Was können wir im IT-Bereich ausbauen (neue Produkte, neue IT-Services, innovative Applikationen)? Welche konkreten Verbesserungsansätze werden gesehen (verbesserte IT-Services)?
T	Threats Risiken	Was sind mögliche Risiken/kritische Faktoren beim Einsatz der IT-Produkte und der Umsetzung der IT-Projekte (rechtlich, technisch, wirtschaftlich)? Womit müssen wir rechnen? Wo lauern künftig noch Gefahren bzw. Risiken?

Erfahrungen beim Anwenden der SWOT-Analyse zeigen, dass es sehr hilfreich ist, für die Auswertung die Ergebnisse nach geeigneten Kriterien zu clustern (siehe folgendes Beispielergebnis für die Stärken mit einer Gliederung nach Aspekten wie Produkt, Personen, Organisation/Prozesse, Verfahren etc.).

Nach der Dokumentation können eine Auswertung und die Entwicklung von (strategischen) Maßnahmen erfolgen. Aus der Kombination der Stärken/Schwächen-Analyse und der Chancen/Gefahren-Analyse kann dabei ein ganzheitlicher Maßnahmenkatalog entwickelt werden. Liegt das Ergebnis insgesamt vor, muss über die vorgeschlagenen Maßnahmen noch eine Abstimmung zwischen den Beteiligten und den Entscheidungsträgern erzielt werden. Dazu bietet es sich an, einen konkreten Maßnahmenplan mit entsprechenden Terminen und Verantwortlichkeiten zu erstellen.

Beachten Sie:

Die SWOT-Analyse ist ein bewährtes Management-Werkzeug, das es ermöglicht, sowohl innerbetriebliche Stärken und Schwächen (Strength/Weakness) als auch externe Chancen und Gefahren (Opportunities/Threats) zu ausgewählten Herausforderungen und Problemstellungen der IT-Organisation zu erkennen, systematisch zu analysieren und daraufhin geeignete Maßnahmen abzuleiten.

Die **fachliche Beurteilung der IT** liefert eine Einschätzung der IT-bezogenen Dienstleistungen und der IT-Ressourcen, bezogen auf den Beitrag zum Erfolg der Gesamtorganisation sowie der Schlüsselanforderungen für die Bewältigung der Herausforderungen an die Organisation. Eine fachliche Beurteilung der Informationssysteme bedingt eine betriebswirtschaftliche Sichtweise. Diese lässt sich nur dann erreichen, wenn die Betrachtungen, Diskussionen, Workshops und Analysen von einem Unternehmensmodell ausgehen. Vorzugsweise wird eine prozessorientierte Darstellung gewählt, die den Untersuchungsbereich und sein Umfeld zeigt.

Ein Beispiel für eine illustrierende Darstellung eines Gesamtprozesses gibt Bild 2.6.

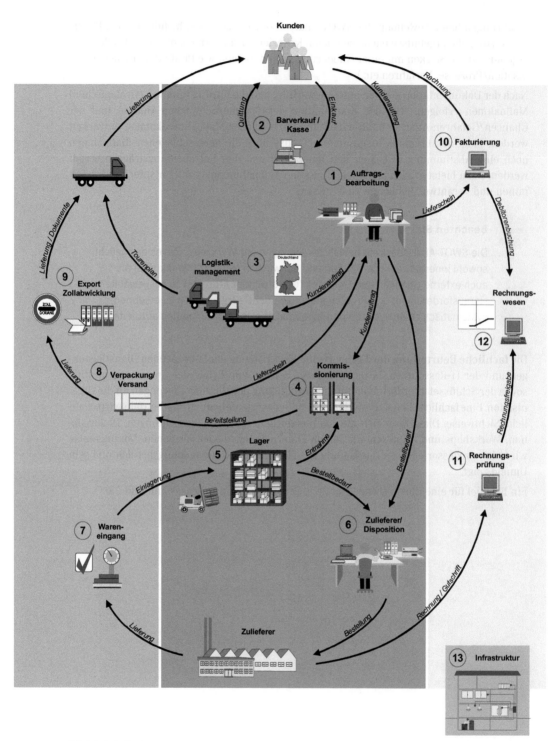

Bild 2.6 Beispiel für eine Prozessübersicht „Handel"

Tabelle 2.2 zeigt beispielhaft die betriebswirtschaftliche Darstellung eines Handelsunternehmens, basierend auf einem **prozessorientierten Unternehmensmodell**.

Tabelle 2.2 Beispiel für Prozessliste und unterstützende Systeme „Handel"

	Geschäftsprozess/ Teilprozesse	Unterstützende Systeme
1	Auftragsbearbeitung	• Vertriebsunterstützung, Auftragsbearbeitung • Bestellannahme über DFÜ vom Kunden • Systeme für Internetanbindung/Electronic Commerce • Preisbildung • Bonitätsprüfung
2	Barverkauf/Kasse	• POS-Systeme, Kassen, Scanner • Systeme zur Zahlung per Kreditkarte/ec-Karte • Schnittstelle zur Finanzbuchhaltung • Diebstahlsschutzanlagen
3	Logistikmanagement	• Routenplanung • Mobile Bordcomputer, GPS-Systeme • Tankkarten
4	Kommissionierung	• Kommissionier-Terminal/Scanner • Lagerzugriffssteuerung
5	Lagermanagement	• Lagerverwaltungsrechner • Elektronische Waagen • Steuerung von Regalfördergeräten/Verteilsystemen • Klimaanlagen und Kühlsysteme • Bestandsüberwachung • Inventur • Konsignationslager
6	Zulieferer/Disposition	• Bestellabwicklung • Prognosesysteme • Kommunikation per Fax/E-Mail/EDI • Bestellüberwachung
7	Wareneingangsbearbeitung	• Barcode-Scanner/RFID im Wareneingang • Prüf- und Messeinrichtungen
8	Verpackung/Versand	• Versandsteuerung/-unterstützung • Verpackungs-, Frankier- und Etikettiersysteme • Track & Trace-Systeme
9	Zollabwicklung	Software für die Import-/Export-, Zoll- und Frachtabwicklung
10	Fakturierung	Rechnungsschreibung
11	Rechnungsprüfung	Zahlungsfreigabe
12	Rechnungswesen	• Debitorenbuchhaltung • Kreditorenbuchhaltung • Automatische Abwicklung des Zahlungsausgangs • Anlagenbuchhaltung

Das Unternehmensmodell dient als „Kommunikationsdrehscheibe" zum Fachbereich. Es ermöglicht, die Charakteristik des Geschäfts zu diskutieren, Außenbeziehungen darzustellen, Veränderungen zu positionieren und die Unterstützung mit Informatiksystemen zu visualisieren. Durch ein Unternehmensmodell werden die Diskussionen in Interviews und Workshops „kundenorientiert" und umfassend. Es wird gewährleistet, dass sämtliche (auch aktuell nicht durch Informatik unterstützte) Bereiche besprochen und bewertet werden.

Die **technische Beurteilung der IT** liefert, eingebunden in ein standardisiertes Raster, die technische Beschreibung und Beurteilung der Anwendungslandschaft, des Anwendungsdesigns sowie der technischen Infrastruktur und der betrieblichen Methoden und Hilfsmittel.

Die **organisatorische Beurteilung der IT** liefert eine Analyse sämtlicher informatikrelevanten Prozesse der Organisation. Sie bietet eine Übersicht und eine Beurteilung der gewählten organisatorischen Lösungen, des erreichten Organisationsgrads, der Mengengerüste und des Ressourceneinsatzes (Personal, Finanzen und kritische Ressourcen).

Hilfreich für das Herausfinden des Handlungsbedarfs sind Aussagen zu folgenden Satzanfängen:

- „Wir wollen weg von ..."
- „Wir wollen hin zu ..." – und zwar im Hinblick auf alle Betrachtungsgegenstände einer IT-Strategie. Ein Beispiel finden Sie in Bild 2.7.

Wir wollen weg von ...	Wir wollen hin zu ...
... einer Vielzahl von Individual-Anwendungen (teils extern, meist intern entwickelt)	... einem ERP-System. Damit können wir den klassischen Vorteil eines ERPS – nämlich die starke Integration der Bestandteile – voll ausspielen. Was nicht durch ein ERPS abdeckbar ist, wird durch andere Standardprodukte gelöst.
... der einfachen Verteilung von Standard Office Produkten	... aus den Standardprodukten einen „Mehrwert" für die Stadt generieren, indem wir maßgeschneiderte Varianten daraus erzeugen (Praxistauglichkeit erhöhen, CD-Vorlagen einarbeiten etc.).

Bild 2.7 Beispiele für Handlungsbedarf bezüglich IT

Beachten Sie:

Aufgrund der rapide fortschreitenden Entwicklung der Informations- und Kommunikationstechnologien wird von den IT-Verantwortlichen eine hohe Sensibilität für Innovationen (Produkt- und Verfahrensinnovationen) in Bezug auf die Einsetzbarkeit und Zukunftsperspektive der installierten bzw. der möglichen Informations- und Kommunikationstechnologien gefordert. Um diese Herausforderungen bestehen zu können, muss bei der IT-Leitung eine gute Einschätzbarkeit der Bedeutung der Innovationen für das Unternehmen sowie bei den weiteren Beteiligten im IT-Strategieentwicklungsprozess eine gewisse Spezialisierung einzelner Mitarbeiter gegeben sein (etwa eine

Spezialisierung auf bestimmte Architekturdomänen oder auf ausgewählte IT-Prozesse und IT-Systeme). Es empfiehlt sich darüber hinaus, ergänzend bei der Entwicklung einer IT-Strategie den Blick auf IT-Trends und generelle Entwicklungen der Branche ebenso zu richten wie auf die aktuell – vor allem zuletzt – eingesetzten Technologien im Unternehmen. Dies erfolgt sinnvollerweise unter Einbeziehung von IT-Experten sowie in Abstimmung aller Teilbereiche der IT-Abteilung.

2.2.3 Umfeldanalyse

Mittels einer Umfeld- und Technologieanalyse werden die möglichen Entwicklungen innerhalb und im Umfeld des Unternehmens betrachtet. Die Umfeldanalyse liefert eine umfassende, vernetzte Analyse der möglichen Veränderungen, die das Unternehmen betreffen. Sie beurteilt sie hinsichtlich ihrer Relevanz, ihrer Eintrittswahrscheinlichkeit und der möglichen Auswirkungen aus IT-Sicht. Hauptquellen für die Umfeldanalyse sind Expertenaussagen, Workshops mit dem Management sowie die Ergebnisse der Situationsanalyse. Auch Partner, Kunden und Lieferanten können wertvolle Beiträge leisten. Die identifizierten möglichen Veränderungen (elements of change) werden kategorisiert und bezüglich ihrer Relevanz für die IT-Tätigkeit des Unternehmens beurteilt.

Die **internen Aspekte** beschreiben das Veränderungspotenzial, das aus dem Unternehmen selbst stammt. Es kann sich dabei sowohl um erkannte Entwicklungen (passiv) als auch um mögliche aktive Veränderungen, zum Beispiel Reorganisationen, Veränderungen des Tätigkeitsfelds, Aufbau von neuen Bereichen etc., handeln.

Die **externen Aspekte** beschreiben das Veränderungspotenzial, das außerhalb des Unternehmens liegt, zum Beispiel gesetzliche Veränderungen, Veränderungen der Branche, Verfügbarkeit von Ressourcen – speziell der richtigen Mitarbeiter in Qualität und Quantität –, sozialklimatische Veränderungen etc.

Die **technologischen Aspekte** zeigen die relevanten technologischen Veränderungen, einerseits in Form von „Enablers", die neue Lösungen ermöglichen, andererseits von Veränderungen, die antizipiert werden müssen.

Ein praktisches Hilfsmittel stellt die sogenannte **IT-Landkarte** dar.

Die IT-Landkarte fasst die wichtigsten informationstechnologischen Entwicklungen aus der Sicht eines Prozesses zusammen. Sie ist ein Instrument, um die für einzelne Prozesse relevanten Informations- und Kommunikationstechniken zu sammeln, deren Zusammenwirken zu betrachten, die Techniken nach ihrem Entwicklungsstand zeitlich zu positionieren und Schwerpunkte zu erkennen oder zu bilden.

2.2.4 Zielfindung

Die Ziele und Rahmenbedingungen enthalten die Anforderungen und einzuhaltenden Rahmenbedingungen für die konzeptionelle Ebene. Das Ziel besteht darin, eine gemeinsame, widerspruchsfreie Basis für die Strategiefindung, die Architekturdefinition und die Priorisierung der Projekte zu liefern. Bei den periodischen Überprüfungen der Planungen soll es das Zielsystem ermöglichen, mittels einer Abweichungsanalyse wesentliche „Richtungsänderungen" erkennen zu können. Bild 2.8 zeigt die Zusammenhänge, die bei der Analyse und bei der Auswertung der verschiedenen Quellen zu berücksichtigen sind.

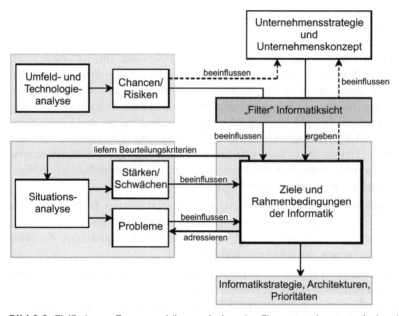

Bild 2.8 Zielfindung – Zusammenhänge zwischen den Elementen der strategischen IT-Planung

Bild 2.8 zeigt, dass die Ziele und Rahmenbedingungen der IT aus den Zielen und Rahmenbedingungen des Unternehmens, der Umfeld- und Technologieanalyse sowie der Situationsanalyse gewonnen werden. Damit wird die führende Rolle der unternehmerischen Zielsetzungen sichergestellt und die Konsistenz des Zielkatalogs gewährleistet.

Ziele können nicht formuliert werden, ohne dass klar ist, ob diese Ziele überhaupt und – insbesondere – wie sie erreichbar sind. Wichtig bei der Formulierung von Zielen ist darüber hinaus die Fähigkeit, die Erreichung der Ziele zu messen. So können eventuelle, zur Erreichung der Ziele eingeleitete Maßnahmen auf ihre Wirkung hin überprüft werden.

Ausgehend von den strategischen Herausforderungen sollten die IT-Verantwortlichen (ggf. unterstützt durch einen neutralen IT-Berater) im Rahmen eines Workshops die strategischen IT-Ziele des Unternehmens entwickeln bzw. anpassen. Ein weiteres Ergebnis des Workshops sind eine eventuell erforderliche Aktualisierung der Qualitäts- und Risikopolitik und die aktuellen Qualitätsziele der IT für das laufende Jahr.

Die Beispielergebnisse eines entsprechenden strategischen Zielworkshops zeigt die folgende verdichtete Übersicht:

Tabelle 2.3 Strategische IT-Zielsetzungen (nach BSC-Systematik)

Zielbereiche	Zielsetzungen
Finanzielle Ziele	- Umsatzrentabilität pro Jahr erzielen (5 – 6 %) - Leistung- und Kostentransparenz verbessern und Kosten steuerbar machen - Kosteneffizienz halten - Risiko- und Innovationskapital bereitstellen
Kundenziele	- Hohe Kundenzufriedenheit herstellen - Kundenbindung erhöhen - Qualität der Anforderungsspezifikation der Kunden verbessern
Prozessziele (IT-Service-Ziele)	- Reifegrad der IT-Service-Prozesse erhöhen - Nutzungsgrad des Service-Desk erhöhen - Prozesserfolge sichern und dokumentieren (Performance-Management) - Hohe Sicherheit der Prozesse gewährleisten
Personalziele	- Mitarbeiterzufriedenheit erhöhen - Kompetenz der Mitarbeiter fördern - IT-Serviceorganisation als attraktiven Arbeitgeber (intern und extern) darstellen
Ziele zu den IT-Produkten	- Produkt-Portfolio erweitern - Produktinnovationsgrad erhöhen - IT-Landschaft (Applikationen, Prozesse, Infrastrukturen) mit Augenmaß konsolidieren - Asset-Ownership durch die IT-Organisation übernehmen und erweitern
Ziele zu den IT-Projekten	- Projekterfolgsquote erhöhen - Termintreue erhöhen (Erreichung der Meilensteine)

2.2.5 Strategische IT-Grundsätze definieren

Zunächst sollten wir uns daran erinnern, dass die sogenannten **allgemeinen strategischen Grundsätze** auch im IT-Bereich nützlich sein können, zum Beispiel:

- Konzentration der Kräfte
- Einfachheit
- Stärken fördern
- Ziele und Mittel abstimmen
- Synergiepotenziale ausnutzen

Dann sollten wir daran gehen, für alle Betroffenen verständliche Strategiegrundlagen zu formulieren.

Die **Vision der IT** im Unternehmen könnte beispielsweise lauten:

Die IT leistet einen gut sichtbaren, wichtigen Beitrag zum Unternehmenserfolg durch

- Erhöhung der Kundenbindung oder
- Stärkung der Kostenführerschaft oder ...

Daraus könnte zum Beispiel folgende **Mission der IT** abgeleitet werden:

Das IT-Management sorgt auf wirtschaftliche Weise für zufriedene IT-Kunden mittels attraktiver IT-Produkte und effektiver IT-Prozesse, die mittels optimaler IT-Ressourcen in guten Strukturen nachhaltig erbracht werden.

Beachten Sie:

IT-Prinzipien vermitteln zwischen IT-Mission und Vision einerseits und den Business-Anforderungen an die IT andererseits. Sie liefern jedoch keine detaillierte Anleitung für den IT-Betrieb oder konkrete Handlungsanweisungen, sondern geben der IT ihre generelle Ausrichtung.

Die Basisstrategie zeigt in knapper, allgemeinverständlicher Form, wie die IT im Unternehmen positioniert ist, wie die Zielsetzungen unter bestmöglicher Nutzung der Chancen und Stärken erreicht sowie die erwarteten Risiken und bestehenden Schwächen beherrscht werden sollen. Sie definiert die Stoßrichtung zum Aufbau künftiger Erfolgspotenziale mit einem Planungshorizont von drei bis fünf Jahren.

Die **Steuerung der IT im Unternehmen** soll in erster Linie über betriebswirtschaftliche Steuerungsgrößen erfolgen, namentlich Qualität, Wirtschaftlichkeit, Effektivität und Nachhaltigkeit. Bild 2.9 zeigt ein Modell zur Steuerung der IT. Zu den Aufgaben der strategischen IT-Planung gehört es, sowohl darüber nachzudenken, *was* künftig erforderlich ist, als auch darüber, *wie* die Ziele erreichbar sind.

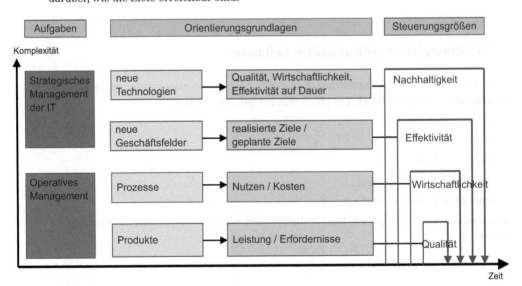

Bild 2.9 Modell zur Steuerung der IT in einem Unternehmen

Beachten Sie:

IT-Vision und IT-Mission enthalten die allgemein gültigen Grundsätze über angestrebte Ziele und Verhalten des IT-Bereichs, an denen sich alle IT-bezogenen unternehmerischen Tätigkeiten orientieren sollten. Sie sind die Grundlage für die Entwicklung einer Strategie mit einer klaren und messbaren Zielsetzung. Der Hauptnutzen von IT-Vision und IT-Mission lässt sich also vor allem darin sehen, Referenzpunkte für die strategische IT-Entwicklung zu liefern. Wichtig ist, dass bereits die IT-Vision und die IT-Mission auf die Unternehmensstrategie Bezug nehmen und nicht völlig losgelöst von der Unternehmensstrategie entstehen.

2.2.6 IT-Teilstrategien entwickeln

In der Praxis ergeben sich vielfältige Anlässe, eine neue IT-Strategie für Unternehmen zu entwickeln bzw. eine vorhandene Strategie fortzuschreiben bzw. „umzusteuern". Gründe sind vor allem gravierende Neu- und Reorganisationen, aber auch Paradigmenwechsel wie technologische Entwicklungen (wie Digitalisierung, Automatisierung, KI) und Änderungen im Umfeld von „Wirtschaft und Gesellschaft".

Aufgrund des rapiden digitalen und gesellschaftlichen Wandels reichen Ad-hoc-Initiativen und einmalige Projekte (zu intelligenten Technologien, zu Daten und Analytics, zur Cloud-Transformation usw.) nicht mehr aus, um dauerhaft erfolgreich zu sein. Benötigt werden vielmehr ganzheitliche strategische IT-Planungen (etwa der Business-IT-Landschaft) sowie spezifische IT-Service-Strategien, Datenstrategien oder IT-Sourcing-Strategien, die sich aus der Geschäftsstrategie ableiten und eine zukunftssichere Grundlage für Entscheidungen und Innovationsinitiativen bieten.

Ein entscheidender Erfolgsfaktor für das Entwickeln einer ganzheitlichen IT-Planung mit nachhaltigen IT-Teilstrategien ist die Zusammenstellung eines strategischen Kompetenzteams bzw. entsprechender Teams, die auf die Teilstrategien fokussiert sind. Wichtig ist, dass hier Personen unterschiedlicher Bereiche vertreten sind: beispielsweise CIO, IT-Leitung (Head of IT), Strategische IT-Manager (Head of strategic IT), CTO, Leader Enterprise IT-Governance, Enterprise-IT-Architekten, Digital Business Experten sowie IT-Verantwortliche für ausgewählte Bereiche wie Portfoliomanagement, Development & Operations oder Business-IT-Servicemanagement. Gegebenenfalls bedarf es für dieses Team auch einer gemeinsamen Kompetenzentwicklung zu Themengebieten des „Strategisches IT-Management" oder die Unterstützung durch externe Beratung und Moderation.

Je nach Ausrichtung und Organisation des IT-Bereichs ist es sinnvoll, dass präzisere strategische Festlegungen zu bestimmten Bereichen erfolgen. Typische Teilstrategien sind beispielsweise

- **Enterprise IT-Servicestrategien** (Festlegung der Art und Qualität der IT-Services, Optimierung der Serviceprozesse etc.),
- **IT-Sourcing-Strategien** (beispielsweise Grundsatzentscheidungen zum Outsourcing oder strategisches Lieferantenmanagement),
- **Daten- und Analytics-Strategien** (mit Festlegungen beispielsweise zur Datenarchitektur, Datenintegration sowie zur Datenorganisation und BI-Optionen).

2.1.1.4 Enterprise IT-Servicestrategien

Die Geschäftsaktivitäten und Geschäftsprozesse eines Unternehmens lassen sich nur dann erfolgreich realisieren, wenn die dazu nötigen IT-Applikationen, IT-Infrastrukturen und Plattformen (Daten, Cloud, Integration) störungs- und problemfrei arbeiten sowie eine adäquate Funktionalität und Usability für die Enduser aufweisen. Um dies sicherzustellen, ergibt sich in der Praxis ein wachsender Bedarf an leistungsfähigen IT-Services. Dabei wird zwischen Applikationsservices sowie technischen Daten- und Systemservices auf der einen Seite und Business-Services auf der anderen Seite differenziert.

Die stark wachsende Bedeutung des Enterprise IT-Servicemanagements sowie die Notwendigkeit der Entwicklung von IT-Servicestrategien sind offensichtlich, wenn man sich vergegenwärtigt, dass eine funktionierende IT heute in Unternehmen und Verwaltungen gewissermaßen das Rückgrat für die Geschäftsprozesse bildet. Ausfälle von IT-Systemen führen zu erheblichen Konsequenzen und wirtschaftlichen Schäden, die nicht zuletzt auch das Image der IT und des Unternehmens insgesamt gefährden. Notwendig sind daher eine klare Ausrichtung der IT-Services und die nachhaltige Planung und Steuerung der Prozesse unter Berücksichtigung der Business-Anforderungen.

Für die Entwicklung des Teilkonzepts „Enterprise IT-Servicestrategie" ist eine Potenzialanalyse mit Reifegradmessung zu den verschiedenen Serviceprozessen nötig, aus der dann ein Maßnahmenkatalog entwickelt wird (sog. Q-Assessment). Die Reifegradmessung bewertet die Funktionalität und Qualität des bestehenden IT-Servicemanagements sowie seine Bedeutung für die Unterstützung der Kerngeschäftsprozesse im Unternehmen – entsprechend den Empfehlungen des Capability Maturity Model (CMM). Ein Soll-Ist-Vergleich zeigt die Schwachstellen und Optimierungspotenziale für das IT-Service-Management auch in Bezug auf ITIL auf.

Zur Vorbereitung des strategischen Servicekonzepts empfiehlt es sich, vorab verschiedene Analysen durchzuführen. Diese Analysen sollten sich beziehen auf

- die bestehende Organisationsstruktur,
- eine Analyse der in den IT-Prozessen anfallenden Daten,
- die Struktur und Kompetenz des IT-Personals,
- die vorhandenen IT-Prozesse sowie
- die bestehenden Services und die unterstützende IT-Infrastruktur.

Die Analysen identifizieren auch die Schwachstellen und Anforderungen, um eine Informationsbasis für strategische Festlegungen zu dokumentieren. Im Strategiekonzept zu den IT-Services wird ausgehend von den Analyseergebnissen die grundsätzliche Vorgehensweise auf dem Weg zu einer ITIL-konformen Organisation definiert. Hierbei werden Zeithorizonte, Verfahren und Kosten beschrieben sowie der Return on Investment ermittelt. Der daraus resultierende Maßnahmenkatalog enthält die priorisierten Schritte zur Erweiterung und Neuorganisation der IT, um zum gewünschten Ziel zu gelangen. So wird das Strategie- und Verfahrensmodell (Masterplan) für das IT-Service-Management definiert. Dieses beschreibt primär die Soll-Prozesse und die IT-Organisation. Darüber hinaus werden die Verantwortlichkeiten im IT-Servicebereich nach den unternehmensspezifischen Anforderungen geregelt.

Jeder Prozess – auch jeder Serviceprozess – sollte einer kontinuierlichen Verbesserung unterzogen werden (KVP, kontinuierlicher Verbesserungsprozess), sonst sinkt der Reifegrad schnell wieder ab. Das unabdingbare Ziel der guten Dokumentation und deren fortwährenden Aktualisierung gilt daher nicht nur für die IT, sondern auch und gerade für Prozesse.

Aus strategischer Sicht sind primär Entscheidungen über das IT-Serviceportfolio und dessen Entwicklung bzw. das damit verbundene SLA-Management wichtig. Außerdem gilt es über die IT-Serviceprozesse, die einen reibungslosen Betrieb der IT-Systeme gewährleisten sollen, Entscheidungen zu treffen, die optimierte Lösungen ermöglichen. Besonderes Augenmerk soll bei der Planung der IT-Servicestrategie hier zum einen auf die Berücksichtigung der Betriebsanforderungen bei der Konzeption sowie auf die sorgfältige Übergabe von angeschlossenen Entwicklungen an den technischen Betrieb gelegt werden.

Als weitere Maßnahmen zur Förderung der Kundenorientierung kann im Rahmen strategischer Überlegungen geprüft werden, inwieweit ein Service-Level-Management gegenüber den internen IT-Kunden aufgebaut bzw. optimiert werden kann. Unter Umständen stellt sich auch die Frage, inwieweit ein Kundenmarketing auf- und ausgebaut werden kann. Erfahrungen aus anderen Unternehmen zeigen, dass es hilfreich sein kann, wenn die Kommunikation der IT-Organisation zu den Kunden (hier zu den Fachbereichen sowie zu externen Kunden) gezielt initiiert und gesteuert wird.

Bezüglich der IT-Servicestrategie wird neben dem Aufbau bzw. der Fortschreibung eines IT-Produkt- und Servicekatalogs insbesondere auch die Ausrichtung und grundsätzliche Vorgehensweise auf dem Weg zu einer ITIL-konformen IT-Organisation empfohlen. Es empfiehlt sich eine enge Abstimmung mit den jeweiligen Bereichen, um die weitere strategische Ausrichtung auf ITIL-orientierte Prozesse sicherzustellen. Hierbei werden Zeithorizonte, Projektverfahren und Kosten beschrieben sowie der Return on Investment ermittelt. Der daraus resultierende Maßnahmenkatalog enthält die priorisierten Schritte zur Erweiterung der IT-Organisation, um die angestrebten Ziele zu erreichen.

Eine Business-IT-Servicestrategie umfasst typischerweise drei Aktionsfelder: Strategic Framework; Handlungsfelder (= Design Area der neuen Serviceangebote, Ausrichtung) sowie Implementation (Service Transition). Beispiele dazu zeigt Bild 2.10.

Rahmendaten für IT-Servicestrategien (Framework)	Vision, Mission	Stakeholder-Einbezug	Scoping und Guiding Principles (Strategischer Zielkatalog für IT-Servicemanagement)	Wertbeitrag (Value Contribution) und Value-Streams	Enterprise Architecture (Integrationsarchitektur)
Handlungsfelder (Design Area)	Assessments (inkl. SWOT-Analysen und Action Planning)	Servicedesign fortschreiben (Geschäfts-, Data-, Application-, Infrastruktur-, Cloud-Services)	Serviceportfolio sowie Produkt- und Service-Katalog der Zukunft gestalten	Serviceprozesse mit intelligenten Technologien optimieren (Self Services etc.)	Zukunftsorientierte Service-Organisation: People, Roles, Responsibilities, Verankerung
Umsetzung der IT-Servicestrategie	Strategic Roadmap	Business-IT-Service-Planning	Service Transition	Plattformen-Nutzung (inkl. ESM/ITSM-Tool)	Information und Kommunikation

Bild 2.10 Business IT-Servicestrategie – Framework, Handlungsfelder, Umsetzung

Bezüglich des strategischen Rahmens (Framework) für eine Business IT-Servicestrategie werden die folgenden Bereiche für wesentlich erachtet:

- Vorhandensein einer Vision/Mission zum Thema Business IT-Services und Serviceorganisation
- Einbezug von Stakeholdern bei der Serviceentwicklung
- Scoping und Guided Principles im IT-Servicemanagement (Zielbildung mit Vereinbarung eines Zielkatalogs für das IT-Servicemanagement)
- Wertbeitrag der Business IT-Services zum Unternehmenserfolg (Value Map, Value Streams)
- Service-Portfolio unter Abstimmung mit der dokumentierten Enterprise-Architektur (Ist und Ziel)

Ist dieser strategische Rahmen fokussiert, können die strategischen Handlungsfelder konkretisiert werden, um das IT-Servicemanagement zukunftsorientiert auszurichten. Dazu empfiehlt sich zu Beginn ein strategisches Q-Assessment, aus dem heraus strategische Initiativen und Maßnahmen bzw. Teilprojekte abgeleitet werden. Ausgangspunkt für die Umsetzung einer Business IT-Servicestrategie bildet sinnvollerweise eine vereinbarte IT-Service-Roadmap. Daran anknüpfend können Planungen des Service-Designs und der Service-Transition erfolgen.

Beachten Sie:

Als wesentliche Erfolgsfaktoren für die Einführung einer zukunftsorientierten Lösung für das IT-Servicemanagement (also der IT-Servicestrategie) können genannt werden: ausgeprägtes Rollen- und Organisationskonzept, Einsatz umfassender ganzheitlicher Tools (zur Vermeidung von Insellösungen), ganzheitlich ausgerichtete Qualifikation des Personals im IT-Bereich (Schulung ITIL und Rollout) sowie ein entsprechendes Management Commitment und fördernde Unternehmenskultur (Servicekultur).

2.1.1.5 IT-Sourcing-Strategie

Steigende IT-Beschaffungskosten sowie erweiterte strategische Nutzungsmöglichkeiten haben in letzter Zeit zu einem immer stärkeren Bestreben geführt, den IT-Einkauf (das IT-Sourcing) genauer zu betrachten und ein optimiertes IT-Sourcing-Management zu organisieren. Professionelles IT-Sourcing ist für ein erfolgreiches IT-Management unverzichtbar, wobei unmittelbare „Berührungspunkte" für die Enterprise IT-Governance gegeben sind. Dementsprechend gilt es eine IT-Sourcing-Strategie zu vereinbaren, die sowohl Wirtschaftlichkeits- und Qualitätsanforderungen als auch den regulatorischen und Nachhaltigkeitsanforderungen in hohem Maß Rechnung trägt.

Vergegenwärtigen wir uns zunächst: Was sind die Kernzielsetzungen für die IT-Beschaffung? Als oberste Zielsetzungen für die **strategische IT-Beschaffung** gelten:

- Sicherstellung der IT-Versorgung, d. h. Gewährleistung der Bereitstellung der IT-Produkte und IT-Services, die für die Leistungserstellung und Leistungserbringung der Business IT-Organisation benötigt werden.

- Preisgünstige Beschaffung der IT-Produkte und IT-Services: Wichtig ist, das auch bei der IT-Beschaffung immer eine hohe Wirtschaftlichkeit zu gewährleisten ist.
- Beschaffung von IT-Systemen, die mit den Vorgaben und Leitlinien des Unternehmens bzw. des Enterprise Architecture Management (EAM) konform gehen.
- Gewährleisten einer hohen Beschaffungsqualität: Ein besonderer Fokus sollte hier eine optimale Erfüllung der Kundenanforderungen sein.

Unterschiede ergeben sich bezüglich der Zielerreichung sowie der Beschaffungsorganisation und der Beschaffungsprozesse hinsichtlich der IT-Beschaffungsobjekte. Varianten sind etwa:

- Investitionen und Beschaffung von IT-Assets (IT-Infrastrukturen wie Server, Netzwerke etc.)
- Beschaffung von IT-Komponenten
- Erwerb von IT-Plattformen (IoT und andere)
- Applikationserwerb bzw. Beschaffung von Softwarelizenzen
- Einkauf von IT-Services bzw. Cloud-Dienstleistungen
- Einkauf von Beratungsleistungen

Ausgehend von diesen Zielsetzungen gilt es für die Formulierung einer IT-Sourcing-Strategie die Rahmenbedingungen in Bezug auf die Lieferanten- und Beschaffungsobjekteauswahl festzulegen und Grundsatzentscheidungen auch bezüglich Eigenentwicklung und Fremdbezug (sog. Make-or-Buy-Entscheidungen) zu treffen.

Zur Gestaltung von IT-Sourcing-Strukturen sind strategische Grundsatzentscheidungen zu treffen und Aussagen zu folgenden Punkten darzulegen (vgl. auch [ZS21] Zsifkovits 2021, S. 474 f.):

- Leistungsumfang (Eigenerstellung versus partielle oder totale IT-Auslagerung)
- Anzahl der Leistungsbereitsteller (Single Sourcing, Dual Sourcing als typische Variante sowie Multiple Sourcing)
- Zeitraum für die Nutzung der Produkte/Lizenzen und Dienste (Fristen von fünf bis zehn Jahren als typische Größe bei IT-Auslagerungen)
- Art der Leistungserbringung (intern versus extern); Make-or-Buy-Grundprinzip: Grundfragen des Outsourcing (Kriterien zur Entscheidungsfindung)
- Ort der Leistungserbringung („On-site" beim Nachfrager versus „Off-site" beim Anbieter)
- Festlegung der strategischen Lieferanten

2.1.1.6 Daten- und Analytics-Strategien

Das Management der Daten nimmt in Unternehmen einen hohen Stellenwert ein. Ein zeitgemäßes Datenmanagement ist wesentlich, um sich einerseits rechtlich abzusichern und andererseits die Daten auch konstruktiv und wertschöpfend nutzen zu können. Im Zentrum neuer Business-Modelle stehen Daten, die eine wesentliche Entscheidungsgrundlage bilden sowie neue Produkte und Services ermöglichen.

Wesentliche Voraussetzung für das Datenmanagement der Zukunft sind klare Strukturierungen der vorhandenen Datenbestände. So lassen sich diese Daten für neue Geschäftsprodukte, Dienstleistungen und „Kundenerlebnisse" nutzen. Wichtig ist dabei auch eine umfassende Integration der Daten mit den relevanten Systemen, wie etwa CRM, ERP und Marketingautomatisierung. Nur im Zusammenspiel ergeben sich nachhaltige Effizienzvorteile für das Unternehmen.

Data-Analytics- und BI-Lösungen der Zukunft müssen die Analyse von digitalen Prozessen und digitalen Geschäftsmodellen unterstützen. Ein ganz zentraler Aspekt ist dabei die Anbindung an bzw. die Integration in die operativen Systeme. Dafür ist eine analytische Architektur erforderlich. Sie verbindet das Frontend, beispielsweise Sensoren, mit dem Backend, d. h. der Datenaufbereitung, und den verschiedenen analytischen Anwendungen, um entweder Verantwortlichen Handlungsempfehlungen zu geben oder um in einem regelbasierten Kreislauf eigenständig Maßnahmen zur Verbesserung der Abläufe am Frontend vorzunehmen.

Gleichzeitig gilt es im Rahmen von Datenstrategien zu überlegen, wie die rasant wachsenden Datenvolumina (Stichwort „Big Data") beherrschbar gemacht werden können. Unternehmen benötigen ein Datenmanagement, das den steigenden Anforderungen an die Absicherung und die datenschutzkonforme Bewirtschaftung der vielfältigen Datenbestände genügt. Hierzu gehört es, die Datenhoheit bzw. Datensouveränität über die Daten zu behalten sowie gleichzeitig Agilität und Innovationskraft zu wahren.

Hinweis

Professionelles Datenmanagement und funktionierende (automatische) Datenintegration mit intelligenten Technologien in verschiedenen Szenarien (Applikationen, IoT, Prozesse, Partner u. a.) sind entscheidende Treiber für eine erfolgreiche digitale Transformation sowie für innovative Automationslösungen und die Umsetzung intelligenter Technologien. Ausgehend von aktuellen strategischen Herausforderungen bedarf es in der Praxis eines abgestimmten Vorgehensmodells zur Entwicklung einer Datenstrategie sowie zur Planung einer auf den Anwendungskontext abgestimmten Datenarchitektur.

Was kann unter einer Datenstrategie verstanden werden? Grundsätzlich soll mit einer Datenstrategie und einem darauf vorgeschlagenen Betriebsmodell festgelegt werden, wie ein Unternehmen durch die strategische Nutzung seiner Datenbestände bestimmte Geschäftsziele erreichen möchte. Sie unterstützt die übergeordnete Geschäftsstrategie, indem Daten mit Geschäftsprozessen verknüpft werden, die für die tagtäglichen Abläufe wichtig sind. Analytics wird für die Optimierung von Entscheidungsfindungen verwendet. Es geht dabei letztendlich darum, die Beziehungen zwischen Daten, Prozessen, Technologie und Menschen zu identifizieren und abzubilden, um durch darauf bezogene Lösungen einen geschäftlichen Mehrwert zu gewährleisten (vgl. Informatica LLC [2020], S. 4).

So können die Voraussetzungen für eine gelingende daten- und informationsgetriebene Wertschöpfung in Unternehmen geschaffen werden. Dargestellt werden kann, wie damit unter Anwendung intelligenter digitaler Technologien (KI, RPA u. a.) und ausgewählter IT-Plattformen eine ganzheitliche Umsetzung erfolgreich gelingen kann.

Folgende Empfehlungen ergeben sich für eine effiziente nachhaltige Weiterentwicklung und Umsetzung von Datenstrategien:

- In die Strategieentwicklung sind neben Datenexperten, d.h. Vertretern aus dem Datenmanagement, aus dem BI- und dem Analytics-Team wichtige Stakeholder aus den Geschäfts- und Fachbereichen und der IT eingebunden.
- Die Datenstrategien sind handlungsleitend und formulieren eine Vision für die künftige Rolle und den Umgang mit Daten. Sie legen Handlungsfelder und deren Priorisierung fest, ohne detaillierte Maßnahmenpläne und Projektierungen zu umfassen.
- Die Datenstrategie formuliert in der Regel verschiedene Handlungsfelder oder „Streams". Diese reichen von organisatorischen (z.B. Entwicklung bzw. Weiterentwicklung eines Data-Governance-Programms, Festlegen von Owner-Regelungen zur Umsetzung von Data Mesh) bis zu technischen Themen (z.B. Aufbau oder Ausbau von BI-Plattformen, Stammdatenmanagement-Systemen, einer Data Fabric oder Datenkatalogen).
- Datenstrategien müssen kontinuierlich angepasst und weiterentwickelt werden (Rhythmus könnte jährlich sein).
- Eine zukunftsorientierte Datenstrategie stärkt die Datengrundlage und fördert die Datenmonetarisierung, insbesondere über den Ausbau der analytischen Fähigkeiten der verschiedenen Akteure in den Fachbereichen.

Ein Beispiel für die Ausgestaltung wesentlicher Aktionsfelder einer Datenstrategie zeigt Bild 2.11.

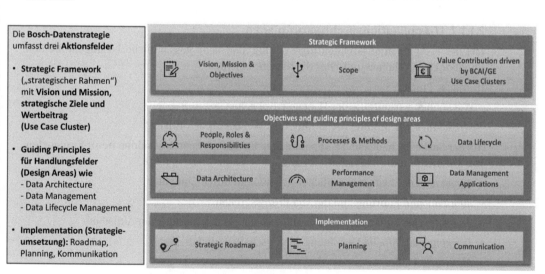

Bild 2.11 Handlungsfelder der Bosch-Datenstrategie. Quelle: [LP20], S. 15

Die Abbildung zeigt, dass – ausgehend von den strategischen Rahmenbedingungen – vor allem folgende Handlungsfelder im Rahmen einer Datenstrategie zu thematisieren sind:

- Personen, Rollen und Verantwortlichkeiten im Datenmanagement (insbesondere Klärung der Rolle der Data Owner)
- Datenarchitektur (Datenkataloge, Datenzugriffskonzepte etc.)

- Datenorganisation und Data Lifecycle-Management
- Prozesse und Methoden (etwa zur Datenmodellierung)
- Datenintegration (etwa Data in Applikationen etc.)

Merke:
Das Erstellen einer Datenstrategie, die auf Geschäftsziele, Prozesse und Ergebnisse abgestimmt ist, ermöglicht es, die Unternehmensleistung nachhaltig zu verbessern. Dabei lassen sich nicht nur Compliance-Risiken verwalten, sondern auch Unterbrechungen der Supply Chain oder Kundenabwanderungen identifizieren. Zudem trägt eine Datenstrategie dazu bei, Kosten zu kontrollieren und die betriebliche Effizienz zu verbessern.

2.2.7 Enterprise IT-Architektur planen

Die Architekturen liefern für alle relevanten Planungsbereiche der IT konkrete, gegenseitig abgestimmte Konzepte bzw. „Bebauungspläne" fachlicher und technischer Art, die zeigen, wie die Strategie realisiert werden soll. In vielen Fällen zeigt sich, dass IT-Management maßgeblich zum Innovationsmanagement im Unternehmen wird.

2.1.1.7 IT-Applikationsarchitektur planen

Ziel der IT-Applikationsarchitekturgestaltung sind neue geschäftliche Lösungen, die den Kundennutzen erhöhen und/oder die Kosten senken.

Hilfreiche Fragen:
- Wie können wir mithilfe der IT neue Wege gehen?
- Wie können wir mithilfe der IT alte Aufgaben besser bewältigen?

Auf der Suche nach idealen IT-Applikationen bietet Davenport mit seinen **neun Kategorien von Potenzialen der Informatisierung** interessante Ansatzpunkte:

- *Automational:* Ersatz menschlicher Arbeitskraft durch Computer
- *Informational:* Führung anhand von Prozessgrößen
- *Sequential:* Veränderung der Ablauffolge oder Parallelisierung von Aufgaben
- *Tracking:* maschinelle Verfolgung von Geschäftsvorfällen
- *Analytical:* Verbesserung der Entscheidungsfindung
- *Geographical:* Koordination von Prozessen über Distanzen
- *Integrational:* Sammlung, Kommunikation und Bereitstellung betrieblichen Wissens zur übergreifenden Integration des im Betrieb vorhandenen Know-hows
- *Intellectual Potential:* Sammlung, Kommunikation und Bereitstellung betrieblichen Wissens im Sinne der betrieblichen Erfahrung
- *Disintermediating:* Ausschalten von Zwischenstufen in Prozessen

So kann man sagen: Investitionen in IT lohnen sich dann, wenn möglichst viele der genannten Punkte möglichst intensiv zum Tragen kommen. So lässt sich auch gut erklären, warum beispielsweise überbetriebliche Prozessoptimierung in Form von Electronic Business Networking besonders attraktiv ist.

Die **Applikationsarchitektur** beschreibt die Konzeption der fachlichen Lösungen und besteht aus den beiden Bausteinen „Funktionalität" und „Systemdesign".

Die **Funktionalität** beschreibt die Soll-Applikationslandschaft aus zwei Sichten. Die Anwendersicht dient der Darstellung der Soll-Funktionalität der Anwendungen, bezogen auf die Unternehmensprozesse. Die technische Sicht zeigt die Systeme aus IT-Sicht mit ihren Bausteinen, ihrem Zusammenwirken sowie der datenmäßigen Integration.

Das **Systemdesign** zeigt die Designprinzipien und genutzten Standards beim Aufbau der Applikationen, inklusive der Positionierung und Integration eingekaufter Komponenten.

Das **Informationssystem eines Unternehmens** ist die Gesamtheit der Applikationen, Datenbanken und zugehörigen organisatorischen Regeln (siehe Bild 2.12). Das Informationssystem dient der Aufnahme, Verarbeitung, Speicherung und Abgabe betrieblich relevanter Informationen zur Unterstützung der Aufgabenausführung im Hinblick auf Zeit, Qualität, Kosten und Flexibilität.

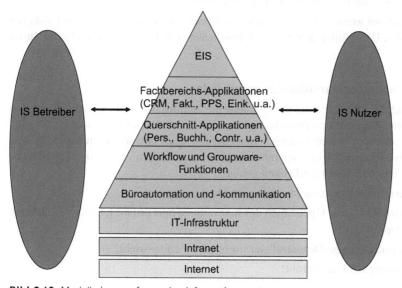

Bild 2.12 Modell eines umfassenden Informationssystems

Vom Wunsch, eines Tages ein umfassendes, integriertes, konsistentes und in allen Aspekten einheitliches Informationssystem zu haben, musste man sich im Laufe der Jahre verabschieden. Vielmehr musste und muss man sich auf eine äußerst heterogene Systemlandschaft, bestehend aus unterschiedlichsten Subsystemen verschiedenartigster Herkunft, einstellen, was die Benutzung nicht gerade einfacher macht und den Betrieb und die Weiterentwicklung vielfach vor große Herausforderungen stellt.

2.1.1.8 Soll-Datenarchitektur dokumentieren

Daten sind der „Rohstoff" für die Informationsgewinnung. Immense Datenmengen werden erfasst, gespeichert, verarbeitet und übertragen. Neben Schrift gibt es immer mehr Bild und Ton zu berücksichtigen. Da lohnt es sich schon, von Zeit zu Zeit die eigenen Praktiken zu hinterfragen und verbindliche Standards für den Umgang mit Daten festzulegen.

Nachfolgend einige wichtige Fragen, die in diesem Zusammenhang zu stellen sind:

- Welchen Umfang haben unsere (gesamten) Daten?
- Gibt es ein Verzeichnis aller Daten (Datenbanken/Datenbestände) des Unternehmens?
- Gibt es eine Klassifikation der Daten nach der Bedeutung für das Unternehmen?
- Ist sichergestellt, dass alle Daten Eigner haben?
- Ist geklärt und schriftlich festgehalten, welche Pflichten/Rechte ein Dateneigner hat?
- Ist geklärt und schriftlich festgehalten, wie für die Korrektheit, Vollständigkeit und Redundanzfreiheit der Daten gesorgt wird?
- Wie ist die Datenverwendung geregelt?
- Gibt es Regelungen im Hinblick auf die Datenspeicherung (was, wo, wie, wie lange …)?
- Was gibt es zum Datenzugriff via Internet zu sagen?
- Welche (IT-)Mittel werden eingesetzt, um den Benutzern einen einfachen und sicheren Zugang zu den Daten/Informationen zu ermöglichen (z. B. Datawarehouse, Portal, Intranet)?

2.1.1.9 Soll-Technologiearchitektur entwickeln

Die **Technologiearchitektur** zeigt die Elemente der technischen Basissysteme, die technischen Konzepte, Standards und Produktvorgaben. Die IT-Architektur muss so gestaltet sein, dass sie einerseits den Anforderungen seitens der IT-Nutzer entspricht, andererseits aber auch den Anforderungen der Interoperabilität – intern und extern – sowie den Erfordernissen der Sicherheit und Wirtschaftlichkeit genügt.

Wichtige Fragen in diesem Zusammenhang sind beispielsweise:

- Welche Grundsätze sollen hinsichtlich des Innovationsgrads gelten? („Leader", „Early follower", „Cheapest" …)
- Welcher Zentralisierungs-/Dezentralisierungsgrad wird angestrebt?
- Welches Sourcing wird angestrebt?
- Lease or buy?
- Wie soll mit Einheitlichkeit/Heterogenität umgegangen werden?
- Welcher Integrationsgrad von Informations- und Kommunikationstechnik ist zweckmäßig?
- Welche Reserven sollen vorgehalten werden?

2.1.1.10 Sicherheitsarchitektur festlegen

Die **Sicherheitsarchitektur** zeigt die Sicherheitskonzepte über alle Ebenen des IT-Einsatzes hinweg. Sie stellt ein mit den übrigen Architekturen harmonisiertes Konzept dar.

Wichtige Fragen:
- Wie steht es um eine ausformulierte Sicherheitspolitik?
- Welche Bedeutung hat die Informationssicherheit für das Unternehmen?
- Wer sorgt für die Umsetzung der Sicherheitspolitik/-strategie?
- Welches sind die Eckpunkte des Sicherheitskonzepts?
- Welche Bedrohungen sind relevant?
- Welche Technologie löst welches Problem?
- Welche Vorkehrungen sind in der Applikation selbst zu treffen?
- Wie lässt sich Sicherheit im Betrieb effizient managen?
- Mit welchen Ausbildungsmaßnahmen unterstützen wir die Mitarbeitenden in dieser Thematik?

Hinweis: Ausführliche Darlegungen zu Architekturen von IT-Systemen finden Sie in Kapitel 4 (Enterprise Architecture Management).

2.2.8 IT-Prozesse weiterentwickeln

Die IT-Prozesse sind aus der Sicht eines Unternehmens „unterstützende Prozesse". Ziel muss es also sein, die „wertschöpfenden" Geschäftsprozesse durch die IT-Prozesse optimal zu unterstützen – was eine entsprechende Wirtschaftlichkeit mit einschließt.

Eine effektive und effiziente Organisation der IT erfordert natürlich auch adäquate Abläufe in Form von IT-Prozessen. Über ihre Ausgestaltung werden auf der operativen Ebene Möglichkeiten und Grenzen der IT im Hinblick auf Innovationen, Veränderungen, Service-Leistungen, Beziehungen zu Fachabteilungen und zu Lieferanten/Sourcing-Partnern, Skills (Potenziale von IT-Mitarbeitern und IT-Tools) und Administration (z. B. IT-Controlling, Lizenzierung) festgelegt. Im Zusammenhang mit IT-Prozessen bietet sich eine Differenzierung in primäre und sekundäre (unterstützende) IT-Prozesse (analog zur Geschäftsprozessmanagement-Systematik) an. Diese werden im Sinne von übergeordneten (operativen und strategischen) IT-Management-Prozessen koordiniert und gesteuert.

Durch die Prozessorientierung rückt aus organisatorischer Sicht die Betrachtung der gesamten IT-Prozesslandschaft in den Mittelpunkt. Wesentliche Fragen in diesem Zusammenhang sind beispielsweise:

- Welche IT-Prozesse haben wir im Unternehmen?
- Wie werden sie dokumentiert und verbessert?
- Wer ist wofür zuständig – im IT-Bereich bzw. in den Fachbereichen?

Kundenorientierung und Qualitätsmanagement seitens der IT-Organisationen haben heute strategische Bedeutung und sind entsprechend zu planen und umzusetzen. In diesem Zusammenhang darf der Hinweis auf einschlägige (internationale) Normen wie z. B. COBIT, ITIL, CMMI nicht fehlen.

Hinweis: Zum Thema ITIL finden Sie ausführliche Darstellungen in Kapitel 10 „IT-Servicemanagement".

2.2.9 Ausrichtung und Gestaltung der IT-Organisation

Die klassische Organisation der IT waren die Einrichtung und der Betrieb eines Rechenzentrums. Im Lauf der Zeit sind spezielle Arbeitsbereiche dazugekommen, etwa die Anwendungsentwicklung oder das Managen von IT-Projekten. Mittlerweile findet im IT-Bereich ein weiteres Umdenken statt: Jahrelang haben sich IT-Abteilungen auf die Einführung und Unterstützung von Technologien und deren fachliche Beherrschung konzentriert. IT-Abteilungen müssen heute zahlreiche leistungsfähige Services erbringen, deren Ziel es in Zeiten von Kundenorientierung und Kostenbewusstsein ist, die bestmögliche Unterstützung der Geschäftsprozesse sicherzustellen. Die IT wird damit immer mehr Bestandteil des eigentlichen Geschäfts.

Abteilungen ergeben sich, indem mehrere Arbeitsaufgaben eines segmentierten, aber zusammengehörigen Aufgabenkomplexes in einen Organisationsbereich unter Leitung einer Instanz zusammengefasst werden. In einer Abteilung besteht ein Mindestmaß an direkten Arbeitsbeziehungen, sodass von einem quasi-geschlossenen Untersystem einer Institution gesprochen werden kann. Wird das Mindestmaß überschritten, werden Abteilungen in der Regel zu „Hauptabteilungen" gebündelt. Denkbar ist also die IT-Abteilung als Hauptabteilung (bei großen Organisationen) oder als „normale" Abteilung.

Die **IT-(Aufbau-)Organisation** beschreibt das organisatorische Konzept und den Ressourcenbedarf für die Nutzung der IT-Mittel im gesamten Unternehmen.

Wichtige Fragen dazu:

- Welche Bedeutung hat die IT für das Unternehmen?
- Wer sind die wichtigsten Stakeholder und in welcher Form werden sie einbezogen?
- Was muss im eigenen Haus gemacht werden und welche Ressourcen benötigt man (Entwicklung, Betrieb, Support)?
- Was wird besser fremd vergeben (Outsourcing)?
- Welchen Zentralisierungs-/Dezentralisierungsgrad soll die IT im Unternehmen haben?
- Wie viel Geld (absolut und/oder in Prozenten des Unternehmensaufwands) darf für die IT aufgewendet werden und wie wird es eingesetzt?
- Wie stellt man die richtige Qualifikation der Mitarbeitenden in der IT sicher?
- Wie wird für eine gute Projektkultur gesorgt?

Erfolgreiche Aufbauorganisationen sind heute geprägt von folgenden Grundsätzen:

- Die Struktur folgt den Prozessen
- Kundenorientierung
- Bereichsdenken eingrenzen – für das Ganze denken können
- Flache Hierarchie
- Subsidiarität
- Job enlargement und Job enrichment
- Personen berücksichtigen, aber nicht um Personen herum organisieren
- Flexibel in Bezug auf zukünftige Entwicklungen

Beachten Sie:

Ein Hauptziel der IT-Abteilung lautet heute nicht mehr „Beherrschung und Unterstützung der Technik", sondern „bestmögliche Unterstützung der Geschäftsprozesse (und Kunden) im Unternehmen". Mit dieser Formulierung findet auch der Servicegedanke immer mehr Berücksichtigung bei der Gestaltung der IT-Organisation.

Die in vielen Unternehmen gewählte dezentrale Organisationsstruktur und der Trend zur unternehmensübergreifenden Vernetzung haben Auswirkungen auf die Führung und Organisation der Informatik im Unternehmen. Die unter dem Begriff **IT-Governance** zusammengefassten Fragestellungen rücken aus diesem Grund verstärkt in den Fokus des IT-Managements. Die Verantwortung für die IT wird in der Regel parallel zur Unternehmensorganisation gestaltet. Geschäftsbereiche und dezentrale Einheiten haben eigene IT-Abteilungen und sind für ihre Informationsversorgung selbst verantwortlich. Daneben existiert eine zentrale IT-Stelle oder IT-Einheit, oft unter der Führung eines Chief Information Officer (CIO), die unternehmensübergreifende Aufgaben wahrnimmt.

Im Rahmen der IT-Governance sind vor allem Fragen zu adressieren, welche Aufgaben und Kompetenzen auf welcher Unternehmensebene anzusiedeln sind und wie die konkrete Organisation der Informationsverarbeitung auszusehen hat. Konflikte entstehen meist zwischen zentralen und dezentralen Unternehmenseinheiten, etwa bei der Festlegung der Kompetenzen eines zentralen CIO, der Verteilung von IT-Budgets oder der Umsetzung zentraler Planungsergebnisse, wie zum Beispiel Anwendungsarchitekturen und Standards, in den Geschäftsbereichen und dezentralen Einheiten.

Innerhalb eines Unternehmens liegen die Herausforderungen vor allem in der Beziehung zwischen dezentraler Einheit und Geschäftsbereich sowie zwischen Geschäftsbereich und Konzern. Daneben rücken verstärkt auch unternehmensübergreifende Herausforderungen in den Vordergrund. Vernetzte E-Business-Lösungen verlangen häufig nach unternehmensübergreifenden Organisationsstrukturen. Ein Beispiel hierfür sind die in großer Zahl entstandenen Konsortialmarktplätze, innerhalb derer jeweils mehrere Unternehmen zusammengeschlossen sind.

IT-Governance setzt durch die Definition von Marktregeln die Rahmenbedingungen für das Zusammenspiel von Leistungserbringern und -abnehmern. Hier sind besonders hervorzuheben:

- *Grundsätze zur Positionierung und Organisation:*
  - Strategische Positionierung und Rollen
  - Anwendungsbereiche der IT
  - Grundsätze für Liefer- und Leistungsbeziehungen
  - Rechtliche Beziehungen
  - Eskalations- und Schlichtungsprozesse (wenn nötig)

- *Wettbewerbssituation:*
  - Gestaltung der Bezugspflicht von IT-Leistungen
  - Grad der Freigabe der Leistungserbringung
  - Bezugsprinzip: Vorgehen, Prozess
  - Rechtliche Voraussetzungen
- *Preisfindung und Leistungsverrechnung:*
  - Geltungsbereich, rechtlicher Rahmen
  - Methoden, Preisfindungsprozess (für IT-Leistungen)
  - Budgetierungsverfahren
- *Risiko- und Performance-Management:*
  - Verteilung des Risikos
  - Verantwortung für Risiken und deren Kontrolle
  - Risiko-Kontrollmechanismen (Risiko-Management-Prozess)
  - Berichterstattungsprozesse
  - Leistungsbeobachtung und -überprüfung [ZAR04]

Hinweis: Zum Thema IT-Governance finden Sie ausführliche Darstellungen in Kapitel 17 „Enterprise IT-Governance".

2.3 Business-IT-Strategien umsetzen – von der Roadmap zur IT-Vorhabensplanung

Nach Vereinbarung der strategischen Konzepte und der Ausrichtung in den verschiedenen Handlungsfeldern ist die agile Umsetzung der strategischen Überlegungen des Unternehmens gezielt in Angriff zu nehmen. Es gibt mehrere Gründe, wieso entwickelte IT-Strategien trotz hoher Qualität „scheitern" und nicht erfolgreich umgesetzt werden:

- Es existiert keine schriftlich niedergelegte Unternehmensstrategie. Damit fehlt es für die Entwicklung und Umsetzung von IT-Strategien an einer wichtigen Datenbasis. Ohne eine von der Unternehmensführung entwickelte Business-Vision besteht die Gefahr, dass die entwickelte IT-Strategie nur wenig Bezug zu den eigentlichen Anforderungen der verschiedenen Stakeholder hat. Die strategischen Überlegungen können außerdem von immer neuen Anforderungen der Fachbereiche schnell „überholt" sein und sind damit mitunter nicht mehr valide umsetzbar.
- Die Umsetzung ist problematisch, da die IT-Strategie als theoretisches Konstrukt präsentiert wird und keine strategischen Handlungsfelder skizziert.

Die Ausführungen verdeutlichen: Wichtiger Erfolgsfaktor für Business-IT-Strategien ist, dass man nicht bei der Konzeptentwicklung stehen bleibt, sondern dass Wege zur Strategieumsetzung aufgezeigt und „gegangen" werden. Basierend auf priorisierten Teilstrategien oder strategischen Handlungsfeldern sind dazu Roadmaps zu erarbeiten (etwa zur Umsetzung einer Service-, Cloud-, Daten- oder IT-Sourcing-Strategie). Auf dieser Basis können dann entsprechende Maßnahmen/Maßnahmenkataloge priorisiert und in einen entsprechenden Enterprise-IT-Masterplan „überführt" werden.

2.3.1 Roadmapping und IT-Masterplanung

Business IT-Roadmaps sind mittlerweile eine zentrale Basis für Entscheidungen zur Umsetzung der strategischen Überlegungen. Dadurch kann sich das Unternehmen gezielt auf die enormen Chancen vorbereiten, die IT-Lösungen bzw. digitale „intelligente" Technologien bieten.

Eine IT-Roadmap gibt eine Übersicht über alle wichtigen Themen, Aufgaben und Projekte für die kommenden zwei bis drei Jahre auf einem Zeitstrahl. Der generelle Aufbau sollte den Ergebnissen der Strategieerarbeitung folgen. Ausgangspunkt für die Festlegung der IT-Roadmap ist im Idealfall ein IT-Assessment mit den dort festgestellten Entwicklungspotenzialen. Mittels der IT-Roadmap werden dann unter Beachtung der IT-Visionen und Zielsetzungen die strategischen Initiativen und Vorhaben identifiziert, wodurch die Gaps und Deltas durch mehr oder weniger differenzierte Transformationsschritte aufgelöst werden können (vgl. [JO14] Johanning).

Praxistipp

Die Umsetzung von IT-Transformationen muss sich an der Geschäftsstrategie und der daraus abgeleiteten IT-Strategie ausrichten. Wichtig ist die Unterstützung einer strategischen Ausrichtung, indem aus den Herausforderungen des Geschäfts neue Lösungen/Konzepte mit innovativen Technologien verfolgt werden.

Es bietet sich die Entwicklung einer Mehrjahres-Roadmap zu den Zielarchitekturen an, die alle wesentlichen Segmente des Unternehmens abdecken. Definierte Ziel- und Übergangsarchitekturen mit strategischen Business-IT-Roadmaps geben klare Richtlinien für die Planung, das Design und die Entscheidungsfindung von strategisch Verantwortlichen. Dabei ist es wesentlich, dass die strategischen Roadmaps kontinuierlich anhand der definierten Geschäftsstrategie von den Governance-Verantwortlichen überprüft und ggf. fortgeschrieben werden.

Gartner empfiehlt für das **Roadmapping** (das Entwickeln und Vereinbaren von Business-IT-Roadmaps) eine Vorgehensweise, wie diese in der nachfolgenden Tabelle skizziert wird (vgl. Gartner 2020: The IT Roadmap for Digital Business Transformation):

Tabelle 2.4 Phasen und Aktivitäten „IT-Roadmap-Entwicklung" (analog Gartner)

Phasen	Aktivitäten (Empfehlungen)
Ambition: Strategie ist definiert und erzeugt; Interesse und Motivation für die Folgephasen „Design", „Deliver", „Scale" und „Refine".	• Ambitionen/Visionen und Strategien für das Geschäft werden formuliert und durch einen Einbezug verschiedener Stakeholder wird eine breite organisatorische Verankerung sichergestellt. • Geschäftsreife (Maturität) und die Bereitschaft des Unternehmens zur Veränderung werden analysiert und bewertet. Dabei sind insbesondere die erforderlichen kritischen Fähigkeiten (Business Capabilities) und Kompetenzen des Personals zu beachten. • Anhand der Unternehmensziele ist zu identifizieren, wie seitens der Unternehmensführung die strategischen Optimierungs- und Transformationsziele in Einklang gebracht werden. • Es wird eine Kommunikationsstrategie entwickelt, um den Nutzen der avisierten Transformationsumsetzungen im Unternehmen zu „verkaufen". Dazu bietet sich ein Wertversprechensdokument für die Geschäftsführung bzw. den Vorstand an.
Design: Digitale Optionen (Produkte, Prozesse etc.) und Ökosysteme sind für die Planungsarbeiten bewertet.	• Es sollten neue Geschäfts- und Ertragsmodelle identifiziert und entwickelt werden, die einen strategischen Vorteil verschaffen. • Markt- und Technologieinnovationen in der eigenen Branche und in den Branchen anderer werden bewertet, um sicherzustellen, dass Wissen im Unternehmen auf dem neuesten Stand bleibt. • Es werden strategische Partnerschaften gebildet, die auf die Transformationsvision abgestimmt sind. Dabei sind die Geschwindigkeit und Qualität strategischer Initiativen zu erhöhen. • Das entwickelte Design (der Produkte, Prozesse und IT-Lösungen) sollte anhand der erkannten Kundenbedürfnisse und -wünsche geprüft werden.
Liefern (Deliver): Mindestdurchführbarer Proof of Concept ausgeführt und kommuniziert	• Die Auswirkungen der Transformation auf das Unternehmen und die kulturellen Veränderungen, die für den Erfolg erforderlich sind, sind zu identifizieren. • Talente, Fähigkeiten und Kompetenzen, die benötigt werden, sind zu identifizieren, um Initiativen zu IT-Transformationen erfolgreich umzusetzen. • KPIs festlegen und definieren, wie der Erfolg gemessen wird

Phasen	Aktivitäten (Empfehlungen)
Scale: Plan wird kommerzialisiert und vom Unternehmen übernommen.	• Es ist zu klären, wie sich die Governance im Vergleich zu aktuellen Modellen ändert, um den besonderen Anforderungen spezifischer Initiativen gerecht zu werden. • Es bietet sich eine detaillierte Planung an, um die Organisation voranzubringen, wobei der Plan eine kontinuierliche Anpassung erfährt. • Piloten und Konzepte bedürfen der Überprüfung, welche kritischen Änderungen an der Infrastruktur erforderlich sind, um etwa neue digitale Geschäftsmodelle zu ermöglichen.
Verfeinern (Refine): Bewertung, Optimierung und Neubewertung der Ergebnisse der digitalen Transformationen	• Kontinuierliche Prüfung des Umfelds, um festzustellen, ob und wann Änderungen auftreten, die sich auf die digitalen Ambitionen auswirken. • Bewerten der Auswirkungen der Strategie zur Transformation des digitalen Geschäfts auf das Unternehmen, die Kunden und die Branche (Impact-Analyse und Bewertung). • Sicherstellen, dass die Organisation die Flexibilität hat, Strategien und Pläne zurückzusetzen, die die Transformation widerspiegeln. Dies ist eine Reise, kein Ziel.

Im Regelfall wird empfohlen, einen stufenweisen Ausbau strategischer Initiativen und Handlungsfelder ins Visier zu nehmen. Bezüglich der Priorisierung macht es Sinn, sich zunächst auf Initiativen zu konzentrieren, die einen raschen Erfolg (Geschäftswert) versprechen. Mithilfe der Möglichkeiten, die zur Generierung von Business Value identifiziert wurden, kann dann eine erste Roadmap erstellt werden.

 Ein abschließender Hinweis: Aus den IT-Roadmaps lassen sich entsprechende Masterpläne ableiten, die die strategischen Initiativen sowie die geplanten Umsetzungsprojekte dokumentieren.

2.3.2 Vorhabensplanung aus IT-Strategien ableiten

Die IT-Strategie hilft, Chancen, die die IT bietet, bewusst zu erkennen und deren Wert für das Unternehmen zu ermitteln. Sie liefert somit letztlich Impulse für neue IT-Produkte, verbesserte IT-Services und effizientere Geschäftsprozesse. Sie bestimmt technologische Standards und strategische Produkte, strukturiert und priorisiert die Aktivitäten zur Erschließung dieser Chancen und beschreibt Wege, um dabei Hindernisse zu überwinden und IT-Risiken zu minimieren. Außerdem legt sie Leitlinien für die Fragen der Auswahl und des effizienten Einsatzes interner und externer IT-Ressourcen fest.

Die strategische Vorhabensplanung übersetzt Konzepte und Teilstrategien in Anforderungen, Zielvorgaben und kritische Erfolgsfaktoren für das strategische IT-Management.

In einem IT-Masterplan werden die aus der IT-Strategie resultierenden Maßnahmen in einem Gesamtplanungsdokument fixiert. Dabei legt man meist nach einer Standardvorlage langfristige Maßnahmen und Zielergebnisse im Kontext der Faktoren Zeit, Ressourcen und Budget fest. Eine **Maßnahmenkonkretisierung** ergibt sich im Wesentlichen aus den strategischen Zielen. Hierzu kann nach folgendem Muster vorgegangen werden:

Kunden-Ziel 1 (goal):
Hohe Kundenzufriedenheit halten

Aktivität/Maßnahme (activities)

Hauptaktivität/ Teilaktivitäten	2017	2018	2019

Zeitraum (time):

Grob geschätzte Kosten (costs):

Nutzen (benefit):

Verantwortliche Person/Team (Owner):

Daraus können letztlich mehr oder weniger viele IT-Projekte (unterschiedlicher Komplexität) abgeleitet werden. Ein IT-Projekt definiert einen erkannten IT-Veränderungsbedarf zwischen dem aktuellen Zustand und dem angestrebten Sollzustand. Ein Projekt verfügt über eine sachliche Zielsetzung, einen groben Terminplan, eine Abschätzung der benötigten Ressourcen (finanziell und personell) und die Definition der Abhängigkeit von den übrigen Projekten. Die Projektplanung soll es erlauben, den Mittel- und Ressourcenbedarf für das Erreichen des Soll-Zustands abzuschätzen.

Knappe IT-Budgets erfordern eine Auswahl von IT-Projekten aus dem gültigen IT-Projektportfolio. Es enthält die Wartungs- und Neuentwicklungsprojekte des Unternehmens, orientiert an der IT-Strategie. Auswahlkriterien orientieren sich am „Return on Investment" und dem Beitrag der IT-Projekte zur Erreichung der Unternehmensstrategie.

Der **Katalog der konzeptionellen Projekte** umfasst die nötigen Projekte, um die Soll-Architektur zu erreichen.

Mittels der **Projektbewertung** wird ein „planbares" und „machbares" Projektportfolio entwickelt. Es zeigt die konzeptionell relevanten Vorhaben bezüglich ihrer strategischen und wirtschaftlichen Bedeutung. Die Bewertung der Projekte erfolgt nach mehreren aus Zielsetzungen und Rahmenbedingungen abgeleiteten Faktoren. Die Übersicht über die kritischen Ressourcen zeigt über den Planungszeitraum hinweg die Belastung von Schlüsselressourcen. Dies erlaubt es, die Planung bezüglich ihrer Machbarkeit zu beurteilen. Auch ausbildungstechnische und beschaffungstechnische Maßnahmen lassen sich davon ableiten.

2.3.3 Projektportfolio ableiten und im IT-Masterplan dokumentieren

Nach der Vereinbarung der strategischen Konzepte und der Ausrichtung in den verschiedenen Handlungsfeldern ist die agile Umsetzung der strategischen Überlegungen des Unternehmens gezielt in Angriff zu nehmen. Hier gilt es zunächst, die Roadmaps umzusetzen, die Klarheit zu den vorhandenen und künftigen Investitionen in IT-Produkte und Services sowie Prozesse schaffen. Dies sollte zentraler Bestandteil der Entscheidungen zur Umsetzung der strategischen Überlegungen sein. Dadurch kann sich das Unternehmen gezielt auf die enormen Chancen vorbereiten, die IT-Lösungen bzw. die Digitalisierung bieten.

Empfohlen wird, dass Unternehmen ihre Geschäftsmodelle konsequent nach einem strukturierten Masterplan aufbauen und in Projekten umsetzen:

- Das **Umsetzen des Masterplans** bedarf einer ganzheitlichen Managementunterstützung für alle Entwickler- und Implementationsteams.
- Wichtig ist darüber hinaus eine moderne **Innovationskultur.** Schlagworte wie Digital Leadership oder Digital Empowerment kennzeichnen die Richtung.

Es ist davon auszugehen, dass die für die Umsetzung notwendigen Ressourcen (wie z. B. Finanzen und Personal) knapp sind. Daher müssen Prioritäten gesetzt werden. Als Entscheidungsgrundlage hat sich das **Projektportfolio** bewährt. Dieses Instrument vereinfacht die Festlegung der Prioritäten, Ressourcen und Synergien der ins Auge gefassten Projekte. Soll die strategische Ausrichtung der IT im Unternehmen gelingen, so sind die einzelnen Projekte des strategischen Projektportfolios in der geplanten Abfolge rechtzeitig in Angriff zu nehmen und innerhalb der geplanten Zeit abzuwickeln.

Der Aufbau eines Projektportfolios erfolgt in drei Stufen, die den Entwicklungsstand widerspiegeln:

- Das „**Basis-Portfolio**" liefert die Übersicht über alle Projekte/Vorhaben. Es liefert einen definierten Satz von Informationen zu allen Projekten (Eckdaten).
- In einem „**Profi-Portfolio**" sind Prozesse und Methoden zur Ideeneinreichung, Projektauswahl und Bewertung etabliert und es gibt ein spezifisches Reporting.
- Ein „**exzellentes Portfolio**" ist mit anderen Geschäftstätigkeiten – insbesondere mit der Strategieerarbeitung und dem Risikomanagement – verknüpft. Es erlaubt die gezielte Steuerung der finanziellen und personellen Ressourcen im Sinne einer optimalen Strategieumsetzung.

Als Grundlage dafür benötigt man geeignete **Projekt(kurz)beschreibungen.** Letztere können in der Folge auch zur Ausarbeitung der Projektaufträge verwendet werden. Diese bilden wiederum die Grundlage für die tatsächliche Realisierung der geplanten Vorhaben (Arbeitsaufträge).

Eine besondere Herausforderung auf dem Weg von der IT-Strategieerstellung zur IT-Strategieumsetzung stellt die **Priorisierung** und damit verbunden auch das Ausscheiden oder Zurückstellen von IT-Projekten dar. Um die in der Praxis damit verbundenen (persönlichen) Machtkämpfe so weit wie möglich hintanzustellen bzw. zu versachlichen, ist ein transparenter Evaluationsprozess unter Verwendung geeigneter Evaluationskriterien erforderlich.

Bei der Festlegung der **Evaluationskriterien** sollten die Zukunftsträchtigkeit, die Wirksamkeit, die Wirtschaftlichkeit und die Dringlichkeit im Vordergrund stehen. Heinrich nennt in Anlehnung an Parker et al. fünf Evaluationskriterien der Business Domain, nämlich

- strategischer Abgleich,
- Wettbewerbsvorteil,
- Führungsinformation,
- Wettbewerbsschaden,
- Projektrisiko

sowie vier Evaluationskriterien der Technology Domain:

- strategische Architektur der Informationsstruktur,
- begriffliche Ungewissheit,
- technische Ungewissheit,
- Informationsinfrastrukturrisiko. [HEI03]

2.4 Eine IT-Strategie umsetzen

„Es gibt nichts Gutes – außer man tut es" (Erich Kästner). Das gilt auch für IT-Strategien.

2.4.1 IT-Strategie kommunizieren

Organisationsprojekte wie das Umsetzen der IT-Strategie erfordern komplexe Kommunikationsprozesse zur Meinungsbildung, Ideenfindung und gemeinsamen Problemlösung. Am Beginn eines Projekts empfiehlt es sich, genau zu schauen, wer in welcher Weise zum Gelingen des Vorhabens beitragen kann und wer von den Auswirkungen in welcher Weise betroffen sein wird.

Als methodische Hilfsmittel eignen sich besonders:

- Projektabgrenzung und Projektkontextanalyse
- Betroffenheitsanalyse
- Kommunikationsplan
- Workshops

Da in der Regel nicht alle Betroffenen am Strategieprozess beteiligt werden können, ist durch geeignete Präsentationsveranstaltungen für entsprechende Information, Motivation und Interaktion zu sorgen.

Neben der Kommunikation gilt es, dass die strategischen IT-Ziele von der Unternehmensleitung und den Fachseiten getragen werden. Der Prozess der Abstimmung der strategischen IT-Ziele mit der Unternehmensleitung und den Fachseiten sowie die Ausrichtung der strategischen IT-Ziele auf die Unternehmensstrategie wird als IT-Business-Alignment bezeichnet.

Zur Erzielung des IT-Business-Alignments sollten die Fachabteilungen von Beginn an in die Entwicklung einer IT-Strategie eingebunden werden. Die Entwicklung einer IT-Strategie sollte darüber hinaus in enger Abstimmung mit dem CIO (Chief Information Officer) erfolgen. Man sollte bewusst Zeit einplanen, um die strategischen IT-Ziele verständlich innerhalb ebenso wie außerhalb des IT-Bereichs zu kommunizieren.

Merke:

Die strategischen IT-Visionen, die IT-Ziele sowie die vorgesehenen Maßnahmen sollten gut gegenüber den Fachbereichen eines Unternehmens und der Unternehmensleitung kommuniziert werden. Dieser Faktor wird von der IT-Seite oftmals unterschätzt, weil für diejenigen, die die IT-Ziele formuliert haben, keinerlei Erklärungsbedarf besteht, für die Unternehmensleitung und die Fachseiten hingegen die IT sich häufig als unverständliche Ansammlung von Abkürzungen, technischen Details und Erklärungsversuchen darstellt.

2.4.2 (IT-)Projekte realisieren

Mit den bisher erarbeiteten Unterlagen und einer zünftigen Portion Begeisterung im Gepäck gilt es nun die Projekte zu realisieren. Auslöser für diesen Schritt ist der Umstand, dass folgende Vorbereitungsarbeiten abgeschlossen sind:

- Alle strategischen Aktionsfelder wurden identifiziert.
- Alle Umsetzungsvarianten wurden bewertet bzw. überprüft.
- Alle Grobpläne wurden erstellt.
- Es wurde eine Entscheidung getroffen, welche Umsetzungsvariante die Grundlage für künftige Vorhaben darstellt.
- Die Entscheidung wurde allen betroffenen und an der Umsetzung beteiligten Personen kommuniziert.

2.4.3 Sonstige IT-Entwicklungsmaßnahmen umsetzen

Nicht alle geplanten IT-Entwicklungs-/Verbesserungsmaßnahmen sind so komplex, dass ihre Realisierung eine eigene Projektorganisation erfordert. Manche Aufgaben lassen sich mit anderen Vorhaben kombinieren oder werden in das routinemäßige Aufgaben- oder Problemmanagement eingebracht und abgearbeitet. Beispiele hierfür sind: Personalbeschaffung, Informationsgespräche mit Stakeholdern und Mitarbeitern.

2.4.4 Umsetzung der IT-Strategie prüfen

Grundlage für die Darlegung der notwendigen Maßnahmen und Teilstrategien sind insbesondere ein abgestimmter Zielbildungsprozess für die IT-Organisation sowie die Durchführung einer SWOT-Analyse mit dem IT-Management:

- Es erleichtert die Steuerung, wenn eine Klassifikation und Zuordnung der Ziele zu Bereichen (z. B. Finanzen, Kunden, Prozesse etc.) erfolgt.
- Aus der Verbindung der internen Fähigkeiten und externen Möglichkeiten (SWOT-Analyse) können geeignete Vorschläge für Maßnahmen zur Umsetzung der strategischen Herausforderungen entwickelt und priorisiert werden.

Definiert wird in dem Strategiedokument die Stoßrichtung zum Aufbau von künftigen Erfolgspotenzialen mit einem Planungshorizont von drei bis fünf Jahren. Dazu ist neben einer entsprechenden Roadmap auch ein Kommunikationskonzept erforderlich.

Um letztlich tatsächlich dort zu landen, wo wir hinwollen, müssen wir uns überlegen, wie sich die Zielerreichung ausreichend detaillieren sowie genau operationalisieren und messen lässt.

In diesem Zusammenhang sind folgende Fragen zu beantworten:

- **Wozu machen wir das bzw. was wollen wir bewirken?**
- **Was messen und steuern wir?** (Betrachtungsobjekt – Produkt/Prozess/Ressource/Rahmenbedingung)
- **Welche Aspekte gilt es zu berücksichtigen?** (Führungsgrößen/Eigenschaften/Merkmale)
- **Mit welchem Maß erfolgt dies?** (Maßeinheit/Messgröße zur Messung der Ausprägung)
- **Welche Zielwerte wählen wir?** (Angestrebte Zielwerte)
- **Wie messen wir?** (Messmethode)
- **Wann messen wir?** (Zeitpunkt/Zeitraum)
- **Wo messen wir?** (Ort/Stelle)
- **Wer misst?** (Person/Gerät)
- **Wie werden die Messergebnisse dokumentiert?** (Qualitätsdaten)
- **Wie werden Messergebnisse ausgewertet?** (Vergleich gegen Zielwerte)
- **Welche Maßnahmen werden gegebenenfalls zur nachhaltigen Verringerung der Abweichungen respektive Streuungen ergriffen und wer kontrolliert deren Wirkung?**
- **Welche Maßnahmen werden gegebenenfalls zur Vorbeugung ergriffen?**

Ein bewährtes Instrument zur Steuerung der Umsetzung einer (IT-)Strategie sind die **Balanced Scorecards** (BSC). Die Konzentration auf die strategischen Ziele erfordert eine Beschränkung auf ca. 20 Ziele. Um die Zielerreichung planen und verfolgen zu können, werden die Ziele mit monetären und nichtmonetären Messgrößen und deren Sollwerten beschrieben. Strategische Aktionen zu den einzelnen Zielen stellen die Zielerreichung sicher. Jede strategische Aktion erhält Termin- und Budgetvorgaben sowie einen Verantwortlichen. Aufgrund dieser Stringenz fügte Kaplan der BSC den Untertitel „Translating Strategy to Action" bei.

Der BSC-Ansatz ist dadurch charakterisiert, dass die strategischen Ziele jeweils einer konkreten Betrachtungsweise – der sogenannten Perspektive – zugeordnet werden. Diese Zuordnung verhindert einseitiges Denken. Durch das Prinzip, alle – auch die nichtmonetären – Sichtweisen zu berücksichtigen, die für die strategische Positionierung des Unternehmens wichtig sind, und alle Sichtweisen zu verknüpfen, macht die BSC komplexe Zusammenhänge transparent.

Die Verknüpfung erfolgt in Ursache-Wirkung-Ketten. Dabei wird in der Planung top-down und in der Umsetzung bottom-up gearbeitet. Im Rahmen der BSC werden vier Perspektiven unterschieden:

- Die **Finanzperspektive:** Welche Zielsetzungen leiten wir aus den finanziellen Erwartungen unserer Kapitalgeber ab?
- Die **Kundenperspektive:** Welche Ziele sind hinsichtlich Struktur und Anforderungen unserer Kunden zu setzen, um die finanziellen Ziele zu erreichen?
- Die **Prozessperspektive:** Welche Ziele sind hinsichtlich unserer Prozessqualität zu setzen, um die Ziele der Finanz- und Kundenperspektive zu erreichen?

    Die Prozessperspektive gibt an, bei welchen Prozessen was zu erreichen ist, um Kunden- oder Finanzziele zu erfüllen.

- Die **Potenzialperspektive:** Welche Ziele müssen wir hinsichtlich unserer Potenziale setzen, um den aktuellen und zukünftigen Herausforderungen gewachsen zu sein?

Wie die verschiedenen Perspektiven bei der Entwicklung einer Balanced Scorecard auf den IT-Bereich übertragen werden können und wie so eine IT-Balanced Scorecard (IT-BSC) entsteht, verdeutlicht das Beispiel in Bild 2.13.

Bereiche/ Perspektiven	Fragestellungen	Kennzahlenbeispiele
Finanz-perspektive	• Wie lassen sich die Gesamtkosten der IT reduzieren? • Welchen Beitrag leistet die IT zum Unternehmenserfolg?	• TCO je Arbeitsplatz • IT-Kosten/Mitarbeiter • Investitionsaufwand • Vergleich Soll-/Ist-Budget
Anwender-/ Kunden-Perspektive	• Wie lässt sich durch SLAs die Kundenzufriedenheit steigern? • Wie beurteilen Endnutzer die IT-Leistungen?	Kennzahlen mit den entwickelten Systemen, z.B. • Nutzungsgrad • Service-Zufriedenheit • Anzahl der SLA-Überschreitungen
Interne Prozess-Perspektive	• Wie lassen sich IT-Prozesse beschleunigen? • Wie kann die Qualität der IT-Prozesse verbessert werden?	• Prozentualer Anteil der Calls SLS • Anzahl der Supportanfragen pro Monat • Dauer der Störungsbehebung
Lern- und Entwicklungs-Perspektive/ Mitarbeiter	• Über welche Potenziale verfügen die IT-Fachleute im Unternehmen? • Wie lässt sich die Kompetenz der Mitarbeiter verbessern? • Welchen Grad erreicht die Mitarbeiterzufriedenheit?	• IT-Mitarbeiteranteil • IT-Mitarbeiterquote • Anzahl der Verbesserungsvorschläge • Interesse an Weiterqualifizierung • Fluktuationsquote, Krankheitsquote im IT-Bereich
IT-Produkte (IT-Infrastruktur, IT-Applikationen)	Wie ist die Qualität der IT-Systeme?	• Auslastungsgrad der IT-Infrastrukturen • Verfügbarkeit der IT-Systeme
IT-Projekte	Wie erfolgreich sind die IT-Projekte?	• Projekterfolgsquote • ROI der IT-Projekte

Bild 2.13 Beispiel einer IT-BSC (Balanced Scorecard für die IT-Organisation)

Im Folgenden noch ein Beispiel für eine einzelne Zielsetzung „Wirtschaftliches Agieren der IT-Abteilung":

Mit einer einzigen Kennzahl ist das wohl kaum auszudrücken. Besser erscheint da etwa die ausgewählte Kombination einiger wesentlicher Kennzahlen wie „Total-Cost-of-Ownership-(TCO)-Wert, absolut", „TCO-Wert im Vergleich zu ähnlichen Organisationen", „IT-Kosten relativ zum Gesamtumsatz", „Produktpreise im Vergleich zum Markt bzw. zum Mitbewerb", „Gemeinkostenanteil" ... Anschließend legen wir die Zielwerte fest.

In Bild 2.14 sind in einer Tabelle bereits Statusindikatoren enthalten, die dem Leser auf einen Blick die „Einordnung" der Kennzahl in verschiedene „Gefahrenklassen" ermöglichen sollen bzw. den Trend einer Kennzahl anzeigen.

FINANZEN

Ziel	Kennzahl	Status	Ist	Soll	Erfüllungs-grad %
Wirtschaftlich agierende IT-Abteilung	Kennzahl-Berechnung	→		Maßnahmen	90%
	TCO-Wert	→	3.863	4.300	89,84%
	technische Innovation	✓	1,86%	2,00%	93,00%
	Kostendeckungsgrad	!	69,12%	100%	69,12%
	Betreuungsintensität	✓	51,10	50,00	97,85%
	VW-Gemeinkostenanteil	✓	13,88%	15,00%	92,53%
	Projekt-Leistung zu Pauschale	✓	38,29%	40,00%	95,73%

Bild 2.14 Beispiel zu den Kennzahlen eines IT-Ziels

Wie kann man die strategische Planung der Informatik als unternehmensweiten Organisationsentwicklungsprozess anpacken?

Im Folgenden ist eine Prozessbeschreibung „IT-Strategie entwickeln und umsetzen" mit ihren wesentlichen Elementen skizziert. Dabei wird zwischen den Elementen Prozesscharakteristik und der eigentlichen Prozessbeschreibung unterschieden.

Prozesscharakteristik:

1. Prozessbezeichnung	IT-Strategie entwickeln und umsetzen
2. Prozesseigner	W
3. Zweck des Prozesses	Erstellen einer IT-Strategie und Vorbereiten der Realisierung
4. Geltungsbereich	Ganzes Unternehmen
5. Vision	Das Unternehmen wird von der IT optimal unterstützt.
6. Wesentliche Erfolgskenngrößen	E1 Die Unternehmensleitung ist mit der IT-OE zufrieden. E2 Die Fachbereiche fühlen sich von der IT gut unterstützt in ihrer Arbeit.

7. Prozessführungsgrößen	F1 ... F2 ...	
8. Prozesszielwerte	Z1 ... Z2 ...	
9. Mitgeltende Unterlagen und Hilfsmittel	U1 Unternehmensstrategie	

Input	Aktivität	Output
• Unternehmensleitbild • Geschäftsprozesse • IT-Ist-Situation • IT-Markt	Vorhandene Unterlagen/ Informationen studieren und analysieren	• Strategische Grundsätze • Situationsanalyse • SWOT-Analyse • IT-Landkarte
Anforderungen der IT-Anwender	Handlungsbedarfe identifizieren und konkretisieren	Liste/Beschreibung der Handlungsbedarfe
Handlungsbedarfsbeschreibung	Konzeptionelle Lösungsansätze entwickeln	Beschreibung der konzeptionellen Lösungsansätze
• Beschreibung der konzeptionellen Lösungsansätze • IT-Strategie	Maßnahmen zur Umsetzung der konzeptionellen Lösungsansätze bestimmen	• Projekt(kurz)beschreibung • Auftragsentwurf
• Beschreibungen der Lösungsansätze • IT-Strategie	Präsentation vorbereiten	Präsentationsunterlagen
• Präsentationsunterlagen • IT-Strategie	Mitarbeiter informieren	Informierte Mitarbeiter
Projekt(kurz)beschreibungen	Projekt(kurz)beschreibungen zur Bearbeitung weitergeben	Beauftragte
Aufträge	Aufträge zur Bearbeitung weitergeben	Beauftragte

Bild 2.15 Beispiel einer Prozessbeschreibung

2.4.5 Ein Beispiel aus der Praxis

Im Folgenden wird ein konkretes Beispiel aus der Beratungspraxis des Autors beschrieben. Die Darstellung erfolgt in geraffter Form in Anlehnung an das entsprechende Projektlogbuch. Die Planung des Ablaufs erfolgte auf Basis des Aktionshandbuchs „OE-Prozesse initiieren und gestalten" des Management Center Vorarlberg in sieben Phasen:

1. Orientierung
2. Situationsklärung
3. Zielfindung (Auswahl und Entscheidung)
4. Offizielle Projektgründung
5. Information der Gesamtorganisation

6. Arbeiten in Teilprojekten
7. Absichern des in die Organisation integrierten Prozesses

Die Ausgangslage

In einem Unternehmen der Dienstleistungsbranche mit rund tausend Mitarbeitern bestand die Herausforderung darin, die strategische Planung des Unternehmens zu erarbeiten. Da man spürte, dass die Unternehmensstrategie nur realisiert werden kann, wenn die Informationsverarbeitung höchsten Ansprüchen genügt, wurde der IT-Leiter mit der Ausarbeitung einer strategischen Planung der Informatik beauftragt.

Der IT-Leiter entschloss sich, einen externen Berater beizuziehen, der ursprünglich nur als Ideenlieferant für die zukünftige Informationsverarbeitungslandschaft gedacht war. Doch bereits in den ersten Gesprächen zeigte sich, dass es zweckmäßig wäre, den Externen auch als „Change-Agent" – als „Moderator" – des unternehmungsweiten Veränderungsprozesses einzusetzen.

Nachdem frühere Strategieübungen nur Berichte erbrachten, die allzu früh in die Schublade gewandert waren, stimmte man einem OE-orientierten Vorgehen zu, wohl wissend, dass dieser Weg erheblich mühsamer und langwieriger ist als eine Strategie am grünen Tisch.

Die Orientierungsphase

Zunächst ging es darum,

- die Betroffenen für notwendige Veränderungen und Entwicklungen in der Organisation zu sensibilisieren;
- dabei erste Entwicklungsmöglichkeiten und Ansatzpunkte zu erkennen;
- einen Grobablauf für einen Prozess zu erstellen;
- im Management zu einer Entscheidung über weitere Schritte zu kommen und
- den geplanten Prozess mit den betroffenen Menschen zu diskutieren.

Die Phase der Situationsklärung

Diese Phase hatte zum Ziel,

- die Erwartungen der Geschäftsleitung zu erheben;
- mit ausgewählten Mitarbeitern aus der Unternehmung ein gemeinsames Bild der IST-Situation in Form einer Selbstdiagnose zu erarbeiten;
- Zukunftsbilder (Visionen) zu erarbeiten;
- Veränderungsziele zu formulieren, die sich aus der Selbstdiagnose und den Zukunftsbildern ergaben („Wir wollen weg von ... hin zu ...");
- Prioritätenvorschläge auszuarbeiten;
- Anforderungen an zu treffende Maßnahmen zu definieren.

Große Bedeutung hatten gemeinsame Klausurtage, bei denen man sich mithilfe professioneller Moderation unter Einsatz aller erdenklichen Visualisierungs- und Kommunikationsmittel von vielen Einzelmeinungen über gemeinsame Sichten letztlich zu Konsenslösungen durchrang.

Phase der Zielfindung

Für Entscheidungen über das weitere Vorgehen war es an dieser Prozessstelle wieder erforderlich, die Geschäftsleitung in größerem Umfang einzubeziehen. Dies geschah in folgender Form:

- Impulsseminar für die erweiterte Geschäftsleitung zum Thema „IT für Führungskräfte" und anschließend
- Workshop über „Wandel im Markt, in der Unternehmung und deren Auswirkungen auf die Informatik".

So vorbereitet, fiel die nachfolgende Präsentation der Ergebnisse aus der Situationsklärung auf äußerst fruchtbaren Boden und die vorgeschlagenen Schwerpunkte für das weitere Vorgehen wurden zustimmend zur Kenntnis genommen, was grünes Licht für die offizielle Projektgründung inklusive der damit verbundenen Teilprojekte bedeutete.

Folgende Schwerpunktthemen wurden priorisiert:

- Verstärkung des Engagements der Geschäftsleitung in Sachen Informatik;
- Verbesserung und Intensivierung der Zusammenarbeit zwischen der IT-Abteilung und den Fachbereichen;
- Ausbau des Projektwesens und Einführung eines professionellen Projektmanagements in der gesamten Unternehmung;
- Reorganisation der IT-Abteilung unter besonderer Berücksichtigung möglicher Dezentralisierung;
- Einrichtung umfassender Aus- und Weiterbildungsmöglichkeiten bezüglich Informatik und Organisation.

Offizielle Projektgründung

Zur Steuerung der weiteren Arbeiten wurde eine dreiköpfige Projektleitung nominiert, die sich aus einem hochrangigen Vertreter der Fachbereiche, dem IT-Leiter und dem externen Berater zusammensetzte.

Gleichzeitig gründete man drei Teilprojekte, organisierte sie sowohl aufbau- als auch ablaufmäßig nach dem Muster des Gesamtprojekts und wies ihnen die ausgewählten Schwerpunktthemen zur weiteren Bearbeitung zu.

Information der Gesamtorganisation

Nun war es an der Zeit, alle involvierten Mitarbeiter von ihren Führungskräften informieren zu lassen über

- die bisherigen Schritte,
- die Steuerungsstruktur des Projekts und
- das weitere Vorgehen.

Arbeit in Teilprojekten

Nicht nur, um die Arbeit, die mit jedem Innovationsprozess verbunden ist, aufzuteilen, sondern auch um von Anfang an alle möglichen Vorkehrungen in Richtung Umsetzung zu treffen, wurden zunächst drei Teilprojekte gegründet, in denen jeweils ca. sieben Leute mitarbeiteten:

- Teilprojekt 1: Management und IT
- Teilprojekt 2: Fachbereiche und IT
- Teilprojekt 3: Gestaltung der IT-Abteilung

In jedem Teilprojektteam wurde ein Leiter nominiert, der gleichzeitig der erweiterten Projektleitung angehörte und so für die Koordination mit dem Gesamtprojekt sorgte – inhaltlich, terminlich und budgetmäßig.

Auch in den Teilprojekten gab es jeweils passende Impulsseminare für die Mitarbeiter und moderierte Klausurtagungen. Die Dokumentation der Ergebnisse wurde meist in Form von Simultanprotokollen gemacht und allen Beteiligten ausgehändigt.

Die Abstimmung der Teilprojekte erfolgte in regelmäßigen Projektleitungssitzungen.

Die in den Teilprojekten erarbeiteten Ergebnisse folgten einer Doppelstrategie, die darin bestand, die vorgeschlagenen Maßnahmen von Anfang an in kurzfristig zu erledigende und langfristige zu gliedern. (Für die Motivation der Beteiligten ist es ausgesprochen wichtig, möglichst bald erste greifbare Erfolge zu erzielen.)

Absichern des in die Unternehmung integrierten Prozesses

Um die spätere Umsetzung der konzeptmäßig erarbeiteten Strategie von Anfang an zu sichern, war während des gesamten Planungsprozesses auf allen Ebenen für ausreichende Kommunikation, Koordination und Kooperation zwischen der Projektorganisation und der Unternehmung zu sorgen.

An Möglichkeiten dazu wurden nebst den bereits erwähnten Informationsveranstaltungen auch verschiedene Benutzerbefragungen und -diskussionen durchgeführt.

Dies war insbesondere deshalb von größter Bedeutung, weil man sehr bald erkennen konnte, dass im Zuge der Dezentralisierung der Informatik umfassende Aufgaben auf die einzelnen Fachbereiche der Unternehmung zukommen würden.

In Abständen wurde die Geschäftsleitung von der Projektleitung über den Fortgang der Arbeit informiert.

Nach Abschluss der Teilprojekte wurde ein als neues strategisches Rahmenkonzept konsolidierter Gesamtbericht erstellt. Ganz wesentlich dabei war die Vorgabe, dass die Planung nicht nur die anzustrebenden Ziele, sondern auch detaillierte Vorschläge umfassen sollte, wie vorzugehen sei, um die Ziele innerhalb der gesteckten Fristen und des Budgets zu erreichen.

In einer sehr gut vorbereiteten formellen Präsentationsveranstaltung wurde dieses Konzept von der Projektleitung im Beisein der Teilprojektleiter der Geschäftsleitung vorgestellt, diskutiert und zur Genehmigung beantragt.

Nach der offiziellen Genehmigung der strategischen Planung der Informatik löste man die für diese Arbeit gebildete Projektorganisation auf – allerdings nicht ohne vorher das gute Gelingen der Planung mit einem schönen gemeinsamen Abendessen zu feiern.

Die anschließende Umsetzung der Planung im Unternehmen erfolgte wieder in der Linienorganisation, wobei man fallweise für besondere Aufgaben Arbeitsgruppen zusammenstellte, in denen wiederum meist IT-Leute und Vertreter der Anwender zusammenwirkten.

Das Wichtigste – zusammengefasst

- **Verzetteln Sie sich bei der Entwicklung und Dokumentation der IT-Strategie nicht in zu vielen Details.**
  Bei einer IT-Strategie geht es primär um die Beschreibung der Grundsätze und die Festlegung von Standards zu den Architekturen sowie um die Entwicklung eines IT-Masterplans. Dies sollte allerdings wohl durchdacht und begründet sein.

- **Grundlage für die Darlegung der notwendigen Maßnahmen und Teilstrategien sind insbesondere ein abgestimmter Zielbildungsprozess für die IT-Organisation sowie die Durchführung einer SWOT-Analyse mit dem IT-Management.**
  Es erleichtert die Steuerung, wenn eine Klassifikation und Zuordnung der Ziele zu Bereichen (z. B. Finanzen, Kunden, Prozesse etc.) erfolgt. Aus der Verbindung der internen Fähigkeiten und der externen Möglichkeiten (SWOT-Analyse) können geeignete Vorschläge für Maßnahmen zur Umsetzung der strategischen Herausforderungen entwickelt und priorisiert werden.

- **Die Ausgestaltung der Details und die Umsetzung einer IT-Strategie erfolgen durch die einzelnen Organisationseinheiten der IT.**
  Falls vorhanden, machen dies die IT-Architekten, die IT-Produkt- und Service-Verantwortlichen (ggf. zusammen mit anderen Fachabteilungen) sowie das Project-Office.

- **Im Wesentlichen sollten Sie beim Aufstellen der IT-Strategie folgende Aktivitäten und Festlegungen beachten:**
  - Grundsätze über die Rolle und die Intensität der Nutzung der IT
  - Beurteilung der möglichen mittelfristigen internen und externen Veränderungen
  - Festlegen der strategischen Schwerpunkte der IT-Nutzung
  - Definieren der Grundsätze für die Zusammenarbeit mit externen Partnern
  - Entscheidungen über die Priorisierung der Mittelfristplanung (welche IT-Projekte?)

- **Bezüglich der Vorgehensweise bei der Strategieentwicklung gilt, dass auf der Basis von Analysen zu Megatrends bzw. Branchendaten strategische Grundpositionierungen (etwa zur IT-Mission sowie für die IT-Visionen) vorgenommen werden können. Die IT-Strategieentwicklung schafft die Voraussetzungen, um …**
  - … den IT-Einsatz im Unternehmen aktiv zu führen und die IT-Systeme effektiv und effizient einzusetzen,
  - … die optimale IT-Ausstattung und IT-Unterstützung (IT-Services) der Fachbereiche im Unternehmen zu planen sowie
  - … Interessengegensätze zwischen den Bedürfnissen der Fachbereiche und des IT-Bereichs zu identifizieren und zu lösen.
  - … So lassen sich die IT-Infrastrukturen und IT-Applikationen zukunftsorientiert planen sowie die Lösungsansätze der IT-Strategien in eine konsistente und realistische Mittelfristplanung überführen.

■ 2.5 Literatur

[BRE07] Brenner, W.; Witte, Chr.: Erfolgsrezepte für CIOs. Hanser, München 2007.

[BU09] Buchta, D.; Eul, M.; Schulte-Croonenberg, H.: Strategisches IT-Management. Wert steigern, Leistung steuern, Kosten senken. 3. Auflage. Gabler, Wiesbaden 2009.

[GA20] Gartner: The IT Roadmap for Digital Business Transformation. Präsentation und Empfehlungen von Gartner-Research 2020.

[HA09] Hanschke, I.: Strategisches Management der IT-Landschaft. Ein praktischer Leitfaden für das Enterprise Architecture Management. Hanser, München 2009.

[HEI03] Heinrich, L.J.; Burgholzer, P.: Informationsmanagement. 9. Auflage. Oldenbourg, München 2003.

[IN20] Informatica LLC: Playbook zur Erstellung einer erfolgreichen Datenstrategie. 2020.

[JO14] Johanning, V.: IT-Strategie. Optimale Ausrichtung der IT an das Business in 7 Schritten. Springer Vieweg, Wiesbaden 2014.

[KE17] Keller, W.: IT-Unternehmensarchitektur: Von der Geschäftsstrategie zur optimalen IT-Unterstützung. 3. Auflage. dpunkt.verlag, Heidelberg 2017.

[LP20] Legner, C.; Pentek, T.: Datenstrategien als Grundlage der Transformation zum datengetriebenen Unternehmen. tdwi.eu – eBook. SIGS DATACOM GmbH, Troisdorf 2020.

[ÖST95] Österle; H.: Business Engineering – Prozeß- und Systementwicklung. Springer, 1995

[TIE07] Tiemeyer, E.: IT-Strategien entwickeln/IT-Architekturen planen. rauscher.Verlag, Haag i. Obb. 2007.

[WIN03] Wintersteiger, W., et al.: Informatikstrategie umsetzen. Compendio 2003.

[ZAR04] Zarnekow, R., et al. (Hrsg.): Informationsmanagement. dpunkt.verlag 2004.

[ZS21] Zsifkovits, H.: IT-Einkauf – Lieferantenbeziehungsmanagement für die Beschaffung von IT-Systemen und IT-Plattformen. In: Handbuch IT-System- und Plattformmanagement. 2. Auflage, Carl Hanser Verlag, München, 2021. S. 465–490.

3 Management der Digitalisierung

Ernst Tiemeyer

Fragen, die in diesem Kapitel beantwortet werden:

- Welche Veränderungen zeichnen sich durch die Digitalisierung für Wirtschaft und Gesellschaft generell sowie für die Geschäftstätigkeit und das IT-Management von Unternehmen und Dienstleistern ab?
- Welche Basistechnologien sowie angewandte Tools tragen wesentlich zur erfolgreichen Entwicklung und zum Betrieb von Digitalisierungslösungen (digitale Produkte, Prozesse, Services) bei?
- Wie werden Digitalisierungsstrategien von Unternehmen und Dienstleistungsorganisationen erfolgreich entwickelt und welche Akteure sind daran beteiligt?
- Welches Vorgehen und welche Methoden haben sich für die Erarbeitung digitaler Geschäftsmodelle bewährt und wie können Digitalisierungspotenziale in der Unternehmenspraxis identifiziert und in ein Lösungsdesign überführt werden?
- Welche Optionen zur Digitalisierung von Geschäftsprozessen werden abhängig von den Prozesstypen ermöglicht und durch welche Technologien (z. B. Workflow-Software, RPA, Bots, KI) wird die Umsetzung eines digitalen Prozessdesigns unterstützt?
- Inwiefern kann mittels digitaler Technologien dem Fokus „Kundenzentrierung" (Stichworte Customer Journey und Customer Experience) in besonderer Weise Rechnung getragen werden?
- Welche organisatorischen Strukturen, Prozesse sowie Rollen/Skills prägen erfolgreiche digitale Transformationen?
- Inwiefern kommt der Unternehmensführung und dem IT-Management eine besondere Bedeutung für einen erfolgreichen digitalen Wandel in Unternehmen zu?
- Durch welche Maßnahmen können Akzeptanz und Vertrauen in digitale Produkte und Prozesse geschaffen werden?
- Wie kann das Management von Digitalisierungslösungen (digital platform management) nachhaltig gestaltet und mittels IT-Unterstützung umgesetzt werden?

Moderne Informations- und Kommunikationstechnologien sind bereits seit der Jahrtausendwende zum unverzichtbaren Enabler von Geschäftsprozessen geworden. Darüber hinaus können viele Geschäfte von Unternehmen mittlerweile erst durch den effizienten Einsatz von IT realisiert werden (zu denken ist etwa an die vielfältigen Angebote der Medienbranche, z. B. neben den Print-Medien die Bereitstellung von E-Books, digitalen Zeitungen und Zeitschriften, Portale etc.).

Mit der Digitalisierung vollzieht sich vielfach (im Sinne einer **digitalen Revolution**) ein Paradigmenwechsel. So werden nunmehr von den Informations- und Kommunikationstechnologien nicht nur Geschäftsprozesse unterstützt, sondern digitale Lösungen können einen wesentlichen Beitrag zum Geschäft (Business) eines Unternehmens erbringen. Im Extremfall kommt es bereits vielfach zur Etablierung rein digitaler Unternehmen.

Die Nutzung neuer leistungsfähiger digitaler Technologien wie Cloud-Computing, Big Data und Data Analytics, mobile Endgeräte, neue Formen der Vernetzung bzw. technischer Kommunikation (Maschine-zu-Maschine-Kommunikation) ermöglicht nun

- **völlig neue Geschäftsmodelle,**
- eine attraktive Konfigurierung und Gestaltung **digitaler Produkte und Services,**
- die Realisierung innovativer **(digitaler) Arbeits- und Geschäftsprozesse** (mit erhöhtem Integrationsgrad bzw. inkl. Automatisierung) sowie
- eine vielfältige neue Kundenkommunikation bzw. nachhaltige Kundenerlebnisse (Stichworte **Customer Journey** bzw. **Customer Experience**).

Eine wesentliche Frage, die nach wie vor differenziert diskutiert und unterschiedlich bewertet wird, bezieht sich auf die Prüfung, welche Konsequenzen sich für die IT-Organisation bzw. für das IT-Management aufgrund der digitalen Herausforderungen ergeben. Unabhängig von der konkreten Organisation und den festgelegten Rollen und Verantwortlichkeiten für die Digitalisierung besteht weitgehend Konsens, dass digitale Transformationen nur dann erfolgreich gelingen können, wenn ein Alignment von Business und IT sichergestellt wird.

Hinweis

Das für eine erfolgreiche Digitalisierung notwendige Business-IT-Alignment kann in unterschiedlicher Form umgesetzt werden. Zu beachten ist, dass – abhängig von dem Schwerpunkt der digitalen Entwicklungslösung – die Bearbeitung digitaler Handlungsfelder unter Verantwortung unterschiedlicher Akteure (mit differenziertem Management-Know-how) 118erfolgt. Dazu gibt es in der Praxis bereits sehr unterschiedliche Organisationsformen, die ebenfalls wie die Technologien teils zu einem disruptiven Wandel führen und in diesem Buchbeitrag angesprochen werden.

3.1 Die digitale Revolution – Herausforderungen für das IT-Management

Für das Management der Digitalisierung ist es von besonderer Bedeutung, dass – im Gegensatz zu früheren klassischen Handlungsfeldern des IT-Managements – nunmehr die IT verstärkt in Kooperation mit anderen Bereichen des Managements agieren muss. Dazu rechnen insbesondere

- ein vermehrter Einbezug der Unternehmensführung,
- die intensivere Zusammenarbeit mit ausgewählten Fachbereichsverantwortlichen (primär aus den Bereichen Product Management, Vertrieb und Marketing, aber auch aus den Bereichen Logistik und Beschaffung) und
- eine differenzierte Beteiligung von übergreifenden Managementbereichen wie das Prozess- und Projektmanagement sowie – falls vorhanden – das Innovationsmanagement.

Darüber hinaus sind spezifische IT-Bereiche wie das Enterprise IT-Architecture Management, IT-Product-Development und IT-Deployment auf- und auszubauen sowie im Rahmen von Transformationen in den Fokus zu nehmen.

Eine Besonderheit für den IT-Bereich ergibt sich bezüglich der **Verantwortlichkeiten für die Digitalisierung.** So gibt es zu einem Teil Unternehmen, in denen der CIO die verantwortliche Rolle für die Digitalisierung mit übernimmt. Das gelingt am besten dann, wenn er im Unternehmen von jeher in Managemententscheidungen involviert war und das Standing eines strategischen Vordenkers auch bezüglich der Geschäftsfelder hat. Darüber hinaus gibt es für die Digitalisierung die Option der Einrichtung einer eigenen Organisationseinheit unter Leitung eines **Chief Digital Officer (CDO).** Eine solche eigenständige Rolle ist mittlerweile in verschiedenen Unternehmen etabliert, wobei Digitalisierung dann als ganzheitliche (übergreifende) Aufgabe verstanden wird, die das gesamte Unternehmen betrifft. Es gibt aber auch andere Festlegungen zur organisatorischen Verankerung des CDO. Das kann auf der gleichen Ebene wie der CIO sein, es kann aber auch eine organisatorische Unterordnung unterhalb der IT-Leitung (CIO) sein.

Trotz der zuvor skizzierten neuen Option eines CDO gibt es aber auch nach wie vor die Situation, dass es im Unternehmen keinen offiziell Beauftragten für die digitale Transformation gibt. Verantwortlich sind mitunter die Fachbereiche dezentral, sei es ein Fachbereich (zum Beispiel Marketing mit der Rolle des Chief Marketing Officer (CMO)) oder Bereiche wie Personal-, Produktions-, Entwicklungs- oder Vertriebschefs, die Digitalisierungsverantwortung für ihren jeweiligen Bereich übernehmen. Neben CDO und CIO findet sich ferner auch der Chief Technology Officer (CTO) in der Rolle des obersten Digitalisierers. Schließlich übernehmen auch CEOs selbst gelegentlich die Rolle des „Chefdigitalisierers".

3.1.1 Wandel der Geschäftstätigkeit durch Digitalisierung – branchentypische Disruptionsfelder

Mit zunehmender Digitalisierung zeichnen sich grundlegende Veränderungen ab, wie in den Unternehmen produziert wird bzw. wie die logistischen Prozesse zwischen den beteiligten Unternehmen einer Wertschöpfungskette organisiert werden. Dabei lassen sich im Rahmen der digitalen Umsetzungsaktivitäten Geschäfts-, Verbraucher- und Gerätedaten so miteinander verknüpfen, dass die benötigten Anwendungsinformationen zum richtigen Zeitpunkt der richtigen Person auf einem beliebigen Gerät (bzw. der Produktionsanlage) zur Verfügung stehen. Möglich ist hier, dass auf die Mitwirkung menschlicher Akteure ganz oder teilweise verzichtet werden kann. Zulieferer, Partner und Kunden werden dabei unmittelbar in Geschäfts- und Wertschöpfungsprozesse eingebunden.

Wirtschaftssektoren und entsprechend zugehörige Unternehmen sind von den Herausforderungen der Digitalisierung in unterschiedlichem Ausmaß getroffen. Als besonders betroffen werden etwa der Finanzdienstleistungsbereich, das Gesundheitswesen (Digital Health), die gesamte Energiewirtschaft (Smart Grid), der Fertigungsbereich und die Telekommunikationsbranche gesehen. Aber auch die Logistikbranche, der Maschinen- und Anlagenbau und viele andere Bereiche erfahren nicht zuletzt durch verschiedene innovative digitale Technologien sowie mit dem Einsatz „intelligenter" Sensoren weitreichende Veränderungen (Stichworte: „Industrial Control Systems", „Internet der Dinge", „Cyberphysical Systems").

Eine grobe Analyse zeigt: Vor allem in den Bereichen Finanzen, Handel, Mobilitätsdienste, Tourismus, Bildung, Hotel- und Gastgewerbe sowie Personaldienstleistungen haben neue digitale Plattformen die herkömmlichen Geschäftsmodelle schnell und tiefgreifend in Bedrängnis gebracht und dabei ein so hohes Wachstum erzielt, dass vorhergehende Geschäftsmodelle/Lösungen ganz oder teilweise obsolet geworden sind. Letztlich ist heute kein Wirtschaftsbereich mehr vom digitalen Wandel ausgenommen, der Weg zu einem mehr oder weniger stark ausgeprägten „digitalen Unternehmen" ist unaufhaltsam. Und dabei muss das IT-Management eine wesentliche Rolle spielen bzw. sich in Richtung Business-IT-Alignment selbst teilweise neu „definieren" und „positionieren".

Der **Nutzen dieser Veränderungen** für die Unternehmen liegt auf der Hand. Durch Digitalisierungslösungen besteht die Chance, dass

- im Produktionsumfeld Produkte höherer Qualität mit höherer Effizienz herstellbar sind,
- im Bereich des Handels bzw. der Logistik eine höhere Effektivität unternehmensinterner und übergreifender Prozesse und eine hohe Kundenzufriedenheit erreichbar sind,
- im Dienstleistungsbereich letztlich auch eine bessere Versorgung mit Verwaltungs-, Bildungs- oder auch Gesundheitsdiensten möglich wird,
- im Finanzsektor (Banken, Versicherungen) sich neue Dienstleistungen (etwa innovative Versicherungsprodukte) und „schlankere" bzw. flexible Geschäfts- und Arbeitsprozesse ergeben.

Insgesamt ist zu erwarten, dass die digitalen Veränderungen außerordentlich disruptiv sein werden, wobei allerdings wohl niemand wirklich weiß, wohin die Reise genau geht bzw. wo sie endet. Dennoch lassen sich klare Richtungen absehen.

Beachten Sie:

Schwerpunkte für die Anwendungspotenziale der Digitalisierung unterscheiden sich naturgemäß von Branche zu Branche. Von daher muss jeder für sein Unternehmen seine Inhalte und Definition finden und mit konkreten Anwendungsfällen für alle im Unternehmen veranschaulichen. Wie dies konkret aussieht, hängt stark vom aktuellen Digitalisierungs- und Integrationsgrad der Anwendungsfelder ab. Hier ist das IT-Management in Verbindung mit Enterprise-IT-Architekten und Data-Analysten sowie Business-Analysten und Prozessmanagern besonders gefordert.

Den höchsten Digitalisierungsgrad haben im Branchenvergleich Unternehmen der Informations- und Kommunikationstechnologie (z. B. Telekommunikationsunternehmen), gefolgt mit einem gewissen Abstand von den Versicherungen und Banken sowie ebenso mit einem Abstand von der Medienbranche. Elektronik-, Automotive- und Energieversorgungsunternehmen hinken im Vergleich etwas hinterher. Weiter abgeschlagen sind die Pharma- und Chemieindustrie, der Maschinen- und Anlagenbau sowie der Handel (vgl. [HA18], S. 7).

Diese neuen Ausrichtungen sollen nachfolgend exemplarisch anhand von wesentlichen **Disruptionsfeldern** skizziert werden.

Disruptionsfeld „Produktionsunternehmen"

Mit zunehmender Digitalisierung zeichnen sich grundlegende Veränderungen ab, wie in den Unternehmen produziert wird. Wesentliche Punkte stellen dabei die Digitalisierung der Daten sowie die Vernetzung der Geräte und Informationen dar. Dadurch lassen sich beispielsweise mittels innovativer digitaler Lösungen Geschäfts-, Verbraucher- und Gerätedaten so miteinander verknüpfen, dass die benötigten Anwendungsinformationen zum richtigen Zeitpunkt (realtime) der richtigen Person auf einem beliebigen Gerät (zum Beispiel der Produktionsanlage) zur Verfügung stehen. Dabei werden mitunter **Maschinen-zu-Maschine-Systeme** implementiert, bei denen eine Mitwirkung menschlicher Akteure ganz oder teilweise entbehrlich wird. Folgende Beispiele seien genannt, um diese Veränderungen zu verdeutlichen:

- In der Industrie sorgen **intelligente Sensoren** dafür, dass vollautomatische Produktionsanlagen entwickelt und genutzt werden. So können etwa Bauteile, die für die Fertigung benötigt werden, eigenständig mit einer Produktionsanlage kommunizieren.
- Eine IoT-Plattform bietet Fertigungsunternehmen vielfältige Anwendungsoptionen: Kontinuierliche Informationsbereitstellung über den Wartungsstand der Produkte sowie vorausschauendes Handling von Produkt und Prozessen (Predictive Maintenance) seien als besonders typisch hervorgehoben.
- Darüber hinaus ermöglichen IoT-Plattformen in vielen Produktionsunternehmen auch die Umsetzung neuer Geschäftsmodelle, indem zusätzliche Services bereitgestellt werden können. So entstehen mitunter smarte Produkte und Maschinen, die neue datengetriebene Abrechnungsmodelle ermöglichen.
- Zu den Technologien, die sich in der Industrie bereits bewährt haben, zählt die **Robotik**. Immer mehr Unternehmen integrieren Industrieroboter für das Handling von Produktions-

schritten – insbesondere von Aufgaben, die für Menschen mit größeren Gefahren verbunden sind.
- Eine weitere Technologie, die sich immer mehr etabliert, ist der **3D-Druck**.
- Mittels des sogenannten **Predictive Maintenance** kann bei Bedarf „quasi" selbstständig ein Auftrag für eine Reparatur eines Bauteils ausgelöst werden.
- Ausgewählte Logistikaufgaben können autonom durch fahrerlose Transporter erledigt werden.

In produzierenden Unternehmen kann eine IoT-Anwendung durch eine Vernetzung der Produktionsanlagen eine Automatisierung, die Überwachung und Analyse von Herstellungs- und Wartungsprozessen und Lieferketten realisieren. Dabei liefern Sensordaten eine hohe Datentransparenz, damit verbundene Prozesse lassen sich gezielt steuern und weiter automatisieren.

Besondere Bedeutung hat IoT (= Internet of Things) in Form der sogenannten Machine-to-Machine-Kommunikation etwa für Unternehmen des Maschinen- und Anlagenbaus. In den sogenannten **Smart Factories** kommunizieren sensorgesteuerte Maschinen miteinander sowie mit Menschen. Dabei wird Fachpersonal benötigt, das in der Lage ist, maschinell erzeugte Massendaten zu analysieren, um auf dieser Basis zu noch besseren Produkten, smarten Services und effektiveren Prozessen zu kommen.

Disruptionsfeld „Logistik"

Digitalisierung ermöglicht auch grundlegende Veränderungen, wie logistische Prozesse zwischen den beteiligten Unternehmen einer Wertschöpfungskette oder auch zum Endkunden hin organisiert werden. Dabei nutzt die **Logistik- und Supply-Chain-Wirtschaft** ebenfalls Sensoren, um ihre Lager- und Transportprozesse zu verbessern. Ziele sind beispielsweise eine bessere Auslastung der Fahrzeuge, die Optimierung der Fahrwege und eine möglichst zeitnahe Lieferung.

Beispiel: Im Logistikmanagement lässt sich durch mit Sensoren ausgestatteten Fahrzeugen und Robotern eine hohe Datentransparenz realisieren, sodass gewünschte Dienstleistungen im Logistikbereich bei gleichzeitig erhöhter Sicherheit verbessert werden können.

Disruptionsfeld „Versicherungen, Banken, Finanzdienstleister"

Die **Versicherungsbranche** hat mit der Digitalisierung bereits grundlegende Veränderungen erfahren. Dieser Prozess wird sich in den nächsten Jahren weiter fortsetzen. Neben der Automatisierung von internen Prozessen stehen dabei die Kundenschnittstelle sowie der Vertrieb und die Beratung im Zentrum des Wandels. Vor diesem Hintergrund steht die strategische Positionierung der gesamten Versicherungsbranche sowie der einzelnen Unternehmen vor einer fundamentalen Neuausrichtung (vgl. auch M. Beenken; D. Knörrer; J. Moormann; D. Schmidt (Hrsg.): Digital Insurance, 2018).

Neben der besseren Einschätzung von Risiken und „Pricing" können Versicherungen Schadensfälle einfacher bearbeiten. Mithilfe digitaler Tools sparen sie Zeit und können direkt mit dem Kunden kommunizieren. Mit der zunehmenden Internet- und Computeraffinität der Menschen gewinnen Onlinevertriebskanäle an Bedeutung. Die bestehenden Vertriebswege im Versicherungsgeschäft konzentrieren sich insbesondere auf die drei Kanäle Direktvertrieb, Intermediäre und Bancassurance, also den Absatz über Banken. Die Digitalisierung verändert Vertriebswege nachhaltig. Um die Kundenbedürfnisse auch zukünftig zu erfüllen, wird ein Multikanal-Vertriebsansatz zum Standard.

Aufgemischt werden die Versicherungsgesellschaften darüber hinaus durch sogenannte „Insurtechs" (= Startups), indem sie bestimmte Nischensegmente versichern oder neue Modelle auf der Basis von Peer-to-Peer-Ansätzen bieten. „Fintechs" übernehmen in der Finanzwelt für Banken analog Teile der Wertschöpfungsketten, indem sie – strikt vom Kundenverhalten ausgehend – smarte Apps und Web-Dienste beispielsweise für die Kreditvermittlung, den Zahlungsverkehr oder das Portfolio-Management anbieten.

Die anstehenden Veränderungs- und Erneuerungsprozesse für die **Finanzdienstleister** sind zweckmäßigerweise aus strategischen Überlegungen abgeleitet (unter Beachtung neuer oder veränderter Geschäftsmodelle) und müssen die Auswirkungen auf einzelne Versicherungssparten bzw. das Finanzgeschäft berücksichtigen. Dabei werden neue, datengetriebene Prozesse beleuchtet sowie die von einem veränderten Kundenverhalten ausgehende Neuausrichtung der Vertriebs- und Beratungsstrukturen erörtert.

Praxistipp

Eine wesentliche Aufgabe für CIO, CDO bzw. das IT-Management (IT-Leiter, CTO) besteht darin, ausgehend von der Analyse der branchenbezogenen Digitalisierungspotenziale sowie den vereinbarten strategischen Zielsetzungen die daraufhin vorgeschlagenen digitalen Projekte bzw. die Digital Roadmap zu prüfen und gemeinsam zu entscheiden, welche Handlungserfordernisse sich für die diversen Handlungsfelder im IT-Management bzw. bei angrenzenden Managementdisziplinen ergeben.

3.1.2 Digitalisierung gestalten – Kern-Aktionsfelder für das Management

Unternehmen und Dienstleistungsorganisationen aller Art müssen sich heute den vielfältigen Herausforderungen der Digitalisierung stellen und – mit Blick auf vorhandene und potenzielle Geschäftsfelder sowie der Wettbewerbsposition – vor allem in entsprechend zu bildenden Management-Teams (unter differenzierter und expliziter Mitwirkung des IT-Managements bzw. von IT-Professionals) prüfen sowie rasch entscheiden,

- welche **innovativen Geschäftsfelder** sich in der Branche abzeichnen und für das Unternehmen einer adäquaten Adaption und Umsetzung bedürfen,
- inwiefern eine Digitalisierung und Automatisierung der (internen und unternehmensübergreifenden) Geschäftsprozesse in Angriff zu nehmen ist,
- wie an der **Schnittstelle zum Kunden** eine optimierte Kundenbeziehung mittels Digitalisierung realisierbar ist und
- wie unter Berücksichtigung der vorhandenen Rahmenbedingungen (Arbeitsmodelle, Arbeitsorganisation und Arbeitsplatzgestaltung) eine Neuausrichtung zum **digital workplace** angezeigt ist.

Erfahrungen der Praxis zeigen: Insbesondere eine Digitalisierungsstrategie sowie eine angemessene organisatorisch-personelle sowie technologische Zuordnung von Verantwortungen und Kompetenzen stellen wesentliche Erfolgsfaktoren für ein Gelingen digitaler Transformationen dar. Viele Unternehmen setzen dabei (neben der Einrichtung von digital labs oder der Etablierung eines CDO) vor allem auf Personal, das über ganzheitliche Beratungskompetenzen für die Initiierung, Planung und Umsetzung digitaler Transformationsvorhaben verfügt. Diese „Berater für digitale Transformation" werden entweder von außen rekrutiert oder es findet eine gezielte Qualifizierung betriebseigener Personen statt, die in der Regel aus den Bereichen IT, Prozessmanagement oder den Fachbereichen kommen.

Ohne eine Digitalisierungsstrategie und eine darauf bezogene „Digitalisierungs-Health-Analyse" dürfte es nicht gehen. Sowohl die Prozesse als auch die Produkte des Unternehmens sind im Hinblick auf Digitalisierungspotenziale einer Prüfung zu unterziehen und müssen auf die neuen Herausforderungen ausgerichtet werden.

Gleichzeitig ist festzustellen: Neue Unternehmen „erobern" aktuelle Märkte bzw. etablieren neue Marktmodelle: Die Nutzung von Digitalisierungsoptionen lässt neue Unternehmen entstehen (Start-up-Unternehmen). So sind bereits in den letzten Jahren durch die Digitalisierung vollkommen neue Unternehmen entstanden (denken Sie etwa an Unternehmen wie Booking.com, Uber oder Spotify). Weitere solcher Unternehmensgründungen, die auf digitale Geschäftsmodelle und Geschäftsprodukte fokussieren, zeichnen sich für ausgewählte Branchen ab, etwa für den Finanzdienstleistungssektor.

Welche wesentlichen **Veränderungen** zieht die Digitalisierung bzw. das Internet der Dinge (IoT = Internet of things) für die Geschäftstätigkeit von Unternehmen und Dienstleistern nach sich? Die wesentlichen Aspekte und Handlungsfelder, die für die Gestaltung der Digitalisierung in Angriff zu nehmen sind, zeigt der Überblick in Bild 3.1.

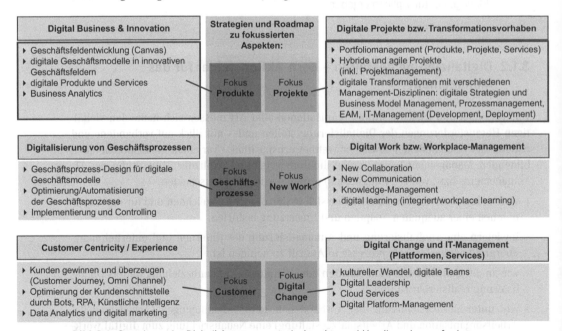

Bild 3.1 Gestaltung der Digitalisierung – zentrale Aspekte und Handlungsherausforderungen

Aus der Grafik werden die wesentlichen Herausforderungen und Aspekte deutlich, die im Laufe der Gestaltung der Digitalisierung im Teamwork von Geschäftsführung, Fachbereichen und IT-Management angegangen werden:

- **Entwicklung neuer Geschäftsfelder bzw. neuartiger digitaler Produkte:** Existierende Unternehmen aus nahezu allen Branchen stehen vor der Notwendigkeit, ihre Geschäfte/Geschäftsfelder und Prozesse zu überdenken. Nur so können sie verhindern, den Anschluss an den Wettbewerb zu verlieren. Durch den Einsatz neuer Technologien wie Big Data/Analytics, Social Media, Mobility, Vernetzungstechnologien (Connectivity-Optionen) und Cloud Computing ergeben sich dabei oft vielfältige Potenziale für neue Geschäftsmodelle, neue (digitale) Produkte und Dienstleistungen.

- **Entwicklung neuer Kooperations- und Marktmodelle:** Unternehmensgründungen, die auf digitale Geschäftsmodelle und Geschäftsprodukte fokussieren, zeichnen sich für ausgewählte Branchen ab, etwa für den Finanzdienstleistungssektor, für den Handel oder Logistikunternehmen. Dabei werden auch neue Kooperationsmodelle bzw. Plattformen geprüft und etabliert.

- **Digitalisierung der Prozesse (auch über die gesamte Wertschöpfungskette hinweg):** Die Etablierung digitaler Geschäftsprozesse bzw. die Unterstützung ganzer Wertschöpfungsketten ermöglichen es beteiligten Unternehmen, effizienter und effektiver zu arbeiten. Sie gewährleisten gleichzeitig eine hohe Kundenorientierung. Es bedarf deshalb für viele Organisationen zeitnah einer konsequenten Entwicklung und Implementierung digitaler Prozesse.

- **Intensivierung der Kundenorientierung mit vielfältigen Kundenschnittstellen:** Eine weitere Ziel- und Handlungsoption durch Digitalisierung besteht darin, Kunden über eine Vielzahl bzw. über nahezu alle Kanäle hinweg einheitlich anzusprechen (sogenannter Omni-Channel als eine Plattform für alle Kanäle). Bei derartigen Lösungen ist es möglich, Filial-, Webshop- und mobile Anwendungen intelligent miteinander zu verbinden. So lassen sich personalisierte Angebote in Echtzeit entwickeln und den potenziellen Kunden präsentieren (Berichte, Analysen und Prognosen in Echtzeit). Der Vorteil: Kunden geben – laut Studien und Statistiken – ca. 3,5-mal mehr bei einem Händler aus, wenn er ein Omni-Channel-Angebot hat.

- **Digitale Transformationen und Projekte:** Ausgangspunkt für das Umsetzen digitaler Transformationsvorhaben bzw. komplexer Projekte sollte ein vereinbartes Projektportfolio sein, das aufzeigt, welche digitalen Projekte in Angriff genommen werden sollen. Projektprofilierung im Portfolio: Für alle digitalen Projekte des Portfolios sind frühzeitig Überlegungen darüber anzustellen, welche Unternehmens-IT-Architekturen (Entwicklungswerkzeuge, Applikationen, Daten, Devices, Infrastrukturen und Plattformen) für eine erfolgreiche Projektumsetzung zukunftsfähig sind. Nur so kann ein nachhaltiger Projekterfolg gesichert werden. Festzuhalten ist, dass nahezu alle digitalen Projekte der Begleitung durch Unternehmens-IT-Architekten bedürfen (und ggf. auch spezifisch ausgerichteter Solution-, Data-, Cloud- und Infrastruktur-Architekten). Diese cross-funktionalen Teams sollten durchgängig mit architekturellem Denken und Handeln ans Werk gehen.

- **Digital Work:** Mit der Digitalisierung zeichnet sich ein gravierender Wandel der Arbeitsorganisation und der Arbeitsweisen ab. Neue Arbeits-, Informationsmanagement-, Collaboration- und Kommunikationstools eröffnen für das Arbeiten grundsätzlich neue Formen der Zusammenarbeit. So können Beschäftigte, die sich an unterschiedlichen Orten befinden, einfacher zusammenarbeiten und dabei ihre Ideen und Expertisen austauschen. Gleiches gilt für Produktinnovationen, zu denen weltweit mit Kollegen, Experten und Kunden einfacher kommuniziert werden kann sowie teamorientierte Entscheidungen getroffen werden können.

- **Digital Change:** Einigkeit besteht aufgrund von Erfahrungen und Studien darüber, dass ein erfolgreicher digitaler Wandel nur dann gelingt, wenn auch die Unternehmenskultur den neuen Herausforderungen gerecht wird und vor allem inspirierend „aufgesetzt" wird, sodass auch disruptive Veränderungen ermöglicht werden. Dazu bedarf es unterstützend eines umfassenden digital mindset der Beschäftigten im Unternehmen und einer Unternehmenskultur, die auf eine hohe Innovationsbereitschaft setzt.

Die umfassende, nachhaltige Nutzung der Digitalisierungspotenziale für die Geschäftstätigkeit von Unternehmen und Dienstleistern gelingt nur dann, wenn auch die Unternehmenskultur, die Organisation des Unternehmens, die Prozesse und Projekte „digital" werden. Gleichzeitig müssen alle Mitarbeiterinnen und Mitarbeiter im Unternehmen über digitale Kompetenzen verfügen und diese situativ kompetent einsetzen. Nur unter diesen Bedingungen kann die digitale Transformation in der Praxis erfolgreich realisiert und das Geschäft der Unternehmen mit digitalen Produkten und digitalen Prozessen nachhaltig gesichert werden.

3.1.3 Managementdisziplinen und digitale Transformation

Aus den vielfältigen Herausforderungen und Handlungsnotwendigkeiten für die digitale Transformation wird deutlich, dass Managementkompetenzen aus vielfältigen Disziplinen benötigt werden. Das IT-Management muss sich dabei – je nach Herausforderung und Handlungsfeld – auf entsprechende Kooperationen mit anderen Managementbereichen fokussieren. Die wesentlichen skizziert Bild 3.2.

Im digitalen Zeitalter ist das **IT-Management** – so zeigen es auch die Studien zu den Optionen der Digitalisierung – in zunehmendem Maß gefordert, das Gesamtunternehmen aktiv mitzugestalten. Mit digitalen Produkten und Prozessen kann die Informationstechnologie nun vielfältige Innovationen für das Geschäft des Unternehmens realisieren. Die Konsequenz: Das IT-Management bzw. die IT-Organisation könnten/sollten nun proaktiv und frühzeitig mit den Fachbereichen und den Endkunden kooperieren, um solche digitalen Innovationen erfolgreich auf den Weg zu bringen. Zur Umsetzung wird in der Praxis mitunter neben der klassischen IT-Organisation eine besondere Unit für die Umsetzung der digitalen Transformation geschaffen. Diese kann im IT-Bereich angesiedelt sein, denkbar sind aber auch Organisationslösungen, die eine Stabsorganisation oder die Ausgründung eines eigenen Unternehmens vorsehen. Im Falle einer bimodalen Organisation („IT der unterschiedlichen Geschwindigkeiten") wird neben einem CIO oder einem IT-Leiter die zusätzliche Etablierung eines **Chief Digital Officer** (kurz CDO) realisiert bzw. empfohlen.

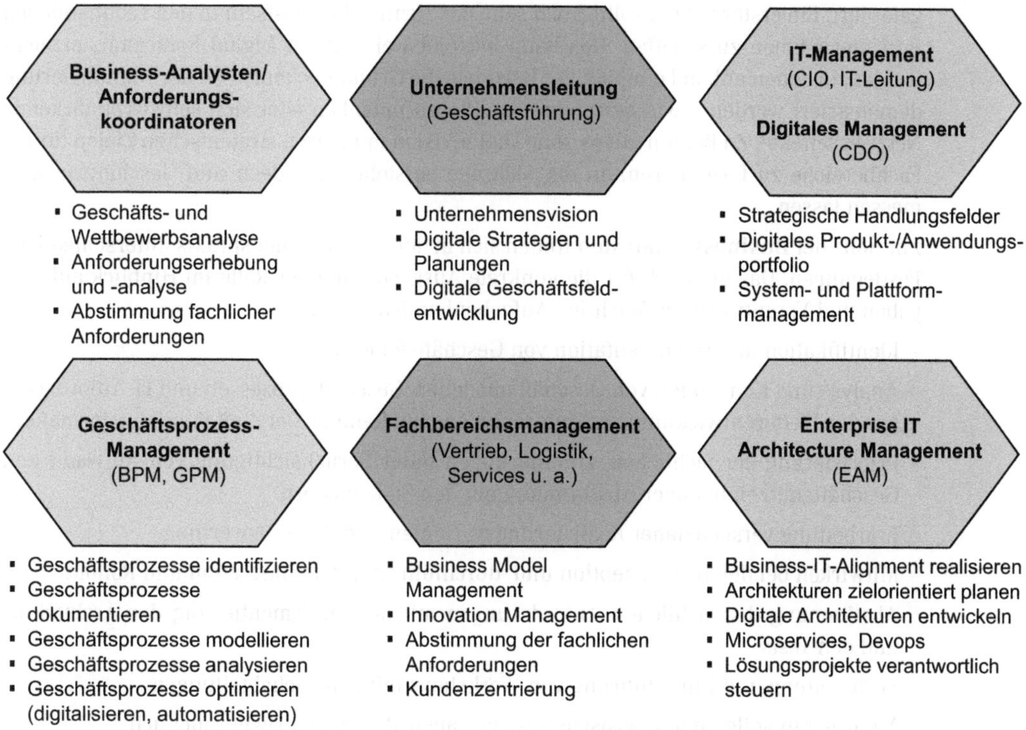

3.1 Die digitale Revolution – Herausforderungen für das IT-Management

Business-Analysten/ Anforderungs- koordinatoren

- Geschäfts- und Wettbewerbsanalyse
- Anforderungserhebung und -analyse
- Abstimmung fachlicher Anforderungen

Unternehmensleitung (Geschäftsführung)

- Unternehmensvision
- Digitale Strategien und Planungen
- Digitale Geschäftsfeldentwicklung

IT-Management (CIO, IT-Leitung)

Digitales Management (CDO)

- Strategische Handlungsfelder
- Digitales Produkt-/Anwendungsportfolio
- System- und Plattformmanagement

Geschäftsprozess- Management (BPM, GPM)

- Geschäftsprozesse identifizieren
- Geschäftsprozesse dokumentieren
- Geschäftsprozesse modellieren
- Geschäftsprozesse analysieren
- Geschäftsprozesse optimieren (digitalisieren, automatisieren)

Fachbereichsmanagement (Vertrieb, Logistik, Services u. a.)

- Business Model Management
- Innovation Management
- Abstimmung der fachlichen Anforderungen
- Kundenzentrierung

Enterprise IT Architecture Management (EAM)

- Business-IT-Alignment realisieren
- Architekturen zielorientiert planen
- Digitale Architekturen entwickeln
- Microservices, Devops
- Lösungsprojekte verantwortlich steuern

Bild 3.2 Kern-Managementdisziplinen zur Realisierung digitaler Transformation bzw. digitaler Geschäftsprozesse und Workplaces

Für eine erfolgreiche Umsetzung von Digitalisierungsideen und -vorhaben bedarf es darüber hinaus eines besonderen Engagements der **Unternehmensleitung**. Dies betrifft vor allem strategische Festlegungen (insbesondere hinsichtlich der Geschäftsfeldentwicklung und damit zusammenhängend zu den Geschäftsmodellen). Entsprechende strategische Überlegungen und Informationen zur Unternehmensentwicklung benötigen sämtliche Managementbereiche, so auch das IT-Management bzw. der CIO oder CDO. Sie stellen die wesentliche Orientierung für alle von der Digitalisierung betroffenen Unternehmensbereiche dar.

Neben der Unternehmensleitung ist im Rahmen eines Business-IT-Alignments für das **IT-Management** zur erfolgreichen Realisierung digitaler Transformation bzw. digitaler Geschäftsprozesse und Workplaces vor allem eine Kooperation mit folgenden Bereichen nötig:

- Fachbereichsmanagement
- Business-Analysten bzw. Anforderungskoordinatoren
- Geschäftsprozessmanagement (GPM bzw. BPM)
- Enterprise IT Architecture Management (EAM)

Für das **Fachbereichsmanagement** geht es um die Weiterentwicklung bzw. die Entwicklung neuer Geschäftsmodelle bzw. um das Herausarbeiten von Digitalisierungspotenzialen für die Fachbereiche. Klassische Top-down-Managementansätze versagen im digitalen Wandel. Um in den Unternehmen umfassende und ganzheitliche Energien für die Digitalisierungspotenziale freizusetzen, ist heute ein Mehr an Dezentralisierung und Bottom-up-Vorgehen gefordert. Ein erster Schritt sollte auch sein, das richtige Bewusstsein in den Fachbereichen im Unternehmen zu schaffen. Das kann beispielsweise durch Digital Bootcamps erreicht werden, in denen anhand eingängiger Beispiele die Grundmechanismen der Digitalisierung demonstriert werden – wie beispielsweise Plattformdenken oder sich selbst verstärkende Netzwerkeffekte. Zu Beginn gilt es, eine Digitalvision mit klaren strategischen Zielen für die Fachbereiche zu formulieren, an der sich alle entstehenden Ideen und Geschäftsansätze messen lassen.

Zur Rolle der **Business-Analysten** finden sich in der Unternehmenspraxis unterschiedliche Festlegungen. Das gilt auch für die konkrete Ausgestaltung der Rolle im Hinblick auf Aufgaben und Verantwortung. Wichtige Aufgabenbereiche sind:

- Identifikation und Dokumentation von Geschäftsfeldern
- Analyse und Konzeption von Geschäftsmodellen/Geschäftsprozessen und IT-Anforderungen zur Weiterentwicklung des Unternehmens (im Rahmen der digitalen Transformation)
- Priorisierung der fachlichen Anforderungen unter Berücksichtigung von Aufwand und Geschäftsnutzen in enger Abstimmung mit den Stakeholdern
- Erarbeitung verschiedener Realisierungsvarianten und deren Bewertung,
- Mitwirken bei der Testkonzeption und -durchführung, Datenmigration und Rollout
- Abstimmung der fachlichen Anforderungen mit der Implementierung der Architektur und den Tests
- Vorbereitung und Durchführung von Workshops mit den Fachabteilungen
- Mitarbeit in agilen und klassischen Teams, auch als Product Owner möglich

Eine weitere Managementdisziplin, die im Rahmen der Digitalisierung eine erhöhte Relevanz erhält, ist das **Geschäftsprozessmanagement**. Die Rolle der Prozessmanager sowie der Prozessverantwortlichen erfährt mit der Digitalisierung gravierende Veränderungen – vom Dokumentierer der Prozesslandschaft zum Planer, Entscheider, Gestalter und Innovator von zunehmend digital gestützten Unternehmensprozesslandschaften. Die Umstellung vorhandener Geschäftsprozesse auf eine digitale/virtuelle Basis ist für die Unternehmen der allermeisten Branchen ein überlebenswichtiger Schritt. Einerseits gilt es, die Möglichkeiten der Digitalisierung zu nutzen, um die Kostenpotenziale der weltweiten Vernetzung, der dezentralen Arbeit und der Unterstützung durch IT-Systeme voll auszuschöpfen. Andererseits ist die Digitalisierung auch auf der Vertriebsseite unabdingbar, um den sich verändernden Kundenanforderungen und Markttrends gerecht zu werden. **Neue Prozessmanagement-Handlungsfelder** im digitalen Zeitalter sind (in Kooperation mit Enterprise Architecture Management und IT-Management):

- Geschäftsarchitekturen gemeinsam gestalten: neue Geschäftsmodelle ermöglichen, Geschäftsprozesse optimieren, Geschäftsfähigkeiten (Business Capabilities) managen
- Business-IT-Alignment realisieren: digitale Architekturen integrativ entwickeln und digitale Transformationen optimieren
- Automatisierte Prozesslösungen zielorientiert planen mit RPA, KI
- Integriertes Steuern digitaler Lösungen: digital platform management
- Lösungsprojekte verantwortlich steuern: Business-IT-Projekte, digitale Transformationsprojekte

Unter Nutzung von Methoden und Techniken des **Enterprise Architecture Management** (EAM) kann das Management der gesamten Unternehmens-IT-Landschaft wesentlich erleichtert werden (vgl. hierzu ausführlich auch Kapitel 4 dieses Handbuchs). Potenziale für die Digitalisierung lassen sich gezielt identifizieren und die Effizienz der IT kann insgesamt signifikant erhöht werden. Die Rolle des Enterprise-IT-Architekten kann im Rahmen digitaler Transformationsprozesse wie folgt skizziert werden:

- Begleiter der Geschäftsbereiche bei strategischen Initiativen, Gestaltung innovativer Geschäftsfelder (Geschäftsmodelle) und digitaler Prozesse
- Unterstützung der Geschäftsbereiche bei der Strategieentwicklung (ggf. in Kooperation mit Business-Architekten)
- Mitarbeit bei Portfolio-Bildung (Auswahl und Gestaltung digitaler Produkte und Projekte)

Ausgangspunkt für das Umsetzen digitaler Transformationsvorhaben bzw. komplexer Projekte sollte ein vereinbartes Projektportfolio sein, das aufzeigt, welche digitalen Projekte in Angriff genommen werden sollen. Für alle digitalen Projekte des Portfolios sind frühzeitig Überlegungen darüber anzustellen, welche Unternehmens-IT-Architekturen (Entwicklungswerkzeuge, Applikationen, Daten, Devices, Infrastrukturen und Plattformen) für eine erfolgreiche Projektumsetzung zukunftsfähig sind. Nur so kann ein nachhaltiger Projekterfolg gesichert werden.

Merke:

Alle digitalen Projekte bedürfen der Begleitung durch Unternehmens-IT-Architekten (und ggf. auch spezifisch ausgerichteter Solution-, Data-, Cloud- und Infrastruktur-Architekten). Diese cross-funktionalen Teams sollten durchgängig mit architekturellem Denken und Handeln ans Werk gehen.

■ 3.2 Technologien und Plattformen digitaler Transformation

Nahezu alle Unternehmen und Dienstleistungsorganisationen müssen sich den technologischen Herausforderungen der Digitalisierung umfassend stellen. Dabei muss über mehr oder weniger disruptive Veränderungen der Geschäfts- und Arbeitsfelder entschieden werden. Ohne eine Kenntnis der Basistechnologien und ihrer Potenziale und Wirkungen im Rahmen digitaler Transformationsprozesse wird es für alle Akteure schwierig – da sind sich alle Experten und Studien einig –, sich in Beratungs- und Entscheidungsprozessen bei digitalen Transformationen kompetent einzubringen.

Letztlich kommt den „richtigen" Technologieentscheidungen für die digitale Transformation eine zentrale Bedeutung zu. In den letzten Jahren wurden neben den Basistechnologien (etwa Cloud, Connectivity, Mobility, IoT, Big Data/Smart Data), die den Anwendungen und Prozessen zugrunde liegen, weitere innovative Optionen entwickelt, deren Anwendungspotenziale allen beteiligten und betroffenen Akteuren bekannt sein sollten.

Eine Möglichkeit der **Systematisierung** zeigt Bild 3.3.

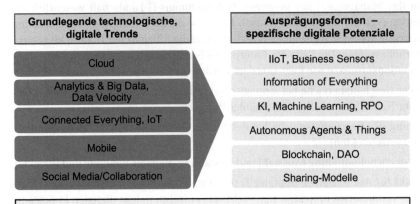

Bild 3.3 Digitale Basistechnologien und Ausprägungsformen: neue Potenziale mit Relevanz für alle Branchen und alle Fachbereiche

Vielfältige technologische Innovationen der letzten Jahre haben maßgeblich dazu beigetragen, dass wir mittlerweile teils disruptive Veränderungen in vielen Bereichen von Wirtschaft und Gesellschaft feststellen. Neue digitale Produkte und Services sowie veränderte Arbeits- und Geschäftsprozesse, die eine immer stärkere Automatisierung erfahren, sind bereits erfolgreich implementiert. Weitere Veränderungen mit hoher Dynamik stehen uns für die nächsten Jahre bevor.

Trends wie Cloud und Mobile Computing, Big Data sowie neue Möglichkeiten der Connectivity stellen neben besonderen Spezialtechnologien wie beispielsweise Blockchain oder Virtual Reality wesentliche Treiber für digitale Innovationen dar. Eines steht fest: Firmen, die diese Innovationen und spezifischen „Branchentechnologien" erfolgreich implementieren und nutzen, werden die Wirtschaft und Gesellschaft über Jahrzehnte maßgeblich beeinflussen und mitunter dominieren.

Um einen Einblick in wesentliche Technologien zur Digitalisierung zu geben, sollen diese nachfolgend – so kompakt wie möglich – vorgestellt und exemplarisch deren Anwendungspotenziale verdeutlicht werden.

3.2.1 Cloud Computing – tragende Säule der Digitalisierung

Eine wichtige Basis für digitale Lösungen sind flexible, schnell anpassbare IT-Infrastrukturen in den Unternehmen oder in mobilen Umgebungen. Unternehmen, die sich den Herausforderungen der Digitalisierung stellen wollen, setzen stark auf die Cloud. Dabei zeigt sich, dass die Varianten

- Infrastructure-as-a-Service (IaaS) und
- Platform-as-a-Service (PaaS)

besonders favorisiert und als Basis für Entwicklung und Betrieb neuer digitaler Applikationen eingesetzt werden.

Zunehmend verfolgen Unternehmen daher eine Cloud-First-Strategie, um so Beschäftigten, Kunden und Partnern die Möglichkeit zu geben, Dienste jederzeit von überall auf verschiedenen Endgeräten abrufen zu können. Es gilt aber die Empfehlung: Unternehmen sollten ihre Applikationen nicht einfach unverändert in die Wolke schieben, sondern sie für den Betrieb in der Public Cloud anpassen.

Hinsichtlich der konkreten Umsetzung bieten sich folgende Cloud-Alternativen an:

- **Private Cloud:** In diesem Fall möchte sich die IT-Organisation die Kontrolle über das Cloud-Management erhalten. Als Vorteil wird dabei gesehen, dass Sicherheitsbedürfnissen in besonderer Weise Rechnung getragen werden kann.
- **Public Cloud:** Hier verwaltet der Anbieter (Provider) in Eigenregie die Cloud-Lösung für das Unternehmen (etwa die Applikationen und den Betrieb). Damit wird es dem Anwender ermöglicht, in erhöhtem Maß von Skaleneffekten zu profitieren und so eine höhere Flexibilität zu erreichen.

Mittlerweile haben Cloud-Dienste unternehmenseigene Server-Infrastrukturen zumindest teilweise abgelöst. Gerade im Rahmen von Digitalisierungslösungen werden Anwendungen als Service in die Cloud ausgelagert, wobei mitunter ein hybrides Konzept verfolgt wird. Dabei werden Teile der Anwendungen in der privaten Cloud beziehungsweise Infrastruktur belassen und die anderen Teile in öffentliche Clouds verschoben.

Merke:

Transparente und maßgeschneiderte Cloud-Services tragen in vielen Fällen digitaler Transformation sicher dazu bei, bestimmte digitale Produkte zu realisieren sowie die Geschäftsprozesse von Unternehmen nachhaltig zu verbessern. So können die Unternehmen schneller und flexibler auf Veränderungen reagieren, was gerade bei digitalen Produkten und Services erfolgskritisch ist. Ergänzend kommt als Vorteil hinzu, dass Cloud-Dienste bedarfsgerecht skalierbar sowie Software-Updates zentral einspielbar sind und auch der Wartungsaufwand massiv gesenkt werden kann.

3.2.2 Vernetzungstechnologien und IoT sind digitale Treiber

Mit dem digitalen Zeitalter erfahren auch die Bereitstellungsmöglichkeiten von IT-Services und IT-Produkten gravierende Veränderungen, wobei sich zahlreiche Innovations- und Erweiterungspotenziale zeigen. So gibt es neben dem klassischen Server/Client-Betrieb beispielsweise nun auch mittels Vernetzung und Cloud Computing die Möglichkeit, einzelne Komponenten von Netzwerkressourcen sowie Storage-Leistungen bis hin zu kompletten virtuellen Servern „in der Wolke" bereitzustellen. Server-Landschaften, die klassischerweise im eigenen Unternehmen selbst betrieben werden, verlieren – zumindest in reiner Form – an Bedeutung.

Mittels moderner Vernetzungstechnologien – ausgehend von vielfältigen Möglichkeiten einer Verknüpfung von Daten, Systemen, Produkten, Maschinen und Menschen sowie dem Breitbandnetz – wird die Option eröffnet, in enormer Geschwindigkeit nahezu in Echtzeit auf Computerressourcen zuzugreifen.

Über spezifische Plattformen und entsprechende Dienste in der Cloud können die dahinterliegenden Ressourcen mittlerweile hochverfügbar und skalierbar erbracht werden. Gleichzeitig wird ein hohes Maß an Sicherheit und Zuverlässigkeit geboten. Vielfach werden Hybrid-Modelle gewählt, die es ermöglichen, einen effizienten Mischbetrieb von Komponenten im „eigenen Haus" (on premise) und in der Cloud zu realisieren.

Begünstigt oder ermöglicht werden zahlreiche digitale Anwendungen durch neue oder verbesserte **Vernetzungstechnologien.** Dazu zählen wachsende Netzbandbreiten, eine steigende Netzabdeckung durch Mobilfunk und WLAN sowie neue erschwingliche Übertragungstechniken und leistungsfähige Sensoren (IoT).

Spezifische Ausprägungen von IoT sind Smart Factories, Connected Consumer, Connected Smart Car oder etwa Smart Health/Smart Energy/Smart Cities. Dazu einige Beispiele:

- Alltagsgegenstände wie die Heizung oder das Licht im eigenen Haus können über das Internet mit einer App direkt aktiviert und gesteuert werden (Smart Home/Connected Consumer).
- Das Auto kann über Connect-Lösungen aus der Ferne gesteuert (Fernbedienung für ausgewählte Funktionen) und der Standort mittels einer App ausfindig gemacht werden (Connected Smart Car).

In Sachen Internet der Dinge sind Entwicklungstools, Security-Lösungen und Management Services zu entfernt stehenden Assets/Geräten weit verbreitete Investment-Felder. Die Angebote der IoT-Firmen sind primär sichere Konnektivität und Datenanalyse von IoT-Devices im Privat- und Unternehmenseinsatz. Produkte und Dienstleistungen für das Internet der Dinge sind etwa:

- Analytics Software für industrielle und kommerzielle IoT-Applikationen, unter anderem in den Bereichen Produktion, Healthcare und Einzelhandel
- Software zur Steuerung von IoT-Devices und Assets
- Sicherheitstechnologien für Unternehmen
- Bereitstellung smarter Sensoren/Aktoren
- Sensorplattformen, die jedes Device im öffentlichen Teil des Internets indexieren und es ermöglichen, Beziehungen zwischen diesen Devices herzustellen.

Ein gemeinsames Merkmal von IoT-Lösungen: Über Sensoren werden Daten aus der Umgebung erfasst, sie gelangen über die Cloud in eine Applikation, werden interpretiert und Entscheidungen werden gegebenenfalls automatisiert ausgelöst. Derartige intelligente Lösungen ermöglichen beispielsweise eine vollvernetzte Industrieproduktion oder IoT-unterstützte unternehmensübergreifende Supply-Chain-Prozesse. Die Einsatzgebiete für das Internet der Dinge werden immer breiter.

Welche IoT-Anwendungsszenarien zeichnen sich als nachhaltig ab? Auf ein solches Internet der Dinge steuern die industrialisierte Welt und viele Bereiche von Dienstleistungen bis hin zu privaten Anwendungen zu. Vernetzte Produkte für Smart-Home-Anwendungen, Wearables und Gadgets sind hier erste Anwendungsbeispiele der neuen Möglichkeiten. Durch die Nutzung neuer Möglichkeiten, etwa der Sensorik, mit dem IoT können Unternehmen letztlich ihre Produkte und Services sowie die Zusammenarbeit und ihre Geschäftsmodelle verbessern.

Merke:

Connectivity bedeutet im Rahmen von Digitalisierungslösungen bzw. IoT-Anwendungen, dass Computersysteme, Maschinen sowie Geräte des täglichen Lebens (Autos, Fahrstühle, Rolltreppen, Heizkörper, Waschmaschinen) durch Sensoren bzw. über Netzwerke miteinander verbunden werden können.
Dadurch ergeben sich sogenannte Maschine-zu-Maschine-Systeme sowie auch neue Geschäftsmodelle. Ermöglicht wird damit ebenfalls eine intelligente Vernetzung von Objekten via Internet und eine Echtzeitanalyse von bereitgestellten Daten.

3.2.3 Mobile Computing – flexible Nutzung digitaler Potenziale

Mobile IT-Systeme und mobil tätige Fach- und Führungskräfte sind aus der Unternehmenspraxis schon seit einiger Zeit nicht mehr wegzudenken. Viele Unternehmen haben bereits in den letzten Jahren mobile Systeme (Smartphones, Tablets, Notebooks) in einem gewissen Umfang den Fachbereichen bereitgestellt und dafür angepasste Lösungen realisiert. Im Rahmen vernetzter Digitalisierungslösungen ist eine erweiterte Ausstattung mit mobilen Systemen angesagt. Nur so können oft die erheblichen Vorteile von Echtzeitlösungen Nutzen stiften.

Deshalb muss die Unternehmensführung oder das IT-Management beim Umsetzen der digitalen Transformation gezielt darüber nachdenken, nicht nur die bisherigen mobilen Unterstützungssysteme zu optimieren, sondern dafür weitere Anwendungsbereiche zu erschließen und weiteren ausgewählten Mitarbeitern maßgeschneiderte mobile Systeme mit geeigneten Applikationen bereitzustellen. Darüber hinaus sind den mobilen Beschäftigten auch für bereits vorhandene mobile IT-Systeme zusätzliche oder neue digitale Applikationen zur Verfügung zu stellen.

Als Reaktion auf die rasanten Veränderungen in der Unternehmenskultur haben sich – mittlerweile auch durch die Digitalisierung bedingt – aus einfachem Mobile Device Management (MDM) sehr schnell komplexe Enterprise-Mobility-Management-(EMM-)Lösungen entwickelt.

Unter Beachtung der genannten Anforderungen lassen sich folgende besonderen Möglichkeiten unterscheiden, die effiziente EMM-Lösungen für die Praxis bieten:

- Ressourcenbereitstellung und Gewährleistung effizienter und sicherer Netzwerkzugriffe für die mobilen Lösungen
- Umfassendes App-Management der vom Unternehmen erworbenen Applikationen – inklusive Lebenszyklusmanagement: Beschaffung, Installation, Freigabe, Monitoring
- Maßgeschneiderter Support für die mobilen Lösungen sowie Bereitstellung von Angeboten zum Self Service

- Intelligentes Application Management auf den privaten und firmeneigenen Geräten
- Option zur Verwaltung ausgewählter Daten in der Cloud oder vor Ort über eine einzige Managementkonsole

Merke:

Als Folge der Herausforderungen und der neuen technologischen Möglichkeiten ist es in vielen Firmen nötig, die Herangehensweise an Enterprise Mobility als Folge digitaler Transformationen weiterzuentwickeln. Im Enterprise Mobility Management treten nun Aspekte wie die Entwicklung und Verwaltung von mobilen Apps, der mobile Zugriff auf Dateien und Dokumente sowie eine Verbesserung der Sicherheit bei mobiler Systemnutzung stärker in den Mittelpunkt.

3.2.4 Datengetriebene Digitalisierung – Big Data und Data Analytics

Das Management der Daten nimmt in Unternehmen einen hohen Stellenwert ein. Ein zeitgemäßes Datenmanagement ist wesentlich, um sich einerseits rechtlich abzusichern und andererseits die Daten auch konstruktiv und wertschöpfend nutzen zu können. Im Zentrum neuer datenbasierter Business-Modelle und vernetzter Produkte stehen Daten. Als Bindeglied zwischen Unternehmen und ihren Kunden spiegeln Daten einerseits nahezu die gesamten Wirtschafts- und Kundenbeziehungen wider und bilden andererseits den Ausgangspunkt für daraus resultierende neue digitale Lösungen. Daten sind letztlich so etwas wie das Schmiermittel der digitalen Transformation. Sie „beflügeln" Geschäftsmodelle und ermöglichen eine gezielte Ansprache von Kunden.

Die Digitalisierung verändert – wie zuvor bereits dargestellt – die Unternehmenswelt:

- Exponentiell wachsende Daten und Informationen bieten dank analytischer Tools und umfassender Auswertungsmöglichkeiten ein nahezu unbegrenztes Potenzial für neue Sichten auf die Kunden und die Produkte.
- Innovative Technologien ermöglichen effizientere Abläufe und produktivere Mitarbeiter sowie eine weitreichende Erfassung und Analyse unterschiedlichster Daten.
- Die wachsende Verflechtung von Geschäftsprozessen innerhalb und außerhalb der Unternehmensgrenzen beschleunigt das Geschäft als Ganzes.

Wesentliche Voraussetzung für das **Datenmanagement der Zukunft** sind klare Strukturierungen der vorhandenen Datenbestände. So lassen sich diese Daten für neue Geschäftsprodukte, Dienstleistungen und „Kundenerlebnisse" nutzen. Wichtig ist dabei auch eine umfassende Integration der Daten mit den relevanten Systemen, wie CRM, ERP und Marketingautomatisierung. Nur im Zusammenspiel ergeben sich nachhaltige Effizienzvorteile für das Unternehmen.

Data-Analytics- und BI-Lösungen der Zukunft müssen die Analyse von digitalen Prozessen und digitalen Geschäftsmodellen unterstützen. Ein ganz zentraler Aspekt ist dabei die

Anbindung an bzw. die Integration in die operativen Systeme. Dafür ist eine analytische Architektur erforderlich. Sie verbindet das Frontend, beispielsweise Sensoren, mit dem Backend, d. h. der Datenaufbereitung, und den verschiedenen analytischen Anwendungen, um entweder Verantwortlichen Handlungsempfehlungen zu geben oder um in einem regelbasierten Kreislauf eigenständig Maßnahmen zur Verbesserung der Abläufe am Frontend vorzunehmen.

Gleichzeitig gilt es, das mit den zuvor skizzierten Herausforderungen verbundene rasant wachsende Datenvolumen zu beherrschen. Unternehmen benötigen ein Datenmanagement, das den steigenden Anforderungen an die Absicherung und die datenschutzkonforme Bewirtschaftung eben jener Datenbestände gerecht wird. Hierzu gehört es, die Datenhoheit beziehungsweise Datensouveränität über die Daten zu behalten sowie gleichzeitig Agilität und Innovationskraft zu wahren.

Die Mehrzahl der digitalen Lösungen ist datengetrieben. Empirische Studien sowie zahlreiche Einsatzbeispiele zeigen dabei den vielfältigen Nutzen von Big Data in digitalen Einsatzgebieten. Wichtig ist dabei, dass mit den Big-Data-Technologien heute nicht nur strukturierte Daten, wie sie in klassischen Datenbanken vorzufinden sind, sondern auch unstrukturierte Daten, wie sie etwa von Sensoren, RFID-Tags, Smart-Metering-Systemen oder auch im Social Web erzeugt werden, für Geschäftsvorfälle nutzbar gemacht werden können.

Im Rahmen von Big-Data-Anwendungen geht es darum, die Fülle der Daten ganzheitlich zu sammeln und so zu bearbeiten, dass sich präzise Aussagen etwa zu Marktentwicklungen, Geschäftseinflüssen, Leistungsparametern und Kundeninteressen treffen lassen.

Durch die Zusammenführung von Daten sind mit Big Data vielfältige quantitative und qualitative Analysen realisierbar, die die Data-Services erheblich erweitern. Letztlich wird damit die Basis für Managementmaßnahmen geschaffen, die es Unternehmen ermöglicht, mittels digitaler Lösungen Vorteile im Wettbewerb zu erzielen. Ein Beispiel: Mithilfe von Big Data können im Marketing riesige Datenmengen analysiert werden, was Experten die Chance eröffnet, die Zielgruppen von Maßnahmen besser zu definieren sowie die angebotenen Produkte und Services gezielter auf vorhandene und neue Kunden abzustimmen.

Durch die umfassende Informationstransparenz werden mit Big Data wichtige Voraussetzungen für eine verbesserte Entscheidungsfindung im Unternehmen geschaffen: Mit Big Data kann da angesetzt werden, wo konventionelle Ansätze der Informationsverarbeitung an Grenzen stoßen. Gleichzeitig können einzelne Fachbereiche nun eine Flut zeitkritischer Informationen für die Entscheidungsvorbereitung erfolgreich bewältigen.

Festzuhalten ist: Big Data stellt umfassende Optionen zur Datensammlung und Datenanalyse für Digitalisierungslösungen bereit. Neu ist im Rahmen der Digitalisierung etwa die Integration von Funktionen aus den Bereichen Künstliche Intelligenz und Machine Learning, die Analysetechniken erheblich verbessern können. Somit heben drei Faktoren Big Data auf ein völlig neues Niveau:

- die Fülle an strukturierten und unstrukturierten Daten, die auf Auswertung warten,
- eine rasant angewachsene Rechenpower, auf die jedes Unternehmen Zugriff hat sowie
- die Vielzahl leistungsfähiger Tools zur Datenanalyse.

3.2.5 Innovative Anwendungsformen digitaler Transformation – KI, AR/VR, Blockchain

Analog zu den Technologieprognosen von Gartner aus dem Jahr 2017 sollen folgende Technologien, denen im Rahmen der digitalen Transformation eine hohe Bedeutung zugemessen wird, hier herausgestellt und kurz erläutert werden:

- KI bzw. Machine Learning
- Augmented Reality und Virtual Reality
- Blockchain

KI und Machine Learning

Künstliche Intelligenz (KI) besteht aus neuesten Technologien, durch die Maschinen wahrnehmen, verstehen, handeln und lernen können. KI wird in den nächsten Jahren wesentliche Innovationen hervorbringen: zum Beispiel beim autonomen Auto, im E-Commerce mit Chatbots oder in Sachen Business Intelligence, Kundenverhaltensanalyse und medizinische Forschung.

Künstliche Intelligenz wird aber die menschliche Arbeitskraft nicht ersetzen, sondern Lernbereitschaft und Fähigkeiten zur Übernahme neuer Rollen einfordern. Nichts wird jemals die Bedeutung menschlicher Kreativität, Empathie und Innovation ersetzen. Aber Tools und Plattformen für Machine Learning und KI werden immer einfacher zu nutzen sein und dadurch auch immer tiefer in Prozesse eingreifen. Cloud-Ressourcen werden für das Training dieser Algorithmen immer bedeutsamer. Beide Technologien werden einen großen Einfluss auf die Zukunft von Arbeit und Sicherheit haben.

Entsprechende Plattformen (wie etwa Azure) bieten bereits umfassende KI-Dienste, die genutzt werden können. Beispiele sind:

- **Spracherkennung:** Die Spracherkennung, sogenannte Speech-Dienste (auch als Sprache-zu-Text bezeichnet), ermöglicht die Echtzeittranskription von Audiostreams in Text.
- **Sprachübersetzung:** Die Sprachübersetzung ermöglicht eine Übersetzung von Audiostreams in Sprache oder Text in Echtzeit.
- **Sprechererkennung:** Bei den Sprechererkennungs-APIs handelt es sich um cloudbasierte APIs, die Algorithmen zur Sprecherüberprüfung und Sprecheridentifikation bereitstellen.
- **Textanalyse:** Die Textanalyse-API ist ein cloudbasierter Dienst für die erweiterte Verarbeitung natürlicher Sprache aus unformatiertem Text.
- **Text-zu-Sprache:** Text-zu-Sprache ist ein cloudbasierter Dienst, der es Anwendungen, Tools oder Geräten ermöglicht, Text in natürliche, menschenähnliche, synthetisierte Sprache zu konvertieren.
- **Gesichtserkennung:** Eine Gesichtserkennungs-API ist ein Cloud-Dienst, über den Algorithmen zum Erkennen und Analysieren von menschlichen Gesichtern in Bildern bereitgestellt werden.

Das Erkennen gesprochener Sprache und das Kategorisieren von Bildern waren bislang Aufgaben, die Menschen vorbehalten waren. Andererseits bieten sich gewaltige Chancen, etwa wenn in der Medizin 3D-Aufnahmen eines Tumors bis ins letzte Detail analysiert und so Auffälligkeiten frühzeitig entdeckt werden können.

Die Top-Ziele von KI sind höhere Effizienz, optimierter Personaleinsatz, Umsatzsteigerung und mehr Analytics für eine bessere Kundenansprache.

Blockchain

Technisch gesehen handelt es sich bei der Blockchain um eine dezentrale Datenbank, die in einem **Peer-to-Peer-Netzwerk von Computern** verteilt ist. Als Merkmal ist dabei festzuhalten, dass dieses System von keinem Beteiligten bzw. keinem „externen" Angreifer mehrheitlich zu kontrollieren ist. Somit lässt es sich auch nicht manipulieren oder „hacken". In diesem Netzwerk können Parteien an einer Blockchain-basierenden Lösung teilhaben, so sie den Regeln dieser Blockchain folgen.

Mit der besonders disruptiven Blockchain-Technologie werden sichere, direkte Transaktionen im weltweiten Web ohne Einbindung von Intermediären möglich. Dabei kann es sich bei den Objekten, die transferiert werden, beispielsweise um Verträge, Testamente, Transportpapiere oder Finanztransaktionen handeln.

Ein oft genanntes Anwendungsbeispiel für die Blockchain-Technologie ist eine Kfz-Versicherung, die mit Autofahrern tarifliche Regeln vereinbart, die kontextsensitiv sind und etwa abhängig vom Fahrverhalten unterschiedliche Tarife berechnen (sogenannte „Smart Contracts"). Das Fahrverhalten wird dann über die Blockchain analysiert, die Beiträge ändern sich ständig je nach Fahrstil. Vorsichtige Fahrer werden belohnt, risikobereite Fahrer zur Kasse gebeten. Solche „Smart Contracts", deren Einhaltung nicht von bestimmten Akteuren überwacht werden muss, sind in vielen Branchen und Nutzungsszenarien denkbar.

Fazit: Die Blockchain könnte irgendwann dafür sorgen, dass sich Lieferanten und Konsumenten direkt und für jedermann nachvollziehbar im Netz verbinden, ohne dass ein dritter Partner (etwa für Finanztransaktionen) nötig ist.

Augmented Reality und Virtual Reality

Die Option **Augmented Reality (AR)** – eine computergestützte Erweiterung dessen, wie Menschen die reale Welt wahrnehmen – gewinnt mit Aufkommen der digitalen Transformation an Bedeutung. Anwendungen stehen zwar nach wie vor am Anfang, aber mittlerweile investieren einige Unternehmen in AR-Techniken, die Mitbewerber beachten sollten. Beispielsweise bietet eine Baumarktkette für Heimwerker eine App „Project Color" an, die es Heimwerkern ermöglicht, ihre Wohnung in einer anderen Farbe „kennenzulernen". Sobald Sie mit der Kamera des mobilen Geräts auf eine Raumwand in einem Gebäude oder einer Wohnung zeigen, erscheint nach Auswahl einer Farbe diese Wand im ausgewählten Anstrich, Gegenstände wie Lampen, Regale oder Schränke werden erkannt und nicht übermalt. Verbunden damit kann dann eine Produktbestellung unmittelbar unter Berücksichtigung der Aufmaße aufgegeben werden.

Bei **Virtual Reality (VR)** geht es um die täuschend echte Darstellung einer rein virtuellen interaktiven Umgebung. Der User taucht in eine neue Welt ein (Immersion), mit der er interagieren kann. In dieser Welt sieht er qualitativ hochwertige 3D-Bilder und kann sich, etwa ausgestattet mit einer VR-Brille, ohne Verzögerungen in 360 Grad umsehen.

3.3 Digitalisierungsstrategien entwickeln und umsetzen

Nahezu alle Unternehmen und Dienstleistungsorganisationen müssen sich – wie in den vorhergehenden Kapiteln dargestellt – den Herausforderungen der Digitalisierung umfassend stellen und mehr oder weniger disruptive Veränderungen ihrer Geschäfts- und Arbeitsfelder vornehmen. Dabei stellt sich unweigerlich die Frage, wie das Thema Digitalisierung systematisch angegangen werden kann. Ohne eine **Digitalisierungsstrategie** und eine dazu notwendige „Business- und Digitalisierungs-Health-Analyse" wird es – da sind sich alle Experten und Studien einig – nicht gehen.

In so gut wie jedem Unternehmen wurden mittlerweile Digitalisierungsinitiativen gestartet. Schnell stellt sich die Frage, ob diese strategisch in die richtige Richtung laufen, ob sie sich nicht überschneiden und ob diese nicht durch zentral entwickelte Ansätze ergänzt werden sollten. Soll die Initiative für eine Transformationsstrategie eher vom Top-Management kommen oder soll dieses nur den Rahmen setzen? Auch muss die Frage beantwortet werden, wer eigentlich den digitalen Wandel eines Unternehmens steuert (vgl. auch Hess, Thomas: Digitale Transformation strategisch steuern; 2019).

Sind die Grundentscheidungen bzgl. der Verantwortlichkeiten getroffen, bedarf es der Entscheidung zu folgenden Fragen:

- Welches Vorgehensmodell wird bezüglich der Strategieentwicklung gewählt?
- Wie sieht die Teambildung für die Vereinbarung der Strategie aus?
- Welche Instrumente stehen zur Verfügung bzw. sollten gewählt werden, um zu einer Digitalisierungsstrategie zu gelangen?

Ein mögliches Vorgehensmodell zur Entwicklung eine Digitalisierungsstrategie zeigt Bild 3.4.

Bezüglich der Teambildung sind als typische („gesetzte") Mitglieder folgende Initiatoren und Promotoren aus dem Unternehmen zu nennen:

- Business-Analysten bzw. Fachkoordinatoren
- Enterprise- und IT-Architekten (Solution- und Systemarchitekten etc.) sowie
- IT-Verantwortliche für ausgewählte Domänen
- Stakeholder aus den Fachbereichen

Darüber hinaus kommen HR-Experten bzw. Marketing- und Vertriebsverantwortliche, Vertreter der Belegschaft, externe Experten (Consultants, Startups) als ergänzende Mitglieder in Betracht.

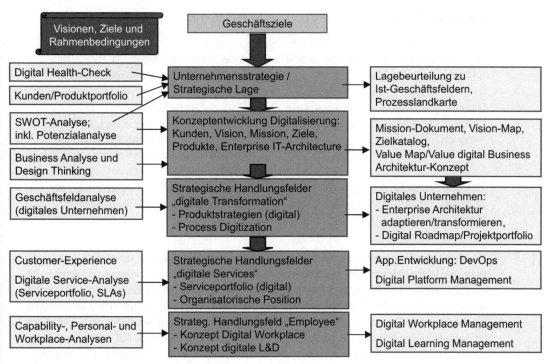

Bild 3.4 Vorgehensmodell zur Entwicklung einer Digitalisierungsstrategie

3.3.1 Strategische Lagebeurteilung und Business-Analyse

Um zu abgestimmten Vereinbarungen für die Umsetzung der digitalen Transformation im Unternehmen zu gelangen, ist zunächst eine ausgewogene strategische Lagebeurteilung unerlässlich. Dabei muss seitens der Geschäftsführung in Verbindung mit den Fachbereichen, den übergreifenden Management-Handlungsfeldern (z. B. Organisation und Prozessmanagement, IT-Management) eingeschätzt werden, wie das Kundenprofil unter dem Aspekt der neuen Möglichkeiten der Digitalisierung einzuordnen ist und welche digitalen Produkte oder IT-Services künftig angeboten werden sollen und müssen.

Ausgehend von der Unternehmenssituation gilt es eine systematische Lagebeurteilung vorzunehmen. Tabelle 3.1 zeigt die dabei sich anbietenden Handlungsebenen sowie mögliche Ergebnisse.

Tabelle 3.1 Strategische Lagebeurteilung (Handlungsebenen und Ergebnisse)

Handlungsebenen/Methoden	Mögliche Ergebnisse
Digitales Leistungs- und Kundenportfolio erheben, Service-Analyse	Kundenportfolio mit Auswertungen zu den Anforderungen an Produkte und Services, Ist-Serviceportfolio und Anforderungskataloge für künftige Services

(Fortsetzung nächste Seite)

Tabelle 3.1 Strategische Lagebeurteilung (Handlungsebenen und Ergebnisse) *(Fortsetzung)*

Handlungsebenen/Methoden	Mögliche Ergebnisse
Business-Analyse: Geschäftsfelder, Geschäftsprozesse, Capability Map	Ist-Geschäftsfeld-Abbildung, Ist-Prozesslandkarten und Wertschöpfungsketten, Business Capability Map
Digitaler Health-Check (mittels Fragebogen, Kriterien-Checklisten), Digitalisierungspotenzialanalysen	Ermittelte digitale Reifegrade (für Geschäftsmodelle, Geschäftsprozesse etc.), Auswertungen der Digital-Health-Analyse; Handlungsentwürfe für die Ausschöpfung von Digitalisierungspotenzialen
Stärken/Schwächen bzw. Risiko/Chancen analysieren (SWOT-Analyse-Technik), Wettbewerbsanalysen	Chancen bzw. Digitalisierungspotenziale mit ersten Maßnahmenempfehlungen gemäß SWOT-Tableau

Kundenanforderungen und Leistungs-/Kundenportfolio: Um die strategische Ausrichtung der Digitalisierung für ein Unternehmen entwickeln und präzisieren zu können, ist ein Blick auf das Leistungs- und Kundenportfolio der Business-Bereiche sowie die Ableitung der wesentlichen Erfolgsbedingungen für das Erbringen von hochwertigen Dienstleistungen für die digitalen Transformationsprozesse in der jeweiligen Branche erforderlich. Vor allem ist daraufhin der bisherige Produkt- und Servicekatalog im Hinblick auf ergänzende oder veränderte digitale Produkte und Services fortzuschreiben und bei Bedarf neu aufzusetzen.

Geschäftsfeldanalyse: Um die Digitalisierungspotenziale für das Geschäft des Unternehmens zu erkennen, ist es vor allem nötig, die aktuellen Geschäftsfelder zu überprüfen und die künftige Geschäftsausrichtung festzulegen. Das gilt im Prinzip für Unternehmen aller Branchen. Im Rahmen von gezielten Interviews/Befragungen mit der Unternehmensführung sowie Innovations-Workshops sind die zentralen Parameter für die zu entwickelnde Digitalisierungsstrategie zu ermitteln und zu dokumentieren. Wichtige Fragen, die adressiert und beantwortet werden sollten, sind beispielsweise:

- Wie wird die künftige Geschäftsentwicklung des Unternehmens unter den Möglichkeiten der Digitalisierung eingeschätzt?
- Welches sind die Hauptgeschäftsfelder unseres Unternehmens? Kann das existierende Geschäftsmodell weiterbestehen, wird es obsolet oder bedarf es grundlegender Veränderungen?
- Welche Anforderungen haben meine „Connected Customer" heute und wie können sie gezielter durch digitale Produkte bedient werden?
- Welche neuen Geschäftsfelder und Geschäftsprozesse bieten ein Wachstumspotenzial durch Entwicklung und Implementierung von digitalen Produkten?
- Welche aktuellen Herausforderungen sowie rechtlichen Regularien sind für die Digitalisierungslösungen des Unternehmens zu beachten?

Wettbewerbsanalyse: Die Branchen- und Wettbewerbstrends können im Regelfall durch externe Quellen wie zum Beispiel Branchenberichte von Analysten oder Industrieverbänden angereichert werden. So kann ein möglichst vollständiges Bild erstellt werden, das für das Festlegen der Digitalisierungsstrategie außerordentlich wichtig sein kann.

Situationsanalysen: Sie liefern ergänzend eine umfassende Sicht der IT-Situation im Unternehmen – insbesondere aus fachlicher und technischer Sicht. Dabei sollte der erreichte Stand skizziert, eine Standortbestimmung vorgenommen und der Handlungsbedarf aus Sicht der Fachbereiche/der Tochterunternehmen für die Bewältigung der erkannten Digitalisierungsherausforderungen aufgezeigt werden.

Besondere Bedeutung kommt der **SWOT-Analyse** zu. Aus den identifizierten Stärken und Schwächen bzw. Risiken und Chancen lassen sich sehr gut Maßnahmen und notwendige digitale Projekte ableiten. Handlungsbedarf ergibt sich aus dem Ausbau von Stärken, dem Abbau von Schwächen, dem Nutzen von Chancen sowie dem Bekämpfen von Risiken; und zwar jeweils im Hinblick auf digitale Produkte und Leistungen, Digitalisierungsprozesse sowie das einzusetzende IT-Personal.

> **Praxistipp**
>
> Wichtige Unterstützung leisten dabei bewährte und neue Analysemethoden wie die Business-Analyse (mit Geschäftsfeld- und Prozessanalysen), digitale Produkt- und Service- sowie die SWOT-Analyse. Speziell für das Ermitteln der Digitalisierungspotenziale haben Organisationen heute ein Digital-Health-Check-Verfahren etabliert.

3.3.2 Digitalisierungslösungen konzipieren

Für das Entwickeln neuer Geschäftsmodelle und von Digitalisierungspotenzialen (etwa zu den Geschäftsprozessen und zu den Kundenmerkmalen) gilt es, zunächst die wesentlichen Innovations- und Erfolgsmotoren zu identifizieren. Um auf der Basis der Analyseergebnisse zu den Digitalisierungspotenzialen der jeweiligen Organisation zu gelangen, können die strategischen Zielsetzungen präzisiert, Analysen zur IT-Organisation vorgenommen und schließlich Technologie- und Applikationstrends zur Digitalisierung eingeschätzt werden.

Ausgehend von den Ergebnissen der systematischen Lagebeurteilung kann eine Grundposition vorgenommen werden und können erste Digitalisierungslösungen zu den Geschäftsfeldern (Produkten, Services), Geschäftsmodellen sowie zu den Prozessen und zur erneuerten Kundenorientierung entwickelt werden. Tabelle 3.2 zeigt die sich dabei anbietenden Handlungsebenen sowie mögliche Ergebnisse.

Tabelle 3.2 Konzeptentwicklung: Digitalisierungslösungen konzipieren

Handlungsebenen/Methoden	Mögliche Ergebnisse
Strategische Positionierung: Digitale Mission/Vision und Ziele der Digitalisierung entwickeln/vereinbaren	Mission-Dokument, digitale Vision-Map, Zielkatalog „Digitalisierung"
Digitale Geschäftsfelder/Geschäftsmodelle entwickeln und vereinbaren	Digitale Ideenskizzen (innovative Geschäftsfelder und Produkte), Geschäftsmodell-Abbildungen (Soll)

(Fortsetzung nächste Seite)

Tabelle 3.2 Konzeptentwicklung: Digitalisierungslösungen konzipieren *(Fortsetzung)*

Handlungsebenen/Methoden	Mögliche Ergebnisse
Geschäftsprozesse neu ausrichten (Prozessdesign etc.) und stärker digitalisieren und automatisieren	Soll-Geschäftsprozesse (mit erhöhtem Digitalisierungs-, Automations- und Integrationsgrad), KPIs zur Prozessmessung bzw. Prozesssimulationen
Kundenorientierung digital verstärken	Customer Journey analysieren und weiterentwickeln, Kundenschnittstellen (Channels) optimieren

Wichtige Ausgangspunkte und Handlungsnotwendigkeiten für eine **grundlegende strategische Positionsbestimmung** zur Digitalisierung im Unternehmen sind:

- Analysieren der Anforderungen der Kunden und Stakeholder des Unternehmens im Hinblick auf eine zunehmende Ausschöpfung von Digitalisierungspotenzialen,
- Dokumentieren der Mission zur Digitalisierung,
- Formulieren und ggf. Aktualisieren der Digitalvision,
- Formulieren und Vereinbaren von strategischen Zielsetzungen (digital scope) für die digitalen Transformationsaktivitäten sowie
- Formulieren des Wertbeitrags durch Nutzung der vielfältigen Digitalisierungspotenziale.

Grundsätzlich ist eine **schrittweise Entwicklung** einer Mission und von Visionen sowie der strategischen digitalen Ziele empfehlenswert. Den Zusammenhang zum Vorgehen zeigt Bild 3.5.

Bild 3.5 Digitale Mission/Vision und Ziele der Digitalisierung stufenweise entwickeln/vereinbaren

In einer **Mission** wird dargelegt, was eine organisatorische Einheit als ihre übergeordnete Aufgabe ansieht bzw. warum es sie gibt und in welchen Bereichen sie tätig sein soll. Zugleich ist die Mission die Anerkennung der Verpflichtung oder einer Organisation gegenüber ihren Stakeholdern und ihrem Umfeld. Im Einzelnen kann die digitale Mission anhand folgender Fragestellungen erarbeitet werden:

- Wofür steht die digitale Unit bzw. welchen Sinn und welches Selbstverständnis vermittelt das Agieren des Bereichs?
- Welche Qualitäten und Werte waren in der Vergangenheit im täglichen Denken und Handeln entscheidend, die auch in Zukunft für uns wichtig sind bzw. noch zusätzlich wichtig werden?
- Wie kann das Leitbild für den Bereich formuliert und kommuniziert werden?
- Welche zentralen Werte sollen künftig im Mittelpunkt des Handelns stehen?

Beachten Sie: Analog zur unternehmensweiten Mission sollte die **digitale Mission** auch die Gründe darlegen, warum etwa eine digitale Unit im Unternehmen (bzw. innerhalb der IT-Organisation) existiert. Ergänzend ist festzulegen, unter welchen Wertmaßstäben die digitalen Transformationen realisiert und kontinuierlich umgesetzt werden.

Im Rahmen des **Visioning** ist zu vereinbaren, wohin sich das Unternehmen im Rahmen der digitalen Transformation bewegen möchte. Ergebnis des Visionen-Entwicklungsprozesses sollten dokumentierte Überlegungen sein, die Formulierungen einer umsetzbaren Vision unter Berücksichtigung späterer Ausbaustufen enthalten. Dazu gehören die Darlegung der Rahmenbedingungen, einprägsame Visionsgrundsätze für den Bereich sowie eine Vision-Map (etwa unter Berücksichtigung einer Zeitachse oder in Form einer Mindmap).

Beachten Sie:

Ein erster Schritt sollte auch sein, das richtige Bewusstsein im Unternehmen zu schaffen. Das kann beispielsweise durch Digital Bootcamps erreicht werden, in denen Mitarbeitern anhand eingängiger Beispiele die Grundmechanismen der Digitalisierung demonstriert werden – wie Plattformdenken oder sich selbst verstärkende Netzwerkeffekte. Zu Beginn gilt es, eine Digitalvision mit klaren strategischen Zielen zu formulieren, an der sich alle entstehenden Ideen und Geschäftsansätze messen lassen.

3.3.3 Strategische Handlungsfelder für die digitale Transformation vereinbaren

Ergebnis einer Digitalisierungsstrategie sollte eine klare Vereinbarung der strategischen Handlungsfelder für die digitale Transformation sein. Dabei sind auch strategische Teilkonzepte zu Organisations-, Personal-, Service- und Sourcing-Fragen zu konkretisieren. Tabelle 3.3 zeigt die sich dabei anbietenden Handlungsebenen sowie mögliche Ergebnisse.

Tabelle 3.3 Strategische Handlungsfelder für die digitale Transformation vereinbaren

Handlungsebenen/Methoden	Mögliche Ergebnisse
Enterprise-/IT-Architecture Transformation: Technologiefestlegungen und Implementierungen	Bereitzustellende Plattformen; digitale Plattformstrategie für Cloud, Big Data und IoT
Produktlebenszyklusmanagement für digitale Produkte etablieren	Einordnung der vorhandenen bzw. der geplanten digitalen Produkte im Hinblick auf die Zukunftsfähigkeit bzw. den Zeitplan der Nutzung
Digitale Services definieren und Qualität der Serviceerbringung vereinbaren	Strategisches Serviceportfolio, SLAs
Datenstrategien/Cloud-Strategien	Data-Excellenz-Initiative aufsetzen; Einführung von Cloud-Technologien und -Plattformen
Neue digitale Initiativen entfalten	Digitale Ideenskizzen (Produkte, Disruptionsfelder), Geschäftsmodell-Abbildungen (Soll); etwa mit Canvas, Customer Journey analysieren und weiterentwickeln, Kundenschnittstellen (Channels) optimieren

Empfehlungen zu den Enterprise- bzw. IT-Architekturen (Architekturkonzept für die Digitalisierung)

Ein wesentlicher Planungsbereich betrifft die Enterprise-Architekturen des Unternehmens, wobei sich eine grafische Darstellung der aktuellen Enterprise-Architektur (ein sogenanntes Big Picture) als Ausgangspunkt anbietet. Es umfasst die Bereiche IT-Infrastrukturen, Anwendungen (digitale Applikationen) sowie Geschäftsfunktionen/Geschäftsprozesse des jeweiligen Unternehmens in ihrem Zusammenhang. Damit werden das Management der gesamten Unternehmens-IT-Landschaft wesentlich erleichtert, Potenziale für die Digitalisierung gezielt erkannt und die Effizienz der IT insgesamt signifikant erhöht.

Die digitalen Bebauungspläne geben dann an, wie zurzeit (Ist-Architektur) oder wie zukünftig (Soll-Architektur) die digitale Bebauungslandschaft aussieht bzw. aussehen soll. Ein wichtiger Grundsatz bezüglich Digitalisierung: Bestehende IT-Architekturen (und damit verbundene Systeme) müssen „entrümpelt" werden, auch und gerade weil sie mit hohem Aufwand beschafft, entwickelt und betrieben werden.

Produkt-Lebenszyklusmanagement für digitale Produkte etablieren

Offenen Schnittstellen (APIs) und DevOps gehört die Zukunft, weshalb ein professionelles Produkt-Lebenszyklusmanagement für IT-Systeme und digitale Produkte wesentlich ist.

Unter API (für Application Programming Interfaces) werden standardisierte Programmierschnittstellen verstanden. Sie ermöglichen es Entwicklern von Digitalisierungslösungen, ihre Lösungen unter Nutzung der von anderen Organisationen bereitgestellten Anwendungen (Apps) und Daten zu verbinden. So lassen sich damit Daten austauschen und gegebenenfalls ganze Services abrufen. Ein Beispiel dafür ist das disruptive Geschäftsmodell des Fahrdienstes Uber, der mit seiner Taxi-App etwa auf das Kartenmaterial von MapKit und

GoogleMaps, sowie bezüglich der Zahlungsabwicklung auf die App von Braintree zurückgreift.

Unter dem Begriff „DevOps" werden methodische Ansätze und Tools zusammengefasst (Dev für Development; Ops für Operations), die die agile Entwicklung und den Betrieb von Digitalisierungslösungen intelligent miteinander verzahnen. Wesentliche Voraussetzung für ein Gelingen dieser Verknüpfung ist die Organisation einer effizienten und vertrauensvollen Zusammenarbeit von Entwicklern, Test-Engineers sowie Systemadministratoren. Darüber hinaus wird angestrebt, eine umfassende Dokumentation und Automatisierung der integrierten Prozesse zu realisieren sowie möglichst ein Live-Monitoring der Prozessqualität zu ermöglichen.

Digitale IT-Servicestrategien

Die Geschäftsaktivitäten und Geschäftsprozesse lassen sich nur dann erfolgreich realisieren, wenn die dazu nötigen IT-Applikationen und IT-Infrastrukturen störungs- und problemfrei arbeiten sowie eine adäquate Funktionalität und Usability aufweisen. Um dies sicherzustellen, ergibt sich in der Praxis ein wachsender Bedarf an leistungsfähigen IT-Services.

Aus strategischer Sicht ist zunächst eine Entscheidung über das IT-Serviceportfolio und dessen Entwicklung bzw. das damit verbundene SLA-Management wichtig. Außerdem gilt es über die IT-Serviceprozesse, die einen reibungslosen Betrieb der IT-Systeme gewährleisten sollen, Entscheidungen zu treffen, die optimierte Lösungen ermöglichen.

Besonderes Augenmerk soll bei der Planung der IT-Servicestrategie hier zum einen auf die Berücksichtigung der Betriebsanforderungen bei der Konzeption sowie auf die sorgfältige Übergabe von angeschlossenen Entwicklungen an den technischen Betrieb gelegt werden.

Als weitere Maßnahmen zur Förderung der Kundenorientierung kann im Rahmen strategischer Überlegungen geprüft werden, inwieweit ein Service-Level-Management gegenüber den internen IT-Kunden aufgebaut bzw. optimiert werden kann. Unter Umständen stellt sich auch die Frage, inwieweit ein Kundenmarketing auf- und ausgebaut werden kann. Erfahrungen aus anderen Unternehmen zeigen, dass es hilfreich sein kann, wenn die Kommunikation der IT-Organisation zu den Kunden (hier der Fachbereiche) gezielt initiiert und gesteuert wird.

Bezüglich der IT-Servicestrategie wird neben dem Aufbau bzw. der Fortschreibung eines IT-Produkt- und Servicekatalogs insbesondere auch die Ausrichtung und grundsätzliche Vorgehensweise auf dem Weg zu einer ITIL-konformen IT-Organisation empfohlen. Für eine IT-Service-Strategie muss es das Ziel sein, die IT-Organisation bestmöglich an den Zielen Ihres Unternehmens auszurichten, die Kunden der IT-Organisation zu identifizieren sowie festzulegen, wie die IT-Services an die Kunden geliefert werden. Darüber hinaus wird angeraten, im Rahmen einer Strategieentwicklung auch die Formen für die Erbringung der IT-Services zu vereinbaren.

Cloud-Strategie

Längst hat Cloud Computing die Art und Weise komplett verändert, wie Unternehmen in der heutigen Welt agieren. Es geht dabei nicht nur um die technologischen Einflüsse, sondern auch um die Geschäftsauswirkungen, die mit der Technologie einhergehen. Begründen lässt sich diese Entwicklung sehr einfach, denn die Cloud bietet Unternehmen neben einem innovativen Beschaffungsmodell auch eine hohe Geschwindigkeit und Agilität bei der Verfügbarkeit der Unternehmens-IT.

Die Einführung von Cloud-Technologien und -Plattformen ist mittlerweile zu einer wichtigen Geschäftsanforderung geworden und hat damit sowohl für das Business als auch für die IT-Seite eine hohe Priorität in To-do-Listen für strategische Aktivitäten. Führungskräften ist bewusst, dass sich eine digitale Strategie, die in der Regel auf der Cloud basiert, nur mit einer klar definierten Roadmap zum Leben erwecken lässt.

Im Rahmen der Cloud-Strategie sollte ein strategischer Plan entwickelt werden, welcher die Möglichkeiten des Einsatzes von Cloud-Plattformen sowohl aus Entwicklungs-, Deployment- und Service-Sicht als auch aus Sicht von Geschäftsprozessen beurteilt und bewertet.

Die Lösung ist das Beste aus zwei Welten: die Hybrid-Multi-Cloud. Geschäftskritische Daten liegen in der firmeneigenen, privaten Cloud. Preissensible Massenanwendungen für mobile Kollaboration, Kommunikation und einfachen E-Commerce liegen in der Public Cloud oder stehen als nutzerfreundliche Web-Anwendung für die schnelle Interaktion bereit. Diese Szenarien bergen jedoch weitreichende Herausforderungen für Performance und Sicherheit. Und die IT muss beides garantieren, auch wenn ihr Workload bedingt durch die Flut an Endgeräten bzw. durch das Internet of Things ohnehin weiter zunimmt.

Personalstrategie/Capability-Management

Für eine erfolgreiche Digitalisierung von Unternehmen fehlt es in Deutschland nicht selten an Mitarbeitern mit den notwendigen Skills. Die Beschreibung der Personalstrategie innerhalb der IT und der Fachbereiche (Qualifikation der einzelnen Beschäftigten, Weiterbildungskonzepte, Laufbahnen) enthält Aussagen zur strategischen Personalplanung, durch die sichergestellt werden kann, dass qualifiziertes IT-Personal sowie digitale Experten in ausreichender Menge zur Verfügung stehen, um allen künftigen Aufgaben aufgrund der neuen digitalen Herausforderungen in hohem Maße gerecht zu werden.

Außerdem wird empfohlen, ein umfassendes Transformationsprogramm aufzusetzen, um Mitarbeiter mit den passenden Fähigkeiten und Kompetenzen zu aktivieren oder zu rekrutieren sowie Partner- und Technologiekonzepte festzulegen. Wichtig ist dabei auch ein aktives Talentmanagement zur Stärkung der „Digital Skills". Bezüglich der Skills empfiehlt sich in jedem Fall eine offenere Herangehensweise an das Thema mittels Partnerschaften mit Universitäten und Startups sowie eine Kollaboration über Unternehmensgrenzen hinweg, bei der Partner gemeinsam neue Geschäftsmodelle entwickeln. Besonders spezielle Ausbildungsprogramme, Digital Bootcamps, Mentoring oder der Aufbau von Digital Think Tanks tragen zur Optimierung der digitalen Organisation bei.

Digitale Risikopolitik und Compliance-Strategie

Aufgrund des KonTraG (Gesetz zur Kontrolle und Transparenz im Unternehmensbereich) ist die Unternehmensleitung verpflichtet, geeignete Maßnahmen zu treffen, insbesondere ein Überwachungssystem einzurichten, damit den Fortbestand der Gesellschaft gefährdende Entwicklungen frühzeitig erkannt werden. Selbst wenn ein unternehmensweites allgemeines Risikomanagement etabliert ist, fehlt vielfach die spezifische Berücksichtigung der Risiken, die in den digitalen Produkten und Prozessen, den IT-Systemen und in den Digitalisierungsprojekten liegen. Durch die zunehmenden Regulierungsvorgaben sowie eine stetig wachsende Zahl von Projekten bzw. der höheren Komplexität der IT-Systeme ist davon auszugehen, dass Digitalisierungsrisiken in vielen Organisationen verstärkt in den Blickpunkt genommen werden müssen. Wesentlich ist deshalb aus strategischer Sicht zunehmend, ein eigenständiges Risikomanagementsystem für das Management digitaler Prozesse und digitaler Lösungen zu entwickeln und zu implementieren. Aufbau und Weiterentwicklung dieses Handlungsfelds sind im Strategiedokument zu fixieren.

Neue digitale Initiativen entfalten

Im Rahmen einer (mindestens jährlich) fortzuschreibenden Digitalisierungsstrategie gilt es auch immer wieder neue digitale Initiativen zu entfalten und zu dokumentieren. Dabei kann auch die Einrichtung bzw. der Aufbau sogenannter Digital Labs (Innovation Labs) wesentlich sein. Diese orientieren sich an Erfahrungen der Startup-Szene und werden mitunter als „unternehmensinterne Denkfabriken" bezeichnet, in denen kreative Freiräume für unternehmensinterne Mitarbeiterteams geschaffen werden. Zusammengesetzt aus kreativen Mitarbeitern, die aus unterschiedlichen Unternehmensbereichen kommen (etwa IT-Architekten, Anwendungsentwickler, Produktdesigner), sollen hier – unbelastet von zentralen Unternehmenszwängen – Ideen für neue Geschäftsmodelle und innovative digitale Produkte entwickelt werden, die für die Zukunftsfähigkeit des Unternehmens erfolgreich genutzt werden können.

3.3.4 Roadmap, Masterplanung und Digital Change entwickeln

Nach Vereinbarung der strategischen Konzepte und der Ausrichtung in den verschiedenen Handlungsfeldern ist die agile Umsetzung der strategischen Überlegungen des Unternehmens gezielt in Angriff zu nehmen. Hier gilt es zunächst, die digitalen Roadmaps umzusetzen, die Klarheit bezüglich der vorhandenen und künftigen Investitionen in digitale Produkte und Prozesse schaffen. Dies sollte zentraler Bestandteil der Entscheidungen zur Umsetzung der strategischen Überlegungen sein. Dadurch können sich die Unternehmen auf das Wesentliche konzentrieren und so gezielt auf die enormen Chancen vorbereiten, die die Digitalisierung bietet.

Tabelle 3.4 zeigt die sich dabei anbietenden Handlungsebenen sowie mögliche Ergebnisse.

Tabelle 3.4 Roadmap, Masterplanung und Betrieb von Digitalisierungslösungen

Handlungsebenen/Methoden	Mögliche Ergebnisse
Masterplanung für die digitale Transformation	Digitaler Masterplan Strategisches Projekt-/Serviceportfolio
Digital Product Roadmap entwickeln	Product-Roadmaps (für digitale Produkte)
Digital Platform Management	Verschiedene Plattformen (mobile Systeme, Big Data, Social Connectivity, IoT etc.) spielen eine zentrale Rolle für die Digitalisierung. Unternehmen müssen diese Plattformen nutzen. Ggf. sind eigene Plattformen zu entwickeln und zu betreiben.

Empfohlen wird, dass Unternehmen ihre digitalen Geschäftsmodelle konsequent nach einem strukturierten **Masterplan** aufbauen und in Projekten umsetzen:

- Das Umsetzen des digitalen Masterplans bedarf einer ganzheitlichen Managementunterstützung für alle Entwickler- und Implementationsteams.
- Wichtig ist darüber hinaus, dass die Unternehmensführung eine digitale Innovationskultur über alle Unternehmensbereiche hinweg fördert. Schlagworte wie Digital Leadership oder Digital Empowerment kennzeichnen die Richtung, in die es gehen muss.
- Führungsverantwortlichkeiten und -rollen können dafür sorgen, dass die nötigen Leadership-Skills vorhanden sind und ein Entrepreneur-Geist entsteht.

Notwendig ist die Dokumentation der Vorhabensplanung in einem digitalen Masterplan. Dieser beschreibt im Wesentlichen die **Digitalisierungsprojekte**, die in den nächsten Jahren umgesetzt werden sollen. Neben einem Projektportfolio empfiehlt es sich, eine Masterplan-Grafik zu entwickeln, die die Informationssysteme oder Projekte auf einer Zeitachse abbildet, um so die Weiterentwicklung der IT-Landschaft oder der digitalen Produkte und Verfahren im Zeitverlauf zu illustrieren, sodass auch potenzielle Abhängigkeiten zwischen den einzelnen Digitalisierungsprojekten identifiziert werden.

Mittels einer sogenannten Digital Leadership sollen entsprechende Veränderungen in der Unternehmenskultur, im Verhalten der Mitarbeiter, aber auch im öffentlichen Auftreten von Mitarbeitern und Managern initiiert und realisiert werden. Dies kann etwa durch das Schaffen von „kreativen Inseln" im Unternehmen ermöglicht werden, wobei aber auch wesentlich ist, dass sich diese nicht zu weit vom restlichen Unternehmen entfernen, sondern dieses mit den digitalen Innovationen „infizieren" müssen.

Grundsätzlich besteht Einverständnis darüber, dass vernetzte Kommunikation, bereichsübergreifendes Denken und das Auflösen von Hierarchieebenen als wesentliche Erfolgselemente einer Unternehmenskultur gelten, die die digitale Transformation erfolgreich befördern können.

Bezüglich der Entwicklung einer Roadmap zur digitalen Transformation von Geschäftsmodellen empfiehlt sich eine Orientierung an dem folgenden 5-Phasen-Modell (vgl. Schallmo, D.; Reinhart, J.; Kuntz, E. (2018): Digitale Transformation von Geschäftsmodellen erfolgreich gestalten):

1. **Digitale Realität skizzieren:** Ausgehend vom Verständnis der bestehenden Geschäftsmodelle gilt es zunächst die Wertschöpfungsketten des Unternehmens (bezogen auf die Geschäftsfelder) zu analysieren und darauf bezogen die Kundenanforderungen zu definieren.
2. **Digitale Ambitionen/Ziele bestimmen:** Die mit der digitalen Transformation angestrebten Ziele sind möglichst smart zu formulieren und zu vereinbaren. Sie geben eine Orientierung für die Auswahl der geeigneten Optionen sowie für eine Bewertung der auszuwählenden Maßnahmen bzw. der erreichten Ergebnisse.
3. **Digitale Potenziale benennen:** Die verschiedenen Möglichkeiten der Geschäftsmodellgestaltung sind zu identifizieren und konkret zu benennen. Dies muss durch Identifikation von vergleichbaren Best Practices erfolgen oder durch die Kommunikation und Prüfung geeigneter Enabler (digitaler Technologien).
4. **Digitale Fit-Analyse:** Die identifizierten Optionen für die potenziellen neuen Geschäftsmodelle sind einer Bewertung zu unterziehen, wobei insbesondere die Ziele sowie die Kundenanforderungen als Kriterien einbezogen werden.

5. **Implementierung:** Es wird – aufgrund der Ergebnisse der digitalen Fit-Analyse – ein finales Geschäftsmodell definiert, zu dem ein entsprechender Implementierungsplan erstellt wird.

Beachten Sie:

Eine Fixierung der strategischen Überlegungen (mit integrierter Masterplanung und Roadmap) ist heute für nahezu alle Unternehmen und Dienstleistungsorganisationen wesentlich, um die richtigen Entscheidungen und Handlungen für eine Unternehmens- und IT-Steuerung (Planung und Steuerung der digitalen Produkte und Services) der Organisation zu gewährleisten.

■ 3.4 Digital Business und Innovation – Geschäftsmodelle, Geschäftsprozesse, Kundenzentrierung

Welche Aktionsfelder stehen in der Praxis der digitalen Transformation im Mittelpunkt? Folgende wesentliche Optionen, bei denen sich das IT-Management bzw. Enterprise-IT-Architekten, Innovationsmanager und Business-Analysten einbringen müssen, werden beschrieben:

- Innovationsförderung und Durchführung von Technologie- und Trendanalysen
- Digitale Geschäftsmodelle entwickeln und implementieren
- Geschäftsprozesse digitalisieren (inkl. automatisieren)
- Kundenschnittstelle mit digitalen Technologien optimieren

3.4.1 Innovative Technologien und Trends analysieren

Möchte das IT-Management mit Innovationskraft und Leidenschaft einen Wertbeitrag für die erfolgreiche digitale Transformation in der Praxis leisten, dann bedarf es gleichzeitig systematischer Technologie- und Trendanalysen sowie einer Schaffung entsprechender Rahmenbedingungen (Innovationskultur).

Mit Hilfe des sog. Technologie-Radars (einer bewährten Technology-Foresight-Methodik und Plattform) können die Potenziale intelligenter Technologien für die eigene Organisation frühzeitig gezielt identifiziert werden. Toolgestützt ermöglicht der „Technologie-Radar" ein kontinuierliches Monitoring zur Beobachtung neuer Technologien und IT-Trends, so dass Innovationsentscheidungen zuverlässig getroffen werden können. Damit werden letztlich die „richtigen" digitalen Projekte initiiert und umgesetzt. Innovationsfördernde Instrumente wie Assessments, Roadmapping sowie IT-Portfolios runden den Anwendungskontext ab. Im Einzelnen haben sich folgende Phasen bewährt:

- Technologieidentifikation (durch systematisches „Aufspüren" der Trends/Technologien und Verankerung in einem Technologie-Radar)
- Auswahl der in Betracht kommenden Technologien (Vorauswahl durch Expertengremien, Clusterbezug)
- Detailbewertung von Technologien und Trends (nach ausgewählten Kriterien)
- Strategische Planungen, Maßnahmen und Investitionsentscheidungen
- Kommunikation/Verbreitung in der Organisation (Reports, Innovation Guide)

 Erfolgreiche Lösungen (mit intelligenten Technologien) bei den Kunden (Fachbereichen) zeitnah zu etablieren, erfordert die Organisation und Sicherstellung eines zukunftsfähigen Innovationsmanagements für den IT-Bereich sowie eine Weiterentwicklung der strategischen Planung und Steuerung der Unternehmens-IT mit entsprechenden Konsequenzen für ein integriertes IT-Portfoliomanagement (digitale Projekte und Business IT-Services). Permanente Technologie- und Trendanalysen schaffen dafür die wichtigen Voraussetzungen.

3.4.2 Digitale Geschäftsmodelle entwickeln und implementieren

Als Folge der Globalisierung und Digitalisierung verändern sich – darauf wurde bereits hingewiesen – zahlreiche Märkte mit zunehmender Geschwindigkeit. Auch etablierte Unternehmen, die bereits seit Jahrzehnten erfolgreich in ihren Märkten agieren, müssen nun ihr Geschäftsmodell (bzw. ihre Geschäftsmodelle) hinterfragen und sich stetig an aktuelle Markterfordernisse anpassen. Letztlich entscheidet die Fähigkeit, notwendige Disruptionen frühzeitig zu erkennen, das eigene Geschäftsmodell anzupassen, zu optimieren oder sogar neu zu erfinden, mehr denn je auch über die Wettbewerbsfähigkeit des Unternehmens. Nur so ist ein Fortbestand des Unternehmens in der Zukunft zu gewährleisten.

Bestimmte Geschäftsmodelle sind ohne IT und digitale Technologien überhaupt nicht umsetzbar, etwa Cloud-Angebote, soziale Netzwerke, Multimediaportale oder der Onlinehandel. Andererseits entstehen durch Hinzufügen von IT zu etablierten Produkten und Geschäftsmodellen vollkommen neue Konstruktionen. IT ist damit oftmals sowohl Prozessunterstützung als auch Service und Produktbestandteil.

Zunächst eine Definition: Mit einem **Geschäftsmodell** wird in der Praxis das Grundprinzip beschrieben, nach dem eine Organisation Werte schafft, vermittelt und erfasst. Die Entwicklung digitaler Angebote und Geschäftsmodelle gilt für manche als die Königsdisziplin der Digitalisierung.

Um Unternehmen bei der Entwicklung und Realisierung innovativer Geschäftsmodelle zu unterstützen, wurde der **St. Galler Business Model Navigator (kurz BMN)** entwickelt. Dieses von Oliver Gassmann, Karolin Frankenberger und Michaela Czsik entwickelte Modell geht davon aus, dass durch die Beantwortung von vier Kernfragen die verschiedenen Dimensionen eines Geschäftsmodells abbildbar sind.

Folgende vier **Kernfragen** sind zu beantworten:

- **Wer sind unsere Zielkunden?** Festzustellen sind insbesondere die spezifischen Bedürfnisse sowie mögliche Probleme der Kunden.
- **Was bieten wir den Kunden an?** Welches Nutzenversprechen können wir geben? Was bieten wir dem Zielkunden konkret an und welche Leistungen könnten ihm von Nutzen sein?
- **Wie stellen wir die Leistung her?** Welche Prozesse und Aktivitäten brauchen wir innerhalb der Wertschöpfungskette, um dem Zielkunden das Nutzenversprechen anbieten zu können.
- **Wie wird Wert erzielt?** Welche Ertragsmechanik, welche Kostenstruktur und Umsatzmechanismen nutzen wir, um das Geschäftsmodell finanziell überlebensfähig zu machen?

Über die vier genannten Dimensionen lässt sich demnach jedes Geschäftsmodell beschreiben. Verändern sich mindestens zwei davon, handelt es sich um eine Geschäftsmodellinnovation. Dabei ist es entscheidend, dass jeder Geschäftsmodellinnovation sowohl die Generierung als auch das Abschöpfen von Wert zugrunde liegen. Denn viele Innovatoren konzentrieren sich primär darauf, Wert für Kunden zu schaffen, und versagen darin, den geschaffenen Wert für sich nutzbar zu machen.

Das wesentliche **Framework zur systematischen Geschäftsmodellentwicklung** in diesem Kontext – das Business-Modell *Canvas* (A. Osterwalder) – umfasst neun Bausteine, die in Tabelle 3.5 aufgeführt und erläutert werden.

Tabelle 3.5 Modell Canvas (Bausteine)

Bausteine Canvas	Erläuterungen/Hinweise
Kundensegmente (Customer Segments, CS)	Festzulegen sind die Kundensegmente, die mit dem Geschäftsmodell angesprochen werden.
Wertangebote (Value Propositions, VP)	Es wird versucht, anhand von Wertangeboten Kundenprobleme zu lösen und die Kundenbedürfnisse zu befriedigen.
Kanäle (Channels, CH)	Wertangebote werden den Kunden durch Kommunikations-, Distributions- und Verkaufskanäle unterbreitet. Die Optionen müssen identifiziert und dem Geschäftsmodell zugeordnet werden.
Kundenbeziehungen (Customer Relationship, CR)	Mit jedem Kundensegment werden Kundenbeziehungen hergestellt und gepflegt. Diese sind zu skizzieren.
Einnahmequellen (Revenue Streams, RS)	Werden den Kunden Wertangebote erfolgreich vermittelt, sind positive Einnahmequellen die Folge. Denkbare Einnahmevarianten sind Abomodelle oder einmaliger Kaufpreis.
Schlüsselressourcen (Key Resources, KR)	Schlüsselressourcen sind die Güter, die zum Anbieten und Bereitstellen der zuvor beschriebenen Elemente erforderlich sind.
Schlüsselaktivitäten (Key Activities, KA)	Es sind die Schlüsselaktivitäten anzugeben, die ausgeführt werden müssen.
Schlüsselpartnerschaften (Key Partnerships, KP)	Manche Aktivitäten werden ausgelagert und manche Ressourcen werden außerhalb des Unternehmens beschafft.

(Fortsetzung nächste Seite)

Tabelle 3.5 Modell Canvas (Bausteine) *(Fortsetzung)*

Bausteine Canvas	Erläuterungen/Hinweise
Kostenstruktur (Cost Structure, CS)	Die Geschäftsmodellelemente resultieren in der Kostenstruktur, die es festzustellen und zu dokumentieren gilt. Dabei lassen sich vor allem Kosten für den Aufbau und Betrieb einer digitalen Plattform sowie für den Aufbau eines unternehmensspezifischen Ökosystems identifizieren.

3.4.3 Geschäftsprozesse digitalisieren

Die **Umstellung vorhandener Geschäftsprozesse auf eine digitale Basis** gilt für Unternehmen aus vielen Branchen als eine herausragende Möglichkeit zur Geschäftsprozessoptimierung. Einerseits können so Kostenpotenziale aufgrund weltweiter Vernetzung und der Unterstützung durch IT-Systeme voll ausgeschöpft werden. Andererseits ist die Digitalisierung auch auf der Vertriebsseite unabdingbar, um den sich verändernden Kundenanforderungen und Markttrends gerecht zu werden.

Geschäftsprozesse sind das Herzstück jedes Unternehmens, da mit ihnen die Wertschöpfung direkt realisiert oder indirekt unterstützt wird. Geschäftsprozesse

- dienen dem Erreichen der Geschäftsziele und werden durch IT unterstützt,
- enthalten eine Funktions- und stellenübergreifende Folge von Arbeitsschritten (einzelne Schritte = Geschäftsaktivitäten) zur Erreichung eines geplanten Arbeitsergebnisses,
- dienen der Erfüllung der Anforderungen/Erwartungen der internen/externen Kunden.

Ein Prozess kann letztlich als eine Abfolge logischer Aktivitäten gesehen werden, bei dem der Input zu einem Output transferiert wird. Beispiele sind etwa Produktions-, Beschaffungs-, Logistik- und Vertriebsprozesse. Dabei ist die Digitalisierung von Geschäftsprozessen niemals Selbstzweck, das heißt, es muss immer ein betriebswirtschaftlicher Nutzen existieren (Business Case).

Prozessmanagement als Ausgangspunkt der Prozessdigitalisierung

Digitalisierung von Geschäftsprozessen ist der Disziplin des Prozessmanagements (bzw. der Geschäftsprozessoptimierung) untergeordnet. **Prozessmanagement** kann als ein Konzept verstanden werden, das planerische, organisatorische und kontrollierende Maßnahmen umfasst, um Prozesse eines Unternehmens hinsichtlich Qualität, Zeit, Kosten und Kundenzufriedenheit zielorientiert planen und steuern zu können. Der Prozess selbst stellt sich dabei als eine Gesamtheit von integrierten Tätigkeiten dar, mit denen ein Produkt hervorgebracht und/oder eine Dienstleistung bereitgestellt wird. Im Regelfall handelt es sich um eine Folge von wiederholt ablaufenden Aktivitäten mit messbarer Eingabe, messbarer Wertschöpfung und messbarer Ausgabe.

Einen Überblick über die Handlungsfelder im Prozessmanagement gibt Bild 3.6.

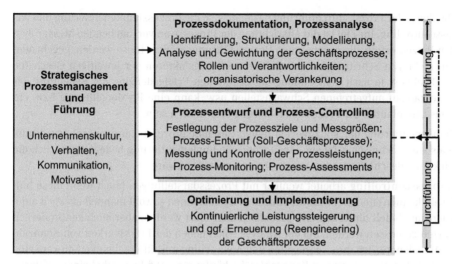

Bild 3.6 Strategische und operative Aufgaben des Geschäftsprozessmanagements im Überblick

Auf der strategischen Ebene (hier strategisches BPM genannt) werden die Geschäftsfelder eines Unternehmens einschließlich der hier wirksamen kritischen Erfolgsfaktoren betrachtet. Auf der darunter liegenden fachlich-konzeptionellen Ebene werden die Prozesse im Rahmen des Prozessmanagements abgeleitet. Im Rahmen des strategischen Geschäftsprozessmanagements unterstützen dokumentierte und kommunizierte Geschäftsprozesse das Management bei der Identifikation der geschäftskritischen Kernprozesse sowie der Definition relevanter Kennzahlen und fördern darüber hinaus die Etablierung einer allgemeinen Prozessorientierung innerhalb der Belegschaft.

Beachten Sie: Das Prozessmanagement bildet die Verbindung zur Unternehmensplanung auf der strategischen Ebene, während das Workflow-Management aus der Perspektive der darunter liegenden operativen Durchführungsebene die Anwendungssystem- und Organisationsgestaltung einbindet.

Der **Prozessentwurf** umfasst die Phasen der Prozessabgrenzung, Prozessmodellierung, Prozessanalyse und den Entwurf der Soll-Prozesse. Diese Phase schließt sowohl die genaue Erfassung des Ist-Zustands im Unternehmen als auch die Konzeption verbesserter Abläufe ein und wird daher sowohl durch die Dokumentation des aktuellen Stands als auch durch die Simulation möglicher Alternativen erleichtert. Die Prozessabgrenzung beschreibt die Prozessentstehung. Ausgehend von den Geschäftsfeldern und strategisch orientierten Spezifikationen wie Produktsortiment, kritische Erfolgsfaktoren usw. sind in einem schrittweisen Vorgehen Prozesskandidaten für jedes Geschäftsfeld abzuleiten, zu bewerten und schließlich die zu modellierenden und zu implementierenden Prozesse auszuwählen. Die IT-gestützte Analyse findet zwar in erster Linie im Controlling statt, kann aber unter Umständen auch zu diesem Zeitpunkt schon sinnvoll sein.

In der **Prozessmodellierung** geht es darum, Realitätsausschnitte aus einem Geschäftsfeld unter einer fachlich-konzeptionellen Perspektive in einem Geschäftsprozess abzubilden. Abhängig von den strategischen Zielen eines Unternehmens wird dabei z. B. eine völlige Neugestaltung von Abläufen oder eine weitergehende Automatisierung bestehender Prozesse angestrebt.

Auf die Phase der Prozessdurchführung beziehen sich die Prozessimplementierung und das Prozesscontrolling. Ihr Ziel ist die Ausrichtung der Prozesse an vorzugebenden Messgrößen für den Prozesserfolg, die sogenannten Prozessführungsgrößen. Diese werden, gegebenenfalls in mehreren Schritten, aus den kritischen Erfolgsfaktoren der jeweiligen Geschäftsfelder abgeleitet. Je nach dem Umfang der ermittelten Erfolgsdefizite, der Bedeutung der im Projektablauf aufgetretenen Schwachstellen usw. kann eine Re-Modellierung bzw. ein erneutes Durchlaufen der Prozessmodellierung erforderlich sein.

Die Implementierung der konzipierten neuen Geschäftsprozesse kann sowohl organisatorisch als auch technisch erfolgen. Eine technische Implementierung bedeutet natürlich die Entwicklung, Beschaffung oder Anpassung geeigneter Software.

Das **Prozesscontrolling** arbeitet weniger mit Prozessdarstellungen (auch wenn diese hilfreich sein können) und mehr mit Kennzahlen. Diese können sowohl manuell als auch automatisiert im Modell hinterlegt und periodisch analysiert werden, aber auch kontinuierlich in Echtzeit gemessen werden. Bei der Analyse spielt neben der Erfassbarkeit von Kennzahlen im Modell natürlich ihre Aggregation und Auswertung mithilfe geeigneter Software eine Rolle. Die Echtzeitmessung von Kennzahlen ist häufig ein „Abfallprodukt" einer erfolgreichen Automatisierung von Geschäftsprozessen.

Beachten Sie:

Das Management der Geschäftsprozesse, also die Planung, Steuerung und Kontrolle der Prozessausführung, ist eine etablierte Aufgabe und in vielen Unternehmen ein zentrales Thema, das über Erfolg und Misserfolg mitentscheidet. Bezüglich der Handlungsbereiche können strategische, taktische und operative Handlungsfelder unterschieden werden.

Um nun eine Digitalisierung von Geschäftsprozessen vorzunehmen, kann folgendes Vorgehen im Rahmen von **Projektumsetzungen** empfohlen werden:

1. Identifikation und Einordnung der zu digitalisierenden Geschäftsprozesse (im Rahmen einer Prozesslandkarte)
2. Darstellung der Ist-Prozesse (als Wertschöpfungskette sowie als RACI-Tabelle, ergänzend als BPMN-Diagramm); Durchführung von Prozessanalysen
3. Identifikation der Digitalisierungs- und Automatisierungspotenziale und Formulierung der Zielsetzungen durch die digitale Transformation
4. Prüfung der Möglichkeiten zur Ausgestaltung der Digitalisierung/Automatisierung
5. Beschreibung und Dokumentation der (neuen) digitalisierten Prozesse
6. Empfehlungen zum Change-Management/Systemeinführung

Mit dem ersten Schritt der Einordnung der zu digitalisierenden Geschäftsprozesse im Rahmen einer Prozesslandkarte ergibt sich eine Transparenz zu den Unternehmensprozessen (Überblicksfunktion für alle Beteiligten im Unternehmen) sowie ein Kommunikations- und Organisationsinstrument zur Optimierung und Steuerung der Unternehmensprozesse.

In einem nächsten Schritt gilt es, die Ist-Prozesse so zu dokumentieren, dass sich daraus Konsequenzen für die Digitalisierung und Automatisierung erkennen lassen. Bewährt haben sich in dieser Phase die Abbildung als Wertschöpfungskette sowie eine RACI-Tabelle (R = Responsible, A = Accountable, C = Consulted, I = Informed) zur Spezifikation der den Prozessschritten zugeordneten Rollen.

Bezüglich der Prüfung der Möglichkeiten der Digitalisierung (Schritt 4) kann festgestellt werden, dass ein Effizienzgewinn durch optimierte Geschäftsprozesse mit den unterschiedlichen Stellschrauben wie Automatisierung („Elektrifizierung"), datengetriebene Prozesse, Mensch-Maschine- und Maschine-Maschine-Kommunikation, Machine Learning, Self-Service-Portale und Smart-Vernetzung erreichbar ist (vgl. Hanschke, S. 5).

Als ein Instrument zur Prüfung hat sich das in Bild 3.7 gezeigte Referenzmodell von Appelfeller und Feldmann bewährt.

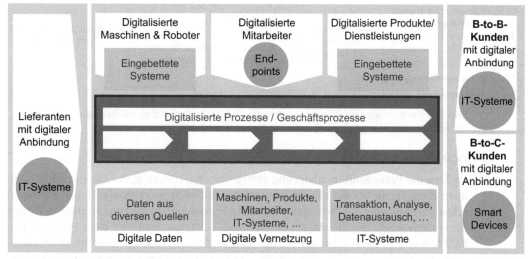

Bild 3.7 Referenzmodell mit Ankerpunkten zur Prozessdigitalisierung
[Quelle: modifiziert nach Appelfeller, W.; Feldmann, C. (2018), Seite 4]

Für eine **Digitalisierung von Geschäftsprozessen** lassen sich unter Beachtung des Referenzmodells die verschiedene Optionen (Bild 3.8) unterscheiden (u. a. abhängig davon, welche Technologie dabei zum Einsatz kommt bzw. welche Prozesslogik und welche Datenstruktur gegeben ist).

Prozesslogik / Datenstruktur	Regelbasiert Workflow-Regeln, einfacher Entscheidungsbaum	Komplexe Regeln Entscheidungsbaum mit großer Anzahl von Parametern und Ausgängen	Kognitiv rein kognitive Aktivitäten, z.B. Reaktion auf Kundenbeschwerden
strukturiert (digital) z.B.: Datenbanken, Informationen in IT-Systemen	Systemautomatisierung/RPA z.B. digitale Antragsverarbeitung	KI (Machine Learning) z.B. Online-Kreditanträge	Mensch z.B. Verstehen von statistischen Daten
unstrukturiert mit Muster (digital oder Papier) z.B.: Rechnungen, Antragsformulare	OCR z.B. Papier-Antragsverarbeitung	OCR + KI (Machine Learning) z.B. papierbasierte Kreditanträge	Mensch z.B. Review von strukturierten Feedback-Bögen
unstrukturiert ohne Muster (digital, Papier oder Sprache) z.B. Freitext-Emails, Anrufe, Bilder	OCR + KI (NLP) z.B. einfache Supportanfragen (Schadenstatus)	OCR + KI (NLP, Machine Learning) / Mensch z.B. komplexere Support-Anrufe (Schadenmeldung)	Mensch z.B. Anrufe von Kunden mit Feedback

▓ Geringe Automatisierungskomplexität
☐ Hohe Automatisierungskomplexität

Bild 3.8 Technologien zur Prozessdigitalisierung – Entscheidungshilfen auf Basis vorhandener Datenstruktur und Prozesslogik [Quelle: Thomas Üblacker]

OCR, ECM und Prozessdigitalisierung

Im Kern der **Prozessautomatisierung** stehen Software-Lösungen, die Arbeitsabläufe automatisieren. Sie dienen der aktiven Steuerung arbeitsteiliger Prozesse und der technologischen Unterstützung des Prozessmanagements. Prozessautomatisierung betrifft die Abfolge der einzelnen Schritte, die einen Arbeitsprozess umfassen, zwei oder mehr Personen einbeziehen und die Aktivitäten der Organisation koordinieren. Geeignet für die Automatisierung sind Prozesse mit vielen Beteiligten, mit hohem Abstimmungsbedarf und vielen Medienbrüchen sowie Workflows, die dezentral und häufig durchlaufen werden.

Die hier skizzierte Beispiellösung nimmt Bezug auf Prozesse der Schadensverarbeitung in Versicherungen. Sie ermöglicht die Optimierung von Prozessen, gerade in Bereichen wie der Hausrat- und Wohngebäudeversicherung, in denen Automatisierung bisher wenig verbreitet ist. Voraussetzung für die Digitalisierung ist eine Analyse der bestehenden Abläufe/Prozesse und Regelwerke im jeweiligen Prozess (hier Schadenmanagement). So lassen sich Chancen für die Automatisierung mit traditionellen **OCR**-Erfassungstechnologien und/oder Prozessautomation mit Robotik (**RPA**) und Künstlicher Intelligenz (**KI**) identifizieren.

Dadurch können viele Aufgaben automatisiert werden, die bisher manuell von Sachbearbeitern durchgeführt werden. Dazu gehören die Vertragsprüfung, die Prüfung auf Vorschäden, die Plausibilitätsprüfung der Schadenereignisse und die Suche nach kosteneffizienten Ersatzoptionen (z. B. durch die Neuwertermittlung von elektronischen Haushaltsgegenständen). Auch Spezialfälle (z. B. komplexe technische Berichte) oder die abschließende Validierung von Rückerstattungen werden von den Schadenexperten mit Zugriff auf die Vorfallakte abgeschlossen.

In Kombination mit Document Management Services bietet eine Solution/Automatisierungslösung für die Schadenbearbeitung einen umfassenden Service, der hilft, auch saisonale Spitzen zu bewältigen. Bei der Erhebung und Interpretation von Kundendaten, beim Umgang mit Ausnahmen oder bei der Validierung von Forderungen stellen Solutions sicher, dass alle für die Bearbeitung der Forderung notwendigen Informationen korrekt sind und für die abschließende Entscheidung zur Verfügung stehen.

RPA und Prozessdigitalisierung

Eine Option zur Prozessdigitalisierung ist – so auch im Beispielfall – die RPA-Technologie (RPA = Robotic Process Automation). Es handelt sich dabei um eine Softwaretechnologie, die Front- und Backoffice-Prozesse automatisiert durchführt sowie imitiert, wie Menschen ihren Computer bedienen, Anwendungen nutzen und Prozesse durchführen. Vorteil: Durch das Nachahmen von Benutzereingaben entfällt das aufwendige Programmieren einer Anwendungsschnittstelle.

RPA emuliert wiederkehrende Tätigkeiten in bestehenden Eingabemasken von IT-Systemen. RPA greift nicht in die bestehenden Systeme oder die IT-Infrastruktur eines Unternehmens ein. Veränderungen in den Anwendungen werden nicht vorgenommen. Dies hat den Vorteil, dass kein kostspieliges Investment zur Anpassung der Software erfolgen muss.

Letztendlich eignen sich für eine Automatisierung durch RPA alle strukturierten Prozesse, die immer wiederkehrenden Regeln und klaren Handlungsanweisungen folgen. Typische RPA-Anwendungsszenarien sind:

- Bearbeitung von Bestellungen und Kundenanfragen,
- Realisierung von Datenübertragungen,
- Abrechnungen,
- Änderungen der Stammdaten, Formulareingaben,
- Kundendatenpflege,
- Statusmeldungen und Versandbenachrichtigungen,
- Beschwerdemanagement,
- Antragsbearbeitung.

In der Regel handelt es sich dabei um repetitive Routinevorgänge wie das Verschieben von Dateien und Ordnern, das Kopieren, Einfügen und Vergleichen von Daten, das Ausfüllen von Formularen oder das Extrahieren strukturierter und halbstrukturierter Daten aus Dokumenten. Der Software-Roboter ahmt das Verhalten eines menschlichen Nutzers nach. Dazu loggt er sich in verschiedene Anwendungen ein und führt die bisher von Mitarbeitern durchgeführten Aufgaben aus.

Zu beachten ist, dass Software-Roboter mithilfe von Experten aufgesetzt werden und anhand eines festgelegten Prozess-Workflows arbeiten. Sie verfügen daher nur über so viel Intelligenz, wie es die im Workflow festgelegten Regeln zulassen.

Ein abschließendes **Beispiel,** wie unter Beachtung der zuvor skizzierten Phasen ein digitalisierter Prozess entsteht, zeigt Bild 3.9.

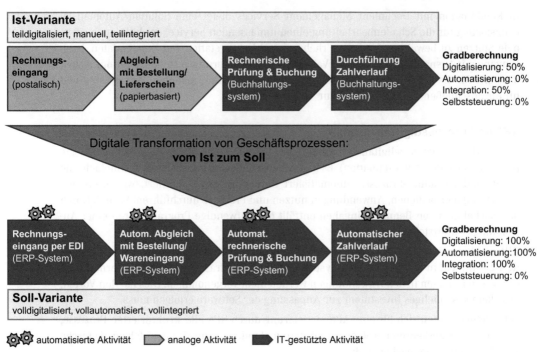

Bild 3.9 Beispiellösung: Digitalisierungsgrade am Beispiel Eingangsrechnungsverarbeitung [Quelle: modifiziert nach Appelfeller, W.; Feldmann, C. (2018), Seite 34]

> **Beachten Sie:**
>
> Das Hauptziel der Digitalisierung von Prozessen besteht darin, die Prozesse in ihrer Effizienz oder Wertschöpfung zu steigern. Voraussetzung für eine Automatisierung/Digitalisierung ist eine Prozessidentifikation bzw. Prozessoptimierung. Das grundsätzliche Schnittmuster, resultierend aus Prozessmodell und Prozesskatalog, ist bis zur Hauptprozessebene vorgegeben.

3.4.4 Kundenschnittstelle mit digitalen Technologien optimieren

Die **Rolle des Kunden** hat **im digitalen Zeitalter** für die erfolgreiche Umsetzung neuer digitaler Geschäftsmodelle und bei der Optimierung der Geschäftsprozesse sowie für den Erfolg von Unternehmen insgesamt an Bedeutung gewonnen:

- Der Kunde zählt neben dem Personal des Unternehmens und den Lieferanten zu den wichtigsten Akteuren der digitalen Transformation.
- Die digitale Kundenintegration bei Produktentwicklung, Beratung, Kauf und After-Sales-Service ist in vielen Branchen bereits weit fortgeschritten.
- Die Interaktion mit dem Kunden gewinnt bei Kaufprozessen – von der ersten Wahrnehmung des Leistungsangebots bis zum After-Sales-Service – eine hohe Relevanz.

Grundsätzlich kommt es immer darauf an, durch Nutzung digitaler Technologien Kauferlebnisse zu schaffen (**Customer-Experience-Sichtweise**) und so die Kundenbindung zu steigern. Mittels eines digital gestützten Customer Relationship Management und ausgeprägter Data-Analytics-Systeme gelingt vielfach eine 360-Grad-Sichtweise auf den Kunden.

Notwendige Grundsätze moderner Kundenorientierung (um Kundenbindung mittels digitaler Technologien/Kanäle zu intensivieren) sind:

- Kundenorientierung muss im gesamten Unternehmen „durchgängig" etabliert werden. Dabei ist die Konzentration auf Kundenzufriedenheit (mittels Umfragen „erfragbar") sowie auf die Sicherstellung durchgängiger Serviceerfahrung verbreitet.
- Kunden bedürfen in der heutigen Zeit einer immer stärkeren individuellen Ansprache. Durch ein Personalisieren der Kundenansprache und das Schaffen von Kundenerlebnissen mittels digitaler Technologien (Bots etc.) kann es gelingen, mehr Kunden zu wirklichen „Fürsprechern" der Produkte machen.
- Unternehmen müssen Wissen über ihre Kunden datengestützt aufbauen, kontinuierlich pflegen und im Sinne einer 360-Grad-Sicht systematisch ausbauen. Das bedeutet, dass konsistente und umfassende Erkenntnisse über alle Kunden und über alle Touchpoints und Kanäle hinweg zu gewinnen sind. Auf diese Weise lassen sich vielfach intensive Kundenerlebnisse realisieren.
- Marketing- und Vertriebsleitung sollten als Entscheidungsträger bei der Auswahl und dem Einsatz digitaler Technologien an der Kundenschnittstelle intensiv beteiligt werden. Dies ermöglicht es, Wettbewerbsvorteile gegenüber Mitbewerbern zu erzielen.

Nahezu allen Unternehmen ist heute klar, dass sie ihre Geschäftsmodelle, Prozesse und Kundenbeziehungen digitalisieren müssen, um zukunftsfähig zu bleiben. Obwohl jede Branche spezifisch gefordert ist, stehen alle vor der Herausforderung, ihre **Customer Relations** zu digitalisieren – etwa durch personalisierte Marketing- und Vertriebsmaßnahmen, den Aufbau von Social-Web-Aktivitäten und Self-Service-Mechanismen sowie den Einsatz von Portalen, die Umsetzung von Multi-Channel-Strategien und vielem mehr.

Der digitale Wandel gibt dem Konsumenten mehr Macht, mehr Informationen und mehr Auswahl. Folglich gilt die **kundenzentrierte Customer Experience** als eine der wichtigsten Aufgaben innerhalb aller Marketingaktivitäten. Zu beachten ist, dass im Kaufprozess von der ersten Wahrnehmung des Leistungsangebots bis zum After-Sales-Service eine optimale Interaktion des jeweiligen Unternehmens mit dem Kunden notwendig ist. Grundlage für entsprechende Maßnahmen sind Customer-Journey Ansätze sowie Tools für ein automatisiertes Marketing zur Nachfragegenerierung und E-Mail-Marketing, Datenverwaltung in der Cloud und die Nutzung von Analysefunktionen im Digital Business (Big Data).

Drei typische **Maßnahmen,** um mittels Digitalisierung einen Wandel im Kundenerlebnis zu ermöglichen:

- Der Kunde steht im Mittelpunkt jeder digitalen Interaktion. Dabei kommt der Beachtung aller Touchpoints und Kanäle zu den Kunden eine besondere Bedeutung zu.
- Die Kunden sind während des gesamten Kundenzyklus – von unbekannten potenziellen Kunden über Interessenten bis hin zu zahlenden Kunden – über die am besten geeigneten Kanäle (E-Mail, Internet, mobil, produktintern, sozial) digital zu betreuen.
- Steigerung der Kundenbindung durch Aufbau einer Plattform, um ein kontinuierliches Kundenerlebnis mit kontextbezogenen und personalisierten Informationen zu bieten und

unsere Kunden so aktiv zu motivieren, unsere Produkte zu erwerben, dauerhaft zu nutzen und Loyalität auszubilden.

Einen kundenzentrierten Ansatz erreichen die Unternehmen vor allem über die Nutzung von Methoden wie **Customer Journey Mapping**. Customer Journey Mapping stellt eine Form der Datenanalyse dar, die darauf abzielt, das gesamte Kundenverhalten und -erlebnis im gesamten Prozess der Kaufvorbereitung, des eigentlichen Kaufs und ggf. des After-Sales zu verstehen. Die Customer Journey lässt sich in verschiedene Phasen einteilen, wie Bild 3.10 zeigt.

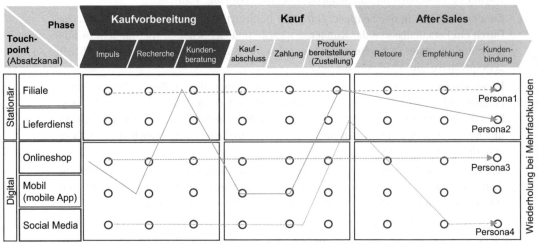

Bild 3.10 Customer-Journey-Beispiel [Quelle: modifiziert nach Appelfeller, W.; Feldmann, C. (2018), Seite 37]

Eine **typische Kundenreise** kann zum Beispiel aus folgenden Stationen bestehen:

Kaufimpuls wird gesetzt (z. B. Eingang einer Werbe-E-Mail oder eines Online-Prospekts) – produktbezogene Onlinerecherche und Vorauswahl – Kontaktaufnahme und Beratungsgespräch mit dem anbietenden Unternehmen – Kaufabschluss – Rechnungsempfang und Bezahlung – Lieferung/Empfang der Ware – Nutzung der Ware – (Reklamation/Retoure) – (Weiterempfehlung) – (Kundenbindung).

Jede Kundenreise kann zwar annähernd aus den gleichen Hauptstationen bestehen. Im Detail jedoch ist der Weg vom Interessenten bis zur intensiveren Kundenbindung bei den einzelnen Kunden verschieden. Auch der gleiche Kunde geht, je nach Situation bzw. Lust und Laune, unterschiedliche Wege.

Der Nutzen: Ein **Customer Journey Mapping** hilft, den Kaufprozess auf dem Weg zum Geschäftsabschluss von Anfang bis Ende zu beschreiben. Es listet jeden Schritt auf, den ein potenzieller Kunde unternimmt. Eine solche Map zeigt genau auf, was der Nutzer während dieses Prozesses tut, denkt und braucht. Damit lassen sich gezielte Marketing- und Vertriebsaktivitäten ableiten.

Beachten Sie:

Customer Journey Mapping ist eine ausgezeichnete Methode, um jeden Kontaktpunkt eines Kunden mit dem eigenen Unternehmen zu verstehen: vom ersten Kontakt über den Kauf eines Produkts oder einer Dienstleistung bis hin zum Versand oder dem Support.

Mit diesem Wissen lässt sich jeder Kontaktpunkt mit dem Kunden gezielt optimieren. Schwachpunkte und Lücken treten transparent zutage, was eine strategische Ausrichtung im Marketing überhaupt erst ermöglicht. Am Ende geht es darum, den Käufer während seiner gesamten Customer Journey zu begleiten und im entscheidenden Moment (Moment of Truth) auf dem passenden Kanal anwesend zu sein.

■ 3.5 Digital Change – kultureller Wandel und Digital Workplace

Für die Umsetzung der digitalen Strategie mit den dabei spezifizierten Handlungsfeldern bedarf es außerdem klarer Umsetzungsinitiativen. Dieser sogenannte Digital Change erfordert häufig integriert einen Wandel in der Unternehmenskultur sowie damit verbunden Veränderungen hinsichtlich der Führung bzw. der Ausstattung der Mitarbeiter im Unternehmen (im Sinne eines sogenannten Digital Workplace).

3.5.1 Kultureller Wandel – Digital Leadership, Digital Teams

Aus Managementsicht (General Management, IT-Management) besteht die Kernaufgabe darin, gemeinsam mit den Geschäftsbereichen Initiativen zur Digitalisierung der Prozesse anzustoßen sowie digitale Produktinnovationen erfolgreich zu entwickeln und zu betreiben. Für dieses neue Angebot hat sich der Ansatz sog. „Microservices" etabliert, die primär marktdifferenzierende Geschäftsfunktionen ermöglichen. Dabei gilt es neue Architekturen bzw. Produkte zu implementieren, was naturgemäß Risiken für Fehler und Ausfälle in sich birgt.

Zu beachten ist: Erfahrungen zeigen, dass die Digitalisierung nur dann gelingt, wenn auch die Digitalisierungskultur im Unternehmen angepasst ist und vor allem inspirierend „aufgesetzt" wird. Dies alles verlangt klare Strukturen, Verantwortlichkeiten und Prozesse im Unternehmen, die auf die Digitalisierungsstrategien zugeschnitten sind und daraufhin flexible Organisationsformen ermöglichen.

Traditionelle Unternehmensstrukturen sind heute für viele kreative, digital orientierte Menschen nicht mehr attraktiv. Deshalb müssen Unternehmen nach Wegen suchen, wie vorhandene Unternehmenskultur agiler, offener und toleranter ausgerichtet und „gelebt" werden kann. Dabei ist insbesondere natürlich auch zu berücksichtigen, wie eine Balance der unterschiedlichen Generationen von Beschäftigten im Unternehmen gelingen kann.

Festzuhalten ist, dass digitales Denken, Flexibilität, Kreativität und Innovationsbereitschaft elementare Anforderungen sind, wenn es um die Steuerung der Initiativen im Hinblick auf digitale Produkte, Prozesse und Services sowie die Ausgestaltung von nachhaltigen Arbeitsformen geht. Um eine Unternehmenskultur im Hinblick auf Innovation zu positionieren, gilt es vor allem aber auch Rahmenbedingungen zu schaffen, die die Kreativität der Beschäftigten fordern, sodass vielfältige neue Ideen generiert und kommuniziert werden können

Die umfassende, nachhaltige Nutzung der Digitalisierungspotenziale gelingt – so die Überzeugung – natürlich nur dann, wenn auch die Unternehmenskultur, die Organisation des Unternehmens, die Prozesse und Projekte „digital" werden. Gleichzeitig müssen alle Mitarbeiterinnen und Mitarbeiter im Unternehmen über digitale Kompetenzen verfügen und diese situativ kompetent einsetzen. Nur unter diesen Bedingungen kann die digitale Transformation in der Praxis erfolgreich realisiert und das Geschäft der Unternehmen mit digitalen Produkten und digitalen Prozessen nachhaltig gesichert werden.

3.5.2 Digital Workplacemanagement

Digitalisierte Arbeits- und Lebenswelten sind bereits heute vielfach allgegenwärtig. Dabei werden nicht nur die besonderen technischen Herausforderungen zu bewältigen sein. Auch die Arbeitsaufgaben und Arbeitsinhalte der Beschäftigten selbst stehen vor grundlegenden Veränderungen. Folgende Trends zeichnen sich ab:

- Für die Mehrheit der Beschäftigten in Produktion, Handel und Dienstleistungen wird es zu deutlich höheren Komplexitäts-, Abstraktions- und Problemlösungsanforderungen im Beruf kommen.
- Es ist zudem zu erwarten, dass ein höheres Maß an selbstgesteuertem Handeln, kommunikativen Kompetenzen und die Fähigkeit zur Selbstorganisation als notwendige Voraussetzungen zur gewinnbringenden Teilhabe am Arbeitsleben erforderlich sein werden.

Die Beschäftigten werden also nicht nur Teil der skizzierten Entwicklungen und Veränderungen sein, sondern können und müssen sie auch selbst gestalten. Dabei werden zur Gestaltung der Arbeitsorganisation mehrere Faktoren wesentlich:

- die individuellen Bedürfnisse der Beschäftigten, wie etwa die zwingend erforderliche Vereinbarkeit von Familie und Beruf,
- das ortsunabhängige Arbeiten oder
- das mobile Lernen.

Ein kritikwürdiger Aspekt der digitalen Arbeitskultur liegt mitunter in ihrer großen Transparenz: Zeitnah und sichtbar für jeden Beteiligten dokumentieren Beschäftigte ihre Leistung. Gescannt werden kann beispielsweise sehr gründlich, wie sich Beschäftigte in sozialen Medien austauschen oder inwiefern sie eine gesunde Ernährungs- und Lebensweise internalisieren. Das ermöglicht natürlich gleichzeitig auch eine gezielte Kontrolle und Steuerung von Menschen.

Mit dem Wandel der Arbeitsorganisation durch die Digitalisierung müssen auch Konsequenzen für die Personalentwicklung und den Personaleinsatz einhergehen: Für viele Beschäftigten ist der Gebrauch von digitalen Technologien im Rahmen der technologiegestützten Aus-, Fort- und Weiterbildung selbstverständlich und nicht mehr wegzudenken. Unstrittig sei, dass IT als „Megaqualifikation" die Transformation beflügele, wie in der Automobilindustrie bereits zu beobachten. Deshalb sei es so wichtig, Beschäftigte massiv weiterzubilden und so zu ihrem „Empowerment" beizutragen. Ohne maßgeschneiderte Qualifikationen und lebenslanges Lernen nicht zuletzt der älteren Fachkräfte dürfte dieser Wandel nicht gelingen.

Notwendig sind letztlich auch Führungskonzepte und Organisationsformen, die neuen Mitarbeitertypen Rechnung tragen: Die im digitalen Zeitalter geborene Generation („born digital") erwartet vielfach Rahmenbedingungen, die ihren Bedürfnissen in Bezug auf Arbeitsorganisation und Arbeitsweisen gerecht werden. Denn bereits heute lebt jeder in recht ausgeprägtem Maß digital (beispielsweise wenn mobile Apps genutzt werden, auf Cloud-Dienste zugegriffen wird oder Informationen über soziale Netzwerke geteilt werden). Dies bedeutet für die Praxis etwa das Bereitstellen „allgegenwärtiger" Collaboration-Technologien sowie von Formen des Bring Your Own Device (BYOD).

Um die Akzeptanz einzuführender Digitalisierungstechnologien bzw. der damit verbundenen neuen Prozesse und Arbeitsformen bei den Beschäftigten zu gewährleisten, müssen diese frühzeitig eingebunden und die Veränderungen langsam, aber stetig vorgenommen werden. Am besten eignen sich dafür modular aufgebaute Lösungen, die sich nach dem Baukastenprinzip erweitern lassen (auch hier sollte der bewährte Grundsatz „Think big, but start small" gelten).

Typischerweise widmet sich ein Change Management diesen veränderten Erfordernissen, indem es Veränderungs- und Entwicklungsprozesse aktiv begleitet. Dies ist auch deshalb wesentlich, da Unternehmen durch den Prozess der digitalen Transformation einer erheblichen Veränderungsdynamik unterliegen, sodass eine unternehmensweite Ausrichtung für ein Change Management angestrebt werden sollte.

Beachten Sie: Neben der strategischen Ausrichtung des Unternehmens ist es für erfolgreiche Veränderungsprozesse auch essenziell, das gesamte Unternehmen auf die Neuausrichtung vorzubereiten (etwa mittels „digital awareness"-Initiativen) und die Mitarbeiter aktiv durch die Veränderung zu begleiten. Dabei spielen strategische und operative Themen eine zentrale Rolle, da nur durch eine vernetzte Betrachtung ein nachhaltiger Erfolg der Digitalisierungsvorhaben möglich wird.

Das Wichtigste – zusammengefasst

- **Alle Wirtschaftszweige werden einen digitalen Transformationsprozess durchlaufen müssen, wenn die darin agierenden Unternehmen ihre Wettbewerbsfähigkeit behaupten wollen.**
  Natürlich gibt es zwischen den Branchen Unterschiede bezüglich der Potenziale zunehmender Digitalisierung. Auch die Frage, ob sich diese Transformation evolutionär oder disruptiv vollzieht bzw. vollziehen muss, ist differenziert zu entscheiden und zu beurteilen. Disruption liegt dabei dann vor, wenn durch digitale Einflüsse die Zerstörung klassischer Geschäftsfelder erfolgt und sich völlig neue Geschäftsmodelle ergeben.

- **Veränderungen in Wirtschaft und Gesellschaft sowie die rasante Entwicklung digitaler Technologien – beispielsweise IoT, Blockchain, DevOps, RPA oder KI – und daraus ableitbare Anwendungspotenziale für digitale**

- **Lösungen stellen die Praxis vor enorme Herausforderungen. Gelingen wird die notwendige digitale Transformation nur mit einem Gleichklang von Business und IT.**
  Eine strategische Positionierung sowie die Vereinbarung einer digitalen Roadmap bzw. eines digitalen Projektportfolios sind wesentliche Erfolgsfaktoren, um den notwendigen digitalen Change in der Praxis zu initiieren und umzusetzen.
- **Unternehmen müssen digitale Kompetenzen nachhaltig auf allen Ebenen (bei Fach- und Führungskräften sowie den Produkt-, Prozess- und IT-Experten) etablieren, die Voraussetzungen für einen erfolgreichen digitalen Wandel zu schaffen.**
  Wichtig ist es deshalb, die jeweils für die digitalen Transformationsprozesse erforderlichen Handlungskompetenzen (Business Capabilities, spezifische Managementkompetenzen der Bereiche IT und Prozessmanagement sowie die Qualifizierung der Professionals der Fachbereiche) zusammenzustellen. Daraufhin sind geeignete Entwicklungs- und Projektteams zu bilden (sogenannte crossfunktionale Teams), die im Rahmen von digitalen Transformationen Aufgaben und Verantwortung übernehmen.
- **Im Rahmen des Entwickelns und Umsetzens von Digitalisierungsstrategien bedarf es der Durchführung von internen Health-Analysen sowie umfassender Geschäftsfeld- und Businessanalysen. Daraufhin lassen sich strategische Handlungsfelder für die digitale Transformation identifizieren und konkretisieren.**
  Für das Umsetzen von Digitalisierungsstrategien haben sich das Erstellen einer Roadmap sowie das Ausarbeiten von Masterplänen bewährt. Sowohl die Produkte als auch die Prozesse der Unternehmen sind im Hinblick auf vorhandene Digitalisierungspotenziale einer Prüfung zu unterziehen und müssen mit agilen Methoden auf die neuen Herausforderungen und Chancen für die Unternehmen neu „aufgesetzt" werden. Hier sind IT und Business (= General Management) gleichzeitig gefordert.
- **Eine Roadmap für digitale Transformation stellt quasi den Startpunkt für die Arbeit mit künftigen Geschäftsmodellen dar. Dabei wird für ein Unternehmen aufgezeigt, was dieses mittels Umsetzung des Geschäftsmodells vom Wettbewerb differenziert. Letztlich definiert die Roadmap, wo ein Unternehmen aktuell steht und wo es am Ende des digitalen Transformationsprozesses landen kann.**
- **Im Zentrum des digitalen Unternehmens stehen vielfach digitalisierte Prozesse, die unterschiedliche Digitalisierungsoptionen bzw. Digitalisierungsgrade aufweisen können: digitale Daten, Vernetzung/Integration bzw. IT-System-Unterstützung (Workflow, RPA, KI u. a.). Dabei ist die Digitalisierung von Geschäftsprozessen als eine von mehreren Lösungsmöglichkeiten zu verstehen, durch die Geschäftsprozesse optimiert werden können.**

Zu beachten ist: Wird die Durchführung der einzelnen Aktivitäten eines Prozesses von einem IT-System unterstützt, handelt es sich um einen digitalisierten Prozess. Führt das IT-System einzelne Aktivitäten eigenständig durch, entsteht ein automatisierter Prozess. Dabei wird die Integration zwischen den Prozessschritten bzw. innerhalb einer Wertschöpfungskette zum zentralen Faktor.

■ 3.6 Literatur

[APFE18] *Appelfeller, W.; Feldmann, C.:* Die digitale Transformation des Unternehmens. Systematischer Leitfaden mit zehn Elementen zur Strukturierung und Reifegradmessung. Springer Gabler, Wiesbaden 2018.

[BKMS18] *Beenken, M.; Knörrer, D.; J. Moormann; D. Schmidt (Hrsg.):* Digital Insurance. Strategien, Geschäftsmodelle, Daten. Frankfurt School Verlag, Frankfurt 2018.

[CH15] *Christ, J. P.:* Intelligentes Prozessmanagement. Marktanteile ausbauen, Qualität steigern, Kosten reduzieren. Springer Gabler, Wiesbaden 2015.

[FE19] *Felden, C.:* DIGITALE TRANSFORMATION. Mehr als nur ein Technologie-Update – Wie Unternehmen ihre Digitalisierungsprojekte zum Erfolg führen. TDWI E-Book. Hrsg. von SIGS DATACOM GmbH, Troisdorf 2019.

[HA18] *Hanschke, I.:* Digitalisierung und Industrie 4.0 – einfach und effektiv. Hanser, München 2018.

[HE19] *Hess, Th.:* Digitale Transformation strategisch steuern. Springer Fachmedien, Wiesbaden 2019.

[OSPI11] *Osterwalder, A.; Pigneur, Y.:* Business Model Generation: Ein Handbuch für Visionäre, Spielveränderer und Herausforderer. Campus, Frankfurt am Main 2011

[SRAWJ17] *Schallmo, D.; Rusnjak, A.; Anzengruber, J.; Werani, T.; Jünger, M.:* Digitale Transformation von Geschäftsmodellen: Grundlagen, Instrumente und Best Practice. Springer Gabler, Wiesbaden 2017

[Ti07] *Tiemeyer, E.:* IT-Strategien entwickeln. IT-Architekturen planen. IT als Wertschöpfungsfaktor. Rauscher, Haag 2007

[Ti16] *Tiemeyer, E.:* Digitale Transformation. In: Computer und Arbeit, Heft 12/2016, S. 25 – 30.

[Ti17a] *Tiemeyer, E.:* Strategien zur Digitalisierung. In: Computer und Arbeit, Heft 03/2017, S. 28 – 32.

[Ti17b] *Tiemeyer, E.:* Technologien für die Digitalisierung. In: Computer und Arbeit, Heft 5/2017, S. 26 – 31.

[Ti17c] *Tiemeyer, E.:* Organisation der Digitalisierung. In: Computer und Arbeit, Heft 9/2017, S. 22 – 27.

[UA16] *Urbach, Nils; Ahlemann, F.:* IT-Management im Zeitalter der Digitalisierung: Auf dem Weg zur IT-Organisation der Zukunft. Springer-Gabler, Heidelberg 2016

4 Enterprise Architecture Management (EAM)

Ernst Tiemeyer

 Fragen, die in diesem Kapitel beantwortet werden:

- Wie kann ein Ordnungsrahmen für die Realisierung von Enterprise Architecture Management (kurz EAM) aussehen und welche Domänen sind dabei zu unterscheiden?
- Was sind die wesentlichen Zielsetzungen für das Architekturmanagement und welche Architekturprinzipien können bei der Umsetzung eines Zielkatalogs zu berücksichtigen sein?
- Wie lassen sich Enterprise-IT-Architekturen in den verschiedenen Domänen (Business, Applikationen, Data, Plattformen, Infrastrukturen) beschreiben/ abbilden und auch in vernetzter bzw. integrierter Form dokumentieren?
- Welche Regelungen gelten für den Aufbau eines EA-Metamodells und wie lassen sich daraufhin Managementsysteme für das Architekturmanagement konfigurieren?
- Was sind typische Planungsaktivitäten zu den Enterprise- bzw. IT-Architekturen, die in der Unternehmenspraxis verbreitet sind und einen Beitrag zum Unternehmenserfolg leisten?
- Welche EA-Projekte bzw. EA-Use-Cases versprechen einen hohen Mehrwert für den Business- und IT-Bereich eines Unternehmens?
- Welche Instrumente zur Planung, Bewertung und Steuerung von Unternehmens-IT-Architekturen haben sich bewährt?
- Welche Aufgaben der EA-Governance werden unterschieden und organisatorisch verankert?
- Wie kann eine Einführung von EAM bzw. der Ausbau von vorhandenen EAM-Lösungen erfolgreich realisiert werden?
- Welche Organisationsstrukturen und Prozesse sind für die Einführung von Architekturmanagement in der Unternehmenspraxis zu etablieren?
- Welche Einsatzmöglichkeiten bietet das Framework TOGAF zur Unterstützung von Aufgaben im Unternehmens-IT-Architekturmanagement?
- Welchen Nutzen und welche Anwendungsmöglichkeiten bietet ein professionelles Management der Unternehmens-IT-Architekturen?

Eine zentrale Herausforderung und Aufgabe im IT-Management wurde lange Zeit darin gesehen, die aktuell installierten IT-Systeme zu gegebener Zeit zu modernisieren und (mit einem ausgewogenen Migrationskonzept) auf den neuesten Stand zu bringen. Eine weitere wichtige Aufgabe wurde in der Bereitstellung von geeigneten Applikationen und einer anpassungsfähigen IT-Infrastruktur gesehen. So sollten ein fortlaufender und zuverlässiger IT-Betrieb gewährleistet und gleichzeitig die Geschäftsprozesse des Unternehmens optimal unterstützt werden. Darüber hinaus kam es darauf an, die vorhandene IT-Infrastruktur und die IT-Applikationen mittels intelligenter und dynamischer Verwaltung optimal zu nutzen, um einerseits Kostenoptimierung und andererseits eine hohe Kundenzufriedenheit zu erreichen.

Mit dem Konzept der Enterprise Architecture (Unternehmensarchitektur) und der Verwendung des Kürzels EAM (für Enterprise Architecture Management) hat sich heute die zuvor skizzierte reine IT-Sicht um Geschäftskomponenten bzw. organisatorische Elemente (Strukturorganisation, Geschäftsfunktionen/Business Capabilities, Geschäftsprozesse, Geschäftsobjekte sowie die Unternehmensstrategie) erweitert, sodass mittels Enterprise Architecture Management eine neue Perspektive verbunden wurde, mit der auch das sogenannte Business-IT-Alignment auf eine nachhaltige Basis gestellt wird.

4.1 Herausforderungen und Handlungsfelder von EAM

Die Perspektive „Unternehmensarchitektur" und ein darauf bezogenes Enterprise Architecture Management (kurz EAM) haben in den letzten Jahren in der Praxis des strategischen IT-Managements eine immer größere Bedeutung erlangt. Unter Anwendung eines Metamodells bzw. eines darauf basierenden EA-Tools ist heute die Möglichkeit gegeben, alle wesentlichen Elemente der Unternehmensarchitektur zu erfassen, integriert zu speichern und in unterschiedlichen Sichten anschaulich abzubilden. Dies sind – ausgehend von der vorliegenden Unternehmensorganisation – insbesondere

- die Unternehmensfunktionen, Geschäftsservices, Geschäftsprozesse sowie Business-Capabilities (Geschäftsarchitektur oder fachliche Architektur),
- die Applikationen und Applikationsservices (Anwendungs- oder Applikationsarchitektur),
- die Daten- und Geschäftsobjekte (Daten- oder Informationsarchitektur) sowie
- die zugrunde liegenden Plattformen und IT-Infrastrukturkomponenten sowie damit verbundene IT-Services (Technologiearchitektur).

Die genannten Bereiche der Enterprise-Architektur werden zur Unterstützung des Managements mit ihren wesentlichen Elementen erfasst und dokumentiert. Dabei werden die Beziehungen der einzelnen Objekte und Komponenten untereinander (innerhalb der jeweiligen Architekturbereiche) sowie zu anderen Architekturbereichen festgehalten. Das Besondere: Im Unterschied zur IT-Architektur wird auch das Zusammenspiel von Elementen der Informationstechnologie (Applikationen, Daten, IT-Services, Infrastruktur) mit der geschäftlichen Tätigkeit des Unternehmens (Geschäftsfelder, Geschäftsprozesse, Organisationseinheiten, Rollen, Geschäftsobjekte) berücksichtigt.

Ziel des ganzheitlichen Architekturmanagements ist es, durch einen ganzheitlichen Blick die Unternehmensarchitektur in allen wesentlichen Teilbereichen (Domänen), die entsprechend miteinander vernetzt sind, transparenter zu machen. So können die Planbarkeit und Steuerbarkeit des Unternehmens sowie seiner Produkte und Services verbessert werden. Damit wird Unternehmen ein strategischer, konzeptioneller und organisatorischer Rahmen für die Ausgestaltung der IT-Landschaft zur Verfügung gestellt, der einen erheblichen Zusatznutzen sowohl für das Tagesgeschäft im Business-Bereich als auch für das Tages- und Projektgeschäft des IT-Bereichs darstellt.

> Ausgehend von grundlegenden Herausforderungen, die ein Unternehmens-Architekturmanagement erforderlich machen, ist zunächst (in der Einführungsphase) ein Ordnungsrahmen zu spezifizieren, aus dem heraus sich die wesentlichen Handlungsfelder für das EAM (in Form von Use Cases oder Projekten) ableiten lassen. Dazu ist insbesondere eine Abgrenzung zwischen Geschäftsarchitektur und IT-Architekturen notwendig.

Eine Einordnung zum Begriff Unternehmensarchitektur (= Enterprise Architecture) gibt Bild 4.1.

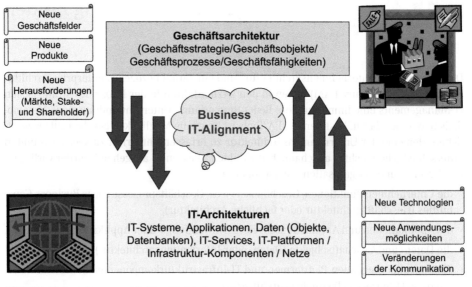

Bild 4.1 Unternehmensarchitektur: Verbindung von Geschäftsarchitektur und IT-Architekturen

Herausforderungen und Probleme für das EAM

Eingesetzte IT-Infrastrukturen und IT-Applikationen sind insbesondere in mittleren und großen Unternehmen bzw. Verwaltungen oft organisch gewachsen. Über viele Jahre hinweg ist so eine umfangreiche, auf sehr unterschiedlichen Infrastrukturen (Technologien, Entwicklungsparadigmen, Komponenten) und Werkzeugen basierende IT-Anwendungslandschaft entstanden.

Hinzu kommt, dass in der Praxis oft Redundanzen auftreten: in der Funktionsabdeckung der Anwendungen, in der Datenarchitektur, bei den Schnittstellen und bei der Ausstattung mit Technologieplattformen. Zu viele Softwaretools decken identische Funktionen ab. Vielfach wird außerdem festgestellt, dass die Anzahl und die Komplexität von Schnittstellen zwischen den installierten Anwendungen außer Kontrolle geraten sind.

Folgende **Herausforderungen** sind für die IT-Verantwortlichen bzw. den EA-Leader zu beachten:

- Es muss ein Ausgleich gefunden werden zwischen der nachhaltigen Unterstützung von Geschäftsprozessen und der nach wie vor dynamischen Entwicklung der Informationstechnologie. Wesentlich wird dabei ein Beherrschen der Schnittstellenkomplexität, um Integrationen zu ermöglichen bzw. zu fördern.
- Die „Architekturkonformität", bezogen auf die definierten Technologien und Migrationspläne, werden bei Architekturentwürfen und -entscheidungen sowie bei der Umsetzung von Roadmaps und der Durchführung von Business-IT-Projekten oft nicht bedacht. Deshalb sollten Enterprise-IT-Architekten bei IT-Projekten auch in die Konzeptions- und Auswahlphase einbezogen werden.
- Ein zentraler Aspekt ist eine möglichst weitgehende Vereinfachung der integrierten Systemlandschaft, die auf prozess- und produktübergreifende Unternehmens-IT-Architekturen zielt (Stichwort „Komplexität der Bebauungslandschaft" reduzieren).

Unternehmensleitung und auch IT-Verantwortliche stehen aufgrund der Differenziertheit der Anforderungen sowie der Fülle der Angebote und Lösungen für den IT-Bereich vor relativ schwierigen Situationen. Entscheidungen über IT-Architekturen zu treffen, ist deshalb nicht immer ganz einfach. So wurden in der Vergangenheit oft unkoordiniert IT-Systeme beschafft und Applikationen entwickelt, die anschließend im Betrieb und Support Unmengen von Geld und Ressourcen verschlangen oder schlicht nicht mehr wartbar waren.

Beachten Sie:

Angebotene und implementierte IT-Systeme weisen immer umfassendere Funktionalitäten auf und unterliegen raschen Entwicklungszyklen. Im Ergebnis ist bei Anwendern oft eine Vielzahl komplexer IT-Anwendungen auf unterschiedlichen Technologieplattformen vorhanden. Als Folge davon kann außerdem festgestellt werden, dass die heute existierende IT-Anwendungslandschaft äußerst komplex ist und häufig überdimensionierte Lösungen und überflüssige Funktionalitäten enthält.

Aufgrund der Ist-Situation in der IT-Praxis ergeben sich für die IT-Verantwortlichen zahlreiche **Problemfelder:**

- **Fehlender Überblick für Anwender und Entscheidungsträger durch die hohe Komplexität der IT-Landschaft:** Aufgrund der über viele Jahre gewachsenen IT-Systeme ist vielfach nicht mehr nachvollziehbar, wie das Zusammenspiel zwischen den Geschäftsprozessen bzw. Arbeitsabläufen und der eingesetzten Soft- und Hardware im Detail erfolgt. Analysen der IT-Landschaft in Bezug auf Redundanzen, Strukturprobleme oder Optimierungsmöglichkeiten sind nur schwer möglich. Hilfreich wäre als Minimum zumindest eine grafische Darstellung der IT-Landschaft als Kommunikationsmittel in einem Unternehmen.

- **Erhöhte Risiken und fehlende Steuerbarkeit der IT:** Softwareentwicklung und -beschaffung sind mangels eines umfassenden Überblicks über die Enterprise-Architektur (= IT-Bebauungslandschaft) ebenfalls nicht mehr gezielt steuerbar (schlechte, kostenintensive Wartbarkeit der IT-Systeme). Infolgedessen ergeben sich erhöhte Risiken für die Bereitstellung, Integration und den Betrieb leistungsfähiger IT-Systeme und IT-Anwendungen.

- **Fehlende Strategieorientierung bei Ad-hoc-Entscheidungen:** Über fachliche Anforderungen werden aus dem Tagesgeschäft heraus Einzelfallentscheidungen getroffen – ohne übergreifende Gesamtsicht der IT. Entwicklungszusagen und vereinbarte Projektportfolios werden ständig geändert – mit einer Halbwertszeit von etwa acht bis zehn Wochen. Eine strategische Migration der existierenden Architekturen zu einer anderen Architektur wird vielfach erschwert oder ist oft kaum möglich. Unterschiedliche Entwicklungswege werden verfolgt – durch gegenläufige Technologie-Sets in der Infrastruktur entstehen eklatante Widersprüche.

Die **Folgen** liegen auf der Hand: Individualität und große Komplexität im IT-Bereich können Unternehmen und Verwaltungen teuer zu stehen kommen. Außerdem steigen durch die Standardisierung von Hard- und Software nicht nur die Administrationskosten, auch Änderungen in der IT-Infrastruktur lassen sich nicht so einfach und effizient durchführen. Letztlich führt dies zu einer erheblichen Verschlechterung der IT-Services und zu einer nachlassenden Kundenzufriedenheit bezüglich der IT-Organisation.

Eine **Lösung** der genannten Probleme sowie eine Nutzung weitergehender Potenziale könnte ein organisiertes und im strategischen IT-Management verankertes **Enterprise-IT-Architekturmanagement** eröffnen. Notwendig ist dafür eine integrierte Sicht auf alle relevanten Aspekte der IT-Anwendungs- und Systemlandschaft sowie der Technologielandschaft, die auch eine Verbindung zu den unterstützten Geschäftsprozessen bzw. Business Capabilities schafft.

Praxistipp

Eine wesentliche Aufgabe für das IT-Management besteht darin, ausgehend von strategischen Überlegungen und den vorliegenden Anforderungen die gewünschte **IT-Entwicklung als Orientierungsrahmen** vorzulegen: Dies ist im Kern die **Zielarchitektur** für die IT-Infrastruktur und die Applikationslandschaft. Dazu sind Gestaltungsprinzipien und Systementscheidungen zu formulieren, ebenso wie „strategische" Technologien und Produkte (als Standards) definiert und in geeigneter Form im Unternehmen kommuniziert werden sollten. Im Sinne eines erfolgreichen **Strategic Alignment** müssen daraus auch verbindliche „Roadmaps" zur weiteren IT-Entwicklung abgeleitet werden (etwa die Erarbeitung konkreter Architekturvorgaben und -standards).

Erst wenn mit EAM-Hilfe wesentliche Daten des Unternehmens strukturiert bereitgestellt und beherrscht werden, können durch die Analyse dieser Daten Stärken und Schwächen des Unternehmens in Hinblick auf zukünftige digitale Herausforderungen erkannt und in Zusammenarbeit mit dem Business die richtigen Innovationen angestoßen werden.

Handlungsfelder des EAM im Wandel

Die Handlungsfelder der Enterprise IT-Architekten befinden sich in einem dynamischen Wandel. Während Architekturmanagement traditionell eher auf eine Planung und Steuerung der unternehmensweiten IT-Architektur über Vorgaben ausgerichtet war, sind mittlerweile weitere Handlungsbereiche und neue Orientierungen verbreitet. Dabei wird ein besonderer Fokus auf Handlungsfelder und Use Cases gelegt, die den Unternehmen Mehrwert und umsetzbare Konzepte und Solutions zu liefern imstande sind.

Im Überblick können folgende Handlungsfelder und Aufträge für die EA-Verantwortliche und Architekturteams unterschieden werden (vgl. Bild 4.2):

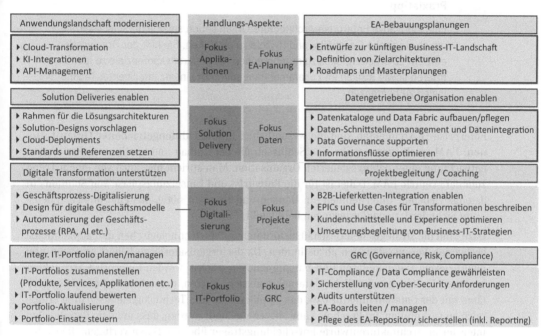

Bild 4.2 Schwerpunkt-Handlungsfelder zur EA und für das EA-Management

Bei der Festlegung und Priorisierung der EA-Handlungsfelder gilt es einerseits, die Strategien im Unternehmenskontext (Unternehmens- und Digitalisierungsstrategie, IT-Strategie, Cloud-, Daten- und Servicestrategie etc.) in den Fokus zu nehmen, andererseits die Herausforderungen in Wirtschaft und Gesellschaft sowie die technologischen Veränderungen und ihre Potenziale zu beachten.

Als aktuelle **Leitplanken** für ein am Business Value ausgerichtetes EAM gelten primär folgende Orientierungen und Positionierungen:

- EAM als Innovationsmotor im Unternehmen etablieren
- EAM als Enabler datengesteuerter Organisationen und Produkte ausrichten
- EAM als Treiber der Digitalisierung bzw. digitaler Transformationsvorhaben
- EAM als Garant für das Erfüllen regulativer und resilienter Anforderungen verankern

EAM ist der entscheidende **Innovationsmotor im Unternehmen**: Enterprise IT-Architekten nehmen bereits heute wichtige Aufgaben bei Entscheidungen über Technologieinnovationen ein. Ergänzend bedarf es auch eines Involvierens der Enterprise-Architekten bei Innovationsinitiativen („die richtigen Innovationen und Investitionen machen"), indem die Einsatzpotenziale neuer Technologien und Verfahren rechtzeitig erkannt werden. Die damit verbundenen Migrations- und Umsetzungsmaßnahmen können unter Berücksichtigung von Einsatzszenarien und Impact-Analysen erfolgreich konzipiert und realisiert werden („Innovation ganzheitlich richtig implementieren").

Praxistipp

Eine innovative Enterprise-Architecture-Organisation spielt eine Schlüsselrolle, um strategische Geschäfts- und IT-Ziele zu erreichen. Sie hilft der Organisation, effizient zu arbeiten, Silos zu durchbrechen, Optimierungspotenziale zu identifizieren sowie Risiken im Zusammenhang mit dem Einsatz intelligenter Technologien zu begrenzen. ∎

Enterprise IT-Architekten sind die wesentlichen **Enabler datengetriebener Organisationen**: EAM spielt immer mehr eine Schlüsselrolle bei Aufbau und kontinuierlicher Weiterentwicklung einer datengesteuerten Organisation. Man spricht hier auch von einem Trend zum data centric EAM. Dabei ist für die Entwurfs- und Umsetzungsphase von Solutions in datengetriebenen Unternehmen ein Denken und Handeln nötig, das eine unternehmensweite Sicht der Datenanforderungen bereitstellt.

Dazu sind die strategischen Geschäftsprioritäten auf die technologischen und applikationsbezogenen Voraussetzungen abzustimmen. Da der organisatorische Bedarf an Daten und qualifizierten Datenanalysen und Datenprognosen wächst, werden Enterprise-Architekten benötigt, die ihre ganzheitliche Unternehmenssicht nutzen, um dabei die Geschäftsprioritäten mit der Datenarchitektur bzw. den Applikations- und Technologielandschaften erfolgreich zu verknüpfen. Im Ergebnis kann so sichergestellt werden, dass mit dem Bereitstellen integrierter Architekturentwürfe Entscheidungsträger über die Daten verfügen, die sie benötigen, um Geschäftsergebnisse zu erzielen.

Praxistipp

In einer datengesteuerten digitalen Wirtschaft müssen Unternehmen verstehen, wie sie Daten besser nutzen können, um ihr Geschäftswachstum anzukurbeln. Aufgabe der Enterprise-Architekten muss es sein, für Unternehmensorganisationen ganzheitliche Konzepte sowie logische und physische Datenmodelle zu entwickeln, wie Daten erfasst und aus verschiedenen Systemen, Applikationen und Prozessen fließen, um Geschäftsdaten realtime in Systemen/Applikationen sowie für fundierte Entscheidungen bereitzustellen. ∎

Enterprise IT-Architekten sind wertvolle Treiber und **Enabler der Digitalisierung bzw. digitaler Transformation**: Eine besondere Schlüsselrolle für Enterprise-Architekten liegt in der Planung und Umsetzung digitaler Transformationen. Digitalisierung mittels EAM –

so eine weit verbreitete These – spielt für Unternehmen eine erfolgskritische Rolle im Wettbewerb. Denn nahezu alle digitalen Transformationen benötigen vor allem Daten und das Wissen um Zusammenhänge zu den betroffenen Architekturbereichen.

EAM-Kompetenz ist für die Auswahl und für die erfolgreiche Steuerung digitaler Transformationsvorhaben nahezu unverzichtbar. Ausgangspunkt für das Umsetzen digitaler Transformationsvorhaben bzw. komplexer Projekte ist in der Regel ein vereinbartes Portfolio, das aufzeigt, welche digitalen Vorhaben in Angriff genommen werden sollen. Für alle digitalen Projekte des Portfolios sind frühzeitig Überlegungen darüber anzustellen, welche Unternehmens-IT-Architekturen (Entwicklungswerkzeuge, Applikationen, Daten, Devices, Infrastrukturen und Plattformen) bezüglich der Projektentwicklung und Projektumsetzung hilfreich sind und dabei Ergebnisse liefern, die im Einklang mit den aktuellen – ggf. zu adaptierenden – Architekturvorhaben stehen.

EAM ist ein unverzichtbarer **Enabler für das Erfüllen regulativer und resilienter Anforderungen:** EA-Managementsysteme verfügen über Metamodelle, die wichtige Grundlageninformationen zum Produkt-, Daten- und Applikationsportfolio „auf Knopfdruck" den Verantwortlichen und Stakeholdern bereitstellen können. Dies gilt etwa für die Lieferung von Auswertungen zu regulatorischen Anforderungen, die gemäß DSGVO oder für zahlreiche Audits zu erfüllen sind.

> **Beachten Sie:**
>
> Handlungsfelder und Deliverables von EAM ändern sich vielfach signifikant. Beispielsweise geht es heute weniger um Risikovermeidung, sondern eher hin zu Konzepten, die die Anpassungsfähigkeit und den Umgang mit Unsicherheiten ermöglichen – denn nur so ist der Weg zu agilen und resilienten Unternehmen sowie datengetriebenen Organisationen erfolgreich. Erst wenn mit EAM-Unterstützung wesentliche Daten des Unternehmens strukturiert bereitgestellt und beherrscht werden, können durch die Analyse dieser Daten Stärken und Schwächen des Unternehmens in Hinblick auf zukünftige Herausforderungen erkannt und in Zusammenarbeit mit dem Business die richtigen Innovationen angestoßen werden. ∎

■ 4.2 Ordnungsrahmen und Grundausrichtungen für das Architekturmanagement

Um die IT-Landschaft sicher steuern (lenken) und zukunftsorientiert weiterentwickeln (planen) zu können, ist für das IT-Management ein tragfähiges **Gesamtbild der Enterprise-IT-Architekturen als Orientierungsrahmen** unverzichtbar: die **Ist-Architektur** und **Ziel-Architektur** von Infrastruktur sowie Anwendungs- und Datenlandschaft. Dazu sind Gestaltungsprinzipien und Systementscheidungen zu formulieren, ebenso wie „strategische" Technologien und Produkte (quasi als Standards) vereinbart und sodann kommuniziert werden sollten. Im Sinne des **Strategic Alignment** muss daraus auch die Konzeption von Zukunftsszenarien oder verbindlichen „Roadmaps" für die weitere Entwicklung der Unternehmens-IT ableitbar sein. Gleiches gilt für jegliche Erarbeitung konkreter Vorgaben und Standards und die Möglichkeit einer sachgerechten Bewertung und Kontrolle.

Der Auftrag zur Entwicklung bzw. Steuerung eines komplexen Informationssystems in einem großen Unternehmen (also der IT- oder Enterprise-Architektur) lässt sich mit einem Auftrag zur Erschließung eines Wohngebiets in einer Stadt vergleichen. In beiden Fällen gibt es

- gewachsene Strukturen (oft über lange Zeiträume),
- viele unterschiedliche Akteure mit unterschiedlichen Interessen,
- lange Zeiträume für die Umsetzung struktureller Änderungen,
- Steuerungs- und Kontrollstrukturen (Governance) auf verschiedensten Ebenen der Organisation.

Im Rahmen des **Managements von Enterprise IT-Architekturen** bedarf es in Analogie dazu

- der Festlegung eines **Ordnungsrahmens** mit der Beschreibung der grundlegenden Architekturelemente,
- der Formulierung einer **Vision** und von daraus abgeleiteten strategischen **Architekturzielen** sowie
- der Entwicklung und der laufenden Verfolgung (der Einhaltung) von **Architekturprinzipien**.

4.2.1 Grundelemente einer Enterprise- bzw. IT-Architektur

Um zu einem geeigneten Ordnungsrahmen zu gelangen, wird eine Enterprise-Architektur für Unternehmen häufig in Form folgender Grundbausteine beschrieben:

- Geschäftsarchitektur und Organisation (Geschäftsfelder, Geschäftsprozesse, Geschäftsfunktionen, Organisationseinheiten)
- Anwendungsarchitektur (Applikationsarchitekturen, die beispielsweise als Business-Layer bzw. Knowledge-Layer im Schichtenmodell abgebildet werden)
- Daten-/Informationsarchitektur (Datenkataloge für Daten- und Geschäftsobjekte, Data Fabric, Data Lakes/DW)
- Technologiearchitektur (IT-Infrastrukturen, IT-Services, Plattformen u. a.)

Ein organisatorischer Rahmen (Rollen, Aufgaben, Prozesse) ist ebenso notwendig wie die Abgrenzung der Domänen. All dies bildet dann den Ordnungsrahmen für das Management der Enterprise IT-Architekturen. Ein entsprechendes Orientierungsgerüst zeigt (in Anlehnung an *Accenture*) Bild 4.3.

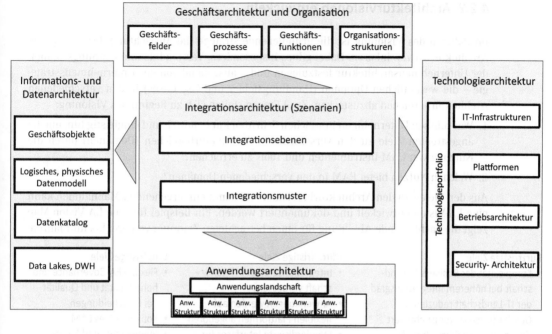

Bild 4.3 Ordnungsrahmen für das Enterprise Architecture Management

Orientiert an dieser Festlegung kann die Konkretisierung eines Ordnungsrahmens für die jeweilige Organisation erfolgen. Zur Klarheit der begrifflichen Einordnung der Vielzahl praktischer Vorschläge finden Sie nachfolgend eine Zuordnung von meist synonym gebrauchten Bezeichnungen der Architekturelemente (Tabelle 4.1):

Tabelle 4.1 Einordnung der Architekturbegriffe

Begriff	Synonym verwendete Begriffe
Applikationsarchitektur (engl. Application Architecture)	<ul><li>Anwendungsarchitektur</li><li>Solution Architecture</li><li>Informationssystemarchitektur (umfasst mitunter die Kombination von Anwendungs- und Datenarchitektur)</li></ul>
Datenarchitektur (engl. Data Architecture)	<ul><li>Informationsarchitektur (Information Architecture)</li></ul>
Geschäftsarchitektur (engl. Business Architecture)	<ul><li>Geschäftsprozessarchitektur</li><li>Fachliche Architektur</li></ul>
Technologiearchitektur	<ul><li>Infrastructure Architecture (IT-Infrastrukturarchitektur)</li><li>System- und Sicherheitsarchitektur</li></ul>
Softwarearchitektur	<ul><li>Softwareentwicklungsprozessarchitektur</li><li>Anwendungsentwicklungsprozesse</li></ul>

4.2.2 Architekturvisionen entwickeln

Im Rahmen des Visioning ist die grundlegende strategische Ausrichtung der Enterprise-Architektur zu vereinbaren. Dabei gilt es insbesondere, Verständnis und Ordnungsrahmen der Unternehmensarchitektur festzulegen und – ausgehend von der Unternehmensstrategie – die wesentlichen Optionen (Handlungsfelder und Use Cases) in den verschiedenen Architekturbereichen abzustecken. Zwei Fragen stellen sich zu Beginn des Visioning:

1. Was müssen Unternehmen in welchen Schritten kurz-, mittel- und langfristig tun, um die angestrebten Ziele zu den verschiedenen Architekturbereichen (Domänen) durch die Nutzung von EAM-Instrumenten und Tools zu erreichen?
2. Welchen Nutzen bietet EAM in den verschiedenen Domänen?

Aus den Zielen zu den Architekturbereichen und damit einhergehenden Maßnahmen kann eine EA-Vision entwickelt und dokumentiert werden. Ein Beispiel für eine EA-Vision-Map zeigt die nachfolgende Abbildung für einen betrachteten Zeitraum von drei bis fünf Jahren:

Kurzfristige Ziele
- Komplexität der Business-IT-Landschaft bei höherem Integrationsgrad der IT-Landschaft reduzieren
- Geschäftsarchitektur ist etabliert (Business Capabilities, Produktmanagement)
- Applikationslandschaft modernisieren und Applikationsportfolio optimieren
- Zugriffsmechanismen auf umfassende Datenbestände sind definiert
- Definierte und standardisierte IT-Infrastruktur-Architektur ist verfügbar

Mittelfristige Ziele
- Integrationsgrad der IT-Landschaft verbessern
- Anwendungen werden auf flexiblen Plattformen angeboten
- Standardisierte Interfaces für den Anwendungsbetrieb
- Daten- und Informationsbestände sind konsolidiert (Datenqualität)
- Schnittstellen für Daten- und Applikationszugriffe optimieren (API)

Langfristige Ziele
- Flexible EA-Governance und hohe Agilität und Qualität bei Entscheidungen
- Kollaboratives EAM
- Innovations- und Risikomanagement
- Entscheidungssicherheit in Business-IT-Projekten erhöhen
- Cloud- und Mobile-Plattform-Strategien ganzheitlich umsetzen
- Hohe Sicherheitsstandards der Architekturen sind gegeben

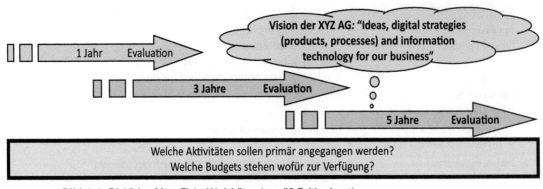

Bild 4.4 EA-Vision-Map: Ziele/Aktivitäten (gemäß Zeithorizont)

Nachfolgend sind ausgewählte Nutzenfaktoren herausgestellt, die in Studien immer wieder genannt und durch zahlreiche Praxisprojekte bestätigt werden. Sie bedürfen für jedes Unternehmen in den jeweiligen Domänen einer Überprüfung, inwiefern diese im Anwendungsfall realisierbar erscheinen:

- Informationssysteme mit hochwertigem Architekturstandard und hohem Integrationsgrad leisten einen höheren Beitrag zum Unternehmenserfolg bzw. zur Steigerung der Unternehmensproduktivität: IT wird reaktionsschneller, flexibler und neue Aufgaben und Geschäftsanforderungen können besser erfüllt werden.
- Erhöhung der Innovationskraft durch Business-IT- und digitale Lösungen: Unternehmen haben einen Überblick über ihre IT-Investitionen, die das Unternehmenswachstum unterstützen. Die Business-IT-Landschaft wird übersichtlicher, sodass IT-Innovationen schneller bereitgestellt werden können.
- Die Qualität von Business-IT-Projekten bzw. digitaler Transformationsvorhaben wird gesteigert: Die Projekte bleiben nicht nur im vorgesehenen zeitlichen und finanziellen Rahmen, sondern stehen im Einklang mit der Geschäfts- und IT-Strategie des Unternehmens.
- Die Kosten der IT-Landschaft bzw. des IT-Betriebs sind transparent und zeigen Kostensenkungspotenziale auf: Dies ermöglicht ein Erkennen der Kostentreiber und das Senken der Betriebskosten.
- Sicherung von Compliance: Ein ganzheitlicher Governance-Ansatz hilft, Projekte besser zu steuern, um Compliance-Kontrollen durchzusetzen. Klar definierte Zuständigkeiten und nachvollziehbare Prozesse verbessern die Einhaltung von Compliance-Vorgaben.

4.2.3 Zielsetzungen und Handlungsprinzipien für das Enterprise-IT-Architekturmanagement

Grundvoraussetzung für die ebenso ganzheitliche wie nachhaltige Optimierung der IT-Landschaft ist die Festlegung von Architekturprinzipien, die eine wesentliche Leitlinie für das Handeln bei der Planung und Entwicklung von Architekturen bilden. Eine angestrebte eindeutige Neuausrichtung der gesamten Architektur bedarf darüber hinaus der Formulierung der strategischen Zielrichtung auf Basis der übergeordneten Unternehmensziele.

Wie sehen die wesentlichen Rahmenbedingungen und Zielsetzungen bei Einführung eines systematischen Enterprise IT-Architekturmanagements aus? Detailziele, die sich – etwa orientiert an einer Balanced Scorecard – daraus ableiten lassen, zeigt das Referenz-Anwendungsbeispiel in Tabelle 4.2.

Tabelle 4.2 Enterprise-Architektur-Zielkatalog (Beispiel aus einer Referenzorganisation)

Zielbereiche	Zielsetzungen
Finanzielle Ziele	<ul><li>Wirtschaftlich agierende Unternehmens-IT gewährleisten</li><li>TCO-Werte zu den Architekturen reduzieren</li><li>Innovationsgrad der Business-IT-Architekturen steigern</li><li>Architektur-Wertbeitrag für das Business erhöhen</li></ul>
Kundenziele	<ul><li>Kundenzufriedenheitsgrad zu ausgewählten Architekturen steigern</li><li>Nutzungsgrad der eingesetzten Architekturen erhöhen</li><li>Architektur-Awareness beim Kunden erhöhen</li><li>Lösungsentscheidungen zum Architektureinsatz in Kooperation mit dem Fachbereich erleichtern/versachlichen</li><li>Beitrag der Unternehmens-IT-Architektur zur Qualitätssicherung bewerten</li><li>System- und Anwendungsarchitektur kommunizierbar machen (ggf. SLAs zu implementierten Architekturen verbessern)</li><li>Zuverlässigkeit und Zukunftssicherheit gegenüber Kunden der IT durch Architekturentwicklung gewährleisten bzw. steigern</li><li>Bedarfsorientierung der IT-Anwendungen erhöhen (durch angepasstes EA-Anforderungsmanagement)</li></ul>
Architektur-prozessziele (IT-Service-Ziele)	<ul><li>Architekturprozesse effektiv gestalten (Zeit, Qualität)</li><li>Qualität der Ergebnisse der Architekturprozesse verbessern</li><li>Einhaltung von Richtlinien/Vorgaben für Architekturen sicherstellen</li><li>Software-Architekturentscheidungen verbessern</li><li>Abstimmung zwischen den IT-Bereichen erleichtern</li><li>Störungen/Ausfall der IT-Systeme zielsicher managen (Impact-Analysen ermöglichen und erleichtern)</li></ul>
Personalziele	<ul><li>Hohe Mitarbeiterzufriedenheit sichern</li><li>Architektur-Know-how des Business und des IT-Personals kontinuierlich entwickeln</li><li>Personal mit Architektur-Know-how nachhaltig an das Unternehmen binden</li></ul>
Ziele zu den IT-Systemen/ IT-Services	<ul><li>Komplexität der IT-Systemlandschaft reduzieren</li><li>Transparenz über Technologie-Architektur erhöhen (Asset-Management, Netzwerk, Desktop u. a.)</li><li>Entscheidungssicherheit zu IT-Technologieauswahl- und Technologieeinsatzentscheidungen sowie zum integrierten Business-IT-Portfolio erhöhen</li><li>Transparenz der Anwendungsarchitektur erhöhen (Layer)</li><li>Daten-/Informationstransparenz gewährleisten</li><li>Dokumentation zu IT-Produkten/IT-Systemen verbessern</li><li>Re-use-Faktor erhöhen (Stichwort API-Management)</li><li>Agilität der IT-Anwendungen steigern</li></ul>
Ziele zu den Business-IT-Projekten	<ul><li>Planungssicherheit für Business-IT-Projekte erhöhen</li><li>Migrationsplanung optimieren (ggf. Entscheidungssicherheit erhöhen, Portfoliomanagement)</li></ul>

Weitere Teilziele sind schließlich für die jeweils festgelegten Architekturbereiche daraus abzuleiten. Ein Beispielergebnis zeigt Bild 4.5.

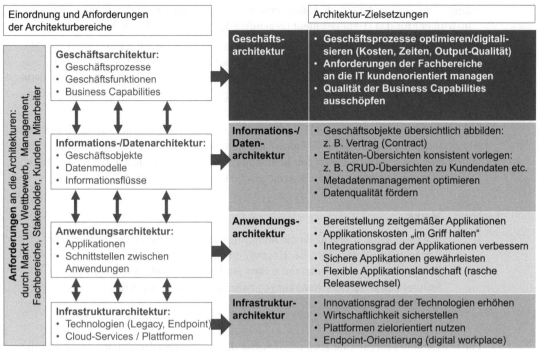

Bild 4.5 Vier Architekturbereiche und zugeordnete Zielsetzungen

4.3 Hauptbereiche der Enterprise Architecture – Dokumentation und Integration

Voraussetzung zur Entwicklung, Planung und Steuerung von Enterprise IT-Architekturen ist es, die Ist-Situation der jeweiligen Unternehmensorganisation und ihre Architekturelemente in geeigneter Form zu dokumentieren. Dazu bieten sich mittlerweile zahlreiche **Beschreibungsmodelle** und **Dokumentationsformen** an, wobei natürlich vor allem in Abhängigkeit von dem jeweiligen Architekturbereich (der Domäne) Unterschiede gegeben sind. Um die Zusammenhänge zwischen den Architekturbereichen abbilden zu können, ist es notwendig, ein entsprechendes Design der EA zu entwerfen und zu implementieren. Dies erfolgt mittels eines sogenannten EA-Metamodells, das am besten toolgestützt erfolgt.

Im Wesentlichen finden sich folgende Argumente, **warum Enterprise IT-Architekturen einheitlich und aussagekräftig dokumentiert** werden müssen:

- Eine Dokumentation der Enterprise-IT-Landschaft ist unerlässlich, um Zusammenhänge zwischen Geschäftsprozessen, Anwendungen (IT-Applikationen), Daten- und Informationsobjekten sowie IT-Plattformen und IT-Komponenten zu verstehen.
- Ohne aktuelle Architekturdokumentation befinden wir uns im Hinblick auf Planungen und Entscheidungen zu Enterprise IT-Architekturen im „Blindflug".

- Eine transparente Architekturdokumentation ist ein hervorragendes Kommunikationsinstrument für das IT-Management (gegenüber Kunden und weiteren Stakeholdern).
- Eine Architekturdokumentation schafft Transparenz hinsichtlich der angewandten Methoden und Verfahren in den Architekturbereichen und der verwendeten technologischen Umsetzungen. Sie erhöht letztlich die Sicherheit im täglichen Handeln für verschiedene IT-Bereiche – wie etwa im IT-System- und IT-Servicemanagement, im IT-Projektmanagement u. a.).

Die Bereiche der Unternehmens-IT-Architektur – Geschäftsarchitektur, Applikationsarchitektur, Technologiearchitektur (IT-Infrastrukturen und IT-Plattformen) sowie Daten- und Informationsarchitektur – geben den Rahmen für Umsetzungsmöglichkeiten in der Praxis. Gleichzeitig ermöglichen sie gezielte strategische Überlegungen verschiedenster Art.

Merke:

Von besonderer Relevanz für die Architekturdokumentation ist die ganzheitliche Betrachtung auf der Ebene der Gesamtorganisation. Die Erfassung und Beschreibung von Architekturen sollten „im Großen" ansetzen (quasi als Big Picture) sowie die Wechselwirkungen zwischen den skizzierten Bausteinen der Architektur berücksichtigen.

Für jede Architekturvariante sind nachfolgend die wichtigsten Merkmale angegeben, die zur Beschreibung und Dokumentation wesentlich sein können. Orientierung dazu bietet Tabelle 4.3.

Tabelle 4.3 Architekturvarianten und Darstellungs-/Dokumentationsformen

Varianten	Darstellungen/Elemente
Geschäftsarchitekturen (fachliche Architekturen, Prozessarchitektur)	Die Geschäfte, Geschäftsfelder, Geschäftsfunktionen bzw. Geschäftsprozesse werden standardmäßig durch **Business Capability Maps, Wertschöpfungsketten** und **Fachlandkarten bzw. Prozesslandkarten** abgebildet. In Detailabbildungen wird dann etwa ein Geschäftsprozess durch ein Modellierungsverfahren (BPMN-Notation) erfasst und abgebildet.
Applikationsarchitekturen	Eine Applikationsarchitektur skizziert die Ist-Applikationslandschaft bzw. als Soll-Architektur die Ausrichtung der künftigen Anwendungslandschaft. Für die wichtigsten Anwendungsgruppen sind die Applikationen zu clustern und in Diagrammen (Cluster-Darstellungen) abzubilden.
Technologiearchitekturen	Eine Technologiearchitektur (Infrastrukturarchitektur) - dokumentiert die **technischen Komponenten** der IT-Systeme und Standards für alle Infrastrukturebenen; - skizziert „Roadmaps" für die zukünftige Leistungsentwicklung; - gibt konkrete Produktentscheidungen für eine Organisation vor (etwa die **Standards** für Server, Arbeitsplatzsysteme, Cloud-Plattformen etc.).
Daten- und Informationsarchitekturen	Die **Datenobjekte** werden in Datenglossaren systematisiert und in Datenkatalogen erfasst. Darüber hinaus sind Informationsflussdarstellungen sowie Dokumentationen zur gesamten **Datenorganisation** wichtig (etwa Datenquellen, Speicherorganisation, Regelungen zum Data Ownership sowie zu Zugriffsberechtigungen etc.).

4.3.1 Dokumentationsformen für Enterprise-Architekturen

Grundsätzlich ist festzustellen, dass sich durch eine strukturierte Dokumentation der Unternehmensarchitekturen ein wichtiger Nutzen für jede Organisation ergibt: Die inventarisierte Enterprise IT-Architektur schafft Transparenz und macht so Auswirkungen geplanter Änderungen auf Anwendungen, Geschäftsprozesse und weitere Elemente der Architektur vorhersehbar. Damit verbundene Ausfallrisiken lassen sich zielgerichteter erkennen und abschätzen. Prinzipiell unterscheidet man **drei Arten der Dokumentation:**

- **Textuelle Beschreibung** der IT-Architektur (Enterprise Architecture)
- **Tabellarische Darstellung** der IT-Bebauung
- **Grafische Darstellungen** zu den Architekturen (in der Regel als vernetzte Darstellungen zur Visualisierung von Zusammenhängen und Schnittstellen)

Bei der **textuellen Dokumentationsvariante** handelt es sich um eine reine bzw. primär verbale Darlegung zu den Architekturdomänen und ihren Elementen. Diese Dokumentationsart ist nur in sehr eingeschränkter Form und für kleinere Systeme sinnvoll. Sobald es sich um ein etwas umfangreicheres System handelt, geht schnell der Überblick verloren („Textwust").

Die Dokumentationsform **Tabelle** ermöglicht es sehr gut, die Zusammenhänge zwischen zwei Größen (z. B. Applikationen und unterstützte Geschäftsprozesse) darzustellen und daraufhin verschiedene Analysen vorzunehmen (z. B. Gap-Analysen).

Die **grafische Form** der Dokumentation verwendet freie oder standardisierte Grafikelemente und eignet sich sowohl für ein Big Picture (als Überblick) als auch besonders gut zur Darstellung einzelner Architekturkomponenten und deren Vernetzungen.

> **Zu beachten ist:** Zentrale Einflussfaktoren für die Festlegung der Dokumentationsform für die Enterprise-Architekturen (die IT-Bebauung und deren Vernetzung) sind die Ziele und Fragestellungen bzw. Anforderungen der verschiedenen Stakeholder. Ein wichtiges Hilfsmittel zur Beantwortung der Fragestellungen sind verschiedene Visualisierungen und Auswertungen. ∎

Im Einzelnen sind die folgenden **grafischen Dokumentationstypen für Enterprise-Architekturen** verbreitet:

1. **Anwendungslandkarte:** Diese Visualisierungsform gibt eine Übersicht über die wichtigsten Anwendungen (Applikationen) des Unternehmens, indem sie die Anwendungen und ihre Schnittstellen aufzeigt. Schnittstellen können in eigenen Diagrammen verfeinert dokumentiert werden.

2. **Clustergrafiken:** Applikationen und Geschäftsarchitekturen lassen sich gut über eine sogenannte Clustergrafik visualisieren. So können beispielsweise Geschäftsprozesse oder Funktionen in fachlichen Blöcken gruppiert werden (als fachliche Domänen), um etwa einen fachlichen Rahmen für die Weiterentwicklung der IT-Bebauung bereitzustellen. In ähnlicher Form sind Anwendungen (Applikationen) in Applikationsblöcken zusammenzufassen, um etwa besondere Integrationszusammenhänge oder gleiche Adressatengruppen zu dokumentieren.

3. **Zuordnungstabellen:** Mit Zuordnungstabellen besteht die Möglichkeit, die Art der Beziehung zwischen den wesentlichen Elementen der Enterprise-Architektur zu visualisieren. So lässt sich beispielsweise sehr übersichtlich darstellen, welche Applikationen welche Geschäftsprozesse unterstützen. Auf diese Weise erhält man einen guten Überblick über die Zusammenhänge von Geschäftsarchitekturen und Applikationsarchitekturen.
4. **Bebauungsplangrafik:** Sie ermöglicht die Darstellung von Zusammenhängen zwischen den Elementen der Unternehmensarchitektur in Form einer Matrix. Durch eine flexible Zuordnung von Elementen zu Zeilen, Spalten und Inhalt der Grafik können eine Vielzahl von Fragestellungen beantwortet werden. Zudem lassen sich Eigenschaften der Inhaltselemente über unterschiedliche Farben und Linientypen visualisieren, um so zusätzliche Informationen bereitzustellen (etwa hinsichtlich der Bewertung).
5. **Portfolio-Grafik:** Sie dient zur Visualisierung von „Wertigkeiten" unter Bebauungselementen oder Strategien für Bebauungselemente auf einen Blick.

Hinweis

Umfang und Art der Informationen, die zu den IT-Architekturen dokumentiert werden, orientieren sich an den Zielsetzungen und den vorhandenen bzw. geplanten Architekturmanagementprozessen. Während bestimmte Informationen für alle Prozesse vorzuhalten sind, kann für weitere Elemente der Unternehmensarchitektur, z. B. Schnittstellen und Daten, eine spezifische Detaillierung erfolgen. Der Erhebungs- und Pflegeaufwand bleibt auf diese Weise kalkulierbar.

4.3.2 Applikationsarchitektur

Die Applikationsarchitektur (Application Architecture) stellt eine Übersicht der eingesetzten Anwendungssysteme, deren Interaktionen und Beziehungen zu Kerngeschäftsprozessen der Organisation sowie zur Daten- und Infrastrukturebene bereit. In der konkreten Beschreibung der Anwendungsarchitektur werden ergänzend dann die zwischen den Applikationen bestehenden Beziehungen und Schnittstellen analysiert und festgehalten.

Bild 4.6 zeigt ein Beispiel einer Applikationslandkarte, die von einem EAM-Tool relativ problemlos erzeugt werden kann, wenn sämtliche Basisdaten zu den Applikationen (Name der Applikation, Owner etc.) sowie wesentliche Bereiche (wie Organisationseinheiten, Domänen, Lokationen, User etc.) zugeordnet werden können.

Zur Beschreibung der IT-Anwendungen (Vertrieb u. a.) empfiehlt sich eine Gliederung entlang der Hauptprozesse des Unternehmens (Kern-, Management- und Unterstützungsprozesse). Mit diesem Vorgehen können aus der Prozesssicht heraus Vorgaben für einheitliche Technologien zur Integration und Homogenisierung der Anwendungslandschaft entwickelt werden. Entsprechende Architekturkonzepte liefern für alle relevanten Planungsbereiche der IT konkrete, gegenseitig abgestimmte Konzepte bzw. „Bebauungspläne" fachlicher und technischer Art, die zeigen, wie eine vorhandene IT-Strategie im Unternehmen umgesetzt werden soll und kann.

4.3 Hauptbereiche der Enterprise Architecture – Dokumentation und Integration

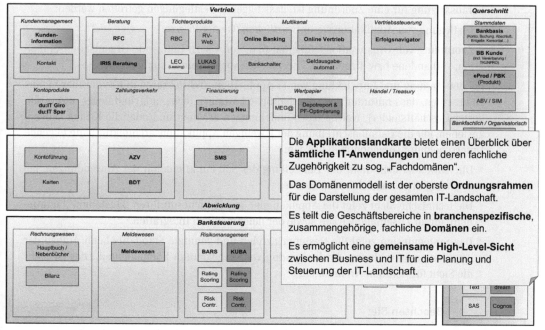

Bild 4.6 Applikationslandkarte – Applikationen und nutzende Fachbereiche

Aufbauend auf Standards, die vom Unternehmen für Geschäftsprozesse und Daten zu erarbeiten und vorzugeben sind, werden Architekturkomponenten zur Prozessunterstützung definiert. Die Architekturkomponenten decken durch unterschiedliche Applikationen verschiedene Funktionsbereiche des Unternehmens ab. Das lässt sich beispielsweise sehr anschaulich durch eine Funktionstabelle (Zuordnungstabelle) wiedergeben.

Funktionen/Prozesse	ERP-Systeme					CRM			SCM		BI		Office		
	Systor		SAP			Salesforce			SAP		SAP	Cognos	TV	TBK	Mail
	EK	Produkt-planung	HR	FI	CO	Vertrieb	Marketing	Service	E-Procurement	Supply Chain Planning	Data-warehouse	Business Analytics			
Marketing															
Brandmarketing			X	X	X	X	X	X					X		X
Design (re-)launch			X			X			X	X			X		
Kampagnenmanagement	X					X	X								X
Telefon-Marketing						X								X	
Messevorbereitung						X	X								X
Vertrieb															
Angebotserstellung				X		X					X	X		X	X
Kundenakquise			X	X	X	X	X		X		X	X	X	X	X
Auftragsabwicklung	X			X		X	X								X
Produkteinführung	X	X				X									
Nachträgliche Konditionen															

Bild 4.7 Zuordnungstabelle – zeigt Applikationen und zugeordnete Geschäftsfunktionen/Prozesse

Voraussetzung für eine Zuordnung ist, dass folgende Festlegungen getroffen werden:

- Festlegung von Applikationsverantwortlichen (Owner-Prinzip)
- Zuordnung von Organisationseinheiten bzw. von Usern (nutzende Organisationseinheiten, vorhandene bzw. lizenzierte User) zu den vorhandenen Applikationen

Bei der Planung und Entwicklung von IT-Applikationsarchitekturen gilt es darüber hinaus zu beachten, dass mitunter neue geschäftliche Lösungen (etwa aufgrund neuer und veränderter Geschäftsfelder), welche den Kundennutzen erhöhen und/oder die Kosten senken, anstehen. Für die Detailbeschreibung der jeweiligen Applikationsarchitektur kann folgende Unterscheidung vorgenommen werden:

- Die **Anwendersicht** dient der Darstellung der Soll-Funktionalität der Anwendungen, bezogen auf die Unternehmensprozesse.
- Die **technische Sicht** zeigt die Applikationen aus IT-Sicht mit ihren Bausteinen (Funktionen), ihrem Zusammenwirken sowie der datenmäßigen Integration.
- Das **Systemdesign** zeigt die Designprinzipien und genutzte Standards beim Aufbau der Applikationen, inklusive der Integration von eingekauften Komponenten. Dies ist mehr die Sicht für Solution-Architekten.

Beachten Sie:

Die Dokumentation der Anwendungen (Applikationen) zielt unter anderem auf die Vorgabe von einheitlichen Technologien zur Integration und Homogenisierung der Anwendungslandschaft. Eine Anwendungsarchitektur bestimmt so die Ausrichtung der künftigen Anwendungslandschaft und macht konkrete Entwicklungsvorgaben. Für die wichtigsten Anwendungsgruppen sind verbindliche Architekturprinzipien und Leitlinien aufzustellen, wobei für jede Plattform grundsätzlich die gleichen Prinzipien und Leitlinien gelten.

4.3.3 Geschäftsarchitektur (Business Architecture)

Die **Geschäftsarchitektur** ist Teil der Unternehmensarchitektur. Sie beschreibt im Wesentlichen die Grundstrukturen des Geschäfts (Geschäftsfelder inkl. der Unternehmensziele), die dem Unternehmen bzw. den Geschäftsfeldern zugrunde liegenden (durch IT unterstützten) Business Capabilities und Geschäftsprozesse, die hierfür erforderlichen Steuerungsmechanismen und Ressourcen sowie strukturelle Anpassungen in der Organisation des Anwenders (z. B. Rollen und Prozesse für das Architekturmanagement).

Die Geschäftsarchitektur präzisiert die Business-Strategie, Steuerungsmechanismen, Organisation und Kerngeschäftsprozesse (Definition nach TOGAF). **Objekte**, die im Rahmen einer **Dokumentation der Geschäftsarchitektur** primär erfasst und dargestellt werden, sind:

- die **Grundstrukturen des Geschäfts** (inkl. der Darstellung der Geschäftsziele),
- **Prozesse/Geschäftsprozesse,**
- **Geschäftsobjekte,**
- **Business Capabilities (Geschäftsfunktionen),**

- **Organisationsstrukturen (Organisationseinheiten)** und
- **Ressourcen** (Akteure, Rollen etc.).

Im Rahmen einer Geschäftsarchitektur ist es notwendig, die Geschäftsfunktionen und Geschäftsprozesse zu erfassen, mit ausgewählten Kriterien zu bewerten und in eine für die Unternehmens-IT verwendbare Form zu bringen. Notwendige EA-Aktivitäten können daher sein:

- Anforderungen des Business an die IT identifizieren und verstehen (Business-Analyse, Demand-Management)
- Geschäftsfunktionen und Geschäftsprozesse modellieren (Geschäftsfeldentwicklung, Business Capability Management und Prozessmanagement)
- Geschäftsfunktionen und Geschäftsprozesse mittels standardisierter und individueller Kriterien bewerten und Handlungsbedarf identifizieren (etwa Initiativen zur Digitalisierung oder Automatisierung von Geschäftsprozessen)
- Geschäftsfunktionen und Geschäftsprozesse mit Anwendungen, Informationen und IT-Komponenten verbinden

Um eine Dokumentation vornehmen zu können, ist oft vorab eine Erhebung der Ist-Situation notwendig. **Darstellungsformen für Geschäftsarchitekturen** (fachliche Architekturen, Prozessarchitekturen) gibt es sehr viele. Als Beispiele, die am weitesten verbreitet sind, seien genannt:

- Bebauungspläne (Fachstrukturen)
- Prozesslandkarten und Wertschöpfungsdiagramme
- Swim-Lane-Diagramme und Prozessketten
- Business Capability Maps

Ein Beispiel für eine Prozesslandkarte gibt Bild 4.8.

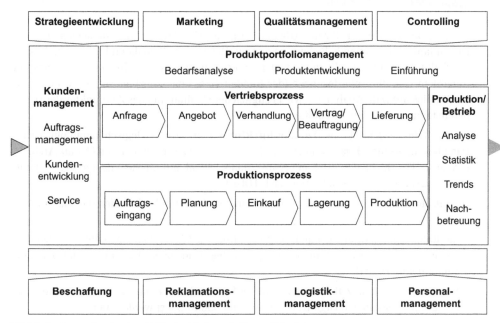

Bild 4.8 Prozesslandkarte mit Wertschöpfungsketten – Beispiel

Für eine Dokumentation der Geschäftsprozesse ist es unverzichtbar, die Geschäftsprozesse zu systematisieren. Dabei findet sich für eine Klassifizierung/Kategorisierung die Unterscheidung in Kern-, Unterstützungs- und Managementprozesse. Folgende Teilaktivitäten zur ganzheitlichen Dokumentation und Umsetzung der Geschäftsarchitektur können dabei vorkommen:

- Festlegung einer prozessorientierten Ausrichtung auf strategischer Ebene (Identifikation der Geschäftsfelder und Geschäftsprozesse);
- Erstellen von Wertschöpfungsdiagrammen und Prozesslandkarten (in der alle wesentlichen Geschäftsprozesse identifiziert und definiert sind);
- Benennen der Prozessverantwortlichen sowie Festlegung der Aufgaben, Rechte und Pflichten (Organisation und Ressourcen);
- Einführung und Umsetzung eines mit den Unternehmenszielen abgestimmten Prozesscontrollings (Planung, Kontrolle, Informationsbereitstellung).

Beachten Sie:

In der Geschäftsarchitektur werden die wesentlichen Geschäftsfelder, Dienstleistungen (Services) und die dafür benötigten Funktionen (Aufgaben), Prozesse, Lokationen, Rollen und Informationen sowie deren Beziehungen untereinander aufgenommen. Vorteile der Abbildung der Geschäftsarchitektur mit ihren wesentlichen Elementen (Geschäftsprozesse, Geschäftsfunktionen) sowie der Erfassung von Bewertungsattributen liegen vor allem in einer Unterstützung des Anforderungsmanagements für IT- bzw. digitale Lösungen.

4.3.4 Datenarchitektur

Die Datenarchitektur hat für die Arbeiten im Enterprise Architecture Management in den letzten Jahren zunehmende Bedeutung erlangt. Das ist vor allem damit begründet, dass die Geschäfte, Produkte und Prozesse vieler Unternehmen immer mehr auf Daten basieren. Außerdem sind die Anforderungen (der Kunden/Data Consumer) enorm gestiegen – etwa im Hinblick auf Data Analytics sowie bezüglich der Qualität und des Zeitpunktes der Datenbereitstellung (z. B. Data Streaming).

Grundsätzlich beschreibt die **Datenarchitektur** die Struktur des logischen und physischen Datenbestands einer Organisation sowie die Ressourcen zur Datenhaltung (A Data Architecture describes the structure of an organization's logical and physical data assets and data management resources = Definition nach TOGAF).

Organisatorische Voraussetzungen zur Dokumentation und Analyse der Datenarchitektur sind, dass

- die unternehmensweit für einen Architekturentwurf bedeutsamen Daten (möglichst in einem Datenglossar bzw. Datenkatalog) festgelegt sind sowie Data Owner und Data Consumer definiert sind,
- für einzelne Sichten (z. B. Vertriebssicht der Kundendaten, Finanzsicht der Kundendaten) die jeweils zuständigen Organisationseinheiten identifiziert werden und

- Kompetenzen, Verantwortlichkeiten sowie Werkzeuge für die Planung und den Entwurf von Datenstrukturen und Plattformen im Unternehmen vereinbart sind.

Eine Grundlage für die Abbildung der Datenarchitektur sind die Erhebung und die Analyse der bestehenden Anwendungen und Informationsquellen. Daten müssen konsistent und redundanzfrei verwaltet werden. Dazu sind die Datenobjekte in der Organisation systematisch zu erfassen, zu strukturieren und Anwendungen zuzuordnen. Auf diese Weise lassen sich Abhängigkeiten erkennen, die bei der Planung und Weiterentwicklung der Anwendungen zu berücksichtigen sind. Durch ein adäquates Datenmanagement wird außerdem die Konzeption der zukünftigen Datenarchitektur ermöglicht.

Praxistipp

Die zur Realisierung von Geschäftsprozessen sowie zur Datenanalyse benötigten Daten müssen identifiziert und dokumentiert sowie mit ihren Beziehungen in einer Datenarchitektur beschrieben werden. Die Beschreibung sollte in einem Modell und einer Darstellungsform erfolgen, die die Gesamtheit der Daten vollständig für alle an Informationssystem-Entwicklungsprozessen beteiligten Akteure verständlich und konsistent wiedergibt.

Für die Erhebung der Daten aus Architektursicht bedürfen folgende Fragen einer Klärung:

- Gibt es ein Verzeichnis aller Daten (Datenglossar, Datenkatalog) des Unternehmens?
- Gibt es eine Klassifikation der Unternehmensdaten nach geeigneten Kriterien?
- Ist sichergestellt, dass alle Daten Eigner haben sowie die Pflichten und Rechte in Bezug auf die Datenverwendung bzw. Datenbereitstellung geklärt sind?
- Ist geklärt, wie für die Korrektheit und Vollständigkeit der Unternehmensdaten gesorgt wird?
- Gibt es Regelungen hinsichtlich der Datenverwendung?
- Gibt es Regelungen in Hinblick auf die Datenspeicherung (was, wo, wie, wie lange …)?

Wichtige **Ziele und Aktivitäten zum Aufbau und zur Nutzung einer Datenarchitektur** umfassen:

- Systematische Ordnung (Strukturierung) und Erfassung der Datenobjekte in der Organisation
- Abbildung der Ergebnisse in einem Datenkatalog. Auf diese Weise lassen sich Abhängigkeiten erkennen, die etwa bei der Planung und Weiterentwicklung der Anwendungen zu berücksichtigen sind.
- Aufbau einer Data Fabric. Basierend auf den strukturierten Datenobjekten sind folgende Komponenten einer Data Fabric zu etablieren: Data catalog (Unternehmensdaten werden über mehrere Datenquellen hinweg kategorisiert, um darauf zuzugreifen), Master data management, Metadata management, Data preparation/data quality (Data quality tools),

Data integration (extract, transform, and load (ETL) processes; and transformation), Data analytics sowie Data visualization.
- Datenmodellierung für konzeptionelle, logische und physische Datenentwürfe (= Datenmodelle bereitstellen)
- Design-Konzepte für die Verbindung der Datenmodelle (Datenkataloge) mit Geschäftsprozessen, Business Capabilities, Informationsflüssen und Applikationen
- Daten-Analyseoptionen ermöglichen (durch gezielte Nutzung von Informationen für Planungs- und Steuerungsaufgaben sowie für die GRC-Verwendung)
- Auswertungen bereitstellen, die die Verbindung zwischen Datenmodellen, Entitäten, Attributen und Daten-Plattformen erfordern.

Ein wichtiger qualitätsunterstützender Faktor ist die Redundanzfreiheit der Stamm- und Bewegungsdaten. Für jedes Datum ist eindeutig festgelegt, in welchem Informationssystem dessen Original gespeichert ist. Ein wichtiges Element spielt in diesem Architektursegment ein zentrales Daten-Repository, das beispielsweise über eine IoT-Plattform realisiert werden kann (vgl. [HH18]; Hoffmann, Jörg; Heimes, Pit: Informationssystem-Architekturen).

Bezüglich der **Abbildung der logischen Datenarchitektur** ist festzustellen, dass die Darstellung der Informations- bzw. Datenarchitekturen klassischerweise über ERM-Diagramme erfolgt. Diese geben eine Datenübersicht und schaffen eine geeignete Grundlage für eine Beschreibung strukturierter Daten. Die detaillierten Daten können dann verwendet werden, um Input-/Output-Daten von Aktivitäten, den Datenfluss und den Datenaustausch zwischen den Prozessbeteiligten zu dokumentieren. Auch dienen die Datenobjekte als Grundlage, um den Datenaustausch zwischen den Applikationen zu beschreiben. Sie können darüber hinaus den Schnittstellen hinterlegt werden.

Integrierte Entwürfe und Datenflüsse abbilden

Hier ist das Konzept des Data Lakehouse zu erwähnen. Es ermöglicht die Überwindung traditioneller Daten-Silos, indem es die Kombination der besten Eigenschaften eines Data Lakes mit den Funktionalitäten eines Data Warehouses verbindet. Das Data Lakehouse entwickelt sich so in Verbindung mit einer integrierten Data Fabric zunehmend zum neuen Standard für Datenarchitekturen.

Eine weitere Option zur Abbildung von Datenarchitekturen besteht darin, festzulegen, wie Daten aus den verschiedenen Datensystemen, IT-Systemen sowie Anwendungen, zentral gespeichert, konsumiert, integriert und verwaltet werden sollen. Zu beachten ist: Im Endausbau sind Daten-Infrastrukturen nicht nur analytisch, sondern auch operational eingesetzt, d.h. sie müssen nicht nur Streaming- bzw. echtzeitfähig sein, sondern auch den operationalen Einsatz von künstlicher Intelligenz ermöglichen.

Praxistipp

Unternehmen benötigen heute mehr denn je eine umfassende architektonische und datenorientierte Struktur, um ein agiles Integrationsdesign aufzubauen, welches sich flexibel an die sich schnell ändernden Anforderungen eines heterogenen Datenökosystems anpassen kann. Data Fabric und Data Lakehouses stellen dafür neue Optionen dar.

4.3.5 Technologiearchitektur

Eine effiziente Steuerung der Technologielandschaften setzt ein umfassendes Wissen über die eingesetzten Technologien und Plattformen voraus. Damit Unternehmen alle Änderungen im Griff behalten, die sich durch neue Releases oder neue Technologien ergeben oder die durch Projekte und Übernahmen einfließen, ist eine robuste, effektive und effiziente Verwaltung des Technologieportfolios (= der Technologiearchitektur) unerlässlich.

Die Technologiearchitektur nimmt eine ganzheitliche Sicht auf die Systeminfrastruktur einer Organisation (eines Unternehmens) vor. Dazu zählen sowohl das technische System mit den diversen Komponenten (Hardware, Plattformen, Standorte, Netzwerke) als auch die Konfiguration sowie (im weiteren Sinne) das Management des Systems. Im Kern zeigt die Technologiearchitektur die Elemente der technischen Basissysteme, die technischen Konzepte, Standards und Produktvorgaben.

Aus **Infrastruktursicht** werden die verschiedenen IT-Komponenten in infrastrukturrelevante Schichten gegliedert, beispielsweise um für ein IT-Arbeitsplatz-, Server- und Host-Umfeld einen Orientierungsrahmen zu finden. Dieses Vorgehen zielt gleichzeitig auf die Vorgabe verbindlicher Standards und Produkte zur Integration und Homogenisierung der Infrastruktur.

Zur Beschreibung der Ist-Architekturen ist es von Vorteil, wenn ein ordentliches **Asset-Management** im Einsatz ist. Um einen Überblick über eine komplexe IT-Infrastruktur zu bekommen, ist es notwendig, alle Komponenten zu erfassen.

Für einen Unternehmenskontext können folgende Teilbereiche einer Technologiearchitektur unterschieden werden:

- IT-Infrastrukturen (wie Server, Data Center etc.)
- Digital Workplaces (etwa der PC-Arbeitsplatz, das Home Office oder mobile Systeme)
- IT-Plattformen (z. B. Datenplattformen, IoT-Plattformen etc.)
- Netzwerke (z. B. Inhouse Netze/LAN, WAN, öffentliche Netze)
- Cloud-Technologien (IaaS = Infrastructure as a Service, PaaS = Platform as a Service)
- Intelligente Technologien (KI, Hyperautomation u. a.)

In der **Beschreibung der Infrastrukturarchitektur mit Karten auf Typebene** werden primär die eingesetzten Systeme beschrieben. Ergänzend lassen sich Informationen zur physikalischen Ebene (Instanzen) angeben, denen dann Informationen wie eingesetzte Hardware, Netzwerksegmente, Systembetreuung, Ports oder IT-Adressen zugeordnet werden.

Diagrammtypen zur Dokumentation der Technologiearchitektur sind u. a. auch Netzwerkdiagramme. Bei einer Darstellung in Netzwerkdiagrammen besteht die Möglichkeit, den Zusammenhang zwischen Netzwerken, Routern, Switches und verwendeter Hardware (Server, Drucker etc.) darzustellen. Es besteht dabei durchaus die Option, die verwendeten Symbole benutzerdefiniert anzupassen.

Im Rahmen einer Technologiearchitektur werden die IT-Komponenten in infrastrukturrelevante Schichten gegliedert, beispielsweise um für ein PC-, Server- und Host-Umfeld einen Orientierungsrahmen zu finden. Die Technologiearchitektur gibt dabei letztlich den Rahmen für eine Organisation vor, innerhalb dessen Anwendungen beschafft, implementiert und betrieben werden können.

Welche Vorteile hat bereits die Basisdokumentation der Technologiearchitektur? Es lässt sich verlässlich sagen, welche Technologien wo eingesetzt werden:

- Bei Änderungen des Technologieportfolios ist es möglich, die Auswirkungen auf das Anwendungsportfolio schnell zu analysieren und umgekehrt.
- Auswahl und Einführung von Technologiestandards sowie deren Durchsetzung
- Kosten und Risiken werden deutlich, die durch den Einsatz falscher Technologien eintreten.
- Sie erkennen, welche neuen Technologien einen wirtschaftlichen Nutzen bringen.

Hinweis:

Das Infrastrukturkonzept hat den Vorteil, dass es die Anwendersicht auf die Systeme mit der IT-Sicht auf die Infrastruktur verbindet. Auf diese Weise lassen sich Beurteilungskriterien aus der Anwendersicht (Funktionalität, Flexibilität, Zuverlässigkeit und Schnelligkeit des Bereitstellens von neuen Funktionen) mit Beurteilungskriterien aus der IT-Sicht verbinden (Sicherstellen der Funktionsfähigkeit, Integrationsfähigkeit, Kostenreduktion durch Standardisierung).

Für den Entwurf und die Gestaltung einer zukunftsorientierten Technologielandkarte sollten nachhaltige Gestaltungsgrundsätze und Vorgehensweisen vereinbart sein. Beispiele sind etwa:

- Ausgangslage für den Technologieentwurf ist in der Regel keine „grüne Wiese". Greenfield ist daher beim Design der Technologielandkarte nur selten ein möglicher Ansatz. Zumeist muss auf ein vorhandenes Portfolio aufgesetzt werden, so dass der Mixedfield- oder Brownfield-Ansatz zu verfolgen ist.
- Modularität als Designprinzip sollte im Zentrum stehen. Denn Hardware-Schnittstellen sollten gegeben und umsetzbar sein.
- Die IT-Welt ist hybrid. Konventionelle Ansätze gilt es, mit agilen Architekturen zu verknüpfen.
- Security muss integriert bei den Technologieentwürfen mitgedacht werden. Beispiele sind etwa eine integrierte Firewall oder der Zero-Trust-Ansatz.

Beachten Sie:

Die Architekturdokumentation (Beschreibung und Bewertung der IT-Architekturen) muss in regelmäßigen Abständen aktualisiert werden. So können Veränderungen in der IT-Architektur widergespiegelt und somit die Leistungsfähigkeit der IT-Systeme und IT-Prozesse verbessert werden. Die Architekturdokumentation wird unternehmensweit eingesetzt und zu jeder Architekturentscheidung herangezogen.

Die Architekturkomponenten sind so zu beschreiben, dass Entwicklungs- und Betriebsanforderungen abgedeckt werden. Die Architektur wird die strategischen Prozesse und Architekturmodelle unterstützen und agiert somit bereichsübergreifend. Es bietet Vorteile, gerade für die Dokumentation der Architekturen Tool-Unterstützung zu nutzen.

4.3.6 EA-Metamodell und Unternehmensmodellierung

Ausgehend von dem vereinbarten Ordnungsrahmen sind im nächsten Schritt die relevanten Architekturelemente im Detail für die einzelnen Architekturbereiche bzw. für die Abbildung der Beziehungen zwischen den Architekturbereichen und Architekturelementen zu beschreiben.

Notwendig ist es, das Design der EA (das sog. EA-Metamodell) zu entwerfen und zu implementieren. Dies umfasst Entwerfen und Implementieren einer Unternehmensarchitektur, die die Geschäftsaktivität des Unternehmens oder der Behörde optimal unterstützt. Alle Architekturebenen (Geschäfts-, Anwendungs-, Technologie-, Informationsarchitektur) fließen in umfassende Architekturlösungen ein. In einem Architektur-Framework werden der aktuelle und zukünftige Status beschrieben sowie Richtlinien festgelegt, über die sich die Integrations- und Transformationsmaßnahmen steuern lassen.

Ist ein EAM-Tool vorhanden, so verfügt dieses in der Regel über ein entsprechendes Metamodell. Dieses kann ggf. auf die spezifischen Anforderungen des Anwenders angepasst werden. Das Metamodell stellt die wesentliche Basis für das IT-Enterprise-Architecture-Management dar. Eine damit auf die jeweilige Organisation abgestimmte Abbildung aller relevanten Architekturelemente ermöglicht innovative Planungen und sichere Steuerung der Business-IT-Landschaft.

- **EA-Metamodell** konzipieren – ggf. unter Orientierung an Referenzmodellen bzw. dem Metamodell von gängigen EAM-Tools!

- **EA-Repository** schrittweise aufbauen und aufgrund von Use-Cases oder in Projekten nutzen!

- **Standard-Reports** formulieren sowie individuelle Auswertungen flexibel ermöglichen!

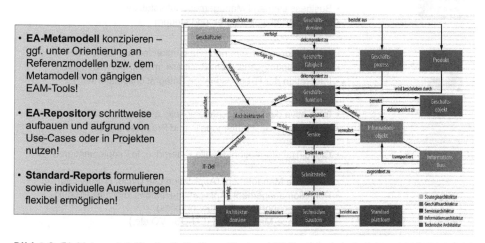

Bild 4.9 EA-Metamodell (Quelle: Opitz-Consulting) und EA-Repository – die Informationsbasis für das Architekturmanagement

Um eine umfassende (flächendeckende) Architekturentwicklung zu ermöglichen, hat es sich bewährt, dass diese auf den angesprochenen Ebenen der Geschäftsarchitektur, der Informationssystemarchitekturen (Applikations- und Datenarchitektur) sowie der Technologiearchitektur erfolgt.

Auf allen Ebenen wird zunächst sowohl die IST-Architektur (Baseline) als auch die Zielarchitektur (Target) beschrieben. Die Ebenen werden miteinander verknüpft und im Zielbild aufeinander abgestimmt. Dies wird durch Nutzung einer Modellierungsmethodik auf der Basis des EA-Repository ermöglicht. Als Standard gilt weltweit das EA-Modell **Archimate** mit der dazugehörigen Modellierungsmethodik.

4.4 EAM-Use-Cases – Beispiele für unternehmensspezifische Umsetzungen

Natürlich sind gezieltes Planen und Verwalten der Enterprise Architecture bzw. der IT-Architekturen kein Selbstzweck. Ziel ist letztlich die Bereitstellung von geeigneten Applikationen und einer agilen IT-Infrastruktur, die einen zuverlässigen IT-Betrieb gewährleisten und dabei die Geschäftsprozesse und -funktionen des Unternehmens optimal unterstützen.

Um diese Zielsetzungen zu erreichen, muss eine integrierte Sicht auf alle relevanten Aspekte der IT-Anwendungs- und Systemlandschaft erfolgen, wobei eine Verbindung zu den unterstützten Geschäftsprozessen hergestellt wird. Leistbar ist dies heute durch ein Architekturmanagement, das den Schwerpunkt nicht nur auf die IT-Elemente legt, sondern als integraler Bestandteil des Business behandelt wird und daher in einem Metamodell insbesondere auf Organisationseinheiten, Geschäftsfelder, Geschäftsobjekte, Geschäftsfunktionen und Geschäftsprozesse Bezug nimmt.

Eine Einordnung denkbarer Use Cases für EAM gibt Bild 4.10.

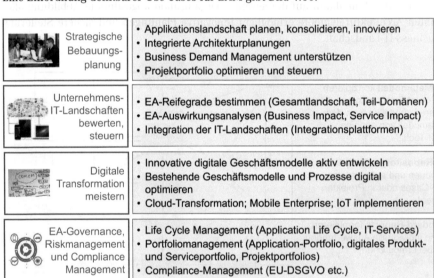

Bild 4.10 EA-Use-Cases – Beispiele

Nachfolgend werden einige dieser EA-Use-Cases skizziert, um einen konkreteren Einblick in die möglichen Rollen und Prozesse von Enterprise-IT-Architekten bzw. vorhandener Applikations-, Business-, Data- und Plattformarchitekten zu geben. Dabei werden je Use Case eine typische Ausgangssituation formuliert und darauf bezogene Potenziale und Nutzenfaktoren durch Unternehmensarchitekturmanagement mit ausgewählten EAM-Tools und Instrumenten dargelegt.

4.4.1 Use Case „Architekturlandschaft planen und ausgestalten"

Die Umsetzung der Konzepte des Architekturmanagements verändert in vielen Organisationen die Art und Weise, wie die Planung, Entwicklung und Einführung von Informationssystemen durchgeführt werden. Vorhandene Rollen und Prozesse im Unternehmen bedürfen dann einer Veränderung, um die Architekturen erfolgreich planen und einführen zu können.

Nur in seltenen Fällen wird eine IT-Architektur wie vom Reißbrett nach vorgegebenen Standards und mit einheitlicher Methodik modelliert und implementiert – vielmehr beherrschen gewachsene Systeme mit unterschiedlichen Lebenszyklen die IT-Landschaft von Organisationen. Durch die immer weiter fortschreitende Vernetzung von Systemen und Applikationen entsteht – wie eingangs bereits ausführlich dargelegt – ein komplexes Geflecht von Beziehungen und Abhängigkeiten. Dieses Geflecht muss handhabbar, steuerbar und stringent gestaltet sein und den Architekten als Planern Mechanismen zur Verfügung stellen, damit sie die Anforderungen aus der Unternehmens- und IT-Strategie erfüllen können. Dazu ist auch eine Zuweisung der entstehenden Kosten an Geschäftsprozesse vonnöten, um die Erfolge der IT zur Unterstützung der Unternehmensstrategie messbar zu machen.

Praxistipp:

IT-Architekturen müssen immer die Geschäftsprozesse des Unternehmens bzw. die Geschäftsfunktionen unterstützen! Da das Geschäft und damit die Geschäftsprozesse einer Organisation dynamisch sind, ergeben sich jeden Tag neue Herausforderungen. Durch Dokumentation der Architekturlandschaft (Enterprise Architecture) und die Etablierung eines architekturellem Denkens und Handelns im Management und bei den Professionals gelingt so eine agile Umsetzung (etwa auch bei dem nachfolgend skizzierten Use Case).

4.4.1.1 Generelle Vorgehensweise zur Architekturplanung

Im Rahmen des Architekturmanagements sind Entscheidungen darüber zu treffen, wie eine standardisierte Entwicklung, Integration, Installation und Wartung (Modifikation) von IT-Systemen (IT-Architekturen und digitalen Technologien) aufgrund von IT-Strategien erfolgen kann. Einen beispielhaften Überblick über einen möglichen Prozess in der Praxis und dabei einbezogene Akteure (Gruppen) gibt Bild 4.11.

Grundsätzlich gilt, dass die Erarbeitung einer IT-Strategie und der davon abgeleiteten IT-Architektur und Infrastruktur ein inkrementeller, iterativer Prozess ist. Dies soll auch Bild 4.11 als Praxisbeispiel veranschaulichen. Jeder Durchlauf soll den Reifegrad des Ergebnisses erhöhen und nach Möglichkeit zusätzliche Bereiche abdecken. Die Initiierung eines Durchlaufs kann sowohl zeitgesteuert (reguläre Planung und Fortschreibung von Strategie und IT-Architekturen, mindestens einmal im Jahr) als auch ereignisgesteuert sein (gestartete bzw. laufende Projekte, Umweltänderungen).

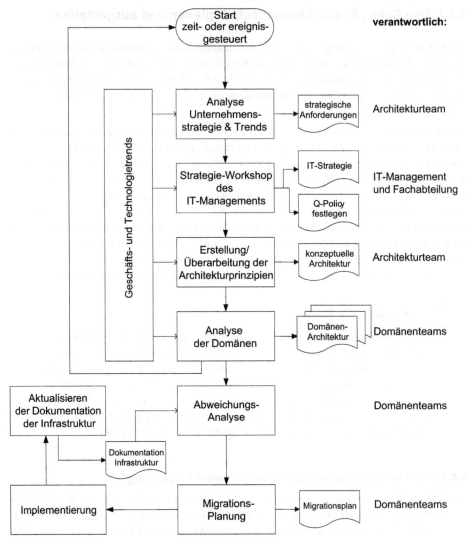

Bild 4.11 Entscheidungen zu IT-Architekturen

Im Beispielfall sind in einem ersten Schritt vom Architekturteam die Anforderungen der Fachbereiche (Kunden) und die sich daraus ergebenden Auswirkungen auf die IT-Strategie zu analysieren. Die wesentlichen Treiber für die IT-Strategie werden festgehalten. Danach werden die daraus abgeleiteten Informationsbedürfnisse aufgezeigt. Im nächsten Schritt werden die aktuellen Markttrends analysiert und auf ihre Relevanz für das Unternehmen hin untersucht. Aus all diesen Grundlagen wird dann eine für Fachbereich und IT gemeinsame Vision der strategischen Anforderungen an den IT-Betrieb abgeleitet bzw. fortgeschrieben.

Ausgehend von den strategischen Anforderungen wird im Beispielfall vom Linienmanagement des IT-Bereichs im Rahmen eines Workshops die IT-Strategie der Organisation entwickelt bzw. angepasst. Diese beschreibt die Rolle der IT im sich ändernden Umfeld und liefert übergeordnete Zielsetzungen für alle Bereiche, von der technischen Architektur über anzustrebende Kooperationen bis hin zum Personaleinsatz und zur Personalentwicklung. Ein weiteres Ergebnis des Workshops sind eine eventuell erforderliche Aktualisierung der Q-Policy und die aktuellen Qualitätsziele für das laufende Jahr.

Aufbauend auf den strategischen Anforderungen und der IT-Strategie wird unter Berücksichtigung der aus den Projekten des Unternehmens kommenden Anforderungen die **konzeptuelle Architektur** entwickelt bzw. in späteren Durchläufen adaptiert:

- Ein wesentliches Ergebnis sind die Architekturprinzipien. Diese stellen einen Satz logischer und konsistenter Grundsätze dar, die für alle technologischen Entscheidungen als Leitlinie dienen. Für jedes Prinzip werden die Begründung und die sich daraus ergebenden Auswirkungen dargestellt.

- Weiterer Inhalt der konzeptuellen Architektur sind die Definition und Abgrenzung der für das Unternehmen relevanten Domänen – logisch zusammengehörende Teilbereiche der Applikationen, Daten sowie der Infrastruktur (wie beispielsweise Betriebssysteme, Netzwerk oder Anwendungen).

Für jede Domäne sollte es ein von einem Domänenarchitekten geleitetes **Domänenteam** geben. Dieses

- legt Designprinzipien für die Domäne fest,
- identifiziert die für die Domäne relevanten Technologien und
- beschäftigt sich mit den dafür verfügbaren Standards.

Produkte und deren Lebenszyklus werden festgelegt und darauf aufbauend werden Konfigurationen erarbeitet. Für jede Domäne werden die Ergebnisse in der **Domänenarchitektur** (als Soll-Architektur) festgehalten.

Diese Architektur wird anschließend mit dem Ist-Zustand abgeglichen und bei entsprechendem Bedarf wird ein Migrationsplan erstellt. Danach erfolgt die Implementierung der erforderlichen Änderungen. Nach erfolgter Implementierung wird die Beschreibung der aktuellen Domäne (Applikationen, Infrastruktur etc.) entsprechend adaptiert, um beim nächsten Durchlauf für den erforderlichen Abgleich zur Verfügung zu stehen.

Es gibt Schnittstellen zu praktisch allen Prozessen, da die strategischen Vorgaben von allen zu berücksichtigen sind. Dies betrifft natürlich vor allem den Systementwicklungsprozess. Weil der Systementwicklungsprozess eine sehr breite Palette an Entwicklungs- und Integrationstätigkeiten abdeckt (beispielsweise Entwicklung und Wartung von Anwendungssoftware, Installation von Systemsoftware und Hardware, Release-Wechsel, Customizing von Standardsoftware, aber auch Rapid Application Development, Entwicklung von Web- und digitalen Lösungen etc.), steht im Normalverfahren auf oberster Ebene ein **allgemeines Prozessmodell**, das aus verschiedenen Phasen besteht:

- Zielanalyse
- Entwicklung/Integration
- Abnahme

Dieser Umsetzungsprozess aus dem Architekturmanagement wird über einen **Projektauftrag** oder über eine **IT-Anforderung** oder einen **internen Auftrag** angestoßen. Auslöser für den Prozess sind Anforderungen eines **Auftraggebers** zur Erstellung oder Modifikation eines IT-Systems.

Im Normalverfahren ist zu Beginn des Systementwicklungsprozesses vom beauftragten Systementwickler eine **Zielanalyse** durchzuführen. Dabei sind folgende Fragen zu klären:
- Welche Ziele will der Auftraggeber mit der Anforderung erreichen?
- Welche groben inhaltlichen bzw. funktionalen Vorgaben macht der Auftraggeber zur Realisierung seiner Anforderung?
- Welche technischen Rahmenbedingungen werden vom Auftraggeber bzw. IT-intern (z. B. durch vorhandene Architekturkonzepte, IT-Infrastruktur und IT-Systeme) vorgegeben?
- Welche organisatorischen Rahmenbedingungen sind vorgegeben?
- Welche Verfügbarkeit (Kritikalität) der IT-Lösung wird gefordert?
- Welche IT-Sicherheitsanforderungen werden vom Auftraggeber bzw. IT-intern vorgegeben?
- Welche weiteren Qualitätskriterien (z. B. hinsichtlich Bedienbarkeit, Performanz, Dokumentation, Produktionsfähigkeit) werden vom Auftraggeber bzw. IT-intern vorgegeben?
- Was kann die Zielerreichung gefährden (kritische Erfolgsfaktoren, Risikoanalyse)?
- Welchen Endtermin für den Einsatz der entsprechenden Lösung fordert der Auftraggeber? Welche Meilensteine und zugehörigen Zwischentermine sind erforderlich?
- Welcher Aufwand (IT-Personal und Nicht-IT-Personal) wird für das Vorhaben geschätzt?
- Welche Informationen benötigt der Auftraggeber während des Vorhabens?

Die oben genannten Punkte sind in einem **Pflichtenheft** zu dokumentieren. Insbesondere in IT-Projekten ist jedenfalls ein Pflichtenheft zu erstellen.

Die Phase **„Entwicklung/Integration"** als Kernstück des allgemeinen Prozesses enthält grundsätzlich die Teilphasen:
- Analyse: Festlegung der detaillierten Anforderungen an das konkrete Vorhaben oder Teilvorhaben
- Design: Festlegung der technischen Umsetzung der Anforderungen
- Implementierung: Umsetzung der Anforderungen wie im Design vorgegeben
- Test: Test des resultierenden IT-Systems oder -Teilsystems

Die Phase „Entwicklung/Integration" kann abhängig von der konkreten Aufgabenstellung sehr unterschiedlich gestaltet sein: Die vier oben genannten Teilphasen können inkrementell, parallel oder iterativ durchlaufen werden; zusätzliche Teilphasen lassen sich definieren; Teilphasen können wegfallen etc. Der genaue Ablauf wird in verschiedenen Submodellen konkret beschrieben.

Ein Beispiel für ein Submodell stellt die Multi-Tier-Architektur dar. Bei dieser Art der Anwendungsarchitektur wird die Applikation in mehrere diskrete Komponenten aufgeteilt. Meist wird eine Dreischichtenarchitektur (Three-Tier) angewendet, in der in Datenbank, Enterprise-Anwendungslogik und Präsentation (Weboberfläche oder Client) eingeteilt wird.

Beachten Sie:

Mithilfe einer stringenten und effektiven Vorgehensmethodik im Design von IT-Landschaften und eines integrierten, übergreifenden Managements über sämtliche IT-Domänen kann die vorhandene Komplexität der IT-Architektur und der IT-Systeme auf ein optimales Maß reduziert und somit eine Balance aus Effektivität, Effizienz und Flexibilität gefunden und hergestellt werden.

4.4.1.2 Applikationslandschaft planen – Varianten, Methoden

Ohne strategische Planungsüberlegungen zur IT-Landschaft besteht die Gefahr, dass in IT-Systeme (zum Beispiel Applikationen oder Plattformen) investiert wird, die nicht unbedingt in die „Gesamtlandschaft" des Unternehmens passen. Erst durch das Festlegen von Standards im Rahmen der IT-Strategieentwicklung und das Setzen von Vorgaben im Architekturmanagement können vorhandene Planungsrisiken ausgeräumt werden. Gleichzeitig kann über das Treffen von Vereinbarungen (mit Business und Anwendern) den vielfältigen Anforderungen zu den Applikationen einer Organisation in hohem Maße Rechnung getragen werden.

Strategische Planungsüberlegungen beginnen heute mit der Planung der Applikationslandschaft. Als Ausgangssituation ist hier oft festzustellen:

- Applikationsplanungen erfolgen sporadisch bzw. nach unterschiedlichen Formaten (je nach Anwendungsbereich).
- Eine unternehmensweite Applikationsstrategie ist ansatzweise vorhanden.
- Um die Applikations-Roadmap up-to-date zu halten, fällt oft ein hoher Aufwand an.

Um Fehlentwicklungen und Probleme zu vermeiden, bietet sich eine Vereinbarung an, dass für die Applikationen der Fachbereiche eine Applikationsplanung dahingehend vorzunehmen, dass

- eine laufende Bewertung der Ist-Applikationslandschaft (Life-Cycle Management etc.) vorgenommen wird,
- eine abgestimmte Analyse zu neu gewünschten Applikationen erfolgt (in Verbindung mit Demand-Management und Projekt-Portfoliomanagement),
- ein fundiertes Roadmapping für die Applikationslandschaft für die nächsten Jahre etabliert werden kann,
- eine fundierte Informationsgrundlage für Jahresplanungs-Umsetzungsgespräche mit Kunden (Fachbereichen) gegeben ist.

Festzustellen ist, dass in der Praxis oft folgende Varianten, Aktivitäten, Verfahren und Ergebnisse (Artefakte) zur Applikationsplanung vereinbart werden, um eine ganzheitliche Umsetzung der zuvor skizzierten Teilaktivitäten zu realisieren:

Varianten	Aktivitäten / Kriterien	Verfahren im Architekturmanagement	Ergebnisse (Architektur-Artefakte)
Ist-Analyse / Bewertung Applikations-Landschaft (Application-Life-Cycle-Management u. a.)	• Selektion der abzulösenden Applikationen (ggf. in bestimmten Domänen etc.) • Selektion der zu optimierenden Applikationen;	• Applikations-Analysen • Cluster-Analysen • Life Cycle • Nutzungsgrad • Redundanzen • Maturitätsanalysen	• Report „Application-Life-Cycle-Analysen" • „Applikationsbewertung" (Maturität; Technical-, Business-Fitness)
Application-Portfolio-Management	• Neu bereitzustellende Applikationen festlegen • Zusammenstellung im Soll-Applikationsportfolio	• Gap-Analysen Ist-App. • Risikoanalysen/ SWOT • Szenario-Analysen (Applikations-Varianten) • Portfolio-Generierung	• Risiko-Chancen-Matrix, • Ziel-Applikationsportfolio
Strategische Applikations-Landschaftsplanung (Soll-Applikationsarchitektur)	• Daten-Analyse zu Business-Strategie bzw. IT-Strategie • Applikationsbebauungsplanung	• Business-Analysen • Roadmapping	• 3-Jahres-Roadmap • ggf. Projekt-Portfolio „Applikations-Projekte"
Planungsgespräche mit Kunden (z. B. Jahresplanung zur Applikations-Bebauung)	• Ist-Zuordnungstabellen (incl. Bewertungsdaten) • Business-Analysen des Kunden (incl. Demands)	• Ist-Analysen (kundenbezogene Bewertungen) • Gap-Analysen • Planungsverfahren	• Soll-Zuordnungstabellen (Business-IT-Alignment) • Release-Planungen und Migrations-Projekte

Bild 4.12 Strategische Architekturplanung – Beispiel Applikationsplanung

Um zu abgestimmten Vereinbarungen über die künftig zu nutzenden und zu betreuenden IT-Systeme zu gelangen, ist ein strategisches Planungsdokument hilfreich, welches das avisierte IT-Applikationsportfolio (= Soll-Systemlandschaft) bzw. Projekte enthält, mit denen sich die Ziele bzw. Ziellandschaften erreichen lassen.

4.4.2 Use Case „IT-Konsolidierungsprojekte"

Im Rahmen von IT-Konsolidierungsprojekten kann den Zielen reduzierter Gesamtkosten, gesteigerter Service Levels und erhöhter Flexibilität in besonderer Weise Rechnung getragen werden. Wesentliche Ansatzpunkte der IT-Konsolidierung sind Vereinfachung, Standardisierung, Modularisierung und Optimierung der IT-Landschaft.

Dazu empfiehlt sich ein schrittweises Vorgehen, **erste Maßnahmen** sollten aber rasch eingeleitet werden:

- In einem ersten Schritt sollte die vorhandene Hardware-Vielfalt auf Arbeitsplatzebene auf ein vernünftiges Ausmaß zurückgeschraubt werden bzw. ein ausgewogenes Workplace-Konzept entwickelt werden.
- Parallel zur Vereinheitlichung der Endgeräte (Endpoints) sollten Serverkonfigurationen entwickelt und standardisiert werden.
- Ein weiterer logischer Schritt zur Kosteneinsparung liegt in der Standardisierung der Software- und Netzwerkdienste.

Der eigentliche **Weg zur IT-Konsolidierung** kann auf verschiedenen Ebenen begonnen werden. Die Wahl des Einstiegspunkts ist dabei abhängig von dem aktuellen Organisationsstand der Infrastruktur und den individuellen Unternehmenszielen. Im Wesentlichen lassen sich folgende **Konsolidierungsebenen** unterscheiden:

- **Hardware-Konsolidierung:** Dienste, Applikationen und Datenbanken werden möglichst auf wenige, dafür hochverfügbare und dynamische Systeme zusammengeführt. Dies betrifft vor allem Server, Speichersysteme und Netzwerke sowie – damit in Beziehung – auch die Cloud-Optionen.
- **Applikationskonsolidierung:** Hier geht es heute primär um eine stärkere Digitalisierung und Integration der Anwendungssysteme sowie um die Zentralisierung von Funktionalitäten der Anwendungssysteme und ihre Konzentration auf wenige Komponenten (etwa als Microservices).
- **Datenkonsolidierung:** In Unternehmen gibt es Daten, redundante Daten, fehlerhafte Daten und fehlerhafte, redundante Daten. Oft sind sie in unterschiedlichen Datenbanken gespeichert. Über eine Konsolidierung in eine homogene Struktur lassen sich aus all diesen Daten pragmatisch und effizient konsistente Informationen gewinnen. Architekturwerkzeuge (wie etwa Crud) bieten hier gute Ansatzpunkte.
- **Prozesskonsolidierung:** Die IT-Leistungsprozesse (Systemmanagementprozesse, IT-Serviceprozesse) sind zu definieren und zu beschreiben. So lassen sich Optimierungsansätze herausfiltern.

Beachten Sie:

Die Gartner-Group geht davon aus, dass sich mit einheitlichen Anwendungen die IT-Kosten um mehr als 25 % senken lassen. Allerdings kann man mit unflexiblen Standards keinen Wettbewerbsvorteil erzielen. Hier gilt es einen Kompromiss zu finden.

In welchem Umfang in dem jeweiligen Anwendungsfall Konsolidierungsaktivitäten nötig sind, hängt natürlich von der spezifischen Ausgangssituation der Anwender ab. In der Regel wird eine umfassende IT-Konsolidierung nur durch ausdrückliche Inangriffnahme eines Projekts erfolgreich realisiert werden können.

Fazit:

Im Rahmen von IT-Konsolidierungsprojekten kann den Zielen reduzierter Gesamtkosten, gesteigerter Service-Level und erhöhter Flexibilität Rechnung getragen werden. Wesentliche Stoßrichtungen der IT-Konsolidierung sind Vereinfachung, Standardisierung, Modularisierung und Optimierung der IT-Landschaft.

4.4.3 EA-Use-Case: Business Demand Management unterstützen

Typische Use Cases, die vor allem aus Sicht der **Business Architecture** von Relevanz sind, betreffen das Business Demand Management sowie das Digitalisieren von Arbeits- und Geschäftsprozessen. Nachfolgende Zusammenstellung zeigt typische Ausgangssituationen, die durch unternehmensweites Demand Management erschließbaren Potenziale sowie den Nutzen für Unternehmen, Fachbereiche und IT.

Tabelle 4.4 EA-Use-Case: Business Demand Management unterstützen

EA-Use-Case/Merkmale	Feststellungen im Anwendungskontext
Ausgangssituation	- IT-Organisation erhält kontinuierlich Anforderungen für Changes/Releases/Projekte aus allen Richtungen/Bereichen. - Überlappungen bzw. die Stärke der Impacts/Wirkungen der Anforderungen sind ohne Weiteres nicht identifizierbar. - Zustimmung zu Anforderungen erfolgt ad hoc.
Potenziale durch unternehmensweites Architekturmanagement	- Ein einheitliches transparentes Verzeichnis kann mit Architekturtools erstellt werden. - Anforderungen können mit Architekturbereichen verlinkt werden, um Impact-Analysen zu ermöglichen. - Portfolios und Verfahren für Demand-Priorisierung sind „auf Knopfdruck" ableitbar.
Nutzen für Unternehmen, Fachbereich und IT	- Kosteneinsparung durch Konsolidierung sich überlappender Demands - Impact und Wertbeitrag der Anforderungen werden mit Architekturmanagement transparent. - Fachbereich und IT haben Überblick über den jeweiligen Demand-Status.

4.4.4 EA-Use-Cases mit Fokus „Data Architecture"

Typische Use Cases, die vor allem aus Sicht der Data Architecture von Relevanz sind, betreffen Information Life Cycle Management sowie den Aufbau eines Master-Datenmanagements. Die nachfolgende Abbildung zeigt typische Ausgangssituationen für ein Information Life Cycle Management, die durch unternehmensweites Architekturmanagement erschließbaren Potenziale sowie den Nutzen für Unternehmen, Fachbereiche und IT.

Tabelle 4.5 EA-Use-Case: Information Life Cycle Management

EA-Use-Case/Merkmale	Feststellungen im Anwendungskontext
Ausgangssituation	- In Informationssystemen werden Informationen (als Ressourcen) gehalten, die nicht mehr benötigt werden oder nicht mehr aktuell sind. - Folge: hoher Speicherplatzverbrauch, höhere Verarbeitungsdauer, mehr Aufwand für Recherchen und Datensicherung
Potenziale durch unternehmensweites Architekturmanagement	- Informationen können zweckgebunden zur Verfügung gestellt werden. - Analysepotenziale zur Datenarchitektur nutzen und Verlinkung zu Fachbereichen und Applikationen auswerten - Ganzheitliche Aktualisierung der Architekturbereiche

EA-Use-Case/Merkmale	Feststellungen im Anwendungskontext
Nutzen für Unternehmen, Fachbereich und IT	- Archivierungskonzept kann zur Verfügung gestellt werden. - Prozessoptimierung der Beschäftigten in den Fachbereichen - Ressourcenoptimierung durch Speicherplatzersparnis

4.4.5 EA-Use-Cases mit Fokus „Digitale Transformation"

Typische Use Cases für den Bereich „Digitale Transformation" sind:

- Digitales Projektportfolio optimieren und steuern
- Digitale Transformationsprozesse optimieren
- Innovative Technologieeinführung durch EA absichern (z. B. Microservices)

Ausgangspunkt für das Umsetzen digitaler Transformationsvorhaben bzw. komplexer Projekte sollte ein vereinbartes Projektportfolio sein, das aufzeigt, welche digitalen Projekte in Angriff genommen werden sollen.

Zwei Bereiche, in denen EAM von Bedeutung sind, lassen sich unterscheiden:

- **Projektprofilierung im Portfolio:** Für alle digitalen Projekte des Portfolios sind frühzeitig Überlegungen darüber anzustellen, welche Unternehmens-IT-Architekturen (Entwicklungswerkzeuge, Applikationen, Daten, Devices, Infrastrukturen und Plattformen) bezüglich der Projektumsetzung zukunftsfähig sind, besonders geeignet erscheinen und dabei im Einklang mit den aktuellen – ggf. zu adaptierenden – Architekturvorgaben stehen.
- **Projektdurchführung und Projektbegleitung:** Alle digitalen Projekte bedürfen der Begleitung durch Unternehmens-IT-Architekten (und ggf. auch spezifisch ausgerichteter Solution-, Data-, Cloud- und Infrastrukturarchitekten). Nur so kann ein nachhaltiger Projekterfolg gesichert werden.

Das **IT-Bebauungsmanagement** liefert Entscheidungskriterien für die Auswahl und Steuerung der „richtigen" Projekte. Exemplarisch für den IT-Bereich soll hier das Instrument „IT-Projektportfolio" beschrieben werden, mit dem die IT-Projekte eines Unternehmens unter Beteiligung mehrerer Akteure (Fachbereiche, Personalvertretungen, Controlling) priorisiert werden können. In vielen Unternehmen wird über die Durchführung von IT-Projekten vereinbarungsgemäß durch ein ausgewähltes Gremium entschieden (beispielsweise von einem Project Advisory Board = PAB). Typisch ist dabei: Es gehen unterschiedliche Projektideen ein und es müssen mehrere IT-Projekte parallel umgesetzt werden. Deshalb sind eine Bewertung und Priorisierung von Projektanträgen sowie eine laufende Begleitung der in Durchführung befindlichen IT-Projekte notwendig.

Für alle digitalen Projekte des Portfolios sind frühzeitig Überlegungen darüber anzustellen, welche Unternehmens-IT-Architekturen (Entwicklungswerkzeuge, Applikationen, Daten, Devices, Infrastrukturen und Plattformen) bezüglich der Projektumsetzung zukunftsfähig sind, besonders geeignet erscheinen und dabei im Einklang mit den vorhandenen – aber auch zu adaptierenden – Architekturvorgaben stehen. Damit wird deutlich, dass für alle digitalen Projekte die Begleitung durch Unternehmens-IT-Architekten (und ggf. auch spezifisch ausgerichteter Solution-, Data-, Cloud- und Infrastrukturarchitekten) unverzichtbar ist.

Beachten Sie:

Architekten stellen letztlich für das digitale Projektportfolio eine wichtige „Drehscheibe" dar, da sie für die geplanten Applikationen und Microservices mittels Cloud-, IoT- und BigData-Plattformen sowie Technologien wie Machine Learning, Künstliche Intelligenz (KI), Blockchain sowie Data-Analytics ein Zusammenspiel ausgewählter Bereiche (etwa über Plattformen) ermöglichen. Nur so können digitale Innovationen erfolgreich initiiert und nachhaltig umgesetzt werden. Als Fazit kann festgehalten werden: Ein ganzheitlich ausgerichtetes Landscape-Management stellt eine wesentliche Basis für den Erfolg digitaler Projekte dar. Darüber hinaus ist eine adäquate Toolunterstützung für die Entwicklung und Servicierung digitaler Lösungen anzustreben.

■ 4.5 EAM-Instrumente und -Tools

Im Rahmen der täglichen Arbeit von Enterprise-IT-Architekten gelangen – je nach Use Case – unterschiedliche Instrumente zum Einsatz. Eine Auswahl zeigt die folgende Übersicht:

	Strategische Bebauungsplanung	• Szenario-Technik (Soll-Architekturen) • Technical Business-Fitness-Analysen • Demand-Analysen; Projektportfolio-Planung
	Unternehmens-IT-Landschaften bewerten, steuern	• Maturitätsanalyse (Assessments zu EA-Organisation/-Domänen) • Impactanalysen (Business Impact, Service Impact)
	Digitale Transformation meistern	• Digital-Health-Analysen durchführen • Design Thinking • Dev.-Ops-Entwicklungs- und Implementationsprozesse
	EA-Governance, Riskmanagement und Compliance Management	• Lifecycle-Analyse • Portfolioanalysen (Application-Portfolio, digitale Portfolios) • Compliance Management (EU-DSGVO etc.)
	Performance Management und EA-Monitoring	• Toolgestütztes Kennzahlenmanagement/KPIs • Online-Analysen/-Reporting

Bild 4.13 EAM-Instrumente und EAM-Tools professionell einsetzen

4.5.1 Methoden zur EA-Dokumentation, Bewertung, Analyse und Steuerung

Für Planungen und Entscheidungen zu Enterprise-IT-Architekturen ist es unverzichtbar, eine Bewertung der vorhandenen Architekturen vorzunehmen. Damit verbunden sind Analyseaufgaben verschiedener Art sowie geeignete Auswertungen bereitzustellen, die Hinweise geben, in welche Richtungen sich künftige Architekturlandschaften entwickeln sollten. Dazu stehen verschiedene **Instrumente und Verfahren** zur Wahl. Beispiele sind:

- Maturitätsanalyse
- SWOT-Analyse
- Nutzwertanalyse
- Impact-Analyse (Business Impact, Service Impact)
- GAP-Analyse
- Risikoanalyse
- Portfolioanalyse

Am Beispiel ausgewählter Methoden, die im Architekturmanagement eine besondere Bedeutung haben, sollen die Potenziale deutlich werden, die sich für die Organisation ergeben, wenn diese Methoden systematisch im Team in ausgewählten Use Cases eingesetzt werden.

Um Unternehmens-IT-Landschaften zu planen bzw. zu bewerten, ist die **Maturitätsanalyse** ein geeignetes Instrument. Unter Anwendung ausgewählter Bewertungsattribute zu den Architekturen (Beispiele sind etwa Kriterien wie Vertraulichkeit, Integrität und Verfügbarkeit) ergeben sich (tabellarisch) gezielt Ergebnisse (sprich: Reifegrade). Die Einstufung der Reifegrade erfolgt in der Regel auf Basis des **Capability-Maturity-Modells** (CMM). Tabelle 4.6 zeigt dafür ein Beispiel.

Tabelle 4.6 Maturitätsanalyse „Beispielkonzept eines Anwenders"

Maturitäts-stufe	1	2	3	4	5
Haupt-kriterium	Völlige Inkompatibilität zur System-Zielarchitektur	Erhebliche Inkompatibilität zur System-Zielarchitek-tur	Gewisse Inkompatibilität zur System-Zielarchitektur	Ausreichende Kompatibilität zur System-Ziel-architek-tur	Völlige Kompatibilität zur System-Zielarchitektur
Teilkriterien	• System erfüllt die Erwartungen und Anforderungen der Anwender/Nutzer • System entspricht der angestrebten Zielarchitektur • Kompatibilität der vorhandenen Architektur mit dem Marktstandard				
Indikatoren	Zu hohe Kosten für Weiterentwicklung	Anforderungen nur gering erfüllt	Durchschnittliche Akzeptanz	Nur geringe Abweichungen	Zielarchitektur erreicht, gute Bewertung
Handlungsbedarf (Maßnahme)	Ablösung	Größere Anpassungen	Anpassungen vornehmen	Schwachstellen ausbessern	Kein Handlungsbedarf

Dieses Modell eignet sich grundsätzlich zur Beurteilung und Verbesserung der Qualität von Objekten verschiedener Art (so zu Architekturen, Prozessen etc.). Es ermöglicht, Architekturen zu untersuchen und zu beurteilen, inwieweit sie in der Lage sind, die Erstellung von Produkten/Dienstleistungen bzw. die Erbringung von IT-Services in der gewünschten Qualität zu unterstützen. Im Ergebnis werden die Architekturen anhand ihrer Ausprägung einer bestimmten Reifegradstufe zugeordnet. Dieses Modell führt somit auf Basis einer strukturierten und zielorientierten Analyse der einzelnen Architekturen zu Aussagen über die Architekturreife u. a.

Die **GAP-Analyse** entspricht einem klassischen Soll-Ist-Vergleich und verfolgt das Ziel, sogenannte „Lücken" (auch im Sinne von Unterschiedlichkeiten) in den IT-Architekturen bei den zugeordneten Objekten und deren Attributen zu finden. Diese „Lücken" sollen dann sinnvoll gefüllt werden oder bestätigen gewünschte Effekte (in einer neuen, besseren Architektur). Bei der Gap-Analyse wird die zu überbrückende Lücke zwischen einem vorhandenen System und einem Geschäftsprozess, der mit diesem System abgewickelt werden soll, analysiert.

Im Rahmen der **Nutzwertanalyse** ist die Möglichkeit gegeben, sehr differenziert verschiedene Kriterien im Rahmen der Bewertung von IT-Architekturen zu berücksichtigen. Es werden hier beispielsweise auch sogenannte „weiche" Faktoren berücksichtigt und nicht nur wirtschaftliche bzw. technische Gesichtspunkte zu den IT-Architekturen. Des Weiteren hilft die Nutzwertanalyse, die Attraktivität (Chancen), aber auch die Risiken der IT-Architekturen zu bewerten.

Zur Durchführung einer Nutzwertanalyse sind fünf Schritte zu unterscheiden:

- Ziele bestimmen und Ziele gewichten (Kriteriumsauswahl und Zuordnung von Gewichtungen)
- Punkte für das zu bewertende Architekturobjekt (Domäne etc.) vergeben
- Gewichte mit den zugehörigen Punkten multiplizieren
- Gewichtete Punktgesamtsumme ermitteln
- Sensitivität des Ergebnisses analysieren

Die Nutzwertanalyse verdeutlicht nach der subjektiven Gewichtung der Kriterien, dass beispielsweise eine Architektur C aufgrund der höheren Punktesumme die gesteckten Ziele besser realisiert als die im Vergleich bewerteten Architekturen A oder B. Mit einer Nutzwertanalyse ist es somit möglich, die Architekturziele mit den Unternehmenszielen in Verbindung zu setzen und infolgedessen auch den Nutzen der Architekturen für das Unternehmen zu eruieren.

Die **Portfoliotechnik** ist ein spezifisches Verfahren zur strategischen Entscheidungsfindung über die Anwendung von IT-Architekturen. Im Rahmen der Architekturbewertung können die Architekturen zunächst nach einzelnen Kategorien (z. B. monetären Kriterien, effizienzbezogenen Kriterien, effektivitätsbezogenen Kriterien) in verschiedenen Teilportfolios positioniert werden. Dabei werden beispielsweise die Wirtschaftlichkeits- und Nutzenbeurteilungen der jeweiligen Architektur anhand einer Bewertungsskala zur strategischen Relevanz der IT-Architektur in Beziehung gesetzt. Um daraufhin zu einer endgültigen Positionierung der Alternativen zu gelangen, müssen die einzelnen Portfolios zusammengefasst werden. Hierfür ist es sinnvoll, die unterschiedliche Bedeutung der Beurteilungsklassen durch Gewichtungsfaktoren darzustellen und durch Aufrechnung eine generelle Positionierung zu erreichen.

Der Begriff Portfolio wird in unterschiedlichen Anwendungsbereichen höchst unterschiedlich verwendet, soll aber in jedem Fall einen Handlungsspielraum verdeutlichen, der für Entscheidungsträger „aufgemacht" wird. In einem Portfolio werden zweidimensional verschiedene Objekte (hier verschiedene Architekturen bzw. Architekturbereiche), wie beispielsweise ausgewählte Anwendungen oder Services, entsprechend ihren Ausprägungen für zwei Dimensionen bewertet und einsortiert. Hierdurch entsteht ein Gesamtüberblick über die Eingruppierung der Objekte bzgl. der gewählten Dimensionen. Mögliche Dimensionen sind etwa der Nutzen-/Wertbeitrag, die Risikoeinschätzung bzw. technologische Eignung des einzuordnenden Architekturobjekts.

Typische Ausprägung im IT-Architekturmanagement ist das Anwendungsportfolio. Dabei wird der Bestand an Anwendungen eines Unternehmens systematisch erfasst, dokumentiert und hinsichtlich verschiedener Kriterien bewertet. Der erhaltene Gesamtüberblick ermöglicht es schließlich, den notwendigen Handlungsbedarf (beispielsweise Erneuerung einer Anwendung aufgrund überalterter Technologie) für die eingeordneten Anwendungen zu erkennen.

Ein besonderer Schwerpunkt der Architekturbewertung liegt vielfach auf der Anwendung von **Impact-Analysen**. Dieses mittlerweile sehr beliebte und verbreitete Analyseverfahren ermittelt und beschreibt, welche Folgen ein Ausfall eines Infrastrukturelements auf die Applikationen und die zugeordneten Geschäftsprozesse (also die Geschäftsarchitektur) hat und inwieweit sie eingeschränkt lauffähig sind. Dadurch wird es ermöglicht, dass

- alle Betroffenen zeitnah verständigt werden;
- Hilfestellungen bei der Fehlereingrenzung schnell vorgenommen werden können;
- das Wissensmanagement für Ausfallsituationen optimiert und
- ein sofortiges Erkennen von Handlungsnotwendigkeiten angezeigt wird;
- die erforderliche Kommunikation zielgerichtet formuliert werden kann.

Insgesamt ist festzuhalten: Für ein effektives Enterprise- bzw. IT-Architekturmanagement sind nicht nur einmalige, sondern auch fortlaufende Bewertungen notwendig. Durch die Offenlegung der Stärken und Schwächen der jeweiligen Architektur können Möglichkeiten und Gefahren für das Unternehmen identifiziert und Verbesserungsmaßnahmen untersucht werden. Hierzu bedarf es abgestimmter Bewertungskriterien und klar definierter Bewertungsverfahren.

4.5.2 EAM-Toolkit und konfigurierbares MIS/Dashboard

Erfolgreiche Unternehmen nutzen EAM-Toolkits im digitalen Zeitalter als das zentrale Management-Informationssystem. Es ist ein wesentliches ganzheitliches Managementsystem für die Unternehmens- und IT-Steuerung der Zukunft, das für Unternehmen aller Branchen schon heute unverzichtbar ist.

Wo liegen die besonderen Vorteile eines EAM-gestützten Tools/MIS? Die entsprechende Enterprise-Architecture-Management-(EAM)-MIS-Lösung/Plattform bietet den Verantwortlichen in IT, Fachbereichen und General Management ein gemeinsames Fundament, um die vorhandene IT-Landschaft zu verstehen und die Zukunft zu planen. EAM-Tools als konfigurierte MIS-Systeme sollten über flexible, einfach bedienbare Funktionen verfügen. Dies sind insbesondere:

- Dokumentations- und Analysefunktionen
- Planungsfunktionen
- Monitoring und Steuerungsfunktionen
- Berichtsfunktionen

4.6 Einführung und Ausbau von EAM in der Unternehmenspraxis

Sowohl die Einführung als auch der Ausbau von EAM erfordern ein planvolles Vorgehen. Leidvolle Erfahrungen bei EAM-Einführungen zeigen, dass hier nach wie vor gravierende Fehler gemacht werden und die angestrebten „Produktivitätsvorteile" durch EAM nicht erschlossen werden.

4.6.1 Einführungskonzepte für EAM

Bevor konkret eine Einführung von Methoden, Instrumenten und EA-Tools für ein Unternehmen in Angriff genommen wird, sollte in jedem Fall eine individuelle Standortbestimmung erfolgen. Vorteilhaft ist dabei auch die Einbeziehung der Unternehmensführung bzw. des CIO oder der IT-Leitung. Ergänzend sind daraufhin die Erwartungen und Ziele an eine Einführung von Enterprise Architecture im Unternehmen zu formulieren.

Folgende Erwartungen finden sich häufig, die an die erfolgreiche EAM-Einführung gestellt werden:

- Wichtige Informationen zur Entscheidungsfindung (z. B. über sinnvolle Cloud-Transformationen oder einen umfangreichen Release-Wechsel der Applikationslandschaft) können einfach zur Verfügung gestellt werden.
- Das Portfoliomanagement (für IT-Projekte, IT-Produkte/IT-Systeme, IT-Services) lässt sich optimieren.
- Projektsupport für Business-IT-Projekte sowie für IT-Projekte kann verbessert werden (project start architectures).
- Die Komplexität der IT-Systemlandschaft lässt sich „beherrschen" und Impact-Analysen können durchgeführt werden.
- Kommunikation mit Stakeholdern und Kunden der IT (Fachbereichen) wird verbessert.
- Veränderungsprozesse/Migrationen können erfolgreich gemanagt werden (managing change).

Ausgehend von der Standortbestimmung und den formulierten Erwartungen an EAM gibt nachfolgende Abbildung einen Überblick über ein generelles Vorgehensmodell zur systematischen **EAM-Einführung:**

- Phase 1: Initialisierung der Einführung von EAM (u. a. Definition der Architekturbereiche, Vereinbarung eines Basis-Metamodells)
- Phase 2: (Selektive) Aufnahme der Business-IT-Landschaft
- Phase 3: Erprobungsphase (Pilot-Use-Cases etc.)
- Phase 4: Evaluierung und Roll-out

EAM-Aufbau initiieren	Business-IT-Landschaft (selektiv) aufnehmen	EA-Use-Cases und Instrumente erproben	Evaluierung und EA-Organisation

• EAM-Positionierung für das Unternehmen
• Architekturdomänen festlegen
• Pilotfälle bzw. -projekte wählen und konkretisieren
• Architekturdaten für das Basismodell vereinbaren
• EAM-Tool zur Erfassung und Analyse der Basisdaten auswählen (Metamodell)
• EAM-Anforderungen der Anwendergruppen bzw. Projekte erheben
	• Applikationsarchitektur dokumentieren
	• Geschäftsarchitektur (Geschäftsprozesse bis Level 3) dokumentieren
	• Geschäfts- und Datenobjekte identifizieren, Datenflüsse abbilden und visualisieren
	• Plattformen im EA-Tool dokumentieren
	• Prozesse, IT-Systeme, Schnittstellen, Plattformen verknüpfen
	• Ist-Architektur auswerten (Reports, Analysen)
		• Ausgewählte EA-Use-Cases identifizieren/spezifizieren
		• Projekte zur Unterstützung durch EAM identifizieren
		• Ausgewählte EA-Use-Cases bzw. Projekte umsetzen
		  – Zielspezifikation für Anwendungsszenarien
		  – beteiligte Architekturbereiche
		  – Instrumente einsetzen
		• Deliverables (Analysen, Pläne u. a.) dokumentieren
			• (kriterielle) Bewertung des Pilotprojekts
			• Auswertung und Diskussion von Handlungsempfehlungen
			• Organisationsentscheidungen für den Roll-out (Rollen, Gremien, organisatorische Verankerung, EA-Governance)

Bild 4.14 EAM-Einführung – Vorgehensmodell in einem Pilotprojekt

Das skizzierte Vorgehensmodell entspricht den folgenden Empfehlungen, die Unternehmen für eine Einführung von EAM beachten sollten:

- „Think big but start small": kleine Schritte, kein Big-Bang-Approach!
- Werkzeugunterstützung (EA-Tools) konsequent im Auge haben! Diese Empfehlung gilt sowohl bei der Initialisierung als auch bei ersten Proof-of-concept-Aktivitäten.
- Überschaubares Basis-Metamodell vereinbaren und in ein EA-Repository überführen! Aus den Zuordnungen und Auswertungen eines ersten Modells der Architekturelemente und ihrer Abhängigkeiten lassen sich in der Praxis bereits wertvolle Auswertungen für das IT-Management ableiten bzw. dokumentieren.
- EA-Use-Cases mit Quick-Win-Potenzialen identifizieren und konsequent umsetzen bzw. kommunizieren. Eine Einführung mit ausgewählten EA-Use-Cases stellt sicher, dass der Nutzen von EAM rasch vor Augen geführt werden kann.

4.6.2 Weiterentwicklung der EAM-Organisation

Unternehmen, die EAM eingeführt und eine EAM-Organisation etabliert haben, wird empfohlen, in regelmäßigen Abständen sog. Maturitätsanalysen durchzuführen. So kann eine kontinuierliche Weiterentwicklung der EAM-Organisation sichergestellt werden sowie ein hoher Wertbeitrag durch EA für das Unternehmen erreicht werden.

Für den Ausbau vorhandener EAM-Lösungen ist es sinnvoll, sich über ein Assessment (Reifegradmessung auf Basis vorhandener Kriterien) oder via Benchmarking den aktuellen Status des EAM-Niveaus zu verdeutlichen. Im Einzelnen sind für den Ausbau von EAM folgende Teilschritte denkbar (vgl. auch Gartner Research 2021 [GA21]):

- EA-Vision-Map und EA-Zielbestimmung fortschreiben,
- EA-Handlungsfelder neu priorisieren und „ausdifferenzieren" (mit Festlegung der Leitplanken und darauf ausgerichteter Use Cases),
- EA-Servicekatalog aufbauen und kontinuierlich pflegen,
- innovative Architekturkonzepte (z. B. Composable Design Thinking) etablieren,
- Stakeholder-Analyse und Stakeholder-Beteiligung (Berücksichtigung verschiedener Interessensgruppen) sicherstellen,
- EA-Aktivitäten an den Geschäftsergebnissen ausrichten (Business-Value-Orientierung, Outcome Driven EAM),
- New Leadership für das EA-Führungspersonal etablieren,
- EA-Teambildung optimieren und Teamentwicklung ausbauen,
- Personalentwicklung fördern.

EA-Handlungsfelder neu priorisieren und konkretisieren

Im Mittelpunkt der Priorisierung steht die Beachtung des Trends einer Business-outcome-driven EA, die auf Geschäftsstrategien und -ziele zu den Handlungsfeldern fokussiert (vgl. MEGA [ME20]. So können die wichtigsten mit EAM-Unterstützung zu erreichenden Geschäftsergebnisse bestimmt werden. Dabei wird dann die Teilmenge der EA-Leistungen bestimmt, die zum Erreichen der Geschäftsergebnisse erforderlich sind. Demnach werden die Handlungsfelder eine besondere Bedeutung haben und priorisiert im EAM in Angriff zu nehmen sein, die einen besonders hohen Wertbeitrag zum Unternehmenserfolg erbringen.

Nachfolgend einige Beispiele, die denkbare neue oder veränderten Handlungsfelder für Enterprise IT-Architekten skizzieren, die sich aufgrund von Anforderungen im Unternehmenskontext ergeben können (vgl. auch MEGA [ME21]):

- Beteiligung der EA an dem Entwurf von Digitalisierungslösungen mit intelligenten Technologien; z. B. der Gestaltung digitaler Geschäftsfelder und Produkte sowie die Entwicklung und Vereinbarung neuer bzw. geänderter digitaler Geschäftsmodelle
- EA-Begleitung bei der Umsetzung komplexer Business-IT-Projekte (etwa Cloud-Transformationsprojekte). Dabei können Enterprise-Architekten die Auswirkungen sichtbar machen, die von Projektergebnissen (Produkten) auf die Business IT-Landschaften ausgehen. So wird sichergestellt, dass mit den Projekten die kritischen Unternehmensziele umgesetzt werden.

- Solution Entwurf und Entwicklung einer Roadmap zur Unterstützung von Solution-Delivery (zum Beispiel die Entwicklung des Designs und der Umsetzung von CX-Lösungen)
- Entwurf der Datenarchitektur (Datenkatalog und Data Fabric) mit integrierten Datenmodellen für die Optimierung von datengetriebenen Unternehmen
- Zunehmender Einbezug von Enterprise-Architekten bei regulativen und GRC-Themen (etwa Stützung von DSGVO-Anforderungen)

Insgesamt ist festzuhalten: Grundsätzlich empfiehlt es sich, unter Beachtung der Veränderungen der Unternehmens-IT eine kontinuierliche Weiterentwicklung der EAM-Organisation vorzunehmen. Bei einem disruptiven Wandel der Organisation (etwa durch Digitalisierungsstrategien und bei innovativen Geschäftsfeldern) kann auch eine grundlegende Neuorientierung von EAM „angesagt" sein.

Composable Thinking in Enterprise Architecture verankern

Das Konzept der „Composable Architecture" stellt aus Sicht vieler Enterprise IT-Architekten, internationaler Experten und Research-Organisationen eine maßgebliche Herausforderung und einen Paradigmenwechsel für das Enterprise Architecture Management (EAM) der Zukunft dar.

Eine erfolgreiche Bewältigung der skizzierten aktuell herausgehobenen Handlungsfelder für das EAM ist nur dann möglich, wenn ein neues architekturelles Denken und Handeln – eben der Composable-Ansatz – in den Mittelpunkt für EA-Leader sowie EA- und Entwicklungsteams gesetzt wird. Drei Dimensionen/Prinzipien von Composability (Zusammensetzbarkeit) werden herausgestellt (vgl. Gartner Research 2022; [YE22]):

- Composable Thinking
- Composable Business Architecture
- Composable Technology (Application, Data, Platforms etc.)

Composable Thinking berücksichtigt folgende Erkenntnisse:

- Disruptive und kontinuierliche Veränderungen in Wirtschaft und Verwaltung sind vielfache Realität im Unternehmenskontext. Sie erfordern einerseits eine hohe Resilienz und Anpassungsfähigkeit, um entsprechenden Risiken zu begegnen. Andererseits bieten sich aber auch neue Chancen (Steigerung des Business Value).
- Modularität ist das Werkzeug, um die Risiken des Wandels zu meistern. Bei gut gestalteter Modularität ist das „komponierte" integrierte Produkt (die Composability) eine nachhaltige erfolgversprechende Lösung.

Als wesentliche Beispielprinzipien für ein neues composable Denken im EAM werden genannt: Design to change, Think and build modular products, Change often und Change to grow. Dies macht deutlich, dass ein besonderer Fokus des composable Thinking auf Veränderungen (Change) sowie Modularität liegt.

New Leadership für das EA-Führungspersonal etablieren

Eine erfolgreiche Wahrnehmung von Führungsaufgaben im EA-Bereich erfordert vielfältige Führungskompetenzen sowie einen zeitgemäßen Führungsstil (= EA Leadership). EA-Führungskräfte (Enterprise-Architekten) müssen bei Übernahme von Führungsfunktionen neben den klassischen EA-Managementaufgaben (wie Planungs- und Entwurfsarbeiten, Entscheidungs- und Governance-Aufgaben) zahlreiche zusätzliche Führungsaufgaben übernehmen. Dazu zählen unter anderem:

- Ressourcenplanung (EA-Personal, Finanzen)
- EA-Teambildung und Teamentwicklung
- Gezielter Einsatz von Führungsinstrumenten (Aufgabendelegation, Zielvereinbarungen, systematische Mitarbeitergespräche und Leitung von Teammeetings)
- Fachliche Anleitung und Förderung der Kompetenzentwicklung des EA-Personals

Dabei ist es besonders wichtig, dass EA-Führungskräfte dem EA-Personal und den EA-Teams Klarheit und Orientierung als Handlungsaufträge geben. Dabei wird unter Experten derzeit die Auffassung vertreten, dass sich EA-Leadership vermehrt auf Coaching und Mentoring gegenüber dem EA-Personal fokussieren sollte (anstatt einseitig über Vorgaben zu steuern).

EA-Teambildung optimieren und Teamentwicklung ausbauen

Notwendig für eine erfolgreiche Führung sind eine professionelle Organisation und Gestaltung der Arbeit im und mit dem EA-Team. Wer auf Dauer die Anforderungen erfüllen möchte, die an erfolgreiche Arbeiten im EAM und die zu liefernden Ergebnisse (EA Deliverables) gestellt werden, wird die Ressourcen von EA-Teams benötigen. Für das EA-Team müssen Personen aus den verschiedenen EA-Ansichten (Geschäft, Applikationen/Daten, Technologien und Solution) rekrutiert werden. Diese setzen sich im Regelfall aus Vertretern von einzelnen Architekturbereichen, IT-Professionals sowie Experten der Fachbereiche zusammen.

Gegenüber der Einzelarbeit hat das Arbeiten im Team gerade bei EA-Entwicklungs- und Umsetzungsarbeiten zahlreiche Vorteile:

- Durch Hinzuziehen unterschiedlicher Fachkräfte können fachübergreifende Aufgaben überhaupt erst gelöst werden.
- Ein gut funktionierendes EA-Team erzielt Leistungen, die die Mitglieder für sich allein nicht fertigbringen würden. Es ergibt sich eine bessere Problemlösung durch den kumulierenden Effekt unterschiedlicher Denkleistungen, Erfahrungen, Tätigkeitsfelder und Kompetenzprofile der Teammitglieder (Ausnutzung sogenannter Synergieeffekte).
- Die Gruppe gibt einzelnen Teammitgliedern auch eine höhere Sicherheit und bedeutet damit oft eine verstärkte Motivation und größeres Engagement für jeden einzelnen.
- Wichtige Entscheidungen lassen sich im EA-Team auf einer fundierten Basis treffen, so dass das Risiko von Fehlentscheidungen reduziert wird.
- Das EA-Team sorgt letztlich für die professionelle Ausführung der verschiedenen Teilaufgaben in Transformationsprozessen, wobei jedes Teammitglied seinen Beitrag dazu leisten muss.

Neben der Teambildung kommt der **Teamentwicklung** und Verfahren der Teamarbeit eine besondere Bedeutung zu. Teamentwicklung kann als Prozess angesehen werden, der mehrere Phasen umfasst: Forming, Storming, Norming, Performing, Ending. Das EA-Management und die Team-Leader sollten diese Phasen kennen und in der Lage sein, einzuschätzen, welche Maßnahmen zu bestimmten Zeitpunkten hilfreich sind, um erfolgreiche Teamarbeit und qualitativ hochwertige Ergebnisse der EA-Teams zu gewährleisten.

Als Leader beeinflusst die EA-Führungskraft die Beziehungen im EA-Team und zu jedem einzelnen Teammitglied. Sie sorgt für gute Kommunikation und menschlichen Umgang miteinander. Sie gestaltet und beeinflusst die Kultur und die Beziehungen im Team, sorgt für einen Teamspirit, motiviert und fördert die Teammitglieder.

Für die Arbeitsweise von EA-Teams gilt, dass Flexibilität und Eigenverantwortung der Teams und Teammitglieder eine wesentliche Grundlage des Handelns sind. So kann ein positives Innovationsklima im EA-Team erreicht werden, indem eine klare Zielorientierung und klare Kommunikationsstrukturen geschaffen werden.

4.7 EA-Organisation und EA-Governance

4.7.1 Aufgaben und Rollenkonzept im Architekturmanagement

Ohne strukturelle und personelle Voraussetzungen ist Architekturmanagement nicht erfolgreich zu verankern. Tabelle 4.7 gibt einen Überblick über typische Aufgabenfelder im Architekturmanagement.

Tabelle 4.7 Typische Aufgabenfelder von Enterprise- bzw. IT-Architekten

Aufgabenbereiche	Beispiele
Planungsaufgaben	• Integrierte Business-IT-Portfolioplanung • Roadmapping (aufgrund von Business-IT-Strategien) • Zielplanung und Zielanalysen für die Unternehmensarchitekturen • Soll-Architekturen planen (Enterprise-Bebauungsplanung) • Szenarien zur Neuausrichtung von Enterprise IT-Architekturen entwickeln (an der Unternehmens-IT-Planung mitwirken)
Entscheidungsaufgaben (Analyse, Bewertung, Entscheidung)	• Ist-Architekturen analysieren und dokumentieren (Portfolio-Analysen zu Applikationen, Data, Services, Technologien) • Architekturprinzipien formulieren und vereinbaren • Architekturstandards definieren • Technologiemanagement und Technologie- bzw. Trendradar
Kontrollaufgaben (Reviews, Governance, Monitoring)	• Reviews zu den Enterprise-IT-Architekturen (Prinzipien, Standards, Bebauungspläne entwickeln und pflegen) • Einhaltung von Architekturrichtlinien und Vorgaben kontrollieren • Architekturkonformität von Change-Projekten prüfen • Wirkungsanalysen und Konsolidierung von implementierten Architekturen

(Fortsetzung nächste Seite)

Tabelle 4.7 Typische Aufgabenfelder von Enterprise- bzw. IT-Architekten *(Fortsetzung)*

Aufgabenbereiche	Beispiele
Kommunikationsaufgaben	▪ Architekturinformationen an Stakeholder kommunizieren (Publikation, Schulung, Beratung) ▪ Kommunikation der architektonischen Auswirkungen an die betroffenen Linien- und Projektbereiche

Es ist aus Erfahrungen festzuhalten, dass Architekturarbeit eigentlich jeden Mitarbeiter der Unternehmens-IT betrifft, insbesondere wenn sie als Kernkompetenz verankert ist. Jedoch sind eigenständige Teams zu installieren und das Personal zu entwickeln, die als qualifizierte „Prozess-Owner" das Architekturmanagement ausüben.

Rolle und Bedeutung von Enterprise-/IT-Architekten werden im digitalen Zeitalter wichtiger denn je. Ausgehend von der vorhandenen Unternehmens-IT-Landschaft gilt es eine ganzheitliche und kontinuierliche Planung und Steuerung der Enterprise-IT-Architektur gerade für die Umsetzung digitaler Transformationsvorhaben in den Fokus zu nehmen. Gleichzeitig erhöht sich der Aufwand für die bereits existierende Systemlandschaft, da neben den innovativen digitalen Lösungen auch die vorhandenen klassischen IT-Systeme (i. d. R. Legacy-Systeme) stabil gehalten und diese IT-Architektur-Landschaft konsequent modernisiert werden muss.

Welche Rollen bzw. Stellen lassen sich im Architekturmanagement unterscheiden und welche Qualifikationsanforderungen werden an diese gestellt?

▪ Bei Ausrichtung des Unternehmens im Sinne eines Business IT-Alignment ist die Etablierung von Enterprise-Architekten sinnvoll und üblich.

▪ Klassische weitere Rollen sind im IT-Architekturmanagement der IT-Architekt (mit den Schwerpunkten Infrastruktur, Plattformen, Cloud etc.), der Applikationsarchitekt, Solution-Architekt sowie der Datenarchitekt.

▪ Business-Architekten, die die fachlichen Architekturen entwickeln und dazu geeignete IT-Anforderungen (IT-Portfolios) berücksichtigen, müssen sicherstellen, dass das Alignment von Business und IT optimiert wird.

▪ Domänenarchitekten (zum Beispiel für bestimmte Kunden, Lokationen etc.)

▪ Weitere Spezialisierungen sind denkbar: Software-Entwicklungsarchitekten, IT-Security-Architekten, IT-Business-Service-Architekten

▪ Neue Rollen – etwa als Digital-Architekt oder Cloud-Integration-Architekt – zeichnen sich bereits ab oder sind schon etabliert.

Bild 4.15 gibt einen kompakten Überblick darüber, welche **Rollen im Architekturmanagement** sich für die Unternehmens-IT anbieten und welche Aufgabenfelder/Kompetenzprofile dabei wesentlich sind:

Skills zu EAM-Handlungsfeldern	Rollen im Enterprise Architecture Management (EAM)				
	1 Enterprise IT Architect	2 Application Architect	3 Business Architect	4 Data Architect	5 IT-Technology Architect
Strategische Kompetenzen • Business-IT-Alignment • Integrierte strategische Planungen	+	+	+		
Businesskompetenzen • Businessanalyse, Geschäftsmodelle • Geschäftsprozesse optimieren/digitalisieren • Capability Management	+		+		
IT- bzw. digitale Kompetenzen • Applikationsmanagement (ALM, Planung) • Datendesign und Datenmanagement • Technologie (Cloud, Mobile, Plattformen)		+		+	+
EA-Governance-Kompetenzen • Steuerung/Performance Management • Investitionssteuerung	+				
Projektmanagement-Kompetenzen • Projektportfoliomanagement • IT-Projekte planen und agil steuern • Projekte aus Architektursicht begleiten		+			

Bild 4.15 EA-Rollenmatrix und Skills

Die Übersicht zeigt: Um die vielfältigen Herausforderungen für ein modernes digitales Architekturmanagement/EAM erfolgreich bewältigen zu können, sind umfassende und handlungsorientierte Managementkompetenzen erforderlich.

Am Beispiel des **Enterprise-Architekten** (bzw. eines Leiters der Architekturgruppe Unternehmens-IT) werden exemplarisch die wesentlichen Aufgabenfelder dargestellt. In verdichteter Form zeigt sich folgende Profilierung zu den Aufgabenfeldern eines Enterprise-Architekten:

Typische Aufgabenbereiche/Handlungsfelder „Enterprise-Architekt"

Lagebeurteilung, EA-Positionierung und Dokumentation (Ist-Zustand und Diagnostik)

- „Enterprise Architecture Health Checks" durchführen
- Operationalisierung und Weiterentwicklung einer Enterprise-Architektur
- Business Capability Maps entwickeln, fortschreiben und verknüpfen
- Bestehende IT-Bebauungsplanung analysieren und Optimierungspotenziale aufzeigen
- Bereiche der Enterprise Architecture bewerten: Application-Benefit-Analysen u. a.

Planungs- und Entwicklungsaufgaben
- Enterprise-Architektur kontinuierlich fortschreiben und Umsetzungsstrategie erstellen
- Rahmen für die Entwicklung von Lösungsarchitekturen vorgeben
- IT-Konzept und Designs für eine zukünftige Enterprise-Architektur entwickeln
- Integrationsszenarien zu strategischen Architekturherausforderungen entwickeln

Entscheidungsaufgaben (Bewertung, Entscheidungsvorbereitung)
- Kundenanforderungen an die Enterprise-Architektur aufnehmen, klären und präzisieren
- IT-Investitionsportfolio zur Unterstützung der Unternehmensstrategie vereinbaren
- Entscheidungen über Umsetzungs-„Roadmaps" zur Enterprise-Architektur
- Enterprise-Architektur kontinuierlich bewerten (Life-Cycle-Management)

Governance-Aufgaben (Controlling-, Risk- und Compliance-Management)
- Standards und Richtlinien (Architekturvorgaben) vereinbaren und kommunizieren
- Frameworks im Enterprise-Architecture-Management (z. B. TOGAF-basierend)
- Architekturprinzipien formulieren und fortschreiben
- KPIs zur Q-Messung der Enterprise-Architecture entwickeln und nutzen
- Compliance-Einhaltung der Enterprise-Architektur gewährleisten

Beratungsaufgaben
- Leadership bei der strategischen Ausrichtung der IT zur nachhaltigen Optimierung der IT-unterstützten Geschäftsprozesse
- Szenarien zur Weiterentwicklung/Neuausrichtung der Enterprise-Architektur begleiten (etwa im Hinblick auf bimodale Architekturausrichtungen)
- Beratung von Kunden bzgl. innovativer Enterprise-Architekturen
- Beratung/Steuerung/Koordination der Architekten bei der Umsetzung

Projektmanagement- und Projektbegleitungsaufgaben
- Aktive Begleitung von Großprojekten (Anforderungsanalyse bis zur Systemtransformation)
- Mitwirkung an der strategischen Ausrichtung der Global-IT sowie bei strategischen IT-Projekten
- Fortschreibung der Enterprise-Architektur (EA) für die Unterstützung von Business Transformation Projects und Digitalisierungsprojekten
- Strategische Führung von Transformationsprozessen/Integrationsprozessen/IT-Projekten in Zielplattformen und Prozessen
- Wirkungsanalysen und Kommunikation von EA-Projekten

Um zu einer technischen Gesamtlösung zu gelangen, muss **Architekturkompetenz** die Interessen der einzelnen Fachbereiche, Prozesse und Mitarbeiter effektiv zugunsten eines überlegenen Kundennutzens zusammenführen können. In diesem Verständnis ist Architekturmanagement ein wertschöpfender Mechanismus, der kontinuierlich einen nachhaltigen Wettbewerbsvorteil für das Unternehmen erzeugt.

Darüber hinaus sind Teambildungen sinnvoll. Typische **IT-Architekturteams** bestehen aus verschiedenen IT-Mitarbeitern (etwa Produktverantwortlichen) und werden von ein oder zwei Chefarchitekten geleitet. Die wichtigsten Aufgaben des Architekturteams:

- Das Architekturteam (Architecture Board) ist die treibende Kraft zur Koordination der Architekturmanagementprozesse und soll die Wahrnehmung übergeordneter Unternehmensinteressen bei allen applikationsbezogenen und technologischen Entscheidungen sicherstellen.
- Das Architekturteam ist verantwortlich für die Koordinierung aller den Prozess betreffenden Aktivitäten und für die Abstimmung mit dem Architektur-Review-Board.
- Originäre Aufgaben des Architekturteams können die Erarbeitung und Abstimmung der „Strategischen Anforderungen" sowie der „Konzeptuellen Architektur" sein.

Für jede in der Konzeptionellen Architektur definierte Domäne könnte es (vor allem in größeren Organisationen) ein **Domänenteam** geben, das von einem Domänenarchitekten geleitet wird. Im Rahmen der Domänenteams werden die für die jeweilige Domäne (z. B. Portale, Groupware oder ERP) relevanten Technologien analysiert, die Produktauswahl getroffen und die Implementierung in die Wege geleitet. Das Domänenteam berichtet an das Architekturteam und erhält von diesem neben übergeordneten Prinzipien auch konkrete Aufträge zu speziellen Technologien.

Praxistipp

Intensive Kommunikation der Beteiligten ist notwendig. Enterprise- und IT-Architekturen unterstützen die Kommunikation der an der Planung und Entwicklung von Informationssystemen Beteiligten durch die Bereitstellung strukturierender Darstellungen (z. B. Bebauungslandschaften) und dazu bewertender Informationen. Diese Überlegungen führen zu folgender These: Management von Enterprise IT-Architekturen erfordert vor allem Kommunikations- und Methodenkompetenz (etwa der Rolle „IT-Architekt"), die auf angemessenes fachliches und technologisches Know-how gestützt ist.

4.7.2 Prozesse im Architekturmanagement

Zur erfolgreichen Planung, Umsetzung und Weiterentwicklung der Enterprise-Architekturen können durchaus gezielte, vereinzelte Projekte (z. B. zur Konsolidierung/Virtualisierung der IT-Landschaften) hilfreich sein. Sie reichen aber überhaupt nicht aus, um die IT-Landschaft nachhaltig zu positionieren und den künftigen Herausforderungen der Geschäftsfelder und den sich daraus ergebenden Geschäftsprozessen des Unternehmens Rechnung zu tragen.

Wichtig sind vielmehr eingeführte und „gelebte" kontinuierliche Architekturmanagementprozesse, die zur Aufnahme von aktuellen Architekturanforderungen und technologischen Entwicklungen bzw. zur laufenden Steuerung und Beratung im Architekturumfeld regelmäßig durchlaufen werden. Dadurch, dass im Unternehmen z. B. Änderungen wahrgenommen und umgesetzt werden oder die Entwicklung der Technologie voranschreitet, ist es erforderlich, dass die entworfene Geschäfts- und IT-Architektur kontinuierlich angepasst und ausgebaut wird.

Ein mögliches Einführungsmodell für die Architekturmanagementprozesse (Enterprise Architecture Management) ist nachfolgend in Bild 4.16 wiedergegeben:

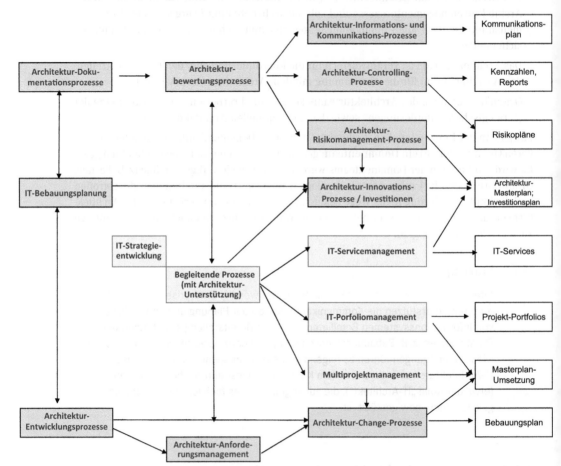

Bild 4.16 Roadmap zur Einführung von Architekturmanagement

Die wesentlichen Elemente der hier vorgeschlagenen Architekturmanagementprozesse zeigt Tabelle 4.8.

Tabelle 4.8 Wesentliche Architekturmanagementprozesse und ihre Teilprozesse

Architekturprozesse (Hauptprozesse)	Typische Teilprozesse
EA-Bebauungsplanung	• IT-Strategie (bzw. strategische Ziele) analysieren • Anwendungs- und Systemlandschaft planen • Infrastrukturlandschaft planen • Gesamtkonzept verabschieden • Architektur-Masterplan vereinbaren/kommunizieren
Architekturinnovationsprozesse	• Architekturtrends aufnehmen und dokumentieren • Innovationstrends analysieren • Konzeptentwicklungen für Architekturdomänen • Einführungen von innovativen Architekturen vorbereiten • Innovationen kommunizieren
Architekturentwicklungsprozesse	• Prinzipien, Standards, Bebauungspläne entwickeln und pflegen (Abgleich der Architekturen) • Einhaltung von Architekturrichtlinien kontrollieren • Architekturkonformität von Change-Projekten prüfen • Wirkungsanalysen von IT-Konsolidierungen und Projekten durchführen
Architektur-Change-Prozesse	• Architektur-Change-Auftrag prüfen • Change planen • Change durchführen • Change-Ergebnis prüfen und abnehmen • Architektur-Change dokumentieren/kommunizieren
Architekturdokumentationsprozesse	• Dokumentationsstandards festlegen/aktualisieren • Ist-Zustand erheben/sichten; Änderungsmeldungen aufnehmen (etwa aus Change) • Ist-Daten der Architekturen erfassen/dokumentieren (Geschäftsarchitekturen, Datenarchitekturen, Technologiearchitektur, Applikationsarchitektur) • Teildokumentationen konsolidieren und vernetzen
Architekturbewertungsprozesse	• Architekturbewertungsmethoden/-instrumente festlegen • Architekturbewertungen vornehmen (nach vorgegebenen Kriterien und Verfahren) • Architekturbewertungen analysieren und interpretieren (Maturitätsanalyse, SWOT, Gap, Impact) • Aktionsplan/Änderungsaktivitäten definieren
Architekturanforderungsmanagement	• Anforderungen zu den Architekturen (Enterprise-Architekturen) aufnehmen/sammeln • Anforderungen harmonisieren und strukturieren • Anforderungen priorisieren • Architektur- und Projekt-Portfolios (Vorhaben) aus Architekturanforderungen ableiten

(Fortsetzung nächste Seite)

Tabelle 4.8 Wesentliche Architekturmanagementprozesse und ihre Teilprozesse *(Fortsetzung)*

Architekturprozesse (Hauptprozesse)	Typische Teilprozesse
Architektur-Controlling-Prozesse	<ul><li>Kennzahlensystem entwickeln und pflegen</li><li>Reporting-Systeme entwickeln und pflegen</li><li>Architekturdaten messen/Kennzahlenwerte bereitstellen</li><li>Kennzahlenauswertung (Monitoring)</li><li>Reporting (Reports bereitstellen und auswerten)</li></ul>
Architektur-Risikomanagementprozesse	<ul><li>Risikoaufnahme/Risikoidentifikation</li><li>Risikobewertung und Klassifikation</li><li>Risikoanalyse/Auswirkungen</li><li>Risikomaßnahmenplanungen/Risikobehandlung</li></ul>
Architekturinformations- und kommunikationsprozesse	<ul><li>Stakeholder-Analysen durchführen</li><li>Kommunikationskonzepte entwickeln</li><li>Informations- und Kommunikationsmaßnahmen durchführen</li><li>Informations- und Kommunikationsaktivitäten evaluieren</li></ul>

Ausgehend von der tabellarischen Übersicht sollen die wesentlichen Prozesse im Architekturmanagement nachfolgend kurz eingeordnet werden.

Im Rahmen der **EA-Bebauungsplanung** sind Entscheidungen darüber zu treffen, wie eine standardisierte Entwicklung, Integration, Installation und Wartung (Modifikation) von IT-Systemen aufgrund von IT-Strategien erfolgen kann. Dazu gehören folgende **planerische Aufgabenbereiche:**

- Methodische Planung der Unternehmensarchitektur, eingebettet in den strategischen IT-Planungsprozess
- Konzeption und Entwicklung der fachlichen Architektur (Business Architecture) begleiten
- Bebauungsplan für die Anwendungslandschaft des Unternehmens entwerfen (Applikations-Landscape)
- Effiziente und bedarfsgerechte Entwicklung der IT-Infrastruktur (Technologiearchitektur) konzipieren
- Risikomanagement für technologieintensive Projekte, präventive Planung und Review von Applikationsarchitekturen

Um diesen Aufgaben gerecht zu werden, sind von den Enterprise-IT-Architekten bzw. vom Architekturplanungsteam die Anforderungen und die sich daraus ergebenden Auswirkungen auf die IT-Strategie zu analysieren. Die wesentlichen Treiber für die IT-Strategie werden dabei festgehalten. Danach werden die daraus abgeleiteten Informationsbedürfnisse aufgezeigt. In einem gesonderten Schritt werden auch die aktuellen Markttrends analysiert und auf ihre Relevanz für das Unternehmen hin untersucht. Aus all diesen Grundlagen wird dann eine für Fachbereich (bzw. den Kunden) und IT gemeinsame Vision der strategischen Anforderungen an die Bebauungslandschaft abgeleitet und überschaubar dokumentiert.

Planungs- und Designprozesse können sich in allen Architekturbereichen ergeben:

- Design neuer Prozesse, Services sowie Integrationsdesigns bzw. das Design von Datenflüssen und Datenbanken/Data Lakes

- Integrations- und Automationsstrategien unterstützen
- Planung der Applikationslandschaft bzw. der Applikationsservices
- Begleitung von Transformations- und Umsetzungsprozessen

Eng verbunden mit der EA-Bebauungsplanung sind die zu implementierenden **Architekturinnovationsprozesse**. In diesem Zusammenhang ist festzulegen,

- welche Innovationsinstrumente für das Architekturmanagement bedeutsam sind;
- wie ein optimales Innovationsmanagement eingeführt werden kann;
- welche Integrationen für ein umfassendes Produktdatenmanagement nötig sind (IT-Asset-Management, Configuration Management, Lizenzmanagement, IT-Product-Life-Cycle-Management).

Beachten Sie:

Ein nachhaltiges Innovationsmanagement setzt sowohl eine Kenntnis der Anforderungen des Unternehmens bzw. der Kunden an die Architekturen sowie der Möglichkeiten auf dem Gebiet der Informations- und Kommunikationstechnologie (also ein Wissen um die aktuellen IT-Trends) voraus.

Ein Kernbereich der **Architekturentwicklung** umfasst die Erstellung, Abstimmung und Abnahme von Blueprints. Entsprechend gestalten sich hier Abstimmungsprozesse anhand von Blueprints, die Standards sowie best practices aufnehmen und im Ergebnis eine Referenzarchitektur anbieten (differenziert nach Sichten, adressiert für verschiedene Zielgruppen). Die Sichten können in Abhängigkeit von den Zielgruppen von abstrakten, rein fachlichen Schwerpunkten einer Architektur bis hin zu physischen Aspekten variieren (funktionale und nichtfunktionale Aspekte werden unterschieden). Es gehen sowohl Ist- als auch Soll-Aspekte ein. Die Architekturentwicklung für die IT erfolgt in der Regel innerhalb von IT-Projekten und ist daher eng verzahnt mit dem Projektmanagementprozess. Kernbereiche sind:

- Blaupausen und Referenzarchitekturen ausgewählten IT-Projekten zur Verfügung stellen
- Projektberatung zu den auszuwählenden bzw. eingesetzten Architekturen
- Durchführung von speziellen Architekturprojekten (z. B. Konsolidierungsprojekte)

Die ständigen Änderungen der Enterprise-Architektur erfordern ebenfalls eine Steuerung (Produktlebenszyklusmanagement) und bedürfen der Unterstützung durch klar definierte **Architektur-Change-Prozesse**. Entscheidungen zu den Unternehmensarchitekturen sind ad hoc (etwa aus Anlass einer Neubeschaffung oder bei Eingehen eines Kundenauftrags) bzw. in regelmäßigen Abständen (etwa für das turnusmäßige Reporting) zu treffen. Die Festlegungen zu den betreffenden Architekturen haben häufig erhebliche Auswirkungen auf die zukünftige Fähigkeit des Unternehmens, seine Geschäfte mit IT-Unterstützung erfolgreich zu realisieren.

Die entwickelten Architekturen (vgl. Architekturentwicklungsprozesse) sowie die definierten Fachanforderungen seitens des Kunden (Fachabteilungen etc.) stellen in der Regel den Startschuss für Änderungen bzw. Anpassungen der IT-Architektur dar. In dem Architektur-Change-Prozess wird die Umsetzung der jeweils entwickelten Architektur im täglichen

Arbeitsablauf sichergestellt. Reaktiv werden ggf. Reviews von neuen Geschäftsanforderungen durchgeführt und bestätigt bzw. abgelehnt und alle notwendigen Folgeaktivitäten initiiert. Proaktiv wird definiert, wie und wann neue Architekturkomponenten in den Einführungszyklus aufgenommen werden.

Voraussetzung für die Entwicklung, Planung und Steuerung von Enterprise-**Architekturen** ist es, die Ist-Situation der jeweiligen Unternehmensorganisation in geeigneter Form zu **dokumentieren** (also die Architekturlandschaft zu verwalten bzw. zu pflegen). Dazu bieten sich für die Architekturdokumentationsprozesse mittlerweile zahlreiche Beschreibungsmodelle und Dokumentationsformen an, wobei natürlich vor allem in Abhängigkeit von dem jeweiligen Architekturbereich Unterschiede gegeben sind (vgl. Kapitel 4.3 dieses Beitrags). Integriert ist in jedem Fall auch eine laufende Pflege der Architekturdokumentation sicherzustellen. Dies ist beispielsweise erforderlich, wenn neue Technologien bzw. Applikationen verfügbar sind bzw. neue technische Anforderungen (als Ergebnis eines Change aufgrund geänderter Geschäftsanforderungen) in die Enterprise-Architektur zu integrieren sind.

Notwendig ist die **Orientierung an Dokumentationsstandards**, die vor allem die Inhalte und die Form/Formen der Dokumentation der einzelnen Architekturbereiche sowie deren Vernetzung untereinander festlegen. Abhängig von Architekturbereichen (Geschäftsarchitektur, Daten- und Informationsarchitektur, Applikationsarchitektur, Technologiearchitektur) sind also geeignete Dokumentationsformen zu vereinbaren. Außerdem ist darauf zu achten, dass auch alle notwendigen Architekturdetails erhoben und dokumentiert werden, die für die Erfüllung der Planungs- und Steuerungsaufgaben im Architekturmanagement sowie für die Unterstützung der ggf. initiierten Architekturprojekte sowie der durch Architekten begleiteten IT-Projekte benötigt werden.

Beachten Sie:

Bezüglich der Architekturdokumentation empfiehlt sich eine grafische Darstellung der aktuellen Unternehmensarchitektur (ein sogenanntes Big Picture), die die Bereiche IT-Technologie, Anwendungen (IT-Applikationen), Datenarchitekturen sowie Geschäftsfunktionen/Geschäftsprozesse des jeweiligen Unternehmens in ihrem Zusammenhang abdeckt. Mit einer solchen Ist-Dokumentation werden das Management der gesamten IT-Landschaft wesentlich erleichtert, Potenziale für Kostensenkungen gezielt erkannt und die Effizienz der IT insgesamt signifikant erhöht.

Nachhaltig können Entscheidungen zu Architekturen nur dann getroffen werden, wenn zuvor eine gründliche **Bewertung der Architekturen bzw. der Architekturlandschaft** erfolgt ist und umfassende Analysen durchgeführt wurden, die die relevanten Aspekte zu den jeweiligen Entscheidungsobjekten umfassen. Die Art und Weise, wie Architekturen einer Bewertung unterzogen werden, ist in Organisationen mit ausgereifter Infrastruktur in der Regel im Detail vorzugeben. Dabei stellen geeignete Formulare (Dokumentvorlagen) und Checklisten sicher, dass wichtige Fragen, die zur Bewertung und Entscheidung notwendig sind, beantwortet werden.

Als Grundlage für die Bewertung von Architekturen dienen einerseits das definierte Set von Kriterien, andererseits auch vereinbarte Bewertungsverfahren. Die Bewertungskriterien werden in einem auf die geschäftlichen Anforderungen zugeschnittenen Schema mit entsprechender Gewichtung abgebildet. Dabei berücksichtigt man sowohl die fachliche und die technische Bedeutung als auch die Dringlichkeit einer Entscheidung.

Um eine klare und akzeptierte Bewertung der Ist-Architekturen vorzunehmen, sollten spezifische Techniken und Verfahren verwendet werden. Die am häufigsten eingesetzten Verfahren zur Analyse und einer daran anschließenden Bewertung der IT-/Enterprise-Architekturen sind folgende: Maturitätsanalyse, Gap-Analyse, SWOT-Analyse, Impact-Analyse, Nutzwertanalyse, Portfoliotechnik, Risikoanalyse, Wirtschaftlichkeitsanalyse sowie Szenariotechnik. Vgl. hierzu ausführlich Kap. 4.5.1 dieses Beitrags.

Ein wichtiger Punkt bei der Architekturbewertung ist der Soll-Ist-Vergleich der aktuellen Architekturen mit der Zielarchitektur. Kennzahlen dazu können erreichte Ziele sowie erzielte Ergebnisse sein. So lässt sich sicherstellen, dass die getätigten Aktionen in Architekturumsetzungsprozessen (Architekturentwicklung, Architecture-Chance) mit der Soll-Architektur konform gehen.

Im Rahmen der **Architektur-Controlling-Prozesse** geht es im Wesentlichen um das Steuern/Lenken bei der Entwicklung, Planung und dem Einsatz von Enterprise-Architekturen. Diese gezielte Steuerung durch die Unternehmensleitung, die IT-Leitung bzw. die IT-Architekten wird als dringend notwendig gesehen, weil

- die Enterprise-Architekturen – insbesondere die Geschäfts- und Applikationsarchitekturen neben der Technologiearchitektur – in vielen Unternehmen eine zunehmend wichtige Rolle (auch für das Business der Unternehmen) spielen und somit
- deren reibungsloser Einsatz und die konsequente Verbesserung der Geschäftsprozesse mittels geeigneter IT-Architekturen wesentliche Erfolgsfaktoren für die Unternehmen und Verwaltungen darstellen.

Beachten Sie:

Ein spezifisches Architektur-Controlling ist heute unverzichtbar, um die Architekturmanagementaktivitäten innerhalb einer Organisation transparent zu machen und erfolgreich zu steuern. Werden im Zuge der Umsetzung von Architekturvorgaben und Architekturplanungen Soll-ist-Abweichungen festgestellt, sind Anpassungsmaßnahmen zu eruieren und ggf. zu ergreifen. Dies ist eine permanente Aufgabe im Architekturmanagement.

Die Identifikation, Analyse und Bewertung der in der Enterprise-Architektur vorhandenen Risiken stellen ein wichtiges Element des Architekturmanagements (**= Architektur-Risikomanagementprozesse**) dar. Notwendig für ein erfolgreiches Risikomanagement zu den Enterprise-Architekturen ist in jedem Fall die Differenzierung der Risikoarten für die jeweils unter Risikoaspekten analysierten Architekturen. Nur durch eine geeignete Kategorienbildung (etwa zu den Wahrscheinlichkeiten des Risikoeintritts sowie zur Schadenseinschätzung) ist eine differenzierte Risikoanalyse möglich und lassen sich geeignete Maßnahmenbündel ableiten. Insbesondere gilt es, herauszufinden, welche Risiken die größte Aufmerksamkeit brauchen, indem ihr Beitrag zum Gesamtrisiko zu den Enterprise-Architekturen erhoben wird. Die Risikoanalyse beginnt normalerweise bei den Business-Prozessen, die üblicherweise Risiken durch externe Ereignisse ausgesetzt sind. Dies sind beispielsweise Probleme

- im Zusammenhang mit der Einhaltung von Vorschriften,
- im Zusammenhang mit dem Markt und dem Wettbewerb oder
- Sicherheits- und Integritätsprobleme.

Die Analyse der Applikationen, die bestimmte Business-Prozesse unterstützen, liefert daraufhin wichtigen Input für die **Gesamtbewertung der Architekturrisiken**. Die relevanten Applikationen werden im Hinblick auf die Häufigkeit und die Höhe der mit der Gefahr eines Ausfalls verbundenen Verluste bewertet. Auf dieser Basis gilt es dann Maßnahmen zur Risikobehandlung zu formulieren und entsprechend umzusetzen.

Architekturinformations- und kommunikationsprozesse sollen sicherstellen, dass alle Architekturinteressenträger und Betroffenen bzw. Nutzer über die Architektur informiert sind und dass der aktuelle Stand sowie zukünftige Änderungen frühzeitig kommuniziert werden. Informationsbereitstellungsprozesse (Infos zu den IT-Architekturen selektiv an den Kunden bzw. an Stakeholder weiterleiten) umfassen vor allem Stakeholder-Analysen, Informationsaustauschprozesse (Veranstaltungen, Portale) sowie Kunden-Marketing.

Mit einem sorgfältig dosierten Marketing-Mix lassen sich Anerkennung und Erfolg für ein IT-Architekturmanagement erheblich steigern. Die Wirkungen eines professionellen Architekturmarketings sind weitreichend:

- Aktuelles aus der Arbeit wird zielgerichtet weitergegeben (abhängig von den Interessen der Stakeholder). Der verbesserte Informationsgrad zu den IT-Architekturen geht Hand in Hand mit einer vermehrten Anerkennung der IT-Architekten und der Ergebnisse ihrer Arbeit.
- Bei einem hohen Informationsgrad lassen sich Entscheidungen durch den Auftraggeber leichter durchsetzen. Der Hauptgrund liegt in einem verbesserten Informationsstand und dem sich daraus ergebenden Mehr an Vertrauen in die Qualität der Arbeit.

Beachten Sie:

Kernprozesse im Unternehmens- und IT-Management sind die Planung der Architekturlandschaften sowie die kontinuierliche Entwicklung und Beherrschung der installierten Architekturen. Von besonderer Relevanz sind die ganzheitliche Betrachtung auf Gesamtorganisationsebene sowie die Berücksichtigung der Wechselwirkungen zwischen den verschiedenen Bausteinen der IT- und Unternehmensarchitektur.

4.7.3 EA-Governance und EA-Controlling

Ziel der Organisation einer EA-Governance ist es, eine abgestimmte, gezielte Steuerung der sich permanent weiterentwickelnden Business-IT-Landschaft zu gewährleisten. Dazu bedarf es einer Aktualität der Daten im EAM-Systems sowie einer kontinuierlichen Bewertung und Weiterentwicklung der Enterprise Architecture. Dabei geht es um Organisation, Prozesse sowie Architekturmechanismen (Guidelines, Architekturprinzipien).

Ausgehend von den unternehmensspezifischen Governance-Zielen werden folgende Aufgabenbereiche sowie Prozesse für die EA-Governance als notwendig erachtet:

- Aufbau und Sicherstellung einer EA-Governance-Organisation
- Entwicklung, Anwendung und Kommunikation von Architekturprinzipien
- Governance-Richtlinien und Guidelines etablieren: Hierzu rechnen Vereinbarungen für ein Pflegekonzept der EAM-Daten, Modellierungsrichtlinien zur EA, Guidelines (Empfehlungen, Erfahrungen und etablierte Methoden).
- Strategische Planungs- und Steuerungsaufgaben (Landschaftsplanung, Portfoliosteuerung etc.) und deren Umsetzung in Handlungsfeldern und Prozessen (Application Portfolio Management u. a.)
- Architekturbereiche unter Einsatz ausgewählter Methoden und Instrumente bewerten: Es handelt sich hierbei vor allem um Methoden zur Analyse und Entscheidungsunterstützung (z. B. Maturitätsanalyse, Gap-Analysen, Impact-Analysen). Für Planungen und Entscheidungen ist es unverzichtbar, eine Bewertung der vorhandenen Architekturen vorzunehmen. Dies gibt letztlich auch Anregungen für ein Roadmapping zu ausgewählten Schwerpunkthandlungsfeldern.
- Risikomanagementprozesse zu Enterprise-Architekturen vereinbaren und realisieren: Ermöglichung eines ganzheitlichen Risiko- und Compliance-Management durch die Bereitstellung eines auf die Enterprise Architektur ausgerichteten methodischen Instrumentariums.
- Controlling der Zielerreichung in den einzelnen Architekturbereichen (anhand von vereinbarten KPIs): Wichtig ist ein Aufbau und Betreiben eines EA-Governance- und Controlling-Systems: mit smarten Zielen, Steuerungsgrößen (KPIs) und Überwachungs- und Steuerungsprozessen.

EA-Governance organisieren

Ausgehend von einer Positionierung der Ausrichtung von EAM im Unternehmenskontext (dokumentiert in EA-Visionen, Zielen) bedarf es vor allem einer Aufgabenidentifikation, der Festlegung von Rollen und Verantwortlichkeiten sowie Einrichtung von EA-Gremien (Boards etc.). Umfasst auch Erstellung und Pflege von grundlegenden EA-Dokumentationen (zu Applikationen, Daten, Geschäftsprozesse/Business Capabilities, Technologien/Plattformen, Integrationen) unter Nutzung von EA-Tools und integrierten Management-Informationssystemen.

Wesentliche Fragen, die in Bezug auf die Organisation von EA-Governance einer Klärung bedürfen, sind:

- Was ist der Zweck bzw. was sind die Zielsetzungen der EA-Governance? Was soll erreicht werden (Value Management)?
- Welche wesentlichen Aufgaben der EA-Governance können identifiziert werden und bedürfen einer organisatorischen Verankerung?
- Mit welchen anderen unternehmensweiten Governance-Systemen muss sich EA verbinden? (Schnittstellen, Prozesse)
- Welche Organisationseinheiten und Rollen müssen in die EA-Governance in welcher Weise eingebunden werden? (Gremien)

Das EA-Metamodell sowie das darauf basierende zentrale EA-Managementsystem bedürfen einer kontinuierlichen Weiterentwicklung. Nur so kann eine optimierte und nachhaltige Nutzung sichergestellt werden. Wichtig ist es, eine entsprechende Datenpflege zu organisieren.

Eine besondere Bedeutung kommt dabei auch der Qualität und Aktualität der zugrunde liegenden Architekturdaten zu. Kontinuierliche Entwicklung und Pflege der Architekturdaten: Bei Nutzung leistungsfähiger EA-Tools und der Integration in Managementinformationssysteme gilt es, die zu den einzelnen Architekturbereichen vorhandenen Daten kontinuierlich (möglichst durch die Owner) zu aktualisieren. Nur so ist das Architekturmanagement als unentbehrliches Werkzeug zur „Beherrschung" der Business-IT-Landschaften etablierbar.

Um eine sachgerechte, neutrale Planung, Entscheidung und Umsetzung von Architekturentwürfen sowie eine ganzheitliche Steuerung der Projekte und Portfolios zu ermöglichen, hat es sich in der Praxis in der Regel als sinnvoll erwiesen, für diese Aufgaben spezielle Gremien oder Stellen einzurichten. Beispiele sind

- die Etablierung eines EA Advisory Board (Unterstützung von EA-Planungen),
- das Festlegen eines EA-Lenkungs- und Entscheidungsausschusses (etwa für die Multiprojekt- bzw. EA-Portfoliosteuerung) sowie
- das Einrichten eines besonderen EA-Büros (ggf. als EA Management Office bezeichnet).

Primäre Zielsetzung eines **EA Advisory Board** ist die Priorisierung und Freigabe von Kundenanforderungen für EA-Aktivitäten und Projekte sowie die Unterstützung der Fachbereiche bei den Business-IT-Planungen (durch Abstimmung von Architekturentwürfen). In diesem Board sitzen jeweils die EA-Verantwortlichen sowie Teile von EA-Teams, die Leiter der Fachbereiche sowie IT-Professionals, die gemeinsam mit der IT und dem Top-Management unter Bezug auf vorliegende Unterlagen (Requirements bzw. Projektanträge) über die Inangriffnahme von EA-Vorhaben entscheiden (Startzeitpunkt, Projektbudget etc.).

Wesentliche Aufgaben des Boards sind:

- Durchführung des Anforderungsmanagements (Koordination und Priorisierung von Investitions- und Projektanträgen)
- Projekt- und EA-Portfolio- und -Programm-Management für das Unternehmen

Des Weiteren ist ein **Architektur-Review-Board** denkbar. Es besteht aus den Hauptabteilungsleitern der für den IT-Betrieb relevanten Bereiche und den Abteilungsleitern des IT-Bereichs. Es ist das Entscheidungsgremium für alle Technologiefragen und berichtet dem Lenkungsausschuss.

Architekturprinzipien vereinbaren, kommunizieren und Einhaltung sichern

In einem weiteren Schritt sind die Architekturprinzipien zu formulieren und – falls vorhanden – ggf. fortzuschreiben. Als **Architekturprinzipien** werden alle Grundsätze und Leitlinien verstanden, die bei der Planung, der Umsetzung und beim Management der Unternehmens- bzw. IT-Architekturen (und den dabei festgelegten Informationssystemen bzw. IT-Lösungen) gelten sollen (vgl. [HA09], S. 27). Im Wesentlichen sind dabei die Anforderungen an die Gestaltung der IT-Landschaft zu fixieren, die

- standardisierend (Definition von Standards),

- komplexitätssteuernd (Reduktion von Komplexität) und
- richtungsgebend (Unterstützung von Auswahl- und Einsatzentscheidungen)

wirken.

Architekturprinzipien haben also beispielsweise Einfluss auf die Planungsaktivitäten, darüber hinaus auf die Projekte (Auswahl und Steuerung des Projektportfolios) und auf die unternehmensübergreifende Steuerungsarbeit (Steuerung des Produkt-/Serviceportfolios etc.). Die Prinzipien sind grundsätzlich anzuwenden. Abweichungen von den Grundsätzen sind nur mit entsprechender Begründung möglich. Prinzipien sind an sich beständig, werden also nicht durch den schnellen Technologie- oder Produktwechsel beeinflusst.

Beispiele für Architekturprinzipien und ihre Zuordnung zu Kategorien zeigt die Tabelle 4.9.

Tabelle 4.9 Architekturprinzipien (Beispielkatalog)

Kategorie	Architekturprinzip
Value und Finanzen	- Wirtschaftlichkeit von eingesetzten Architekturen und der davon betroffenen Services, Prozesse und Projekte - Nutzenmaximierung für die Auswahl und den Einsatz neuer Architekturen (Value-Management-Prinzip)
Kunden	- Kundenorientierte Kommunikation und Präsentation der IT-Architekturen
Prozesse	- Compliance-Prinzip: Architekturentscheidungen erfordern die Beachtung der Konformität mit Recht und Normen - Sicherheit der IT-Architekturen gewährleisten - Standards festlegen und einhalten
Personal	- Klare Zuordnung von Verantwortlichen für die implementierten Unternehmensarchitekturen (und die damit verbundenen Prozesse und Services sowie die gespeicherten Daten) - Kommunikation auf der Basis eines einheitlichen Architekturverständnisses
Produkte/Services	- Hohe Verfügbarkeit der implementierten IT-Architekturen - Sicherung einer weitgehenden Technologieunabhängigkeit - Reduktion und Begrenzung der Systemkomplexität
Projekte	- Beschlossene Architekturveränderungen sind über Projekte (Migrationsprojekte) zu realisieren - Verwendung von Vorgehensmodellen bei der Entwicklung von Anwendungen (bzw. bei der Vornahme von Veränderungen/Releases)
Anwendungen	- Mehrfachnutzung von Anwendungen und Services - Entscheidungsorientierung an Referenzarchitekturen - Open-Source-Software als zulässige Einsatzoption - Hohe Benutzerfreundlichkeit der Anwendungen
Daten	- Konsistente und redundanzfreie Datenhaltung

Den skizzierten Prinzipien ist in der Praxis absoluter Vorrang einzuräumen. Die Prinzipien geben den Gestaltungsrahmen für Entscheidungsträger bzw. Projektteams vor, innerhalb dessen Business-IT-Lösungen entwickelt und Architekturen eingesetzt werden. Die Bewertung der Qualität von Projekten oder bei Architekturentscheidungen erfolgt primär anhand der Einhaltung der Architekturprinzipien.

In einem nächsten Schritt bietet sich eine Detaillierung der jeweiligen Architekturprinzipien anhand eines Templates an. Ein Beispiel zeigt die Tabelle 4.10 für das Wirtschaftlichkeitsprinzip von Enterprise IT-Architekturen.

Tabelle 4.10 Architekturprinzip „Wirtschaftlichkeit von Enterprise IT-Architekturen"

Architekturprinzip	Wirtschaftlichkeit von Enterprise IT-Architekturen (und der davon betroffenen Services, Prozesse und Projekte)
Beschreibung	Alle Architekturentscheidungen sind unter wirtschaftlichen Gesichtspunkten zu prüfen und werden so getroffen, dass nicht nur eine isolierte Wirtschaftlichkeit, sondern eine für die Gesamtorganisation hohe Wirtschaftlichkeit erzielt wird.
Begründung	Zunehmender Kostendruck bei den Kunden erfordert eine Neupositionierung bei der Erstellung von IT-Lösungen. Nicht zu vernachlässigen ist aber auch der Nutzenaspekt.
Voraussetzungen zur Anwendung des Prinzips	Bereitstellung eines Portfolios anwendbarer Methoden zur Wirtschaftlichkeitsberechnung Verfügbarkeit und Bereitstellung von Kosten- und Nutzendaten zur Anwendung der verfügbaren Verfahren
Anwendungskontext	Typische Anwendungskontexte (mögliche Prozesse und Projekte) sind: Ermittlung eines Business-Case für IT-Projekte Bewertungen zu Architekturen und Architekturbereichen unter Wirtschaftlichkeitsaspekten Phasenweise Entscheidungshilfe über Architekturen im IT-Produktlebenszyklusmanagement
Anwendungshinweise	Produkte und IT-Lösungen sind so zu dimensionieren, dass (nichtfunktionale) Anforderungen richtig erfüllt und nicht übererfüllt werden. Eine einfache und schnell durchführbare Redimensionierung/Skalierbarkeit ist vorzusehen. Preise für neue, wirtschaftlichere IT-Lösungen sind so festzulegen, dass ein maximaler Anreiz für eine schnelle Migration von alten, weniger wirtschaftlichen IT-Lösungen besteht.

Merke:

Architekturprinzipien stellen eine wesentliche Leitlinie für Planungen und Entscheidungen im Architekturmanagement dar. Gleichzeitig unterstützen sie verschiedene andere strategische und operative Unternehmens- bzw. IT-Prozesse.

Architekturprinzipien ermöglichen eine Orientierung für die Planung und Entwicklung von IT-Landschaften (Bebauungsplanung), dienen neben Architekturvorgaben zur Steuerung in Richtung einer Zielarchitektur, unterstützen die zielgerichtete Kommunikation bei der Gestaltung der IT-Landschaft und werden bei der Steuerung im Architekturmanagement in weiteren (mit dem Architekturmanagement verbundenen) Prozessen genutzt; etwa im IT-Projektportfoliomanagement, für das IT-Produkt-Lebenszyklusmanagement und in Projektmanagementprozessen.

Decision Guidelines für EA-Planungen vereinbaren

Für konkrete EA-Planungsüberlegungen und EA-Entwürfe zu ausgewählten Use Cases ist es wesentlich, dass bei Entscheidungen zu EA-Deliveries sinnvollerweise Decision Guidelines für die EA-Governance verfügbar sind.

Neben dem ganzheitlichen Betrachten über Ziellandschaften können auch konkrete Architekturbereiche (z. B. Customer Experience, ausgewählte Geschäftsprozesse, Arbeitsplatzausstattungen etc.) in den Fokus genommen werden und dazu entsprechende Guidelines zur Entscheidungsunterstützung formuliert und vereinbart werden.

Zu beachten ist: Die Zuordnung zu den Stufen erfolgt im Beispielfall durch die qualitative Bewertung von IT-Architekturen/Business-IT-Landschaften mittels eines definierten Sets von Kriterien. Die Bewertungskriterien können ergänzt in einem auf die geschäftlichen Anforderungen zugeschnittenen Schema mit entsprechender Gewichtung abgebildet werden. Dabei lassen sich sowohl die fachliche und technische Bedeutung als auch die Dringlichkeit einer Entscheidung berücksichtigen.

Organisatorisch von Bedeutung ist, dass für die skizzierten Governance-Aufgaben und Prozesse klare Rollen und Verantwortlichkeiten vereinbart sind sowie entsprechende Tools, Werkzeuge und Instrumente zum Einsatz gelangen. So ist zum Beispiel für die Architekten eine Bereitstellung aussagekräftiger Einblicke und Berichte zu architekturrelevanten Daten über die eingesetzten Enterprise-Architecture-Werkzeuge unverzichtbar.

EA-Governance sichert eine abgestimmte, gezielte Steuerung der IT-Landschaft, gewährleistet die Aktualität der Daten des EAM-Systems und ermöglicht eine kontinuierliche Weiterentwicklung der Enterprise Architecture. Dabei geht es – neben der skizzierten **Organisation** und der Ausgestaltung der Prozesse – vor allem um:

- **Architekturmechanismen:** Hierzu zählen Richtlinien für die Dokumentation der IT-Landschaft, Vereinbarungen für ein Pflegekonzept der EAM-Daten bzw. der EA (z. B. Modellierungsrichtlinien) sowie Regelungen zur Datenbeschaffung und Qualitätssicherung.
- **Nutzung und Ausbau eines IT-Controllings:** Vor allem über geeignete Architekturkennzahlen ist eine professionelle EA-Governance etablierbar.

Erfolgsmessung und EA-Steuerung mit KPIs

Die Einführung von geeigneten Messgrößen ist für ein professionelles Architekturmanagement bzw. Architekturcontrolling von hoher Bedeutung. Nur so kann geprüft und sichergestellt werden, ob die angestrebten Ziele im Rahmen des Architekturmanagements auch erreicht werden. Die Kontrolle wird dabei primär durch die Definition von Kennzahlen, sogenannten **Key Performance Indicators (KPIs)**, formalisiert. Mit ihrer Hilfe kann gezielt überprüft werden, inwieweit die im Enterprise-Architekturmanagement festgelegten strategischen und operativen Ziele erreicht werden.

Die Adressaten für entsprechende Kennzahlen sind vielfältig: Architekturkennzahlen sollen letztlich auf allen Ebenen möglichst aktuelle und verdichtete Maßgrößen zu den wesentlichen Architektur-Controlling-Dimensionen (Finanzen, Kunden, Produkte/Services, Daten/

Informationen, Prozesse, Personal und Projekte) bereitstellen, um damit eine adäquate Grundlage für Planungen und Entscheidungen im IT-Bereich zu haben.

Informationen sind die Basis für jedes Führungshandeln, so auch im Architekturmanagement. Deshalb gilt es zunächst einmal die Anforderungen zu analysieren und zu formulieren, die ein Informationswesen für das Unternehmensmanagement, das IT-Management bzw. für IT-Architekten erfüllen soll, und festzulegen, welche Informationen in welchem Detaillierungsgrad zur Steuerung im Architekturmanagement notwendig sind.

Sind Kennzahlen erst einmal definiert, können die im Einzelfall gewünschten Anforderungen präzisiert werden. Zuvor muss aber – und das ist eine der schwierigsten Aufgaben im Controlling – sichergestellt werden, dass die gewählte Kennzahl tatsächlich die Effekte misst, die für die Steuerung von Enterprise-Architekturen relevant sind. Auch muss die Notwendigkeit für die jeweiligen Adressaten geprüft und bestätigt werden.

■ 4.8 Framework TOGAF im Architekturmanagement nutzen

Mittlerweile gibt es verschiedene Frameworks, die in Verbindung mit dem Architekturmanagement orientierende Unterstützung geben. Zu den verbreiteten Frameworks gehören:

- TOGAF – The Open Group Architecture Framework
- Zachmann Framework
- DoDAF – Department of Defense Architecture Framework

Das bekannteste und derzeit am meisten genutzte Framework stellt TOGAF (Abkürzung für „The Open Group Architecture Framework") dar, das bereits 1995 in der ersten Version veröffentlicht wurde (siehe auch *https://www.opengroup.org/certifications/togaf*). Es handelt sich bei TOGAF um ein Framework zum Architekturmanagement, das aus mehreren Teilen besteht; u. a.:

- **TOGAF Architecture Development Method (ADM)**
- **Enterprise Continuum („Virtuelles Repository",** in dem Referenzmodelle, Patterns, Architekturbeschreibungen und weitere Artefakte abgelegt werden, um diese wiederverwenden zu können): besteht aus dem Architecture Continuum (enthält wiederverwendbare Architekturbestandteile) und dem Solutions Continuum, das die Umsetzung des Architecture Continuum durch wiederverwendbare Bausteine beschreibt.
- **TOGAF Resource Base:** Die Resource Base stellt Werkzeuge, Richtlinien, Hintergrundinformationen und Techniken (Vorlagen, Checklisten) bereit, um TOGAF und ADM anzuwenden. Sie wird primär als Nachschlagedokumentation während der Implementierung des ADM benutzt.
- **TOGAF Capability Framework:** „Capability Based Planning" soll in allen Phasen der Architekturentwicklung eine Verbindung zu den strategischen und geschäftlichen Zielen des Unternehmens herstellen. Die Capabilities werden dabei direkt aus dem Strategieplan des Unternehmens abgeleitet. Ziel ist das „Alignment" zwischen Capabilities und

der „Enterprise Architecture". Architekturdefinitionen und auch Projektziele sollen dadurch nicht nur in technischen Begriffen, sondern in Bezug auf Capabilities und den geschäftlichen Nutzen erfolgen.

Das Architecture Capability Framework liefert eine strukturierte Definition von Organisation, Rollen, Skills und Verantwortlichkeiten. Darüber hinaus werden Hilfestellungen gegeben, um die „richtigen" Architekturbestandteile entsprechend den Anliegen der relevanten Stakeholder-Gruppen zu identifizieren.

Ein ausgewogenes Managementkonzept zu den Unternehmens- und IT-Architekturen umfasst neben der Dokumentation der Ist-Landschaft auch die Konzeption und Planung einer zukünftigen Soll-Landschaft des Unternehmens (Enterprise- bzw. IT-Bebauungsplanung) sowie Controlling-Instrumente zur kontinuierlichen, erfolgreichen Steuerung und Weiterentwicklung der Enterprise Architecture. Hier kann die **TOGAF-Methode ADM** eine wertvolle Orientierungshilfe sein. TOGAF definiert einen Prozess zur Entwicklung der Architektur und stellt dazu die Architecture Development Method (ADM) bereit. Durch die zyklische Ausführung dieses Prozesses kann die Architektur (= Enterprise-IT-Landschaft eines Unternehmens) systematisch fortgeschrieben werden.

Der Prozess besteht aus acht Phasen, wie Bild 4.17 zeigt.

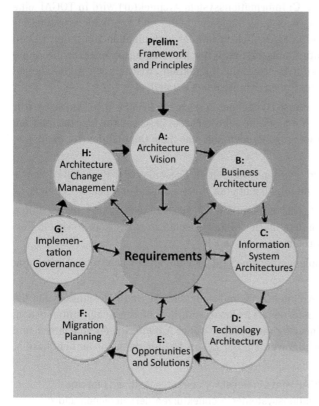

Bild 4.17
Phasen der Architekturentwicklung mit TOGAF Architecture Development Method (ADM)

Was sind die wesentlichen Aktivitäten in den einzelnen ADM-Phasen?

Für den Einsatz von ADM ist es sinnvoll, zunächst eine vorgeschaltete Phase „Prelim" zu durchlaufen. Hauptaufgaben sind dabei die Ermittlung der Ziele sowie das Definieren und Vereinbaren von Architekturprinzipien und -leitsätzen.

Die vorstehende Abbildung zeigt, dass für die Architekturentwicklung acht zyklisch aneinandergereihte Phasen im Regelfall durchlaufen werden:

- **Phase A** „Architecture Vision": Hier müssen Sie die Anforderungen an die neue Architektur definieren. Dabei werden die Stakeholder und die Rahmenbedingungen der Architektur abgesteckt.
- In den Folgephasen B – D wird für die drei Architekturbereiche, die in TOGAF unterschieden werden, eine Dokumentation der Ist- und Zielarchitekturen „eingefordert". Dabei werden Differenzanalysen zwischen Ist- und Zielarchitektur jeweils als notwendig angesehen.
- Im Rahmen der **Phase B** „Business Architecture" (Geschäftsarchitektur) müssen Sie die Geschäftsprozesse abgestimmt auf die strategische Zielsetzung des Unternehmens und dessen Organisationsstruktur modellieren.
- Unter IS-Architecture (= **Phase C:** Informationssystem-Architektur) wird in TOGAF eine Zusammenfassung aus Informations- bzw. Datenarchitektur und Applikationsarchitektur verstanden. Während sich die Datenarchitektur mit der Identifikation von Daten zu den jeweiligen Prozessen beschäftigt, müssen Sie in der Anwendungsarchitektur die Applikationen (Anwendungen) dokumentierten, die Interaktion zwischen den Applikationen „nachweisen" sowie die dazugehörigen Schnittstellen darstellen.
- Die Technologiearchitektur (= **Phase D**) ist jener Bereich, mit dem Sie die IT-Infrastruktur beschreiben. Im Kern können Sie hier eine sehr konkrete Beschreibung der technischen Komponenten und deren Vernetzung abbilden, um eine hohe Qualität der Applikationen sicherzustellen.
- In **Phase E** „Opportunities and Solutions" werden die Ergebnisse der Phasen B–D konsolidiert und daraus die zur Umstellung benötigten Arbeitsschritte und pakete definiert.
- **Phase F** „Migrationsplanung": Hier müssen Sie die Umsetzungen zu den ausgewählten Projekten planen. Dazu ist ein detaillierter Migrationsplan zu entwickeln sowie ein Ressourcen- und Zeitplan auszuarbeiten.
- **Phase G** „Steuerung und Implementierung": Hier kommt es zur konkreten Umsetzung und deren Überwachung.
- **Phase H** „Management der Architekturveränderung": In dieser Phase müssen Sie die Impacts der realisierten Veränderungen in Bezug auf die Anforderungen untersuchen. Außerdem wird das Re-Engineering eingeläutet, wobei Anforderungen von intern und außen erhoben und berücksichtigt werden. Der Zyklus beginnt dann wieder bei Phase A.

Mit dem Framework TOGAF wird ein Regelwerk bereitgestellt, um einzelne oder Gruppen von Informationssystemen architekturzentriert zu planen und zu entwickeln. Dem Anspruch eines übergreifenden Ziels, das der Komplexitätsbeherrschung der IT-Landschaft dient, wird TOGAF zwar nicht gerecht – für die architekturgetriebene Planung und Entwicklung von Informationssystemen

> als Teildisziplin eines übergreifenden Architekturmanagements kann TOGAF jedoch Ideen und Anregungen liefern. Beispielsweise leistet TOGAF einen Beitrag zur Bildung eines gemeinsamen EAM-Verständnisses (Terminologie), Anregungen für einheitliche Ergebnisse (Architecure Descriptions/Views) und deren Beschreibung (Notation) sowie für ein einheitliches Vorgehen bei der Entwicklung der Unternehmensarchitektur (Phasenmodell).

4.9 Nutzen und Wertbeiträge von EAM

Architecture Management ist seit vielen Jahren ein etabliertes Instrumentarium für das erfolgreiche Managen der IT-Landschaft. Dabei ging es ursprünglich im reinen IT-Architekturmanagement vor allem darum, die IT-Landschaften zu harmonisieren und zu konsolidieren. Insgesamt wurde der Fokus für das IT-Management vor allem darauf gelegt, mittels Architekturmanagement einen effizienten und sicheren IT-Betrieb zu gewährleisten. Die Entwicklung der IT-Landschaft wurde so geplant, dass sich für das Management damit ein greifbarer Orientierungsrahmen für die zukünftige Entwicklung der IT-Organisation und der dabei eingesetzten Applikationen, Datenbankplattformen und Infrastrukturelemente gelegt.

Damit verbunden war die Möglichkeit durch die Reduzierung der Überdimensionierung der IT-Systeme sowie des Abbaus redundanter oder überflüssiger Funktionalitäten in Applikationen auch einen Beitrag zum Abbau der Komplexität der Anwendungslandschaft und zu einer höheren Transparenz zu leisten. In der Planungsarbeit wurden Ziel-Architekturen entwickelt, die dann in Projekten mit EA-Unterstützung umgesetzt werden.

Eine erste gravierende Veränderung ergab sich durch die zunehmende Kundenorientierung der IT. So wurden über die reine IT-Architektur (Applikationen, Daten, Infrastrukturen) vor allem auch das Business und die Geschäftsprozesse der Unternehmen in den Fokus genommen. Damit war der Wandel vom reinen IT-Architekturmanagement zum heutigen Unternehmens-Architekturmanagement (EAM = Enterprise Architecture Management) eingeleitet.

Angesiedelt im strategischen Business-IT-Management hat Enterprise Architecture Management (kurz EAM) in den letzten Jahren eine immer größere Bedeutung erlangt. Primär wird die Position vertreten, mittels des Architekturmanagements zwischen technologischen Entwicklungen bzw. Innovationen und dem Nutzen für das Geschäft (Business) zu vermitteln, wobei auch gerade die Schnittstellen erkannt und besonders betrachtet werden müssen.

Nutzen von EAM (Valuemanagement)

Grundlegendes Ziel eines ganzheitlichen Architekturmanagements (EAM) ist es, durch einen umfassenden Blick die Unternehmensarchitektur in allen wesentlichen Teilbereichen (Domänen) überschaubarer und „zukunftsfest" zu machen. Damit kann die Planbarkeit und Steuerbarkeit des Unternehmens sowie seiner Produkte und Services erheblich verbessert werden.

Insgesamt wird Enterprise IT-Architekten mit den Methoden und Instrumenten des EAM ein strategischer, konzeptioneller und organisatorischer Rahmen für den Entwurf und die Ausgestaltung der Business-IT-Landschaft zur Verfügung gestellt. Die sich dabei ergebenden Deliverables können sowohl für den Business-Bereich als auch für das IT-Management einen erheblichen Zusatznutzen (= Business Value) bedeuten.

Nachfolgend werden einige Nutzenfaktoren von EAM skizziert. Diese werden in Studien immer wieder genannt und sind durch zahlreiche Praxisprojekte bestätigt.

Aus **Businesssicht** können folgende Benefits durch EAM erwartet werden:

- EAM schafft mit der ganzheitlich vernetzten Abbildung der Unternehmensarchitektur die Grundlage für eine strategische Geschäftsplanung. Somit ergibt sich gleichzeitig eine verbesserte Ausrichtung der Geschäftsfähigkeiten auf die IT-Strategie.
- EAM fördert die zielgerichtete Entwicklung und Umsetzung der die Geschäftstätigkeiten unterstützenden Informationstechnologien.
- Beschleunigte Geschäftsinnovationen (Time-to-Market) sowie eine Erhöhung der geschäftlichen Agilität sind erreichbar.
- Für eine zielgerichtete Weiterentwicklung des Unternehmens sind die Planung, Analyse und Umsetzung einer geeigneten Business- und IT-Architektur von hoher Relevanz.
- Mit der Entwicklung konsistenter und relevanter Sichten auf Probleme und Lösungen für das Unternehmen bietet EAM ein ganzheitliches Konzept, wodurch die Business-, Daten- und IT-Landschaft effizient gesteuert und kontinuierlich modernisiert werden kann.
- Durch die verbesserte Transparenz über die Business-IT-Landschaft kann auch eine erhöhte Kosten- und Leistungstransparenz zur Unternehmens-IT hergestellt werden.
- Es erfolgt eine integrierte Sicherstellung von Governance, Compliance- und Risikomanagement.

Aus **IT-Sicht** sind folgende Benefits durch erfolgreiche EA-Nutzung zu nennen:

- Erhöhung der Innovationskraft für und durch die Unternehmens-IT: Unternehmen haben einen Überblick über Ihre IT-Investitionen, die das Unternehmenswachstum unterstützen. Die Business-IT-Landschaft wird übersichtlicher, so dass IT-Innovationen schneller bereitgestellt werden können.
- Verbesserte IT-Investitionsentscheidungen: Nur bei Sicherstellung eines hohen Integrationsgrads der Architekturentwürfe kann den gesteckten Zielen in den verschiedenen Domänen Rechnung getragen werden.
- Die Kosten der IT-Landschaft bzw. des IT-Betriebs sind transparent und zeigen Kostensenkungspotenziale auf. Dies ermöglicht nicht nur ein Erkennen der Kostentreiber, sondern auch ein umfassendes Senken der Betriebskosten.
- Rationalisierte Applikations-Portfolios (durch konsequente Modularisierung der Applikationslandschaft und die composable Architecture ergeben sich ein höherer ROI und eine verbesserte Agilität der Unternehmens-IT)
- Verbesserte Leistung und Belastbarkeit der IT-Systeme: Informationssysteme mit hochwertigem Architekturstandard und hohem Integrationsgrad leisten einen höheren Beitrag zum Unternehmenserfolg bzw. zur Steigerung der Unternehmensproduktivität. IT wird reaktionsschneller, flexibler; neue Aufgaben und Geschäftsanforderungen können besser erfüllt werden.

- Schnellere bzw. agilere IT-Projekte sowie Sicherstellung der IT-Compliance: Ein ganzheitlicher Governance-Ansatz hilft, Projekte besser zu steuern, um Compliance-Kontrollen durchzusetzen. Klar definierte Zuständigkeiten und nachvollziehbare Prozesse verbessern die Einhaltung von Compliance-Vorgaben.
- Die Qualität von Business-IT-Projekten bzw. digitaler Transformationsvorhaben wird gesteigert: Die Projekte bleiben nicht nur im vorgesehenen zeitlichen und finanziellen Rahmen, sondern stehen im Einklang mit der Geschäfts- und IT-Strategie des Unternehmens.
- Vielfältige Potenziale zur Automatisierung von Prozessen können genutzt werden. Ermöglicht wird dies vor allem durch die Identifikation der verschiedenen Architekturbereiche.

Die genannten Nutzenfaktoren bedürfen für jedes Unternehmen in den jeweiligen Domänen einer Überprüfung, inwiefern diese im Anwendungsfall realisierbar erscheinen.

Das Wichtigste – zusammengefasst

- **Eine Unternehmensarchitektur (Enterprise Architecture = EA) beschreibt das Zusammenspiel von Business- und IT-Bereich eines Unternehmens. Als wesentliche Ebenen werden dabei die Geschäftsebene (Geschäftsarchitektur), Anwendungen (Applikationsarchitektur), Daten (Datenarchitektur) sowie Technologien (Technologiearchitektur) betrachtet.**
  Aufgrund der Dokumentation der wesentlichen Architekturelemente und ihrer Abhängigkeiten kann ein Metamodell entwickelt werden. Dieses Metamodell wird in der Regel mit Toolunterstützung erstellt und bietet die Basis für ein Management-Informationssystem. Eine EA kann so einen erheblichen Beitrag zur Umsetzung der Unternehmensziele leisten.

- **Bei einer Neueinführung bzw. Weiterentwicklung des Architekturmanagements ist es wichtig, dieses Thema in geeigneter Weise im Unternehmen (sowohl in der Unternehmensführung als auch beim IT-Management) zu „verankern". Ein ganzheitlicher Ansatz zur Planung, Entwicklung, Implementierung und Weiterentwicklung von Unternehmensarchitekturen hilft dabei.**
  Sowohl für die Einführung von EAM als auch für den Ausbau vorhandener Lösungen sind klare Ausrichtungen (Visioning, Ziele), eine Identifizierung der möglichen Use Cases bzw. der zu begleitenden Projekte sowie Kenntnisse zum Roadmapping nützlich.

- **Ein professionalisiertes Enterprise IT-Architekturmanagement leistet einen wesentlichen Beitrag zu optimierten Business-IT-Lösungen, die die Kommunikation mit den Anwendern (Fachbereiche, Endbenutzer) ermöglicht.**

- **Die Rolle der Enterprise-/IT-Architekten erfährt mit der Digitalisierung gravierende Veränderungen – vom Konsolidierer und Dokumentator der IT-Landschaft zum Planer, Entscheider, Gestalter und Innovator von Unternehmenslandschaften.**

Ein ausgewogenes Managementkonzept zu den Unternehmens- und IT-Architekturen umfasst neben der Dokumentation der Ist-Landschaft auch die Konzeption und Planung einer zukünftigen Soll-Landschaft des Unternehmens (Enterprise- bzw. IT-Bebauungsplanung) sowie Controlling-Instrumente zur kontinuierlichen erfolgreichen Steuerung und Weiterentwicklung der Enterprise Architecture.

- **EAM bietet mit seinem ganzheitlichen Ansatz, der Strukturierung in Architekturebenen, den zugehörigen Umsetzungsmethoden und den vereinbarten Governance-Richtlinien Grundlagen für eine strategische Ausprägung der gesamten Geschäftsprozess-IT-Landschaft im Sinne der Business-Anforderungen.**
- **Architekturkennzahlen ermöglichen die Beurteilung von Architekturebenen und der von ihnen erbrachten Leistungen (inkl. möglicher Risiken und Chancen).**
Ohne ein Architekturkennzahlensystem sind an wirtschaftlichen Kriterien und Innovationsherausforderungen orientierte Entscheidungen und nachhaltiges Handeln nicht denkbar.

■ 4.10 Literatur

[De09] *Dern, G.:* Management von IT-Architekturen. Leitlinien für die Ausrichtung, Planung und Gestaltung von Informationssystemen. Springer, Wiesbaden 2009.

[GA21] *Gartner:* Enterprise Architecture Leadership Vision for 2022. Empfehlungen. Gartner Research 2021.

[HA09] *Hanschke, Inge:* Strategisches Management der IT-Landschaft. Ein praktischer Leitfaden für das Enterprise Architecture Management. Hanser, München 2009.

[HA22] *Hanschke, Inge:* Enterprise Architecture Management – einfach und effektiv. Ein praktischer Leitfaden für die Einführung von EAM. Hanser, München 2022.

[HH18] *Hoffmann, Jörg; Heimes, Pit:* Informationssystem-Architekturen produzierender Unternehmen für die Digitalisierung gestalten. In: HMD Praxis der Wirtschaftsinformatik 2018; volume 55, pages 984–1005

[KE17] *Keller, Wolfgang:* IT-Unternehmensarchitektur: Von der Geschäftsstrategie zur optimalen IT-Unterstützung. 3. Auflage, dpunkt.verlag, Heidelberg 2017.

[ME20] *MEGA*: The ROI of Business-Outcome-Driven Enterprise Architecture. E-Book 2020.

[ME21] *MEGA*: 6 Steps to Building a Business Case for Enterprise Architecture. E-Book 2021.

[Nie05] *Niemann, K. D.:* Von der Unternehmensarchitektur zur IT-Governance. Bausteine für ein wirksames IT-Management. Vieweg, Wiesbaden 2005.

[Ti07] *Tiemeyer, E.:* IT-Strategien entwickeln. IT-Architekturen planen. IT als Wertschöpfungsfaktor. Rauscher, Haag 2007.

[YE22] *Yefim, Natis:* The Core Principles of Composability: Thrive Through Business Change. Gartner Research 2022.

5 Daten- und Informationsmanagement

Christiana Klingenberg, Kristin Weber

Fragen, die in diesem Kapitel beantwortet werden:

- Was sind Treiber des Daten- und Informationsmanagements in Unternehmen?
- Wie lassen sich die Begriffe Information, Daten und Wissen definieren und voneinander abgrenzen?
- Welche unterschiedliche Bedeutung und Rollen „spielen" Daten und Informationen in Unternehmen?
- Wie verändern Informationen Geschäftsmodelle oder sogar ganze Branchen?
- Mit welchen Informationsproblemen werden Unternehmen konfrontiert und in welchem Umfang?
- Was ist unter Daten- und Informationsqualität zu verstehen und welche Bedeutung hat sie für das Daten- und Informationsmanagement im Unternehmenskontext?
- Was sind Ziele und Nutzen eines Datenmanagements?
- Welche Handlungsfelder umfasst Datenmanagement?
- Welche Rollen und Prozesse werden für ein systematisches Datenmanagement benötigt?
- Wie kann Daten- und Informationsmanagement in der Praxis erfolgreich umgesetzt werden?

■ 5.1 Treiber des Daten- und Informationsmanagements

Das nachhaltige Management von Daten und Informationen wird immer wichtiger. Die Medien nennen immer neue Schlagworte, die den Umgang mit Daten im Fokus haben – unabhängig, ob Stamm- oder Bewegungsdaten. Als Beispiel sei hier der Ausdruck „Data as an Asset" genannt, welcher einhergeht mit dem Statement, Daten seien das Öl des 21. Jahrhunderts. Auch Begriffe wie „Digitale Transformation", „Internet of Things" oder „Data Science" zeigen, dass Daten so gewinnbringend genutzt werden sollen, wie das bislang mit den klassischen Produktionsfaktoren Arbeit, Boden und Kapital der Fall war.

Die Menge der Daten, die jeden Tag produziert werden, wächst unfassbar stark [RüEh19]. Nicht immer sind alle Daten, die auf den verschiedenen Wegen entstehen, relevant. Umso wichtiger ist es, den Umgang mit Daten zu managen bzw. zu regeln. Das betrifft auch und besonders den Umgang mit Stammdaten. Stammdaten stellen die Basis für Bewegungsdaten dar, denn sie repräsentieren die betrieblichen Objekte, welche von den transaktionalen Daten referenziert werden.

Die Gründe eines Unternehmens, sich mit Stammdatenmanagement zu beschäftigen, sind vielfältig. Genauso vielfältig ist die Art und Weise, wie das Stammdatenmanagement im Unternehmen aussieht. Nicht in jedem Fall ist bspw. die Implementierung eines Multi-Domain-MDM-Systems notwendig. Welcher Weg ideal ist, muss in Abhängigkeit der strategischen Zielsetzung und der damit verbundenen Relevanz der Stammdaten geprüft werden.

Beispiele für den betriebswirtschaftlichen Nutzen des Stammdatenmanagements zeigt [Sche08, S.1]:

- Der Konsumgüterhersteller Johnson & Johnson konnte durch Stammdatensynchronisation mit dem Handelsunternehmen Wal-Mart das Fehlmengenvolumen um 2,5 % reduzieren.
- Durch die Automatisierung der Artikelstammdatenübernahme von vier Lieferanten reduzierte der Lebensmittelhändler Albert Heijn seinen Datenpflegeaufwand um 30 %.
- Das Handelsunternehmen Wegmans rechnet durch genauere Abmessungs- und Gewichtsdaten mit einer Verbesserung der Transportmittelauslastung um ca. 18 %.

Zu den klassischen Treibern für Stammdatenmanagement im Kontext von Personen und Organisationen gehören folgende Punkte [Chis19]:

- Management vielfältiger Identitäten, d.h. eine Person kann in unterschiedlichen Rollen mit dem Unternehmen in Kontakt stehen (z.B. in einem Messe-Betrieb, wo eine Person als Messe-Besucher, Aussteller und Lieferant gelistet sein kann),
- Abbildung von Hierarchien, z.B. von Großkonzernen, Tochterfirmen, Geschäftsbereichen, Produktionsstätten und Vertriebsniederlassungen,
- Bildung der Golden Records und damit die sogenannte „Single Version of Truth", d.h., dass zu einem Stammsatz alle verfügbaren Informationen aus allen Systemen miteinander verknüpft sind.

Das Management von Produkt- und Materialstammdaten ist sogar noch komplexer als das von Kundenstammdaten. Das liegt daran, dass jedes Produkt durch eine Vielzahl von Attributen und der Variation von Werten beschrieben werden kann. Ein einfaches Beispiel sind Schuhe. Ein Schuh kann vom Hersteller in unterschiedlichen Farben, Größen und Materialien produziert und verkauft werden. Die Kombination aller Merkmale muss dargestellt werden, damit sich Kunden für die Kombination ihrer Wahl entscheiden können. Somit gibt es auch für das Produktstammdatenmanagement verschiedene Treiber.

Internationale Standards schreiben bspw. die Klassifizierung und Beschreibung von Produktstammdaten vor. Als Beispiel seien hier die Taxonomien im eCl@ss-Format, ETIM und UNSPSC genannt. Die Bereitstellung der eigenen Produktinformationen im einheitlichen Format dieser Taxonomien fördert den Austausch dieser Informationen zwischen Unternehmen und Plattformen. Beispielsweise vom Lieferanten von Einzelteilen aus einem ERP-System zum Unternehmen, welches die Einzelteile zu einem fertigen Produkt verbaut, bis hin zu einer eCommerce-Plattform.

Sind diese Punkte durch das Stammdatenmanagement abgebildet, helfen sie den Mitarbeitern, ihre tägliche Routine-Aufgaben in effizienter Weise zu gestalten und durchzuführen. Zusätzlich zu operativen Treibern sind es häufig auch strategische Entwicklungen, die von Stammdatenmanagement profitieren können [OKWG11, S.5 ff.]:

- Harmonisierung von Geschäftsprozessen: Ein unternehmensweit einheitliches Verständnis von Stammdaten und standardisierte Datenformate sind Voraussetzungen für integrierte und standardisierte Geschäftsprozesse.
- Überbetriebliche Vernetzung: Ohne abgestimmte Produkt- und Partnerdaten (z.B. Artikelnummern und Preise) können Kunden- und Lieferantenprozesse, bspw. über Electronic Data Interchange, nicht automatisch abgewickelt werden.
- Compliance: Stammdaten müssen den Anforderungen einer steigenden Zahl gesetzlicher und behördlicher Auflagen genügen. Einige gesetzliche Regelungen, z.B. die DSGVO, haben unmittelbaren Bezug zum Datenmanagement.
- Unternehmensweites Berichtswesen: Durch unternehmensweit einheitliche Kennzahlen und Berichte werden Entscheidungsträger unterstützt.

Stammdaten sind häufig die Grundlagen für Kennzahlen und Reports. Das Berichtswesen wird in Zukunft noch an Bedeutung gewinnen. Das gilt bspw. für Analysen im Kontext von Business Intelligence, Advanced Analytics oder Data Science. Auch die regulatorischen Anforderungen der Gesetzgeber und interne Compliance-Vorgaben nehmen zu.

Ein weiterer Treiber im Umfeld von Kundenstammdaten ist der kundenzentrierte Ansatz (vgl. [Chis19, KlWe17]). Hier stehen nicht unternehmensinterne Anforderungen, sondern die Bedürfnisse der Kunden im Vordergrund. Ziel ist es, deren Wünsche möglichst passgenau und schnell zu erfüllen. Auch Otto et al. [OKWG11] gehen auf diesen Punkt ein. Demzufolge basiert erstklassiger Kundenservice auf der Bereitstellung aktueller, konsistenter Kundendaten aus verschiedenen Datenquellen, die einen „360°-Blick" auf den Kunden ermöglichen.

Beispiel:

Eine Kundin informiert sich mit ihrem Smartphone über Artikel in einer Zeitschrift. Sie bestellt diese über die Website. Die Bereitstellung der gewünschten Artikel dauert allerdings einen ganzen Werktag. Die verärgerte Kundin kauft

> sich beim Zeitschriftenhändler die Print-Ausgabe der Zeitschrift. Auf ein Angebot zum Abonnement geht sie nicht ein und gibt dem Service des Verlags eine schlechte Bewertung für den Bestellvorgang.
>
> Besser wäre es, wenn Kunden sofort nach dem Bestellvorgang den Artikel über einen Link zur Verfügung hätten und die Bestellbestätigung noch ein attraktives Angebot für das Zeitschriftenabonnement enthält. So wären die Kunden zufrieden und der Verlag hätte eine realistische Chance auf neue Abonnenten. ∎

Das obige Beispiel zielt also nicht primär auf die Daten an sich ab, sondern stellt vielmehr die Integration von Online-Shop-Systemen inkl. einer schnellen Verarbeitung von Kundenanfragen und den passenden (automatisierten) Reaktionen in den Vordergrund. Und zwar unabhängig von den Geschäftszeiten.

Diese Art der Datenverarbeitung wird weiter an Relevanz gewinnen, da Kunden vielfältige Kanäle nutzen, um Services und Produkte zu beziehen. Neben Websites und mobilen Apps kommen Bestellungen auch über Zwischenhändler an das Unternehmen. Jede Art von Kundenwunsch muss zeitnah erfüllt werden, mit dem Ziel der Kundenbindung durch schnellen und passgenauen Service.

Im Kontext der DSGVO ist dieser Druck auf Unternehmen sogar erhöht worden (DSGVO, Art. 20). In der Energiebranche kann man den Anbieterwechsel „auf Knopfdruck" vollziehen. Der bisherige Energieversorger muss die relevanten Kundeninformationen dem Konkurrenten in einem maschinenlesbaren Format zur Verfügung stellen, was den Wechsel zum neuen Anbieter weiter beschleunigt und dem Wettbewerb schlankere Prozesse ermöglicht. Die Informationen zum Kunden müssen nicht mehr manuell ins System eingegeben werden, was wiederum positive Auswirkungen auf die Datenqualität mit sich bringt.

Ebenso hat die Unternehmens-IT gute Gründe, Stammdatenmanagement voranzutreiben (vgl. [Chis19]). Die IT schafft mit der technischen Umsetzung die Voraussetzung für das effizientere und effektivere und somit Umsatz steigernde Arbeiten mit Stammdaten. Stammdatenmanagement führt bei der IT zu folgendem Nutzen:

- Kosteneinsparungen durch die Reduktion von Pflege und Wartung von Schnittstellen zwischen Systemen,
- schnellere Bereitstellung von technischen Lösungen für Anforderungen aus dem Bereich der Stammdatennutzung,
- Verringerung der redundanten Datenhaltung,
- verbesserte Performance der Systeme, selbst bei größeren Datenmengen, und
- zentralisierte Datensicherheit.

Ob durch die Einführung von Stammdatenmanagement auch bestehende Systeme abgeschafft werden können, muss im Einzelfall geklärt werden. Die Erfahrung zeigt, dass es oft zusätzliche Treiber für die Abschaffung bestehender Systeme gibt. Dazu gehörend End-of-Life-Thematiken oder neue Anforderungen der Geschäftsbereiche, die das bestehende System nicht erfüllen kann.

Tabelle 5.1 zeigt für die strategischen Anforderungen des Stammdatenmanagements Beispiele aus der Praxis.

Tabelle 5.1 Praxisbeispiele für strategische Anforderungen an Stammdaten (in Anlehnung an [OKWG11, Webe09, S.33])

Strategische Anforderung	Praxisbeispiel
Harmonisierung von Geschäftsprozessen	Durch anorganisches Wachstum waren die Prozesse eines weltweit führenden Maschinenbauers lokal unterschiedlich ausgeprägt. Im Rahmen eines Projekts sollten die Prozesse nach einem globalen Template harmonisiert werden. Die Konsolidierung der Materialstammdaten und die Harmonisierung der Datenpflegeprozesse waren wichtige Bestandteile dieses Projekts und mündeten u. a. in eine neue Stammdatenorganisation.
Überbetriebliche Vernetzung	Mars setzt auf das Global Data Synchronization Network für den elektronischen Produktstammdatenaustausch mit dem Handel. Dies führt zur Reduktion von Datenredundanzen und des Aufwands für die Stammdatenpflege.
Compliance	Die Bremer Landesbank führte vor dem Hintergrund steigender Anforderungen des Managements an die Verlässlichkeit und Aktualität der Daten und diverser aufsichtsrechtlicher Vorgaben (z. B. Abgabenordnung, Geldwäschegesetz und Compliance-Anforderungen) ein proaktives Datenqualitätsmanagement ein.
Integriertes Kundenmanagement	Telekommunikationsunternehmen nutzen verschiedene Kanäle für den Vertrieb ihrer Produkte und Dienstleistungen (z. B. Internet, Elektronikfachhändler und eigene Shops). Sie müssen gewährleisten, dass alle Informationen zu Verträgen, Rechnungen und Serviceaufträgen ihrer Kunden konsistent und aktuell zur Verfügung stehen, wenn Agenten im Callcenter ein Kundengespräch führen.
Unternehmensweites Berichtswesen	Die zentrale Steuerung des E.ON-Konzerns erfordert eine verbesserte Datengrundlage für die Entscheidungsträger, welche durch das aktive Management der Datenflüsse über die Grenzen der Unternehmensbereiche hinweg bereitgestellt wird.
Konsolidierung der IT-Landschaft	Ein global tätiges Spezialchemie-Unternehmen verbesserte im Rahmen eines Projekts zur Etablierung einer unternehmensweiten ERP-Infrastruktur auch die Stammdatenqualität. Als Teil des Projekts definierte das Unternehmen wichtige Stammdatenobjekte, wie Materialien, Kunden und Lieferanten, ein zentrales Stammdatensystem mit Datenpflege-Workflows und organisierte das Stammdatenmanagement neu. Das zentrale Stammdatensystem enthält die unternehmensweit standardisierten Definitionen der Datenobjekte.

5.2 Daten- und Informationsmanagement – eine Einordnung

5.2.1 Daten, Information und Wissen

Informationen sind als Basis wirtschaftlicher Aktivitäten sowohl am Arbeitsplatz als auch in Unternehmen insgesamt anzusehen (im Folgenden nach [Klot11a, S. 10 ff.]). Information wird als Ressource, Wettbewerbsfaktor oder Produkt bzw. Ware bezeichnet. All diese verschiedenen Sichtweisen haben ihre Berechtigung, da sie unterschiedliche Aspekte der Nutzung von Information im Unternehmen adressieren. Der Begriff Information bedeutet, abgeleitet aus dem Lateinischen „informare", durch Unterweisung bilden, unterrichten.

Im Folgenden werden zunächst Daten und Informationen voneinander abgegrenzt, bevor verschiedene Arten von Daten erläutert werden. Im Anschluss wird der Informationsbegriff vom Wissensbegriff unterschieden.

Information und Daten

Das der Semiotik entlehnte Ebenenmodell (vgl. Bild 5.2) erklärt den Zusammenhang zwischen Information und Daten. Zeichen und Signale (als technisch kodierte Zeichen) werden im Rahmen der zwischenmenschlichen Kommunikation verwendet, beispielsweise die Zeichen ., 0, 1, 2, 9, i, J, n, u. Auf der syntaktischen Ebene werden die verschiedenen Zeichen miteinander in Verbindung gebracht. Sie werden in eine formale Struktur überführt und darin eingebunden. Durch diesen Schritt entstehen Daten, die einer einheitlichen Syntax gehorchen und dieser Syntax entsprechend mit technischen Mitteln verarbeitet werden können. Ein Beispiel ist „9. Juni 2019".

Auf der semantischen Ebene erhalten die Daten zusätzlich eine inhaltliche Bedeutung für den Empfänger der Daten, die damit zur Nachricht werden. Im o. g. Beispiel handelt es sich um das Datum, an dem dieser Text überarbeitet wurde.

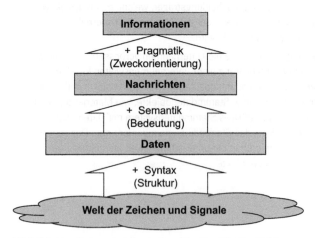

Bild 5.1 Von Daten zur Information (Quelle: [Klot11a, S.11])

Nicht jede verstandene Nachricht löst bei ihrem Empfänger eine Handlung aus, sie ist für ihn nicht immer von Interesse. Auf der pragmatischen Ebene ist ein handlungsleitendes Interesse des Aufgabenträgers erforderlich, beispielsweise um Entscheidungen vorzubereiten oder zu treffen, damit aus einer Nachricht eine Information wird. Der Aufgabenträger ist diejenige Person, welche die betreffende Aufgabe bearbeitet. Die Information unterstützt oder ermöglicht die Aufgabenbearbeitung. Sie führt direkt zu einem Arbeitsergebnis bzw. geht in dieses ein oder sie gibt zu Handlungen Anlass, welche die Aufgabenerfüllung nach sich ziehen. Diesen Zusammenhang stellt Bild 5.2 einmal allgemein und einmal anhand eines Beispiels aus der Finanzplanung dar.

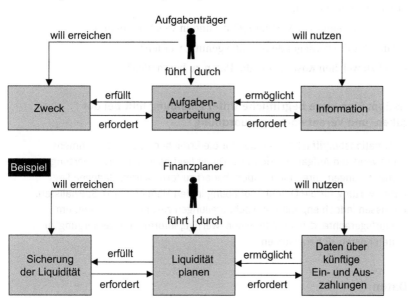

Bild 5.2 Zusammenhang zwischen Zweck, Aufgabe und Information (Quelle: [Klot11a, S. 13])

Vereinfacht lässt sich somit folgende Gleichung aufstellen:

 Information = Zeichen + Struktur + Bedeutung + Zweckorientierung

Betriebliche Zwecke werden durch die erfolgreiche Ausführung von Aufgaben erreicht. Die Informationsgewinnung muss somit immer auch danach fragen, welche Daten für eine bestimmte Aufgabe relevant sind oder relevant werden können. Diese Auswahl erfolgt durch den jeweiligen Aufgabenträger. Aufgabenträger kann zwar auch ein Computerprogramm sein, dieses „entscheidet" aber nicht über die Daten, auf die für die Verarbeitung zugegriffen wird. Der Datenzugriff wird bei der Programmierung durch den Softwareentwickler festgelegt. Informationsverarbeitung bleibt also dem Menschen, die Datenverarbeitung primär dem Computer überlassen. Bei der Informationsauswahl zeigt sich, dass der Informationsbegriff subjektiv ist. Was für die eine Person eine wichtige Information darstellt, schätzt eine andere Person eventuell als nebensächlich oder gar gänzlich unbedeutend ein.

In der Praxis wird kaum oder nicht deutlich zwischen Daten, Nachricht und Information unterschieden. Im Zusammenhang mit dem Informationsbegriff und der Informationsversorgung im Unternehmen und am Arbeitsplatz sind dennoch folgende Fragen praktisch relevant:

- Welche Unternehmens- oder Bereichsziele sollen erreicht werden?
- Welche Aufgaben sind hierfür durchzuführen?
- Welche Informationen werden für die Durchführung der Aufgaben benötigt?
- Welche Daten sind zu verwenden und miteinander zu verknüpfen, um daraus die benötigten Informationen zu generieren?
- Stehen die Daten überhaupt zur Verfügung? Wo und in welcher Qualität?
- Dürfen die Daten für die vorliegende Aufgabe genutzt werden?
- Woher, wie und zu welchen Kosten sind die Daten zu beschaffen?

Praxistipp: Eine klare begriffliche Unterscheidung hilft bei der Aufgaben- und Verantwortungszuordnung

Der Informationsbegriff ist eng an den für die Erreichung der Unternehmenszielen notwendigen Aufgaben orientiert. Damit liegt es in der Verantwortung der Fachabteilungen, ihren Informationsbedarf zu formulieren. Dagegen liegt die Verantwortung für die Datenhandhabung in den Händen der IT-Spezialisten. Diese müssen jedoch eng mit den Fachabteilungen zusammenarbeiten, um eine bedarfsgerechte, d. h. qualitativ hochwertige, Informationsversorgung zu adäquaten Kosten sicherzustellen.

Arten von Daten

Daten sind der Betrachtungsgegenstand des Datenmanagements. Nach dem Verwendungszweck (zustands- oder abwicklungsorientiert) und der Veränderbarkeit (geringe oder hohe Änderungshäufigkeit) können vier Arten von Daten unterschieden werden (vgl. [Sche08, S. 19 f.], Bild 5.3): Stammdaten, Bewegungsdaten, Bestandsdaten und Änderungsdaten.

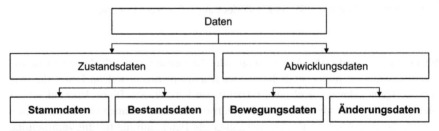

Bild 5.3 Typologie von Daten (vgl. [Sche08, S. 20])

Stammdaten repräsentieren die Kernentitäten bzw. Kernobjekte eines Unternehmens. Beispiele sind Kunden-, Material-, Personal- und Lieferantenstammdaten. Stammdaten sind zustandsorientierte Daten, die sich durch eine geringe Änderungshäufigkeit auszeichnen und von Bewegungsdaten zur Beschreibung von Geschäftsvorfällen referenziert werden. In einer Kundenbestellung werden z. B. die Adressdaten und Zahlungsbedingungen eines

Kunden referenziert ebenso wie Materialnummern und Materialbezeichnungen. Bestandsdaten beschreiben die betriebliche Mengen- und Wertestruktur. Lagerbestände und Kontostände sind Beispiele dafür. Bestandsdaten sind ebenfalls zustandsorientiert, weisen aber eine hohe Änderungshäufigkeit auf.

Bewegungsdaten bilden betriebswirtschaftliche Vorgänge ab. Typische Beispiele sind Fertigungsaufträge, Lieferscheine, Bestellungen und Rechnungen. Bewegungsdaten sind abwicklungsorientiert und verändern Bestandsdaten durch mengen- oder wertmäßige Zu- und Abgänge. Zum Beispiel erhöht ein Wareneingang den Bestand an Rohstoffen und eine bezahlte Rechnung verringert den Bankkontostand. Änderungsdaten sind abwicklungsorientierte Daten und lösen Änderungen von Stammdaten aus. Beispiele sind die Hochzeit eines Mitarbeiters, welche den Familienstand im Mitarbeiterstammsatz ändert, oder die Entwicklung eines besseren Wirkstoffs, wodurch sich die Zusammensetzung der Produktionsstückliste eines Düngemittels ändert.

Praxistipp: Den genauen Betrachtungsgegenstand des Datenmanagements festlegen

Beschäftigt sich ein Unternehmen mit Datenmanagement, ist von Anfang an zu klären, welche Daten betrachtet werden sollen und welche nicht (engl. „Scope"). Das erspart langwierige und wiederkehrende Diskussionen, welche das eigentliche Vorankommen der Bemühungen stark behindern. Die Abgrenzung nach den verschiedenen Datenarten ist dafür eine gute Ausgangsbasis.

Information und Wissen

Ebenso wie Daten und Informationen, sind die Begriffe Information und Wissen eng miteinander verbunden (im Folgenden nach [Klot11a, S. 14ff.]). Vielzitiert ist der von Wittmann formulierte betriebswirtschaftliche Informationsbegriff: „Information ist zweckorientiertes Wissen", das zur Erreichung eines konkreten Zwecks eingesetzt wird (vgl. [Witt13, S. 14]). Somit ist solches Wissen als Information zu bezeichnen, die dazu dient, eine Handlung vorzubereiten oder vorzunehmen.

Wenn nun die Zweckorientierung das ausschlaggebende Kriterium dafür ist, dass sowohl aus Daten als auch aus Wissen Information wird, stellt sich die Frage, was der originäre Beitrag des Wissensbegriffs ist. Wird der Datenbegriff eng der technischen Ebene der Generierung, Verarbeitung, Weiterleitung und Speicherung von Zeichen zugeordnet, so lässt sich Wissen quasi an der anderen Seite des Spektrums ansiedeln. Hier ist es das an den Menschen gebundene Wissen, verstanden als lebensweltliche Orientierungs- und Interpretationskompetenz, als Summe fachlicher Fähigkeiten, Fertigkeiten und Erfahrungen, als konkretes Know-how (also Verfahrenswissen) oder als Vermögen, mit anderen hinsichtlich einer Aufgabenbearbeitung zu kommunizieren und zu kooperieren („soziales Wissen"). Auch die Fähigkeit, aufgabenbezogene Information mit Vorwissen zu verknüpfen und all dies dann wiederum auf das Wesentliche zu reduzieren, gehört hierher.

Das Wissen bildet den kognitiven Rahmen, durch den die Aufgabenträger auf der subjektiven Ebene den „pragmatischen Übergang" vollziehen, indem sie die Daten, die für sie Informationen darstellen, identifizieren, selektieren, verarbeiten usw. Insofern ist das Wissen in Bezug auf die Nutzung von Information interesseleitend. Bildhaft lässt sich dies durch eine Erweiterung von Bild 5.2 wie in Bild 5.4 darstellen.

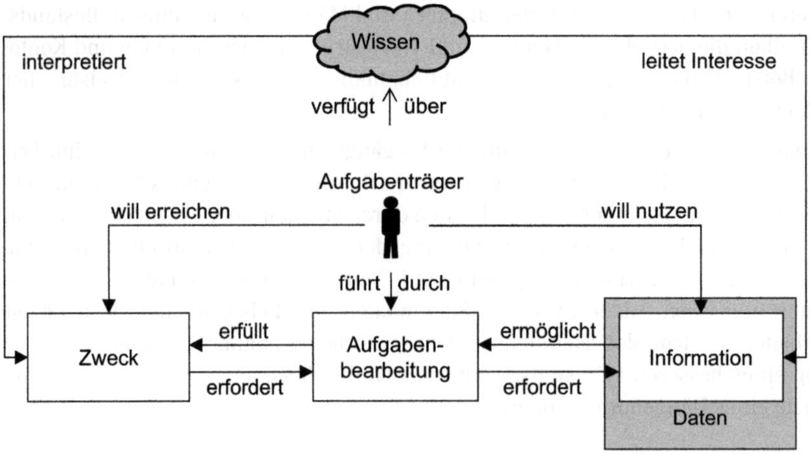

Bild 5.4 Wissen als Rahmen der Informationsselektion und -verarbeitung (Quelle: [Klot11a, S.16])

Ihr Wissen ermöglicht es den Aufgabenträgern, den jeweiligen Aufgabenzweck in größere Sinnzusammenhänge, Entwicklungen, Arbeitsprozesse etc. einzuordnen. Aus ihrer Erfahrung heraus kennen sie erfolgversprechende Herangehensweisen für die Aufgabenbearbeitung und wählen die passenden Methoden und Techniken dafür aus. Sie können den notwendigen Unterstützungsbedarf durch andere Personen, aber auch deren Interessen abschätzen. Dieses Wissen konstituiert das Interesse, mit dem die Aufgabenträger die ihnen zur Verfügung stehenden Daten sichten, auswählen und als Informationen für ihre Aufgabenbearbeitung nutzen.

5.2.2 Begriff des Informationsmanagements

Die Bedeutung von Information als Grundlage wirtschaftlichen Handelns macht deutlich, dass im Rahmen eines Informationsmanagements (IM) Information als Handlungsobjekt effektiv und effizient zu bewirtschaften ist. Zum Begriff des Informationsmanagements enthält Tabelle 5.2 einige Beispiele für Definitionen.

Tabelle 5.2 Definitionen des Informationsmanagements

Autor(en)	Definitionen
Biethahn, Mucksch und Ruf (2004)	„Unter Informationsmanagement (IM) in einem Unternehmen wird das systematische, methodengestützte Planen, Steuern, Kontrollieren, Koordinieren und Führen der aufeinander abgestimmten Sammlung, Erfassung, Be- und Verarbeitung, Aufbewahrung und Bereitstellung von Information sowie der hierfür erforderlichen Organisation verstanden." [BiMR04, S. 19]
Heinrich, Riedl und Stelzer (2014)	„Mit dem Konstrukt Informationsmanagement wird also das auf Information und Kommunikation bezogene Leitungshandeln in einer Organisation bezeichnet, folglich sind alle Führungsaufgaben damit gemeint, die sich mit Information und Kommunikation befassen." [HeRS14, S. 19]

Autor(en)	Definitionen
Krcmar (2015)	„Informationsmanagement ist das Management der Informationswirtschaft, der Informationssysteme, der Informations- und Kommunikationstechniken sowie der übergreifenden Führungsaufgaben. Das Ziel des IM ist es, den im Hinblick auf die Unternehmensziele bestmöglichen Einsatz der Ressource Information zu gewährleisten. IM ist sowohl Management- wie Technikdisziplin und gehört zu den elementaren Bestandteilen der Unternehmensführung." [Krcm15, S. 109]
Voß und Gutenschwager (2001)	„Informationsmanagement ist die wirtschaftliche (effiziente) Planung, Beschaffung, Verarbeitung, Distribution und Allokation von Informationen als Ressource zur Vorbereitung und Unterstützung von Entscheidungen (Entscheidungsprozessen) sowie die Gestaltung der dazu erforderlichen Rahmenbedingungen." [VoGu01, S. 70]

Alle Definitionen stellen auf das Führungshandeln hinsichtlich Information und Kommunikation ab, entweder explizit (Leitungshandeln bei Heinrich, Führungsaufgaben bei Krcmar), durch Aufzählung der verschiedenen Führungsphasen (Planen, Steuern, Kontrollieren ... bei Biethahn et al.) oder durch Bezug auf Entscheidungen oder Entscheidungsprozesse (bei Voß und Gutenschwager). Aus operativer Sicht sind die Informationsversorgung im Unternehmen sicherzustellen und die dazu erforderlichen Rahmenbedingungen zu schaffen.

Hieraus ergibt sich die allgemeine Zielsetzung des Informationsmanagements:

Informationsmanagement stellt sicher, dass die richtige Information zur richtigen Zeit am richtigen Ort dem richtigen Adressaten zu angemessenen Kosten zur Verfügung steht.

Damit eine Information am richtigen Ort zur Verfügung steht, müssen Daten erfasst, gespeichert und übertragen werden. Außerdem muss ein rechtzeitiger Zugriff auf die Information möglich sein, um die zeitlichen Anforderungen der Definition einzuhalten. Erfassen, speichern, verarbeiten, übertragen, zugreifen etc. sind Handlungen, die sich an Informationen vollziehen, sodass auch von Informationshandlungen gesprochen werden kann. Diese Informationshandlungen bewirken letztlich den Nutzen der Informationsverarbeitung, nicht der bloße Betrieb der Informationstechnik.

Auf der Basis dieser Betrachtung ergibt sich die folgende Aufgabenbestimmung für das Informationsmanagement:

Aufgabe des Informationsmanagements ist es, dafür zu sorgen, dass alle Informationshandlungen im Unternehmen durch eine aufgabenadäquate Informationsversorgung effizient vollzogen werden können.

Die allgemeine Zielsetzung des Informationsmanagements zeigt auch, wann in der betrieblichen Praxis Schwierigkeiten in der Informationsversorgung vorliegen: wenn die richtigen

Informationen nicht zur Verfügung stehen. Ursache kann beispielsweise mangelhafte Datenqualität sein. Oder die Informationen liegen nicht zum Bedarfszeitpunkt oder am Bedarfsort vor.

5.2.3 Modell des Informationsmanagements

Modelle des Informationsmanagements geben einen strukturierten Rahmen für das planvolle Gestalten des Informationsmanagements in der Praxis vor. Im Folgenden soll exemplarisch das Modell des Informationsmanagements von Krcmar vorgestellt werden.

Das Modell des Informationsmanagements von Krcmar gliedert sich nach den Objekten des Informationsmanagements (im Folgenden nach [Krcm15, S. 107 ff.]). Das Modell verteilt die Managementaufgaben auf drei Ebenen. Das Handlungsobjekt der obersten Ebene sind Informationen, auf der mittleren Ebene sind es Anwendungen und auf der untersten Ebene ist es die Informationstechnik. Neben diese drei Ebenen stellt das Modell die Führungsaufgaben des Informationsmanagements. Das sind Aufgaben, die entweder auf alle Ebenen anfallen oder die nicht eindeutig einer Ebene zuzuordnen sind. Bild 5.5 zeigt das Modell im Überblick.

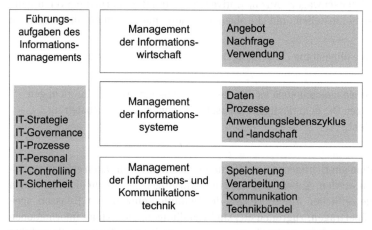

Bild 5.5 Das Modell des Informationsmanagements von Krcmar (In Anlehnung an [Krcm15, S. 107])

Die **Ebene der Informationswirtschaft** beschäftigt sich mit Entscheidungen zu Informationsangebot und Informationsnachfrage und damit mit der Informationsverwendung. Die Deckung der Nachfrage durch das Angebot in allen Unternehmensbereichen wird geplant, organisiert und kontrolliert. Die Ebene der Informationswirtschaft erhält Unterstützung durch die Ebene der Informationssysteme und definiert Anforderungen an diese.

Die Kernaufgaben auf der **Ebene der Informationssysteme** ist das Management von Daten, Prozessen, des Anwendungslebenszyklus sowie der Anwendungssystemlandschaft. Die Entwicklung von Informationssystemen bzw. Anwendungen findet auf dieser Ebene statt. Die Informationssysteme decken den auf der Ebene der Informationswirtschaft definierten Informationsbedarf. Die Ebene der Informationssysteme spezifiziert wiederum Anforderungen an die Ebene der Informations- und Kommunikationstechnik und wird von dieser unterstützt.

Auf der **Ebene der Informations- und Kommunikationstechnik** wird die physische Basis für die Anwendungslandschaft und somit für die Bereitstellung der Informationsressourcen gelegt. Handlungsobjekte sind u. a. Speicherungstechnik, Verarbeitungstechnik und Kommunikationstechnik. Aufgaben des Technikmanagements sind die Bereitstellung und Verwaltung der Technikinfrastruktur sowie deren kontinuierliche Anpassung an die Anforderungen der oberen Ebenen.

Generelle Aufgaben des Informationsmanagements, die ebenenübergreifend anfallen, ordnet Krcmar den **Führungsaufgaben des Informationsmanagements** zu. Zu diesen Aufgaben gehören die Gestaltung von IT-Governance, IT-Prozessen, IT-Controlling und IT-Sicherheit sowie das Festlegen einer IT-Strategie und das Management des IT-Personals. Die Bedeutung von Informationen für das Unternehmen und damit die des Informationsmanagements werden festgelegt (vgl. Abschnitt 5.3). Zu den Führungsaufgaben gehört es ebenso, Impulse für die Unternehmensstrategie zu geben.

■ 5.3 Bedeutung und Rolle von Informationen im Unternehmenskontext

Die verschiedenen Rollen der Information und der IT führten über die letzten Jahrzehnte immer wieder zu markanten Titulierungen. Ist Information ein „Kostenträger" oder doch vielmehr ein „Enabler"? Ersteres suggeriert, dass der Wertbeitrag der Informationsnutzung in Kostensenkungen liegt, während Letzteres den Beitrag der Information zu Geschäftsinnovationen betont (vgl. auch [Krcm15, S. 393 ff., UrAh16, S. 26 ff.]). Ein Wechsel in der Titulierung der „Information als …" zeigt somit auch eine Verschiebung der Perspektive, unter der die Information in Unternehmen betrachtet wird.

Einen Überblick über die Rollen, die Information im Unternehmen einnehmen kann, gibt Bild 5.6. Die Relevanz der verschiedenen Perspektiven wird von Unternehmen zu Unternehmen, aber auch innerhalb eines Unternehmens variieren. Die folgenden Abschnitte stellen die sechs Sichtweisen vor.

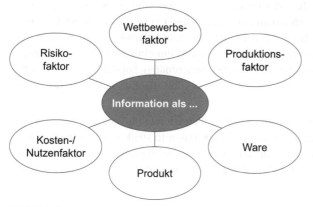

Bild 5.6 Betrachtungsweisen der Information (Quelle: [Klot11b, S. 7])

Praxistipp: Rolle(n) der Information für das Unternehmen klären

Ein gemeinsames Verständnis über die Rolle(n) von Information im Unternehmen hilft bei grundsätzlichen Organisations- und Investitionsentscheidungen. Die Diskussion dazu sollte unter Beteiligung des IT-Managements im Rahmen der unternehmensstrategischen Planung stattfinden.

5.3.1 Information als Wettbewerbsfaktor

Überblick

Die innovative Nutzung von Informationen und Informationstechnik kann die Wettbewerbsregeln ganzer Branchen grundlegend verändern. Unternehmen müssen darüber nachdenken, wie Informationskomponenten ein Hauptprodukt ergänzen können, um den Gebrauchswert zu erhöhen. Neue, zusätzliche Funktionalität soll zu einer Differenzierung im Wettbewerb führen, um hierdurch einen Vorteil gegenüber der Konkurrenz zu erlangen. Information gilt als wichtiger Erfolgsfaktor im Wettbewerb.

Die aktuell stattfindende „digitale Revolution" bringt signifikante Veränderungen im privaten und geschäftlichen Alltag durch neue Informationstechnologien und die Verdrängung etablierter Geschäfts- und Wertschöpfungsmodelle in einer enormen Geschwindigkeit [UrAh16, S. 9 f.]. Die Digitalisierung verspricht unter anderem Umsatz- oder Produktivitätssteigerungen, Innovationen in der Wertschöpfung und neue Formen der Kundeninteraktion. Auslöser sind die technologischen Errungenschaften der letzten Jahre, u. a. Big Data, Social Media, Cloud und Mobile Computing, Industrie 4.0 und Künstliche Intelligenz. Die Revolution entsteht durch die Kombination und innovative Nutzung der verschiedenen Technologien und Ansätze, vor allem zu Geschäftszwecken.

Am Beispiel Big Data zeigt sich, wie wichtig Informationen bzw. Daten für die Digitalisierung sind. Big Data zeichnet sich durch unvorstellbar große Datenmengen aus („Volume"). Die verfügbaren und damit analysierbaren Daten entstehen in einer immer höheren Geschwindigkeit und können sehr schnell an einen beliebigen Ort bewegt werden („Velocity"). Big Data erweitert die bisher traditionell analytisch auswertbaren Daten (meist unternehmensinterne Daten in strukturierten Datenformaten) um eine große Vielfalt an externen Daten (z. B. Tweets, Posts, Votings, RFID-Codes, Sensordaten, Log-Files, Wetterberichte, Nachrichten) mit unterschiedlichsten Datenformaten (Text, Grafik, Video, Audio) („Variety").

Letztendlich geht es bei Big Data darum, einen Mehrwert aus der (Echtzeit-)Analyse von immer größeren Mengen von internen und externen Daten in strukturierten und unstrukturierten Formaten zu schaffen. Neue, auf Daten basierende, digitale Produkte oder detaillierteres Wissen über die eigenen Kunden, deren Wünsche und Vorlieben, stellen so einen Mehrwert dar.

Das Beispiel des erfolgreichen neuen Marktteilnehmers Uber verdeutlicht die Rolle der Daten für die digitale Revolution. Uber ist das vermutlich größte Taxiunternehmen der Welt, besitzt selbst aber nicht ein einziges Taxi. Die Preise für Taxifahrten werden durch permanente Auswertung von Daten über Angebot und Nachfrage in Echtzeit angepasst. So mussten in New York City in der Silvesternacht für eine 25-minütige Taxifahrt bis zu 400 US-Dollar gezahlt werden [Heck14].

Es gibt kaum eine Branche, die nicht in den letzten drei Jahrzehnten durch das Internet verändert wurde. Hierzu einige Beispiele (in Anlehnung an [Klot11b, S. 9ff.]):

- Die Bankenbranche hat durch Mobile- und Online-Banking grundlegende Veränderungen erfahren. Ähnliches gilt für die Versicherungsbranche. Über mobile Apps und Internetportale lassen sich viele Finanzgeschäfte von unterwegs oder von zu Hause aus erledigen. Finanzinformationen lassen sich schnell von den Nutzern selbst beschaffen oder sie werden von spezialisierten Dienstleistern über das Internet angeboten. Durch FinTechs, neue Bezahlmodelle und digitale Währungen wie Bitcoin gerät das traditionelle Bankengeschäft noch stärker unter Druck [Bost18].
- Der Reisemarkt erfuhr erhebliche Veränderungen durch Vertriebsportale von Airlines, Reise- oder Hotelanbietern. Vielfalt und Vergleichbarkeit der Reiseinformationen sind die wesentlichen Vorteile für die Nutzer dieser Portale. Das Share-Economy-Unternehmen AirBnB hat innerhalb kürzester Zeit den Markt für Übernachtungen revolutioniert.
- Streaming und der Verkauf von Musiktiteln im Internet haben die Musikbranche grundlegend verändert. Zusätzliche Informationsangebote (Rankings, individuelle Empfehlungen, intelligente Suchfunktionen etc.) sowie die Möglichkeit, jederzeit und überall auf Millionen von Musikstücken zugreifen zu können, bieten den Kunden einen deutlichen Zusatznutzen. Das Verlagswesen unterliegt mit der Verbreitung von eBooks einer ähnlich umwälzenden Entwicklung.
- Der traditionelle stationäre Handel hat durch den Online-Handel massive Konkurrenz bekommen – seien es Supermärkte, Elektronikfachgeschäfte oder Bekleidungsläden. Jederzeit bequem von zu Hause aus oder von überall unterwegs shoppen und dabei problemlos Preise und Testergebnisse vergleichen, schlägt die persönliche Beratung im Geschäft bei Weitem. Der stationäre Handel reagiert durch Online-Angebote und sucht neue Wege, die eigene Exklusivität zu unterstreichen [Moli16].
- In der Gesundheitsbranche werden zunehmend digitale Services angeboten, die von der Online-Konsultation bis hin zur Online-Apotheke reichen. Erste Studien zeigen, dass diese Angebote für Geschäftsreisende attraktiv sind [Axap18].

Um das Potenzial zur Veränderung der Wettbewerbsregeln geht es in der Diskussion um die Enabler-Funktion der Information. Sie befähigt ein Unternehmen, durch innovative Nutzung von Information einen Wettbewerbsvorsprung zu erlangen.

Um das wettbewerbsstrategische Potenzial von Informationen grundlegend aufzuzeigen, ist das weit verbreitete Branchenmodell von Porter hilfreich [Port08]. Das Modell beschreibt fünf Wettbewerbskräfte, die gemeinsam die Wettbewerbsintensität und damit auch die Profitabilität einer Branche bestimmen. Die Wettbewerbskräfte sind die Bedrohung durch neue

Konkurrenten, die Verhandlungsmacht der Kunden, die Verhandlungsmacht der Lieferanten, die Bedrohung durch Ersatzprodukte oder -dienstleistungen sowie die Rivalität der bestehenden Konkurrenten (vgl. Bild 5.7). Versteht ein Unternehmen diese fünf Kräfte und wie sie innerhalb der eigenen Branche wirken, kann die Unternehmensstrategie gezielt gestaltet werden.

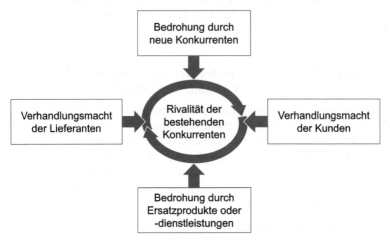

Bild 5.7 Modell der Wettbewerbskräfte (in Anlehnung an [Port08, S. 27])

Praxistipp: Informationen können einen wesentlichen Wettbewerbsvorteil darstellen

Um die Wettbewerbsvorteile zu nutzen, müssen Informationen als Einflussgröße und Instrument der Unternehmensstrategie behandelt und genutzt werden. Dies erfordert in der Praxis eine Abstimmung zwischen Unternehmensstrategie und Informationsstrategie, indem beide Planungen organisatorisch und inhaltlich miteinander verzahnt werden. Der Einfluss geht wechselseitig in beide Richtungen: Die Unternehmensstrategie muss die Potenziale einer innovativen Informationsnutzung aufgreifen und berücksichtigen, die Informationsstrategie muss die Umsetzung der Unternehmensstrategie unterstützen (vgl. [Krcm15, S. 396]). ∎

5.3.2 Information als Produktionsfaktor

Überblick

Geschäftsprozesse bedürfen zu ihrer effektiven und effizienten Abwicklung einer durchgängigen Informationsbereitstellung. Dies zu bewerkstelligen, ist nach wie vor der Haupteinsatzzweck von IT. Ohne eine funktionierende Informationsversorgung können viele Unternehmen ihren Geschäftsbetrieb nicht aufrechterhalten. Informationen sind ein unverzichtbarer Produktionsfaktor. ∎

Mit der Qualifizierung als (betrieblicher) Produktionsfaktor tritt die Information neben die traditionellen Produktionsfaktoren, wie Betriebsmittel, Finanzen oder Personal (im Folgenden nach [Klot11b, S. 15ff]). Diese Rolle gründet sich auf die zahlreichen Facetten der Information im betrieblichen Alltag:

- Sämtliche Geschäftsprozesse eines Unternehmens sind durch Informationsbeziehungen miteinander verbunden und benötigen deshalb eine stabile, integrierte Informationsversorgung.
- Informationen stellen Entscheidungsgrundlagen dar und sind damit in allen Unternehmensbereichen auf jeder hierarchischen Ebene von Bedeutung.
- Ein offener und partnerschaftlicher Umgang mit Information ist Grundlage der Kommunikation und Zusammenarbeit im Unternehmen.
- Durch Informationsverarbeitung entstehen Kosten, die die Rentabilität des Unternehmens in relevantem Umfang beeinflussen.
- Informationen und IT sind ein Treiber von Innovation im Unternehmen. Dies kann sich in Prozess- und Produktverbesserungen ausprägen.
- Die Nutzung von Informationen und Informationssystemen muss geplant und gesteuert werden. Hierzu sind Entscheidungs- und Verantwortungsstrukturen zu etablieren, Investitionen zu tätigen sowie Planungs- und Kontrollsysteme einzurichten.
- Informationen haben eigene Qualitätsmerkmale, beispielsweise hinsichtlich Genauigkeit, Vollständigkeit, Verfügbarkeit, Schutzbedarf und Aktualität. Sie sollten damit Gegenstand eines Informationsqualitätsmanagements sein.
- Personenbezogene, vertrauliche, finanzielle oder geschäftskritische Informationen müssen vor unberechtigten Zugriffen und Manipulationen geschützt werden. Sie sind Gegenstand des Informationssicherheitsmanagements und des IT-Risikomanagements.

Aus diesen Aspekten resultiert die Notwendigkeit, Informationen an sich, aber auch alle informationellen Ressourcen (Anwendungen, Daten, Prozesse, Speichermedien, Archive etc.), im Unternehmen zu planen, zu betreiben, zu organisieren, zu steuern und zu überwachen. Dazu gehört, die Mitarbeiterinnen und Mitarbeiter des Unternehmens entsprechend zu qualifizieren. Das Konzept der Information Resources wurde grundlegend von Horton geprägt, der vor über 40 Jahren erkannt hat: „information is a critical resource and deserves the same kind of management disciplines as are employed in the management of other resources" [Hort79, S.107]. Er hat damit die Grundlagen für die Sichtweise der Information als Produktionsfaktor gelegt.

Praxistipp: Ein integrativer Ansatz ist unumgänglich

Damit die einzelnen informationellen Ressourcen effektiv und effizient zusammenarbeiten können, müssen sie identifiziert, verwaltet und zu ihrer Nutzung in einem Gesamtkonzept aufeinander abgestimmt sein.

5.3.3 Information als Produkt

Überblick

Informationsdienstleistungen werden von der IT-Abteilung in standardisierter Weise angeboten und betrieben, um Effizienz, Verfügbarkeit und Sicherheit der Informationsnutzung zu gewährleisten. Es entstehen unternehmensinterne Informationsprodukte oder -services, die den internen Kunden als Bestandteil eines Leistungskatalogs angeboten werden. Information wird zum Produkt.

Die Rolle der Information als Produkt hat sich in der Informationswirtschaft in verschiedener Hinsicht durchgesetzt (im Folgenden nach [Klot11b, S. 19 ff.]). In einer mittlerweile selbstverständlichen Form zeigt sich dies in der Auffassung, dass eine zu liefernde Software nicht nur den eigentlichen Programmcode umfasst, sondern auch eine Übertragung von Nutzungsrechten, eine aktuelle technische Dokumentation und eine Benutzerdokumentation beinhaltet. Weiterhin ist akzeptiert, dass jede Software gepflegt und ggf. weiterentwickelt werden muss.

Dass IT-Abteilungen von einer Fokussierung auf die Entwicklung, den Betrieb und die Pflege von Softwareprogrammen abgekehrt sind, zeigt die Entstehung des IT-Servicemanagements. Zentral ist hierbei der Begriff des IT-Service, der eine IT-Dienstleistung zur Unterstützung von Geschäftsprozessen nach den Anforderungen der Anwender beschreibt [ZaBP05, S. 3 f.]. Software und Hardware sind Teil dieses Service, zentral ist aber die Bereitstellung einer IT-Dienstleistung, die nicht nur den sicheren und zuverlässigen Betrieb, sondern auch Qualifizierungs- und Unterstützungsprozesse (z. B. Incident, Problem- und Change-Management) umfasst. Die Denkweise des IT-Servicemanagements geht stets vom Anwender (dem Kunden) und seinen Bedürfnissen aus.

Beispiel: IT-Arbeitsplatz als Produkt

Ein stets einsatzbereiter IT-Arbeitsplatz beinhaltet mehr als nur die Beschaffung von Hardware und die Installation der Anwendungssysteme. Hier nur ein paar der Aufgaben, welche die IT in diesem Zusammenhang erledigen muss: Auswahl von Lieferanten, Erfassung von Hard- und Software im Anlagenbestand, Installation und Konfiguration von Anwendungen, Lieferung und Aufbau des Systems beim Benutzer, Benutzerschulung, regelmäßiges Einspielen von Updates, Benutzersupport, Austausch fehlerhafter Komponenten, Ersatzbeschaffung, Entsorgung.

In der Auffassung der IT-Servicemanagements werden alle Aufgaben und Prozesse zu einem Produkt zusammengefasst und mit einem Preisschild versehen. Aus Sicht der Anwender bzw. Kunden ist der IT-Arbeitsplatz ein „Rundum-sorglos-Paket" – sie bestellen ein Produkt und kümmern sich nicht um die Details.

Die internen Kunden bezahlen in Abhängigkeit von gewählter Qualität und Anzahl der Nutzung einen festgelegten Verrechnungspreis. Die verschiedenen vom internen IT-Dienstleister (ehemals „IT-Abteilung") angebotenen Services werden in einem Leistungskatalog zusammengefasst, der das mit Verrechnungspreisen versehene Angebot für die Anwender in den Fachabteilungen umfasst. Die Leistungserbringung wird in einem Service-Level-Agreement (SLA) geregelt. Hierfür ist es erforderlich, dass die Anforderungen an Qualität und Quantität des Service exakt definierbar und in der Leistungserbringung transparent und messbar sind.

Doch auch Informationen können als eigenständige interne Produkte bzw. Dienstleistungen betrachtet werden, welche einem Lebenszyklus unterliegen. Nach dem Informationsproduktansatz (vgl. [WLPS98]) sind Informationen das Ergebnis eines Produktionsprozesses. Unternehmen müssen Informationen genauso managen, wie produzierende Unternehmen ihre Produkte managen (vgl. Bild 5.8). Ein Informationsprodukt ist eine Bündelung von Informationseinheiten, die den Anforderungen der Nutzer genügen. Ein solches Informationsprodukt könnte beispielsweise das Risikoprofil eines Kunden oder eine Rechnung sein. Damit orientiert sich dieser Ansatz stark an den Bedürfnissen der Kunden bzw. Anwender. Diese kaufen die Informationsprodukte zwar in den meisten Fällen nicht, können sich aber aufgrund der Qualität entscheiden, sie zu nutzen oder nicht. Der Lebenszyklusgedanke beschreibt die verschiedenen Phasen eines Informationsprodukts von dessen Entstehung bzw. Beschaffung über die Analyse, Bewertung, Anreicherung und Nutzung bis hin zur Entsorgung. Zur Wiederverwendung der Informationsprodukte müssen gezielte Aktivitäten zur Pflege und Wartung unternommen werden, um die Qualität langfristig sicherzustellen. Einzelne Informationseinheiten können für verschiedene Nutzungsarten neu kombiniert, analytisch aufbereitet und vervielfältigt werden.

Bild 5.8 Informationsproduktion (in Anlehnung an [Wang98, S.59])

Ähnliche Gedanken verfolgt auch der „Information as a Service"-Ansatz (vgl. [DaJA07]). Das Konzept der Serviceorientierung einer Service-Orientierten Architektur (SOA) wird auf Datenobjekte und Informationen übertragen. Informationsprodukte werden gekapselt, die interne Logik wird nach außen verschleiert. Über definierte Schnittstellen kann auf die Inhalte (also die Information) zugegriffen oder diese verändert werden. Die einfache, standardisierte Wiederverwendung der Informationsprodukte in verschiedenen Geschäftsprozessen steht im Vordergrund.

5.3.4 Information als Ware

 Überblick

Für Informationsdienstleister, wie z. B. Marktforschungsunternehmen, Auskunfteien oder Betreiber von E-Commerce-Portalen, stellt die Information selbst eine Ware dar. Als solche muss sie erstellt oder erworben werden, um sie dann einem Abnehmer anzubieten und ihm zu verkaufen, gleich ob als Print-Produkt oder auf digitalem Weg.

Stellt eine Information als Produkt bzw. als Leistung eine Ware und damit einen Umsatzträger für ein Unternehmen dar, wird sie als „Informationsgut" bezeichnet. Ein Informationsgut ist ein in digitaler Form existierendes, marktwirtschaftliches Objekt, das als eigenständiges Produkt oder als Produktbestandteil Gegenstand geschäftlicher Transaktionen zwischen einem Anbieter und einem Kunden ist (im Folgenden nach [Klot11b, S. 22 ff.]).

Beispiele

Beispiele für eigenständige Informationsgüter sind Fachinformationen, Musik oder Filme, soweit sie digitalisiert vorliegen und ihre Nutzung gegen Geld angeboten wird. Hier zieht der Kunde den Nutzen aus dem Gebrauch des Informationsguts, d. h. dem Inhalt selbst.

Beispiele für Informationsgüter als Produktbestandteile, sogenannte Informationskomponenten, sind auf GPS (Global Positioning System) basierende Kfz-Navigationssysteme oder Versandstatusinformationen bei Paketdiensten, ein umfangreiches Informationsangebot für Bankkunden im Rahmen des Online-Banking oder ein multimediales Lernprogramm im Rahmen einer entgeltlichen Weiterbildung.

Anders als beim eigenständigen Informationsgut bringt der isolierte Gebrauch der Informationskomponente dem Kunden keinen direkten Nutzen (so ist z. B. die Versandstatusinformation beim Paketdienst nur für denjenigen interessant, der ein Paket versendet oder erhält). In diesen Fällen besteht der Nutzen des Informationsguts darin, dass die Nutzung einer Kernleistung (in den Beispielen: Autofahren, Pakettransport, Geldanlage, Wissenserwerb) durch die Informationskomponente in irgendeiner Weise verbessert (d. h. beispielsweise erhöht, erleichtert, ergänzt, abgesichert) wird (vgl. Bild 5.9).

Die wesentlichen strategischen Fragestellungen für Unternehmen betreffen

- eine Erweiterung bestehender Produkte und Dienstleistungen durch Informationskomponenten,
- den vollständigen Ersatz herkömmlicher Leistungen durch entsprechende Informationsgüter oder
- die innovative Neuentwicklung eines Informationsguts zur Deckung eines bisher nicht vorhandenen oder erkannten Bedarfs.

Informationsgüter entscheiden sich in entscheidenden Aspekten von materiellen Gütern. Diese Unterschiede, z. B. in den Bereichen der Informationserstellung, -verwendung, -verteilung oder -bewertung, resultieren aus dem immateriellen Charakter von Informationsgütern (vgl. dazu [Krcm15, S. 15 ff., Urba16]).

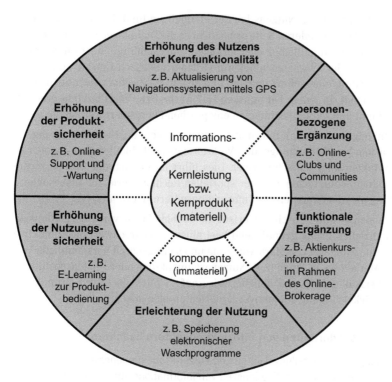

Bild 5.9 Informationskomponenten (nach [Klot11b, S. 24])

Die wesentlichen Merkmale von Informationsgütern betreffen folgende Faktoren:

a) Der Nutzen von Informationsgütern ist oftmals vor der eigentlichen Verwendung nicht oder nur grob zu beurteilen. Außerdem unterliegt diese Bewertung in hohem Maße subjektiven Kriterien, sodass verschiedene Kunden den Nutzen eines Informationsguts unterschiedlich einstufen. Für den Anbieter eines Informationsguts ergibt sich das Problem, dass sich dem Kunden der Nutzen letztlich nur durch Nutzung des Informationsguts erschließt. Somit müsste der Anbieter seine Leistung vor einer wirtschaftlichen Einigung erbringen, damit der Kunde sich zu einem Kauf des Informationsguts entschließen kann. Im Moment der Nutzung des Informationsguts hätte der Anbieter seine Leistung erbracht, ohne aber hinsichtlich einer Gegenleistung abgesichert zu sein. Informationsanbieter versuchen dieser Problematik oftmals durch Proben des Informationsguts („Freemium"), Inhaltsbeschreibungen oder Bewertungen anerkannter Personen oder Personenkreise (z. B. Fachexperten, Nutzerbewertungen oder Empfehlungen durch bekannte Personen) zu begegnen.

b) Die erstmalige Erstellung eines Informationsguts verursacht i. d. R. wesentlich höhere Kosten als mit seiner Vervielfältigung und Verbreitung verbunden sind. Dies bedeutet, dass die Grenzkosten eines Informationsguts äußerst gering sind oder im Extremfall auch null betragen können.

c) Der Produktlebenszyklus eines Informationsguts ist in vielen Fällen äußerst kurz. Informationsgüter können innerhalb weniger Stunden oder Tage an Aktualität einbüßen oder sie entfalten den Großteil ihres Nutzens bei der erstmaligen (und damit häufig einmaligen) Verwendung. Auf der anderen Seite ermöglicht es die Digitalisierung, ein Informationsgut – ggf. nach einer inhaltlichen oder formalen Umgestaltung – über unterschiedliche mediale Kanäle oder Träger anzubieten und damit mehrfach Umsatz zu erzielen (z. B. die Erstverwertung eines Films im Kino und später die Zweitverwertung als DVD bzw. Video-on-Demand). In jedem Fall müssen Halbwerts- bzw. Verfallszeiten produktindividuell bestimmt und Verkaufsstrategien entsprechend konzipiert werden.

d) Der Schutz von (eigenständigen) Informationsgütern gegen unerlaubte Nutzung ist wegen der einfachen Vervielfältigungs- und Verbreitungsmöglichkeiten im Vergleich zu materiellen Produkten ungleich schwieriger. Dies führt im Bereich der Urheberrechte und der verwandten Schutzrechte zu einer speziellen Rechtsmaterie, die insbesondere bei der Erstellung und dem Vertrieb von Informationsgütern relevant ist (vgl. [Vors16]).

Aus diesen Merkmalen resultieren charakteristische Problemlagen von Informationsgütern, die ihren finanziellen Erfolg grundlegend beeinflussen. So erschwert die subjektive Nutzenbewertung eine Prognose von Marktvolumina und stellt generell herkömmliche Vorgehensweisen des Marketings in Frage (z. B. Nutzenargumentation oder Produktpositionierung). Auch die Preiskalkulation, die üblicherweise auf sachlich-objektiven Grundlagen basiert, wird bei Berücksichtigung subjektiver Kriterien problematisch.

Praxistipp: Besonderheiten von Informationsgütern beachten

Die Verbindung hoher Erstellungskosten und kurzer Produktlebenszyklen erfordert eine sehr kurze Amortisationszeit von Informationsgütern. Unsichere Absatzchancen, unklare Zielsegmente, hohe Erstellungskosten und damit auch hohe Anforderungen an die Finanzierung: All dies macht für das Geschäft mit Informationsgütern überdurchschnittliche Ertragspotenziale notwendig, um eine akzeptable Risiko/Ertrags-Relation zu erzielen.

5.3.5 Information als Kosten-/Nutzenfaktor

Überblick

Controlling und ergebnisverantwortliche Stellen betrachten Informationen und IT häufig aus Kostensicht. Die Kosten sollten jedoch auch dem Nutzen gegenübergestellt werden. Der Nutzen von Informationssystemen sollte nicht nur im Vorfeld einer Investition postuliert, sondern auch im Nachgang des Investments mittels Steuerungsmaßnahmen sichergestellt und durch Evaluation und Reporting nachgewiesen werden.

Die Kosten einer einzelnen Information sind nur im Ausnahmefall Gegenstand einer Kostenbetrachtung (im Folgenden nach [Klot11b, S. 27 ff.]). Gleichwohl kann eine spezifische Information mit Kosten verbunden sein, die mehr oder minder klar nachvollziehbar sind. Dies ist beispielsweise der Fall, wenn

- aufgrund nicht verwendeter Informationen Fehlentscheidungen getroffen werden, für deren Revidierung arbeitsaufwendige Maßnahmen erforderlich sind – mit entsprechenden Kosten;
- Marktinformationen im Rahmen einer beauftragten Marktforschungsstudie eingekauft werden;
- Wiederherstellungskosten für die Datenrekonstruktion nach einem Systemausfall anfallen;
- nicht zur Verfügung gestellte Informationen zu Strafzahlungen oder Bußgeldern führen aufgrund von Vertrags- oder Gesetzesverstößen (z. B. im Rahmen einer Betriebsprüfung);
- durch falsche Informationen Nachteile im Geschäftsverkehr entstehen, z. B. wenn eine Frist versäumt wird.

Im Rahmen der betrieblichen Kostenrechnung sind stattdessen die Kosten der gesamten Informationsverarbeitung eines Unternehmens Gegenstand der Betrachtung. Durch Kennzahlen wie „IT-Kosten/Umsatz" oder „IT-Budget/Umsatz" (vgl. [KeMS13, S. 242]) soll ein Zusammenhang zwischen den IT-Kosten und deren Nutzen hergestellt werden. Die Vergleichbarkeit von Unternehmen und auch ein zeitlicher Vergleich der Kennzahlen ist allerdings schwierig. Wird beispielsweise IT dazu eingesetzt, die Prozesskosten (in Entwicklung, Produktion, Verwaltung etc.) zu senken, steigt bei konstanten IT-Kosten rechnerisch ihr Anteil am Umsatz. Als nachteilig für ein Unternehmen wäre dies aber wohl kaum zu werten.

Neben der Senkung der Prozesskosten kann sich der Nutzen der IT – oder ihr Wertbeitrag – in der Senkung der IT-Kosten und in der Steigerung des Umsatzes zeigen ([KeMS13, S. 11 ff.], vgl. Bild 5.10). Die Senkung der IT-Kosten ist beispielsweise durch Investitionen in innovative Technologien möglich, wenn diese zu einer effizienteren Leistungserbringung im IT-Bereich führen. Wird IT eingesetzt für gezielte Marketingmaßnahmen oder generell für stärkere Kundenbindung, so führt dies z. B. zu einer Umsatzsteigerung.

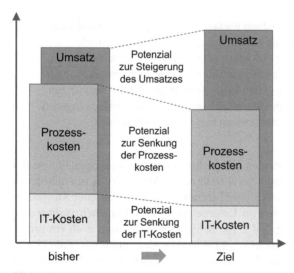

Bild 5.10 Möglicher Wertbeitrag durch den Einsatz von IT (nach [KeMS13, S. 11])

Die Diskussion über den Wertbeitrag der IT wird spätestens seit Carrs Artikel mit dem Titel „IT doesn't matter" [Carr03] hitzig geführt. Seine provokante These ist, dass Investitionen in IT kaum strategische Vorteile für die Unternehmen bringen, da IT schnell zur „Commodity" wird. Er rät daher dazu, weniger in IT zu investieren, erst zu investieren, wenn sich die Technologie bewährt hat, und weniger die Chancen denn die Risiken der IT zu betrachten. In den darauffolgenden Diskussionen wird häufig argumentiert, dass der Nutzen von IT nicht durch die IT, sondern durch Geschäftsprozesse oder durch Mitarbeiter, die IT nutzen, entsteht: „Value from IT emerges nonly through how it is used by the organization ..." [TiPe04, S. 610].

Der Nutzen von Daten rückt durch das Konzept des „Data as an Asset" (deutsch etwa „Daten als Anlagegut") noch stärker in den Fokus. Gemeint ist, dass Daten aufgrund ihrer gestiegenen Bedeutung genauso zu betrachten sind wie andere (immaterielle) Anlagegüter im Unternehmen. Dazu gehört auch deren finanzielle Bewertung, also sinngemäß die Feststellung ihres Nutzens bzw. Werts für das Unternehmen. Zwei konkrete Ansätze zur Berechnung dazu finden sich in [Zech16].

Praxistipp: Bewusstsein für Informationskosten schärfen

Mitarbeiter sollten sich der unnötigen Informationskosten bewusst sein, die in ihrem Arbeitsbereich durch Informationen geringer Qualität, ineffiziente Informationsprozesse, eine mangelhafte Nutzung der informationstechnischen Infrastruktur oder schlechte Datenqualität entstehen.

5.3.6 Information als Risikofaktor

Überblick

Die Nutzung von Informationen ist mit Risiken verbunden, die im Rahmen des IT-Risikomanagements adressiert werden müssen. Eine unbeabsichtigte Bekanntgabe oder Veränderung von Informationen kann das Unternehmen in vielerlei Hinsicht schädigen. Informationen können also einen Risikofaktor darstellen. Eine Rahmenbedingung geben beispielsweise gesetzliche Regelungen wie die DSGVO vor, durch welche der falsche Umgang mit personenbezogenen Daten erhebliche finanzielle Konsequenzen nach sich ziehen würde.

In allen Unternehmen und Organisationen hängt das operative Tagesgeschäft von der pünktlichen, exakten und kostengünstigen Bereitstellung und Verarbeitung von Informationen ab. Ein Ausfall – auch nur eines Teils – der IT-Infrastruktur oder einzelner Anwendungen von lediglich wenigen Stunden zieht in Unternehmen vieler Branchen verheerende Folgen nach sich. Keine Versicherung und keine Bank, aber auch kaum noch ein produzierendes Unternehmen oder eine Behörde kann heute ohne eine funktionierende IT auskommen. Vertraulichkeit, Integrität und Verfügbarkeit von Information werden somit zu notwendigen Voraussetzungen jeder Geschäftstätigkeit.

5.3 Bedeutung und Rolle von Informationen im Unternehmenskontext

 Die Auswirkungen mangelnder Informationssicherheit soll exemplarisch der Fall der Stadt Dettelbach zeigten:

„Am 8. Februar ist die Stadtverwaltung der unterfränkischen Stadt Dettelbach mittels eines Erpressungstrojaners angegriffen worden – alle Daten wurden verschlüsselt. Um die Daten wieder zu entschlüsseln, sollte die Stadt 1,3 Bitcoin zahlen ... Die IT-Probleme wurden mit der Zahlung nicht vollständig behoben. Es sei zu einem ‚weitreichenden Ausfall des EDV-Systems mit Datenverlusten' gekommen. ... Diese Probleme seien durch ‚Fehlfunktionen im bestehenden EDV-System sowie Fehlentscheidungen bei der Rücksicherung' entstanden. Das Einwohnermeldeamt der Stadt wurde zwischenzeitlich geschlossen. ... Nur die Stadtwerke sind mit ihrer Rücksicherung noch nicht ganz fertig. Wenn Kunden umziehen oder kündigen, sollen sie die Abrechnungen des vergangenen Jahres einschicken – sicherheitshalber in Papierform." [Gier16]

Um wirtschaftliche Informationssicherheit zu gewährleisten, sind die Risiken der Informationsnutzung zu identifizieren. Voraussetzung hierfür ist die Kenntnis der Bedrohungen, denen die Informationssysteme eines Unternehmens ausgesetzt sind. Die durch Menschen verursachten Bedrohungen sind entweder unbewusst, z. B. durch Unachtsamkeit, Unwissen oder durch menschliches Versagen, oder resultieren aus einem bewussten Handeln, z. B. von den eigenen Mitarbeitern, Hackern, Industriespionen, Erpressern, Saboteuren, Terroristen oder Geheimdiensten. Durch Technik ausgelöste Bedrohungen sind z. B. Fehlfunktionen und der Ausfall von Systemen oder Softwarefehler. Außerdem sind Ereignisse der höheren Gewalt, wie Feuer, Hochwasser, Erdbeben, Blitzschlag, Explosion, Streik, Aufruhr oder Krieg, zu den Bedrohungen zu zählen. Ebenso gibt es durch organisatorische Mängel Bedrohungen, wie z. B. Ressourcenmangel oder Personalausfall, fehlerhafte Berechtigungsvergabe und fehlende Richtlinien.

Die Bedrohungen richten sich auf unterschiedliche informationelle Objekte:

- **Geistiges Eigentum, Know-how, Wissen:** Abhören oder Lesen, Ändern oder Manipulieren, Zerstören oder Unbrauchbarmachen, öffentliches Preisgeben, Entwenden sowie Erzeugen von (falschen) Daten als Informationsgrundlage
- **Physisches Eigentum:** Ausspähen, Manipulieren, Sabotieren, Zweckentfremden von Anlagen oder Computerprogrammen sowie Ressourcendiebstahl (vor allem mobiler Endgeräte)
- **Leistungsvermögen von IT-Einrichtungen:** Sabotieren, Behindern, Stören, Unterbrechen von Abläufen oder Anlagen sowie Diebstahl von Zeit, Energie oder anderen Ressourcen

Sind die Bedrohungen bekannt, kann das Risiko, dem die IT ausgesetzt ist, ermittelt werden. Nach DIN 31000 ist ein Risiko als Möglichkeit zu verstehen, dass infolge eines unbeabsichtigten Ereignisses ein Schaden eintritt. Die Größe des Risikos ist abhängig von der möglichen Schadenshöhe und von der Eintrittswahrscheinlichkeit des zum Schaden führenden Ereignisses.

Mitarbeiter müssen sich tagtäglich dieser Informationsrisiken bewusst sein und sich risikoadäquat verhalten (vgl. [WeSF19]). Dies fängt beim Zutritt zum eigenen Arbeitsplatz und konsequenten Datensicherungen an und setzt sich fort in einem risikobewussten Umgang mit mobilen Endgeräten (Smartphone, USB-Sticks etc.) und Passwörtern, betrifft aber auch die Weitergabe geschäftskritischer Informationen. Ein häufig vernachlässigter Punkt ist die Vernichtung von Daten entsprechend ihrem Schutzbedarf.

Für die Bestimmung des Schutzbedarfs einer Information ist die Schadenshöhe bei Risikoeintritt entscheidend. Hier können folgende Fragen Anhaltspunkte liefern:

- Welche Geschäftsprozesse können ohne die Bereitstellung der betreffenden Information nicht, nur unzureichend oder mit erheblichem Mehraufwand ausgeführt werden?
- Welche Auswirkungen haben Sicherheitszwischenfälle auf die Informationsversorgung?
- Welche Entscheidungen hängen besonders stark von der Korrektheit und Aktualität der verwendeten Informationen ab?
- Wo werden Informationen verarbeitet, die personenbezogen oder besonders vertraulich sind?
- Für welche Entscheidungen des Unternehmens sind Vertraulichkeit, Integrität, Authentizität und Verfügbarkeit von Informationen unabdingbare Voraussetzungen?

Auf dieser Basis kann entschieden werden, für welche Information welches Sicherheitsniveau angestrebt werden soll. Je höher das jeweils erforderlich Sicherheitsniveau ist, umso höher ist auch der Aufwand zum Erreichen und Aufrechterhalten dieses Niveaus. Deshalb muss die Festlegung des Sicherheitsniveaus auch wirtschaftlich vertretbar sein. Idealerweise ist IT-Risikomanagement Teil eines umfangreichen Informationssicherheitsmanagementsystems.

5.3.7 Fazit

Die verschiedenen Rollen schließen sich nicht gegenseitig aus, sondern überschneiden und ergänzen sich (im Folgenden nach [Klot11b, S. 36f.]). Die Sicht der Information als Kostenfaktor dürfte wohl in jedem Unternehmen relevant sein. Gleiches gilt für die Information als Risikofaktor. Hier werden sich Unternehmen nicht prinzipiell, sondern lediglich in ihrem Schutzbedarf und daraus abgeleitet den anzustrebenden Sicherheitsniveaus unterscheiden. Ein enger inhaltlicher Zusammenhang zwischen beiden Betrachtungsweisen besteht dann darin, dass das Management von Informationsrisiken mit Kosten verbunden ist bzw. sich Informationsrisiken in Geldeinheiten ausdrücken lassen.

Als Ergänzung lassen sich die Rollen der Information als Produkt und als Ware auffassen. Wenn Information als Ware auf einem Markt angeboten werden soll, muss sie als Produkt geplant, realisiert und betrieben werden. Die externe Sicht auf den Markt wird hier ergänzt durch die interne Sicht, die einen Marktauftritt erst möglich macht. Auch hinsichtlich der Rollen der Information als (unternehmensinternes) Produkt und als Produktionsfaktor besteht ein enger inhaltlicher Zusammenhang. Die Qualitätsmerkmale des Produkts „Information" müssen in der Praxis der Informationsversorgung derart umgesetzt werden, dass der Produktionsfaktor „Information" effektiv und effizient genutzt werden kann.

Ein recht klarer inhaltlicher Unterschied besteht dagegen zwischen den Betrachtungsweisen der Information als Produktionsfaktor und als Ware. Während mit der Betrachtung der Information als Produktionsfaktor eine unternehmensinterne Sichtweise eingenommen wird, tritt bei der Information als Ware eine externe Perspektive in den Vordergrund, da sie einen unternehmensexternen Kunden adressiert. Gegenüber der Einstufung der Information als Produktionsfaktor, bei der der Einsatz der informationellen Ressourcen zur Unterstützung der Geschäftsprozesse im Vordergrund steht, wird bei der Information als Ware wesentlich auf die Vermarktungsfähigkeit der Information abgestellt. Informationsgüter sind somit Umsatzträger und Grundlage für den Betriebszweck eines Unternehmens. Bild 5.11 fasst die Gegenüberstellung der beiden Sichtweisen zusammen.

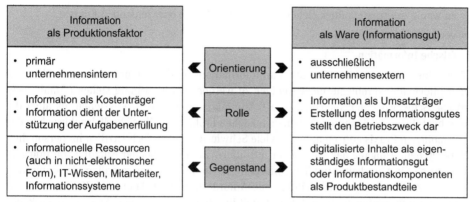

Bild 5.11 Gegenüberstellung Information als Produktionsfaktor und als Ware (nach [Klot11b, S. 37])

■ 5.4 Daten- und Informationsqualität

Daten- und Informationsmanagement ist nur dann nachhaltig umsetzbar, wenn Aspekte der Daten- und Informationsqualität betrachtet werden. Die Begriffe Datenqualität und Informationsqualität werden oft synonym verwendet. Wie zu Beginn des Kapitels beschrieben, lassen sich Informationen aus Daten ableiten. Ähnliches gilt für die Qualität der Daten und Informationen. Datenqualität bezieht sich in diesem Sinne nur auf einzelne Attribute (in einer Datenbank). So könnte man im Sinne der Datenqualität prüfen, ob denn ein Eintrag im Attribut Postleitzahl hinterlegt ist. Im Sinne der Informationsqualität kann dann geprüft werden, ob es sich bei dem Eintrag tatsächlich um eine Postleitzahl handelt und ob dieser Wert zu den anderen vorhandenen Adressinformationen passt. Da die Begriffe Daten- und Informationsqualität sehr eng beieinanderliegen, werden sie in der Praxis kaum voneinander abgegrenzt.

In den folgenden Absätzen werden typische Informationsprobleme kurz dargestellt und die Herausforderungen, die sich dadurch ergeben, beschrieben. Zudem werden exemplarisch drei Konzepte zur Einordnung und Definition von Daten- und Informationsqualität vorgestellt und einige Datenqualitätsdimensionen beschrieben.

5.4.1 Informationsprobleme

Beschäftigte sehen Probleme in der alltäglichen betrieblichen Arbeit häufig im Zusammenhang mit der Verfügbarkeit und dem Austausch von Information. Sie klagen oft über

- fehlende, verspätete oder fehlerhafte Informationsweitergabe,
- unvollständige oder nicht auffindbare Information,
- zu wenig Information über Ziele und Zusammenhänge oder fehlenden Kontext,
- veraltete Information oder
- falsche Information.

Trotz eines umfangreichen Einsatzes an Informations- und Kommunikationstechnik scheinen Informationsprobleme nicht weniger zu werden. Vordergründig stehen oftmals technische Schwierigkeiten im Fokus. Sie bestimmen sowohl die Diskussionen als auch die durchgeführten Maßnahmen. Neben technischen Problemen, die sicherlich zahlreich in der betrieblichen Praxis auftreten, liegen viele Schwierigkeiten jedoch letztlich im personellen Bereich: beim Umgang der Mitarbeiter mit Information bzw. bei der Nutzung von Information durch die Mitarbeiter in allen Unternehmensfunktionen und auf allen hierarchischen Ebenen. Zudem ergeben sich häufig neue Anforderungen an Daten und die daraus abzuleitenden Informationen, die mit den aktuell im Einsatz befindlichen Anwendungen kaum oder nur mit sehr hohem Aufwand abzubilden sind.

Ein Informationsproblem prägt sich in Fehlern, Störungen oder Schwierigkeiten im Informationsumgang der Mitarbeiter aus, wodurch es zu Ineffizienzen im Unternehmen kommt. Diese Ineffizienzen sind

- Verzögerungen,
- Arbeitswiederholungen,
- notwendige (manuelle) Korrekturarbeit und
- zusätzliche Prüftätigkeiten.

Letztendlich sind mit Informationsproblemen in der Regel höhere Kosten verbunden. Treten Informationsprobleme im Geschäftsverkehr mit externen Personen und Organisationen (Kunden, Lieferanten, staatliche Stellen etc.) auf, können zudem Imageschäden oder letztlich sogar Umsatzverluste die Folge sein. Oftmals wird ein Schaden erst als Folgeschaden sichtbar, beispielsweise, wenn eine unvollständige Terminplanung dazu führt, dass ein Antrag nicht fristgerecht eingereicht und deshalb abgelehnt wird.

Das Informationsproblem kann sich aus einer aktiven Nutzung von Information ergeben oder aus einem Unterlassen der Nutzung. Ein Beispiel für letzteren Fall ist, wenn auf dem freien Informationsmarkt eine geeignete Information z. B. durch ein Marktforschungsunternehmen angeboten wird und damit prinzipiell genutzt werden könnte, jedoch nicht für eine anstehende Entscheidung beschafft wird.

 Open Data

Es gibt immer mehr Institutionen, die Daten öffentlich machen und die unter bestimmten Bedingungen frei genutzt werden dürfen. Ein Anbieter ist zum Beispiel das Portal *https://www.govdata.de/*. Mindestens zwei Dinge sind bei der Nutzung von Open Data zu beachten. Da das Angebot von Open Data zunehmend wächst, sollte Klarheit über die Frage bestehen, welche Antworten mithilfe dieser Daten gesucht werden. Ein anderer Punkt betrifft die Daten- und Informationsqualität. Zwar wird von den Anbietern darauf geachtet, dass bestimmte qualitative Kriterien erfüllt sind, ob diese Qualität ausreichend ist, kann aber nur der Datennutzer bewerten. Es lohnt der Blick auf das letzte Aktualisierungsdatum und auf die Beschreibung der Datensätze.

5.4.2 Herausforderungen zur Daten- und Informationsqualität

Obwohl Information einen wichtigen, vielleicht den entscheidenden, Erfolgsfaktor für individuelle Karrieren, einzelne Entscheidungen, Projekte, Unternehmen und Volkswirtschaften darstellt, wird ihrer Qualität in der Praxis kaum Beachtung geschenkt – jedenfalls nicht in einer systematischen Art und Weise. Dabei entstehen den Unternehmen durch schlechte Informationsqualität zunehmend hohe Kosten und es kommt zu Nachteilen bei der Analyse von Unternehmensentwicklungen und der Vorbereitung wichtiger Entscheidungen.

Nahezu alle Unternehmen, die in irgendeiner Weise mit ihren Daten und Informationen arbeiten, haben zunehmend hohe Anforderungen an deren Qualität. Neue Geschäftsmodelle und Entwicklungen basieren immer öfter auf Informationen, die aus Daten gewonnen werden.

Doch auch in klassischen Bereichen wie im E-Business bzw. E-Commerce sind Daten von höchster Qualität notwendig. Fehlerhafte Kundendaten führen hier zu unmittelbaren Umsatzverlusten und zu Kosten für die Ermittlung korrekter Daten und die Vornahme der Korrektur. Vor allem Konzepte wie CRM (Customer Relationship Management) oder SRM (Supplier Relationship Management) können nicht effektiv umgesetzt werden, wenn die jeweilige Datenbasis von schlechter Qualität ist. Gleiches gilt für MDM-(Master Data Management)-Systeme. Auch informationstechnische Vorhaben zur Systemmigration und Datenintegration können an einer geringen Datenqualität scheitern.

Doch nicht nur für Kundenstammdaten spielt hohe Datenqualität eine große Rolle. Zunehmend stehen auch Produkt- und Materialstammdaten im Fokus, die entsprechend für den Online-Handel, auch international in der passenden Ausprägung verfügbar sein müssen. Dass dies zu größeren Herausforderungen führt und Unternehmen bereit sind, viel Geld zu investieren (und zu verlieren), zeigen die Beispiele von Lidl [Weck18] und Deutsche Post DHL [Nall16]. Sicher sind gescheiterte IT-Projekte nicht allein der Qualität der Daten zuzuschreiben. Allerdings zeigen sie doch, welchen Stellenwert inzwischen das Management von Unternehmensdaten einnimmt, und dass Unternehmen bereit sind, dort zu investieren.

Eine weitere große Gefahr sind Imageverluste, wenn Kunden Opfer schlechter Datenqualität werden. Warum sollte man bei einem Dienstleistungsunternehmen auf einen guten Service vertrauen, wenn das betreffende Unternehmen es noch nicht einmal schafft, die Kundenadresse korrekt zu erfassen und zu pflegen?

Nach Einführung der Datenschutzgrundverordnung (DSGVO) am 25. Mai 2018 können Mängel bei der Daten- und Informationsqualität mit empfindlichen Geldstrafen geahndet werden. Wobei es sich hier nicht immer um den Fall von korrekten Daten handelt, sondern vielmehr um den Schutz personenbezogener Daten, was ebenfalls eine Dimension von Datenqualität ist. In regelmäßigen Abständen wird von verhängten Strafen berichtet [z. B. Dpa19, Repk19].

So soll das Online-Banking-Unternehmen N26 50 000 EUR Strafe zahlen [Krem19]. Grund ist, dass das Unternehmen ehemalige Kunden auf eine schwarze Liste gesetzt haben. Auf dieser Liste dürfen allerdings nur Kunden stehen, gegen die der Verdacht auf Geldwäsche besteht. Somit waren die ehemaligen Kunden nicht mehr in der Lage, neue Konten zu eröffnen. In einem anderen Fall gelangten Gesundheitsdaten versehentlich ins Internet. In diesem Fall wurde eine Strafe von 80 000 EUR ausgesprochen [Seib19].

Informationspannen und eine als mangelhaft empfundene Informationsqualität stellen im betrieblichen Alltag wohl eher die Regel denn die Ausnahme dar. Probleme der Informationsqualität werden häufig als schwerwiegender erachtet als materielle Qualitätsprobleme. Die Kosten von Informationsproblemen sind jedoch nur selten transparent. Auch wenn Herkunft und Grundlage schwer zu überprüfen sind, werden allgemein verschiedene Richtwerte gehandelt, die die Kosten qualitativ schlechter Information verdeutlichen. So schreibt Thomas Redman [Redm17], dass

- schlechte Datenqualität 15 bis 25 % des Unternehmensumsatzes kostet,
- „knowledge worker", also Mitarbeiter, die für die täglichen Aufgaben mit Daten arbeiten, bis zu 50 % ihrer Arbeitszeit mit qualitativ schlechten Daten verbringen, bei Data Scientists liegt diese Rate sogar bei bis zu 80 %,
- nur 16 % der Manager bei Entscheidungen der vorhandenen Datenbasis vertrauen.

Es ist absehbar, dass mit zunehmender Digitalisierung und steigenden Datenmassen die Bedeutung der Daten- und Informationsqualität weiter steigt. Zudem gibt es verschiedene gesetzliche Initiativen (z. B. DSGVO) die den Umgang mit sensiblen Daten regeln. Ebenso werden die Arten und Anzahl von Kennzahlen weiter steigen, die auf Stammdaten basieren und von anderen Kennzahlen abgeleitet werden. Umso wichtiger wird es sein, auf allen Ebenen der Daten, und ganz besonders auf der Ebene der Stammdaten, für eine gute Datenqualität zu sorgen.

5.4.3 Verständnis von Daten- und Informationsqualität

Das Verständnis von Informationsqualität variiert je nach Sichtweise und Kontext der Informationsnutzung. Mit den Anforderungen der Nutzer der Information ändert sich deren Vorstellung von Informationsqualität. Wir betrachten Informationsqualität in Anlehnung an den allgemeinen Qualitätsbegriff aus der Sicht der Informationsnutzer. Wang und Strong haben diese Sicht wie folgt markant beschrieben: „we define ‚data quality' as data that are fit for use by data consumers" [WaSt96]. Von einer hohen Informationsqualität lässt sich also dann sprechen, wenn die Information in der Lage ist, einen konkreten Informationsbedarf der Nutzer in all seinen Belangen zu decken.

Mit den Belangen des Informationsbedarfs werden verschiedene Anforderungen angesprochen, die häufig auch als Dimensionen der Informationsqualität bezeichnet werden. Vorschläge für derartige Dimensionen gibt es zu Dutzenden, allerdings sind nicht alle praktikabel. Von zentraler Bedeutung sind die Aufgabenrelevanz bzw. Zweckorientierung der

Information. Die Beurteilung der Aufgabenrelevanz einer Information ist jedoch erst mit ihrer Nutzung möglich, also mitunter lange, nachdem die jeweiligen Daten erfasst wurden.

Beispiele für Dimensionen der Daten- bzw. Informationsqualität sind neben der Aufgabenrelevanz:

- **Vollständigkeit** entsprechend einer einmal entwickelten Datenstruktur ist eine essenzielle Forderung, vor allem bei Finanzdaten, aber z. B. auch bei Kunden-, Produktions- oder Personaldaten. Dabei richtet sich die Forderung nach Vollständigkeit nicht nur auf die erstmalige Erfassung, sondern sie betrifft insbesondere auch die Aktualisierung über den gesamten Nutzungszeitraum, eine temporäre Speicherung oder eine spätere Archivierung.
- **Korrektheit,** d. h. die Übereinstimmung des jeweiligen Dateninhalts mit dem realen Sachverhalt, auf den Bezug genommen wird, ist wohl für alle Daten unabhängig vom Verwendungszweck zu fordern. Ein Großteil der Schäden, die aus Qualitätsproblemen resultieren, sind inkorrekten Daten zuzurechnen.
- Daten haben generell aktuell zu sein; der Grad der **Aktualität** variiert allerdings, da mitunter für bestimmte Aufgaben eben auch historische Daten verwendet werden müssen. Letztlich muss aus pragmatischer Sicht, d. h. hinsichtlich des jeweiligen Verwendungszwecks, vorgegeben werden, welche Aktualität für eine Information erforderlich ist (ad hoc, realtime, Minuten-, Stunden-, Tages-, Wochenaktualität usw.). Hierbei sind auch Datenhierarchien von Bedeutung, wenn beispielsweise aus Quelldaten, die realtime vorliegen, Reporting-Daten mit Wochenaktualität generiert werden.

In der Literatur gibt es unterschiedliche Konzepte zur Daten- und Informationsqualität bzw. anhand welcher Dimensionen man diese messen und bewerten kann. Fast immer beziehen sie sich dabei auf die Daten an sich, also das Rohmaterial der Informationen. Die Beschreibung anhand von Dimensionen ist Voraussetzung, um die Qualität der Daten in einzelnen Aspekten zu betrachten, zu messen, zu bewerten und letztendlich zu optimieren. Im Folgenden werden drei unterschiedliche Konzepte kurz vorgestellt.

Der „Fitness for use"-Ansatz

Der älteste Ansatz, den Begriff Datenqualität (DQ) greifbar zu machen, kommt von Richard Wang und Diane Strong [WaSt96]. Das Ergebnis ihrer mehrstufigen Studie ist ein Satz von 15 Datenqualitätsdimensionen, die wiederum in vier verschiedene Kategorien eingeordnet werden.

Eine Übertragung dieser Dimensionen und Kategorien inklusive der Beschreibung der Dimensionen und Beispiele für Stamm- und Bewegungsdaten in deutscher Sprache wurden durch die Deutsche Gesellschaft für Daten- und Informationsqualität e. V. (heute nicht mehr existent) vorgelegt. Publiziert und ergänzt wurden diese Dimensionen von Rohweder et al. [RKMP18]. Demnach kann Datenqualität in folgende vier Kategorien und 15 Dimensionen klassifiziert werden (vgl. Tabelle 5.3).

Tabelle 5.3 Datenqualitätskategorien und -dimensionen nach [RKMP18] in Anlehnung an [WaSt96]

Kategorie	Dimension
Systemunterstützt	Zugänglichkeit
	Bearbeitbarkeit
Inhärent	Hohes Ansehen
	Fehlerfreiheit
	Objektivität
	Glaubwürdigkeit
Darstellungsbezogen	Verständlichkeit
	Übersichtlichkeit
	Einheitliche Darstellung
	Eindeutige Auslegbarkeit
Zweckabhängig	Aktualität
	Wertschöpfung
	Vollständigkeit
	Angemessener Umfang
	Relevanz

Es gibt zwei Unterschiede zwischen der englischen und der deutschen Version. Zum einen fehlt in der deutschen Version die Dimension „Sicherheit". Rohweder et al. gehen davon aus, dass die Sicherheit aus der Perspektive des Datennutzers kein qualitatives Merkmal von Daten ist. Der andere Unterschied ist die Dimension „Bearbeitbarkeit" (ease of manipulation). Wang und Strong erwähnen diese Dimension zumindest in der ersten Veröffentlichung nicht, während diese Dimension in der deutschen Variante aufgeführt wird.

Für die Bewertung der oben genannten Datenqualitätsdimensionen wurden von Piro und Rohweder [PiRo14] verschiedene Methoden entwickelt und beschrieben. Damit ist die Voraussetzung gegeben, die Datenqualitätsdimensionen zu messen, zu bewerten und letztendlich die Datenqualität zu erhöhen.

Die „Conformed Dimensions of Data Quality"

Ein weiteres Konzept sind die „Conformed Dimensions of Data Quality" (CDDQ) von Dan Myers [Myer19]. Es basiert auf elf konformen Datenqualitätsdimensionen. Konform deswegen, da die Dimensionen übergreifend über alle Branchen hinweg Gültigkeit haben und genutzt werden sollen. Dadurch handelt es sich um vergleichbare Dimensionen, die auch branchenübergreifend diskutiert und gemessen werden können.

Jede dieser DQ-Dimensionen hat verschiedene zugrunde liegende Konzepte, die wiederum die übergeordnete DQ-Dimension beschreiben und für die es dann auch eigene Mess-Verfahren gibt. Deutlich wird das am Beispiel der konformen Dimension „Vollständigkeit". Die zugrunde liegenden Konzepte sind demnach die Gesamtheit der Datensätze, die Gesamtheit der Attribute, Rundungen und Existenz. Für jedes Basiskonzept stehen kurze Erklärungen und Beispiele sowie Metriken zur Verfügung. Die Metriken müssen dann auf das jeweilige Szenario angepasst werden. Dennoch hat man mit den CDDQ einen praxisbezogenen Ansatz, um die Qualität der eigenen Daten zu messen und zu bewerten.

Folgende konforme Dimensionen führt Myers auf:

- Vollständigkeit
- Fehlerfreiheit
- Beständigkeit
- Gültigkeit
- Aktualität
- Zeitnähe
- Integrität
- Zugänglichkeit
- Genauigkeit
- Abstammung
- Darstellung

Aktuell wird vom internationalen Verein „Information Quality International" *(www.iqint. org)* eine Initiative durchgeführt, die sich mit branchenspezifischen Metriken für die CDDQ auseinandersetzt. Ziel ist die Verfügbarkeit von typischen DQ-Metriken für verschiedene Branchen. Das wiederum soll eine gewisse Vergleichbarkeit der Datenqualität von Unternehmen innerhalb einer Branche ermöglichen. Somit wird die Voraussetzung für den Austausch von Best Practices geschaffen.

Datenqualitäts-Dimensionen von McGilvray

Als dritter Ansatz für die Definition von Datenqualitäts-Dimensionen sei das Konzept von Danette McGilvray [Mcgi08] genannt. Auch McGilvray teilt die Qualität der Daten in Dimensionen auf und nennt dabei die folgenden zwölf Begriffe (die Begriffe werden bewusst nicht ins Deutsche übersetzt, um Unschärfen bei der Übersetzung zu vermeiden):

1. Data Specifications
2. Data Integrity Fundamentals
3. Duplication
4. Accuracy
5. Consistency and Synchronization
6. Timeliness and Availability
7. Ease of Use and Maintainability
8. Data Coverage
9. Presentation Quality
10. Perception, Relevance and Trust
11. Data Decay
12. Transactability

Ein wesentlicher Unterschied von McGilvray zu den beiden anderen Konzepten ist der etwas breiter gefasste Ansatz. Während sich die anderen Konzepte mit den Daten und den Informationen an sich beschäftigen, geht McGilvray etwas weiter. Mit „Data Specifications" wird z. B. der erwartete Datenqualitäts-Standard adressiert, gegen den ein Datenqualitäts-

Assessment durchgeführt wird. Ebenso umschließen einige der anderen Datenqualitätsdimensionen Wissen um die Struktur der Daten (z. B. „Data Integrity Fundamentals", „Coverage"). Auch erwähnt McGilvray, dass nur die Dimensionen betrachtet werden sollten, die für die jeweilige Situation als relevant erachtet werden.

Unabhängig vom jeweiligen Ansatz, die Daten- und Informationsqualität zu messen, ist zu beachten, dass mit der Messung noch keine Bewertung der Datenqualität erfolgt ist. Die Qualität von Daten oder Informationen kann erst dann sinnvoll bewertet werden, wenn der Verwendungszweck und damit die Anforderungen bekannt sind. Ist das nicht der Fall, sind die Messergebnisse nur einfache Zahlen ohne Kontext. Zwar kann man basierend auf diesen Zahlen eine Vergleichbarkeit über die Zeit oder zwischen Geschäftsbereichen (Benchmarking) erreichen. Ob dadurch allerdings Prozesse effizienter sind, weniger Aufwand bei der Datenpflege betrieben wird oder der Umsatz steigt, lässt dadurch nicht ableiten. Umso wichtiger ist es, die von Daten und Informationen abhängigen Geschäftsziele im Auge zu behalten und immer zu evaluieren, in welchem Zusammenhang beides steht.

Praxistipp: Die benötigte Informationsqualität ist nach Inhalt und Umfang festzulegen

Welche der genannten Qualitätsdimensionen in welchem Ausmaß relevant ist, ist von denjenigen Mitarbeitern festzulegen, die die betreffende Information verwenden. Somit liegt diese Verantwortung in den Fachabteilungen, d. h. beim Anwender von IT-Systemen. Hierbei ist jedoch eine isolierte Sichtweise zu vermeiden. Ohne einen Blick auf den gesamten Geschäftsprozess lassen sich die Anforderungen an die Informationsqualität nicht bestimmen.

5.5 Stammdatenmanagement und Data Governance

5.5.1 Stammdaten als Gestaltungsobjekt des Datenmanagements

Stammdaten stehen häufig im Fokus des Datenmanagements, da sie eine besonders hohe Bedeutung für Unternehmen haben. Dies lässt sich u. a. durch ihre Bedeutung als Referenzobjekt in Geschäftsvorfällen (Bewegungsdaten) erklären, sodass sie z. B. eine steuernde Wirkung der zunehmend IT-gestützt ablaufenden Geschäftsprozesse haben. Darüber hinaus liefern sie häufig in Form von Kennzahlen die Grundlage für unternehmerische Entscheidungen.

Stammdaten passieren während ihres Lebenszyklus oft verschiedene Unternehmensfunktionen. Ein Beispiel sind Produktstammdaten, die in der Forschung & Entwicklung entstehen und später in der Produktion, im Marketing und in der Auftragsabwicklung genutzt werden. Das Stammdatenmanagement unterstützt die rechtzeitige Bereitstellung hochqualitativer Stammdaten als Grundlage für bessere und schnellere unternehmerische Entscheidungen. Ziel des Managements von Stammdaten ist nun die Sicherung der Stammdatenqualität, also die Eignung der Stammdaten für alle strategischen und operativen Anforderungen.

Die Aufgaben des Stammdatenmanagements (z. B. Planungs-, Überwachungs- und Bereitstellungsaktivitäten für Stammdaten) berühren nahezu alle Bereiche eines Unternehmens, da Stammdaten unternehmensweit in nahezu allen Fach- und Geschäftsbereichen, Managementebenen und Geschäftsprozessen verwendet werden. Aufgrund dieses Querschnittscharakters haben viele, vor allem größere, Unternehmen spezielle Abteilungen geschaffen, deren Hauptaufgabe die Bündelung aller unternehmensweiten Aktivitäten des Stammdatenmanagements ist.

Jedoch ist die Organisation einer (zentralen, globalen) Abteilung für Stammdatenmanagement häufig nicht ausreichend, um hohe Stammdatenqualität konzernweit sicherzustellen. Vielmehr müssen bestimmte Aufgaben des Stammdatenmanagements verteilt (dezentral, lokal) wahrgenommen und organisatorische Regelungen für die Koordination aller Aufgaben geschaffen werden. Das gilt insbesondere für die Abstimmung der unterschiedlichen Anforderungen aller beteiligten Unternehmensbereiche (z. B. Fachbereiche, Regionen, Geschäftsbereiche, Konzernleitung) an die Qualität der Stammdaten sowie die Berücksichtigung des für die Datenpflege und Datendefinition notwendigen lokalen oder bereichsspezifischen Fachwissens. Data Governance legt diesen erweiterten organisatorischen Rahmen für die unternehmensweite Koordination des Stammdatenmanagements fest. Durch die Diversität der Aufgaben liegt es nahe, die Anforderungen an das Stammdatenmanagement unterschiedlichen Handlungsfeldern zuzuordnen.

5.5.2 Handlungsfelder im Stammdatenmanagement

Um das Stammdatenmanagement im Unternehmen strukturiert zu gestalten, ist es zweckmäßig, die Handlungsfelder und Entscheidungsbereiche auf drei getrennten, aber nicht voneinander unabhängigen, Ebenen zu betrachten: Strategie, Organisation und Informationssysteme (vgl. [OKWG11, Webe09, S. 127 ff.]). Diese Überlegungen folgen dem Ansatz des Business Engineering – einer methoden- und modellbasierten Konstruktionslehre für Unternehmen des Informationszeitalters (vgl. [ÖsBl03]). Insgesamt weist das Stammdatenmanagement sechs Handlungsfelder bzw. Gestaltungsbereiche auf (vgl. Bild 5.12).

Typische Handlungsfelder der strategischen Ebene sind die Ausrichtung des Stammdatenmanagements an den Unternehmenszielen und die Erarbeitung eines Maßnahmenplans, um die strategischen Ziele zu erreichen.

Auf der organisatorischen Ebene werden Entscheidungen zum Führungssystem, zur Stammdatenorganisation und zu Prozessen getroffen. Das Führungssystem steuert und überprüft die Umsetzung der in der Strategie definierten Ziele z. B. durch die Messung der Stammdatenqualität. Zur Stammdatenorganisation gehört die Definition der Organisationsstruktur und der Kommunikations- und Schulungsmaßnahmen. Die wichtigsten Stammdatenprozesse sind die Prozesse zur Abbildung des Lebenszyklus der Stammdaten, z. B. zur Erfassung und Pflege der Stammdaten.

Auf der dritten Ebene, der Informationssystemebene, werden die Stammdatenarchitektur und die Systemlandschaft für Stammdaten gestaltet. Entscheidungen betreffen bspw. die Architekturvariante für Stammdatenhaltung und -verteilung (z. B. zentrales oder führendes System) und die Verwendung von Werkzeugen zur technischen Unterstützung des Stammdatenmanagements.

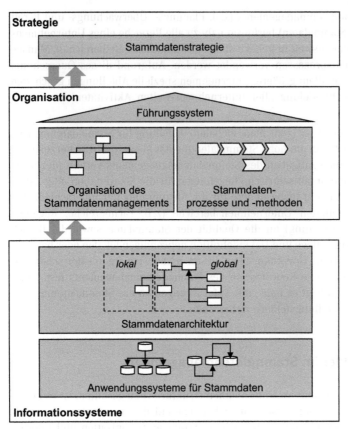

Bild 5.12 Gestaltungsbereiche des Stammdatenmanagements [OKWG11, S. 10]

Praxistipp: Stammdatenmanagement hilft, betriebswirtschaftliche Fragen zu beantworten

„Wie viele Kunden haben wir?", „Welchen Umsatz haben wir mit unseren Top-10-Kunden (weltweit, pro Land) im vergangenen Quartal gemacht?", „Mit welchen Kunden machen wir keinen Gewinn?" – Unternehmen, die diese oder ähnliche Fragen beantworten wollen, sollten sich um das Management ihrer (Kunden-)Stammdaten kümmern.

5.5.3 Rollen im (Stamm-)Datenmanagement

Nachdem identifiziert wurde, welche Handlungsfelder das Datenmanagement umfasst, gilt es zu überlegen, wer die Aufgaben übernimmt und wer Entscheidungen dazu treffen darf. Dies sind die Rollen oder „Instanzen" des Datenmanagements (im Folgenden nach [Webe09, S. 106 ff., Webe12]). Es gibt Einzelrollen, die meist einzelnen Stellen im Unternehmen zugeordnet werden, und Gremien, die sich aus mehreren Einzelrollen zusammensetzen. Die

Rollen des Datenmanagements können drei Ebenen zugeordnet werden, die deren Bedeutung im Unternehmen veranschaulichen (vgl. Bild 5.13).

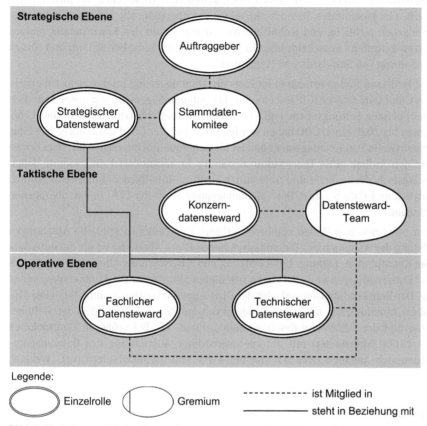

Bild 5.13 Rollenmodell des Stammdatenmanagements (vgl. [Webe12, S. 5])

Auftraggeber (Sponsor), strategische Datenstewards (Dateneigner) und Stammdatenkomitee sind die Rollen der **strategischen Ebene**. Sie treffen langfristige Entscheidungen mit unternehmensweiter Reichweite und werden meist Mitgliedern der obersten Managementebene zugeordnet (z. B. Vorstand, Leiter Zentraleinkauf). Das Stammdatenkomitee ist ein Entscheidungsgremium für unternehmensweite Fragestellungen, bspw. „Welchem Fachbereich (Einkauf, Produktion oder Logistik) wird die fachliche Verantwortung (entspricht der Rolle strategischer Datensteward) für Materialstammdaten übertragen?" oder „Sollen Kundenstammdaten zukünftig in einem zentralen MDM-System erfasst und gepflegt werden?".

Auf der **taktischen Ebene** befinden sich Konzerndatensteward und Datensteward-Team. Diese Rollen treffen kurz- bis mittelfristige Entscheidungen des Datenmanagements, führen Datenprojekte durch und unterstützen die Rollen der operativen Ebene. Der Konzerndatensteward hat die bedeutendste Rolle: Er hat die operative Verantwortung für alle Aufgaben des Datenmanagements und koordiniert alle Rollen des Datenmanagements im Unternehmen. Zum Datensteward-Team gehören alle fachlichen und technischen Datenstewards. Sie treffen sich regelmäßig, um Erfahrungen auszutauschen und über aktuelle Probleme zu diskutieren.

Der **operativen Ebene** sind die fachlichen und technischen Datenstewards zugeordnet. Datenstewards sind spezielle Rollen, die die fachliche oder technische Verantwortung für Daten übernehmen. Datenstewards haben einen genau zu definierenden Verantwortungsbereich, z. B. ein bestimmtes Datenobjekt, einen Fachbereich, ein IT-System oder eine Region. Sie geben fachliche und technische Anforderungen an den Konzerndatensteward weiter, setzen getroffene Entscheidungen in ihrem Verantwortungsbereich um und sorgen für die Einhaltung von Standards und Prinzipien.

Ergänzend zu diesen Rollen ernennen im Zuge der Digitalisierung immer mehr Unternehmen einen Chief Data Officer (CDO) – eine für das Datenmanagement verantwortliche Person auf der obersten Leitungsebene (vgl. [Webe18]). Gartner schätzt, dass 90 % aller Großunternehmen bis 2020 einen CDO haben werden [Benn16]. Der Chief Data Officer leitet das unternehmensweite Datenmanagement und ist für Datenqualitätsmanagement, Data Governance und den Aufbau einer Datenkultur zuständig. Er verantwortet die gesamte datenbezogene Wertschöpfungskette und unterstützt Business Intelligence durch Data Mining, Data Analytics und Data Science. Das Top-Management berät der CDO in datenbezogenen Fragestellungen.

Neben den beschriebenen Rollen etablieren größere Unternehmen spezielle Abteilungen zur Bündelung der Aufgaben des Datenmanagements. Diese Abteilung ist für die unternehmensweite Koordination, Leitung, Unterstützung und Überwachung aller Aktivitäten, Aufgaben und Entscheidungen und aller daran beteiligten Mitarbeiter des Datenmanagements zuständig. Der Konzerndatensteward oder der CDO leitet die Datenabteilung. Wie viele Mitarbeiter diese Abteilung hat, hängt entscheidend von der Data Policy und dem dort definierten Umfang und der Reichweite des Datenmanagements ab. Bei größeren Unternehmen (mehr als 10 000 Mitarbeiter) mit unternehmensweiter Ausrichtung des Datenmanagements finden sich Angaben zwischen vier und zwölf Vollzeit-Mitarbeitern (vgl. [Webe09], S. 125 f.].

Beispiel

Die Abteilung Master Data Services eines Düngemittelherstellers hat die operative Verantwortung für das Stammdatenmanagement. Die sieben internen und etwa 25 externen Mitarbeiter führen Stammdatenprojekte durch und entwickeln die IT-Systeme für die Stammdatenpflege und die Messung von Prozessperformance und Datenqualität weiter. Die Abteilung ist dem Zentralbereich „Organisation & Information Services" zugeordnet. ∎

Bei einem unternehmensübergreifenden Thema wie dem Stammdatenmanagement trägt ein regelmäßiger Austausch über aktuelle Themen, Probleme, Erfahrungen, Neuerungen oder geplante Änderungen aller Beteiligten wesentlich zu dessen Erfolg bei. Die Kommunikation zwischen verschiedenen Rollen erhöht das Verständnis für die Anforderungen und Probleme des anderen.

Beispiel

Bei einem Chemieunternehmen treffen sich die Verantwortlichen der wichtigsten Geschäftsprozesse „Process Owner" (z. B. Finanzen, Einkauf) einmal im Monat. In diesen Sitzungen diskutieren und lösen sie auch geschäftsprozessübergreifende Stammdatenprobleme. Die anderen Verantwortlichen des Stammdatenmanagements diskutieren in wöchentlichen Jours-fixes über anstehende Projekte, den Status laufender Projekte, ungelöste Probleme und Neuerungen.

Zusätzlich zu der Überlegung, welche Rollen das Datenmanagement im Unternehmen braucht, müssen die Verantwortlichen entscheiden, wie diese Rollen in die bestehende Aufbauorganisation eingeordnet und konkreten Organisationseinheiten (Abteilungen bzw. Stellen) zugeordnet werden. Soll ein CDO die unternehmensweite Verantwortung und Führungsrolle für das strategisch wichtige Datenmanagement im Rahmen der Digitalisierung wahrnehmen, impliziert dies eine Zuordnung zur obersten Managementebene als Teil der Unternehmensführung. Damit grenzt sich der CDO deutlich von den Rollen wie Datenmanagern oder Data Stewards ab. Diese sind meist der mittleren oder unteren Managementebene zugeordnet und für die Finanzierung und für strategische Entscheidungen auf den Auftraggeber angewiesen. Mit dem CDO ist dieser Sponsor für alle Datenmanager und Data Stewards im Unternehmen gefunden.

Zuletzt ist noch zu klären, wie die Koordination zwischen den Rollen stattfindet und in welchem Umfang die Rollen an der Aufgabenerfüllung und Entscheidungsfindung beteiligt sind (vgl. Abschnitt 5.6.2).

Praxistipp: Auf bestehende Strukturen und Ressourcen zurückgreifen

Die logische Trennung zwischen Rollen und Stellen ist für Teilnehmer von Stammdatenprojekten meist schwer nachvollziehbar. Darüber hinaus gibt es oft die Forderung, keine neuen Stellen für Stammdatenmanagement zu schaffen und eine enge Verzahnung mit bestehenden Strukturen und Gremien anzustreben. Daher hat es sich in der Praxis bewährt, in Stammdatenprojekten bereits frühzeitig das Rollenmodell auf die bestehende Aufbauorganisation abzubilden. Anstelle von Rollenbezeichnungen werden dann die Bezeichnungen konkreter Organisationseinheiten verwendet. Es sollten generell Begriffe verwendet werden, die im Unternehmen bekannt und „positiv" belegt sind. Viele Unternehmen verwenden z. B. den Begriff Data Owner oder Data Manager statt Datensteward. Meist gibt es sogar Mitarbeiter, welche die Rolle eines Datenstewards fast vollständig ausfüllen, ohne dass dieser Zusammenhang bisher bekannt oder dokumentiert gewesen wäre. Diese Personen gilt es zu identifizieren, aktiv an der Initiative zu beteiligen und ihnen diese Rolle offiziell zuzuordnen.

5.5.4 Prozesse im (Stamm-)Datenmanagement

Vielfältige Geschäftsprozesse verwenden Daten im gesamten Unternehmen durch unterschiedliche Organisationseinheiten. Im Stammdatenmanagement spricht man von vier Basis-Prozessen, die in der Literatur auch als CRUD-Prozesse bezeichnet werden (vgl. [HeED17]). Die vier Buchstaben stehen für:

- C – Create: einen Datensatz erstellen
- R – Read: einen Datensatz lesen
- U – Update: einen Datensatz aktualisieren
- D – Delete: einen Datensatz löschen bzw. als gelöscht markieren

Wie letztendlich weitere Prozesse des Stammdatenmanagements aussehen, ist sehr individuell für jedes Unternehmen. Eine gute Übersicht gibt Bild 5.14.

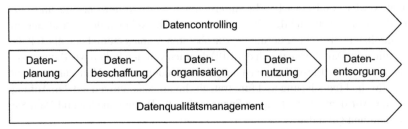

Bild 5.14 Teilprozesse des Datenmanagements (vgl. [Sche08, S. 22])

Die einzelnen Prozesse lassen sich wie folgt beschreiben [Sche08, S. 21]:

- Datencontrolling: Führungsprozess, der die anderen Prozesse anhand von Kennzahlen steuert
- Datenplanung: bedarfsgerechte Versorgung der Geschäftsprozesse mit Daten sichern
- Datenbeschaffung: benötigte Daten aus den Datenquellen (intern und extern) besorgen
- Datenorganisation: Daten strukturieren, speichern und verteilen; Datenpflegeprozesse organisieren; Datensicherheit gewährleisten
- Datennutzung: Daten in den Geschäfts- oder Entscheidungsprozessen verwenden
- Datenentsorgung: Löschen bzw. Entsorgung von Daten steuern
- Datenqualitätsmanagement: Qualitätsanforderungen festlegen, um nutzbare Daten in den Geschäftsprozessen zu erhalten; Qualität durch geeignete Kennzahlen messen

5.5.5 Datenqualitätsmanagement

Neben der zuvor dargestellten Auffassung, dass Datenqualitätsmanagement nur ein Prozess des Datenmanagements ist, haben viele Autoren ein weitergefasstes Verständnis von Datenqualitätsmanagement. Ausgangspunkt dafür waren die umfassenden Forschungsarbeiten des Information Quality Program am MIT (Massachusetts Institute of Technology) in Cambridge, MA unter Leitung von Prof. Richard Wang, welche Ende der 1990er Jahre begannen. Das qualitätsorientierte Management der Unternehmensressource Daten ist danach ein ganzheitlicher Ansatz, welcher sowohl betriebswirtschaftliche Führungsaufgaben als auch Durchführungsaufgaben umfasst. Datenqualitätsmanagement stellt in Unternehmen eine dauerhafte Unterstützungsaufgabe dar, vergleichbar mit den Aufgaben des Controllings oder der IT.

Datenqualitätsmanagement geht über die rein reaktive Verbesserung der Datenqualität hinaus, die u.a. die Identifikation und Bereinigung von Daten mangelnder Qualität umfasst. Vielmehr beinhaltet Datenqualitätsmanagement die proaktive und präventive Verbesserung der Datenqualität durch einen kontinuierlichen Kreislauf zur Definition, Messung, Analyse und Verbesserung der Datenqualität und die Gestaltung der dazu erforderlichen Rahmenbedingungen (vgl. [Wang98]). Es betrachtet den kompletten Lebenszyklus von Daten von der Beschaffung über die Strukturierung, Speicherung, Verwaltung, Nutzung, Veredelung und Verteilung bis zur Entsorgung.

Speziell global tätige Unternehmen mit vielen Geschäftsbereichen leiden darunter, dass Stammdaten die Anforderungen aus Sicht des Gesamtkonzerns oder zentraler Fachbereiche (z.B. Konzerncontrolling, Strategisches Marketing und Zentraleinkauf) nicht erfüllen. Aufgrund unterschiedlicher Anforderungen treten Datenqualitätsprobleme dann auf, wenn Daten mehrerer Fach- oder Geschäftsbereiche aus verschiedenen IT-Systemen zusammengeführt werden. Doch selbst nach der Zusammenführung entstehen Probleme, da unterschiedliche Interessengemeinschaften auf die gleichen Daten zugreifen. Oft sind die Entstehungsprozesse und Transformationsprozesse von Stammdaten unzureichend dokumentiert oder nicht allen Mitarbeitern bekannt. Somit können unterschiedliche Wissensstände zu Stammdaten und deren Entstehung bereits zu Problemen führen.

5.5.6 Data Governance

Die zuvor beschriebenen Handlungsfelder adressieren in unterschiedlichen Ausprägungen Aspekte von Stammdatenmanagement als auch Data Governance.

Oft werden beide Begriffe synonym verwendet, es gibt jedoch wesentliche Unterschied zwischen Stammdatenmanagement und Data Governance. Es ist vielmehr so, dass sich beide Bereiche bedingen und ergänzen. Tabelle 5.4 verdeutlicht den Sachverhalt.

Tabelle 5.4 Gegenüberstellung von Stammdatenmanagement und Data Governance

Stammdatenmanagement	Data Governance
Die Kombination der Handlungsfelder Strategie, Führungssystem, Organisation, Prozesse und Methoden, Architektur und Anwendungssysteme stellt sicher, dass die Stammdaten eines Unternehmens als Wirtschaftsgut behandelt und nutzenstiftend eingesetzt werden.	Data Governance schafft den Rahmen für das Stammdatenmanagement und begleitet dessen Umsetzung. Durch die Definition von Standards, Regeln und Prozesse für das Stammdatenmanagement durch eine Stammdatenorganisation wird die Voraussetzung für den einheitlichen und geregelten Umgang mit Daten geschaffen.

Data Governance definiert sich somit als die Gesamtheit der Verantwortlichkeiten und Entscheidungsprozesse für das qualitätsorientierte Management der Unternehmensressource (Stamm-)Daten.

Beispiel

Die Kundenstammdaten aus verschiedenen Systemen sollen in ein zentrales MDM-System *(Anwendungssysteme)* überführt werden. Dafür wurde von den Data Stewards *(Organisation)* festgelegt, dass die Namensinformationen auf verschiedene Attribute (Organisation, Rechtsform, Abteilung usw.) verteilt werden *(Datenarchitektur)*. Somit sind über Namensinformationen leichter umfassende Informationen für strategische Entscheidungen zu gewinnen *(Strategie)*. Damit diese Vorgaben in Zukunft erfüllt werden, werden die vorhandenen Datenpflegeprozesse angepasst *(Prozesse)*.

■

Nicht zu verwechseln sind bei Governance die Bereiche IT-Governance und Data Governance. Die Abgrenzung ist von erheblicher Bedeutung, wenn es um die Verteilung der Aufgaben des Stammdatenmanagements geht. Eine passende Analogie dazu ist: Daten sind wie Wasser, das durch die Kanalisation fließt. Klempner (IT-Spezialisten) kümmern sich um Instandhaltung und Ausbau der Kanalisation (der IT-Infrastruktur). Sie können aber nur einen geringen Teil dazu beitragen, dass die Wasser-(Daten-)qualität den Anforderungen der Nutzer entspricht. Daten werden zwar in IT-Systemen vorgehalten und über Schnittstellen „bewegt", aber sie entstehen meist außerhalb und werden von den Fachabteilungen in die Systeme „gegossen". Die Verantwortung für Stammdaten kann also nicht (ausschließlich) in der IT-Abteilung liegen. Die Fachabteilungen definieren als Nutzer der Stammdaten die Anforderungen an deren Qualität und sind in den meisten Fällen auch für die Entstehung neuer Stammdaten zuständig. Sie sind daher auch mit Aufgaben des Stammdatenmanagements zu betrauen.

Praxistipp: Mit kleinen Schritten beginnen, ohne das Ziel aus den Augen zu verlieren

Die meisten Unternehmen werden anfangs überfordert sein, wenn von Data Governance, Datengütern etc. gesprochen wird. Es empfiehlt sich daher, eine Data-Governance-Initiative klein zu beginnen. Zum Beispiel indem sie Fachabteilungen bei zwei bis drei konkreten Problemen mit Stammdatenqualität hilft oder fachliche Initiativen unterstützt, deren Erfolg von der Qualität der Stammdaten abhängt. Wichtig ist jedoch, bereits eine Vision zu haben, in welche Richtung sich Data Governance entwickeln soll, und in kleinen Schritten auf diese Vision hinzuarbeiten.

■

Bis Data Governance erfolgreich umgesetzt ist, müssen zahlreiche Herausforderungen gemeistert und einige Hürden genommen werden. Dazu gehören beispielsweise: eine zum Unternehmen und dessen Strategie passende Organisation definieren (die existierenden Frameworks können dafür als Basis dienen), motivierte und engagierte Mitarbeiter als Rolleninhaber finden, Stakeholder unternehmensweit identifizieren und nach ihren Anforderungen befragen, Verbesserungen frühzeitig sichtbar machen und erste Erfolge feiern sowie Ängste, Widerstände und Unwissen beseitigen. Das ist ein langwieriger Prozess, der meist Jahre dauert. Am Ende profitieren Unternehmen aber u. a. von den folgenden Verbesserungen:

- Alle Mitarbeiter sind sich der Bedeutung von hochqualitativen Stammdaten und deren Rolle in wichtigen Geschäfts- und Entscheidungsprozessen des Unternehmens bewusst.
- Die Verantwortung für Stammdaten ist klar geregelt und liegt im Fachbereich.
- Geschulte Ansprechpartner für Probleme mit der Qualität oder der Verarbeitung von Stammdaten sind identifiziert.
- Die Stammdatenqualität wird laufend gemessen und die Lösung identifizierter Probleme aktiv vorangetrieben.
- Global gültige Stammdaten werden nach unternehmensweit abgestimmten und allen bekannten Regeln erfasst und gepflegt.
- Die Verwendung und die Pflege der Stammdaten erfolgen nach den derzeit geltenden gesetzlichen Vorgaben und relevanten vertraglichen Regelungen.
- Es gibt Mechanismen, um mögliche Konflikte zu beseitigen und unterschiedliche Interessen zu berücksichtigen.
- Neue, bisher noch nicht absehbare Anforderungen an Stammdaten werden schnell und unter Berücksichtigung der geltenden Regeln umgesetzt.
- Es gibt Informationskanäle, über die sich alle Beteiligten über „Best Practices", Probleme und anstehende Aufgaben austauschen.

In Summe heißt das, dass Stammdaten jederzeit und überall in der Qualität vorliegen, um sie gemäß ihrer Bestimmung reibungslos in Geschäfts- und Entscheidungsprozessen zu verwenden, wodurch sie letztendlich ihren Beitrag zum Erfolg des Unternehmens leisten.

Praxistipp: Widerstände reduzieren durch Beteiligung der Betroffenen

Data-Governance-Initiativen sollten durch Change-Management-Maßnahmen begleitet werden. Organisatorische Änderungen, wie sie durch Data Governance ausgelöst werden, führen häufig zu Ängsten und Widerständen der Mitarbeiter. Aktive Teilnahme der betroffenen Unternehmensbereiche an der Erarbeitung und Umsetzung motiviert die Mitarbeiter und deckt deren Widerstände auf. In einem iterativen Vorgehen können Ergebnisse gemeinsam erarbeitet, diskutiert und verfeinert werden, so lange, bis eine von allen Beteiligten akzeptierte Lösung vorliegt. Auch kontinuierliche Aufklärung und Kommunikation über die geplanten Maßnahmen fördern erfolgreiche Veränderungen.

5.6 Umsetzung des Informations- und Datenmanagements: Konzepte und Tools

Ist die Notwendigkeit für Datenmanagement erkannt und ist entschieden, in welchem Bereich erste Aktivitäten stattfinden sollen, stellt sich die Frage nach dem WIE.

In diesem Abschnitt wird eine Auswahl an verschiedenen Methoden, Konzepten und Tools (im Folgenden kurz Tools) vorgestellt, welche die verschiedenen Handlungsfelder des Informations- und Datenmanagements adressieren. Alle Tools werden einheitlich in einem Steckbrief kurz charakterisiert. Der Steckbrief enthält:

- eine kurze Beschreibung,
- den Mehrwert bzw. den Nutzen, der durch die Umsetzung bzw. den Einsatz des Tools entsteht,
- die organisatorischen Rollen, die sich typischerweise mit dem Tool auseinandersetzen, und
- Hilfsmittel und Werkzeuge, die zur Erstellung und/oder Umsetzung des Tools verwendet werden können.

Zu beachten ist, dass es sich um Anregungen handelt, deren Umsetzung in jedem Unternehmen anders realisiert werden kann.

5.6.1 Strategische Tools

Data Policy

Eine Data Policy (auch Leitlinie) ist ein Dokument, welches den grundsätzlichen Umgang mit Daten innerhalb eines Unternehmens regelt und somit das Datenmanagement im Unternehmen strategisch verankert (vgl. [Webe09, S. 131 f.]).

Eine Data Policy hebt die wirtschaftliche Relevanz von Daten hervor und gibt den Rahmen für den Umgang mit Daten innerhalb des Unternehmens vor. Beispielsweise sollte in der Policy stehen, dass das Unternehmen die Unternehmensdaten als Assets betrachtet und diese umsatzsteigernd und gewinnbringend einsetzen möchte. Ebenso gibt das Dokument Hinweise zur Informationsqualität und Informationssicherheit. Auch legt es den Betrachtungsbereich des Datenmanagements fest, also welche Daten und welche Bereiche des Unternehmens betroffen sind.

Die Data Policy ist eine Art Strategie-Papier. Auf dem Bekenntnis der Unternehmensleitung zur Bedeutung der Daten basiert auch die Bereitstellung von finanziellen Ressourcen, um z. B. geeignete Datenmanagementsysteme anzuschaffen oder Mitarbeiter zu beschäftigen, die sich um den gewinnbringenden Einsatz der Daten kümmern. Aus der Data Policy folgen ebenso die entsprechende organisatorische Aufstellung des Unternehmens sowie die Definition und Anpassung von Prozessen.

Nicht immer finden sich die Inhalte einer Data Policy in einem Dokument, welches den Titel „Data Policy" trägt. Die Inhalte sind oft in anderen Strategie-Papieren oder Präsentationen der Unternehmensleitung verankert. Einzelne Geschäftsbereiche können ihre eigene Data Policy haben, die noch viel konkreter den Umgang mit den Daten regelt. Dort können konkrete Rollen und deren Aufgaben sowie übergeordnete Datenmanagementprozesse beschrieben sein. Diese Dokumente sollten sich jedoch immer an der übergeordneten Data Policy des Unternehmens orientieren. Alle Mitarbeiter sollten freien Zugriff auf die Data Policy haben.

Beispiel

Die „Information Policy" eines Telekommunikationsanbieters wurde mit dem Ziel erstellt, den Informationsnutzen unter Einhaltung strategischer und gesetzlicher Rahmenbedingungen zu maximieren. Der CIO des Unternehmens trägt die Verantwortung für Entwicklung, Management und Steuerung der Information Policy. Die Information Policy legt die Verantwortung für Informationen in die Hände aller Mitarbeiter, die Informationen erstellen oder verarbeiten. Das Dokument definiert fünf Grundsätze für den Umgang mit Information: Zugänglichkeit, Offenheit, Unversehrtheit, Gegenseitigkeit und Eigentum. Nutzen und Risiken der Umsetzung der Information Policy sowie ein Umsetzungsplan vervollständigen das Dokument [Webe09, S. 131]. ∎

Nutzen und Mehrwert Die Data Policy gibt den Mitarbeitern den ideellen Rahmen für das Datenmanagement vor. Sie definiert, welchen Stellenwert Unternehmensdaten haben und wie mit ihnen umgegangen werden soll. Außerdem lässt sich davon ableiten, welche operativen Aktivitäten des Datenmanagements im Unternehmen umgesetzt oder initiiert werden. Fehlt dieser Rahmen, wird es schwer sein, gezielt in den Datenhaushalt des Unternehmens zu investieren.

Rollen und Verantwortlichkeiten Für die inhaltliche Gestaltung der Data Policy ist die Unternehmensleitung oder die Leitung des Bereichs, für den die Policy gelten soll, verantwortlich. Diese Personen sollten vom Chief Data Officer oder dem Konzerndatensteward unterstützt werden.

Für das Bekanntwerden der Policy und für das Verstehen der Policy durch die Mitarbeiter sind alle Mitarbeiter, unabhängig von der Hierarchieebene, verantwortlich. Die Kommunikation der Existenz und etwaiger Anpassungen der Policy erfolgt über die im Unternehmen üblichen Kommunikationskanäle. In der Praxis umgesetzt werden kann und wird sie nur, wenn sie diskutiert wird.

Hilfsmittel Eine Policy kann in einem üblichen Textverarbeitungs-Programm erstellt werden. Verbreitet werden kann sie per E-Mail, im Intranet oder auf Betriebsversammlungen. Wichtiger ist, wie die Inhalte einer Policy entstehen und wie diese in der Strategie des Unternehmens verankert werden. Über Fragen in Diskussionen und Workshops nähert sich die Unternehmensleitung den notwendigen Inhalten. Beispiele für die Fragen sind:

- Wie möchte das Unternehmen in Zukunft die vorhandenen Stammdaten nutzen?
- Können bessere Geschäftsergebnisse erzielt werden, wenn die vorhandenen oder neu zu erhebenden Daten geschickter eingesetzt werden?

- Ist eine Effizienzsteigerung bei Mitarbeitern zu erwarten, die täglich mit den Stammdaten arbeiten?
- Bietet das Unternehmen Produkte oder Services an, deren Grundlage Daten sind?

Letztendlich ist die Diskussion der Datenverwertung innerhalb eines jeden Unternehmens individuell zu führen.

5.6.2 Tools auf Ebene der Organisation

Datenqualitätsregelwerk

Ein Regelwerk für Datenqualität enthält alle relevanten Informationen, wie die Qualität der Daten beschaffen sein soll (vgl. [Webe09, S. 134 ff.]). Idealerweise werden dafür konkrete Regeln auf Ebene einzelner Attribute, ganzer Datensätze oder Datenbestände definiert. Hinweise, welche Regeln für welche Daten oder Informationen zu definieren und letztendlich zu messen sind, finden sich in den Prozessen. Dort werden Aussagen über die Beschaffenheit der Daten und Informationen gemacht, die am Ende eines Prozesses zur Verfügung stehen sollen.

Ein Datenqualitätsregelwerk besteht im Allgemeinen aus dem Namen der Regel, einer kurzen Beschreibung, den Attributen, auf die diese Regel anzuwenden ist, und den Daten und Systemen, auf die diese Regel anzuwenden ist. Ebenso finden sich dort technische Hinweise, also z. B. der konkrete Algorithmus oder die Syntax-Regel, nach der geprüft wird. Ebenso wichtig sind positive und negative Beispiele für diese Regeln. Auch die Verantwortlichen für die Regeln oder das Regelwerk sollten genannt werden. Das ist oft der Chief Data Steward oder ein Datensteward selbst.

Datenqualitätsregeln müssen an den Anforderungen der Datennutzer, also am geschäftlichen Nutzen, ausgerichtet sein. Nur so wird sichergestellt, dass es bei Messungen der Datenqualität zu einer richtigen Bewertung kommt. Das bedeutet, dass im Regelwerk Bezug auf konkrete Prozesse, Anforderungen aus Fachbereichen oder andere relevante geschäftliche Themen genommen werden muss.

 Beispiel

Ein Automobilzulieferer erhob die Kennzahl „Vollständigkeit des Attributs DUNS-Nummer" des Lieferantenstamms. Der Wert lag regelmäßig bei hervorragenden 98 %, die inhaltliche Richtigkeit des Attributs hingegen bei nur ca. 60 %. Aber nur bei vollständiger und richtiger DUNS-Nummer kann das Unternehmen die erforderlichen Auswertungen über Lieferanten erstellen.
[Webe09, S. 135] ∎

Nutzen und Mehrwert Das Datenqualitätsregelwerk liefert genaue Hinweise für die Messung der Qualität der Daten. Hier können konkrete Regeln eingesehen und in den richtigen Kontext gestellt werden. Liegen Messergebnisse zur Datenqualität vor, können diese somit korrekt bewertet und daraus Handlungsbedarfe zur Verbesserung der Datenqualität abgeleitet und durchgeführt werden. Als zentrales Verzeichnis ist es für alle Mitarbeiter einsehbar und unterstützt somit eine transparente Gestaltung des Themas und erhöht die Aufmerksamkeit bei den Mitarbeitern.

Rollen und Verantwortlichkeiten Verantwortlich für das Datenqualitätsregelwerk ist der Chief Data Officer. Die Regeln selbst werden von den Datenstewards bzw. indirekt über die Fachbereiche eingebracht. Für die Umsetzung des Regelwerks, also die technische Messung der Datenqualität basierend auf dem Regelwerk, sind in der Regel Teams aus dem IT-Management gemeinsam mit fachlichen Datenstewards zuständig.

Hilfsmittel Für einen ersten Satz an Datenqualitätsregeln reicht ein einfaches Tabellenverarbeitungsprogramm aus. Für die inhaltliche Beschreibung der Regeln empfiehlt sich auf lange Sicht eine andere Lösung. Auf dem Markt gibt es verschiedene Lösungen, die nicht nur die Abbildung der Regeln ermöglichen, sondern auch gleich die Funktion des Messens der Datenqualität übernehmen. Auch sind unterstützende Funktionen verfügbar, die den Prozess zur Regelabstimmung unterstützen. Ein Datenqualitäts-Dashboard oder -Cockpit informiert die Adressaten regelmäßig in anschaulicher Form über die Messergebnisse.

Regeln können aus den in der Data Policy festgehaltenen Zielen abgeleitet werden. Eine weitere Möglichkeit bieten Ursache-Wirkungs-Modelle auf Basis kausaler Zusammenhänge zwischen aktuellen Datenqualitätsproblemen und deren negativen Wirkung auf das Geschäft, siehe Bild 5.15.

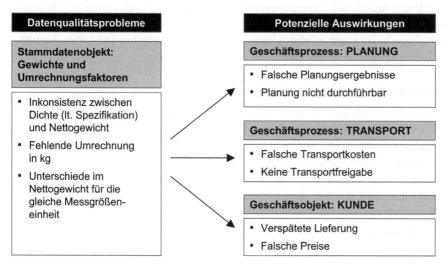

Bild 5.15 Einfluss von Datenqualitätsproblemen auf Geschäftsprozesse als Kausalkette (vgl. [Webe09, S. 135])

Beschreibung von Rollen und Aufgaben

Auf organisatorischer Ebene ist eine Rollen- und Aufgabenbeschreibung für den Bereich Datenmanagement hilfreich. Die Festlegung von Rollen hilft bei der hierarchischen Einordnung der Aufgaben und Verantwortungsbereiche. Die Beschreibung der Aufgaben und damit der Verantwortlichkeiten unterstützt die Mitarbeiter, die diese Rollen bekleiden. Außerdem ist sie hilfreich bei der Suche nach geeigneten Mitarbeitern für die entsprechenden Rollen. Sind die Aufgaben auch konkret beschrieben, lassen sich leichter Aufwandsschätzungen für das Datenmanagement ableiten.

Die Aufgaben bei der Ausübung einer Rolle im Kontext von Datenmanagement sind in die tägliche Arbeitsroutine eingebunden. Sollen zu den bereits vorhandenen noch weitere Aufgaben übernommen werden, kann das zwei Effekte haben. Erstens werden die Aufgaben des Datenmanagements nur halbherzig erledigt, da deren Ausführung mit Überstunden verbunden sind. Zweitens wären diese Aufgaben im Vergleich mit den bereits vorhandenen Aufgaben niedriger priorisiert, was wiederum eine niedrigere Wertschätzung der Arbeitsergebnisse zur Folge haben könnte.

Nutzen und Mehrwert Der Nutzen und Mehrwert einer Rollen- und Aufgabenbeschreibung liegt in der inhaltlichen Orientierung der Mitarbeiter, die diese Rollen bekleiden. Mit der Beschreibung sind deren Aufgaben klar definiert und Verantwortlichkeiten für konkrete Dinge sind geregelt. Die Beschreibung unterstützt die Suche nach neuen Mitarbeitern und gibt Hinweise auf die notwendigen Qualifikationen. Im Hinblick auf die Verantwortlichkeiten sind Belange rund um die Zuständigkeiten für Unternehmensdaten geregelt. Bei inhaltlichen Diskussionen entsteht kein Entscheidungsvakuum.

Rollen und Verantwortlichkeiten Für die Rollen- und Aufgabenbeschreibung ist generell die Personalabteilung verantwortlich. Input kommt vom Chief Data Officer, Konzerndatensteward und anderen Datenstewards, die diese Rolle bereits innehaben.

Hilfsmittel Zur Orientierung dient eine Liste der Aufgaben, die in Bezug auf das Management der Daten stehen. Das können periodische Bereinigungsarbeiten sein oder die Bereitstellung von Daten-Extrakten. Auch helfen Interviews mit Mitarbeitern, die die eine oder andere Aufgabe heute schon erledigen, ohne dafür eine dedizierte Rolle zu haben. Hinweise gibt auch Abschnitt 5.5.3 zu den Rollen im Datenmanagement.

Beschreibung der wesentlichen Prozesse

Im Datenmanagement gibt es viele Prozesse, die zu definierten sind (vgl. [Webe09, S. 144 ff.]). Die vier wesentlichen Prozesse sind unter dem Kürzel „CRUD" zu finden. „CRUD" steht für Create (einen neuen Datensatz generieren), Read (einen Datensatz lesen), Update (einen Datensatz aktualisieren) und Delete (einen Datensatz löschen) (vgl. Abschnitt 5.5.4).

Unabhängig von der Art der zu beschreibenden Prozesse oder deren Komplexität wird es immer um einen oder mehrere dieser Kernprozesse gehen. Beim Datenmanagement sind bei der Beschreibung der Prozesse im Idealfall folgende Fragen zu beantworten:

- Woher kommen die Daten?
- Wie werden sie verarbeitet?
- Durch wen oder was werden sie verarbeitet?
- Wozu werden sie genutzt?
- Wie sehen die Daten am Ende des Prozesses aus?

Nutzen und Mehrwert Beschriebene Prozesse dienen vor allem den Mitarbeitern, die in diese Prozesse involviert sind, sei es als Datenlieferanten oder Datennutzer. Oft sind mehrere Personen und Abteilungen an der Durchführung eines Prozesses im Datenmanagement beteiligt. Dabei sind es nicht immer die gleichen Personen, sondern eine ganze Gruppe von Mitarbeitern, die eine Rolle innehaben. Um sicherzustellen, dass alle Beteiligten ein gemeinsames Verständnis der Arbeitsabläufe haben, ist die Beschreibung eines Prozesses in einer verständlichen Art und Weise ungemein hilfreich. Nur so kann sichergestellt werden, dass Verarbeitungsprozesse Informationen in gleichbleibend hoher Qualität generieren. Zudem lässt sich aus den Prozessen die ideale Beschaffenheit der zugrunde liegenden Daten ableiten. Die Prozessbeschreibungen liefern somit wertvollen Input für das Datenqualitätsmanagement.

Rollen und Verantwortlichkeiten Zu definieren sind die Prozesse von allen beteiligten Mitarbeitern oder Vertretern der Mitarbeitergruppen. Sind Prozessschritte an konkrete Rollen geknüpft, sollten die Inhaber dieser Rollen die Prozesse mit beschreiben.

Hilfsmittel Für die Erarbeitung von relevanten Prozessen bieten sich Workshops mit allen Beteiligten an. Gemeinsam wird der Prozess definiert und dokumentiert. So wird sichergestellt, dass alle Sichtweisen beachtet werden und ein Konsens über den Prozess herrscht.

Die Beschreibung der Prozesse kann als Fließtext erfolgen. Allerdings sind diese Dokumente schwer zu pflegen und die Akzeptanz von viel Text innerhalb eines Unternehmens ist fraglich. Geschickter ist eine Kombination aus grafischer Darstellung und zusätzlichen Hinweisen und Erläuterungen in Textform.

Für die grafische Darstellung bieten sich unterschiedliche Modellierungssprachen an (z. B. BPEL, BPMN 2.0, FlowChart, UML Activity und eEPK). Für diese Modellierungssprachen gibt es entsprechende Software-Tools, die teilweise Open-Source-Lizenzen unterliegen.

RACI-Matrizen

Für die Kombination mit den einzelnen Prozessschritten, den ausführenden oder zuständigen Rollen bietet sich die Abbildung in RACI-Matrizen an (vgl. [Webe09, S. 152 ff.]). Die Buchstaben von RACI stehen für

- **R:** Responsible, verantwortlich und ausführend
- **A:** Accountable, rechenschaftsfähig
- **C:** Consulted, beratende Funktion
- **I:** Informed, zu informieren

Mit diesen vier Buchstaben lassen sich Prozesse sehr einfach beschreiben und es ist ersichtlich, wer dabei welche (kommunikativen) Aufgaben übernimmt. Eine RACI-Matrix ist folgendermaßen aufgebaut (vgl. Tabelle 5.5):

- In den Zeilen stehen die einzelnen Aufgaben des Datenmanagements.
- Die Spalten enthalten die beteiligten Rollen.
- Die Zellen markieren die Zuständigkeit einer Rolle zu einer Aufgabe mithilfe der RACI-Notation.

Tabelle 5.5 Beispiel RACI-Matrix für den Prozess der Datenaktualisierung (Update)

	Data Producer	Data User	Subject Matter Expert	Data Steward	Data Owner	Business Stakeholder
Anfrage zur Aktualisierung eines Stammdatensatzes	R	C	C		A	

(Fortsetzung nächste Seite)

Tabelle 5.5 Beispiel RACI-Matrix für den Prozess der Datenaktualisierung (Update) *(Fortsetzung)*

	Data Producer	Data User	Subject Matter Expert	Data Steward	Data Owner	Business Stakeholder
Prüfung der Anfrage und Prüfung der Korrektheit der Aktualisierung			C	R	A	
Aktualisierung des Datensatzes	R		C	C	A	
Überprüfung der Datenqualität			C	R	A	
Kommunikation über die Aktualisierung				R		I

Nutzen und Mehrwert Der Mehrwert einer RACI-Matrix besteht in der übersichtlichen und kompakten Darstellung einzelner Prozessschritte in Kombination mit den beteiligten Rollen und deren Verantwortlichkeiten und Kommunikationswegen. Insofern können RACI-Matrizen Prozessbeschreibungen gut ergänzen.

Rollen und Verantwortlichkeiten Für RACI-Matrizen können die Process Owner und alle Prozessbeteiligten wertvollen Input liefern.

Hilfsmittel Als Hilfsmittel dienen normale Textverarbeitungs- oder Tabellenprogramme. Basis für die RACI-Matrizen sind die bereits beschriebenen Rollen und deren Aufgaben und Verantwortlichkeiten sowie beschriebene Prozesse.

5.6.3 Tools auf Ebene der Informationssysteme

Systemverzeichnis

Ein Systemverzeichnis ist ein Verzeichnis, welches alle Systeme auflistet, in denen Daten entweder gehalten und/oder verarbeitet werden. Das können CRM-Systeme für Kundendaten sein, ERP-Systeme für Materialstammdaten, Kampagnen-Tools für die Umsetzung von Marketingmaßnahmen bis hin zu einzelnen Verzeichnissen, die auf den Rechnern der Mitarbeiter liegen.

Neben dem Namen des Systems sollten in dem Verzeichnis auch noch Informationen zu den Daten, die es hält oder verarbeitet, gegeben werden. Dazu kommen Informationen zum System Owner, zu den technischen Ansprechpartnern und deren Kontaktdaten sowie dem Hersteller und Hinweise auf Prozesse, bei denen die Daten generiert oder genutzt werden.

Nutzen und Mehrwert Ein Systemverzeichnis ist nicht nur für das Datenmanagement notwendig. Die DSGVO schreibt vor, dass Systemverzeichnisse über die Systeme zu führen sind, die personenbezogene Daten halten. Zudem dient es der Transparenz. Es kann, gerade bei historisch gewachsenen Systemlandschaften, eine Diskussion herbeiführen, ob bestimmte Systeme überhaupt noch aktiv genutzt werden oder was deren Betrieb kostet. Zudem bieten die Informationen im Verzeichnis Hinweise auf schnelle Hilfe, sollte es zu Problemen kommen.

Rollen und Verantwortlichkeiten In der Regel sind Mitarbeiter der IT für das Führen und Pflegen des Systemverzeichnisses verantwortlich. Das Verzeichnis sollte allen Mitarbeitern zur Einsicht zur Verfügung stehen.

Hilfsmittel Ein einfaches Tabellenprogramm mit entsprechend definierten Spalten ist für den Anfang ausreichend. Mehr Unterstützung und Visualisierungsmöglichkeiten bieten Tools für die IT-Dokumentation oder das Enterprise Architecture Management.

Data Dictionary

Der Begriff Data Dictionary wird synonym zu Data Catalogue oder Metadaten Repository genutzt. Es ist eine unternehmensweit abgestimmte, eindeutige und widerspruchsfreie Auflistung und Beschreibung aller relevanten Daten und deren Attribute aus fachlicher Sicht und somit ein Nachschlagewerk für alle Mitarbeiter im Datenmanagement (vgl. [HeED17, S. 406, 432, Webe09, S. 145 f.]).

Ein Unternehmen muss entscheiden, durch welche Eigenschaften ein Datum charakterisiert werden soll. Attribute können abhängig vom Kontext verschiedene Bedeutungen haben. Das Data Dictionary enthält Elemente in unterschiedlichen Granularitäten. Neben Attributen können auch Attributgruppen enthalten sein. So wird eine postalische Adresse zumindest durch die Attribute Straße, Hausnummer, Postleitzahl, Ort und Land charakterisiert. Jedes dieser Attribute sollte in einem Data Dictionary aufgeführt sein. Eigenschaften, die ein Datum beschreiben, können technischer oder fachlicher Natur sein. Zu den fachlichen Informationen gehören typischerweise Beschreibung, Synonyme, Einsatzzweck, Bedeutung, Geschäftsregeln, Verantwortliche, regulatorische Anforderungen und Beziehungen zu anderen Daten [ScOt08, S. 158 ff.]. Technische Informationen enthalten Hinweise zu Datentyp, Feldlänge etc.

Nutzen und Mehrwert Ein Data Dictionary ist immer dann wichtig, wenn unterschiedliche Interessengruppen auf die gleichen Daten und Informationen schauen. Dort unterstützt es ein gemeinsames Verständnis über die Daten, was wiederum die Voraussetzung für Diskussionen im Kontext von Datenqualität und/oder Key Performance Indicators (KPIs) ist. Ebenso schafft ein Data Dictionary Transparenz über die verschiedenen Attribute und deren Nutzung.

Der Katalog vereinfacht die Kommunikation über Fach- oder Geschäftsbereiche hinweg, schafft die Voraussetzung für die semantische Integration von Daten aus mehreren Systemen und fördert die Reduktion von Redundanzen sowie die Erhöhung von Genauigkeit, Integrität und Konsistenz.

Rollen und Verantwortlichkeiten Verantwortlich für die Inhalte des Data Dictionary sind die fachlichen Datenstewards aus den unterschiedlichen Fachbereichen, die einen Konsens über die inhaltliche Definition eines Attributs finden müssen. Aus technischer Perspektive sind es Mitarbeiter aus dem Systemmanagement, die die datenhaltenden Systeme betreuen und die Attribute, auch nach Vorgaben der Datenstewards, anlegen und definieren.

Hilfsmittel Um ein Data Dictionary anzulegen oder damit zu beginnen, ist im ersten Schritt eine Tabelle ausreichend. Hier werden die relevanten Attribute aufgelistet und deren Eigenschaften in den darauffolgenden Spalten. Diese Tabelle-Dokumente sind allerdings eher nicht dazu geeignet, in einem kollektiven Ansatz die Attribute zu diskutieren oder zu beschreiben.

Es gibt am Markt verschiedene Anbieter, die dedizierte Software für die Erstellung eines Data Dictionary anbieten. Steht die Anschaffung einer Software zur Debatte, sollten folgende Dinge (neben anderen Themen) beachtet werden:

- Befüllung: Schnittstellen zu bereits vorhandenen Applikationen und Importformate
- Nutzeroberfläche: eigene Client-Applikation oder browserbasierte Oberfläche, die ggfs. ins Intranet eingebunden werden kann
- Prozessunterstützung: softwareseitige Unterstützung von Abstimmungs- oder Freigabeprozessen
- Bearbeitung der Inhalte: Aktualisierung der Inhalte über die Client-Oberfläche oder durch Update-Routinen der Informationsquellen (z. B. JSON-Dateien aus dem Source Code)

Beispiel

Ein Düngemittelhersteller hat einen fachlichen Datenkatalog als Lotus-Notes-Anwendung implementiert, die für alle Mitarbeiter zugänglich ist. Der Katalog enthält pro Attribut des ERP-Materialstammsatzes Beschreibungen, Pflegerichtlinien, Geschäftsregeln, Informationen zur Nutzung, Terminologien und Verantwortlichkeiten (vgl. [Webe09, S. 146]).

5.7 Zusammenfassung und Ausblick

Das Wichtigste – zusammengefasst:

- **Fördern Sie das Bewusstsein, dass Informationsmanagement alle im Unternehmen Beschäftigten angeht!**
  Da der Informationsbegriff an Zielen und an den zur Zielerreichung notwendigen Aufgaben orientiert ist, müssen sich auch alle Mitarbeiter im Unternehmen mit Informationsmanagement auseinandersetzen. Im Mittelpunkt der Betrachtung sollten Informationsbedarfe und die erforderliche Informationsqualität, aber auch auftretende Informationsprobleme stehen. In der Summe ergibt sich ein Informationsmanagement, das im Rahmen einer unternehmensweiten Informationsversorgung sicherzustellen hat, dass die erforderlichen Informationen zeit- und bedarfsgerecht zu angemessenen Kosten zur Verfügung stehen.
- **Klären und verdeutlichen Sie unternehmensintern die Rolle der Information für das Unternehmen!**
  Die verschiedenen Rollen der Information sind für das Unternehmen zu klären, insbesondere dann, wenn Information einen Wettbewerbsfaktor oder eine Ware darstellt. Aus dieser Klärung ergeben sich Prioritäten für die Allokation von finanziellen und personellen Ressourcen für das Informationsmanagement, d. h. für die IT-Abteilung ebenso wie für die Fachabteilungen. Auch Maßnahmen der IT-Sicherheit und des IT-Risikomanagements hängen wesentlich von der Rolle der Information im Unternehmen ab.

- **Kümmern Sie sich um die Qualität Ihrer Stammdaten!**
  Hochqualitative Stammdaten sind die Grundlage vieler Geschäfts- und Entscheidungsprozesse im Unternehmen. Identifizieren Sie die strategischen Treiber für Stammdatenmanagement in Ihrem Unternehmen und konkrete Stammdatenprobleme in Ihren Fachabteilungen. Nutzen Sie dies als Ausgangsbasis für eine umfassende, unternehmensweite Gestaltung des Stammdatenmanagements. Für einen nachhaltigen, wirtschaftlich sinnvollen Umgang mit Stammdaten betrachten Sie nicht nur die IT, sondern auch strategische und organisatorische Fragestellungen.
- **Definieren Sie durch Data Governance Verantwortlichkeiten und Entscheidungsprozesse für Stammdaten!**
  Mangelnde unternehmensweite Koordination der Aktivitäten und Verantwortlichen des Stammdatenmanagements führt häufig zu schlechter Stammdatenqualität aus Sicht des Gesamtkonzerns. Data Governance definiert unternehmensweit Verantwortlichkeiten und Entscheidungsprozesse und legt somit den organisatorischen Rahmen für das Stammdatenmanagement fest. Klären Sie die Aufgaben und Rollen des Stammdatenmanagements in Ihrem Unternehmen und erschaffen Sie eine geeignete Organisationsform, mit deren Hilfe Sie die Qualität Ihrer Stammdaten dauerhaft sichern können.
- **Setzen Sie Aspekte des Informations- und Datenmanagements in Ihrem Unternehmen aktiv um!**
  Informations- und Datenmanagement lässt sich mit verschiedenen kleineren und größeren Aktivitäten umsetzen. Identifizieren Sie die Bereiche, wo sich mit geringem Aufwand der größte Mehrwert erzielen lässt. Suchen Sie die Datenspezialisten aus den Fachbereichen und der IT in Ihrem Unternehmen und versuchen Sie gemeinsam, konkrete Maßnahmen zu definieren und umzusetzen. Überlegen Sie, ob die vorgestellten Tools und Konzepte eine Möglichkeit der Umsetzung darstellen können und probieren Sie sie aus. Sprechen Sie über erste Erfolge und gewinnen Sie Fürsprecher aus dem Management für Ihre Initiativen. Gelebtes Informations- und Datenmanagement ist ein Bekenntnis der Unternehmensführung und der Mitarbeiter für den nachhaltigen und gewinnbringenden Einsatz von Daten im Sinne der Digitalen Transformation.

5.8 Literatur

[Axap18]   AXA Partners Gesundheitsstudie: Digitale Telekonsultation als innovative Lösung für moderne Geschäftsreisende. *https://www.presseportal.de/pm/61766/4296073*, abgerufen am 2019-08-02.

[Benn16]   Bennett, Jo: Why Only Half of CDOs Are Poised for Success. *https://www.gartner.com/smarterwithgartner/half-of-cdos-succeed/*, abgerufen am 2018-09-16.

[BiMR04]   Biethahn, Jörg; Mucksch, Harry; Ruf, Walter: Ganzheitliches Informationsmanagement – Band I: Grundlagen. 6. Auflage. Oldenbourg, München 2004

[Bost18]   Boston Consulting Group: Deutsche bleiben Münzen und Scheinen treu. https://www.bcg.com/de-de/d/press/18october2018-payments-players-must-reimagine-the-customer-experience-205302, abgerufen am 2019-08-02.

[Carr03]   Carr, Nicholas G.: IT doesn't matter. In: Harvard Business Review (2003), Nr. May, S. 5–12

[Chis19]   Chisholm, Malcom: Successful Implementation of a Master Data Management Programme. 2019

[DaJA07]   Dan, Asit; Johnson, Robert; Arsanjani, Ali: Information As a Service: Modeling and Realization. In: Proceedings of the International Workshop on Systems Development in SOA Environments, SDSOA '07. Washington, DC, USA: IEEE Computer Society, 2007

[Dpa19]   dpa: DSGVO: Bislang 75 Bußgelder wegen Verstößen. https://www.heise.de/newsticker/meldung/DSGVO-Bislang-75-Bussgelder-wegen-Verstoessen-4420368.html, abgerufen am 2019-06-27.

[Gier16]   Gierow, Hauke: Die verschlüsselte Stadt, die zahlte. https://www.golem.de/news/ransomware-die-verschluesselte-stadt-die-zahlte-1603-119563.html, abgerufen am 2019-07-31.

[Heck14]   Hecking, M: Wenn der Algorithmus die Macht übernimmt. http://www.manager-magazin.de/unternehmen/handel/uber-mytaxi-co-wenn-der-computer-denpreis-macht-a-946122.html, abgerufen am 2017-09-07.

[HeED17]   Henderson, D.; Earley, S.: Data Administration Management Association (Hrsg.): DAMA-DMBOK: data management body of knowledge. Second edition. Basking Ridge, New Jersey: Technics Publications, 2017

[HeRS14]   Heinrich, Lutz Jürgen; Riedl, René; Stelzer, Dirk: Informationsmanagement: Grundlagen, Aufgaben, Methoden. 11., vollst. überarb. Aufl. Berlin [u. a.]: De Gruyter Oldenbourg, 2014

[Hort79]   Horton, Forest W: Information resources management: Concept and cases: Association for Systems Management, 1979

[KeMS13]   Kesten, Ralf; Müller, Arno; Schröder, Hinrich: IT-Controlling: IT-Strategie, Multiprojektmanagement, Projektcontrolling und Performancekontrolle. 2. Auflage. Vahlen, München 2013

[Klot11a] Klotz, Michael: Konzeption des persönlichen Informationsmanagements (SIMAT Arbeitspapiere Nr. 03-11-012): Hochschule Stralsund, Stralsund Information Management Team (SIMAT), 2011

[Klot11b] Klotz, Michael: Rollen der Information im Unternehmen (SIMAT Arbeitspapiere Nr. 03-11-014). Fachhochschule Stralsund, Stralsund Information Management Team (SIMAT), 2011

[KlWe17]   Klingenberg, Christiana; Weber, Kristin: Kundendatenqualität im Zeitalter der digitalen Transformation. In: IT-Governance Bd. 11 (2017), Nr. 26, S. 7–13

[Krcm15]   Krcmar, Helmut: Informationsmanagement. 6., überarbeitete Auflage. Springer Gabler, Berlin Heidelberg 2015

[Krem19]   Krempl, Stefan: DSGVO-Verstoß: App-Bank N26 soll 50.000 Euro Bußgeld zahlen. https://www.heise.de/newsticker/meldung/DSGVO-Verstoss-App-Bank-N26-soll-50-000-Euro-Bussgeld-zahlen-4431356.html, abgerufen am 2019-06-27.

[Mcgi08]   McGilvray, Danette: Executing data quality projects: ten steps to quality data and trusted information. Morgan Kaufmann/Elsevier, Amsterdam, Boston 2008

[Moli16]   Molitor, Andreas: Und tschüs. In: brand eins (2016), Nr. 3

[Myer19]   Myers, Dan: Conformed Dimensions of Data Quality. http://dimensionsofdataquality.com/download/CDDQ-r4.3.pdf.

[Nall16]   Nallinger, Carsten: 500 Millionen Euro verbrannt. https://www.eurotransport.de/artikel/neue-it-loesungen-fuer-dhl-500-millionen-euro-verbrannt-8035012.html, abgerufen am 2019-06-27.

[OKWG11] Otto, Boris; Kokemüller, Jochen; Weisbecker, A.; Gizanis, D.: Stammdatenmanagement: Datenqualität für Geschäftsprozesse. In: HMD – Praxis der Wirtschaftsinformatik Bd. 48 (2011), Nr. 279, S. 5–16

[ÖsBl03] Österle, Hubert; Blessing, Dieter: Business Engineering Modell. In: Österle, H.; Winter, R. (Hrsg.): Business Engineering. Springer, 2003

[PiRo14] Piro, A.; Rohweder, J. P. (Hrsg.): Informationsqualität bewerten: Grundlagen, Methoden, Praxisbeispiele. 1. Aufl. Symposion, Düsseldorf 2014

[Port08] Porter, Michael E: The five competitive forces that shape strategy. In: Harvard business review Bd. 86 (2008), Nr. 1, S. 25–40

[Redm17] Redman, Thomas C.: Seizing Opportunity in Data Quality. https://sloanreview.mit.edu/article/seizing-opportunity-in-data-quality/, abgerufen am 2019-07-29.

[Repk19] Repka, Thomas: Behörden verhängen hohe Bußgelder wegen Datenschutzverletzungen. https://www.rosepartner.de/blog/erneut-bussgelder-nach-dsgvo-verhaengt.html, abgerufen am 2019-06-27.

[RKMP18] Rohweder, Jan P.; Kasten, Gerhard; Malzahn, Dirk; Piro, Andrea; Schmid, Joachim: Informationsqualität – Definitionen, Dimensionen und Begriffe. In: Hildebrand, K.; Gebauer, M.; Hinrichs, H.; Mielke, M. (Hrsg.): Daten- und Informationsqualität. Springer Fachmedien, Wiesbaden 2018

[RüEh19] Rüdiger, Ariane; Ehneß, Jürgen: IDC: Datenwachstum in EMEA setzt sich ungebremst fort. https://www.storage-insider.de/idc-datenwachstum-in-emea-setzt-sich-ungebremst-fort-a-802822/, abgerufen am 2019-07-08.

[Sche08] Schemm, Jan Werner: Zwischenbetriebliches Stammdatenmanagement: Lösungen für die Datensynchronisation zwischen Handel und Konsumgüterindustrie. Springer, Berlin Heidelberg 2008

[ScOt08] Schmidt, Alexander; Otto, Boris: Harmonizing company-wide Information Objects. In: Dinter, B.; Chamoni, P.; Gronau, N.; Turowski, K. (Hrsg.): Synergien durch Integration und Informationslogistik. Köllen, St. Gallen 2008

[Seib19] Seibel, Karsten: 485 000 Euro Strafe – Bundesländer ziehen Bußgeld-Bilanz. https://www.welt.de/finanzen/article193326155/DSGVO-Verstoesse-Bundeslaender-ziehen-Bussgeld-Bilanz.html, abgerufen am 2019-06-27.

[TiPe04] Tiernan, Chris; Peppard, Joe: Information Technology: Of Value or a Vulture? In: European Management Journal Bd. 22 (2004), Nr. 6, S. 609–623

[UrAh16] Urbach, Nils; Ahlemann, Frederik: IT-Management im Zeitalter der Digitalisierung: auf dem Weg zur IT-Organisation der Zukunft. Springer Gabler, Berlin Heidelberg 2016

[Urba16] Urbach, Nils: Betriebswirtschaftliche Besonderheiten digitaler Güter (Diskussionspapier Nr. WI-588). Universität Bayreuth, 2016

[VoGu01] Voß, Stefan; Gutenschwager, Kai: Informationsmanagement. Springer, Berlin Heidelberg 2001

[Vors16] Vorschlag für eine RICHTLINIE DES EUROPÄISCHEN PARLAMENTS UND DES RATES über das Urheberrecht im digitalen Binnenmark, 2016

[Wang98] Wang, Richard Y.: A product perspective on total data quality management. In: Communications of the ACM Bd. 41 (1998), Nr. 2, S. 58–66

[WaSt96] Wang, R. Y.; Strong, D. M.: Beyond Accuracy: What Data Quality Means to Data Consumers. In: Journal of Management Information Systems Bd. 12 (1996), Nr. 4, S. 5–34

[Webe09] Weber, Kristin: Data Governance-Referenzmodell. Organisatorische Gestaltung des unternehmensweiten Datenqualitätsmanagements. Bamberg, 2009

[Webe12] Weber, Kristin: Data Governance – Organisation des Stammdatenmanagements. In: IT-Governance (2012), Nr. 13, S. 3–8

[Webe18]   Weber, Kristin: Die Rolle des Chief Data Officers für die Digitalisierung. In: BI Spektrum, Online Themenspecial (2018)

[Weck18]   Weck, Andreas: 500-Millionen-Euro-Projekt scheitert: Lidl bläst SAP-Software ab. *https://t3n.de/news/500-millionen-euro-projekt-scheitert-lidl-blaest-sap-software-ab-1095673/*, abgerufen am 2019-06-27.

[WeSF19]   Weber, Kristin; Schütz, Anas E; Fertig, Tobias: Grundlagen und Anwendung von Information Security Awareness: Mitarbeiter zielgerichtet für Informationssicherheit sensibilisieren, 2019

[Witt13]   Wittmann, Waldemar: Unternehmung und unvollkommene Information: unternehmerische Voraussicht – Ungewißheit und Planung. Springer, 2013

[WLPS98]   Wang, Richard Y.; Lee, Yang W.; Pipino, Leo L.; Strong, Diane M.: Manage your information as a product. In: MIT Sloan Management Review Bd. 39 (1998), Nr. 4, S. 95 – 105

[ZaBP05]   Zarnekow, Rüdiger; Brenner, Walter; Pilgram, Uwe: Integriertes Informationsmanagement: Strategien und Lösungen für das Management von IT-Dienstleistungen, Business engineering. Springer, Berlin 2005

[Zech16]   Zechmann, Andreas: Assessing the Economic Value of Data Assets (Work Report). CDQ AG and University of St. Gallen, St. Gallen 2016

6 Geschäftsprozessorientierte Softwaresysteme – Planung und Anwendung

Norbert Gronau

Fragen, die in diesem Kapitel beantwortet werden:

- Warum beginnt die Suche nach einem neuen Softwaresystem meist viel zu spät?
- Welche Fehler treten bei der Auswahl geschäftsprozessorientierter Softwaresysteme auf und wie werden sie vermieden?
- Warum ist eine Betrachtung des mit dem neuen Softwaresystem verbundenen wirtschaftlichen Nutzens unerlässlich?
- Welche Rolle spielt die Projektorganisation bei der Einführung prozessorientierter Softwaresysteme?
- Wodurch zeichnen sich zukunftsfähige Systeme aus?
- Welche Fehler sind bei der Einstellung der Geschäftsprozessparameter zu vermeiden?
- Wann sind welche Umstellungsstrategien sinnvoll?
- Welche Vorteile bringt eine externe Projektsteuerung?
- Wie sind Wartung und Support für prozessorientierte Softwaresysteme zu organisieren?
- Welche Systeme können in der Cloud betrieben werden?

■ 6.1 Ausgangssituation und Herausforderungen

In Unternehmen und öffentlichen Einrichtungen aller Branchen und Größen bestimmen heute geschäftsprozessorientierte Softwaresysteme über Funktion und Flexibilität dieser Organisationen. Die Voraussetzung für einen störungsfreien Betrieb über einen langen Zeitraum – auch bei sich verändernden Anforderungen – werden in den planenden und vorbereitenden Phasen der Auswahl und Einführung dieser Softwaresysteme geschaffen. ERP-

Systeme sind heute beispielsweise über einen Zeitraum von zehn bis 15 Jahren im Einsatz, bevor über eine Ablösung nachgedacht wird. Der sich anschließende Prozess erstreckt sich ebenfalls über einige Jahre. Dieses Kapitel definiert zunächst einige wesentliche geschäftsprozessorientierte Softwaresysteme, beschreibt anschließend die Auswahl und Einführung und abschließend den Betrieb prozessorientierter Softwaresysteme. Dabei wird zumeist auf ERP-Systeme Bezug genommen, denn sie stellen den größten Teil der die Geschäftsprozesse abdeckenden Systeme und sind in den allermeisten Organisationen vertreten.

■ 6.2 Geschäftsprozessorientierte Softwaresysteme

Als geschäftsprozessorientierte Softwaresysteme werden solche betrieblichen Anwendungssysteme bezeichnet, die wesentliche Daten und Funktionen von Geschäftsprozessen abbilden. Wesentliche Vertreter dieser Systeme sind Enterprise-Resource-Planning-Systeme, die alle zur Durchführung der Geschäftsprozesse notwendigen Informationen über die Ressourcen Material, Personal, Kapazitäten (Maschinen, Handarbeitsplätze etc.), Finanzen und Information verwalten. In Abgrenzung zu speziellen Anwendungssystemen, etwa für die Fertigung, sollte ein ERP-System die Verwaltung von mindestens drei der oben genannten Ressourcen integrieren. Neben ERP-Systemen können in den Unternehmen noch weitere geschäftsprozessorientierte Softwaresysteme existieren, etwa Customer-Relationship-Management-(CRM-)Systeme für Marketing und Vertrieb, Supply-Chain-Management-Systeme für die Logistik oder Manufacturing-Execution-Systeme (MES) bzw. Produktionsplanungs- und Steuerungssysteme (PPS-Systeme) für die Fertigung.

Wesentliches Merkmal von ERP-Systemen ist die Integration verschiedener Funktionen, Aufgaben und Daten in ein Informationssystem. Als minimaler Integrationsumfang ist eine gemeinsame Datenhaltung anzusehen. Zudem wird eine organisatorische Integration über die Software erreicht, indem Geschäftsprozesse über Abteilungsgrenzen hinaus durch das ERP-System abgebildet werden.

Die Aufgabenverteilung zwischen den im Unternehmen eingesetzten betrieblichen Informationssystemen zeigt Bild 6.1. Das ERP-System bildet dabei das Rückgrat der betrieblichen Informationsverarbeitung. Es enthält Stammdaten zu allen wichtigen Ressourcen und verzeichnet den Wertefluss sowie die Veränderungen der Bestände. ERP-Systeme existieren in einer Vielzahl von Konfigurationen, sodass die einzelnen Komponenten in Bild 6.1 je nach Anbieter und Anwendungsfall entweder separate Produkte auch anderer Anbieter sein können oder aber im ERP-System integrierte Funktionen. Daher ist ein Teil der Module stark branchenspezifisch ausgeprägt. So gibt es Laborinformationssysteme nur in der Prozessindustrie, während eine Webshop-Anbindung überwiegend für den Onlinehandel benötigt wird. MES schließlich finden sich ausschließlich in produzierenden Unternehmen.

Dem ERP-System unterlagert sind Systeme der Bürokommunikation (z. B. Groupware, Office-Lösungen) und Dokumentenmanagement- bzw. Archivierungssysteme [TMSL17]. Diese Systeme können ebenfalls Schnittstellen zum ERP-System aufweisen, etwa für die Übernahme einer Kundenanschrift in die Textverarbeitung oder für die Archivierung einer Eingangsrechnung nach erfolgter Verbuchung.

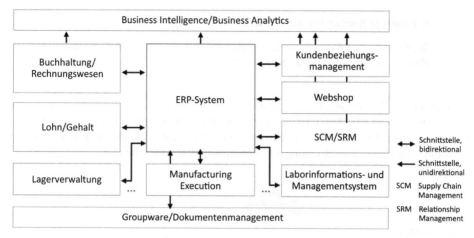

Bild 6.1 Aufgabenverteilung bei betrieblichen Informationssystemen [Gr14]

■ 6.3 Auswahl geschäftsprozessorientierter Softwaresysteme

Immer mehr Probleme treten mit Versprechungen auf, die von den Anbietern in der Auswahlphase gegeben werden und die dann zu erheblichen Kosten- und Zeitüberschreitungen in der Einführungsphase führen, weil sie sich als nicht stichhaltig erwiesen haben.

Gemeinsam mit der Unternehmensberatung Potsdam Consulting, die im Rahmen ihrer Prozess- und Strategieberatung auch zahlreiche ERP-Auswahlprozesse begleitet hat, wurde vom Center for Enterprise Research an der Universität Potsdam ein Auswahlprozess für Business-Software entwickelt, der zahlreiche Fehler der Vergangenheit vermeidet und zudem wesentlich besser als früher an die individuellen Bedürfnisse der Unternehmen anpassbar ist, die z. B. ein ERP-System suchen.

6.3.1 Probleme im Auswahlverfahren

Beratungstätigkeiten sollten wertschöpfend für das beauftragende Unternehmen sein, so lautet ein Grundsatz seriöser Unternehmensberatungen. Reines „Zeitabsitzen" ist dabei ebenso verpönt wie das Generieren möglichst zeitraubender Leistungsumfänge, selbst wenn damit kein Wert für den Auftraggeber verbunden ist. Bei Auswahlprojekten ist der tatsächlich erforderliche Aufwand nur schwer im Vorhinein abzuschätzen, übrigens ebenso wenig wie der betriebswirtschaftliche Nutzen, den das neue ERP-System bringen wird. Von daher kann es vorkommen, dass die Zeit für die Zusammenstellung der unternehmensspezifischen Anforderungen zu knapp angesetzt wurde und daher nicht alle wirklich auswahlrelevanten Anforderungen identifiziert werden konnten.

Praxistipp: Kosten für die Auswahl

Die Kosten eines Auswahlprojekts sollten möglichst zehn Prozent des späteren Einführungsaufwands nicht überschreiten.

Als falsch hat sich erwiesen, bereits ohne Kenntnis des Zielsystems eine Sollprozessgestaltung anzustoßen, ebenso falsch ist es, eine vollständige Modellierung des derzeitigen – und vermutlich bald abzulösenden – Ist-Zustands vorzunehmen. In beiden Fällen wird hoher Aufwand verursacht, obwohl Timing und Ergebnisnutzen nicht stimmen.

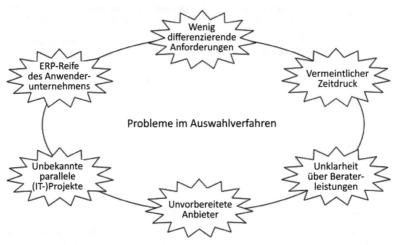

Bild 6.2 Probleme im Auswahlverfahren

Um sich ein Bild vom Anbieter und seinem System zu machen, sind Präsentationen in der Auswahlphase unerlässlich. Um nicht in wenig sinnvolle Standardpräsentationen des Anbieters hineinzulaufen („Ich zeig Ihnen mal die schönsten Funktionen meines Systems"), müssen knappe Szenarien aus den wichtigsten Unternehmensbereichen konzipiert werden, die Stammdaten und auswahlentscheidende Funktionen des Systems miteinander verknüpfen. Bei Zeitknappheit im Bereich der Anforderungsanalyse besteht die Gefahr, die falschen Aspekte zu Szenarien zu verdichten.

Da jedes Unternehmen und jede Organisation anders sind, laufen Auswahlverfahren, die ausschließlich auf internetbasierten Merkmalslisten mit Tausenden von Einträgen basieren, häufig in die falsche Richtung: Hier gewinnt meist das funktionsstärkste System, nicht aber das am besten passende. Allerdings erkennen die führenden Mitarbeiter der Kunden diese und andere Probleme der Auswahlphase häufig nicht. Die sogenannte „ERP-Reife" der Unternehmen bestimmt sehr stark die Notwendigkeit einzelner Schritte im Auswahlprozess. Die ERP-Reife wird auf der Basis mehrerer Aspekte individuell ermittelt, u. a.:

- Gibt es eine (aktuelle) Prozessdokumentation und entsprechen die tatsächlichen Abläufe zumindest grob dieser Dokumentation?
- Wird schon prozessorientiert gearbeitet (abteilungsübergreifend und auf die Erzielung eines Werts für einen Kunden hin)?

- Besteht ein Bewusstsein für die Bedeutung des Stammdatenmanagements und existiert sogar ein Prozess, mit dem die Qualität der Stammdaten sichergestellt wird?
- Existieren Support- und Wartungsstrukturen, sowohl auf Anbieterseite als auch unternehmensintern (Key User)?
- Sind Erfahrungen mit ERP-Systemen vorhanden oder wird bisher überwiegend mit Tabellenkalkulationen und Textverarbeitungsprogrammen gearbeitet?
- Wie qualifiziert sind die beteiligten Mitarbeiter zu ERP-Systemen?
- Gibt es eine IT-Strategie, die ggf. sogar in die Unternehmensstrategie und das Geschäftsmodell eingebettet ist?

Jedes „Nein" auf eine dieser Fragen führt zu einem anderen Zuschnitt des Auswahlprozesses. Auch die Einschätzung der Kunden zu den präsentierten Systemen ist bei mangelnder Erfahrung mit ERP-Systemen weniger stark zu gewichten als bei ERP-erfahrenen Benutzern. So wird beispielsweise bei mangelnder Erfahrung die Usability eines ERP-Systems nicht sachlich beurteilt, sondern ausschließlich danach, wie sehr die präsentierten Oberflächen bekannten Office-Produkten ähneln. Solche Bewertungen sind kaum für das Treffen einer Auswahlentscheidung verwendbar.

Aus der Praxis: Nicht allen ist der Begriff des ERP-Systems geläufig

Am Rande eines ERP-Auswahlverfahrens erzählt der Geschäftsführer des suchenden Unternehmens beim Mittagessen, dass er gerade auch ein Buchhaltungssystem, ein CRM-System oder eine MES-Lösung gekauft habe. Weil nach seiner Meinung diese Systeme nichts mit der ERP-Auswahl zu tun hätten, hätte er auf den Rat der Berater verzichtet. Die dann offenstehenden Münder seiner Berater interpretiert der Geschäftsführer mit gesundem Appetit und nicht mit Fassungslosigkeit.

Allerdings müssen solche Aspekte natürlich in die Systemauswahl einbezogen werden. Für 70 Kunden wird kein getrenntes CRM-System benötigt, eine integrierte Buchhaltung liefert andere Berichte als eine getrennte und manchmal ist es gut, erst das ERP-Projekt abzuschließen, bevor auch noch ein MES eingeführt wird. Aus diesem Grund sind in der Sondierungsphase eines Auswahlprojekts die IT-Landschaft aufzunehmen und auch weitere geplante IT- und Prozessprojekte zu erkennen.

Gerade bei Unternehmen, die zum ersten Mal ein ERP-System auswählen, lassen sich kaum A-Anforderungen generieren, die zur Differenzierung von Anbietern geeignet sind. Weil noch keine ausgereiften Datenstrukturen oder Prozessabläufe existieren, kommen tatsächlich viele marktverfügbare ERP-Systeme für das suchende Unternehmen infrage. Es muss also neben den differenzierenden A-Anforderungen im Auswahlprojekt unbedingt weitere Kriterien geben, nach denen Anbieter differenziert werden können. Diese können sein:

- Auszeichnungen unabhängiger Gremien,
- unabhängige Informationen über den Anbieter, etwa in seriösen Fachmedien,
- veröffentlichte Anwenderberichte aus der gleichen Branche („Success Stories"),
- Präsenz der Anbieter in der Fachöffentlichkeit.

Gelegentlich kommt es zu Irritationen, weil dem Kunden des Auswahlberaters nicht genau präsent ist, welche Beraterleistungen er tatsächlich eingekauft hat. Insbesondere bei – an sich wünschenswerten – Festpreisangeboten neigen Führungskräfte des ERP-suchenden Unternehmens dazu, weitere Leistungen einzufordern, obwohl diese weder der Sicherstellung des Auswahlziels dienen noch derzeit erforderlich sind. Diese Irritationen müssen im Vorfeld durch ein eindeutiges Angebot, ggf. mit bereits vorher erkennbaren Erweiterungs- und Kürzungsoptionen, ausgeräumt werden.

Einer der wesentlichen Gründe, warum das Center for Enterprise Research an der Universität Potsdam und z. B. die Beratung Potsdam Consulting traditionelle Auswahlverfahren kritisch beurteilen, liegt in der mangelnden Vorbereitung der Anbieter auf Kundenpräsentationen. Obwohl die Beschreibungen der zu präsentierenden Szenarien bereits Antworten auf die wichtigste Vertriebsfrage liefern („Was ist dem Kunden besonders wichtig = Wo hat er derzeit die meisten Probleme"), bereiten sich einige ERP-Anbieter nur unzureichend auf die Kundenpräsentation vor. Offenbar ist den Anbietern nicht klar, dass ein schlechter Eindruck in einer Kundenpräsentation die Chancen, den Auftrag zu gewinnen, nahezu vollständig ruiniert. Woher soll der Kunde seinen Glauben beziehen, dass es im bezahlten Einführungsprojekt besser sein würde, wenn der Anbieter bereits jetzt erhebliche Schwierigkeiten hat, innerhalb von vierzehn Tagen eine dreistündige Präsentation vorzubereiten?

 Aus der Praxis: Die Schrotflintentaktik

Die im ERP-Vertrieb offenbar unausrottbare „Schrotflintentaktik", auf die manche ERP-Vertriebler dann zurückgreifen, macht es nur noch schlimmer. Originalzitat aus einer Präsentation vor Kunden: „Nein, wir haben den im Szenario erwähnten Variantenkonfigurator nicht vorbereitet, aber dafür haben wir ein schönes Kennzahlencockpit für die Buchhaltung, das ich Ihnen jetzt zeige."

Der mittelalterliche Pranger für ERP-Anbieter, die sich weigern, das Problem ihres Kunden zu verstehen, wäre hier hilfreich.

ERP-Auswahlverfahren werden in der Regel nicht aufgrund langfristiger strategischer Planungen durchgeführt, sondern weil der Schmerz aufgrund der unzureichenden Leistungen der gegenwärtig eingesetzten Systeme unerträglich geworden ist. Nachdem sich der Kunde – endlich – entschieden hat, ein neues ERP-System einzuführen, steht „nur noch" der Auswahlprozess zwischen ihm und der Erreichung seines Ziels. Daher kommt es vor, dass der Kunde das Auswahlverfahren unter erheblichen Zeitdruck setzt. Beliebte Vorwände für eine enge zeitliche Planung sind ein nahender Jahreswechsel oder eine bevorstehende Gesellschafterversammlung oder Beiratssitzung. Da dieser Zeitdruck die Qualität des Auswahlverfahrens gefährdet, müssen die Auswirkungen einer nur oberflächlich vorgenommenen ERP-Auswahl unbedingt deutlich gemacht werden. Ein guter Berater lässt sich nicht vom Kunden unter Zeitdruck setzen, zumal der Zeitbedarf in der Auswahlphase wesentlich vom Antwortverhalten der Anbieter beeinflusst wird.

Während Auswahlberater den Markt, die Systeme und (hoffentlich) deren Technologie gut kennen und diese Aspekte in die Auswahl einfließen lassen, basiert die Einschätzung des Kunden weitgehend auf seinem Bauchgefühl. Sympathische Vertriebler – vielleicht sogar der gleichen Mundart mächtig – und Startbildschirme, die sonnenbelichtete Birken zeigen, die sich im Wasser spiegeln, führen dazu, dass der Kunde seine Auswahlentscheidung nach anderen Kriterien trifft als der Berater. Ein Auswahlverfahren muss diese Differenzen deutlich machen, aber vor allem auch erklären, wie der Berater zu seiner Einschätzung gelangt ist.

6.3.2 Anforderungen an ein zeitgemäßes Auswahlverfahren für Business-Software

Wichtigstes Ziel des Auswahlverfahrens ist es, das „richtige", zum suchenden Kunden jetzt und in Zukunft passende System auszuwählen. Bestandteil dieses Ziels ist es auch, den „richtigen", ebenso passenden Anbieter auszusuchen. Gerade bei Systemhäusern, die Branchenlösungen auf der Basis von Sage, Microsoft oder SAP anbieten, ist dies ein wichtiges Teilziel, denn die Branchenkenntnisse der Systemhäuser unterscheiden sich erheblich.

Die Entscheidung über ein neues ERP-System muss auch wirtschaftliche Erwägungen mitberücksichtigen. Auswahlverfahren, die Betriebskosten oder den betriebswirtschaftlichen Nutzen eines neuen Systems nicht einbeziehen, enthalten dem Kunden wertvolle entscheidungsrelevante Informationen vor.

Bild 6.3 Ziele der ERP-Auswahl

Schon aus ethischen Überlegungen heraus dürfen Auswahlberater nur für den Kunden wertschöpfende Beratungstätigkeiten anbieten. Hier muss auch erwähnt werden, dass sich wie auch immer geartete gleichzeitige Vertragsverhältnisse mit den Anbietern im gleichen Projekt verbieten. Wer gleichzeitig von Kunde und Anbieter Geld nimmt, setzt sich selbst bei honorigsten Absichten dem Verdacht aus, nicht das Wohl des Kunden im Auge zu haben. Wir empfehlen daher, solche Kombinationen vertraglich auszuschließen. Wertschöpfend sind nur solche Beratungstätigkeiten, die die Unsicherheit der Auswahl reduzieren und die notwendigen Informationen erzeugen, die für eine sichere Auswahl erforderlich sind. Monatelange Modellierungen des Istzustands gehören – außer bei völlig fehlender ERP-Reife – nicht dazu. Viele Berater rechnen ihre Leistungen nach zeitlichem Aufwand ab. Braucht der Berater lange, verdient er mehr Geld. Das ist unethisch. Eine Auswahlberatung sollte daher zum Festpreis angeboten werden, nachdem das für den jeweiligen Kunden geeignete Vorgehen festgelegt wurde.

Der Auswahlprozess muss zügig durchgeführt werden, da sich sonst zwischen Festlegung der auswahlrelevanten Anforderungen und deren Umsetzung in einem neuen ERP-System zu viele Veränderungen bei Produktspektrum, Organisation und Prozessen ergeben könnten, die die Einführungsdauer verlängern und verteuern.

Wirtschaftlich ist ein Auswahlprozess, wenn er sich auf die wesentlichen Anforderungen des Kunden an das neue ERP-System beschränkt und nicht alle möglichen und wünschenswerten Analysen voranstellt. Dazu müssen vor allem die individuellen gegenwärtigen und zukünftigen Bedarfe des Kunden erkannt werden. Neben der Abfrage aller Führungskräfte und der Verwendung standardisierter Checklisten sind weitere Instrumente einzusetzen.

Eingangs wurde schon dargestellt, dass die Organisationen stark unterschiedliche Reifegrade in Bezug auf den Einsatz eines ERP-Systems aufweisen. Das Auswahlverfahren muss daher zwingend an den jeweiligen ERP-Reifegrad des Kunden angepasst werden. Erfahrene Berater nutzen dazu eine Checkliste, die eine schnelle Einordnung des Kunden in ein Reifegradmodell ermöglicht.

Um Anforderungen aufzunehmen, Bedenken zu erkennen und die Ergebnisse des Entscheidungsprozesses in der Organisation zu verankern, sind Führungskräfte und Key User unbedingt zu beteiligen. Die Beteiligung kann in Mitentscheidung, Mitwirkung oder Information bestehen, je nach gelebter Kultur im Anwenderunternehmen.

Es ist erforderlich, dass der Kunde das Auswahlergebnis und sein Zustandekommen nachvollziehen kann. Da es sich bei Auswahlverfahren um multikriterielle Mehrpersonenentscheidungen handelt, die im Fall einer Realisierung erhebliche Bindungswirkung für die Organisation entfalten, muss die Nachvollziehbarkeit gegeben sein.

Ein letztes Ziel sei noch genannt, das ein wenig abseits von den oben genannten Zielen steht. Auch wenn die Auswahlentscheidung zwischen Berater und Kunde getroffen wird, ist es sinnvoll, dass die beteiligten Anbieter ebenfalls Vertrauen in die Auswahlentscheidung haben. Daher sollten Anbieter umfassend über das gewählte Verfahren und ihre jeweilige Position darin informiert werden. Unbedingt zu vermeiden ist eine Anbieterauffassung „Wir machen bei Ihrer Ausschreibung gar nicht mit, da Sie uns sowieso nie vorschlagen", da dies das Spektrum in Frage kommender Anbieter zulasten des Kunden einschränkt.

6.3.3 Vorgehensmodell der ERP-Auswahl

Das auf den vorstehend beschriebenen Überlegungen basierende Auswahlverfahren von Potsdam Consulting und des Center for Enterprise Research an der Universität Potsdam ist in Bild 6.4 dargestellt.

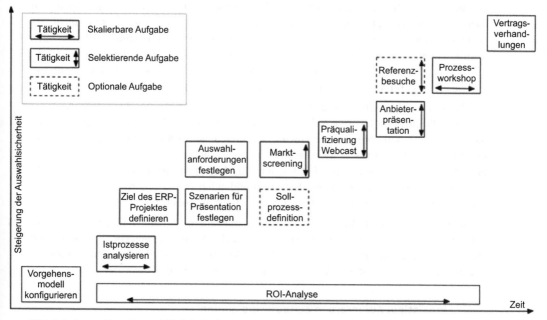

Bild 6.4 Auswahlverfahren (alle Schritte)

In einer der eigentlichen ERP-Auswahl vorgelagerten Phase wird das Vorgehensmodell an die Belange des jeweiligen Kunden angepasst. Dazu wird der ERP-Reifegrad des Kunden ermittelt, die Zielsetzung, die mit dem ERP-Projekt verbunden ist (z. B. problembasiert oder wachstumsorientiert). Es wird ermittelt, welches Prozessverständnis und welche Prozessdokumentation beim Kunden vorhanden sind. Schließlich werden die vorhandene IT-Architektur und andere derzeit laufende oder geplante IT/Prozessprojekte erhoben. Basierend darauf werden diejenigen Schritte vorgeschlagen, die angesichts der ERP-Reife des Kunden angemessen sind.

Als erster inhaltlicher Schritt erfolgt eine Analyse der wichtigsten wertschöpfenden Geschäftsprozesse beim Kunden. Je nach Unternehmensgröße und ERP-Reife kann dies in einem Workshop erfolgen, dem eine Aufnahme der wesentlichen Abläufe folgt.

Zu jedem Auswahlprozess gehört eine ROI-Analyse der betriebswirtschaftlichen Nutzeneffekte des neuen ERP-Systems [Gr10]. Diese kann – mit leicht anderer Zielstellung – zu verschiedenen Zeitpunkten durchgeführt werden. Ein erster möglicher Zeitpunkt wäre die Erhebung der Ist-Prozesse, um mögliche in der Anbieterpräsentation vorzuführende Szenarien auch nach ihrer wirtschaftlichen Bedeutung gewichten zu können.

Nach der Erhebung der Ist-Prozesse, ggf. ergänzt durch eine ROI-Analyse, kann eine Zieldefinition für das ERP-Projekt vorgeschlagen und abgestimmt werden. Bei Entscheidungen im Verlauf der Auswahlphase kann dann wieder auf diese Grundlage zurückgegriffen werden. Dies verhindert sogenannte „Moving Targets" mit einhergehender steigender Unzufriedenheit bei allen Beteiligten über den zunehmend schleppenden Projektverlauf.

Einer der wichtigsten Schritte im Auswahlprozess ist die Festlegung der auswahlrelevanten Anforderungen. Darunter sind diejenigen Anforderungen zu verstehen, die es gestatten, die

Eignung der ERP-Systeme differenziert für den vorliegenden Fall zu bewerten. Es geht nicht darum, alle überhaupt relevanten Anforderungen zu ermitteln, sondern nur solche, die geeignete von weniger geeigneten Systemen unterscheiden. Das umfasst Funktionen, Schnittstellen, Datenmodelle und Integrationswerkzeuge, etwa zur Datenintegration oder Prozessmodellierung. Dieser Schritt baut auf der Phase „Ist-Prozesse analysieren" auf, weil dort die auswahlrelevanten Aspekte ermittelt werden.

Das Marktscreening wird typischerweise durch die externen Berater durchgeführt, die an dieser Stelle ihre Markt- und Anbieterkenntnis einbringen. Gelegentlich beteiligen sich Anbieter an Ausschreibungen in Gebieten, auf denen sie noch wenig Erfahrungen haben, um dort vielleicht überraschend zu gewinnen. So versuchte ein Spezialist für die Prozessindustrie, ein qualifiziertes Angebot für den Maschinenbau abzugeben. Die erforderliche Entwicklungsleistung wollte er mit den Auszubildenden seines Unternehmens erbringen. Erfahrene Berater können solche Bewerbungen gleich aussondern.

Um speziell die für eine Auswahlentscheidung relevanten Datenmodelle und Funktionen beurteilen zu können, müssen nach der Festlegung der Anforderungen gemeinsam mit dem Kunden Präsentationsszenarien entwickelt werden, die es ermöglichen, in kurzer Zeit zu erkennen, welche Funktionen das System im Standard mitbringt.

Praxistipp: Auf internen Zeitaufwand achten

Effizienz bei den Präsentationen ist wichtig, weil ein Tag, an dem ca. zehn Fach- und Führungskräfte an einer ERP-Präsentation teilnehmen, ca. 5000 EUR interne Personalkosten verursacht. Wenn dann die Standardpräsentation des Anbieters gezeigt und der Standardfunktionsumfang vorgestellt wird, dann dient das nicht der Reduzierung der Unsicherheit bei der Auswahl.

Leider ist es so, dass Anbieter trotz der Entwicklung von knappen kundenspezifischen Szenarien unvorbereitet zur Präsentation beim Kunden erscheinen oder zumindest so wirken. In diesem Fall kann die Anbieterpräsentation nicht zur Erhöhung der Auswahlsicherheit beitragen. Beim Kunden wird wertvolle Zeit und Produktivität vergeudet. Übrigens vergeudet auch der Anbieter wertvolle Ressourcen; das scheint vielen Anbietern aber nicht so klar zu sein. Anstatt bei Zeitnot den Mut aufzubringen, abzusagen und einen gut vorbereiteten Termin zu vereinbaren, stürzen sich viele Anbieter in den vorzeitigen Heldentod auf offener Bühne. Aus diesem Grund ist es unumgänglich, eine zusätzliche Stufe der Qualifizierung durchzuführen, den Webcast mit dem Beraterteam. Unter nahezu realen Bedingungen wird vom Anbieter ein Dry-Run der für den Kunden vorgesehenen Funktionen anhand der vorbereiteten Szenarien durchgeführt. Dieses Vorgehen weist mehrere Vorteile auf. Zum einen können in der sachlichen Atmosphäre des Dry Run Fragen zum Kunden geklärt werden, ohne dass eine typische Vertriebssituation vorliegt. Zweitens kann eine weitere Präqualifizierung durchgeführt werden, indem nur die besten der per Webcast durchgesprochenen Systeme auch zur Kundenpräsentation eingeladen werden. Schließlich steigt die Qualität der tatsächlich beim Kunden durchgeführten Präsentationen deutlich, was auch die Abschlusswahrscheinlichkeit für den Anbieter erhöht.

Diejenigen Anbieter, die die Präqualifizierung erfolgreich durchlaufen haben, erhalten die Gelegenheit, vor ihrem potenziellen Kunden die verabredeten Szenarien zu präsentieren.

Kunde und Berater bewerten die Präsentation u. a. hinsichtlich Funktionalität, Branchenkompetenz und Usability. Diese Bewertungen bilden eine wichtige Grundlage für den Entscheidungsvorschlag. Daher erhält der Anbieter vorab das zur Bewertung verwendete Kriterienblatt, damit er die Schwerpunkte seiner Präsentation daran ausrichten kann.

Während funktionale und ergonomische Aspekte sehr gut in einer Anbieterpräsentation ermittelt werden können, ist das Verhalten des Anbieters im Einführungsprojekt und seine Leistung in Wartung und Support nur durch einen Besuch von Referenzkunden zu erfragen. Daher wird empfohlen, einen Besuch bei einigen Referenzkunden des bevorzugten Anbieters an die Anbieterpräsentationen anzuschließen. Potsdam Consulting hat zu diesem Zweck eine spezielle Checkliste für Referenzbesuche entwickelt.

ERP-unsichere Key-User müssen darin geschult werden, prozessorientiert zu denken und betriebliche Abläufe in einen gedanklichen Zusammenhang zum ERP-System zu bringen. Einige Universitätsinstitute wie das ERP-Labor des Center for Enterprise Research bieten dazu ihre anbieterunabhängige Unterstützung an.

Nach Anbieterpräsentation und Referenzkundenbesuch fehlt für eine Entscheidung noch die finanzielle Sicherheit. Angebote des Anbieters nach den Präsentationen haben typischerweise nur den Charakter von Richtangeboten, können also nicht zur detaillierten Budgetplanung verwendet werden. Daher empfehlen das Center for Enterprise Research und Potsdam Consulting, einen ersten Schritt zur Realisierung bereits vor Abschluss des endgültigen Vertrags zu gehen: in einem Prozessworkshop, der die Abbildung der Sollprozesse im ERP-System klärt und vor allem den Softwareanbieter in die Lage versetzt, ein verbindliches Festpreisangebot für den Projektaufwand abzugeben. Dieser Prozessworkshop sollte alle wesentlichen Geschäftsprozesse des Unternehmens durchlaufen und dokumentieren, ob eine Umsetzung im Standard des ERP-Anbieters oder mit Modifikationen am System erfolgen kann. Idealerweise nimmt der Softwareanbieter die Dokumentation der Workshop-Ergebnisse in einem vereinbarten Format (einfaches Prozessmodell mit Angabe der Rollen und Informationssystemfunktion) vor. Auch Möglichkeit und Aufwand der Anpassung der Benutzungsoberfläche (Masken, Belege, Workflows) können in diesen Workshops schon so weit geklärt werden, dass der Anbieter den entfallenden Aufwand ermitteln kann.

Ferner hilft der Workshop dabei, einen Terminplan für das Projekt aufzustellen, weil der zeitliche Anpassungsaufwand an Prozessen und Systemen festgestellt werden kann. Je nach ERP-Reife des Anwenderunternehmens kann es erforderlich sein, eine gewisse Zeit für das Denken in Prozessen einzuplanen. Einige Beratungsunternehmen führen dazu z. B. entsprechende Übungen im Entwurf durchgängiger Geschäftsprozesse mit den Key-Usern durch.

Als Ergebnis des Prozessworkshops kann ein Lastenheft erstellt werden, das die notwendigen Funktionen, Stammdaten und Belege beschreibt und zum Bestandteil des mit dem Anbieter auszuhandelnden Vertrags wird. Es ist empfehlenswert, das Lastenheft (anders als die Prozessbeschreibungen) nicht durch den Anbieter erstellen zu lassen, sondern durch das eigene Projektteam oder den Auswahlberater.

Als Ergebnis des Prozessworkshops erstellt der Anbieter ein Festpreisangebot, das zur Basis der sich anschließenden Vertragsverhandlungen gemacht wird. Nach erfolgreichem Abschluss der Verhandlungen kann die Implementierung des neuen Systems beginnen.

Digitale Transformation und geschäftsprozessorientierte Software

Wesentliche Treiber der Digitalisierung sind die Verfügbarkeit von zusätzlichen Daten, insbesondere durch IoT-Devices, Wearables u. a. [Gr18]. Zudem stehen heute bessere Algorithmen zur Verfügung, die durch Einsatz von analytischen Verfahren oder Deep-Learning aus den verfügbaren Daten Auswertungen mit höherem Aussagegehalt (Planung, Prognose, Optimierung etc.) generieren können [Gr13a]. Die Ergebnisse dieser Analysen und Verarbeitungsvorgänge stehen wiederum weltweit zur Verfügung.

Die zusätzliche Steigerung der Performance der eingesetzten Hardware ermöglicht eine deutlich schnellere Verarbeitung und damit eine wesentlich schnellere Nutzung von durch die IT berechneten Informationen. Als technische Treiber kommen insbesondere in Unternehmenskontexten softwareintensive, eingebettete Systeme (sogenannte Cyper-physische Systeme) in Frage, die über globale Netze und Dienste weltweit miteinander verbunden sind.

Diese Entwicklungen führen zu der Möglichkeit eines direkten Informationsaustausches, einer sehr hohen Awareness über das Verhalten aller Objekte in der realen Welt, einem unmittelbaren Zugriff auf diese Objekte, die gleichzeitig durch ihre Awareness und durch ihre große Softwareverarbeitungskapazität mit einem deutlich autonomeren Verhalten ausgerüstet werden können. Alle diese Maßnahmen führen darüber hinaus zu einer höheren Anpassungsfähigkeit an Turbulenzen der Umgebung [Gr16].

Prozessorientierte Software-Systeme bilden das Rückgrat der Informationsverarbeitung in Unternehmen und anderen Organisationen. Daher müssen die Veränderungen der Arbeitsorganisation, die zuvor aufgezeigt wurden, von den Systemen begleitet und nachvollzogen werden können.

- Für den Bereich der **Dematerialisierung** gehört es dazu, dass die Systeme zwingend einen digitalen Schatten für jedes Produkt, jede Kapazität und jede übrige Ressource verfügbar halten müssen, entweder selbst oder über geeignet definierte und ausgewählte Parallelsysteme, wie Produktlebenszyklusmanagement-Systeme.

- Im Bereich der **Destandardisierung** muss das System der Zukunft in der Lage sein, alle Instanzen aller Geschäftsobjekte zu allen Ebenen der Herstellung und allen Zeitpunkten individualisiert abbilden zu können. Hier sind solche Systeme zweifellos im Vorteil, die aufgrund der schon jetzt bestehenden branchenweiten Regulierungsanforderungen individualisierter Objekte durch Seriennummern unterscheiden können.

- Die **Delinearisierung** schließlich führt dazu, dass die Prozesse wesentlich intensiver mit dem ERP-System gekoppelt werden müssen, um für die Nachverfolgbarkeit entsprechende Informationen zu gewinnen. Daher müssen zukünftige Systeme Prozessmodelle aufweisen, die zur Laufzeit von den Nutzern individuell angepasst werden können bzw. die auf die von den Nutzern durchgeführten tatsächlichen Prozessschritte angemessen reagieren und diese angemessen aufzeichnen können.

- Die **Dehierarchisierung**, d. h. die Verlagerung von Entscheidungs- und Koordinationsfunktionen aus einem hierarchisch hochgestellten System in die Koordination und Kommunikation zwischen einzelnen Objekten des digitalen Unternehmens bedeutet, dass die analytischen Fähigkeiten der Systeme stärker ausgebaut werden müssen. Zukünftige Systeme müssen Monitoring-Funktionen, Prognose-, Simulations- und Optimierungsfunktionen beinhalten.

- Als Konsequenz der **Despezialisierung** ist vorzusehen, dass bisher von der IT durchgeführte Aufgaben zu den Benutzern und Key-Usern wandern, Aufgaben, die bisher Mitarbeiter durchgeführt haben, wandern zu den Führungskräften, neue Fähigkeiten müssen in das Unternehmen hineingeholt werden, um den Bedarf an neuen spezialisierten Aufgaben, wie beispielsweise Analytic, Pflege der Sicherheitsexperten, Pflege der Cloud-Infrastrukturen etc. zu ermöglichen.

■ 6.4 Best Practices bei der Einführung von geschäftsprozessorientierten Softwaresystemen

Während die Reduzierung der Auswahlsicherheit bei der Auswahl von Business Software das wesentliche Ziel darstellt, verfolgt die Einführung der neuen Lösung ein Zielbündel rund um die wirtschaftliche Abbildung der wertschöpfenden Geschäftsprozesse im neuen Softwaresystem. Dieser Beitrag beschreibt die einzelnen Aufgaben, die im Verlauf des Einführungsprozesses zu erfüllen sind, um eine erfolgreiche Systemeinführung sicherzustellen. Dabei wird ein bei der Einführung von ERP-Systemen vielfach praxiserprobtes Vorgehensmodell verfolgt.

Das generelle Vorgehen bei der ERP-Einführung entspricht der Darstellung in Bild 6.5.

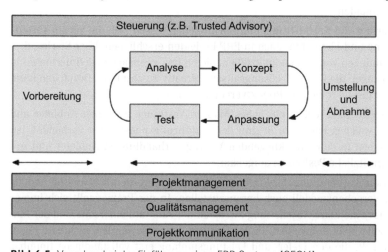

Bild 6.5 Vorgehen bei der Einführung eines ERP-Systems [GFG16]

Alle Anbieter von ERP-Systemen weisen Vorgehensmodelle auf, die jedoch typischerweise auf einem hohen Aggregationsniveau angelegt sind, also drei bis fünf Phasen mit jeweils drei bis zehn Aufgaben, die in jeder Phase zu erledigen sind, enthalten. Eine Anpassung dieser Vorgehensmodelle an die konkrete Unternehmens- oder Projektsituation ist in den meisten Modellen nicht enthalten. Ebenso werden nur wenige Projekte nach den Prinzipien der agilen Softwareentwicklung durchgeführt.

Die agile Vorgehensweise kommt im Bereich der Erstellung von Anwendungen immer häufiger zum Einsatz und erzielt sehr gute Erfolge. Weiterhin beeinflusst die Wahl des Vorgehensmodells generell Laufzeit und Aufwand sowie das im Projekt zu erreichende Ergebnis sehr weitgehend. Daher sollte, wenn die Voraussetzungen erfüllt sind, eine ERP-Einführung in Form einer agilen Einführung erfolgen. Eine an ERP-Projekte angepasste Vorgehensweise [Sc15] wird im Folgenden kurz skizziert.

Ein Problem in ERP-Projekten ist, dass vorschnell von Standardfunktionen abgewichen wird. Ein Product Owner, der Anpassungswünsche priorisiert und Gesamtbudgetverantwortung hat, kann hier ein wirkungsvoller Gegenpol sein. Die Aufgaben der Key-User sind durch Interessenkonflikte geprägt. Ein Unterstützer und Schlichter (Scrum Master), der das Projekt verteidigt, aber auch Konflikte löst, kann viel zur Effektivitätssteigerung beitragen. Beide Rollen würden nach einem herkömmlichen Projektverständnis dem Projektleiter zufallen. Nach dem Scrum-Ansatz kann der Product Owner jedoch nicht der Scrum Master sein. Damit ergeben sich interessante Ansätze für eine bessere Ausbalancierung bei Zielkonflikten.

Backlog und Sprints schaffen eine zusätzliche Struktur. ERP-Projekte sind zeitlich gut strukturiert, abhängige Aufgaben in unterschiedlichen Arbeitsbereichen werden jedoch sehr schlecht abgebildet. Durch Zusammenfassung von Aufgaben in Sprints lassen sich effiziente Verbindungen herstellen. In Verbindung mit einer Sprintdynamisierung lassen sich agile Projektstrukturen schaffen. Während Aufwandsschätzungen für die Tätigkeiten der Anwendungsentwickler die Regel sind, lassen Tätigkeiten der Key-User oft derartige Schätzungen vermissen. In Verbindung mit Burndown-Analysen können Verzögerungen deutlich früher erkannt werden. Zudem können realistische Arbeitspakete gebildet werden, die Frustration vermeiden.

Durch Dynamisierung von Sprint-Teams und Sprint-Zeiten lassen sich die Scrum-Vorteile Eigenverantwortung und Flexibilität auch in ERP-Projekten erschließen. User Stories, d. h. konkrete Beschreibungen von Anwendungsfällen, bieten im Gegensatz zu definierten funktionalen Anforderungen die Freiheit, Lösungsansätze kreativ zu gestalten. Durch den iterativen Ansatz bleibt diese Freiheit im Projektverlauf bestehen.

Diese Vorgehensweise setzt jedoch ein hohes Maß an Vertrauen zwischen Anbieter und Anwender voraus, welches häufig zu Beginn der Einführungsphase nicht vorhanden ist. Möglicherweise haben in den zurückliegenden Vertragsverhandlungen Anbieter und Anwender eher gegensätzliche Positionen aufgebaut.

Grundsätzlich ist die Vorbereitung der Einführungsphase außerordentlich wichtig und als eigene Phase im Vorgehensmodell auch herauszustellen. In der Praxis stellt sich immer wieder heraus, dass eine klare Abschottung zwischen der Auswahl einerseits und der Einführung andererseits nicht sinnvoll ist. In der Einführungsphase werden wichtige Fragen abschließend geregelt, die den Liefer- und Leistungsumfang erst vollständig bestimmbar machen. Dies sind Aspekte, die eigentlich bereits in den Projektvertrag gehören. Auch kann die Auswahlsicherheit erst maximiert werden, wenn diese Informationen bekannt sind, die am Ende der Auswahlphase noch nicht unbedingt vorliegen. Daher ist es ratsam, keine strikte Trennung zwischen Auswahl und Einführung vorzunehmen und insbesondere darauf zu achten, dass bei Auswahlprojekten nur solche Berater herangezogen werden, die in der Lage sind, kompetent und mithilfe von abgesicherten Methoden auch die Einführungsphase angemessen zu begleiten [Gr16].

Die Vorbereitung der Einführung

Die Vorbereitungsphase zwischen Auswahl und dem tatsächlichen Beginn der Einführung ist extrem wichtig. In dieser Phase werden wesentliche Entscheidungen getroffen, die Aufwand, Ergebnis und Zeitbedarf für die nachfolgende Einführungsphase erheblich beeinflussen. Dazu seien im Folgenden nur einige Beispiele genannt.

Vor Beginn einer ERP-Einführung müssen Architekturfragen geklärt werden. In vielen Fällen werden nicht alle vorhandenen Standardsoftwaresysteme oder Individualentwicklungen gleichzeitig abgelöst, sondern einzelne Systeme, die vielleicht erst in den letzten Jahren angeschafft wurden, bleiben bestehen; andere bleiben zunächst bestehen, vielleicht bis zur zweiten oder dritten Phase. Daher ist der Ablösereihenfolge und auch der Notwendigkeit der Ablösung von vorhandenen Systemen große Bedeutung beizumessen. Weiter ist bei strittigen Fragen eine sorgfältige Abwägung vorzunehmen, in welchem betrieblichen Anwendungssystem welche Funktionalität oder welche Stammdatenhaltung angesiedelt werden soll. Häufig existieren sowohl ERP-Kundenstammdaten als auch CRM-Kundenstammdaten. Hier ist nicht nur eine Integrationsmethode (z. B. führendes System) festzulegen, sondern auch zu entscheiden (auf der Basis wirtschaftlicher Argumente), ob überhaupt zwei verschiedene Systeme eingesetzt werden müssen. Schließlich kommt dem Standort für das Startprojekt eine besondere Rolle zu, insbesondere in internationalen Settings oder in Unternehmensgruppen, in denen prinzipiell eine Auswahlmöglichkeit besteht, welches Unternehmen zuerst umgestellt wird. Abschließend ist die Festlegung der Projektorganisation eine wichtige Entscheidung. Neben der Aufteilung von Verantwortlichkeiten sollte zwingend ein Kommunikationsplan erarbeitet werden. Externe und insbesondere die internen Ressourcen müssen entsprechend des Projektplans reserviert werden.

Vorgehensmodell zur ERP-Einführung

Das praxiserprobte Vorgehensmodell der ERP-Einführung ist in Bild 6.5 dargestellt. Es besteht im Prinzip aus einem Kreislauf zwischen Analyse, Konzeption, Anpassung und Test, der je nach Wahl für eine agile oder klassische, lineare Einführung einmal oder mehrmals durchlaufen werden kann. Im agilen Konzept wäre das ein Sprint. Diese Abschnitte liegen zwischen der zuvor genannten wichtigen Vorbereitungsphase und der Umstellungs- bzw. Abnahmephase nach Abschluss eines Teilprojekts, um einen nutzbaren Status des ERP-Systems zu erreichen. Über- bzw. unterlagert werden diese Schritte von drei wesentlichen Querschnittsaufgaben: dem Projektmanagement, dem Qualitätsmanagement und der Projektkommunikation, während als Projektsteuerung, wie sie auch im PRINCE-Vorgehen definiert ist, ein Trusted Advisory dringend empfohlen ist, um schwerwiegenden Konflikten bei der ERP-Einführung vorzubeugen.

Dieses Vorgehensmodell kann bei Einführung eines ERP-Systems in mehreren Unternehmensteilen mehrfach durchlaufen werden, wobei der Umfang der einzelnen Phasen zeitlich und vom notwendigen Aufwand her stark variieren kann. Die horizontalen Pfeile sollen verdeutlichen, dass hier ein Tailoring des Modells auf den projektspezifischen Umfang erfolgen muss. Die konkreten Inhalte einer Phase sind dabei von verschiedenen Kriterien abhängig. So ergeben sich bereits bei unterschiedlicher Unternehmensgröße, sehr unterschiedliche Anforderungen an die einzelnen Inhalte einer Phase. So wird z. B. die Einführung eines ERP-Systems an einem Auslandsstandort deutlich schneller verlaufen und eine geringere Vorbereitungsphase erfordern als die Ersteinführung am Heimatstandort des Unternehmens.

6.4.1 Risikoanalyse

In der Vorbereitungsphase eines Projekts ist eine systematische Abschätzung möglicher Risiken sinnvoll, um im späteren – wesentlich zeitkritischeren – Verlauf des Projekts auf Überraschungen durch Risiken besser eingestellt zu sein. Dabei sollten folgende Risiken betrachtet werden:

Organisatorische Risiken beziehen sich auf die mit der ERP-Einführung einhergehenden Regelungen zur Aufbau- bzw. Ablauforganisation. Fehlende Mitarbeiterkapazität, die für die inhaltliche oder organisatorische Betreuung eines neuen ERP-Systems zwingend erforderlich ist, stellt z. B. ein erhebliches organisatorisches Risiko dar.

Technische Risiken liegen vor, wenn auf noch nicht erprobte und für den konkreten Anwendungsfall als geeignet erkannte Techniken gesetzt wird. So kann ein technisches Risiko z. B. dadurch entstehen, dass eine zu große Anzahl von Artikeldaten mit einem dafür technisch kaum geeigneten System bewältigt werden soll.

Terminliche Risiken beziehen sich auf die Gefahr, dass ein planerisch festgelegter Zielerreichungstermin überschritten wird. Notwendige Individualanpassungen eines ERP-Systems stellen meist ein terminliches Risiko dar, insbesondere wenn die notwendige Zeit für Integrationstests nicht berücksichtigt wird.

Kapazitive Risiken im Projekt entstehen, wenn der abzuarbeitende Arbeitsumfang und die dafür zur Verfügung stehenden personellen Ressourcen auseinanderklaffen. Kapazitive Risiken entstehen auch dann, wenn das für das ERP-Projekt zur Verfügung stehende Personal über die gesamte Projektlaufzeit zu mehr als 80 % bereits mit geplanten Tätigkeiten belegt ist, da für ungeplante Aufgaben und persönliche Verteilzeiten nicht mehr ausreichend Spielraum verbleibt.

Kosten/Nutzen-Risiken liegen vor, wenn der Erfolg eines Projekts zweifelhaft ist, ohne dass Möglichkeiten zur Beeinflussung der mit dem Projekt verbundenen Kosten bestehen.

Psychologische Risiken entstehen aus dem Verhalten und aus der Einstellung der Benutzer des Systems. So kann mangelnde Akzeptanz der Benutzer die mit dem Produktivstart verbundenen Erwartungen nahezu vollständig torpedieren, wenn das notwendige Maß an Aufgeschlossenheit fehlt.

Die Erfahrung zeigt, dass es zu Projektbeginn bei ERP-Projekten häufig zu Problemen kommt, die den Start des Projekts behindern oder verzögern. Solche Probleme sind z. B.:

- Der Anfangstermin des Projekts wird nach hinten verschoben, der Endtermin (Produktivstart) bleibt jedoch bestehen. Die zur Verfügung stehende Zeitspanne verringert sich.
- Es bilden sich – offen oder verdeckt – Fronten gegen das Projekt.
- Es werden Zweifel an der fachlichen oder persönlichen Kompetenz des Projektleiters geäußert.
- Mit dem Verweis auf andere, negativ verlaufene Projekte wird ein mögliches Scheitern dieses Projekts antizipiert.
- Es kommt zu Spekulationen bzw. zur Bildung von Gerüchten bezüglich der Auswirkungen des Projekts. Zum Beispiel wird der Verlust von Arbeitsplätzen befürchtet.
- Es existiert eine zu hohe Erwartungshaltung an die mit dem Projekt verbundenen Ergebnisse.

Um die Auswirkungen solcher Probleme zu begrenzen, wird empfohlen, eine Projektdurchführungsstrategie [2, 3] zu planen und entsprechende Maßnahmen, etwa Situationsanalyse, Betroffenheitsanalyse und Beteiligungsplanung umzusetzen.

6.4.2 Überprüfung der Projektorganisation

Während in der Auswahlphase eine nebenamtliche Betreuung des ERP-Projekts ausreichte, muss nun die Projektorganisation professionalisiert werden. Je nach Größe des Unternehmens sind dazu mehrere Mitarbeiter hauptamtlich für die Mitarbeit im Projektteam abzustellen.

Der Einsatz externer Dienstleister bietet sich an, wenn im Unternehmen selbst die notwendigen Kompetenzen oder Kapazitäten nicht verfügbar sind. Externe Dienstleister können als Berater, Projektleiter oder Projektsteuerer eingesetzt werden. Als Projektleiter vertreten sie das Unternehmen nach innen (gegenüber den Mitarbeitern) und nach außen (gegenüber dem Softwarelieferanten und ggf. weiteren Zulieferern).

Unabhängig von der zeitlichen Freistellung von Mitarbeitern ist in jedem Fall ein internes Projektteam zu bilden, das mindestens aus Vertretern der von der Systemeinführung betroffenen Fachabteilungen (Key-Usern) und der IT-Abteilung besteht. Zudem muss ein Lenkungsgremium eingerichtet werden, dem neben dem Projektleiter Vertreter der Unternehmensleitung und der Projektleiter des ERP-Anbieters angehören. Projektdokumentation und Qualitätssicherung sind Aufgabe der externen Projektsteuerung, die ebenfalls in das Lenkungsgremium entsandt wird.

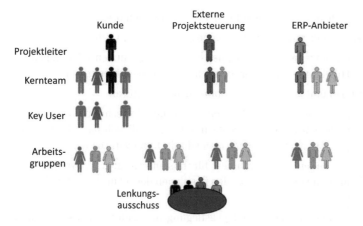

Bild 6.6 Beispiel einer Projektorganisation [Quelle: Potsdam Consulting]

6.4.3 Aufgaben des Projektleiters

Dem Projektleiter kommt eine besondere Rolle zu. Er muss sich fachlich in den Prozessen auskennen, zudem für das notwendige Veränderungsmanagement mit einer gewissen Überzeugungsfähigkeit ausgerüstet sein. Externe Projektleiter können meist nicht beide Anforderungen abdecken. In den weiteren Verantwortungsbereich des Projektleiters fallen folgende Aufgaben:

- Integrationsmanagement: Koordination der richtigen Funktionsweise aller Bestandteile des Projekts
- Geltungsbereichsmanagement: Sicherstellung genau der notwendigen Projektarbeiten
- Zeitmanagement: Sicherstellung des termingerechten Projektablaufs
- Kostenmanagement: Sicherstellung der Einhaltung des vorgegebenen Budgetrahmens
- Qualitätsmanagement: Das neue ERP-System soll die geplanten Anforderungen erfüllen.
- Human Resource Management: Personaleinsatzplanung und Personalführung
- Kommunikationsmanagement: Sicherstellung des Projektinformationswesens
- Risikomanagement: Identifikation und Analyse von Risiken sowie Ergreifen von Maßnahmen gegen Risiken
- Beschaffungsmanagement von Waren und Dienstleistungen

6.4.4 Einstellen der Geschäftsprozessparameter

Zu den in diesem Arbeitsschritt notwendigen Einstellungen gehören u. a.:
- Währungen, Betriebskalender mit Feiertagen, landesspezifische Einstellungen
- Festlegung der von den einzelnen Unternehmensbereichen genutzten oder geplanten Nummernkreise für Artikel, Kunden, Lieferanten, Organisationseinheiten, Belege etc.
- Festlegungen zum Aufbau und zur Pflege von Stammdatenstrukturen
- Eingabe der im System verwendeten Maßeinheiten und der Umrechnungsvorschriften zwischen Maßeinheiten. So wird bei der Blechbearbeitung Stahlblech nach Tonnen eingekauft, aber in der Fertigung nach Millimetern angefordert und verarbeitet.
- Festlegung der einzusetzenden Kontenrahmen für Kostenrechnung, Controlling und Buchhaltung sowie Zuordnung der Konten zu den Positionen der Bilanz bzw. der Gewinn- und Verlustrechnung.

Ebenfalls in diesen Aufgabenbereich gehören die Festlegung von Schnittstellenspezifikationen zu anderen Anwendungssystemen und die organisatorische Einbettung dieser Schnittstellen (z. B. wer überspielt die Rechnungsdaten in die Buchhaltung?).

Aus der Praxis: Wie viel Customizing ist zu tun?

Der Umfang der einzustellenden Parameter bewegt sich zwischen einigen Dutzend bei funktionsspezifischer Software über einige 100 bei kleineren ERP-Systemen bis hin zu mehreren 1000 bei unternehmensweit eingesetzten Systemen wie SAP ERP.

Bei der Parameterfestlegung werden Konfigurationsfehler begangen, die teilweise erhebliche Auswirkungen haben können [DMHH09]. Eine aufgabenwidrige Parameterverwendung liegt vor, wenn ein bestimmtes Konfigurationsziel mit der falschen Stellgröße verfolgt wird. So ist z. B. bei der Einstellung von Dispositionsparametern zwischen dem nur auf die Mindestbestellgröße wirkenden Parameter minimale Losgröße und dem auf alle Bestellmengen wirkenden Rundungswert zu unterscheiden, der alle Bestellmengen auf ein Vielfaches seines Betrags aufrundet. Wirksame Parameter werden nicht beachtet, wenn z. B. auf das Setzen eines Sicherheitsbestands verzichtet wird. Ein zwangsweises Außerkraftsetzen von Parameterwirkungen erfolgt etwa, wenn durch Wahl des Losgrößenverfahrens „Feste Bestellmenge" der oben beschriebene Rundungswert durch das Losgrößenverfahren ignoriert wird und stattdessen ein oder mehrere Lose mit der „festen" Menge erzeugt werden.

Während des Projektablaufs sind über die inhaltlichen Fehler bei der Parametereinstellung hinaus folgende Probleme zu erkennen:

- Hoher Termindruck insbesondere bei „Big-Bang-Projekten", die alle Module gleichzeitig in Betrieb nehmen, führt zu Zeitmangel bei der Parametereinstellung und damit auch zu mangelnder Sorgfalt. Statt individuell ermittelter passender Parameterwerte werden Initialwerte oder Defaultwerte belassen, deren Auswirkungen nicht überprüft werden.
- Fehlendes Controlling des betriebswirtschaftlichen Erfolgs des neuen Systems, insbesondere des Einflusses auf wirtschaftliche Größen wie Kapitalbindung oder Dispositionsmängel und deren Auswirkungen.
- Die ungeprüfte Parameterübernahme aus Altsystemen kann dann zu Problemen führen, wenn unterschiedliche, auf diesen Parametern basierende Verfahren genutzt werden. In diesem Fall ist die Parameterübernahme nicht sinnvoll.
- Auch bei der Parameterübernahme aus ähnlichen Unternehmen ist zu berücksichtigen, ob der mit der jeweiligen Parametereinstellung intendierte Zweck nicht ein anderer ist.

6.4.5 Prototypphase

Ziel dieser Phase ist es, die zuvor eingestellten Parameter des ERP-Systems unter realitätsnahen Bedingungen zu testen. Dazu ist als vorbereitender Schritt die Übernahme der Stammdaten aus den Altsystemen erforderlich. Je nach Vorliegen der bisher genutzten Stammdaten sind unterschiedliche Möglichkeiten einer Altdatenübernahme zu unterscheiden. Liegen die Daten in Form von proprietären Datenstrukturen vor, ist es zumeist nicht möglich, eine entsprechende Exportroutine zur Verfügung zu stellen, die alle Daten unter Beachtung der vorgesehenen Relationen des in der neuen Standardsoftware verwendeten Datenmodells exportiert. Daher besteht nur die Möglichkeit, Stammdatenlisten in ASCII-Dateien zu übertragen.

Wenn auch diese Möglichkeit nicht zur Verfügung steht, müssen die Daten ausgedruckt und manuell in das neue System übertragen werden. Der Nachteil des großen Aufwands ist jedoch mit zwei erheblichen Vorteilen verbunden:

Zum einen kann bei der Neuerfassung zwischen zu übertragenden und nicht zu übertragenden Daten entschieden werden. Artikel, die nicht mehr im Programm sind, oder Kunden, die seit mehreren Jahren nichts mehr bestellt haben oder deren Firma nicht mehr existiert, werden nur so identifiziert.

Zum anderen sind bei der manuellen Neueingabe alle Gültigkeitsüberprüfungen des neuen Systems aktiv. Ungültige Postleitzahlen oder falsche Verknüpfungen zwischen Firma und Ansprechpartner werden unter Umständen bei einem automatischen Import in die entsprechende Tabelle nicht erkannt.

6.4.6 Parametertest

Zur Prototypphase gehört die Überprüfung, ob die eingestellten Berechtigungen korrekt die gewollte organisatorische Aufgabenverteilung wiedergeben. Alle Ausdrucke des Systems, sowohl die intern verwendeten Belege und Berichte als auch die im Geschäftsverkehr verwendeten Briefe müssen auf formale und inhaltliche Richtigkeit überprüft werden.

Zumeist ergibt sich in der Prototypphase auch die Notwendigkeit weiterer Berichte. Über deren Realisierung sollte zügig entschieden werden, um einen geplanten Produktivstarttermin nicht zu gefährden.

Ein weiteres Ziel der Prototypphase liegt darin, weitere Mitarbeiter an die Bedienung des Systems heranzuführen. Hierzu sind entsprechende Schulungen vorzubereiten und durchzuführen.

Wichtig ist, dass die Schulungen nicht nur aus Folienvorträgen bestehen, sondern den Schwerpunkt auf die direkte Vermittlung von Kenntnissen am neuen ERP-System legen. Dies kann erreicht werden, indem einzelne Abschnitte der Geschäftsprozesse, die das neue System unterstützen sollen, mit Beispieldaten direkt am System geübt werden. Daher sollte jedem Teilnehmer der Schulung ein eigener Rechner mit installiertem ERP-System zur Verfügung stehen. Die Schulungen sind zeitnah zum Produktivstart durchzuführen, damit der erreichte Kenntnisstand nicht wieder in Vergessenheit gerät. Regelmäßige Wiederholungen unter allmählicher Erweiterung des Stoffs sind empfehlenswert.

Spätestens in der Prototypphase sind auch Lasttests der Software durchzuführen, um zu erkennen, ob die zu Beginn gewählte Dimension der Hardware ausreichend war. Ansonsten besteht die Gefahr, dass sich Performance-Probleme häufig erst bei Lastbetrieb herausstellen. Daher ist es außerordentlich empfehlenswert, diese Lasttests bereits in der Prototypphase durchzuführen. Im Produktivbetrieb des neuen Systems gefährdet eine unzureichende Performance unter Umständen die mit der Einführung der neuen Standardsoftware verbundenen Ziele. Wenn z. B. Änderungen des Auftragsnetzwerks (Net Change) nicht schnell genug durchgeführt werden können, ist eine genaue Lieferfähigkeitszusage nicht mehr möglich. Wenn nicht alle pro Tag eintreffenden Bestellungen am selben Tag bearbeitet werden können, ist ebenfalls die Konkurrenzfähigkeit des Unternehmens nicht mehr sichergestellt, da sich die Auslieferung bestellter Aufträge verzögert.

6.4.7 Umstellungsstrategien

Nachdem in der vorangegangenen Phase die für den reibungslosen Betrieb des ERP-Systems erforderlichen Parameter eingestellt wurden, muss sich das neue System nun in einem begrenzten Probebetrieb in der Praxis bewähren. Je nach Umstellungsstrategie stehen für diesen begrenzten Probebetrieb verschiedene Optionen zur Auswahl [Gr14]:

Aufteilung nach Geschäftsobjekten: Bei der Aufteilung nach Geschäftsobjekten wird ein ausgewählter Teil der Kunden, Artikel, Projekte etc. mit dem neuen System bearbeitet, während die übrigen Geschäftsobjekte weiterhin mit dem alten System bearbeitet werden. Vorteil dieser Aufteilung ist die Möglichkeit, die vorgenommenen Einstellungen am realen Geschäftsobjekt testen zu können. Nachteilig bei dieser Variante ist jedoch, dass zur Sicherstellung der Datenintegrität im bisher verwendeten System Doppeleingaben erfolgen müssen. Daher kann der Zeitraum einer Aufteilung nach Geschäftsobjekten mit einer parallelen Bedienung beider Systeme wegen der daraus resultierenden höheren Belastung der Mitarbeiter nur kurz, d. h. im Wochenbereich, sein. Das in dieser kurzen Zeit durchzuführende Testprogramm muss daher sorgfältig geplant werden.

Aufteilung nach Funktionen: Bei der Aufteilung nach Funktionen oder Programmmodulen werden nach und nach fertig angepasste Module des neuen Systems in den Produktivbetrieb überführt. Für jedes Modul oder jeden Funktionsblock findet somit eine stichtagsbezogene Ablösung der alten Systemfunktionalität durch ein Modul des neuen ERP-Systems statt. Dieses Vorgehen setzt die Aufteilbarkeit des Funktionsumfangs zwischen alten und neuen Systemen voraus. Je nach Integrationsgrad sind aber unter Umständen zahlreiche Schnittstellen des abgelösten alten Systems zu anderen Altsystemen für das neue System zu schaffen, solange die verbliebenen Altsysteme noch weiter betrieben werden. Zudem ist angesichts der hohen Integrationsdichte umfassender ERP-Systeme eine Herauslösung einzelner Module zumindest schwierig.

Nachteilig ist darüber hinaus, dass der Zeitraum der Umstellung sehr lang wird und die betroffenen Funktionen mit beiden Systemen arbeiten müssen. Auch der zweifache Ressourcenbedarf wird meist als nachteilig an dieser Lösung angesehen. In der Praxis kommt als Problem hinzu, dass bestimmte betriebswirtschaftliche Aufgaben, etwa das Anlegen eines neuen Projekts, Auftrags oder Kunden, wahlweise im alten oder im neuen System vorgenommen werden können, wenn diese Möglichkeit nicht im alten System ausdrücklich gesperrt werden kann (und dies auch tatsächlich durchgeführt wurde). Durch Fehlbedienungen dieser Art entsteht zusätzlicher Aufwand bei der Datenintegration und konsolidierung im neuen System.

Vollständige Ablösung des alten Systems: Bei der als „Big Bang" bezeichneten vollständigen Ablösung eines oder mehrerer Altsysteme durch das neue ERP-System werden zu einem Stichtag alle Geschäftsprozesse auf das neue System umgestellt. Diese Lösung vermeidet die Implementierung nur vorübergehender Schnittstellen zu Altsystemen und verkürzt den Zeitraum der Umstellung erheblich. Sie stellt jedoch ein hohes Risiko dar, weil unter Umständen bei Problemen kein mit aktuellen Daten versehenes Altsystem mehr zur Verfügung steht und die betroffenen Geschäftsprozesse unmittelbar beeinträchtigt werden. Der „Big Bang" stellt daher höchste Anforderungen an die Qualität der vorbereitenden Maßnahmen.

6.4.8 Zur Notwendigkeit einer externen Projektsteuerung

Die Einführung eines neuen ERP-Systems lässt sich mit einer Operation am offenen Herzen vergleichen. Nur wenige nehmen allerdings eine Herzoperation selbst vor! Bei der Einführung von ERP-Systemen kommt es jedoch immer wieder vor, dass der noch zur Markterkundung unbedingt erforderliche Berater nach Aussprechen seiner Empfehlung wieder verabschiedet wird mit dem Argument, den Rest kriege man auch allein hin. Der Autor dieses Beitrags kennt nur sehr wenige Unternehmen mit überaus großer ERP-Reife, die tatsächlich eine ERP-Einführung allein mit dem liefernden Softwarehaus erfolgreich gestaltet haben. Den meisten anderen Unternehmen fehlt es an den notwendigen personellen Ressourcen und dem notwendigen Wissen zur Optimierung von Geschäftsprozessen sowie über die Gepflogenheiten der ERP-Branche. Die Notwendigkeit einer externen Projektsteuerung liegt dann auf der Hand, wenn folgende Merkmale erkennbar sind:

- Der Zeitplan für die Einführung ist im Rückstand.
- Der Anbieter hält Qualitätsversprechen nicht ein.
- Die Funktionalität erscheint schwächer als ursprünglich erwartet.
- Anbieter und Kunde können sich nur schwer koordinieren.
- Ein deutlich höherer Projektaufwand ist zu erwarten.
- Die internen Kapazitäten sind ausgelastet.
- Mitarbeiter des Anbieters verfügen (noch) nicht über die erwarteten Fähigkeiten.
- Das Management des Kunden ist mit anderen Aufgaben ausgelastet.

Aufgabe der externen Projektsteuerung ist es, Zeit, Qualität und Projektkosten zu überwachen sowie zwischen Anbieter und Kunde zu vermitteln. Dazu gehört es, vorzuschlagen, was im Lenkungsausschuss entschieden werden muss, zu eskalieren, wenn der Anbieter nicht liefert, und zu besänftigen, wenn der Kunde Unmögliches fordert.

Im Rahmen der Zeitplanung drängt die externe Projektsteuerung auf Termineinhaltung, erinnert an bevorstehende Termine und fordert Ressourcen bei Anbieter und Kunde an. Vorschläge des Anbieters, welche Ressourcen er in das Projekt einbringen will, werden überprüft. Kommt es zu Terminverschiebungen, werden die Gründe validiert und dem Anbieter/Kunden zugeordnet. Zudem werden Auswirkungen von Änderungswünschen auf den Zeitplan aufgezeigt.

Ebenfalls von hoher Bedeutung für den Einführungserfolg ist das Qualitätsmanagement. Hier nimmt die externe Projektsteuerung Arbeitspakete nach Prüfung ab, beachtet Validierungsanforderungen, beurteilt Fachkonzepte, Schulungsmaßnahmen und deren Ergebnisse, die Dokumentation, Testverfahren und Testergebnisse sowie den jeweiligen Zielerreichungsgrad. Sie schätzt die Systemperformance ein und fordert die notwendige Datenqualität.

Schließlich trägt die externe Projektsteuerung auch zur Kostendisziplin bei: Sie berechnet die Auswirkungen von Änderungen auf die Projektkosten, überprüft die Anbieterrechnungen und bestreitet nicht geleisteten Anbieteraufwand. Sie stellt sicher, dass abgerechnete Leistungen laut Vertrag auch erbracht wurden, und bewertet Erweiterungsangebote. So wird sichergestellt, dass nicht versehentlich seitens des Anbieters zu hohe Kosten geltend gemacht und mangels Überblick des Kunden auch gezahlt werden.

6.4 Best Practices bei der Einführung von geschäftsprozessorientierten Softwaresystemen

- Zeit, Qualität und Projektkosten überwachen
- Vermitteln
- Vorschlagen, was im Lenkungsausschuss entschieden werden muss
- Eskalieren, wenn der Anbieter nicht liefert
- Besänftigen, wenn der Kunde Unmögliches fordert

Bild 6.7 Aufgaben der externen Projektsteuerung (Quelle: Potsdam Consulting)

Praxistipp: Externe Hilfe ist stets sinnvoll

Allein die direkt gesparten Kosten des Anbieters rechtfertigen schon eine Einschaltung einer externen Projektsteuerung. Wenn vor Beginn des ERP-Projekts eine ROI-Analyse [Gr162] durchgeführt wurde, kann auch der Wert der Zeiteinhaltung bemessen werden. Ein halbes Jahr Projektverzögerung führt in jedem Fall dazu, dass der erkannte Produktivitätsverlust anhält. Dieser kann schon 25% des externen Projektvolumens ausmachen. Das Qualitätsmanagement schließlich beugt zu spät entdeckten Fehlern vor und senkt somit Kosten unmittelbar vor oder während des Produktivstarts.

Insgesamt kann daher eine externe Projektsteuerung für die ERP-Einführung nur empfohlen werden.

6.4.9 Betriebsformen für Business-Software

Die Diskussion um Cloud Computing hat die Frage der richtigen Betriebsform für ein ERP-System in den Fokus gestellt. Bisher waren entweder ein Betrieb der Business-Software durch die eigene IT im Haus („on premise") oder das Hosting bei einem entsprechend dafür qualifizierten Anbieter möglich. Die wachsende Verfügbarkeit von Cloud-ERP-Angeboten erhöht nun den Spielraum für Veränderungen. Cloud Computing stellt ein Modell für die Verfügbarmachung eines einfachen Netzwerkzugangs zu einem geteilten Pool konfigurierbarer Ressourcen (z.B. Netzwerke, Server, Speicher, Anwendungen und Dienstleistungen). Diese Ressourcen können sehr schnell zur Verfügung gestellt und freigegeben werden und benötigen dazu nur minimale Managementanstrengungen oder Interaktionen mit dem Provider der Dienstleistungen.

Fünf Aspekte unterscheidet ein Cloud-Computing-Angebot von einfachen Hosting-Angeboten oder anderen Fremdbezügen von IT-Leistungen. Neben dem On-demand-Selbstbedienungszugangs, der, ohne menschliche Interaktion zu beanspruchen, bei plötzlich auftretendem Bedarf statt 100 Pageviews nun 10 000 Pageviews ausliefern kann, gehört ein breitbandiger Netzwerkzugang über beliebige Browser zum Cloud Computing. Die Verfügbarmachung über lediglich einen Browser, womöglich auch noch mit proprietären Plug-ins, ist dem Cloud-Gedanken abträglich. Die Ressourcen in der Cloud werden vom Anbieter gepoolt, wobei in der Regel Multi-Tenancy-Modelle verfolgt werden, bei denen einige Ressourcenbestandteile dediziert einzelnen Anwendern zur Verfügung gestellt werden, während andere gemeinsam genutzt werden. Ein wesentliches Merkmal von Cloud Computing ist die schnelle Elastizität der Cloud, die ein Erhöhen oder Reduzieren der benötigten Ressourcen in sehr kurzer Zeit ermöglicht. Ebenso gehört zum Cloud Computing die Messung der Verfügbarkeit und Inanspruchnahme des Service. Die großen Softwareanbieter und darüber hinaus viele weitere Anbieter stellen Dienstleistungen, Infrastrukturen oder Plattformen in der Cloud zur Verfügung.

Als Liefermodelle können neben der Installation auf eigenen Rechnern (on premise) die Public Cloud und die Private Cloud unterschieden werden [Gr13]. In der Public Cloud wird das öffentlich verfügbare Angebot der Cloud-Service-Anbieter genutzt. In der Private Cloud wird ein eigenes Rechenzentrum für die eigenen in die Cloud zu verlagernden Anwendungen betrieben. Daneben ist auch eine hybride Lösung denkbar, die für bestimmte Aufgabenstellungen private und öffentliche Cloud-Angebote kombiniert.

Schließlich können sich auch mehrere Unternehmen zusammenschließen, um eine Cloud zu betreiben, dies wird dann als Community-Cloud bezeichnet.

Zu den Vorteilen von Cloud-Services gehören:

- Keine Investition in IT
- Keine Infrastruktur
- Kein Betriebspersonal
- Temporäre Nutzung von Ressourcen möglich
- Schwankende Lastverläufe und starkes Wachstum abbildbar
- 24/7-Zugriff weltweit realisierbar

Folgende Risiken müssen vor einem Cloud-Einsatz überdacht werden:

- Die Frage der eventuellen Überbuchung von Ressourcen
- Die Vertraulichkeit und Prüffähigkeit von Daten
- Die Einhaltung von Compliance-Vorschriften
- Das Datenschutzrisiko
- Die Auswirkungen von Fehlern des Anbieters auf die Aufrechterhaltung des eigenen Geschäfts
- Die Skalierungsgeschwindigkeit muss ebenso überprüft werden wie der Umgang mit einer eventuell an einigen Standorten beschränkten Brandbreite. Ebenfalls ist zu klären, ob nicht Cloud-Computing-Server mit Schädlingen infiziert oder von ausländischen Geheimdiensten überwacht sein können.

6.5 Betrieb von geschäftsprozessorientierten Softwaresystemen

Aufgrund ihrer hohen Komplexität bergen geschäftsprozessorientierte Softwaresysteme im täglichen Betrieb eine Reihe von Risiken. Daher ist es erstaunlich, dass die Schwerpunkte der Literatur bisher vor allem in der Beschreibung sowie der Auswahl und Einführung von ERP-Systemen lagen. Der Betrieb komplexer ERP-Systeme wurde dagegen nur sehr vereinzelt und in Ausschnitten betrachtet. Dies ist besonders im Hinblick auf die hohen Kosten innerhalb der ERP-Betriebsphase bemerkenswert, welche die Einführungskosten im gesamten Lebenszyklus oft um ein Vielfaches übersteigen können.

Komplexe Prozesse im laufenden Systembetrieb machen es daher notwendig, die Serviceabläufe innerhalb der IT-Abteilungen zu strukturieren, zu standardisieren und ggf. auch zu harmonisieren. Viele im Support tätige Unternehmen sehen eine Herausforderung darin, sich von einem technologieorientierten Anwendungsentwickler und Infrastrukturbetreiber zu einem kundenorientierten IT-Dienstleister weiterzuentwickeln.

Das IT-Servicemanagement leistet im Betrieb komplexer ERP-Systeme bei der Durchführung service- und kundenorientierter Dienstleistungen einen erheblichen Beitrag zur qualitativen Leistungserbringung sowie zur Vermeidung und Verkürzung von Ausfallzeiten. Es adressiert folgende operative Problemstellungen und organisatorische Herausforderungen innerhalb der ERP-Betriebsphase:

- Wie lassen sich IT-Dienstleistungen planen und steuern?
- Mit welchen Methoden und Techniken können Störungen oder Ausfälle effizient behoben oder überbrückt werden?
- Wie können die Organisationsstrukturen der Serviceabteilungen bestmöglich gestaltet werden?
- Wie lässt sich die Erbringung von IT-Leistungen bzw. die Erfüllung von Leistungsverpflichtungen messen?

Antworten auf diese Fragen geben Servicereferenzmodelle wie z. B. ITIL, die sich in den letzten Jahren immer weiter verbreiten konnten. Details dazu enthält Kapitel 10 dieses Handbuchs.

6.5.1 Die Organisation der Wartung für geschäftsprozessorientierte Softwaresysteme

Ziel der Wartungsorganisation ist die Sicherstellung eines dauerhaften, effizienten und störungsfreien Betriebs innerhalb der gesamten Laufzeit des Systems (vgl. im gesamten Abschnitt).

Die Wartungsorganisation umfasst die oben dargestellten Prozesse des IT-Servicemanagements, der Qualifizierung, des Projektmanagements, der internen Kommunikation und Dokumentation. Schwerpunkte bilden dabei die Serviceprozesse zum ERP-Betrieb, wie sie z. B. im ITIL-Prozessmodell abgebildet werden, und die Abläufe zur Mitarbeiterqualifizierung. Der Begriff Qualifizierung umfasst alle Aktivitäten, die der Erhaltung, Erweiterung und Anpassung beruflicher Kenntnisse, Fertigkeiten und Fähigkeiten dienen. Als negative Folgen unzureichend qualifizierter Anwender können unvorhergesehene Betreuungskosten sowie Zeitaufwand zum manuellen Ausgleich unzureichender Datenqualität entstehen. Fachgerechte Qualifizierung muss daher systematisch geplant sowie individuell und zielgruppenspezifisch für Anwender und Mitarbeiter im Servicemanagement durchgeführt werden.

Aufgaben des Projektmanagements innerhalb der Wartungsorganisation betreffen beispielsweise die Einführung neuer Softwarekomponenten oder Release-Wechsel. Neben diesen direkt ERP-bezogenen Projekten kann aber auch die Restrukturierung von Teilen der Wartungsorganisation betroffen sein, z. B. die Neuausrichtung der Servicemanagementprozesse anhand eines bestimmten Referenzmodells. Die in den Projekten enthaltenen Prozesse stehen im direkten Bezug zu den Phasen Projektdefinition, Projektauftrag, Projektplanung, Projektdurchführung und Projektabschluss. So beinhaltet die Phase Projektplanung in der Wartungsorganisation beispielsweise den Prozess zur Zusammenstellung des ausführenden Projektteams.

Die Kommunikation der Wartungsorganisation umfasst alle Kommunikationswege, die genutzt werden, um den störungsfreien Betrieb der ERP-Lösung sicherzustellen. Kommunikation kann anhand klar definierter Strukturen oder aber ungeplant zwischen einzelnen Organisationsmitgliedern erfolgen.

Dokumentationsprozesse stellen die fünfte innerhalb der Wartungsorganisation enthaltene Prozessgruppe dar. Dokumentiert werden insbesondere Lösungen zu aufgetretenen Anwendungsproblemen innerhalb einer Fallbasis. Diese bilden die Basis zur Wiederverwendung bereits erarbeiteter Lösungsszenarien. Dabei besteht das Dilemma zwischen qualitativ hochwertigen und umfangreichen Dokumentationen und den gegebenen Zeitrestriktionen.

6.5.2 Service Level Agreements

Service Level Agreements stellen kennzahlenbasierte Absprachen eines Dienstleistungsanbieters mit seinen Kunden bezüglich der zu gewährleistenden Servicequalität dar [Krc09]. Der Grad der Leistungsqualität wird anhand der Definition der Leistung, der Darstellbarkeit der Leistung als Kennzahl, der Messmethode, des Erstellers sowie Empfängers der Leistung als auch anhand der Erstellungsfrequenz und des Leistungsniveaus beschrieben. Reaktionszeiten bei Fehlern (z. B. in Minuten, Stunden, Tagen), Stillstandzeit (z. B. für Hardwarewartung und Updates), Release-Wechsel (z. B. in Tagen), Wiederanlaufzeiten (z. B. vom Katastrophenfall bis zum erneuten Systemstart) können Beispiele für servicebezogene Kennzahlen sein. Grundsätzlich werden drei Arten von Service Level Agreements unterschieden:

- Ergebnisbezogene Dienstgütevereinbarungen: Anforderungen an die Qualität der zu erbringenden Leistungen werden festgelegt und über Kennzahlen (z. B. Indexwert einer Kundenzufriedenheitsbefragung) abgebildet.
- Prozessbezogene Dienstgütevereinbarungen: Anforderungen an den Leistungserstellungsprozess werden definiert und durch Kennzahlen (z. B. Reaktionszeiten) abgebildet.
- Potenzialbezogene Dienstgütevereinbarungen: Anforderungen an die im Leistungspro-

zess eingesetzten Inputfaktoren werden definiert (z.B. Sprachkenntnisse bei den Mitarbeitern des Service Desks).

- Erwartete Vorteile von Service Level Agreements liegen in einer hohen Kostentransparenz der erbrachten Leistungen sowie in der Sicherstellung einer durchgängigen Servicequalität. Die Übertragung der Wartungsaufgaben an einen externen Dienstleister ermöglicht Anwenderunternehmen eine Fokussierung auf ihre Kernkompetenzen. Allerdings können dadurch die eigene Handlungsfähigkeit eingeschränkt werden, Geschäftsprozesswissen verlorengehen und neue Abhängigkeiten entstehen [Ase05].

6.5.3 Implikationen für das Management

Die Wartungsorganisation steht vor permanenten Herausforderungen, welche beispielsweise durch neue Technologien (z.B. webbasierte Realisierung des ERP-Systems) entstehen können. Gleichzeitig werden die IT-Verantwortlichen zunehmend in die Verantwortung genommen, einen messbaren Mehrwert und eine hohe Produktivität für das Unternehmen zu generieren. Dieses Ziel kann jedoch nur mithilfe effizient gestalteter Serviceprozesse und qualifizierter Mitarbeiter erreicht werden.

Die Identifikation von unternehmensinternen Wissensträgern, welche immer wieder von Mitarbeitern bei der Lösung von Anwendungsproblemen befragt werden, stellt einen wichtigen Schritt zur schnellen Lösungsfindung dar. Benutzerhandbücher sind häufig in der Handhabung zu umständlich. Das Gleiche gilt auch bei der Lösungssuche im Intranet, da Lösungen hier nur schwer und mit großer Zeitintensität gefunden werden können. Daher müssen den Anwendern einfach gestaltete und leicht zugängliche Unterlagen zur Verfügung gestellt werden, welche die wichtigsten Fragen prozessbezogen gegliedert beantworten können. Bei elektronischen Medien sind in diesem Zusammenhang effiziente Suchmechanismen, hohe Performance, intuitive Anwendbarkeit sowie qualitativ hochwertige Lösungsvorschläge von großer Bedeutung.

Letzteres kann beispielsweise durch ein Redaktionssystem verbessert werden, in dem erfolgreiche Lösungen anwendergerecht für eine wiederholte Nutzung aufbereitet werden.

In Zusammenarbeit mit den Dienstleistungsunternehmen sollten in die Service Level Agreements (Dienstgütevereinbarungen) unternehmensspezifisch ausgerichtete Key Performance Indicators (z.B. in den Bereichen Antwortzeiten, Verfügbarkeit etc.) aufgenommen werden, d.h. festgelegte Leistungsparameter, die überprüfbar sein müssen. Opportunitätskosten können durch Unproduktivität in Folge von Anwendungsproblemen entstehen.

Fachgerechte und prozessorientierte Qualifizierung trägt in diesem Zusammenhang dazu bei, die Produktivität der Nutzer kontinuierlich zu steigern. Auch aus Sicht des Dienstleistungsunternehmens ist ein systematischer Qualifizierungsprozess die Basis für eine hohe Mitarbeiterkompetenz und eine hohe Servicequalität. Zielgerecht strukturierte Serviceabläufe und klare Verantwortlichkeiten verkürzen die Antwortzeiten im Service Desk. Ein erfolgreicher Servicebetrieb ist maßgeblich von qualifizierten Mitarbeitern abhängig. Diese sollten daher bei der Auswahl künftiger Weiterbildungsmaßnahmen zur Erhöhung der Prozessorientierung im Bereich Qualifizierung beteiligt werden. Klassische Classroom-Schulungen können beispielsweise durch weniger kostenintensive Training-on-the-Job-Maßnahmen abgelöst werden. Dabei werden Schulungen in der gewohnten Arbeitsumgebung durchgeführt und tatsächlich anfallende Geschäftsvorfälle bewältigt. Trainings in dieser Form sind besser in die täglichen Abläufe integrierbar und erfordern keine längeren Abwesenheitszeiten.

Fachgerechte Qualifizierung sollte proaktiv durchgeführt und nachfrageorientiert am betrieblichen Bedarf ausgerichtet werden. Dies wirkt sich durch Zeiteinsparungen, gesteigerte Produktivität sowie verbesserte Arbeitsqualität und Leistungsfähigkeit der Mitarbeiter aus.

Ein durchdachtes und systematisches Qualifizierungskonzept umfasst auch den konsequenten Aufbau einer organisationalen Wissensbasis. Zur Sicherstellung des reibungslosen ERP-Betriebs muss den Mitarbeitern die Möglichkeit zum Wissensaustausch gegeben werden. Dies kann auf formeller Weise innerhalb von Workshops oder auch informell geschehen. Die dafür benötigen Freiräume sollten zur Verfügung gestellt und der damit verbundene Wissensaustausch sollte gefördert werden.

Im Zusammenhang mit der Implementierung eines serviceorientierten Referenzmodells kann Unternehmen generell empfohlen werden, Anforderungen an die neuen Prozesse klar herauszuarbeiten sowie Ziele zu definieren, um keine unrealisierbaren Erwartungen zu wecken. Der Qualifizierungsaufwand kann dabei durchaus wirtschaftlich gerechtfertigt sein. Dabei sollten sowohl Potenziale zur Zeitersparnis erfasst werden (z. B. Lösungszeiten) als auch direkt monetär bewertbare Potenziale. Neben den unmittelbar quantifizierbaren Potenzialen sollten aber auch qualitative Potenzialbereiche berücksichtigt werden. Dazu gehört beispielsweise die Erhöhung der Kundenzufriedenheit aufgrund verkürzter Antwortzeiten.

Im Bereich Servicemanagement findet ITIL als De-facto-Standard eine große Akzeptanz. Weiterführende Konzepte sind z. B. die wissensbasierte Erweiterung der ITIL-Prozesse aufgrund der hohen Wissensintensität der Serviceabläufe oder die Kombination verschiedener serviceorientierter Referenzmodelle (z. B. ITIL und CobiT). Da das Servicemanagement vorwiegend wissensintensive Abläufe [Gr09] beinhaltet, sollten die Referenzprozesse um Aspekte der Wissensflüsse erweitert werden. So kann beispielsweise durch gezielte Dokumentationen Wissensverlusten entgegengetreten werden, welche beispielsweise aufgrund von Abgängen bestimmter Wissensträger im Servicemanagement entstehen.

Das Wichtigste – zusammengefasst:

- **Klären Sie Inhalt und Bedeutung von IT-Compliance für Ihr Unternehmen, insbesondere die Schnittstellen zur Corporate Governance und Compliance auf der einen, zu IT-Governance, IT-Risiko- und IT-Sicherheitsmanagement auf der anderen Seite!**
  Im Rahmen des übergeordneten GRC-Konzepts muss IT-Compliance mit den verschiedenen Managementbereichen strukturell, konzeptionell und methodisch abgestimmt werden. Die Hauptverantwortung kommt hierbei der Unternehmensleitung sowie dem für die IT-Funktion Verantwortlichen zu. Grundlegend bezeichnet IT-Compliance einen Zustand, in dem alle die IT des Unternehmens betreffenden, verbindlich vorgegebenen bzw. als verbindlich akzeptierten Vorgaben nachweislich eingehalten werden. Dies erfordert die Identifizierung relevanter Regelwerke und die Erfüllung der aus ihnen resultierenden Vorgaben im Rahmen eines IT-Compliance-Prozesses.

- **Klären Sie den Nutzen von IT-Compliance, um die Unterstützung von Top-Management und Fachabteilungen für IT-Compliance sicherzustellen!**
  Neben der selbstverständlichen Pflicht zur Erfüllung gesetzlicher Vorschriften soll IT-Compliance ein Unternehmen vor allem vor wirtschaftlichen Nachteilen als Folge von Rechtsverletzungen bewahren. Es sollen insbesondere Schadensersatzpflichten, Strafen, Buß- und Zwangsgelder vermieden werden. Der weitere Nutzen von IT-Compliance richtet sich auf die Erhöhung des Wertbeitrags der IT, die Steigerung der Qualität von IT-Prozessen, die Erhöhung der IT-Sicherheit sowie die Reduzierung von IT-Kosten und IT-Risiken.

- **Richten Sie ein Managementsystem für IT-Compliance ein!**
  Ein Managementsystem für IT-Compliance legt fest, aufgrund welcher IT-Compliance-Ziele und Verhaltensprinzipien sowie mit welchen Methoden und Tools das IT-Management die auf IT-Compliance gerichteten Aufgaben und Maßnahmen nachvollziehbar steuert (d. h. plant, einsetzt, durchführt, überwacht, prüft und verbessert). Hierbei ist auch zu klären, durch welche IT-Systeme IT-Compliance herbeigeführt werden soll. Hierfür sind z. B. Lösungen für Security- oder Content-Management, Archivierung, Verschlüsselung, Nutzer-, Zugangs- und Lizenzverwaltung aufeinander abgestimmt einzusetzen.

- **Organisieren Sie die Zusammenarbeit für IT-Compliance!**
  Die IT-Abteilung und ihre Leitung haben den Großteil an Maßnahmen zur Erfüllung der IT-Compliance-Anforderungen zu planen und durchzuführen. Eine besondere Bedeutung kommt der Position des IT-Compliance-Officers zu. Dieser hat die Unternehmens- und IT-Leitung in allen IT-Compliance-relevanten Fragen zu beraten, die Gestaltung und Weiterentwicklung des Managementsystems für IT-Compliance zu konzipieren und die Umsetzung zu koordinieren. Aber auch die Fachabteilungen tragen eine Verantwortung bei der Erfüllung von IT-Compliance-Anforderungen – und zwar immer dann, wenn bereichsbezogene organisatorische oder personelle Compliance-Maßnahmen ergriffen und entsprechende IT-gestützte Kontrollen eingeführt werden.

- **Berücksichtigen Sie bei der Auswahl prozessorientierter Softwaresysteme neben wesentlichen funktionalen Anforderungen auch die Zukunftsfähigkeit und Integrationsfähigkeit des in Rede stehenden Produkts.**
  Vorfestlegungen hinsichtlich Anbieter oder Technologie erweisen sich in den seltensten Fällen als stichhaltig. Häufig kennen Externe den relevanten Teilmarkt besser als Sie selbst.

- **Bei der Einführung prozessorientierter Softwaresysteme kommt es auf den Erfolg an, nicht auf Perfektion.**
  Es besteht immer die Möglichkeit, in einer weiteren Phase diejenigen Prozesselemente umzustellen, die in der ersten Phase nicht umgestellt werden konnten, aber auch einem durchgängigen Informationsfluss nicht im Weg

standen. Kritische Erfolgsfaktoren für die Einführung sind die Projektorganisation, der Projektleiter und die Einbindung von Management und Key-Users, also überwiegend organisatorische Aspekte.

- **Beim Betrieb prozessorientierter Softwaresysteme stehen der Aufbau, die Bewahrung und Nutzung von Wissen über das Softwaresystem im Vordergrund.**
  Die Betriebsphase darf nicht ausschließlich unter Kostenaspekten gesehen werden, sondern muss auch definierte Prozesse für Change Requests und deren Abarbeitung enthalten.

■ 6.6 Literatur

[As05]   *Asendorf, S.:* Outsourcing Alternativen für die IT. ERP Management, 1 (2005) 2, S. 30 – 33

[Bah09]   *Bahrs, J., Vladova, G., u. a.:* Anwendungen und Systeme für das Wissensmanagement. 3. Auflage. Berlin 2009

[DMHH09]   *Dittrich, J., Mertens, P., Hau, M., Hufgard, A.:* Dispositionsparameter in der Produktionsplanung mit SAP. Einstellungshinweise, Wirkungen, Nebenwirkungen. 5. Auflage. Braunschweig Wiesbaden 2009

[Egg07]   *Eggert, S.:* Marktrecherche zu Funktionen und Trends von Personalinformationssystemen. ERP Management 3. Jg. Heft 1, S. 49 – 58

[GFG16]   *Gronau, N., Fohrholz, C., Glaschke, C.:* Ein Vorgehensmodell zur erfolgreichen ERP-Einführung, ERP Management 3/2016, S. 36 – 39

[Gr09]   *Gronau, N., u. a.:* Wissen prozessorientiert managen. Methode und Werkzeuge für die Nutzung des Wettbewerbsfaktors Wissen in Unternehmen. München 2009

[Gr10]   *Gronau, N.:* ERP-Auswahl mittels RoI-Analyse – Risikoreduzierung und Nutzensteigerung. ERP Management. 6. Jahrgang 2010, Ausgabe 3, S. 17 – 20

[Gr13]   *Gronau, N.:* Betriebsformen für ERP-Systeme, ERP Management 4/2013, S. 20 – 23

[Gr13a]   *Gronau, N,. u. a.:* Wettbewerbsfaktor Analytics – Reifegrad ermitteln, Wirtschaftlichkeitspotenziale entdecken. Berlin 2013

[Gr14]   *Gronau, N.:* Enterprise Resource Planning. Funktionen, Architektur und Management von ERP-Systemen. 3. Auflage. München 2014

[Gr16]   *Gronau, N.:* Handbuch der ERP-Auswahl. 2. Auflage. Berlin 2016

[Gr16a]   *Gronau, N.:* Identifikation von Potenzialen durch Industrie 4.0 in der Fabrik, Productivity Management 3/2016, S. 21 – 23

[Krc09]   *Krcmar, H.:* Informationsmanagement. 5. Aufl. Berlin Heidelberg New York 2009

[Sc15]   *Schüller, R.:* ERP-Projekte mit agilen Methoden steuern. ERP Management 3/2015, S. 62 – 63.

[TMSL17]   *Treber, S., Moser, E., Schneider, J., Lanza, G.:* Digitales Dokumentenmanagement – Methodische Unterstützung zur Einführung von Dokumentenmanagementsystemen in produktionsnahen Unternehmensbereichen, Industrie Management 4/2017, S. 17 – 20

7 Cloud Computing

Matthias Farwick, Tobias Schmidt, Thomas Trojer

Fragen, die in diesem Kapitel beantwortet werden:

- Was sind die technischen Grundlagen der Cloud?
- Welche Ausprägungen von Cloud Computing gibt es?
- Welche Motivationen gibt es für die Migration in die Cloud?
- Welche Trends gibt es im Bereich Cloud Computing?
- Was sind die organisatorischen Probleme und Strategien für die Cloud-Migration?
- Welche Fragen sollten für die Entwicklung einer Cloud-Strategie betrachtet und beantwortet werden?
- Wie sollte ein Transformationsprozess in Cloud-Umgebungen bzw. auf Cloud-Plattformen gestaltet werden?

Seit den Anfängen der Verwendung des Begriffs „Cloud Computing" hat sich die Unternehmens-IT stark weiterentwickelt. Die ursprüngliche Skepsis gegenüber der Nutzung von Cloud und die „Neuer Wein in alten Schläuchen"-Mentalität sind mittlerweile größtenteils einer Art Aufbruchsstimmung in die Cloud gewichen. Im Consumer-Bereich wäre die Cloud ohnehin nicht mehr wegzudenken. Für die Unternehmens-IT stellt sich heutzutage nicht mehr die Frage, ob in die Cloud migriert wird, sondern wann, wie und für welche neuen Geschäftsziele. Es herrscht also eine im Wesentlichen differenzierte Sichtweise. Neue Applikationen werden im Fall von Standardapplikationen – commercial-off-the-shelf (COTS) – wie etwa CRM-Systeme, schon jetzt mehrheitlich als SaaS-Lösungen eingekauft[1] (vgl. z.B. SalesForce). Auch bei Neuentwicklungen wird nun vermehrt Cloud als eine der ersten Optionen in Betracht gezogen. Wird in der Entwicklung und dem späteren Betrieb der neuen Applikation ausschließlich auf Cloud-Produkte zurückgegriffen, so spricht man von einer Cloud-Native-Strategie. Neben der oftmals nötigen technischen Modernisierung steht heutzutage vor allem die schnellere Reaktionszeit auf Marktanforderungen bei der Entscheidung, in die Cloud zu migrieren, im Vordergrund. Die Motivation, Kosten durch eine Cloud-Migration zu sparen, rückt immer weiter in den Hintergrund.

Kurzum, die Cloud ist schon seit längerem nicht mehr aus der Betrachtung in einer IT-Strategie wegzudenken und ist klar der größte Enterprise-IT-Trend des 21. Jahrhunderts. Unterstrichen wird das auch durch die Zahlen der Analysten. Gartner schätzt die direkten

---

[1] https://www.gartner.com/smarterwithgartner/cloud-to-represent-75-of-total-spend-on-crm-in-2019/

und indirekten Ausgaben im Bereich Cloud Computing in den Jahren 2018 bis 2022 auf 1,3 Billionen US-Dollar[2]. Gleichzeitig sieht Gartner für das Jahr 2022 voraus, dass 72 % der IT-Ausgaben immer noch für traditionelle On-premise-IT im eigenen Rechenzentrum ausgegeben werden wird. Eine mehrheitliche Transformation wird also aufgrund der Komplexität und der Sicherheits- sowie regulatorischen Anforderungen noch einige Jahre dauern.

In diesem Kapitel geben wir eine Einführung in das bereits heute sehr große und dynamische Themenfeld Cloud Computing. Zunächst werden die Grundlagen und die technische Basis des Cloud Computing erklärt. Danach betrachten wir den Status quo und die Positionierung von Cloud-Anbietern. Anschließend erläutern wir die wichtigen strategischen und organisatorischen Aspekte der Cloud und der Migration in die Cloud. Denn eine so grundlegende Veränderung der Unternehmens-IT muss aus vielerlei Gesichtspunkten – nicht nur aus technischen – betrachtet werden. Abschließend besprechen wir die wesentlichen Strategien und Vorgehensweisen bei Cloud-Transformation sowie das Management hybrider Cloud-IT-Landschaften.

■ 7.1 Grundlagen des Cloud Computing

Wann der Begriff Cloud Computing zum ersten Mal in seiner heutigen Bedeutung verwendet wurde, ist nicht mehr eindeutig nachvollziehbar. Erste Nennungen werden z. B. auf ein internes Dokument bei Compaq im Jahr 1996 zurückgeführt. Klar ist allerdings, dass die wesentliche Verbreitung und Kommerzialisierung auf die heutigen großen Provider in diesem Bereich zurückzuführen sind.

Das heute weit verbreitete XaaS-Konzept („Everything as a Service") ist erst Anfang der 2000er-Jahre aufgekommen. Hier sind zunächst die drei am weitesten verbreiteten Konzepte zu nennen.

- **Software as a Service (SaaS)** – die Mutter des „as a Service"-Gedankens – umfasst die On-demand-Bereitstellung vollständiger Softwareprodukte.
- **Platform as a Service (PaaS)** umfasst maßgeschneiderte On-demand-Betriebsumgebungen für z. B. Datenbanken und Applikationsserver, inklusive aller Funktionen, die für das Management benötigt werden.
- **Infrastructure as a Service (IaaS)** umfasst die On-demand-Bereitstellung von Rechenkapazität, Speicher und Netzwerkinfrastruktur.

Als im Jahr 2006 die Elastic Compute Cloud (EC2) von Amazon Web Services veröffentlicht wurde, handelte es sich um den ersten kommerziell erfolgreichen IaaS-Dienst. 2008 folgte dann Google mit der Veröffentlichung der AppEngine als einer der ersten erfolgreichen PaaS-Dienste.

Diese Services wiesen bereits damals die heute noch aktuellen Cloud-Computing-Charakteristiken auf, die vom National Institute of Standards and Technology (NIST) im Jahr 2011 definiert wurden.[3] Diese Charakteristiken werden im Folgenden definiert.

---

[2] *https://www.gartner.com/en/documents/3887811/market-insight-cloud-shift-2018-to-2022*
[3] *https://nvlpubs.nist.gov/nistpubs/Legacy/SP/nistspecialpublication800-145.pdf*

On-demand self-service

Diese Eigenschaft des Cloud Computing ermöglicht die schnelle und eigenmächtige Bereitstellung von IT-Diensten durch Endkunden. Dabei kann es sich entsprechend der Serviceebene um Rechenkapazität, Speicherkapazität oder spezialisierte Dienste handeln. Wichtig dabei ist, dass keine Interaktion eines Sales- oder Support-Mitarbeiters notwendig ist, sondern die Verwendung von Schnittstellen, die Bereitstellung, Konfiguration, Implementierung und auch Abschaltung selbst gesteuert werden kann.

Broad network access

Unter dieser Eigenschaft versteht man, dass Cloud-Computing-Dienste über das Internet verfügbar sind und durch standardisierte Schnittstellen (typischerweise HTTPS/REST mit üblichen Datenformaten wie etwa JSON) angesprochen werden können. Das ermöglicht die einfache Integration und Nutzung der Services von verschiedensten Geräten, wie etwa mobilen Endgeräten.

Resource pooling

Unter dieser Eigenschaft versteht man die gemeinsame Verwendung von bereitgestellter Rechenleistung für mehrere Mandanten. Dabei wird die zugrunde liegende Infrastruktur so zusammengeschlossen und für den Nutzer verfügbar gemacht, dass die exakte Information über den Standort und den eigentlich verwendeten Server, in den Hintergrund tritt. Dadurch hat der Nutzer die Möglichkeit, auf einer höheren Abstraktionsebene zu entscheiden. Beispielsweise kann nur mehr ganz allgemein über die Anzahl der CPUs, die Speichergröße eines Servers oder die Lokation des Rechenzentrums, aus dem der Dienst geliefert wird, entschieden werden.

Rapid elasticity

Dieser Begriff beschreibt die Anforderung der Skalierbarkeit an Cloud-Computing-Dienste. Hier geht es darum, dass Ressourcen, falls nötig, schnell provisioniert werden können, z. B. um Lastspitzen abzufedern. Für Nutzer stellt sich ein Cloud-Dienst unter dieser Eigenschaft als virtuell unendlich skalierbar dar. In der Praxis wird für diese Fähigkeit typischerweise der Begriff „Autoscaling" verwendet. Bei der Skalierung wird zwischen vertikaler und horizontaler Skalierung unterschieden, wie in Bild 7.1 gezeigt. Vertikale Skalierung ist dabei die Vergrößerung der Kapazität eines Cloud Services, also z. B. der Zuweisung von mehr RAM zu einer virtuellen Maschine. Unter horizontaler Skalierung versteht man die Erhöhung der Anzahl von Instanzen, z. B. um mehr Zugriffe parallel zu ermöglichen. Im Fall von Autoscaling werden die Ressourcenbuchungen typischerweise auch wieder automatisch verringert, wenn sich die Last reduziert. Durch diese damit erreichte Elastizität, können erhebliche Kosten eingespart werden.

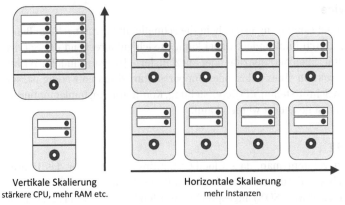

Bild 7.1 Vertikale vs. horizontale Skalierung von Cloud-Ressourcen

Measured Service

Hierunter versteht man, dass Cloud-Computing-Dienste auf einer angemessenen Abstraktionsebene überwacht werden können. Typische Messgrößen sind hier die verbrauchten Ressourcen und die damit einhergehenden Kosten sowie Performance-Kennzahlen. Für den Endnutzer sind diese Messwerte leicht zu aggregieren und sie werden typischerweise auch per Programmierschnittstelle (API) zur Verfügung gestellt.

Für sich genommen waren diese Eigenschaften 2006 bei der Einführung von EC2 keine Neuigkeiten. Mit Mainframe-Systemen, die unter anderem von IBM angeboten wurden, war die Teilbarkeit von Ressourcen wie etwa Rechenleistung bereits weit verbreitet. Dieses war oder ist unter den Begriffen Time-Sharing oder Utility-Computing bekannt. Die unterschiedliche Verbreitung ergibt sich aus der Kombination all der vorgestellten Charakteristiken, allem voran der Einfachheit der Nutzung. Im Cloud Computing müssen keine komplexen Serviceverträge ausgehandelt und abgeschlossen werden und zum Starten reicht in den meisten Fällen eine Kreditkarte. Rechenleistung in kleinem Umfang wird heutzutage von vielen Anbietern zum „Anfüttern" sogar über Erstgutschriften mit begrenzter Gültigkeitsdauer kostenfrei angeboten.

Nachdem wir die grundlegenden Eigenschaften von Cloud-Computing-Services erläutert haben, möchten wir nun die technischen Grundlagen kurz darstellen.

7.1.1 Technische Grundlagen der Cloud

Die Grundlage für das Cloud Computing verbirgt sich in der technischen Fähigkeit, die moderne IT-Infrastruktur im Rechenzentrum effizient zu nutzen, d. h. kontinuierlich auszulasten.

Virtualisierung

Die technische Grundlage für Cloud Computing stellen Konzepte der Mandantenfähigkeit (multi-tenancy) dar, also die Verwendung einer Ressource durch mehrere Parteien. Im Speziellen kommt hier das Konzept der Virtualisierung zum Einsatz, um das Teilen von Rechenleistung oder Speicherkapazität einer physikalischen Ressource, also etwa einem Server oder einem Netzwerkspeicher, zu ermöglichen. Dabei wird eine Virtualisierungssoftware (Hypervisor) auf Rechnern installiert, welche eine Vielzahl von sogenannten Virtuellen Maschinen (VM) mit echten Systemressourcen versorgt. Gängige Virtualisierungssysteme werden z. B. von VMware, Microsoft, Oracle oder im Open-Source-Bereich mittels der KVM entwickelt.

Bei VMs handelt es sich jeweils um vollwertige Rechnersysteme samt Betriebssystem, die so verwendet werden können, als würden diese direkt auf Hardware ausgeführt werden. Allerdings stehen der VM nur Ressourcen des Rechners in dem Ausmaß zur Verfügung, wie sie von der Virtualisierungssoftware vorgesehen und bereitgestellt werden. Dadurch wird erreicht, dass mehrere VM-Instanzen auf ein und demselben physischen Rechner betrieben werden können. Obwohl sich VMs die Ressourcen des Host-Systems, wie etwa eines Speichers, teilen, sind sie dennoch untereinander isoliert. Typischerweise werden die Rechner mittels eines Kontrollprogramms zu einem Verbund (Cluster) zusammengeschlossen. Das Kontrollprogramm stellt dann per API dynamisch angefragte Ressourcen aus dem Verbund bereit. So wird eine homogene Schnittstelle auf eine Vielzahl von bedarfsgerecht bereitgestellten Ressourcen etabliert.

Bild 7.2 zeigt links, wie die Hypervisor-Software auf einem Rechner installiert ist und mehrere parallel laufende Betriebssysteme (innerhalb von einzelnen VMs) auf einem Rechner verwaltet werden.

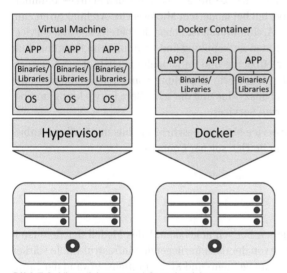

Bild 7.2 Virtualisierung und Containerisierung

Virtualisierung ist heutzutage aus keinem Rechenzentrum mehr wegzudenken. Der wesentliche Vorteil ist die bessere Auslastung der vorhandenen Rechenkapazität und das damit zusammenhängende Einsparungspotenzial.

Das Virtualisierungskonzept machen sich auch die Cloud-Anbieter zunutze. Die Großrechenzentren der sogenannten „Hyperscaler" wie etwa Amazon Web Services (AWS) oder Google Cloud Platform (GCP) bestehen aus einer Vielzahl von physischen Servern, die mittels Virtualisierung effizient betrieben und zusammengeschlossen werden. Dabei ist es normal, dass VMs (oft auch als Workload bezeichnet) von zwei verschiedenen Kunden auf demselben Hardwareserver ausgeführt werden; also ein Mehrmandantensystem darstellen. Obgleich die Virtualisierungsumgebungen mittlerweile stark ausgereifte Sicherheitsmechanismen besitzen, kann diese gleichzeitige Verwendung durch unterschiedliche Kunden ein gewisses Sicherheitsrisiko darstellen. Das Angebot der Cloud-Anbieter reicht aber auch bis hin zum dedizierten Hardwareserver, um Kunden mit besonderen Anforderungen die Garantie eines Einzelmandantensystems ausgeben zu können.

Was unter dem Begriff Cloud Computing verstanden wird, ist reduziert betrachtet der Verbund optimierter Rechenzentren, über deren Ressourcen die Kunden feingranular und mit einfachen Mitteln verfügen können.

Containerisierung

Ein starker IT-Trend, der auch im Bereich Cloud Computing eine immer größere Rolle spielt und das Konzept der Virtualisierung noch einmal erweitert, ist die Containerisierung. Im Gegensatz zur bereits beschriebenen Art der Virtualisierung werden Container ohne Zwischenschicht einer Virtualisierungssoftware direkt auf dem Host-Betriebssystem betrieben (vgl. Bild 7.2 rechts). Dabei kommen spezielle Fähigkeiten moderner Linux- und (mittlerweile) auch des Windows-Kernels zum Einsatz. Im Gegensatz zu VMs ist die Verwendung von Containern noch einmal wesentlich ressourcenschonender.

Die am weitesten verbreitete Container-Betriebssoftware ist die Open-Source-Container-Engine Docker.[4] Container kommen speziell bei modernen Microservice-Architekturen zum Einsatz. Der wesentliche Vorteil dieser Architekturen ist neben der bereits aus den serviceorientierten Architekturen (SOA) bekannten Entkopplung und Trennung von Funktionalität in individuelle Services nun auch der effiziente und entkoppelte Betrieb dieser Services. Solche Architekturen erlauben damit verbesserte Kapselung von Funktionalitäten, eine Erleichterung des Managements des Lebenszyklus und die schnellere Entwicklung und Bereitstellung von neuen oder aktualisierten Services.

Wie im nächsten Kapitel über Cloud-Service-Modelle beschrieben, bieten die Cloud-Anbieter mittlerweile eigene Plattformen zum Betrieb solcher Container.

7.1.2 Cloud-Service-Modelle

Cloud Services werden auf verschiedenen Ebenen angeboten. Jedes Modell der Bereitstellung abstrahiert stärker oder schwächer von der darunterliegenden Infrastruktur. Je stärker die Abstraktion, desto geringer ist der Management- und Konfigurationsaufwand der Infrastruktur für den Kunden. Der Nachteil ist jeweils die verringerte Flexibilität und Möglichkeit der Einflussnahme auf spezielle Funktionen der Infrastruktur.

---

[4] www.docker.com

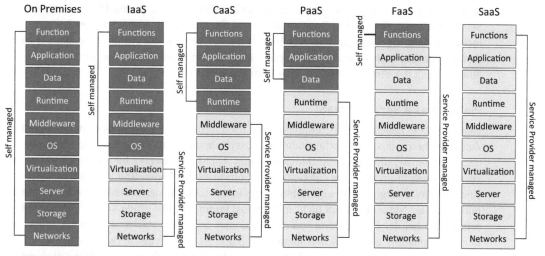

Bild 7.3 Die Verantwortlichkeiten bei den verschiedenen Cloud-Service-Modellen

Infrastructure as a Service (IaaS)

Bei IaaS wird IT-Infrastruktur, also beispielsweise Rechenleistung oder Speicher, zur Verfügung gestellt. Nutzer haben die volle Kontrolle über diese Infrastruktur. Sie können das Betriebssystem selbst wählen. Auch kann die Konfiguration der Infrastruktur, etwa die Anzahl der CPU-Kerne bzw. der Typ der CPU, Speichergröße und RAM-Größe ausgewählt werden. Typischerweise gibt es auch die Möglichkeit, das Rechenzentrum, typischerweise definiert über den Ort bzw. die geografische Region, auszuwählen, in dem die Infrastruktur betrieben werden soll. Als Nutzer hat man allerdings keinen Einblick, auf welchem Server die Infrastruktur tatsächlich läuft. Die eigentliche Applikation, die z. B. mittels IaaS betrieben werden soll, muss dementsprechend selbst installiert und auch verwaltet werden. Auch wichtige Betriebssystem-Updates müssen somit selbst durchgeführt werden. Hier zeigt sich, dass IaaS zwar den Nutzer vom Management der Hardware entbindet, wesentliche Vorteile der Cloud wie etwa automatische Skalierung und eine immerzu aktuelle Betriebsumgebung aber nicht ohne Zusatzaufwand unterstützt werden können.

Ein Vorteil von IaaS ist allerdings, dass typischerweise weniger Implementierungsaufwand und Software-Refactoring betrieben werden muss, um eine Applikation in Richtung IaaS zu migrieren. Für diesen Anwendungsfall gibt es bereits spezialisierte „Lift and Shift"-Werkzeuge, die VMs im Rechenzentrum mit geringem Aufwand in die Cloud migrieren können.

Bei großen Migrationen in die Cloud sollte IaaS also speziell dann in Betracht gezogen werden, wenn Schnelligkeit eine besondere Rolle spielt. Typische Fälle sind z. B. Carve-Outs, bei denen die IT-Landschaft des abgespaltenen Unternehmens aus Vertragsbedingungen heraus möglichst rasch aus dem ursprünglichen Rechenzentrum entfernt werden muss.

Container as a Service (CaaS)

Bei CaaS handelt es sich um das Betreiben von Containern bei einem Cloud-Provider. Anders als bei IaaS werden also nicht etwa VMs verwaltet, sondern Container. Sämtliche Cloud-Provider bieten mittlerweile spezialisierte Container-Orchestrierungssysteme an, mit denen Container verwaltet werden können. Amazon bietet hier z. B. den Elastic Container Service (ECS) an, Google den Google Kubernetes Service (GKS). Diese Services haben gemeinsam, dass die Konfiguration regelbasiert ist. Fähigkeiten wie Autoscaling können so verhältnismäßig einfach umgesetzt werden. Im Zusammenhang mit Cloud-Native-Anwendungen spielt der Einsatz von CaaS eine zentrale Rolle.

Platform as a Service (PaaS)

PaaS-Angebote heben das Abstraktionsniveau noch weiter an. Dabei hat der Nutzer keinen Zugriff mehr auf das darunterliegende Betriebssystem einer PaaS-Instanz. Angeboten werden z. B. Dienste, die komplette Datenbank- und Applikationsserver bieten oder vorkonfigurierte Laufzeitumgebungen für bestimmte Softwaretechnologien und Programmiersprachen. Um das Management des Betriebssystems und das Aktualisieren der Plattformsoftware muss sich der Nutzer bei PaaS nicht mehr selbst kümmern. Der große Vorteil bei PaaS ist somit, dass bei der Entwicklung von Applikationen der Fokus stärker auf die eigentliche Kernfunktionalität gelegt werden kann. Zusätzlich ist PaaS typischerweise automatisch skalierungsfähig. D. h. bei einer größeren Last, wie z. B. vermehrten Schreibzugriffen auf eine Datenbank, können zusätzliche Kapazitäten automatisch zugeschalten werden.

Function as a Service (FaaS)

FaaS oder auch „Serverless Computing" ist ein relativ neuer Cloud-Service-Typ. Dabei wird eine Ausführungsumgebung für Code-Bausteine bereitgestellt. Der Softwareentwickler kümmert sich also nur noch um die Qualität und Funktionalität des auszuführenden Codes, die darunterliegende Plattform ist nicht transparent. Die großen Cloud-Provider bieten hier Plattformen für die meisten gängigen Programmiersprachen wie etwa Java oder Python an. Verrechnet wird dabei typischerweise über die Anzahl der Aufrufe der bereitgestellten Funktion sowie die Ausführungszeit. FaaS bietet den Vorteil, dass sämtliches Management der Infrastruktur entfällt. Wie bei PaaS liegt der Fokus verstärkt auf der Funktionalität des Service.

Zu den bekanntesten Angeboten in diesem Bereich zählen z. B. AWS Lamda und Google Cloud Functions. Bei der Verwendung von FaaS sollte beachtet werden, dass Funktionsinstanzen in bestimmten Fällen eine gewisse Aufwärmphase benötigen, da der Service bzw. die darunterliegende Laufzeitumgebung beim ersten Aufruf erst hochgefahren werden muss. Das kann speziell bei vielen parallelen oder unregelmäßigen Zugriffen zu unerwarteten Verzögerungen führen.

Software as a Service (SaaS)

Das Konzept des SaaS ist heutzutage sowohl im privaten Gebrauch als auch in der Enterprise-Softwarewelt nicht mehr wegzudenken. Bei SaaS wird eine Software über das Internet, also über den Web-Browser, von einem Anbieter bezogen. Abgesehen von Integrationen mit der Unternehmens-IT, z. B. unternehmensweite Authentifizierungsmethoden für Benutzer, ist kein IT-Fachwissen mehr nötig, um diese SaaS-Produkte einzurichten und zu nutzen.

In bestimmten Bereichen dominieren die SaaS-Angebote schon die klassischen On-premise-Installationen von Unternehmensanwendungen. Im Speziellen handelt es sich dabei um generische Lösungen, die nicht das Kerngeschäft eines Unternehmens bilden und somit keinen substantiellen Vorteil gegenüber der Konkurrenz bieten. Besonders im Customer Relationship Management (CRM) kommt SaaS zum Einsatz, allen voran z. B. durch Salesforce, aber auch Lösungen im Bereich Human Ressource Management (HRM) sind typische Vertreter von SaaS.

Diese einfache Form der Bereitstellung bringt allerdings auch organisatorische Probleme mit sich. In vielen Organisationen wurden in der Vergangenheit vermehrt IT-Abteilungen in ihrer Entscheidungskompetenz umgangen und einzelne Fachabteilungen haben in Eigenverantwortung und ohne breite Absprache SaaS-Anwendungen angeschafft. Das mangelnde Wissen im Bereich IT-Sicherheit und Compliance kann allerdings schnell zu Problemen führen und wird unter dem Begriff „Schatten-IT" zusammengefasst. Auch das Thema der erzwungenen, dauerhaften Nutzung von einem Anbieter (vendor lock-in) sowie, speziell bei SaaS, die beschränkte Kontrolle auf unternehmenseigene Daten, sollte Betrachtung finden.

Everything as a Service (XaaS)

Der Trend geht ganz klar hin zu hoch spezialisierten Services der Cloud-Anbieter. Das Werteversprechen für die Kunden liegt hier darin, dass weniger Expertise in Innovationsbereichen selbst aufgebaut werden muss. Dadurch werden Entwicklungszeiten reduziert und neue Produkte können schneller auf den Markt gebracht werden.

Solche Services werden unter dem Begriff XaaS verstanden. Darunter fallen etwa Angebote im Bereich Machine Learning (ML bzw. MLaaS), Image Recognition, Plattformen rund um den Einsatz von Internet of Things (IoT) oder Services zur Big-Data-Analyse.

7.1.3 Modelle der Cloud-Bereitstellung

Um die Einführung in die grundlegenden Konzepte des Cloud Computing abzuschließen, dürfen die Art und Weise, wie Cloud-Dienste bereitgestellt werden, nicht unerwähnt bleiben. Dabei werden zumeist fünf Typen unterschieden:

- **Public Cloud,** also die Cloud-Bereitstellung durch externe Anbieter
- **Private Cloud,** also die Cloud-Bereitstellung durch Platzierung von Cloud-Infrastruktur im eigenen Rechenzentrum oder im dedizierten Rechenzentrum eines Dienstleisters
- **Hybrid Cloud,** welche die Verwendung von Cloud-Diensten von externen Dienstleistern und Services im eigenen Rechenzentrum umfasst
- **Multi-Cloud,** welche die Verwendung mehrerer Public-Cloud-Anbieter definiert
- **Community Cloud,** in der sich unterschiedliche Unternehmen mit ähnlichen technischen Zielen und Anforderungen die Kosten für die Bereitstellung einer gemeinsamen Cloud teilen. In der Praxis findet man diese Art der Bereitstellung allerdings selten vor, weswegen wir im Nachfolgenden nicht weiter darauf eingehen.

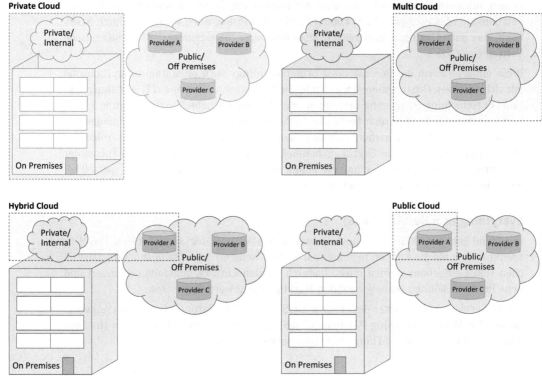

Bild 7.4 Die verschiedenen Cloud-Bereitstellungsmodelle

Public Cloud

Als Public Cloud versteht man die Bereitstellung von Cloud-Diensten durch externe Anbieter wie beispielsweise AWS, Microsoft Azure oder GCP. Dienste können über webbasierte Benutzeroberflächen oder API gebucht und verwaltet werden.

Private Cloud

Unter einer Private Cloud versteht man die Bereitstellung von Cloud-Diensten im eigenen Rechenzentrum oder dem dedizierten Rechenzentrum eines Dienstleisters. Dabei kommen typischerweise ähnliche Technologien zum Einsatz, wie sie auch von Public-Cloud-Anbietern verwendet werden. Die Provider wie Google oder Microsoft, aber auch VMware und IBM bieten hier spezialisierte Plattformen an, um lokale Rechenzentren hin zu Private Clouds zu transformieren. Private Clouds haben mehrere Vorteile gegenüber Public Clouds:

- Langfristige Ausnutzung von nicht abgeschriebener Rechenzentrumshardware
- Weniger regulatorische und sicherheitstechnische Hürden
- Nicht zwangsläufig ein Lock-in zu einem der großen Public-Cloud-Provider

Hybrid Cloud

In der Praxis bedienen sich Unternehmen heutzutage üblicherweise aus Diensten der hauseigenen Private Cloud und zusätzlich aus solchen der Public Cloud. Beispielsweise werden Workloads, die nicht unternehmenskritisch bzw. aus Sicherheits- und Compliance-Gründen unbedenklich sind, in der Public Cloud betrieben. In vielen Fällen werden z. B. Testsysteme in den Public-Cloud-Betrieb ausgelagert. Andere Applikationen, deren Datenhaltung z. B. aufgrund von regulatorischen Anforderungen stärkerer Kontrolle bedürfen, werden im Fall von Hybrid Cloud weiterhin im eigenen Rechenzentrum betrieben oder Daten werden nur flüchtig zur skalierbaren Verarbeitung in die Public Cloud gegeben.

Typischerweise kommen im Fall von Hybrid-Cloud-Plattformen zum Einsatz, welche die Verwendung der Private Cloud und Public Cloud auf Basis von Regeln verwalten.

Ein Trend, der von den Public-Cloud-Anbietern forciert wird, sind entsprechende On-premise-Infrastrukturmanagement-Plattformen dieser Anbieter. Diese weisen die gleichen APIs auf wie die Public-Cloud-Produkte der Anbieter, was ein späteres Wechseln oder Auslagern in die Public Cloud langfristig vereinfachen soll.

Multi Cloud

Ein weiterer Trend ist der Einsatz von Multi-Cloud-Installationen. Dabei kommen im Gegensatz zur Hybrid Cloud mehrere Public-Cloud-Provider zum Einsatz. Diese werden in vielen Fällen auch noch mit Private-Cloud-Services kombiniert.

In vielen Fällen verwenden Unternehmen Multi Cloud durch „Zufall", etwa dann, wenn mehrere Fachabteilungen ohne Wissen voneinander Cloud-Services von verschiedenen Providern beziehen.

Es gibt aber auch sinnvolle Gründe für die bewusste Verwendung von Services verschiedener Anbieter:

- **Vermeidung von Vendor-Lock-ins:** Es wird im Sinne der Risikoverteilung versucht, nicht ausschließlich auf einen Anbieter zu setzen.
- **Verwendung von Best-of-breed-Services:** Sollte es bestimmte XaaS-Produkte bei einem Anbieter nicht geben, muss auf andere Anbieter ausgewichen werden, sofern das als lohnend dargestellt werden kann.
- **Performance:** Um Latenzzeiten zu verringern, ist es unter Umständen sinnvoll, auf einen alternativen Provider zurückzugreifen, der einen näheren Standort bereitstellt.
- **Compliance:** Falls z. B. Anforderungen über den Ort der Datenspeicherung existieren, die von einem bestimmten Anbieter nicht erfüllt werden können, oder ein Anbieter nötige Servicegarantieren nicht ausgeben kann, so muss in manchen Fällen auf alternative Anbieter zurückgegriffen werden.

In diesem Abschnitt haben wir die technischen und begrifflichen Grundlagen von Cloud Computing eingeführt. Als Nächstes möchten wir dem Leser eine aktuelle Einschätzung über die Marktsituation der stark konkurrierenden Public-Cloud-Provider geben.

7.1.4 Datenschutz und Cloud

Das Thema Datenschutz spielt im deutschsprachigen Raum schon seit langer Zeit eine große Rolle. So ist es nicht verwunderlich, dass der Datenschutz auch im Bereich Cloud Computing sehr ernst genommen wird. Dieser Umstand wird auch als einer der Gründe für die langsamere Akzeptanz der Cloud angeführt, z. B. im Vergleich zu den USA.

Wie bei vielen Themen in diesem Kapitel können wir hier nur einen sehr groben Überblick über die Aspekte des Datenschutzes in der Cloud liefern. Dabei möchten wir uns vor allem auf das Thema „Data Residence" fokussieren. Dabei handelt es sich um die geografische Position des Servers, auf dem Daten gespeichert sind. Die Position der Daten und der Typ der Daten haben nämlich Einfluss auf die Jurisdiktion und Gesetze, die zur Anwendung kommen. Die maßgebliche EU-Richtlinie im Kontext von personenbezogenen Daten ist die weit bekannte Datenschutzgrundverordnung (DSGVO)[5]. Zusätzlich ist mit Stand zum Verfassungsdatum nicht vollständig juristisch geklärt, ob die Speicherung von personenbezogenen Daten in den europäischen Rechenzentren amerikanischer Hyperscaler rechtmäßig ist (vgl. Schrems II[6]). Eine der offenen juristischen Fragen ist, ob die Daten hinreichend vor einem Zugriff der USA geschützt sind. De facto wird diese Unsicherheit allerdings heutzutage von europäischen Unternehmen hingenommen.

Verantwortliche im Bereich Cloud-Sicherheit und Compliance sollten sich unbedingt mit der DSVGO im Kontext ihres Unternehmens auseinandersetzen. Besonderes Augenmerk sollte dabei auf die Klassifizierung von personenbezogenen Daten und deren Speicherort und Kommunikationswegen gelegt werden. Außerdem sollte die Gesetzeslage kontinuierlich beobachtet werden, da sich Gesetze und Richtlinien auf nationaler und auf EU-Ebene verhältnismäßig schnell weiterentwickeln.

7.2 Cloud Computing im Jahr 2022

Unter den Public-Cloud-Providern herrscht ein starker Kampf um Marktanteile, aber vor allem auch um Innovationsführerschaft. Waren es früher noch die IaaS-Angebote und die Handhabbarkeit ihrer Schnittstellen und Managementoberflächen, mit denen Provider herausstechen konnten, so wird der Konkurrenzkampf heute über das angebotene PaaS- und SaaS-Produktportfolio ausgetragen. Kein Monat vergeht, in dem nicht der Versuch unternommen wird, neue innovationstreibende Services zur Verfügung zu stellen.

7.2.1 Public-Cloud-Anbieter

Neben den Marktführern wie Amazon Web Service, Microsoft Azure und Google Compute Platform gibt es noch einige weitere global operierende Anbieter wie IBM Cloud, Oracle

---

[5] *https://eur-lex.europa.eu/legal-content/DE/TXT/HTML/?uri=CELEX:02016R0679-20160504*
[6] *https://www.gdprsummary.com/schrems-ii/* (Englisch)

Cloud oder Alibaba Cloud am deutschsprachigen Markt. Der Trend geht hier klar in die Richtung, dass die Anbieter strategische Allianzen untereinander, aber auch mit anderen ergänzenden Anbietern eingehen. Beispielhaft dafür sind die Allianzen zwischen VMware und AWS sowie Microsoft Azure und Oracle Cloud. Zusätzlich gewinnen kleinere europäische Anbieter Marktanteile, vor allem durch ihre Positionierung als DSGVO-konforme Provider.

Amazon Web Services

AWS ist der Marktführer am Public-Cloud-Markt, sowohl bezogen auf Umsatz als auch nach Innovationskraft. Dieser Vorreiterrolle liegt natürlich auch der direkte Startvorsprung zugrunde, den AWS aktuell noch halten kann. Der Innovationsfokus liegt bei AWS klar auf der Weiterentwicklung der Angebote im Bereich der künstlichen Intelligenz (artificial intelligence, AI). Strategische Allianzen wie mit SAP und VMware haben sich für AWS zusätzlich als sehr positiv herausgestellt.

Microsoft Azure

Die Umsatzzahlen von Microsoft Azure sind relativ schwer zu analysieren, da Microsoft in seinen Reports die Umsatzzahlen für Office365 und Azure zusammenzählt. Dennoch gilt Azure nach AWS als der zweitstärkste Cloud-Provider in Sachen Umsatzzahlen. Neben einem Serviceangebot, das gut angenommen wird, hat Azure einen starken Vorteil eines existierenden Vertriebsnetzwerks in Unternehmen, auf dem aufgebaut werden kann. Zusätzlich konnte Azure in der Vergangenheit auch bei großen Retailern punkten, die nicht mit dem Konkurrenten Amazon zusammenarbeiten wollen.

Google Cloud Platform

Die Google Cloud Platform (GCP) wird im Gegensatz zu Azure und AWS am Markt noch nicht vollständig als Enterprise-ready wahrgenommen. Google investiert deshalb enorm in ihre Sichtbarkeit im deutschsprachigen Raum. Seit der Eröffnung der ersten GCP-Region in Frankfurt in 2017 wurde z. B. auch 2019 ein Rechenzentrum in Zürich eröffnet. Die Google Cloud Platform positioniert sich zum einen stark im Bereich AI, zum anderen aber auch durch ihre Affinität zu Open-Source-Plattformen wie Kubernetes.

Alibaba Cloud

Die Cloud Services des chinesischen Internetriesen Alibaba sind erst seit 2018 im deutschsprachigen Raum verfügbar. Dennoch macht die Alibaba Cloud, gesamt betrachtet, bereits ähnliche Umsätze wie Google mit seiner Cloud Platform. Die Alibaba Cloud wurde offenkundig an die Schnittstellendefinitionen von AWS angelehnt, was die Einführung, Migration oder Multi-Cloud-Bestrebungen wesentlich erleichtern kann. In Europa findet Alibaba Cloud vor allem bei Unternehmen Anklang, die Firmensitze in China haben, dorthin hohen Bandbreitenbedarf aufweisen und sich mit der chinesischen IT-Sicherheitsgesetzgebung[7] auseinandersetzen müssen. Neben dem klassischen IaaS und PaaS fokussiert sich Alibaba mit seiner Cloud ebenso stark auf Angebote im Bereich AI und IoT.

---

[7] https://assets.kpmg/content/dam/kpmg/cn/pdf/en/2017/02/overview-of-cybersecurity-law.pdf

IBM Cloud, Oracle und weitere Anbieter

Darüber hinaus sind noch Anbieter wie IBM Cloud oder Oracle Cloud zu erwähnen. IBM hat mit dem Zukauf von RedHat und damit OpenShift einen wesentlichen Technologiegeber im Public-Cloud- und Private-Cloud-Umfeld erworben. Mit seinen Angeboten fokussiert sich IBM auf die Managementebene von Multi-Cloud-Installationen.

Oracle als eines der größten Enterprise-Software-Unternehmen stellt einen Anbieter im Nischenmarkt dar. Vor allem über die existierende Nutzerbasis kann Oracle stark auf den Vertrieb seiner SaaS-Produkte setzen. Die Positionierung wird im PaaS-Bereich durch den Betrieb seiner weit verbreiteten Datenbank ergänzt.

Zusätzlich existieren weltweit noch unzählige weitere Cloud-Anbieter, die sich auf verschiedenste Art und Weise differenzieren, z. B. über einen geringen ökologischen Fußabdruck, oder geografisch lokal tätig sind.

Europäische Anbieter

Die drei Riesen AWS, Azure und GCP sind in ihrer Vorreiterrolle von europäischen Anbietern wohl nicht mehr einholbar, sofern sie nicht aufgrund ihrer Monopolstellung zerschlagen werden. Dennoch gibt es, vor allem durch den verstärkten Fokus auf das Thema Datenschutz, wachsende Anbieter im deutschsprachigen Raum. Nach wie vor herrscht juristische Unklarheit und Verwirrung darüber, welche Daten wo gespeichert werden dürfen, und vor allem ob Daten, die in Europa bei amerikanischen Anbietern gespeichert werden, im Ernstfall an die USA ausgehändigt werden müssten (vgl. 7.2.6). Diese Verunsicherung machen sich europäische Cloud-Anbieter zu Nutze, die vor allem im Mittelstand Wachstum verzeichnen können. Darunter fallen z. B. Anbieter wie die französische OVHCloud, 1&1 oder der Neuankömmling am deutschen Markt StackIT.

7.2.2 Trend Cloud-Native-Anwendungen

Unter Cloud-Native-Anwendungen versteht man typischerweise containerisierte Anwendungen, welche die Vorteile der Cloud wie Skalierbarkeit, Flexibilität und Resilienz möglichst gut ausnutzen. Anwendungen sollen möglichst auf höherwertigen bzw. kombinierten Cloud-Produkten betrieben werden.

Die Kerneigenschaften, die Cloud-Native-Anwendungen zumindest aufweisen müssen, sind die Folgenden:

- Paketierung von Funktionalität in Container, um das Management des Lebenszyklus zu vereinfachen und Skalierbarkeit zu ermöglichen
- Management des Lebenszyklus durch „DevOps"-Methoden, wie etwa automatische Provisionierung von Ressourcen oder Continuous Integration (CI) und Continuous Deployment (CD)
- Expliziter Fokus auf Services ohne persistenten Zustand (stateless services), um Skalierbarkeit zu fördern
- Nutzung von Containerplattformen zum Vereinfachen des Managements
- Automatisierte, regelbasierte Ressourcenallokation

Cloud-Native-Anwendungen haben sich mittlerweile als Standard für das Betreiben von Enterprise-Anwendungen entwickelt, speziell in Unternehmen mit einer Microservice- und zentralen Cloud-Strategie.

Kubernetes

Kubernetes[8] ist ein Open-Source-Projekt von Google unter freier Lizenz, mit einer äußerst großen Entwickler-Community. Es handelt sich dabei um eine sogenannte Container-Orchestrierungsplattform. Also eine Plattform, die (Docker-)Container zu logischen Einheiten, sogenannten Pods, zusammenfasst und diese dann mittels Regeln verwaltbar macht. Regeln bestimmen dabei z. B. das Verhalten bei starker Auslastung, wie etwa die Lastverteilung (load balancing), das Aktivieren und Deaktivieren von (neuen) Pods oder die Verwendung von zusätzlichen Speicherkapazitäten in der Cloud. Zusätzlich wird z. B. auch das Wiederherstellungsverhalten bei einem Ausfall geregelt. Kurzum, Kubernetes und andere Container-Orchestrierungsplattformen stellen die Funktionalität bereit, um Docker für den produktiven Einsatz von hochskalierbaren und kritischen Enterprise-Applikationen bereitzumachen.

OpenShift

OpenShift[9] ist ein weit verbreitetes Produkt von RedHat, das auf Kubernetes aufsetzt und mit diversen Funktionen erweitert wurde. Es wird als kommerzielles Produkt vertrieben, allerdings ist auch eine Open-Source-Variante verfügbar. OpenShift wird als Enterprise-ready Kubernetes vermarktet. Das hat zwei Hauptgründe: Zum einen gilt es als leichter zu verwenden und verwalten als Kubernetes selbst und zum anderen stellt es Sicherheitsfunktionen bereit, die bei Kubernetes nicht direkt verfügbar sind. Deshalb wird OpenShift vermehrt von Konzernen eingesetzt, um eine eigene Private Cloud aufzubauen und somit lokale Cloud-Native-Anwendungen entwickeln und betreiben zu können.

7.2.3 Trend On-premise-Clouds

Es gibt viele Plattformen zum Management von Cloud-Native-Anwendungen bzw. zum Aufsetzen einer sogenannten Private Cloud im eigenen Rechenzentrum. Die großen Software-Hersteller und Outsourcer wie IBM oder RedHat stellen hier eine Vielzahl eigener Plattformen bereit. Zu wiederholen ist hier die Wichtigkeit der Plattform Kubernetes und das darauf aufbauende Produkt OpenShift von RedHat.

Ein starker Trend, der von den Cloud-Anbietern getrieben wird, sind die sogenannten On-premise-Clouds der Provider. Dabei wird eine Cloud-Management-Software der Anbieter im Rechenzentrum des Kunden auf dessen Hardware installiert. Die Endkunden haben damit die gleichen Schnittstellen und Management-Funktionalitäten wie bei ihrem Cloud-Provider, allerdings auf eigener Hardware. Zusätzlich kann regelbasiert entschieden werden, welche Applikationen in der Private Cloud und welche in der Public Cloud betrieben werden sollen.

---

[8] *https://kubernetes.io/*
[9] *https://www.openshift.com/*

Für den Kunden hat das den Vorteil, dass mit wesentlich geringeren Compliance- und Security-Bedenken eine Modernisierung in Richtung Cloud-Native-Applikationen vorgenommen werden kann. Außerdem können Hardwareinvestitionen, die noch nicht abgeschrieben sind, länger verwendet werden.

Aus Providersicht wird hier frühzeitig eine Bindung des Kunden hergestellt, die mittelfristig zur Migration aller Workloads in die Public Cloud führen kann. Beispiele für diese Services sind Amazon Outposts[10], Azure's AzureStack[11] und Athenos[12] von Google.

Nachdem wir die Grundlagen des Cloud Computing und die momentanen Anbieter sowie Trends am Markt behandelt haben, folgt im nächsten Abschnitt die Diskussion der Cloud-Strategie.

7.2.4 Trend Industrie-Cloud

Ein wesentlicher Trend, der sich in den letzten Jahren abzeichnet, ist die Spezialisierung von Cloud Services auf bestimmte vertikale Industrien. Die klassischen Service-Ebenen IaaS und PaaS bieten generische Funktionalitäten, die von Cloud-Architekten auf die industriespezifischen Anforderungen eines Unternehmens angepasst werden müssen. Darunter fallen z. B. die Security-Konfiguration, die Einhaltung von Compliance-Anforderungen und natürlich die Entwicklung der Funktionalität selbst unter Rücksichtnahme auf industriespezifische Performance-Anforderungen. Wie eingangs erwähnt, ist einer der wichtigsten Entscheidungsfaktoren für die Migration in die Cloud die Geschwindigkeit, um auf Marktsituationen reagieren zu können bzw. gänzlich neue Märkte zu erschließen.

Aus diesem Grund fokussieren sich Cloud-Provider immer mehr auf die Bereitstellung von Services, die auf die Geschäfts- und regulatorischen Anforderungen bestimmter Industrien maßgeschneidert sind. Der Trend lässt sich in allen wesentlichen Industriezweigen, von Retail über die Finanzindustrie bis hin zu Nichtregierungsorganisationen beobachten.

Für die Nutzer solcher Services sollte allerdings die Komplexitätsreduktion und der schnellere Markteintritt mit noch stärkerer Provider-Bindung (Vendor Lock-in) gegenübergestellt werden.

7.2.5 Green Cloud Computing

Nachhaltigkeit ist eines der größten Themen unserer Zeit und zeigt als Trend auch seinen Einfluss auf das Thema Cloud Computing. Da der Energieverbrauch von Rechenzentren einen wesentlichen Teil des globalen Energieverbrauchs ausmacht, ist eine starke Bewusstseinsbildung auch gerechtfertigt. Der Begriff „Green Cloud" bedeutet in diesem Zusammenhang die Energieeffizienz, die dedizierte Public-Cloud-Provider im Vergleich zu selbstbetriebenen Rechenzentren erreichen.

Die Effizienzsteigerung wird typischerweise durch folgende Maßnahmen erzielt:

---

[10] https://aws.amazon.com/outposts/
[11] https://azure.microsoft.com/de-de/overview/azure-stack/
[12] https://cloud.google.com/support-hub/

- Konsolidierung von ineffizienten Rechenzentren zu effizienten Cloud-Rechenzentren
- Nutzung erneuerbarer Energiequellen sowie Nutzung von Abwärme zur Energieerzeugung
- Wahl des Standorts in kalten oder anderweitig begünstigten Regionen zur Nutzung natürlicher Kühlung
- Optimierung der Hardware-Infrastruktur auf Effizienz

Es lässt sich ein Trend ablesen, dass die Provider immer offener mit der Effizienz ihrer Rechenzentren werben und entsprechende Betriebs- und Emissionskennzahlen zu ihren Rechenzentren veröffentlichen. In diesem Bereich nimmt aktuell vor allem Google eine Vorreiterrolle ein.

7.2.6 Trend Edge Cloud Computing

Neben der Green Cloud hat sich ein weiterer Begriff in den letzten Jahren etabliert: die Edge Cloud. Darunter versteht man die Verarbeitung von Daten möglichst nahe an dem Ort, wo sie entstehen. Der Begriff ist oft stark verbunden mit den Themen rund um das Internet of Things (IoT). Beispiele können unter anderem Daten sein, die durch Windkraftwerke oder durch selbstfahrende Autos erzeugt werden. In beiden Fällen ist eine sehr geringe Latenzzeit wichtig, um auf Ausnahmesituationen reagieren zu können. Andere Gründe zur direkten Verarbeitung von Daten können z. B. auch eine Reduktion der Datenmenge oder eine nötige Anonymisierung sein.

Der übergreifende Begriff Edge Computing umfasst sowohl die Verarbeitung von Daten direkt im jeweiligen IoT-Device als auch die Nutzung von kleinen Cloud-Rechenzentren an der Edge; also möglichst nahe am Entstehungsort der Daten. Echtzeitverarbeitung wird in Zukunft immer mehr an Bedeutung gewinnen, deshalb ist im Bereich des Edge Computing auch ein sehr starker Innovationsschub zu erwarten. Dieser Schub wird durch die immer stärkere Verbreitung von 5G als Kommunikationsstandard unterfüttert, aber auch durch starke Investitionen in den Bereichen IoT, Industrie 4.0 sowie autonomes Fahren.

7.2.7 Ausblick: Cloud-Modernisierung und Cloud-zu-Cloud-Transformationen

Nachdem wir uns mehrere Cloud-Trends angesehen haben, möchten wir nun noch einen weiteren Ausblick geben. Die Ära der Cloud-Transformation ist zwar bei weitem noch nicht abgeschlossen, dennoch ist zu erwarten, dass es in naher Zukunft zu einer Sättigung kommen wird. Innerhalb der nächsten Dekade wird Cloud Computing mehr oder weniger vollständig den klassischen Rechenzentrumsbetrieb von Unternehmen ersetzen. Viele Unternehmen sind bereits mit einem Lift-and-Shift-Ansatz in die Cloud migriert. Die Frage ist nun, was kommt danach?

Hier sehen wir vor allem zwei Bereiche, die IT-Abteilungen von Unternehmen in Atem halten werden. Das ist zum einen die kontinuierliche Modernisierung von Cloud-Services und die Migration von ganzen Cloud-Umgebungen zu neuen Providern.

Beginnen wir mit dem Thema Cloud-Modernisierung. Viele Unternehmen, die bereits in die Cloud migriert sind, haben ihre Infrastruktur eins zu eins in die Cloud „kopiert". Das heißt, es kommen verhältnismäßig wenige Services zum Einsatz, die spezielle Vorteile der Cloud nutzen. Darunter würden z. B. PaaS- oder FaaS-Services fallen. Diese Unternehmen realisieren nun, dass die ursprünglichen Versprechen der Cloud, wie etwa mehr Agilität bei der Entwicklung neuer Funktionalitäten, sich unter diesen Umständen nicht materialisieren. Dies wird zur Folge haben, dass wie bisher viele Unternehmen auch wiederholt IT-Transformationen durchführen müssen – diesmal jedoch nicht in die Cloud, sondern innerhalb der Cloud. Diese Art der Transformation nennen wir Cloud-Modernisierungen. Dabei werden klassische IaaS-Komponenten mit Containern, PaaS-Services oder SaaS-Anwendungen ersetzt, um weitere Vorteile der Cloud nutzen zu können.

Das bringt uns zum Thema Cloud-zu-Cloud-Transformation. In der Zukunft werden wir auch vermehrt große Migrationen von einem Cloud-Anbieter zum anderen beobachten. Das hat zwei wesentliche Gründe. Immer mehr große Verträge zwischen Endkunden und Provider laufen aus und werden neu verhandelt. Hier ergibt sich für Endkunden eine neue Verhandlungsposition und ein Einstiegspunkt für die Konkurrenz. Zum anderen befinden sich die Provider nach wie vor in einem sehr starken Konkurrenzkampf um Marktanteile. Dieser Kampf bringt Anbieter oftmals dazu, extreme Rabatte zu geben. Das hat zum Ziel, langfristig Marktanteile zu sichern. Unternehmen sollten sich dieser Situation bewusst sein und sie ausnutzen. Die Migration von einer Cloud in eine andere sollte allerdings bzgl. der Komplexität und Machbarkeit nicht unterschätzt werden, selbst wenn hauptsächlich providerunabhängige Technologien wie Kubernetes zum Einsatz kommen. Der Business Case sollte genau unter die Lupe genommen werden und durch Spezialisten mit entsprechenden Werkzeugen unterstützt werden.

■ 7.3 Cloud-Strategie

Lange Zeit wurde eine Cloud-Strategie ausschließlich im Kontext einer Migration eines Rechenzentrums entwickelt. Die zentrale Frage war: „Lohnt sich eine Migration des eigenen Rechenzentrums zu einem Public-Cloud-Provider?" Der Treiber für diesen Strategie-Kontext war der ausschließliche Wunsch, die eigene IT günstiger zu betreiben, was immer noch massiv seitens der Cloud-Anbieter angepriesen wird. Deshalb ist auch heute der Wunsch nach Kosteneinsparungen im Rechenzentrumsbetrieb eines der Hauptargumente vieler Unternehmen, eine Cloud-Strategie zu entwerfen und letztendlich umzusetzen.

Seit den Anfängen von Cloud Computing und dem Versprechen der Cloud-Provider, einen sofortigen Kostenvorteil nach einer Migration zu erreichen, hat sich aber vieles getan: Unternehmen sind sich immer mehr bewusst darüber, dass sich das durch die Provider suggerierte Einsparungspotenzial nicht mit einer bloßen Migration auf IaaS-Ebene erreichen lässt; also dem Verlagern der Rechen-, Netzwerk- und Speicher-Services vom eigenen Rechenzentrum in die Public Cloud. Die Anwendungen müssen langfristig modernisiert werden, was eine Migration jedoch aufwendiger gestaltet. Ergo müssen Unternehmen vermehrt in die Modernisierung ihrer Anwendungen investieren, um von Kosteneinsparungen profitieren zu können. Beispielsweise sind Cloud-Native basierte Infrastrukturen in der

Cloud um ein Vielfaches günstiger zu betreiben als klassische VM-basierte IT-Infrastrukturen.

Nach wie vor sind es die großen Trends wie „Globalisierung", „Digitalisierung" und der Siegeszug von „Plattformen" (Stichwort: platform economy), die Unternehmen vermehrt in die Cloud treiben. Ebenso sind es neue Technologien wie Blockchain, Big Data und Analytics, AI (bzw. ML) oder IoT, um nur einige stellvertretend zu nennen.

Aber was haben diese Trends und neuen Technologien mit Cloud Computing zu tun? Cloud Computing ist mitunter die technische Grundlage für den Einsatz solcher neuen Technologien. Ohne Cloud Computing wäre ein Einsatz von künstlicher Intelligenz oder IoT nicht im aktuellen Umfang möglich. Public-Cloud-Provider ermöglichen es Unternehmen, diese Technologien über vordefinierte Services schnell und einfach zu beziehen. Warum also selbst eine riesige Serverlandschaft aufbauen, um ein Klassifikationsmodell zu trainieren, wenn dies vorkonfiguriert und binnen Minuten bei einem Cloud-Provider bezogen werden kann? Und das alles als „Pay-as-you-go" ohne langfristige vertragliche Bindung oder hohe Investitionskosten.

7.3.1 Einflussfaktoren der Cloud-Strategie

Das Thema Cloud-Native und die Nutzung neuer Technologien erweitern unweigerlich den Kontext einer Cloud-Strategie von der ursprünglichen Frage nach dem möglichst kostengünstigen Betrieb der IT-Infrastruktur hin zur Frage: „Wie können Cloud Computing und neue Technologien gewinnbringend eingesetzt werden, um langfristige Kostenvorteile zu erzielen und somit frei gewordene finanzielle Ressourcen für zukünftige Investitionen zu nutzen?"

Diese beiden Fragestellungen sollten nicht losgelöst voneinander betrachtet werden, sondern in der IT-Strategie kombiniert verarbeitet werden. Immerhin muss an der einen Stelle Kapital freigesetzt werden, um es an anderen Stellen im Unternehmen zu investieren.

In der Gestaltung einer Cloud-Strategie ist es nun so, dass sich jede von der anderen unterscheidet und die Motivationen unterschiedlicher Unternehmen oft stark voneinander abweichen. Dennoch darf eine generelle Aussage an dieser Stelle getroffen werden: Mit einer bloßen Migration von Windows- und Linux-Standardanwendungen, betrieben auf virtuellen oder physischen Servern in die Cloud (also Lift and Shift), lassen sich derartige Einsparungen nicht erzielen, unabhängig von den Versprechungen der Cloud-Provider.

Praxistipp

Eine Ausnahme davon, dass ein reines Lift and Shift keine Kosteneinsparungen erzielt, bildet das Versprechen des Cloud Providers, bei einer Migration einen erheblichen Teil der Kosten zu tragen. Dies ist kein unrealistisches Szenario in einem hoch umkämpften Verdrängungsmarkt, in dem die Preise seit mehr als zehn Jahren kontinuierlich sinken. Anbieter wie Google oder Alibaba Cloud die erst seit 2017, respektive 2018 auf dem deutschsprachigen Markt präsent sind, müssen schnell wachsen, um ausreichend Marktanteile zu gewinnen. Es kommt dadurch wiederholt vor, dass genannte Provider-Projekte für Success-Stories subventionieren.

7.3.2 Entwicklung der eigenen Cloud-Strategie

Die Dimension einer Cloud-Strategie kann sehr groß und die Gestaltung damit unübersichtlich werden. Es müssen typischerweise viele Aspekte gleichzeitig behandelt werden. Viele Cloud-Provider bieten deshalb sogenannte „Cloud Adaption Frameworks" an. Es lässt sich aber kaum eine Bewertung erarbeiten, die diese Frameworks von Google, AWS oder Microsoft einander gegenüberstellt. Einen Vorteil bieten sie allerdings allesamt: Sie bringen Struktur in ein sehr komplexes, vielschichtiges Thema.

In der Praxis hat sich bewährt, die Migration in die Cloud aus sechs unterschiedlichen Perspektiven zu betrachten:

1. **Business-Perspektive.** *Beispiel:* Ein Unternehmen möchte neue Technologien einsetzen, um neue digitale Geschäftsmodelle zu entwickeln. Die neuen Technologien benötigen Cloud-basierte IT-Infrastrukturen.
2. **Applikationsperspektive.** *Beispiel:* Eine Applikation soll modernisiert werden und von einer klassischen IT-Infrastruktur auf eine Cloud-Native-basierte Infrastruktur migriert werden.
3. **Technologie- und Infrastrukturperspektive.** *Beispiel:* Eine Anbindung von Altsystemen zu Cloud-Native-Anwendungen soll mittels API-Integration ermöglicht werden.
4. **Governance- und Operations-Perspektive.** *Beispiel:* Die Etablierung eines zentralen Cloud-Kompetenzzentrums, in dem alle Ressourcen zum Thema Cloud organisatorisch zusammengefasst werden sollen. Ein Cloud Center of Excellence (CCoE) ermöglicht es einem Unternehmen, alle Aktivitäten zentral zu steuern und gezielt Expertise im Bereich Cloud aufzubauen. Diese Perspektive spielt immer eine Rolle, sobald ein Unternehmen den Weg in die Cloud einschlägt. In Abschnitt 7.3.3 finden Sie einen Überblick über die Aufgaben des CCoE.
5. **Security- und Compliance-Perspektive.** *Beispiel:* Ein Cloud-Provider bietet höhere Sicherheitsstandards als das eigene Rechenzentrum und wird somit für bestimmte Anwendungen und Szenarien selektiert.
6. **People- und Ecosystem-Perspektive.** *Beispiel:* Bei Unternehmenszusammenschlüssen bzw. übernahmen gibt es zahlreiche unterschiedliche IT-Infrastrukturen zu integrieren und harmonisieren. Oftmals bieten Cloud-basierte Services den Vorteil einer schnellen Migration oder Integration dieser Infrastrukturen. Darüber hinaus können neu formierte Teams oft einfacher eine gemeinsame Wissensbasis zu Cloud-Diensten aufbauen.

Zudem sollte sich jeder Beteiligte die folgenden einfachen Fragen aus jeder einzelnen Perspektive stellen:

1. Was ist die treibende Kraft, die den Einsatz von Cloud Computing erforderlich macht (das „Warum")?
2. Was möchte ich mit Cloud Computing erreichen (das „Was")?
3. Wer sind die relevanten Stakeholder (das „Wer")?
4. Wie messe ich den Erfolg eines Cloud-Projekts (das „Wie")?
5. Wie wähle ich den richtigen Cloud- und Technologiepartner aus (das „Wo")?
6. Welche Maßnahmen zur Umsetzung ergreife ich kurz-, mittel- und langfristig (das „Wann")?

Die sechs Fragen und sechs Perspektiven lassen sich sehr schön in einer Matrix darstellen. Dabei werden zu jeder Perspektive die sechs „W"-Fragen beantwortet. Diese Matrix ist dann ein nützliches Instrument, um die Cloud-Strategie verschiedenen Stakeholdern zu kommunizieren.

Praxistipp

Beteiligen Sie von Anfang an alle Stakeholder und laden Sie sie zur gemeinsamen Mitarbeit an der unternehmensweiten Cloud-Strategie ein. An dieser Stelle werden die meisten Fehler gemacht und es entstehen große Lücken zwischen dem Business und der IT. Eine gemeinsame Sichtweise auf alle Perspektiven erleichtert den Weg in die Cloud.

7.3.3 Das Cloud Center of Excellence

Eine Cloud-Migration bringt nicht nur auf technischer Ebene, sondern auch auf organisatorischer Ebene große Veränderungen mit sich. Dazu hat sich gezeigt, dass es sinnvoll ist, eine Organisationseinheit zu etablieren, die diese starke Veränderung ganzheitlich begleitet und steuert. Dabei handelt es sich um das sogenannte Cloud Center of Excellence (CCoE).

Das CCoE ist eine Organisationseinheit innerhalb eines Unternehmens, die zum Ziel hat, die Einführung und Nutzung der Cloud zu optimieren. Oftmals wird auch der Begriff Cloud Competence Center (CCC) synonym verwendet. Ein CCoE besteht typischerweise aus fachübergreifenden Spezialisten aus Bereichen wie Infrastruktur, Cloud, Sicherheit/Compliance, Architektur und DevOps. Es ist die zentrale Anlaufstelle für alle Fragen rund um die Transformation und maßgeblich dafür verantwortlich, die Cloud-Strategie zum Leben zu erwecken.

Dem CCoE kommen typischerweise folgende Verantwortungsbereiche zu:

Cloud-Transformation und Strategieplanung

Das CCoE verwaltet die Cloud-Transformation, steuert und treibt die Cloud-Strategie voran. Besondere Aufmerksamkeit bekommt dabei der Transformationsfahrplan (vgl. 7.4.3). Der CCoE umreißt den Umfang der Transformation und identifiziert weniger schwere Aufgaben, wie z. B. Anwendungen, die leicht zu migrieren sind und einen schnellen Return-on-Investment garantieren.

Optimierung von Cloud-Kosten und Service-Portfolio

Das CCoE muss heterogene Cloud-Umgebungen und deren Kosten verwalten, steuern und optimieren. Dies ist besonders wichtig in der Planungsphase, in der eine Business-Case-Analyse vorgenommen und Modernisierungs- und Konsolidierungspotenziale identifiziert werden. In einer späteren Maturitätsphase der Cloud-Transformation wird diese Aufgabe von einem dedizierten FinOps-Team übernommen.

Management und Reporting der Cloud-Transformation

Das CCoE muss einen Überblick über die aktuelle Anwendungs- und IT-Landschaft behalten. In der ersten Bewertungsphase berichtet es über die individuelle Cloud-Eignung der Anwendung und entwickelt gemeinsam mit Applikationsverantwortlichen und Spezialisten die Zielarchitekturen. Transformationsfortschrittsberichte des CCoE geben Einblicke in den momentanen Status der Transformation an alle wichtigen Stakeholder.

Unternehmensweite Durchsetzung von Cloud-Richtlinien

Die Festlegung von Richtlinien und Standards für Cloud-Sicherheit, Compliance und Kostenkontrolle ist eine weitere Schlüsselaufgabe für das CCoE. Das CCoE stellt die zentrale Anlaufstelle dar, um die Umsetzung von Richtlinien zu erleichtern und diese strikt durchzusetzen. Damit dies tatsächlich funktioniert, ist typischerweise auch die Unterstützung durch das Management erforderlich.

Interne Cloud-Beratung und Anleitung

Das CCoE ist die Brücke zwischen allen Organisationseinheiten und Interessengruppen, die entweder die Einführung der Cloud planen, Cloud-Dienste nutzen und implementieren, den Fortschritt der Transformation messen oder finanzieren. Alle Stakeholder müssen hinsichtlich der gesetzten Ziele, Zeitvorgaben und des Budgets aufeinander abgestimmt sein. Das CCoE ist die Einheit, von der die Ratschläge zur Verfolgung der Cloud-Migrationen kommen, vor allem wenn es um die Einhaltung von Architekturrichtlinien geht.

7.3.4 Einflussbereiche der Cloud-Strategie

Eine Cloud-Strategie sollte nie für sich allein betrachtet werden und muss mehrere Abhängigkeiten mitberücksichtigen. Die Geschäftsstrategie eines Unternehmens nimmt Einfluss auf die IT-Strategie und die IT-Strategie nimmt wiederum Einfluss auf die Cloud-Strategie. Wenn diese Einflüsse ausreichend aufeinander abgestimmt wurden, spricht man von einem „strategischen Fit".

Bild 7.5 Das Spannungsfeld rund um die Cloud-Strategie

7.3 Cloud-Strategie

Bezogen auf die Fragestellung, ob sich eine Migration des Rechenzentrums bzw. der Infrastruktur und Plattformen hin zu einem Public-Cloud-Provider lohnen, stehen drei Themen in einem Spannungsverhältnis zueinander (siehe Bild 7.5). Die Einstellung zum Thema Cloud, die Frage, wie wichtig das Thema Agilität für das Business ist, und die langfristige Optimierung von Kosten. Letzteres hat mit der Investitionsbereitschaft des Unternehmens zu tun und hat einen großen Einfluss auf die Migrationsstrategie zu einem Cloud-Provider.

Einfluss auf Migrationsentscheidungen durch die Cloud-Strategie

Die erste Größe im Spannungsverhältnis ist die Frage zur allgemeinen Einstellung des IT-Managements zum Themenkomplex Cloud. Eine positive Einstellung kann viele Hürden bereits im Vorfeld beseitigen und sollte, wenn nötig, auch mittels Kampagnen und anderer Bewusstseinsbildung erzielt werden.

Oftmals sind es Themen wie IT-Sicherheit und Datenschutz, die einer Cloud-Migration im Weg stehen. Das Bewusstsein über Sicherheitsmerkmale, aber auch Best Practices im sicheren Betrieb von Cloud-Ressourcen, kann schlussendlich dazu führen, dass ein CIO die Cloud-Migration freigibt.

Es gibt unterschiedliche Strategien im Kontext von Migrationsentscheidungen, die im Folgenden beschrieben werden:

Tabelle 7.1 Strategien für Cloud-Migrationsentscheidungen

Cloud-Strategie	Ausprägung dieser Strategie
Cloud First	Alle neuen Migrationsprojekte sollen die Nutzung von Public Cloud präferiert vorsehen. Dies setzt natürlich voraus, dass die technische Machbarkeit gegeben ist und es keine wesentlichen sicherheits- und regulatorischen Hürden gibt.
Lean Towards Cloud	Eine Migration von Workloads, die technisch umsetzbar sind und Geschäftspotenzial haben bzw. rentabel sind, soll Public Cloud nutzen. Dies wird ebenso auf alle ähnlichen Applikationen aus dem Portfolio übertragen (z. B. alle x86-Windows-Workloads, oder ein bestimmter Typ von Applikation).
Lean Against Cloud	Eine Migration für bestimmte und ausgewählte Applikationen, wo technische Machbarkeit und Nutzen gegeben ist, soll Public-Cloud-Services nutzen. Alle anderen Applikationen verbleiben im eigenen Rechenzentrum.
Cloud Last	Applikationen werden nur in die Public Cloud migriert oder von dort bezogen, wenn diese ausschließlich mittels Public Cloud bereitgestellt werden können. Typische Beispiele können Office365, Salesforce, Workday, ServiceNOW etc. sein.

Trotz einer unternehmensweiten Cloud-Strategie muss im Einzelfall betrachtet werden, ob sich eine Migration des Rechenzentrums in die Public Cloud lohnt. Die Parole „Cloud First" wird oft auch unbedacht ausgerufen. Das bedeutet jedoch nicht, dass eine Migration der bestehenden On-premise-Services in die Public Cloud Sinn macht.

Praxistipp

CIOs und Cloud-Architekten sollten die Diskussion rund um eine Migration keinesfalls losgelöst voneinander führen. Wie mit On-premise-Workloads verfahren werden soll, muss gemeinsam im Kontext der unternehmensweiten Cloud-Strategie ermittelt werden.

Einfluss von Agilität auf die Cloud-Strategie

Mit Agilität im Kontext von Cloud ist nicht das schnelle Bereitstellen oder Skalieren von IT-Infrastrukturen gemeint. Vielmehr ist darunter die Fähigkeit der IT zu verstehen, die benötigten Technologien für die Umsetzung der sich verändernden Geschäftsfähigkeiten bereitzustellen.

Agilität kann ein großer Treiber für die Migration in die Cloud sein. Im Folgenden werden zwei Beispiele genannt, in denen Agilität der Treiber für eine Migration in die Cloud sein kann:

Tabelle 7.2 Beispiele für Agilität als Treiber für eine Cloud-Migration

Use-Case	Beispiel
Digital Decoupling	Der Begriff Digital Decoupling beschreibt ein Architekturkonzept, in dem bestehende Legacy-Backend-Systeme und moderne Frontend-Systeme, die bereits in der Cloud laufen, zusammengeführt werden. Das Ziel ist, rund um die wertvollen Daten in Altsystemen moderne Schnittstellen über Cloud-Dienste aufzubauen, um möglichst effizient Modernisierungen vorantreiben zu können.
DevOps	Oftmals werden Applikationen im Zuge der Modernisierung grundlegend neu aufgebaut. Das Ziel ist, den Entwicklern die Möglichkeit an die Hand zu geben, schnell und unkompliziert neue Funktionalität für die jeweilige Applikation zu entwickeln und bereitzustellen. An dieser Stelle spielt Cloud-Technologie eine große Rolle, da sie für die notwendige Infrastruktur, Laufzeitumgebung, Elastizität und Ressourcenbuchung unkompliziert genutzt werden kann. Betriebsautomatisierung ist ein inhärentes DevOps-Konzept und wird dort Teil des Entwicklungsprozesses. DevOps führt damit zwei bislang zumeist isolierte Welten ineinander.

Die beiden Beispiele erklären auch mitunter den Trend, dass Unternehmen vermehrt auf Hybrid-Cloud-Strategien setzen, da die Umgestaltung in der Methode ein gradueller Prozess sein muss. Einen „one-size-fits-all"-Ansatz wird es damit auch in naher Zukunft nicht geben können.

Cloud-Strategie unter dem Aspekt Kostenoptimierung

Ob sich die Migration des eigenen Rechenzentrums in die Public Cloud lohnt und aktiv im Rahmen einer Cloud-Strategie umgesetzt wird, hängt von der Einstellung von Entscheidern sowie dem Wunsch der Geschäftsebene nach Agilität ab. Eine weitere Größe im Spannungsverhältnis ist das Thema Kostenoptimierung. Unter Kostenoptimierung ist nicht die reine Kostenreduktion der bisherigen IT-Kosten zu verstehen. Es kann für ein Unternehmen durchaus Sinn machen, mehr Geld für die IT freizugeben, wenn es im Umkehrschluss dem Unternehmen ermöglicht, Geld an anderer Stelle wieder einzusparen.

Um die unterschiedlichen Auswirkungen und Potenziale einzelner Migrationsstrategien zu verstehen, müssen die Möglichkeiten einer Migration aus der Perspektive einer Applikation umfänglich evaluiert werden.

7.3.5 Die 6 Rs

Die „6 Rs"[13] stehen für sechs unterschiedliche Ansätze, wie mit einer Applikation im Rahmen einer Migration umgegangen werden soll. Die Migrationsstrategien unterscheiden sich im Schwierigkeitsgrad, im Migrationsaufwand und letztendlich im Potenzial einer langfristigen Kosteneinsparung in puncto Betrieb. Nicht alle Migrationsstrategien sind relevant, wenn es um langfristige Kostenoptimierung geht. So lassen sich aus den 6 Rs drei primäre Strategien für eine Migration des Rechenzentrums in die Public Cloud ableiten. Die folgende Tabelle gibt einen Überblick:

Tabelle 7.3 6 Rs Strategien für eine Applikationsmigration in die Cloud

Applikationsstrategie (6 Rs)	Rechenzentrums-Migrations-Strategie	Beschreibung
Replace (SaaS)	Geringe Relevanz für eine Kostenoptimierung bei der Rechenzentrums-Migration	Ersatz von On-premise-Anwendungen durch Standard-SaaS-Produkte wie z. B. Office365, Google G-Suite, Salesforce, Workday, Microsoft Dynamics etc.
Refactor	Strategie: Rechenzentrums-Transformation	Anwendungen werden auf neue Cloud-Native-Architekturen migriert (FaaS, Container und DevOps spielen eine große Rolle).
Replatform	Strategie: Lift and Optimize	Meist handelt es sich hierbei um datenbankbasierte Anwendungen, die durch PaaS-Angebote der Cloud-Provider ersetzt werden.
Rehost	Strategie: Lift and Shift	Anwendungen laufen auf einer virtuellen Instanz und der virtualisierte Workload wird direkt zu einem Cloud-Provider verschoben. Die Anwendungen selbst werden nicht optimiert, also nicht in Richtung Cloud-Native transformiert.
Retain	Keine Relevanz für eine Kostenoptimierung bei der Rechenzentrums-Migration	Anwendungen verbleiben und werden weder ersetzt noch optimiert.
Retire	Keine Relevanz für eine Kostenoptimierung bei der Rechenzentrums-Migration	Anwendungen werden bis zum Ende ihres Lebenszyklus weiterbetrieben und anschließend abgeschaltet.

---

[13] https://aws.amazon.com/blogs/enterprise-strategy/6-strategies-for-migrating-applications-to-the-cloud/

Die Tabelle zeigt, dass sich aus den 6 Rs, speziell aus den Applikationsstrategien Rehost, Replatform und Refactor, die drei wesentlichen strategischen Optionen ableiten lassen, um die eigenen Services in die Public Cloud zu migrieren.

Retain und Retire sind Strategien im erweiterten Sinn und geben vor, wie mit Applikationen verfahren werden soll. Sie spielen aber im Sinne der Kostenoptimierung keine Rolle.

Auch wenn das Ersetzen einiger weniger Anwendungen durch SaaS eine Option bietet, so fällt das Potenzial zur Kostenoptimierung meist nur gering aus. Die Mehrheit der Anwendungen lässt sich nicht durch Standard-SaaS-Produkte ersetzen und damit ist keine signifikante Kostenoptimierung zu erzielen. Dennoch kann die Betrachtung von SaaS natürlich Sinn ergeben. Die Ablösung eigener Maildienste durch Microsoft Office365 oder Googles G-Suite oder auch die Einführung von SalesForce sind einige prominente Beispiele, in denen Replace-Strategien stark verbreitet und lohnend sind.

7.3.6 Migrationsvorgehen im Vergleich

Im Folgenden werden die drei üblichen Rechenzentrumsmigrationsstrategien Lift and Shift, Lift and Optimize sowie Refactor miteinander verglichen. Für alle diese Strategien lassen sich etwaige Kosten, zeitliche Aufwände und Risiken ableiten. Ebenso lassen sich Vorteile in Bezug auf Kostenoptimierung aufzeigen.

Tabelle 7.4 Übliche Migrationsstrategien im Vergleich

	Lift and Shift	Lift and Optimize	Refactor
Potenzieller Kostenvorteil	Klein	Mittel	Hoch
Einfluss auf die Geschäftsebene	Neutral	Positiv	Positiv
Zeitlicher Aufwand	Kurzfristig	Mittelfristig	Mittel- bis langfristig
Geschäftsrisiko	Niedrig	Moderat	Hoch
Technisches Risiko	Moderat	Moderat	Moderat
Erforderliche Investitionsbereitschaft	Moderat	Moderat	Hoch

Es wird deutlich, dass Unternehmen die Bereitschaft haben müssen, kurz- und mittelfristig zu investieren, damit Vorteile auch langfristig realisiert werden können. Eine Transformation und Modernisierung der Anwendungslandschaft erfordert jedoch Zeit, birgt Risiken, die es abzuschätzen gilt, und kostet zunächst einmal Geld, bevor sich Einsparungen erzielen lassen.

Die Tabelle zeigt, dass beispielsweise Lift and Shift zwar ein eher moderates Risiko mit sich bringt, hingegen das Einsparpotenzial gering ist. Die Tabelle zeigt auch, dass CIOs, Infrastrukturverantwortliche oder mit der Strategie beauftragte Mitarbeiter genau abwägen müssen. Es zeigt sich darüber hinaus, dass Lift and Optimize einen guten Kompromiss zwischen Risiken, zeitlichem Aufwand und dem zu erwartenden Einsparpotenzial darstellt. Lift and Optimize ist darum auch eines der meistgenutzten Migrationsvorgehen, um traditionelle Workloads in die Cloud zu migrieren.

Da jedes Unternehmen eine unterschiedliche Motivation, aber auch eine unterschiedliche Ausgangslage hat, lässt sich schwer eine allgemeine Empfehlung zum Migrationsvorgehen aussprechen.

Migrationsstrategie Lift and Shift

Bei Lift and Shift lassen sich aus einer rein wirtschaftlichen Betrachtung nicht einfach Vorteile erzielen. Es wäre zu kurz gedacht, einfach nur den womöglich günstigeren Betrieb einer VM in der Cloud als einziges Kriterium zu nutzen. Immerhin entstehen Kosten für die Migration, das eigene Rechenzentrum wird meist ad-hoc abgeschaltet und Infrastrukturservices wie Netzwerk, Storage und Sicherheit verursachen weitere zusätzliche Kosten im Cloud-Betrieb. Dazu kommt noch der Datentransfer, der vormals im eigenen Rechenzentrum meist keine direkten Kosten verursacht hat.

Es gibt dennoch Situationen, in denen Unternehmen Lift and Shift einsetzen:

- **Keine Zeit für eine Migration und gleichzeitige Optimierung der Anwendung.** Dies ist häufig bei Unternehmens-Spinoffs, Carve-outs oder Unternehmensübernahmen der Fall, wo der Druck, zeitnah ein Rechenzentrum zu schließen, groß sein kann.
- **Der Wunsch, unmittelbar von Vorteilen der Public Cloud zu profitieren.** Diese Argumentation wird unter anderem stark seitens der Cloud-Provider getrieben. Die Theorie ist, dass Unternehmen sofort von den Vorteilen der Cloud (Stichwort: Skalierbarkeit, DevOps etc.) profitieren. Meist sind die Migrationskosten hin zu diesen Vorteilen aber hoch und überschatten die Vorteile von Lift and Shift.
- **Der Irrglaube, dass eine mehrstufige Migration weniger Kosten verursacht.** Wahr ist, dass sich das Risiko durch einen mehrstufigen Migrationsprozess reduzieren lässt. Auf die entstehenden Kosten lässt sich dies jedoch nicht unbedingt gleichermaßen anwenden.

Migrationsstrategie Lift and Optimize

Die Migration oder die Optimierung von klassischen Workloads hin zu PaaS ist das meistgenutzte Migrationsvorgehen. Diese Strategie bietet ein ausgewogenes Verhältnis, um teilweise bereits Vorteile von Cloud-Native nutzen zu können und ohne dabei eine Anwendung radikal transformieren, also neu entwickeln, zu müssen.

Praxistipp

Durch das ausgewogene Verhältnis zwischen Vorteilen und Risiken sowie die erreichbare Nähe zu Cloud-Native sollte das Lift-and-Optimize-Migrationsvorgehen bei Unternehmen besonderes Augenmerk finden.

Migrationsstrategie Refactor bzw. Rechenzentrumstransformation

Eine Transformation ist schlussendlich viel mehr als nur alle Anstrengungen auf eine neue Technologie zu legen. Cloud-Native-Architekturen durch Containerisierung und Microservices oder FaaS bringen auch neue Konzepte für den Betrieb. Daneben hat DevOps einen großen Einfluss auf die Unternehmenskultur, setzt aber auch veränderbare Strukturen und

Prozesse voraus und ist nicht ausschließlich als technisches Thema zu verstehen. Unternehmen setzen oftmals auf eine solche Strategie, wenn

- das Business digitale Initiativen vorantreibt, also der Aufbau einer Plattform mit digitalen Services erfolgt, oder
- das Unternehmen bereits erfolgreich eine IaaS- und PaaS-Migration durchgeführt hat und nun die nächste Evolutionsstufe in Applikationsentwicklung, -betrieb und -management umsetzen möchte.

7.3.7 Empfehlungen für die Cloud-Strategie

Mit zunehmender Akzeptanz der Cloud-Technologie migrieren immer mehr Unternehmen ihre Workloads in die Public Cloud. Aktuelle Trends zeigen, dass sich Unternehmen dabei vermehrt für das Modell einer Hybrid-Cloud entscheiden. Auch in den kommenden fünf Jahren wird sich ein „One-size-fits-all-Ansatz" nicht durchsetzen.

Technologische Trends, wie beispielsweise Künstliche Intelligenz (KI) oder maschinelles Lernen, der Wunsch, diese schnell zu adaptieren, als auch der Wunsch nach mehr Business-Agilität beschleunigen zusätzlich den Konsum von Cloud-Services. Technische Verantwortliche evaluieren daher die Möglichkeiten einer Migration des gesamten Rechenzentrums in die Public Cloud (mittels IaaS oder PaaS).

Praxiserfahrung

Obgleich des stetig wachsenden Technologieangebots der Cloud-Provider und der damit verbundenen Innovationsmöglichkeiten, bleibt weiterhin der Wunsch bestehen, eine rasche Kostenoptimierung durch die Migration in die Public Cloud zu erreichen.

Immerhin können die meisten Anwendungen heutzutage ohne technische Hürden in die Public Cloud (IaaS/PaaS) migriert werden. Die dafür am besten geeigneten Kandidaten sind bereits virtualisierte x86-Windows- und Linux-Workloads. Das Potenzial, On-premise-Anwendungen durch Software-as-a-Service-(SaaS)-Produkte in der Cloud zu ersetzen, sollte im Einzelfall evaluiert werden und benötigt ein bereits etabliertes Business Capability Management. Bezogen auf die Migration eines kompletten Rechenzentrums, oft mit einer nicht vernachlässigbaren Anzahl von Eigenentwicklungen, ist die Zahl SaaS-tauglicher Anwendungen aber meist zu gering, um sich zu rechnen.

Entlang von IaaS und PaaS und darüber hinaus gibt es sechs unterschiedliche Migrationsstrategien (6 Rs) für Applikationen. Unternehmen müssen in die Modernisierung ihrer Anwendungen investieren, damit langfristig das volle Optimierungspotenzial ausgeschöpft werden kann. Anwendungen müssen dazu die Richtung hin zu Cloud-Native einschlagen. Dies lässt sich nur durch eine Replatform- oder Refactor-Strategie der jeweiligen Applikation erreichen.

Das Fundament für die Cloud-Migration ist die Cloud-Strategie. Diese kann sehr umfangreich in ihrer Gestaltung sein, aber Cloud Adoption Frameworks der Cloud-Provider helfen meist dabei, etwas Struktur in den Prozess zu bringen. Wir haben, obgleich etwas vereinfacht, beschrieben, dass sich der Kontext einer gesamten Cloud-Strategie aus sechs Perspektiven betrachten lässt. Alle beteiligten Stakeholder müssen dabei aus jeder Perspektive die sechs Fragen (z. B. nach dem „Was" und „Warum") jeweils für sich beantworten.

Im Kontext der Migration des Rechenzentrums in die Public Cloud muss darauf geachtet werden, die Perspektive nicht nur auf die Applikation und die ihr zugrunde liegende IT-Infrastruktur zu beschränken. Derartige Projekte sollten in der gesamten Cloud-Strategie berücksichtigt werden, da es viele Abhängigkeiten und Potenzial für Synergien gibt. Neben der Cloud-Strategie oder Kostenoptimierungsstrategie gibt es noch weitere wichtige Themenfelder, die es zu beachten gilt. Es müssen zum Beispiel auch physische, technische, Sicherheits- und mögliche finanzielle Risiken betrachtet werden. Darüber hinaus benötigt die Transformation in Richtung Cloud die Unterstützung und Freigaben auf allen Managementebenen.

Wie stark ein Unternehmen eine Migration des Rechenzentrums in die Public Cloud vorantreibt, hängt unter anderem auch von der Einstellung des IT-Managements ab und auch davon, wie „aggressiv" die gesamte Cloud-Strategie des Unternehmens vorangetrieben wird (vgl. Cloud First vs. Cloud Last).

Entscheidend ist letztendlich auch, wie mit dem Thema Kostenoptimierung umgegangen wird. Bin ich als Unternehmen langfristig bereit, in Strategien für die Kostenoptimierung zu investieren?

Für die Cloud-Strategie sollten sich Unternehmen zunächst einen Überblick der infrage kommenden Cloud-Provider verschaffen. Der Fokus sollte auf Eignung gelegt werden und nicht darauf, welcher Provider am kostengünstigsten ist. Es kommt darüber hinaus auch darauf an, welcher Cloud-Provider wo Stärken zeigt, z. B. technisch, in der geografischen Verteilung oder auch bezogen auf das vorhandene Industrie-Know-how.

Eine erfolgreiche Migration des Rechenzentrums zu einem Public-Cloud-Provider ist auch vom Support des Providers abhängig. Unternehmen werden die Migration oft nicht im Alleingang bewältigen können und sind dann auf externe Unterstützung angewiesen. Die Marktanteile der Cloud-Provider geben ein wenig Aufschluss darüber, wer hier die meiste Erfahrung hat. Cloud-Provider mit weniger Marktanteilen holen aber kontinuierlich auf, sodass sich das angebotene Spektrum an Migrations-Services in puncto Qualität in Zukunft wohl kaum unterscheiden wird.

Unternehmen sind auch gut beraten, wenn die eigene Technologie-Roadmap mit der des Cloud-Providers synchronisiert wird. Die Strategie des Cloud-Providers sollte zur eigenen Cloud-Strategie passen oder sich zumindest ergänzen.

Praxistipp

Realistisch bleiben! RZ-Migrationsprojekte dauern in der Regel zwei bis fünf Jahre. In dieser Zeit sollte jedoch auch Platz sein, um über das reine Lift & Shift hinaus auch in Richtung Cloud-Native Optimierungen vornehmen zu können. ∎

Bevor man zu tief in die aufwendige Berechnung der wirtschaftlichen Ausgestaltung und Folgen einer Cloud-Transformation kommt, sollte zunächst eine grobe Bewertung der eigenen IT-Infrastruktur und der Applikationslandschaft gemacht werden. Ein solches „high-level assessment" kann bereits helfen, um herauszufinden, ob eine wirtschaftliche Betrachtung tatsächlich sinnvoll ist.

Praxistipp

Die Bewertung der Applikationslandschaft sollte durch geeignete Werkzeuge unterstützt werden. Tabellenkalkulationsprogramme und manuelle Erhebung und Dokumentation schaffen selten die notwendige Transparenz für eine Bewertung mit qualitativer Aussagekraft. Es sollte bei der Wahl des Werkzeugs auf den Grad der Automation und die Integrierbarkeit in das Unternehmen geachtet werden.

■ 7.4 Cloud-Transformationsprozess

Am Cloud-Transformationsprozess beteiligen sich unterschiedliche Rollen, um in mehreren Phasen und Iterationen Applikationen erfolgreich in die Cloud zu migrieren. Je nach Größe der Transformation werden bereits vorab Präferenzen in Richtung der Nutzung von Cloud-Produkten eines oder mehrerer Cloud-Anbieter getroffen. Eine solche Präferenz ist bereits Teil der Cloud-Strategieentwicklung. Es ist gängige Praxis, dass ein für die Transformation beauftragtes Beratungsunternehmen oder dediziertes Cloud-Team im Unternehmen den Zugang zum Cloud-Anbieter legt und verwaltet. Dies ist in vielen Fällen hilfreich, um die Cloud-Strategie, z. B. im Sinne der Compliance-Anforderungen oder Service-Garantien, auch tatsächlich umgesetzt zu bekommen. Eine Vorauswahl von möglichen Zielanbietern dient auch der Evaluierung, ob Zielbudgets eingehalten werden können oder in Kostenverhandlungen eingetreten werden kann.

Der Cloud-Transformationsprozess gliedert sich in eine Reihe von Phasen (siehe Bild 7.6), die für jedes Transformationsprojekt durchlaufen werden. Transformationsprojekte umfassen dabei einzelne Applikationen, Gruppen von verwandten Applikationen oder die gesamte Applikationslandschaft. Im Folgenden werden die typischen Phasen des Cloud-Transformationsprozesses beschrieben.

Bild 7.6 Typische Phasen des Cloud-Transformationsprozesses und darüber hinaus

7.4.1 Datenerhebung

In der Erhebungsphase (discovery) wird der Grundstein für die Bewertung der Cloud-Transformation sowie die eigentliche Transformation gelegt. Dieser Grundstein ist das Schaffen von Transparenz auf Applikationsebene und dessen technischem, geschäftlichem und organisatorischem Umfeld. Ein wichtiger erster Schritt in der Erhebungsphase ist die Identifikation von Applikationsverantwortlichen oder deren erstmalige Benennung. Der Applikationsverantwortliche ist direkter Ansprechpartner für das Team rund um die Transformation, er unterstützt den reibungslosen Verlauf der Datenerhebung und begleitet in späteren Phasen das Migrationsteam und die Koordination mit dem Betriebsteam.

Sind Applikationsverantwortliche erst einmal identifiziert, so wird als Vorbereitung für die Cloud-Migration das Applikationsportfolio erhoben. Applikationsverantwortliche können hier maßgebliche Informationen zu Umfang, Art und Beschaffenheit der Anwendungslandschaft des Unternehmens liefern. Alternativ und je nach Reifegrad im IT-Management eines Unternehmens kann hier auf die Vorarbeit der Enterprise-Architekten zurückgegriffen werden, die oft konsolidiertes Wissen zur Anwendungslandschaft besitzen und verwalten.

Die Erhebung der Gesamtanwendungslandschaft ist insbesondere dienlich, wenn die generelle Machbarkeit einer Cloud-Migration eruiert werden soll. Die Eignung von Cloud-Anbietern, betroffene Abteilungen, das erreichbare Einsparungspotenzial etc. können nur bei einer ganzheitlichen Betrachtung vernünftig erhoben werden.

Die folgenden Aspekte sind für die Bewertung eines Cloud-Vorhabens von einzelnen Applikationen wichtig oder nehmen Einfluss auf das Bewertungsschema. Diese Aspekte sind an die besprochenen Perspektiven einer Cloud-Strategie angelehnt:

- Die Cloud-Strategie selbst
- Die Applikation selbst und ihre Konfiguration
- Geschäftsunterstützung der Applikation
- Datenverarbeitung und Schnittstellen
- Organisation
- Technische Plattform der Applikation
- Betriebsinfrastruktur

Erhebung der Cloud-Strategie

Obgleich eine generelle Cloud-Strategie präferierte Cloud-Anbieter oder deren Produkte initial definiert, ergeben sich oft applikationsspezifische Anforderungen, die im Rahmen der Migrationen und einer geplanten Modernisierung erfüllt werden müssen. Beispielsweise müssen bestimmte Applikationen dahingehend umgestaltet werden, dass sie automatisch mit tageszeitabhängigen Anfragelasten skalieren. Ein anderes Beispiel wäre die Gestaltung hochverfügbarer Datenbanksysteme oder die überregionale Datensicherung, um Anforderungen der Disaster-Recovery zu erfüllen.

Der eigentliche Treiber, warum eine Applikation ganz oder teilweise in die Cloud migriert werden soll, muss also für jede Applikation individuell beantwortet werden.

Erhebung von Applikation und ihrer Konfiguration

Grundaufgabe im strategischen IT-Management ist die Ausrichtung der IT an den Anforderungen des Geschäfts. Wichtig dabei ist aktuelles und strukturiertes Wissen über die Beschaffenheit, Zusammenhänge, Risiken und Kosten von Applikationen und IT-Services und wie diese das Unternehmen in seinen Geschäftsprozessen unterstützen.

Die strategische Betrachtung von Applikationen ist auch immer eine planerische Betrachtung. Speziell die Perspektive auf den Lebenszyklus von Applikationen (siehe stellvertretend auch für andere Bild 7.7) und eingesetzte Technologien eignet sich hervorragend als initiales Bewertungsinstrument für Cloud-Transformationen. Bei Applikationen, deren geplante Betriebseinstellung oder Nachfolge näher rückt, kann die Migration als Trigger zur Modernisierung genutzt werden.

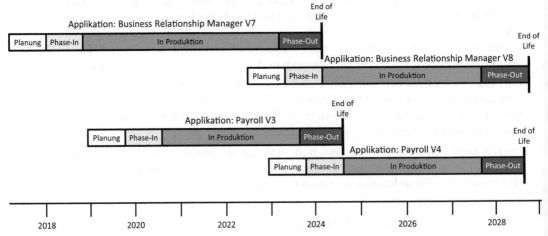

Bild 7.7 Standardbericht aus dem Application Lifecycle Management

Aber auch die Softwarearchitektur und -implementierung liefern wichtige Kenngrößen, die im Zuge einer Cloud-Transformation erhoben werden sollten. Kenngrößen, die für eine verminderte Eignung für den Cloud-Betrieb sprechen, sind z. B. die Nutzung von plattform- oder dateisystemspezifischen Funktionen, festgeschriebene IP-Adressen oder der Einsatz von bestimmten Programmiersprachen. Die Programmiersprache und eingesetzte Frameworks sind mitunter aber auch Kenngrößen, die bestimmte, in der Cloud verfügbare, Plattform-Services stark bewerben.

Die eingesetzten Authentifizierungsmethoden für Benutzer einer Applikation müssen ebenfalls erhoben werden, um später den passenden Ersatz als Cloud-Service finden zu können und Aufwände einer Restrukturierung oder Neukonfiguration abschätzen zu können.

Wie zuvor erwähnt, ist es für eine ganzheitliche Betrachtungen essenziell, Feststellungen darüber zu treffen, welche Applikationen voneinander abhängen. Dabei sind unter anderem folgende Fragen relevant:

- Unterstützen zwei Applikationen einen gemeinsamen Geschäftsprozess, Geschäftsaktivitäten oder fähigkeiten?
- Welche Schnittstellen existieren zwischen Applikationen und wie sind diese gestaltet?
- Teilen sich Applikationen eine technische Plattform oder Betriebsinfrastruktur?

Erhebung der Geschäftsunterstützung der Applikation

Das Verständnis darüber, wie Applikationen Geschäftsprozesse unterstützen, ist ein wichtiger Baustein für die spätere Steuerung der Cloud-Migration.

Als Teil der Geschäftsunterstützung sollte zunächst erhoben werden, welche Geschäftsfähigkeiten eine Applikation erfüllt. Das klassische Capability-Management dient hier primär als Entscheidungshilfe für die Evaluierung von passenden Angeboten im SaaS-Bereich.

Darüber hinaus kann über die implementierten Geschäftsfähigkeiten eine Aussage über die Unterstützung von Applikationen von mehr oder weniger kritischen Geschäftsprozessen erfolgen. Im Sinne der gesicherten Geschäftskontinuität können Applikationen so für spätere Transformationsprojekte eingetaktet werden.

Erhebung von Datenverarbeitung und Schnittstellen

Die Kommunikation zwischen Applikationen durch bereitgestellte Schnittstellen definiert den Applikationsverbund, der für eine Cloud-Bewertung Betrachtung finden muss. Dies ist auch essenziell für die Bewertung etwaiger Compliance-Anforderungen an die Applikation. Für eine Betrachtung auf dieser Ebene sind darüber hinaus noch eine Reihe von Informationen zu erheben:

- IT-Sicherheitsmerkmale wie die Art der eingesetzten Kommunikationsverschlüsselung und ob Datenintegrität sichergestellt ist
- Übertragungsprotokolle und genutztes Datenlayout
- Kategorie der übertragenen Daten, inklusive deren Datenschutzrelevanz, Betroffenengruppen etc.
- Bandbreitenanforderungen und Latenzkriterien
- Volumen eingehender und ausgehender Daten

Erhebung der technischen Plattform

Besonders für Applikationen mit komplexen Deployments gilt es, das technische Fundament im Detail zu erheben. Viele der Bausteine in der technischen Plattform können durch passende Cloud-Produkte ersetzt oder optimiert werden und mit dem Wissen über eingesetzte Technologien lässt sich oft auch eine Kosten- und Aufwandsabschätzung betreiben.

Die technische Plattform umfasst alle Komponenten, die von der Applikation verwendet werden oder für den Betrieb der Applikation essenziell sind. Dazu zählen:

- Softwarebausteine und bereitgestellte Services
- Laufzeitumgebungen und Technologien für den Applikationsbetrieb, z. B. Servlet Container
- Middleware, z. B. Message Queues, Gateways, Proxies
- Datenpersistenz, z. B. Dateisystem, relationale Datenbanksysteme, Key-Value Stores und andere NoSQL-Systeme

Erhebung der Betriebsinfrastruktur

Besonders um die Auswahl von geeignet dimensionierten Cloud-Produkten zu unterstützen, ist es erforderlich, dass die Betriebsinfrastruktur der Applikation miterhoben wird. Für die Produktwahl ist hierbei nicht relevant, ob die Applikation „bare-metal", also direkt auf dem physikalischen Server oder bereits in einer virtualisierten Umgebung betrieben wird. Relevant sind u. a.:

- Die Konfiguration der Betriebsinfrastruktur
- Die dem Deployment zugrunde liegenden Betriebseigenschaften

Einzig der zu erwartende Migrationsaufwand lässt sich über die Art des Applikationsbetriebs ableiten. Für IaaS-Strategien ist es zumeist ausreichend, die Wahl des Cloud-Produkts auf die Betriebsinfrastruktur abzustimmen. Für die Optimierung hin zu Cloud-Plattformen sind für die Dimensionierung meist noch weitere Informationen über den laufenden Betrieb von Bedeutung (z. B. Datenvolumen, parallele Nutzerzugriffe etc.).

Erhebung organisatorischer Aspekte

Für eine erfolgreiche Umsetzung einer Cloud-Transformation ist es unerlässlich, für alle Phasen die entsprechenden Wissensträger identifiziert zu haben und Teams zu formieren, die z. B. in der Phase der Datenerhebung unterstützen und diese sogar betreiben können.

Die Erhebung der Organisation der relevanten Organisationseinheiten ist somit auf gleicher Ebene wichtig, z. B. die Ermittlung der aktuellen Betriebsinfrastruktur einer Applikation.

Im Speziellen ist es wichtig, die vorhandene Expertise im Bereich Cloud im Unternehmen zu ermitteln und freie Kapazitäten für die Transformation zu identifizieren. Dies ist essenziell für die Bewertung der Machbarkeit einer Transformation sowie die Benennung von Verantwortlichkeiten einzelner Gruppen oder Personen. Typischerweise können im Rahmen dieser Erhebung Schwachstellen für die spätere Durchführung einer Transformation sichtbar gemacht werden. Eine frühzeitige Erhebung der Organisation bzgl. der Cloud-Umsetzung erlaubt somit das rechtzeitige Akquirieren von geschultem Personal oder das Hinzuziehen von externen Beratern, um die Schritte in Richtung Cloud zu begleiten und das Risiko eines Scheiterns gering zu halten.

7.4.2 Datenbewertung

Nach einer erfolgten Datenerhebung oder im Zuge dieser müssen die gesammelten Informationen zur Applikation bewertet werden (assessment). Eine Bewertung muss zunächst Einblick in die Vollständigkeit und Korrektheit der ermittelten Informationen geben. Das daraus gewonnene Vertrauen in den Datenbestand erlaubt schlussendlich eine Betrachtung der zu erwartenden Eignung der Applikation, in die Cloud migriert zu werden. Über die Applikationslandschaft hinweg kann somit geplant werden, welche Applikationen gemeinsam wann und wie zu einem Cloud-Provider migriert werden sollen.

Es ist wichtig zu wissen, welches Optimierungspotenzial in der IT-Infrastruktur und der Applikationslandschaft steckt und welchen Reifegrad die eigene IT hat. Im Rahmen der Bewertung können eine Reihe von Gründen zu Tage treten, die gegen eine Cloud-Migration sprechen oder wo technische Hürden eine Migration unmöglich machen. Wenn ein hoher prozentualer Anteil der Anwendungslandschaft in ein solches Raster fällt, lässt das Rückschlüsse auf die bevorstehende Komplexität der Migration zu. Ebenso können Sicherheitsbedenken den Umfang der für den Cloud-Betrieb infrage kommenden Applikationen reduzieren. Es muss im Zuge der Bewertung also auch die Frage gestellt werden, ob eine komplette Migration des Rechenzentrums überhaupt sinnvoll ist oder ob nur einzelne Anwendungen in die Cloud migriert werden können, um etwas Optimierungspotenzial abzuschöpfen.

Qualitätsprüfung der Datenerhebung

Die erhobenen Daten, die eine Applikations- und IT-Landschaft in ihren Konzepten, Abhängigkeiten und Eigenschaften beschreibt, erlauben unterschiedliche Betrachtungen im Rahmen der Bewertung des Cloud-Vorhabens.

Die Vollständigkeit der erhobenen Daten liefern somit einen Indikator für das Vertrauen in die Bewertung. Wie gut ein Datensatz eine Cloud-Bewertung untermauert, ist abhängig von der Cloud-Strategie. Beispielsweise ist der Überblick über die Betriebssystemkonfiguration der Server-Landschaft weniger von Bedeutung, wenn ohnehin eine CaaS-Strategie präferiert wird.

Ein Überblick über Lücken in der Datenerhebung kann genutzt werden, um zu entscheiden, ob

- weitere Ressourcen für die Datenerhebung aufgewendet werden sollen oder
- Applikationen aus Mangel an verfügbaren Daten beibehalten werden müssen (Retain).

Cloud-Eignung („Cloud Readiness")

Ein wichtiger Aspekt für die Gestaltung einer Migrationsroadmap für eine Applikationslandschaft ist die Ermittlung der Cloud-Eignung. Die Cloud-Eignung wird für jede Applikation einzeln betrachtet, jedoch nicht isoliert, sondern immer unter Einbezug von verbundenen Applikationen. Dieser Applikationsverbund umfasst gemeinsame Schnittstellen, die gemeinsame Unterstützung von Geschäftsprozessen oder geteilte technische Komponenten wie etwa Datenbanksysteme.

Generell sind die folgenden Fragen zur Cloud-Eignung einzelner Applikationen zu beantworten:

- Was ist das präferierte Liefermodell für Cloud-Ressourcen? Ist es die Public Cloud oder muss aus Sicherheitsgründen eine Private Cloud verwendet werden?
- Welcher Anbieter stellt die Cloud-Ressourcen zur Verfügung?
  - Was ist die geeignete Cloud-Plattform für den Private-Cloud-Betrieb? Soll eine On-premise-Cloud eines gängigen Public-Cloud-Providers genutzt werden oder ist die Nutzung einer freien Container-Plattform ausreichend bzw. in Unternehmen managbar?
  - Wer ist der geeignete Anbieter für den Public-Cloud-Betrieb? Wie wähle ich unter den Gesichtspunkten Kosten, Geolokation, Service-Garantien, Zertifizierungen, Produktangebot etc. aus?
- Erfüllt die Applikation wichtige Qualifikationskriterien? (auszugsweise)
  - Wird die Applikation auf einem physischen Server direkt betrieben und wie sehr ist sie verzahnt?
  - Werden Technologien genutzt, die im Cloud-Betrieb nur unzureichend unterstützt sind, z. B. bestimmte Betriebssysteme, Datenbanken, Protokolle etc.?
  - Kann die Applikation in der Cloud installiert und betrieben werden? Gibt es festgeschriebene Konfigurationen, wo wird der Laufzeitstatus der Applikation verwaltet, gibt es Vorgaben an das Netzwerk etc.?
- Existiert eine passende Migrationsstrategie oder wird die Applikation beibehalten bzw. aus dem Produktivbetrieb genommen? (vgl. 6 Rs)

- Ist die ermittelte Cloud-Eignung im Einklang mit den gewählten Cloud-Strategievorgaben, wie z. B. der Nutzung des strategischen Cloud-Providers?

7.4.3 Roadmapping und Migration

Die Migrationsroadmap ist ein zentrales Element für das Projektmanagement im Cloud-Transformationsvorhaben. Sie definiert die zeitliche Abfolge, in der die Applikationen migriert werden. In einer solchen Roadmap werden Applikationen einzeln oder gruppenweise in eine Planabfolge gestellt, um schlussendlich danach migriert zu werden. Die Migrationsroadmap macht während der eigentlichen Migration den Fortschritt transparent. Herausforderungen und Erfahrungen mit Cloud-Produkten bzw. Bestandsapplikationen sollten notiert und so zur agilen Planung verwendet werden.

Um die Migrationsroadmap aufbauen zu können, muss erneut eine Gesamtbetrachtung der Applikationslandschaft vorgenommen werden. In dieser Betrachtung müssen nun alle Resultate aus der Analyse zur Cloud-Eignung hinzugezogen werden. Eine Reihe von unterschiedlichen Perspektiven sollten nun genutzt werden, um die Migrationsabfolge in einer Roadmap zu definieren.

Diese Perspektiven erlauben die Bildung von Applikations-Clustern nach gemeinsamen Merkmalen. Typische Perspektiven sind:

- Gemeinsam genutzte technische Komponenten und Infrastruktur
- Gemeinsame Unterstützung von Geschäftsprozessen oder Bereitstellung von ähnlichen Geschäftsfähigkeiten
- Kommunikationsnachbarschaft zu anderen Applikationen
- Geteilte verantwortliche Organisationseinheiten
- Gleiche Cloud-Service-Provider
- Gleiche Migrationsstrategie
- Ähnliche Technologien und Plattformen in der Cloud
- Ähnliche Technologienutzung
- Ähnliches Zeitfenster für die Migration

Auf Basis dieser Perspektiven kann die Migrationsroadmap für Gruppen von Applikationen, unter Zuweisung von Verantwortlichen für die Migration, erstellt werden. Die detaillierte Ausarbeitung der nötigen Schritte hin zum Cloud-Betrieb muss nun definiert werden. In dieser Phase können weiterhin Erkenntnisse erlangt werden, die zu einer Veränderung der gewählten Migrationsstrategie führen oder sogar das Ausscheiden der Applikation aus der Roadmap zur Folge haben.

Während der Migration muss nun die Roadmap kontinuierlich verfolgt und aktualisiert werden. Es gilt, ähnlich wie in der agilen Softwareentwicklung, anfängliche Hürden, aber auch steigende Effizienz, in alle jeweils nachfolgenden Tätigkeiten einfließen zu lassen. Erworbene Fähigkeiten einzelner Teams mit dedizierten Cloud-Technologien müssen ebenso dokumentiert werden wie bewährtes Vorgehen und typische Probleme. Die Roadmap dient hier als zentrales Verzeichnis für das Projektmanagement und sollte im Laufe der Migration vom Planungswerkzeug verstärkt zu einem Kommunikationswerkzeug werden.

Praxistipp

Die Cloud-Migration, egal ob zu IaaS, PaaS oder über Cloud-Native, ist ein Change-Prozess und nichts beansprucht ein Unternehmen mehr als ein lang andauernder Change-Prozess. Einer der wichtigsten Erfolgsfaktoren in der laufenden Migration ist die Fähigkeit der IT, schnell Erfolge vorweisen zu können. Die Migrationsroadmap muss also „quick wins" bieten können. Das steigert die Motivation bei allen Beteiligten und erhöht die Akzeptanz auf Managementebene. Bei Cloud-Transformationen kann die IT-Abteilung aufzeigen, dass sie Innovationstreiber und nicht nur Technologielieferant ist.

7.5 Cloud-Management

Die Nutzung von Cloud, oft parallel zum bestehenden IT-Betrieb im eigenen Rechenzentrum, stellt Unternehmen häufig vor große Herausforderungen. Ein gewisser Altbestand an Applikationen kann möglicherweise nicht modernisiert und migriert werden oder aber er muss z. B. aus Compliance-Gründen auf einen späteren Zeitpunkt warten, um Cloud-Ressourcen nutzen zu können. Management-Prozesse müssen somit oftmals auf die Gegebenheiten einer hybriden IT-Landschaft aus Cloud-basierten und nicht-Cloud-basierten Systemen ausgeweitet werden.

Dieser Abschnitt umfasst einen kompakten Überblick über Themen, die im Cloud-Management nicht vernachlässigt werden sollten.

7.5.1 Strategisches Cloud-IT-Management

Die strategische Betrachtung der Cloud-IT ist der einer bestehenden Enterprise-IT sehr ähnlich. Auch hier muss die Transparenz aufrechterhalten werden, um die Planbarkeit sicherzustellen. Die Bereiche rund um das Management von Geschäftsfähigkeiten, Verantwortlichkeiten, Applikationslebenszyklus, Technologieportfolio, Kosten und Lizenzen etc. bleiben prinzipiell unberührt.

Cloud-Kostenoptimierung

Der Übergang in den Cloud-Betrieb erfolgt oftmals am Ende des Lebenszyklus von Hardware im eigenen Rechenzentrum oder hat zur Folge, dass bestehende und selbst betriebene Hardware kontinuierlich abgebaut wird. In diesem Übergang muss eine Anpassung im Kostenmanagement stattfinden, denn Cloud-Ressourcen werden typischerweise auf Monatsbasis und oft gemäß der tatsächlichen Nutzung verrechnet. Cloud-Ressourcen sind zumeist auch für längere Laufzeiten, unter entsprechendem Kostenabschlag, buchbar. In jedem Fall entfallen die üblichen hohen Anschaffungskosten eigener IT-Infrastruktur, diese werden aber vom Cloud-Anbieter über die Betriebskosten auf den Nutzer umgewälzt.

Die IT-Kosten unterliegen somit oft größeren Schwankungen und müssen im IT-Budget angepasst betrachtet werden. Es lohnt sich, eine Vergleichsrechnung anzustellen. Diese sollte die zu erwartende Ressourcenbuchung, unter Einbeziehung von möglichen Discounts beim Provider, den Anschaffungs- und Betriebskosten über den Abschreibungszeitraum gegenüberstellen.

Durch die Möglichkeit der flexiblen Ressourcenbuchung bzw. der Elastizität von Cloud-Architekturen ergibt sich ein erhöhtes Optimierungspotenzial bei den Betriebskosten. Cloud-Native-Applikationen sorgen für sich selbst für optimierte Ressourcennutzung.

Nichtsdestotrotz und gerade auch im IaaS- und PaaS-Umfeld ist das „right-sizing" z. B. von VMs bzw. die generelle Reduktion von „cloud waste" wichtig und anders als im eigenen Rechenzentrum auch umsetzbar. Dabei geht es darum, die Leistung gebuchter Services auf die tatsächlich genutzten Ressourcen anzupassen und somit Kosten zu sparen.

7.5.2 Werkzeuggestütztes Cloud-Management

Es gibt eine Reihe von Softwarelösungen, die das Cloud-Management erleichtern. Anwendungen aus dem Bereich des Enterprise Architecture Management (EAM), des IT-Service Management (ITSM) oder auch Werkzeuge für die Überwachung von Applikationen und IT-Infrastruktur im Betrieb unterstützen vermehrt auch strategische respektive operationale Prozesse einer hybriden Cloud-IT.

Rund um den Cloud-Betrieb etablieren sich auch sogenannte Cloud-Management-Plattformen, die für Kostenvergleiche, Cloud-Budgetverwaltung, einheitliche Ressourcenbuchung, Ressourcenüberwachung etc. eingesetzt werden können.

Cloud-Transformationsplattformen unterstützen zumeist darüber hinaus als Komplettlösungen den Prozess Ende zu Ende. Das heißt von der Erhebung über die Migration von Applikationen bis hinein in den Betrieb, inklusive dem Management von Cloud- und On-premise-Ressourcen. Solche Werkzeuge können, vor allem über einen längeren Planungszeitraum, eine gute Unterstützung bei Cloud-Vorhaben sein und sollten bereits ab einer Betrachtungsgröße von zehn Geschäftsapplikationen in Betracht gezogen werden.

7.5.3 Die Cloud-Organisation

Die Cloud ist selbst stetig im Wandel und Cloud-Anbieter sind, wie eingangs erwähnt, untereinander im Wettkampf um das Produktportfolio, das Kunden das größte Innovationspotenzial bietet. Hat man eine Cloud-Transformation erst einmal vom Anfang bis zum Ende bewältigt und eine hybride Cloud-IT zu betreiben, so bietet es sich eine dedizierte Organisationseinheit für Angelegenheiten rund um die Cloud an. Die Zusammensetzung einer solchen Organisationseinheit erfolgt dabei typischerweise aus den Reihen der Mitarbeiter im Unternehmen, die sich im Rahmen der Cloud-Transformation graduell Cloud-Know-how aneignen konnten.

Diese Cloud-Organisation, oft Cloud-Kompetenzzentrum genannt, muss stark im Unternehmen verankert und durch eine entsprechend breite Zusammensetzung der Rollen auch stark in alle Abteilungen des Unternehmens integriert sein. Zusammengefasst sollte ein Cloud-Kompetenzzentrum die folgenden wichtigen Merkmale aufweisen:

- Nicht extern betrieben, sondern zusammengesetzt aus einem internen Team
- Operierend als ständige Organisationseinheit oder auch als temporäre Task-Force
- Bündelung und Zentralisierung von erworbener Cloud-Expertise, nicht nur auf technischer Ebene
- Zentrale Anlaufstelle für Transformationsprojekte, Prozessbegleitung und Bewertung
- Vorgabe von Cloud-Standards und bewährten Architekturen
- Betrieb des Provider-Managements sowie der Verhandlungen zu Preis- und Servicegarantien
- Evaluation der Machbarkeit von Transformationen aus Sicherheits- und Compliance-Gesichtspunkten

Der Mehrwert der beschriebenen Kompetenzen erscheint naheliegend, dennoch zeigt die Praxis, dass die Formierung von Expertenteams zu Cloud-Anliegen oft vergessen wird. Jede Innovation und Modernisierung müssen von der Organisation getragen werden, um Realität werden zu können. Im Cloud-Umfeld ist das nicht anders. Um den gewünschten Veränderungen nicht ohnmächtig gegenüberzustehen, muss das Cloud-Kompetenzzentrum als schlagkräftige Organisationseinheit mit aufgebaut werden.

Das Wichtigste – zusammengefasst

- Cloud Computing ist voll und ganz im Mainstream angekommen. Die Erwartungshaltung von Unternehmen bzgl. der Cloud ist wesentlich reifer geworden. Trotzdem hält sich die Erwartung einer direkten Kostenersparnis hartnäckig und sollte von einer Herangehensweise abgelöst werden, in der der Agilitätsvorteil im Vordergrund steht.
- Die meisten Unternehmen beziehen heutzutage gewollt oder ungewollt Services von mehreren Public-Cloud-Anbietern. Sie befinden sich also in einem Multi-Cloud-Szenario.
- Cloud-Native-Architekturen sind durch ausgereifte Container-Plattformen wie Kubernetes der Architekturstandard für Neuentwicklungen. Dieses Architekturmuster sollte unbedingt bei Ihrem Migrationsvorhaben in Betracht gezogen werden.
- Public-Cloud-Anbieter stehen in starkem Wettbewerb um Marktanteile und Innovationsführerschaft. Merkmale der Differenzierung sind vor allem die Services auf den Ebenen PaaS und XaaS, wie z. B. MLaaS. Bei der Auswahl des Dienstleisters lohnt sich der Vergleich der Angebote auf diesen Ebenen. Den starken Wettbewerb zwischen den Anbietern sollten Sie zu Ihrem Vorteil nutzen.
- Die Cloud-Strategie steht im Spannungsverhältnis zu weiteren wesentlichen IT-Initiativen im Unternehmen. Sie sollte möglichst mit der Business-IT-Strategie, Modernisierungsbestrebungen und Kosteneinsparungsprojekten im Einklang sein.
- Mit der Matrix der sechs Cloud-Perspektiven und der sechs W-Fragen können Sie sehr anschaulich die eigene Cloud-Strategie definieren und entwickeln. Die Matrix dient zusätzlich als wertvolles Kommunikationstool.

- Merken Sie sich die 6 Rs der Cloud-Transformation! Wenn es um die Entscheidungsfindung für oder gegen die Migration einer Applikation geht, haben Sie damit ein praktisches Rahmenwerk zur Hand.
- Lift and Optimize stellt ein sinnvolles Mittelmaß zwischen dem Risiko einer kompletten Neuentwicklung und dem oft zu schwachen Effekt für die Kosteneffizienz bei Lift and Shift dar.
- Für ausgewogene Migrationsentscheidungen bedarf es eines holistischen Assessment der Applikationen. Dabei müssen sowohl technische als auch organisatorische Anforderungen in Betracht gezogen werden. Das ist aufwendig, lohnt sich aber enorm, da das Zurückrollen oder Stoppen einer Migration durch eine falsche vorangegangene Entscheidung viel teurer ist als der Aufwand für das initiale Assessment.
- Etablieren Sie ein Cloud-Kompetenzzentrum, das zentral die Cloud-Strategie weiterentwickelt, Technologieentscheidungen trifft und als Ansprechpartner für alle Abteilungen im Unternehmen dient. So stellen Sie sicher, dass Cloud-Wissen zentral gebündelt und jederzeit, auch wiederholt, verfügbar ist.
- Durch das Assessment, die Planung und die Durchführung von Cloud-Transformationen ergeben sind komplexe Projekte, die Management-Buy-in und die richtigen Werkzeuge benötigen. Entwickeln Sie also die nötigen Kampagnen zur Cloud-Bewusstseinsbildung. Zusätzlich sollten Sie Werkzeuge etablieren, die die Transformation Ende-zu-Ende begleiten können und das darauffolgende Management und die Optimierung ermöglichen.

■ 7.6 Literatur

[Ab18]   *Abdula, M.; Averdunk, I.; Barcia, R.; Brown, K; Emuchay, N.:* The Cloud Adoption Playbook: Proven Strategies for Transforming Your Organization with the Cloud. Wiley, 2018

[Ar19]   *Arundel, J.; Domingus, J.:* Cloud Native DevOps mit Kubernetes: Bauen, Deployen und Skalieren moderner Anwendungen in der Cloud. dpunkt.verlag, 2019

[Bo15]   *Bond, J.:* The Enterprise Cloud. O'Reilly Media, 2015

[Or18]   *Orban, S.:* Ahead in the Cloud: Best Practices for Navigating the Future of Enterprise IT. Wiley, 2018

8 IT-Sourcing

Helmut Zsifkovits

Fragen, die in diesem Kapitel beantwortet werden:

- Was sind die speziellen Herausforderungen in der Beschaffung von IT-Leistungen (IT-Systeme, Systemkomponenten) und wie können diese zielorientiert und effektiv adressiert werden?
- Welcher Umfang an IT-Leistungen sollte durch das Unternehmen selbst erbracht werden, welche sollten aus wirtschaftlichen oder anderen Gründen zugekauft werden?
- Was sind die Ziele und Aufgabenbereiche des Lieferantenbeziehungsmanagements im IT-Umfeld?
- Wie kann das Verhältnis zu Lieferanten gestaltet werden, was sind grundsätzliche Ansatzpunkte des Lieferantenmanagements?
- Was sind die wesentlichen Schritte im Aufbau und in der Weiterentwicklung von Lieferantenbeziehungen?
- Welche Standards und Referenzmodelle unterstützen die Gestaltung von Kunden-Lieferanten-Beziehungen und wie können diese eingesetzt werden?
- Was sind erprobte Ansätze zur Bewertung und Klassifikation von Lieferanten und darauf aufbauende Prozesse des Lieferantenmanagements?
- Durch welche Funktionalitäten kann Software das Management von Lieferantenbeziehungen unterstützen?
- Welche digitalen Technologien werden das IT-Sourcing in den nächsten Jahren in welcher Weise verändern?
- Welche Funktionalitäten bietet E-Procurement für die Umsetzung von Beschaffungsprozessen?
- Welche Rolle wird Cloud Sourcing, der Bezug von Rechenressourcen, Speicherkapazität und Software von Anbietern in der „Cloud", spielen?

8.1 Sourcing und Supplier Management

Aufgabe der Beschaffung ist die bedarfsgerechte und wirtschaftliche Versorgung eines Betriebs mit Gütern und Dienstleistungen. Sie umfasst damit alle Tätigkeiten, die der Bereitstellung der Einsatzfaktoren dienen, die zur betrieblichen Leistungserstellung erforderlich sind.

Die Begriffe Beschaffung und Einkauf sind in ihrem Begriffsinhalt unterschiedlich, werden jedoch im allgemeinen Sprachgebrauch häufig synonym verwendet. Einkauf beschreibt ursprünglich die operativen Tätigkeiten der Bereitstellung von Gütern und Dienstleistungen, während der Begriff Beschaffung weiter gefasst ist, auch die Bereitstellung von Rechten, Informationen oder Personalleistungen umfasst und darüber hinaus stärker strategisch orientiert ist.

Die Bedeutung der Beschaffung ist in den letzten Jahrzehnten in allen Märkten und Unternehmensbereichen maßgeblich gestiegen. Aufgrund der Öffnung internationaler Märkte und neuer Informations- und Kommunikationstechnologien hat sich auch für kleine und mittlere Unternehmen der Zugang zu neuen Beschaffungsmärkten eröffnet.

Zunehmend komplexe Produkte und Dienstleistungen erfordern eine Konzentration auf die Kernkompetenzen des Unternehmens und eine Verringerung der Fertigungstiefe, erfordern gleichzeitig aber auch die stärkere Einbindung von extern zugekauften Leistungen. Dadurch erhöht sich die Bedeutung von Zulieferern und es steigt die Abhängigkeit von diesen. Durch die Entwicklungen in der Informations- und Kommunikationstechnologie erschließen sich neue Beschaffungskanäle, über Internet-Portale und elektronische Märkte können Beschaffungsprozesse schneller, effizienter und weitgehend automatisiert ablaufen. Aufgrund dieser Tendenzen haben sich Teile der betrieblichen Wertschöpfung vom Hersteller zum Lieferanten verlagert und damit die Beschaffung vom Erfüllungsgehilfen zum wesentlichen Akteur in der Kette der Produktentstehung gewandelt.

Markttrends und Veränderungen im globalen Umfeld haben die Beschaffung in den letzten Jahrzehnten stark geprägt und verändert. Diese Faktoren lassen sich wie folgt zusammenfassen:

- **Zunehmende Globalisierung:** Ein steigendes Beschaffungsvolumen wird von Lieferanten bezogen, die nicht im näheren geografischen Umfeld zu finden sind. Dies betrifft sowohl physische Güter, Hardware, Komponenten oder Materialien, wie auch Software, Lizenzen oder Services. Dadurch nehmen Transportwege und Vorlaufzeiten vielfach zu, und es entstehen neue Chancen und Risiken. Als Gegenbewegung zum globalen Sourcing ist auch eine Präferenz für lokale Lieferanten feststellbar, um Versorgungsrisiken, lange Lieferzeiten und Unterbrechungen von Lieferketten zu reduzieren.

- **Kundenindividualisierung:** Feststellbar ist ein steigender Trend zu personalisierbaren Produkten und Leistungen in allen Bereichen. Dies betrifft Güter des privaten Bedarfs ebenso wie Systeme und Lösungen, die im betrieblichen Umfeld zum Einsatz kommen. Software kennt seit langem den Begriff des „Customizing", für physische Produkte ist diese Tendenz in den letzten Jahren ebenfalls stark erkennbar. „Mass Customization" bezeichnet den Einsatz standardisierter Komponenten, die in großen Stückzahlen gefertigt werden (Mass Production), in Kombination mit einem kundenindividuellen Konfigurationsprozess (Customization).

- **Beschleunigung:** Allgemein ist eine zeitliche Verkürzung von Prozessen festzustellen. Getrieben durch technische Erfordernisse, Marktgegebenheiten und Konkurrenzdruck, besteht die Notwendigkeit einer schnelleren Reaktion auf Kundenwünsche. In der industriellen Fertigung, aber auch in der Bereitstellung von Services, wird zunehmend das Just-in-Time-Prinzip angewendet, die möglichst kurzfristige und zeitnahe Bereitstellung von Produkten und Leistungen. Die Verkürzung von Technologie- und Produktzyklen trägt darüber hinaus zu einer notwendigen Beschleunigung von Prozessen bei.

- **Prozessintegration:** End-to-end-Prozesse sind Prozesse, die aus mehreren zeitlich-logisch aufeinanderfolgenden Teilprozessen bestehen und insgesamt der Erfüllung eines konkreten Kundenbedürfnisses dienen. Ein derartiger Prozess erstreckt sich vom Bedarf des Kunden bis zur Leistungserbringung und ist in den meisten Fällen abteilungsübergreifend. Dies erfordert eine organisatorische Abstimmung der Teilschritte über Abteilungs- und Unternehmensgrenzen hinweg, aber auch eine IT-technische Integration der Datenflüsse.

- **Technologieentwicklung:** Neue Technologien tragen wesentlich zur Veränderung der Beschaffungsaufgaben bei. Einerseits geschieht dies durch die Komponenten, die für den Einsatz dieser Technologien erforderlich sind, andererseits sind Technologien aber auch Enabler für neue Modelle und Prozesse in der Beschaffung. Zu nennen sind hier die Technologien der Radio-Frequency Identification (RFID), Global Positioning Systems (GPS), Verfahren der drahtlosen Übertragung (Wireless, Bluetooth, GSM/UMTS, …) oder Technologien in Transport und Kommissionierung.

Die genannten Trends tragen zu einer gesteigerten Komplexität der Produkte und Prozesse bei. Zur Beherrschung dieser Komplexität erforderlich sind effektive Steuerungsverfahren und Algorithmen, aber auch internationale Standards in Datenverkehr, Produktklassifikation, Kennzeichnung, Verpackung und anderen Bereichen.

Durch koordinierte Zusammenarbeit mit Lieferanten und effektives Lieferantenmanagement können Nutzeffekte in unterschiedlicher Hinsicht erreicht werden. Eine Bindung an ausgewählte Lieferanten bietet potenzielle Wirtschaftlichkeitsvorteile, da die Kosten für die Erhaltung eines vorhandenen Lieferantenstamms geringer sind als jene für die Gewinnung neuer Lieferanten. Eng verbundene Lieferanten können besser und flexibler auf die Anforderungen des Unternehmens eingehen und Leistungen in besserer Qualität erbringen. Durch intensive Einbindung von Lieferanten in frühen Phasen von Projekten und Produktentwicklungen können Synergieeffekte aus der Nutzung von Technologie-Know-how, Entwicklungserfahrung und Marktkenntnis der Lieferanten genutzt werden.

Das **Supplier Management** (Lieferantenbeziehungsmanagement), auch als **Supplier Relationship Management (SRM)** bezeichnet, wendet Ansätze des Customer Relationship Managements spiegelbildlich an. Es umfasst also die strategische Planung und Steuerung von Beziehungen eines Unternehmens zu seinen Lieferanten. Ziel ist die enge Anbindung der wesentlichen Lieferanten an das Unternehmen sowie die Unterstützung des Einkaufs in der Ausführung der Beschaffungsprozesse durch entsprechende Organisationsstrukturen und Anwendungssysteme.

Supplier Management stellt sicher, dass alle Lieferantenverträge auf die Geschäftserfordernisse hin ausgerichtet sind und zur Unterstützung der Geschäftstätigkeit des Unternehmens beitragen. Weiters sorgt das Supplier Management dafür, dass die Lieferanten ihre vertraglichen Pflichten erfüllen.

8.1.1 IT-Sourcing

Eine allgemeine, generische Klassifikation von Beschaffungsobjekten aus der Sicht von produzierenden Unternehmen hat üblicherweise den Schwerpunkt auf „originären Gütern", dies sind Objekte, die unmittelbar der Herstellung von (physischen) Produkten dienen. IT als Servicefunktion hat einen anderen Fokus. Die **Objekte der Beschaffung im IT-Bereich** sind alle Produkte, Dienstleistungen und Rechte, die die Prozesse der betrieblichen Wertschöpfung durch entsprechende Infrastruktur und Services unterstützen (Bild 8.1).

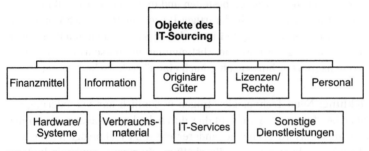

Bild 8.1 Beschaffungsobjekte im IT-Sourcing

Der **direkte Einkauf** umfasst alle Waren und Dienstleistungen, die direkt in ein Endprodukt einfließen. Dazu gehören Rohstoffe, Hilfsstoffe, Vor- und Teilprodukte sowie Betriebsmittel wie Werkzeuge. In produzierenden Unternehmen bestimmt er über die Einkaufspreise dieser Produkte maßgeblich die Gewinnmarge des Endprodukts.

Der **indirekte Einkauf** beschafft alle Materialien und Leistungen, die für den Betrieb eines Unternehmens benötigt, aber nicht für die unmittelbare Herstellung oder Verarbeitung des Endprodukts eingesetzt werden. Hierzu zählen das Marketing, Versicherungen, Logistik, Instandhaltung oder After-Sales-Dienstleistungen.

Das IT-Sourcing ist somit dem direkten Einkauf zuzuordnen, sofern es sich nicht um IT-Komponenten, Services, Software etc. handelt, die unmittelbar mit den Produkten des Unternehmens an den Endkunden verkauft werden.

Im Rahmen des IT-Sourcing werden neben physischen Gütern (Systeme, Hardware, Infrastruktur) auch Dienstleistungen (Programmierung, Netzwerkinstandhaltung usw.), Informationen, Rechte (Softwarelizenzen) und IT-Personal über entsprechende Beschaffungskanäle bezogen. Die Beschaffung erfolgt teilweise durch andere Organisationseinheiten als die IT (Personalabteilung, Rechtsabteilung, Fachabteilungen, Patentwesen). Einen beispielhaften Umfang von IT-Sourcing zeigt die nachfolgende Tabelle 8.1.

Die Beschaffungsaufgaben im IT-Umfeld lassen sich in operative und strategische gliedern, entsprechend ihrer Fristigkeit und Bedeutung. Operative Aufgaben umfassen sich kurzfristig wiederholende Routinetätigkeiten im Tages- oder Wochenrhythmus. Strategische Aufgaben sind längerfristig ausgerichtet und haben Auswirkungen auf weitere Bereiche des Unternehmens. Strategische Maßnahmen schaffen die Rahmenbedingungen für die regelmäßig durchgeführten Routineprozesse. Dementsprechend fallen strategische Aufgaben auch in den Verantwortungsbereich einer übergeordneten Managementebene.

Tabelle 8.1 Beschaffungsobjekte im IT-Sourcing (Beispiel)

Kategorie	Beschaffungsobjekte
Hardware	- Computer - Peripheriegeräte - Netzwerk-Komponenten (Router, Hubs, Kabel) - Mobile Komponenten - Auto-ID-Komponenten (Scanner, Tags)
Rechte	- Software-Lizenzen - Miet-/Leihgeräte
Verbrauchsmaterial	- Druckermaterial (Toner, Papier)
IT-Services	- Hosting - Nutzung von Portalen
Sonstige Dienstleistungen	- Wartung/Instandhaltung - Reinigung - Rechtsberatung
Personalleistungen	- Programmierleistung - Leasing IT-Personal
Sonstiges	- Energie - Möbel, Büroeinrichtung - Informationen (Technologie-Entwicklungen)

Aufgaben des **operativen Einkaufs** sind:

- Abwicklung von Bestellvorgängen
- Vorbereitung und Durchführung von Ausschreibungen (Requests for Proposals, RFP)
- Erstellung und Bewerten von Angebotsanfragen (Requests of Quotations, RFQ)
- Informationsanfragen (Requests for Information, RFI)
- Verwaltung von Preisen und Konditionen

Strategische Beschaffungsaufgaben umfassen:

- Gestaltung der generellen Beschaffungsstrategie
- Gestaltung von Outsourcing-Partnerschaften
- Erstellung von Richtlinien bezüglich Eigenerstellung oder Zukauf (Make or Buy)
- Marktanalyse (Beschaffungsmarktforschung)
- Auswahl, Bewertung und Entwicklung der Lieferanten
- Vertragsverhandlung und -ausgestaltung
- Koordination und Bündelung von Einkaufsmacht
- Mitwirkung bei Technologieentscheidungen und Entscheidungen über Standards

8.2 Zentraler vs. dezentraler Einkauf

Der IT-Einkauf ist in vielen Unternehmen zentral organisiert, d.h., die Abwicklung erfolgt durch die Einkaufsabteilung. Ein wesentlicher Vorteil dieser Organisation ist der Kostenfaktor. Rahmenverträge können zu günstigen Konditionen abgeschlossen werden und höhere Stückzahlen aufgrund der Bündelung der Bedarfe bringen Kostenvorteile. Nachteilig ist zu sehen, dass Materialien oder Produkte nicht immer schnell genug die Bedarfsträger erreichen, etwa wenn Termindruck herrscht oder ein Bedarf zeitkritisch ist, etwa bei Ersatzteilen. Die zentrale Beschaffung hat also sowohl Vorteile wie auch Nachteile. Dies soll in der Folge näher analysiert werden.

Eine **Zentralisierung des Einkaufs** ermöglicht eine Bündelung der Bedarfe, eine effiziente Abwicklung der Beschaffungsprozesse und damit eine Einsparung von Kosten. Über Rahmenverträge entstehen Kostenvorteile durch die Bestellung größerer Stückzahlen. Einem dezentralen Einkauf ist es meist nicht möglich, Rahmenverträge zu verhandeln und Mengenrabatte zu erhalten. Nicht immer ist der Einkaufspreis allein entscheidend, sondern es kommt auch darauf an, was darin enthalten ist. In einem höheren Einkaufspreis sind möglicherweise auch Garantieleistungen, Wartungsarbeiten oder der Wegfall von Kosten für Verpackung und Lieferung enthalten. Diese Aspekte kann ein zentraler Einkauf besser beachten und entsprechende Verträge vereinbaren. Der zentrale Einkauf stärkt darüber hinaus die Position eines Unternehmens gegenüber den Lieferanten.

Nachteile einer zentralen Beschaffung liegen vielfach im Zeitfaktor. Werden Leistungen oder Produkte schnell benötigt, dauert der Prozess über den Einkauf oft länger als bei einer direkten Bestellung durch den Bedarfsträger. Erfolgt die Beschaffung dezentral durch die Verantwortlichen in den einzelnen Abteilungen, kann flexibel auf Termindruck und auf Notfälle reagiert werden. Die Waren können schneller in den Abteilungen sein, auch Sonderangebote werden oft ausgenutzt. Zentrale Beschaffung von Komponenten erfordert vielfach eine höhere Lagerkapazität und einen höheren Verwaltungsaufwand.

Ein vielfach bewährter Weg, um die Vorteile des zentralen und des dezentralen Einkaufs zu kombinieren und die jeweiligen Nachteile zu vermeiden, ist die Trennung zwischen strategischem Einkauf durch die Einkaufsabteilung und operativem Einkauf durch die Abteilungen.

Produkte und Dienstleistungen, die laufend im Unternehmen zur Verfügung stehen müssen, werden **strategisch über den zentralen Einkauf** beschafft. Dieser verhandelt Rahmenverträge für Waren und Dienstleistungen, die ständig im Unternehmen benötigt werden, und bestellt in größeren Mengen und unter Ausschöpfung von Mengenrabatten. Weitere Aufgaben sind die Lieferantenbewertung und der Aufbau langfristiger Beziehungen mit den Lieferanten.

Produkte und Dienstleistungen, die unregelmäßig oder spontan benötigt werden, werden **operativ durch die Abteilungen** beschafft. So erfolgt die kurzfristige Bestellung von Waren und Dienstleistungen, die dringend benötigt werden, oder aber, wo eine tiefe Fachkenntnis in der Kommunikation mit dem Lieferanten erforderlich ist.

Unerlässlich ist bei dieser Organisationsform eine gute Kommunikation zwischen den Fachabteilungen und der Einkaufsabteilung.

Tabelle 8.2 Zentraler vs. dezentraler Einkauf – Vorteile und Nachteile

	Zentral	Dezentral
Vorteile	- Günstige Konditionen durch Rahmenverträge, beispielsweise Kosteneinsparung und erweiterte Leistungen - Stärkung der Position des Unternehmens gegenüber den Lieferanten - Aufbau langfristiger Beziehungen zu Lieferanten - Kosteneinsparung durch Bündelung und Bestellung größerer Stückzahlen - Reduzierung der Transportkosten - Geringere Bearbeitungskosten pro Auftrag (Bündelung) - Nutzung von Mengenrabatten - Förderung der Standardisierung von Komponenten, Services etc.	- Keine langen Wege, die Produkte oder Dienstleistungen treffen schnell in den Abteilungen ein - Höhere Flexibilität, schnelle Reaktion auf Terminengpässe und Notfälle - Nutzung von zeitlich befristeten Sonderangeboten - Geringerer Verwaltungsaufwand - Einsparung von Lagerkapazitäten - Stärkung der Eigenverantwortung und Motivation in den Abteilungen
Nachteile	- Lange Wege von den Abteilungen bis zum Einkauf, mehr Bürokratie - Benötigte Lieferungen treffen nicht schnell genug ein - Aufgrund größerer Stückzahlen höherer Bedarf an Lagerkapazität - Erhöhter Verwaltungsaufwand	- Wegfall von Einsparmöglichkeiten durch Rahmenverträge und Mengenrabatte - Keine langfristigen Beziehungen zu den Lieferanten - Schlechtere Zahlungs- und Lieferkonditionen - Höherer Personalbedarf und Schulungsbedarf

8.2.1 Strategien im IT-Sourcing

Die **Beschaffungsstrategie** bestimmt die Rahmenbedingungen für den Einkauf, die Lieferantenanzahl und die Entscheidungen über Eigenerstellung oder Zukauf von Gütern und Dienstleistungen.

Eine Grundsatzentscheidung in der Beschaffung von Produkten und Dienstleistungen betrifft die Nähe oder Ferne zum Lieferanten. Lieferantenbeziehungen können sporadisch sein, als Transaktion im Anlassfall, ohne längerfristige Bindung oder Kooperation, oder die Form einer synergetischen Partnerschaft mit zahlreichen gemeinsamen Interessen annehmen. Der Gegensatz zwischen dem **„Fliegenmodell"** und dem **„Symbiotischen Modell"** illustriert dies in sehr anschaulicher Weise. Während im ersten Fall der Kontakt zwischen Lieferant (L) und dem Kunden (K) ein flüchtiger und punktueller ist, ist im symbiotischen Modell eine große „Berührungsfläche" gegeben, gekennzeichnet durch gemeinsame Entwicklungen, Abstimmungsprozesse und langfristige Kooperationsabsichten (Bild 8.2).

Fliegenmodell   Symbiotisches Modell

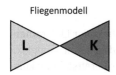
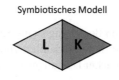

Bild 8.2
Modelle der Lieferantenbeziehungen

Als **Single Sourcing** (Einzelquellenbeschaffung) wird die Beschaffung einer definierten Kategorie von Produkten oder Dienstleistungen von einem einzigen Anbieter bezeichnet. Rahmenverträge erzeugen eine engere Bindung und möglicherweise Vorteile durch Mengenbündelung, Rabatte, Skonti oder Boni.

Demgegenüber bezeichnet **Dual Sourcing** die Beschaffung eines identischen Produkts bei zwei verschiedenen Anbietern, **Multiple Sourcing** die Beschaffung bei mehreren Anbietern.

Single Sourcing bietet Vorteile, ist allerdings auch mit Risiken verbunden. Aufgrund der Bündelung größerer Mengen von einem einzelnen Lieferanten kann ein günstigerer Einkaufspreis erzielt werden (durch Mengenbündelung, Rabatte, Skonti oder Boni). Die Bildung langfristiger Geschäftsbeziehungen ist häufig damit verbunden. Durch eingespielte Prozesse und den Aufbau von Vertrauen können Maßnahmen der Qualitätssicherung oder der vertraglichen Absicherung reduziert werden und Bestellungen als Routinevorgänge abgewickelt werden. Wenn Rahmenverträge geschlossen werden, reduziert sich für den Einkauf der Verhandlungs-, Kommunikations- und Logistikaufwand. Nachteile und Risiken entstehen aus der starken Abhängigkeit von einem einzelnen Lieferanten. Außerdem besteht das Risiko von Systemausfällen bei Lieferengpässen von Komponenten oder Schwierigkeiten auf Seiten des Lieferanten. Single Sourcing kann dazu führen, dass nicht das günstigste Produkt oder die günstigste Leistung am Markt gekauft wird.

Dual/Multiple Sourcing (Mehrquellenbeschaffung) bietet dagegen eine bessere Absicherung der Versorgung bei Ausfall eines Lieferanten, auch ist die Gefahr geringer, die Kapazität der Anbieter zu überschreiten. Aber auch bei zwei oder wenigen Anbietern besteht noch eine starke Abhängigkeit von deren wirtschaftlicher Leistungsfähigkeit.

Vielfach ist dem IT-Sourcing eine Lieferquelle vorgegeben, etwa bei der Beschaffung von betriebssystemnahen Software-Komponenten oder Peripheriegeräten. Bei Produkten und Leistungen, die für das Unternehmen aus der Sicht der Versorgungssicherheit kritisch sind, wird eine Dual-Sourcing-Strategie anzustreben sein. Bei Komponenten mit standardisierten Schnittstellen oder Büromaterialien werden Lieferanten dynamisch im Rahmen von Ausschreibungen ausgewählt, um günstigere Preise und Konditionen zu erhalten.

Tabelle 8.3 Übersicht über die gebräuchlichsten Sourcing-Strategien

Strategie	Charakteristika
Single Sourcing	Beschaffung einer definierten Palette an Produkten bzw. Dienstleistungen von einem einzigen Anbieter
Dual Sourcing	Beschaffung ein und desselben Guts von zwei verschiedenen Anbietern (auch als Double Sourcing bezeichnet)
Multiple Sourcing	Beschaffung ein und desselben Guts von mehreren bis vielen Anbietern
Global Sourcing	Beschaffung des günstigsten oder innovativsten Produkts auf dem Weltmarkt, Nutzung internationaler/weltweiter Bezugsquellen
Local Sourcing	Gegensatz zu Global Sourcing, Bezug von Beschaffungsquellen in geografischer Nähe des Unternehmens

Ein weiteres Merkmal einer Kunden-Lieferanten-Beziehung ist die Stellung der Lieferantenleistung in der **Wertschöpfungskette des Kunden** und damit verbunden deren Komplexität. Das Spektrum reicht von der Lieferung einfacher Leistungen bis zur Bereitstellung komplexer Systeme. In Analogie zu Branchen wie der Automobilindustrie lassen sich für den IT-Bereich drei Ebenen unterscheiden:

- Ebene 1: **Systemlieferanten** bieten umfassende Leistungen in Entwicklung, Dokumentation, Bereitstellung und Betrieb komplexer Lösungen an. Dies können technische Systeme (Netzwerke, Rechenzentren) oder umfassende Software-Services sein. Systemlieferanten sind vielfach eng in die Prozesse und Projekte des Kunden eingebunden.
- Ebene 2: Die Lieferanten dieser Ebene entsprechen den **Modul- und Komponentenlieferanten** der fertigenden Industrie und liefern Teile von Komplettlösungen (Hardware, Software).
- Ebene 3: Diese Ebene umfasst die **Lieferung von einfachen Teilen und Materialien** (z. B. IT-Verbrauchsmaterialien, Speichermedien, Zubehörteile), Services oder Standard-Software.

Diese drei Ebenen sind vielfach in der Wertschöpfungskette verknüpft. Lieferanten der Ebene 3 liefern an jene der zweiten Ebene, die ihrerseits (Teil-)Lösungen für die Systemlieferanten bereitstellen. Systemlieferanten treten gegenüber ihrem Kunden als „Generalunternehmer" auf und integrieren die Leistungen der davorliegenden Ebenen zu einer Gesamtlösung.

■ 8.3 Prozesse im IT-Sourcing

Aus der Sicht des Prozessmanagements und der Prozessoptimierung gibt es keinen allgemeingültigen Sourcing-Prozess. Wie Prozessschritte festgelegt und umgesetzt werden, hängt stark von den spezifischen Ansprüchen eines Unternehmens ab. Es lässt sich jedoch ein Referenz-Einkaufsprozess definieren, der die grundlegenden Schritte des Einkaufsprozesses beschreibt und damit nachvollziehbar und zwischen Unternehmen auch vergleichbar macht. Das Referenz-Prozessmodell umfasst alle operativen und strategischen Aufgaben der Unternehmen und bietet damit auch einen Rahmen für die Zuordnung von Tools, Systemen und Hilfsmitteln, die in der Praxis zum Einsatz kommen.

Das dargestellte Prozessmodell ist nicht IT-spezifisch, lässt sich jedoch sehr gut für die Darstellung der Prozesse des IT-Sourcing verwenden (Bild 8.3).

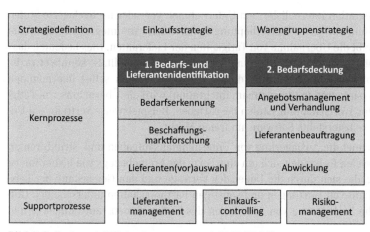

Bild 8.3 Basismodell Einkaufsprozesse nach BME [BM16]

Die Einkaufsstrategie (Sourcing-Strategie) ist das Bindeglied zwischen der Unternehmensstrategie, die an den Bedürfnissen des Markts ausgerichtet ist, und dem strategischen Einkauf.

Die Warengruppenstrategie (Materialgruppenstrategie) fasst die Waren des Beschaffungsportfolios anhand gemeinsamer Merkmale in Gruppen zusammen. Ziel sollte es sein, dass alle Artikel innerhalb einer Warengruppe gleich behandelt und idealerweise von einem Lieferanten bedient werden können. Dadurch können Arbeitsaufwand, Datenbasis und Komplexität deutlich reduziert werden.

Die Kernprozesse im Rahmen des Einkaufsprozesses sind die Bedarfs- und Lieferantenidentifikation und die Bedarfsdeckung. Die Unterstützungsprozesse Lieferantenmanagement, Einkaufscontrolling und Risikomanagement begleiten die Kernprozesse und tragen dazu bei, dass diese effektiv und reibungslos ablaufen können.

■ 8.4 Make-or-Buy-Entscheidungen und Outsourcing

Eine Grundfrage im IT-Sourcing ist jene der **Leistungstiefe**. Diese bezeichnet den Anteil an den IT-Aufgaben eines Unternehmens, der durch das Unternehmen selbst ausgeführt wird. Allgemein ist ein Trend zur Reduktion der Leistungstiefe in den letzten Jahren festzustellen. Die Gründe dafür liegen in einer Strategie der Entlastung (z. B. Ausgliederung von Leistungen zur Kostenreduktion) oder der Erweiterung (z. B. Konzentration auf Kernaktivitäten, Vergabe von Nicht-Kernaktivitäten). Entscheidungen über die Leistungstiefe werden als **Make-or-Buy-Entscheidungen** bezeichnet.

Strategische Aspekte der Entscheidung über die eigene Leistungstiefe sind die Nutzung von Differenzierungsvorteilen, die Sicherung von Wissen im Unternehmen und die Spezifität der Leistung im Zusammenhang mit den eigenen Kernkompetenzen.

Alternative Strategien zur Gestaltung der Leistungstiefe sind **vertikale Integration** und **Outsourcing**.

Durch vertikale Integration internalisiert ein Unternehmen vor- oder nachgelagerte Stufen der Leistungserstellung in einer Wertschöpfungskette. Rückwärtsintegration (upstream integration) beschreibt die Übernahme von Tätigkeiten der Lieferanten. Dies bedeutet, dass das Unternehmen bisher zugekaufte Güter und Services selbst herstellt. So könnte etwa die Erstellung einer Software-Branchenlösung durch das Unternehmen selbst übernommen werden. Mit Vorwärtsintegration (downstream integration) wird die Übernahme von Tätigkeiten nachgelagerter Wertschöpfungsstufen beschrieben. Beispielsweise vertreibt ein Unternehmen nun die selbsterstellte Software am freien Markt.

Outsourcing bezeichnet die Auslagerung von Unternehmensaufgaben und -strukturen an spezialisierte Drittleister. Es handelt sich um eine Form des Fremdbezugs von bisher intern erbrachter Leistung, die sich durch die Dauer der Verträge und den Gegenstand der Leistung von einem Zukauf von Leistungen und sonstigen Partnerschaften unterscheidet. Outsourcing umfasst die Verlagerung von Aktivitäten des Unternehmens auf Zulieferer und stellt damit eine Reduktion der Leistungstiefe des Unternehmens dar. Insbesondere im IT-Bereich ist dies ein verbreitetes Konzept, hier ist ein deutlicher Trend zum Zukauf von Leistungen festzustellen. Dies betrifft etwa Software, Support-Dienste oder Cloud-Services.

Kandidaten für Outsourcing sind Aktivitäten und Prozesse, die eine geringe strategische Bedeutung besitzen oder Aufgaben, die ein Dritter besser, schneller oder zu geringeren Kosten erfüllen kann. Produktions- oder Handelsunternehmen haben ihre Kernkompetenzen meist in anderen Bereichen als der IT, sodass Tätigkeiten der Software-Entwicklung oder des Systemmanagements potenziell auszulagernde Aufgabenbereiche darstellen.

Das folgende „Zwiebelmodell" stellt die Entscheidungssituation hinsichtlich Outsourcing dar. Die Kernaktivitäten des Unternehmens sind durch dessen Kernkompetenzen bestimmt und sollten keinesfalls extern vergeben werden. Dies können im IT-Umfeld etwa branchenspezifische Technologiekompetenzen sein, die einen Wettbewerbsvorteil begründen. Die äußeren „Schalen" des Modells umfassen Aufgaben, die in ihrer strategischen Bedeutung abnehmen und so nach Maßgabe finanzieller oder anderer Vorteile potenziell ausgegliedert werden könnten (Bild 8.4).

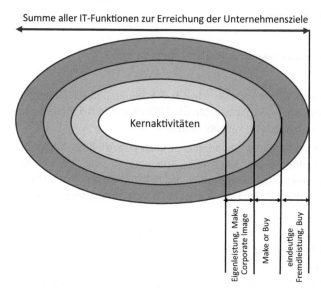

Bild 8.4
Handlungsfelder IT-Outsourcing
(Quelle: Hess)

Durch Outsourcing entstehen neben zusätzlicher Flexibilität und Agilität weitere potenzielle Vorteile:

Economies of Scale: Drittanbieter können aufgrund einer großen Kundenbasis ihre Kapazitäten gut auslasten und die Kosten niedrig halten. Damit sind sie in der Lage, Leistungen zu geringeren Kosten als der Kunde durchzuführen.

Economies of Scope (Verbundeffekt oder Bündelungseffekt): Für Unternehmen, die neue Technologien oder Konzepte nutzen möchten, können Outsourcing-Partner einen besseren Zugang schaffen, die in einem Bereich schon vertreten sind. Durch die Nutzung von Technologie-Know-how des Outsourcing-Partners können Produkte oder Prozesse beherrscht werden, die bei interner Entwicklung beträchtliche Investitionen erfordern würden. Bündelungseffekte können in sachlicher Hinsicht (synergetische Nutzung bestehender

Prozesse für andere Produkte oder Services), in räumlicher (räumliche Nähe von Aktivitäten) oder zeitlicher Hinsicht (gleichzeitige Durchführung von Aktivitäten) nutzbar gemacht werden.

Bei strategisch unbedeutenden Leistungen stehen häufig die Kosteneinsparungen im Vordergrund, demgegenüber sind bei strategisch bedeutsamen Leistungen die Wettbewerbsvorteile Grundlage der Outsourcing-Entscheidung. Motive für die Fremdvergabe von Dienstleistungen in der IT sind:

- Verbesserung der Wirtschaftlichkeit (Kostensenkung)
- Konzentration auf das Kerngeschäft
- Nutzung von Kernkompetenzen des Partners (Technologie, Image/Marke, Branchenkenntnis, Arbeitsmethoden, Verfahren)
- Nutzung von Bündelungseffekten in Entwicklung, Beschaffung, Test etc.
- Erhöhung der Kapazitätsflexibilität
- Größere Professionalität der Leistungserbringung, Erhöhung der Qualität
- Verbesserte Kosten-/Nutzentransparenz
- Variabilisierung der Kosten
- Verminderung von Unternehmensrisiken bzw. Risikoteilung
- Reduktion der Komplexität

Outsourcing hat auch für den Dienstleister Vorteile, wie z. B. die Stabilität durch längerfristige Verträge, der Ausbau strategischer Geschäftsfelder, die Möglichkeit individuelle Mehrwertdienste anzubieten oder die Abgrenzung von der Konkurrenz.

Aus dem Outsourcing von Leistungsumfängen können aber auch potenziell Nachteile und Risiken resultieren, wie Verlust des eigenen Know-how, Abhängigkeit vom Outsourcing-Partner, eine Minderung der Planungs- und Steuerhoheit, das Bekanntwerden von Betriebsgeheimnissen oder die Verschlechterung der Leistungsqualität aufgrund geringer Qualifikation des Partners.

Für die IT ergibt sich ein Spektrum der Leistungstiefe, das von einer vollständigen Abdeckung aller wesentlichen IT-Aufgaben mit eigenen Ressourcen bis zu einer weitgehenden Auslagerung der IT-Funktionen reicht.

Methodische Entscheidungsunterstützung für Outsourcing-Entscheidungen geben häufig ein reiner Kostenvergleich, Leistungsvergleich oder Investitionsrechenverfahren, die aber meist zu kurz greifen und nicht alle relevanten Faktoren einbeziehen. Sinnvoll ist es, für die Entscheidungsfindung Ansätze zu wählen, die das weitere Entscheidungsumfeld und auch langfristig zu erwartende Auswirkungen einbeziehen.

Die organisatorische und rechtliche Umsetzung des Outsourcings kann auf sehr unterschiedliche Weise erfolgen. Im 1:1-Outsourcing übernimmt der externe Dienstleister weitgehend unverändert die Infrastruktur und das Personal und wickelt die Prozesse in der bisherigen Form ab. Durch eine eigenständige Optimierung dieser Prozesse und Nutzung von Bündelungseffekten können weit höhere Potenziale erschlossen werden, wie das Beispiel zeigt (Bild 8.5).

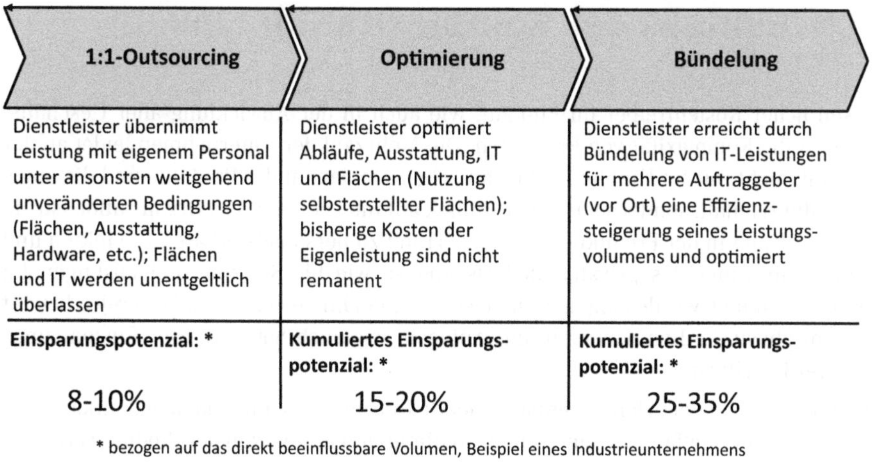

1:1-Outsourcing	Optimierung	Bündelung
Dienstleister übernimmt Leistung mit eigenem Personal unter ansonsten weitgehend unveränderten Bedingungen (Flächen, Ausstattung, Hardware, etc.); Flächen und IT werden unentgeltlich überlassen	Dienstleister optimiert Abläufe, Ausstattung, IT und Flächen (Nutzung selbsterstellter Flächen); bisherige Kosten der Eigenleistung sind nicht remanent	Dienstleister erreicht durch Bündelung von IT-Leistungen für mehrere Auftraggeber (vor Ort) eine Effizienzsteigerung seines Leistungsvolumens und optimiert
Einsparungspotenzial: * 8-10%	**Kumuliertes Einsparungspotenzial: *** 15-20%	**Kumuliertes Einsparungspotenzial: *** 25-35%

* bezogen auf das direkt beeinflussbare Volumen, Beispiel eines Industrieunternehmens

Bild 8.5 Outsourcing und Wirkung auf die Kosten

Somit lassen sich die Vor- und Nachteile eines IT-Outsourcings anhand der folgenden Faktoren zusammenfassen:

Tabelle 8.4 Vor- und Nachteile von IT-Outsourcing

Potenzielle Vorteile und Chancen	Potenzielle Nachteile und Risiken
- Reduktion der Fixkosten - Beschäftigungsabhängige Kostenvereinbarungen - Verbesserte Kostentransparenz - Mögliche Einsparungen - Interne Kapazitäten durch Übertragung von Funktionen auf den Dienstleister entlastet - Nutzung vorhandener Kapazitäten und Technologien des Dienstleisters - Beseitigen von Know-how-Defiziten - Entfallen eigener Investitionen - Flexibilität in Flächen und Einrichtungen - Mögliche Beschleunigung von Abläufen - Freisetzung von Finanzmitteln für geschäftsfeldrelevante Investitionen - Vermeidung von Beschaffungsproblemen für qualifiziertes Fachpersonal	- Abhängigkeit vom Dienstleister - Weitgehender Verzicht auf eigene Kompetenz (Weg ohne Umkehr) - Erschwerter Schutz sensibler Daten - Mögliche personalpolitische und arbeitsrechtliche Probleme - Gefahr, dass Dienstleister das Geschäft des Kunden nicht voll begreift - Gefahr, dass Dienstleister das Geschäft des Kunden eigenständig übernimmt (Wettbewerb) - Mögliche Instabilität oder Insolvenz des Dienstleisters

8.5 Einfluss der Komplexität im Einkauf

Ein wesentlicher Kostentreiber im Einkauf, wie auch in der Abwicklung aller Geschäftsprozesse, ist die Komplexität von Produkten. Die Mehrzahl der Unternehmen leidet an der Komplexität, nicht nur im Hinblick auf technische Komplexität der Produkte und die angebotene Produktvielfalt, sondern auch im Hinblick auf interne Prozesse, Organisationsstrukturen und Anlagen in der Produktion. Auf den Trend zu personalisierbaren Produkten und Leistungen, für Güter des privaten Bedarfs ebenso wie für Systeme und Lösungen im betrieblichen Umfeld, wurde eingangs zu diesem Kapitel hingewiesen. Im IT-Bereich betrifft dies sowohl physische Komponenten und Anlagen, wie auch Software, wo „Customizing" ein gängiger Begriff ist.

Ein Mehr an Komplexität erfordert entsprechende Informations- und Managementkapazitäten, um die erhöhte Vielfalt zu beherrschen. So nimmt mit der Anzahl der Produkte etwa die Spezialisierung in vielen betrieblichen Funktionsbereichen zu. In allen Prozessen vom Produktanlauf über die operativen Prozesse und den Produktauslauf entstehen Mehraufwände und Zusatzkosten. Besonders betroffen ist der Einkauf, der mit einer Vielzahl von Beschaffungsobjekten und dementsprechend einer großen Anzahl von Lieferanten und Einkaufstransaktionen konfrontiert ist.

Häufig werden als Gründe für die Steigerung der Produkt- und Variantenvielfalt die steigenden Ansprüche der Kunden an Funktionalität und Qualität in Verbindung mit zunehmender Individualisierung angeführt. Weitere Faktoren tragen zum Anwachsen der Vielfalt bei, kunden- und marktinduzierte, solche, die im Umfeld des Anbieters liegen, aber auch externe Einflüsse, wie der gesetzliche oder kulturelle Rahmen.

Tabelle 8.5 Ursachen hoher Produkt- und Variantenvielfalt[1]

Faktoren	
Kunden- und marktseitige	• Heterogene Kundenpräferenzen • Steigende Qualitätsansprüche • Individualisierung • Historisch gewachsene Vielfalt • Transaktionskostensenkung (breites Angebot von einem Anbieter) • Globalisierung (Sprachen, Präferenzen)
Anbieterseitige	• Technologischer Fortschritt • Angebotsdifferenzierung • Schaffung von Markteintrittsbarrieren • Globalisierung (Bedienung neuer Märkte) • Risikostreuung durch breites Angebot
Externe	• Gesellschaftlicher oder politischer Wandel • Neue und veränderte gesetzliche Rahmenbedingungen • Vermehrung von (länderspezifischen) Normen

---

[1] adaptiert nach [Zs16]

Die wissenschaftliche Literatur geht davon aus, dass etwa 50 Prozent der Gesamtkosten eines Unternehmens sog. Komplexitätskosten sind. Die sog. Komplexitätskostenfalle beschreibt die Probleme, die damit verbunden sind:

- Komplexitätskosten entstehen zeitverzögert und sprunghaft. Einzelne Auswirkungen sind möglicherweise erst nach Jahren erkennbar.
- Der Kostenverursacher ist vielfach nicht der Kostenträger. Wenn etwa die Schaffung einer zusätzlichen Variante vom Vertrieb initiiert wird, fallen die Kosten dafür auch in allen anderen Bereichen an.
- Das Erkennen der kausalen Zusammenhänge ist erschwert. Das Ergebnis einer Variante ist nicht isoliert zu sehen. Möglicherweise ist diese erfolgreich, verdrängt aber eine andere, für das Unternehmen kostengünstigere oder lukrativere.
- Kostenremanenz beschreibt die Tatsache, dass durch eine Erweiterung der Vielfalt entstandene Kosten nach einer Elimination der zusätzlichen Varianten nicht vollständig entfallen. Ein Teil der Kosten ist kurzfristig nicht abbaubar und belastet somit das Ergebnis des Unternehmens auf längere Zeit.

Dies wiederum bedeutet, dass durch Reduktion der Vielfalt große Kosteneinsparungspotenziale erschlossen werden können. Die grundsätzlichen Ansätze des Komplexitätsmanagements sind die Reduzierung der vorhandenen Komplexität, die bestmögliche Beherrschung der nicht vermeidbaren Komplexität und die Vermeidung der Entstehung neuer Komplexität. Der Einkauf hat eine Reihe von Hebeln zur Komplexitätsreduzierung:

- Struktur der Produkte und Services: Reduzierung der Vielfalt durch Standardisierung und Modularisierung, spätestmögliche Variantenbildung
- Lieferantenstruktur: Klassifizierung von Lieferanten im Rahmen des Lieferantenmanagements, Definition von normierten Strategien, Lieferantenreduzierung
- Beschaffungsteilestruktur: ABC-Klassifizierung, Reduzierung der Anzahl und Struktur der Beschaffungsprozesse

Durch eine gezielte Vorgehensweise bei der Reduzierung der eingesetzten Produkte und Leistungen lässt sich die Vielfalt bereinigen und auch präventiv beherrschen. Diese ist in Bild 8.6 dargestellt.

In der ersten Phase findet eine Bereinigung des Produkt- und Servicespektrums durch Elimination von nicht mehr benötigten Umfängen („Leichen") statt. Dies betrifft etwa Hardware-Komponenten, die nicht mehr dem Stand der Technik entsprechen und aus der Beschaffungsdatenbank entfernt werden können. Im nächsten Schritt erfolgt eine Rückwärtsstandardisierung, indem bisher eingesetzte Komponenten durch neuere, mehrfach oder vielfach verwendete ersetzt werden. Dies erfolgt vorausschauend, d.h., es wird bei der Entscheidung über Komponenten darauf geachtet, dass bereits vorhandene anstatt neuer eingesetzt werden und so das Wachstum der Vielfalt gebremst wird.

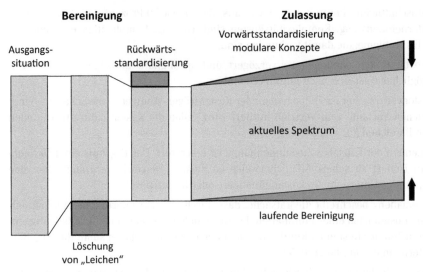

Bild 8.6 Vorgehensweise bei der Reduzierung der eingesetzten Produkte und Services (Quelle: Siemens)

■ 8.6 Lieferantenmanagement

Die Bedeutung des Lieferantenmanagements steigt, vor allen im Umfeld komplexer, technisch anspruchsvoller Systeme. Die Formen der Lieferantenkooperation reichen von einmaligen oder sporadischen Lieferbeziehungen bis hin zu symbiotischen Modellen einer engen Zusammenarbeit. Insgesamt kann festgestellt werden, dass ein deutlicher Trend zur Reduktion der Lieferantenzahl und zum Aufbau längerfristiger strategischer Partnerschaften besteht.

Der Aufgabenbereich des Lieferanten-Beziehungsmanagements ist die Gestaltung und Nutzung der Beziehungen zu Lieferanten. Die konkreten Aufgaben umfassen

- die Identifikation relevanter, der Beschaffungsstrategie der Organisation entsprechender, Lieferanten,
- die Klassifikation der Lieferanten anhand geeigneter Kriterien,
- die Definition der eigenen Anforderungen an bestehende und potenzielle Lieferanten,
- die Bewertung der Bedeutung der Lieferanten anhand der definierten Kriterien,
- die laufende Evaluierung der durch Lieferanten erbrachte Leistungen (Produkte und Services),
- den Aufbau und die Pflege der Beziehungen zu Lieferanten,
- die Entwicklung der Lieferanten im Hinblick auf ihre Produkte, Services und Prozessfähigkeit.

8.6.1 Lieferantenbeziehungen im IT-Umfeld

Die IT als Serviceorganisation nimmt eine besondere Rolle im Unternehmen ein. Beschaffungen im IT-Umfeld sind durch eine Reihe von Besonderheiten gekennzeichnet, die spezifische Anforderungen an die Gestaltung von Lieferantenbeziehungen stellen.

IT-Systeme und -Lösungen weisen typischerweise eine **hohe Komplexität und hohe Dynamik des Umfeldes** auf. Es bestehen starke Abhängigkeiten zwischen den Teilaufgaben sowie eine intensive Interaktion mit internen und externen Stellen. Das komplexe Zusammenspiel von betriebswirtschaftlichen, technischen und menschlichen Komponenten erfordert umfangreiche Kompetenzen, die oft nur mit Lieferanten und anderen Partnern gemeinsam bereitgestellt werden können. Die präzise Abstimmung und Definition von Anforderungen (**Requirements Engineering**) besitzt hier besondere Bedeutung.

Aufbau und Betrieb von IT-Services erfordern die fachübergreifende Zusammenarbeit verschiedener Fachbereiche im Unternehmen und über das Unternehmen hinaus mit Lieferanten. Diese sind vielfach in Prozesse der Entwicklung und Produktion eng eingebunden. Daraus ergibt sich eine **hohe Anzahl an Schnittstellen**, deren Identifikation und klare Definition maßgeblich sind für eine erfolgreiche Umsetzung von Vorhaben.

Ziele und Anforderungen von Projekten können sich während der Umsetzung laufend verändern, damit sind permanent Abstimmungen zwischen den beteiligten Partnern erforderlich.

IT hat vielfach **neue Technologien** zu entwickeln und Projekte mit einem hohen Innovationsgrad durchzuführen. Intern vorhandenes Know-how ist durch den Zukauf von Leistungen und Wissen zu erweitern.

Aus der starken Technologieorientierung ergeben sich **hohe Risiken**, deren Eintrittswahrscheinlichkeit nur durch genaue Planung, Kontrolle und konsequent durchgeführte Tests reduziert werden kann.

Das Bereitstellen von IT-Systemen und IT-Services wird stark von qualitativen Aspekten bestimmt und ist damit hinsichtlich des Erfolgs oft schwer messbar. Gleichzeitig hat die Einführung meist mittel- und langfristige Konsequenzen. Eine **Life-Cycle-Orientierung** ist erforderlich, über die Anfangsinvestitionen hinaus sind die zukünftigen Wirkungen zu beachten. Dies bedeutet auch, dass Beziehungen zu Lieferanten nicht punktuell mit der Einführung von Lösungen enden, sondern auf eine längerfristige Kooperation hin aufgebaut sein müssen. Die Verlässlichkeit und Kontinuität von Lieferantenbeziehungen sind ein stark zu beachtender Faktor, insbesondere bei strategischen, längerfristigen Investitionsentscheidungen.

Ansatzpunkte für eine effektive und effiziente Gestaltung der Lieferantenbeziehungen sind neben der grundsätzlichen Beschaffungsstrategie und dem allgemeinen Lieferantenmanagement (Auswahl, Bewertung, Entwicklung von Lieferanten sowie der Definition der Prozesse und Schnittstellen) vor allem die Optimierung des Produkt- und Service-Spektrums und der Prozesse. Einen Überblick über die Hebel zur effektiven Gestaltung von Lieferantenbeziehungen gibt Bild 8.7 .

Ansatzpunkte Lieferantenbeziehung							
Lieferanten-management	Sourcing-Strategie	Produkt-/Programm-optimierung	Bündelung	Prozess-optimierung	Optimierung der Leistungstiefe	Vertrags-gestaltung
• Auswahl • Bewertung • Entwicklung • Gemeinsame Prozess-verbesserung • Prozessanalyse bei Lieferanten	• Beschaffungs-marktanalyse • Technologie-Monitoring • Sourcing-Entscheidung	• Varianten-management • Design to Cost – Reverse Engineering – Wertanalyse • Einbindung Lieferanten in Entwicklung	• Interne Bündelung – Konzernweit – Bereichsweit – Regional • Externe Bündelung – Broker – Großhändler	• Beschaffungs-modelle • Electronic Commerce • Lieferzeit-verkürzung • Anlieferung (Hardware) • Optimierte Disposysteme • C-Teile-Management	• Modular Sourcing • Make-or-Buy-Entscheidung • Outsourcing – Produktivitäts-vorteile – Faktorkosten-vorteile – Transaktions-kosten	• Standard-Verträge • Gegenstand – Menge/Preis – Standards – Technische Liefer-bedingungen • Konditionen – Zahlung – Risiko-absicherung • Nebenleistungen

Bild 8.7 Ansatzpunkte zur Gestaltung von Lieferantenbeziehungen

Praxistipp

Lieferantenmanagement sollte geplant und in Abstimmung mit den Unternehmens- und IT-Strategien durchgeführt werden. Eine Lieferantenbewertung nach abgestimmten Bewertungskriterien, die darauf aufbauende Lieferantenklassifizierung, die Lieferantenentwicklung (Definition und Umsetzung von Lieferantenentwicklungsmaßnahmen auf Basis der Bewertung) sind wesentliche Instrumente zum Aufbau einer Wertschöpfungspartnerschaft.

Erst durch positive und negative Konsequenzen erzielt die Lieferantenbewertung ihre Wirkung. Die Kriterien der Bewertung sind zwischen IT und Fachbereichen abzustimmen. Vertreter aus Abteilungen, wie Produktion, Auftragsabwicklung, Versand oder Logistik, sollten einbezogen werden und die Ergebnisse der Lieferantenbewertung sollten im Unternehmen und auch dem Lieferanten zugänglich gemacht werden.

8.6.2 Phasen des Lieferantenmanagements

Bild 8.8 zeigt den **Prozess des Lieferantenmanagements**, ausgehend von der Auswahl über die Bewertung zur Entwicklung im Sinne des Aufbaus enger Kooperationen mit Lieferanten.

Die Schritte Transaktionsmanagement, Lieferantenbewertung, Lieferantenklassifikation, Lieferantenentwicklung und Lieferantenintegration wiederholen sich zyklisch im Sinne eines kontinuierlichen Verbesserungsprozesses. Die Rahmenentscheidungen werden längerfristig diskutiert bzw. gegebenenfalls auch angepasst.

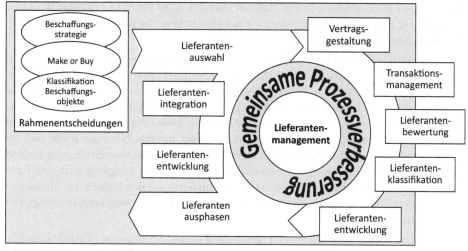

Bild 8.8 Rahmenentscheidungen und Phasen des Lieferantenmanagements

8.6.3 Lieferantenklassifikation und Normstrategien

Eine Vielzahl von Lieferanten individuell zu behandeln, führt zu hoher Komplexität der Systeme und Abläufe und in der Folge zu Ineffizienzen. So werden vielfach einfache Beschaffungstransaktionen mit unverhältnismäßig hohem Aufwand an Zeit und Bürokratie abgewickelt. Eine Einteilung der Lieferanten in Klassen erlaubt die Entwicklung von standardisierten Verfahren und Prozessen und damit mehr Effizienz und Effektivität.

Eine **ABC-Klassifikation der Lieferanten nach Einkaufsvolumina** erleichtert die Bildung von Prioritäten. Erfahrungsgemäß läuft ein maßgeblicher Teil des Einkaufsvolumens über nur wenige Lieferanten.

Praxistipp

Die ABC-Analyse basiert auf dem sog. Pareto-Prinzip. Auf den Einkauf bezogen, lässt sich dieses wie folgt formulieren: 80 Prozent des Einkaufsvolumens wird mit 20 Prozent der Lieferanten abgewickelt.

Dies legt eine Prioritätenbildung nahe: Durch eine Konzentration auf diese verhältnismäßig kleine Zahl von Lieferanten kann im Hinblick auf Preise, Konditionen, Qualität und andere Faktoren eine große Hebelwirkung generiert werden.

Für die **Bewertung von Lieferanten** werden unternehmensspezifische Kriterien definiert, die zwischen den betroffenen Personen und Organisationseinheiten (Management, IT-Abteilung, Fachabteilung etc.) abgestimmt sein sollten. Dies sollten fachlich-technische Kriterien (Know-how in bestimmten Technologien, Infrastruktur), Qualitätskriterien (Zuverlässigkeit, Flexibilität) und organisationsbezogene Merkmale (Qualifikation der Mitarbeiter, Referenzen) sein. Für die Bewertung ist ein Maßstab festzulegen, so kann die Erfüllung der Kriterien auf einer Skala von 1 bis 100 oder nach Schulnoten bewertet werden. Eine unterschiedliche Gewichtung der Kriterien ist ebenfalls möglich.

Das nachfolgende Beispiel zeigt die Bewertung von drei alternativen Lieferanten (L1, L2, L3) anhand von definierten Kriterien im Rahmen einer **Nutzwertanalyse** (auch als **Multifaktorenanalyse** bezeichnet). Diese Kriterien werden gewichtet: So kann beispielsweise die geografische Nähe des Lieferanten höher eingestuft werden als etwa die technische Infrastruktur. Die Erfüllung des jeweiligen Kriteriums durch den Lieferanten (Ausprägungsgrad) wird mit dem Gewicht multipliziert und zu einem Nutzwert summiert. Daraus ergibt sich die höchste Punktezahl für L1. Wenn es um einen konkreten Angebotsvergleich geht, können darüber hinaus noch die Angebotspreise einbezogen werden. Die Rangfolge nach dem Preis ergibt im Beispiel Vorteile für L2. Setzt man die Nutzwerte mit den Preisen der Anbieter in Relation, so ergibt sich wiederum eine Präferenz für L1, der das beste Preis-Leistungs-Verhältnis aufweist.

Eine derartige Punktbewertung enthält naturgemäß subjektive Elemente. Wird die Einschätzung aber seriös durchgeführt, unter Einbindung von mehreren Personen mit verschiedenen Perspektiven (z. B. aus dem IT-Einkauf, den Fachabteilungen und der Technik), so kann eine derartige „Multifaktorenanalyse" eine wertvolle Entscheidungshilfe bei der Auswahl zwischen Alternativen darstellen.

Tabelle 8.7 Lieferantenbewertung (Beispiel)

Kriterien	Gewicht	Ausprägungsgrad			Gewicht × Ausprägung		
		L1	L2	L3	L1	L2	L3
Lokaler Support (Nähe)	20	3	5	3	60	100	60
Flexibilität	15	5	2	1	75	30	15
Reaktionsgeschwindigkeit	13	2	2	4	26	26	52
Technische Infrastruktur	12	4	2	3	48	24	24
Referenzinstallationen	6	2	2	4	12	12	24
Zuverlässigkeit	11	5	3	4	55	33	44
Leistungsumfang	4	1	4	1	4	16	4
Systemkompetenz	10	4	4	5	40	40	50
Kapitalkraft/Stabilität	9	1	2	3	9	18	27
Summe	100	27	26	28	329	299	312
Rangfolge I (nach Nutzwerten)		2	3	1	1	3	2
Preis					P1	P2	P3
Rangfolge II (nach Preis)					3	1	2
Relation Nutzwert/Preis					329/P1	299/P2	312/P3
Rangfolge III (nach Relation Nutzwert/Preis)					1	2	3

Basierend auf den Ergebnissen der Lieferantenbewertung kann eine Einteilung der Lieferanten in **Lieferantenklassen** erfolgen. Bei der Definition der Klassen bietet sich eine Einteilung an, die auf der bewerteten Performance basiert.

Neben einer Strukturierung der Lieferanten nach Klassen empfiehlt sich auch eine Differenzierung der zu beschaffenden Produkte und Leistungen anhand ihrer Kritikalität und ihres Beschaffungsrisikos. Bewertungsdimensionen des Beschaffungsgüter-Portfolios sind das güterspezifische Versorgungsrisiko (aus technischer und logistischer Spezifität, Komplexität und Unsicherheit aufgrund von unternehmensexternen und -internen Kriterien) und der Ergebniseinfluss (aufgrund einer ABC-Analyse der Einkaufsvolumina).

Bild 8.9 zeigt die Klassifizierung der Beschaffungsobjekte nach diesen Kriterien.

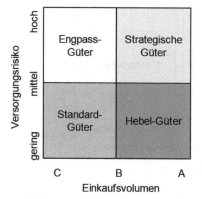

Bild 8.9 Beschaffungsgüter-Portfolio

- Produkte (IT-Systeme) und Services mit geringem Risiko (d. h., ein Ausfall oder eine Fehlmenge hat keine gravierenden Auswirkungen oder sie sind jederzeit aus alternativen Quellen zu beschaffen) und geringem Erfolgsbeitrag (d. h., sie tragen nicht wesentlich zum Deckungsbeitrag oder Umsatz des Unternehmens bei) sind sog. **Standard-Güter oder unkritische Güter**.
- Produkte und Services mit hohem Risiko und hohem Erfolgsbeitrag werden als **strategische Güter** bezeichnet.
- Produkte und Services mit geringem Risiko und hohem Erfolgsbeitrag sind sog. **Hebel-Güter**, sie können die finanzielle Position des Unternehmens stärken.
- Produkte und Services mit hohem Risiko und geringem Erfolgsbeitrag können zu Problemen in der Versorgung bzw. für die Betriebsbereitschaft führen, sie heißen **Engpass-Güter**.

Eine Klassifizierung von Lieferanten und Beschaffungsgütern kann wie in Bild 8.10 aussehen.

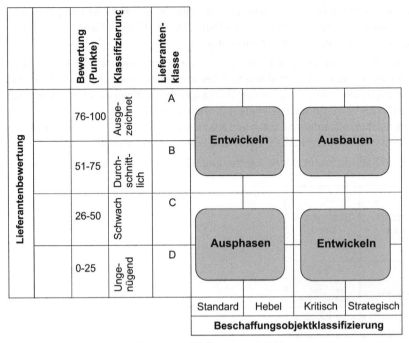

Bild 8.10 Lieferantenklassifikation und Lieferantenentwicklung

Aus der Lieferantenklassifizierung sind Maßnahmen in Form von **Handlungsempfehlungen** für die einzelnen Cluster abzuleiten. Die Lieferantenleistung muss in Relation zur strategischen Relevanz der Warengruppe gestellt werden.

Ausphasen: Lieferanten, deren Leistung für eine Standard- oder Hebel-Warengruppe (dies sind typischerweise C-Materialien) als schlecht oder gar ungenügend beurteilt wurde, sollten nach Möglichkeit ersetzt werden.

Entwickeln: Lieferanten, die entweder strategisch relevante bzw. aus Versorgungssicht kritische Produkte und Dienstleistungen liefern oder deren Leistung zumindest durchschnittlich bewertet wird, sollten durch Lieferantenentwicklungsmaßnahmen dazu angeregt werden, ihre Leistung gezielt zu verbessern.

Ausbauen: Mit Lieferanten, die bereits gut bewertet wurden und strategisch wichtige Produkte und Dienstleistungen liefern, sollte eine Intensivierung der Geschäftsbeziehungen angestrebt werden, mit dem Ziel einer strategischen Partnerschaft. Solche Lieferanten können frühzeitig in den Produktentstehungsprozess eingebunden werden.

Nach Vorliegen der Ergebnisse der Lieferantenklassifizierung erfolgt die Kommunikation an die internen Stakeholder und die betroffenen Lieferanten.

Alternativ lässt sich auch in Analogie zur dargestellten Güterklassifikation eine Klassifikation der Lieferanten ableiten. Bewertungsdimensionen des Lieferanten-Portfolios sind das lieferantenspezifische Versorgungsrisiko in Form der Angebotsmacht sowie das Entwicklungspotenzial des Lieferanten. Aus der Kombination von Beschaffungsgüter- und Lieferanten-Portfolio lassen sich sog. Normstrategien ableiten.

- **Standardlieferanten** werden auch unkritische Lieferanten genannt. Es steht eine sehr große Anzahl von Lieferanten zur Verfügung. Es ist keine oder nur eine geringere Lieferantenintegration erforderlich. Es kommt die Normstrategie: „Effizient beschaffen" zum Einsatz.
- **Hebel-Lieferanten** sind durch ein hohes Einkaufsvolumen der Materialien und gleichzeitig eine große Anzahl der Lieferanten gekennzeichnet. Die Normstrategie lautet „Marktpotenzial ausschöpfen".
- **Engpass-Lieferanten** dominieren aufgrund ihrer geringen Anzahl die Lieferanten-Kunden-Beziehung. Die Normstrategie aus Kundensicht lautet „Verfügbarkeit sicherstellen".
- **Strategische Lieferanten** liefern kritische Komponenten, das sind Systeme, Module oder Services mit hohen technologischen und qualitativen Anforderungen sowie mit langer Wiederbeschaffungszeit. Häufig steht nur eine Lieferquelle zur Verfügung, die mit hohem Know-how verbunden ist. So lautet die Normstrategie „Wertschöpfungspartnerschaft aufbauen".

Aufgrund der Eigenschaft der jeweiligen Sourcing-Strategien wird eine Zuordnung zu den Normstrategien erstellt (Bild 8.11).

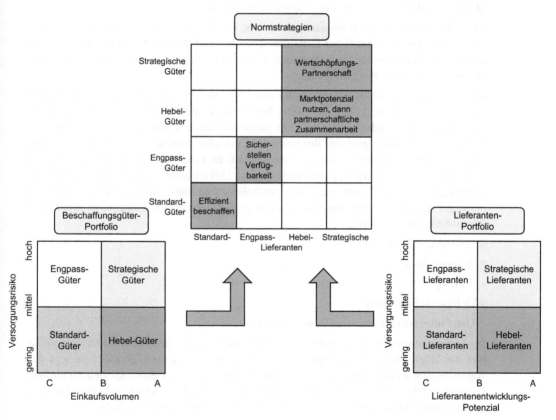

Bild 8.11 Beschaffungsgüter-/Lieferanten-Portfolio[2]

---

[2] adaptiert nach [Wi15]

Praxistipp

Eine transparente Darstellung der Bewertungsergebnisse und der Gründe für diese Bewertung ist eine Notwendigkeit. Bewährt haben sich regelmäßige Lieferantengespräche (z. B. halbjährlich oder zumindest jährlich), in denen diese über die Ergebnisse informiert werden, dazu Stellung beziehen können und gemeinsam Maßnahmen vereinbart werden.

8.6.4 Supplier Relationship Management (SRM)

Zur Unterstützung des Lieferanten-Beziehungsmanagements werden Softwarelösungen unter dem Namen **„Supplier Relationship Management" (SRM)** angeboten. SRM-Lösungen unterstützen die zentrale Planung und Steuerung von Beziehungen eines Unternehmens zu seinen Lieferanten. Durch ein SRM-System soll eine enge Anbindung aller Lieferanten an das Unternehmen sowie die Unterstützung des Einkaufs während der gesamten Abwicklung der Beschaffungsprozesse erreicht werden.

Ein SRM-System ist eine Datenbankanwendung, die eine strukturierte und teilweise automatisierte Erfassung sämtlicher Lieferantenkontakte und -daten ermöglicht. Durch die permanente und umfassende Verfügbarkeit der relevanten Daten unterstützt das SRM-System die Arbeit der Einkaufsorganisation.

Ein SRM-System verwaltet Bezugsquellen und Einkaufsdaten, wie z. B. Angaben über lieferbare Produkte, mögliche Risiken, Preise, Konditionen oder Qualität. Lieferant und Kunde sind online miteinander verbunden. Ein Mehrwert entsteht durch Bündelung der Informationen zu Einkaufsdaten und Bezugsquellen, die allen Anwendungen einer Systemlandschaft zur Verfügung gestellt werden. Eine wesentliche Voraussetzung zur Optimierung der Lieferantenbeziehungen ist die Durchführung von Lieferantenbewertungen im Hinblick auf Qualität, Liefertreue, Zuverlässigkeit etc. Auch diese sind somit ein Bestandteil von SRM. In der Regel sind alle Informationen und Vorgänge zum Lieferantenmanagement unter einer Portaloberfläche integriert:

- Lieferantenstammdaten
- Anfrage, Angebot
- Auftrag
- Lieferantenbewertung
- Lieferantenportal (Download, News, Support)

Die Lieferantenmanagement-Software bietet für die User der (internen) Einkaufsorganisation die Möglichkeit, ihre Lieferanten zu verwalten, Bestellungen abzuwickeln und den Wareneingang zu managen. Die Lieferanten erhalten Zugriff auf einen speziell für sie konfigurierten Arbeitsbereich, können Informationen abrufen, Dokumente hochladen, Informationen finden und haben einen Zugang zu allen für sie anstehenden Aufgaben.

8.7 Standards und Frameworks für das Management von IT-Lieferanten

Standards spielen bei IT-Systemen eine besondere Rolle. Einheitliche Betriebssysteme, genormte Protokolle und Schnittstellen in Hardware und Software sind Voraussetzungen für die unternehmensinterne und -übergreifende Integration von Daten und Prozessen. Frameworks und Prozessmodelle legen Vorgehensweisen fest, die insbesondere auch die Kommunikation zwischen Kunden und Lieferanten beeinflussen und bestimmen.

Die für das Management von IT-Service-Organisationen relevanten Standards gelten explizit für das Management der Beziehungen zwischen IT-Organisation und deren Partnern und stellen hierfür Rahmen und Instrumente zur Verfügung. In den aktuellen Fassungen der **IT Infrastructure Library (ITIL 2011)** wird die Disziplin Business Relationship Management (BRM) als Prozess beschrieben, in ähnlicher Weise erfolgt dies auch im Normenwerk ISO/IEC 20000.

ITIL formalisiert im Rahmen des Prozesses Business Relationship Management (BRM) die Rolle, die Aufgaben und Aktivitäten des **Business Relationship Managers** als Stimme des Lieferanten (Service-Providers) zum Kunden und als die des Kunden zum Service-Provider. Business Relationship Management im IT-Umfeld verpflichtet den Lieferanten, den Servicebedarf des Kunden zu identifizieren und durch aktiv angebotene Services zu befriedigen. Die Steuerung des Serviceangebots über den Lebenszyklus sowie die Verantwortung für Preise und Verrechnungsmodalitäten der Services obliegen nach ITIL dem Service Portfolio Management (SPM). ITIL konzentriert sich damit vor allem auf die Prozesse des Customer Relationship Management (CRM) und geht wenig auf die Rolle der Lieferantenbeziehungen ein.

Das **Service-Portfolio** als Schnittstelle zwischen Service-Provider und Kunde muss aktiv gemanagt und weiterentwickelt werden. Es ist an der Unternehmensstrategie auszurichten und sollte auf seinen Wertbeitrag zum Geschäft bewertet werden. Services müssen – in gleicher Weise wie Produkte – über ihren gesamten Lebenszyklus betrachtet werden. Es bedarf laufender Entscheidungen, welche Services betrieben, neu aufgenommen oder nicht mehr angeboten werden. Auf der Basis der angebotenen Services erfolgen auch die Planung und Kalkulation der benötigten Ressourcen. So können die Kosten der einzelnen Services berechnet und Preise festgelegt werden. Dies gilt auch für interne Lieferanten, die im Rahmen einer Organisation Leistungen erbringen.

Praxistipp

Klar definierte und abgegrenzte Services als Schnittstelle zwischen Kunden und Lieferanten erleichtern eine Service-Verrechnung. Die Transparenz der Leistungsangebote und Verrechnungsmodalitäten ist deshalb zu beachten.

Für innerhalb eines Unternehmens erbrachte Leistungen empfiehlt es sich, eine interne Leistungsverrechnung einzurichten.

Die IT Infrastructure Library (ITIL, 2011 Edition) sieht zur Verwaltung aller Supplier und Verträge ein Supplier and Contract Management Information System (SCMIS) vor. Die folgenden Teilprozesse für das Supplier Management werden dort definiert [IT14]:

- Bereitstellen des Supplier-Management-Frameworks (Richtlinien und Standards zur Beschaffung von Services und Produkten, Supplier-Strategie, Vorbereitung allgemeiner Rahmenverträge)
- Evaluierung neuer Supplier und Verträge (unter Beachtung der Supplier-Strategie, Auswahl von geeigneten Lieferanten)
- Einrichtung neuer Supplier und Verträge (Verhandeln und Unterzeichnen eines verbindlichen Vertrags)
- Bearbeiten von Standardbeschaffungsanträgen (Bearbeitung und Prüfung interner Beschaffungsanträge für Güter und Dienstleistungen, die im Rahmen bestehender Vereinbarungen regelmäßig beschafft werden)
- Supplier- und Vertragsreview (Überprüfen, ob vertraglich vereinbarte Leistungen erbracht werden, Definieren von Verbesserungsmaßnahmen)
- Vertragsverlängerung oder -beendigung (Beurteilung, ob Verträge noch relevant sind)

Als Prozessverantwortlicher für diese Aufgabenbereiche wird ein sog. Supplier Manager definiert.

8.8 Einfluss der Digitalisierung auf den Beschaffungsprozess

Aufgrund der Automatisierung wird sich das Berufsbild des Einkäufers grundlegend verändern. Vor allem wird der operative Einkaufsprozess von der Bedarfserkennung bis zur Abwicklung in vielen Unternehmen nahezu komplett automatisiert werden. Ähnliches gilt für die Integration der Buchungs- und Zahlungsprozesse sowie für die Übermittlung und Prüfung von Lieferantenrechnungen in elektronischer Form. Es ist davon auszugehen, dass durch die Entwicklung der Technologien Routineprozesse vollautomatisiert ablaufen werden und der Einkauf in der heutigen Form nicht mehr vorhanden sein wird. Es entstehen aber neue Rollen, Aufgaben und Verantwortungsbereiche, vor allem im strategischen Bereich und im Management von Technologien.

Durch die erfolgreiche Einführung digitaler Technologien kann der Wertbeitrag des Einkaufs für das Unternehmen weiter gesteigert werden. Durch Verfahren der Prognose und Datenanalytik im Sinne eines vorausschauenden Krisenmanagements lassen sich die Störfaktoren entlang aller Glieder der Wertschöpfungs- und Lieferkette besser beherrschen.

Die IT ist sowohl **Bezieher von Produkten und Leistungen**, die der IT-Einkauf verfügbar macht, wie auch **Enabler für alle Einkaufsprozesse** des Unternehmens. In Industrieunternehmen sind bereits vielfach Systeme im Einsatz, bei denen über Gewichtssensoren eine Feststellung vorhandener Lagerbestände und über Regeln eine vollautomatische Bestellung erfolgt. Hier ist bis zur Warenannahme, die (noch) manuell erfolgt, kein menschlicher Eingriff erforderlich.

Einige mögliche Szenarien für die Veränderung der Einkaufsprozesse durch digitale Technologien sind in der Folge dargestellt:

- Bedarfsermittlung und Bestandskontrolle bei direkten Materialien, Verbrauchsmaterialien, Ersatzteilen etc. können so deutlich effizienter und zuverlässiger ablaufen. Mit Hilfe Künstlicher Intelligenz kann der Zielbestand in Abstimmung mit Marktveränderungen variabel angepasst werden, es kann dabei auch die Marktpreisentwicklung berücksichtigt werden.
- Freigabeprozesse (Budgets etc.) lassen sich durch die Digitalisierung lückenlos dokumentieren, damit ist die Einhaltung von Gesetzen, Richtlinien und Normen besser gewährleistet.
- Der Bestellprozess lässt sich mittels digitaler Prozesse beschleunigen. Digitale Kataloge enthalten laufend benötigte Produkte mit Preisen und allen Detailspezifikationen und lassen direkt Bestellungen generieren.
- In der Bestellüberwachung werden Verzögerungen vom System erkannt und auf ihre Auswirkungen auf die gesamte Lieferkette hin analysiert.
- Wareneingang und Zahlungsabwicklung als die letzten Schritte des Beschaffungsprozesses lassen sich integrieren, es erfolgt ein automatischer Abgleich, ob Bestellmengen, Wareneingangsmengen und verrechnete Mengen übereinstimmen. Die Zahlung kann automatisch ausgelöst werden.
- Für das Controlling und Reporting bieten die gespeicherten Daten die Möglichkeit umfassender Datenanalysen, die ihrerseits zu einer Prozessverbesserung oder für Wirtschaftlichkeitsvorteile genutzt werden können. So kann aus Daten Wert geschaffen werden.

In einer Studie des Bundesverbands Materialwirtschaft, Einkauf und Logistik [BM20] wurde erhoben, welche Bedeutung Technologien wie Augmented Reality, Data Analytics, Maschinelles Lernen oder Blockchain für die Optimierung von Einkauf, Logistik und Supply-Chain-Management haben werden (Bild 8.12).

Gleichzeitig ist aber auch auf einige Risiken hinzuweisen. Es sind umfangreiche Investitionen in die technische Infrastruktur vorzusehen, was vor allem kleine und mittlere Unternehmen vor Probleme stellen könnte, denen es darüber hinaus auch oftmals an den Kompetenzen und personellen Ressourcen für Einführung und Betrieb von Systemen fehlt.

Die Veränderung der Berufsbilder im Einkauf bzw. der Wegfall von Berufsprofilen wird bei betroffenen Personengruppen Widerstand erzeugen.

Die Gefährdung der Funktions- und Informationssicherheit digitaler Systeme ist zu beachten. Her sind noch zahlreiche technische und juristischen Fragestellungen zu klären.

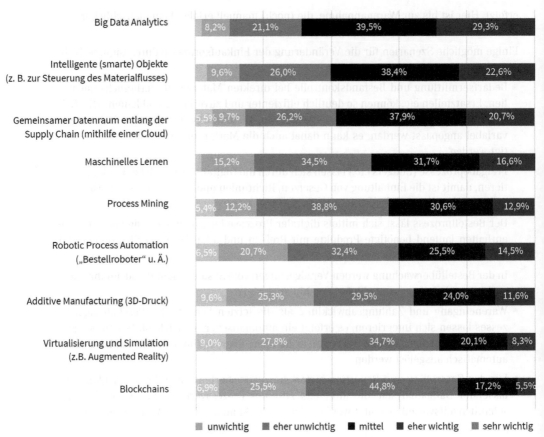

Bild 8.12 Bedeutung von Technologien für Einkauf, Logistik und Supply-Chain-Management [BM20]

8.9 E-Procurement

E-Procurement-Lösungen umfassen Funktionalitäten zur Beschaffung von Gütern und Dienstleistungen unter Nutzung des Internets. Ziele einer E-Procurement-Einführung sind

- die Reduktion der Beschaffungskosten sowie der Beschaffungszeiten,
- die Reduktion der Einstandspreise durch Bündelung der Bedarfe,
- die Reduktion von Fehlern im Beschaffungsprozess,
- die Erhöhung der Informationsqualität.

Wesentliche Voraussetzung für E-Procurement sind entsprechende Standards. **E-Business-Standards** sorgen dafür, dass Kunde und Lieferant „die gleiche Sprache sprechen". Sie definieren Datenformate und Regeln für den Informationsaustausch sowie für elektronisch unterstützte Geschäftsprozesse – Bestellung, Lieferung oder Abrechnung. E-Business-Standards ermöglichen schnelle, automatisierte und effiziente Prozesse im und zwischen Unternehmen.

Standards sind auf verschiedenen Ebenen zu definieren, von der Hardwareebene bis hin zur Ebene der konkreten Anwendung. Standards im E-Business-Umfeld umfassen Schichten für Produktidentifikation, Produktklassifikation und -beschreibung, Katalogaustauschformate, Transaktionen (Austausch von Geschäftsdokumenten) und Geschäftsprozesse. Standards sind deshalb bedeutsam, weil sie darauf zielen, Applikationen von Kommunikationsaufgaben loszulösen. Damit werden die Änderungsflexibilität erhöht und Schnittstellenkosten gespart. Mit dem Einsatz von Katalogsystemen lassen sich bis zu 40 Prozent der Prozesskosten einsparen. Bei den Einstandspreisen lassen sich bis zu 25 Prozent Einsparung erzielen, bei Ausschreibungen und Auktionen 17,5 Prozent.[3]

Studien und Erfahrungen zeigen eine Reihe von Argumenten für den Einsatz von Straight Through Processing (STP) als „end-to-end"-Automation von Einkaufstransaktionen [We03].

- 40 Prozent aller IT-Budgets werden für Integrationszwecke verwendet.
- Die Aufwendungen für die Schaffung von Schnittstellen machen rund 35 Prozent der Kosten einer IT-Abteilung aus. Eine vollständige Vernetzung zwischen n Systemelementen erfordert die Pflege von $n*(n-1)$ Schnittstellen („Metcalfe's Law"), d. h., mit wachsendem n steigt die Anzahl der zu pflegenden Schnittstellen im Quadrat.
- Häufige Medienbrüche führen dazu, dass ein nicht unbeträchtlicher Teil der Transaktionen mit Fehlern behaftet sind. So macht der Kostenanteil für die Fehlerkorrektur in Transaktionen in Wertpapieren etwa ein Drittel der Abwicklungskosten aus.
- Die Einsparungspotenziale durch elektronische Transaktionen werden auf 5 bis 6 Prozent des Umsatzes geschätzt.
- Die Prozesskosten des Austauschs von Geschäftsdokumenten lassen sich im Verhältnis 10:1 reduzieren.

Schnittstellenreduzierung bzw. die automatisierte Abwicklung von Einkaufstransaktionen ist damit ein substanzieller Kostensenkungsansatz. Darüber hinaus trägt eine E-Procurement-Lösung dazu bei, Vertragskonditionen im Rahmen bestehender Verträge besser einhalten zu können, sie reduziert den oftmals unübersichtlichen Einkauf bei vielen unterschiedlichen Anbietern – das sogenannte „Maverick Buying" – und bringt mehr Transparenz in die Beschaffungskosten.

Die Einsparung von Prozessschritten zwischen traditioneller Bestellung und E-Procurement unterschiedlicher Integrationsgrade zeigt Bild 8.13.

---

[3] www.cio.de/strategien/methoden/884233/index.html

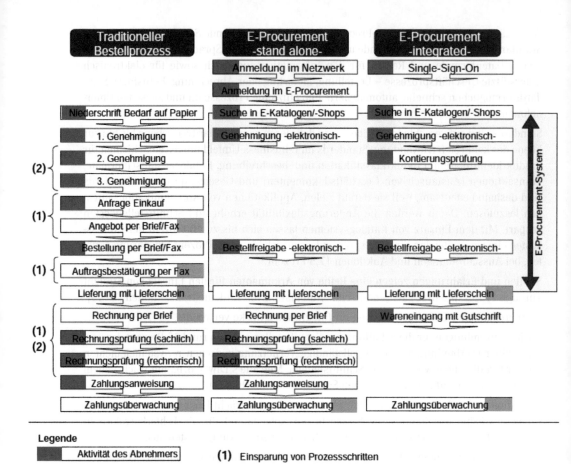

Bild 8.13 Traditionelle Bestellung vs. E-Procurement [An09]

Die Einführung von E-Procurement fördert die Fehlerfreiheit des Beschaffungsprozesses, steigert die Informationsqualität, reduziert die Beschaffungskosten und Beschaffungszeiten sowie die Einstandspreise durch Bedarfsbündelung [An09].

Die größten Hürden im Einsatz von E-Procurement sind das Change Management, die fehlende Einbettung in die Organisationsstruktur und die mangelnde Akzeptanz der Nutzer, außerdem die Komplexität der Technik. Zu berücksichtigen sind außerdem die hohen Kosten der Informationssicherheit.

Die Effektivität und Effizienz von E-Procurement werden im Wesentlichen durch die zielgerichtete Analyse und Anpassung von Geschäftsprozessen und die Nutzung von „Economies of Scale" (Skaleneffekten durch Bündelung) begründet.

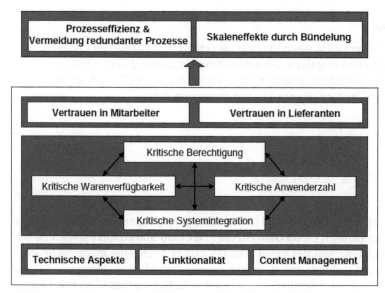

Bild 8.14 Erfolgsfaktoren und Wirkungen im E-Procurement [An09]

Katalogmanagement bezeichnet die Verwaltung von (elektronischen) Produktkatalogen. Dieses ist insbesondere für das E-Procurement von Bedeutung, wo vor allem indirekte Güter beschafft werden, die sich gut in Katalogen beschreiben lassen.

Mit dem Einsatz von Katalogsystemen im Bereich E-Procurement lassen sich bis zu 40 Prozent der Prozesskosten einsparen, bei den Einstandspreisen lassen sich Einsparungen bis zu 25 Prozent erzielen, wie das BME-Stimmungsbarometer Elektronische Beschaffung des Bundesverbandes Materialwirtschaft, Einkauf und Logistik e. V. (BME) ergeben hat.[4]

Der Einsatz elektronischer Kataloge stellt für den Großteil der Unternehmen den Standard dar. Dies gilt vor allem im Produktbereich, weniger verbreitet sind Katalogsysteme im Bereich von Dienstleistungen.

Für Produktkataloge haben sich verschiedene Standardformate etabliert.

- BMEcat – ein herstellerunabhängiges Format des Bundesverbands Materialwirtschaft, Einkauf und Logistik e. V. (BME), vor allem in Deutschland verbreitet
- xCBL – von CommerceOne entwickelt, einem Hersteller von Beschaffungssystemen
- cXML – von Ariba entwickelt, einem weiteren Hersteller von Beschaffungssystemen
- CIF – von Ariba entwickelt, einem weiteren Hersteller von Beschaffungssystemen
- eCX – von Requisite entwickelt, einem Hersteller einer verbreiteten E-Shop-Software

Vielfach werden als Schnittstellenformat auch einfache, durch Trennzeichen wie Tabulator, Komma oder Semikolon strukturierte Textdateien (TXT) verwendet. Diese weisen allerdings keine vorgegebene Datenstruktur aus, so dass hier zwischen Kunden und Lieferanten individuell Vereinbarungen getroffen werden müssen.

---

[4] http://www.cio.de/strategien/methoden/884233/index.html

Praxistipp

Servicekataloge sind in vielen Unternehmen etabliert. Diese werden jedoch vorwiegend intern eingesetzt. Die Verwendung von standardisierten Katalogsystemen an der Schnittstelle im E-Procurement stellt für die Zukunft große Potenziale für Prozessverbesserung und Einsparung dar.

■ 8.10 Cloud-Sourcing

Ein steigender Anteil der IT-Budgets wird für Cloud-Technologien, Services und Integration ausgegeben. Die sogenannten **Cloud-Ökosysteme und Cloud-Marktplätze** spielen im Rahmen der Strategiebildung und des Cloud-Sourcing bereits heute eine maßgebliche Rolle. Private Clouds werden etabliert und es werden externe Cloud-Dienste bezogen. CIOs und IT-Einkaufsmanager sollten sich mit diesen neuen Beschaffungsoptionen intensiv beschäftigen und daraus Nutzen und Wettbewerbspotenziale erschließen. Damit stellt sich die Frage, wie sich die Beschaffung und Integration der verschiedenen Cloud-Leistungen optimieren lässt.

Cloud-Sourcing ist eine Strategie, die die Auslagerung von IT-Dienstleistungen und deren Bereitstellung und Wartung durch einen oder mehrere Cloud-Service-Provider vorsieht. Rechenressourcen, Speicherkapazität und Software werden als Services bereitgestellt und nutzungsabhängig in Rechnung gestellt. Cloud-Sourcing ermöglicht es Unternehmen, ihre gesamte IT-Infrastruktur aus einer „Cloud" (Wolke) zu beschaffen. Eine Integration mit jeder Plattform wird möglich und es entfällt weitgehend der Management-Overhead. Es ist davon auszugehen, dass zukünftig Unternehmen aller Branchen und Größen ihre IT-Anforderungen weitgehend aus der Cloud abdecken werden. Damit ändern sich auch die Natur und die Rolle des IT-Einkaufs sehr wesentlich.

CIOs und IT-Einkaufsmanager stehen vor der Frage, wie sich die Beschaffung und Integration der verschiedenen Cloud-Services koordinieren und optimieren lassen. Nicht nur die Anzahl der internen Cloud-Nutzer (Fachabteilungen, Entwickler, Netzwerk-Management etc.), sondern auch die Anzahl der Bezugsoptionen erweitern sich ständig. Eine Vielzahl von Cloud-Plattformen, Cloud-Ökosystemen und Cloud-Marktplätzen werden angeboten und beeinflussen die IT-Einkaufsprozesse.

Die angebotenen Cloud-Umgebungen sind gekennzeichnet durch unterschiedliche Anbieter, Betriebsmodelle, Technologien und Verrechnungsmodelle. Selbst kleinere Unternehmen sind durch die Spezialisierung auf einzelne Services teilweise mit mehreren Cloud-Anbietern konfrontiert. Problematisch ist dabei, dass sich im Cloud-Markt bisher erst wenige Standards etabliert haben. Die Vergleichbarkeit der angebotenen Services und Service Level Agreements ist dadurch eingeschränkt, dass die Cloud-Anbieter unterschiedliche Maßstäbe zur Bewertung der Leistungen ihrer Cloud-Plattformen definieren. Auch die Beschreibungen sind meist kaum vergleichbar. Diese mangelnde Transparenz führt zu langwierigen und aufwendigen Planungs- und Ausschreibungsverfahren.

Folgendes Vorgehen wird für den zielgerichteten **Einsatz von Cloud-Lösungen** empfohlen [Ve14]:

- Definition der unternehmensinternen Cloud-Architektur und Standards („Cloud Core")
- Sourcing-Framework, das den Bezug und die Anbindung externer Cloud Services regelt („Multi-Cloud")
- Taktischer Einkauf von Kapazitäten für unkritische Workloads, um Kosten-/Preiseffekte zu nutzen („Tactical Sourcing")
- Bereitstellung neuer Sourcing-Optionen für interne Anwender über Self-Service-Portale („Cloud Shopping Mall")

Das IT-Sourcing wandelt sich, von einer Orientierung auf langfristige Verträge und Single Sourcing hin zu mehr Flexibilität im Einsatz von innovativen Lösungen. Entscheidungsparameter sind neben dem Anbieter (Technologieanbieter, IT-Service-Provider, Distributor) und der Art des Cloud-Dienstes die Fristigkeit der Vertragsbindung bzw. der Bereitstellung sowie das Bezugsmodell (Plattform, Ökosystem, Marktplatz).

Den Vergleich zwischen Cloud-Plattformen, Cloud-Ökosystemen und Cloud-Marktplätzen zeigt die folgende Übersicht.

Tabelle 8.8 Cloud-Plattformen, Cloud-Ökosysteme und Cloud-Marktplätze (Crisp Research, nach [Ve14])

Kategorie	Definition/Funktion	Impact für IT-Sourcing	Beispiele
Cloud-Marktplatz	Aggregation von Services durch neutralen Betreiber; Erzeugen von Preistransparenz und Wettbewerb; integrierte Abwicklung der Vertragsbeziehung und Abrechnungsprozesse	Sehr hoch	Deutsche Börse Cloud Exchange, Telekom Business Marketplace
Cloud-Ökosystem	Vernetzung und Integration ausgewählter Partner, um Anwendern spezielle Lösungen oder günstigere Konditionen anbieten zu können	Hoch	T-Systems/Salesforce, Equinix CloudExchange
Cloud-Plattform	Standardisierte Anbindung von Partnerlösungen via API an Infrastrukturen der großen Cloud-Anbieter; Cloud-Plattform-Anbieter als Vertragspartner (VendorLockin)	Hoch	Microsoft Azure, Amazon AWS

Noch leidet Cloud-Sourcing unter der mangelnden Vergleichbarkeit der angebotenen Leistungen, den komplizierten Verträgen und den daraus resultierenden geringen Kontrollmöglichkeiten. Die Schaffung von Standards sowie die Integration von Services und User Interfaces werden dazu beitragen, dass Cloud-Dienste ihr Potenzial besser entfalten können.

Die Mehrzahl der Unternehmen setzt eine Multi-Cloud-Strategie um, nutzt somit eine Vielzahl unterschiedlicher Private- und Public-Cloud-Lösungen. Die Unternehmen erwarten sich davon eine Reduktion der Kosten. Allerdings beobachten auch viele einen „Wildwuchs" ihrer Cloud-Lösungen. Die Multi Cloud unterstützt zwar die digitale Transformation, stellt Unternehmen aber auch vor neue Herausforderungen. Dies ist vor allem dann der Fall, wenn sich aus Private- bzw. Public-Cloud-Diensten über die Zeit Multi-Cloud-Umgebungen entwickeln, wo unterschiedliche Anbieter, Services und Abrechnungsmodelle aufeinandertreffen. Je komplexer die Cloud-Infrastruktur, desto schwieriger ist es, den Überblick über Ressourcen- und Kosteneinsatz zu behalten [Na21].

Das Wichtigste zusammengefasst

- **Markttrends und Veränderungen im globalen Umfeld haben das IT-Sourcing in den letzten Jahrzehnten stark geprägt und verändert.**
  Dies sind insbesondere die Faktoren Globalisierung, Kundenindividualisierung, Beschleunigung von Prozessen, Prozessintegration und Technologieentwicklung.

- **Die Objekte der Beschaffung im IT-Bereich sind alle Produkte, Dienstleistungen und Rechte, die die Prozesse der betrieblichen Wertschöpfung durch entsprechende Infrastruktur und Services unterstützen.**
  Im Rahmen des IT-Sourcing werden neben physischen Gütern (Systeme, Hardware, Infrastruktur) auch Dienstleistungen (Programmierung, Netzwerkinstandhaltung usw.), Informationen, Rechte (Softwarelizenzen) und IT-Personal über entsprechende Beschaffungskanäle bezogen.

- **Ein Referenzmodell des Einkaufsprozesses strukturiert diesen übersichtlich und macht Prozesse verschiedener Unternehmen vergleichbar.**
  Das Basismodell des Einkaufsprozesses umfasst die Strategiedefinition (Einkaufs- und Warengruppenstrategie), die Kernprozesse (Bedarfs- und Lieferantenidentifikation, Bedarfsdeckung) und die Unterstützungsprozesse (Lieferantenmanagement, Einkaufscontrolling, Risikomanagement).

- **Entscheidungen über die Leistungstiefe im IT-Bereich werden als Make-or-Buy-Entscheidungen bezeichnet. Alternative Strategien zur Gestaltung der Leistungstiefe sind vertikale Integration und Outsourcing.**
  Es ist ein Trend zur Reduktion der Leistungstiefe festzustellen. Strategische Aspekte der Entscheidung über die eigene Leistungstiefe sind die Nutzung von Differenzierungsvorteilen, die Sicherung von Wissen im Unternehmen und die Spezifität der Leistung im Zusammenhang mit den eigenen Kernkompetenzen.

- **Die Aufgabenfelder des Lieferanten-Beziehungsmanagements umfassen die Definition des Beziehungsnetzwerks, die Ausgestaltung der Transaktionssysteme sowie das operative Transaktionsmanagement.**
  Enge Lieferantenkooperationen ermöglichen eine bessere Abstimmung, eine effektivere Ausschöpfung von Geschäftspotenzialen sowie die Nutzung gemeinsamer Wachstums- und Erfolgspotenziale.

- **Das Management der Lieferantenbeziehungen umfasst die Aufgabenbereiche ausgehend von der Auswahl über die Bewertung zur Entwicklung im Sinne des Aufbaus enger Kooperationen mit Lieferanten.**
  Aus der Klassifikation der Lieferanten nach Umsätzen, Risiko und Ergebnisbeitrag für das Unternehmen können Normstrategien abgeleitet werden.

Diese führen zu einer Reduktion der Komplexität der Einkaufsprozesse. Lieferantenbewertung ist ein wesentliches Instrument für die laufende Verbesserung der Einkaufsprozesse und -ergebnisse.

- **Die IT ist sowohl Bezieher von Produkten und Leistungen, die der IT-Einkauf verfügbar macht, wie auch Enabler für alle Einkaufsprozesse des Unternehmens.**
  Durch die erfolgreiche Einführung digitaler Technologien kann der Wertbeitrag des Einkaufs für das Unternehmen weiter gesteigert werden. Technologien wie Augmented Reality, Data Analytics, Maschinelles Lernen oder Blockchain werden großen Einfluss auf die Gestaltung und Optimierung von Einkauf, Logistik und Supply-Chain-Management haben.

- **Die Software-Unterstützung des Lieferanten-Beziehungsmanagements und des IT-Einkaufs durch SRM-Tools in Verbindung mit E-Procurement gewinnt an Bedeutung.**
  Die Einführung von E-Procurement fördert die Fehlerfreiheit des Beschaffungsprozesses, steigert die Informationsqualität, reduziert die Beschaffungskosten und Beschaffungszeiten sowie die Einstandspreise durch Bedarfsbündelung.

- **Cloud-Sourcing ermöglicht es Unternehmen, ihre gesamte IT-Infrastruktur aus einer „Cloud" (Wolke) zu beschaffen.**
  Rechenressourcen, Speicherkapazität und Software werden als Services bereitgestellt und nutzungsabhängig in Rechnung gestellt. Diese Form der Beschaffung von IT-Leistungen wird den IT-Einkauf grundlegend verändern. Bei Multi-Cloud-Strategien ist zu beachten, dass mit zunehmender Komplexität der Cloud-Infrastruktur es schwieriger wird, den Überblick über Ressourcen- und Kosteneinsatz zu behalten.

8.11 Literatur und weiteres Informationsmaterial

[An09] *Andreßen, Th.*: Erfolgreiches strategisches Management des E-Procurement – Ansätze zur Überwindung des Produktivitätsparadoxons der Informationstechnologie im elektronischen Katalogeinkauf. In: *Bogaschewsky, R.*: Supply Management Research. 2009

[BM16] *Bundesverband Materialwirtschaft, Einkauf und Logistik e. V. (BME):* Leitfaden Prozesse und Systeme im Einkauf, *https://www.koinno-bmwk.de/fileadmin/user_upload/publikationen/Prozesse___Systeme_im_Einkauf.pdf,* zuletzt abgerufen am 06.8.2022

[BM20] *Bundesverband Materialwirtschaft, Einkauf und Logistik e. V. (BME):* BME-BAROMETER „ELEKTRONISCHE BESCHAFFUNG 2020"

[IT14] *IT Infrastructure Library (ITIL): https://www.axelos.com/itil,* abgerufen am 29.11.2014

[Na21] *Narloch, S.:* Studie Hybrid Cloud Management 2021 – Cloud-Kosten machen Unternehmen zu schaffen, *https://www.funkschau.de/datacenter-netzwerke/cloud-kosten-machen-unternehmen-zu-schaffen.188262.html,* zuletzt abgerufen am 31.7.2022

[Pe09] *Pelkmann, Th.:* Die Trends bei E-Procurement und E-Collaboration, 2009, *http://www.cio.de/strategien/methoden/884233/index.html,* zuletzt abgerufen am 31.7.2022

[Ve14] *Velten, C.:* Cloud-Marktplätze und -Ökosysteme – Der Wandel im IT-Einkauf beginnt, *http://www.crisp-research.com/cloud-marktplatze-und-okosysteme-der-wandel-im-it-einkauf-beginnt-teil-1/,* zuletzt abgerufen am 22.6.2015

[We03] *Weitzel, T.; Martin, S. V.; König, W.:* Straight Through Processing auf XML-Basis im Wertpapiergeschäft. In: WIRTSCHAFTSINFORMATIK 4/2003

[Wi15] *Wildemann, H.:* Das Konzept der Einkaufspotentialanalyse: Bausteine und Umsetzungsstrategien, *http://www.tcw.de/uploads/html/consulting/beratung/einkauf/files/EPA_Text.pdf,* zuletzt abgerufen am 14.6.2015

[Zs12] *Zsifkovits, H.:* Logistik, UVK 2012

[Zs15] *Zsifkovits, H.:* IT-Einkauf – Lieferanten-Beziehungsmanagement für die Beschaffung von IT-Systemen und Komponenten. In: *Tiemeyer, E.* (Hrsg.), Handbuch IT-Systemmanagement. Hanser, München 2015

[Zs16] *Zsifkovits, H.:* Management von Produkt- und Prozesskomplexität aus logistischer Sicht. In: Biedermann, H. (2016). Industrial Engineering und Management. Springer Gabler 2016

9 IT-Anforderungsmanagement

Ernst Tiemeyer

Fragen, die in diesem Kapitel beantwortet werden:

- Inwiefern ist ein professionelles IT-Anforderungsmanagement für den Erfolg von IT-Organisationen wesentlich und welche Erfolgsfaktoren sind zu beachten?
- In welchen Phasen wird IT-Anforderungsmanagement typischerweise in der Praxis umgesetzt?
- Wie können die Anforderungen an IT-Systeme (IT-Infrastrukturen, IT-Applikationen und IT-Services), die auf Seiten der (internen) Kunden vorliegen, unter Anwendung ausgewählter Instrumente systematisch erhoben, gesammelt und nach Abstimmungen in einer Anforderungsspezifikation bzw. Systemspezifikation dokumentiert werden?
- Wie lassen sich die dokumentierten Kundenanforderungen – ggf. unter Einsatz geeigneter Methoden und Tools – analysieren und hinsichtlich der Notwendigkeiten und Möglichkeiten der Umsetzung priorisieren?
- Auf welche Weise können die Anforderungen, die die Fachbereiche an die IT haben, in Systemanforderungen für IT-Entwickler (IT-Architekten, System- und Softwareentwickler) transferiert werden?
- Wie lässt sich durch ein organisiertes Anforderungsmanagement die Zusammenarbeit der IT mit dem Fachbereich erfolgreich steuern?

■ 9.1 Anforderungsmanagement – Notwendigkeit und Erfolgsfaktoren

Das Generalmanagement Ihrer Organisation schätzt die Leistungen der IT, die Anwender loben die Qualität der bereitgestellten IT-Infrastrukturen, die Benutzer Ihrer Applikationen sind motiviert und hochzufrieden mit den bereitgestellten Lösungen und dem IT-Bereich, die Kooperation von IT und Fachbereich funktioniert bestens und die IT-Services werden umfassend in Topqualität aus Kundensicht erbracht. Stellen Sie sich vor, diese „heile Welt" wäre für Sie gegeben! Stellen Sie sich vor, dass das Generalmanagement sowie Ihre Anwender und Enduser die Leistungen des IT-Bereichs, die bereitgestellten IT-Applikationen, IT-Systeme und IT-Services sowie die Ergebnisse Ihrer IT-Projekte tatsächlich in hohem Maß anerkennen und honorieren. Ein erstrebenswerter Zustand ist dies in jedem Fall.

Die Realität ist jedoch von dem zuvor beschriebenen Niveau oft weit entfernt. Es liegt deshalb nahe, zu überlegen, wie das IT-Anforderungsmanagement optimiert und so die Zusammenarbeit von IT und Fachbereich erfolgreich organisiert werden kann. Gleichzeitig stellt sich im Zeitalter der Digitalisierung auch die Herausforderung, in einem agilen Entwicklungsumfeld auch neue Formen und Verfahren im Anforderungsmanagement für digitale Lösungen zu etablieren.

Unter Beachtung von Unternehmensgröße, Branche und Unternehmenskultur ist das Thema IT-Anforderungsmanagement (= Requirements Engineering) in der Bedeutung und Anwendung unterschiedlich stark eingeschätzt. Während in einigen Unternehmen IT-Anforderungsmanagement als lästige Zusatzaufgabe betrachtet wird, haben andere Unternehmen spezifische Teams und Abteilungen für das IT-Anforderungsmanagement etabliert. Grundsätzlich gilt darüber hinaus: Nahezu in jedem Projekt wird Anforderungsmanagement – bewusst oder unbewusst – als wesentliches Handlungsfeld verankert. Es ist letztlich die Basis für den weiteren Entwicklungsprozess, die Validierung/Verifikation und die Plan- und Messbarkeit eines Business-IT-Projekts. Übereinstimmung besteht in folgender Frage: Fehler, die auf der Anforderungsebene „entdeckt" werden, lassen sich leichter beheben als in späteren Entwicklungsphasen des Projekts.

9.1.1 Ausgangssituation und Handlungsszenarien

Ursprünglich war die IT-Welt durch eine starke Technikbezogenheit gekennzeichnet. Dies führte dazu, dass sich IT-Abteilungen von ihrem Selbstverständnis her primär als Lieferanten von IT-Infrastrukturen, Netzwerken und zu installierender Software sahen. Diese Zeit ist jedoch schon längst vorüber. Heute reicht es nicht mehr aus, nur Technologie für die Anwender bereitzustellen. Es müssen vielmehr auf die Anforderungen der Kunden bezogene Lösungen entwickelt werden, die zudem noch über den Lebenszyklus hinweg betreut werden müssen (im Sinne eines professionellen Product-Life-Cycle-Managements).

Dementsprechend sind auch Wünsche der Anwender an die IT immer vielfältiger und komplexer geworden und können sich auf unterschiedliche Bereiche (Applikationen, Infrastrukturen, Dienste) beziehen. Dies können sein:

- **Softwareanforderungen** (selbst neu entwickelte bzw. weiterentwickelte bzw. angepasste Applikationen, firmenspezifische Adaption von Standardanwendungen)
- **Anforderungen an die Ausstattung mit IT-Systemen/IT-Infrastrukturen** (Arbeitsplatzsysteme, mobile Lösungen, Vernetzung, Speicher- und Serverleistungen)
- **Wünsche für die Implementationsunterstützung** (Systembereitstellung, Systemeinführung, Systemschulungen etc.)
- **Erbringen von Serviceleistungen bzw. Anforderungen an die IT-Unterstützungsprozesse** (Support bei Ausfällen, Fehlern etc.)

Grundsätzlich kommt dem IT-Management die Aufgabe zu, den Fachabteilungen (bzw. den Kunden der IT) ein umfassendes Angebot an IT-Systemen und IT-Services zur Verfügung zu stellen, diese sachgemäß zu implementieren und dazu kundengerechte Dienstleistungen zu bieten. Im Einzelnen ist festzustellen:

- Die Leitungen der Fachabteilungen und ihre Mitarbeiter wünschen heute eine sehr differenzierte IT-Infrastruktur (Desktops, mobile Systeme, Netzanschlüsse etc.), auf die Anforderungen adaptierte Applikationen und umfassende IT-Unterstützungsleistungen. Beispiele dafür sind der Betrieb und das Monitoring von Netzwerken (LAN, WAN), die Bereitstellung von Netzwerkdiensten (Print, Directories, Storage-Services, …) sowie die Installation und der Betrieb von Web- und Portalzugriffen (E-Mail, SAP, File, …).
- Auf Seiten der Anwender werden die Implementation und die umfassende Pflege von betriebswirtschaftlichen, produktionstechnischen und logistischen Applikationen sowie von Office- und Groupware-Lösungen erwartet.
- Eine integrierte Bereitstellung von umfassenden IT-Dienstleistungen wird heute als selbstverständlich erwartet. Wichtig sind oft auch ein „Rund um die Uhr"-Service sowie transparente Ansprechpartner.
- Trotz steigender Komplexität der IT-Technologien (etwa gemischte Client-Server-Strukturen, Cloud Computing) sowie der Zunahme geschäftskritischer Anwendungen müssen sowohl die Qualität der bereitgestellten Informationen (Stichwort „Big Data") als auch die Verfügbarkeit der Informationssysteme und Informationen selbst gesichert werden.
- Der wachsende Kostendruck erfordert eine effektive Auslastung der IT-Infrastruktur sowie integrativ ganzheitliche Applikationen. Dazu werden vom IT-Management vor allem wirtschaftliche und effektive Lösungen erwartet, sowohl von der Unternehmensführung als auch von den Fachabteilungen (insbesondere wenn auch eine interne Verrechnung von IT-Leistungen erfolgt).

Das Ziel der IT-Abteilung lautet daher nicht mehr „Beherrschung und Unterstützung der Technik", sondern „bestmögliche Unterstützung der Geschäftsprozesse (und Kunden) im Unternehmen". Mit dieser Formulierung findet auch der Servicegedanke immer mehr Berücksichtigung.

Aufgrund der Vielfältigkeit der Anforderungen und der gewachsenen Ansprüche der Kunden an die IT wird deutlich, dass sich die Implementierung eines IT-Anforderungsmanagements in der Praxis lohnt bzw. meist unverzichtbar ist.

Praxistipp:

Durch die Einführung und Umsetzung von geeigneten Vorgehensweisen und Instrumenten im Anforderungsmanagement (u. a. Positionsbestimmung zu IT-Anforderungsmanagement im Unternehmen, Stakeholder-Analyse und Scoping, Anforderungserhebung, Anforderungsanalyse, Anforderungsspezifikation, Anforderungsmodellierung, Anforderungsreviews) kann den Herausforderungen der Praxis nach Kunden- und Serviceorientierung in besonderer Weise Rechnung getragen werden. Insbesondere ist ein erfolgreich absolvierter Serviceauftrag bzw. ein positiver Abschluss eines IT-Projekts wahrscheinlicher.

9.1.2 Erfolgsfaktoren

Um ein erfolgreiches IT-Anforderungsmanagement zu etablieren, müssen die Rahmenbedingungen „stimmen". Es lohnt sich deshalb für Sie, darüber nachzudenken, welche Erfolgsbedingungen für das IT-Anforderungsmanagement grundsätzlich gegeben sind, und dazu die eigenen Unternehmenssituationen zu reflektieren. Ggf. sind die bisherigen Festlegungen zu den Prozessen und Rollen bei der Bearbeitung von Anforderungen zu verändern und die vorhandenen organisatorischen und personellen Verankerungen bzw. Regelungen entsprechend anzupassen.

Wichtig ist in jedem Fall eine klare **Kundenorientierung** für das Handeln im IT-Bereich; das bedeutet etwa im Fall einer internen IT-Gruppe/IT-Abteilung eine abgestimmte klare Sichtweise auf die Fachabteilung als einen sogenannten internen Kunden. Eine heute auch aus vielfacher Erfahrung bestätigte These lautet, dass prinzipiell der Wertbeitrag der IT steigt, je besser sich die IT-Organisation um ihre Kunden im Unternehmen kümmert.

Für das Finden und sachgerechte Beurteilen der Kundenwünsche ist es besonders wichtig, den Zweck zu verstehen, mit dem der Kunde eine Anforderung formuliert:

- Wofür will der Kunde ein neues System bzw. eine verbesserte Applikation?
- Warum ist der Anwender bereit, in neue IT-Infrastrukturen bzw. in neue oder veränderte Applikationen zu investieren? Welche Ziele lassen sich damit im Detail besser erreichen?
- Was sind Erfolgskriterien für eine erfolgreiche Zusammenarbeit mit dem Kunden bei der Umsetzung seiner Wünsche und Anforderungen an die IT?

Im Sinne einer verstärkten Kundenorientierung wird zunehmend empfohlen, die IT-Abteilung wie ein kleines Unternehmen zu führen – samt eigenem Marketing. Das IT-Management muss sich damit Gedanken darüber machen, wie die IT ihre Aufgaben möglichst gut erledigt.

Mitunter wird auch für einen Kundenbeauftragten innerhalb der IT plädiert (oft auch Produktverantwortlicher genannt). Er koordiniert, wer welche IT-Themen (= Domänen) betreut, sodass für jeden Bereich ein zentraler Ansprechpartner zur Verfügung steht. Dieser Kundenbeauftragte kennt sich sowohl bei den laufenden Geschäftsprozessen als auch bei IT-Themen aus, hat gute Kontakte ins übrige Unternehmen und die Kompetenz, schnell Entscheidungen zu treffen.

Um zu guten, der Sache angemessenen und fachgerechten Anforderungen zu gelangen, ist natürlich der richtige Ansprechpartner auf Seiten der Anwender eine äußerst wichtige Erfolgsgröße (im Fachjargon **Requirements-Provider** genannt).

Als Ansprechpartner für die Anforderungsentwicklung sollten Personen der Fachabteilung bzw. aus dem Generalmanagement fungieren, die über spezifische Kompetenzen verfügen. Am Beispiel der Entwicklung von Softwareanforderungen können als gewünschte Fähigkeiten und Kompetenzen seitens der Anwender genannt werden:

- Kenntnis der Arbeits- und Geschäftsprozesse, die durch die neue Lösung unterstützt werden sollen (Sachverstand im Anwendungsgebiet für die angestrebte IT-Lösung);
- Wissen um die vorliegenden Richtlinien bzw. die einschlägigen Vorschriften (Rechtsvorschriften, Normen) sowie der firmenspezifischen Architekturvorgaben, die bei der Lösungsentwicklung einzuhalten sind;

- Fähigkeit, sich in die von Experten oder gemeinsam im Team angedachten IT-Lösungskonzepte und ihre Auswirkungen hineinzudenken;
- systembezogenes Know-how, um systemtechnische Vorgaben zu beurteilen bzw. festzulegen, die bei der Realisierung zu befolgen sind und den IT-Lieferanten bei der Entwicklung von Lösungsvorschlägen einen klaren Rahmen geben;
- systemtechnisches Verständnis, um die Abbildung der User Requirements auf System Requirements nachvollziehen zu können;
- ausreichende Entscheidungskompetenz, um tragfähige Vereinbarungen mit dem IT-Koordinator (dem Kundenbetreuer) abschließen zu können (denken Sie daran: Qualität basiert auf Vereinbarungen über Anforderungen!).

Beachten Sie:

Es ist leicht einsichtig, dass für die Anforderungsermittlung in der Regel eine Reihe von ausgewählten Ansprechpartnern benötigt werden. Darüber hinaus ist von entscheidender Bedeutung, bei der Anforderungsanalyse alle relevanten Interessenspartner (Stakeholder) ins Boot zu holen.

Nicht nur auf Seiten der Anwender sind entsprechende Voraussetzungen zu beachten, um im Anforderungsmanagement zu nachhaltigen Lösungen zu gelangen. Anforderungsentwickler (IT-Koordinatoren) sollten ebenfalls bestimmte Fähigkeiten und Voraussetzungen mitbringen, um die Wünsche der Anwender sachgerecht zu beurteilen und zu kanalisieren:

- Verständnis für die Geschäftsprozesse des Kunden/der betroffenen Fachabteilungen;
- systembezogenes Wissen (Wissen um die infrastrukturellen und softwarebezogenen Lösungsmöglichkeiten unter Beachtung integrativer Komponenten);
- Kompetenz, User Requirements in System Requirements zu übertragen;
- Fähigkeit, Informationen zu den IT- und Geschäftsarchitekturen genau zu strukturieren, methodisch sauber zu modellieren und unter Anwendung bewährter Methoden transparent zu dokumentieren;
- kommunikative Fähigkeiten und Verhandlungskompetenz mit dem Kunden (Vereinbarungen zu den anzugehenden Lösungswegen kompetent aushandeln);

Beachten Sie:

Ein guter Anforderungsentwickler für Kundenanforderungen und Systemanforderungen muss weder im Anwendungsgebiet noch als Softwareentwickler oder als Netzwerk- und Systemfachmann ein Experte sein, sondern im Wesentlichen ein gut ausgeprägtes Grundlagen- und Einordnungswissen haben. Besonders wichtig sind darüber hinaus Fähigkeiten als Vermittler zwischen der IT-Welt und dem Fachbereich.

9.1.3 Organisatorische Verankerung und Qualitätsmanagement für das IT-Anforderungsmanagement

Wesentliches Ziel des IT-Anforderungsmanagements ist es, effiziente und fehlerarme (störungsfreie) IT-Systeme bzw. IT-Lösungen zu entwickeln und dem Anwender kundenorientiert bereitzustellen. Anforderungsmanagement ist vor allem dann von Bedeutung, wenn der Einsatz komplexer IT-Systeme geplant ist, wobei die Entwicklung und Implementierung dieser Systeme in einem relativ hohen Grad arbeitsteilig erfolgt. Dabei zeigen die Erfahrungen der Praxis, dass das Formulieren von Anforderungen durch den Kunden bzw. den Anwender von IT-Lösungen allein nicht ausreicht. Wichtig für die erfolgreiche Entwicklung einer Applikation bzw. die Bereitstellung einer IT-Infrastruktur bzw. einer Standardapplikation ist es, dass ein ganzheitlicher Prozess für das Anforderungsmanagement in der betrieblichen Praxis definiert und realisiert wird.

Ausgangspunkt zur Positionierung sollte es sein, die **Hauptprozesse im Anforderungsmanagement** für die IT zu bestimmen. Bild 9.1 zeigt den Zusammenhang der Aufgaben und Prozesse im Überblick.

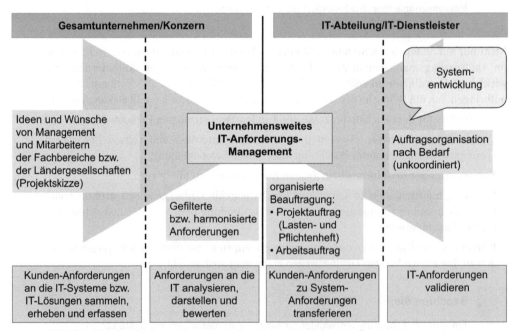

Bild 9.1 IT-Anforderungsmanagement – Einordnung der Aufgaben/Prozesse

Um ein professionelles IT-Anforderungsmanagement in der Praxis zu realisieren, haben sich vielfach in den Unternehmen **IT-Koordinatoren** etabliert. Dabei handelt es um Stellen/ Rollen, die entweder im IT-Bereich angesiedelt sind oder auch dem Fachbereich zugeordnet sein können (synonym finden sich auch Bezeichnungen wie Key User, Power User, IT-Beauftragter, Fachkoordinator oder Business-Analyst). Besondere Merkmale, die der Rolle eines IT-Koordinators zugewiesen werden, sind:

- IT-Koordinatoren bilden die „Drehscheibe zwischen IT und Fachbereich", indem sie die beiden Bereiche zusammenführen und wichtige Vermittlungsfunktionen wahrnehmen.

- IT-Koordinatoren gewährleisten effiziente, harmonisierte und ganzheitliche IT-Lösungen.
- IT-Koordinatoren sorgen für eine verbesserte Kooperation und Kommunikation von IT und Fachbereich.
- IT-Koordinatoren sind vielfach nicht nur Vermittler zwischen den beiden Polen/Fronten, sondern gleichzeitig Innovatoren im technischen Wandel.

Es bietet sich an, für das IT-Anforderungsmanagement gleichzeitig ein transparentes Qualitätsmanagement zu etablieren. Wesentlich sind das Schaffen optimaler Rahmenbedingungen sowie eine umfassende Qualitätssicherung und Weiterentwicklung der Prozesse und Ergebnisse im Anforderungsmanagement.

Folgende **Grundsätze für ein qualitativ abgesichertes Anforderungsmanagement** werden hervorgehoben:

- **Die Anforderungen, die seitens der Kunden an die IT-Lösung gerichtet werden, sind vollständig aufzunehmen und systematisch zu strukturieren!** Achten Sie darauf, dass Anforderungen nicht doppelt dokumentiert werden; umgekehrt dürfen natürlich auch wichtige Anforderungen nicht vergessen werden (Prinzip der Vollständigkeit zum Grundsatz machen). Es empfiehlt sich darüber hinaus, die erhobenen Kundenanforderungen nach ausgewählten Kriterien (etwa nach Art, Wichtigkeit, Herkunft etc.) zu gliedern. Dies ermöglicht es, die Kontrolle über die Anforderungen zu behalten, indem zum Beispiel auch im Nachhinein feststellbar ist, von wem diese Anforderung formuliert wurde. Gleichzeitig kann so die Qualität der dokumentierten Anforderungen bzw. ihre Realisierung zuverlässig überprüft werden.

- **Leiten Sie aus den erhobenen Kundenbedürfnissen die tatsächlichen Anforderungen an die IT-Lösung ab!** Wichtig ist es, die formulierten Ist-Bedürfnisse der Kunden insofern zu harmonisieren, als daraus die tatsächlich erforderlichen Bedarfe abgeleitet werden. Ausgangspunkt und Ergebnis der Erhebung (sei es per Fragebogen, Interview oder Gruppenworkshop) sind typischerweise die Kundenanforderungen „als Ist-Bedürfnisse". Aufgabe der für das Anforderungsmanagement Verantwortlichen ist es, dass diese Bedürfnisse mehr generisch (nach einem Standard) harmonisiert werden bzw. eine Selektion erfolgt, sodass die daraufhin generierte Systemlösung mehrere Kundenbedürfnisse befriedigen kann und nicht „überzogen" auf einzelne individuelle Bedürfnisse eingegangen wird (was in der Regel auch unwirtschaftlich wäre).

- **Nehmen Sie eine Visualisierung und Dokumentation der Anforderungen nach einem abgesicherten Verfahren vor und achten Sie auf die Testbarkeit!** Die Erfahrungen zeigen, dass es hilfreich ist, sich auf ein grafisches/visualisiertes Dokumentationsverfahren zu den Anforderungen zu verständigen. Beispiele sind UML (Unified Modeling Language) und ähnliche Verfahren. In der Praxis ist es einfacher, mit visualisierten Anforderungen umzugehen, denn es erleichtert das Verständnis zwischen dem Entwicklungs- bzw. Integrationsteam für IT-Lösungen und den Kunden bzw. Stakeholdern. Anforderungen müssen außerdem mit Testkriterien verbunden sein („testbar" sein). Das hilft nicht nur, spätere Phasen des Projekts besser vorzubereiten, sondern zwingt auch den Verfasser der Anforderungen bzw. den System- und Softwareentwickler, „in die richtige Richtung" zu denken.

- **Fixieren Sie die Ergebnisse der Anforderungserhebung in einer Anforderungsspezifikation (Vorlage)!** Mittels einer Vorlage für die Anforderungsspezifikation müssen die harmonisierten Benutzerbedürfnisse erfasst werden. Dabei sind gleichzeitig eine intelligente Rückverfolgbarkeit sicherzustellen und Change-Impact-Analysen zwischen ihnen herbeizuführen. Spezifikationen und vertragliche Dokumente können ggf. auch aus einer Anforderungsdatenbank heraus generiert werden (Vorlagen für Spezifikationen, Verträge). Dieser zentrale Ort sollte auch Links zu äußeren Elementen beinhalten (wie z. B. Kundendokumentation, E-Mails und Verträge). Auch die Randbedingungen (nicht funktionale Anforderungen) sind zu erfassen und zu managen. Typische nicht funktionale Anforderungen sind Performance, Interface, Security/Sicherheit, Ausfallsicherheit, effektive Verfügbarkeit, Wartbarkeit.

- **Die dokumentierten Anforderungen sind zu priorisieren!** Es empfiehlt sich, die Priorisierung der Anforderungen in Kooperation mit dem Kunden vorzunehmen. Der IT-Produktmanager/IT-Koordinator muss sich im Einvernehmen mit dem Anwender entscheiden, welche Anforderungen am meisten nützlich für seine Kunden sind. Das ist realisierbar, indem man den für den Kunden gelieferten Wert und die Prioritätsinformationen kombiniert und daraus eine richtige Anforderungskombination definiert.
- **Änderungen von Anforderungen müssen kontrollierbar gemacht werden!** Im Verlauf der Zeit (während des Projekts) können sich Änderungen bezüglich der IT-Anforderungen ergeben. Dies muss unbedingt beachtet werden. Es ist nicht genug, am Anfang eine perfekte Anforderung zu definieren, wenn ihre Entwicklung mit der Zeit nicht verfolgt wird – das kann nicht akzeptierte IT-Systeme und mangelhafte Software zur Folge haben.
- **Anforderungen müssen kommuniziert werden!** Um ermittelte Anforderungen bzw. dokumentierte Anforderungsspezifikationen kommunikationsfähig zu haben, sind diese in einheitlicher Form den potenziellen Kunden und Stakeholdern bereitzustellen.

■ 9.2 Anforderungen im Fachbereich erheben – Techniken und Vorgehen

Eine systematische **Anforderungsermittlung** (engl. „Requirements Elicitation") bildet die Basis, um daraufhin die notwendige Dokumentation sämtlicher Anforderungen (bzw. die Ausarbeitung der Anforderungsspezifikation) vornehmen zu können. Die Sammlung kann durch den Anwender getrieben sein, der Regelfall ist jedoch die „Einsammlung" durch einen IT-Koordinator/Anforderungsmanager oder durch einen zuständigen IT-Systementwickler bzw. einen IT-Architekten.

Oft müssen die Anforderungen auch kollaborativ über Abteilungs- und Unternehmensgrenzen hinweg gesammelt, kommentiert und erfasst werden. In diesem Fall ist eine geeignete Mischung der Gruppe aus Vertretern der Fachbereiche und IT-Experten sinnvoll.

Bild 9.2 zeigt den Zusammenhang der **Teilaufgaben, Ergebnisse und Instrumente** im Rahmen der Anforderungsermittlung.

Beachten Sie: Eine Anforderung gibt an, was zu realisieren ist, aber nicht, wie dieser Zustand erreicht wird. Es gibt also eine klare Trennung zwischen Anforderungen und Lösungen (vgl. auch [Eb08], S. 21).

Ziel: Primär kommt es in dieser Phase darauf an, zu erfahren, welche Anforderungen die Fachbereiche/Stakeholder und Endbenutzer haben. Diese Anforderungen sollten in einfacher und organisierter Weise (Methoden, Personen) bereitgestellt und möglichst hierarchisch strukturiert werden.			
Teilaufgaben	**Ergebnisse**	**Instrumente**	**Verantwortliche/ Beteiligte**
Eingehende Anforderungen der Fachbereiche sammeln und aufnehmen	■ Dokumente als Fließtexte in natürlicher Sprache ■ Tabellen	■ Online-Erfassung via Portallösung ■ Elektronische Dokumentvorlagen ■ Software für das Anforderungs-Management	■ Fachbereiche ■ IT-Koordinatoren
Anforderungen erheben und erfassen (inkl. der Randbedingungen)	■ Anforderungsspezifikationen (grob) ■ Lastenhefte	■ Workshops für Teams ■ Interviews/ Befragungen	■ Anforderungsmanager ■ Projektleitung ■ Anforderer ■ IT-Koordinatoren

Bild 9.2 Teilprozess „IT-Anforderungen sammeln bzw. erheben und erfassen (Requirements Capture)"

9.2.1 Anforderungsarten – Möglichkeiten der Systematisierung

Anforderungen der IT-Kunden können sich auf unterschiedliche Domänen beziehen, etwa auf verschiedene Architekturbereiche (Standardanwendungen, Individualapplikationen, Datenarchitekturen und Storage, Infrastrukturen etc.) oder auf verschiedene Funktions- und Prozessfelder. Abhängig von den sich ergebenden **Anforderungsarten** kann ein unterschiedliches Vorgehen für die Präzisierung der Anforderungen notwendig sein.

Typische **Arten von Anforderungen** im IT-Umfeld sind:

- Anforderungen in Bezug auf die Neuentwicklung eines Softwareprodukts
- Wunsch nach der Veränderung einer vorhandenen Softwarelösung (Modifikationen, Erweiterungen, Optimierungen)
- Integration einer Standardlösung (Einführung von Business Software)
- Erbringung von IT-Dienstleistungen verschiedener Art (IT-Services, Digitalisierungslösungen)

Wichtig ist natürlich auch, ob sich die Anforderung im Rahmen eines Systemgestaltungsprozesses (etwa Anforderungssammlung für ein IT-Projekt) oder als überschaubare Einzelanforderung bzw. als Arbeitsauftrag (mit einer überschaubaren Anzahl an Anforderungen, die von einer Person in einem überschaubaren Zeitraum abgearbeitet werden können) ergibt.

Eine weitere Unterscheidung ergibt sich durch die Tatsache, dass es sich bei der Anforderungsentwicklung und der Anforderungsumsetzung typischerweise um einen mehrstufigen Prozess handelt, an dem verschiedene Akteure/Experten beteiligt sind, wodurch sich oft eine Dreiteilung ergibt; z. B.:

- **Definition der Kundenanforderungen (User Requirements);**
- **Definition der Systemanforderungen** (sie definieren das zu entwickelnde oder zu liefernde System);
- **Definition der Anforderungen an die Komponenten des Systems,** die primär von den Systemanforderungen und der Architekturkonzeption der Unternehmensorganisation abgeleitet werden (vgl. Kapitel „Enterprise Architecture Management").

Beachten Sie:

Der typische Fall für das IT-Anforderungsmanagement sind die Anforderungen, die sich als Bündel im Rahmen von IT-Projekten ergeben und im Rahmen der Systementwicklung (Softwareentwicklung) durch eine Projektlösung erfüllt werden können. Davon zu unterscheiden sind Anforderungen, die eine direkte Problemlösung ermöglichen und im Rahmen einer Auftragsbearbeitung umgesetzt werden (und damit nicht die spezielle Organisationsform eines Projekts für die Umsetzung erfordern).

9.2.2 Varianten des Vorgehens

Unterschiede bestehen natürlich bezüglich der Frage, in welcher Weise die Anforderungen gesammelt werden. So ist etwa festzuhalten, dass Anforderungen der Kunden auf sehr unterschiedlichen Wegen beim IT-Bereich bzw. beim **IT-Koordinator** eintreffen können. Möglich ist, dass einerseits die Kunden von sich aus Anforderungen anmelden, andererseits eine gezielte Erhebung durch den IT-Bereich/IT-Koordinator erfolgt.

Zu beachten ist auch, dass es keine zentrale **Informationsquelle** dafür gibt, aus der die Anforderungen an bestimmte IT-Lösungen einfach abgeleitet werden können. Die typische Situation der Anforderungsermittlung ist im Gegenteil dadurch gekennzeichnet, dass eine Vielzahl unterschiedlicher Akteure (Stakeholder) zu berücksichtigen sind, die Anforderungen an die zu entwickelnde IT-Lösung haben und entsprechend bei der Festlegung und Formulierung der Anforderungsspezifikation zu berücksichtigen sind. Es ist deshalb auch wichtig, die Akteure genau zu bestimmen und festzulegen, damit nicht wesentliche Betroffene ggf. übersehen werden.

Soll ein Anforderungsmanagement im klassischen stringenten Sinn im Rahmen eines generischen Projektmanagements erfolgen, dann sollen – so die vorherrschende Auffassung – die meisten und wichtigsten Anforderungen schon zum Start des IT-Projekts bekannt sein. So können dann auch klare Meilensteine und Projektphasen für den Systementwicklungsprozess definiert und im Anforderungsmanagement berücksichtigt werden. Die Anforderungen werden in diesem Fall gemeinsam im Projektteam mit den Beteiligten und Betroffenen erhoben und anschließend in einen ganzheitlichen Zusammenhang gebracht, sodass sich ein Gesamtsystem als Dokumentation ergibt (etwa für ein CRM-System, das aus verschiedenen Teilsystemen mit spezifischen Anforderungen besteht; zum Beispiel für Vertrieb, Service und Marketing).

Bei einem solchen Vorgehen ist klar, dass bereits im Projektantrag eine Skizzierung der gewählten Projektphasen erfolgen muss. Abhängig von dem Projektgegenstand sind entsprechende Vorgehensmodelle und die Beachtung des Anforderungsmanagements zu adaptieren. In einem typischen (generischen) Vorgehen muss zu Beginn eines Projekts eine möglichst **exakte Anforderungsspezifikation** erstellt werden. Davon ausgehend ergeben sich dann das Lastenheft bzw. das Pflichtenheft, die gemeinsam die Grundlage zur Realisierung eines IT-Projekts bilden.

Beachten Sie:

Werden stringente Vorgehensmodelle zur Grundlage gemacht, ist es wesentlich, dass die Anforderungen möglichst stabil gehalten werden können und schon im Vorfeld bzw. zu Projektbeginn relativ genau bekannt sind. Es ist aber keine zwingende Voraussetzung, dass bei diesem Vorgehensmodell die Anforderungen nicht mehr verändert werden dürfen. Es ist allerdings hilfreich, wenn die Anforderungen, die sich ändern können, ermittelt werden und die IT-Architektur dementsprechend angepasst wird.

Unterschiede bezüglich der Anforderungsfestlegungen ergeben sich bei **agilem Softwareprojektmanagement,** wobei als Ausgangspunkt des agilen Vorgehens die Personen in den Fokus gestellt werden, die Software entwickeln bzw. die in den Softwareentwicklungsprozess eingebunden sind. Deshalb ist es in diesem Fall wesentlich, den Auftraggeber verstärkt in das IT-Projekt und den Entwicklungsprozess so einzubinden, dass zeitnah und flexibel (agil) auf Änderungen bezüglich der Anforderungen des Kunden reagiert werden kann. Die Ziele werden in diesem Fall zum Projektstart nur grob vereinbart, allerdings nicht die umzusetzende Funktionalität im Detail, wie dies beim klassischen Lastenheft üblich ist.

Bei einer **agilen Vorgehensweise** erfolgt das Erstellen der Detailspezifikation im Idealfall „realtime" integriert in den Entwicklungsprozess. Als Vorteil wird daraus abgeleitet, dass ein unnötiger Dokumentations- und Entwicklungsaufwand, der durch laufend veränderte Anforderungen entsteht, vermieden werden kann. Sobald sich Fragen oder Probleme im Entwicklungsprozess ergeben, können diese ohne großen Dokumentationsaufwand (unter Vermeidung aufwendiger Änderungsaufträge) in der persönlichen Kommunikation relativ schnell und einfach geklärt werden sowie daraufhin einer einvernehmlichen Lösung zugeführt werden. Ein weiteres Merkmal: Am Ende einer Iteration in einem agilen Projekt werden die jeweiligen Prozesse reflektiert und weiterentwickelt. Dies erhöht ggf. die Qualität der Spezifikation.

Festzuhalten ist, dass sich bei agilem Vorgehen im IT-Projekt ein adäquates iteratives Anforderungsmanagement und die kontinuierliche Integration der Applikation als wesentliche Merkmale erweisen. Dabei werden Anforderungsanalysen nicht mehr mittels eines Lastenhefts dokumentiert, sondern es werden sogenannte Benutzergeschichten **(User Stories)** erfasst, die es in drei verschiedenen Ausführungen gibt.

- **Funktional:** Funktionale Anforderungen ergeben sich aus Anwendungsfällen für den Benutzer und beschreiben Aktionen, die vom IT-Produkt (der Applikation) durchgeführt werden können.

- **Nicht funktional:** Nicht funktionale Anforderungen sind Eigenschaften des IT-Produkts und müssen messbar sein. Gemäß ISO (bzw. DIN) werden die Eigenschaften nach Qualitätskriterien wie Zuverlässigkeit, Benutzbarkeit, Effizienz, Änderbarkeit und Übertragbarkeit bewertet.
- **Rahmenbedingungen:** Hierzu zählen Anforderungen, die sich nicht auf die Funktionalität der IT-Lösung, sondern auf das Projektvorhaben als solches beziehen. Es handelt sich zum Beispiel um Vorgaben zum Projektablauf, einzuhaltende Normen und Gesetze, zu beachtende Schnittstellen und Informationen zur Plattform, auf der die IT-Lösung eingesetzt werden soll.

Zusammenfassend lässt sich festhalten, dass bei der agilen Vorgangsweise die Kundenanforderungen erst unmittelbar vor der Umsetzung feinspezifiziert werden. Am Anfang eines agilen Projekts steht deshalb eine relativ grobe Planung. Diese besteht aus einer Sammlung aller vom Kunden gewünschten Anforderungen (beispielsweise einer Auflistung der gewünschten Funktionen des neuen IT-Systems), von denen nur die wichtigsten feinspezifiziert sind. Klar definiert sind hingegen die Ziele, die mit der Umsetzung erreicht werden sollen, bzw. was die Projektergebnisse leisten sollen.

Grundsätzlich bietet sich dieses Vorgehen an, wenn noch nicht alle Anforderungen vor bzw. zum Projektstart bekannt sind und diese sich möglicherweise auch noch ändern. Das **iterative Anforderungsmanagement** kommt unter anderem

- in IT-Projekten mit Prototyping
- sowie in IT-Projekten, in denen der Kunde Teilergebnisse geliefert haben will,

zur Anwendung. Wichtig ist allerdings auch, dass beim Projektstart bekannt ist, welches die kritischen Anforderungen sind, da diese Einfluss auf die Lösungsarchitektur und die Performance der IT-Lösung haben.

> **Beachten Sie:**
>
> Bezüglich der Anforderungserhebung im Rahmen des Projektmanagements ist festzuhalten, dass hier zwischen sequenziellem/stringentem und agilem Vorgehen ein gravierender Unterschied im Anforderungsmanagement besteht. (Hinweis: Agile Methoden haben sich heute für ausgewählte Softwareentwicklungsprojekte vielfach bewährt.)
>
> Die Wahl des Softwareentwicklungsmodells hat insofern Konsequenzen für das Anforderungsmanagement, als der Detaillierungsgrad, wie die Anforderungen zu erheben sind, vom Softwareentwicklungsmodell beeinflusst wird. Je unflexibler ein Softwareentwicklungsmodell ist, umso detaillierter und vollständiger müssen die Anforderungen schon in der Erhebungsphase vorhanden sein. Je flexibler, agiler das Vorgehensmodell ist, umso häufiger kommt es vor, dass die Anforderungen erst parallel zum Projekt erarbeitet oder identifiziert werden. Unabhängig davon hat jedes Softwareentwicklungsmodell die Phasen des Anforderungsmanagements sowie eine Testphase integriert (vgl. [Eb08], S. 65). ∎

9.2.3 Methoden und Techniken der Anforderungserhebung

Vielen IT-Verantwortlichen sowie IT-Koordinatoren ist das folgende Problem bei der Ermittlung der Anforderungen an IT-Lösungen aus der Praxis nicht unbekannt: IT-Kunden ist oft gar nicht bewusst oder zumindest nicht vollständig bewusst, was sie haben wollen und damit von der IT konkret als Ergebnis erwarten. Sie haben meist nur sehr vage Vorstellungen von ihren Zielen und nur eine gewisse Ahnung davon, was sie nicht haben wollen.

Voraussetzung zur Aufnahme von Anforderungen der Kunden ist deshalb, dass einmal seitens der IT ein Verständnis für die Probleme und Bedürfnisse des Kunden entwickelt wird. Daraus lassen sich dann die Anforderungen ableiten. Dabei gilt es nach geeigneten **Methoden und Techniken** zu suchen, die es ermöglichen, die Anforderungen gezielt zu bestimmen und transparent für alle Seiten zu dokumentieren.

Es hat sich als sinnvoll erwiesen, in einem ersten Schritt die relevanten **Informationsquellen** zu identifizieren, die Wissen über die zu bearbeitende Thematik (insbesondere zu den zugrunde liegenden Arbeits- und Geschäftsprozessen) besitzen. Zu den Informationsquellen rechnen im Wesentlichen alle **Stakeholder;** insbesondere die betroffenen Mitarbeiter, aber auch das Management der Fachbereiche. Aus den Stakeholdern werden Repräsentanten ausgewählt, um sinnvolle Anforderungen erheben zu können. Im Ergebnis ist also festzulegen, bei welchen Personengruppen bzw. Personen Informationen im jeweiligen Einzelfall erhoben werden.

Darüber hinaus sind aber auch Richtlinien, Gesetze, Verordnungen, Organisationsstandards, bestehende Systeme, Konkurrenzprodukte und länderspezifische Gegebenheiten als wichtige Informationsquellen zu beachten, wenn bestimmte IT-Lösungen zu entwickeln sind. Träger von Informationen sind also nicht nur Menschen. Belege, Statistiken, Literatur, technische Zeichnungen, Datenbanken etc. enthalten ebenfalls Informationen, aus denen heraus geeignete Anforderungsdefinitionen abgeleitet werden können.

In einem weiteren Schritt werden die relevanten Anforderungen und das Wissen aus den unterschiedlichen Informationsquellen erhoben. Dabei kann sich ein typisches Problem ergeben: Infolge der verschiedenen Quellen ist es nur natürlich, dass die unterschiedlichen Informationsquellen (Stakeholder-Gruppen) durchaus unterschiedliche Anforderungen an das zu entwickelnde IT-System stellen. Aufgrund dieser Gegebenheiten muss oft eine Harmonisierung und Gewichtung der definierten Anforderungen erfolgen.

In jedem Fall lassen sich die anstehenden Fragen und Probleme in der Regel nur lösen, wenn zunächst eine Bestandsaufnahme zu den IT-Anforderungen erfolgt. Damit stellt sich die Aufgabe der Erhebung der zur IT-Lösung nötigen Informationen. In den Analyseschritten (Projektarbeit, Auftragsarbeit) müssen dabei vorwiegend anforderungsorientierte Informationen bzw. lösungsorientierte Informationen beschafft werden.

Die Auswahl der geeigneten **Erhebungstechnik** hängt immer vom konkreten IT-Projekt bzw. dem definierten Arbeitsauftrag ab. Tabelle 9.1 gibt einen ersten Überblick über mögliche Informationsbeschaffungstechniken (Erhebungstechniken gegliedert nach der Datenaktualität):

Tabelle 9.1 Anforderungserhebungstechniken im Überblick

Technik	Vorgehen und Anwendung
Dokumentenanalyse	Zunächst werden die vorhandenen Informationsquellen (Dokumentenarchive, Datenbanken) gesichtet und gezielte Recherchen (Web etc.) durchgeführt. Gefundene Dokumente werden ausgewertet und im Hinblick auf den Erhebungszweck neu strukturiert.
Interview	Im Rahmen von Interviews findet eine persönliche mündliche Befragung statt. So befragt etwa der IT-Koordinator oder der Anforderungsmanager den Kunden (Enduser, General Management etc.) zu den Detailanforderungen. Auch auf Interviews gilt es sich – im Hinblick auf die Erhebungsziele und die Zielgruppe – sorgsam vorzubereiten (etwa durch Ausarbeitung eines Interviewleitfadens). Grundlage der persönlichen Befragung sollte ein strukturiert geleitetes Befragen der Beteiligten sein.
Fragebogen	Ausgangspunkt zur Durchführung von Befragungen ist zunächst die Abgrenzung des Untersuchungsfelds und die Konfiguration des Fragebogens. Die sinnvolle Konfigurierung bestimmt die Möglichkeit der Fragestellung sowie die Fragenkreise, die sinnvollerweise angesprochen und später ausgewertet werden können. Üblicherweise wird ein Fragebogen als Printfassung oder in elektronischer Form verschickt, der in einem vorgegebenen Zeitraum zu beantworten ist. Bei der Konstruktion des Fragebogens sollte bereits auf die Auswerteoptionen geachtet werden.
Beobachtung	Es erfolgt eine Erhebung unmittelbar in Bezug auf die Arbeits- und Geschäftsprozesse durch einen Beobachter. Möglich ist entweder eine Vollzeit- oder Multimomentbeobachtung.
Gruppentechniken	Im Teamwork werden die auf die angestrebte IT-Lösung bezogenen Geschäftsprozesse in Bezug auf Aufgaben, Bearbeiter, verwendete Dokumente und Hilfsmittel/Ressourcen erfasst und mittels darauf bezogener Anforderungsdokumente dargestellt.

Einige Hinweise für die Anwendung der genannten Erhebungstechniken:

- Die Dokumentenanalyse macht sich die Tatsache zunutze, dass Träger von Informationen nicht nur Menschen, sondern auch Statistiken, Datenbanken, Internet (Netzwerke) sind, die für die sachgerechte Anforderungsermittlung genutzt werden können. Nach der Sammlung der geeigneten Dokumente gilt es Kriterien festzulegen, nach denen eine Auswertung durchzuführen ist.
- Interviews sind geeignet, um etwas über das Handeln, die Motive, Einstellungen und Empfindungen von Personen zu erfahren. Es empfiehlt sich, Interviews gut vorzubereiten (inhaltlich strukturieren, Interviewleitfaden entwickeln) sowie auch den zu befragenden Personenkreis sorgfältig auszuwählen.
- Die Gruppenmethode ist eine der wichtigsten Methoden, um für das gesamte IT-Projekt Motivation, Partizipation und Akzeptanz zu erzeugen und in diesem Kontext harmonisierte Anforderungen an IT-Lösungen zu generieren. Die Teammitglieder und die Vertreter der Fachbereiche lernen, „in Prozessen und Zusammenhängen zu denken", indem Beziehungen zwischen den zu gestaltenden Elementen transparent werden. Durch dieses Umdenken alleine können Anforderungen zielgerichtet harmonisiert werden.

Beachten Sie:

Das Design der Geschäftsprozesse hat zu einem Teil Einfluss auf die Kundenanforderungen an die IT-Lösung. Demgegenüber entscheidet das Design des IT-Systems (Systemarchitektur) über einen Teil der Systemanforderungen. Die Aufteilung der Funktionalität auf die Komponenten des Systems (eine Designentscheidung) entscheidet über einen Teil der Anforderungen an diese Komponenten. Von der Logik her ist dies ein strikter Top-down-Prozess, der ein guter Leitfaden ist, in der Praxis aber oft nicht so streng gehandhabt wird.

Wie kann eine **Qualitätssicherung der erhobenen Anforderungen** hergestellt werden? Natürlich beginnt die Qualitätssicherung der Anforderungen schon bei der Auswahl der richtigen Ansprechpartner für die Analyse und endet bei der qualifizierten Prüfung und Bestätigung der Anforderungen. Im traditionellen (sequenziellen) Software-Entwicklungsprozess erfolgen Prüfung und Bestätigung der Anforderungen in der Regel über Reviews und die Freigabe der Anforderungsdokumente. Zur Unterstützung können bei Bedarf Prototypen oder bei Standardsoftware-Lösungen Pilotinstallationen dienen.

9.2.4 Toolgestützte Erfassungsmöglichkeiten

Zur Unterstützung für das IT-Management bzw. den IT-Koordinator kann es sich anbieten, spezielle **Software für das Anforderungsmanagement** zu nutzen. Auf diese Weise lassen sich

- Anforderungen besser strukturieren,
- Redundanzen bei der Formulierung von Anforderungen vermeiden sowie
- eine Rückverfolgbarkeit der Anforderungen (wann? von wem?) relativ einfach ermöglichen.

Vielfach werden anstelle einer speziellen Software für das Anforderungsmanagement Textverarbeitungssysteme oder Tabellenkalkulationsprogramme verwendet. Allerdings können damit viele Vorteile von Lösungen, die auf einer Datenbank beruhen, nicht genutzt werden. In letzterem Fall werden die Einzel-Requirements systematisch gespeichert und anschließend ihre Abarbeitung verfolgt und überwacht. Zu jedem Requirement wird

- der Start der Bearbeitung der Anforderung,
- das Erreichen von Meilensteinen und
- der (erfolgreiche) Abschluss der Anforderungsbearbeitung vermerkt.

Bezüglich des Erfassens von Anforderungen ist einerseits zu beachten, dass dies unter anderem dazu dient, jederzeit zu wissen, welche Anforderungen vorliegen, von wem und in welchem Zusammenhang sie entstanden sind. Außerdem kann eine Bewertung erfolgen bzw. eine Angabe, in welchem Status sie sich befinden.

Computergestützt ist es in der Regel für die **Erfassung von Anforderungen** sinnvoll,

- eine formularbasierte Erfassung der Anforderungen vorzunehmen und ggf. ein Anlegen von Anforderungshierarchien zu ermöglichen,
- die Anforderungen zu versionieren sowie automatisch eine Änderungshistorie zu führen,

- eine Definition spezieller Sichten auf die Anforderungen und ein individuelles Reporting zu ermöglichen,
- den aktuellen Bearbeitungszustand der Anforderungen anzuzeigen (unter Festlegung von Kriterien),
- den Weg der Anforderungen von ihrer Definition bis zur Abnahme nachzuvollziehen,
- die Generierung von Dokumenten – zum Beispiel von Lasten- und Pflichtenheften – vorzusehen.

Beachten Sie:

Anforderungsmanagementsoftware, die auf einer Datenbankunterstützung basiert, gestattet es, Anforderungen in Beziehungen zu setzen. Damit wird es möglich, Systemanforderungen auf Kundenanforderungen zurückzuführen und so unter anderem Systemanforderungen festzustellen, die auf keine Kundenanforderungen zurückzuführen sind. Genauso können Tests mit den Anforderungen in Beziehung gesetzt werden, um eine Vollständigkeit von Tests zu gewährleisten.

Anforderungsmanagement verwendet zur Darstellung die natürliche Sprache oder bei Bedarf eine formalisierte natürliche Sprache mit eingeschränktem Vokabular und festen Satzkonstruktionen, den sogenannten Requirements Templates. Die Erfahrung zeigt, dass Sprachen zur Modellierung wie z. B. UML in vielen Situationen eine Formulierung der Anforderungen erleichtern.

Ziel einer Anforderungsspezifikation (u. a. Lastenheft, Pflichtenheft, Fachkonzept) ist es, die Anforderungen so zu formulieren, dass zwischen dem Auftraggeber und Auftragnehmer ein gemeinsames Verständnis über das zu entwickelnde System geschaffen wird. Um das bei natürlicher Sprache zu erreichen, sollten Regeln eingehalten werden. Eine Erweiterung für die Erhebung und Dokumentation der Anforderungen ist dann gegeben, wenn die Möglichkeit zur grafischen Definition von Anforderungen mit der UML und Geschäftsprozessdiagrammen in der Business Process Modeling Notation (BPMN) vorliegt.

Zu jedem grafischen Element in einem UML- oder BPMN-Diagramm können einheitlich strukturierte Anforderungen angelegt werden. Ausgehend von vordefinierten Formularen, die sich an einen spezifischen Dokumentationsbedarf anpassen lassen, werden die Anforderungen erfasst. So kann auch nachvollzogen werden, wie eine bestimmte Anforderung entstanden ist (z. B. personelle Zuordnung).

9.3 IT-Anforderungen in einer Anforderungsspezifikation dokumentieren

Die IT-Anforderungen werden – wie bereits herausgestellt – typischerweise in einem gesonderten Dokument – einer Anforderungsspezifikation – festgehalten. Zweck der Erstellung eines Dokuments „Anforderungsspezifikation für XYZ" ist es,

- detailliertere Informationen zur Einschätzung der Machbarkeit der formulierten Anforderungen bzw. des geplanten IT-Projekts zu erhalten,
- eine transparente Form zu finden, wie durch eine neue bzw. modifizierte IT-Lösung zukünftig eine Optimierung der Geschäftsprozesse erreicht werden kann (Zielpräzisierung, Nutzendarstellung),
- eine ganzheitliche Übersicht über die Vielfältigkeit der Anforderungen zu IT-Systemen/ IT-Lösungen zu erhalten und daraus im Gesamtinteresse des Unternehmens Harmonisierungen herzustellen bzw. Doppelarbeiten zu vermeiden,
- eine klare Basis für eine Aufwandsschätzung für IT-Projekte zu geben und damit auch eine Grundlage für ggf. notwendige Ausschreibungen zu haben,
- eine unverzichtbare Grundlage zu erarbeiten, um ein Lastenheft zu erstellen und mit der zentralen IT-Steuerung für das Erstellen eines Pflichtenhefts abstimmen zu können.

9.3.1 Anforderungen – Dokumentationsvarianten

Ohne eine schriftliche Dokumentation der Kundenanforderungen bzw. der Systemanforderungen ergeben sich vielfach Probleme. Das entsprechende Dokument für eine Anforderungsspezifikation ergibt sich quasi als Vereinbarung von „Sender" und „Empfänger". Im Fall der Softwareentwicklung bzw. der Softwareimplementation kann der Sender als Person gesehen werden, die die Spezifikation erstellt. Der Sender gibt das Wissen über die zu realisierende Applikation an die Entwickler/Entwicklerteams weiter. Ähnlich ist bei der Hardwarebeschaffung der Anwender der Sender, der definiert, welche Anforderungen die IT-Infrastruktur bzw. die darin involvierten IT-Komponenten (Netzwerke, Server, Arbeitsplatzsysteme) erfüllen sollen.

Es gibt schon eine Menge Techniken, um Anforderungen grafisch darzustellen. Für objektorientierte Architekturen hat sich die Unified Modeling Language (UML) als Standard herausgestellt, für strukturierte Entwicklungen sind die Strukturierte Analyse (SA) und das Information Engineering (IE) sehr brauchbare Ansätze, aber noch kein allgemein akzeptierter Standard (vgl. [Sc01], S. 42ff.).

Zunächst bedarf es einer Grundsatzentscheidung: Wie sollen die Anforderungsspezifikationen der Kunden des IT-Bereichs dokumentiert werden? Unterschieden werden:

- informelle Techniken,
- semiformale Verfahren,
- formale Techniken.

Informelle Techniken verwenden kein komplettes Regelwerk zur Erstellung von Anforderungsspezifikationen bzw. Modellen. Die Gestaltungsmöglichkeiten der Dokumentation werden kaum eingeschränkt. Natürliche Sprache und einfache Schaubilder (Box-and-Arrow-Diagramme) sind Beispiele für eine informelle Spezifikation.

Semiformale Verfahren verwenden eine definierte, eindeutige Syntax. Das kann eine grafische Notation sein, mit präzisen Regeln zur Erstellung der Diagramme oder eine textuelle Notation mit ähnlichen Regeln. Diese grafischen und textuellen Verfahren bieten in der Regel eingeschränkte Überprüfungen der Modelle (z. B. einen Syntax-Checker oder einen Simulator). Beispiele für semiformale Sprachen sind UML und ER-Diagramme.

Formale Techniken haben eine streng definierte Syntax und Semantik. Eine Spezifikation, die in einer mathematischen Notation mit entsprechenden Symbolen ausgedrückt wird, kann mit mathematischen Methoden auf Widersprüche und Vollständigkeit verifiziert werden. Formale Verfahren wie etwa Petri-Netze erlauben die (teil-)mechanische Verifikation von Programmen oder den Beweis bestimmter Modell- oder Programmeigenschaften. Dies ist mit semiformalen und informellen Verfahren kaum möglich. Sie decken unterschiedliche Teile des Softwareentwicklungsprozesses ab. Einige Ansätze gehen nicht über eine reine Notation hinaus. Deshalb wird erst über ein Nutzungskonzept und Werkzeuge eine formale Spezifikationstechnik praktisch nutzbar.

9.3.2 Typische Inhalte einer Anforderungsspezifikation

Im Rahmen einer Organisation des IT-Anforderungsmanagements sollte jedes Unternehmen insbesondere festlegen, welche Eigenschaften in einer Anforderungsspezifikation vorliegen sollten, die ein IT-Produkt (bzw. ein zu entwickelndes IT-System bzw. eine Softwarelösung) oder ein IT-Service erfüllen muss.

Es gibt keine Grundregel, in welcher Form Anforderungen zu dokumentieren sind. Die Dokumentation sollte immer an die Beteiligten angepasst sein. Es sollten auch nur so viele Fachbegriffe verwendet werden, dass jeder Beteiligte die Anforderung lesen kann. Sind Fachausdrücke unumgänglich, sind diese in einem Glossar zu konkretisieren. Ein Standard-Template für eine Anforderungsspezifikation mit inhaltlichen Vorgaben ist in der folgenden Darstellung gezeigt.

0. Management Summary 4
    0.1. Motivation 4
    0.2. Aktuelle Situation 4
    0.3. Anforderungsübersicht zur Situationsverbesserung. 4
    0.4. Vorschläge für die nächsten Schritte 4
1. Einführung / Allgemeines 5
    1.1. Zweck des Dokuments 5
    1.2. Änderungsübersicht 5
    1.3. Verteiler 5
    1.4. Abkürzungen / Glossar 5
    1.5. Zugehörige Dokumente 6
2. Ausgangssituation und Problemstellung des Projekts 7
    2.1. Auslöser und Herausforderungen 7
    2.2. Konkretisierung der Zielsetzungen 9
    2.3. Konkretisierung der Ergebnisse 9
    2.4. Interessengruppen (Stakeholder) 9
3. Ist-Situation – Darstellung und Beurteilung 11
    3.1. Geschäftsprozessabgrenzung 11
    3.2. Beschreibung der Ist-Geschäftsprozesse 11
    3.3. Geschäftsobjekte / Daten (Datenmodelle) 11
    3.4. Beurteilung der aktuellen Situation 12
    3.5. Vorhandenes IT-System / Systeme und ihre Bewertung 13
4. Soll-Situation 16
5. Anforderungen – Anwendungsfälle und Anforderungsliste 18
    5.1. Anwendungsfälle (Anwendungsfunktionen) 18
    5.2. Prozessuale und funktionale Anforderungen 20
    5.3. Testfälle 21
6. Schnittstellen 22
7. Nichtfunktionale Anforderungen 23
    7.1. Zu beachtende Richtlinien für die Projektergebnisse 23
    7.2. Qualitätsanforderungen 23
    7.3. Sicherheits-Anforderungen / Berechtigungen 24
    7.4. Gesetzliche Anforderungen und Randbedingungen 24
    7.5. Technische Anforderungen und Risikoplanung 24
8. Vorschläge für die nächsten Schritte 26

Das Template der Gliederung zeigt, dass es sinnvoll ist, eine Management-Summary zu Beginn (quasi für den „schnellen" Leser) einzufügen. Darüber hinaus sind die Ausgangssituation und die Problemstellung bei IT-Projekten zu skizzieren.

Die Formulierung der konkreten Anforderungen zu einem Projektantrag macht eine Erhebung, Beschreibung und Analyse des Ist-Zustands (unter Berücksichtigung der Rahmenbedingungen) erforderlich. Eine Darstellung der gesamten von der Umstellung betroffenen derzeitigen Organisation mit den aufgefundenen Problemen bildet die Grundlage für eine künftige Lösung.

Dazu einige ausgewählte Hinweise:

Geschäftsprozessabgrenzung: Die angestrebte IT-Lösung soll/muss die Geschäftsprozesse unterstützen. Dies ist heute übereinstimmend als Kernaufgabe zu konstatieren. Deshalb gilt es für die IT-Anforderungen beim Kunden zunächst an den Geschäftsprozessen anzusetzen. Im Rahmen von prozessorientiert „aufgestellten" Organisationen entscheidet das Design der Geschäftsprozesse über einen Großteil der Kundenanforderungen an die IT-Lösung. Wichtig ist dabei, dass eine klare Geschäftsprozessabgrenzung vorliegt. Für eine Einordnung der Geschäftsprozesse, auf die sich die neue IT-Lösung bezieht bzw. die sie unterstützt, ist eine Darstellung als Wertschöpfungskette (möglichst grafisch) nützlich.

Beschreibung der Ist-Geschäftsprozesse: Zur Umsetzung der ganzheitlichen Anforderungen an IT-Lösungen sind eine Modellierung der Geschäftsprozesse, der IT-Architekturen und eine darauf aufbauende Vernetzungsanalyse empfehlenswert. Dazu sind alle Elemente der Geschäftsprozessorganisation zu erfassen und in ihrem Beziehungszusammenhang darzustellen. Damit kann dann eine exakte Ist-Situation der Geschäftsprozesse erstellt werden, was die Konzeption ganzheitlich orientierter Lösungswege ermöglicht. Auch die dazu notwendige Beschreibung der Geschäftsprozesse sollte möglichst grafisch erfolgen. Dazu sollte die in der Organisation typische Notation zur Darstellung von Geschäftsprozessen verwendet werden.

Geschäftsobjekte/Daten (Datenmodelle): Die Datenarchitektur beschreibt den statischen Zusammenhang zwischen Daten, die für das gesamte Unternehmen von Interesse sind, in Form von Datenmodellen. Folgende Fragen/Punkte bedürfen in diesem Zusammenhang einer Klärung und Skizzierung: Verzeichnis aller Daten (Datenbanken/Datenbestände) im Zusammenhang mit der angestrebten IT-Lösung, Klassifikation der Daten nach der Bedeutung für das Unternehmen, Pflichten/Rechte der Dateneigner.

Für die Detailbeschreibung der **Soll-Applikationsarchitektur** kann eine Unterscheidung nach folgenden Bausteinen erfolgen:

- Soll-Applikationslandschaft: Diese Option dient der Darstellung der Soll-Funktionalität der Anwendungen bezogen auf die Geschäftsprozesse des Unternehmens.
- Die technische Sicht zeigt die Systeme aus IT-Sicht mit ihren Bausteinen, ihrem Zusammenwirken sowie der datenmäßigen Integration.
- Das Systemdesign zeigt die Designprinzipien und genutzten Standards beim Aufbau der Applikationen, inklusive der Positionierung und Integration von eingekauften Komponenten.

Die **Prozessarchitektur** beschreibt im Wesentlichen die Ziele und Inhalte der Geschäftsprozesse sowie die hierfür erforderliche Aufbauorganisation (Strukturen, Rollenkonzept) des Unternehmens. Notwendig sind zunächst einmal folgende Aktivitäten:

- Festlegung einer prozessorientierten Ausrichtung für die angestrebte IT-Lösung.
- Erstellung einer Prozesslandkarte, in der alle wesentlichen Geschäftsprozesse identifiziert und definiert sind.

Zur Darstellung von Anwendungsfällen wird die Nutzung der **Modellierungssprache UML** empfohlen. Dies ist eine Sprache zum Spezifizieren, Konstruieren, Visualisieren und Dokumentieren eines Softwaresystems. Grundsätzlich gilt: Mit UML lassen sich die Anforderungen der Benutzer darstellen. Entsprechende Modelle können als Basis für die Optimierung von Geschäftsprozessen dienen und den Entwurf der Anwendungsprogramme unterstützen.

Mit dem **Use-Case-Konzept** werden durchgängige Geschäftsprozesse dargestellt; sie beschreiben abstrakt das Zusammenwirken von Menschen mit einem System und bilden den Ausgangspunkt für eine GPM (Geschäftsprozessmodellierung) nach UML. Sie liefern zunächst einen groben Überblick.

Im Rahmen des nächsten Detaillierungsschritts erfolgt die Spezifizierung der Use-Cases. Nach UML kommen hier einerseits die textuelle Spezifikation in Frage, andererseits die Interaktionsdiagramme und letztlich Aktivitätsdiagramme. Diese zeigen, wie (Geschäfts-)Objekte miteinander kommunizieren, um eine bestimmte Transaktion durchzuführen. Aktivitätsdiagramme sind vergleichbar mit Zustandsdiagrammen, nur steht eben nicht der Zustand im Mittelpunkt des Interesses, sondern die Aktivität.

9.3.3 Qualitätssicherung der Anforderungsdokumentation

Eine Spezifikation ist eine Art der schriftlichen Kommunikation. Das entsprechende Dokument ergibt sich quasi als Vereinbarung von „Sender" und „Empfänger":

- Im Fall der Softwareentwicklung bzw. der Softwareimplementation kann der Sender als Person gesehen werden, die die Spezifikation erstellt. Der Sender gibt das Wissen über die zu realisierende Applikation an die Entwickler/Entwicklerteams weiter. Ähnlich ist bei der Hardwarebeschaffung der Anwender der Sender, der definiert, welche Anforderungen die Infrastruktur erfüllen soll.
- Als Empfänger kommt ein IT-Produktmanager, Systemarchitekt oder Softwarearchitekt (Programmierer etc.) in Betracht. Er erhält die Information (= Anforderungsspezifikation) und verarbeitet diese in weiterer Folge.

In einer Anforderungsspezifikation werden die Eigenschaften vereinbart, die ein IT-Produkt/eine IT-Applikation oder ein IT-Service erfüllen muss. Dies geschieht mitunter gerade im IT-Bereich in einem mathematisch-logischen Formalismus.

Die wesentlichen Hauptmerkmale, die eine gute Anforderungsspezifikation im IT-Bereich aufweisen soll, sind der Tabelle 9.2 zu entnehmen:

Tabelle 9.2 Hauptmerkmale einer IT-Anforderungsspezifikation

Merkmale	Hinweise/Leitfragen
Vollständigkeit	Dokumentiert die Spezifikation alle Wünsche des Kunden? Ist die Spezifikation darüber hinaus auch formal vollständig, d. h. werden Standards, Reglements oder Formatierungen eingehalten?
Verständlichkeit	Liegen die Anforderungen zur Spezifizierung in einer verständlichen und überschaubaren Form vor? Sind die Anforderungen prägnant formuliert?
Widerspruchs-freiheit	Widersprechen sich Anforderungen in der Spezifikation? Werden in der Spezifikation unterschiedliche Aussagen gemacht, die nicht in Einklang zu bringen sind? Werden unterschiedliche Begriffe für ein und denselben Sachverhalt verwendet oder existieren falsche Verweise und Bezugnahmen, beispielsweise in Indizes und Verzeichnissen?

(Fortsetzung nächste Seite)

Tabelle 9.2 Hauptmerkmale einer IT-Anforderungsspezifikation *(Fortsetzung)*

Merkmale	Hinweise/Leitfragen
Prüfbarkeit bzw. Traceability (Nachvollziehbarkeit)	Lassen sich die festgelegten Anforderungen überprüfen? Existieren Verfahren, um die Anforderungen zu prüfen? Sind die Anforderungen nachvollziehbar?
Eindeutigkeit	Ist die Spezifikation unterschiedlich auslegbar? Lassen alle dokumentierten Anforderungen genau eine Interpretation zu?
Adäquatheit	Dokumentiert die Spezifikation das, was vom Kunden gefordert und gewünscht wird?

■ 9.4 IT-Anforderungen analysieren und bewerten

Eine wesentliche Zielsetzung eines professionellen Anforderungsmanagements ist es, zwischen den Kunden und den Entwicklern/Projektmitgliedern ein Einverständnis über die Anforderungen, die ein neues bzw. ein modifiziertes IT-System erfüllen soll, zu erreichen. Dazu müssen zunächst die Anforderungen ermittelt und dokumentiert werden, daraufhin sind eine Analyse und eine Bewertung der Anforderungen nötig. Dieses Ergebnis wird dann entsprechend in einer Vereinbarung bzw. einem Lastenheft fixiert. Den Zusammenhang zeigt Bild 9.3.

Ziel:
Primäre Zielsetzung dieses Teilprozesses ist es, ein genaueres Verständnis der Problemstellungen und Wünsche, die vom Fachbereich bzw. den Benutzern eingebracht worden sind, zu gewinnen.
Letztlich geht es um das Herstellen eines gleichen Verständnisses sowie um die Definition von Anforderungen bei den Analysten/Koordinatoren und dem Fachbereich (Kunden).

Teilaufgaben	Ergebnisse	Instrumente	Verantwortliche/ Beteiligte
Anforderungen der Fachbereiche filtern und vervollständigen	• Tabellen • Anforderungsspezifikationen	• Workshop • Interviews	• Anforderungsmanager • Fachbereiche • IT-Koordinatoren
Anforderungen abbilden	• UML- und Geschäftsprozessdarstellungen	• UML-Techniken • Reengineering-Tools	• Anforderungsmanager • Projektleitung
Anforderungen bewerten	• Anforderungsspezifikationen (fein)	• ABC-Analyse • Workshops	• Anforderungsmanager • IT-Koordinatoren

Bild 9.3 Teilprozess „IT-Anforderungen analysieren, darstellen und bewerten" (Requirements Analysis)

Die Phase „Entwicklung/Integration" ist das Herzstück des allgemeinen Systementwicklungsprozesses für den Normalfall. Sie enthält grundsätzlich die folgenden Teilphasen:

- Analyse (Festlegung der detaillierten Anforderungen an das konkrete Systementwicklungsvorhaben oder -teilvorhaben)
- Design (Festlegung der technischen Umsetzung der Anforderungen)
- Implementierung (Umsetzung der im Design vorgegebenen Anforderungen)
- Test (Test des resultierenden IT-Systems oder -Teilsystems)

Die Teilphase „Analyse" dient der Konkretisierung der Anforderungen an das im Pflichtenheft beschriebene IT-System. Ergebnis dieser Phase ist die Anforderungsspezifikation. Teilergebnisse fließen in den QS-Plan ein. Zur Dokumentation empfiehlt es sich, entsprechende Templates zu verwenden.

Für das Analysieren der Anforderungen sollten diese inhaltlich und formal strukturiert werden, sodass eine Konsolidierung vorgenommen werden kann. Darüber hinaus ist es notwendig, eine Konsistenz zu den Anforderungen herbeizuführen. Hierzu sind die Beschreibungen zu vervollständigen sowie Abhängigkeiten zwischen den einzelnen Anforderungen herauszuarbeiten.

Eine hilfreiche Voraussetzung für eine Strukturierung von Anforderungen ist dann gegeben, wenn diese „sauber" formuliert wurden. Durch das Festlegen und Vereinbaren von Richtlinien kann erreicht werden, dass die Formulierung von Anforderungen die gestellten Herausforderungen erfüllt:

- Die formulierten Anforderungen sollten möglichst eindeutig und konsequent durchnummeriert werden.
- Die Anforderungen sollten sinnvollerweise geclustert werden, indem eine Strukturierung in Klassen und Gruppen erfolgt.
- Typischerweise kann eine Dokumentation der Quellen (Ausgangspunkte), Funktionen und Prozesse von Anforderungen notwendig sein.
- Es ist sicherzustellen, dass Änderungen und Beziehungen ständig gepflegt werden.
- Abhängigkeitsbeziehungen zu funktionalen Beschreibungen (beispielsweise Implementierungssicht, SW-Klassen, Komponenten) sind zu berücksichtigen.

Liegen die Anforderungen systematisch strukturiert vor, ist eine gezielte Anforderungsanalyse nötig. Damit kann insbesondere die Kluft zwischen tatsächlichem Bedarf/Anforderungsproblem und denkbarer Lösung überbrückt werden. Im Ergebnis sollte schrittweise durch die Analysen auch ein (Lösungs)Modell mit einer unterschiedlichen Genauigkeit erstellt werden.

Um die Anforderungsanalyse durchzuführen, sind unterschiedliche Methoden denkbar. Verbreitete Methoden zur Bewältigung dieser Aufgaben sind Use Cases (Anwendungsfälle bzw. Anwendungsfallanalyse) sowie Begriffs- oder Bedeutungsanalysen. Die Anwendungsfallanalyse zeigt besonders gut auf, welche Beteiligten (Akteure) etwa für die geplanten Systeme (Applikationen) aufgrund der Anforderungssituationen Zugriffsrechte benötigen. Wichtig ist dabei auch festzuhalten, welche Abhängigkeiten zwischen den Anwendungsfällen bestehen. Während der Modellierung der Anwendungsfälle können mitunter auch neue Anforderungen identifiziert werden. Es kann auch ergänzend ein Berechtigungskonzept mithilfe der Anwendungsfälle erarbeitet werden.

Nachdem alle Anforderungen in geeigneter Weise analysiert wurden bzw. auf die Machbarkeit geprüft wurden, können diese bewertet und priorisiert werden. Es empfiehlt sich, ein einfaches Prioritätensystem zu verwenden. Hierfür werden zum Beispiel folgende Kategorien angewendet:

- „Need to have" (Muss-Anforderungen): Anforderungen, die umgesetzt werden müssen.
- „Want Need to have" (Soll-Anforderungen): Anforderungen, die umgesetzt werden sollen.
- „Nice to have" (Kann-Anforderungen): Anforderungen, die dann umgesetzt werden, wenn noch ausreichende Ressourcen dazu verfügbar sind.
- „Not to have" (nicht umzusetzende bzw. nicht umsetzbare Anforderungen).

Nachdem die Anforderungen entsprechend der zuvor skizzierten Varianten bewertet wurden, sollten diese Zuordnungen auch mit dem Kunden besprochen werden. Dies macht das spätere Arbeiten mit den Anforderungen deutlich leichter. Hinweis: In der Umsetzung der Bewertung kann zwischen der Anwendung der ABC-Analyse bzw. einer Punktbewertung (Nutzwertanalyse) differenziert werden.

■ 9.5 Systemanforderungen definieren

Liegen abgestimmte und geprüfte Kundenanforderungen vor, ist diese Anforderungssammlung im nächsten Schritt um die Informationen zu ergänzen, die festhalten, was das künftige IT-System letztendlich machen soll und wie das System (das IT-Produkt) aussehen soll (insbesondere hinsichtlich Architektur, Funktionalität). Gleichzeitig sind auch die Schnittstellen genau zu definieren. Diese Dokumente werden zu einer **„System Requirements Specification",** in der alle systemtechnischen Anforderungen an das Produkt (die IT-Lösung) enthalten sind, vereint. Dieses Dokument wird von den IT-Architekten und Entwicklern in der Regel in Teamwork erstellt.

Die Dokumente sind dann von den Softwaredesignern, Systementwicklern und Programmierern zu analysieren und umzusetzen. Wichtig ist, dass eine ganzheitliche, umfassende Systemanforderungsdefinition typischerweise in einem mehrstufigen Prozess realisiert wird. Ausgehend von der Definition der Kundenanforderungen sind dies z. B.:

- **Definition der Systemanforderungen** (sie definieren das zu entwickelnde oder zu liefernde System),
- **Definition der Anforderungen an die System-/Produktarchitektur** (Architekturspezifikation),
- **Definition der Anforderungen an die Komponenten des Systems,** die von den Systemanforderungen und der ausgewählten Architektur abgeleitet werden.

Bei der Formulierung und Festlegung der Systemanforderungen werden verschiedene iterative Schritte durchlaufen. Neben einer Analyse wird auch ein Konzept mit einer unterschiedlichen Genauigkeit erstellt und darauf bezogene Systemspezifikationen werden als Dokumente erzeugt. In Bild 9.4 sind noch einmal die Zusammenhänge und Aktivitäten dieser Phase dargelegt, indem auch Instrumente und Akteure genannt werden.

9.5 Systemanforderungen definieren

Ziel:
Primäre Zielsetzung dieses Teilprozesses ist es, eine Beschreibung der Merkmale an die IT-Systeme (Applikationen, Infrastrukturen, Komponenten) so vorzunehmen, dass Analysten und Kunden die gleiche Ansicht haben, was zu tun ist und wie es zu tun ist.

Teilaufgaben	Ergebnisse	Instrumente	Verantwortliche/ Beteiligte
Systemanforderungen definieren	■ UML- und Geschäftsprozess-Darstellungen ■ Zu entwickelndes bzw. zu lieferndes System	■ UML-Techniken (Use-Cases) ■ Reengineering-Tools	■ Anforderungsmanager ■ Systemanalysten
Anforderungen an die Komponenten des Systems festlegen	■ Komponentenspezifikationen	■ Workshops ■ UML-Techniken ■ UML-Tools	■ Systemanalysten ■ Projektleitung
System spezifizieren	■ Systemspezifikationen	■ Workshops	■ Systemanalysten

Bild 9.4 Teilprozess „Lösungswege zur Umsetzung der Anforderungen formulieren" (= Systemanforderungen)

Bisher lag der Schwerpunkt der Darstellung auf der fachlichen und anwenderorientierten Seite. Es müssen Informationen über den Ist-Zustand beschafft werden. Diese müssen dann analysiert und dokumentiert werden. Als Ergebnis sollte hier die Gesamtheit der Funktionalitäten des Systems spezifiziert werden. Nach Versteegen et al. (2004, S. 22) sind folgende Aktivitäten (nach der Ist-Aufnahme und Ist-Analyse) zu realisieren:

- **Künftiges IT-System beschreiben:** In einem ersten Schritt sollte das geplante bzw. zu entwickelnde IT-System zunächst relativ grob skizziert werden. Die sich ergebende Systembeschreibung bildet dann den Rahmen für alle weiteren Detaillierungen und Verfeinerungen. Gleichzeitig können daraufhin Ergänzungen/Modifikationen zu den Kundenanforderungen notwendig werden.

- **Kritikalität und Anforderungen an die Qualität definieren:** Im Rahmen der zu definierenden Kritikalität des IT-Systems sind die Gefahrenpotenziale zu prüfen und zu skizzieren, die existieren können oder durch die Anwender verursacht werden können. Anforderungen an die Qualität aus der fachlichen Sicht werden zumeist auf Basis der DIN ISO festgelegt. Dabei werden die externen Vorgaben hinzugezogen, die bei der Auftragsvergabe vereinbart werden.

- **Randbedingungen definieren:** Alle technischen, organisatorischen und weiteren Anforderungen, die Einfluss auf das zu entwickelnde IT-System haben, müssen dokumentiert werden.

- **System fachlich strukturieren:** Dabei wird das System aus fachlicher Sicht strukturiert und beschrieben/dokumentiert. Die Systemstruktur wird nach Vorgaben durch den Kunden dokumentiert und modelliert. Für die Darstellung der Funktionen des Systems und der Definition der Geschäftsprozesse sind Vorgaben zu fixieren.

- **Bedrohung und Risiko analysieren:** Integriert sollte zu den zu entwickelnden IT-Produkten eine Bedrohungs- und Risikoanalyse erstellt werden. In diesem Rahmen werden die für das System relevanten Bedrohungen und die damit verbundenen Risiken ermittelt. Diese Risiken werden hinsichtlich ihrer Eintrittswahrscheinlichkeit und des zu erwartenden Schadens bewertet. Die Ergebnisse dieser Bedrohungs- und Risikoanalyse bilden die Grundlage für die Formulierung von Anforderungen an die IT-Sicherheit bzw. zur Risikoabsicherung des Systems innerhalb der Anwenderforderungen.

Merke:

Mit der Systemspezifikation wird ein Dokument ausgearbeitet, das die Aufgaben, die das IT-System erfüllen soll (das „Was"), möglichst vollständig definiert. Damit wird aber nicht die Umsetzung (das „Wie") festgelegt, weder Entwurf noch Implementierung noch Projektorganisation. Letztlich werden darin fachliche Funktionen detailliert, konsistent, vollständig und nachvollziehbar beschrieben.

Grundsätzlich geht es bei der **Festlegung der Systemspezifikation** um folgende Aspekte:
- Festlegung der Funktionen eines IT-Systems
- Was wird wann wie mit der neu entwickelten IT-Lösung gemacht?

Die Systembeschreibung stellt eine Beschreibung des IT-Systems dar. Es ist primär eine Beschreibung der wesentlichen Merkmale und soll den Endanwendern des Anforderungsmodells (User bzw. Development) wichtige Basisinformationen für die darin dokumentierten Anforderungen geben. Als weitere typische Inhalte einer Systemspezifikation können genannt werden:

- Benutzerschnittstelle: Masken, Dialogabläufe
- Objektmodell: Daten- und Funktionenmodell
- Nachbarsysteme (Hardware oder Software): Schnittstellen beschreiben die Abgrenzung in die aktuell bestehende Systemlandschaft und die dazu bestehenden Schnittstellen.

Hauptergebnisse der Phase „Grobanalyse und Systemarchitektur" sind neben der Anforderungsspezifikation vor allem das Systemkonzept. Teilergebnisse fließen in den QS-Plan für die Systemspezifikation ein. Zur Dokumentation sind die entsprechenden Templates zu verwenden.

Beispiele für die notwendigen Aktivitäten (incl. der Dokumente bzw. der Akteure) zeigt Tabelle 9.3.

Tabelle 9.3 Systemspezifikation

Dokumente	Tätigkeit, Aktivität	durchzuführen von
Anforderungsspezifikation	Analyse des Ist-Zustands	Systementwickler, Fachabteilungsmitarbeiter
Anforderungsspezifikation	Fachliche Analyse des Soll-Zustands des Gesamtsystems (Detaillierung des Pflichtenhefts auf Basis von Use Cases)	Systementwickler, Fachabteilungsmitarbeiter
Anforderungsspezifikation	Angabe von Mengengerüsten (Anwenderanzahl, Häufigkeit der Verwendung von Systemfunktionen etc.)	Systementwickler, Fachabteilungsmitarbeiter

Dokumente	Tätigkeit, Aktivität	durchzuführen von
Anforderungs-spezifikation	Festlegung von Benutzerprofilen	Systementwickler, Fachabteilungsmitarbeiter
Schnittstellen-modell	Identifikation systemexterner Schnittstellen	Systementwickler, Fachabteilungs-mitarbeiter, RZ-Mitarbeiter
QS-Plan für die System-spezifikation	Detaillierung von Qualitätsanforderungen (z. B. IT-Sicherheitsanforderungen (Datensicherheit, Datenschutz, Ausfallsicherheit, Archivierung etc.), Anforderungen bzgl. Produktionsfähigkeit, Anforderungen an das User Interface etc.)	QS-Beauftragter (in Projekten), Produktverantwortlicher, RZ-Mitarbeiter, Auftraggeber, Fachabteilungsmitarbeiter
QS-Plan für die System-spezifikation	Definition von QS-Maßnahmen (z. B. IT-Sicherheitskonzept, Planung von Reviews, Planung von systemspezifischen Richtlinien für User Interface, Programmierung etc.)	QS-Beauftragter (in Projekten), Projektleiter (in Projekten), Produktverantwortlicher, RZ-Mitarbeiter

■ 9.6 IT-Anforderungen validieren

Fast kein IT-System (keine Softwareapplikation) läuft fehlerfrei und erfüllt die an das System gestellten Anforderungen der Kunden vollständig. Die Gründe dafür sind vielfältig:

- unzureichende Anforderungsdefinitionen,
- fehlerhafte (funktionale bzw. technische) Systementwürfe oder
- Programmierfehler bei der Softwareentwicklung bzw. Softwareanpassung.

Unzureichende Anforderungsabdeckung und Fehler verursachen mitunter erhebliche Nachbearbeitungen und Folgekosten. Dies ist ein weithin bekanntes Problem. Um derartige Fehler zu vermeiden, sollte im Vorfeld eine systematische Planung erfolgen und die Anforderungen einer Validierung unterzogen werden. Ein adäquates Qualitätsmanagement kann in besonderer Weise helfen, rechtzeitig potenzielle Fehlerquellen zu eliminieren, und damit die Wahrscheinlichkeit eines Fehlerauftritts minimieren.

In Bild 9.5 werden noch einmal die Zusammenhänge und Aktivitäten dieser Phase dargelegt, indem auch Instrumente und Akteure genannt werden.

Ziel:			
Überprüfen, ob die spezifizierte Lösung die Anforderungen erfüllt. Es ist aufzuzeigen, welches Spezifikationsteil welche Anforderungen abdeckt. Das Ziel dabei ist es, einen expliziten Testbericht aufzustellen, um die Erfüllung von Anforderungen der Fachbereiche zu zeigen.			
Teilaufgaben	Ergebnisse	Instrumente	Verantwortliche/ Beteiligte
Spezifizierte Anforderungen der Fachbereiche bzw. des Systems prüfen	▪ Prüfberichte	▪ Anforderungs- reviews	▪ Fachbereiche ▪ IT-Koordinatoren ▪ Anforderungs- manager ▪ Systemanalytiker
Anforderungen testen (inkl. Test-Szenarios designen)	▪ Testberichte	▪ Test-Cases-Design (Test-Szenarios) ▪ Test-Aktivitäten gemäß Design durchführen	▪ IT-Test- verantwortliche

Bild 9.5 Teilprozess „IT-Anforderungen validieren" (Specification Validation)

Der Prozess der **Qualitätssicherung von Anforderungen** bezieht sich auf die Aspekte Verifikation und Validierung

- Die **Verifikation** sagt aus, ob die Anforderungen im Kontext auf das zu entwickelnde System richtig spezifiziert wurden. Aufgrund eines Abnahmetests wird bestätigt, dass festgelegte Anforderungen erfüllt worden sind.
- Die **Validierung** sagt aus, ob die richtigen Anforderungen an das System spezifiziert wurden. Aufgrund einer Untersuchung wird bestätigt, dass die besonderen Forderungen für einen speziellen beabsichtigten Gebrauch erfüllt worden sind.

Die Ausführungen legen ein integriertes **Testmanagement** nahe, das klar definierte Kriterien und erprobte Techniken vorsieht. Erforderlich sind die zu den Anforderungen definierten Abnahmekriterien, die bei der Erstellung der Testdrehbücher – als Soll-Werte – verwendet werden.

Beachten Sie:

Um eine ganzheitliche Qualitätssicherung zu ermöglichen, sollte das Anforderungsmanagement unmittelbar die Anforderungen/Vorgaben an eine Applikation mit Testfällen verknüpfen. So wird bereits früh eine praktische Umsetzbarkeit von formulierten Anforderungen überprüft. Mögliche Abweichungen können rechtzeitig erkannt werden, sodass Änderungswünsche bzw. Nacharbeiten innerhalb eines gesteckten Projektrahmens erfolgreich umgesetzt werden können. Fazit: Mit integriertem Anforderungs- und Testmanagement kann ein höherer Projekterfolg gewährleistet werden.

9.7 Besonderheiten des Anforderungsmanagements in agilen Entwicklungsumgebungen

Das International Requirements Engineering Board [IREB] hat als zeitgemäße Interpretation des Begriffs „Requirements Engineering" Folgendes vorgeschlagen:

„Requirements Engineering ist ein kooperativer, iterativer, inkrementeller Prozess, dessen Ziel es ist, zu gewährleisten, dass

- alle relevanten Anforderungen bekannt und in dem erforderlichen Detaillierungsgrad verstanden sind,
- die involvierten Stakeholder eine ausreichende Übereinstimmung über die bekannten Anforderungen erzielen,
- alle Anforderungen konform zu den Dokumentationsvorschriften des Unternehmens dokumentiert sind."

Durch Verwendung der Adjektive „kooperativ, iterativ und inkrementell" wird das Anforderungsmanagement für die IT bewusst weg vom klassischen Wasserfallmodell geführt. Somit wird auch von der Annahme, dass möglichst alle Anforderungen am Anfang eines Projekts präzise und detailliert festgelegt werden müssen, „abstrahiert". Der Weg geht vielfach hin zu einem agilen Vorgehen, in dem die Zusammenarbeit aller Projektbeteiligten und Projektbetroffenen gefordert wird (vgl. [Hru18], S. 454 ff.).

Im agilen Umfeld – insbesondere bei Scrum – fallen die Tätigkeiten bzw. die Verantwortung für die Erhebung und Kommunikation der Anforderungen in den Aufgabenbereich eines Product Owners oder Produktmanagers. In wiederum anderen Projekten – vor allem bei kleineren Teams – ist es eine Aufgabe, die alle Teammitglieder erledigen müssen. Wer auch immer für das Anforderungsmanagement zuständig ist, die Anforderungen bedürfen in allen Fällen einer hinreichenden Klärung und Spezifikation.

Unabhängig von der Art des IT-Projekts und dem gewählten Vorgehensmodell ist es in allen Projekten notwendig, erforderliche Änderungen bei den Anforderungen im Projektverlauf systematisch zu analysieren und zu bewerten. Der Kunde muss dabei immer eine Rückmeldung erhalten, ob und warum die Änderung von den anderen Beteiligten (Entwickler etc.) als notwendig eingeschätzt wird. Es besteht daher in jedem Projekt die Notwendigkeit, zu Beginn zumindest eine grobe Planung und Spezifikation zu erstellen. Das Product Backlog und die Releaseplanung sind in agilen Entwicklungsumgebungen genau solche Pläne, auf die hier Bezug genommen werden kann (vgl. [Be14], S. 7).

Das Wichtigste – zusammengefasst

- **Jede IT-Organisation benötigt eine konsequente Kunden- und Serviceorientierung, um nachhaltig bedarfsgerechte IT-Gesamtlösungen für das Unternehmen bereitzustellen.**
  Zur Umsetzung der Kunden- und Serviceorientierung ist eine kontinuierliche Maßnahmenentwicklung unumgänglich, die unter anderem auch eine Harmonisierung der Kunden- und IT-Anforderungen (Customer-Relationship-Management, Demand-Management) ermöglicht.

- **Wesentliches Ziel für das kundenorientierte IT-Anforderungsmanagement ist es, effiziente und fehlerarme (störungsfreie) IT-Systeme bzw. IT-Lösungen zu entwickeln und dem Anwender so bereitzustellen, dass eine hohe Kundenzufriedenheit erreicht wird.**
  Anforderungen der IT-Kunden können sich auf unterschiedliche Domänen beziehen, etwa auf verschiedene Architekturbereiche bzw. Systemebenen (Standardanwendungen, Individualapplikationen, Datenarchitekturen und Storage, Infrastrukturen etc.), oder verschiedene Funktions- und Prozessfelder betreffen. Abhängig von den sich ergebenden Anforderungsarten kann ein unterschiedliches Vorgehen für die Präzisierung der Anforderungen notwendig sein.

- **Schaffen Sie optimale Voraussetzungen für ein professionalisiertes Anforderungsmanagement!**
  Im Rahmen einer Organisation des IT-Anforderungsmanagements sollte insbesondere festgelegt werden, welche Eigenschaften in einer Anforderungsspezifikation vorliegen sollten, die ein IT-System oder ein IT-Service erfüllen muss. Erfahrungen der Praxis zeigen außerdem, dass das Aufstellen von Anforderungen allein nicht ausreicht, sondern für die erfolgreiche Realisierung einer IT-Lösung oder eines IT-Systems ein umfassender Prozess des ganzheitlichen Anforderungsmanagements notwendig ist.

- **Beachten Sie, dass für ein erfolgreiches Anforderungsmanagement eine verstärkte Kunden- und Serviceorientierung wesentlich ist!**
  Vielfach muss eine Verhaltensänderung der IT-Akteure einerseits realisiert werden, andererseits muss damit auch eine andere Wahrnehmung und Verbindlichkeit der IT-Leistungen bei den Fachabteilungen einhergehen. Das Verständnis des IT-Bereichs, ein interner Dienstleister zu sein und auch als dieser aufzutreten, kann auf diese Weise gestärkt werden. IT-Services werden letztlich transparent, nachvollziehbar und besser planbar.

- **Die Anforderungsanalyse und das Anforderungsmanagement entscheiden über den Erfolg Ihrer IT-Projekte und die Qualität der eingesetzten IT-Systeme. Sie nehmen die zentrale Stellung in der Systementwicklung ein.**
  Wichtig sind die Definition und die Anwendung als Prozess, Anforderungen an Systeme zu erheben und ihre ständige Veränderung zu managen. Anforderungsmanagement ist letztlich als eine Managementaufgabe für die effiziente und fehlerarme (störungsfreie) Entwicklung und Bereitstellung komplexer IT-Systeme bzw. IT-Lösungen zu verstehen.

- Ein professionalisiertes IT-Anforderungsmanagement leistet für die Unternehmen einen wesentlichen Beitrag zu optimierten IT-Lösungen, die den Anforderungen der Anwender (Fachbereiche, Endbenutzer) in besonderer Weise unter Beachtung von Wirtschaftlichkeitsaspekten Rechnung tragen.
Die Wünsche der Anwender an die IT können sich auf unterschiedliche Bereiche beziehen. Dies können sein: Softwareanforderungen (Applikationen, Anwendungen), Ausstattung mit IT-Systemen (Arbeitsplatzsystem, Vernetzung, Speicher- und Serverleistungen), Implementationsunterstützung (Schulung etc.), das Erbringen von Serviceleistungen (Support bei Ausfällen, Fehlern etc.) sowie Beratungsunterstützung.

9.8 Literatur

[Be14] *Bergsmann, J.:* Requirements Engineering für die agile Softwareentwicklung. dpunkt.verlag, Heidelberg 2014.

[GaTi06] *Gadatsch, A.; Tiemeyer, E. (Hrsg.):* Betriebswirtschaft für Informatiker und IT-Experten. Elsevier, Heidelberg 2006.

[Eb08] *Ebert, Chr.:* Systematisches Requirements Engineering und Management: Anforderungen ermitteln, spezifizieren, analysieren und verwalten. dpunkt, Heidelberg 2008.

[Eb09] *Ebert, Chr.:* Systematisches Requirements Management. dpunkt, Heidelberg 2009.

[Hru14] *Hruschka, P.:* Business Analysis und Requirements Engineering – Produkte und Prozesse nachhaltig verbessern. Hanser, München 2014.

[Hru18] *Hruschka, P.:* Requirements Engineering. In: Handbuch IT-Projektmanagement – Vorgehensmodelle, Managementinstrumente, Good Practices. 3. Auflage. Hanser, München 2018.

[Ru09] *Rupp, Chr.:* Requirements-Engineering und -Management: Professionelle, iterative Anforderungsanalyse für die Praxis. 5., aktualisierte und erweiterte Auflage. Hanser, München 2009.

[Ru14] *Rupp, C.:* Requirements-Engineering und -Management – Aus der Praxis von klassisch bis agil. 6., aktualisierte und erw. Aufl. Hanser, München 2014.

[Sc01] *Schienmann, B.:* Kontinuierliches Anforderungsmanagement: Prozesse – Techniken – Werkzeuge. Addison-Wesley, München 2001.

[Ti08] *Tiemeyer, E.:* IT-Projekte erfolgreich managen. Zeit, Kosten und Ziele im Griff. rauscher.Verlag, Haag i. Obb. 2008

[Ve04] *Versteegen, G.; Heßeler, A.; Hood, C.; Missling, C.; Stücka, R.:* Anforderungsmanagement. Springer, Berlin, Heidelberg, New York 2004.

[Ve09] *Versteegen, G.:* Anforderungsmanagement in Zeiten der Wirtschaftskrise. Objektspektrum online-Ausgabe 2009.

10 IT-Servicemanagement

Dietmar Kopperger, Jörg Kunsmann, Anette Weisbecker

 Fragen, die in diesem Kapitel beantwortet werden:

- Warum hat IT-Servicemanagement in der Praxis eine hohe Bedeutung erlangt?
- Was sind wichtige Erfolgsfaktoren für die Einführung von IT-Servicemanagement?
- Welche Rahmenbedingungen für eine erfolgreiche Einführung müssen unbedingt gegeben sein?
- Welche Herausforderungen bedürfen im Hinblick auf die Bereitstellung erfolgreicher IT-Services einer intensiven Beachtung?
- Welche Konzepte und Standards für das IT-Servicemanagement gibt es?
- Durch welche Merkmale und Prozesse zeichnet sich ITIL aus und wie kann dieses Framework erfolgreich implementiert werden?
- Wie kann ein „Fahrplan" zu einem optimalen IT-Servicemanagement aussehen?
- Wie können IT-Services wirtschaftlich verrechnet werden?
- Welche Faktoren, Kennzahlen und Methoden bieten sich für ein Monitoring der IT-Services an?

Die Informationstechnologie (IT) ist von entscheidender Bedeutung für die Erreichung der Unternehmensziele. Dabei steht nicht die Technikorientierung im Vordergrund, sondern ausschlaggebend sind die IT-Services für die konsequente Unterstützung der Geschäftsprozesse. Die Aufgabe der IT besteht somit in der Erbringung von Dienstleistungen, durch welche IT bedarfsgerecht, effizient, kundenorientiert und mit hoher Qualität bereitgestellt wird.

10.1 Effizientes IT-Servicemanagement – eine permanente Herausforderung

*„Achte darauf, dass du die richtigen Mittel wählst,
dann wird das Ziel von selbst erreicht."*
Mahatma Gandhi

Informations- und Kommunikationstechnologien sind die Grundlage für die Durchführung der Geschäftsprozesse in einem Unternehmen. Alle Geschäftsprozesse weisen heute einen hohen Durchdringungsgrad mit Informations- und Kommunikationstechnologien auf. Dies gilt sowohl für die unternehmensinternen Prozesse vom Einkauf über die Produktion bis zum Verkauf und Service einschließlich aller Verwaltungsprozesse als auch für die zwischenbetrieblichen Geschäftsprozesse im Zuge des elektronischen Geschäftsverkehrs. Durch die rasante Entwicklung der Kommunikationstechnik und der mobilen Endgeräte verändert sich die Arbeitsweise für viele Beschäftigte. Jeder kann zu jeder Zeit weltweit mit beliebigen Personen zusammenarbeiten und mobil auf die unternehmensinterne IT zugreifen. Durch Cloud Computing, die Nutzung von IT-Service über das Internet und deren bedarfsgerechte Abrechnung verändern sich die IT-Beschaffung und Bereitstellung.

Die Produktivität und Flexibilität der Unternehmen sowie die Qualität ihrer Produkte und Dienstleistungen hängen somit heute bereits zum größten Teil von leistungsfähiger, zuverlässiger, flexibler und leicht benutzbarer Informationstechnologie ab [Wei02].

10.1.1 IT-Servicemanagement – begriffliche Orientierung

Die zunehmende Bedeutung der Informationstechnologie für die Durchführung der Geschäftsprozesse im Unternehmen erfordert eine prozessorientierte IT, die ihre Dienstleistungen kundenorientiert, effizient und effektiv erbringt. Die IT-Einheiten im Unternehmen haben sich somit zu Dienstleistern gewandelt, die sowohl für die kostengünstige Bereitstellung qualitativ hochwertiger IT-Leistungen als auch immer mehr für die Erschließung neuer Geschäftsfelder mittels IT zuständig sind. Dabei wird verstärkt auf den Beitrag zur Wertschöpfung geachtet.

Diese Herausforderungen steigern die Notwendigkeit, die Prozesse zur Erbringung der IT-Services zu standardisieren, die zu liefernden Ergebnisse zu kontrollieren und die Leistungen dem Kunden transparent darzustellen. Von entscheidender Bedeutung ist dabei auch die planvolle Entwicklung und Erbringung der Dienstleistungen. Um diesen Anforderungen gerecht zu werden, ist die Einführung eines IT-Servicemanagements unerlässlich. Das IT-Servicemanagement ist ein Instrument zur Planung, Steuerung und Kontrolle der IT-Services.

Das IT-Servicemanagement hat die Aufgabe, die Qualität und Quantität dieser vielfältigen IT-Services zielgerichtet, geschäftsprozessorientiert, benutzerfreundlich und kostenoptimiert zu überwachen und zu steuern. Dazu gehören auch die Anpassung und Weiterentwicklung der IT-Services an die aktuellen und zukünftigen Anforderungen der Kunden. Kundenorientierung und Kundenzufriedenheit stehen dabei im Vordergrund.

Der Begriff Management steht für Vorgehensweisen und Methoden zur Planung, Realisierung, Steuerung und Kontrolle der Prozesse zur Bereitstellung und Erbringung von Leistungen. Dabei sind strategische, taktische und operative Fragestellungen zu beantworten.

IT-Servicemanagement ist somit der Prozess, die Qualität und Quantität der gelieferten IT-Services zu planen, zu überwachen und zu steuern. Gleichzeitig müssen die Ziele der Geschäftsprozess- und der Kundenorientierung sowie der Kostenoptimierung gewahrt bleiben.

Ein IT-Service beschreibt eine nach außen sichtbare Wirkung, die in einem Geschäftsprozess des Kunden einen (direkten) Mehrwert erzeugt. Dabei besteht ein IT-Service (wie in Bild 10.1 verdeutlicht) aus einer Kombination von internen und/oder externen Dienstleistungen (Leistung) und Sachleistungen (Produkt).

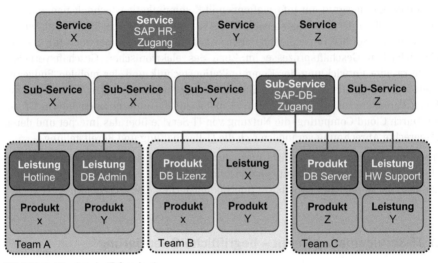

Bild 10.1 Was ist ein IT-Service?

10.1.2 Grundlagen eines professionellen IT-Servicemanagements

Dem Leitgedanken des IT-Servicemanagements folgend, sind IT-Dienstleistungen allein dazu da, die Geschäftsprozesse und die Anwender bei ihren Aufgabenstellungen zu unterstützen. Zweck der IT ist demnach die optimale Unterstützung der Geschäftsprozesse zur Erreichung der Unternehmensziele. Die Ziele des IT-Servicemanagements bestehen darin, die Entscheidungsfindung aus Prozesssicht zu gewährleisten sowie deren effiziente und erfolgreiche Umsetzung mit definierten Ansprechpartnern sicherzustellen.

Die Grundlage dafür bietet ITIL.[1] ITIL hat sich zu einem De-facto-Standard entwickelt und hält ein einheitliches Referenzmodell und „Best Practices" bereit. Dieser Standard definiert generische Prozesse und deren Zusammenwirken und schafft eine einheitliche Datenbasis zur Steuerung der Prozesse. Es werden klare Zuordnungen von Verantwortlichkeiten getroffen und Kriterien für die Bewertung der Servicequalität festgelegt. So wird ITIL der Forderung nach messbaren und bewertbaren Leistungen gerecht. Im Hinblick auf eine

---

[1] https://www.itil.org.uk/

Standardisierung werden die Begriffe einheitlich festgelegt. Damit wird eine einheitliche Sprachregelung geschaffen, die die Grundlage für die Verständigung aller Beteiligten sowohl unter den Dienstleistungserbringern selbst als auch zwischen Dienstleistungserbringern und Kunden ist.

Das IT-Servicemanagement nach ITIL 3 [OSS07] unterteilt die zu unterstützenden Prozesse in folgende Bereiche:

- *Strategische Ebene:*
  Management von IT-Dienstleistungen über den ganzen Lebenszyklus. dazu zählen unter anderem Strategiefindung, Finanzmanagement, Serviceportfolio-Steuerung und Nachfragesteuerung (Service Strategy).

- *Operative Ebene:*
  Entwicklung, Inbetriebnahme und Betrieb von IT-Services. Bei der Service-Entwicklung werden die für die Erfüllung der Geschäftsanforderungen notwendigen IT-Services entwickelt. Die Inbetriebnahme ist die Umsetzung der Anforderungen in konkrete IT-Services einschließlich Änderungsmanagement und Wartung. Im Betrieb wird die definierte Leistung störungsfrei und sicher erbracht (Service Design, Service Transition und Service Operations).

- *Kontinuierliche Serviceverbesserung:*
  Prozesse, Messverfahren, Feedback und Lernmechanismen zur Steigerung von Leistung und Qualität der IT-Services (Continual Service Improvement).

ITIL verfolgt mit seiner Philosophie die drei Hauptziele des IT-Servicemanagements [MaR01]:

- Ausrichtung der IT-Services auf die gegenwärtigen und zukünftigen Anforderungen des Unternehmens und seiner Kunden
- Verbesserung der Qualität der erbrachten IT-Services
- Reduzierung der langfristigen Kosten der Servicetätigkeit

Um diese Ziele zu erreichen, ist es für die Anbieter der IT-Services notwendig, Dienstleistungsorientierung, Prozessorientierung und Architekturorientierung für die Erstellung und Durchführung ihrer Leistungen zugrunde zu legen [BöhKrc04].

Dienstleistungsorientierung: Sie dient dazu, die Zufriedenheit der Kunden mit den erbrachten IT-Services sicherzustellen, und umfasst sowohl die Kundenorientierung als auch die genaue Leistungsspezifikation und -messung. Die Dienstleistungsorientierung trägt damit zur systematischen Kommunikation mit den Kunden bei sowie zur Ableitung und Spezifikation des Leistungsangebots aus den Anforderungen der Kunden. Die Dienstleistungsorientierung führt auch in der IT zu neuen Modellen für die Erbringung und Nutzung von IT-Diensten. So entwickeln sich neue Modelle für die Bereitstellung von IT-Services gekoppelt mit neuen Geschäftsmodellen, wie z. B. Cloud Computing.

Prozessorientierung: Damit kann gewährleistet werden, dass die definierten IT-Services zuverlässig, optimiert und den Erwartungen des Kunden entsprechend erbracht werden. Die Prozessorientierung erfordert ein Umdenken von der häufig noch funktionalen Ausrichtung hin zu einer prozessorientierten Ausrichtung von Organisation und Abläufen. Die in ITIL definierten Referenzprozesse (siehe Abschnitt 103) bieten die Grundlage für die Umsetzung der Prozessorientierung.

Ausschlaggebend für die Optimierung und Standardisierung von Prozessen ist allerdings die Kundenintegration, die ein Hauptbestandteil bei Dienstleistungen ist. Um eine gute Kundenintegration zu erreichen, ist die Interaktion mit dem Kunden zu betrachten und bei den Prozessen zu berücksichtigen. Bei der Interaktion mit dem Kunden ist der Kunde zu identifizieren, d. h., es ist zu klären, wer in welcher Rolle mit welcher Intensität an dem Prozess beteiligt ist. Weitere zu beachtende Merkmale sind die Zeitdauer der Integration und der Integrationszweck. Mit der Kundenintegration geht bei den IT-Services auch die Integration von Geschäftsprozessen und IT einher.

Architekturorientierung: Um IT-Services an die Kundenanforderungen und an neue Geschäftsprozesse anzupassen bzw. sie weiterzuentwickeln, ist es notwendig, sie modular zu gestalten. Eine modular aufgebaute Servicearchitektur gewinnt angesichts der hohen Änderungshäufigkeit der IT-Services noch an Bedeutung. Die Wiederverwendung von Teillösungen trägt dazu bei, die Wirtschaftlichkeit bei der Erbringung von IT-Services zu verbessern.

Organisatorische Änderungen und die Automatisierung von Abläufen sind weitere Aktionen zur Verbesserung der Leistungsfähigkeit.

10.1.3 IT-Servicequalität definieren – ein wichtiger Produktivitätsfaktor

Nach [DIN09] ist Qualität definiert als „Grad, in dem ein Satz inhärenter Merkmale Anforderungen erfüllt". Im Vordergrund steht somit die Erfüllung der gestellten Anforderungen. Beim IT-Servicemanagement sind der vom Kunden mit einer Leistung verbundene Nutzen sowie die aus Kundensicht wahrgenommene Qualität wichtig. Kundenorientierung und Qualität stehen somit bei IT-Services in engem Zusammenhang.

Zur Bewertung der IT-Services und deren Qualität können Kennzahlen herangezogen werden (siehe Abschnitt 105).

Ein wichtiges Element bei der Messung der Ergebnisqualität sind die Service Level Agreements (SLA), die IT-Services prüf- und messbar machen. Sie legen gegenüber dem Kunden die Leistungen fest, die mit den IT-Services erbracht werden. Dazu gehören u. a. Verfügbarkeit, Unterstützungs- und Supportleistungen, Performance und Kapazität. Ein Service Level Agreement sollte mindestens Folgendes festlegen:

- Beschreibung des IT-Services und der Leistungsmerkmale,
- vereinbarte Servicezeiten,
- Reaktionszeiten,
- Ziele für Verfügbarkeit, Sicherheit und Kontinuität des IT-Services,
- Pflichten des Kunden und des Serviceanbieters.

Für die Definition, Einhaltung, Überwachung und Überprüfung der Service Level Agreements ist das Service Level Management zuständig (siehe Abschnitt 10.2.1). Das Service Level Management ist in ITIL 3 im Service Design und in der kontinuierlichen Serviceverbesserung verankert.

10.1.4 Erfolge durch professionelles Management der IT und ihrer Services

Ein professionelles IT-Servicemanagement versetzt die Unternehmen in die Lage, die IT gewinnbringend bei der Durchführung ihrer Geschäftsprozesse und deren Weiterentwicklung einzusetzen. Unternehmen, die das IT-Servicemanagement konsequent umsetzen, gelingt es, mit der Informationstechnologie den Unternehmenserfolg zu beeinflussen und die Wettbewerbsfähigkeit zu erhöhen.

Die Kundenorientierung als Grundlage des IT-Servicemanagements regelt die Beziehung zwischen Kunde und IT-Servicedienstleister, indem

- klare, geschäftsbezogene Zielsetzungen definiert werden;
- Leistungen des Anbieters und die dazugehörigen Service Level klar definiert sind;
- durch die transparente Darstellung der Leistungen der Kunde realistische Erwartungen hat;
- optimierte Dienstleistungsprozesse die definierte Produkt- und Prozessqualität liefern;
- Prozesse durch Überwachung von Zeit, Kosten und Qualität kontinuierlich verbessert werden.

Der Anbieter der IT-Services kann schnell auf neue Anforderungen reagieren. Dies ist unabdingbar für den Erfolg, da sich Geschäft und Technologie in unvorhergesehener Weise ändern. Laufende Anpassungen sind notwendig, da sich aus unterschiedlichen Gründen Veränderungen ergeben können:

- Personelle Veränderungen:
  - Veränderung der Anforderungen
  - Angst vor Arbeitsplatzverlust oder -änderung
- Organisatorische Veränderungen:
  - Wechsel der Zuständigkeiten
  - Angst vor Kompetenzverlust
  - Veränderte Abläufe und Prozesse
  - Erfassbarkeit der zu erbringenden Leistung
  - Offenlegung und Beseitigung der Schwachstellen
- Technische Veränderungen:
  - „Verbesserung" bestehender IT-Ressourcen und Systeme
  - Einführung neuer IT-Technologien
  - Einführung neuer Systeme

Insgesamt können die Unternehmen aus einem erfolgreichen IT-Servicemanagement folgenden Nutzen ziehen:

- Verbesserung von Verlässlichkeit, Verfügbarkeit, Durchsatz, Kapazität, Wartungsfähigkeit und Widerstandsfähigkeit der eingesetzten IT-Ressourcen für die zu erbringenden Service Levels
- Erhöhung von Flexibilität und Anpassbarkeit der IT-Prozesse

- Beherrschbarkeit der Komplexität, die sich aus einer Vielzahl von Anwendungen zur Unterstützung der Geschäftsprozesse und neuen Technologien ergibt
- Höhere Kundenzufriedenheit durch bessere und messbare Verfügbarkeit sowie Performance der IT-Services
- Bessere Kommunikation zwischen der IT-Organisation und ihren Kunden sowie innerhalb der IT-Organisation
- Höhere Verlässlichkeit hinsichtlich der Erbringung vereinbarter Service Level
- Herstellen einer geschäftsmäßigen Beziehung zwischen der IT-Organisation und ihren Kunden, da die zu erbringenden Dienstleistungsgrade explizit ausgehandelt werden

Um die Einführung des IT-Servicemanagements im Unternehmen zu erleichtern, ist die Nutzung von Standards wie ITIL zu empfehlen.

■ 10.2 IT-Servicemanagement – Konzepte und Standards

„Es ist ein Wunder, dass die Neugierde die schulische Ausbildung überlebt."
Albert Einstein

10.2.1 Die Vielfalt der Lösungen – Überblick über vorhandene Konzepte

Die Möglichkeiten, IT-Servicemanagement auf der Basis eines vorgegebenen Rahmenwerks im eigenen Unternehmen aufzusetzen, sind im Laufe der vergangenen Jahre durch die zunehmende Publizität und Verbreitung des Themas deutlich gestiegen. Als ein Gradmesser der Variantenvielfalt kann hier auf das ITSM-Portal[2] verwiesen werden.

Es gibt die unterschiedlichsten Ansätze für das IT-Servicemanagement, die zum Teil von großen IT-Unternehmen angeboten werden, wie z. B. Microsoft Operation Framework (MOF), IT Service Management von HP oder Information Technology Process Model (ITPM) von IBM. Bei der Neuausrichtung der ISO 9000:2000 wurde die Prozessorientierung in den Vordergrund gestellt. ITIL unterstützt diesen Ansatz für den Bereich des IT-Servicemanagements und ist somit konform zur ISO-Norm.

Zum besseren Verständnis des Themenfelds IT-Servicemanagement werden im Folgenden zunächst einige Konzepte exemplarisch vorgestellt. Im Anschluss daran wird das ITIL-Konzept als Grundlage der detaillierteren Betrachtung des Themas IT-Servicemanagement gewählt. Hierfür spricht u. a., dass ITIL sich in den letzten Jahren zu einem Quasi-Standard im Umfeld von IT-Services entwickelt hat. Nach einer Umfrage von Forbes (Bild 10.2) stellt ITIL das meist verwendete, öffentlich zugängliche Rahmenwerk. Zudem schreiben immer mehr Unternehmen externe Leistungsvergaben nach ITIL aus.

---

[2] http://www.itsmportal.com/frameworks

10.2 IT-Servicemanagement – Konzepte und Standards

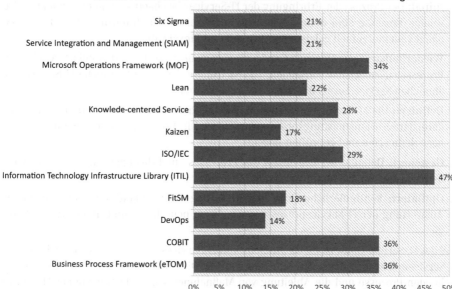

Bild 10.2 Einsatz von Methoden im ITSM (Quelle: [For17])

10.2.1.1 IT-Service CMM

Das IT-Service CMM[3] (Capability Maturity Model) ist ein Vertreter der IT-Servicemanagement-Modelle, die sich den Aufgaben und Prozessen über ein Reifegradmodell nähern.

Es handelt sich um ein frei verfügbares Referenzmodell, das beschreibt, welche Prozesse eine reife IT-Service-Organisation implementiert haben sollte (vgl. Bild 10.3). Ziele sind das Assessment der IT-Service-Fähigkeiten sowie Hinweise, wie diese Fähigkeiten zu verbessern sind.

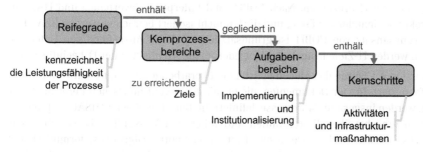

Bild 10.3 Die Struktur des IT-Service CMM

---

[3] http://www.itservicecmm.org

IT-Service CMM zeigt den Reifegrad von IT-Organisationen in fünf Stufen [NCV02]:
1. **Initial:** Der Prozess der Erbringung der IT-Services ist chaotisch und erfolgt ad hoc. Nur wenige Prozesse sind definiert und die erfolgreiche Durchführung eines IT-Services hängt vom individuell geleisteten Aufwand und Einsatz ab.
2. **Wiederholbar:** Grundlegende Servicemanagement-Prozesse sind etabliert. Ansätze zur Prozesssteuerung sind vorhanden, sodass frühere Erfolge auf ähnliche IT-Services mit ähnlichen Service Levels übertragen werden können.
3. **Definiert:** Die IT-Serviceprozesse sind dokumentiert, standardisiert und in einen standardisierten Dienstleistungsprozess integriert. Die Erbringung der Leistungen erfolgt nach definierten und geprüften Regeln.
4. **Gesteuert:** Detaillierte Messungen des Prozesses zur Erbringung der IT-Services und der Dienstleistungsqualität werden durchgeführt.
5. **Optimiert:** kontinuierliche Prozessverbesserung durch quantitative Messungen und Auswertung der IT-Serviceprozesse sowie durch neue Ideen und innovative Technologien.

Ziel des IT-Service CMM ist es, die Anbieter von IT-Services bei der Professionalisierung der IT-Servicemanagement-Prozesse zu unterstützen. Dies beinhaltet die Bewertung der bestehenden Prozesse und die Ableitung von Maßnahmen zur Verbesserung der IT-Servicemanagement-Prozesse.

10.2.1.2 COBIT

COBIT[4] (Control Objectives for Information and Related Technology) ist ein Repräsentant der Referenzmodelle, die IT-Servicemanagement in Richtung IT-Governance erweitern.

COBIT ist ein Modell von Kontrollzielen speziell für IT-Prozesse, das seit 1993 von internationalen Gremien des Verbandes der EDV-Prüfer (Information Systems Audit and Control Association, ISACA) entwickelt wurde. Seit 2000 wird das Framework von der Schwesterorganisation IT Governance Institute weiterentwickelt.

COBIT beschreibt einen Kreislaufzusammenhang zwischen Unternehmensanforderungen, IT-Ressourcen und IT-Prozessen. Nach COBIT sind Enterprise Governance und IT-Governance direkt voneinander abhängig und dürfen nicht isoliert betrachtet werden [ISA00-3]. Der Steuerungsansatz von COBIT ist grundsätzlich top-down. Ausgehend von Unternehmenszielen werden IT-Ziele festgelegt, die wiederum die Architektur der IT beeinflussen.

Mit der Version 4.1 wurde das Modell vollständig überarbeitet und weiter auf Governance-Aspekte fokussiert. In vier Dokumenten, die primär die organisatorischen Bereiche der IT abdecken, werden insgesamt 34 Prozesse definiert. Im Buch *Core Content* [ISA07-1] werden die Prozesse zunächst über die relevanten Aktivitäten und Messgrößen beschrieben. Für jeden Prozess werden auch Prozessziele (High Level Control Objectives) formuliert und verfeinert. Die Kontrollen werden auf die Erfüllung der Geschäftsanforderungen fokussiert. Zudem ordnet man den einzelnen Elementen „Management Guidelines" zu. Diese bilden den eigentlichen Kern des IT-Governance-Ansatzes und enthalten neben dem High-Level-Kontrollziel die kritischen Erfolgsfaktoren, die Zielerreichungsindikatoren, die Leistungsindikatoren und eine Beschreibung der unterschiedlichen Reifegrade.

---

[4] http://www.isaca.org/cobit

Das Buch *Control Objectives* [ISA07-2] enthält Kontrollpraktiken, die für jedes im Core Content vorhandene Kontrollziel Maßnahmen festlegen. Die Kontrollpraktiken sind aktionsorientiert und bieten „Warum durchführen?"-Argumente in Form des erzielten Werts und der zu vermeidenden Risiken. Das Buch *IT Governance Implementation Guide* [ISA07-3] bietet eine detaillierte Road Map zur Einführung einer effektiven IT-Governance in einer Organisation. Das Buch *IT Assurance Guide* [ISA07-4] enthält Anweisungen, wie COBIT eine Vielzahl von Gewährleistungsaktivitäten unterstützt und wie man für die IT-Prozesse Gewährleistungsüberprüfungen durchführt. Darüber hinaus enthält es Dokumente, die auf Spezialthemen eingehen, wie z. B. Sabanes Oxley oder Basel II.

Die Hauptaufgaben der einzelnen Prozesse in den Domänen sind zusammengefasst:

- **Planen und Organisieren:** stellt die Einhaltung der Geschäftsziele sicher und formuliert strategische und taktische Vorgaben für die IT.
- **Beschaffen und Implementieren:** fokussiert auf die Umsetzung der gewählten Strategie über Lösungen, die identifiziert, entwickelt oder gekauft und implementiert werden.
- **Betreiben und Unterstützen:** Fokus auf zeitgerechter Erbringung benötigter Leistungen.
- **Überwachen und Evaluieren:** zur regelmäßigen Bewertung der IT-Prozesse.

Gemäß dem COBIT-Prozessmodell ist jede Einzelleistung zu planen beziehungsweise mit den bestehenden Plänen und Strukturen abzustimmen, in der Folge zu beschaffen und einzuführen. Darüber hinaus ist für laufende Unterstützung zu sorgen und entsprechende Überwachungsmaßnahmen sind zu implementieren, die bei Abweichungen in einen neuerlichen Durchlauf münden.

Mit dem Wechsel auf Version 5 haben sich die Intention und die Struktur gegenüber COBiT 4 weiter gewandelt. Analog zu dem Evolutionsschritt von ITIL v2 nach v3 tritt bei COBiT v5 ein multidimensionaler Ansatz entlang des Servicelebenszyklus an die Stelle des früheren reinen Prozessblickwinkels. Im Zentrum der Betrachtung von COBiT v5 stehen die fünf neuen Kernprinzipien:

- Adressieren und Befriedigen der Stakeholder-Anforderungen
- Ende-zu-Ende-Betrachtung des Unternehmens
- Verwenden eines einzelnen integrativen Frameworks
- Durchsetzen eines ganzheitlichen Ansatzes
- Differenzieren zwischen Governance und Management

Unterstrichen wird dies auch durch die direkte Integration zweier wesentlicher, bisher eigenständiger Frameworks in COBiT v5:

- **Val IT:**[5] Intension dieses ISACA-Frameworks ist es, strukturiert Geschäftsnutzen und Wertbeiträge aus IT-Investitionen zu generieren und zu dokumentieren.
- **Risk IT:**[6] Fokus dieses ISACA-Frameworks ist es, auf Unternehmensebene Risiken zu identifizieren, zu führen und zu managen. Risk IT gibt die Ziele vor, die über die COBiT-Controls anschließend mitigiert werden.

---

[5] *http://www.isaca.org/ValIT*
[6] *http://www.isaca.org/RiskIT*

Das COBiT-v5-Prozessreferenzmodell [ISA12] definiert 37 Prozesse, welche in fünf Domänen gruppiert sind, davon eine Governance-Domäne (EDM) und vier Management-Domänen (vgl. Bild 10.4):

- EDM – Evaluieren, Vorgeben und Überwachen (englisch: „Evaluate, Direct and Monitor")
- APO – Anpassen, Planen und Organisieren (englisch: „Align, Plan and Organise")
- BAI – Aufbauen, Beschaffen und Implementieren (englisch: „Build, Acquire and Implement")
- DSS – Bereitstellen, Betreiben und Unterstützen (englisch: „Deliver, Service and Support")
- MEA – Überwachen, Evaluieren und Beurteilen (englisch: „Monitor, Evaluate and Assess")

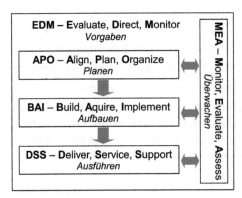

Bild 10.4
Zusammenspiel der COBIT-Domänen

COBIT v5 nutzt den internationalen Standard ISO/IEC 15504 als Basis für die Bewertung und kontinuierliche Verbesserung von Prozessen.

Gemäß den Kernprinzipien „integratives Framework" und „ganzheitlicher Ansatz" bietet COBiT v5 Integrationen zu anderen Rahmenwerken, wie ITIL (IT-Servicemanagement), PRINCE2 (Projektmanagement), CMMI (Prozessreifegradmodell) und TOGAF (Enterprise Architecture).

10.2.2 Servicemanagement nach ITIL

Die IT-Infrastructure Library (ITIL) ist ein Regelwerk, das sich aus einer Reihe von separierten Modulen zusammensetzt. Wichtig ist hier der Bezug auf die Kerngeschäfte des Unternehmens und die Konzentration des IT-Services auf die bestmögliche Unterstützung dieser Geschäftsprozesse. ITIL fußt auf der Annahme, dass IT-Servicemanagement in einem Unternehmen in direktem Bezug zu den verwendeten Informationstechnologien, für die die Servicedienstleistungen angeboten werden, steht.

Innerhalb von ITIL werden die einzelnen Module bzw. Disziplinen des IT-Services in einer Reihe von Büchern beschrieben. Dabei werden die Erfahrungen im Bereich des IT-Servicemanagements kontinuierlich eingearbeitet, sodass dieses Regelwerk als praktische Erfahrungssammlung („Best Practice"-Richtlinie für die Realisierung von IT-Serviceleistungen) bezeichnet werden kann. ITIL beschreibt das „WAS", aber nicht detailliert das „WIE" im

Sinne einer starren Vorgabe. Die Umsetzung ist auf die Größe, die interne Kultur und vor allem auf die Anforderungen des betroffenen Unternehmens abzustimmen und umzusetzen.

Seit Mitte der 90er-Jahre des letzten Jahrhunderts hat sich ITIL als De-facto-Standard für das IT-Servicemanagement etabliert und es wird vielfach synonym hierfür gebraucht. Die Bücher von ITIL sind bis heute die einzige umfassende, nichtproprietäre und öffentlich zugängliche Verfahrensbibliothek in diesem Bereich. Darüber hinaus bietet ITIL eine Fülle von weiteren Produkten und Dienstleistungen, wie Schulungen, Zertifizierungen o. ä.

10.2.2.1 Nutzen von ITIL

Neben den grundsätzlichen Nutzen von IT-Servicemanagement, wie sie in Abschnitt 10.1 dargestellt werden, lassen sich noch weitere Nutzenpotenziale aufzeigen, denn über die Prozesse der ITIL können Kunden-Lieferanten-Beziehungen definiert werden, in denen die Bereitstellung definierter IT-Services in bestimmter Qualität eingekauft werden kann. Aus dieser Konstellation ergeben sich sowohl für den Anwender als auch für den Anbieter Vorteile.

Vorteile für den **Anwender (Kunde):**

- Die Kommunikation mit der IT-Organisation wird aufgrund von Vereinbarungen und definierten Ansprechpartnern verbessert.
- Qualität und Kosten der IT-Services lassen sich besser kontrollieren. Die IT-Services werden eher auf die Bedürfnisse der Kunden ausgerichtet.
- Absprachen und Vereinbarungen, auch über die Qualität der IT-Services, verbessern das Verhältnis zum Kunden.

Vorteile für den **Anbieter (IT-Organisation):**

- Die IT-Abteilung profiliert sich als professioneller Anbieter von IT-Dienstleistungen.
- ITIL liefert einen klaren Referenzrahmen für die interne Kommunikation, Standardisierung und Erkennbarkeit von Vorgängen.
- Die IT-Service-Qualität wird messbar und lieferbar.
- Das Management kann die IT-Organisation besser steuern und bewerten. Änderungen lassen sich leichter kontrollieren.
- Eine sinnvolle Etablierung der ITIL-Prozesse bildet die Voraussetzung für ein fundiertes Outsourcing von Teilbereichen von IT-Services.

Auch ITIL hat seine Grenzen. ITIL ist keine Projektmanagementmethode: Sie soll nicht die Einführung einer IT-Infrastruktur organisieren, sondern vielmehr deren dauerhaften Betrieb. Die Bereiche der Einführung und der Weiterentwicklung werden zugunsten eines standardisierten Gesamtprozessmodells wesentlich zurückgestellt.[7] Sie definiert klare Aufgabenstellungen, die beim Betrieb dieser Infrastruktur anfallen. In der Gleichartigkeit der Prozesse innerhalb der Betriebsphase liegt aber genau die Stärke der ITIL-Bibliothek.

ITIL ist keine fertige Gebrauchsanweisung, die ohne Adaption überall identisch anwendbar ist. ITIL ist ein generisches Modell, das allgemein gehalten und somit weitgehend global gültig ist. Daraus leitet sich die Notwendigkeit ab, dass die beschriebenen Prozesse jeweils

---

[7] Hier bietet sich beispielsweise das IT-Service Capability Maturity Model (IT-Service CMM) an, das sich auf das Schließen dieser Lücken konzentriert.

an die Situation eines Unternehmens angepasst werden müssen. Die beschriebenen Module sind nicht unbedingt als eigenständige Organisationseinheiten abzubilden.

Die unterschiedlichen Aspekte bei der Einführung und dem kontrollierten Betrieb werden in Abschnitt 10.4 eingehender betrachtet.

10.2.2.2 ITIL im Wandel der Zeit

Die Weiterentwicklung des Standards über nunmehr 30 Jahre hinweg stellt nicht nur eine Verfeinerung des anfangs gewählten Ansatzes dar, sondern reflektiert viel mehr auch den Wandel des Selbstverständnisses einer Unternehmens-IT und deren geänderten äußeren Anforderungen.

Eine kurze Zeitreise durch die unterschiedlichen Entwicklungsstufen soll diese Reflektion hier nochmals plastisch werden lassen.

Beginnend in **1989** startet **ITIL v1** mit einem **Fokus auf die Funktionen einer Unternehmens-IT** und ihre vorwiegend technische Orientierung. Ursprünglich firmierte das Framework im Vorfeld der Veröffentlichung unter dem Arbeitstitel „Government Information Technology Infrastructure Management Method (GITIMM)", doch im Zuge der Arbeiten wurde immer deutlicher, dass man weniger eine Methode, als vielmehr eine Sammlung von best practices für den IT-Betrieb zum Ziel hatte. So wich der Methoden-Titel dem einer Sammlung bzw. Buchreihe (Library) von IT-Infrastruktur-Techniken.

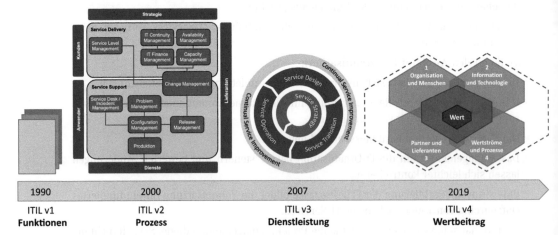

Bild 10.5 ITIL-Versionen im Verlauf der Zeit

Über einen Zeitraum von vier Jahren wurden ab **2000** die bis dato in ca. 40 Heften angesammelten Best Practices zu einer neuen Fassung, der **ITIL v2,** verdichtet – neben der Berücksichtigung technologischer Weiterentwicklungen sowie der voranschreitenden Spezialisierung innerhalb der IT-Organisation. Die so in elf Büchern strukturierte ITIL v2 zeichnete sich durch einen **Fokus auf die Prozesse einer Unternehmens-IT** aus. In dieser Fassung wurde erstmals der Versuch unternommen, eine vollständige und überschneidungsfreie Prozessbeschreibung der IT zu liefern. Auch wenn ITIL v2 in sich nicht ganz widerspruchsfrei war, so bildete es, auch noch nach Erscheinen der Folgeversion, für eine breite Masse an Unternehmen den Einstieg (und auch häufig das Verweilen) in ein professionell organisiertes IT-Servicemanagement.

Um einerseits auf den Wandel bzgl. der Positionierung der IT im Unternehmen zu reagieren, andererseits aber auch Entwicklungen im Ablauf der IT im Rahmenwerk zu berücksichtigen, wurde 2004 das Projekt „ITIL Refresh" gestartet. Als Ergebnis wurde Mitte **2007** die **ITIL v3** vorgestellt, die auf nunmehr fünf Bücher verdichtet wurde. Eine wesentliche Veränderung liegt in der Beziehung zwischen der IT und dem Kerngeschäft. Während ITIL v2 sich noch mit den Prozessen und dem „inneren Aufbau" einer IT beschäftigte, lenkt ITIL v3 den **Fokus auf die Dienstleistungen einer Unternehmens-IT**. Wesentlichstes Merkmal ist der Schwenk von einer Sammlung integrierter Serviceprozesse hin zu einem ganzheitlich ausgerichteten Lebenszyklus von Services. Hier werden erstmals die strukturierte Planung, Entwicklung, der Betrieb und die Weiterentwicklung von IT-Services entlang ihrer Lebensphasen unterstützt.

Schon fast im Sinne eines Bugfix-Releases erscheint im **Juli 2011** eine Überarbeitung der ITILv3. Diese heißt nun **ITIL Edition 2011** und greift die wesentlichen Kritikpunkte an der v3 auf (Inkonsistenzen in den Rollen, unzureichende fachliche Platzierung der Service Strategy, Ringverweise zwischen den Büchern). Dem **Fokus auf inhaltliche Bereinigung der ITIL v3** wird diese Fassung mit einer Erhöhung um fast 50% des Umfangs gerecht.

Die vielfältigen Entwicklungen der darauf folgenden Jahre, in denen neue Arbeitsformen in der IT Einzug hielten (Agilität, DevOps, ...), neue Software-Nutzungsformen (Cloud-Anwendungen, mobile Apps, ...) sich durchsetzten und somit der Anteil der IT am Produkt von eher unterstützenden Funktionen hin zu elementarem Bestandteil wurde (Digitalisierung von Dienstleistungen, embedded SW, ...), schürten den Bedarf für eine neue Fassung der ITIL, die all diese Strömungen aufnahm und für die IT einordnete. 2017 begonnen als ein breit aufgestelltes Modernisierungsvorhaben, wurde **2019** die nun aktuelle Fassung **ITIL v4** veröffentlicht. Die bisher vorliegenden Publikationen dazu lassen den **Fokus auf die Wertschöpfungskette des Unternehmens und den Beitrag der IT** dazu deutlich werden.

Da ITIL in der Version 4 erst vor kurzem veröffentlicht wurde und die Vorgängerversion weiterhin eine sehr hohe praktische Verbreitung besitzt, werden im Folgenden, wo angebracht, sowohl Version 3 als auch Version 4 beschrieben und ggf. verglichen.

10.2.2.3 Überblick über die Managementmodule der Version 3 und ITIL 2011

Die Version 3, die im Juni 2007 veröffentlicht und zu ITIL 2011 aktualisiert wurde, baut auf der neuen Grundphilosophie der Orientierung am Lebenszyklus eines Services auf (vgl. Bild 10.6):

Bild 10.6
Servicelebenszyklus angelehnt an [OSS07, S.36]

In den Kerndokumenten der Version 3 sind – thematisch zusammengefasst – die unterschiedlichen Sichtweisen auf den Servicelebenszyklus beschrieben.

Servicestrategie [OSS07][TSOS11] umfasst alle Prozesse, um Servicemanagement strategisch im Unternehmen zu etablieren und Dienstleistungsnachfrage und -angebot zu strukturieren:

- *Financial Management:* Bepreisung und Transparenz über IT-Services auf Basis eines „IT-Warenkorbs"
- *Demand Management:* bildet den Rahmen, in dem potenzielle zukünftige IT-Dienstleistungen und -Nachfragen analysiert und gewichtet werden
- *Service Portfolio Management:* bildet eine Gesamtschau der IT-Services über den gesamten Lebenszyklus und steuert die Services durch die Phase

Service-Design [OSD07] [TSOD11] beschreibt die Prozesse, die notwendig sind, um die strategischen Vorgaben in neue bzw. angepasste IT-Services umzusetzen:

- *Service Catalogue Management:* betreut alle angebotenen IT-Dienstleistungen
- *Service Level Management:* Planung, Entwicklung, Vereinbarung und laufende Kontrolle von Service Level Agreements zwischen der IT-Abteilung und deren Kunden
- *Supplier Management:* betreut Lieferanten und deren nachgefragte Dienstleistungen und bindet diese nahtlos in die interne Prozesskette ein
- Service Capacity Management: anforderungsgerechte Dimensionierung der Ressourcen
- *Service Availability Management:* Bereitstellung der erforderlichen Serviceverfügbarkeit
- IT Service Continuity Management: Sicherstellung der IT-Unterstützung für unternehmenskritische Prozesse als Teil des Risk-Managements

Service Transition [OST07] [TSOT11] umfasst die Prozesse, die der planvollen Inbetriebnahme von neuen bzw. angepassten IT-Services dienen:

- *Change Management:* standardisierter Umgang mit notwendigen Änderungen
- *Service Asset and Configuration Management:* Erfassung relevanter Informationen über IT-Anlagen
- *Transition Planning and Support:* plant und koordiniert die Überführung eines neuen oder geänderten Services in den Betrieb gemäß den Zeit-, Qualitäts- und Kostenvorgaben
- *Release and Deployment Management:* technische und nichttechnische Konsequenzen von Wechseln
- *Service Testing and Validation:* stellt sicher, dass der neue oder geänderte Service sich wechselwirkungsfrei in die geplante Palette einpasst
- *Evaluation:* ermittelt die tatsächlichen Performanzparameter bei der Operativsetzung eines Services und prüft diese gegen die erwarteten Kennzahlen
- *Knowledge Management:* stellt die adäquate Versorgung mit servicebezogenen Informationen und den Wissensaufbau sicher

Service Operation [OSO07] [TSOO11] beschreibt die Prozesse, die im operativen Betrieb der Services für eine effiziente und störungsarme Erbringung notwendig sind:

- *Incident Management:* Verwaltung aller IT-Vorfälle über ihren gesamten Lebenszyklus hinweg

- *Problem Management:* Identifikation, Klassifikation und Behebung von wiederkehrend auftretenden Vorfällen
- *Event Management:* Überwachung des laufenden Betriebs und dessen Rückmeldungen über Funktion und Fehlfunktion
- *Request Fullfilment:* Neben den Störungs- und Fehlermeldungen wird hier der Begriff der Anfrage weiter gefasst und deckt auch weitergehende Benutzeranfragen ab.
- *Access Management:* behandelt eigenständig das Rechte- und Rollenmanagement, also die Zuteilung von Berechtigungen für die Nutzung eines IT-Services

Continual Service Improvement [OSC07] [TSOC11] – direkt im Modell verankert sind hier die Prozesse, die zu einer langfristigen, kontinuierlichen Verbesserung des Serviceangebots führen:

- *7-Step Improvement Process:* Hiermit wird ein eigenständiger Prozess zur kontinuierlichen Verbesserung als zentrales Element im Framework etabliert.
- *Service Measurement:* Messen von Servicekennzahlen als generischer Prozess
- *Service Reporting:* Analog zum Messen ist auch das Reporting hier jetzt als eigenständige Dienstleistung ausgegliedert. Bei der Weiterentwicklung des Rahmenwerks wurde auf ein hohes Maß an Kontinuität Wert gelegt. Teilweise wurden Bezeichnungen angepasst und einzelne bestehende Prozesselemente (z. B. Measurement, Reporting) als eigenständige Prozesse ausgegliedert.

Im Sinne einer strukturierten und gleichförmigen Betrachtung des Themenkomplex IT-Servicemanagement führt ITIL v3 die Systematik der 4P ein. Hierzu formulierte man die 4P-Perspektiven,

- **People:** die Mitarbeiter, die für die Erbringung von IT-Dienstleistungen benötigt werden
- **Produkte:** ITSM-Tools, die zur Bereitstellung und Unterstützung der IT-Dienstleistungen verwendet werden
- **Prozesse:** Erbringungsprozesse in einer reproduzierbaren und messbaren Form
- **Partner:** Dritte, die bei der Ausgestaltung und Erbringung der IT-Dienstleistung unterstützen

Mit diesem Raster wurden sämtliche Dienstleistungen beschrieben und in den jeweiligen Dimensionen ausklassifiziert, sodass nachvollziehbar war, für welche Dienstleistung man welche Rolle und welche Toolunterstützung benötigt sowie anhand welcher Prozessdefinition und mithilfe welcher Lieferanten die Dienstleistung erbracht wurde.

10.2.2.4 Grundkonzepte der ITIL Version 4

Der Übergang in die Version 4 reflektiert für den Bereich des IT-Servicemanagement eine Reihe wesentlicher Wandel, die sich auch in parallel gelagerten Bereichen der IT wiederfinden. Analog zum sich durchsetzenden Gedanken der Agilität im Bereich der Software-Entwicklung, Wiederaufnahme von Lean-Gedanken entlang der Software-Produktion und der Re-Fokussierung auf den Wertbeitrag der IT zum Produkt, werden mit der Version 4 wesentliche Schwerpunkte gesetzt im Hinblick auf:

- Organisation des IT-Servicemanagement entlang von **Wertschöpfungsketten** (Service Value System)

- Motivation und Steuerung der Leistungserbringung über Visionen, Werte und **Leitlinien** (Guiding Principles)
- Konzentration auf das zu Erreichende („Was?") anstelle einer ausführlichen Beschreibung/Festlegung („Wie?") des Durchführungswegs (Practices)

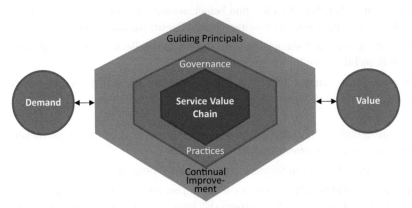

Bild 10.7 Service Value System angelehnt an [AXE19]

Mit der Einführung des Wertschöpfungsgedanken wurde auch das Verständnis der so organisierten IT-Dienstleistungen adjustiert. In der aktuellen Auffassung der ITIL bedeutet Servicemanagement „eine Reihe von spezialisierten organisatorischen Fähigkeiten, die es ermöglichen, Mehrwert für die Kunden in Form von Dienstleistungen zu erzeugen" (vgl. [AXE19]). Hierbei sind zwei Aspekte von besonderer Bedeutung:

- Der **Mehrwert einer IT-Dienstleistung** wird aus dem Blickwinkel des Konsumenten betrachtet. Nicht mehr die Güte des (internen) IT-Prozesses steht im Vordergrund, sondern vielmehr der Wertbeitrag, den dieser beim (End-)Kunden erzeugt.
- Die **Organisation der IT-Dienstleistung** hat ebenfalls einen Wandel durchlaufen. So ist die Komplexität der Leistungserbringung mit Konstrukten, wie Shared Service Centern, Outtasking bis hin zur kompletten Auslagerung der Leistungserbringung an spezialisierte dritte Unternehmen, deutlich gestiegen. Hierbei entstehen einerseits Lieferketten, in denen Unternehmen wechselnd in der Rolle des Dienstanbieters und Dienstnachfrager auftreten, und der Endkunde somit in einem entfernten Unternehmen sitzen kann. Zum anderen setzt die gemeinschaftliche Erbringung einer IT-Dienstleistung neue Denkweisen bei der Zusammenarbeit voraus. Dieses subsumiert ITIL unter dem Konzept der **Co-Creation**.

Neben dem Management der Services definiert ITIL 4 auch das Verständnis einer IT-Dienstleistung in einer aktualisierten Form. Hierbei wird in [AXE19] nun unter einem **Service** verstanden:

„*Ein Mittel/Weg, bei dem in gemeinsamer Wertschöpfung die Wirkungen geschaffen werden, die Kunden erzielen wollen, ohne dass der Kunde spezifische Kosten und Risiken bewältigen muss.*"

Wesentlich ist somit die Betrachtung einer IT-Dienstleistung unter den Blickwinkeln:

- **Wert** und Wertbeitrag als „der wahrgenommene Nutzen, Zweckmäßigkeit und die Wichtigkeit von etwas" [AXE19]. Diese Sichtweise ordnet dem Service keinen absoluten Wert *an sich* zu, sondern bemisst den Wert aus Sicht des Endkunden.

- **Leistung vs. Wirkung** eines IT-Service: In Erweiterung zu dem Wert-Begriff unterscheidet ITIL zwischen der eher kontextfreien Leistung eines Services und der eher kontextbezogenen Wirkung für den jeweiligen Nutzer. Im Deutschen wird häufig beides mit dem Begriff Ergebnis bezeichnet und macht somit den Blickwinkelwechsel schwer. *Die sinnvolle Unterscheidung lässt sich am Beispiel eines Instant-Messaging-Services leicht nachvollziehen. Hier ist der Output (Leistung) die Bereitstellung eines hoch verfügbaren Kommunikationstools. Der Outcome (Wirkung) für den Nutzer hingegen ist der omnipräsente Kontakt zu Freunden, Verwandten, Kollegen, ...*

- **Gemeinsame Wertschöpfung (Co-Creation):** Die Wirkung einer IT-Dienstleistung tritt demnach dann ein, wenn Kunde und Lieferant gemeinsam an der Werterbringung arbeiten und für beide Seiten ein relevanter Wert entsteht. *Ein Online-Versandhandel bietet als Service das Führen einer Wunschliste an. Durch die Nutzung dieser entsteht für den Kunden der Wert z. B. einer Geburtstagsplanung oder einer Sammlung von Lieblingsprodukten. Für den Händler wiederum entsteht der Wert der Kundenbindung und der Profilbildung bzw. Kaufverhalten.*

- **Kosten und Risiken:** Grundsätzlich sind IT-Dienstleistungen so angelegt, dass sie den Kunden vom Management spezifischer Kosten und Risiken entlasten, indem sie diese hinter der Fassade des Services kapseln und dem Service Provider zuordnen. Allerdings entstehen durch die Nutzung einer IT-Dienstleistung anders geartete Kosten und Risiken für den Kunden. Der Wert der Dienstleistung wird direkt durch das Verhältnis dieser zusätzlichen und eliminierten Kosten und Risiken beeinflusst. *Dies wird deutlich, wenn man sich die Auslagerung der Datenhaltung an einen Cloud-Speicher vor Augen führt. Hier löst sich der Nutzer von den spezifischen Kosten und Risiken eines eigenen Server-Betriebs incl. Vorhaltungen für Backup/Recovery, Speicherverwaltung, ... Dafür nimmt er aber die Kosten einer externen Dienstleistung und die Risiken z. B. der Verfügbarkeit des Anbieters in Kauf.*

10.2.2.5 Die vier Dimensionen von ITIL 4

Schon in ITIL v3 war mit den 4P der Ansatz erkennbar, den Themenkomplex IT-Servicemanagement strukturiert und mit einem gleichförmigen Raster zu betrachten. Der Gedanke war bereits der richtige, jedoch blieb die Wirkung einer umfassenderen Betrachtung des Servicemanagements häufig zurück. Dienstleistungen wurden gemäß den 4P „bestückt" mit Tools, Rollen, Prozessdefinitionen und ggf. Zulieferern. Eine gemeinsame Ausrichtung an einem übergeordneten Ziel war jedoch nicht zwangsläufig das Ergebnis.

Diesen Ball greift ITIL in der Version 4 auf und spannt ein holistisches Bild des IT Servicemanagements auf, das sich an der nun zentralen Größe des Werts orientiert. Mit den vier Dimensionen von ITIL v4,

- Organisationen und Personen,
- Information und Technologie,
- Partner und Lieferanten,
- Wertströme und Prozesse,

werden die wesentlichen Einflussfaktoren auf den Wert einer Dienstleistung herausgearbeitet (vgl. Die vier Dimensionen von ITIL v4 gemäß [AXE19] Bild 10.8).

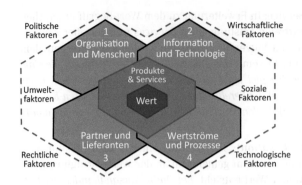

Bild 10.8
Die vier Dimensionen von ITIL v4 gemäß [AXE19]

Zudem zeigt es eine weitere Einflussebene, die der indirekten Faktoren PESTEL (Political, Economic, Social, Technological, Environmental, Legal), welche bei der Ausgestaltung, des Betriebs und der Weiterentwicklung einer IT-Dienstleistung relevant sein können.

Wesentlich hierbei sind die Gedanken, dass die Nichtbeachtung einer oder mehrerer Dimensionen nicht eine formale Unvollständigkeit einer Umsetzung darstellt, sondern vielmehr eine Verminderung bis hin zum Ausfall der Werterbringung zur Folge haben kann.

Dimension „Organisationen und Personen"

Im gleichen Maße, wie die Komplexität der angebotenen IT-Dienstleistungen und ihr Anteil am Wertbeitrag eines Unternehmens zunimmt, nimmt auch die Komplexität der zugrunde liegenden IT-Organisation zu. Umso mehr liegt in dieser Dimension der Fokus darauf, dass die gewählte Gesamtstrategie und ein passendes Betreibermodell durch geeignete Organisation und Kommunikationswege abgesichert werden. Dies umfasst neben der puren formalen Organisationsstruktur auch geeignete Maßnahmen zur Schaffung einer förderlichen Kultur, ausreichende Dimensionierung des Personals (Kapazität), Befähigung der Mitarbeiter (Kompetenzen), sowie eine angepasste Rollen- und Verantwortlichkeitsverteilung.

Insbesondere hier gilt nicht „One fits all". Eine Organisation, die beispielsweise ein Self-Service für Endkunden aus dem Telefoniesegment im Hochlastbereich betreibt, wird eher auf Stabilität und Performance in einer arbeitsteiligen und hierarchischen Struktur setzen, während ein Anbieter von KI-Onkologie-Diagnose-Modulen im Gesundheitsbereich seine kundenspezifische Adaptionsfähigkeit eher durch eine flache Struktur mit crossfunktional agierenden agilen Teams organisieren wird.

 Unabhängig von der gewählten Organisationsform gilt, dass jeder Mitarbeiter seinen Beitrag zur Erbringung des Mehrwerts gut versteht und in der Lage ist, diesen zu erbringen.

Dimension „Information und Technologie"

Diese Dimension hat eine interessante Facette, da man die Betrachtung der relevanten Informationen und der eingesetzten Technologien sowohl auf die erbrachte IT-Dienstleistung anwenden kann, als auch für den Betrieb des IT Servicemanagement an sich. In Bezug auf Information stellen sich nach [AXE19] Fragen wie beispielsweise:

- Welche Informationen werden von den Diensten verwaltet?
- Welche unterstützenden Informationen und Kenntnisse sind erforderlich, um die Dienste bereitzustellen und zu verwalten?
- Wie werden die Informations- und Wissensbestände geschützt, verwaltet, archiviert und entsorgt?

Insbesondere unter dem Aspekt der DSGVO nimmt diese Betrachtungsweise einen immer höheren Stellenwert ein. Dabei muss ein Informations-Management ganzheitlich betrachtet werden und kann nicht isoliert in einer Applikation erfolgen.

Das Feld der Technologie wird klassisch dominiert durch Themen der Configuration-, ServiceDesk- und Monitoring-Unterstützung. In den letzten Jahren eher ein beruhigtes Feld mit wenig Wandel, erfährt dies mit neu aufkommenden Technologien, wie z. B. ChatBots, AI-Bots, Maschine Learning, einen neuen Schub hinsichtlich potenzieller Unterstützung bei der Erbringung des IT Servicemanagement.

Auch der Blick auf die Technologien, die die Services selbst unterstützen, trägt wesentlich zur Erzielung des gewünschten Werts bei. Die servicespezifische Architektur wird zunehmend beeinflusst von neuen Technologien wie Cloud-Computing, Blockchain oder künstlicher Intelligenz.

Dimension „Partner und Lieferanten"

In Ergänzung zu der ersten Dimension, welche sich um interne Strukturen und Personen kümmert, stehen bei dieser Dimension alle externen Kräfte, die in der Erbringung einer IT-Dienstleistung involviert sind, im Fokus. Nach [AXE19] umfasst die Dimension Partner und Lieferanten

> „... die Beziehungen eines Unternehmens zu anderen Unternehmen, die an der Konzeption, Entwicklung, Bereitstellung, Unterstützung und/oder kontinuierlichen Verbesserung von Dienstleistungen beteiligt sind. Es beinhaltet auch Verträge und andere Vereinbarungen zwischen dem Unternehmen und seinen Partnern oder Lieferanten."

Wesentlich ist hier die Unterscheidung der Externen in Partner und Lieferanten. Dieses wird daran unterschieden, inwieweit die jeweilige Organisation in die Wertschöpfung eingebunden und wie wesentlich ihr Anteil am Wertbeitrag ist. Stellen die Services und Produkte der beitragenden Organisation eher eine Commodity (austauschbares Standard-Produkt) dar, so wird diese als Lieferant klassifiziert (beispielsweise der Lieferant für Druckerpapier an eine Briefdruckstraße). Ist hingegen die Organisation wesentlich in die Ausgestaltung der IT-Dienstleistung eingebunden, teilt man Ziele und Risiken, bis hin zur gemeinsamen Entwicklung dieser, so nimmt diese die Rolle eines Partners ein.

Bei der Einbindung von Partnern in die Entwicklung und Erbringung einer IT-Dienstleistung ist es lohnenswert, über den Moment hinaus mit dem Partner Entwicklung, Roadmap und Potenziale regelmäßig abzustimmen, um so langfristig von einer beiderseitigen Beziehung profitieren zu können.

Der Blick in dieser Dimension richtet sich auf:

- Beziehungen zwischen Dienstleistern und Verbrauchern
- Faktoren der Strategiewahl, ob Partner oder Lieferanten
- Aspekte der Service Integration und Management (SIAM)

Je nach gewähltem Eigenerbringungsanteil kann dies fundamentale Anforderungen an das IT-Servicemanagement-Personal verlangen. Wird ein Großteil der IT-Dienstleistung durch Beiträge von Partnern erbracht, so sind eher Fähigkeiten aus dem Bereich Beschaffung, Lieferantenmanagement, Verhandlung und Kommerzielles von Relevanz. Der ITSM-Mitarbeiter hat eher die Rolle eines Orchestrierers inne. Mit SIAM offeriert ITIL eine Methode, die eine Service-Integrator-Rolle verwendet, um die Servicebeziehungen zwischen allen Lieferanten zu koordinieren. Wird hingegen die IT-Dienstleistung in weiten Teilen selbst erbracht und punktuell durch Lieferanten ergänzt, so sind technische und integrative Kompetenzen von Relevanz.

Wertströme und Prozesse

Kern der der ITIL v4 zugrunde liegenden Philosophie ist die Orientierung und Ausrichtung allen Tuns an der Größe des entstandenen Werts beim Nutzer. Um dieses Verständnis konsequent bei der Ausgestaltung und dem Betrieb von IT-Dienstleistungen durchhalten zu können, ist es elementar, dass in der Organisation selbst ein klares Bild über das Entstehen des Werts und den Beitrag der unterschiedlichen Aktivitäten dazu vorherrscht. Wertströme und Prozesse definieren hierzu die Aktivitäten, Arbeitsabläufe, Kontrollen und Verfahren, die zur Erreichung der vereinbarten Werte erforderlich sind. Um eine Wertschöpfung für alle Stakeholder effizient und effektiv auszugestalten, stehen Themen im Vordergrund, die auch aus dem Lean Management und Toyota-Produktion-System bekannt sind, wie:

- Identifikation und Mapping der Wertströme
- Analyse der Wertströme hinsichtlich Engpässe (Flaschenhälse), unnötige Warte-/Liegezeiten und unnötige Aktivitäten (Waste)
- Maßnahmen zur Beseitigung von Engpässen, Wartezeiten und Waste
- Kontinuierliche Optimierung der Wertströme

Die Erkenntnisse hieraus zeigen auf, wie die verschiedenen Teile des Unternehmens integriert und koordiniert werden müssen, um eine zielgerichtete Wertschöpfung durch Produkte und Services zu ermöglichen. Hier entsteht das Betriebsmodell („Target Operating Model") des IT-Service-Betriebs.

 Beginnen Sie mit einer vereinfachten Darstellung ihrer Wertströme. Eine erste Betrachtung der Wertschöpfungszeiten (Zeit, die benötigt wird, um den Schritt abzuschließen) und der Wartezeiten zwischen den Schritten hilft bei der initialen Identifikation von Verzögerungen und Aufwandstreibern. Erst dann steigen sie in eine feinere Granularität der Prozesskette ein.

10.2.2.6 Die Wertschöpfungskette in ITIL 4

Mit dem Wert als zentrale Größe in ITIL v4 rückt auch die Frage nach einer konsistenten Erzeugung von Werten beim (End-)Kunden in den Fokus der Methodik. Hier formuliert ITIL v4 das Konstrukt der Service-Wertschöpfungskette (siehe Bild 10.9), welche anhand von sechs zusammenwirkenden Aktivitäten definiert, wie auf die eingehende Nachfrage reagiert, diese befriedigt und entsprechende Werte geschaffen werden. Entgegen der Vorgängerversionen verzichten diese jedoch darauf, detailliert zu beschreiben, wie genau Produkte und Dienstleistungen erzeugt werden. Hier lässt die Methodik den notwendigen Freiraum, um auf die jeweiligen Spezifika des umsetzenden Unternehmens reagieren zu können (vgl. das Beispiel einer hierarchischen Hochlast-Organisation vs. agiler Teams bei adaptiven, kundenspezifischen Dienstleistungen). Ebenso wird die Wertschöpfungskette nicht als eine zwingende und starre Reihenfolge von Aktivitäten verstanden, vielmehr ist es möglich, Aktivitäten zu überspringen oder mehrfach innerhalb einer Bearbeitung zu durchlaufen.

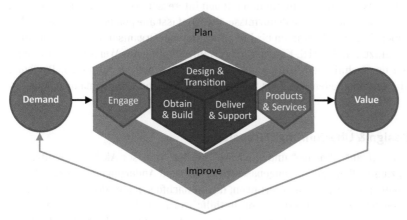

Bild 10.9 ITIL-Wertschöpfungskette nach [AXE19]

Nachfolgend sollen die einzelnen Aktivitäten kurz skizziert werden.

Aktivität „Planen"

Nach [AXE19] ist der Kern dieser Aktivität,

> „... ein gemeinsames Verständnis der Vision, des aktuellen Status und der Verbesserungsrichtung für alle vier Dimensionen und alle Produkte und Dienstleistungen im gesamten Unternehmen zu gewährleisten."

Hierzu werden alle notwendigen Vorgaben, Planungen, Richtlinien etc. festgelegt. Grundlage dafür bilden Übersichten über Bedürfnisse und Potenziale aus der Engage-Aktivität, Erkenntnisse zur Performanz der produktiven Wertschöpfungskette, Informationen zu neuen oder geänderten Services bzw. extern eingekaufte Komponenten. Wesentlich sind hier geeignete Mitarbeiter, die weniger einen technischen Fokus als vielmehr Fähigkeiten aus dem Bereich des Portfolio- und Produktmanagements aufweisen.

Aktivität „Verbessern" (Improve)

Der Zweck dieser Aktivität besteht darin,

> „... die kontinuierliche Verbesserung von Produkten, Dienstleistungen und Praktiken über alle Wertschöpfungskettenaktivitäten und die vier Dimensionen des Service-Managements hinweg sicherzustellen." [AXE19]

Die Aktivität nutzt als Quellen im Wesentlichen die gleichen Elemente wie „Planen", mit dem Unterschied, dass hier nicht der Status quo zur Ausführung gebracht werden soll, sondern eben dieser auf ein neues Level gehoben werden soll. Hierzu werden Verbesserungsinitiativen initiiert und die notwendigen Umsetzungspläne aufgestellt sowie ggf. notwendige Arrangements mit Lieferanten und Partnern getroffen.

Aktivität „Engagieren" (Engage)

Diese Aktivität fokussiert auf die Interaktion mit den Interessengruppen und die Schaffung eines guten Verständnisses für ihre Bedürfnisse. Dies umfasst alle potenziellen Stakeholder, von Nutzern über Kunden, Lieferanten bis hin zu regulativen Organisationen. Hier nehmen neue Konzepte Einzug in den ITIL-Kanon. Da die Wahrnehmung des Werts einer IT-Dienstleistung neben der technischen Erbringung wesentlich von den ausführenden Personen abhängt, sind hier Fähigkeiten wie User Experience Design und Kundenmanagement von Relevanz.

Aktivität „Design & Überführung" (Transition)

Erkenntnisse aus „Plan", „Engage" und „Improve" werden in dieser Aktivität genutzt, um neue Services zu erstellen bzw. mit angepassten Services auf Änderungen zu reagieren. Es entstehen Spezifikationen und Anforderungen, die an nachfolgenden Aktivitäten „Obtain/Build" weitergegeben werden. Hierbei wird, mithilfe von Portfolioentscheidungen darauf hingearbeitet, dass „Produkte und Dienstleistungen die Erwartungen der Stakeholder hinsichtlich Qualität, Kosten und Time-to-Market kontinuierlich erfüllen" [ACE19].

Aktivität „Abruf/Bau" (Obtain/Build)

Ausgehend von Erkenntnissen und Vorgaben aus „Design & Transition" konzentriert sich diese Aktivität darauf, dass „Servicekomponenten verfügbar sind, wann und wo sie benötigt werden und den vereinbarten Spezifikationen entsprechen" [ACE19]. Hier entstehen neue Servicekomponenten bzw. werden bestehende an die geänderten Bedingungen angepasst. Je nach Art und Fertigungstiefe kann dies durch Inhouse-Entwicklung, Beschaffung von dedizierten Hardware-/Software-Komponenten oder Dienstleistungen Dritter erfolgen, aber auch durch den Bezug und die Einbindung von Cloud-Services.

Aktivität „Liefern & Unterstützen" (Deliver & Support)

Diese Aktivität nimmt Servicekomponenten von „Build/Obtain" entgegen und sorgt dafür, dass „Dienstleistungen gemäß den vereinbarten Spezifikationen und den Erwartungen der Stakeholder geliefert und supportet werden" [ACE19]. Dies kann die Lösung von Vorfällen, die Überwachung von Anwendungen und Infrastruktur, die Erstellung von Berichten, die Analyse von Problemen und andere laufende Aktivitäten umfassen.

10.2.2.7 Leitprinzipien: Grundsätze der IT-Service-Management-Organisation

Hatten frühere Versionen noch den Antrieb, Verhaltensweisen und Prozesse möglichst genau zu definieren, so greift ITIL v4 eine Strömung auf, die auch in vielen agilen Frameworks Einzug gehalten hat. Zur Orientierung in der täglichen Arbeit, aber auch für eine mittel- und langfristige Weiterentwicklung einer IT-Service-Management-Organisation, formuliert ITIL ein Set von übergeordneten Grundsätzen, die im Sinne einer Vision Anker und Richtung geben sollen. Um weitestgehend unabhängig vom konkreten Projekt, gewählten Arbeitsmodus, Größe und Ziel des Projekts zu sein, sind diese bewusst universell formuliert. An diesen lassen sich dezentral Richtungsentscheidungen reflektieren und kontinuierliche Verbesserungen fördern. Nach [ACE19] sind dies:

Leitlinie 1: Habe den Wert im Fokus

„Alles, was die Organisation tut, sollte direkt oder indirekt mit dem Wert für sich selbst, ihre Kunden und andere Stakeholder verknüpft werden."

Die Mitarbeiter einer Organisation können sich nur dann auf den Wert konzentrieren, wenn sie verstehen, wie der Wert für ihre jeweilige Organisation und ihre Nutzer aussieht. Wesentlich ist also die Fragestellung danach, wer die Nutzer des Services sind und was ihre Erwartung an den Service ist. Alles, was keinen Wert schafft, ist grundsätzlich zu vermeiden.

Leitlinie 2: Beginne dort, wo man steht

„Wenn alte, erfolglose Methoden oder Dienste beseitigt und etwas Besseres geschaffen werden soll, kann die Versuchung groß sein, das, was in der Vergangenheit getan wurde, zu entfernen und etwas völlig Neues aufzubauen. Dies ist selten notwendig oder eine kluge Entscheidung. [...] Beginnen Sie nicht von vorne, ohne vorher zu überlegen, was bereits verfügbar ist, um genutzt zu werden."

Behalten Sie Dinge, die im Unternehmen gut laufen, bei und verbessern Sie, was nicht funktioniert. An Existierendem gibt es in der Regel sehr viel, das wiederverwendet werden kann. Dies spart in der Regel sowohl Zeit als auch Kosten.

Leitlinie 3: Iterative Weiterentwicklung mit Feedback

„Widerstehen Sie der Versuchung, alles auf einmal zu tun. Auch große Initiativen müssen iterativ durchgeführt werden. Durch die Organisation der Arbeit in kleinere, überschaubare Abschnitte, die zeitnah ausgeführt und abgeschlossen werden können, wird der Fokus auf jede Anstrengung schärfer und leichter zu warten."

Organisieren und implementieren Sie Ihre Arbeit in kleinen überschaubaren Schritten, auch wenn Sie es mit großen Projekten zu tun haben. Durch eine inkrementelle Entwicklung ergeben sich regelmäßig und zeitnah zur Entwicklung Möglichkeiten für Feedback und Adjustierung. Mit diesem Vorgehen unterstützt man, dass die Maßnahmen zielgerichtet und angemessen sind, auch wenn sich die Umstände ändern.

Leitlinie 4: Zusammenarbeit und Transparenz fördern

„Wenn Initiativen die richtigen Personen in den richtigen Rollen einbeziehen, profitieren die Bemühungen von einem besseren Buy-in, mehr Relevanz und einer höheren Wahrscheinlichkeit eines langfristigen Erfolgs."

Durch eine kontinuierliche Zusammenarbeit werden so die klassischen Silos aufgelöst und das gemeinsame Arbeiten an einem gemeinsamen Ziel stimuliert. Der Aspekt der Transparenz hat zweierlei Facetten. Zum einen kann über ein hohes Maß an Transparenz bzgl. des Arbeitsfortschritts und der Priorisierung ein direktes Management der Erwartungen erfolgen. Zum anderen hilft eine Transparenz, im Sinne der Sichtbarkeit von Fakten und Datengrundlagen, der zielgerichteten und problemadäquaten Entscheidung.

Leitlinie 5: Ganzheitlich denken und arbeiten

„Die Ergebnisse werden leiden, wenn das Unternehmen nicht am Service als Ganzes arbeitet, sondern nur an seinen Teilen. Alle Aktivitäten des Unternehmens sollten sich auf die Wertschöpfung konzentrieren."

Aktuelle IT-Dienstleistungen werden zunehmend komplexer, hier kann sich die Veränderung eines Elements auf andere, scheinbar nicht direkt gekoppelte, auswirken. Der Leitlinie folgend, müssen diese Auswirkungen identifiziert, analysiert und geplant werden.

Leitlinie 6: Auf Einfachheit und Praktikabilität achten

„Verwenden Sie immer die minimal mögliche Anzahl von Schritten, um ein Ziel zu erreichen. Ergebnisorientiertes Denken sollte verwendet werden, um praktische Lösungen zu entwickeln, die wertvolle Ergebnisse liefern."

Eine Tendenz in der IT sorgt dafür, dass die Komplexität von Systemen stetig steigt. Hier greift ITIL auf bewährte Prinzipien des Lean zurück. Um dem entgegenzuwirken, ist es essenziell, dass die Arbeiten und Prozesse so einfach wie möglich gehalten werden und jeder Schritt, der keinen Mehrwert bringt, entfernt wird.

Leitlinie 7: Optimieren und Automatisieren

„Sie sollten Ihre Arbeit optimieren und Verschwendung vermeiden, bevor Sie etwas automatisieren. Dann nutzen Sie die Technologie, um das zu erreichen, wozu sie fähig ist. Menschliches Eingreifen sollte nur dort erfolgen, wo es wirklich einen Wertbeitrag leistet."

Das Ziel ist hier, Aufgaben nach Möglichkeit zu optimieren oder zu automatisieren. Dies hat aber auch seine Grenzen. So muss bei jeder Optimierung geprüft werden, ob es nicht zu Lasten der Zufriedenheit der Nutzer geht oder zu unerwarteten Kosten führt. Optimierung bedeutet, „etwas so effektiv und nützlich zu machen, wie es sein muss" (vgl. [ACE19]). Bevor eine Aktivität effektiv automatisiert werden kann, sollte sie so weit wie möglich und zumutbar optimiert werden.

10.3 ITIL-Praktiken

Eines der wichtigsten Merkmale von ITIL v4 ist die Abkehr von Prozessen als wesentliches Beschreibungselement hin zu Praktiken. ITIL versteht unter einer Praktik „eine Reihe von organisatorischen Ressourcen, die dazu bestimmt sind, Arbeit zu verrichten oder ein Ziel zu erreichen".

Mit der Ausweitung auf die Philosophie der Praktiken beschreibt ITIL fortan nicht mehr nur einen Prozessablauf, sondern lenkt auch – über die vier Dimensionen – den Blick auf jene Faktoren, die für den Erfolg eines solchen Prozesses wichtig sind. Damit geht ITIL über die (häufig negativ konnotierte) Wahrnehmung, es würde sehr starre Standard Operating Procedures vorschreiben, hinaus und formuliert beispielsweise, welche Fähigkeiten eine Organisationseinheit haben muss, um eine Praktik ausfüllen zu können. Hier öffnet sich ITIL für Unternehmen, die mit Ansätzen wie DevOps und Agiler Entwicklung gute Erfahrung gesammelt haben.

Dieser Schwenk bedeutet für ein Unternehmen, welches auf Basis von ITIL v3 sein IT-Servicemanagement implementiert hat, nicht, dass es alle Prozesse, Prozeduren etc. über den Haufen werfen muss. Viel mehr kann man diese Aufweitung des Blickwinkels dazu nutzen, im Rahmen einer kontinuierlichen Verbesserung, seine eigenen Prozesse dahingehend zu prüfen, inwieweit sie den Gedanken der Praktiken ggf. schon gerecht werden.

Vergleicht man die aktuelle Version mit der Version 3, stellt man fest, dass die meisten ITIL-Prozesse in der neuen Version noch vorhanden und nicht wesentlich verändert sind. Jedoch wurde aus dem Kanon der 26 Prozesse ein Set von 34 Praktiken. Bild 10.10 gibt einen Überblick über die Praktiken und charakterisiert kurz ihre Entwicklung gegenüber der Version 3.

Servicemanagement-Praktiken	Generelle Management-Praktiken	Technische Management-Praktiken
Neu: • Business Analysis	**Neu:** • Architecture Management • Project Management • Risk Management • Workforce & Talent Management	**Neu:** • Software Development & Management
Verändert: • Capacity & Performance Management • Change Control • IT Asset Management • Monitoring & Event Management • Release Management • Service Configuration Management • Service Design • Service Desk	**Verändert:** • Continual Improvement • Financial Management • Organizational Change Management • Portfolio Management • Relationship Management	**Verändert:** • Deployment Management
Unverändert: • Availability Management • Incident Management • Problem Management • Service Catalogue Management • Service Continuity Management • Service Level Management • Service Request Management • Service Validation & Testing	**Unverändert:** • Information Security Management • Knowledge Management • Measurement & Reporting • Strategy Management • Supplier Management	**Unverändert:** • Infrastructure & Platform Management

Bild 10.10 ITIL-Praktiken im Wandel

Unter Praktiken versteht man also eine ganzheitlichere Sicht als nur den Prozess. Praktiken sind die eigentlichen Fertigkeiten einer Organisation. Nachfolgend sollen die einzelnen Praktiken kurz dargestellt werden.

10.3.1 Servicemanagement-Praktiken

Hier finden sich alle Praktiken, die den Kern, das Wesen des IT-Servicemanagements, ausmachen. Sie werden unterstützt durch die später beschriebenen technischen Praktiken (Kapitel 10.3.3) und in die umgebende Organisation eingebettet durch die generellen Praktiken (Kapitel 10.3.2).

10.3.1.1 Change Control

Nach ITIL v4 [ACE19] ist der Zweck der Change-Control-Praktik, „die Anzahl der erfolgreichen Service- und Produktänderungen zu maximieren, indem sichergestellt wird, dass die Risiken ordnungsgemäß bewertet wurden, Änderungen autorisiert werden und der Änderungsplan verwaltet wird". Hierbei wird der Wirkungsbereich passend zu den organisationalen Bedürfnissen abgegrenzt. Also fokussiert sich die Change-Control-Praktik ausschließlich auf die IT-Infrastruktur und Anwendungen oder sie kontrolliert auch Bereiche, die einen eher indirekten Einfluss auf die Wirkung einer IT-Dienstleistung haben, wie z. B. das Lieferantenmanagement.

Gingen bisherige ITIL-Versionen von einem eher zentralistischen Change-Ansatz aus (z. B. ein Change Advisory Board), so empfiehlt die aktuelle Fassung von ITIL, eher entsprechend der Belange und der Kultur einer Organisation durchaus mit dezentralen und mehrfach vorkommenden *Change Authorities* zu arbeiten. Eine Change Authority ist hierbei eine Rolle, die von einer Person oder Gruppe übernommen werden kann, welche Änderungen autorisiert. Hier übernimmt ITIL ebenfalls den Agilen Gedanken der Verlagerung der Entscheidungshoheit dahin, wo sie am schnellsten und mit dem größten Sachverstand getroffen werden kann.

Die Einführung einer durchgängigen Change-Control-Praktik kann durchaus ein herausforderndes Change-Management-Vorhaben sein. Speziell in jungen Unternehmen, bei denen noch häufig die Praxis der „offenen Tür" und der „kurzen Entscheidungswege" eine eher informelle Change-Kultur fördert, kann Change Control das Gefühl der „Gängelung" und Einschränkung in der Entscheidungsfreiheit mit sich bringen. Hier empfiehlt es sich, bei der Einführung einen Fokus auf das Plus an Nachvollziehbarkeit, Reproduzierbarkeit von Changes sowie den positiven Einfluss auf die Stabilität der Leistungserbringung zu legen.

10.3.1.2 Incident Management

„Ziel des Incident Managements ist es, die negativen Auswirkungen von Incidents so gering wie möglich zu halten, indem der normale Servicebetrieb so schnell wie möglich wiederhergestellt wird."

Nach ITIL [OGC00, ACE19] wird unter einem Incident (Störung) ein Ereignis verstanden, das den standardmäßigen Betrieb der IT-Services unterbricht. Incidents umfassen dabei neben Störungen der Hardware (z. B. Druckerausfall) und Software (z. B. Verfügbarkeit eines Web-Services) auch benutzerbezogene Ereignisse (z. B. Passwort vergessen).

Durch ein Service-Request richtet ein Anwender seine Anfrage zur Unterstützung, Serviceerweiterung, Lieferung, Information, zur Beratung oder Dokumentation an das Incident Management. Primäre Aufgabe des Incident Managements ist, dass der Anwender wieder arbeiten kann, die Beseitigung der Störungsursache ist zunächst zweitrangig.

Ziel des Incident Managements ist die Wiederherstellung des definierten Betriebszustands eines IT-Services für den Anwender im Rahmen der vereinbarten Servicequalität, um die Minimierung der Beeinträchtigung der Geschäftsprozesse zu erreichen. Sobald das Incident Management die Einhaltung der Service Levels gefährdet sieht, erfolgt eine Eskalation. Innerhalb der IT-Organisation bildet das Incident Management die Schnittstelle zu anderen IT-Servicebereichen (z. B. Problem, Change, Configuration, Release, …). Meist werden neben Störungen auch andere Kundenanfragen (Service Requests) der Anwender über das Service Desk erfasst, erste Hilfestellung geleistet und gegebenenfalls die weitere Bearbeitung in den nachgelagerten Supporteinheiten koordiniert.

Das Incident Management besteht zunächst darin, Anfragen und Störungsmeldungen zu dokumentieren. Anschließend erfolgen eine Priorisierung und Kategorisierung der Störungen sowie ggf. eine initiale Unterstützung des Anwenders. Eine erste Fehleranalyse überprüft, ob die Lösung bekannt ist und durch den First Level Support durchgeführt werden kann.

Kann sie nicht durch bekannte Lösungsmuster abgedeckt werden, wird der Fall an den Second Level Support weitergeleitet. Falls auch hier keine Behebung möglich scheint, erfolgt eine weitere Eskalation bis hin zu Entwicklern im eigenen Haus oder dem Service des Herstellers. Mit einer Dokumentation der Störungslösung innerhalb der Störungsdatenbank endet der Prozess des Incident Managements.

Achten Sie auf die „leidige" Dokumentation aller Aktivitäten/Workarounds zur Beseitigung einer Störung (inkl. der benötigten Zeit). Eine gute Fehlerlösungsdatenbank bildet eine wertvolle Grundlage für ein gezieltes Problem Management. Eventuell stehen für bestimmte Systeme bereits initiale Füllungen der Datenbank vom Hersteller oder von Third-Party-Anbietern zur Verfügung.

Die Auswertung aller Incidents dient einerseits der Überführung von gleichartigen Vorkommnissen in den Prozess Problem Management, andererseits kann auch mittels Reporting für Kunden und Lieferantengespräche zur Serviceverbesserung beigetragen werden.

10.3.1.3 Problem Management

„Der Zweck der Problem-Management-Praktik besteht darin, die Wahrscheinlichkeit und die Auswirkung von Vorfällen zu verringern, indem tatsächliche und potenzielle Ursachen von Vorfällen ermittelt und Problemumgehungen und bekannte Fehler verwaltet werden."

Die nachhaltige Beseitigung von gleichgelagerten Störungen steht im Fokus des Problem Managements. Es unterstützt das Incident Management bei schweren und umfangreichen Störungen, die seitens des Service Desks nicht behoben werden konnten. Hier werden dem Incident Management temporäre Lösungen zur Verfügung gestellt und endgültige Lösungen bekannter Fehler erarbeitet, die über das Change Management eingebracht werden.

Fehler in der IT-Infrastruktur führen zu einer oder mehreren Störungen (Incident) in den angebotenen IT-Services (Bild 10.11). Der bis dato unbekannte Grund wird als das Problem identifiziert. Lässt sich das Problem erfolgreich diagnostizieren und eine Behebung der Störung herbeiführen, so wird dieses als bekannter Fehler (Known Error) eingestuft. Mit der Identifikation kann eine Änderung des betroffenen Systems angestoßen werden (Request for Change), um so die zugrunde liegenden Ursachen strukturell zu beheben.

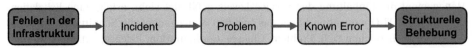

Bild 10.11 Von der Störung über das Problem zum RFC

Aufgabe des Problem Managements ist somit die Bearbeitung aller Ausfälle von IT-Services unter dem speziellen Gesichtspunkt der Identifizierung der zugrunde liegenden Ursachen. Dazu gehören neben dem Second-Level- und Third-Level-Support für IT-Services auch die Wiederherstellung von IT-Services (Incident Support), das Ermitteln der Ursache von Störungen (Problem Control) sowie die Behebung von Problemen (Error Control) und ggf. eine Formulierung von Änderungsanforderungen (RFC). Zentrales Ziel ist die Unterstützung der Einhaltung der vereinbarten Serviceziele. Dies soll einerseits durch die Minimierung der Auswirkungen von Incidents erreicht werden, andererseits soll durch proaktive Ermittlung und Behebung der Ursachen von Ereignissen Problemen vorgebeugt oder Probleme sollen ganz vermieden werden.

 Ihr Ziel sollte es sein, 80 bis 90 % der gemeldeten Vorfälle im Bereich des Incident Managements über Wissensdatenbanken u. ä. lösen zu können. Nur max. 10 bis 20 % der Fälle sollten an das Problem Management weitergeleitet werden.

Die Aktivitäten des *Problem Controls* konzentrieren sich auf die Ermittlung der Ursache von Störungen und deren Auswirkungen auf die betroffenen Komponenten und Geschäftsprozesse. Mit der Verfügbarkeit von anwendbaren Problemlösungsanweisungen kann das Incident Management effektiv und frühzeitig eine gemeldete Störung beheben. Im Laufe eines IT-Betriebs werden eher selten neuartige Störungen über das Service Desk gemeldet. Typischerweise stellen sich schnell bekannte, wiederkehrende Störungsbilder ein. Eine Grundlage für die Effizienzsteigerung im Incident Management bilden die Analyse der Störungen und die Bereitstellung von empfohlenen Vorgehensweisen.

Die Aktivitäten des *Error Controls* umfassen die zielgerichtete Behandlung bekannter Fehler. Dies kann von einfachen Fehlerbehebungsroutinen bis hin zum Anstoß eines Change-Management-Prozesses reichen.

Mit der *Bewertung des Fehlers* wird die Grundlage für die weitere Planung der Fehlerbehebung gelegt. Hier kann entschieden werden, ob aufgrund der Dringlichkeit eine kurzfristige Lösung vorab (Hotfix) herausgebracht wird, ob die Behebung des Fehlers in die weitere Release-Planung mit aufgenommen wird oder – auch das kann eine legitime Entscheidung sein – ob man den Fehler als solchen belässt und er mit seinem Workaround bestehen bleibt.

10.3.1.4 Service Desk

> „Der Zweck der Service-Desk-Praxis besteht darin, die Nachfrage nach Störungsbehebung und Serviceanfragen zu erfassen. Es sollte auch der Einstiegs- und zentrale Ansprechpartner für den Diensteanbieter mit allen Benutzern sein."

Beim *Service Desk* handelt es sich um eine elementare Funktion des IT-Servicemanagements nach ITIL. Das Service Desk bildet den zentralen Anlauf- und Kontaktpunkt für alle Kundenfragen. Die kommunikativen Aufgaben beschränken sich nicht ausschließlich auf Support-Dienstleistungen und Fehleraufnahme. Das Service Desk bildet als das „Gesicht der IT" die universelle Schnittstelle zum Anwender und hält ihn auf dem Laufenden (Bild 10.12).

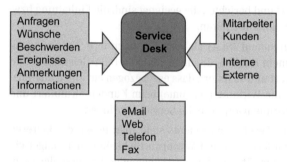

Bild 10.12
Das Service Desk –
One Face to the Customer

Hier werden Kundenkontakte über unterschiedliche Kanäle aufgenommen, strukturiert und einer Weiterbearbeitung zugeführt. Es dient als zentrale Informationsstelle zwischen Kunden, internen Serviceorganisationen und externen Providern. Ihm obliegt auch die Koordination der nachfolgenden Supporteinheiten.

Zu den Aufgaben des Service Desk zählen in Verbindung mit dem Incident Management das Registrieren und Nachverfolgen von Störungsmeldungen und eine erste Prüfung eingegangener Meldungen. Je nach vereinbarten Service Levels wird die weitere Bearbeitung angestoßen. Während der Bearbeitung erfolgt am Service Desk auch die Information des Kunden bezüglich des Status und Fortschritts seiner Anfragen.

Weil das Service Desk in der Kommunikation mit dem Kunden eine zentrale Rolle einnimmt, ist es zudem prädestiniert zur Überwachung der Einhaltung von Service Level Agreements. Bei Nichteinhaltung (oder bereits bei der Gefahr) nimmt das Service Desk die Rolle des Initiators für geeignete Gegenmaßnahmen und Eskalationsschritte wahr.

Nutzen Sie die initiale Kommunikationsmöglichkeit mit einem Anwender schon bei der Kontaktaufnahme und informieren Sie z. B. bereits in der Telefonwarteschlange oder auf der Fehlermeldeseite des Intranets über aktuell vorliegende bekannte Störungen, die einen größeren Teil der Anwender betreffen.

Die Einführung eines Service Desk bringt neben einem verbesserten Kundenservice und dadurch erhöhter Kundenzufriedenheit vor allem eine schnellere und qualitativ hochwertigere Abwicklung von Kundenanfragen.

10.3.1.5 Service Level Management

„Der Zweck der Service-Level-Management-Praxis besteht darin, klare, geschäftsbezogene Ziele für Service Levels festzulegen und sicherzustellen, dass die Erbringung von Services ordnungsgemäß bewertet, überwacht und anhand dieser Ziele verwaltet wird."

Während das Service Desk die zentrale Anlaufstelle für Kundenanfragen im laufenden Betrieb darstellt und somit die Nutzer eines IT-Services anspricht, richtet sich das Service Level Management als Dienstleister im Sinne einer Kundenbeziehung auf die Kommunikation über einen IT-Service auf Managementebene.

Somit stellt die Service-Management-Praktik eine gemeinsame Sicht auf die Services und die angestrebten Service Levels mit den Kunden her. Hier werden alle relevanten Kennzahlen gesammelt, analysiert, gespeichert und berichtet, die geeignet sind, die Einhaltung bzw. Nichteinhaltung von Service Level zu dokumentieren.

Dabei fungiert ein Service Level Agreement (SLA) als eine dokumentierte Vereinbarung zwischen einem Dienstleister und einem Kunden, die die benötigten Dienstleistungen und das erwartete Service Level identifiziert und so fixiert, dass es – bezogen auf einen abgrenzbaren Service – die Erwartungen an die Wirkung (Outcome) beim Kunden formuliert und nicht ein Maß für die abgegebene Leistung (Output) beim Service-Erbringer.

Den wesentlichen Nutzen des Service Level Managements stellt hier, neben der klareren Vorstellung der wechselseitigen Anforderungen und Verantwortlichkeiten, der zielgerichtete Einsatz von IT-Ressourcen zur Unterstützung der wertschöpfenden Prozesse der Fachabteilungen dar. Über klare Dienstleistungsvereinbarungen steht sowohl der IT-Organisation als auch dem nachfragenden Kunden eine bessere Planungsgrundlage zur Verfügung.

Beginnen Sie zunächst mit einer kleinen Anzahl von Service Level Agreements (SLA). Hier ist die Etablierung der neuen Art der Kundenkommunikation wichtiger als die vollständige Abdeckung des gesamten Leistungsspektrums.

Achten Sie zudem schon frühzeitig darauf, dass Sie die Leistungen des Servicekatalogs modular gestalten. So fällt es Ihnen später leichter, auf Variantenanforderungen einzugehen.

10.3.1.6 Service Request Management

„Der Zweck der Service-Request-Management-Praktik besteht darin, die vereinbarte Qualität eines Service zu unterstützen, indem alle vordefinierten, benutzerinitiierten Serviceanfragen effektiv und benutzerfreundlich behandelt werden."

Hier trifft ITIL eine wesentliche Unterscheidung, indem es definiert, dass es sich bei Serviceanfragen (Service Requests) um einen normalen Bestandteil der Servicebereitstellung handelt, nicht etwa gleichzusetzen mit einem Ausfall oder einer Verschlechterung des Services, die als Vorfälle (Incidents) behandelt werden. D. h. Service Requests sind Anfragen von Nutzern, die keine Störung des IT-Betriebs darstellen. Fachlich finden sich hier Anfragen wie Aufstockung eines Speicherplatz-Quota, Rücksetzen eines Passworts oder Austausch/Aufrüstung eines Teils der persönlichen IT-Arbeitsplatzumgebung (z. B. 20"-Monitor anstelle eines 15"-Monitors).

Ein typischer Fehler ist hier, die eingehenden Service Requests, wie empfangen, auf jeden Fall auch als Service-Anfrage zu behandeln. Hier sollte vielmehr darauf geachtet werden, ob die eingehenden Anfragen eher die Änderung eines vereinbarten Verhaltens (Change) darstellen oder ob es sich vielmehr bei der Anfrage um die Meldung eines Incidents denn der Anfrage einer Standardaktion des IT-Servicemanagements handelt.

Das Service Request Management ist die Praktik, welche prädestiniert ist für eine Automatisierung. Serviceanfragen sind typischerweise vordefiniert und vorab vereinbart. D. h. sie können in der Regel mit klaren, standardisierten Verfahren formalisiert werden. Nutzen Sie die Gelegenheit und schöpfen sie hier so weit wie möglich die Vorzüge eines Self-Service aus. Jeder Personentag, der nicht in die Bearbeitung von Service Requests geht, kann im Bereich der Incident- und Problem-Management-Praktiken wertvollere Dienste erbringen.

10.3.1.7 Weitergehende Servicemanagement-Praktiken

Die bisher vorgestellten sechs Servicemanagement-Praktiken haben sich mittlerweile quasi als das „Starterset" in ein ITIL-basiertes Servicemanagement etabliert. Sprich, wenn eine Organisation in die Einführung eines ITIL-konformen IT-Servicemanagement investiert, dann bilden diese sechs Praktiken typischerweise den Nukleus der zuerst umgesetzten Praktiken. Darüber hinaus finden sich in ITIL zum Bereich der Servicemanagement-Praktiken:

IT Asset Management

Diese Praktik befasst sich mit der Verwaltung, dem Schutz und dem Einsatz „jeder finanziell wertvollen Komponente, die zur Bereitstellung eines IT-Produkts oder einer IT-Dienstleistung beitragen kann" [ACE19]. Die so aufgestellte IT-Vermögensverwaltung begleitet die jeweiligen Assets durch ihren gesamten Lebenszyklus und hilft (in Anlehnung an [ACE19],

- den Wert für ein Unternehmen zu maximieren,
- die damit verbundenen Kosten und Risiken zu kontrollieren,
- bei Kauf, Wiederverwendung, Stilllegung und Veräußerung von Vermögenswerten,
- bei der Erfüllung von gesetzlichen oder vertraglichen Vorgaben/Restriktionen.

Der Begriff des IT-Assets ist in ITIL sehr weit gefasst und betrachtet neben den klassischen Hard- und Software-Komponenten auch Cloud-Dienste, Methoden/Vorgehensweisen (z. B. zum Tailoring anderer Assets).

Die Einführung und der aktive Betrieb eines Software-Asset-Managements hilft, Transparenz in die Kosten des Software-Portfolios und dessen tatsächliche Nutzung zu bekommen.

Monitor and Event Management

Ein Event ist ein entdeckbares oder erkennbares Ereignis, das Bedeutung für die IT-Infrastruktur oder die Übergabe von IT-Services besitzt und das die Ursache für die Auslösung einer Evaluation auf Grund einer Abweichung eines Services ist. Event Management bedeutet, Events und ihren Sinn zu erkennen sowie die geeigneten Prüfaktionen zu veranlassen [OSO07, ACE19]. In früheren ITIL-Versionen noch im Incident Management angesiedelt, wird diese Praktik nun eigenständig ausgeprägt, da

- zum einen die wachsende Dezentralität und Komplexität der Dienstleistungserbringung auch deren Überwachung immer komplexer werden lässt und
- zum anderen die Auswahl und Fokussierung auf Ereignisse, die relevante Aussagen über Erfolg und Probleme beim Wertbeitrag der Services liefern, beim Füllen der potenziell monitorbaren Ereignisse einen substantiellen Einfluss auf die Last und die Gefahr der Verschleierung/Maskierung von kritischen Ereignissen hat.

Das Thema DSGVO ist mittlerweile im Bewusstsein aller, die neue Anwendungen/Dienstleistungen entwickeln, und wird bei den Produktivdaten der Services weitestgehend berücksichtigt. Es ist aber auch empfehlenswert, sich unter dem DSGVO-Blickwinkel Monitoring-Daten insbesondere älterer Anwendungen anzuschauen und ggfs. nach dem Prinzip der Datensparsamkeit den aktuellen Anforderungen anzupassen.

Release Management

Das Ziel des Release Managements ist die Verwaltung von autorisierter Hard- und Software, die Freigabe der jeweiligen Stände sowie deren Verteilung und Inbetriebnahme. Somit ist das Release Management verantwortlich für Planung, Entwurf, Erstellung, Konfiguration und Test von Release-Komponenten, das Zusammenstellen der Komponenten zu Releases sowie die Planung, Vorbereitung und Durchführung der Rollouts.

Die stetig steigenden Abhängigkeiten zwischen verschiedenen Softwareversionen bewirken, dass Änderungen nicht mehr isoliert durchgeführt werden können. Um die Ausfallzeiten und Risiken bei anstehenden Änderungen zu minimieren, werden Änderungsmaßnahmen gebündelt. Nach ITIL bezeichnet der Begriff „Release" hierbei einen oder mehrere autorisierte Änderungsmaßnahmen an bestehenden IT-Services und kann aus einer Kombination von Hardware, Software, Firmware bzw. Dokumentation bestehen.

War bisher, bei einer weitestgehend eigenen Entwicklung von Dienstleistungen (im Wasserfall-Ansatz), der Schwerpunkt des Release Management auf der Befolgung eines stabilen, standardisierten Prozesses, welcher in größeren Abständen die Inbetriebnahme von größeren Änderungspaketen zum Ziel hatte, so erfährt diese Praktik zunehmend neue Herausforderungen und fordert neu zu erwerbende Fähigkeiten. Durch den Einzug der DevOps-Philosophie verändern sich sowohl Größe als auch Frequenz von auszubringenden Änderungen bis hin zu kontinuierlicher Integration und Deployment. Mit der Verwendung und Integration von Cloud-basierten Diensten wandelt sich die Release-Koordination weg von einer reinen Inhouse-Kommunikation hin zu einer unternehmensübergreifenden Abstimmung.

Service Configuration Management

Ziel des Configuration Managements ist die Unterstützung anderer ITIL-Disziplinen durch die Bereitstellung eines möglichst detaillierten Modells der IT-Infrastruktur. Die für das IT-Servicemanagement notwendigen Informationen über die eingesetzten Elemente werden vom Configuration Management bereitgestellt. Alle Komponenten werden durch Configuration Items (CI) – mittels Kategorien, Attributen, gegenseitigen Beziehungen, Status etc. – erfasst und in einer Configuration-Management-Datenbank (CMDB) gesammelt. Dem Configuration Management fällt damit eine zentrale Rolle im kommunikativen und informativen Zusammenspiel der einzelnen Prozesse zu.

In der Configuration-Management-Datenbank sind ständig aktuelle und historische Informationen über die Configuration Items verfügbar. Sie bildet damit die Grundlage für wirtschaftliche IT-Dienstleistungen, Verbesserung der Servicequalität und Kontrolle über die eingesetzten IT-Vermögenswerte. Gleichzeitig ist dies auch die Basis für die Kosten- und Leistungsverrechnung innerhalb des Service Level Managements.

Der wesentliche Nutzen des Configuration Managements liegt in der Effektivitätssteigerung der anderen Prozesse. Neben der Grundlage für Bestands-/Planungsdaten und der effizienteren Verwaltung der eingesetzten IT-Ressourcen kann so eine verbesserte Überwachung und Kontrolle der eingesetzten Vermögenswerte erfolgen.

Der geeignete Ausgangspunkt für den sukzessiven Ausbau einer gut organisierten Configuration-Management-Datenbank kann eine Dokumentation aller IT-Assets (Hardware, Software, Lizenzen) sein.

Für den weiteren Verlauf und eine erfolgreiche Einführung ist es von wesentlicher Bedeutung, dass Sie hierbei den richtigen Detaillierungsgrad definieren.

Availability Management

Mit der zunehmenden Abhängigkeit der wertschöpfenden Geschäftsprozesse von IT-Dienstleistungen einerseits, aber auch der größer werdenden Komplexität der IT-Systeme andererseits schlagen Serviceausfälle immer deutlicher „spürbar" auf die täglichen Arbeitsabläufe der Fachabteilungen durch. Der Ausfall des Produktionsfaktors „Information" führt häufig bis zur Unterbrechung des eigentlichen Produktionsablaufs.

Das Ziel des Availability Managements ist deshalb, für die zugesicherte Verfügbarkeit der angebotenen IT-Services für den Kunden, entsprechend den vereinbarten Kriterien eines

SLA, zu sorgen. Damit sollen die IT-Services des Kunden immer dann sicher zur Verfügung stehen, wenn sie im Rahmen der Geschäftstätigkeit benötigt werden, sodass aus der IT-Infrastruktur und den Dienstleistungen ein maximaler Nutzen gezogen werden kann.

Für den Benutzer ist lediglich die Verfügbarkeit eines IT-Services wahrnehmbar. Für die IT-Organisation drückt sich dies in Zuverlässigkeit und Wartbarkeit der Dienste bzw. in der Servicefähigkeit der externen Partner aus. Die Verfügbarkeit kann damit anhand von Zeiträumen zwischen zwei Ereignissen dargestellt werden. So ergibt sich:

- *Mean Time between System Incidents*, der mittlere Abstand zwischen zwei Störungen als Maß für die Zuverlässigkeit
- *Mean Time to Repair*, die durchschnittliche Reparaturdauer als Maß der Wartbarkeit
- *Mean Time between Failure*, die mittlere Zeit zwischen zwei Ausfällen als Maß für die Verfügbarkeit

Availability Management bedeutet demnach die systematische Durchführung aller präventiven und korrigierenden Maßnahmen an den betreuten IT-Services.

Ziel des Availability Managements ist nicht die Erreichung von Hochverfügbarkeit in allen Segmenten. Vielmehr geht es darum, ein sinnvolles Verhältnis zwischen Aufwand und Kosten der vorgehaltenen Maßnahmen und den Kosten der Nicht-Verfügbarkeit von IT-Services herzustellen.

Business Analysis

Neu im Kanon der ITIL-Praktiken ist der Bereich der Geschäfts-(Prozess-)Analyse. Dies folgt aus der konsequenten Orientierung der Services am Wertbeitrag. Ohne ein Verständnis der zu unterstützenden Prozesse kann eine zielgerichtete Förderung des Wertbeitrags nicht stattfinden.

Grundlage der Arbeiten bildet die Analyse von Geschäftssystemen, Prozessen, Diensten und Architekturen. Ausgehend davon können dann weitergehend Innovationsmöglichkeiten identifiziert und Maßnahmen zur Verbesserung abgeleitet und priorisiert werden.

Capacity and Performance Management

Sorgt das Availability Management für die Verfügbarkeit, so beschäftigt sich das Capacity Management (Kapazitätsmanagement) mit der Bereitstellung und Steuerung der angemessenen Menge an „informationsverarbeitenden" Ressourcen und des bestmöglichen Einsatzes dieser Kapazität.

Das Capacity Management erfüllt hier zwei wesentliche Aufgaben. Einerseits muss es den Ausgleich zwischen angebotener und nachgefragter Kapazität herstellen und langfristig aufrechterhalten. Auf der anderen Seite müssen die Forderungen nach zusätzlichen Kapazitäten auch gegen den tatsächlichen Geschäftsnutzen und die entstehenden Kosten abgewogen werden. Die Nachfrage nach IT-Ressourcen basiert auf der Vereinbarung von IT-Service-Levels mit den Kunden. Der Aspekt des **Bedarfsmanagement** fokussiert darauf, die zukünftige Entwicklung der Geschäftsanforderungen an IT-Services zu analysieren, etwaige Trends zu erkennen und die vorausschauende Kapazitätsentwicklung zu skizzieren. Das **Auslastungsmanagement** sorgt für die Dimensionierung der Ressourcen, sodass, gemäß den vereinbarten Leistungsparametern für die aktuell aktiven IT-Services, die notwendige Ausführungskapazität zur Verfügung steht.

Das Capacity Management ermöglicht die wirtschaftliche Ressourcennutzung. Darüber hinaus steht neben der Sicherstellung von Performance und Durchsatz die Absicherung gegenüber „bösen Überraschungen" durch Engpässe mittels einer vorausschauenden Planung (z. B. Berücksichtigung der saisonal bedingten vermehrten Nutzung von Reporting-Services am Jahresende) im Vordergrund.

 Ein sauber geführtes, proaktives Kapazitätsmanagement hilft, „teure" Reaktionen auf nicht erwartete Ereignisse zu reduzieren.

Service Catalog Management

Der Kern des Servicekatalog-Managements besteht darin, „eine einzige Quelle konsistenter Informationen zu allen Services und Serviceangeboten bereitzustellen und sicherzustellen, dass diese für die relevante Zielgruppe verfügbar sind" [ACE19].

Für den Nutzer und Nachfrager von IT-Dienstleistung gibt der Servicekatalog den Leistungsumfang und das für ihn geltende Angebot wieder. Eine interne Sicht kann dies ergänzen um zugesicherte Service Levels, vereinbarte Kontingente/Preise.

Service Continuity Management

IT ist mittlerweile elementarer Bestandteil vieler angebotener Produkte und Dienstleistungen. Ein schwerwiegender Ausfall der IT ist somit nicht mehr nur ein rein technisches Problem, sondern hat relevante finanzielle Auswirkungen bis hin zur Existenzgefährdung bei rein digitalen Produkten.

In der Definition nach ITIL [ACE19] ist das Ziel dieser Praktik, „sicherzustellen, dass die Verfügbarkeit und Leistung eines Services im Katastrophenfall auf einem ausreichenden Niveau bleibt". Wichtig hierbei ist die Abgrenzung des Katastrophen-Begriffs von dem Bereich des Incident/Problem Managements. Zum einen ermöglicht dies anders geartete Reaktionsformen (z. B. Außenkommunikation, PR, ...). Zum anderen entlastet es die Mitarbeiter des Incident Managements von der Notwendigkeit, mit schwerwiegenden Systemausfällen umgehen zu können.

Service Design

Produkte und Dienstleistungen, die sich nicht an den relevanten Kundenbedürfnissen orientieren oder auch nicht geeignet sind, die gemeinsame Wertschöpfung zu erleichtern, werden vom Markt nur schwerlich akzeptiert. Der Zweck des Service Designs ist es daher, „Produkte und Dienstleistungen so zu entwickeln, dass sie für den Zweck geeignet sind, gebrauchstauglich sind und welche auch von der Organisation und ihrem Ökosystem erbracht werden können" [ACE19].

Seit der Veröffentlichung der letzten Version von ITIL ist die Bedeutung des Kundenerlebnisses und des Benutzererlebnisse deutlich gewachsen. Disziplinen wie Design Thinking, Service Blueprinting und Agile Entwicklung greifen diesen Blickwinkel auf. Sie verfolgen einen iterativen und inkrementellen Ansatz für das Service-Design, sodass sich Produkte und Services immer wieder an die Entwicklung der Organisations- und Kundenanforderungen adaptieren lassen.

Service Validation and Testing

Richtet sich das Service-Verständnis von ITIL zunehmend auf den Wertbeitrag und dessen Kundenwahrnehmung, so ergibt sich hieraus auch die Notwendigkeit, einen qualitativ abgesicherten und den vereinbarten Erwartungen gemäßen Service an den Kunden auszuliefern. Dieses abzusichern ist die Aufgabe dieser Praktik. Hierzu werden Akzeptanzkriterien für die Bereitstellung und das Release-Management abgestimmt. Diese betreffen den Nutzen und die Gewährleistung und müssen auf den Kundenanforderungen basieren. Aufgabe des Tests ist es dann, die Erfüllung der Akzeptanzkriterien, basierend auf der Teststrategie der Organisation, nachzuweisen.

10.3.2 Generelle Managementpraktiken

Die Gruppe der generellen Managementpraktiken umfasst in ITIL v4 all die, welche im Übergang zwischen der Kern-IT-Organisation und den angrenzenden Organisationsteilen des Gesamtunternehmens ihren Schwerpunkt finden. Eine scharfe Abtrennung von diesen wird zunehmend schwerer; denkt man an hybride IT-/Dienstleistungsprodukte, embedded Software in Hardware-Produkten oder den zunehmenden Anteil an Steuer- und Management-Software in Konsumgütern.

Nachfolgend soll dies nun jeweils kurz charakterisiert werden.

Continual Improvement

Richtet sich die Praktik „Business Analysis" mit einem Blick nach außen auf den Geschäftszweck und die Prozesse des Kunden und optimiert die Services darauf, so richtet sich der Blick dieser Praktik nach innen auf die Organisation der Service-Erstellung/-Erbringung und sucht nach Ansatzpunkten zur Optimierung dieser. Hier steht die Anpassung an sich ändernde Geschäftsanforderungen im Vordergrund.

Information Security Management

Der Fokus dieser Praktik ist all die „Informationen zu schützen, die von der Organisation für die Führung ihrer Geschäfte benötigt werden". Dabei durchdringen die Effekte nahezu alle Bereiche einer Organisation; von eher technischen, IT-lastigen Aspekten, wie Passwortmanagement, über personelle, wie Rollen, Berechtigungen und Verantwortungen bis hin zu infrastrukturellen, wie Zutrittsregulierungen und Überwachungen.

Relationship Management

Technisch hochwertige Services anzubieten, die die aktuell formulierten Kundenbedürfnisse treffen, ist die notwenige Aufgabe, in Bezug auf eine intakte Kundenbeziehung. Insbesondere, wenn diese Beziehung eher die Qualität einer Partnerschaft hat, ist eine aktive Kundenpflege von ähnlicher Bedeutung. Dies umfasst sowohl Verbindungen zwischen dem Unternehmen als auch seiner Interessengruppen auf strategischer und taktischer Ebene.

Supplier Management

Das Lieferantenmanagement hat zum Ziel, die Lieferanten und ihre Services so zu verwalten, dass die angestrebte Qualität durchgängig erzielt und damit sichergestellt wird, dass ein entsprechender Gegenwert für die Bezahlung geleistet wird. Mit der ITIL-Dimension „Lieferant oder Partner" kommen hier unterschiedliche Aspekte zum Tragen. So findet bei der Betreuung der Lieferanten eher das Vertragsmanagement und Verhandeln von Lieferkonditionen seine Anwendung, während die Betreuung der Partner, analog zur Kundenpflege, darauf ausgerichtet ist, „engere und kooperativere Beziehungen zu Schlüssellieferanten zu schaffen, um neue Werte zu entdecken und zu realisieren und das Risiko von Fehlern zu reduzieren" [ACE19].

Architecture Management

Die Praktik des Architecture Management ist eine derer, die in dieser Version neu zum ITIL-Kanon hinzugefügt wurden. Motivation hier war die Erkenntnis, dass bei einer – auf Mehrwert schaffen ausgerichteten – Planung und Entwicklung von Services, ein hinreichend fundiertes Wissen um die bestehende Architektur von Vorteil ist. So kann beispielsweise die Frage nach den Realisierungsoptionen eines neuen Services zur Nutzung von architektonischen Synergien führen bzw. gleichartige Bedarfe nach neuen Architekturkomponenten über unterschiedliche Service-Initiativen hinweg erkannt werden.

Im Sinne der Praktiken okkupiert ITIL hier nicht das gesamte Unternehmensarchitekturmanagement für sich, sondern fordert vielmehr nur, dass im IT-Servicemanagement die Fähigkeit hierzu vorhanden und ausgeprägt sein muss.

Knowledge Management

Der Entwurf, Entwicklung, Betrieb und die Betreuung von IT-Dienstleistungen sind Arbeitsfelder, die allesamt dem Bereich Wissensarbeit zugeordnet werden (im Vergleich zu z.B. repetitiven Arbeiten in der Massenproduktion von Toaster). Nur folgerichtig fordert ITIL mit der Praktik Knowledge Management, dass entsprechende Fähigkeiten in einer Service Organisation vorhanden sein sollten. Hierbei geht es nicht um die Errichtung eines allumfassenden monolithischen Systems, sondern vielmehr um die Schaffung eines Bewusstseins für den immateriellen Vermögenswert Wissen. Ziel ist es, „die effektive, effiziente und bequeme Nutzung von Informationen und Wissen im gesamten Unternehmen aufrechtzuerhalten und zu verbessern" [ACE19].

Measurement & Reporting

IT-Servicemanagement mit seinem Zyklus aus der Schaffung, Betreuung, Anpassung und Außerbetriebnahme von IT-Services folgt – abstrakt gesehen – einem großen Deming-Zyklus (Plan-Do-Check-Act), wobei die Praktik „Measurement & Reporting" in die Phase des „Check" hineinspielt.

Entscheidend für die Trägheit bzw. Reaktionsfreudigkeit eines Steuer- und Regelkreislaufs ist die Verzögerungsdauer zwischen Eintritt eines Ereignisses, Bemerkung dessen, bis hin zum Einfließen der Reaktion in die Produktion. Ziel dieser Praktik ist es daher, einerseits die Latenz in dem Kreislauf mithilfe geeigneter Reporting-Mechanismen möglichst klein zu halten. Andererseits wird, durch die Wahl adäquater Messwerte und -verfahren, die Unsicherheit in der Steuerungsgrundlage minimiert.

Organizational Change Management

Richtet sich die Praktik Change Control an die Planung und Steuerung von Änderungen an den IT-Services, so ist abgegrenzt davon diese Praktik für die Planung, Durchsetzung und nachhaltige Betreuung von Änderungen in der Organisation zuständig; mit dem Ziel, dass „durch das Management der menschlichen Aspekte der Änderungen ein dauerhafter Nutzen erzielt wird" [ACE19]. Hierzu sind Fähigkeiten wie Akzeptanzbildung, Umgang mit Widerständen, Stakeholder-Kommunikation bis hin zu Schulungen hilfreich.

Portfolio Management

Während die meisten der ITIL-Praktiken als Objekt jeweils einen dedizierten IT-Service in Bearbeitung haben, richtet sich das Portfolio Management quasi komplementär an die übergeordnete Planung, Entwicklung und Steuerung der Gesamtschar aller IT-Services über ihren gesamten Lebenszyklus hinweg. Dies umfasst auch die frühen Bereiche der Service-Innovation ebenso wie die Außerbetriebnahme und Ablösung.

Project Management

In Ergänzung zum Portfolio Management wurde in der neuen Fassung des Frameworks auch die Praktik des Projektmanagements mit aufgenommen. Nicht, um an dieser Stelle einen Gegenentwurf zu PRINCE 2 aufzubauen (welches als Projektmanagementmethodik aus demselben Hause Axelos stammt, wie ITIL), sondern um zu verdeutlichen, dass komplexe Änderungen und Einführungen von IT-Dienstleistungen durchaus größeren Projektcharakter haben können und dementsprechend planvoll und professionell betrieben werden sollten.

Risk Management

Mit dem Risikomanagement wird das Framework um eine neue Praktik ergänzt. Die dort subsummierten Fähigkeiten sollen „die fortlaufende Nachhaltigkeit eines Unternehmens sicherzustellen und Mehrwert für seine Kunden zu schaffen" [ACE19]. Auch hier schreibt ITIL keine konkreten Risikomanagementprozesses vor, sondern verweist vielmehr darauf, dass die individuelle Ausprägung stark von Unternehmenskultur, Marktsegment und Entwicklungsstrategie abhängig ist. So kann ein junges Unternehmen, das mit einer explorativen, agilen Entwicklung ein neues Produkt am Markt platzieren will, anders bzgl. Risiken agieren, als beispielsweise ein Unternehmen, das ein Dokumentationstool für die Arzneimittelzulassung bei einer breiten Kundenbasis installiert hat.

Service Financial Management

Der wachsende Kostendruck und die Suche nach Einsparpotenzialen richten sich auch auf die IT-Organisationen der Unternehmen. Hier finden sich häufig große Kostenblöcke und nicht weiter aufgeschlüsselte Leistungen, die von der IT erbracht werden (z. B. Hardwarebeschaffung und -betreuung). Zudem verlangt die Unternehmensführung immer häufiger den Nachweis der Mehrwerte der IT für das Unternehmen (Kosten-Nutzen-Verhältnis). Das Financial Management stellt Informationen zur betriebswirtschaftlichen Planung und Steuerung der IT-Organisation zur Verfügung.

Strategy Management

Nach ITIL ist die Anforderung an die Praktik Strategiemanagement, „die Ziele der Organisation zu formulieren und die zur Erreichung dieser Ziele erforderlichen Vorgehensweisen und Ressourcen zuzuweisen." Insbesondere für das Bereitstellen von IT-Dienstleistern ist die Entwicklung und Verfolgung einer übergeordneten Strategie essenziell, da sie sonst gefährdet sind, ihr Produktportfolio ausschließlich über die Summe aller Dienstleistungsanfragen zu definieren. Bei Unternehmen mit einer derart reaktiven „Strategie" führt dieses nicht selten zu dem sprichwörtlichen „Sack voll Flöhe" im Portfolio. Mit der Strategie gibt das Unternehmen einen Entscheidungskorridor und eine Vision vor, was – oder im Umkehrschluss, was nicht – Bestandteil des gewünschten Leistungsspektrums ist. Diese Erwartungen an das Ergebnis sorgen dafür, dass nachgelagert und auf den unterschiedlichsten Ebenen folgerichtig entschieden werden kann, sodass Ressourcen, Fähigkeiten und Investitionen priorisiert werden können, um sie zu liefern.

Workforce and Talent Management

„Organisation und Menschen" steht nicht von ungefähr als zentrale Dimension in der Überblicksgrafik zu ITIL v4 (siehe Bild 10.8). Nicht die Funktion, der Prozess oder der technische Service stehen im Mittelpunkt der Betrachtung, sondern der empfundene Wert im Auge des Nutzers. Hier merkt ITIL auch zurecht an, dass ein wesentlicher Teil beim Transport des Werts zum Nutzer der Mensch in der serviceerbringenden Organisation ist (siehe Service Desk). Nur folgerichtig wurde in ITIL v4 mit Workforce & Talent Management eine neue Praktik aufgenommen, die dafür sorgt, dass „die Organisation die richtigen Mitarbeiter mit den entsprechenden Fähigkeiten und Kenntnissen und den richtigen Rollen zur Unterstützung ihrer Geschäftsziele hat".

10.3.3 Technische Managementpraktiken

Deployment Management

Während das Release Management, aufgrund des stark fachlichen Kontextes der zu treffenden Entscheidungen den Servicemanagement-Praktiken zugesprochen wurde, findet sich davon abgegrenzt das Deployment Management bei den originär technischen Praktiken. Hierbei geht es um den technisch dispositären Anteil der Bereitstellung einer IT-Dienstleistung. Einmal vom Release Management für die Nutzung freigegeben, gilt es hier, den Service faktisch ins Feld zu bringen. Je nach Art und Wesen der Dienstleistung kann dies von puren Software-Verteilungen (z. B. Windows-Programme) über koordinierte Bereitstellung von Backend-Services mit korrespondierenden Frontend-Apps in unterschiedlichen App Stores je Betriebssystem bis hin zum vorgelagerten Ausrollen von notwendigen Hardware-Komponenten (ggf. inkl. Technikereinsatz vor Ort) oder Abschaltung von Großindustrieanlagen zur Aktualisierung von deren Steuereinheit reichen.

Infrastructure and Platform Management

Aufgabe dieser Praktik ist es, die von einer Organisation verwendete Infrastruktur und Plattform zu überwachen. War es noch zu Zeiten klassischer Drei-Schicht-Architekturen eine gut abgrenzbare Aufgabe und die zu überwachenden Systeme meist zentral in einem

Rechenzentrum angesiedelt, so erwächst aus der heutigen verteilten Landschaft von physischen und virtuellen Technologieressourcen eine komplexe Aufgabenstellung. Hinzu kommt durch Cloud- und „as a Service"-Dienste, dass Teile der Infrastruktur nur temporär im Portfolio stehen und nur bedingt überwachbar sind. Jedoch erwachsen aus einem organisierten Infrastrukturmanagement auch durchaus Handlungsoptionen für die Bereitstellung von IT-Dienstleistungen (z. B. Einbinden und Skalieren zusätzlicher Rechenleistung und Speichervolumina entsprechend saisonaler Spitzen).

Software Development and Management

ITIL beschreibt seit nunmehr 30 Jahren Wesen und Organisation des IT-Servicemanagements, dennoch wurden bisher die Praktiken und Fähigkeiten zur Erstellung eben jener aus der Betrachtung ausgeklammert. Mit der aktuellen Fassung ändert sich dies nun. Auch hier ist ausschlaggebend, dass der aktuelle Wandel und sich verbreitende Entwicklungsmethodiken einen relevanten Einfluss auf das Gebiet des IT-Servicemanagements haben. So interagiert ein agil entwickelndes Unternehmen fundamental anders mit einem Kunden als ein Unternehmen, das einen vergleichbaren IT-Service in klassischer Wasserfall-Manie herstellt. Unabhängig von der gewählten Methodik ist es für das IT-Servicemanagement jedoch wichtig, hier über hinreichende Fähigkeiten zu verfügen, sodass „Anwendungen den internen und externen Anforderungen der Stakeholder in Bezug auf Funktionalität, Zuverlässigkeit, Wartbarkeit, Compliance und Überprüfbarkeit entsprechen".

10.4 Fahrplan zu einem optimalen IT-Servicemanagement

Es gibt nichts Sinnloseres als das effizient zu tun, was gar nicht getan werden müsste.
Peter Drucker

Nachdem in den vorhergehenden Abschnitten die Konzepte zum IT-Servicemanagement beschrieben wurden, geht es nun um die Einführung. Zwei Fragen stehen im Mittelpunkt: Welche Faktoren beeinflussen die Einführung und wie sollte sie erfolgen? Abgerundet wird das Kapitel durch praktische Beispiele.

Die Anwendung von IT-Servicemanagement in einem Unternehmen führt einerseits in der Regel zu einer organisatorischen und zu einer Verhaltensänderung des IT-Bereichs und andererseits zu einer anderen Wahrnehmung und Verbindlichkeit bei den Fachabteilungen. Bei der Umsetzung der organisatorischen Anpassungserfordernisse im IT-Betrieb gibt es verschiedene Ansätze wie z. B. ITIL, MOF, COBIT, die in Kapitel 10.2 bereits angesprochen wurden (vgl. auch [Boc10, S. 13 ff.]).

Im IT-Bereich müssen Zuordnungen entsprechend dem gewählten Konzept verändert und neu aufgebaut werden. Das heißt, die Struktur des Bereichs verändert sich, um auch die einzuführenden *Servicemanagementprozesse* entsprechend den aufgestellten *Service Level Agreements* bearbeiten zu können. Außerdem wird das Verständnis des IT-Bereichs, ein interner Dienstleister zu sein und auch als dieser aufzutreten, gestärkt. Dienstleistungen werden transparent, nachvollziehbar und besser planbar.

Auch bei den Fachabteilungen ergibt sich eine veränderte Sichtweise. Da die Leistungen der IT-Abteilung nun definiert vorgegeben sind, können die Fachabteilungen leichter planen. Der Dienstleistungscharakter der IT-Abteilung wird spürbarer und die Einstellung zur IT verändert sich damit in der Regel. Die Veränderungen in den neuen Ansätzen von IT-Servicemanagement, hin zu einer stärkeren Wertorientierung und dem damit verbundenen Wertschöpfungskettendenken, sehen die Erhöhung des Nutzens für interne und externe Kunden im Vordergrund.

Wie schnell sich Änderungen ergeben, das Neue angenommen wird und welche positiven oder negativen Auswirkungen IT-Servicemanagement hat, hängt von der Art der Einführung ab, die durch verschiedene Faktoren beeinflussbar ist.

10.4.1 Kritische Erfolgsfaktoren für die Einführung

Bevor wir die *kritischen Erfolgsfaktoren* (KEF) für die Einführung von IT-Services und IT-Servicemanagement darstellen, wollen wir den Begriff KEF folgendermaßen definieren: „Als kritische Erfolgsfaktoren bezeichnet man dabei im Allgemeinen solche Erfolgsfaktoren, die zwingend oder ganz dringend erfüllt sein müssen, um die gesetzten Unternehmensziele (die damit vor Bestimmung der Erfolgsfaktoren festgelegt sein müssen) erreichen zu können" [Roc82 S. 4].

Im Rahmen der Einführung von IT-Services und IT-Servicemanagement ergeben sich die in Bild 10.17 dargestellten kritischen Erfolgsfaktoren, die wir in den folgenden Abschnitten näher beschreiben.

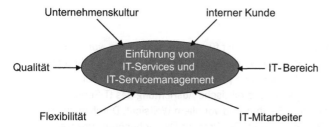

Bild 10.13 Kritische Erfolgsfaktoren für die Einführung von IT-Servicemanagement und IT-Services

Jeder kritische Erfolgsfaktor muss bei der Einführung entsprechend berücksichtigt werden. Ob eine Einführung nun positiv oder negativ endet, hängt ganz wesentlich von der Beachtung der Randbedingungen und einer guten Planung ab. Eine wichtige Rolle spielt auch der Faktor Zeit. Eine Einführung unter Zeitdruck führt automatisch dazu, dass die Sorgfalt im Bereich der anderen Faktoren geringer wird und sich damit fast automatisch Probleme einstellen.

Im nächsten Abschnitt soll nun eine Vorgehensweise aufgezeigt werden, wie eine Einführung sinnvollerweise geplant, vorbereitet und durchgeführt werden kann.

10.4.2 Einführung von IT-Servicemanagement – eine Vorgehensweise

Bei der Einführung von IT-Servicemanagement, z. B. in Form von ITIL oder MOF, sind eine Reihe von Aspekten zu beachten, sowohl was die Einführung als Ganzes als auch die der einzelnen Bereiche betrifft (siehe auch [Els05, S. 192]).

Um ein Servicemanagement in seinem gewollten Umfang zu installieren, ist zuerst der *Leistungsumfang* des IT-Bereichs festzulegen. Danach sind die *Services* im Kundenumfeld zu verhandeln, anschließend die benötigten *Supportprozesse* einzuführen und abschließend die *Controlling-Mechanismen* einzurichten [ViG05, S. 91 ff.]. Die Controlling-Mechanismen und die Verrechnung der Services sind Thema von Abschnitt 10.5.

Der Leistungsumfang der IT ist dabei bei den neueren Ansätzen in engem Zusammenhang mit der Wertorientierung und damit der Ausrichtung auf den Mehrwert für interne und externe Kunden sowie der Vermeidung eines Wertverlusts zu sehen. Die Erzielung der Mehrwerte benötigt eine Servicemanagement-Ausprägung, die die IT aufbauen muss.

Daher stehen bei der Einführung eines IT-Servicemanagements nach ITIL 4 die Praktiken und damit neben den neu entstehenden Prozessen vor allem notwendige Änderungen bestehender Organisations- und Prozessstrukturen im Mittelpunkt.

Dies führt wie bei jedem Prozessmanagementprojekt (vgl. [SpW08]) zur Einführung von prozessspezifischen Rollen wie die des *Process Owners,* des *Process Managers* und die des *Service Managers*. Der Service Manager stellt dabei den Gesamtverantwortlichen für das IT-Servicemanagement dar. Der Process Owner trägt die Ergebnisverantwortung für den Prozess und damit für dessen Zweckmäßigkeit. Der Process Manager ist für das operative Management (Planung, Koordination, Monitoring und Berichterstattung) des entsprechenden Prozesses oder Teilprozesses zuständig (vgl. [BVGM07, S. 26 und S. 230 f.] und [BVGM08, S. 155 ff.]).

Praxistipp:

Die Besetzung der einzelnen Positionen ist für den stetigen Erfolg, vor allem im Sinne von ITIL, von großer Bedeutung. Als Service Manager ist ein erfahrener Manager auszuwählen, der kunden- und prozessaffin ist. Außerdem sollte er in der Lage sein, die strategische und taktische Ausrichtung des IT-Servicemanagements zu bestimmen. Bei ihm sind vor allem Weitsicht, Durchsetzungs- und Kommunikationsfähigkeit gefragt. Der Process Owner benötigt Prozesserfahrung und sollte ein anerkannter Mitarbeiter ohne Konfliktpotenzial sein. Der Process Manager sollte seinen (Teil-)Prozess kennen und mit den Beteiligten umgehen können. Für die letzten beiden beschriebenen Positionen sollten keine Unternehmensneulinge eingesetzt werden. Mindestens zwei Jahre Betriebszugehörigkeit sind anzuraten.

Am besten sollte das Einführungsprojekt mit einem Change-Management-Projekt verbunden werden. Wie bei jedem Change-Management-Projekt im Bereich der Aufbau- und Ablauforganisation sind zunächst die Ziele genau zu definieren und andererseits die Ist-Situation aufzunehmen, um das Ergebnis mit der Ausgangssituation vergleichen zu können.

Um die Ziele definieren zu können, müssen die Fragen nach dem „Was", dem „Wer", dem „Wie" und dem „Wann" beantwortet werden.

10.4.2.1 Komplett- oder Teileinführung

Bei der Frage nach dem „Was" geht es um die Überlegung, ob es eine Kompletteinführung oder eine Teileinführung (Einführung eines einzelnen Prozesses oder ausgewählter Prozesse) geben soll, bezogen auf das gesamte Unternehmen, einzelne Geschäftsprozesse oder einzelne Organisationseinheiten. Bei jeder Art der Einführung sind Spezifika zu beachten [EgH04, S. 16]. Bei ITIL 4 sind anstelle der Prozesse vordringlich die Praktiken zu betrachten, die Prozesse beinhalten können.

Bei ITIL 3/ITIL® 2011 bedingt die Teileinführung die Auswahl einzelner Prozesse oder eines einzelnen Prozesses, sie kann nach den gleichen Kriterien, wie die Auswahl der Reihenfolge bei einer Kompletteinführung erfolgt, durchgeführt werden. Eine Kompletteinführung bedeutet, dass alle Prozesse zu einem bestimmten Zeitpunkt oder innerhalb eines definierten, nicht zu langen Zeitraums eingeführt werden. Sie kann für das ganze Unternehmen, einzelne Geschäftsprozesse oder nur bezogen auf eine Organisationseinheit erfolgen. In jedem Fall muss ein Gesamtkonzept geschaffen werden, das die kompletten Prozesse von z. B. ITIL umfasst. Darin ist die Reihenfolge der Einführung der einzelnen Bereiche und Prozesse festzulegen [Som04, S. 42], vgl. auch [itS07, S. 138 ff.].

Die Einführungsgröße bei ITIL 4 ist abhängig von der Anzahl der Praktiken, die zur Erzielung der Wertschöpfung notwendig sind.

10.4.2.2 Projektorganisation und Projektteam

Nachdem die Frage nach Einführungsumfang und -art geklärt ist, ergibt sich die Frage, wer das IT-Servicemanagement einführt. Bild 10.14 zeigt, wie Projektorganisation und Projektteam aussehen sollen.

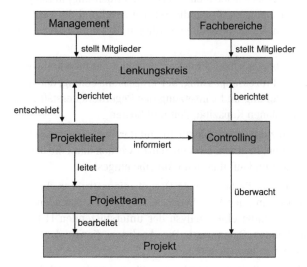

Bild 10.14
Projektorganisation

Die Fortschritte des Projekts sollten den vorhandenen Gremien (z. B. Bereichsleitersitzungen) vorgestellt werden, um eine entsprechende Information und Kommunikation sicherzustellen.

Bei der Bildung des **Projektteams** ergeben sich spezifische Anforderungen an den Projektleiter. Für diese Position sollten Sie einen Mitarbeiter auswählen, der dem Unternehmen schon mehrere Jahre angehört, die internen Abläufe genauestens kennt, ein Standing hat und kein Konfliktpotenzial aufweist. Bei der Besetzung des Projektteams ist auf Ausgewogenheit bezüglich der beteiligten Bereiche zu achten, die alle vertreten sein sollten (vgl. auch [ZiS10, S. 136 ff.]).

Zur Unterstützung des Projektteams muss ein hochrangiger **Projektmentor** festgelegt werden, der das Projekt sichtbar und offiziell unterstützt und somit zeigt, dass es auf Wunsch der Unternehmensleitung durchgeführt wird.

10.4.2.3 Der Ablauf der Einführung von Services

Der Einführungsablauf umfasst übergreifend betrachtet folgende Punkte:

- Services definieren und verhandeln,
- Planung,
- Sensibilisierung,
- Vorbereitung der Einführung (Analysen, Regelwerk, Umorganisation, Customizing und Projektmarketing),
- Schulung und Qualifikation,
- Testbetrieb,
- Produktivbetrieb.

Im ersten Schritt muss der Leistungsumfang der IT anhand der anzubietenden Services (bei ITIL 4 basierend auf der in Kapitel 10.4.4 beschriebenen Wertstrombetrachtung) in Absprache mit den Kunden definiert werden. Danach müssen die Service Level und die Verrechnung der Leistungen verhandelt werden. Diese Aktivitäten werden in Abschnitt 10.5 weitergehend betrachtet.

Im Rahmen der Planung werden Pläne bezüglich des Projektmarketings, des Projektablaufs, der organisatorischen Umsetzung, der Prozessanpassung, der Prozessumsetzung, der Qualifikation und Schulung sowie der Erstellung und Umsetzung des Regelwerks erstellt. Die einzelnen Pläne beinhalten die Dimensionen Kapazität, Zeit und Kosten.

In der Phase der Sensibilisierung wird zuerst das Projektteam mit der Vorgehensweise vertraut gemacht und auf sie eingeschworen. In einem zweiten Schritt werden dann die betroffenen Mitarbeiter umfassend informiert und auf ihre neue Aufgabe eingestellt.

Zur Vorbereitung der Einführung werden die bestehende Organisationsstruktur, die Personalstruktur, die bestehenden Prozesse mit der Aufgabenverteilung, die bestehenden Services und die Kultur analysiert. Auch findet eine Analyse der unterstützenden IT-Infrastruktur und der im Prozess anfallenden Daten statt. Die Analysen dienen dazu, die Schwachstellen und die Anforderungen zu identifizieren.

Im Anschluss erarbeitet das Projektteam die neuen Strukturen. Sie unterteilen sich in die Organisationsstruktur (Anpassung der Aufbau- und Ablauforganisation), die Identifikation der gewünschten Prozesse (inklusive der unternehmensspezifischen Anpassung, z. B. eines

ITIL-Prozesses) und in die Erarbeitung der Arbeitsanweisungen für das Regelwerk. Bei der Aufstellung der neuen Struktur werden die ermittelten Schwachstellen und die Anforderungen berücksichtigt sowie Maßnahmen zur Behebung der Schwachstellen und zur Umsetzung der Anforderungen geplant.

Hierbei wird auch die IT-Unterstützung bezogen auf die neuen Strukturen festgelegt. Eventuell werden dabei auch neue Softwaremodule benötigt (vgl. auch Kapitel 10.6).

Sind die Vorarbeiten abgeschlossen, werden die Mitarbeiter entsprechend der benötigten Qualifikation geschult. Die Schulungen sollten auch die Themengebiete Kommunikation und Kundenbetreuung umfassen.

Im Testbetrieb werden die umgesetzten Services erprobt. Dies bedeutet für die IT-Bereiche eine Umstellung auf die neue Art der Zusammenarbeit mit den Fachabteilungen, d. h. die Verinnerlichung des Dienstleistungsgedankens. Im Falle von Problemen, z. B. bei der Strukturierung des Prozesses, sind diese zu lösen und neu zu testen, bis ein positives Ergebnis erzielt wird. Scheint dies nicht möglich zu sein, sollten die gesetzten Ziele überprüft und evtl. angepasst werden.

An den erfolgreichen Testbetrieb schließt sich der Produktivbetrieb an und nachfolgend die Umsetzung eines neuen Service als eigenständiges Projekt. Nach der ersten gelungenen Einführung eines Service sinken der Überzeugungsaufwand und der Aufwand für das Projektmarketing.

10.4.2.4 Zeitliche Planung

Abschließend ist noch die Frage zu klären, in welchen Zeitabständen die Praktiken eingeführt werden sollten. Dabei ist zu bedenken, dass eine Einführung zu einer Änderung in der Kultur führt. Deshalb muss nach der Einführung der ersten Prozesstranche genügend Zeit vorhanden sein, um sich mit den neuen Gegebenheiten zurechtzufinden. In der Regel ist für die erste Umsetzung von einem Zeitraum von ca. neun Monaten bis zu 18 Monaten auszugehen, in Abhängigkeit vom Ursprungszustand der IT und der geleisteten Vorarbeiten. Für die weiteren Einführungen können die Zeiträume in der Regel bis auf drei Monate verkürzt werden. Noch kürzere Zeiträume bergen im Hinblick auf die Auswirkungsbetrachtung der Einführung größere Risiken und führen leicht zu erhöhter Unruhe im IT-Bereich.

10.4.3 Einführungsaspekte bei ITIL 3 und ITIL® 2011

Im Folgenden sind mögliche Vorgehensweisen und Einführungsaspekte dargestellt. Durch die Vielzahl der Prozesse und die hohe Detaillierung stellen Kompletteinführungen von ITIL 3/ITIL® 2011 relativ hohe Anforderungen an die Einführung. Teileinführungen mit ausgewählten ITIL-Prozessen und einer sukzessiven Erweiterung sind daher sinnvoll. In der Literatur wird deshalb teilweise empfohlen, mit Prozessen von ITIL 2 zu beginnen und im späteren Verlauf Stück für Stück gezielt auf ITIL 3/ITIL® 2011 zu erweitern (vgl. auch [Wis09, S. 65]).

ITIL 2 und ITIL 3/ITIL® 2011 unterscheiden sich in ihrem Aufbau und der wesentlich stärker ausgeprägten Prozessorientierung bei ITIL 3/ITIL® 2011. Jedoch sind alle Prozesse von ITIL 2 auch in den beiden Nachfolgeversionen enthalten. Sie wurden nur statt auf zwei auf fünf Bereiche zugeordnet und um weitere Prozesse und Methoden ergänzt. Bild 10.15 zeigt die Zuordnung der Prozesse (ohne Funktionen) von ITIL® 2011 als Weiterentwicklung von ITIL 3.

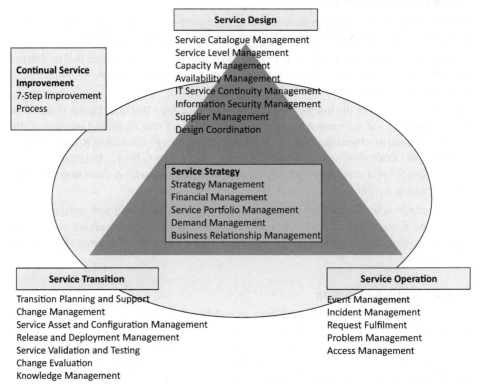

Bild 10.15 Prozesse in ITIL® 2011 [TSOC11] [TSOD11] [TSOO11] [TSOS11] [TSOT11] [KrB12, S. 74 f.] [Buc+12, S. 22]

Für die Einführung von ITIL® 2011 gibt es prinzipiell drei unterschiedliche Ausgangslagen:

1. Das Unternehmen besitzt noch keine Services und kein IT-Servicemanagement.
2. Services sind vorhanden und ein IT-Servicemanagement soll eingeführt werden.
3. Ein IT-Servicemanagement ist vorhanden (dies soll hier am Beispiel von ITIL 2 betrachtet werden).

Erster und zweiter Fall: Im ersten Fall müssen zuerst die Services designt werden, dies wird in den Abschnitten 10.4.2 und 10.5.1 beschrieben. Wenn die Services dann vorhanden sind, ergibt sich eine Vorgehensweise wie im zweiten Fall.

Der Ausgangspunkt für die Einführung eines komplexen Servicemanagements wie ITIL® 2011 liegt in der Strategiesicht, in deren Rahmen die Verwaltung und Weiterentwicklung des Kunden-, Service- und Vertragsportfolios erfolgt. Die Planung der Services, bezogen auf den Markt und den Kunden, steht dabei im Mittelpunkt. Danach folgen die Bereiche Service Design, Service Transitions und Service Operations. Abgeschlossen wird die Einführung durch das Continual Service Improvement [TSOC11 S. 27 ff.]. D. h., die Einführung richtet sich nach dem in ITIL beschriebenen Lebenszyklus (vgl. [Bon+08, S. 59], [KrB12, S. 72 ff.]).

Bei der Ausgestaltung der Service Strategy sind auch die Auswirkungen auf Organisationsstruktur und -kultur zu beachten. Einflüsse ergeben sich durch die Prozesse des IT-Servicemanagements und auch durch Sourcing-Strategien. Dies kann zu Veränderungen beim Organisationsaufbau, bei den einzelnen Rollen und bei der Organisationskultur führen. Dies ist keine Besonderheit von ITIL 3/ITIL® 2011, sollte aber im Rahmen der Konzeption explizit angesprochen werden (vgl. dazu [OSS07, S. 139 ff.], [TSOO11, S. 153 ff.]).

Die meisten Herausforderungen birgt die Einführung der Bereiche Service Design, Service Transitions und Service Operations hinsichtlich der richtigen Prozessreihenfolge.

Hier eine beispielhafte Reihenfolge für ein Einführungsszenario:

Zuerst ist die Strategie des IT-Servicemanagements festzulegen und zu implementieren. Dies geschieht mit dem Bereich *Service Strategy* und dort mit den Prozessen Strategiemanagement, Service Portfolio Management, Demand Management, Financial Management und Business Relationship Management. Danach folgt der Bereich *Service Design* mit den Prozessen Design Coordination, Service Catalogue Management, Availability Management und vor allem Service Level Management (SLM), die weiteren Prozesse des Bereichs können anschließend sukzessive aufgebaut werden. Parallel dazu sollten im Bereich *Service Transitions* die Prozesse Transition Planning and Support sowie Change Management aufgebaut werden, danach folgen die anderen Prozesse, insbesondere Service Asset and Configuration Management sowie Release and Deployment Management.

Im Bereich *Service Operations* sollte mit dem Event Management begonnen werden, gefolgt von Incident Management, Problem Management, Request Fulfilment und Access Management.

Zum Schluss folgt das *Continual Service Improvement*, beginnend mit dem Ziel, Services und das Servicemanagement zu verbessern. Dazu wird der Prozess zur Serviceverbesserung und u. a. die Verknüpfung mit Financial Management (ROI) implementiert. CSI kann dabei ebenfalls nach dem Lebenszyklusansatz implementiert werden, weitere Möglichkeiten sind ein auf spezifische Services abgestimmter Ansatz, der den Problemen mit spezifischen Services Rechnung trägt, oder ein funktionaler Ansatz, der die Probleme von organisatorischen Funktionen, gekennzeichnet durch die Anhäufung von Incidents, besonders berücksichtigt (vgl. [Bon+08, S. 167], [Bei12, S. 56 ff.]).

Bei der Einführung gilt es, jeden Prozess funktionsfähig zu implementieren. Es müssen jedoch nicht alle Details von Beginn an zur Verfügung stehen. Wichtig sind die Grundabläufe, Methoden und Strukturen. Wichtig ist es auch, die Grundfunktionalitäten über das gesamte Modell einzuführen und dies so zu tun, dass die Ausbauoptionen nicht behindert werden. Der reine Verbesserungsprozess kann auch noch nach der Kerneinführung implementiert werden. Am wichtigsten sind eine funktionierende Strategie und die Schnittstelle zum Kunden.

Mit dem Continual Service Improvement wird ein siebenstufiger Prozess zur Serviceverbesserung eingeführt [TSOC11, S. 47 ff.]. Das Continual Service Improvement rundet durch seine Ausrichtung auf eine stetige Prozessverbesserung das IT-Servicemanagement nach ITIL® 2011 ab.

Dritter Fall: Ist ein IT-Servicemanagement wie z. B. ITIL 2 vorhanden, so gilt es zuerst die Struktur von ITIL® 2011 zu verinnerlichen. Dazu werden zuerst die vorhandenen IT-Servicemanagementprozesse den fünf ITIL-Bereichen zugeordnet. Es zeigt sich, dass alle

ITIL-2-Prozesse den Bereichen von ITIL 3/ITIL® 2011 zugeordnet werden können. Bei ITIL 3 und ITIL® 2011 sind neue Prozesse hinzugekommen.

Für ein bestehendes Servicemanagement auf Basis von ITIL 2 bedeutet dies, dass die vorhandenen Prozesse zugeordnet und um die Neuheiten von ITIL 3/ITIL® 2011 ergänzt werden müssen. Das folgende Einführungsszenario bezieht sich auf ein komplett implementiertes ITIL 2. Bei vorhandenen Teilimplementierungen ändert sich das Einführungsschema individuell.

Das bestehende IT-Servicemanagement ist um die neuen Prozesse und Methoden zu ergänzen, wobei auch hier entsprechend des Lebenszyklus bei dem Bereich *Service Strategy* begonnen werden sollte. Hier sind das Strategie-Management, das Service Portfolio Management, das Demand Management und das Business Relationship Management zu implementieren. Das Financial Management ist als Prozess bereits vorhanden und muss nur dem Bereich Service Strategy zugeordnet werden.

Danach sind im Bereich *Service Design* Design Coordination, Service Catalogue Management und Supplier Management explizit aufzubauen sowie die Prozesse Service Level Management, Capacity Management, Availability Management, IT Service Continuity Management und Information Security Management zuzuordnen.

Im Bereich *Service Transition* sind die Prozesse Change Management, Service Asset and Configuration Management sowie Release and Deployment Management neu zuzuordnen. Die Prozesse Transition Planning and Support sowie Knowledge Management müssen wie die Prozesse Service Validation and Testing sowie Evaluation, die früher dem Release Management zugeordnet waren, neu aufgebaut werden.

Das *Service Operations* erhält die Prozesse Incident Management und Problem Management zugeordnet. Die Prozesse Event Management, Request Fulfilment und Access Management müssen neu aufgebaut werden. Außerdem müssen die Verbindungen zu den Prozessen mit Betriebsaktivitäten in den anderen Lebenszyklusphasen hergestellt werden.

Den Abschluss stellt das *Continual Service Improvement* mit seinem siebenstufigen Verbesserungsprozess dar, das zu implementieren ist. Zum Prozess Service Level Management muss dann noch eine Verbindung geschaffen werden. Zusätzlich ergibt sich eine Verknüpfung zum Financial Management (ROI).

10.4.4 Einführungsaspekte bei ITIL 4

Im Folgenden sind mögliche Vorgehensweisen und Einführungsaspekte dargestellt. Im Fokus einer Einführung von ITIL-4-Komponenten steht der Mehrwert, den ein Unternehmen durch die Einführung erzielen kann. Jedes Unternehmen hat eine Wertschöpfungskette und eine Anzahl von Wertströmen, die je Unternehmen unterschiedlich sind.

Der Wertstromansatz ist im Lean Management zu finden, bei dem es auch eine Vorgehensbeschreibung gibt, um einen möglichen Wertstrom zu identifizieren und zu optimieren.

10.4 Fahrplan zu einem optimalen IT-Servicemanagement

Bild 10.16 Lean Thinking: Fünf Prinzipien (in Anlehnung an [WiP09, S. 9f.] und [WaL17, S. 49])

Das Instrumentarium, um diese Wertströme zu gestalten, stellt einerseits eine universelle Wertschöpfungskette mit sechs Aktivitäten und andererseits 34 Managementpraktiken, die sich in die drei Gruppen Allgemeine Managementpraktiken, Servicemanagementpraktiken und Technische Managementpraktiken unterteilen, dar (vgl. [Axe19, S. 32ff.]). Einzelne Managementpraktiken beinhalten Strukturen und Prozesse (auch von ITIL® 2011). Die einzelnen Praktiken unterstützen die Aktivitäten der beinhalteten Wertschöpfungskette in unterschiedlicher Weise.

Ein Wertstrom stellt dabei einen Weg (eine bestimmte Ausprägung) innerhalb der Wertschöpfungskette dar. Er greift dabei auf verschiedene Komponenten in unterschiedlicher Ausprägung zurück. Die Komponenten sind dabei die einzelnen Praktiken, die er zur Erzielung seines Mehrwerts benötigt. Was der Wertstrom benötigt, lässt sich wiederum über die Vorgehensbeschreibung (Bild 10.16) ermitteln. Im Rahmen des Lean Thinking lässt sich auch erkennen, in welchen Bereichen Probleme entstehen. Hierzu eignet sich sehr gut der Einsatz der Methode Value Stream Mapping. Im Rahmen dieser Methode werden Wertströme in Blöcke (auch Wertstromschleifen genannt) zerteilt. Pro Block werden die Aktivitäten (der Wertschöpfungskette) und die Verantwortlichen (Bereich oder Team) ermittelt. Die Anzahl der Blöcke sollte sinnvollerweise zwischen 5 und 15 liegen. Es werden dann je Block der Zustand, die Beteiligten und der Anteil, der fertig ist, ohne dass Nacharbeiten anstehen, ermittelt (vgl. [Ran19], [HMO17, S. 131 ff.] und [MaO14, S. 63]).

Die Ausprägungen der Wertströme bestimmen damit auch die Reihenfolge der einzuführenden Praktiken mit und bilden die Basis für die Services, die die IT zur Verfügung stellen muss.

Drei in der Literatur beschriebene Wertströme sind:

- **Service Innovation:** Wunsch eines Kunden nach einem neuen oder einem stark geänderten, bestehenden Service. Vorteile entstehen dabei durch die Nutzung der Entwicklungen der Informationstechnologie. Bei diesem Wertstrom sind Praktiken wie z. B. Relationship Management oder Service Design involviert.

- **Service Fulfilment:** Das bestehende Serviceangebot (Services, Produkte) soll dem Kunden (intern, extern) auf Anforderung zur Verfügung gestellt werden. Ziel ist eine aktuelle Abdeckung der Anforderung, um eine bessere Ressourceneffektivität zu erreichen und beim Kunden das Vertrauen in die IT zu erhöhen. Für diesen Wertstrom sind auch Praktiken wie Service Catalogue und Service Level Management bereitzustellen.
- **Service Support:** Auch bei diesem Wertstrom soll das bestehende Serviceangebot verwendet werden und der Wertverlust vermindert werden. Ziele sind dabei Produktivitätserhöhung, Störungsreduktion, Erhöhung von Verfügbarkeit, damit verbunden ein verbesserter Kundenservice und Kostensenkung. Dazu sind u. a. Praktiken wie Service Desk und Incident Management notwendig (vgl. [And19, S. 15 ff.]).

Durch die Menge und Komplexität bzw. Anforderungen der einzelnen Praktiken ist eine sukzessive, auf die benötigten Praktiken beschränkte Einführung sinnvoll.

Für die Entscheidung über die Reihenfolge der Einführung sind auch die nachfolgenden Punkte zu beachten:

- **IT-Strategie aus Sicht des IT-Bereichs.** Sie beinhaltet die (organisatorische und technische) Ausrichtung der IT für die nächsten Jahre und die Bestimmung der Wertströme, die verstärkt unterstützt werden sollen. Stehen diese fest, lässt sich eine Reihenfolge aus IT-Strategie-Sicht festlegen.
- **Schwachpunkte.** Bestehende Schwachpunkte im Unternehmen, wie z. B. Kommunikationsprobleme mit Fachabteilungen oder Probleme beim Lizenzmanagement, können mithilfe des *IT-Servicemanagements* abgemildert oder ganz ausgemerzt werden. Das Ausmaß der Schwachpunkte lässt sich über ihre Auswirkungen sowie ihre politische Brisanz bestimmen, um dann eine Rangliste zu erstellen, der die einzelnen Prozesse zugeordnet werden können.
- **Qualifikation der IT-Mitarbeiter.** Dieser Aspekt muss auf jeden Fall berücksichtigt werden. Dabei ist zu ermitteln, für welche Prozesse die Qualifikationen vorhanden sind und wofür sie noch fehlen. Für das Erlangen fehlender Qualifikationen stellen Sie einen Zeit- und Kostenplan auf und vergleichen ihn mit den allgemeinen Einführungsplanungen. Arbeiten Sie die GAPs (Lücken bei der Qualifizierung der IT-Mitarbeiter) heraus. Auf dieser Basis lässt sich dann wieder eine Rangliste zur Einführung erstellen.
- **Organisations- und Prozessstrategie der Fachabteilungen.** Dieser Punkt beinhaltet die Schwerpunktsetzung und somit auch die Unterstützungsnotwendigkeit durch die IT aus fachlicher Sicht. Aus ihr lässt sich ebenfalls eine Rangliste generieren.
- **Schnittstellen und Querbeziehungen der Wertströme.** Die Wertströme weisen eine Reihe von Querbeziehungen auf, die Auswirkungen auf die Reihenfolge der Einführung von Praktiken haben. Aus diesen Abhängigkeiten ergeben sich auch Hinweise darauf, welche Einführungsreihenfolge positive Aspekte ergibt.

Weil die Einführung eines IT-Servicemanagements auch Auswirkungen auf die Prozesse der Fachabteilungen hat, sollten die einzelnen Umsetzungen der Wertströme (Einführung von notwendigen Praktiken) in einem zeitlich vertretbareren Rahmen (Change Management vs. Mehrwert), bezogen auf die einzelnen Organisationseinheiten, eingeführt werden. Zwischen der Einführung der einzelnen Umsetzungen ist eine Auswirkungsanalyse durchzuführen, damit Fehlentwicklungen (z. B. Change-Management-Probleme) frühzeitig identifiziert und Gegenmaßnahmen gegen Wertverlust rasch ergriffen werden können.

In der folgenden Tabelle werden die Praktiken dargestellt, zu denen entsprechende ITIL-V3-Prozesse existieren.

Tabelle 10.1 ITIL-4-Praktiken mit entsprechenden ITIL-V3-Prozessen (vgl. [Axe19] und [KeK19])

ITIL-4-Allgemeine Managementpraktiken	Entsprechende ITIL-V3-Prozesse
Continual Improvement	The Seven-Step Improvement Process
Information Security Management	Information Security Management Access Management
Knowledge Management	Knowledge Management
Portfolio Management	Service Portfolio Management Business Relationship Management
Project Management	Transition Planning and Support
Relationship Management	Business Relationship Management
Service Financial Management	Financial Management for IT Services
Strategy Management	Strategy Management for IT Services
Supplier Management	Supplier Management
Availability Management	Availability Management
Capacity and Performance Management	Capacity Management Demand Management
Change Control	Change Management Change Evaluation
Incident Management	Incident Management
IT Asset Management	Service Asset and Configuration Management
Monitoring and Event Management	Event Management
Problem Management	Problem Management
Release Management	Release and Deployment Management
Service Catalogue Management	Service Catalogue Management
Service Configuration Management	Service Asset and Configuration Management
Service Continuity Management	IT Service Continuity Management (ITSCM)
Service Design	Design Coordination Service Level Management
Service Desk	Incident Management Request Fulfillment
Service Level Management	Service Level Management
Service Request Management	Request Fulfillment
Service Validation and Testing	Service Validation and Testing
Deployment Management	Release and Deployment Management

Für die Einführung von ITIL® 4 gibt es prinzipiell drei unterschiedliche Ausgangslagen:
1. Das Unternehmen besitzt noch keine Services und kein IT-Servicemanagement.
2. Services sind vorhanden und ein IT-Servicemanagement soll eingeführt werden.
3. Ein IT-Servicemanagement ist vorhanden (dies soll hier am Beispiel von ITIL® 2011 betrachtet werden).

Erster und zweiter Fall: Zuerst sollte eine Wertstrombetrachtung durchgeführt werden, dabei sind die Wertströme zu identifizieren und in einem unternehmensumfassenden Gesamtbild zu betrachten. Dann müssen im ersten Fall die Ermittlung der benötigten Praktiken erfolgen und eine Roadmap zu deren Einführung festgelegt werden. Später erfolgt dann die Detaildefinition der Services, wie in den Abschnitten 10.4.2 und 10.5.1 beschrieben. Im zweiten Fall müssen noch die vorhandenen Services bei der Betrachtung berücksichtigt werden.

Dritter Fall: Ist ein IT-Servicemanagement wie z. B. ITIL® 2011 vorhanden, so gilt es zuerst die neue Struktur von ITIL 4 und den Werteansatz zu verinnerlichen. Danach erfolgt eine Wertstrombetrachtung bis zur Festlegung der benötigten Praktiken analog zu Fall 1 und 2.

Dazu werden zuerst die vorhandenen IT-Servicemanagementprozesse den 34 entsprechenden Managementpraktiken gegenübergestellt, wie es in Tabelle 10.1 dargestellt wurde. Dann werden die noch benötigten und nicht teilweise umgesetzten Praktiken (keine Verbindung zu ITIL®-2011-Prozessen) identifiziert sowie die umgesetzten ITIL®-2011-Prozesse hinsichtlich ihres Ausbaus zur Praktik (z. B. Ergänzungen von Methoden und Änderungen von Prozessen) ermittelt. Für diese Arbeiten wird dann in Abhängigkeit von der strategischen Planung, der Notwendigkeiten aus IT-Sicht und der Umsetzungsreihenfolge der Wertströme eine Roadmap zur Anpassung des bestehenden IT-Servicemanagements entwickelt.

Wenn alle Wertströme umgesetzt und die dafür benötigten Praktiken implementiert sind und der Regelbetrieb läuft, d. h. der kontinuierliche Verbesserungsprozess angenommen wurde, dann ist ITIL® 4 im Unternehmen angekommen. Der Reifegrad der eingesetzten ITIL-Prozesse kann im laufenden Betrieb mit Reifegradmodellen wie z. B. dem CMMI-Modell oder ITIL – Process Maturity Framework (PMF) überprüft und verbessert werden (vgl. [Sol08 S. 3 ff.], [Bei1, S. 215 ff.], [BeZ15 S. 219 ff.]).

10.4.5 Aufbau einer Servicekultur in der IT

Um nach der erfolgten Einführung zu einem langfristig erfolgreichen Regelbetrieb gelangen zu können, ist der Aufbau einer Servicekultur im Unternehmen notwendig.

Die *Servicekultur* wird dabei nachhaltig von der Unternehmenskultur geprägt und beeinflusst ihrerseits sehr stark die Aufbau- und Ablauforganisation in der IT sowie die Prozesse zu den Fachabteilungen, wie auch Bild 10.17 zeigt.

Bild 10.17
Servicekultur und Einflussfaktoren

Der Begriff „Servicekultur" umfasst das Verhalten der Beteiligten bei Prozessen aus den Bereichen Pre-Service, Anforderung, Erbringung, Verhandlungen und After-Service. Unter Pre-Service werden die Aktivitäten für die Fachabteilung verstanden, die die Informationsaufnahme, die Feststellung neuer Wünsche einer Fachabteilung und die Beratung im Vorfeld umfassen. Die Anforderungsphase definiert die Anforderungsaufnahme, die Erbringungsphase die Erbringung des Service und die Verhandlungsphase die Aktivitäten um Preis- und Leistungsverhandlungen. Die After-Services beinhalten alle Aufgaben nach der Erbringung, wie die Überprüfung der Zufriedenheit und die Betreuung nach der Dienstleistungserbringung.

Der Begriff „Verhalten" umfasst sowohl den Umgang der IT-Mitarbeiter untereinander als auch den der IT-Abteilung mit den Fachabteilungen.

Der Aufbau einer Servicekultur umfasst die Analysen zur Ist-Situation, die Betrachtung der Unternehmenskultur, die Anpassung der Aufbau- und Ablauforganisation, die Qualifikation der Mitarbeiter und die Sensibilisierung für Verhaltensänderungen.

Diese Aktivitäten sind jedoch keine einmalige Angelegenheit, sondern Bestandteil eines fortlaufenden Prozesses, der dem Erhalt und der Optimierung der Servicekultur dient. Das heißt, die Qualität der Kultur ist laufend zu beobachten und auf einem hohen Standard zu halten. Hierfür ist ein *Process Owner* im Sinne eines intern-orientierten Servicemanagers notwendig.

Wird die Servicekultur entsprechend gelebt, führt das IT-Servicemanagement zu einer kunden- und serviceorientierten Arbeitsweise.

10.4.5.1 Kunden- und serviceorientierte IT-Organisation

Voraussetzungen für eine kunden- und serviceorientierte IT-Organisation sind eine gelebte Servicekultur und ein IT-Servicemanagement, das bezogen auf einen bestimmten Wertstrom durchgängig umgesetzt wurde, sodass es die Mitarbeiter bei ihrer Arbeit unterstützt und Mehrwert für Kunden generiert.

Ein professionelles IT-Servicemanagement beeinflusst und prägt die *IT-Organisation*, wie Bild 10.18 zeigt.

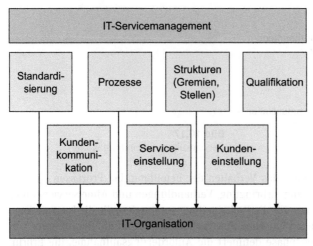

Bild 10.18 IT-Organisation und IT-Servicemanagement

Das IT-Servicemanagement sorgt für eine Standardisierung der Prozesse innerhalb der IT-Organisation, indem sowohl interne als auch externe Leistungserbringung definiert und festgelegt werden. Die definierten Aufgaben bedingen, dass in der Aufbauorganisation entsprechende Rollen, wie z. B. Change-Manager oder Service-Level-Manager, und Gremien, wie z. B. das CAB, geschaffen werden. Eine Übersicht von ausgewählten Rollen zeigt Tabelle 10.2. Generelle Rollen sind die Rollen des Service Managers, Process Owners und Process Managers. Die Ausrichtung der Prozesse und der Struktur auf die Services führt zu einer eindeutigen Service- und Kundenorientierung der IT-Organisation (vgl. auch https://wiki.de.it-processmaps.com/index.php/Rollen_in_ITIL).

Tabelle 10.2 Ausgewählte organisatorische Rollen in den ITIL®-4-Praktiken (vgl. [AXE19], [YASM19b])

Praktiken von ITIL	Ausgewählte Rollen
Allgemeine Managementpraktiken	Enterprise Architect, Reporting Analyst, CSI Manager, Availability Manager, Information Security Manager, Access Manager, Knowledge Manager, Reporting Analyst, Change Manager, Portfolio Manager, Business Relationship Manager, Project Manager, Risk Manager, Supplier Manager
Servicemanagementpraktiken	Availability Manager, Business Analyst, Capacity Manager, Demand Manager, Change Manager, Incident Manager, Asset Manager, Configuration Manager, Event Manager, Problem Manager, Release Manager, Service Catalogue Manager, IT Service Continuity Manager, Design Coordinator, Service Level Manager, Test Manager
Technische Managementpraktiken	Release Manager, Technischer Analytiker, Anwendungsentwickler

Die Einführung des IT-Servicemanagements bewirkt außerdem die Ausrichtung der IT-Organisation auf den Kunden. Da die Prozesse und die Strukturelemente der Ermittlung und Umsetzung von Kundenwünschen dienen, ist die Kundenorientierung Grundlage der Arbeit der gesamten IT-Organisation.

Die IT-Service-Organisation beinhaltet dabei auch das dreistufige Support-Konzept (first, second und third level support) mit einem single point of contact und deckt damit neben der Stufigkeit den Support für die drei Grundbereiche Geschäftsprozesse, Applikationen und Infrastruktur ab [BiI04].

Jede ITIL-Praktik trägt zur Unterstützung eines kunden- und serviceorientierten Arbeitens bei.

Werden diese Potenziale konsequent genutzt und in die Prozesse zu den Kunden eingebracht, so werden Service- und Kundenorientierung gegenüber den internen und externen Kunden deutlich sichtbar.

Beispiele in der Praxis, wie in Abschnitt 10.4.5 beschrieben, zeigen die Erfolge einer konsequenten Kunden- und Serviceorientierung. Verbunden ist dies mit einer unternehmensindividuellen Anpassung des IT-Servicemanagements.

10.4.6 IT-Servicemanagement in der Praxis

Für die Einführung eines IT-Servicemanagements nimmt ITIL eine bedeutende Rolle ein. Eine Untersuchung von Gartner attestierte ITIL schon 2004, die einzige IT-Servicemanagement-Methode zu sein, die umfassend dokumentiert ist [LDL04, S. 68].

Die Studien der letzten Jahre zeigen einerseits ein Wachstum beim Einsatz von ITIL und des dafür aufgewendeten Budgets in Unternehmen (vgl. z.B. [FOR17, S. 4] oder [IDC10]), aber andererseits auch Akzeptanzprobleme im Mittelstand (vgl. [MSG12]). Häufig wird dabei auch eine fehlende generelle Einführungsmethode bemängelt [IDC10].

Ob ein Unternehmen in den nächsten Monaten in das IT- oder Enterprise-Servicemanagement investiert, wurde in der IDG-Studie von 2018 betrachtet. Dabei ergab sich folgendes Bild bei 347 antwortenden Unternehmen.

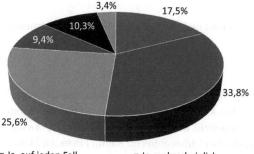

- Ja, auf jeden Fall
- Ja, vielleicht
- Nein, wahrscheinlich nicht
- Ja, wahrscheinlich
- Nein, eher nicht
- Nein, auf keinen Fall

Bild 10.19
Investitionen in das IT- oder Enterprise-Servicemanagement in den nächsten Monaten [SFLM18, S. 13]

Bei eingeführtem IT-Servicemanagement zeigt die IDG-Studie von 2018, dass bei 347 antwortenden Unternehmen 61 % sehr zufrieden und zufrieden mit dem vorhandenen IT-Servicemanagement sind ([SFLM18, S. 7]).

Die folgenden Beispiele zeigen, dass je Unternehmen/Organisation unterschiedliche Kombinationen aus ITIL-Prozessen zum Einsatz kamen und diese individuell an die Bedürfnisse der Unternehmen/Organisationen angepasst wurden.

Beispiel: Breuninger [Qua17]. Das Multichannel-Retail-Unternehmen mit 5500 Mitarbeitenden (2017) führte ab 2015 ein neues Warenwirtschaftssystem mit externer Unterstützung ein. Dazu sollte ein Change-Management-Verfahren zur Minimierung von Reibungsverlusten zum Einsatz kommen. Als Grundlage für das Servicemanagement war ITIL vorgesehen, das bzgl. der Belange des Unternehmens auf das Notwendige reduziert wurde, z. B. starke Reduktion der Rollenanzahl. Ziel war es, die vorhandene Agilität erhalten zu können. Erst wurden die Prozesse definiert und danach die IT-technische Unterstützung für das Servicemanagement ausgewählt. An Prozessen wurden z. B. das Incident Management, Problem Management, Asset-/Configuration Management, Change Management, Release Management, Service Desk und Service Katalog eingeführt.

Beispiel: Stadt Stuttgart [PfJ08] [Cor07]. Die Stadt Stuttgart als öffentlicher Dienstleister hatte im IT-Bereich im Jahr 2008 ca. 80 Mitarbeiter, die für die Betreuung von ca. 6800 Benutzern mit ca. 600 Fachanwendungen, verteilt auf über 44 Ämter und Eigenbetriebe, zuständig waren. Das ITIL-3-Projekt begann im Oktober 2006. Ziele des Projekts waren die Ausrichtung der Services an den Kundenanforderungen, eine „kontinuierliche Verbesserung von Services und internen Abläufen" [PfJ08], die „Orientierung der eigenen Leistung am Wettbewerb der Wirtschaft" [PfJ08] sowie der Nachweis und die „Optimierung der Wirtschaftlichkeit im Bereich IuK" [PfJ08]. An Prozessen wurden z. B. das Incident Management, Problem Management, Configuration Management, Change Management, Release Management und Service Level Management eingeführt.

■ 10.5 IT-Services verrechnen und überwachen

„Es kommt nicht darauf an, die Zukunft vorherzusagen,
sondern auf die Zukunft vorbereitet zu sein."
Perikles

Wenn die IT-Services vereinbart sind, stellen sich als Nächstes die Fragen, wer welche Leistungen bezahlt und wie sichergestellt werden kann, dass die Leistungen das vereinbarte Niveau halten und Veränderungen sofort festgestellt werden. Im Rahmen des ITIL-Ansatzes werden die Fragen einer Verrechnung und des Berichtswesens im Modul Financial Management und dort in der *Leistungsverrechnung* (Charging) betrachtet (siehe Abschnitt 10.3). Einen weiteren Ansatz liefert z. B. CoBIT (siehe Abschnitt 10.2). Dieser Governance-Ansatz bietet ein großes Instrumentarium zum Controlling und zur Überwachung. Im Folgenden soll nun die Thematik allgemein dargestellt werden.

Dabei muss immer die Verhältnismäßigkeit der eingesetzten Mittel, im Sinne des zu erbringenden Aufwands, in alle Betrachtungen mit einbezogen werden.

10.5.1 IT-Services verrechnen

Bei der Verrechnung von IT-Services ist zunächst das Verrechnungsziel zu identifizieren. Ziele für die Verrechnung von IT-Services können z. B. die verursachungsgerechte Verrechnung, die Nachvollziehbarkeit oder die Vergleichbarkeit sein.

Je nach Zusammensetzung der Gründe gilt es, eine der verschiedenen Verrechnungsmethoden auszuwählen und anzuwenden. Jede Verrechnung von Services beinhaltet damit auch automatisch die Verrechnung der Kosten des Servicemanagements, die den einzelnen Services zugeordnet sind.

10.5.1.1 Möglichkeiten der Verrechnung

Im Rahmen der Verrechnung gibt es die beiden Ansätze *Umlageverfahren* und *direkte Kostenverrechnung*.

Umlageverfahren: Im Rahmen des Umlageverfahrens werden die durch innerbetriebliche Leistungen entstandenen Kosten auf der Basis von Umlageschlüsseln verrechnet. Dabei kommen verschiedene Verfahren wie z. B. Einzelkosten-, Kostenumlage-, Kostenausgleichs- oder Kostenträgerverfahren zum Einsatz. Auf die Betrachtung von Verfahren mit simultanen Gleichungssystemen, die bei multilateralen Leistungsströmen zur Anwendung gelangen, wird hier verzichtet, da in diesem spezifischen Fall keine anderen Ergebnisse zu erwarten sind [Sch98, S. 70 ff.].

Alle Verfahren sind lediglich Näherungsverfahren, die nur geringe Aufwände verursachen, vereinfachend wirken und nur ungenaue Ergebnisse erzielen. Genaue Ergebnisse lassen sich nur mit der direkten Leistungsverrechnung erzielen.

Direkte Kostenverrechnung: Verrechnungspreise (VP) sind ein Instrument zum effizienten Betrieb und zur effizienten Steuerung von Unternehmen. Mit ihnen können die erbrachten Leistungen auch von der Kostenseite her, intern wie extern, transparent dargestellt werden.

Unter Verrechnungspreisen versteht man die monetäre Bewertung von Lieferungen und Leistungen zwischen verschiedenen Bereichen eines Unternehmens. Diese Form der Verrechnung innerbetrieblicher Leistungen ist fester Bestandteil einer modernen Organisationsstruktur und hat die klassische Form der Umlage aufgrund von spezifischen Funktionen und Vorteilen in den letzten Jahren zunehmend abgelöst. Die Verrechnungspreise werden auch als Transfer-, Lenk-, Knappheits- oder Bereichsabgabepreise bezeichnet [Kre97, S. 14].

Verrechnungspreise werden unterschieden in:

- marktorientierte Verrechnungspreise,
- kostenorientierte Verrechnungspreise,
- Verrechnungspreise als Verhandlungsergebnis und
- duale Verrechnungspreise [Kre97, S. 27 ff.].

Die ersten beiden Verrechnungspreisarten sollen im Folgenden detaillierter betrachtet werden.

Die *marktorientierten Verrechnungspreise* [Sch98, S. 134 ff., Kre97, S. 33 ff.] orientieren sich an den Marktpreisen von Dienstleistern. Das Problem hierbei stellt die Vergleichbarkeit der Leistungen dar.

Um Preise objektiv beurteilen zu können, ist es wichtig, dass die Servicebeschreibung sehr detailliert ist und alle relevanten Punkte beinhaltet.

Praxistipp:

Prüfen Sie, ob Ihre Servicebeschreibung alle wichtigen Punkte beinhaltet, d. h. ob alle vorhandenen Anwendungsszenarien damit abgedeckt sind. Prüfen Sie vor allem auch auf Reaktionsverhalten, Ausführungsart und Vollständigkeit anhand einer szenarienbezogenen Betrachtung. Erstellen Sie dann aus den identifizierten Punkten eine Liste und spiegeln Sie an ihr die Angebote des Markts.

Die Preisfindung bei *marktorientierten Verrechnungspreisen* ist nicht einfach, da häufig entsprechende Substitutionsleistungen oder ähnliche, vergleichbare Leistungen mit betrachtet werden müssen und zu einem hohen Aufwand bei der Datenbeschaffung führen. Auch erfolgt eine Lenkung der Abnahme von Services über einen gesteuerten Preis durch eine Unternehmensstelle bei einem reinen Marktpreis (ohne Ab- oder Zuschläge) nicht. Der Vorteil dieses Verrechnungspreises ist seine Akzeptanz.

Bei *kostenorientierten Verrechnungspreisen* [Sch98, S. 128 ff.; Kre97, S. 30 ff.] bilden interne Größen aus dem Werteverzehr die Basis für die Preisfindung. Dabei ist der Umfang der Verteilung der Kosten auf die Kostenträger die bestimmende Variable zur Preisfindung. Es sind dabei die Untergruppen Vollkosten, Vollkosten plus Zuschlag, Prozesskosten, Grenzkosten, Grenzkosten plus Zuschlag und Knappheitswerte zu unterscheiden.

Zusammenfassend lässt sich sagen, dass die kostenorientierten Verrechnungspreise hauptsächlich der Abrechnung der Services dienen. Gleichzeitig helfen sie bei der Lenkung, Motivation und Erfolgsermittlung. Da sie nicht am Markt orientiert sind, besteht aber die Gefahr, dass sie nicht akzeptiert werden. Um dieses Problem abzumildern, sind bestimmte Vorkehrungen zu treffen.

Praxistipp:

Wenn Sie kostenorientierte Verrechnungspreise wählen, ist es unbedingt notwendig, bei der Kommunikation mit den Leistungsabnehmern auf Transparenz zu achten. Machen Sie daher bei der Vorstellung des Preises die eingeflossenen Kostenbestandteile und die entsprechenden Leistungen deutlich (z. B. in Tabellenform), um den Kosten gleich den Nutzen gegenüberzustellen. Schon vor der Veröffentlichung der Preise sollten Sie klärende Gespräche mit den Meinungsführern der Leistungsabnehmer führen, in denen Sie die Angemessenheit der Preise nachweisen.

In der Praxis gibt es auch Mischformen, bei denen man für einen Service eine Grundleistung festlegt und um eine variable Komponente entweder in Form eines Muss- oder Kann-Services ergänzt.

Aus den Vorteilen lässt sich jedoch nur dann ein Nutzen ziehen, wenn die Verrechnungspreise entsprechend eingeführt werden.

10.5.1.2 Verrechnungspreise – Grundlagen und Einführung

Einführungsprojekt Die Einführung von Verrechnungspreisen ist als normales Einführungsprojekt anzusehen, das vorbereitet werden muss. Dabei ist jedoch zu bedenken, dass die neu geschaffene Transparenz nicht in allen Bereichen willkommen ist und unkritisch gesehen wird. Deshalb ist es sehr wichtig, durch aktives *Projektmarketing* ein positives Umfeld mit entsprechender Akzeptanz zu schaffen.

Ablauf der Einführung Die Einführung der Verrechnungspreise erfolgt anhand der in der nachfolgenden Auflistung dargestellten Vorgehensweise:

- Festlegung der Bestimmungsinstanz,
- Festlegung der Beteiligten,
- Identifikation der Art des Verrechnungspreises,
- Bestimmung der Geltungsperiode,
- Identifikation der Services und der SLAs,
- Unterscheidung in direkte und indirekte interne Leistungen,
- Bepreisung der direkten Leistungen,
- Zuschlagung der indirekten Leistungen auf die direkten Leistungen,
- Berechnung des Verrechnungspreises,
- Erstellung eines Preiskatalogs,
- Preisverhandlungen,
- jährliche Überprüfung der Verrechnungspreise durch Preiskommission.

Vorarbeiten Die Einführung von Verrechnungspreisen beginnt mit diesen Vorarbeiten:

- Identifikation der momentanen Verrechnung,
- Gremium bestimmen,
- Gültigkeitsdauer der Preise bestimmen und
- Identifikation der Nachfrage- und Abnahmemengen für die Leistungen, die in einzelnen Services zusammengefasst sind.

Identifikation Im Rahmen der Identifikation der bisherigen Verrechnung wird die Verrechnungsart (keine oder Umlageverfahren) ermittelt. Dabei werden Umlageschlüssel und Umlagehöhen dokumentiert.

Preisgremium Parallel dazu wird ein Gremium aufgestellt, dessen Aufgabe die Überwachung der Preisgestaltung und der Preisverhandlungen ist. Das Gremium dient im Streitfall gleichzeitig als Schiedsgericht und ist deshalb mit einer ungeraden Personenzahl besetzt.

Praxistipp:

Für die Besetzung des Preisgremiums kommen Mitglieder der Unternehmensleitung und angesehene, integrierende Mitarbeiter in Betracht. Das Gremium sollte je nach Unternehmensgröße aus drei, fünf oder sieben Mitgliedern bestehen, darunter mindestens ein Mitglied der Unternehmensleitung.

Gültigkeitsdauer Ein weiterer wichtiger Punkt, der nach der Bildung des Preisgremiums betrachtet werden sollte, ist die Gültigkeitsdauer der zu vereinbarenden Preise. Davon abhängig sind die Frequenz der *Preisverhandlungen* und damit auch der Verwaltungsaufwand.

In der Praxis hat sich eine Gültigkeitsdauer von einem Jahr bewährt. Von der gewählten Gültigkeitsdauer sollte nur bei außergewöhnlichen Änderungen von Randbedingungen (wie z. B. Veränderung der Servicebeschreibungen, *Outsourcing* der IT) abgewichen werden. Eine weitere Abweichung ergibt sich in der Einführungsphase der Verrechnungspreise. Hier sollte innerhalb kürzerer Zeit eine Überprüfung der Auswirkungen und gegebenenfalls eine Nachjustierung der Preise erfolgen.

Bei einer einjährigen Gültigkeitsdauer von Verrechnungspreisen sollte bei der Einführung eine Überprüfung der Verrechnungspreise nach ca. einem halben Jahr erfolgen, um frühzeitig Abweichungen feststellen und ändern zu können.

Identifizieren der Services Ein weiterer Schritt besteht in der Identifizierung der Mengen sowie der Verteilung der bisherigen Nachfragen und Abnahmen der Leistungen, die die Services repräsentieren.

Die Identifizierung bezogen auf einen Service für ein Anwendungssystem beinhaltet dabei neben den Mengen- und Kostenverteilungen für die Bereitstellung des Systems auch die Inanspruchnahme von spezifischen Administrationsaufgaben, wie die Neuvergabe oder Änderung von Berechtigungen und die Nutzung des Supports (z. B. über die Zahl der Trouble-Tickets).

Planung der Services Als nächster großer Schritt erfolgt die Planung der Verrechnungspreis-Services, die sich aus den folgenden Teilschritten zusammensetzt:

- Beschreibung der Services (Leistungskatalog),
- Vorplanung,
- Identifikation der Verrechnungspreis-Services,
- Vorfestlegung von Muss- und Kann-Services.

Praxistipp:

Beachten Sie bei der Identifikation der Services, dass die Aufteilung und Verrechnung etwas Neues darstellt und am Anfang nicht zu komplex sein darf. Gehen Sie daher zunächst von Dienstleistungsbündeln aus. Beschränken Sie die Anzahl der Services auf die notwendigsten. Verwenden Sie ein bis zwei Grundservices und weisen Sie nur ausgewählten Leistungen einen Verrechnungspreis zu. Sie können später die einzelnen Dienstleistungsbündel immer noch aufteilen und daraus eigenständige Verrechnungspreise gestalten.

Art des Verrechnungspreises Der nächste große Schritt umfasst die Bestimmung der Art des Verrechnungspreises und die Bepreisung der ausgewählten Services.

Bei der Bestimmung der Verrechnungspreisart stellt sich die Frage nach einem markt- oder kostenbasierten Preis. Für den marktbasierten Preis sprechen die Akzeptanz und die bessere Vergleichbarkeit, für den kostenorientierten die geringeren Aufwände für die Datensammlung.

Doch zunächst muss für jeden Verrechnungspreis ein vergleichbarer Wert auf dem Markt ermittelt werden. Dazu muss für jeden Service ein Anbieter oder ein Vergleichsunternehmen identifiziert werden.

Ist der Preis für einen gleichartigen oder substituierbaren Service ermittelbar, kann ein Marktpreis zugrunde gelegt werden. Bei ähnlichen Leistungen stellt sich die Frage der Vergleichbarkeit und damit der Anwendbarkeit des Preises, die zu klären ist.

Ist kein Marktpreis ermittelbar, so ist ein kostenorientierter Verrechnungspreis festzulegen.

Bepreisung Wenn die Preise ihrer Art nach festgelegt sind, beginnt die Bepreisung. Im Fall eines Marktpreises ist sie mehr oder weniger vorgegeben. Bei einem kostenorientierten Preis erfolgt die Berechnung. Wenn bestimmte Services verteuert oder verbilligt werden sollen, sind die ermittelten Preise um die Zu- oder Abschläge zu korrigieren.

Verhandlungsphase. Nun folgt die Verhandlungsphase. Sie umfasst

- die Prüfung der Preise,
- die Vorbereitungen zur Preiserfassung und Verrechnungsumsetzung (Schaffung der Infrastruktur),
- die Verhandlungen mit den Leistungsabnehmern,
- eventuell die Anpassung der Leistungen und Preise,
- die Absegnung der Preise,
- die Verkündung der Preise und
- die Überprüfung der Preise nach einer vereinbarten Zeit.

Praxistipp:

Es ist sinnvoll, diese erste Überprüfung ca. sechs Monate nach der Einführung vorzunehmen, um einerseits verwertbare Daten zu erhalten und andererseits den Leistungsabnehmern, dem Controlling und der IT-Abteilung ausreichend Zeit zu lassen, um sich an die neue Situation zu gewöhnen sowie erste Erfahrungen sammeln zu können.

Regelmäßige Preisverhandlungen Wenn sich die gewählte Verrechnungsperiode dem Ende zuneigt, werden im Rahmen neuer Preisverhandlungen (wie oben beschrieben) die Verrechnungspreise bestätigt oder neu festgelegt sowie die Mengen bestimmt. Dazu sind im Vorfeld im Bereich der IT-Abteilungen die Verrechnungspreise, wie oben beschrieben, zu prüfen. Ausnahmen ergeben sich in der Einführungsphase, bei der Einführung von großen Anwendungen oder bei umfangreicheren Infrastrukturänderungen.

Des Weiteren besteht im Laufe der Zeit die Möglichkeit, bestehende Verrechnungspreis-Services, die aus einem Leistungsbündel bestehen, aufzuspalten und die Servicelandschaft zu verfeinern, womit sich die Zahl der Verrechnungspreise erhöht.

Probleme und Gefahren Bei der Einführung von Verrechnungspreisen ergeben sich auch Probleme und Gefahren, u. a.:

- Verfehlen der richtigen Gliederungsebene des VP, abhängig von Unternehmensgröße und Dienstleistungsangebot,
- zusätzlicher Verwaltungsaufwand,
- Unstimmigkeiten hinsichtlich SLA, Qualität, klarer Definition, Umfang und Ablauf der Preisbildung,
- Marktpreis vs. IT-Service-Angebot („Kaufhaus-Syndrom"),
- Sparen am falschen Platz (Hotline vs. Schulung).

10.5.1.3 Einsatz von Verrechnungspreisen

Die Erfahrung zeigt, dass der Einsatz von Verrechnungspreisen so umfassend wie möglich erfolgen sollte. Ausnahmen stellen dabei Führungsleistungen und andere nicht direkt zuordenbare Leistungen der IT-Abteilung dar, die als Umlage verrechnet werden können.

Nicht zu diesen Leistungen zählen große Projekte, für die noch keine Services vorhanden sind, wie z. B. Vorbereitung einer SAP-Einführung. Für die Verrechnung solcher Leistungen gibt es die Möglichkeit einer Umlage oder eines Infrastruktur-Verrechnungspreises, die den Leistungsabnehmern belastet werden.

Bei einer Integration von Umlagen werden für eine Leistung zwei Verrechnungspreis-Services vergeben. Ein Verrechnungspreis-Service wird dabei von jedem Mitarbeiter nur einmal in Anspruch genommen und entspricht von seiner Art her einer Umlage mit dem Schlüssel Mitarbeiteranzahl. Der zweite Verrechnungspreis-Service ist abhängig von der wirklichen Inanspruchnahme. Mit diesen zusätzlichen Konstrukten ist es möglich, Verrechnungspreise unternehmensweit für die Verrechnung von IT-Services im Rahmen des *Servicekatalogs* einzuführen und anzuwenden.

Für die Beobachtung von Änderungen und Abweichungen in einem laufenden System gilt es jedoch, die in Abschnitt 10.5.2 beschriebenen Mechanismen bereitzuhalten, um in der Lage zu sein, Abweichungen frühzeitig zu erkennen.

10.5.2 IT-Services überwachen

Das Überwachen von IT-Services bezieht sich nicht nur auf die Überwachung von Preisen und Kosten, sondern vor allem auf die Einhaltung der Service Levels hinsichtlich Umfang, Zeit und Qualität.

Um dies koordiniert durchführen zu können, ist ein System mit verschiedenen Mechanismen aufzubauen, die im Folgenden beschrieben werden.

10.5.2.1 Schlüsselfaktoren und Methoden

Schlüsselfaktoren werden auch als *kritische Erfolgsfaktoren* bezeichnet; sie wurden grundsätzlich bereits in Abschnitt 10.4 erläutert. Im Zusammenhang mit der Überwachung von IT-Services spielen vor allem die exakte Serviceabwicklung und die schnelle Reaktionsfähigkeit bei Problemen mit definierten Eskalationsstufen eine Rolle.

Die *Serviceabwicklung* wird dabei an den Kriterien Menge (Einhaltung des vereinbarten Umfangs), Zeit, Qualität, Kosten und Preis gemessen. Jegliche Abweichung oder Veränderung ist zu ermitteln und zu dokumentieren.

Treten Probleme auf, so gilt es, schnell und strukturiert zu reagieren. Dies ist nur mit einer entsprechenden Vorbereitung möglich, die in Form eines Risikomanagements erfolgen kann. Bei Problemen sind Eskalationsstufen festzulegen, wie das folgende Beispiel zeigt.

Eine mehrstufige *Eskalationsstrategie* könnte so aussehen: Zunächst wird der Bearbeiter kurz vor Überschreiten des Service Levels informiert und dann einen Tag nach Überschreitung erneut. Zwei Tage nach Überschreitung des Service Levels wird der Vorgesetzte informiert. Einen Tag später der Process Owner. Wurden bei einem Bearbeiter in mehr als 25 % der bearbeiteten Fälle die Service Level überschritten, erfolgt eine Meldung an den Vorgesetzten und den Process Owner.

Zur Messung, Identifikation und Dokumentation von Abweichungen benötigt man erprobte Methoden. Mit ihrer Hilfe werden die Art, der Prozess und die Struktur der Überwachung geplant und unterstützt.

Eine Auswahl an Methoden zeigt die folgende Auflistung:
- Risikomanagement (vgl. auch [Hub09, S. 128 ff.]),
- Kennzahlen,
- Berichtswesen (Reports und Möglichkeiten des Feedbacks (evtl. Befragungen)),
- Darstellung mittels Balanced Scorecard (vgl. auch [GaM10, S. 135 ff.] und [KaN97]).

Diese Methoden können in einem System zusammengefasst werden (vgl. Bild 10.20).

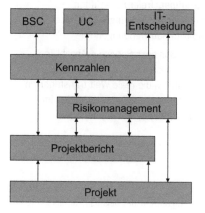

Bild 10.20
System zur Überwachung der IT-Services

Die Messgrößen der Balanced Scorecard und die in den folgenden Abschnitten beschriebenen Kennzahlen sind das Herzstück des hier dargestellten Systems.

10.5.2.2 Kennzahlen und ihre Funktionen im IT-Servicemanagement-Umfeld

„Kennzahlen bezeichnen jene Zahlen, die quantitativ erfassbare Sachverhalte in konzentrierter Form wiedergeben." [Rei93, S. 343]

Im Folgenden werden unter *Kennzahlen* sowohl Verhältniszahlen (Beziehungs-, Gliederungs- und Indexzahlen) als auch – aufgrund der hohen Informationswerte (z. B. Umsätze) – absolute Zahlen[8] (Einzelkennzahlen, Summen und Differenzen) subsummiert [Gro91, S. 11]. Bezogen auf das IT-Servicemanagement gewinnen Kennzahlen vor allem bei ITIL immer mehr an Bedeutung. In der Literatur werden Ansätze beschrieben, bei denen den einzelnen ITIL-Prozessen, die nun Bestandteil einzelner Praktiken sind, Kennzahlen zugeordnet werden, wie Tabelle 10.3 an Beispielen zeigt [Küt03, S. 75 ff.] [TSOC11] [TSOD11] [TSOO11] [TSOS11] [TSOT11] [AXE19].

Tabelle 10.3 Beispielhafte Zusammenstellung von Kennzahlen, zugeordnet zu ausgewählten ITIL®-2011-Prozessen [Küt03 S. 92 f.] [TSOC11] [TSOD11] [TSOO11] [TSOS11] [TSOT11] [Böt13] [AXE19]

ITIL-Praktiken	Kennzahl	Messgröße
Service Financial Management	• Rechnungsvolumen pro Service • Gesamtkosten für Service 1	• Gesamtsumme der Rechnungen je Service • Summe aller Kostenblöcke von Service 1
Portfolio Management	• Anteil mit Freigabebedingungen dokumentierter Services • Value-to-cost	• Verhältnis der angebotenen Services zu den davon mit Freigabebedingungen dokumentierten Services • Verhältnis des Nutzenrückflusses zu den Kosten der Investition
Capacity und Performance Management	• Nachfrageentwicklung nach einem ServicePackage • Auslastungsgrad der Ressourcen • Freie Kapazitäten • Änderungen der Kapazitätsaufwendungen	• Service Package x Nachfrage (Vorjahr) zu Service Package x Nachfrage (laufendes Jahr) • Belegte Ressourcen im Verhältnis zu den gesamten Ressourcen • Prozentsatz freier Kapazitäten • Zeitlicher Entwicklungsverlauf der Kapazitätsaufwendungen
Service Catalogue Management	• Serviceanzahl • Prozentuale Serviceverwendung	• Anzahl Business Service + Anzahl Technical Service • Anteil der in die reale Welt transferierten und eingesetzten Services an den im Katalog gepflegten Services

---

[8] In der betriebswirtschaftlichen Literatur herrscht Uneinigkeit über die Abgrenzung des Begriffs Kennzahl bezüglich der Zurechenbarkeit absoluter Zahlen zum Kennzahlenbegriff [MöK04].

ITIL-Praktiken	Kennzahl	Messgröße
Service Level Management	• Abweichungsquote Service Levels • Abdeckungsquote SLA	• Anzahl der Prozesse mit Abweichungen im Verhältnis zur Gesamtzahl • Prozentualer Anteil der Services, die durch SLAs abgedeckt sind
IT-Service-Continuity Management	• Risikoanzahl pro Kategorie • Erfolgreiche Testquote zum Wiederanlauf	• Anzahl erkannter Risiken pro Kategorie im Verhältnis zur Gesamtzahl • Erfolgreiche Tests im Verhältnis zur Gesamtzahl

Die Kennzahlen geben, im Einzelnen betrachtet, nur für ihren spezifischen Betrachtungsgegenstand einen Status ab, können aber keinen Gesamtüberblick über das komplette zu betrachtende Szenario liefern. Dafür wird eine Zusammenstellung verschiedenster Kennzahlen benötigt, die in einem Kennzahlensystem zusammengefasst sind.

Einen weiteren positiven Beitrag können Tools zur Unterstützung des IT-Servicemanagements leisten.

10.6 Tool-Auswahl für das IT-Servicemanagement

Die Planung hängt von der Leistungsfähigkeit ab – und vice versa.

Das IT-Servicemanagement ist durch eine Vielzahl von Faktoren gekennzeichnet, die es beeinflussen. Dies sind z.B. die *IT-Organisation*, die Prozesse, die IT-Mitarbeiter und ihr Qualifikationsstand ebenso wie die *IT-Technik*.

Software-Tools zur Unterstützung von IT-Servicemanagement-Prozessen wie z.B. bei ITIL müssen die in den Prozessen benötigten Funktionalitäten abdecken. Die am Markt verfügbaren Tools variieren dabei von der Unterstützung eines spezifischen Prozesses bis zur Unterstützung mehrerer Prozesse.

In diesem Kapitel wird gezeigt, wie eine Auswahl erfolgen sollte, was zu beachten ist und welche Rahmenbedingungen zu erfüllen sind. Anschließend wird die Tool-Thematik betrachtet.

10.6.1 Die richtigen Werkzeuge wählen – eine Vorgehensweise

Auf dem Softwaremarkt existieren sehr viele unterschiedliche Tools, die sich nach ihrem Funktionsumfang, ihrer Ausrichtung und nach den Anforderungen, die sie stellen, unterscheiden. Deshalb erfordert die Auswahl des richtigen Werkzeugs einen professionellen Auswahlprozess, der in der folgenden Abbildung dargestellt ist.

Bild 10.21 Auswahlprozess

Zu bedenken ist auch:

- Definieren Sie zuerst das Ziel schriftlich. Nur ein dokumentiertes Ziel lässt sich später eindeutig mit einem Ergebnis vergleichen.
- Bilden Sie ein entsprechendes *Projektteam*. Für den Projektleiter gelten die gleichen Anforderungen, wie sie im Rahmen des Einführungsprojekts beschrieben wurden. Die anderen Projektmitglieder sollten überwiegend mindestens drei Jahre im Unternehmen und mit der Thematik vertraut sein. Das Projektteam sollte aus drei bis fünf Personen bestehen.
- Bei der Auswahl sollten nicht mehr als 10 – 15 Anbieter vorausgewählt werden. Stehen mehr Anbieter zur Auswahl, so ist eine Vorauswahl mittels eines kleinen Kriterienkatalogs durchzuführen. Dieser sollte maximal zehn wichtige Fragen umfassen und den Anbietern mit der Bitte um Beantwortung zugesandt werden.

Praxistipp: Anbieterkontaktierung

Rufen Sie den Anbieter unbedingt vorher an und ermitteln Sie den richtigen Ansprechpartner. Reden Sie mit ihm und stellen Sie die Situation dar. Ein Versand der Unterlagen ohne vorherige Kontaktaufnahme führt in der Regel dazu, dass entweder nicht geantwortet wird oder die Antwort erst nach mehreren Wochen kommt. Teilen Sie später dem Anbieter einen Stand (Absage oder nächste Ausschreibungsrunde) mit.

Wenn Sie sichergehen wollen, dass die Unterlagen von möglichst vielen Anbietern bearbeitet werden und Sie die Unterlagen rechtzeitig zurückbekommen, rufen Sie nach ca. zwei Wochen die Anbieter an und fragen nach dem Stand und ob Fragen bestehen. Bei begründeten Problemen, die dazu führen, dass ein Anbieter die Unterlagen nicht befüllen kann, können Sie sich dann frühzeitig überlegen, wie Sie verfahren, ob Sie die Ausschreibungsfrist verlängern oder ihn aus der Ausschreibung nehmen.

Dem Zweitplatzierten der Auswahl sollte noch nicht definitiv abgesagt werden, da zuerst die Verträge abzuschließen sind.

Im Rahmen des Projekts muss dann noch die detailliertere Dokumentation der technischen Lösung in einem Pflichtenheft, auf Basis des Lastenhefts und der Anmerkungen des Anbieters, erfolgen. Dies ist jedoch in der Regel nur eine kleinere Aufgabe, da der Lösungsweg beim Anbieter bekannt ist.

Je nach Tool gibt es bei den fachlichen Punkten Unterschiede, auch solche bezüglich des Umfangs der Ausschreibungsunterlagen. Die Klassifikation der Tools beschreiben wir im nächsten Abschnitt.

10.6.2 Funktionsvielfalt und Produktkategorisierung

Um die verschiedenen Software-Tools hinsichtlich Qualität und Effizienz bewerten zu können, stellte das britische *Office of Government Commerce* (OGC) in den 1990er-Jahren im Rahmen von ITIL Bewertungskriterien (Bedienung, Architektur etc.) auf [LDL04, S. 77]. Weitere Checklisten finden Sie in der Literatur (z. B. [Els05]).

Für ITIL® 2011 hat das Unternehmen Pink Elephant Inc. den Status eines lizenzierten Softwaregutachters erworben (vgl. [CTA11b], [Pin14a]). Es bewertet auf Basis des von der APM Group im Auftrag von AXELOS (früher: Cabinet Office) erstellten ITIL-Softwareschemas. Des Weiteren gibt es aktuelle Softwareübersichten in Zeitschriften, wie der iX (vgl. [HaR19]).

Anforderungen an ein Tool beziehen sich nicht nur auf die Funktionalitäten, sondern auch auf die Benutzungsoberfläche und damit verbunden die Bedienbarkeit, die Systemvoraussetzungen und die Architektur des Tools.

Weitere Unternehmen wie z. B. Gartner und Forrester bewerten für einzelne Toolbereiche, z. B. Service Support Management oder ITSM SaaS Delivery Capabilities, Anbieterunternehmen [GrB13] [DeM 14].

Das Wichtigste – zusammengefasst

- **Beachten Sie, dass IT-Servicemanagement immer mehr an Bedeutung gewinnt und es für jede IT-Organisation unverzichtbar ist, sich den Herausforderungen an eine gute Serviceorganisation zu stellen!**
  Erforderlich ist eine prozessorientierte IT, die ihre Dienstleistungen kundenorientiert, effizient und effektiv erbringt.

- **Stellen Sie sicher, dass durch ein professionalisiertes IT-Servicemanagement für die IT-Organisation enorme Nutzenvorteile realisiert werden.**
  Als wesentliche Nutzengrößen können herausgestellt werden, dass die IT-Services auf die gegenwärtigen und zukünftigen Anforderungen des Unternehmens und seiner Kunden ausgerichtet, die Qualität der erbrachten IT-Services enorm verbessert sowie die langfristigen Kosten der Servicetätigkeit reduziert werden können.

- **Beachten Sie, dass eine hohe Servicequalität durch das Abschließen von SLAs sichergestellt werden kann!**
  Service Level Agreements (SLA) stellen eine wichtige Option bei der Messung der Ergebnisqualität dar, da auf diese Weise die IT-Services sehr gut prüf- und messbar werden können. Sie legen gegenüber dem Kunden letztlich die Leistungen fest, die mit den IT-Services erbracht werden.

- **Favorisieren Sie eine schrittweise Einführung.**
  Wichtig ist, dass Sie für die Einführung des IT-Servicemanagements zuerst den Leistungsumfang des IT-Bereichs festlegen und die kritischen Erfolgsfaktoren definieren, anhand derer das IT-Servicemanagement gemessen werden soll.

- **Beachten Sie, dass nach dem Leitgedanken des IT-Servicemanagements die IT-Dienstleistungen allein dazu dienen, die Geschäftsprozesse und die Anwender bei ihren Aufgaben zu unterstützen.**
  Klären Sie deshalb, welche Geschäftsprozesse wie zu unterstützen sind und welche IT-Dienstleistungen die Anwender benötigen und erwarten.

- **Prüfen Sie, ob ein Arbeiten auf der Grundlage von ITIL möglich ist!**
  Orientieren Sie sich an empfohlenen Einführungsvorgehensweisen und an Best-Practice-Beispielen. Dabei erfolgt in der Regel ein Einstieg über die Optimierung der Prozesse im Incident und Problem Management. Aber auch Prozesse wie Release Management und Change Management weisen in der Praxis bereits vielfach einen hohen Reifegrad auf.

- **Machen Sie auch von den Optionen der Version ITIL 3 Gebrauch!**
  Ein wesentlicher Vorteil der Version 3 liegt darin, dass auch die strategischen Fragestellungen im IT-Servicemanagement stärker Berücksichtigung finden.

- **Organisieren Sie das Änderungsmanagement.**
  Wichtig ist, dass durch die Einführung eines IT-Servicemanagements neue Prozesse entstehen und bestehende Organisations- und Prozessstrukturen sich verändern. Deshalb sollte der Änderungsprozess frühzeitig organisiert und kommuniziert werden.

- **Sichern Sie die gewonnenen Erfahrungen.**
  Aus Erfahrungen kann man lernen, wie man Organisation und Prozesse verbessern kann und wie ein kontinuierlicher Verbesserungsprozess aufgesetzt werden kann.

10.7 Literatur

[And19]   *Andenmatten, M.:* ITIL 4 – Weg von Prozessen hin zu Value Streams. In: it Service Management, itSMF Deutschland (Hrsg.), Frankfurt/Main, ITSM 48/06 2019, S. 13–19.

[AXE19]   *AXELOS:* ITIL®Foundation ITIL 4 Edition. The Stationery Office, Norwich 2019

[AXE19]   *AXELOS:* ITIL®Practitioner-Leitlinien. The Stationery Office, Norwich 2017

[BeZ15]   *Beims, M.; Ziegenbein, M.:* IT-Servicemanagement in der Praxis mit ITIL®. 4., überarbeitete und erweiterte Auflage. Hanser, München 2015

[Bei12]   *Beims, M.:* IT-Servicemanagement mit ITIL®. 3., aktualisierte Auflage. Hanser, München 2012

[Boc10]   *Bock, I.:* Optimierung von IT-Serviceorganisationen, dpunkt.verlag, Heidelberg 2010

[BöK04]   *Böhmann, T.; Krcmar, H.:* Grundlagen und Entwicklungstrends im IT-Servicemanagement. In: HMD – Praxis der Wirtschaftsinformatik, Heft Nr. 237, 2004, S. 7–21

[Böt13]   *Böttcher, R.:* IT-Service-Management mit ITIL® – 2011 Edition. 3., aktualisierte Auflage. Heise, Hannover 2013

[Bon+08]   *van Bon, J.; de Jong, A.; Kolthof, A.; Pieper, M.; Tjassing, R.; van der Veen, A.; Verheijen, T.:* Foundations in IT Service Management basierend auf ITIL V3. 3. Auflage. Van Haren Publishing, Zaltbommel, ITSM Library, 2008

[BVGM08]   *Buchsein, R.; Victor, F.; Günther, H.; Machmeier, V.:* IT-Management mit ITIL V3. 2. Auflage. Vieweg & Sohn, Wiesbaden 2008

[BVGM07]   *Buchsein, R.; Victor, F.; Günther, H.; Machmeier, V.:* IT-Management mit ITIL V3. Vieweg & Sohn, Wiesbaden 2007

[Cor07]   *Cordier, C. D.:* Landeshauptstadt Stuttgart (LHS): Projekt zur Einführung eines IT Service Managements nach ITIL, in: *itSMF* (Hrsg.): ITIL in der Öffentlichen Verwaltung. Symposium Publishing, Düsseldorf 2007

[CTA11b]   Cabinett Office, TSO, APMG (Hrsg.): Licensed Software Assessors, *http://www.itil-officialsite.com/SoftwareScheme/LicensedSoftwareAssessors/LicensedSoftwareAssessors.aspx*, am 11.12.2012

[DeM14]   *DeMartine, A.:* The Forrester Wave™: ITSM SaaS Delivery Capabilities, Q3 2014 – http://totalitsm.com/wp-content/uploads/2014/08/ITSM_SaaS_Delivery_Capabilities_2014.pdf, am 30.12.2014

[DET04]   *Detecon:* IT Service Management – Trends und Perspektiven der IT Infrastructure Library (ITIL) in Deutschland; 2004

[DIN09]   *Deutsches Institut für Normung e. V.:* DIN ISO 9004 – Leiten und Lenken für den nachhaltigen Erfolg einer Organisation – Ein Qualitätsmanagementansatz. Beuth, 2009

[DIN98]   *Deutsches Institut für Normung e. V.:* Service Engineering – Entwicklungsbegleitende Normung für Dienstleistungen. DIN-Fachbericht 75. Beuth, 1998

[Don80]　Donabedian, A.: Explorations in Quality Assessment and Monitoring. Volume I: The Definition of Quality and Approaches to its Assessment. AnnArbor, 1980

[EgH04]　Eggenberger, S.; Helbig, R.: Implementierung von ITIL im Unternehmen – Vorgehen, Hilfsmittel, Konsequenzen und Grenzen. In: Information Management & Consulting 19 (2004) 1, S. 14 – 20

[Els05]　Elsässer, W.: ITIL einführen und umsetzen. Hanser, München 2005

[FäM99]　Fähnrich, K.-P.; Meiren, T., et al.: Service Engineering. Ergebnisse einer empirischen Studie zum Stand der Dienstleistungsentwicklung in Deutschland. Fraunhofer IRB, 1999

[For17]　Forbes Insights (Hrsg.): DELIVERING VALUE TO TODAY'S DIGITAL ENTERPRISE – THE STATE OF IT SERVICE MANAGEMENT. In Kooperation mit BMC. Jersey City, 2017

[GaM10]　Gadatsch, A.; Mayer, E.: Masterkurs IT-Controlling. 4., erweiterte Auflage. Vieweg + Teubner/Springer Fachmedien, Wiesbaden 2010

[GrB13]　Greene, J.; Brooks, J. M.: Magic Quadrant for IT Service Support Management Tools, 2013 – http://www.larssonco.com/wp-content/uploads/2014/05/Gartners-analys-av-ITSM-verktyg-2013.pdf am 30.12.2014

[Gro91]　Groll, K.-H.: Erfolgssicherung durch Kennzahlensysteme. 4., erw. Auflage. Haufe, Freiburg im Breisgau 1991

[HMO17]　Humble, J.; Molesky, J.; O´Reilly, B.: Lean Enterprise. dpunkt.verlag, Heidelberg 2017

[Hub09]　Huber, B. M.: Managementsysteme für IT-Serviceorganisationen. dpunkt.verlag, Heidelberg 2009

[HWB04]　Hochstein, A.; Wetzel, Y.; Brenner, W.: Fallstudie: ITIL-konformer Service Desk bei T-Mobile Deutschland. In: Meier, A.; Myrach T. (Hrsg.): IT-Servicemanagement. dpunkt.verlag, Heidelberg, HMD 237, Juni 2004, S. 32 – 42

[HaR19]　Haitz, P.; Ranninger, F.: Marktübersicht Service-Management-Plattformen – Die Qual der Wahl. In: iX MAGAZIN FÜR PROFESIONELLE INFORMATIONSTECHNIK. Heise Medien GmbH &Co. KG (Hrsg.), Hannover, iX 3/19, S. 74 – 81

[IDC10]　IDC Central Europe (Hrsg.): IDC-Studie: IT Service Management – Aligning IT with Business, Deutschland 2010

[ISA00 – 1]　Information Systems Audit and Control Foundation (Hrsg.): COBIT – 3rd Edition: Framewok. Rolling Meadows 2000

[ISA00 – 2]　Information Systems Audit and Control Foundation (Hrsg.): COBIT – 3rd Edition: Management Guidelines. Rolling Meadows 2000

[ISA00 – 3]　Information Systems Audit and Control Foundation (Hrsg.): COBIT – 3rd Edition: Control Objectives. Rolling Meadows 2000

[ISA00 – 4]　Information Systems Audit and Control Foundation (Hrsg.): COBIT – 3rd Edition: Implementation Tool Set. Rolling Meadows 2000

[ISA00 – 5]　Information Systems Audit and Control Foundation (Hrsg.): COBIT – 3rd Edition: Framework. Rolling Meadows 2000

[ISA00 – 6]　Information Systems Audit and Control Foundation (Hrsg.): COBIT – 3rd Edition: Audit Guidelines. Rolling Meadows 2000

[ISA07 – 1]　Information Systems Audit and Control Foundation (Hrsg.): COBIT – 4.1 Edition: Core Content. Rolling Meadows 2007

[ISA07 – 2]　Information Systems Audit and Control Foundation (Hrsg.): COBIT – 4.1 Edition: Control Practices. Rolling Meadows 2007

[ISA07 – 3]　Information Systems Audit and Control Foundation (Hrsg.): COBIT – 4.1 Edition: IT Governance Implementation Guide. Rolling Meadows 2007

[ISA07 - 4] *Information Systems Audit and Control Foundation* (Hrsg.): COBIT - 4.1 Edition: IT Assurance Guide. Rolling Meadows 2007

[ISA12] *Information Systems Audit and Control Foundation* (Hrsg.): COBIT - 5th Edition. Rolling Meadows 2012

[ITS07] *itSMF* (Hrsg.): ITIL in der Öffentlichen Verwaltung. Symposium Publishing, Düsseldorf 2007

[ITS01] (Hrsg.): IT Service Management, Early, 2001

[KaN97] *Kaplan, R. S.; Norton, D. P.:* Balanced Scorecard - Strategien erfolgreich umsetzen. Poeschel, Stuttgart 1997

[KeK19] *Kempter, A.; Kempter, S.:* ITIL® V4 vs ITIL® V3. https://yasm.com/wiki/de/index.php/ITIL_4_vs_ITIL_V3 am 27.05.2019

[KHP04] *Kemper, H.-G.; Hadjicharalambous, E.; Paschke, J.:* IT-Servicemanagement in deutschen Unternehmen - Ergebnisse einer empirischen Studie zu ITIL. In: *Meier, A.; Myrach T.* (Hrsg.): IT-Servicemanagement. dpunkt.verlag, Heidelberg, HMD 237, Juni 2004, S. 25 f.

[KrB12] *Kresse, M.; Bause, M.:* ITIL® Alles was man wissen muss. Edition 2011. 2. Auflage August 2012. SERVIEW, Bad Homburg 2012.

[Kre97] *Kreuter, A.:* Verrechnungspreise in Profit-Center-Organisationen. Hampp, München, Mering 1997

[Küt03] *Kütz, M. (Hrsg.):* Kennzahlen in der IT. dpunkt.verlag, Heidelberg 2003

[LDL04] *Lehner, F.; Dirmeyer, J.; Lindner O.:* Softwarewerkzeuge zum IT-Servicemanagement. In: *Meier, A.; Myrach T.* (Hrsg.): IT-Servicemanagement. dpunkt.verlag, Heidelberg, HMD 237, Juni 2004

[MaO14] *Martin, K.; Osterling, M.:* VALUE STREAM MAPPING. McGraw-Hill Education, New York 2014

[MaR01] *Macfarlane, I.; Rudd, C.:* IT Service Management. ItSMF, 2001

[MeM87] *Meyer, A.; Mattmüller, R.:* Qualität von Dienstleistungen - Entwurf eines praxisorientierten Qualitätsmodells. In: Marketing - Zeitschrift für Forschung und Praxis (ZFP), Nr. 3, 1987, S. 187 - 195

[MöK04] *Mörschel, I. C.; Kopperger, D.:* Integriertes Kennzahlensystem für die Bewertung von Dienstleistungen. In: *Scheer, A.-W.; Spath, D.:* Computer Aided Service Engineering. Springer, 2004

[MSG12] *msg service AG:* Mittelstand zeigt sich nicht als Freund von ITIL - http://www.msg-services.de/aktuelles/newsletter/beitraege/detail/mittelstand-zeigt-sich-nicht-als-freund-von-itil/ am 11.12.2012

[OCS07] *Office of Government Commerce (OGC) (Hrsg.):* Continual Service Improvement, London: TSO, Crown Copyright, 2007

[OGC00] *Office of Government Commerce (OGC) (Hrsg.):* Service Support, Norwich, 2000

[OGC01] *Office of Government Commerce (OGC) (Hrsg.):* Service Delivery, Norwich, 2001

[OGC03] *Office of Government Commerce (OGC) (Hrsg.):* Planning to Implement Service Management, Norwich, 2003

[OSD07] *Office of Government Commerce (OGC) (Hrsg.):* Service Design, London: TSO, Crown Copyright, 2007

[OSO07] *Office of Government Commerce (OGC) (Hrsg.):* Service Operation, London: TSO, Crown Copyright, 2007

[OSS07] *Office of Government Commerce (OGC) (Hrsg.):* Service Strategy, London: TSO, Crown Copyright, 2007

[OST07]   Office of Government Commerce (OGC) (Hrsg.): Service Transition, London: TSO, Crown Copyright, 2007

[PfJ08]   Pfeifer, W; Job, G.: Das ITIL-Referenzmodell. Bei der Landeshauptstadt Stuttgart. Vortrag auf der 3. FiT-öV-Veranstaltung, Gunzenhausen, 15. Juli 2008

[Pin14a] Pink Elephant: PinkVERIFY™ 2011: IT SERVICE MANAGEMENT TOOL ASSESSMENT. IT Service Management Tools & PinkVERIFY White Paper März 2014, http://www.pink elephant.com/uploadedFiles/Content/PinkVERIFY/PinkVERIFY_Service_Whitepaper%281% 29.pdf am 30.12.2014

[Pin09]   Pink Elephant: Leading The Way In IT Management Best Practices: Pink-Verify TM – Certified Toolsets 2009, https://www.pinkelephant.com/en-GB/ResourceCenter/PinkVerify/ Pink VERIFYTools.htm/consulting/toolsets am 18.01.2009

[Pop04]   Popp, H.-J.: Incident Management – Prozesssimplementation in der betrieblichen Praxis. In: Information Management & Consulting 19 (2004) 1, S. 21 ff.

[Qua17]   Quack, K.: ITIL-konform und dennoch agil: Wie Breuninger das Risiko der IT-Änderungen mindert. In: IDG Business Media GmbH (Hrsg.): https://www.computerwoche.de/a/wie-breu ninger-das-risiko-der-it-aenderungen-mindert,3331338, am 27.05.2019

[Ran19]   Rance, S.: ITIL 4 Value System, Value Chain, Value Stream: What's the Difference? https:// www.sysaid.com/blog/entry/itil-4-value-system-value-chain-value-stream-whats-the-difference am 23.04.2019

[Rei93]   Reichmann, T.: Kennzahlen. In: Horváth, P.; Reichmann, T. (Hrsg.): Vahlens Großes Controllinglexikon. Vahlen, München 1993

[Roc82]   Rockart, J. F.: The Changing Role of the Information Systems Executive: A Critical Success Factors Perspective. In: Sloan Management Review 23 (1982), S. 3 – 13

[Sch03]   Schreiner, P.: Der Kunde im Zentrum einer qualitätsorientierten Dienstleistungsentwicklung. In: Spath, D.; Zahn, E. (Hrsg.): Kundenorientierte Dienstleistungsentwicklung in deutschen Unternehmen. Springer, 2003

[Sch98]   Scherz, E.: Verrechnungspreise für unternehmensinterne Dienstleistungen. Gabler Verlag, Deutscher Universitäts-Verlag, Wiesbaden 1998

[SFLM18] Schweizer, M.; Freimark, A. J.; Lixenfeld, C.; Mauerer, J.: Studie: IT Service Management 2018. COMPUTERWOCHE, CIO, TecChannel und ChannelPartner (Hrsg.), Deutschland 2018

[Sol08]   Solbach, M.: Erfolgreiches Veränderungsmanagement im IT-Betrieb mit CITIL = CMMI+ITIL. In: IT Service Management, Heft 6, 2008, S. 3 – 7

[Som04]   Sommer, J.: IT-Servicemanagement mit ITIL® und MOF. mitp, Bonn 2004

[SpW08]   Spath, D.; Weisbecker, A. (Hrsg.): Business Process Management Tools 2008. Eine evaluierende Marktstudie zu aktuellen Werkzeugen. Fraunhofer IAO, Stuttgart 2008

[TSOC11] The Stationery Office (Hrsg.): ITIL® Continual Service Improvement 2011 edition. The Stationery Office, Norwich, Crown Copyright, 2011

[TSOD11] The Stationery Office (Hrsg.): ITIL® Service Design 2011 edition. The Stationery Office, Norwich, Crown Copyright, 2011

[TSOO11] The Stationery Office (Hrsg.): ITIL® Service Operation 2011 edition. The Stationery Office, Norwich, Crown Copyright, 2011

[TSOS11] The Stationery Office (Hrsg.): ITIL® Service Strategy 2011 edition. The Stationery Office, Norwich, Crown Copyright, 2011

[TSOT11] The Stationery Office (Hrsg.): ITIL® Service Transition 2011 edition. The Stationery Office, Norwich, Crown Copyright, 2011

[Ver03]   *Versteegen, G. (Hrsg.):* Risikomanagement in IT-Projekten. Springer, Berlin, Heidelberg, New York 2003

[ViG05]   *Victor, F.; Günther, H:* Optimiertes IT-Management mit ITIL. 2., durchgesehene Auflage. Vieweg, Wiesbaden 2005

[WaL17]   *Wagner, K. W.; Lindner, A. M.:* WPM – Wertstromorientiertes Prozessmanagement. 2., überarbeitete Auflage. Hanser, München 2017

[Wei02]   *Weisbecker, A.:* Software-Management für komponentenbasierte Software-Entwicklung. Jost-Jetter, 2002

[WiP09]   *Wiegand, B.; Pöhls, K.:* Lean Administration II – So managen Sie Geschäftsprozesse richtig, Schritt 2: Die Optimierung. 2., aktualisierte Neuauflage. LMI Forum GmbH, Aachen 2009

[Wis09]   *Wischki, C.:* ITIL® V2, ITIL® V3. 3. A und ISO/IEC 20000. Hanser, München 2009

[ZiS10]   *Zielke, F.; Schinkel, A.-W.:* ITIL überzeugend einführen. Symposion Publishing, Düsseldorf 2010

11 IT-Systeme und digitale Plattformen managen – Planung, Organisation, Betrieb, Monitoring

Ernst Tiemeyer

Fragen, die in diesem Kapitel beantwortet werden:

- Wie kann das IT-Systemmanagement in der Unternehmensorganisation insgesamt bzw. innerhalb einer IT-Organisation verankert sein?
- Welche Herausforderungen und Erfolgsfaktoren sind für das IT-Systemmanagement im digitalen Zeitalter kennzeichnend und zu beachten?
- Wie lassen sich die Handlungsfelder für das IT-System- und das digitale Plattform-Management systematisieren und wie können diese durch Instrumente und Tools unterstützt werden?
- Welche Arbeits- und Serviceprozesse fallen im IT-Systemmanagement an und können möglichst über die Festlegung von Rollen und Prozessbeschreibungen organisiert und umgesetzt werden?
- Inwieweit kann in Abstimmung mit dem Enterprise Architecture Management (EAM) eine strategische IT-Systemplanung „aufgesetzt" und mit einem Masterplan umgesetzt werden?
- Was kann ein kontinuierliches Produktlebenszyklusmanagement für die nachhaltige Gestaltung der IT-Systemlandschaft sowie integrierter Plattformen leisten?
- Welche wesentlichen Aufgaben umfasst der Betrieb von IT-Infrastrukturen, Computernetzen und Cloud-Systemen?
- Wie kann durch geeignete Prozesse ein Managen der IT-Applikationen realisiert werden und wie können dabei Plattformen des Cloud Computings sowie des Mobil-Computings integriert werden?
- Durch welche Maßnahmen und Instrumente können Koordinationsaufgaben zum Managen von IT-Systemen sowie der Systemsupport effizient erbracht werden?
- Wie kann mittels Risiko-, Security- und Notfallmanagement ein sicherer IT-Systembetrieb ermöglicht werden?
- Welche Personalmanagementmaßnahmen und Rollenkonzepte bieten sich zur Organisation des IT-Systembetriebs an?
- Wie können die Wirtschaftlichkeit sowie die Compliance-Konformität der eingesetzten IT-Systeme gewährleistet werden?

11.1 Einordnung von IT-Systemmanagement

Erfahrungen der Praxis zeigen: Ein effizientes und ganzheitliches Management der installierten IT-Systeme ist heute in Unternehmen aller Größenordnungen unverzichtbar. Nur so können die IT-Infrastrukturen „stabil" und „wirtschaftlich" betrieben werden, die IT-Applikationen optimal die Geschäftsprozesse der Wirtschaftsunternehmen und der Dienstleistungsorganisationen unterstützen sowie neuen Herausforderungen – wie die Integration von Cloud Computing oder von mobilen Systemen sowie den Anforderungen der digitalen Transformation – erfolgreich begegnet werden. Vielfach eröffnen moderne IT-Systeme darüber hinaus neue Geschäftspotenziale bzw. stellen neue Produkte bereit (siehe zum Beispiel das Internet der Dinge). Wesentlich ist, dass sich damit das bisherige Systemmanagement zu einem umfassenden und ganzheitlichen **Managen von IT- und digitalen Plattformen** wandelt.

Wie lassen sich IT-Systeme grundsätzlich einordnen und welche **Herausforderungen** ergeben sich für das **IT-Systemmanagement?**

Zunächst eine Ausgangsfestlegung für den Begriff „IT-System": Als **IT-Systeme** werden alle informationstechnischen Systeme verstanden, die eine Verarbeitung, Speicherung und Wiedergabe von Daten/Informationen unterschiedlicher Art (strukturierte Daten, Dokumente, Social-Media-Daten, Tabellen/Reports, Management-Cockpits etc.) ermöglichen. Sie umfassen im Wesentlichen

- **Applikationen**
- **IT-Infrastruktur-Komponenten und Netzwerke** sowie
- die dazugehörigen **Daten/Informationen bzw. Datenbanksysteme.**

Grundsätzlich kann ein IT-System sowohl eine einzelne Applikation, eine Applikationsgruppe, ein Infrastrukturelement (z.B. ein Server, ein Desktop oder ein Thin Client, eine Private- oder Public-Cloud), ein Datenbank- bzw. Dokumentenmanagementsystem als auch eine Kombination derartiger Elemente sein. Von Bedeutung für das Management dieser IT-Systeme ist, dass die Systeme bzw. die Systemelemente in einem vernetzten Zusammenhang stehen.

Worauf kommt es bei der Optimierung **der Nutzung von IT-Systemen** an? Prioritär sollen die implementierten IT-Systeme die vereinbarten Leistungen für die Kunden (Fachbereiche im Unternehmen) erbringen, indem sie die Geschäftsprozesse der Kunden unterstützen und einen Mehrwert für das Unternehmen (Value) schaffen. Um diese Leistungen kontinuierlich auf hohem Niveau erbringen zu können, muss sich das IT-Management allerdings immer wieder den Veränderungen stellen, dazu

- eine laufende Planung bzw. Aktualisierung der IT-Systemlandschaft vornehmen,
- integrierte Maßnahmen zur organisatorischen Gestaltung der Systemnutzung treffen sowie
- geeignete Ressourcen (personeller und sachlicher Art) bereitstellen.

Praxistipp:

Um die IT-Systeme einer Organisation erfolgreich zu managen, müssen klare Verantwortlichkeiten definiert und Personen für das IT-Systemmanagement insgesamt bzw. für einzelne IT-Systeme ausgewählt werden (Leitung IT-Systemmanagement, System-Owner, Systemadministratoren, Systemoperatoren etc.). Diese Personen müssen die für das Managen ihrer IT-Systeme erforderlichen Methoden, Techniken und geeignete Hilfsmittel für eine erfolgreiche Arbeitsbewältigung kennen, beherrschen und kompetent anwenden.

11.1.1 Herausforderungen und Zielsetzungen für die Planung und den Betrieb von IT-Systemen

In Zeiten klassischer zentraler Datenverarbeitung war das Systemmanagement relativ einfach organisierbar. Typischerweise wurden in dieser Zeit DV-Systeme (Zentralrechner und damit verbundene Terminalstationen) eingesetzt, die im Hinblick auf die Vernetzung und die installierten Applikationen durch herstellerspezifische Schnittstellen kompatibel und damit einfach steuerbar waren. Aufgrund der geringen Heterogenität der IT-Landschaft, der hohen Herstellerkonzentration bezüglich der gelieferten IT-Systeme sowie der klaren Schnittstellen war ein abgesicherter Systembetrieb relativ leicht zu realisieren. So konnten ggf. auftauchende Probleme und Störungen zeitnah durch den Anwender selbst und/oder vom Herstellerunternehmen (bzw. Systemlieferanten) behoben werden.

Im Laufe der Zeit waren diverse **Paradigmenwechsel** für die IT-Systemlandschaft und damit für das Managen von IT-Systemen zu verzeichnen:

- Eine grundlegende Änderung der Systemlandschaft ergab sich Anfang der 1980er-Jahre mit dem Aufkommen von Client-Server-Systemen bzw. Systemen der arbeitsplatznahen Datenverarbeitung.

- Weitere Entwicklungssprünge wurden in den 1990er-Jahren durch das Aufkommen des Internets und lokaler Netzwerke ermöglicht, die schließlich zu webbasierten Systemwelten geführt haben.

- Mit Cloud Computing und der Einbindung mobiler Systemlösungen sind in den letzten Jahren weitere wichtige Gestaltungsbereiche für das IT-Systemmanagement hinzugekommen.

- Ein gravierender Entwicklungssprung wird aktuell durch die Herausforderungen und besonderen Potenziale der Digitalisierung realisiert. Mit der digitalen Revolution – gestützt durch Technologien wie Big Data und Data Analytics, neue Formen der Vernetzung bzw. technischer Kommunikation (Maschine-zu-Maschine-Kommunikation) – werden durch die IT nicht nur Prozesse unterstützt bzw. Geschäfte ermöglicht, sondern unmittelbar digitale Produkte geschaffen, die bis hin zum Endkunden eine Serviceunterstützung erfordern (ein Beispiel dafür sind die Fahrassistenzsysteme für die Kfz-Branche).

Heute haben sich die IT-Welt bzw. das digitale Business und damit verbunden die IT-Systemlandschaft hinsichtlich der Komplexität und der Notwendigkeiten für ein effizientes Systemmanagement grundlegend geändert. Vielfach wird derzeit das System der bimodalen IT-Landschaft (IT der zwei Geschwindigkeiten) diskutiert.

Aufgrund des über zum Teil viele Jahre gewachsenen Geflechts verschiedener IT-Systeme in Form von mobilen Systemen, Desktops, Client-Server-Systemen, virtualisierten Servern, Middleware und Mainframe-Systemen bis hin zu webbasierten Systemen und Cloud-Lösungen sind unterschiedliche Optionen der IT-Ausrichtung denkbar. Diese oft noch heute im Einsatz befindlichen Systeme arbeiten mit einer großen Anzahl verschiedener Betriebssysteme, Netzwerke, Datenbanken und Anwendungen zusammen, sodass in vielen Unternehmen (auch in mittelständischen Unternehmen) ein undurchsichtiger Dschungel an IT-Systemen entstanden ist. Im Ergebnis existieren beispielsweise IT-Anwendungslandschaften, die auf vielen unterschiedlichen Infrastrukturen (Technologien, Entwicklungsparadigmen, Komponenten) und Werkzeugen beruhen und heute unterschiedliche Beiträge für die Geschäftsprozessunterstützung und die Bereitstellung von Geschäftsprodukten liefern.

Einen Überblick wesentlicher **Herausforderungen** für ein erfolgreiches IT-Systemmanagement zeigt Bild 11.1.

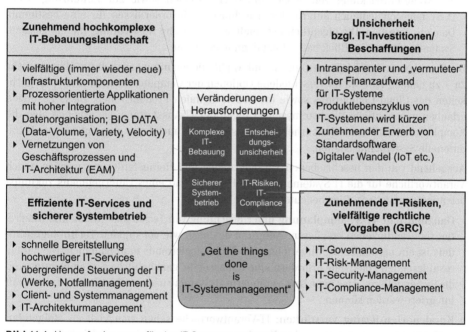

Bild 11.1 Herausforderungen für das IT-Systemmanagement

Aus der Abbildung wird die Notwendigkeit ersichtlich, die historisch gewachsene Komplexität der IT-Systemlandschaft möglichst transparent zu gestalten. Dies bietet dann bereits eine gute Planungs- und Entscheidungsgrundlage für die Auswahl, die Implementation und den Betrieb von IT-Systemen. Hinzu kommen neue Aufgaben und Herausforderungen im IT-Systemmanagement, beispielhaft seien genannt:

- das Identifizieren und Handhaben von Systemrisiken,
- das kundenorientierte Anforderungs- und Change Management,

- das Qualitätsmanagement zu den IT-Systemen sowie
- die Berücksichtigung rechtlicher, personeller und finanzieller Fragen der IT-Systembeschaffung und IT-Systemnutzung (Software-Lizenzmanagement, IT-Assetmanagement, Personaleinsatz bzw. personelle Unterstützung).

Typische negative **Folgen** aufgrund der **Komplexität und Vielfalt der Systemlandschaft** sind:

- Es treten Redundanzen in der Funktionsabdeckung der Anwendungen, in der Datenstruktur, bei den Schnittstellen und bei der Ausstattung mit Technologieplattformen auf. Dies ist nicht nur teuer, es gefährdet auch die Integrität von Daten sowie das reibungslose Funktionieren und Integrieren von IT-Systemen.
- Es gibt eine Vielzahl an Applikationen, die teils identische Funktionen abdecken. Die Anzahl und Komplexität der Schnittstellen zwischen den Anwendungen geraten auf diese Weise mitunter außer Kontrolle, führen zu Fehlern und inkonsistenten Daten.
- Aufgrund der fehlenden Transparenz über die Systemlandschaft werden Entscheidungen zur Weiterentwicklung von ausgewählten IT-Systemen sowie zur Einführung neuer IT-Systeme oft lediglich aufgrund von technischen Erfordernissen für eine bestimmte Domäne getroffen. Die eigentlich notwendige strategische Ausrichtung, die die gesamte Systemlandschaft im Blick hat, erfolgt dann leider nicht.

Die Komplexität der IT-Infrastrukturen und Applikationen nimmt auch aktuell immer mehr zu – zu denken ist etwa an verschiedene Optionen der Computervirtualisierung, Möglichkeiten des Cloud Computings sowie die neuen digitalen Produktwelten. Diese Lösungen erlauben exponentielle Wachstumssteigerungen der IT-Ausstattung, sie erhöhen aber die Komplexität der IT-Landschaft erheblich und sind damit auch betreuungsintensiver als traditionelle Systemlandschaften.

Ausgehend von den beschriebenen Veränderungen und Herausforderungen müssen sich Verantwortliche für die IT-Systeme bzw. die IT-Landschaft eines Unternehmens zukunftsorientiert „aufstellen". Dies bedeutet im Einzelnen:

- **Ganzheitliche IT-Systemplanung** unter Beachtung von Technologietrends und Integrationsnotwendigkeiten etablieren: Aufgrund des nach wie vor rapiden **Technologiewandels** ist ein permanentes Mitverfolgen der Technologietrends unumgänglich. Die daraus resultierenden Potenziale erfordern eine umfassende, ganzheitliche Systemplanung und die Sicherstellung, dass neue bzw. veränderte IT-Systeme in die vorhandene IT-Landschaft integriert werden können.
- **Kundenorientierung verstärken:** IT-Verantwortliche sehen sich vielfach **steigenden Anforderungen von Seiten der Kunden** der IT (Fachabteilungen, Niederlassungen/ Werke) gegenübergestellt. Umfassende Unterstützung der Geschäftsentwicklung und der Geschäftsprozesse sind dabei wesentliche Anforderungen an die bereitgestellten IT-Systeme. Damit werden Business-IT-Know-how sowie ein Relationship-Management zu den Kunden auch für das Planen und Steuern von IT-Systemen durch Systemverantwortliche immer bedeutsamer.
- **Systembetrieb optimieren:** Seitens der Geschäftsführung wird heute ein hohes Maß an Operational Excellence der IT erwartet. Dazu sind ein **optimiertes Ressourcenmanagement und eine Automatisierung im Betrieb der IT-Systeme** unverzichtbar. Anwender benötigen eine integrierte Bereitstellung von umfassenden IT-Services, um vor allem eine

hohe Ausfallsicherheit der implementierten IT-Systeme zu gewährleisten. Dies bedeutet neben einem „Rund um die Uhr"-Service auch das Vorhandensein von „klaren" Ansprechpartnern für IT-Services und Supportleistungen (etwa im Notfall).

- **Finanz- und Kostentransparenz herstellen:** Eine weitere Herausforderung für IT-Systemverantwortliche ist der Tatsache „geschuldet", dass auch für die IT-Organisation grundsätzlich ein **Kostendruck** gegeben ist. Um diesem Rechnung zu tragen, sind eine effektive Auslastung der IT-Systeme (IT-Infrastrukturkomponenten, Applikationen) sowie integrativ ganzheitliche Applikationen zu gewährleisten, die eine Schnittstellenoptimierung beinhalten. Insgesamt werden vor allem wirtschaftlich und effektiv betriebene IT-Systemlösungen erwartet, sowohl von der Unternehmensführung als auch von den Fachabteilungen (insbesondere wenn eine interne Verrechnung von IT-Leistungen erfolgt).

- **IT-Compliance sichern:** Die **Einhaltung rechtlicher Rahmenbedingungen** sowie intern formulierter Nutzungsrichtlinien macht einen weiteren Handlungsbereich aus, der gerade aus Managementsicht von Bedeutung ist. Dazu gehört insbesondere die Formulierung von Maßnahmen für das Einhalten von Unternehmensrichtlinien sowie von Lizenzbestimmungen. Aber auch das Risiko- und Sicherheitsmanagement sowie umfassende Maßnahmen für das Notfallmanagement zu den IT-Systemen fallen hierunter.

Unter Beachtung der skizzierten Herausforderungen lassen sich die in der Tabelle 11.1 fixierten Kern-**Zielsetzungen für ein IT-Systemmanagement** festhalten:

Tabelle 11.1 Zielsetzungen für das Managen von IT-Systemen

Systemmanagementziele	Beispiele für die Zielkategorie
Hohe Verfügbarkeit der implementierten IT-Systeme gewährleisten	• Gefahr von Systemausfällen reduzieren, • Wiederanlaufzeit bei Ausfällen minimieren
Qualitativ hochwertigen Systembetrieb sicherstellen	• Störungen im Systembetrieb minimieren, • Fehlerfreiheit der Applikationen sichern
Standardisierung und Konsolidierung der IT-Systemlandschaft fördern	• Standards als Vorgaben setzen, • Eigenentwicklungen möglichst eindämmen
Modularisierung der Software und Nutzung von Standards etablieren (umfangreiches Angebot an Standardsoftware)	• Enterprise-Vorgaben bei der Einführung von Softwareapplikationen beachten, • Notwendigkeit der Integration von Standardlösungen forcieren
Hohen IT-Systemsupport gewährleisten	• Incident- und Problembehebungsprozesse beschleunigen, • Release- und Change-Prozesse optimieren
Hohe Sicherheit der IT-Systeme ermöglichen	Schutz der Daten vor unberechtigten Zugriffen etc. erhöhen
Kosten der IT-Systeme reduzieren	• Beschaffungskosten neuer IT-Systeme bzw. von IT-Systemkomponenten verringern, • Lizenznutzung optimieren (Überlizenzierungen vermeiden)
Anwenderzufriedenheit steigern	Usability der IT-Systeme verbessern etc.

Praxistipp:

Ein gut organisiertes IT-Systemmanagement trägt wesentlich dazu bei, mit technologischen Veränderungen in der Praxis Schritt zu halten und gezielt auf neue Herausforderungen zu reagieren. Wichtig dazu ist, dass die IT-Systeme sorgfältig geplant und die IT-Architekturen bzw. IT-Ressourcen effizient und zielgerichtet verwaltet werden. Das gilt nicht nur für interne Systemkomponenten, sondern auch für IT-Services und Anwendungen von externen Anbietern (z. B. Cloud-Services), die an der IT-Leistungserbringung beteiligt sind.

11.1.2 Erfolgsfaktoren/Capabilities für das IT-Systemmanagement

Um IT-Systeme erfolgreich zu managen, müssen die Rahmenbedingungen „stimmen". Es lohnt sich deshalb, im Vorfeld darüber nachzudenken, welche Gelingensbedingungen für das IT-Systemmanagement grundsätzlich gegeben sein sollten. Unter Umständen sind daraufhin beispielsweise die bisherigen Festlegungen zu den Prozessen und Rollen, die für die Planung, Entwicklung und Betreuung von IT-Systemen vorgenommen wurden, zu verändern. Auch die vorhandenen organisatorischen und personellen Verankerungen bzw. damit verbundene Vorgaben und Regelungen müssen entsprechend angepasst werden.

Wesentliche **Erfolgsfaktoren/Befähiger für das Managen von IT-Systemen** zeigt das folgende Bild 11.2.

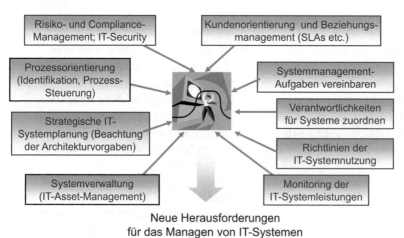

Bild 11.2 Erfolgsfaktoren zur Umsetzung von IT-Systemmanagement

Unverzichtbar ist eine klare **Kundenorientierung** für das Handeln im IT-Bereich und damit verbunden ein organisiertes **Kunden-Beziehungsmanagement**. Eine heute auch aus vielfacher Erfahrung bestätigte These belegt: Prinzipiell steigen der Wertbeitrag der IT und die Kundenzufriedenheit, je besser sich die IT-Organisation bzw. die Systemverantwortlichen um ihre Kunden im Unternehmen bzw. auch die externen Kunden kümmern. Das bedeutet etwa für das IT-Systemmanagement, dass eine interne IT-Gruppe/IT-Abteilung eine abgestimmte klare Sichtweise auf die Anwender als sogenannte interne Kunden entwickelt und „lebt". Dies gilt in gleicher Weise, wenn eine IT-Organisation Leistungen für externe Kunden erbringt (was im Zeitalter der Digitalisierung zunehmend der Fall ist).

In vielen Organisationen hat es sich bewährt, klare **Systemverantwortlichkeiten** zu definieren, etwa durch das Verankern von Rollen wie System-Owner, Systemarchitekt bzw. Systemadministrator. Bei den zugeordneten Aufgaben ist die Unterscheidung in Planungs-, Koordinations-, Entscheidungs- und Kontrollaktivitäten zu den jeweils verantworteten IT-Systemen hilfreich.

Eine verantwortliche Person für die bereitgestellten IT-Systeme ist aus verschiedenen Gründen unverzichtbar:

- Gestiegene Systemkomplexität und vielfältige Abhängigkeiten zwischen den IT-Systemen verlangen nach Transparenz und zentraler Steuerung, die durch Systemarchitekten bzw. Systemverantwortliche gewährleistet werden können.
- Erhöhte Verfügbarkeitsanforderungen an die IT-Systeme (etwa bei unternehmensweiter Implementation, bei globalen Einsatzformen etc.) setzen eindeutige Ansprechpartner voraus.
- Die zunehmende Anzahl paralleler Projekte im IT-Systemumfeld bedarf einer verstärkten Koordination von Entwicklung und Systembetrieb. Hier gilt es permanente Kooperationen zwischen den Systemplanern (bzw. IT-Architekten) und den Systemverantwortlichen zu etablieren.
- Gestiegene Compliance- und Sicherheitsanforderungen erfordern ein regelmäßiges Controlling von vorgegebenen Richtlinien. Dazu benötigt das IT-Compliance-Management klare Ansprechpartner bzw. Verantwortlichkeiten auf der Seite des IT-Systemmanagements.

Für die Erfüllung der vielfältigen Aufgaben im IT-Systemmanagement sind spezialisierte Rollen bzw. IT-Mitarbeiter nötig, etwa für den IT-Support oder die Weiterentwicklung der Systemarchitektur bzw. der IT-Systeme, IT-Systemadministration etc. Aufgrund der Komplexität der IT-Systeme kann der Systemverantwortliche in der Regel nicht alle Systemkomponenten als Experte abdecken. Systemverantwortliche sollten aber in jedem Fall einen Überblick über die Schnittstellen sowie ein fundiertes Applikations- und Technikverständnis haben.

Beachten Sie:

Eine Kenntnis der Erfolgsfaktoren bzw. Capabilities hilft einerseits, klare Handlungsprinzipien für das Managen der IT-Systeme in einer Organisation zu vereinbaren. Andererseits können so auch entsprechende Stellschrauben zur optimierten Planung, Implementierung und Steuerung von IT-Systemen gefunden werden.

11.2 Handlungsfelder für das Managen von IT-Systemen

Welche Handlungsfelder und zu gestaltende IT-Prozesse lassen sich für das IT-Systemmanagement aufgrund der zuvor skizzierten Herausforderungen, Zielsetzungen und Capabilities ableiten? Eine Übersicht dazu und die notwendigen Teilbereiche (Aufgaben, IT-Prozesse, Handlungsprodukte) zeigt Tabelle 11.2.

Tabelle 11.2 Handlungsfelder und Teilbereiche im IT-Systemmanagement

Handlungsfelder im IT-Systemmanagement	Teilbereiche (Aufgaben/Prozesse/Handlungsprodukte)
Handlungsfeld 1: IT-Systemlandschaft dokumentieren, planen und weiterentwickeln	• Verwaltung und transparente Dokumentation der IT-Systemlandschaft (IT-Asset-Management, Configuration Management, Produkt-Lifecycle-Management) • IT-Systeme planen und kontinuierlich weiterentwickeln (Applikationslandkarten etc.) • Investitionen zur Modernisierung der IT-Systeme planen (Investitionsbudgets) • Softwarelizenzen planen (Lizenzbilanzen)
Handlungsfeld 2: IT-Systeme betreuen und Systemsupport leisten	• IT-Prozesse identifizieren (IT-Prozesslandkarte, IT-Systemdiagramme), dokumentieren und kontinuierlich optimieren • Support-Prozesse realisieren (z. B. in RACI-Tabellen dokumentiert)
Handlungsfeld 3: IT-Infrastrukturen, Applikationen sowie Cloud-Services bereitstellen und verwalten	• Applikationsmanagement (Deployment, Wartung) • IT-Infrastruktur-Management – Desktop-, Server- und Storage-Systeme managen • Enterprise Mobility Management (EMM) und Mobile Device Management (MDM) • Cloud Services (SaaS, IaaS) managen
Handlungsfeld 4: IT- und digitale Plattformen managen	• Big-Data und Informationsmanagement-Plattformen betreiben • Mobile Enterprise managen • Cloud Plattformen (PaaS) managen • Digitale Plattformen (Öko-Systeme) aufbauen und nutzen
Handlungsfeld 5: Beziehungsmanagement für das Bereitstellen von IT-Systemen aufbauen und pflegen	• Kundenbeziehungsmanagement (SLA-Management, Requirements Management) • Lieferantenbeziehungsmanagement für IT-Systeme und Beschaffungen (Investitionspläne, Beschaffungsbudgets, Lizenzbeschaffungen)
Handlungsfeld 6: Leistungsfähigen IT-Systembetrieb sichern	• Identity-Management • Risikomanagement für IT-Systeme • Security Management • Availability Management und Notfallmanagement • Qualitätsmanagement für IT-Systeme
Handlungsfeld 8: Wirtschaftlichen und Compliance-gerechten Systembetrieb managen	• Budgetierung der IT-Abteilung und der IT-Systembeschaffung (incl. Asset Management) • Controlling der IT-Kosten, IT-Services und IT-Systeme (mittels Kennzahlen und Reporting)

11.2.1 IT-Systemlandschaft dokumentieren, planen und weiterentwickeln

11.2.1.1 Varianten zur Dokumentation der IT-Systemlandschaft

Um IT-Systeme planen und „betreuen" zu können, bedarf es einer transparenten Dokumentation der IT-Systemlandschaft. Diese Dokumentation stellt darüber hinaus eine hervorragende Basis für die Neuplanung sowie die kontinuierliche Weiterentwicklung der IT-Systeme dar. Im Wesentlichen werden dazu folgende Instrumente und Tools genutzt:

- **Dokumentation der Systemlandschaft in vernetzten Formen** (Zuordnungstabellen von Geschäftsarchitekturen/Geschäftsprozessen und Applikationen, Informationsflussdiagramme)
- **IT-Assetmanagement** (IT-Infrastrukturen bzw. IT-Komponenten und Software-Assets)
- **Konfigurationsmanagement zu den IT-Systemen**

Entscheidungen über IT-Architekturen bzw. einsetzbare IT-Systeme zu treffen, ist nicht immer ganz einfach. So wurden in der Vergangenheit oft unkoordiniert IT-Systeme beschafft und Applikationen entwickelt, die anschließend für den Systembetrieb und Systemsupport Unmengen von Geld und Ressourcen verschlangen oder schlicht nicht mehr wartbar waren. Wichtig sind sowohl eine strategische Planung der IT-Systemlandschaft als auch eine konkrete Vorgabe für die Umsetzung der Planungen in die Praxis.

Um die IT-Landschaft sicher steuern (lenken) und zukunftsorientiert weiterentwickeln (planen) zu können, ist für das IT-Management ein tragfähiges **Gesamtbild der IT-Architekturen als Orientierungsrahmen** unverzichtbar: die **Ist-Architektur** und **Ziel-Architektur** von IT-Infrastruktur und Anwendungslandschaft. Dazu sind Gestaltungsprinzipien und Systementscheidungen zu formulieren, ebenso wie „strategische" Technologien und IT-Architekturen (quasi als Standards) vereinbart und sodann mit den Anwendern und Stakeholdern kommuniziert werden sollten.

Eine erfolgreiche Bereitstellung moderner IT-Systeme ist heute außerdem nur dann auf hohem Niveau möglich, wenn die im Unternehmen vorhandenen Bestände an IT-Systemen (IT-Infrastrukturen, Softwareapplikationen, IT-Ressourcen) – umfassend als **IT-Assets** (Infrastruktur-Assets, Software-Assets, Service-Assets) bezeichnet – allen Entscheidungsträgern zu IT-Fragen bekannt sind.

IT-Asset-Management hat sich mittlerweile als eine Managementdisziplin etabliert, die im Kern die technische Informationsinfrastruktur sowie die Applikations- und Servicelandschaft zum Gegenstand hat. Dies ist allerdings mehr als eine nur einfache „Inventurdatenbank" zu den beschafften Hardwareobjekten bzw. Softwarelizenzen. Es umfasst in einer umfassenden modernen Auslegung vielmehr folgende *Teilgebiete*:

- **IT-Infrastruktur- und Konfigurationsmanagement:** Dokumentation der Infrastrukturelemente zur Unterstützung von Hardwarebeschaffungen; Hardwarereparaturen, Arbeitsdokumentation und Auftragsabwicklung; Systemplanung; Verbrauchsmittelüberwachung; allgemeine Geräteinformationen
- **Software-Lizenzmanagement (auch Software-Asset-Management; kurz SAM):** umfasst die Erfassung der Bestandsinformationen und die Bestandsüberwachung, das Prüfen der Lizenzierung (= vorhandene Lizenzen versus genutzte Software) sowie den Einsatz bzw. das Steuern der Lizenzbeschaffung

- **Service-Assetmanagement:** Dokumentation der IT-Serviceangebote (= Leistungskataloge) und der Service- und Supporterbringung
- **Schnittstellen des IT-Asset-Bestandsmanagements zu anderen Prozessen:** wie ServiceDesk-Management, Benutzerverwaltung, Systemmonitoring/Applikationsmanagement, Softwareverteilung

Das Bestandsmanagement (Asset Management) stellt die Basis für die Folgeprozesse dar und sollte umfassend ausgerichtet sein. Dies kann durch die ganzheitliche Definition der zu verwaltenden Objekte sowie der zugeordneten Detailinformationen bewirkt werden. Eine Übersicht über wesentliche Teilprozesse gibt Bild 11.3:

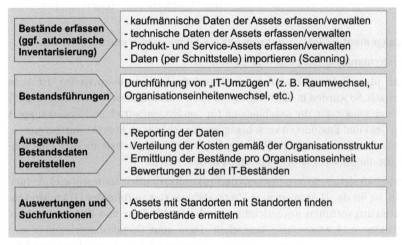

Bild 11.3 Nutzen eines ganzheitlichen IT-Asset-Managements

Folgende **Handlungsfelder** bedürfen der Ausgestaltung und Optimierung:

- Beschaffung und Verwaltung der IT-Infrastrukturen (Systemverwaltung, Beschaffungs- und Lieferantenmanagement, Lieferantenauswahl etc.),
- Beschaffung von Software/IT-Applikationen (Lizenzen beschaffen und managen, Applikationsentwicklung durch externe Akteure),
- Erbringen von IT-Services (beispielsweise Hardwarereparaturen, Softwareverteilung und Software-Lizenzierungsprüfung, Benutzerverwaltung, Störungsmanagement etc.),
- IT-Systemplanung und Produktlebenszyklusmanagement (etwa durch eine Erneuerung der Systeme oder eine Harmonisierung der IT-Landschaft),
- Kosten- und Finanzmanagement (zu den IT-Assets): Kostenerfassung (Investitionen und Abschreibungen, anfallende Lizenzgebühren), Kostencontrolling,
- Vertragsdokumentation bzw. -verwaltung,
- Compliance-Checks (IT-Audits).

Im Rahmen des **Configuration Management** geht es um das Bereitstellen und Pflegen eines logischen Modells der IT-Infrastruktur, der damit zusammenhängenden IT-Systeme und Systemschnittstellen. Ziele sind hier:

- Systeminfrastruktur transparent darstellen,

- Abhängigkeiten der Systeme untereinander dokumentieren,
- Abhängigkeiten zu Business-Prozessen dokumentieren,
- Aktualität der Systeminformation gewährleisten.

Auf diese Weise kann letztlich die effiziente Umsetzung weiterer Systemmanagementprozesse (zum Beispiel Release Management, Continuity Management, Risikomanagement) ermöglicht werden.

Leider wird IT-Asset- und Konfigurationsmanagement von manchen noch oft als eine lästige Pflichtaufgabe betrachtet. Dies sollte nicht so sein; denn durch ein konsequentes IT-Asset- und Konfigurationsmanagement

- kann den Anforderungen von IT-Auditierungen und IT-Revisionssicherheit in hohem Maße Rechnung getragen werden,
- lassen sich mitunter erhebliche Kosteneinsparungen realisieren,
- können Entscheidungen im Rahmen eines abgestimmten IT-Produkt-Lebenszyklusmanagements auf einer fundierten Basis getroffen werden sowie
- IT-Prozesse verschiedener Art optimiert realisiert werden.

11.2.1.2 Optionen für die IT-Systemplanung und die Weiterentwicklung der IT-Systeme

Ein weiterer Kernprozess im IT-Systemmanagement umfasst die kontinuierliche **Planung und Weiterentwicklung der IT-Systeme einer Organisation.** Ausgehend von strategischen und operativen Anforderungen an die IT-Systeme kommt es darauf an, ein tragfähiges Gesamtbild der IT-Entwicklung für das Unternehmen zu „zeichnen". Deshalb ist ein Architekturorientierungsrahmen hilfreich, der insbesondere die Zielarchitektur von IT-Infrastrukturen und IT-Applikationen beschreibt, die Beschaffung bzw. Entwicklung neuer IT-Systeme sowie die gezielte Anpassung vorhandener IT-Systeme (= Migrationsplanung) „ins Auge" nimmt.

Die **IT-Architekturplanung** ist – im Unterschied zur mittelfristigen Systemplanung – eher längerfristig ausgerichtet und richtet einen übergreifenden und vernetzten Blick auf alle IT-Systeme einer Organisation. Wichtig ist es unter Planungsgesichtspunkten, die Unternehmens-IT-Architekturen (Applikationslandschaft, Datenarchitekturen und IT-Infrastrukturen) auf die aktuellen und künftigen Herausforderungen der Geschäftsfelder und die sich daraus ergebenden Geschäftsprozesse des Unternehmens auszurichten.

Von besonderer Bedeutung dabei ist, dass die Soll-Bebauung der IT-Landschaft so entwickelt wird, dass den Anforderungen aller Beteiligten und Betroffenen in hohem Maße Rechnung getragen werden kann. Veraltete IT-Architekturen müssen komplett überarbeitet und erneuert werden. Die auf Stabilität und Sicherheit ausgelegten Backend-Systeme sollten so optimiert werden, dass sie die Frontend-Systeme in ihrer schnellen Weiterentwicklung unterstützen können.

Bezüglich des **Planungshorizonts** können zwei Bereiche aus Systemmanagementsicht unterschieden werden:

- mittelfristige IT-Systemplanung,
- strategische IT-Architektur- und Systemplanung.

Im Rahmen einer **mittelfristigen IT-Systemplanung** wird ein Planungshorizont von einem bis drei Jahre zugrunde gelegt. Dabei sind unter anderem die Herausforderungen für die Planungsarbeit wesentlich; zum Beispiel die Innovationsanforderungen der Kunden, Prozessharmonisierungsanforderungen der IT-Organisation, die Entwicklung der Provider- und Lieferantenbedingungen (etwa im Rahmen einer double vendor strategy), gesetzte Wartungsfristen für System-Releases sowie die vorliegenden strategischen Festlegungen.

Welche **Nutzenvorteile** können durch eine solche mittelfristige IT-Systemplanung erzielt werden? (unter der Annahme, dass die gesteckten Zielsetzungen erreicht werden):

- mittelfristige Planungssicherheit für eine übergreifende Systementwicklung; etwa bezüglich einer frühzeitigen Personalbeschaffung bzw. Qualifizierung der IT-Mitarbeiter (z. B. für neue Cloud- bzw. Mobility-Lösungen),
- Schaffen von Transparenz zu den IT-Vorhaben gegenüber Kunden und IT-Mitarbeitern,
- Bereitstellung einer umfassenden Informationsbasis für die Ausrichtung des operativen Systemmanagements,
- Unterstützung des Architekturmanagements durch Empfehlungen von den IT-Systemverantwortlichen,
- Berücksichtigung von identifizierten Kundenanforderungen für die mittelfristige Systementwicklung,
- Möglichkeit der Berücksichtigung der Release-Strategie der Systemhersteller und Einbezug zukünftiger Marktentwicklungen bei den angebotenen IT-Systemen.

Beachten Sie:

Notwendig für die Systemplanung ist es, die Vorgaben aus dem IT-Architekturmanagement zu analysieren und daraufhin Schlussfolgerungen für die vorhandenen bzw. betroffenen IT-Systeme zu ziehen. Dies erfordert unter anderem das Analysieren der strategischen Vorgaben sowie der Release-Strategie der Systemhersteller. Dazu sollten Systemverantwortliche eine permanente Marktbeobachtung zu den Systemen durchführen, die in ihrer Verantwortung liegen. Darüber hinaus sind Empfehlungen an das Architekturmanagement zu erarbeiten: Diese umfassen das Beeinflussen von Architekturvorgaben sowie das Formulieren von Systemnutzungsempfehlungen.

11.2.2 IT-Systeme betreuen und Systemsupport

Aufgrund der zunehmenden geschäftskritischen Bedeutung der IT-Systeme wird die Bedeutung von Service- und Support-Leistungen rund um die vorhandenen Server im Unternehmen immer wichtiger. Auf diese Weise kann auch beim Systembetrieb für den Kunden eine hohe Verfügbarkeit sichergestellt werden. Entscheidend wird für die Anbieter heute zunehmend die Bereitstellung eines Komplettpakets, das einerseits aus Hardware (Infrastrukturleistungen) sowie andererseits aus den damit verbundenen Services und Support besteht. Ergänzend rückt dazu auch die Software immer mehr in den Fokus, um so ein umfassendes Portfolio vom Systemmanagement über die Cloud-Anbindung bis hin zu Sicherheitslösungen abzudecken.

11.2.2.1 Change und Release Management

Verschiedene Gründe/Anlässe machen Änderungen bei den IT-Applikationen und IT-Installationen erforderlich. Diese Änderungsnotwendigkeiten resultieren beispielsweise aus

- Erfahrungswissen der Experten für das Störungs- oder Problem Management,
- festgestellten Fehlern in Applikationen oder Mängel in der Datenqualität,
- Änderungen bei den Geschäftsfeldern des Unternehmens bzw. der daraus abgeleiteten Geschäftsprozesse sowie
- der Einführung neuer Produkte oder Dienstleistungen (z. B. neue Geschäftsprodukte oder neue IT-Applikationen oder Datenorganisationsformen).

Im Zentrum der **Change-Management-Aktivitäten** steht das Bestreben, notwendige Änderungsprozesse unter Kontrolle zu bekommen und die durch Änderungen („Changes") verursachten (oft nicht zu vermeidenden) Störungen auf ein Minimum zu reduzieren. Sogenannte Requests for Changes (kurz RfCs), die dem Change Management zugeleitet werden, resultieren meist aus Service-Delivery-Prozessen sowie dem Problem Management. Dies können sein:

- Erneuerungs- und Verbesserungsvorschläge: Sie ergeben sich beispielsweise, wenn neue technische Konzepte bezüglich der IT-Infrastruktur verwirklicht werden sollen (etwa Virtualisierungskonzepte, Software-Defined-Storage-Lösungen oder mobile Lösungen u. a.).
- Korrekturvorschläge, die dazu beitragen, vorhandene strukturelle Fehler zu beheben.

Wo die Häufigkeit und Komplexität von Änderungen an konkreten Komponenten zunimmt, ist **Release Management** der Effizienz- und Qualitätshebel für die IT-Organisation. Durch eine entsprechende Gestaltung der Prozesse kann eine ordnungsgemäße Realisierung in der Infrastruktur bzw. der Daten- und Applikationsarchitektur sichergestellt werden. Die Arbeitsschritte erstrecken sich dabei von der Release-Planung, über die Steuerung der Test- und Abnahmeverfahren bis hin zur Backout- und Roll-out-Planung auf organisatorischer und technischer Ebene. In diesem Rahmen werden

- die Release-Policies definiert,
- die Schnittstellen für Softwarelieferungen gesteuert,
- Releases für den Einsatz autorisiert,
- die Masterkopien und Referenzkonfigurationen archiviert sowie
- der Change-Prozess für den Roll-out ausgelöst.

Das **Release Management** kann als Change-Prozess in wesentlich größerem Umfang angesehen werden. Ein Beispiel sind unternehmensweite Hard- und/oder Softwareeinführungen (etwa die Umstellung auf eine neue Collaboration-Lösung). Zu prüfen und festzulegen ist in diesem Fall, wie die Definition, Genehmigung und Steuerung von Hardware-/Software-Rollouts in Verbindung mit dem Change Management (z. B. neue Software-Releases, Upgrades) realisiert werden.

Ziel eines professionellen Release Management ist es, durch formelle Verfahren und Kontrollen bei der Implementierung neuer Versionen eine umfassende Servicequalität zu gewährleisten. Um die notwendigen Veränderungen an IT-Services bzw. Teilen von IT-Infrastrukturen erfolgreich zu implementieren, nutzt das Release Management in der Regel auch Methoden und Instrumente, die aus dem Projektmanagement bekannt sind. Dabei werden in einem ganzheitlichen Ansatz technische und nichttechnische Aspekte der Veränderungen im Projektplan berücksichtigt.

11.2.2.2 IT-System-Support

Um eine Optimierung der Supportleistungen zu erreichen, sollten die Aufgaben in zusammenhängenden Prozessen realisiert und permanent optimiert werden. Dazu zählen insbesondere die Prozesse der Störungsbearbeitung (= Incident Management) und des Problem Management:

- Durch ein optimiertes **Incident Management** kann eine schnellstmögliche Wiederherstellung des normalen Systembetriebs bei minimaler Störung des Geschäftsbetriebs gewährleistet werden.
- Durch ein optimiertes **Problem Management** besteht die Möglichkeit, dass die durch Fehler in der IT-Infrastruktur bzw. der Informationssystemarchitektur verursachten negativen Auswirkungen auf den Geschäftsbetrieb proaktiv verhindert bzw. minimiert werden.

Im Betrieb der bei Ihnen installierten IT-Systeme sind Störungen nicht ausgeschlossen. Diese haben zur Folge, dass tatsächlich oder potenziell die Servicequalität vermindert wird. Beispiele für solche IT-Störungen, die optimiert werden müssen, sind:

- Es kommt zu einem generellen Hardwareausfall bzw. die vorhandene Hardware ist nur eingeschränkt nutzbar, weil bestimmte Komponenten (beispielsweise Drucker) nicht funktionieren.
- Eine Anwendung ist nicht verfügbar (aufrufbar) oder führt zu fehlerhaften Ergebnissen.

Soll das Incident Management optimiert werden, sollte geprüft werden, wie aufgetretene kleinere IT-Störungen (Incidents) behoben werden und der normale Betrieb der IT-Systeme wiederhergestellt wird. Generell können folgende Aufgaben und Richtlinien vereinbart werden:

- Eingetretene Störungen sind zu klassifizieren; etwa im Hinblick auf ihre Relevanz, ihre vermuteten Auswirkungen sowie die Dringlichkeit der Störungsbehebung.
- Es muss dafür gesorgt werden, dass beim Eintreten von Störungen diese möglichst rasch zu beheben sind und der gewünschte Zustand wiederhergestellt wird.

Das Ziel für IT-Systemverantwortliche liegt deshalb auf der Hand: Es müssen Rahmenbedingungen geschaffen werden, so dass Systemprobleme rechtzeitig erkannt und neutralisiert werden, bevor sie zu Störungen (beispielsweise Stromausfall) oder zu Fehlern (beispielsweise zu Erfassungsfehlern) führen. Für das Systemmanagement ist daher entscheidend,

- wie Störungen abgefangen und Fehler bearbeitet werden und
- wie gewährleistet wird, dass nach deren Behebung der „saubere" Zustand der Informationsinfrastruktur wieder zur Verfügung steht.

Um ein wiederholtes Auftreten von Fehlern zu verhindern, ergeben sich für das IT-Systemmanagement unter Controlling-Aspekten folgende Teilaufgaben des Problem Management:

- Es müssen vorbeugende Maßnahmen vereinbart werden, um Störungen erkennen und möglichst abwenden zu können (Störungsmeldeverfahren).
- Es sind Maßnahmen zu entwickeln, um Fehler schnell erkennen und ihre Auswirkung minimieren zu können (Fehlermeldeverfahren).

- Die Auswirkungen einer Störung bzw. eines Fehlers nach vereinbarten Prioritäten (Lösungsmanagement) sollten minimiert werden.
- Störungen und Fehler sowie erfolgreich und nicht erfolgreich angewendete Maßnahmen zur Problembeseitigung sind zu dokumentieren (unter Nutzung einer Problemdatenbank und Problemlösungsdatenbank).

Fazit:

Zur Beseitigung von Problemen ist die sofortige Weiterleitung erkannter Störungen und Fehler an eine zentrale Stelle nötig. Diese ist dann für eine geordnete Erfassung, Verfolgung und Steuerung zuständig. Eine typische Konsequenz des Problem Management kann die Initiierung eines professionalisierten Änderungsmanagements sein. So machen die meisten Problemlösungen Änderungen erforderlich, die natürlich wieder Ursache für neue Probleme sein können.

11.2.3 Applikationen und IT-Infrastrukturen bereitstellen und verwalten

Typische Themenbereiche, die für das Systemmanagement zu bearbeiten sind, umfassen:

- Application Management und -Delivery,
- Infrastrukturmanagement,
- Netzwerkbetreuung,
- Cloud Management,
- Mobile Device Management.

11.2.3.1 Application Management and Delivery

Der erkannten Notwendigkeit, das Management der Anwendungsentwicklung und -bereitstellung zu unterstützen, liegen folgende Überlegungen zugrunde:

- Erhöhung des Geschäftswerts der Applikationen – nicht nur der Prozesseffizienz. Obwohl die Prozessoptimierung nach wie vor von Bedeutung ist, ist mehr Effizienz bei der Entwicklung und der Bereitstellung einer Software genauso wichtig wie die Möglichkeit, den Wert der Software zu beweisen, da sie zur Erreichung der Unternehmensziele beiträgt.
- Erweiterung des Lebenszyklus des Applikationsmanagements um die Bereitstellung und Betreuung der Anwendungen. Unternehmen sind sich heute dessen bewusst, dass sich der Lebenszyklus von Applikationen nicht auf Check-in- oder Aufbauphasen beschränken kann. Für das Systemmanagement ist es wichtig zu beachten, dass der Lebenszyklus einer Anwendung bzw. eines Applikationsportfolios von der Einführung derselben bis zur kontinuierlichen Unterstützung reicht.

Erfahrungen zeigen, dass die IT-Systeme unflexibel, angreifbar und wenig leistungsfähig sind (geringe Maturitätsstufe), wenn das Applikationsportfolio unzureichend gemanagt wird. Diesem Trend proaktiv zu begegnen, stellt eine wesentliche Herausforderung für das **Applikationsmanagement** dar.

Wichtig ist: Das IT-Systemmanagement kann durch ein gutes Applikationsmanagement dazu beitragen, dass die Unterstützung der Geschäftsentwicklung eines Unternehmens zum richtigen Zeitpunkt und mit der benötigten Leistung bei gleichzeitiger Maximierung des Return on Investment erfolgt. Dies verlangt unter anderem das Mitverfolgen der Technologietrends und der daraus resultierenden fachlichen Verbesserungen sowie die Sicherstellung des entsprechenden Deployments.

11.2.3.2 IT-Infrastruktur-Management (Endpoint-, Desktop-, Server- und Storage-Systeme)

Klassische Architekturkonzepte wie Client-Server-Architekturen werden heute ersetzt oder ergänzt durch Thin-Client-Lösungen sowie Virtualisierungskonzepte (Desktop-/Server-Virtualisierungen). Der rasante Ausbau von Virtualisierungstechnologien und Strategien zur Plattformkonsolidierung ermöglichen es Unternehmen, die Server- und Storage-Ressourcen effizienter zu nutzen. Viele Unternehmen haben ihre Serverlandschaft bereits vollständig oder weitestgehend virtualisiert.

Ein effizientes und ganzheitliches Management der implementierten IT-Infrastrukturen (Desktop-Systeme/Clients, Server, Storage-Systeme und weitere spezifische Peripheriesysteme) ist heute in Unternehmen aller Größenordnungen unverzichtbar. Nur so können die IT-Infrastrukturen „stabil" und „wirtschaftlich" betrieben werden und in Verbindung mit den IT-Applikationen optimal die Geschäftsprozesse der Wirtschaftsunternehmen und der Dienstleistungsorganisationen unterstützt werden.

Zu prüfen ist, wann ein Umstieg auf neue Lösungen Sinn macht. Hier hilft auch ein gut organisiertes **Produkt-Lebenszyklusmanagement:**

- Moderne Thin Clients bieten den Organisationen die Option, sich schnell an veränderte Arbeitsplatzanforderungen anzupassen, wie etwa virtuelle Desktops. Bezüglich der Verwaltung müssen IT-Systemverantwortliche beachten, dass dann gleichzeitig aber auch die IT-Betriebs- und Supportprozesse geändert werden müssen.

- Um den vielfältigen Änderungen in der IT-Infrastruktur eines Unternehmens folgen zu können, muss auch die Speicherarchitektur modernisiert werden. Um das breite Spektrum verfügbarer Speichertechnologien voll nutzen und die Daten auf dem hinsichtlich Preis/Leistung jeweils geeigneten Speicherformat platzieren zu können, ist **Automated Storage Tiering** in einer Speicherarchitektur der nächsten Generation sinnvoll.

Wesentliche **Aufgabenbereiche für das Managen von IT-Infrastrukturen** lassen sich aus dem Lebenszyklus der IT-Infrastrukturen ableiten. Dabei können sich – je nach Infrastrukturtyp (z. B. Clients, Server, Cloud-Services, Mobile Devices) und gewähltem IT-Architekturkonzept (zum Beispiel Thin- oder Fat-Clients) – spezifische Differenzierungen hinsichtlich der Art der Aufgaben sowie der Prozesse ergeben. Managementaktivitäten, die im Rahmen der Produktlebenszykluszeit anfallen, umfassen:

- Planung, Auswahl und Beschaffung von IT-Infrastrukturkomponenten,
- Inbetriebnahme von IT-Infrastrukturen vor Ort (inklusive Patch Management, Benutzerkonfiguration und Kurzeinweisung),
- Reparaturen, Wartungen, diverse Anpassungen und Aufrüstungen,
- Überwachung des Systembetriebs (Performance Management von Servern u. a.),

- Sicherheitsmanagement zu den IT-Infrastrukturen,
- Außerbetriebnahme von IT-Infrastrukturkomponenten bzw. von IT-Systemen (am Ende des Hardwarelebenszyklus).

Sofern bereits Virtualisierungskonzepte umgesetzt sind, werden oft zahlreiche virtuelle Maschinen auf wenigen, aber dafür leistungsfähigeren Servern konsolidiert. Viele geschäftskritische Applikationen laufen deshalb oft auf wenigen Hosts, so dass bei auftretenden Störungen der Geschäftsbetrieb empfindlich gestört werden kann. In diesem Fall sind ausgefeilte Konzepte für das Failover und die Hochverfügbarkeit zu entwickeln und umzusetzen. Weiterhin muss auf die konsequente Weiterentwicklung von Managementlösungen in heterogenen Virtualisierungsumgebungen Wert gelegt werden. Dabei sind die Storage-Lösungen einzubinden, insbesondere wenn diese auch virtualisiert werden.

Infrastructure-Management-Tools ermöglichen zudem eine proaktive Überwachung und Verwaltung der Leistungen der IT-Infrastrukturen bzw. der Komponenten. Varianten sind Tools für das Performance Management, Change und Konfigurationsmanagement, Ressourcenmanagement sowie für das Produktlebenszyklusmanagement.

11.2.3.3 Computernetzwerke verwalten und überwachen

Computernetzwerke stellen – basierend auf einer IT-Infrastruktur – im Wesentlichen Anwendungen (Applikationen) und Dienste (Services) verschiedener Art) den Anwendern in einer messbaren gewünschten Qualität bereit. Dabei kann es sich sowohl um lokale als auch weltweite Netze (LAN, WAN etc.) handeln. Im Wesentlichen können mit einer differenzierten Vernetzung der Computersysteme drei **Zielsetzungen** verfolgt werden:

- Gemeinsame Nutzung von Ressourcen; beispielsweise die Möglichkeit des Zugriffs auf Server, Datenbanken bzw. Dokumentenbestände, Mediendateien sowie die gemeinsame Verwendung von Storage- und Drucksystemen (Netzwerkdrucker oder andere Peripheriegeräte).
- Ermöglichung einer Kommunikation zwischen den Netzwerkbenutzern mittels unterschiedlicher Kommunikationsformen (Daten- und Textkommunikation, Telefonie, Video-Conferencing etc.)
- Möglichkeit der zentralen Verwaltung von Systemen, Datenbeständen sowie Benutzern eines Netzwerks (etwa auch durch das Managen von Benutzerberechtigungen)

Das **Netzwerkmanagement** hat die Verwaltung und Überwachung der verschiedenen Computernetzwerke zum Zweck einer optimalen Leistungserbringung für die Nutzer zum Gegenstand. Dazu gehören insbesondere folgende Zielorientierungen und Maßnahmenbereiche:

- Gewährleistung eines effektiven und effizienten Betriebs der IT-Systeme und Ressourcen in einem Unternehmen (bei denen die Nutzung über Computernetzwerke organisiert wird)
- Verwaltung der Funktionen und Komponenten des Computernetzwerks. Hierzu zählen die Erfassung sämtlicher Geräte im Netzwerk sowie die Inventarisierung der Netzwerkkomponenten.

- Überwachung der Netzwerkkomponenten auf deren ordnungsgemäßes Funktionieren sowie das Gewährleisten der vereinbarten Leistungen (Monitoring)
- Steuerung von Netzwerkfunktionalitäten und Kommunikationsdiensten (Performance Control) sowie die ständige Messung der Leistungsfähigkeit des Netzwerks (Performance)

Den Überlegungen der internationalen Standardisierungs-Organisation (ISO) folgend werden fünf wesentliche **Funktionsbereiche für das IT-Netzwerkmanagement** unterschieden:

- Konfigurationsmanagement,
- Fehlermanagement,
- Leistungsmanagement,
- Abrechnungsmanagement und
- Sicherheitsmanagement.

Das **Konfigurationsmanagement** (Configuration Management) umfasst alle Hilfsmittel und Funktionen zur Planung, Erweiterung und Änderung der Netzwerkkonfiguration. Dies schließt die Aufnahme, die Verwaltung und die Pflege der Konfigurationsinformationen für das Netzwerk unterstützende Systeme ein. Die Erfassung aller Komponenten **(Configuration Items)** eines Netzwerks bildet eine wichtige Grundlage, um mittels einer Überwachungsfunktionalität eine sichere Leistungserbringung durch die Computernetze im Unternehmen nachhaltig zu gewährleisten.

Zum **Fehlermanagement** (Fault Management) rechnen alle Aktivitäten und Instrumente, die zur Fehlerprophylaxe, Fehlererkennung und Fehlerbehebung im Netzwerk notwendig sind bzw. benutzt werden können. Wichtig ist in jedem Fall das rechtzeitige Erkennen, Melden und Beheben von auftretenden Fehlerzuständen im Netzwerk. Damit verbunden besteht die Herausforderung zur Optimierung der Prozesse im Fehlermanagement.

Das **Leistungsmanagement** (Performance Management) stellt Hilfsmittel und Werkzeuge zur Messung und Verbesserung des Leistungsverhaltens des Netzwerks bereit. Dazu werden wichtige Leistungsdaten zusammengestellt, gesammelt und via Statistiken ausgewertet. Zur Steuerung werden für das Netzwerkmanagement Grenzwerte als Kennzahlen festgelegt, die aufzeigen, wann und wo Eingriffe durch Netzwerkadministratoren notwendig sind. Im Rahmen des sogenannten Netztuning lassen sich so optimierte Lösungen erzielen.

Ein **Abrechnungsmanagement** (Accounting Management) ermöglicht eine ordnungsgemäße Abwicklung der Benutzung des Netzwerks. Dazu zählen Instrumente wie Zugangsverwaltung, Verbraucherkontrolle und Abrechnungshilfen sowie Informationsdienste. Letztlich bilden die erfassten Daten zur Nutzung des Netzes die Basis, um entsprechende Rechnungen an die Kunden stellen zu können (im Sinne einer verursachungsgerechten internen IT-Kosten- und Leistungsverrechnung).

Das **Sicherheitsmanagement** (Security Management) ist verantwortlich für die Überwachung der Zugriffsberechtigungen auf Netze, LAN-Segmente, Dienste und weitere Ressourcen. Wesentliche Teilaufgaben im Rahmen des Sicherheitsmanagements für IT-Netzwerke umfassen die Authentifizierung von Benutzern sowie die Gewährleistung, dass nur autorisierte Benutzer auf das Netzwerk zugreifen können und die Leistungen des Netzwerks in Anspruch nehmen können.

Ein Hinweis: In der englischen Sprache wird (quasi als Fachjargon) für die Aktivitäten im Netzwerkmanagement das Kürzel OAM verwendet: für **O**peration, **A**dministration and **M**aintenance.

Beachten Sie:
Wesentliche Handlungsfelder für das Managen von Computernetzwerken sind: Konfigurationsmanagement, Fehlermanagement, Leistungsmanagement, Abrechnungsmanagement und Sicherheitsmanagement. In der Praxis ist eine Optimierung der genannten Handlungsfelder anzustreben. Dazu gilt es geeignete Instrumente und Werkzeuge auszuwählen, Rollen und Verantwortlichkeiten zu definieren sowie Prozesse zu vereinbaren, die sicherstellen, dass die vereinbarten Leistungen termingerecht für die Kunden erbracht werden.

11.2.3.4 Cloud-Integration managen

IT-Systemverantwortliche müssen immer mehr integrierte Cloud-Services erbringen. Digitale Transformation ist mittlerweile eine Pflichtaufgabe für jeden IT-Manager bzw. IT-Systemverantwortlichen. Dabei wird die disruptive Veränderung von Märkten und Geschäftsmodellen von Unternehmen durch Trends wie Industrie 4.0 oder das vernetzte Auto mit einer Kette nachgelagerter neuer Dienstleistungen charakterisiert. Ohne Cloud Computing bzw. die Private oder Hybrid Cloud als das neue Herzstück der Unternehmens-IT dürfte dieser Wandel nicht gelingen.

Transparente und maßgeschneiderte Cloud-Services, die mit Technik-Know-how und Verständnis für die Geschäftsziele betrieben werden, tragen in vielen Fällen sicher dazu bei, die Geschäftsprozesse von Unternehmen nachhaltig zu verbessern. Vielfach wird davon ausgegangen, dass Cloud-Services die Realisierung von Arbeits- und Geschäftsprozessen im Unternehmen agiler und kosteneffizienter machen können. Die Unternehmen können so schneller und flexibler auf Veränderungen reagieren.

Grundsätzlich bieten sich hinsichtlich der Umsetzung folgende **Alternativen**:

- **Private Cloud:** Im Rahmen einer „Private Cloud" behält die IT-Abteilung die Kontrolle über das Cloud Management, so dass Sicherheitsbedürfnissen in besonderer Weise Rechnung getragen werden kann.
- **Public Cloud:** Die „Public Cloud" wird vom Anbieter der Cloud-Lösung verwaltet und ermöglicht es dem Anwender, in erhöhtem Maß von Skaleneffekten zu profitieren.
- **Managed Private Cloud:** Unternehmen erhalten hier eine dedizierte Infrastruktur in einer Public-Cloud-Umgebung, die eigens für sie bereitgestellt wird. Diese Variante gewinnt an Bedeutung, da im Laufe der Zeit die Anbindung zur Public Cloud durch VPNs und Direct Ethernet Links verbessert wurde.

Mittlerweile haben die Cloud-Dienste das Potenzial, unternehmenseigene Server-Infrastrukturen zumindest teilweise abzulösen. Immer mehr Unternehmen lagern Anwendungen als Service in die Cloud aus, um so ihre hauseigene IT-Infrastruktur zu entlasten oder Kosten zu sparen. Dabei verfolgen die Firmen ein hybrides Konzept, bei dem Teile der Anwendungen in der privaten Cloud beziehungsweise Infrastruktur belassen werden und der andere Teil in eine öffentliche Cloud verschoben wird.

Ein wichtiger Punkt beim Einführen von Cloud-Diensten ist die Integration in die bestehende IT-Infrastruktur. So erfordert der Cloud-Ansatz in der Regel eine speziell an die Bedürfnisse des Unternehmens angepasste IT-Infrastruktur. Herkömmliche und oft veraltete IT-Systeme lassen sich an die neuen Herausforderungen vielfach nicht anpassen. Durch die hohe Leistungsdichte und die Vielzahl der verschiedenen Prozesse in einem System spielt die Ausfallsicherheit der Hardware eine zentrale Rolle. Mit der Nutzung von Cloud-Diensten verändert sich natürlich auch die interne Server-Landschaft der IT-Abteilung.

Der Einstieg und die Optimierung von Cloud-Optionen verlangen vom IT-Management **Entscheidungen,** auf welche Plattformen das Unternehmen bzw. die IT-Organisation dabei künftig setzen will. Zu entscheiden ist unter anderem, mit welchen mobilen Geräten die Endbenutzer künftig auf die Cloud zugreifen können. Darüber hinaus muss entschieden werden, mit welcher Plattform eigene Anwendungen für die Cloud entwickelt werden sollen.

Zur Lösung der skizzierten Herausforderungen bedarf es zunehmend standardisierter Vorgehensweisen, um gezielt zu prüfen, wie sich eine Cloud-Lösung in die vorhandene Architektur und IT-Infrastruktur sinnvoll und effizient einbinden lässt. Zu beachten ist dabei auch, dass eine dynamische Technik wie Cloud Computing die Grenzen der Unternehmens-IT über das hauseigene Rechenzentrum hinaus verschiebt, etwa im Falle des Einbeziehens von Public Cloud Services.

Hinzuweisen ist aus Systemmanagementsicht darauf, dass Cloud-Computing-Umgebungen in Bezug auf das Gewährleisten der Security-Anforderungen IT-Verantwortliche und Systemadministratoren vor neue Herausforderungen stellen. Durch die wachsende Zahl von Virtual Machines steigt das Sicherheitsrisiko, weil alle diese Komponenten verwaltet werden müssen (zu denken ist etwa an Patch Management, die Implementierung von Schutzsoftware, das Einspielen von Updates und vieles mehr). Außerdem ist es in einer Cloud-Umgebung wegen der hohen Komplexität schwieriger, Compliance-Vorgaben umzusetzen und die entsprechenden Audits vorzunehmen.

11.2.3.5 Enterprise Mobility Management und Mobile Device Management

Mobile IT-Systeme und mobil tätige Fach- und Führungskräfte sind aus der Unternehmenspraxis nicht mehr wegzudenken. Viele Unternehmen haben bereits in den letzten Jahren mobile Systeme (Smartphones, Tablets, Notebooks etc.) in einem gewissen Umfang den Fachbereichen bereitgestellt und dafür angepasste Unternehmenslösungen realisiert.

Heute muss die Unternehmensführung bzw. das IT-Management ergänzend darüber nachdenken, nicht nur die bisherigen mobilen Unterstützungssysteme zu optimieren, sondern weitere Anwendungsbereiche zu erschließen und weiteren ausgewählten Mitarbeiterinnen und Mitarbeitern maßgeschneiderte mobile IT-Systeme mit geeigneten Applikationen bereitzustellen. Darüber hinaus sollen auch für bereits vorhandene mobile IT-Systeme dem „mobile worker" zusätzliche bzw. neue Applikationen zur Verfügung stehen.

Eine Übersicht über die **Herausforderungen und Handlungskonsequenzen,** die sich durch mobile Systeme in der Unternehmenspraxis ergeben, gibt die folgende Tabelle 11.3:

Tabelle 11.3 Handlungsnotwendigkeiten für das Managen mobiler IT-Systeme

Herausforderungen	Folgen und nötige Handlungskonsequenzen
Mobile IT-Systeme in die Unternehmenspraxis (die IT-Landschaft) integrieren	- Entwicklung und Bereitstellung mobiler IT-Systeme, die hohen Nutzen für die Beschäftigten und das Unternehmen insgesamt stiften (eingebettet in eine mobile IT-Strategie) - Mobile Device Management – Lösungen (kurz MDM) einführen - Sicherheitsmanagement (etwa für Datenzugriffe von mobilen Geräten) etablieren
Hohe Vielfalt der eingesetzten mobilen Systeme	- Transparenz via IT-Assetmanagement (das auch mobile Systeme einschließt) herstellen - Standards zu den einzuführenden mobilen IT-Systemen vereinbaren - Schnittstellen zwischen unterschiedlichen Systemen definieren, Übergänge sichern und Insellösungen vermeiden
Bring Your Own Device-Lösungen	- Integration der privaten Mobilgeräte in die Unternehmensorganisation ermöglichen (Nutzung und Betreuungskonzept gewährleisten) - Lösungen für BYOD entwickeln und Nutzungsrichtlinien vereinbaren
Zunehmende Anzahl mobile Workers	- Klare Identifikation der Nutzergruppen, die mobile Systeme in der Unternehmenspraxis zur Aufgabenerfüllung benötigen (inkl. Netz- und Datenzugriffe) - Übergreifendes Enterprise Mobile Management (EMM) einführen
Zunahme von Sicherheits- und Rechtsrisiken	- IT-Risikomanagement einbeziehen - Rechtsfragen zur Nutzung mobiler IT-Systeme klären und beachten (IT-Compliance-Management)

Die Herausforderung für den CIO, für das IT-Management bzw. die Systemverantwortlichen besteht dabei vor allem darin, sowohl einen hohen geschäftlichen Nutzen für das Unternehmen zu realisieren als auch dem Wunsch der Mitarbeiterinnen und Mitarbeiter nach mobilem Arbeiten nachzukommen.

Unternehmen kommen heute nicht umhin, ein umfassendes Management aller mobilen Geräte (ein sog. **Mobile Device Management**) einzuführen, die im Unternehmen vorhanden sind. So kann systematisch eine mobile Systemlösung im Unternehmen integriert aufgebaut sowie gleichzeitig ein eventueller Wildwuchs mobiler Applikationen verhindert werden. Eine weitere Handlungsnotwendigkeit für die Systemplaner und das Systemmanagement betrifft die **Konsolidierung** der sich auf den mobilen Systemen im Einsatz befindlichen Betriebssysteme. Dabei gilt es die vielfältigen Interessen der Fachbereiche sowie der IT-Organisation bzw. des Gesamtunternehmens „unter einen Hut" zu bringen und zugleich die Bedingungen bzw. den Aufwand für die IT-Administration optimiert zu gestalten.

Eine wesentliche Aktivität und Herausforderung für IT-Systemverantwortliche ist auch die **Gewährleistung geregelter Datenzugriffe** für die jeweils definierten Nutzer mobiler IT-Systeme. Idealerweise sieht diese so aus, dass die jeweiligen Nutzer in ihrer Rolle als Unternehmensmitarbeiter einen abgestimmten und abgesicherten mobilen Zugriff auf die Datenbestände im Unternehmen erhalten, die sie zur Unterstützung ihrer Arbeitsaufgaben benötigen.

Merke:

„Mobile device management has become a must-have solution for any organization that wants to efficiently and cost-effectively manage and secure its handheld devices." *Source: Forrester, Mobile Device Management Trends and Best Practices. 2012*

Der Einsatz mobiler Technologien verspricht in vielen Fällen effizientere Geschäftsprozesse, produktivere Mitarbeiter, schnellere Entscheidungen und eine einfachere Zusammenarbeit. Um ein optimales Anwendungsfeld für mobile Systeme zu schaffen, kommen Unternehmen nicht darum herum, dafür eine entsprechende Organisation zu etablieren bzw. entsprechende Aufgaben und Verantwortlichkeiten dazu zu vereinbaren. Diese werden in der Regel von Systemmanagern (SystemOwner) wahrgenommen. Als **zentrale Aufgaben** bezüglich Aufbau und Betreuung einer mobilen IT-Systemorganisation werden gesehen:

- Verwalten der beschafften und in Nutzung befindlichen mobilen Systemkonfigurationen (Überblick über Benutzer, Endgeräte und Anwendungen),
- Bereitstellung der Systeme für die Fachbereiche/Nutzergruppen (zur dauerhaften oder fallbedingten Nutzung),
- Konsolidierung und integrale Verankerung der mobilen Systeme in die Netzwerkinfrastruktur des Unternehmens bzw. in öffentliche Netze,
- Monitoring der Nutzung der mobilen Systeme (Endgeräte, Anwendungen sowie Daten- und Netzzugriffe),
- Organisation von Sicherheitsvorkehrungen für die Nutzung der Endgeräte, Anwendungen und Daten.

Um den mobilen Anwendern ein erfolgreiches Arbeiten im Unternehmensinteresse zu ermöglichen, müssen also die Systemverantwortlichen entsprechende Lösungen bereitstellen und dazu angepasste Services erbringen. Für die Umsetzung dieser Aufgaben hat sich – gestützt durch Instrumente und Tools – mittlerweile der Begriff **Mobile Device Management** (MDM) etabliert. Dabei steht zunächst einmal die **Inventarisierung** (= Verwaltung der Mobilgeräte) im Mittelpunkt. Die weiteren Aufgaben, die in der Regel toolgestützt erfolgen, umfassen:

- **Application Management von mobilen Devices:** Applikationsbereitstellung und Management der Applikationen
- **Remote-Support und Zugriffsmanagement:** Bereitstellen von Netzwerkzugriffen (Internet, Unternehmensnetzwerke, WLAN etc.); Ermöglichen von ausgewählten Zugriffen auf Datenbanken
- **Security Management:** Schutz der Daten etc.
- **Abrechnungen** durchführen (Lizenznutzung, Gebührenanfall etc.)

11.2.4 IT- und digitale Plattformen managen

Mit dem Aufkommen des digitalen Zeitalters haben sich die **Plattformarchitekturen** rasant entwickelt. Während Plattformen der ersten Generation (etwa Plattformen für Betriebssysteme, Storage-Lösungen oder für das Netzwerk- und Datenmanagement) sehr technisch waren, haben sich Plattformen mittlerweile stärker in Richtung Kunden- und Businessorientierung geändert. Plattformarchitekturen der zweiten Generation haben den Fokus stärker auf organisatorische Effizienz gerichtet und verfolgen einen stärker integrativen Ansatz mittels strukturierter Methoden und Prozesse wie ITIL oder über virtuelle und hybride Infrastrukturen. Im Mittelpunkt des Plattform-Managements stehen dabei Kapazitäts- und Leistungssteuerung sowie Sicherheit und Risikomanagement.

Mit dem digitalen Zeitalter, den damit verbundenen innovativen Technologien und Applikationen sowie erfolgreich implementierten Digitalisierungslösungen ist für viele CIOs bzw. IT-Organisationen die Herausforderung verbunden festzustellen, ob die notwendige hohe Veränderungsgeschwindigkeit, die die Digitalisierung erfordert, mit der bisherigen Organisation leistbar ist. Denn nun gilt es, neue Geschäftsprodukte zu realisieren bzw. im Wettbewerb immer wieder darauf bezogene digitale Lösungen zeitnah zu implementieren (die IT wird in immer mehr Unternehmen Teil des Geschäfts). Die entscheidende Frage: Können diese neuen Herausforderungen durch die klassische IT bewältigt werden, oder bedarf es besonderer struktureller Lösungen und besonderer Technologien?

Bestehende Strukturen, Prozesse und Methoden der IT- und Unternehmenspraxis reichen nur selten aus, um den Herausforderungen der Digitalisierung gerecht zu werden. So gehören zu den neuen Anforderungen beispielsweise kürzere Release-Zyklen bei den Applikationen und Produktionsverhältnissen in der IT, einfach skalierbare und modulare Architekturen sowie schlankere Entscheidungs- und Projektmanagementprozesse. Auch die Prozesse im Anforderungs-, Change- und Release-Management müssen effizienter werden. Dazu werden heute verschiedene IT-Plattformen angeboten, die eine zentrale Rolle übernehmen. Unternehmen, die digitale Transformation erfolgreich realisieren wollen, müssen auf diesen Plattformen präsent sein oder sogar selbst eine Plattform entwickeln und betreiben (sog. **Digital Platform Management**).

Plattformarchitekturen der heutigen Generation sind vielfältig ausgeprägt und ermöglichen umfassende Innovationen für die IT-Landschaft. Durch Innovationen wie die Hybrid-Cloud, Kompetenzzentren für spezifische Aktivitäten, Automation und Orchestrierung sowie Self-Service-Portale kann die IT einen hohen Beitrag zum Unternehmenserfolg leisten. Sie fungieren dazu als Business Enabler und prägen mitunter sogar das Geschäft der Unternehmen entscheidend.

Typische Themenbereiche, die das Plattform-Management betreffen, umfassen:
- Cloud-Plattformen (PaaS) managen
- Big-Data und Informationsmanagement-Plattformen betreiben
- Mobile Enterprise managen
- Digitale Plattformen (Öko-Systeme) aufbauen und nutzen
- IoT-Plattformen

Nehmen wir exemplarisch **Plattformen für das Cloud-Computing.** In der Praxis ist festzustellen, dass die Komplexität von Cloud-Infrastrukturen sich immer mehr erhöht und hybride Systeme die Konsequenz sind: Unternehmen können sowohl Teile ihrer Systeme in eigener Regie on-premise betreiben als auch bestimmte IT-Komponenten in die Cloud auslagern. Dabei nutzen viele Firmen mittlerweile eine Kombination aus Public-Cloud- und Private-Cloud-Elementen (Hybrid Cloud), was das Management der Architekturen noch komplexer macht.

Ohne Zweifel ist zu beachten, dass jede Cloud-Plattform ihre Stärken und Schwächen hat. Ähnlich wie bei klassischen IT-Investitionen in Hardware oder Software muss strategisch im Unternehmen entschieden werden, ob das Unternehmen auf einen einzigen oder doch lieber auf mehrere Anbieter setzt. Eine Cloud-Plattform, die optimale Skalierbarkeit, Verfügbarkeit und Sicherheit für jede Anwendung bei niedrigen Kosten garantiert, gibt es in der Praxis nicht. Unternehmen werden sich deshalb – so eine verbreitete Expertenposition – fast zwangsläufig in Richtung einer **Multi-Provider-Strategie** bewegen. Konsequenz: verschiedene Systeme für Hybrid Cloud Management sind unverzichtbar!

Das Management solcher Multi-Cloud-Umgebungen ist für Unternehmen durchaus eine Herausforderung. So setzen Cloud-Service-Provider in der Regel verschiedene Verfahren ein, beispielsweise für den Log-in von Nutzern. Darüber hinaus werden virtuelle Maschinen, Speicherressourcen oder Netzwerkfunktionen bei jedem Cloud-Anbieter auf unterschiedliche Art konfiguriert und verwaltet. Auch die angebotenen Monitoring- und Backup-Funktionen unterliegen mehr oder weniger proprietären Service-Spezifikationen und werden von verschiedenen Tools gemanagt. Um nicht von einem einzigen Cloud-Service-Provider abhängig zu sein, arbeitet eine Vielzahl von Unternehmen diesbezüglich mit verschiedenen Partnern zusammen. Um einen maximalen Nutzen aus der hybriden IT-Umgebung zu ziehen, ist es erforderlich, dass die Cloud-Services sinnvoll orchestriert werden.

Merke:

In der Unternehmenspraxis sind derzeit hybride IT-Infrastrukturen verbreitet, wobei ein Mix aus verschiedenen Public- und Private-Cloud-Angeboten zur Anwendung gelangt. Ergebnis sind in der Regel komplexe Enterprise-IT-Architekturen, die ein Management erheblich erschweren können. Empfehlungen an Unternehmen gehen vielfach dahin, eine Strategie für die Orchestrierung von Cloud-Services zu entwickeln und die Umsetzung mittels Multi-Cloud-Plattformen zu realisieren. Der Vorteil liegt vor allem darin, dass eine höhere Transparenz gegeben ist sowie Kosten eingespart werden können.

Als Reaktion auf die rasante Veränderung in der Unternehmenskultur **(Trend zur mobile enterprise)** haben sich aus einfachem Mobile Device Management (MDM) sehr schnell komplexe **Enterprise Mobility Management (EMM)**-Lösungen entwickelt. Daraus ergeben sich vor allem folgende Anforderungen:

- Hinsichtlich Geräteeinsatz und -verwaltung geht es darum, für IT-Systemverantwortliche, Optionen anzubieten, um verschiedene Komponenten des mobilen Unternehmensnetzwerks effektiv zu verwalten und entsprechende Supportleistungen zu erbringen.
- IT-Verantwortliche sollten in der Lage sein, auch bei mobilen Geräten und Apps den Überblick zu behalten und den Bestand bzw. die Nutzung mobiler Lösungen dynamisch abzubilden. Dies kann mit einer Software-Asset-Management-Lösung geschehen, die geschäftlich genutzte mobile Apps „lückenlos" verwalten kann.

Unter Beachtung der genannten Ausgangsanforderungen lassen sich folgende besonderen Möglichkeiten unterscheiden, die effiziente **EMM-Lösungen** für die Unternehmenspraxis bzw. für ein IT-Systemmanagement bieten:

- **Ressourcenbereitstellung** bzw. Gewährleistung effizienter und sicherer Netzwerkzugriff für die mobilen Systemlösungen,
- umfassendes **App-Management** der vom Unternehmen erworbenen Applikationen; inkl. Lebenszyklusmanagement: Beschaffung, Installation, Freigabe, Monitoring,
- maßgeschneiderter **Support für die mobilen Lösungen** sowie Bereitstellung von Angeboten zum Selfservice,
- die Verwaltung von geschäftlichen und persönlichen Daten sowie intelligentes **Application Management** auf den privaten (BYOD) und firmeneigenen Geräten,
- Option zur **Verwaltung ausgewählter Daten in der Cloud** oder vor Ort über eine einzige Managementkonsole.

Ein abschließender Hinweis: Die Enterprise Architekturen des Unternehmens gewinnen im digitalen Zeitalter eine weitere zunehmende Bedeutung. Durch nachhaltige Plattform-Entscheidungen über die Bereiche IT-Infrastrukturen, Anwendungen (digitale Applikationen) sowie Geschäftsfunktionen/Geschäftsprozesse des jeweiligen Unternehmens werden Potenziale für die Digitalisierung gezielt erkannt und die Konsequenzen für innovative Architekturen und Technologien gezogen. Bestehende IT-Architekturen (und damit verbundene Systeme) müssen dazu „entrümpelt" werden. Offenen Schnittstellen (APIs) und DevOps gehört die Zukunft, weshalb ein professionelles Produkt-Lebenszyklusmanagement für IT-Systeme und digitale Produkte wesentlich ist.

11.2.5 Beziehungsmanagement für das Bereitstellen von IT-Systemen

11.2.5.1 Kundenbeziehungsmanagement gestalten

Zur Umsetzung der Kunden- und Serviceorientierung ist auch für IT-Systemverantwortliche eine kontinuierliche Maßnahmenentwicklung unumgänglich, die unter anderem auch eine Harmonisierung der Kunden- und IT-Anforderungen (Customer Relationship Management, Demand Management) in Bezug auf die IT-Systeme einer Organisation ermöglicht.

Wesentliches Ziel für das kundenorientierte IT-Anforderungsmanagement ist es, effiziente und fehlerarme (störungsfreie) IT-Systeme bzw. IT-Lösungen zu entwickeln und dem Anwender so bereitzustellen, dass eine hohe Kundenzufriedenheit für den Systembetrieb erreicht wird. Im Hinblick auf ein geeignetes Kundenmanagement aus Sicht der Systemverantwortlichen ist es besonders wichtig, die Kundenanforderungen an die IT-Systeme zu verstehen und gemeinsam zu Vereinbarungen über die Qualität der Bereitstellung von IT-Systemleistungen zu gelangen. Wesentliche Fragenkreise dabei sind:

- Wie zufrieden ist der Kunde mit den bisher eingesetzten IT-Systemen und den dazu erbrachten Supportleistungen?
- Wann benötigt der Kunde neue Infrastrukturkomponenten, eine verbesserte Applikation oder optimierte IT-Services?
- Wie können die Richtlinien zur Nutzung mit den Kunden erarbeitet und weiterentwickelt

werden und dabei wesentliche Faktoren wie Sicherheit und Verfügbarkeit der Systeme gewährleistet bleiben?

Anforderungen der IT-Kunden können sich auf unterschiedliche Domänen beziehen, etwa verschiedene Architekturbereiche bzw. Systemebenen (Standardanwendungen, Individualapplikationen, Datenarchitekturen und Storage, Infrastrukturen etc.) oder verschiedene Funktions- und Prozessfelder betreffen.

Neben dem Anforderungsmanagement ist zur Kundenorientierung auch ein angemessenes **SLA-Management** zu den IT-Systemen sowie ein zielgruppenorientiertes kontinuierliches **Marketing der IT-Produkte** (= IT-Systeme) und IT-Services notwendig. So kann ein besonderes Bewusstsein beim Anwender im Unternehmen geschaffen und gleichzeitig die Qualität der IT-Systeme erhöht werden.

11.2.5.2 Lieferantenbeziehungsmanagement für IT-Systeme und Beschaffungen

Systematisches Lieferantenmanagement ist auch in Bezug auf die IT-Systeme enorm wichtig. Dieses umfasst die effektive Gestaltung, Lenkung und Entwicklung der Lieferantenbasis und der Lieferantenbeziehungen eines Unternehmens in Bezug auf die IT-Systeme und ihre Beschaffung. Typischerweise müssen drei Hauptaktivitäten zum Lieferantenbeziehungsmanagement in Betracht genommen werden:

- Management der Lieferantenbasis,
- Lieferantenentwicklung,
- Lieferantenintegration.

Für das Management der Lieferantenbasis kann die Segmentierung der Lieferantenbasis sinnvoll sein (bspw. nach Beschaffungsvolumina; nach ABC-Analyse bei A-Lieferanten Optimierung der Systemkosten) oder mehrdimensional (Portfolios). Dazu gehören auch Themen wie Lieferantenauditierung (= Audits zur Feststellung der Kompetenz des Lieferanten) und Lieferantenbewertung.

Eine Lieferantenentwicklung ist vor allem dann wesentlich, wenn IT-Lieferanten (wie etwa beim IT-Outsourcing) mit langfristigen Verträgen ausgestattet sind. Hier sind dann kundenspezifische Besonderheiten seitens des Lieferanten zu erfüllen, weshalb eine intensive und enge Abstimmung der Anwender mit den Lieferanten notwendig ist.

11.2.6 Leistungsfähigen IT-Systembetrieb sichern

In der Praxis wird heute ein hohes Maß an Operational Excellence der IT-Organisation erwartet. Dazu sind ein optimiertes Ressourcenmanagement und eine weitgehende Automatisierung der Aufgabenerledigung zum Betrieb der IT-Systeme unverzichtbar. Nahezu alle Anwender benötigen eine integrierte Bereitstellung von umfassenden IT-Services, um eine Ausschöpfung des Leistungspotenzials sowie eine hohe Ausfallsicherheit der implementierten IT-Systeme zu gewährleisten. Dies bedeutet neben einem Service „rund um die Uhr" auch das Vorhandensein von „klaren" Ansprechpartnern für Service- und Supportleistungen (etwa im Notfall). Die damit verbundenen Hauptzielsetzungen „Stabilität", „Sicherheit" und „Wirtschaftlichkeit" der betriebenen IT-Systeme können in der Regel nur dann erreicht werden, wenn dazu bewährte Instrumente und Methoden eingesetzt werden. Dazu zählen z. B.:

- Identity Management
- IT-Security Management (Security Policy)
- IT-Systemrisikomanagement
- Availability Management und Notfallmanagement

11.2.6.1 Identity Management

Durch die zunehmende Vielzahl an Geräten und Applikationen (Services), über die heute Anwender in der Praxis verfügen, muss auch eine wachsende Anzahl an unterschiedlichen digitalen Identitäten und Zugangstoken verwaltet werden. Damit sich Anwender/User nicht x-fach authentifizieren müssen, wurde das **Single-Sign-On-Konzept** entwickelt. Der Vorteil: Nach einmaliger Authentifizierung kann so gezielt der Zugriff auf alle Dienste und Systeme ermöglicht werden, für die ein Anwender die Berechtigung besitzt.

Deutlich wird: Eine korrekte Zuordnung von Berechtigungen (Berechtigung von schreibenden/lesenden Datenzugriffen, Nutzungsberechtigungen für Applikationen etc.) zählt zu den wichtigsten Maßnahmen für die Verbesserung des Systemmanagements. Damit verbunden sind eine höhere Datensicherheit und Datenqualität, denn die kontinuierliche Überprüfung und Aktualisierung der Zugriffsrechte sind eine gute Option, um einen möglichen Datenmissbrauch zu verhindern.

Grundsätzlich sind in der Praxis nachvollziehbare und sichere Zugriffsprozeduren für die IT-Infrastruktur unverzichtbar. Fragen, die Verantwortliche daher problemlos und schnell beantworten müssen, sind beispielsweise:

- Wer besitzt welche Zugriffsrechte?
- Wann und von wem wurden bestimmte Daten aufgerufen?
- Wer hat ein Benutzerkonto überhaupt angelegt?

Für die Organisation des **Berechtigungs- bzw. Passwortmanagements** finden sich Richtlinien und Regelungen in zahlreichen internationalen Bestimmungen/Normen sowie nationalen Gesetzen und Richtlinien. Beispiele hierfür sind ISO 27001 1 und ISO 27002, der Sarbanes-Oxley Act 2, SAS70/SSAE16, das KonTraG 3 (Gesetz zur Kontrolle und Transparenz im Unternehmensbereich) sowie in dem BDSG 4 (Bundesdatenschutzgesetz). Diese stellen wichtige Vorgaben für IT-Verantwortliche dar.

Die sichere und regelkonforme Umsetzung neuer regulatorischer Anforderungen erfordert eine strukturierte Vorgehensweise im Bereich Identity- und Access-Governance (IAG). Viele Vorgaben bedingen, dass Kennwörter regelmäßig geändert werden und dass jede Person mit Zugriff auf Informationssysteme eine eindeutige ID erhält.

Notwendig ist der Betrieb eines **zentralen Identity-Management-Systems**. Dieses stellt die Zugriffsrechte automatisiert bereit, überprüft diese und entzieht sie bei Bedarf auch wieder. Mit geeigneten Tool-Lösungen können die Berechtigungen und Zugriffe auf die gesamte IT-Infrastruktur heute relativ einfach geregelt werden. Dabei gilt es zu beachten, dass die Benutzerkontenverwaltung systemübergreifend automatisiert wird. In diesem Zusammenhang sind die Schnittstellen für die Verwaltung von Benutzerkonten und für die Berechtigungsvergabe in die unterschiedlichsten Systeme und Anwendungen zu realisieren.

Merke:

Hilfreich ist in der Praxis eine „zusammengefasste" Identität, die sich über mehrere IT-Systeme erstreckt. So kann dem Nutzer ein vereinfachter Zugang gewährleistet werden. Identitätsinformationen werden in verschiedenen Systemen vorgehalten und genutzt. Dies ermöglicht eine vernetzte Nutzerverwaltung, bei der die eigentlichen Identitätsinformationen jedoch stets auf dem jeweiligen System verbleiben.

11.2.6.2 Sicherheitsmanagement für IT-Systeme

IT-Security hat in den letzten Jahren gerade in Bezug auf die installierten IT-Systeme eine immer höhere Bedeutung erlangt. Für das **Sicherheitsmanagement** von IT-Systemen stellt sich in Ansehung der vielfältigen Gefahren und deren Abwehrmaßnahmen die Frage, für welche Bereiche der unternehmensweiten IT-Infrastruktur welche Sicherungsmaßnahmen risikogerecht zu ergreifen sind. Wesentliche Fragenkreise sind:

- Welche Bereiche der IT-Infrastruktur bzw. der Applikationen und Datenbanken können durch welche Gefahren bedroht sein?
- Welche Sicherheitsschwachstellen weisen diese Bereiche auf?
- Gibt es besonders risikokritische Applikationen bzw. IT-Systeme im Unternehmen?
- Welche Sicherheitsmaßnahmen sind den risikokritischen Systemen (Applikationen, IT-Infrastrukturen etc.) zuzuordnen?

Folgende Beispiele können die **Gefahrenpotenziale** veranschaulichen:

- IT-Systeme, Komponenten und Dienste werden immer umfangreicher und komplexer. In einem komplexen System kann ein winziger Fehler gravierende Auswirkungen haben. Gerade beim Einsatz von Applikationen in steuernden Systemen haben viele Unternehmen diese Tatsache bereits schmerzlich erfahren müssen.
- Immer neue Dienste, Features und Möglichkeiten von IT-Systemen erhöhen die Anfälligkeit der Applikationen für Fehler und Angriffe.
- Die Abhängigkeit zwischen den einzelnen IT-Systemen, Komponenten und IT-Services steigt stetig. Die Veränderungsgeschwindigkeit nimmt ebenfalls zu. Oft können Kontroll- und Dokumentationsmechanismen da nicht mithalten. Fehlende oder nahezu unmögliche Kontrollen, die den Anreiz für betrügerisches Handeln erhöhen, können hohen Schaden verursachen.

Eine nach Komponenten gegliederte Systematik des Sicherungssystems unterscheidet Sicherungsmaßnahmen zum Schutz von

- Gebäuden und Räumen (Objektschutz);
- IT-Infrastrukturen (Hardwareschutz);
- Applikationen (Softwareschutz);
- Daten (Datenschutz).

Werden die Maßnahmen zur Vermeidung, Verminderung und Überwälzung bzw. zum Selbsttragen der Schäden nach ihrer Wirksamkeit gruppiert, entsteht ein abgestuftes System von Maßnahmenkategorien. Versagen die Maßnahmen einer Kategorie, werden die der nächsten Kategorie wirksam:

- Maßnahmen zur Vermeidung eines realen Schadens,
- Maßnahmen zur Begrenzung des realen Schadens (z. B. Brandmelde- und Löschsystem gegen Brandfolgen),
- Maßnahmen zur Vermeidung eines wirtschaftlichen Schadens (z. B. Gewährleistungsklausel für Softwaremängel),
- Maßnahmen zur Begrenzung des wirtschaftlichen Schadens (z. B. durch einen Notbetrieb),
- Maßnahmen zur finanziellen Vorsorge für den Schadensfall (z. B. durch Versicherungen).

Für die Handhabung von IT-Sicherheitsrisiken sind inzwischen einige hilfreiche und für die Praxis unverzichtbare Lösungsansätze entwickelt worden, die erhebliche Potenziale zur Zukunftssicherung eröffnen können. Sie helfen unter anderem, Gefahrenquellen frühzeitig zu erkennen und – falls notwendig – geeignete Gegenmaßnahmen zu ergreifen. Sicherheitslücken können so erfolgreich beseitigt und Haftungsrisiken minimiert werden.

Merke:
Natürlich reicht die Planung von Sicherheitsmaßnahmen allein nicht aus, um die geforderte Informationssicherheit in der jeweiligen Organisation zu erreichen. Es ist vielmehr notwendig, auch die Verantwortlichkeit für die Durchführung der vereinbarten Maßnahmen festzulegen.

11.2.6.3 Risikomanagement für IT-Systeme

Systemausfälle begegnen uns immer wieder, und zwar nicht nur in unseren beruflichen Arbeits- und Geschäftsprozessen. Auch als Kunde etwa von Fluggesellschaften, Banken oder anderer Dienstleister erleben wir leider zunehmend das Versagen und den Ausfall von IT-Systemen. Der persönliche oder betriebliche Schaden kann dabei immens sein. Aber nicht nur der Systemausfall, auch andere Risiken – etwa Datendiebstahl oder andere Sicherheitsverletzungen – sind weit verbreitet.

Was sind IT-Systemrisiken? IT-Systemrisiken stellen für Unternehmen primär solche Situationen dar, bei denen Mängel der internen Informationssysteme (IT-Systeme fallen aus) und ihrer Organisation (IT-Prozesse sind unzureichend) zu unerwarteten Verlusten/Schäden (Datenverlust, finanzielle Verluste, Imageverlust, Kundenverlust, Zeitverlust) führen. Um diese Risiken beim Einsatz der vorhandenen IT-Systeme (Applikationen, Nutzung von IT-Infrastrukturen und Netzwerkservices) „beherrschen" zu können, müssen die vorliegenden IT-Systemrisiken möglichst vollständig identifiziert und in geeigneter Form dokumentiert werden.

Um die Risiken beim Einsatz der IT-Systeme „beherrschen" zu können, müssen die vorliegenden IT-Systemrisiken möglichst vollständig erkannt und dokumentiert werden. Notwendig für ein erfolgreiches Risikomanagement zu den IT-Systemen ist in jedem Fall die Differenzierung der Risikoarten für die jeweils unter Risikoaspekten analysierten IT-Systeme. Nur durch eine geeignete Kategorienbildung ist eine differenzierte Risikoanalyse möglich und lassen sich geeignete Maßnahmenbündel zur Risikobewältigung ableiten.

Erfahrungen der Praxis zeigen, dass im Rahmen einer **Risikoanalyse und -bewertung** zu den vorhandenen IT-Systemen folgende Teilaktivitäten zu durchlaufen sind:

- Bestimmung der Wahrscheinlichkeit, mit der bestimmte Systemrisiken eintreten können (ggf. Festlegung geeigneter Kennzahlen hinsichtlich der Ausfallzeiten, Fehlerbehebungszeiten etc.)
- Einschätzung von Auswirkungen zu den identifizierten Risiken (dabei sind verschiedene Auswirkungen denkbar; etwa im Hinblick auf sich ergebende Ausfallkosten, Zeiteinhaltungen oder bezüglich der Veränderung des Grads der Kundenzufriedenheit)
- Grobe Einordnung der Risiken durch Ermittlung einer Risikokennziffer und Darstellung dieser Einordnung durch Adjektive oder Farben (hoch, mittel, gering; rot, gelb, grün …)
- Durchführung von weitergehenden Analysen/Auswertungen (zum Beispiel Business-Impact-Analysen, Service-Impact-Analysen, Fehleranalysen)

An die Analysephase schließt sich die **IT-System-Risikobewertung** an. So soll eine ganzheitliche Bewertung von Eintrittswahrscheinlichkeiten und Schadensauswirkungen zu den identifizierten Risiken erfolgen. Ziel ist es, Informationen zur Herausfilterung von kritischen Risiken für die Generierung geeigneter **Maßnahmen zur Risikobewältigung** zu erhalten.

Im einfachsten Fall findet eine Ermittlung der **Risikokennziffern** (aus der Multiplikation von Eintrittswahrscheinlichkeit und geschätzter Schadenshöhe) statt mit einer anschließenden Zuordnung von roten, gelben und grünen Bereichen. Ein Beispiel zeigt die nachfolgende Tabelle 11.4:

Tabelle 11.4 Risikokennziffern für IT-Systeme

Risikoidentifikation	Nr.	Risikobeschreibung	Eintrittswahrscheinlichkeit p. anno	Auswirkung	Gesamtrisiko
Mitarbeiterausfall	8.1	Überforderung der Mitarbeiter	1	2	2
	8.2	Verlust qualifizierter Mitarbeiter	3	4	12
	8.3	Mitarbeiterfluktuation	2	4	8
Explodierende Kosten für Systembetrieb	9.1	Betriebskosten explodieren	1	2	2
	9.2	Lizenzkosten unverhältnismäßig hoch	3	1	3
	9.3	Falsche Umsatz- Bestandsdaten	2	4	8
Lieferschwierigkeiten	10.1	Versicherungskarten werden gar nicht geliefert	1	5	5
	10.2	Versicherungskarten werden sehr spät geliefert	4	4	16
	10.3	Wichtige Sicherheitsupdates verspäten sich	1	5	5
	10.4	Strategiewechsel beim SW-Lieferanten	3	4	12

Die Gesamtrisikokennzahl ergibt sich – wie sich dem Beispiel leicht entnehmen lässt – aus der Multiplikation von Eintrittswahrscheinlichkeit und Risikoausmaß. Je größer die Kennzahl, desto größer die Wahrscheinlichkeit des Eintritts bzw. des Schadensausmaßes. Insofern kann eine erste Gewichtung/Priorisierung zu den notwendigen Maßnahmen erfolgen.

Um einen Maßnahmenplan zu entwickeln, ist in der Regel die Darstellung in einem **Portfolio** verbreitet, da dies weitere hilfreiche Informationen zur Entscheidungsfindung bereitstellt. Auf Basis dieser Risikomatrix kann nun ein noch besser abgesicherter Maßnahmenplan abgeleitet werden.

Für den Aufbau einer Risikomanagementorganisation für IT-Systeme sind – so zeigen die Erfahrungen der Praxis – insbesondere folgende strategische Entscheidungen und Vereinbarungen notwendig:

- Gefahrenpotenziale für das Unternehmen ermitteln und dokumentieren
- Risikokultur aufbauen (Schaffen von Risikobewusstsein bei den Anwendern und allen IT-Experten)
- „Risikopolitische Grundsätze" für IT-Systeme und deren Nutzung treffen und vereinbaren
- Stakeholder beteiligen: Betroffene von IT-Risikomanagementlösungen identifizieren und informieren

11.2.6.4 Availability Management und Notfallmanagement (Continuity Management)

Unternehmen, die auf den Ausfall ihrer IT-Systeme bzw. den Verlust wichtiger Daten nicht richtig vorbereitet sind, stehen im Ernstfall oft vor schwerwiegenden Konsequenzen. Eine Untersuchung der London Chamber of Commerce hat ergeben, dass 90 % der Unternehmen, die einen solchen Systemausfall oder Datenverlust zu verkraften haben, innerhalb von zwei Jahren ihr Geschäft aufgeben. Eine Vorbereitung auf einen möglichen Systemausfall zahlt sich also aus.

Im Rahmen des **Availability Management** kommt es vor allem darauf an, die jederzeitige Verfügbarkeit und Leistungsfähigkeit der vorhandenen IT-Infrastruktur sicherzustellen. Availability Management optimiert so die Leistungsfähigkeit der IT insgesamt, um die erforderliche Verfügbarkeit der IT-Systeme kostenwirksam und nachhaltig zu erreichen. Die Orientierung kann dabei etwa im Rahmen von Service Level Agreements mit den Geschäftsbereichen erfolgen (z. B. Einrichtung von Strukturen und Prozessen zwecks Verfügbarkeit eines Servers von 99,999 Prozent zwischen 6.00 und 22.00 Uhr).

Im Rahmen der Notfallplanung bzw. des Notfallmanagements geht es um die Behandlung von IT-Situationen, die nicht unter normalen und vorhersehbaren Umständen auftreten und die Nutzung von IT-Systemen beeinträchtigen bzw. unmöglich machen. Ziel ist es, entsprechende außergewöhnliche Vorfälle für die IT beherrschbar zu machen und Maßnahmen vorzuschlagen, die bei Katastrophen bzw. unvorhersehbaren Störfällen zur Anwendung kommen können.

Das Bewusstmachen von typischen Katastrophen und deren Auswirkungen auf die Gesamtorganisation ist eine der wesentlichen Aufgaben des **Continuity Management** (= Notfallmanagement). Es stellt sicher, dass

- die Notfallrisiken für die Geschäftstätigkeit identifiziert und bewertet sind,
- entsprechende Vorsorge- und Notfallmaßnahmen organisiert sind und
- der Wiederanlauf der Prozesse in Notfallsituationen gezielt gesteuert wird.

Um ein professionelles Notfallmanagement für IT-Systeme zu etablieren, hat sich die Anwendung von **Impact-Analysen** bewährt. Dabei wird zwischen Service-Impact-Analysen (SIA) und Business-Impact-Analysen (BIA) unterschieden.

Mit der Anwendung einer **Service-Impact-Analyse** wird ermittelt, welche Auswirkungen der Ausfall eines Systemelements auf das Funktionieren der damit verbundenen Systemelemente hat. So können im Fall des Eintretens von Systemausfällen mögliche Betroffene zeitnah verständigt werden. Gleichzeitig können so das Wissensmanagement für Ausfallsituationen optimiert und geeignete Vorsorgeoptionen festgelegt werden. Welche Schritte einer Service-Impact-Analyse sind typisch?

Schritt 1: Schadens- und Bedrohungsanalyse für die IT-Systeme bzw. die Unternehmensdaten

Zunächst gilt es, eine **Schadens- und Bedrohungsanalyse für die IT-Systeme bzw. die Unternehmensdaten** durchzuführen. Dabei sind folgende Fragen zu klären:

- Wie überlebenswichtig sind die jeweiligen IT-Systeme bzw. das Vorhandensein der Daten/Informationen für das Unternehmen? Hierfür eignet sich eine Skala (z. B. 1 bis 5, wobei 1 für „Absolut überlebenswichtig" steht) oder eine Klassifizierung (z. B. geschäftskritisch, wichtig, nicht so wichtig).
- Was kostet der Verlust dieser Daten das Unternehmen pro Stunde, pro halbem Tag oder pro Tag, und zwar sowohl in finanzieller als auch in nichtfinanzieller Hinsicht (Umsatzeinbußen, Strafzahlungen, Sanierungskosten, Schädigung des Ansehens, Compliance, fortgesetzter Auftragsrückstau usw.)?
- Welche Ressourcen werden für die Wiederherstellung der IT-Systeme bzw. der notwendigen Daten benötigt (z. B. Mitarbeiter, Fachwissen, Hardware, Anlagen)?

Bezüglich der Schadensanalyse ist eine Orientierung an Erfahrungen aus Studien hilfreich. So lassen sich für die eigene Wirkungsanalyse wesentliche Werte annehmen. In einer Studie aus dem Jahr 2010 haben beispielsweise die Marktforscher von Coleman Parkes aus Großbritannien im Auftrag von CA 1808 IT-Verantwortliche befragt; außer in Deutschland in zehn weiteren europäischen Ländern. Mitgewirkt hatten in der Stichprobe zu gleichen Teilen Unternehmen aus der Finanzbranche, Industrie, öffentlichem Sektor und Handel, ebenso wie kleine Betriebe mit 50 bis 499, mittelgroße mit bis zu 999 und große Firmen mit 1000 oder mehr Mitarbeitern. (Hinweis: Die Studie über die Folgen von IT-Ausfällen hat CA Technologies unter dem Titel „The Avoidable Cost of Downtime" veröffentlicht.)

Schritt 2: Ermittlung wichtiger Daten zu den gefährdeten Systemen

Maximale Ausfallzeit: Dies ist die maximal verfügbare Zeit, die für die Bereitstellung der ausgefallenen IT-Systeme bzw. für die Datenwiederherstellung benötigt wird. Notfallstrategien, die diesen Zeitrahmen nicht erfüllen, sind also keine realistische Option. Um diese maximale Zeit für die Wiederherstellung der Systembereitschaft zu ermitteln, müssen die Kosten für die einzelnen Datenbestände und IT-Systeme auf Stunden- oder Tagesbasis hochgerechnet werden, bis der Wert die Summe übersteigt, die das Unternehmen noch tragen kann.

Wiederanlaufzeit: Nachdem die maximale Ausfallzeit ermittelt wurde, sollte vereinbart werden, bis wann die IT-Systeme und Prozesse wieder funktionieren müssen. Hierfür ermittelt man zunächst, wie schnell ausgefallene Systeme bzw. zerstörte oder verlorene Daten wiederhergestellt werden sollen. Das ist die sogenannte Wiederanlaufzeit (Recovery Time Objective, RTO). Für jedes IT-System bzw. jede Datenvariante gibt es eine eigene RTO. Jede RTO sollte basierend darauf ermittelt werden, welche Auswirkungen und Kosten der Systemausfall bzw. der Datenverlust verursacht. Ein Systemausfall, durch den das halbe Unternehmen zum Stillstand kommt und der Tausende Euro pro Stunde kostet, hat folglich eine wesentlich niedrige RTO als eine kleine Störung, die leicht behoben werden kann. Es kostet wesentlich mehr, sich auf einen Vorfall mit niedriger RTO vorzubereiten.

Wiederanlaufpunkt: Bei größeren Katastrophen kommt es unweigerlich zu Datenverlust. Das sind meistens die Daten, die seit der letzten Datensicherung (sofern diese erfolgt ist) erstellt oder geändert wurden. Mit dem Wiederanlaufpunkt (Recovery Point Objective, RPO) wird festgelegt, wie viele Systeme und Systemkomponenten bzw. Daten über einen Zeitraum wiederhergestellt werden müssen, wenn es zu einem notfallbedingten Ausfall kommt. Der festgelegt Wert hat beispielsweise direkte Auswirkungen auf die Datensicherungsstrategie. Wenn Sie eine RTO von vier Stunden festlegen, müssen Sie die relevanten Daten alle vier Stunden sichern, um diese RTO zu erreichen. Wenn Sie eine effektive RTO von null festlegen, müssen Sie in ein vollgespiegeltes Echtzeit-Backupsystem investieren.

Schritt 3: Ausarbeitung eines Notfallplans

Bei der Entwicklung eines effektiven Notfallplans zum Schutz vor Systemausfällen bzw. Datenverlusten muss Folgendes bedacht werden:

- Was ist für das Überleben des Unternehmens unverzichtbar?
- Was muss auf jeden Fall sofort wiederhergestellt werden, sobald die geschäftskritischen Systeme wieder funktionsfähig sind?
- Was kann warten?

In der Notfallvorsorge werden technische und organisatorische Maßnahmen geplant und umgesetzt, die eine Geschäftsunterbrechung verhindern oder dieser vorbeugen sollen. Kommt es trotzdem zu einem Schaden, soll durch zeitnahes und koordiniertes Vorgehen der Normalbetrieb des Unternehmens wiederhergestellt werden.

Tritt der Ernstfall ein, ist es für Vorbereitungen zu spät. Wer mögliche IT-Störungen bereits im Voraus durchdenkt und Notfallpläne erstellt, ist im Vorteil. Das IT-Notfallmanagement umfasst die Notfallvorsorge mit Präventivmaßnahmen sowie die Planung der Notfallbewältigung mit der Wiederherstellung von Geschäftsprozessen und Systemen.

Fazit: Das Continuity Management für IT Services und die damit verbundenen Service-Impact-Analysen stellen im Rahmen der Business-Contingency-Planung des Unternehmens die Verfügbarkeit der IT-Systeme bzw. IT-Ressourcen sicher. Dies umfasst

- eine Risikoanalyse aller relevanten Notsituationen,
- einen Maßnahmenkatalog und
- Anweisungen für den Umgang mit festgestellten Risiken (z. B. Wiederanlaufzeit beim Totalausfall aller IT-Systeme).

Beachten Sie: Wer mögliche IT-Störungen bereits im Voraus durchdenkt und Notfallpläne erstellt, ist im Vorteil. Das IT-Notfallmanagement umfasst die Notfallvorsorge mit Präventivmaßnahmen sowie die Planung der Notfallbewältigung mit der Wiederherstellung von Geschäftsprozessen und IT-Systemen.

Mit einer **Business-Impact-Analyse** wird die Möglichkeit geschaffen, festzustellen, welche Folgen der Ausfall eines IT-Systems (zum Beispiel einer Applikation oder einer Server-Komponente) auf die zugeordneten Geschäftsprozesse (also die Business-Architektur) des Unternehmens hat. So können im Fall des Eintretens von Systemausfällen mögliche Ausfallfolgen ermittelt sowie geeignete Maßnahmen durch systematische Folgenabschätzung veranlasst werden.

Beachten Sie:

Funktionierendes IT-Continuity Management hat eine hohe Bedeutung für das Unternehmen insgesamt. Gründe sind die zunehmende Abhängigkeit der Geschäftsprozesse von den IT-Services, die zunehmende Komplexität in Prozessen und IT-Infrastruktur, die zunehmende Vernetzung der Partner in Wertschöpfungsketten und nicht zuletzt auch die stark wachsenden Risiken durch Sabotage bzw. Cyber-Angriffe. Continuity Management greift auf verschiedenen Ebenen: Business, Services, Ressourcen.

11.2.6.5 Qualitätsmanagement für IT-Systeme – Konzepte und Methoden

Im alltäglichen Sprachgebrauch werden unter „sehr guter Qualität" möglichst hochwertige Produkte oder Services verstanden. „Hochwertige Produkte und Services" bedeutet dabei für die „IT-Welt" bzw. für das IT-Systemmanagement, dass die IT-Systeme und IT-Services besonders leistungsfähig und zuverlässig sind sowie unter Beachtung der damit verbundenen Systemmanagementprozesse (z. B. Prozesse der Bereitstellung und Betreuung der IT-Systeme) einen hohen Nutzen für den Anwender stiften.

Hohe Qualität der IT-Systeme und IT-Services kann beispielsweise bedeuten, ...

- dass die IT-Infrastrukturen bzw. IT-Komponenten, Computernetzwerke und Applikationen „reibungslos" funktionieren (= Fehlerfreiheit) und geringe (möglichst natürlich keine) Ausfallzeiten vorliegen;
- dass die Kosten für die Beschaffung und Betreuung der IT-Systeme im Verhältnis zu den erbrachten Leistungen angemessen sind (zum Beispiel geringe Wartungs- und Servicekosten für die betriebenen IT-Systeme);
- dass die Vereinbarungen zu den IT-Services (dokumentiert in SLAs) in hohem Maße erfüllt werden und
- dass den vielfältigen Anforderungen seitens der Kunden an die IT-Systeme voll Rechnung getragen wird.

Für Zwecke der **Qualitätssicherung** und des Qualitätsmanagements hat sich heute allgemein ein Qualitätsverständnis durchgesetzt, das sich an den Bedürfnissen der Kunden orientiert. Eine mögliche und zielführende Definition ist demgemäß die Folgende: „Qualität mit dem Fokus auf IT-Systeme und IT-Systemmanagement ist der Grad, in dem der Benutzer (Fachbereich, Kunde) den Eindruck und die Gewissheit hat, dass ein bereitgestelltes und genutztes IT-System (zum Beispiel eine Applikation) seine Erwartungen erfüllt und einen hohen Mehrwert für die Geschäftsprozesse erzeugt".

Um die Qualität der implementierten IT-Systeme sicherzustellen und kontinuierlich zu verbessern, werden drei Handlungsbereiche für das ganzheitlich, umfassende **Qualitätsmanagement** unterschieden:

1. **Strategische Handlungsebene:** Wichtige Handlungsbereiche im strategischen IT-Qualitätsmanagement sind die Definition von Qualitätsverständnis und Qualitätsanforderungen für die IT-Organisation, die Festlegung der Qualitätspolitik (Q-Prinzipien, Q-Merkmale für IT-Systeme und IT-Services) und Q-Ziele sowie Vereinbarungen zum Mess- und Controllingsystem für das strategische IT-Qualitätsmanagement (Assessment-Modell).

2. **Qualitätssicherung:** Ausgehend von einer System- und Prozessdokumentation ist es sinnvoll, zunächst eine Strukturierung/Modellierung der IT-Systemlandschaft (Ist- und Soll-Modell) vorzunehmen. Darüber hinaus sind eine Rollenbeschreibung und Rollenzuordnung unumgänglich, um nach einer Identifikation der IT-Prozesse eine Prozessoptimierung zu realisieren. Hilfreich sind QM-Handbücher mit Verfahrensbeschreibungen. Ergänzend finden IT-Produkt- und Prozess-Audits statt.

3. **Qualitätsverbesserung:** Wichtig ist es, die Effektivität und Effizienz des Systemeinsatzes kontinuierlich zu steigern und auch bezüglich der IT-Prozesse ein hohes Maturitätsniveau zu erreichen. Hilfreich sind dazu SWOT-Analysen zu den IT-Systemen. Mögliche Maßnahmen können sich auf die Systeme selbst beziehen, aber auch organisatorische oder personelle Maßnahmen beinhalten, die sowohl die Qualität der Systeme als auch der Prozesse sowie des Leadership verbessern.

Bild 11.4 skizziert und systematisiert die zuvor genannten Handlungsfelder:

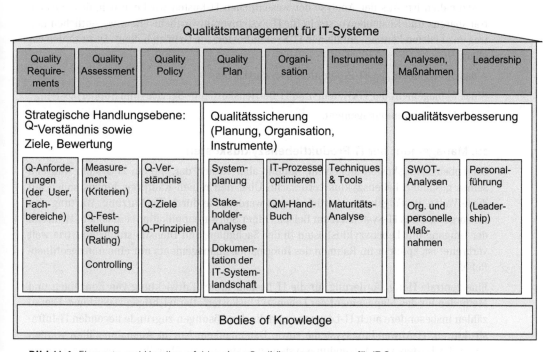

Bild 11.4 Elemente und Handlungsfelder eines Qualitätsmanagements für IT-Systeme

Für die Positionierung von IT-Qualitätsmanagement im Unternehmen ist die Unterscheidung zwischen verschiedenen Qualitätsdimensionen hilfreich, die auch für den IT-Bereich tragbar ist:

- *Produktqualität:* technische Qualität eines IT-Produkts (Hardware-, Softwarequalität, Design- und Anmutungsqualität der IT-Systeme);
- *Kontaktqualität* (Qualität der IT-Services, Qualität der Kundenberatung, Kommunikationsqualität zum IT-Personal sowie mit Kunden und Lieferanten);
- *interne Prozessqualität* (Organisationsqualität, Kooperations- und Koordinationsqualität).

Die Ausführungen verdeutlichen: Ein wichtiges Aufgabenfeld des IT-Managements betrifft heute das konsequente Qualitätsmanagement für IT-Produkte, IT-Projekte und IT-Prozesse.

11.2.7 Wirtschaftlichen und Compliance-gerechten Systembetrieb managen

11.2.7.1 IT-Systemkostenanalyse und Handlungsoptionen

Um die IT-Infrastrukturen und IT-Applikationen den Bedürfnissen des Geschäfts entsprechend kostengünstig betreiben zu können, sollten das IT-Management bzw. die IT-Systemverantwortlichen wissen, welche IT-Systemkosten anfallen (Kostenartenrechnung), wo die Kosten anfallen (Kostenstellenrechnung), wofür einzelne Kostenpositionen entstehen (Kostenträgerrechnung) und wo Ansätze zur Senkung der IT-Systemkosten liegen.

Festzuhalten ist: Aus der Analyse der wesentlichen IT-Kosten wird deutlich, dass Kostentransparenz und Kostenbewusstsein für IT-Systemverantwortliche einen wesentlichen Beitrag dazu leisten können, anfallende **IT-Systemkosten** „im Griff zu halten". Dazu zählen vor allem

- das Management der IT-Produktlebenszykluskosten,
- das Management der IT-System- und IT-Betriebskosten (= Service- und Supportkosten),
- das Lizenzkostenmanagement.

zu: Management der IT-Produktlebenszykluskosten

Die Lebenszykluskosten stellen die Summe aller Kosten dar, die ein IT-System während seines gesamten Lebenszyklus verursacht. Über den reinen Kaufpreis hinaus sollen auf diese Weise die Folgekosten berücksichtigt werden, die durch die Nutzung, Wartung und Entsorgung eines IT-Systems (zum Beispiel einer Softwareapplikation) entstehen. Während der Umgang mit Lebenszykluskosten in der Sachgüter- und Dienstleistungsindustrie weit verbreitet ist, spielt er im Rahmen des Informationsmanagements nur eine untergeordnete Rolle.

Eine zentrale Herausforderung für die IT besteht in der Entwicklung von Konzepten und Methoden für das Management der Lebenszykluskosten aller wichtigen IT-Systeme. Hierzu zählen insbesondere auch IT-Lösungen und die den Lösungen zugrunde liegenden IT-Infrastrukturen, IT-Anwendungssysteme sowie Datenbanken. Nur in Ausnahmefällen werden heute die Kosten von Anwendungssystemen systematisch über ihren gesamten Lebenszyklus hinweg kalkuliert, erfasst und im Sinne eines Lebenszykluskosten-Controllings ausgewertet.

Ein entsprechend organisiertes IT-Assetmanagement bietet hier neue Möglichkeiten. Dazu müssen zur gezielteren Beantwortung der oben genannten Aufgaben- und Fragestellungen die Lebenszykluskosten für alle IT-Systeme gesondert erfasst und analysiert sowie die weiteren Systemablösungskriterien anwendungsspezifisch bewertet werden. Dadurch wird die Grundlage für ein lebenszyklusorientiertes Systemcontrolling geschaffen, das

- der Effizienzsteigerung der IT-Systementwicklung dient und

- entscheidungsrelevante Informationen liefert, wann eine Systemablösung angebracht ist, welche Konsequenzen sich daraus ergeben und mit welchem Vorlauf Nachfolgesysteme auf welcher IT-Infrastruktur zu entwickeln und zu beschaffen sind.

zu: Management der IT-System- und IT-Betriebskosten

Um die IT-Infrastrukturen und IT-Applikationen den Bedürfnissen des Geschäfts entsprechend kostengünstig betreiben zu können, sollten das IT-Management bzw. die IT-Systemverantwortlichen wissen, welche IT-Systemkosten anfallen (Kostenartenrechnung), wo die Kosten anfallen (Kostenstellenrechnung), wofür einzelne Kostenpositionen entstehen (Kostenträgerrechnung) und wo Ansätze zur Kostensenkung liegen. Voraussetzung dafür ist naturgemäß ebenfalls ein entsprechendes IT-Assetmanagement (Hardware- und Software-Assets). So ergeben sich die Kosten des IT-Bestands (beispielsweise Abschreibungen für IT-Systeme) einer entsprechenden Inventarisierung und Bestandsführung.

Liegen zu hohe IT-Systemkosten vor, dann bietet sich beispielsweise eine IT-Systemkonsolidierung an. Hohe Systemkosten ergeben sich nämlich vor allem durch hohe Komplexität und geringe Standardisierung der IT-Systeme. Wesentliche Stoßrichtungen, die durch IT-Konsolidierung verfolgt werden können, sind: Vereinfachung, Standardisierung, Modularisierung und Optimierung der IT-Landschaft.

Lassen sich die benötigten Hardwaresysteme (Server, Storage, Netzwerke etc.), Daten (Datenbanken) sowie existierende Applikationen konsolidieren, führt dies in der Regel zu einer Verbesserung der betrieblichen Effizienz sowie zu einer erhöhten Verfügbarkeit des Gesamtsystems. Der Verwaltungsaufwand für die IT-Systeme wird reduziert, die Supportkosten werden gesenkt. Vergleichsweise einfach sind Einsparungen dort umsetzbar, wo tatsächlich eine Überkapazität bezüglich der in der IT eingesetzten Ressourcen besteht. Im Rahmen von IT-Konsolidierungsprojekten kann – so zeigen Erfahrungen – den Zielen reduzierter Gesamtkosten, gesteigerter Service Levels und erhöhter Flexibilität in besonderer Weise Rechnung getragen werden.

zu: IT-Lizenzkostenmanagement

Die Aufwendungen für Softwarelizenzen zählen mittlerweile zu den bedeutendsten Kostenfaktoren für die IT, da der Anteil an Standardsoftware (gegenüber der Eigenentwicklung) immer mehr zugenommen hat. Wenn die Lizenzen nicht sauber dokumentiert werden, sind negative Folgen vorprogrammiert: Unternehmen haben nur einen unzureichenden Überblick über den aktuellen Lizenzstatus; und bei Lizenzaudits wird nicht selten eine Unterlizenzierung festgestellt. Wesentliche Ziele der Dokumentation sind dabei die rechtlich korrekte, aber auch die betriebswirtschaftlich kostengünstigste Nutzung der benötigten Softwarelizenzen.

Zielsetzung sollte dabei für Unternehmen sein, eine gesicherte Entscheidungsgrundlage für die künftige Lizenzierungsstrategie des Unternehmens zu entwickeln (welches Lizenzmodell soll gewählt werden etc.). Auch die Wahl der für das Unternehmen jeweils passenden Lizenzmetrik spart letztlich enorme Kosten.

Basis für das Lizenzmanagement sind in jedem Fall exakt ermittelte und kontinuierlich fortgeschriebene Bestandsdaten. Dazu zählen insbesondere die installierte Software nach Art und Menge sowie die Zuordnung der beschafften Softwarelizenzen auf die Mitarbeiter. Der Vorteil: So besteht die Möglichkeit, die Gesamtbetriebskosten der lizenzierten IT-Applikationen zu ermitteln und proaktiv zu senken. Dadurch können die Lizenzkosten insgesamt mitunter erheblich verringert werden.

Die Kosteneffizienz lässt sich in der Praxis auch dadurch steigern, dass das Unternehmen über einen unternehmensweiten Überblick über genutzte und freie Lizenzen beim Lizenzeinkauf verfügt. Eine Messung in der Praxis zeigt oft, dass ein hoher Anteil nicht genutzter Software gegeben ist und somit an dieser Stelle sehr viel Geld gespart werden kann.

Eine Kernherausforderung ist es, dass IT-Verantwortliche mit den Fachbereichen gute Entscheidungen treffen können, welche Software eingesetzt wird und wie diese beschafft wird. Wenn durch Lizenzmanagement die entsprechende Transparenz über die Ist-Lizenzsituation (= Lizenzbilanz) geschaffen wird, ist die Grundlage für eine sorgfältige wirtschaftliche Entscheidungsfindung gelegt. So kann Applikationsbedarf des Unternehmens gezielt bestimmt werden, die Nutzung überholter Applikationen kann vermieden und der Einsatz der optimalen Technologien gewährleistet werden.

Auf eine einfache Formel gebracht, lässt sich festhalten, dass zu viele Lizenzen ein Unternehmen unnötig Geld kosten, zu wenige Lizenzen demgegenüber erheblichen juristischen Ärger bringen können. Wesentliches Ziel muss es daher sein, Transparenz im Bereich der Softwarelizenzierung zu schaffen und sicherzustellen, dass das Unternehmen „richtig" lizenziert ist und damit auch keine Lizenzkosten „verschwendet".

Beachten Sie:

Durch die Zuweisung von differenzierten Kosten zu IT-Systemen und die anschließende Aggregation dieser Kosten in verschiedenen, für IT-Planungen und Entscheidungen relevanten Kombinationen kann die IT ein klares Verständnis für die Kosten entwickeln und eine vertretbare Position gegen das Vorurteil, dass IT-Organisationen ihre Kosten nicht kontrollieren können und finanzielle Planungen nicht verstehen, beziehen.

11.2.7.2 Compliance-gerechten Systembetrieb sichern

IT-Compliance ist ein noch verhältnismäßig junges Teilgebiet des IT-Managements, das in den Unternehmen unbedingt organisatorisch verankert sein sollte – in welchem Detaillierungsgrad auch immer. Die Zahl an Richtlinien und Vorgaben – sei es auf der gesetzlichen Ebene oder aufgrund von unternehmensinternen Festlegungen – ist in den letzten Jahren auch für den IT-Bereich enorm gewachsen. Beispiele sind etwa Sicherheitsrichtlinien, Lizenzvorgaben für die Softwarenutzung oder Datenschutzrichtlinien.

Nur bei einer konsequenten und regelmäßigen Compliance-Analyse können Unternehmen sichergehen, dass die im Zusammenhang mit der IT-Nutzung geltenden Vorgaben allen Beteiligten (den IT-Experten, aber auch der Unternehmensführung und den Anwendern in den Fachbereichen) bekannt sind und befolgt bzw. eingehalten werden.

Für Unternehmen aller Größenordnungen bedeutet dies wachsende Risiken aus potenziellen Regelverstößen – die sich insbesondere schon allein deswegen ergeben können, weil ein Überblick über die Vielzahl der Regelwerke und die aus ihnen resultierenden Vorgaben mittlerweile kaum noch möglich ist. Die Herausforderung und Schlussfolgerung für die IT-Steuerung: Es muss Transparenz geschaffen und die organisatorische Verankerung von IT-Compliance gewährleistet werden.

Vor allem in den Fällen von Gesetzesverletzungen (etwa des Datenschutzgesetzes) ist davon auszugehen, dass neben Schadensersatzzahlungen und gesetzlich vorgesehenen Strafen in der Öffentlichkeit eine Schädigung der Unternehmensreputation, verbunden mit Verlust von Vertrauen und Kundenbindung, gegeben sein kann. Ähnliche Probleme ergeben sich bei Verletzung vertraglicher Vereinbarungen (zum Beispiel Lizenzvereinbarungen), da hier mitunter empfindliche Strafzahlungen auf Ihr Unternehmen zukommen können. Zudem dürften schwerwiegende Vertragsverletzungen in der Regel zu einer Beendigung der Geschäftsbeziehung führen, was entsprechende Umsatz- und Imageverluste nach sich zieht.

Beachten Sie:

Die organisatorische Verankerung und Einführung von IT-Compliance sowie von Initiativen zur Einhaltung von Compliance-Regularien ist zwar ein Kostenfaktor. Allerdings: Der Aufwand für IT-Compliance ist letztlich eine Investition in den Fortbestand des Unternehmens. Die Nichteinhaltung von Compliance-Regularien kann teuer werden. Darüber hinaus können weitere erhebliche Kosten aus unterschätzten oder unentdeckten Risiken entstehen.

Mit einer IT-Compliance-Analyse sollten diejenigen Handlungsfelder in den Mittelpunkt gestellt werden, welche die IT-Systeme des Unternehmens aus Compliance-Sicht betreffen. Folgende Schritte sind nötig, um IT-Compliance erfolgreich zu etablieren und entsprechende Compliance-Analysen durchzuführen:

Schritt 1 – Strategische Positionierung: Eine grundsätzliche Positionierung zu IT-Compliance für ein Unternehmen ist sowohl bei der Einführung als auch für eine kontinuierliche Optimierung unverzichtbar. Wesentlich für eine Einführung ist, dass die unverzichtbaren Voraussetzungen für eine erfolgreiche Verankerung von IT-Compliance dargelegt und dabei ergänzend auch Grundsätze zur Einhaltung von Richtlinien und Gesetzen – auf die Unternehmensebene bezogen – festgehalten werden. Zunächst ist dazu eine genauere Positionierung zum Thema IT-Compliance vorzunehmen und in einem Policy-Dokument zu dokumentieren (enthält die unternehmensspezifischen Richtlinien und gegebenenfalls vereinbarte Prozesse und Rollen).

Schritt 2 – Identifikation der relevanten Bereiche: An dieser Stelle empfiehlt es sich, den Rat von auf IT-Recht sowie auf IT-Organisation spezialisierten Experten einzuholen. Mit IT-Compliance sollten diejenigen Handlungsfelder in den Mittelpunkt gestellt werden, die die IT-Systeme des Unternehmens aus IT-Compliance-Sicht betreffen. Zu den Anforderungen zählen dabei vor allem

- das Herstellen von Informationssicherheit,
- das Gewährleisten einer hohen Verfügbarkeit der eingesetzten IT-Systeme,
- das Vermeiden von Datenverlusten und Datendiebstahl sowie
- das Einhalten von Datenschutzregelungen.

Schritt 3 – Analyse der negativen Auswirkungen: Auf diese Weise lässt sich die Bedeutung von IT-Compliance sowohl für die IT-Organisation als auch für das Unternehmen insgesamt verdeutlichen. Veröffentlichte Fälle von Non-Compliance können hierbei durchaus hilfreich sein. Je realistischer die Folgen identifiziert werden, auf die eigene Situation übertragen und veranschaulicht werden, umso besser ist ein Handlungsdruck in Sachen IT-Compliance für das Unternehmen zu begründen.

Schritt 4 – Festlegen von Verantwortlichkeiten: IT-Compliance darf keinesfalls allein als Aufgabenbereich einzelner IT-Verantwortlicher oder eines speziellen Compliance-Managers gesehen werden. Effiziente IT-Compliance bezieht mehrere Akteure ein und wird auch von der Unternehmensführung wahrgenommen. Erst durch die intensive Zusammenarbeit von Personen, die unterschiedliche Rollen im IT-Bereich wahrnehmen, ist ein erfolgreiches IT-Compliance-Management zu garantieren. Denn: Der wesentliche Erfolgsfaktor für Compliance sind der Rückhalt und das aktive Eintreten der Unternehmensleitung. Diese muss die Bedeutung von Compliance für das Unternehmen anerkennen. Das sichtbarste Zeichen hierfür ist, wenn die Verantwortung für Compliance einem Mitglied des Top-Managements übertragen wird. Gleiches gilt auf der Ebene der Unternehmens-IT, auf der die IT-Leitung oder der Chief Information Officer (CIO) IT-Compliance als Teil ihrer beziehungsweise seiner Verantwortung wahrnehmen muss.

Insgesamt ist festzustellen, dass IT-Compliance für das IT-Management eine Herausforderung, aber auch eine Chance bedeutet. Durch die Bewusstseinsbildung zur Bedeutung von IT-Compliance kann der IT-Einsatz im Unternehmen durchaus einen neuen Stellenwert erhalten. Die IT wird als moderner Dienstleister für die anderen Unternehmensbereiche wahrgenommen, der regulatorischen Anforderungen und internen wie externen Prüfern im selben Maß unterworfen ist, wie etwa das Rechnungswesen oder der Personalbereich.

■ 11.3 Organisation des IT-Systemmanagements – Rollen und Aufgabenbereiche

11.3.1 Rollen und Skills im IT-Systemmanagement

Wichtige Rollen im Bereich „IT-Systemmanagement" sind:
- IT-Systemverantwortliche (System-Owner) für verschiedene Domänen: Applikationen, IT-Infrastrukturen, Netzwerkbetreuung, Datenmanagement, Managen der Cloud-Integration
- IT-Systemplaner: Verantwortliche für IT-System- und Applikationsplanung, Netzwerkplaner etc.
- IT-Servicemanager, Leiter ServiceDesk, Spezialisten im IT-ServiceDesk (z. B. IT-Support, IT-Change-Management, IT-Release-Management)

- Plattformmanager: Multi-Cloud-Management, Enterprise Mobility Management, Datenmanagement (Big Data, Data-Scientist)
- IT-Architekten und IT-Produktverantwortliche
- IT-Operations-Manager, IT-Administratoren
- Leiter Data Center, Data-Governance-Verantwortliche
- Datenbankverantwortliche (Organisatoren, Administratoren)
- IT-Sicherheitsverantwortliche, IT-Risikomanager
- IT-Qualitätsmanager (IT-Auditoren)
- IT-Asset- und Lizenzmanager
- IT-Koordinatoren (Anforderungsmanager, Key User etc.)

Darüber hinaus kann es in den Teilbereichen weitere Spezialisierungen geben (insbesondere natürlich in größeren IT-Organisationen). Die im Einzelfall nötige Aufteilung richtet sich nach der Größe des jeweiligen Bereichs.

Service-Desk (zuweilen auch Help-Desk): die zentrale Kontaktschnittstelle zwischen den Benutzern von IT-Systemen und den Mitarbeitern im IT-Servicemanagement. Die Mitarbeiter im Service-Desk sind bei allen Fragen und Schwierigkeiten rund um den IT-Arbeitsplatz erste Ansprechpartner für den Anwender von IT-Systemen (Single-Point-of-Contact). Der Service Desk hat sich aufgrund der erweiterten Aufgaben und vielschichtigen Funktionalitäten der IT aus dem früheren Help Desk entwickelt. Mittlerweile ist er nicht mehr nur eine Anlaufstelle für Probleme, sondern vielmehr eine Service-Organisation, die sich auch um Installationen oder IT-Übersiedlungen kümmert. Zu den wesentlichen **Aufgaben im Service-Desk** zählen:

- die Aufnahme und Klassifizierung von Störungen (Incident Management);
- die Bereitstellung von Soforthilfen (etwa über Fernwartung) sowie
- die Überwachung der Störungsbearbeitung bis zur Problemlösung.

Um die genannten Aufgaben erfolgreich bewältigen zu können, werden im Service-Desk Informationen über den aktuellen Bearbeitungsstand von Störungen in Datenbanken festgehalten. Zudem erbringen die Beschäftigten im Service-Desk für die Anwender bei Bedarf auch Beratungs- und Supportleistungen.

Netzwerkservice: Mittlerweile ist es für Unternehmen/IT-Bereiche mit eigenen Leitungsnetzen (etwa LANs bzw. WANs) nahezu selbstverständlich, dass sich spezielle Gruppen mit Netzhardware, Netzanbindungen und auch der Netzauslastung beschäftigen. Zunehmend ist jedoch auch die Nutzung der öffentlichen Netze ein wesentlicher Erfolgsfaktor bei der Abwicklung der Unternehmensaktivitäten. Auch dieser Bereich muss in einem internen Service organisiert sein. Die Aufgaben im öffentlichen Netz bestehen darin, sowohl die technischen Kontakte mit den Providern zu organisieren und die für den Betrieb optimalen Angebote zu identifizieren als auch die Bewertung der wirtschaftlichen Gesichtspunkte. Außerdem sind hier in Verbindung mit dem Security-Management die Sicherheit des Netzes und damit auch des Betriebs zu gewährleisten. Der Netzwerkservice wird in den betrachteten Unternehmen und Organisationen sowohl dem Betrieb zugeordnet als auch als selbstständiger Bereich (Gruppe, Abteilung etc.) geführt.

Entscheidungskriterien hierfür sind sowohl die Größe des Netzwerkbereichs (in Bezug auf die zugeordneten Personen) als auch die Bedeutung für den Unternehmensablauf insgesamt. So ist in den kommunikationsintensiven Betrieben wie im Internethandel der Netzwerkbereich eine separate Organisation.

Service-Prozessverantwortliche: Für jeden der definierten und zu implementierenden IT-Serviceprozesse sollte ein spezifischer Prozessmanager ernannt werden, der in der Einführungsphase in Vollzeit zur Verfügung steht. Er verfügt idealerweise über Erfahrungen aus dem jeweiligen Prozessumfeld und über Basis-Know-how im Bereich IT.

11.3.2 Aufgabenbereiche im IT-Systemmanagement

Insgesamt zeigt die folgende Tabelle das gesamte Spektrum der Aufgaben im IT-Systemmanagement (siehe Tabelle 11.5).

Tabelle 11.5 Aufgabenbereiche im strategischen und operativen IT-Systemmanagement

Aufgabenbereiche im IT-Systemmanagement	Teilaufgaben
Strategische und operative Planung der IT-Systeme	- 3- bis 5-Jahresplanung für vorhandene IT-Systeme (Architekturentwicklung/Soll-Architektur); Produktlebenszyklusmanagement - Marktbeobachtung zu den Entwicklungen bei den IT-Systemen (Trend-Scouting) - Systementwicklungsplanung (Prototypplanung; Entwicklung des Sizing), Systembewertung - Release- und Upgrade-Planung
Systembetrieb planen und sicherstellen	- Systemreorganisationen und Maintenance planen - IT-Systeme konfigurieren und customizen - Verfügbarkeit der Systeme sicherstellen (Koordination Tages-/Nachverarbeitung) - Release-Wechsel durchführen; Patch Management (Einspielen von Patches koordinieren)
Systemdokumentation (Entwicklung, Nutzung)	- CMDB aufbauen und pflegen - Nutzungsrichtlinien vereinbaren und dokumentieren - System-Changes dokumentieren - Monitoring-Werkzeuge bereitstellen - Systembeschreibungen erstellen
System-Monitoring	- Systemverfügbarkeiten prüfen - Systemauslastung bzw. Sicherheit überwachen - Systemnutzung regelmäßig analysieren - Ausreißer- und Engpassanalysen durchführen - Service-Level-Controlling

Aufgabenbereiche im IT-Systemmanagement	Teilaufgaben
Koordinations- und Entscheidungsaufgaben	- Finale Entscheidungen zu Problemlösungen/zu Updates/zu Changes treffen - Systemübergreifende Themen für Entscheidungsgremien vorbereiten - Abhängigkeiten zu anderen Systemen analysieren und in die Entscheidungsfindung einbeziehen - Über systembezogene Berechtigungsvergaben entscheiden
Information und Kommunikation	- Über Release- und Upgrade-Planungen informieren - Bei Systemproblemen betroffene Instanzen proaktiv informieren - Über Berechtigungskonzept informieren - Neuheiten bei den IT-Systemen den Kunden vorstellen
Systemrisikomanagement	- Systemrisiken identifizieren - Risikoanalyse und Risikobewertung durchführen - Maßnahmen zur Risikovermeidung planen/ergreifen - Desaster-Recovery-Szenario durchspielen - Notfallpläne erstellen und überwachen
Supportaufgaben	- Offene Incidents überwachen, Eskalationsfälle bearbeiten - Probleme identifizieren, bewerten und Behebung veranlassen - Change Requests evaluieren, priorisieren und personenbezogen planen (wann, durch wen?) - Systemkritische Incidents und Changes analysieren und Maßnahmen ableiten - Support-Planung vornehmen (Ressourcenzuordnung) - Backup-Planung für Support durchführen - First-Level-Support
Finanzplanungen, Abrechnungen und Controlling	- Betriebskosten für Systeme überwachen - Lizenzverbrauch ermitteln (Bestandsaufnahmen) - Service-Level-Controlling

11.3.3 Prozesslandkarte für das IT-Systemmanagement

Die genannten Aufgabenbereiche werden am besten dadurch umgesetzt, dass das Arbeiten in klar definierten Prozessen vereinbart wird. Ausgangspunkt zur Positionierung sollte es sein, die **Hauptprozesse im Systemmanagement** zu bestimmen und daraufhin sukzessive eine Dokumentation und Optimierung der IT-Systemmanagementprozesse vorzunehmen.

Eine mögliche Prozesslandkarte mit den Kern-, Management und Unterstützungsprozessen für das IT-Systemmanagement zeigt im Überblick Bild 11.5.

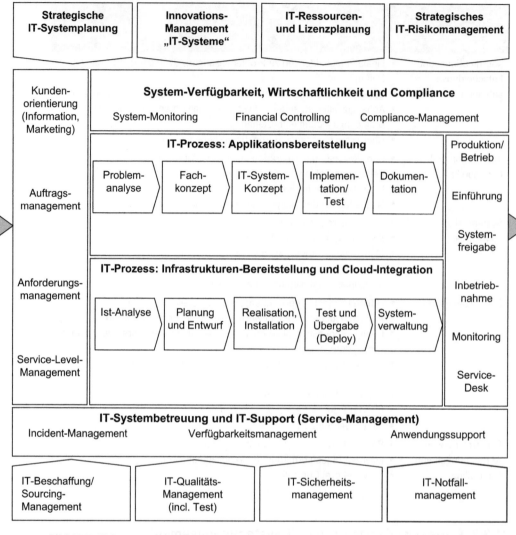

Bild 11.5 IT-Systemmanagement – Prozesslandkarte

Über die Ausgestaltung der Prozesse im IT-Systemmanagement werden auf der operativen Ebene Möglichkeiten und Grenzen der IT im Hinblick auf Innovationen, Veränderungen, Service-Leistungen, Beziehungen zu Fachabteilungen und zu Lieferanten/Sourcing-Partnern, Skills (Potenziale von IT-Mitarbeitern und IT-Tools) und Administration (z. B. IT-Controlling, Lizenzierung) festgelegt.

Wenn ausgewählte Prozesse durch Beseitigung von Fehlern und konzeptionellen Verbesserungen eine gewisse Stabilität erreicht haben, ist ihr weiterer Verlauf zu überwachen, um nötigenfalls frühzeitig Korrekturmaßnahmen einleiten zu können. Dadurch wird sichergestellt, dass der Prozess auch unter sich ändernden Bedingungen die an ihn gestellten Anforderungen erfüllt. Ziel ist ein gegenüber äußeren Störgrößen möglichst unempfindlicher und damit ein beherrschter Prozess (Robust Design).

Beachten Sie:

Eine moderne IT-System-Organisation ist durch das Schaffen geeigneter Prozesse und Strukturen gekennzeichnet. Dabei kommt es vor allem darauf an, die IT-Systemmanagement- und Serviceprozesse optimiert auszurichten und zu „leben" sowie entsprechend abgestimmte Strukturen zu etablieren (Abteilungen, Gruppen, Stellen, Rollen).

Das Wichtigste – zusammengefasst

- **Ein optimiertes IT-Systemmanagement leistet einen wesentlichen Beitrag, um sicherzustellen, dass die vielfältigen IT-Ressourcen effizient und sicher genutzt werden und so entsprechende IT-Services auf einem hohen Niveau erbracht werden!**
  IT-Infrastrukturen, Applikationen und IT-Services leisten einen unverzichtbaren Beitrag zum Unternehmenserfolg, da sie vielfach nicht nur die Geschäftsprozesse unterstützen, sondern oft auch erst Geschäfte ermöglichen bzw. zunehmend sogar das Geschäft der Unternehmen darstellen. Darum muss gerade dem IT-Systemmanagement eine besondere Bedeutung beigemessen werden.

- **Um eine zukunftsorientierte und flexible IT-Systemlandschaft bei gleichzeitig hohen Sicherheitsstandards zu gewährleisten müssen die wichtigen Herausforderungen einbezogen werden.**
  Zu beachten sind die zunehmende Komplexität der IT-Systemlandschaft (zu denken ist etwa an den immer höheren Anteil an Virtualisierungslösungen sowie die Notwendigkeit der Integration von mobilen Geräten und Cloud-Services), der permanente technologische Wandel (incl. des Aufkommens völlig neuer Technologien und Systeme) sowie veränderte und steigende Anforderungen der Kunden an die zu implementierenden und zu betreuenden IT-Systeme.

- **Eine Systemplanung ist mittel- und langfristig notwendig.**
  Dabei sind Vorteile einer klaren Systemplanung die mittelfristige Planungssicherheit der übergreifenden Systementwicklung, Transparenz der IT-Vorhaben gegenüber Kunden und IT-Mitarbeitern sowie Planungssicherheit bezüglich frühzeitiger Qualifizierung des Personals (z. B. für neue Technologien).

- **Die IT-Infrastruktur eines Unternehmens zu verwalten, effizient zu halten und gleichzeitig an neue Prozesse, Strukturen und Herausforderungen anzupassen, ist eine der Kernaufgaben für Administratoren.**
  Damit bei Neuanschaffungen, Umzügen, Umstrukturierungen und der Installation neuer Programme oder Betriebssysteme der Überblick nicht verloren geht, ist effektives Systemmanagement gefordert.

- **Das IT-Notfallmanagement umfasst die Notfallvorsorge mit Präventivmaßnahmen sowie die Planung der Notfallbewältigung mit der Wiederherstellung von Geschäftsprozessen und Systemen.**
  In der Notfallvorsorge werden technische und organisatorische Maßnahmen geplant und umgesetzt, die eine Geschäftsunterbrechung verhindern oder einer solchen vorbeugen sollen. Kommt es trotzdem zu einem Schaden, soll durch zeitnahes und koordiniertes Vorgehen der Normalbetrieb des Unternehmens wiederhergestellt werden.

11.4 Literatur

[Fo12]   *Forrester Consulting:* Mobilitätstrends am Arbeitsplatz. Forrester Research, Inc.: 2012

[KK15]   *Klett, Gerhard; Kersten, Heinrich:* Mobile IT-Infrastrukturen. Management, Sicherheit und Compliance. MITP Verlag, Frechen 2015

[Fo13]   *Forrester Research:* Server and Data Center Predictions For 2013. Studie 2013

[Ga14]   *Gatepoint Research:* Pulse Report „Strategies for Monitoring IT Infrastructure and Service", Mai 2014

[DEFKK08] *Dunkel, Jürgen; Eberhart, Andreas; Fischer, Stefan; Kleiner, Carsten; Koschel, Arne:* Systemarchitekturen für verteilte Anwendungen. Client-Server, Multi-Tier, SOA, Event Driven Architecture, P2P, Grid, Web 2.0. 4. Auflage. Hanser, München 2008

[SC12]   *Schreiner, Rüdiger:* Computernetzwerke: Von den Grundlagen zur Funktion und Anwendung. 5., überarbeitete und erweiterte Auflage. Hanser, München 2014

[TI16]   *Tiemeyer, Ernst* (Hrsg.): Handbuch IT-Systemmanagement – Handlungsfelder, Prozesse, Managementinstrumente, Praxisbeispiele. Hanser, München 2016

12 Digital Workplace Management – Anforderungen, Transformationen und Digital Change

Ernst Tiemeyer

Fragen, die in diesem Kapitel beantwortet werden:

- Inwiefern stellen neue Formen der Arbeitsorganisation sowie – damit zusammenhängend – neue Arbeitsmodelle als Folge der Digitalisierung eine Herausforderung für das IT-Management dar?
- Welche digitalen Technologien und Tools sind für die Modernisierung der Arbeitsplatzausstattung verfügbar und ermöglichen innovative Arbeits- und Geschäftsprozesse?
- Wie wird im Rahmen von Digital-Workplace-Projekten/-Transformationen – unter Einbezug des IT-Managements bzw. ggf. eines CDO sowie der HR-Abteilung – ein differenziertes Lösungsdesign für den Digital Workplace entwickelt?
- Welche Anwendungspotenziale, aber auch Risiken bieten digitale Tools in Bezug auf Kollaboration, Kommunikation und Informationsmanagement (Dokumentenmanagement) für das Unternehmen und die Beschäftigten?
- Inwiefern werden digitale Tools die Kooperation und Kommunikation am Arbeitsplatz und die Arbeitsweisen der Beschäftigten verändern und optimieren?
- Wie lassen sich digitalisierte Arbeits- und Geschäftsprozesse – auf Basis von Robotic Process Automation (RPA), KI etc. – in vorhandene Digital-Workplace-Lösungen integrieren?
- Worauf ist bei der Einführung und Nutzung digitaler Arbeitsplatztools unbedingt zu achten und welches Vorgehenskonzept bietet sich an?
- Welche Qualifizierungskonzepte für die Belegschaft haben sich bewährt bzw. müssen auf dem Weg zum digitalen Unternehmen im Fokus stehen?
- Wie werden digitale Bildungsformate (z. B. „Microlearning" bzw. new blended learning) für ein integriertes Lernen und Arbeiten im Unternehmenskontext entwickelt und genutzt, damit der Digital Change in der Praxis gelingen kann?

12.1 Innovative (digitale) Organisations- und Arbeitsformen – Herausforderungen für die IT

Neue digitale Technologien – wie z. B. Künstliche Intelligenz (KI), Internet of Things (IoT), AR/VR (Augmented- bzw. Virtual-Reality), moderne mobile Endgeräte (Smartphones, Tablets) sowie ein ständig verfügbares, schnelles Internet und das Cloud Computing – ändern die Art und Weise, wie wir arbeiten und in der Geschäftswelt miteinander kommunizieren.

Besondere Bedeutung haben (unter den Stichworten **Digital Workplace** bzw. **New Work**) die Veränderungen der Digitalisierung einerseits für die Bereitstellung von Arbeitsplätzen und deren Organisation im betrieblichen Kontext. Gleichzeitig sind viele Arbeitsplätze selbst von einem Wandel geprägt. Festzustellen ist, dass nahezu alle Beschäftigten (unabhängig vom konkreten Tätigkeitsfeld) neue Formen digital gestützten Arbeitens internalisieren und umsetzen müssen. Folgende grundlegende Konsequenzen zeichnen sich hier ab, die für das IT-Management spezifische **Herausforderungen** und **Handlungsnotwendigkeiten** mit sich bringen:

- Mit der Einrichtung eines Digital Workplace soll dem Personal im Unternehmen ein zentraler, digitaler Zugang bereitgestellt werden, der alle Beschäftigte des Unternehmens miteinander verbindet sowie Zugriffsmöglichkeiten auf ausgewählte (unternehmensinterne) Daten- und Informationsbestände schafft.

- Mittels differenzierter Formen digitaler Technologieunterstützung (Endgeräte, Applikationen, Zugriffsmöglichkeiten etc.) sollen neue Optionen für ein effizientes Arbeiten (sowohl im Team als auch individuell) für die Beschäftigten ermöglicht werden. Ein Beispiel dafür ist die intelligente Nutzung digitaler Kollaborations- und Kommunikationstools, deren Potenziale es durch entsprechende Applikationen und Nutzungsvereinbarungen auszuschöpfen gilt.

- Innovative digitale Geräte, Systeme und Werkzeuge (beispielsweise Werkzeuge für Cloud-Zugriffe auf umfassende Informationsbestände mit unterschiedlichen Endgeräten von jedem Ort aus) ermöglichen neue Arbeitsmodelle, die gegenüber herkömmlichen Optionen eine bedeutend höhere Flexibilität und Effektivität aufweisen (Zeiten, Orte). Ein Beispiel ist das gemeinsame Bearbeiten von Dokumenten.

- Bei einer modernisierten Ausstattung der Arbeitsplätze mit digitalen Tools (für Kommunikation, Kooperation) sowie einer vermehrten Digitalisierung von Arbeits- und Geschäftsprozessen sind Veränderungen der Arbeitsplatzorganisation eine notwendige Folge. Insbesondere Beschäftigte mit Arbeitsplätzen, die geprägt sind von Agilität, Mobilität und Online-Diensten (etwa im Bereich Marketing/Vertrieb), unterliegen einer laufenden Veränderung: Mehr mobiles Arbeiten und Teamarbeit sind gefragt und können durch die IT in Kooperation mit dem Personalmanagement bereitgestellt werden.

Praxistipp:

Die skizzierten Veränderungen für die Arbeitsplätze (Arbeitsmodelle, Arbeitsbedingungen) in Richtung Flexibilisierung und Digitalisierung bedürfen einer nachhaltigen Planung durch das IT-Management und einer konsequenten

> Servicierung durch IT-Fachkräfte. Nur so kann – in Kooperation mit dem HR-Bereich und den Prozess- und Organisationsverantwortlichen im Unternehmen – der Digital Change im Hinblick auf einen nachhaltigen Digital Workplace gelingen!

12.1.1 Neue Organisation des Arbeitens (New Work)

Welche Merkmale charakterisieren klassischerweise die Arbeitswelt? Die Mehrzahl der Beschäftigten muss üblicherweise einen mehr oder weniger langen Arbeitsweg auf sich nehmen, um an den Arbeitsplatz in ihrem Unternehmen zu gelangen. Die Arbeit selbst findet vorwiegend an fixen Arbeitsorten statt, wobei es für die tägliche Arbeitszeit meist ein klares Zeitfenster gibt. Darüber hinaus verfügen viele Arbeitsplätze zwar bereits seit längerer Zeit über einen Computer – von einem „papierlosen" Arbeitsplatz sind viele aber noch weit entfernt. Oft dominiert noch das Arbeiten mit ausgedruckten Dokumenten, Formularen und anderen analogen Hilfsmitteln.

Aber ein Wandel zeichnet sich ab: Mit dem „Digital Workplace" besteht zunehmend für viele Beschäftigte die Möglichkeit, über eine zentrale digitale Oberfläche zeit- und ortsungebunden der „normalen" Arbeit nachzugehen. Die Entwicklung der Arbeitsplätze in Richtung einer umfassenden digitalen Toolunterstützung ist dabei nicht nur für Büroarbeitsplätze, sondern für nahezu alle Tätigkeitsbereiche und Arbeitsplatztypen, etwa auch im Produktionsumfeld, zunehmend relevant.

Trotz der skizzierten Vorteile ist in der Unternehmenspraxis vielfach festzustellen, dass immer noch Potenziale nicht genutzt werden beziehungsweise Erwartungen nicht oder zumindest nicht vollständig erfüllt sind. Es besteht also durchaus noch Luft nach oben, die durch ein ganzheitliches „Digital Workplace Management" ausgeschöpft werden kann.

Die Digitalisierung und die umfassende Ausstattung mit digital gestützten Arbeitsplätzen machen einen Wandel der Arbeitsorganisation und der Arbeitsweisen unausweichlich. Folgende Trends zeichnen sich ab:

- Digitalisierte Arbeits- und Geschäftsprozesse sowie neue Formen der Arbeitsorganisation gewinnen an Fahrt.
- Für die Mehrheit der Beschäftigten in Produktion, Handel und Dienstleistungen wird es zu deutlich höheren Komplexitäts-, Abstraktions- und Problemlösungsanforderungen im Beruf kommen.
- Es ist zu erwarten, dass ein höheres Maß an selbstgesteuertem Handeln, kommunikativen Kompetenzen und die Fähigkeit zur Selbstorganisation als notwendige Voraussetzungen zur Teilhabe am Arbeitsleben in digitalen Umgebungen erforderlich sein werden.

Bedingt vor allem durch neue digitale Möglichkeiten sind konkrete Veränderungen absehbar. Mit der Digitalisierung zeichnet sich ein gravierender Wandel der Arbeitsorganisation und der Arbeitsweisen ab und damit einhergehend auch Änderungen bzw. neue Erwartungen und Ansprüche der Mitarbeiter an ihren Arbeitsplatz. So wecken Internet und Digitalisierung das Interesse an flexibler und mobiler Arbeit – ob nun von zu Hause oder unterwegs (anlässlich von Geschäftsreisen).

Die Arbeitsplatzgestaltung hat ebenfalls – und dies gilt auch beim Thema New Work – erhebliche Auswirkungen darauf, was einzelne Mitarbeiter und Teams leisten können. In immer mehr Unternehmen ist die Arbeitswelt am individuellen Arbeitsplatz daher durch folgende Merkmale gekennzeichnet: keine Einzelbüros, keine Organisation in starren Abteilungen, Start-up-Atmosphäre, papierlose Kommunikation, Verwischung von Arbeitszeit und Freizeit.

Praxistipp:

Bezüglich der Gestaltungsentscheidungen wird heute vielfach der Grundsatz vertreten, dass sich Beschäftigte an ihren Arbeitsplätzen neben ihren Kolleginnen und Kollegen genauso wohl fühlen sollten wie in den Besprechungsräumen, die für die allgemeine Zusammenarbeit genutzt werden. Bereiche, die unterschiedliche Arbeitsweisen für unterschiedliche Aufgaben unterstützen, stellen konzentrierteres und entspannteres Arbeiten sicher.

12.1.2 Digitaler Arbeitsplatz und Potenziale für flexiblere Arbeitsmodelle

Arbeitsplatzbezogene Applikationen und Tools ermöglichen es Arbeitgebern, neue flexible Arbeitsmodelle einzuführen. So besteht nun die Option, Arbeitszeiten weniger fix zu definieren und Beschäftigten vermehrt die Möglichkeit zu geben, sowohl von zu Hause als auch im Büro zu arbeiten.

Zahlreiche Personen profitieren von den Vorteilen einer neuen Arbeitswelt:

- Mitarbeiter teilen sich ihre Arbeiten ein, indem sie flexibel entscheiden können, wann und wo sie arbeiten wollen.
- Beschäftigte schätzen eine ausgewogenere Work-Life-Balance, die sich durch die flexibleren Arbeitsmodelle ergibt – mit dem Ergebnis, dass die Zufriedenheit steigt und neue Räume für Produktivität, Zusammenarbeit und Kreativität geschaffen werden.

Allerdings gelten diese positiven Einschätzungen nicht immer. Unterschiede zeigen sich etwa – wie Studien nachweisen – hinsichtlich des Alters: So zeigt sich, dass jüngere Mitarbeiter sich von der Digitalisierung bessere Vereinbarkeit von Familie und Beruf, freie Zeiteinteilung, bessere Arbeitsergebnisse und anspruchsvollere Aufgaben versprechen. Bei diesen Fragen sinkt der Optimismus aber mit zunehmenden Lebensjahren.

Um Arbeitsplätze und Arbeitsmodelle gemäß den Instrumenten und Optionen von „New Work" ausrichten zu können, bedürfen dazu aufgelegte Projekte in der Konzeptionsphase entsprechender Spezifikationen. Exemplarisch seien genannt:

- **Endgeräteausstattung:** Statt ausschließlich am Desktop-Computer zu arbeiten, verwenden Menschen zunehmend auch Smartphones und Tablets, um E-Mails zu schreiben oder Dokumente zu teilen. Dadurch flexibilisiert sich auch der Arbeitsort. Büro, Privatwohnung, S-Bahn – kaum ein Ort, der nicht zum Arbeiten genutzt werden könnte.
- **Bereitstellung digitaler Tools:** Knowledge Worker aus diversen Unternehmensbereichen (Controlling, Vertrieb) fordern beispielsweise zunehmend passgenaue Analytics-Lösun-

gen und wollen diese direkt am Arbeitsplatz nutzen. Das gilt für Datenanalyse- und Suchwerkzeuge ebenso wie für Collaboration-Tools. So erleichtern digitale Technologien wie Cloud-Integration, mobile Devices und innovative Produktivitätslösungen die Zusammenarbeit von Teams. Sie wirken sich gleichzeitig auf die Arbeitskultur im Team aus, wenn diese Tools zur Kommunikation und Zusammenarbeit effizient genutzt werden.

- **Organisation des verteilten Arbeitens/Teamarbeit:** Aus der Digitalisierung von Arbeitsabläufen ergeben sich neue Anwendungsfälle. Beispiele sind virtuelle Meetings mit digitalen Tools oder global verteilte Projektarbeiten.

Beschäftigte greifen über das Mittel ihrer Wahl auf Informationen zu, die je nach Situation auch variiert werden kann – über den klassischen IT-Arbeitsplatz im Büro, über ein Notebook unterwegs oder über ein Smartphone bzw. ein Tablet während eines Meetings. Arbeits- und Geschäftsprozesse, die im Digital Workplace verbunden sind, lassen sich optimieren und mit neuen technologischen Optionen wie KI (Künstliche Intelligenz) und RPA (Roboter Process Automation) automatisieren.

Jedem Beschäftigten stehen personalisiert die Informationen in der „richtigen" Aufbereitung (bspw. Visualisierung) zur Verfügung, die für die Lösung der Arbeitsaufgabe benötigt wird. Ausgewählte Beschäftigte erhalten differenzierte Zugriffe auf digitalisierte Prozesse sowie neue Informationsquellen, wobei auf gezielte Möglichkeiten der Datenintegration geachtet wird, um eine hohe Datenqualität sicherzustellen.

Neue Arbeits-, Informationsmanagement-, Collaborations- und Kommunikationstools eröffnen für das Arbeiten grundsätzlich neue Formen der Zusammenarbeit. So können Beschäftigte, die sich an unterschiedlichen Orten befinden, einfacher zusammenarbeiten und dabei ihre Ideen und Expertisen austauschen. Gleiches gilt für Produktinnovationen, zu denen weltweit mit Kollegen, Experten und Kunden einfacher kommuniziert werden kann.

Als wichtigste Motive für das vermehrt bevorzugte Arbeiten mit digitalen Tools werden – unabhängig vom Arbeitsplatztyp – das schnelle Finden, Weitergeben und kooperative Erstellen von Dokumenten, das einfachere Teilen von Informationen sowie neue Möglichkeiten für ein orts- und zeitunabhängiges Arbeiten angegeben.

Es gibt den Digital Workplace in **unterschiedlichen Ausbaustufen.** Typisch ist etwa der Start mit wesentlichen Grundanwendungen sowie die Bereitstellung grundlegender innovativer digitaler Tools zur Informationsbeschaffung (personalisierte Zugriffe auf unternehmensweite Wissensdatenbanken etc.) sowie zur Kommunikation und Kollaboration (etwa gemeinsame digitale Dokumentenerstellung).

Ein Beispiel für einen Einstieg in digitale Cloud-Anwendungen ist in der Praxis oft die persönliche Urlaubsbeantragung sowie die Reisekostenabrechnung. So kann mit einem einfachen, bekannten Vorgang langsam Erfahrung mit der Digitalisierung von Prozessen gemacht werden. Ein anderes typisches Beispiel ist die Bereitstellung eines übersichtlichen Management Cockpits mit personalisierten Sichten auf relevante Kennzahlen bis zur Abbildung individueller Prozesse einer Organisation.

In der Folge können für die jeweiligen digitalen Arbeitsplätze dann sukzessive weitere Anwendungen und erweiterte Toolfunktionalitäten hinzukommen. Denkbar ist etwa, dass von mehreren Teams in komplexen Unternehmen genutzte Arbeitsvorgänge implementiert werden, die helfen, den Arbeitsstatus und die Arbeitsergebnisse transparent zu realisieren und im Kontext von Abteilung zu Abteilung weiterzugeben. Dazu notwendig sind digitale

Tools, die nicht nur für die Zusammenarbeit innerhalb eines Teams geeignet sind, sondern Arbeitsanfragen unterstützen, die von überall her (also auch von außen) kommen und damit auch ein teamübergreifendes digitales Arbeiten ermöglichen können.

Merke:

Das Arbeiten wird in den nächsten Jahren weiterhin gravierenden Veränderungen unterliegen und auch die digitalen Tools und Applikationen werden neue Optionen bieten. Deshalb ist die Implementierung von digitalen Arbeitsplätzen kein „Einmal"-Projekt. Es bedarf vielmehr einer kontinuierlichen Weiterentwicklung und einer Anpassung an neue Herausforderungen der Arbeitswelt bzw. neuer technologischer Möglichkeiten (wie zum Beispiel KI und RPA).

12.1.3 Digitale Arbeits- und Geschäftsprozesse

Die Arbeits- und Geschäftsprozesse im Unternehmen und unternehmensübergreifende Austausche werden zunehmend digital realisiert. Der Prozess selbst stellt sich dabei als eine Gesamtheit von integrierten Tätigkeiten dar, mit denen ein Produkt hervorgebracht oder eine Dienstleistung bereitgestellt wird.

Mittels Digitalisierung der Prozesse lassen sich die Ziele noch besser erreichen, wobei der größte Mehrwert natürlich bei einer durchgängigen Digitalisierung und Automatisierung von Geschäftsprozessen geschaffen wird: etwa die Steigerung der Qualität und Produktivität sowie die Ausrichtung auf die Wünsche und Anforderungen der Kunden.

Bei einer projektmäßigen Umsetzung der Prozessdigitalisierung spielen neue Formen und Potenziale der Vernetzung sowie des Datenmanagements (Big Data, Data Analytics) vielfach eine entscheidende Rolle. Für die Optimierung und Automatisierung von Arbeitsprozessen sowie für konkrete Umsetzungen sind jedoch detaillierte Darstellungen und genauere Daten unverzichtbar.

Die genauere Dokumentation eines Geschäftsprozesses erfolgt heute in Form von modellhaften Darstellungen, die insbesondere durch grafische Formen einen übersichtlichen Zusammenhang der Elemente eines Geschäftsprozesses widerspiegeln. Wichtig ist in jedem Fall, die vorhandenen Prozesse einer permanenten Analyse zu unterziehen und daraufhin Optimierungsmöglichkeiten zu prüfen.

Damit Arbeits- und Geschäftsprozesse definiert, automatisiert und digitalisiert im Rahmen von Projekten eingerichtet werden können, ist eine funktionierende Zusammenarbeit von Fachbereichen und IT unverzichtbar. Eine erfolgreiche Digitalisierung der Prozesse erfordert eine offene, auf performanten Datenaustausch ausgerichtete IT-Architektur. So lassen sich immer wieder neue Verbindungen zwischen Anwendungen, Systemen und Daten erfolgreich aufbauen und nachhaltig implementieren. Daher ist seitens der Mitarbeit der Arbeitnehmervertretung ein Gestalten der neuen Arbeits- und Geschäftsprozesse unter enger Kooperation mit einbezogenen Enterprise-Architekten wesentlich.

Praxistipp:

Unter der Maßgabe, dass es den digitalen Arbeitsplatz aber nicht gibt, bedarf es in der Praxis – abhängig vom Unternehmenskontext sowie den sich entwickelnden Arbeitsplatztypen – letztlich eine proaktive Gestaltung und Implementierung des Digital Workplace. Nur wenn den Bedingungen des Unternehmens und den Anforderungen und Potenzialen der Beschäftigten Rechnung getragen wird, dürfte eine nachhaltige und humane Gestaltung digitaler Arbeitsplätze gelingen.

■ 12.2 Der „Digital Workplace" – Planung und Konzeption im Unternehmenskontext

Um möglichst effizient zu arbeiten, benötigen Mitarbeiter in den Unternehmen leichten und bequemen Zugriff auf Anwendungen, Dokumente und Reports sowie auf Funktionen zur Kommunikation (E-Mail, Telefonie, Instant Messaging/Online-Konferenzen) und Zusammenarbeit – und zwar sowohl vom stationären Rechner als auch über mobile Endgeräte.

Hierbei gilt es, unterschiedliche Technologien (lokal installierte Software und Cloud-basierte Anwendungen), IT-Systeme und Geräte verschiedener Hersteller miteinander zu verbinden, um so eine Arbeitsumgebung zu schaffen, die effizient, hochverfügbar/performant, leicht erweiter- und aktualisierbar, kostengünstig und sicher ist. Hier setzt das Konzept des Digital Workplace an.

Nutzer von Anwendungen erwarten ansprechende, selbsterklärende Benutzeroberflächen, die so leicht zu bedienen sind wie Internet-Suchmaschinen oder Social-Media-Netzwerke. Der sogenannte „Digital Workplace" hat Einfluss auf den Erfolg eines Unternehmens und bedeutet auch, dass neue Features in rascher Folge – so wie bei mobilen Apps – ausgeliefert werden (idealerweise ohne Unterbrechung des Anwendungsbetriebs: „Zero Downtime").

Voraussetzungen für den Digital Workplace sind unter anderem moderne IT-Infrastrukturen und Anwendungen, Unified Communication & Collaboration (UCC), leistungsstarke Netzwerkverbindungen sowie IT-Management-Systeme.

Wie eine umfangreiche PAC-Studie („Digital Workplace in Europe", 2017) zeigt, ist für Firmen die Modernisierung des Arbeitsplatzes in Richtung Digital Workplace sehr wichtig. Sie hat für 48 % der Unternehmen hohe Priorität. Die Firmen erwarten vom Digital Workplace Vorteile in Bezug auf Mitarbeiterproduktivität, Betriebskosten, IT-Sicherheit, Zusammenarbeit (Collaboration) sowie Zufriedenheit und Engagement der Mitarbeiter.

Ein wichtiger Aspekt des Digital Workplace ist die Möglichkeit, neue Funktionen bzw. neue Releases von Anwendungen mit wenig oder gar keiner Unterbrechung (Zero Downtime) einzuführen. Cloud-basierte Software bietet solche Eigenschaften. Dem „Digital Workplace" wird heute für die Arbeitsplatzorganisation eine besondere Bedeutung beigemessen.

Im Unternehmenskontext ist der Digital Workplace – wie eingangs dargelegt – in das Zentrum der Diskussion neuer Gestaltungsmaßnahmen gerückt. Bezüglich der **Gestaltungsanforderungen** ist festzuhalten:

- Der Digital Workplace betrifft im Regelfall alle Typen von Arbeitsplätzen im Unternehmen – sowohl Büroarbeitsplätze als auch Arbeitsplätze in Produktion, Vertrieb und Logistik werden mit innovativen digitalen Tools und Funktionen „versehen".
- Der Digital Workplace muss die Voraussetzungen erfüllen, um Informationen von entsprechend ausgestatteten Arbeitsplätzen gezielt verteilen zu können sowie Zusammenarbeit intern reibungsfrei ablaufen zu lassen.
- Den Beschäftigten können über einen browserbasierten, digitalen Arbeitsplatz genau die Werkzeuge und Services bereitgestellt werden, die sie benötigen, um ihre Aufgaben effizient zu erledigen. Jeder Beschäftigte erhält möglichst maßgeschneiderte Applikationen, die die Funktionalitäten auf die „jeweilige" Arbeitswelt anpassen.
- Ein weiteres Phänomen dieser Veränderungen ist die Tatsache, dass viele Arbeitnehmer heute einer gewissen Informationsflut ausgesetzt sind. Dies hat zur Konsequenz, dass der jeweilige Beschäftigte nunmehr gefordert ist, situativ die eingehenden Informationen und Dokumente einzuordnen. Insbesondere ist eine Einschätzung im Hinblick auf Priorität und Relevanz für seinen Aufgabenbereich wesentlich. In vielen Aufgabenfeldern ist darüber hinaus die Einbindung in das Unternehmensnetzwerk relevant, wobei oft im 8-Stunden-Takt externe Kundenkontakte sowie interne Kunden-Lieferanten-Beziehungen zu managen sind.
- Klar ist, dass hier neue Arbeitstechniken und digitale Tools hilfreich sind und zusätzliche Potenziale für alle Seiten mit sich bringen. Eine damit verbundene Konsequenz besteht darin, zu prüfen, ob auch ein Wandel im Denken gegenüber Mitarbeitern, Kollegen und Vorgesetzten einhergehen muss.

12.2.1 Ausgangspunkte für Digital-Workplace-Projekte

Wichtig für ein erfolgreiches Implementieren des Digital Workplace ist vor dem Start eines entsprechenden Projekts die Klärung der Rahmenbedingungen, die sowohl die betroffenen Mitarbeiter als auch die Zukunftsfähigkeit und Agilität der gewählten Architektur der Arbeitsplätze in den Fokus nimmt. Im Detail bedarf es unter anderem einer Positionsbestimmung zu folgenden Fragestellungen:

- Wo liegen im Unternehmen die wesentlichen Herausforderungen für die künftige Gestaltung der Arbeitsplätze bzw. welche grundsätzlich möglichen Lösungsansätze kommen in Betracht? Ein kontextbezogenes Denken in Lösungsalternativen ist besonders zielführend!
- Welcher Gestaltungsrahmen wird seitens der Unternehmensführung bereitgestellt, um die Potenziale digitaler Arbeitsplätze nutzen zu können? Die Gestaltung des Workplace ist nur im Kontext der favorisierten und angedachten Arbeitsmodelle und Arbeitsformen nachhaltig erfolgreich.
- In welchem Spielraum lassen sich die grundlegenden Arbeitsmodelle für das Unternehmen adaptieren, um den wachsenden Veränderungen der Digitalisierung und den Interessen der Arbeitnehmer gleichermaßen gerecht zu bleiben?

12.2 Der „Digital Workplace" – Planung und Konzeption im Unternehmenskontext

- Wie sind die Beschäftigten von heute auf die Anforderungen digitaler Arbeitsplätze der Zukunft vorzubereiten und wie soll und kann dies bei der Projektierung und Weiterentwicklung integriert berücksichtigt werden?

Für die Projektpraxis stellt sich also zunächst die Notwendigkeit, eine unternehmensspezifische Einordnung des Digital Workplace vorzunehmen und dabei insbesondere die wesentlichen Themenkomplexe/Anforderungen an den Digital Workplace zu identifizieren.

Ausgehend von den anvisierten Veränderungen der Arbeitsplätze und ihrer Organisation gilt es für die Auslegung der Projekte im Anwendungsfall festzulegen, welche Veränderungen durch die digitalen Tools und Applikationen nun angegangen werden sollen. Dabei wird in der Regel ein Stufenkonzept favorisiert, das auf priorisierte Veränderungsbereiche fokussiert und dafür zunächst die betrieblichen Transfer-Festlegungen dokumentiert.

Wesentliche Veränderungen und damit mögliche Teilprojekte betreffen beispielsweise:

- Implementation des Digital Workplace unter Beachtung neuer Arbeitsmodelle für die Belegschaft (lokal, mobil, Home-Office, Anschlussfähigkeit digitaler Tools und Medien etc.),
- Entwicklung neuer Formen der Teamarbeit unter Beachtung der Möglichkeiten innovativer Kooperations- und Kollaborationstools,
- Verstärkte Veränderungen im Hinblick auf mobiles Arbeiten,
- Angebot und Erprobung innovativer Technologien zur digitalen Unterstützung von Arbeits- und Geschäftsprozessen (etwa digitale Assistenten, Prozessautomatisierung, KI etc.).

Grundsätzlich ist festzustellen, dass sich etwa mit der Einführung digitaler Arbeitsplatztools auch der „gewöhnliche" Büroarbeitsplatz ändert. Dabei geht der Trend dahin, dass die bisherigen Einzelarbeitsplätze in Räume für die Zusammenarbeit umgewandelt werden. Die Beschäftigten sitzen dann nicht mehr in einem Raum mit einem vorgesehenen „fixen" Schreibtisch und vorhandenem Computersystem (als Bildschirmarbeitsplatz). Die in den Gruppenräumen vorhandenen Bildschirmsysteme können vielmehr flexibel von mehr als nur von einem Benutzer verwendet werden.

Durch die Einführung kollaborativer und cloudbasierter Technologien sowie der Ausstattung von immer mehr Arbeitsplätzen mit mobilen Devices hat sich die Zusammenarbeit im Unternehmen bereits vielfach grundlegend verändert. Im Rahmen einer Enterprise-Mobility-Strategie gilt es für die digitalen Projekte unter anderem zu identifizieren und differenziert zu entscheiden, welche Typen von mobilen Nutzern im Unternehmen vorhanden sind.

Die Auswirkungen auf den Arbeitsplatz und die Beschäftigten im Unternehmen bedürfen einer Klärung. Bei einer differenzierteren Betrachtungsweise sind bezüglich der neuen Anforderungen (durch Digitalisierung) folgende Trends erkennbar und bei der Ausformung der Projektinitiativen zu beachten:

- Für die Mehrheit der Beschäftigten in Produktion, Handel und Dienstleistungen hat eine verstärkte Digitalisierung der Arbeits- und Geschäftsprozesse zur Folge, dass es zu deutlich höheren Komplexitäts-, Abstraktions- und Problemlösungsanforderungen im Beruf kommen wird.
- Wissens- und Büroarbeit wird sich signifikant verändern und insbesondere vermehrt menschliche Routinetätigkeiten überflüssig machen. Dabei wirken sich neben digitalen Tools für die Zusammenarbeit und Kommunikation vor allem auch weitergehende KI-

gestützte Anwendungsgebiete der Digitalisierung aus (KI = Künstliche Intelligenz). Menschliche Fähigkeiten werden – so die Prognose – ab 2023 von Denkautomaten „überholt", Routinetätigkeiten und Tätigkeiten mit niedriger Komplexität könnten so weitgehend automatisiert werden.

Merke:
Es ist zu erwarten, dass die künftigen beruflichen Tätigkeiten im digitalen Zeitalter ein höheres Maß an selbstgesteuertem Handeln, kommunikativen Kompetenzen und die Fähigkeit zur Selbstorganisation erfordern. Diese Anforderungen gelten quasi als notwendige Voraussetzungen zur gewinnbringenden Teilhabe am digital geprägten Arbeitsleben.

12.2.2 Anforderungen und Handlungsfelder für Digital-Workplace-Projekte

Unabhängig davon, ob die Digital-Workplace-Projekte eigenständige Projekte sind oder als Bestandteil von umfassenden New-Work-Projektierungen gesehen werden, bedarf es klarer Regelungen der Zuständigkeiten bzw. der Formen der Entscheidungsfindung. Für das Projektmanagement im Rahmen dieser Projekte ist von Bedeutung, dass hier cross-funktionale Teambildungen unverzichtbar sind. Oft laufen diese Projekte unter Führung der HR-Abteilung, mitunter auch via den Verantwortlichen für IT und Digitalisierung. Wichtig ist es, neben diesen verantwortlichen Bereichen vor allem auch die Fachbereiche selbst sowie Enterprise-IT-Architekten, Facility-Manager sowie Organisationsexperten und Mitarbeitervertretungen zu beteiligen.

Anforderungen und Gestaltungshinweise für Digital-Workplace-Projekte

Die Anforderungen, die aus der Sicht der Betroffenen an die Digital-Workplace-Projekte gerichtet werden, sind meist sehr vielfältig. Sie bedürfen in der Konzeptions- und Entwurfsphase für die Lösung entsprechender Spezifikationen. Exemplarisch seien genannt:

- **Anforderungen an die Endgeräteausstattung:** Auch die im Rahmen von New Work eingesetzten Endgeräte bedürfen einer gezielten Entscheidung. Im Detail ist einerseits über die Endgerätetypen zu entscheiden (wird neben einem Desktop Computer ein mobiles Endgerät – Smartphone und/oder Tablet – bereitgestellt?).
- **Anforderungen an digitale Toolunterstützung:** Die Anforderungen differieren hier auch bezüglich der Arbeitsplatzform. Das gilt für Datenanalyse- und Suchwerkzeuge ebenso wie für Collaboration-Tools. So erleichtern digitale Technologien wie Cloud-Integration, mobile Devices und innovative Produktivitätslösungen die Zusammenarbeit von Teams. Sie wirken sich gleichzeitig auf die Arbeitskultur im Team aus, wenn diese Tools zur Kommunikation und Zusammenarbeit effizient genutzt werden können. Knowledge Worker aus diversen Unternehmensbereichen (Controller, Vertrieb etc.) suchen zunehmend nach passgenauen Analytics-Lösungen und wollen diese direkt am Arbeitsplatz nutzen.

- **Anforderungen an die Nutzerfreundlichkeit:** Wer den Digital Workplace gestaltet, muss auf Nutzerfreundlichkeit achten – beziehungsweise auf die vielen unterschiedlichen Ansätze, wie Usability verstanden werden kann. Mitarbeiter müssen in die Gestaltung des Arbeitsplatzes einbezogen werden.
- **Anforderungen an die Form der Arbeitsorganisation (verteiltes Arbeiten/Teamarbeit):** Aus der Digitalisierung von Arbeitsprozessen ergeben sich neue Anwendungsfälle wie etwa virtuelle Meetings oder global verteilte Projektarbeiten. Auch hier gilt es spezifische Anforderungen zu beachten.

Vor dem Hintergrund des Anspruchs, als Innovationsmotor für das Unternehmen zu fungieren, muss auch die Unternehmensführung gemeinsam mit den HR- und IT-Verantwortlichen die Trends der Digitalisierungstechnologien für die Arbeitsplätze möglichst früh erkennen, auf Relevanz für das Unternehmen prüfen und entsprechend Anforderungen diesbezüglich kompetent einbringen.

Ein wichtiger Schritt wird außerdem darin gesehen, Innovationen bei den Arbeitsplätzen in der Unternehmensstrategie oder in einem „motivierenden" Leitbild zu verankern. Außerdem muss die Unternehmensführung förderliche Rahmenbedingungen schaffen. Beispiele dafür können sein, Netzwerke aufzubauen, Innovations-Events ins Leben zu rufen sowie „Bühnen" zu schaffen, auf denen Fachbereiche ihre innovativen Ideen für die Arbeitsplätze der Zukunft im Unternehmen präsentieren können.

Ausgehend von den gewählten Projektschwerpunkten und den Anforderungen der Belegschaft können folgende **Handlungsfelder** im Rahmen von Digital-Workplace-Projekten unterschieden werden:

- Handlungsfelder für das **Human Resources Management:** flexible Arbeitszeitmodelle entwickeln, Belegschaft für verschiedene Arbeitsmodi „sensibilisieren" und vorbereiten, Regeln für Home Office vereinbaren, Veränderung des digitalen Skillsets der Beschäftigten managen.
- Handlungsfelder für das **IT-/Digitalisierungs-Management bzw. das Enterprise-IT-Architekturmanagement:** IT-Neuerungen frühzeitig erproben (Life Cycle Management), Mobility-Technologien und Geräte differenziert und „flächendeckend" bereitstellen (BYOD), benötigte Applikationen und Datenzugriffe konzipieren und bereitstellen, Self-Service Portale und Automatisierung (intelligente digitale Assistenten im Service) aufbauen, neue Arbeitsplatzwerkzeuge bereitstellen, Werkzeugkoffer für den digitalen Arbeitsalltag.
- Handlungsfelder für das **Facility Management:** Büros und Labore etc. „revitalisieren", Raumkonzepte prüfen und entwickeln (Büroeinrichtungen, Coworking Spaces). Mit dem digitalen Zeitalter erfahren auch die Bereitstellungsmöglichkeiten von IT-Services und IT-Produkten gravierende Veränderungen, wobei sich zahlreiche Innovations- und Erweiterungspotenziale zeigen. So gibt es neben dem klassischen Server/Client-Betrieb beispielsweise nun auch mittels Vernetzung und Cloud Computing die Möglichkeit, einzelne Komponenten von Netzwerkressourcen sowie Storage-Leistungen bis hin zu kompletten virtuellen Servern „in der Wolke" bereitzustellen. Server-Landschaften, die klassischerweise im eigenen Unternehmen selbst betrieben werden, verlieren – zumindest in reiner Form – an Bedeutung.

12.2.3 Toolauswahl und Entwicklungsarbeiten

Unabhängig davon, ob die Digital-Workplace-Projekte eigenständige Projekte sind oder als Bestandteil von umfassenden New-Work-Projektierungen gesehen werden, bedarf es klarer Regelungen der Zuständigkeiten.

12.2.4 Digital-Workplace-Projekte erfolgreich steuern

Zur Steuerung der Digital-Workplace-Projekte (= Digital Governance) gilt es, das Instrumentarium des Change Managements konsequent zu nutzen und den neuen Herausforderungen digitaler Transformationsprozesse anzupassen. Typischerweise widmet sich ein im Projektmanagement integriertes Change Management diesen veränderten Erfordernissen, indem es Veränderungs- und Entwicklungsprozesse aktiv begleitet. Dies ist auch deshalb wesentlich, da Unternehmen durch den Prozess der digitalen Transformation einer erheblichen Veränderungsdynamik unterliegen, sodass eine unternehmensweite Ausrichtung für ein Change Management angestrebt werden sollte:

- Kultureller Wandel durch Einführung des Digital Workplace in den Fokus nehmen (Digital Awareness bei den Beschäftigten schaffen)
- Belegschaftsvertretungen umfassend beteiligen
- Security, Risiko- und Compliance-Management durchgehend beachten
- Digital Platform Management und Digital Services etablieren

Den kulturellen digitalen Wandel sichern

Für die Entwicklung neuer Geschäftsmodelle bzw. von Digitalisierungspotenzialen gilt es die wesentlichen Innovations- und Erfolgsmotoren zu identifizieren. Ein erster Schritt sollte auch sein, das richtige Bewusstsein im Unternehmen zu schaffen. Das kann beispielsweise durch Digital Bootcamps erreicht werden, in denen Mitarbeitern anhand eingängiger Beispiele die Grundmechanismen der Digitalisierung demonstriert werden – beispielsweise Plattformdenken, sich selbst verstärkende Netzwerkeffekte. Zu Beginn gilt es, eine Digitalvision mit klaren strategischen Zielen zu formulieren, an der sich alle entstehenden Ideen und Geschäftsansätze messen lassen.

Neben der strategischen Ausrichtung des Unternehmens ist es für erfolgreiche Veränderungsprozesse auch essentiell, das gesamte Unternehmen auf die Neuausrichtung vorzubereiten (etwa mittels „Digital Awareness"-Initiativen) und die Mitarbeiter aktiv durch die Veränderung zu begleiten. Dabei spielen strategische und operative Themen eine zentrale Rolle, da nur durch eine vernetzte Betrachtung ein nachhaltiger Erfolg der Digitalisierungsvorhaben möglich wird.

Beschäftigte umfassend einbeziehen

Wichtig ist, dass die Unternehmensführung Akzeptanz und Vertrauensmanagement für den Digital Workplace bzw. digitale Unternehmensprodukte und Prozesse schafft. Das bedeutet gleichzeitig, dass eine Innovationskultur über alle Unternehmensbereiche hinweg gefördert wird sowie ein Digital Leadership bzw. ein Digital Empowerment entwickelt wird, das die Beschäftigten und ihre Vertretungen umfassend einbezieht.

Wichtig ist ein Change Management, das die betrieblichen Veränderungen (neue digitale Produkte, Arbeits- und Geschäftsprozesse, Personalmanagement etc.) sozial verträglich gestaltet und die Auswirkungen von digitalen Lösungen in ein kontinuierliches ganzheitliches Monitoring überführt.

Neben der strategischen Ausrichtung des Unternehmens ist es für erfolgreiche Veränderungsprozesse auch essenziell, das gesamte Unternehmen auf die Neuausrichtung vorzubereiten (etwa mittels „Digital Awareness"-Initiativen) und die Mitarbeiter aktiv durch die Veränderung zu begleiten. Dabei spielen strategische und operative Themen eine zentrale Rolle, da nur durch eine vernetzte Betrachtung ein nachhaltiger Erfolg der Digitalisierungsvorhaben möglich wird.

Für die Organisation des Einsatzes müssen im Unternehmensumfeld natürlich auch Sicherheitsfragen sowie Datenrisiken/Datenschutz unbedingt beachtet und durch konkrete Richtlinien und Maßnahmen „ausgestaltet" werden.

Projektumsetzungs-Management – Risiken, IT-Security

Während der eigentlichen Projektumsetzung sind auch zahlreiche Managementaktivitäten und Beteiligungsformen der Beschäftigten zu prüfen. Waren zuvor vor allem planende Aktivitäten gefragt, sind nach dem Projektstart primär überwachende und steuernde Funktionen durch das digitale Projektmanagement wahrzunehmen.

Die Projektleitung muss nun sicherstellen, dass alle Mitarbeiterinnen und Mitarbeiter im Projektteam ab diesem Zeitpunkt auch über die aktuellen Daten als Orientierungsgrundlagen für ihre Arbeiten verfügen. Letztlich geht es hier um eine projektübergreifende Steuerung der verschiedenen, parallel laufenden digitalen Projekte einer Organisation.

Durch die zunehmenden Regulierungsvorgaben sowie eine stetig wachsende Zahl von Projekten bzw. wegen der höheren Komplexität der IT-Systeme ist davon auszugehen, dass Digitalisierungsrisiken (insbesondere arbeitsplatzbezogene Cyber-Risiken) in vielen Organisationen verstärkt in den Blickpunkt genommen werden müssen.

Merke:
Als Folge der Herausforderungen und der neuen technologischen Möglichkeiten ist es in vielen Firmen nötig, die Herangehensweise an Enterprise Mobility als Folge digitaler Transformationen weiterzuentwickeln. Im Enterprise Mobility Management treten nun Aspekte wie die Entwicklung und Verwaltung von mobilen Apps, der mobile Zugriff auf Dateien und Dokumente sowie eine Verbesserung der Sicherheit bei mobiler Systemnutzung stärker in den Mittelpunkt. ∎

Folgende Potenziale bzw. Vorteile werden für die Beschäftigten und für Unternehmen gesehen:

- Steigerung der Produktivität und Motivation der Beschäftigten: Sie können ihren Arbeitsplatz vollständig personalisieren und Anwendungen und Inhalte so zusammenstellen, wie es die Anforderungen der betrieblichen und beruflichen Praxis erfordern. Die Bereitstellung kann dabei sogar automatisch mit integriertem Self-Service erfolgen, was zu echten Kostenersparnissen führt.

- Die Zusammenarbeit und der Zugang zu Informationen werden erleichtert: Über den Digital Workplace wird die Zusammenarbeit mit Kollegen gefördert und ermöglicht. Mittels Tools können sich Teams effektiv organisieren und eigenständig ihren Aufgaben nachkommen.
- Hohe Flexibilität und Mobilität der Beschäftigten: Der Digital Workplace kann mittels entsprechender Endgeräte und Tool-Funktionalitäten wesentlich dazu beitragen, die Arbeit von Ort und Zeit unabhängiger zu machen. Erreicht wird dies vor allem, indem Informationen, Prozesse und Zusammenarbeit immer und von überall realisierbar sind.
- Sicherheit und Compliance-Konformität: Cyber-Security ist heute gerade beim digitalen Arbeitsplatz bezüglich des Zugriffs auf alle Anwendungen und Inhalte genauso wichtig wie bezüglich der Regelungen von Kommunikation und Kooperation. Objekte, Daten und Prozesse sollten jederzeit verschlüsselt, kontextbezogen und Policy-gesteuert sein. So kann auch die Compliance-Konformität gewährleistet werden.

■ 12.3 Toolgestützte Anwendungen am digitalen Arbeitsplatz

Die zunehmende Digitalisierung und die umfassende Ausstattung von Arbeitsplätzen aller Art (seien es Büroarbeitsplätze, Arbeitsplätze in Produktion, Logistik und Vertrieb) mit digitalen Tools führen vielfach in der Praxis zu raschen Veränderungen. Als wichtigste Motive für das vermehrte Arbeiten mit digitalen Tools werden das kooperative Erstellen von Dokumenten, das einfachere Teilen von Informationen sowie die Möglichkeit angegeben, Dokumente schneller zu finden und weiterzugeben sowie orts- und zeitunabhängig zu arbeiten.

Bezogen auf die konkreten Aufgaben und Herausforderungen einzelner Arbeitsplätze gilt es im Unternehmenskontext genauer zu prüfen, welche Nutzungsoptionen der Tools für die jeweiligen Arbeitsplatztypen gegeben sind. Darüber hinaus sind die Gelingensbedingungen für die Einführung und Nutzung dieser digitalen Tools zu beachten.

Als Folge der Globalisierung und Digitalisierung verändern sich – darauf wurde bereits hingewiesen – zahlreiche Märkte mit zunehmender Geschwindigkeit. Auch etablierte Unternehmen, die bereits seit Jahrzehnten erfolgreich in ihren Märkten agieren, müssen nun ihr Geschäftsmodell (bzw. ihre Geschäftsmodelle) hinterfragen und sich stetig an aktuelle Markterfordernisse anpassen. Letztlich entscheidet die Fähigkeit, notwendige Disruptionen frühzeitig zu erkennen, das eigene Geschäftsmodell anzupassen, zu optimieren oder sogar neu zu erfinden, mehr denn je auch über die Wettbewerbsfähigkeit des Unternehmens. Nur so ist ein Fortbestand des Unternehmens in der Zukunft zu gewährleisten.

12.3.1 Mit digitalen Kollaborations-Tools Teamarbeit neu organisieren

Die Arbeit im Team gewinnt weiter an Bedeutung. Dies gilt nicht nur für Arbeitsplätze innerhalb eines Unternehmens, sondern beispielsweise auch für das unternehmensübergreifende und das mobile Arbeiten. Mit dem Aufkommen von digitalen Tools für die Zusammenarbeit, die das mobile und netzgestützte Arbeiten nachhaltig unterstützen, ergeben sich vielfältige neue Anwendungspotenziale. Sie stellen letztlich die Zusammenarbeit im Team auf eine neue Basis. Insbesondere Beschäftigte, die vorwiegend in Teams arbeiten, können so Informationen oder Ideen einfach weiterleiten und schnell austauschen. Realtime kann gemeinsam an Dokumenten gearbeitet werden sowie Teamarbeiten koordiniert werden.

Kollaborations-Tools bieten verschiedene **Funktionen**. Dazu zählen beispielsweise:

- **Einrichten von Team-Arbeitsbereichen:** Um das virtuelle Arbeiten im Team zu ermöglichen, lässt sich ein virtueller Arbeitsbereich für Gruppen einrichten. Dies kann etwa dauerhaft oder für einen definierten Zeitraum organisiert werden. So lassen sich die Voraussetzungen schaffen, dass alle Dokumente, Unterhaltungen, Aufgaben und Ankündigungen zentral – etwa in einer Cloud – zusammenlaufen. Der Vorteil: Auf einfache Weise wird dafür gesorgt, dass alle Mitglieder eines Teams über den gleichen Informationsstand verfügen.

- **Funktionen für das gemeinsame Erstellen und Bearbeiten von Dokumenten:** Mehrere Personen bearbeiten von praktisch jedem Ort aus gemeinsam Dokumente und können zum Beispiel Berichte oder Anträge abgestimmt auf den Weg bringen.

- **Ideensammlungen durch teamorientiertes Mindmapping:** Mindmaps sind ideal zum leicht verständlichen Präsentieren. Mit entsprechender Software können Teammitglieder gemeinsam online an Mindmaps arbeiten, um Ideen und Konzepte strukturiert zu visualisieren – etwa durch Einfügen von Bildern, Links oder Dateien. Jede einzelne Änderung wird farbig markiert, sodass alle Teammitglieder stets nachvollziehen können, wer gerade was macht bzw. was verändert hat.

- **Funktionen zur Koordination von Teamarbeit:** Das Finden gemeinsamer Besprechungstermine sowie der Austausch von Dateien stellen weitere nützliche Funktionen von Kollaborations-Tools dar. Besonders praktisch sind auch die Chat-Funktionen, über die die Beteiligten miteinander kommunizieren können, ohne ein anderes Tool aufrufen zu müssen.

Die digitalen Werkzeuge zur Zusammenarbeit im Unternehmen weisen im Detail teils erhebliche Unterschiede bei den Funktionalitäten auf:

- Eine erste Kategorie von Kollaborations-Tools bietet den Gruppenmitgliedern die Option, über das Web virtuell gemeinsame Anwendungen zu nutzen. Online-Tools ermöglichen das Hinterlegen, den Zugriff und die Verwaltung von Dateien in gemeinsamen, geschützten Ordnern im Netz bzw. in der Cloud.

- Darüber hinaus können Teams mit Online-Werkzeugen wie beispielsweise Wikis Inhalte gemeinsam und dynamisch à la Wikipedia bearbeiten, wobei sich Dokumente, Links oder Zeitpläne hinterlegen lassen.

- Ebenso lassen sich Blogs oder Social-Bookmarking-Systeme für den Erfahrungs- und Wissensaustausch nutzen.

Eine Erweiterung der Kollaborationstechnik ist dann gegeben, wenn Funktionen verfügbar sind, die auch die Koordination von Teams unterstützen, etwa als integrierte webbasierte

Groupware-Anwendungen. Sie erlauben es einer Gruppe von Nutzern, gemeinsame Kalender und Arbeitspläne zu verwalten, Aufgaben und Ressourcen zuzuordnen sowie Meilensteine für zu erledigende Aufgaben festzulegen. Umfragen können zudem per E-Mail verschickt und Termine in andere Managementsysteme integriert werden.

Noch mehr Möglichkeiten für die unternehmensübergreifende Zusammenarbeit bieten Kollaborationslösungen aus der Cloud. Sie erlauben es, zeit- und ortsunabhängig auf Dokumente zuzugreifen und diese gemeinsam mittels Dokumentenmanagement-Software zu bearbeiten. Auch Web- und Videokonferenzen lassen sich in der Regel integrieren und unternehmensübergreifend realisieren.

Die **Vorteile** dieser digitalen Kollaborations-Tools sind vielfältig:

- Sie liegen vor allem im besseren Zugriff auf Informationen – einschließlich Echtzeit-Analysen. Damit ergeben sich im Teamkontext hervorragende Bedingungen für „bessere" Entscheidungen und Maßnahmen.
- Das Arbeiten für die Teammitglieder wird so auch bedeutend flexibler. Sie können arbeiten wie, wo und wann es ihnen am besten passt.
- Gleichzeitig können sie Informationen und Erfahrungen austauschen sowie ihre Produktivität im Hinblick auf die Arbeitsergebnisse steigern.

Praxistipp:

Kollaborations-Tools (engl. collaboration tools) verbessern die Zusammenarbeit von Teams vor allem, wenn die Teammitglieder sich nicht am gleichen Ort befinden. Mit Kollaborations-Tools lassen sich Teamarbeiten besser planen, organisieren, kontrollieren, dokumentieren und oft auch schneller abwickeln. Es gibt unzählige Kollaborations-Tools für die Teamarbeit, die heute in der Regel webbasiert funktionieren. Die Herausforderung für Unternehmen und Organisationen ist es daher, das passende Tool für die Online-Zusammenarbeit zu finden. Auch müssen geeignete Verfahrensregeln bzw. Vorbereitungen des Personals für den gelingenden Tooleinsatz vereinbart werden.

12.3.2 Anwendungen von Kommunikationsfunktionen für den Digital Workplace

Neben den digitalen Tools zur Zusammenarbeit hat auch die Kategorie der digitalen Kommunikationswerkzeuge in den letzten Jahren eine hohe Popularität in Unternehmen erlangt. Hinzugekommen sind Web- und Videokonferenzsysteme, mit deren Hilfe Nutzer – auch ohne aufwendige technische Infrastruktur – Ad-hoc-Konferenzen über das Internet initiieren können. Diese sind mittlerweile oft ohne vorherige Installation eines Desktop-Clients nutzbar und bieten so eine hohe Flexibilität auch in mittelständischen Firmen.

Grundsätzlich sind bezüglich der Kommunikationsformen zu unterscheiden:

- **Asynchrone Kommunikationstechnik:** Neben E-Mail-Kommunikation rechnen hierzu vor allem Informations- und Diskussionsforen. Anlässe, ein Forum im Unternehmenskontext zu verwenden, sind allgemeine Diskussionen zu übergeordneten Themen, das Veröffentlichen von FAQs beispielsweise in Wissensmanagementumgebungen durch einen Moderator sowie das Bereitstellen von Problemlösungen und Projektergebnissen.

- **Synchrone Kommunikationstechnik:** Mit digitalen Systemen besteht heute die Möglichkeit, relativ einfach Diskussionen in einer Video- oder Audiokonferenz zu führen. Unter vier Augen oder in der Gruppe lässt sich kommunizieren sowie bei integrierter Nutzung der Chat-Funktion lassen sich schnell Antworten auf Fragen erhalten.

Zeitlich versetzte Kommunikation

Informations- und Diskussionsforen gewinnen beim digitalen Arbeiten auch im Unternehmenskontext an Bedeutung und Akzeptanz. Merkmale der Anwendung von Diskussionsforen sind:

- Die Kommunikationsrichtung geht in diesem Fall meist von einem Einzelnen an eine Gruppe. Ein Teilnehmer erstellt einen Beitrag und die anderen können auf diesen reagieren – also antworten, kommentieren oder bewerten.
- Die Kommunikation findet in Informationsforen zeitversetzt statt. Wenn mehrere Teilnehmer, die an einem Thema Interesse haben, gerade „anwesend" sind, kann sich auch eine chat-ähnliche Diskussion entwickeln.

Neben offenen Diskussionsforen können Lösungen sinnvoll sein, die nur einem bestimmten Teilnehmerkreis vorbehalten sind. Sogenannte geschlossene Foren können als Arbeitsbereich für virtuelle Teams dienen. Hier erweitern sich die Einsatzmöglichkeiten im Vergleich zu offenen Foren um folgende Optionen:

- Zu einer gemeinsamen Arbeit werden die Beiträge gesammelt.
- Beiträge, die sich an die Gruppe richten, werden veröffentlicht; zum Beispiel Anfragen, Aufgaben, Lösungsvorschläge.
- Zu einem speziellen Thema erfolgt eine gemeinsame inhaltliche Erarbeitung und Dokumentation in einem Dokument.
- (Zwischen-)Ergebnisse gemeinsamer Arbeiten werden veröffentlicht.

Hinweis: Informations- und Diskussionsforen bieten Interessierten die Möglichkeit, ausgewählte Informationen direkt beziehen zu können. Das heißt, sie wählen das Thema je nach Bedarf und kommunizieren mit bestimmten Personen.

Digitale Kommunikation in Echtzeit

Zu den synchronen Kommunikations-Tools zählen insbesondere Audio- und Videokonferenzen sowie zunehmend Webinare. Die Konferenzen sind bei vielen Firmen und Organisationen beliebt, denn das Web-Conferencing spart Zeit und Reisekosten. Vor allem Mitarbeiterinnen und Mitarbeiter von Unternehmen mit unterschiedlichen Standorten nutzen diese Angebote, um sich regelmäßig auszutauschen.

Audiokonferenzen verbinden Menschen an verschiedenen Orten der Welt über das Telefon durch eine Konferenzschaltung. Die Durchführung bedarf einer Vorbereitung durch einen „Gastgeber", der den Teilnehmenden eine Einwahlnummer und einen Zugangscode zukommen lässt. Es gibt dann verschiedene Möglichkeiten, sich einzuwählen:

- Der Gastgeber des Meetings verbindet die Teilnehmer manuell mit der Konferenzleitung und holt sie in die Telefonkonferenz hinein.

- Mehrere Teilnehmer einer Konferenz wählen sich über Telefonleitungen ein und konferieren miteinander.
- Moderne Audioconferencing-Systeme bieten alternative Verbindungsmöglichkeiten, etwa cloud-basierte Internetverbindungen, die für Desktop-PCs oder Notebooks per Voice-over-IP (VoIP) funktionieren.
- Möglich ist auch die Telefonkonferenz online über mobile Apps für Smartphone oder Tablet.

Videokonferenzen ermöglichen ein Online-Meeting, bei dem sich die Teilnehmenden sehen und hören können. Populär auch für die private Kommunikation ist das wohl bekannteste Videokonferenzsystem Skype, das auf Desktop-PCs, Notebooks und mobil über Apps per VoIP funktioniert. Im Rahmen der Webkonferenz ist es möglich, sofort Nachrichten zu übermitteln (Instant Messaging) oder den Bildschirm zu teilen (Desktop Sharing). Dies kann etwa bei Austausch mittels Präsentationen interessant und hilfreich sein. Neben Skype, das für den professionellen Bereich weiterentwickelt wurde, haben sich zahlreiche Lösungen entwickelt und in der Unternehmenspraxis für ausgewählte Anwendungsoptionen etabliert.

Festzuhalten ist: Unternehmen, in denen team- und projektorientierte Organisationsformen verankert sind, profitieren von digitalen Kommunikations-Tools in besonderer Weise. In vielen Fällen haben hier webbasierte Sprach-, Instant-Messaging- und Präsenz-Management-Anwendungen die traditionelle E-Mail ergänzt. Über ein Präsenz-Management können etwa Instant-Messaging-Nutzer des jeweiligen Teams sehen, welche Teammitglieder ebenfalls online sind.

12.3.3 Informations- und Wissensmanagement-Tools

Digitale Werkzeuge für das Informations- und Wissensmanagement rücken ebenfalls immer mehr in den Mittelpunkt. Das betrifft sowohl ein Management von Wissen auf Organisationsebene (Unternehmensebene, Abteilungs-/Bereichsebene) sowie auf persönlicher Ebene der Mitarbeiterinnen und Mitarbeiter.

In diesem Rahmen finden sich zahlreiche Anbieter elektronischer Tools und Services, die Unternehmen dabei eine wesentliche Unterstützung bieten. Typische Beispiele sind E-Portfolios, Lerntagebücher, Wissensmanagement-Tools sowie Discovery- und Knowledge-Sharing-Tools:

- **Discovery-Tools** dienen vor allem dem (Wieder-)Finden und Ordnen von Wissen. Entscheidend ist dabei die Qualität der Suchfunktion. Basierend auf einer automatischen Verschlagwortung und einer intelligenten Nachklassifizierung kann daher die Funktionalität nützlich sein, relevante Informationen unter Berücksichtigung von Compliance- und Governance-Bestimmungen zu konsolidieren und entsprechende Ergebnisse bereitzustellen.
- **Knowledge-Sharing-Tools** eignen sich für eine effiziente Zusammenarbeit für Teams verschiedener Größenordnung. Mittels entsprechender Funktionen wird die Möglichkeit eröffnet, gemeinsam zu recherchieren und zu arbeiten sowie einfach Wissen und Inhalte zu teilen. Dazu ist etwa eine Ablagefunktion mit Ordnern, Arbeitsgruppen, Tags und Listen verfügbar und in einfacher Weise nutzbar.

Digitale Kollaborations- und Kommunikationstechnik eröffnet für das Arbeiten gerade von Teams grundsätzlich neue Formen der verteilten Information und Kommunikation. So können Beschäftigte, die sich an unterschiedlichen Orten befinden, einfacher zusammenarbeiten und ihre Ideen und Expertisen einbringen. Gleichzeitig besteht die Möglichkeit, von jedem noch so weit entfernten Ort auf der Welt auch der „normalen" Arbeit nachzugehen.

12.3.4 IT-Serviceaufgaben für das „Digital Workplace Management"

Digitaler Medieneinsatz ist für die Unterstützung der virtuellen Teamarbeit heute unverzichtbar. Die Gründe für die zunehmende Bedeutung von Kooperation und Kommunikation mit Unterstützung virtueller, digitaler Medien sind zahlreich und wirken sich stark auf das Arbeitsumfeld aus:

- Viele Teams müssen heute schnell und flexibel reagieren, Entscheidungen treffen und Ergebnisse liefern können, lange Abstimmungs- und Entscheidungsprozesse sind dabei hinderlich.
- Länderübergreifende Teams, die oft zeitlich begrenzt und in unterschiedlichen Konstellationen zusammenarbeiten, werden heute vielfältig unterstützt. Diese Teams müssen mobil sein und ihre Aufgaben unabhängig von Ort und Zeit erledigen können.

Ein solches Arbeitsumfeld für Projekte bzw. Teams verlangt geradezu nach entsprechender digitaler Unterstützung in den Bereichen Kommunikation und Kooperation. Der rein elektronische Austausch von Dateien, Terminplänen oder Aufgaben per E-Mail ist dabei nicht mehr wirklich zeitgemäß. Webgestützte Anwendungen und Tools bieten heute wesentliche Potenziale für eine effiziente Zusammenarbeit von Teams über räumliche und organisatorische Grenzen hinweg: Sie erlauben den Zugriff auf Anwendungen und Daten unabhängig von Endgeräten und Betriebssystemen. Zudem sind die Anwendungen oft nach Bedarf ohne hohe Anfangsinvestitionen und Implementierungskosten direkt einsetzbar.

Trotz der Vorteile: Es gibt auch Risiken, die bei der Ausgestaltung der skizzierten Lösungen zu beachten sind und gerade von Arbeitnehmervertretern zur Sprache gebracht werden müssen:

- Die Tatsache, dass beim digitalen Workplace vor allem ein Höchstmaß an Flexibilität – beziehungsweise Mobilität – gewünscht ist, erfordert von Unternehmen wiederum neue, geeignete Sicherheitskonzepte. Denn IT-Verantwortliche müssen davon ausgehen, dass nicht nur die Anzahl der Endgeräte weiter steigen wird, sondern auch, dass zunehmend heterogene Geräte- und Systemlandschaften entstehen, die an vielerlei Einsatzbereichen außerhalb des Unternehmensnetzes zum Einsatz kommen.
- Homeoffice und mobiles Arbeiten erhöhen den Aufwand beträchtlich, der nötig ist, um diese Geräte samt der darauf laufenden Anwendungen zu verwalten, zu überprüfen und abzusichern. Damit einher geht das Risiko des Kontrollverlusts darüber, welche Anwendungen aus dem privaten Umfeld auf den Devices laufen.

Die Auswirkungen auf die Belegschaft und den einzelnen Arbeitsplatz bedürfen einer Klärung. Zu den wesentlichen Fragenkreisen, die Unternehmen vor dem „Auflegen" von New-Work-Projekten klären müssen, gehören unter anderem:

- Wo liegen die Herausforderungen für die künftige Gestaltung der Arbeitsplätze beziehungsweise welche grundsätzlich möglichen Lösungsansätze kommen in Betracht?

- Wie müssen Arbeitsmodelle neu gestaltet werden, um den wachsenden Veränderungen der Digitalisierung und den Interessen der Belegschaft gleichermaßen gerecht zu bleiben?
- Wie müssen die Beschäftigten von heute auf die digitalen Anforderungen von morgen vorbereitet werden?

Bei der Klärung der genannten Fragenkreise ist zu beachten, unter welchen Bedingungen die Potenziale genutzt werden:

- Eine erfolgreiche Zusammenarbeit im Team hängt beispielsweise zu einem Großteil von der Qualität der Informationsweitergabe ab. Dies betrifft etwa das Übermitteln von Statusinformationen, ob man Zielsetzungen und Erwartungen klar weitergibt. Seien es nun Informationen für Teammitglieder oder Führungskräfte, die auf höchster Ebene über den Status unterrichtet werden wollen.
- Themen wie Workshifting erhöhen für IT-Verantwortliche den Druck, die neuen Arbeitsformen mit dem Schutz von geistigem Eigentum und der Einhaltung von gesetzlichen Vorschriften in Einklang bringen zu müssen. Diese ohnehin schon komplexen Herausforderungen lassen sich durch Speicherlösungen zur Sicherung und zum Austausch von Daten bewältigen. Dabei können Beschäftigte von jedem Endgerät aus auf ihre Daten zugreifen und diese sicher mit Interessenten, Kunden und Partnern austauschen.
- Ob ein Team erfolgreich ist, hängt maßgeblich auch von der Kooperations- und Kommunikationskultur ab. Hier können digitale Technologien und Tools heute durchaus positive Beiträge zu einer förderlichen Arbeitskultur leisten. So erleichtern Technologien wie Cloud-Integration, mobile Geräte und innovative Produktivitätslösungen die Zusammenarbeit von Teams. Sie wirken sich gleichzeitig positiv auf die Arbeitskultur aus, wenn diese Tools zur Kommunikation und Zusammenarbeit effizient genutzt werden.
- Dokumente lassen sich einfach teilen, gemeinsam bearbeiten, sicher in der Cloud ablegen und mit Kolleginnen und Kollegen diskutieren – persönlich oder virtuell. Dazu können internetbasierte Apps oder Online-Speicher wie beispielsweise Office Online und OneDrive, die für Unternehmen nicht sehr kostenintensiv sind, einen Beitrag leisten.

Praxistipp:

Viele Unternehmen verändern jetzt gerade ihre Arbeitsweisen und Tool-Landschaften, um gemeinsam besser zu arbeiten. Dabei krempeln sie ihre Unternehmenskultur komplett um: Führung muss neu gedacht werden, Kompetenzen werden wichtiger als Wissen und Agilität bestimmt die Arbeitsabläufe und Kooperationen.

12.4 Kompetenzmanagement und neue (digitale) Bildungsformate

Mit der Änderung der Arbeitsplatzorganisation und der Verfügbarkeit neuer, leistungsstarker Tools für die Kooperation, Kommunikation und das Wissensmanagement ändern sich die Anforderungen an die Belegschaften zum Teil disruptiv. Dadurch besteht für Unternehmen Handlungsbedarf. Ausgehend von einer Analyse der spezifischen Arbeitsplatzanforderungen müssen die notwendigen Kompetenzen bei den Betroffenen differenziert aufgebaut und gefördert werden. Nur so kann der digitale Wandel im Betrieb erfolgreich – vor allem nachhaltig – gelingen.

12.4.1 Digital Workplace stellt neue berufliche Anforderungen

Innovationszyklen werden kürzer, Entwicklungszeiten von Produkten und Dienstleistungen nehmen ab, die Veränderungsgeschwindigkeit bei Prozessen und Projekten steigt. Die Arbeitswelt um uns herum verändert sich rasant. Die treibende Kraft dieser Revolution ist die Digitalisierung. Sie beeinflusst die Art und Weise, wie wir miteinander kommunizieren – und letztendlich auch, wie wir miteinander arbeiten. Unternehmen, die zukunftsfähig bleiben wollen, müssen entsprechende Rahmenbedingungen schaffen und neue Wege der Qualifizierung gehen, um ihr Personal entsprechend darauf vorzubereiten.

Ein entscheidender Baustein für die erfolgreiche Umsetzung der Digitalisierungspotenziale in der Praxis ist eine nachhaltige Gestaltung der künftigen Arbeitswelt und die Befähigung der Menschen für das digitale Zeitalter.

Kompetenzen sind im Rahmen der digitalen Transformation für Unternehmen und ihre Belegschaften wichtiger denn je. Denn mit dem Internet der Dinge und dem verstärkten Einsatz Künstlicher Intelligenz (KI) in Wirtschaft und Gesellschaft entwertet sich Fachwissen immer schneller, KI-Systeme übernehmen repetitive menschliche Arbeit. Was bleibt, sind neue Aufgabenstellungen in der Arbeitswelt, für die es vielleicht noch keine Use Cases oder Best Practices gibt – die aber bewältigt werden wollen.

Aber worin genau müssen Fach- und Führungskräfte geschult werden, deren Unternehmen auf digitale Transformation setzen und sich den Veränderungen stellen wollen? In der Auswertung der acatech-Umfrage (acatech, Fraunhofer IML, equeo GmbH: Kompetenzentwicklungsstudie Industrie 4.0, 2016, Seite 5) wird deutlich, welche Kompetenzen bei Unternehmen und Mitarbeiterinnen und Mitarbeitern vorhanden sein müssen, um in der digitalen Arbeitswelt zu bestehen:

Ein großer fachlicher Kompetenzbedarf wird in der Datenauswertung und -analyse gesehen. Des Weiteren gilt es, digitalisierte Prozesse zu managen, in denen Entscheidungen anfallen, die nur von Menschen getroffen werden können. Integriert wird immer auch die IT-Sicherheit im Fokus stehen müssen.

Gefragt sind Personen, die nicht nur Fachwissen mitbringen, sondern über eine Handlungs- und Problemlösungskompetenz verfügen, mit der Produkte und Prozesse an den Wandel angepasst werden können. Bei den Beschäftigten sind in Verbindung mit digitalen Kompetenzen vor allem auch interdisziplinäres Denken und Handeln sowie ausgeprägtes Prozess-Know-how von Bedeutung.

Die Beschäftigten müssen in Zukunft die Wertschöpfungskette im Ganzen verstehen, das Unternehmen als Einheit betrachten. Sie müssen wissen, welche Auswirkungen die Entscheidungen in einem Bereich auf einen anderen haben können, und erkennen, dass Ursachen für Schwierigkeiten, Fehler und Verzögerungen möglicherweise in einem weit entfernten Bereich liegen.

Eine besondere Herausforderung für Personalentwickler besteht darin, dass sich aktuell erforderliche Kompetenzen nicht wie Fachwissen vermitteln lassen. Vielmehr bedarf es im Corporate Learning neuer Lernräume sowie neuer Konzepte, damit die Arbeitnehmerinnen und Arbeitnehmer die Anforderungen in Unternehmen sowie durch Kunden, Lieferanten und Wettbewerber kompetent erfüllen können.

Sollen digitale Vorhaben nachhaltig erfolgreich umgesetzt werden, muss gewährleistet sein, dass die Betroffenen die digitalen Veränderungen verstehen und sie darüber hinaus befähigt werden, diese kompetent umzusetzen und sich aktiv einzubringen. Sind erst digitale Prinzipien erfolgreich in der Arbeitskultur verankert, wird parallel die Flexibilität der Beschäftigten steigen.

Festzuhalten ist: Digitalisierung in der Umsetzung erfordert qualifiziertes Personal. Beschäftigte brauchen ein neues Kompetenzprofil (Skill Set), das durch Schulungen und Weiterbildungen forciert werden muss. Durch gezielte Entwicklungsmaßnahmen sollte das Know-how für Digitalisierung in der Belegschaft gefördert werden. Die zuvor skizzierten Ausführungen legen es nahe, zur Entwicklung entsprechender Kompetenzen auch in der Personalentwicklung auf das technologiegestützte Lernen zu setzen.

Beachten Sie:

Die notwendigen Qualifizierungsmaßnahmen betreffen nahezu alle Ebenen im Unternehmen. Bezüglich der Erarbeitung von Personalentwicklungsmaßnahmen sind die wesentlichen Tätigkeitsfelder und die jeweiligen beruflichen Qualifikationen zu differenzieren. Differenzierungen sind darüber hinaus aufgrund der unterschiedlichen Affinität zu digitalen Themen zu beachten.

12.4.2 Digitale Lernformate gewinnen an Bedeutung

Für die berufliche und betriebliche Weiterbildung stellt die digitale Transformation einen Paradigmenwechsel in vielfacher Hinsicht dar. Denn nicht nur die Unternehmen selbst und ihre Produkte, Dienstleistungen und Prozesse müssen digitaler und flexibler werden, sondern auch die Personalentwicklung kann heute die Weiterbildung – Lehrgänge, Trainings, Coachings – mittels neuer digitaler Lernformate effizienter und gleichzeitig nachhaltiger gestalten.

Dem digitalen Lernen im Unternehmenskontext (dem Corporate Learning) wird eine besondere Zukunftsperspektive zugewiesen. Bereits jetzt sind innovative digitale Lernformate in der betrieblichen Aus- und Weiterbildung vielfach gut etabliert. So setzen Arbeitgeber sowohl bei klassischen Weiterbildungsthemen wie Führungs- und Sprachtrainings als auch für Produktschulungen, Software-Trainings oder Sicherheitsunterweisungen vermehrt auf digitale Bildungs- und Qualifizierungsformate.

Es liegt daher nahe, dass gerade bei der Vorbereitung der Beschäftigten auf die neuen Anforderungen der Digitalisierung und des Digital Workplace die besonderen Möglichkeiten des digitalen Lernens genutzt werden und dieses Lernen unmittelbar in die Arbeitswelt integriert wird (= Lernen im Prozess der Arbeit).

Die sich ergebenden Herausforderungen und mögliche **Veränderungen für das Corporate Learning** zeigt Bild 12.1.

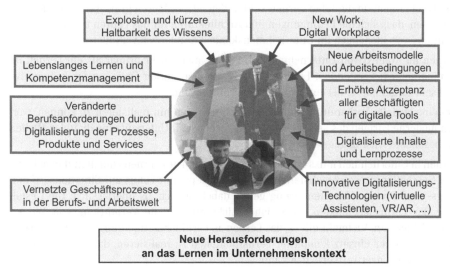

Bild 12.1 Veränderte Rahmenbedingungen für das Corporate Learning

Festzustellen ist, dass nahezu alle Beschäftigten neue Formen digital gestützten Arbeitens und Lernens internalisieren und umsetzen müssen. Das gilt sowohl im Büro und der Verwaltung, aber natürlich auch in den Bereichen Produktion, Logistik und Handel. Dabei geht der Trend zum arbeitsplatzintegrierten Lernen, wobei das Lernen „auf Vorrat" zunehmend durch ein „Learning on Demand" abgelöst wird. Die digitalen Transformationsprozesse sowie die Digitalisierung in allen Lebensbereichen haben bereits aktuell enorme Veränderungen für das Lernen zur Folge. So findet es zunehmend auch in informellen Kontexten und elektronisch unterstützten Umgebungen statt. Beispiele dafür sind die Nutzung von Online-Communities sowie von sozialen Netzwerken oder Videoplattformen, die ergänzende Potenziale für Social Learning und Workplace Learning bieten.

Gleichzeitig hat sich auch die Methodenvielfalt im digitalen Lernen kontinuierlich weiterentwickelt und die Bandbreite wurde um neue Tools erweitert. Dazu gehören Anwendungen wie Mikro- und Makrocontent, Mobile Learning und seit einiger Zeit auch Virtual und Augmented Reality. Modernste Technik ermöglicht es zudem, vormals analoge Welten zu digital unterstützten Lernräumen umzugestalten.

Für die Betriebe generell rückt als besondere Herausforderung die Aufgabe in den Blickpunkt, den Beschäftigten die notwendigen Fähigkeiten für eine neue Lern- und Arbeitskultur zu ermöglichen:

- Eigenverantwortliches Lernen und Eigenmotivation nehmen gegenüber der tradierten Wissensvermittlung an Bedeutung zu.
- Mehr Übernahme von Verantwortung, mehr kooperatives Lernen und mehr Selbstlernen sind gefordert.

Die Konsequenz: Mitarbeiterinnen und Mitarbeiter sind frühzeitig zu ermutigen, an kooperativen Lern- und Arbeitsformen teilzunehmen sowie ihr erworbenes Wissen durch entsprechende Transferförderung auch in ihrem außerbetrieblichen Umfeld einzusetzen.

Die Entwicklungen im digitalen Lernen sind in den letzten Jahren gravierend. Es ist davon auszugehen, dass sich die Bedingungen und Architekturen für das Lehren und Lernen insgesamt und vor allem auch im Unternehmenskontext dramatisch verändern:

- Lernen im Kontext von Unternehmen wird heute nicht mehr primär als ein Lernen im Seminarkontext verstanden. Ergänzend treten immer stärker Optionen für kooperative und selbstorganisierte Lernprozesse in den Vordergrund.
- Um eine gezielte Vorbereitung auf lebenslanges Lernen hin realisieren zu können, werden moderne Formen des selbst gesteuerten Lernens mit Unterstützung digitaler Medien für besonders wichtig angesehen.
- Lernen in Unternehmen muss eine stärkere Integration des Lernens mit digitalen Arbeits- und Geschäftsprozessen realisieren. Bildungskonzepte mit Fokus auf Situations-, Handlungs-, und Problemlöseorientierung gelten dabei vielfach als unerlässlich. Die Gestaltung der Lerngelegenheiten muss daher nicht nur auf die Vermittlung von Wissen ausgerichtet sein. Vielmehr gilt es, das Lernen an beruflichen Handlungsfeldern zu orientieren und unter Einsatz komplexer Lernsituationen zu realisieren, damit ein ganzheitlicher Kompetenzerwerb erfolgen kann.
- Mit webgestützten Learning-on-Demand-Konzepten kann die betriebliche Weiterbildung zudem weiter flexibilisiert werden. Deshalb bieten einige Unternehmen, die auf die Eigenverantwortung ihrer Mitarbeiter setzen, dauerhaft externen und mobilen Zugriff auf den Lernstoff an („E-Libraries").

12.4.3 Weiterbildungsformate zur Kompetenzförderung

Eine kontinuierliche Qualifizierung der Belegschaft ist gerade im digitalen Zeitalter für Unternehmen zur Sicherung einer hochwertigen Qualifikation der Fachkräfte unverzichtbar. Mit der veränderten Nutzung digitaler Medien sowie innovativer Arbeits- und Geschäftsprozesse werden an die Beschäftigten neue Anforderungen gestellt und gleichzeitig neue berufliche Entwicklungsperspektiven eröffnet. In der digitalen Welt wandeln sich damit einhergehend auch die Methoden und Vorgehensweisen für einen flexiblen und effizienten Wissens- und Kompetenzerwerb sowie die typischen Qualifizierungs- und Weiterbildungsformate

- von der Wissensvermittlung hin zur Kompetenzorientierung,
- vom dozentenzentrierten Vorgehen zu kooperativen und selbst regulierten Lernformen,
- von sporadischen Lernangeboten hin zum lebenslangen Lernen mit umfassender Unterstützung der vielfältigen Möglichkeiten digitaler Bildungsmedien und -formate.

Um für die verschiedenen Zielgruppen im Corporate Learning passgenaue Trainings zu realisieren, bedarf es nicht nur einer Festlegung der adäquaten Inhalte der Trainingskurse oder Lernarrangements sowie der Bereitstellung geeigneter Informationsmedien. Auch methodisch-didaktisch sind die Learning-Arrangements hinsichtlich der Ziele und Zielgruppen zu differenzieren sowie unterschiedliche Bildungs- und Qualifizierungsformate zu entwickeln und umzusetzen.

Hinzu kommt: Digitale Tools bieten zwar neue Potenziale für das Lernen im Unternehmenskontext. Eine erfolgreiche Implementation und Nutzung wird jedoch nicht allein durch die eingesetzten Technologien bestimmt. Wesentliche Erfolgsfaktoren sind darüber hinaus auch eine angemessene zeitlich-organisatorische Planung. Insofern bedarf die Entwicklung innovativer Schulungskonzepte sowohl in der Entwicklungs- als auch in der Umsetzungsphase von Qualifizierungsmaßnahmen für den Digital Workplace einer Berücksichtigung methodisch-didaktischer Optionen und deren Verankerung.

Um digitale Bildungsformate für besondere Lernangebote (beispielsweise Online-Kurse oder Blended-Learning-Lehrgänge) und für ausgewählte Zielgruppen erfolgreich zu implementieren, sind verschiedene Rahmenbedingungen zu beachten. Dazu zählt insbesondere eine genauere Festlegung und Analyse der Zielgruppen, also der Teilnehmenden der Qualifizierungsmaßnahme, sowie das Präzisieren der daraufhin in Betracht kommenden Einsatzszenarien und Projekte für digitale Bildungsformate.

Mit dem Einsatz neuer Technologien auch im Bildungskontext verändern sich letztlich die Formen für einen adäquaten Kompetenzerwerb. Dabei ist zu beachten:

- Digitale Lernmaterialien und -arrangements müssen hinsichtlich ihres Einsatzes so konzipiert und gestaltet sein, dass sie zum integralen Bestandteil einer ganzheitlichen Lernumgebung für die Beschäftigten werden.
- Digitale Lernumgebungen sind alternativ oder ergänzend zu bekannten Präsenz-Lernumgebungen wie Seminaren oder Workshops und klassischen Distanz-Lernumgebungen wie etwa Web Based Trainings zu positionieren.
- Vor diesem Hintergrund besitzen digitale Medien und Lernarrangements das Potenzial, die methodische Gestaltung von herkömmlichen Lernumgebungen erheblich zu erweitern und so neue Potenziale für das Lernen im Unternehmenskontext zu erschließen. Eine Einordnung der Bereiche gibt Bild 12.2.

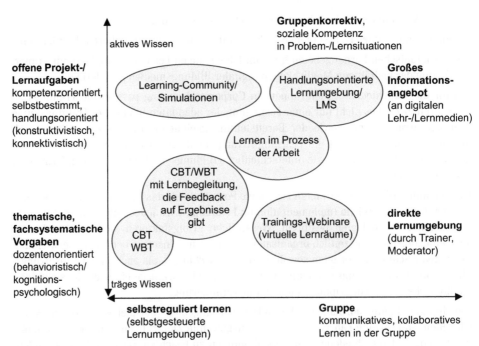

Bild 12.2 Digitale Bildungsformate zur Vorbereitung auf den Digital Workplace

Fazit:

Zusammenfassend ist festzustellen, dass

- innovative Lernkulturen und Lernformate den Change im Hinblick auf digitale Arbeitsformen erheblich fördern,
- ein Lernen im Prozess der Arbeit gelingt, wenn die Beschäftigten im Unternehmen integrativ beim Gestalten, Entwickeln, Umsetzen und dem Betrieb digitaler Lösungen einbezogen werden,
- ein Change Management „aufgelegt" wird, das die betrieblichen Veränderungen sozialverträglich gestaltet und die Auswirkungen der Digitalisierung an den verschiedenen Arbeitsplätzen im Unternehmen in ein kontinuierliches Lernen überführt, das einen nachhaltigen Kompetenzerwerb sicherstellt.

12.4.4 Konzeptentwicklung für digitale Bildungsangebote

Für die Planung und Gestaltung von Personalentwicklungsmaßnahmen wird es heute als unabdingbar angesehen, interaktive und kollaborative Lernformate in anspruchsvollen virtuellen Lernarrangements und -umgebungen zu realisieren. Damit kann digitales Lernen individualisiert und selbstgesteuert ermöglicht werden. Auch Formen kooperativen und kollaborativen Lernens sind dabei zu berücksichtigen – die Mischung macht's. Genau die skizzierten Lernformate sind geeignet, auf die Anforderungen digitaler Arbeitsplätze vorzubereiten, die durch neue Tools für die Wissensorganisation, die Kooperation und Kommunikation sowie durch das Agieren in Teams gekennzeichnet sind (siehe Teil 2 und 3 dieser Artikelreihe).

Um den beruflichen Anforderungen der sich rapide entwickelnden digitalen Arbeitswelt sowie künftigen Arbeitsformen und -modellen gerecht zu werden, wird von den Beschäftigten mehr Übernahme von Verantwortung, mehr kooperatives Lernen und mehr Selbstlernen gefordert. Sie sollten deshalb frühzeitig ermutigt werden, an kooperativen Lernformen teilzunehmen sowie ihr erworbenes Wissen durch entsprechende Transferförderung möglichst unmittelbar in ihrem betrieblichen Umfeld einzusetzen.

In diesem Zusammenhang stellt sich insbesondere auch die Herausforderung, Lernen im Prozess der Arbeit zu integrieren sowie stärker das mobile Lernen zu unterstützen. Und diesbezüglich gilt es zu überlegen, inwiefern dabei auch digitale Medien einbezogen werden können. Dabei ist zu prüfen, ob bereits entsprechender Content vorliegt beziehungsweise erworben werden kann und in die vorhandenen betrieblichen Lernmanagementsysteme eingebunden werden kann.

Aufseiten der Beschäftigten sind ferner der sichere Umgang mit digitalen Medien und die Einsicht in deren Mehrwert im Hinblick auf den eigenen Lernprozess wesentliche Voraussetzungen für die Bereitschaft, sich auf neue technologiegestützte Lernumgebungen einzulassen.

Um eine ganzheitliche Kompetenzförderung zu erreichen, sind durch die Personalabteilung breit gestreute Unterstützungen für eine moderne Lerninfrastruktur und Applikationen bereitzustellen. Verbunden mit entsprechend vorhandenem Lern-Content lassen sich dann adäquate Lernszenarien aufbauen und umsetzen. So ist es möglich, allen Zielgruppen den Zugang zu den digitalen Lernmedien zu sichern.

Das Wichtigste – zusammengefasst

- **Digital eingerichtete Arbeitsplätze werden als wesentliche Voraussetzung gesehen, damit digitale Transformationsvorhaben und unternehmensweite Projekte erfolgreich umgesetzt werden können.**
  Dies betrifft beispielsweise Projekte zur Digitalisierung der Arbeits- und Geschäftsprozesse, die Einführung neuer Konzepte an der Kundenschnittstelle (sogenannte Digital Journey) oder die Entwicklung und Nutzung innovativer digitaler Produkte und Dienstleistungen.

- **Digitale Kollaborations-Tools (engl. collaboration tools) verbessern die Zusammenarbeit von Teams vor allem, wenn die Teammitglieder sich nicht am gleichen Ort befinden. Mit Kollaborations-Tools lassen sich Teamarbeiten besser planen, organisieren, kontrollieren, dokumentieren und oft auch schneller abwickeln.**
  Es gibt unzählige Kollaborations-Tools für die Teamarbeit, die heute in der Regel webbasiert funktionieren. Die Herausforderung für Unternehmen und Organisationen ist es daher, das passende Tool für die Online-Zusammenarbeit zu finden. Auch müssen geeignete Verfahrensregeln beziehungsweise Vorbereitungen des Personals für den gelingenden Tooleinsatz vereinbart werden.

- **In Anbetracht der umfassenden Herausforderungen liegt es im Unternehmenskontext nahe, auch mit digitalen Lernformaten attraktive Angebote für verschiedene Zielgruppen zur Qualifizierung für die Nutzung des Digital Workplace zu entwickeln.**
  Insbesondere, wenn geeignete digitale Tools und Services angeboten werden, können mit Unterstützung multimedial aufbereiteter Lernmedien sowie methodisch-didaktisch sorgfältig geplanter und umgesetzter Lernarrangements nachhaltige Lernerfolge für die Vorbereitung auf die Anforderungen des digitalen Zeitalters erwartet werden.
- **Innovative Lernkulturen und digitale Bildungsformate bieten eine Chance, den Change im Hinblick auf digitale Arbeitsformen bzw. Arbeitsprozesse in besonderer Weise zu unterstützen.**

■ 12.5 Literatur

[HA18]   *Hanschke, I.:* Digitalisierung und Industrie 4.0 – einfach und effektiv. Hanser, München 2018

[Ti18a] *Tiemeyer, E.:* New Work gestalten. Teil 1 der CuA-Artikelreihe „Arbeitsplätze und Digitalisierung". In: Computer und Arbeit, Heft 11/2018, S. 19 – 24

[Ti19a] *Tiemeyer, E.:* Auf dem Weg zum Digital Workplace. Teil 2 der CuA-Artikelreihe „Arbeitsplätze und Digitalisierung". In: Computer und Arbeit, Heft 1/2019, S. 19 – 24

[Ti19b] *Tiemeyer, E.:* Digitale Tools für den Arbeitsplatz. Teil 3 der CuA-Artikelreihe „Arbeitsplätze und Digitalisierung". In: Computer und Arbeit, Heft 2/2019, S. 26 – 30

[Ti19c] *Tiemeyer, E.:* Kompetenzen fördern. Teil 4 der CuA-Artikelreihe „Arbeitsplätze und Digitalisierung". In: Computer und Arbeit, Heft 5/2019, S. 28 – 32

[UA16]   *Urbach, N.; Ahlemann, F.:* IT-Management im Zeitalter der Digitalisierung: Auf dem Weg zur IT-Organisation der Zukunft. Springer-Gabler, Heidelberg 2016

13 IT-Organisation – Strukturen, Prozesse, Rollen

Ernst Tiemeyer

Fragen, die in diesem Kapitel beantwortet werden:

- Welche Herausforderungen im Technologie- und Unternehmensumfeld machen es notwendig, die aktuelle IT-Organisation permanent auf den Prüfstand zu stellen und kontinuierlich zu optimieren?
- Welche grundlegenden Organisationskonzepte für den IT-Bereich gibt es (organisatorische Ausrichtung als Cost-, Service- oder Profitcenter, zentrale versus dezentrale Standorte)?
- Wie sind die Alternativen der Aufgaben- und Prozessorganisation für den IT-Bereich in Bezug auf die Kundenanforderungen bzw. hinsichtlich der Entscheidungsnotwendigkeit zwischen stabilen und flexiblen IT-Lösungen?
- Wie sollte vorgegangen werden, um Aufgaben, Rollen und Prozesse für die Unternehmens-IT organisatorisch zu verankern?
- Welche Prozesse können für eine IT-Organisation identifiziert werden? Wie können die identifizierten IT-Prozesse mit Hilfe einer IT-Prozesslandkarte (als „Big Picture") und mit spezifischen Modellierungstechniken und Tools dokumentiert werden?
- Welche Rollen und Skills sind im IT-Umfeld von Bedeutung, wie sind diese einzuordnen und welche Perspektiven (zukünftige Rollen) zeichnen sich ab?
- Wie können Entscheidungen für ein Outsourcing von IT-Aufgaben, IT-Services und IT-Prozessen zweckmäßigerweise erfolgen und erfolgreich umgesetzt werden?
- Inwiefern stellen IT-Kennzahlen (Scorecards) und Reports ein wichtiges Instrumentarium für das Management und die Organisation im IT-Bereich dar? Bietet sich damit auch die Chance, IT-Benchmarking zu nutzen?

Optimale IT-Organisation leistet einen wesentlichen Beitrag, um die vereinbarten IT-Produkte (IT-Systeme, Applikationen) und IT-Services (zum Beispiel Störungsbehebung und Sicherheitsservices) zeitgerecht und wirtschaftlich in hoher Qualität für die Kunden zu erbringen. Dabei unterliegen die in einem Unternehmen realisierten Organisationsformen sowie die damit verbundenen IT-Prozesse und Rollen immer wieder Veränderungen:

- Mittlerweile ist in vielen Unternehmen ein **Wandel der IT-Abteilung** vom internen Lieferanten für technische Lösungen (Hardware und Software) hin zum umfassenden Dienstleister (Provider) für die Lauffähigkeit von IT-Systemen und Applikationen sowie zu einem Komplettanbieter für IT-gestützte Geschäftsprozesse feststellbar.

- Aktuell sorgen umfassende technologische Veränderungen wie Virtualisierung, Cloud-Computing, Data Fabric und Data Mesh, mobile Enterprise sowie **digitale Transformationsprozesse** für weitere Diskussionen um die Rolle und die Organisation der IT. So wird teilweise eine bimodale Organisation („IT der unterschiedlichen Geschwindigkeiten") bzw. – neben einem CIO oder einem IT-Leiter – die zusätzliche Etablierung eines *Chief Digital Officer* (kurz CDO) empfohlen.

- Parallel zu den skizzierten technologischen Veränderungen findet sich eine intensive Diskussion über die **Rolle und Bedeutung der IT** für die Unternehmen. Unabhängig davon, wo und von wem die IT-Leistungen für ein Unternehmen erbracht werden, ist die zunehmende Abhängigkeit der Unternehmensleistungen von einer funktionierenden IT unbestritten. Ein Business-IT-Management, das maßgeblich durch einen CIO gesteuert wird, ist ein in vielen Unternehmen präferierter Lösungsansatz. Natürlich spielen hier die Unternehmensgröße bzw. Branche des Unternehmens sowie die Zahl der Zweigniederlassungen (bzw. Auslandsgesellschaften) eine wesentliche Rolle.

Geht man davon aus, dass die Bedeutung der IT weiter zunimmt – was etwa an Diskussionen zu IT-Governance, der feststellbaren zunehmenden Abhängigkeit der Geschäftsprozesse von effizienter und sicherer IT-Unterstützung (Stichwort „Business-IT-Alignment") sowie den neuen Optionen der digitalen Transformation erkennbar ist –, ist eine stärkere Einbeziehung externer Gruppen (Stakeholder) sowie eine intensivere Kundenorientierung in der IT unverzichtbar.

Im digitalen Zeitalter ist das IT-Management in zunehmendem Maße gefordert, das Gesamtunternehmen aktiv mitzugestalten. Mit digitalen Produkten und Prozessen kann die Informationstechnologie nun vielfältige Innovationen für das Business realisieren. Die Konsequenz: Das IT-Management bzw. die IT-Organisation müssen nun proaktiv und frühzeitig mit den Fachbereichen und den Endkunden kooperieren, um entsprechende digitale Innovationen erfolgreich auf den Weg zu bringen.

Ohne Zweifel gilt: Eine umfassende, nachhaltige Nutzung der Digitalisierungspotenziale gelingt natürlich nur dann, wenn auch die Unternehmenskultur, die Organisation des Unternehmens, die Prozesse und Projekte „digital" werden. Gleichzeitig müssen alle Mitarbeiterinnen und Mitarbeiter im Unternehmen über digitale Kompetenzen verfügen und diese situativ kompetent einsetzen. Nur unter diesen Bedingungen kann die digitale Transformation in der Praxis erfolgreich realisiert werden und das Geschäft der Unternehmen mit digitalen Produkten und digitalen Prozessen nachhaltig gesichert werden.

Die IT-Organisation steht eigentlich permanent „auf dem Prüfstand", wobei der Prozess des Wandels natürlich hinsichtlich der Intensität gravierende Unterschiede zwischen den Unternehmen aufweist. Dies betrifft nicht nur die Frage, was den Einsatz von Technologien bestimmt. Auch die Formen der Aufgabenteilung sowie die nötigen Rollen und Skills müssen mit der Zeit gehen und bedürfen daher einer permanenten Aktualisierung.

13.1 Einordnung und organisatorische Gestaltungsaufgaben

Mangelnde Transparenz der Arbeits- und Geschäftsprozesse, eine schlechte Koordination der beteiligten Akteure und der anfallenden Aufgaben sowie unzureichende Information und Kommunikation (etwa fehlendes Relationship-Management) sind heute typische Schwachstellen in vielen Organisationen – so auch in IT-Organisationen. Um Probleme rechtzeitig zu erkennen und Anregungen zur Problemlösung zu erhalten, sind (von Zeit zu Zeit bzw. möglichst kontinuierlich) organisatorische Überlegungen bzw. Untersuchungen erforderlich. Daraus lassen sich sehr gut konkrete Maßnahmen und Handlungen für das IT-Management (CIO, CTO, CDO) und die Unternehmensführung (incl. dem General Management) ableiten.

Unter den Begriff „Organisation" können sowohl die Tätigkeit (= Organisieren) als auch das Ergebnis (= festgelegte Rollen- und Aufgabenverteilung, realisierte Prozesse und implementierte Systemlandschaften) fallen:

- **Organisation als Tätigkeit** ist das ganzheitliche Gestalten von Beziehungen zwischen Aufgaben, Menschen, Sachmitteln/IT-Systemen und Informationen in sozialen Systemen unter Beachtung der identifizierten und optimierten Prozesse. Durch organisatorische Maßnahmen und Tätigkeiten soll erreicht werden, dass die Arbeits- und Geschäftsprozesse in der Praxis u. a. effektiver (Konzentration auf die „richtigen Dinge") und effizienter („die Dinge" richtig machen) werden.

- **Ergebnis des Organisierens** sind zweckmäßig verteilte – klar abgegrenzte – Aufgaben und Ressourcen sowie Verfahren zu ihrem koordinierten Zusammenwirken (Prozesse). Das Gesamtsystem kann durch entsprechende Instrumente und Darstellungs- bzw. Beschreibungsmethoden dokumentiert werden (Prozesslandkarte/Prozesskette, Aufgabenverteilungspläne, Rollenmodelle, Stellenpläne).

Übertragen auf die organisatorische Gestaltung der Unternehmens-IT (= Organisation als Tätigkeit) ist festzuhalten, dass die der IT zugeordneten Aufgaben und Handlungsfelder so zu gliedern sind, dass eine effiziente Aufgabenverteilung zwischen den Akteuren erfolgen kann. Grundsätzlich sind die IT-Aufgaben Verrichtungen an Objekten (hier im Wesentlichen an IT-Systemen). Gestaltungsmaßnahmen können an beiden Merkmalen ansetzen:

- Im Rahmen von organisatorischen Gestaltungsmaßnahmen können beispielsweise Verrichtungen hinzukommen, wegfallen oder sich ändern. Konkret: Fallen neue Aufgaben im

Bereich des Security Management an, müssen entsprechende Tätigkeiten durchgeführt und Notfallpläne aufgestellt sowie Maßnahmen ergriffen werden (etwa Aufbau und Serviceerbringung zu einer Firewall).

- Auf der anderen Seite können gerade im IT-Bereich Änderungen bei den Objekten vorkommen. Neue Applikationen, Systemveränderungen/andere Systeme, weniger komplexe Systeme etc. verändern die Systemlandschaft. Folglich müssen viele IT-Aufgaben und Prozesse neu gestaltet oder den veränderten Anforderungen angepasst werden. Dementsprechend gilt es auch neue Rollen, Stellen und Verantwortlichkeiten festzulegen.

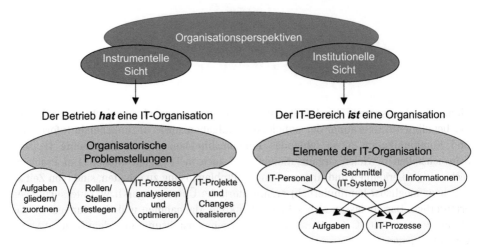

Bild 13.1 Einordnung des Begriffs „IT-Organisation" – Gestaltungsaufgaben und Gestaltungselemente

Für die Gestaltung einer IT-Organisation müssen aus institutioneller Sicht die grundlegenden Ordnungskriterien/Elemente

- Mensch (IT-Personal),
- Architekturen und Sachmittel (Enterprise IT-Architekturen, IT-Systeme und Plattformen etc.) und
- Informationen (Daten)

betrachtet und dazu Entscheidungen getroffen werden. Sie ermöglichen eine konkrete Aufgabenerfüllung, wobei die Elemente in der Regel in Arbeitsprozessen (hier IT-Prozessen) eingebunden sind. Damit verbunden sind Gestaltungsaufgaben, die an organisatorischen Problemsituationen ansetzen (wie Arbeitsplatzbewertung, Stellenbesetzung).

Das Element „**Mensch**" (= **IT-Personal**) wird aus organisatorischer Sicht im Sinne der Leistungserbringung betrachtet. Dabei wird Leistung als das Ergebnis aus Leistungsfähigkeit, Leistungsbereitschaft und Leistungsmöglichkeit (Betrachtung aus Sicht von Organisationen als sozialen Systemen) gesehen:

- **Leistungsbereitschaft** bezeichnet die Bereitschaft eines Menschen, sich mit Nachdruck für die Erfüllung einer Aufgabe oder für ein Ziel einzusetzen. Leistungsbereitschaft entsteht dann, wenn der einzelne Mensch bei der Aufgabenerfüllung auch eigene Bedürfnisse befriedigen kann (Motivation). Eine wichtige Konsequenz für IT-Verantwortliche ist es daher, geeignete Rahmenbedingungen zur Förderung der Leistungsbereitschaft des IT-Personals zu schaffen.

- **Leistungsfähigkeit** ergibt sich aus den persönlichen Merkmalen eines Menschen, eine bestimmte Aufgabe und Problemsituation erfolgreich zu bewältigen. Dazu gehören: Wissen und Kompetenzen, körperliche Fähigkeiten sowie die Eigenschaften der Persönlichkeit.

- **Leistungsmanagement** (Capabilities)

Zum Element „**Architekturen/Sachmittel**" rechnen realtechnische Gebilde, die den Menschen bei der Erfüllung ihrer Aufgaben dienlich sind bzw. den materiellen Rahmen der Aufgabenerfüllung bilden. Beispiele sind im Falle der IT-Organisation insbesondere Computersysteme und Dienste verschiedener Art sowie Arbeitsmittel bzw. Computertools (etwa für das Monitoring, das Lizenzmanagement etc.).

Neben den unterstützenden Systemen und **Sachmitteln** bestimmen die **verfügbaren Informationen** (Daten bzw. Datenqualität) die Leistungsmöglichkeit der Menschen im jeweiligen Geschäfts- und Arbeitsprozess. Ob Teamarbeit und entsprechende Systemunterstützung (mobile Systeme, Webzugang, Applikationen, Groupware, Workflow) von Vorteil sind, ist entsprechend zu prüfen und zu entscheiden.

Einen Einfluss auf die Größe des IT-Bereichs (= Umfang der anfallenden Aufgaben bzw. Anzahl und Komplexität der abgeleiteten IT-Prozesse) sowie auf seine Struktur haben natürlich vor allem die **Anforderungen aus den Geschäftsaktivitäten** des Betriebs. Als Beispiel kann hier angeführt werden, dass ein Betrieb, der rund um die Uhr ein großes Logistiksystem betreibt, typischerweise auch einen 24 h-Betrieb im IT-Bereich erfordert.

Weiterhin hat die **regionale Verteilung eines Unternehmens** einen gewissen Einfluss auf die Organisation der IT. So ergibt sich beispielsweise für global ausgerichtete Unternehmen die Notwendigkeit, jede Region spezifisch zu bedienen und damit ggf. Zeitverschiebungen und Sprachprobleme aufzufangen. Natürlich müssen darüber hinaus kulturelle Eigenarten und ggf. religiöse Besonderheiten berücksichtigt werden. Beides sind auch Faktoren, die in der Personalführung besondere Berücksichtigung finden müssen.

Unter Beachtung der allgemeinen wirtschaftlichen Lage kann man heute außerdem davon ausgehen, dass nicht nur die tatsächlichen Bedürfnisse hinsichtlich IT-Support bei den Unternehmen und Organisationen eine Rolle bei der Ausgestaltung der IT spielen. Auch die wirtschaftliche Situation setzt gewisse Maßstäbe. Die Konsequenz besteht darin, mit den vorhandenen Mitteln die bestmögliche IT-Unterstützung des Unternehmens zu gewährleisten. In solchen Situationen bekommen der Umgang mit Risikoabwägungen, Einsparpotenzialen und Aufwandsreduzierung natürlich ein ganz anderes Gewicht. Auch die Entscheidungswege und die Reportingstrukturen werden davon beeinflusst und sind der Situation anzupassen.

Die jeweils festgelegte IT-Organisation wird maßgeblich in Größe und Struktur von den Geschäftsaktivitäten des Unternehmens geprägt. So hat beispielsweise ein Unternehmen der Versicherungsbranche eine IT-Organisation mit anderen Schwerpunkten als ein großes Chemieunternehmen, ein Energieversorger oder ein mittelständischer Handelsbetrieb.

13.2 Schritte zur optimalen IT-Organisation

In der Praxis lassen sich verschiedene Anlässe unterscheiden, um aktiv organisatorische Gestaltungsaufgaben für den IT-Bereich „anzugehen". Welche sind dies?

- **Technologische Veränderungen und IT-Innovationen:** IT-Innovationen erfordern vielfach neue Strategien und Geschäftsmodelle und damit gleichzeitig neue Prozesse und Fähigkeiten (vgl. Holtschke et al., 2009). So sind vor allem die zunehmende Verbreitung des Cloud Computing sowie die Nutzung der Potenziale der Digitalisierung bzw. digitaler Transformation eine wesentliche organisatorische Herausforderung. Außerdem muss dann auch IT-Personal umgeschult und eingestellt werden. Letztlich entscheidet die Qualität der Informations- und Kommunikationstechnologien wesentlich darüber, ob sich ein Unternehmen im Markt behaupten kann und konkurrenzfähig ist (vgl. Holtschke et al., 2009, S. 36 f.).

- **Hohe Komplexität historisch gewachsener IT-Landschaften:** In vielen Unternehmen hat die vorliegende IT-Organisation mit der Unübersichtlichkeit und Heterogenität einer historisch gewachsenen IT-Architektur zu kämpfen. Die dadurch entstandene Komplexität in der IT-Architektur sowie in den unterstützten Geschäftsprozessen erschwert notwendige Anpassungen beträchtlich (beispielsweise die Entwicklung und Integration neuer Geschäftsmodelle, hohe Entwicklungs- und Wartungsaufwände zur Anpassung der Applikationen an die geänderten Geschäftsprozesse). Ein Hauptproblem stellt die Zusammenführung heterogener Anwendungen und IT-Systeme in eine konsistente IT-Landschaft dar, da diese sich als zeitaufwendig und teuer herausgestellt hat.

- **Steigende Anzahl von IT-Projekten mit zunehmender Projektkomplexität:** Da sowohl die Zahl der IT-Projekte als auch die Ausrichtung der Projekte, die eine IT-Einbindung erfordern, in letzter Zeit enorm differenziert wurde, sind auch differenziertere Herangehensweisen (etwa agile versus klassische Vorgehensmodelle) notwendig. Das bedeutet auch, dass unterschiedliche, aber in vielen Fällen sachlich oder personell miteinander verknüpfte Projekte zu managen sind. Die Etablierung bzw. Anpassung von Verfahren und Prozessen im Portfolio- und Multiprojektmanagement sind deshalb ebenfalls unverzichtbar; wie etwa die Einrichtung eines Project Management Office (kurz PMO).

- **Hohe und zunehmende Abhängigkeit der Geschäftsprozesse von der IT:** In den meisten Unternehmen hängt der Unternehmenserfolg von einer funktionierenden IT ab. Das bedeutet, dass die IT-Organisation die Qualität und Verfügbarkeit von geschäftskritischen Anwendungen sicherstellen sowie neue Geschäftsfelder schnell und modern umsetzen muss. Beispielsweise bewirken Fehler in der automatisierten Abwicklung von Geschäftstransaktionen zwischen Geschäftspartnern nicht selten Zeit- und Qualitätsprobleme in der Abwicklung der Geschäftsprozesse.

Ohne eine gezielte organisatorische Verankerung und eine qualifizierte personelle Ausstattung des IT-Bereichs ist eine erfolgreiche Lösung der anstehenden Aufgaben nicht sichergestellt. Deshalb muss das IT-Management die damit verbundenen Herausforderungen entsprechend einbeziehen und geeignete organisatorische Lösungen entwickeln und umsetzen.

Organisation ist immer im Wandel. Deshalb stellt sich – unabhängig vom Niveau bzw. dem aktuellen Organisationsgrad – permanent die Herausforderung, eine optimale und nachhaltige organisatorische Regelung und Verankerung der Aufgaben und Prozesse vorzunehmen. Um **zu einer zukunftsfähigen Ausrichtung der IT-Organisation** zu gelangen, empfiehlt sich in der Regel ein stufenweises Vorgehen. Dabei sollten – ausgehend von den bestehenden Rahmenbedingungen, der vorhandenen Kundenstruktur (Art und Anzahl der Anwender) sowie dem Aufgaben- und Leistungsportfolio des IT-Bereichs – folgende Teilschritte in Angriff genommen werden:

- *Stufe 1:* **Grundsatzentscheidungen** zur Einordnung des IT-Bereichs für ein Unternehmen treffen (etwa hinsichtlich der Kunden und des Leistungsportfolios der IT-Organisation)
- *Stufe 2:* **Aufgaben** analysieren und systematisieren, die in der IT-Organisation anfallen
- *Stufe 3:* **Prozesse** der Unternehmens-IT identifizieren, dokumentieren (in Form einer Prozesslandkarte) und optimiert gestalten (betrifft sowohl die strategischen Management- und Governance-Prozesse als auch klassische IT-Entwicklungs- und Serviceprozesse)
- *Stufe 4:* **Rollen für die IT-Organisation** vereinbaren, definieren und in Prozessen sowie den Stellen zuordnen
- *Stufe 5:* Konsequenzen für die **Stellen- und Leitungsorganisation** ableiten sowie Fragen der Team- und **Gremienorganisation** regeln

Wesentliche Fragenkreise, die in den einzelnen Teilschritten zu klären sind und zu einer Entscheidung herbeigeführt werden müssen, zeigt Tabelle 13.1.

Tabelle 13.1 Stufen der Gestaltung für eine Optimierung der IT-Organisation

Stufen/Ausrichtungen	Fragenkreise/Teilaktivitäten
Stufe 1: Grundsatzentscheidungen: Kunden der IT, Erwartungen an den IT-Bereich	• Ist die IT-Abteilung ein reines Cost-Center oder findet eine Kosten- und Leistungsverrechnung statt? Ist ggf. eine Positionierung als Profit-Center gegeben bzw. möglich? • Inwieweit lassen sich die IT-Kunden systematisieren (mögliche Kundensegmente), um daraus differenzierte Lösungswege für die IT-System- und Serviceleistungen ableiten zu können sowie ggf. auch digitale Produkte zu entwickeln und bereitzustellen? • Wie werden die vom IT-Bereich bedienten Kunden eingeordnet und macht daraufhin eine Abtrennung eines reinen technologieorientierten Bereichs zu einer Business-IT-Organisation Sinn? • Welche Erwartungen haben die Kunden an die IT insgesamt bzw. an die installierten IT-Systeme oder die bereitgestellten Digitalisierungslösungen (Anforderungsmanagement)? • Welche IT-Systeme (IT-Produkte) und damit verbundenen IT-Services werden für die verschiedenen Kundensegmente bereitgestellt?
Stufe 2: Aufgaben analysieren und zuordnen	• Wie werden die IT-Systeme bereitgestellt und welche IT-Dienstleistungen werden dazu erbracht? • Kann der Umfang der anfallenden Aufgaben ermittelt werden, der erforderlich ist, um eine optimale Diensterbringung zu gewährleisten? • Wie können die Aufgaben der IT-Organisation differenziert und hinsichtlich ihrer Realisierung optimal umgesetzt werden?

(Fortsetzung nächste Seite)

Tabelle 13.1 Stufen der Gestaltung für eine Optimierung der IT-Organisation *(Fortsetzung)*

Stufen/Ausrichtungen	Fragenkreise/Teilaktivitäten
Stufe 3: Prozesse identifizieren und gestalten	• Welche Prozesse können für die Unternehmens-IT identifiziert und müssen organisiert werden, um die gewünschten Business-IT-Leistungen erfolgreich zu erbringen? • Welches Optimierungspotenzial haben die vorhandenen Prozesse?
Stufe 4: Rollen und Skills für die IT-Organisation ermitteln	• Welche Rollen sind in den jeweiligen Prozessen nötig, um die Aufgaben optimal zu erledigen? • Sind bei den ausgewählten Personen die Skills im Unternehmen vorhanden, um die identifizierten und definierten Rollen entsprechend erfolgreich ausführen zu können?
Stufe 5: Struktur der IT-Organisation und Verfahrensfestlegungen	• Wie kann/muss die IT strukturell organisiert sein (Einordnung, Stellenbildung, Gremien)? • Welches Standortkonzept bezüglich der Unternehmens-IT empfiehlt sich für Unternehmen mit verschiedenen Filialen und Ländergesellschaften (Grad der Aufgaben- und Entscheidungsdezentralisation für die lokalen IT-Organisationen)? • Welche organisatorischen Regelungen müssen vereinbart und getroffen werden, um die Zielsetzungen der IT-Organisation zu erreichen (etwa hohe und sichere Verfügbarkeit der IT-Systeme gewährleisten)?

13.3 Entscheidungen zur Ausrichtung der IT

Die Festlegungen zur IT-Organisation hängen stark von der Gesamtorganisation des Unternehmens ab. So wie die IT als Unternehmensteil mittels IT-Mission und IT-Vision die Unternehmensziele auf den eigenen Zuständigkeitsbereich herunterbricht, wird sich auch eine IT-Organisation vor allem an der Unternehmensstruktur (z. B. Grad der Zentralisierung, Anzahl der Mitarbeiter, Diversität von Geschäftseinheiten und Prozessen, Unternehmenskultur) ausrichten.

Zudem sind eine Vielzahl externer Faktoren zu beachten, u. a. rechtliche Regelungen (Regulatives), das soziale Umfeld oder die allgemeine technologische Entwicklung. Weil die Gestaltung einer IT-Organisation meist eine Umgestaltung sein dürfte, spielt schließlich auch die bestehende IT eine Rolle (z. B. die vorhandene Sourcing-Strategie, die Leistungsfähigkeit und das Know-how des IT-Personals).

„Analog zur Organisation der Geschäftseinheiten sollte die IT-Organisation auf der Basis einer klar definierten Strategie und nachvollziehbarer Kriterien und Prinzipien entwickelt werden, die im Einklang mit den Geschäftsanforderungen stehen." (Holtschke et al., 2009, S. 91)

13.3.1 IT-Prinzipien vereinbaren

Die Unternehmens-IT bzw. die IT-Organisation sollte unter Berücksichtigung einer IT-Vision und IT-Mission, welche von der Unternehmensstrategie abgeleitet sind, systematisch gestaltet werden. Die Gestaltung sollte ausgewählten IT-Prinzipien folgen, die allgemein festlegen, wie die IT ihre Aufgaben erledigt (Holtschke et al., 2009, S. 92). Die IT-Prinzipien ermöglichen eine Strukturierung, Bewertung und Hierarchisierung der für ein Unternehmen relevanten IT-Dimensionen und bieten damit einen praktischen Orientierungsrahmen für weitere IT-Entscheidungen. Bei der Gestaltung der IT-Organisation ist deshalb zu überlegen, welche IT-Bereiche bzw. IT-Dimensionen wichtig sind und welche IT-Prinzipien sich unter Berücksichtigung der IT-Vision und IT-Mission daraus ableiten lassen.

Zu den typischen **IT-Dimensionen,** zu denen organisatorische Entscheidungen in der Praxis zu treffen sind, zählen: IT-Finanzen, Sourcing-Strategie, Einbindung der IT in Geschäftsprozesse (Business-IT-Alignment), Mitarbeitermanagement, IT-Governance, Architektur und Technologiestandards. In den IT-Prinzipien wird beispielsweise festgelegt werden, wie mit technologischen Veränderungen umgegangen wird, wie stark die IT in die Geschäftsprozesse eingebunden ist oder auch ob eine einheitliche IT-Infrastruktur angestrebt wird usw. Wesentliche **IT-Prinzipien,** die auf die Dimensionen Bezug nehmen, zeigt Bild 13.2:

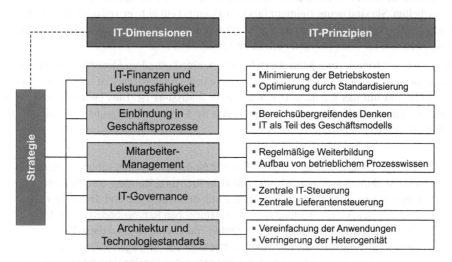

Bild 13.2 Ableitung von IT-Prinzipien (nach Holtschke et al., 2009, S. 93)

Um eine Grundausrichtung für die IT-Organisation festzulegen, bietet sich ein schrittweises Vorgehen an: Ausgehend von einer Analyse der Kundendaten empfiehlt es sich, den Wertbeitrag der IT-Systeme bzw. der IT-Services sowie der IT-Organisation für das Unternehmen zu ermitteln und zu dokumentieren. Anschließend könnte eine IT-Mission mit Leitsätzen zur Handlungsorientierung für das IT-Management bzw. die IT-Fachkräfte formuliert werden. Insbesondere der Grad der Kundenorientierung ist zu bestimmen. Folgende wesentliche Teilschritte sollten vorgenommen werden:

- **Visioning:** Es empfiehlt sich, die IT-Vision im Team zu erarbeiten. Dabei ist zu beschreiben, in welche Richtung sich die IT-Organisation entwickeln will und in welchen Handlungsfeldern sie langfristig aktiv sein möchte.

- **Mission der IT-Organisation festlegen:** Zu vereinbaren ist, was die IT-Organisation als ihre übergeordnete Aufgabe ansieht (= **Leitbild**). Die fixierte IT-Mission sollte vor allem Aussagen enthalten, die das Verhältnis der IT-Organisation zu den wichtigsten Stakeholdern beschreiben, d. h. Kunden, Lieferanten, Mitarbeiter und soziales Umfeld. Wichtig ist dabei, auch eine Vorstellung davon zu haben, wie man von den verschiedenen Stakeholdern „gesehen" werden möchte.
- **Strategische Ziele für die IT-Organisation formulieren:** Das Vorliegen von IT-Visionen und IT-Mission ermöglicht letztlich die einvernehmliche Ableitung von strategischen IT-Zielen. Diese bilden wiederum die Basis für die operativen Ziele, die ihrerseits die Grundlage für die Entwicklung eines konkreten Maßnahmenplans darstellen (= IT-Masterplan).

Welche grundlegenden Aussagen lassen sich diesbezüglich treffen?

- Nicht die IT-Lösungen sind der beste Weg, welche technologisch auf dem neuesten Stand oder besonders interessant in der Realisierung sind. Wichtig und vorzuziehen sind die Lösungen, welche die Geschäftsprozesse des Unternehmens am besten unterstützen. IT-Abteilungen sind zunehmend aufgefordert, einen aktiven Beitrag zur Wertsteigerung des Unternehmens und zur Optimierung der (Geschäfts-)Prozesse zu leisten.
- IT-Abteilungen und deren Mitarbeiter werden nicht mehr als abgeschlossene und isolierte Einheiten in einem Unternehmen betrachtet, welche heimlich, still und leise vor sich hinarbeiten. Sie sind heute vielmehr (als Profit Center) ein aktiver Teil des Unternehmens. Diese Entwicklung geht in manchen Unternehmen so weit, dass die IT-Abteilung als Unternehmen im Unternehmen auftritt und positioniert ist.
- Eine weitere Orientierung kann darin bestehen, eine besondere Steuerungsorganisation (zum Beispiel Competence-Center oder Governance-Organisation) zu etablieren, die im Schwerpunkt auf das Business-IT-Management fokussiert ist. Dies bedeutet dann auch eine strategische Orientierung eines Enterprise Architecture Management (EAM) im Hinblick auf die Architektur der IT-Lösungen.

Wichtige Voraussetzung für die Einführung moderner IT-Organisationsformen sind die Bereitschaft zum **Wandel der IT in Richtung Kunden- und Serviceorientierung,** eine ständige Gewährleistung der IT-Services und deren Überwachung sowie die Schaffung der organisatorischen Rahmenbedingungen für die neuen Herausforderungen der digitalen Transformation. Auf diese Weise können Effizienz, Qualität und Wirtschaftlichkeit der jeweiligen IT-Organisation kontinuierlich verbessert werden. Die **Dienstleistungsorientierung** führt zu systematischer Kommunikation mit den Kunden und zur Spezifikation von Leistungsangeboten der Informationsverarbeitung.

13.3.2 Center-Konzepte für den IT-Bereich auswählen

Wesentliche Rahmenbedingungen für den effektiven und effizienten Einsatz des IT-Bereichs sind eine klare Abgrenzung der Handlungsfelder sowie die Ausstattung der „führenden" IT-Organisation und ihrer nachgelagerten Organisationseinheiten (etwa der technologiedominierten klassischen IT-Service-Organisation sowie der Organisationseinheit zur Umsetzung der spezifischen Digitalisierungspotenziale) mit adäquaten Entscheidungskompetenzen. Entsprechende organisatorische Regelungen finden ihren Niederschlag in sogenannten „Center-Konzepten". Zentrale Fragestellung für die Eingliederung der IT ist in diesem Zusammenhang der jeweilige Grad an Zentralisierung bzw. Dezentralisierung (auch in Bezug auf Unternehmen mit mehreren Werken bzw. Ländergesellschaften, die sich an den Vorgaben und Lösungen der „Zentrale" orientieren müssen).

Das vielfach geforderte neue Selbstverständnis der IT erfordert in jedem Fall auch für die IT-Organisation stärker unternehmerisch denkende und agierende Einheiten. Hierzu ist der Identitätswandel von einer Verwaltungsmentalität vieler IT-Bereiche zu einer kundenorientierten IT-Servicekultur erforderlich. Der IT-Bereich muss mit zentralen und lokalen Organisationsformen in die Lage versetzt werden, mit komplexen Anforderungen flexibel umzugehen, um die vom Unternehmen gesteckten betriebswirtschaftlichen Ziele zu erreichen. Nur so können gerade die komplexen Anforderungen der digitalen Transformationsprozesse zeitnah umgesetzt werden.

Ein wichtiger Gestaltungsparameter für die Festlegung der Rahmenbedingungen einer IT-Organisation ist die der Entscheidungsautonomie (etwa in Finanzfragen), bei der die Bandbreite von der reinen Kostenverantwortung (Cost Center) bis hin zur (Mit-)Entscheidung über die Gewinnverwendung (Investment Center) reicht:

- Als **Cost Center** (teilweise auch als **Expense Center** bezeichnet) besitzen die IT-Bereiche lediglich im Rahmen der vorgegebenen bzw. vereinbarten Kostenbudgets eigene Entscheidungskompetenzen. Sie repräsentieren damit große Kostenstellen mit der Zielsetzung, Plankosten einzuhalten bzw. eine Kostenminimierung bei einem bestimmten Leistungsumfang (IT-Service- und Produktportfolio) zu erzielen. Gegebenenfalls können (wie typischerweise im Falle der IT-Organisation gegeben) Cost Center selbstständig entscheiden, wo sie die zur Leistungserstellung notwendigen IT-Produkte und Services beziehen.

- **Profit Center** haben das Ziel, auch für die IT das ihnen zurechenbare wirtschaftliche Ergebnis zu ermitteln. In der Regel wird der Erfolg am Gewinn oder an der Rentabilität des eingesetzten Kapitals (ROI, ROCE) gemessen, was übertragen auch für den IT-Bereich realisiert wird. Dabei werden die erbrachten IT-Services entsprechend eines „bepreisten" Produkt- und Servicekatalogs gegenüber den IT-Kunden (zum Beispiel Fachbereichen) verrechnet. Der IT-Führungsverantwortliche für das Center agiert als Intrapreneur: Er soll durch eigeninitiiertes und innovatives Denken als interner Unternehmer mit weitreichenden Entscheidungskompetenzen wirken. Grenzen findet die Profit-Center-Autonomie in der Bestimmung des Leistungsprogramms und bei der Festlegung des Investitionsvolumens.

- **Investment Center** haben den Charakter von „Unternehmen im Unternehmen": Zusätzlich zu Profit Centern können IT-Verantwortliche als Investment-Center-Leiter über die Gewinnverwendung im Rahmen reinvestierter Maßnahmen bestimmen. Der Unternehmensführung obliegt in diesem Zusammenhang jedoch nach wie vor die Gesamtkoordination der Mittelverwendung. Eine entsprechende Ausgestaltung erweist sich für wesentliche, geschäftsspezifische Aufgaben eines Unternehmens als vorteilhaft.

- **Shared Service Center** bieten ihre Dienste für mehrere Organisationseinheiten im Unternehmen an. Sie nutzen in diesem Zusammenhang gemeinsame Ressourcen (etwa auch IT-Systeme und Applikationen sowie darauf bezogene IT-Services) und eröffnen Standardisierungsvorteile. Grundsätzlich können IT-Shared Service Center sowohl als rechtlich unselbstständige Unternehmensbereiche als auch als rechtlich selbstständige Gesellschaften innerhalb der gesamten Unternehmensorganisation angesiedelt werden.

 Besondere Auswirkungen ergeben sich durch den Trend bzw. die Aktivitäten zur digitalen Transformation. Durch die direkte Kommunikation quasi aller Personen und Dinge werden hierarchische Organisationsstrukturen zunehmend unterlaufen oder es bilden sich informelle Parallelorganisationen. Inwiefern sich dies auch im Rahmen verschiedener Center-Konzepte etablieren wird und kann, dies muss in der Praxis von den IT-Verantwortlichen immer wieder beobachtet und bei Entscheidungen berücksichtigt werden. ∎

13.3.3 Neuorientierungen zur Organisation der Unternehmens-IT

Organisation ist immer im Wandel. Deshalb stellt sich – unabhängig vom Organisationsgrad bzw. Niveau (= Maturitätsstufe der IT-Organisation) – für die Unternehmens-IT permanent die Herausforderung, eine optimale und nachhaltige organisatorische Regelung und Verankerung der Aufgaben, Prozesse und Verantwortlichkeiten vorzunehmen.

Was sind die Treiber des organisatorischen Wandels? Die in einem Unternehmen realisierten Organisationsformen sowie die damit verbundenen IT-Prozesse und Rollen unterliegen immer wieder Veränderungen. Dafür gibt es unterschiedliche Gründe:

- *Neue Rolle der IT im Unternehmen:* Mittlerweile ist in vielen Unternehmen ein Wandel der IT-Abteilung vom internen Lieferanten für technische Lösungen (Infrastrukturen und Software) hin zum umfassenden Dienstleister (Provider) für die Lauffähigkeit von IT-Systemen und Applikationen feststellbar. Darüber hinaus hat sich die IT zu einem Komplettanbieter für IT-gestützte Geschäftsprozesse und digitale Produkte (inkl. Cloud-Plattformmanagement) entwickelt.
- *Notwendigkeit eines Business-IT-Alignments:* Ein Business-IT-Management, das maßgeblich durch einen CIO gesteuert wird, ist ein in vielen Unternehmen präferierter Lösungsansatz und Treiber. Natürlich spielen hier die Unternehmensgröße bzw. Branche des Unternehmens sowie der Umfang der Zweigniederlassungen (bzw. Auslandsgesellschaften) eine wesentliche Rolle.
- *Disruptive neue Technologien:* Technologische Veränderungen wie Virtualisierung, Cloud-Computing, Big Data, Mobile Enterprise sowie digitale Transformationsprozesse verändern die Rolle und die Organisation der IT insbesondere in Branchen, die einem hohen Veränderungsdruck ausgesetzt sind. So wird teilweise eine bimodale Organisation („IT der unterschiedlichen Geschwindigkeiten") bzw. die zusätzliche Etablierung eines Chief Digital Officer (kurz CDO) empfohlen – neben einem CIO oder einem IT-Leiter.

Im Fazit sind folgende wesentliche Orientierungen und Trends für organisatorische Veränderungen zu beachten, die für die IT-Organisation relevant sind:

- Kundenorientierung
- Business IT-Alignment
- Partnermanagement (Relationship-Management) bzw. neue Partnerschaftsmodelle
- Neue Kooperationsformen, Setzen eines digitalen Mindsets, agile Organisationsformen

Kundenorientierung

Die IT hat für das Geschäft der Unternehmen immer mehr an Bedeutung erlangt. Nur durch eine konsequente Kundenorientierung sowie eine kontinuierliche Maßnahmenentwicklung zur Harmonisierung der Kunden- und IT-Anforderungen (Relationship-Management, Demand-Management) kann die IT nachhaltig bedarfsgerechte IT-Gesamtlösungen für Unternehmen sicherstellen. Hauptziel der IT-Organisation ist daher heute nicht mehr allein die „Beherrschung und Unterstützung von Technik", sondern die „bestmögliche Unterstützung der Geschäftsprozesse und Kunden im Unternehmen".

Jede IT-Organisation (bzw. IT-Abteilung) muss sich – unabhängig von der strukturellen Organisation – heute in der Regel als ganzheitlicher Dienstleister positionieren. Eine wichtige Aufgabe des IT-Managements besteht dabei in der Koordination und Kommunikation der IT-Leistungsprozesse. IT-Leistungsprozesse erbringen unter Nutzung der vorhandenen IT-Systeme für einen Kunden die gewünschten Services und einen Mehrwert. Der Kunde möchte durch das Nutzen der IT-Systeme bzw. Services in seinen Leistungsprozessen bestimmte Nutzeneffekte erzielen. Insofern tritt neben den nach innen gerichteten Managementaufgaben auch ein Stakeholder-Management nach außen.

Wichtige Bedingungen für das Gelingen einer kundenorientierten IT-Organisation sind die Ableitung der strategischen und operativen IT-Ziele aus den übergreifenden Unternehmenszielen (um ein erfolgreiches Business-IT-Alignment zu ermöglichen) und die gezielte Aufnahme und Harmonisierung der Kundenwünsche/Kundenanforderungen. So kann durch die ausgewählten und implementierten IT-Lösungen ein auf das Gesamtunternehmen bezogener hoher Value der IT für das Business bzw. die Kunden erzielt werden.

Was sind die Konsequenzen aus den skizzierten Erkenntnissen? Im Mittelpunkt der Arbeit im IT-Management stehen – gerade aufgrund der hohen Bedeutung, die der IT für den Unternehmenserfolg heute zukommt – die Klärung und Umsetzung der folgenden Fragenkreise:

- Wie müssen künftig IT-Solutions und digitale Lösungen im Unternehmenskontext gestaltet sein, um den Anforderungen der Kunden Rechnung zu tragen?
- Wie kann unternehmensweit eine Harmonisierung der Kunden- und IT-Anforderungen erfolgen, um zu bedarfsgerechten IT-Lösungen für das gesamte Unternehmen zu gelangen?
- Wie kann die Kundenzufriedenheit bezüglich der IT-Produkte und der IT-Leistungen gesteigert werden?
- Wie lassen sich neue bzw. implementierte IT-Produkte und Leistungen bzw. digitale Lösungen erfolgreich im Unternehmen etablieren?
- Was sind die wesentlichen Erfolgsfaktoren für die IT-Lösungen des Unternehmens?

Welche Maßnahmen zur Verstärkung der Kundenorientierung bieten sich an? Für das Finden und sachgerechte Beurteilen der Kundenwünsche ist es wesentlich, den Zweck zu verstehen, mit dem der jeweilige Kunde Anforderungen an die IT bzw. an die IT-Lösungen formuliert:

- Was sind die Anlässe, dass der Kunde ein neues IT-System bzw. eine neue bzw. veränderte Applikation möchte?
- Welche Zielsetzungen verfolgen die IT-Kunden mit der Investition in neue bzw. veränderte IT-Lösungen?

- Was sind Erfolgskriterien für eine erfolgreiche Zusammenarbeit mit dem Kunden bei der Umsetzung seiner Wünsche und Anforderungen an die IT?
- Inwiefern lassen sich die Anforderungen an die von den Kunden gewünschten Systeme und Solutions konkretisieren?

Von besonderer Relevanz ist das Vorhandensein eines IT-Produkt- und Servicekatalogs, der quasi als Produktmarketing allen Bedarfsträgern via Unternehmensportal zur Verfügung gestellt wird. Auch dies trägt zur Erhöhung der Kosten- und Leistungstransparenz in der IT bei.

Als weitere Maßnahmen zur Förderung der Kundenorientierung ist zu prüfen, inwieweit das Service-Level-Management optimiert sowie Kundenmarketing auch gegenüber den internen IT-Kunden ausgebaut werden kann. Die IT-Abteilung wird so in einem modern geführten Unternehmen zunehmend als Dienstleistungsabteilung gesehen.

Gegebenenfalls findet sich auch die Einrichtung der Rolle eines Kundenmanagers in der IT. Ihm kommt im Management des Kundenlebenszyklus vor allem die Aufgabe zu, Kundengewinnung bzw. Kundenbindung für die IT zu ermöglichen. Dabei sind einerseits die Ausschöpfung der Kundenpotenziale zu prüfen, andererseits aber auch zukünftige Erfolgspotenziale eines Kunden durch geeignete IT-Unterstützung im Blick zu haben.

Beachten Sie:

Nur durch klare Kundenorientierung sowie entsprechend gestaltete Kundenmanagementprozesse kann gewährleistet werden, dass die Entscheidungen über einzusetzende IT-Applikationen, IT-Systeme sowie die zu erbringenden IT-Services nachhaltig im Unternehmensinteresse erfolgen und umgesetzt werden.

Business-IT-Alignment organisatorisch verankern

Um unternehmensweit eine wirtschaftliche, hocheffiziente IT zu gewährleisten, sind heute – im Vergleich zur Vergangenheit – neue, veränderte Konzepte des Alignment von Business und IT zu etablieren. Durch ein entsprechendes Business-IT-Management kann sichergestellt werden, dass bei Planungen und Entscheidungen in Unternehmen einerseits die Geschäfts- und IT-Prozesse berücksichtigt werden, andererseits auf Unternehmens- und Bereichsebene strategische und operative Veränderungen zeitnah im Einklang mit dem IT-Management erfolgen.

Im Mittelpunkt des Business-IT-Managements steht die kundenorientierte Erbringung der IT-Leistungen im Unternehmen. Dies erfordert neben einem strategischen Business-IT-Alignment vor allem auch die erfolgreiche Gestaltung und Umsetzung kundenorientierter Architekturen und Prozesse. Dazu sind entsprechende Vereinbarungen und umfassende Managementkompetenzen an der Schnittstelle zwischen Business und IT unverzichtbar. Immer mehr Unternehmen haben entsprechend reagiert und neben dem klassischen IT-Leiter die Rolle des Chief Information Officer (CIO) vergeben. Für den Fall digitaler Transformationsprozesse kann ergänzend die Rolle des Chief Digital Officer (CDO) dazukommen.

Die erfolgreiche Umsetzung der sich aus den Notwendigkeiten der Praxis und den Herausforderungen für das Unternehmen ableitbaren Zielsetzungen setzt ergänzend voraus, dass

13.3 Entscheidungen zur Ausrichtung der IT

eine übergreifende Planung und Steuerung der IT-Leistungen und IT-Systeme aus strategischer Unternehmenssicht erfolgt. Einige wichtige Grundsatzentscheidungen und Teilaktivitäten sind nachfolgend skizziert:

- Notwendig ist eine kontinuierliche strategische IT-Planung, die ein unternehmensweites Business-IT-Alignment in den Mittelpunkt stellt.
- Nur durch ein konsequentes Stakeholdermanagement sowie eine kontinuierliche Maßnahmenentwicklung zur Harmonisierung der Kunden- und IT-Anforderungen (Relationship-Management, Demand-Management) kann eine bedarfsgerechte IT-Gesamtlösung für das Unternehmen erfolgen.
- Ein ganzheitliches Planen und Managen der Enterprise-Architektur (unter Beachtung von strategischen Zielvereinbarungen und definierten Architekturprinzipien) ermöglicht einerseits eine konsolidierte IT-Bebauungslandschaft und schafft andererseits die Basis für nachhaltige Investitionen in innovative und neue Technologien.
- Es sollte eine zentrale unternehmensweite Planung und Steuerung der IT-Projekte durch ein abgestimmtes Portfoliomanagement sowie die Umsetzung von Instrumenten einer unternehmensweiten Multiprojektsteuerung erfolgen.

Die sich daraus ergebende Kernthese für die Implementierung von Business-IT-Management lautet: Nur durch klare Strukturen und Prozesse im Sinne eines Business-IT-Managements kann gewährleistet werden, dass die Entscheidungen über einzusetzende IT-Applikationen, IT-Systeme sowie die zu erbringenden IT-Services nachhaltig im Unternehmensinteresse erfolgen und umgesetzt werden.

Hinweis

Es ist zu beachten, dass auch die Risiken bei der Erbringung von IT-Leistungen (etwa die Sicherstellung der Verfügbarkeit der IT-Systeme) in den letzten Jahren größer geworden sind. Hinzu kommen neue Herausforderungen durch Gesetze und Richtlinien, denen sich die IT-Verantwortlichen und die Unternehmensführung unbedingt stellen müssen.

Partner-/Relationship-Management

Verstand man in den letzten Jahrzehnten unter der IT-Abteilung häufig einen Teil des Unternehmens, der „lediglich" technische Komponenten und eine Infrastruktur zur Verfügung stellt, so wird die IT zunehmend als aktiver Partner für diverse andere Bereiche eines Unternehmens gesehen, etwa

- als Unterstützung für Fachabteilungen,
- als zentraler Anlaufpunkt für die Beschäftigten bzw. Kunden bei technischen Fragen und Problemen,
- als Geschäftspartner für externe und interne Lieferanten, Outsourcing-Firmen oder für externe Consultants.

Untersucht man die skizzierten Situationen und Rollen der IT genauer, lassen sich folgende verschiedene Partner herausarbeiten, jeweils gekennzeichnet durch eine spezifische Sicht auf die IT und daraus abgeleitet mit unterschiedlichen Ansprüchen an die IT:

- Unternehmensführung (General Management)
- Kooperation mit den Leitungen der Fachbereiche
- Anwender und Endbenutzer
- Geschäftspartner (Lieferanten, Outsourcing-Partner, externe Consultants)
- Kontrollgremien (z. B. Ausschüsse)

Die Unternehmensführung (einschließlich der Leitungen der Fachabteilungen) muss sich mit der strategischen Positionierung der IT im Unternehmen beschäftigen. Um langfristig die Existenz des Unternehmens zu sichern, sollte die Unternehmensführung das Ziel verfolgen, alle Ressourcen des Unternehmens und die damit mögliche Leistungsfähigkeit der IT optimal auf die Erreichung der strategischen Unternehmensziele auszurichten. Für die Unternehmensführung stehen langfristige Aspekte des Einsatzes und der Bereitstellung von Informationstechnologien im Vordergrund.

Leitung der Fachabteilungen: Hier geht es um das Verfolgen und Abstimmen der strategischen Unternehmensziele mit den strategischen IT-Zielen bzw. den Zielen der Architekturbereiche. Die IT unterstützt die Fachabteilung bei der optimalen Umsetzung.

Anwender und Endbenutzer: Die zentrale Unternehmens-IT unterstützt den Anwender bei der effizienten und effektiven Erledigung seiner Tätigkeiten. Hier gilt es, Ausgewogenheit zwischen Anwenderwunsch und Anwendungsrealisierung (Funktionsumfang, Kosten) zu schaffen. Anwender wünschen sich eine funktionstüchtige, preisgünstige und terminegerechte IT-Unterstützung, die ihre Aufgaben effektiv und effizient unterstützt. Entsprechend ihrem jeweiligen Aufgabenumfeld stellen sie vielfältige Anforderungen hinsichtlich Funktionalität, Benutzerfreundlichkeit, Performance, Verfügbarkeit, Support etc.

Geschäftspartner (IT-Dienstleister, Lieferanten, Outsourcing-Partner): Kooperation in Strategie-, Prozess- oder Technologiefragen.

Beachten Sie:

Jede(r) der genannten Partner/Gruppen verfolgt ihre eigenen Ziele. Interessenskonflikte können hier leicht entstehen, wie Beispiele zur Sichtweise der Anwender verdeutlichen. Der Anwender möchte ein funktionierendes, sicheres und kostengünstiges System. Ständige Neuheiten stören ihn eher. IT-Entwickler wünschen sich ein fortschrittliches und technologisch anspruchsvolles System. Modernste Technologien sind ihnen wichtig. Aus diesem Rollenverständnis, als Partner für unterschiedlichste Stakeholder, ergibt sich, dass an die IT und das IT-Management verschiedenste Anforderungen gestellt werden.

Innovative Organisationsformen im digitalen Zeitalter

Um digitale Transformationsprozesse in der Unternehmenspraxis erfolgreich zu implementieren bzw. daraufhin entsprechende Lösungen effektiv betreiben zu können, besteht die Kernaufgabe von General Management, CIO (IT-Leitung) bzw. CDO darin, gemeinsam mit den Geschäftsbereichen Initiativen zur Digitalisierung der Prozesse anzustoßen sowie digitale Produktinnovationen zu entwickeln und zu betreiben.

Um in den Unternehmen umfassende und ganzheitliche Energien für die Digitalisierungspotenziale freizusetzen, werden vielfach Organisationsformen als erstrebenswert angesehen, die ein Mehr an Dezentralisierung, Bottom-up-Vorgehen sowie umfassende Mitarbeiterbeteiligung ermöglichen.

Ein erster Grundansatz kann darin gesehen werden, einen separaten Organisationsbereich (eine digital unit) im Unternehmen zu verankern. Kernaufgabe dieser separaten digitalen Unit ist die Planung, Koordination und Realisierung der gesamten Digitalisierungsmaßnahmen im Unternehmen:

- Der Fokus liegt in der Regel auf innovativen digitalen Geschäftsfeldern (Produkten), Prozessen und Projekten.
- Dabei muss es darum gehen, gemeinsam mit den Geschäftsbereichen Initiativen zur Digitalisierung der Prozesse und digitale Produktinnovationen zu entwickeln.

Vielfach werden digitale „Denkfabriken" – oder auch Thinktanks– als eine ergänzende innovative Herangehensweise betrachtet. Damit werden methodische Organisationsansätze bezeichnet, die durch systematische Erforschung und Entwicklung von innovativen Konzepten und Strategien Einfluss auf die Umsetzung (hier der Digitalisierung) in der Praxis nehmen. Die Erwartung geht dabei dahin, dass so für alle Seiten deutlich wird, welche Chancen die Digitalisierung bietet, wenn man Entwicklungen agil gestaltet.

13.4 IT-Aufgabenmanagement – Aufgaben identifizieren und bündeln

Das klassische Kernziel der IT-Abteilungen lag über viele Jahre darin, eine „Beherrschung und Unterstützung der Technik" in den Fachbereichen sicherzustellen. IT-Organisationen verstanden sich als interner Lieferant für technische Lösungen. Dementsprechend wurden darauf zugeschnittene Handlungsfelder und Aufgaben für den IT-Bereich identifiziert und vereinbart.

Mit fortschreitender Weiterentwicklung hat sich dann im Laufe der Zeit das Selbstverständnis von IT-Organisationen zu einem Komplettanbieter für IT-gestützte Geschäftsprozesse gewandelt. Die Aufgabe ist nun die bestmögliche Unterstützung der Geschäftsprozesse und Kunden im Unternehmen. Dieses Verständnis orientiert sich in besonderer Weise am Servicegedanken und soll in Unternehmen einen Beitrag leisten, markt-/kundenorientierte Verhaltensstrukturen auch innerhalb des Unternehmens aufzubauen (Sicht auf den jeweiligen Fachbereich als interner Kunde).

Eine weitere Ausweitung der IT-Aufgaben ergibt sich mit zunehmender Digitalisierung: Neue Kundengruppen bzw. neue Produkte führen auch zu veränderten IT-Prozessen.

Nach Festlegung der jeweiligen Handlungsfelder für eine IT-Organisation können die Aufgaben festgelegt und abgegrenzt werden. Im Wesentlichen ist dabei zwischen:

- strategischen Aufgaben (= hier Governance-Aufgaben wie IT-Planung und IT-Steuerung),

- Kernaufgaben (= klassische IT-Aufgaben wie Anwendungsentwicklung und Betrieb von IT-Systemen),
- administrativen Aufgaben (Asset-Management, interne Leistungsverrechnung etc.)

zu unterscheiden.

Zur **Gestaltung der Aufgabenorganisation** für den IT-Bereich sind vor allem drei Fragen ständig zu prüfen und zu beantworten:

- In welche Teilaufgaben/Funktionen lässt sich die Gesamtaufgabe des „IT-Bereichs" zerlegen **(Aufgabenanalyse)**?
- Wie können die Teilaufgaben zu Stellen zusammengefasst werden **(Aufgabensynthese)**?
- Welche Stellen bzw. wie viele Stellen welcher Art werden für den IT-Bereich benötigt?

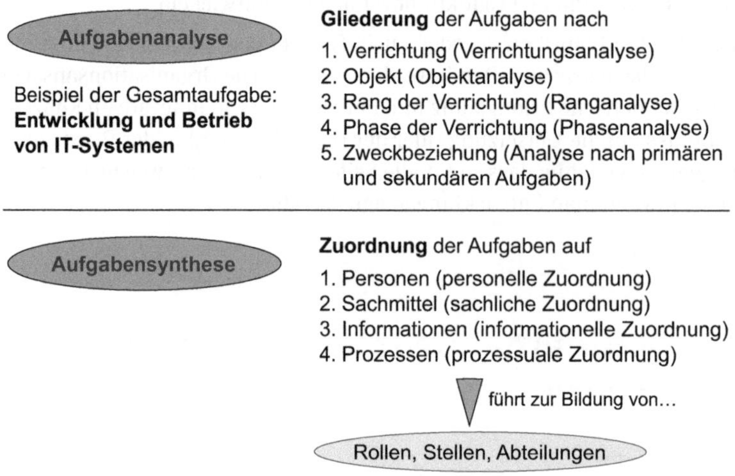

Aufgabenanalyse

Beispiel der Gesamtaufgabe: **Entwicklung und Betrieb von IT-Systemen**

Gliederung der Aufgaben nach
1. Verrichtung (Verrichtungsanalyse)
2. Objekt (Objektanalyse)
3. Rang der Verrichtung (Ranganalyse)
4. Phase der Verrichtung (Phasenanalyse)
5. Zweckbeziehung (Analyse nach primären und sekundären Aufgaben)

Aufgabensynthese

Zuordnung der Aufgaben auf
1. Personen (personelle Zuordnung)
2. Sachmittel (sachliche Zuordnung)
3. Informationen (informationelle Zuordnung)
4. Prozessen (prozessuale Zuordnung)

führt zur Bildung von…

Rollen, Stellen, Abteilungen

Bild 13.3 Organisationsstrukturen aufbauen – Aufgabenanalyse und Aufgabensynthese

Zur Bewältigung organisatorischer Gestaltungsaufgaben sind immer wieder Analysearbeiten zu erledigen, in denen konkrete Informationen über die Tätigkeiten an unterschiedlichen Arbeitsplätzen und Handlungshilfen für die richtige Bewertung von Stellen gefordert werden.

Stehen Aufgaben im Zentrum der organisatorischen Betrachtungen, sind zunächst die Erfassung der anfallenden Aufgaben sowie daran anknüpfend eine Gliederung und Klassifikation der Aufgaben sinnvoll. In Verbindung mit Zeiten und Aufgabenträgern lassen sich tiefergehende Analysen vornehmen, die wiederum die Basis für organisatorische Änderungen sein können. Gliederungsprinzipien sind – wie oben dargestellt – Verrichtungen, Objekte, Rang, Phase sowie Zweckbeziehung.

Die Aufgabensynthese stellt im Kern eine organisatorische Tätigkeit dar. Voraussetzung dafür sind die in der Aufgabenanalyse gewonnenen Teilaufgaben. In der **Aufgabensynthese** werden

- Rollen identifiziert und zugeordnet,
- Teilaufgaben für Menschen zusammengefasst (Stellenbildung),
- Sachmittel identifiziert, die die Aufgabenerfüllung unterstützen, sowie
- Stellen und Sachmittel miteinander verbunden.

Folgende Grundsätze sind bei Regelungen zur Aufgabenorganisation zu beachten:
- Die Neuorganisation der Aufgabenverteilung setzt eine enge Zusammenarbeit mit der Führungsebene bzw. den Kunden voraus.
- Grundsätzlich sollte die Erledigung der Arbeiten dort erfolgen, wo es sinnvoll ist. Dieses Prinzip betont den zweckmäßigen Ort der Arbeit und der Entscheidungen. Mit den Aufgabenmerkmalen Rang und Phase: Entscheidungen werden im Team getroffen, im Team werden der Prozess und seine Veränderungen geplant, durchgeführt und kontrolliert.
- Das schließt die Integration von Überwachungs- und Kontrollbedarf ein.

Bezüglich der Arbeitsteilung bzw. Aufgabenspezialisierung muss überlegt werden, wer welche Aufgaben zugewiesen bekommt. Wer erfüllt welche Aufgaben womit? Die dadurch im Unternehmen entstehende Arbeitsteilung führt zur Spezialisierung einzelner Aufgabenträger. Ein Ergebnis solcher Überlegungen kann ein Aufgabenverteilungsplan sein.

13.5 Management- und Governance-Prozesse der Unternehmens-IT gestalten

Eine effektive und effiziente Organisation der Unternehmens-IT erfordert in jedem Fall adäquate Prozesse. Dabei können insbesondere strategische IT-Management- und Governance-Prozesse sowie taktische und operative IT-Prozesse unterschieden werden.

Mittels einer prozessorientierten Organisationsform für die Unternehmens-IT können die Prozessziele und die hieraus resultierenden Ergebnisse gerade im Hinblick auf den Kunden in den Vordergrund gestellt werden. Notwendig dazu ist eine angemessene Beschreibung der IT-Management- und Service-**Prozesse**.

Eine moderne **Prozessorganisation** für die Unternehmens-IT sollte als ein Gestaltungskonzept verstanden werden, in dem
- Prozesse vor ihrer Gestaltung analysiert werden („verstehen wollen"),
- im Prozess zu erfüllende Aufgaben auf Rollen (Personen, Stellen) verteilt werden,
- die Gruppenverantwortung für einen Prozess an Bedeutung gewinnt und traditionelle (linienbezogene) Steuerungsverfahren ablöst,
- die Möglichkeiten moderner Informations- und Kommunikationstechnik vollständig ausgeschöpft werden, um das Koordinationsmedium „Information" zu optimieren.

Unter Berücksichtigung der genannten Elemente müssen für den IT-Bereich verschiedene grundlegende **Entscheidungen** getroffen werden:
- Welche IT-Aufgaben fallen an, wie können diese systematisiert werden und wo bzw. von wem werden die identifizierten Aufgaben sinnvollerweise erledigt?
- Welche Prozesse gibt es im IT-Bereich und wie hängen diese Prozesse miteinander zusammen (Dokumentation in einer Prozesslandkarte und Vereinbarung einer Process Policy mit mehr oder weniger klaren Vorgaben/Regeln)?
- Wie lassen sich die Prozesse der Unternehmens-IT optimiert gestalten?

- Welche Rollen sind in den identifizierten und vereinbarten Prozessen nötig, um die Aufgaben optimal zu erledigen?
- Welche Stellen werden für die Unternehmens-IT benötigt und wie werden die Stellen besetzt?
- Welche organisatorischen Regelungen (bzw. Richtlinien) müssen entwickelt, vereinbart und hinsichtlich ihrer Einhaltung geprüft werden?

Durch die Prozessorientierung rückt aus organisatorischer Sicht die Betrachtung der gesamten **Prozesslandschaft** der Unternehmens-IT in den Mittelpunkt. Ein Beispiel einer Systematisierung zeigt Bild 13.4.

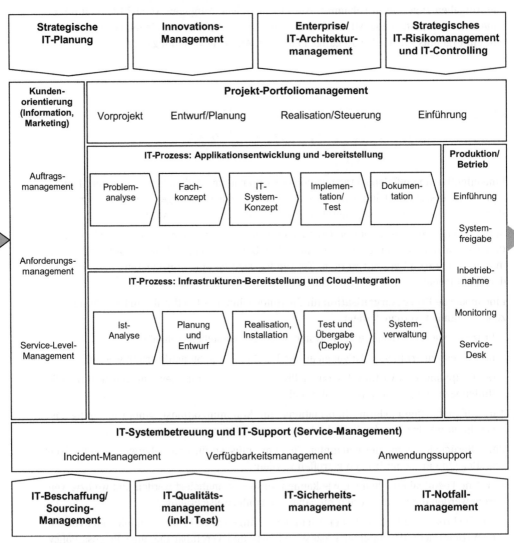

Bild 13.4 Prozesslandschaft (IT-Prozesse)

- IT-Management- und Führungsprozesse (Strategische IT-Planung, Enterprise-Architektur-Management, IT-Portfolio-Management, IT-Steuerung, Innovationsmanagement etc.),
- IT-Governance-Prozesse (Risk- und Compliance-Management, Security-Management, Ressourcenmanagement, Business-IT-Alignment),
- Kern-IT-Managementprozesse (Projektmanagement, Applikationsentwicklung und Bereitstellung, Betrieb etc.),
- Unterstützungsprozesse (IT-Qualitätsmanagement, IT-Beschaffung, Personalmanagement etc.).

Um die internen Geschäftserwartungen zu erfüllen, werden folgende Gestaltungsprinzipien zum Aufbau einer prozessoptimierten datengetriebenen Business-IT-Organisation empfohlen (vgl. [SI21], S. 2 f.):

- Die unternehmensweiten IT-Kernprozesse (wie Demand Management, Projektportfoliomanagement, Software Delivery, Service Level Management, Change Management) sind – soweit möglich – weitestgehend zu standardisieren und zentral mit einer „Nähe" zur Business-Organisation (CIO-Office, Enterprise IT-Governance oder Zentrale IT-Steuerung) zu verankern.
- Kritische IT-Ressourcen sind in gesonderten Organisationseinheiten (zur Optimierung der Effizienz) zu bündeln (in zentralen IT-Service-Centern etwa Risk- und Compliance-Management oder Information Security).
- Für die Organisation der IT-Managementprozesse gilt es einen besonderen Fokus auf IT-Portfoliomanagement, Innovationsmanagement sowie moderne DevOps-Praktiken zu legen.
- Die Service-Delivery-Prozesse und (bisher) zentrale IT-Services, Technologien und IT-Assets sind daraufhin zu prüfen, inwiefern durch das Beseitigen von Duplizierungen bzw. Redundanzen wichtige Schritte auf den Weg zu einer „schlanken" Business IT-Organisation gegangen werden können. Die Verbesserung der technischen Sicherheit und der Zuverlässigkeit von IT-Systemen bzw. Cloud-Service muss eine hohe Bedeutung haben.

Die skizzierten Entwurfsprinzipien für eine Business-IT-Organisation und das zugehörige konzeptionelle Bereitstellungsmodell (etwa von Architektur-Deliverables, IT-Portfolios, GRC-Diensten) werden in der Praxis am besten verankert, indem die dazu notwendigen Fähigkeiten (Capabilities und Ressourcen) so orchestriert werden, dass die geplante und realisierte Organisation der Unternehmens-IT einen wesentlichen Beitrag zum Geschäftswert des Unternehmens zu liefern in der Lage ist. Zusammen mit einem höheren Reifegrad der IT-Business-Integration und der Steigerung des Unternehmenswerts lassen sich so die IT-Investitionen und Fähigkeiten der IT optimieren.

Beachten Sie:

Die Gestaltungsprinzipien für eine prozessorientierte Unternehmens-IT-Organisation liefern den übergeordneten Kontext und Rahmen für die Gestaltungsaktivitäten, die die sich daraus ergebenden zentralen und dezentralen

> Organisationsformen leiten. Sie können auch besonders hilfreich sein, um festzustellen, ob Funktionen global lokalisiert werden sollten oder lokal. Gleiches gilt für die Bestimmung von Zentralisierungs-, Dezentralisierungs- oder Matrixberichtserfordernissen. ∎

Betrachten wir nachfolgend die Kernkomponenten einer prozessoptimierten Business-IT-Organisation. Demnach ist die prozessoptimierte Organisation darauf ausgelegt, Technologieressourcen und -praktiken zu skalieren, um die Anforderungen der internen Kunden zu erfüllen. Wie Bild 13.5 zeigt, hat in einer ausgereiften prozessoptimierten Organisation jede miteinander verbundene Funktion klare Rechenschaftspflicht und messbare, spezifische Verantwortlichkeiten, für die auf das Management des IT-ausgerichteten Lebenszyklusprozesse zu den Produkten und Services.

Nachdem die grundsätzliche Einrichtung einer gesonderten Organisationseinheit für zentrale Planungs- und Steuerungsaufgaben in der CIO-Organisation vereinbart ist, gilt es hier die wesentlichen Aufgabenbereiche und Handlungsfelder zu vereinbaren. Dies sind typischerweise:

- Business-IT-Strategien entwickeln und umsetzen (Datenstrategien, Integrationsstrategien etc.)
- EA-Planungen, Roadmapping und EA-Governance (Technologiestandards, Richtlinien)
- Unterstützung digitaler Transformationsinitiativen (digitale Geschäftsmodelle, Digitalisierung der Geschäftsprozesse, KI)
- Portfoliomanagement (Projekte, IT-Produkte, Services)
- Budgetierung und Reporting (IT-Investitionen, Finanzen)
- Cyber Security
- Enterprise IT-Risiko- und Compliance-Management
- Zentralisiertes Sourcing- und Lieferantenmanagement

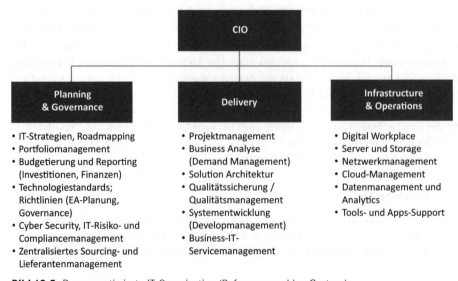

Bild 13.5 Prozessoptimierte IT-Organisation (Referenzvorschlag Gartner)

13.5 Management- und Governance-Prozesse der Unternehmens-IT gestalten

Die prozessoptimierte Organisationsstruktur lässt sich (nach Gartner, vgl. [SI21], S. 6 ff.) in drei Schlüsselbereiche gliedern:

- **Planning & Governance** (Planung und Steuerung): Die Planungs- und Steuerungsaktivitäten können sich auf verschiedene Bereiche fokussieren. Beispiele sind das Entwickeln und Umsetzen von IT-Strategien (IT-Roadmaps), das IT-Portfoliomanagement (Projekte, Produkte, Applikationen etc.), Budgetierung und Reporting (zu Kosten, Finanzen und Investitionen), das Vereinbaren und Controlling von Technologiestandards (EA-Planung, EA-Governance), Cyber Security sowie IT-Risiko- und Compliance-Management. Ergänzend ist darüber hinaus ein zentrales IT-Sourcing- und Lieferantenmanagement hier verankert.

- **Delivery:** Bei dieser Funktion, die sowohl zentral oder dezentral organisiert werden kann, geht es um die Entwicklung und Bereitstellung von Technologie- und Anwendungslösungen durch standardisierte Projekte bzw. Lieferpraktiken. Diese Komponente der Business IT-Organisation reagiert auf die Anforderungen der Fachbereiche des Unternehmens und analysiert, entwirft, entwickelt und setzt Lösungen und Systeme zeitnah und effizient ein. Design- und Delivery-Governance-Praktiken sowie Prozessmetriken umfassen beispielsweise Projektmanagement, Business-Analyse (Demand Management), Solution-Architektur, Qualitätssicherung/Qualitätsmanagement sowie Systementwicklung (Developmanagement).

- **Infrastructure & Operations** (Infrastruktur und IT-Betrieb): Dieser Bereich ist verantwortlich für die Verwaltung der Infrastruktur, Plattformen und Cloud-Dienste, die den Geschäftsbetrieb unterstützen. Dabei geht es auch um die IT-Betriebsprozesse, die erforderlich sind, um Anwendungen und Infrastruktur zuverlässig und verfügbar zu halten. Dazu gehören Netzwerkinfrastruktur (inkl. Netzwerkmanagement), Server- und Geräteverwaltung (IT-Dokumentation), Produktivitätstools für Endbenutzer, Anwendungshosting und der Support oder Service Desk. Die effiziente Infrastructure & Operations-Organisation implementiert standardisierte Prozesse, die von ITIL beeinflusst werden, um die definierten Hauptziele zu erreichen. Darüber hinaus ist das Multicloud-Management diesem Bereich zuzuordnen.

> **Hinweis**
>
> Die konkrete Organisation der vorgeschlagenen drei Hauptbereiche beinhaltet wiederholbare und skalierbare Kernprozesse sowie – damit verbunden – fachlich kompetente Ressourcenpools, die systematisch messbare Wertschöpfungen (Business Value) für das Unternehmen liefern.

Die **Planungs- und Governance-Funktion** (mitunter auch bekannt als das Office bzw. die Center-Organisation des CIO) hat primär den Auftrag, eine strategische IT-Planung (Portfolioplanung) aufzusetzen sowie Governance-Prozesse einzurichten. Dazu bedarf es der Koordinierung und Förderung von:

- Multiprojekt-, Innovations- und Portfoliomanagement (Applikationen, Services, Daten etc.)
- Budgetierungen, Reporting und Leistungsmanagement (Investitionen, Finanzen)
- Zentralisiertes Beschaffungs- und Lieferantenmanagement

- Technologiestandards und -richtlinien (Policies zur EA-Planung und EA-Governance)
- Cyber Security und IT-Risikomanagement (Disaster-Recovery- und Business-Continuity)
- IT-Performancemanagement

Die hier verankerten Stellen, Rollen und Gremien sind primär verantwortlich für das strategische und taktische Management von IT-Investitionen und Initiativen. Dabei ist eine zentralisierte Organisationsform üblich (siehe Bild 13.6; nach [SI21, S. 8 ff.],).

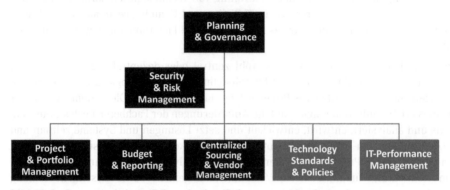

Bild 13.6 Prozessoptimierte IT-Organisation (Referenzvorschlag Gartner)

Das **Projekt- und Portfoliomanagement** ist ein zentraler Bereich, der sukzessive in den letzten Jahren eine Ausweitung erfährt. Insbesondere ein integriertes IT-Portfoliomanagement wird „forciert".

In der Anfangsphase ergibt sich oft eine Konzentration auf die Skizzierung der Projektmanagementmethodik sowie PM-Standards im gesamten Unternehmen. Sobald dieses etabliert ist, entwickelt sich der Fokus der Aktivitäten stärker hin zu grundlegenden Entscheidungspraktiken für die Priorisierung der Nachfrage (Bewertung von Projekten im Hinblick auf Projekt-ROI und die Zuweisung von Personal und Budget). Darüber hinaus geht es um die Bewertung von Kapazitäten, um Lieferprobleme zu reduzieren und die Ressourcenauslastung zu erhöhen. Auf dieser Basis definierte aggregierte Dashboards bieten die Möglichkeit, den Fortschritt zu überwachen, Kosten zu verfolgen und Programm- oder Projektrisiken zu verwalten (vgl. hierzu auch ausführlicher Kapitel 6 dieses Buchs).

Im Rahmen von **Budget und Reporting** geht es darum, die Enterprise IT-Organisation auch im Hinblick auf die Finanzseite zu sehen. Dabei konzentriert man sich zunächst auf die Kostenkontrolle durch Verfolgung seiner Budgets und Aktivitäten, um so auch Kostensenkungen zu erreichen bzw. Kostenabweichungen zu mindern (erster Aufbau eines ganzheitlichen IT-Kostencontrollings). Mit zunehmender Reife beschäftigt sich die zentrale Unternehmens-IT-Funktion auch mit der Festlegung von Richtlinien und Governance-Praktiken für die Genehmigung von Investitions- und Betriebsausgaben. Die Berichterstattung beginnt dann damit, die IT-Ausgaben und -Bemühungen zur Kosteneinsparung allen Beteiligten (Unternehmensführung, Stakeholdern, Kunden) mitzuteilen. Betriebsplanung und Budgetvorhersage werden zu Standardpraktiken für ausgereifte IT-Prozesse. IT-Investitionen und entsprechende Entscheidungen erfolgen unter Nutzung bewährter Verfahren und der Beteiligung von CEO, CFO, IT-GRC sowie IT-Management (vgl. hierzu auch ausführlicher Kapitel 7 dieses Buchs).

Das **zentralisierte Beschaffungs- und Lieferantenmanagement** dient zunächst als Forum für die Vertragsprüfung und das Führen von Verhandlungen. Da es im Rahmen dieser Funktion auch darum geht, IT- Beschaffungsaktivitäten zu konsolidieren, sind Lieferantenentwicklungsmaßnahmen (die die Leistungen der IT-Lieferanten verbessern, bei gleichzeitiger Kostensenkung) zu initiieren. Nach anfänglichen Bemühungen zur Zentralisierung von Einkaufsaktivitäten sowie des Vertragsmanagements, gilt es darüber hinaus, die Leistungskriterien zu standardisieren und Relationship-Management-Funktionen stärker in den Fokus zu nehmen.

Technologiestandards und -richtlinien konzentrieren sich häufig auf technische Ad-hoc-Probleme innerhalb von Initiativen und Projekten. Diese Governance-Arbeit ist oft reaktiv „ausgelegt", um Schmerzpunkte (pain points) in der Organisation anzugehen. In hochentwickelten Organisationen werden Ad-hoc-Governance-Praktiken institutionalisiert, wenn sich der Fokus auf die Schaffung von Ergebnissen verlagert. Um dies zu erreichen, ist es zweckmäßig, wichtige Technologiestandards und -richtlinien zu veröffentlichen.

Das **IT-Leistungsmanagement (IT-Performancemanagement)** verfolgt und überwacht den Zustand der Organisationseinheiten einer Unternehmens-IT (IT-Abteilung, lokale IT-Organisation etc.), indem es wichtige Berichte mit Leistungsindikatoren, abteilungs- und location-bezogenen Betriebskennzahlen und Prüfungsergebnissen erstellt.

Der Fokus verschiebt sich von einer Ad-hoc-, informellen und problemorientierten Ausrichtung in Organisationen mit geringerem Reifegrad auf eine formalisierte, auf eine formalisierte prozessoptimierte Organisation mit höherem Reifegrad, die gezielt Verbesserungen in Kernprozessen vorantreibt. Neben diesen Funktionen wird dieser Arbeitsbereich oft als Inkubator für die Geschäftsbeziehung angesehen. Diese im Entstehen begriffenen Fähigkeiten befinden sich im Allgemeinen nur in dem Office des CIO, bis ihre Verantwortlichkeiten und Auswirkungen klar sind.

Sicherheits- und Risikomanagement (Security & Riskmanagement) hat sich zunehmend zu einer zentralen Aufgabe entwickelt, die von einem CISO übergreifend zu den anderen Aufgaben im Bereich IT-Planung & Governance wahrgenommen wird. Unternehmen beginnen damit, relevante Informationssicherheitsprogramme und Ressourcen zu etablieren, auch wenn möglicherweise keine formelle Informationssicherheits-Governance oder kein Security-Board im Unternehmen vorhanden ist. Danach findet auch hier ein schrittweiser Ausbau statt, um ein nachhaltig erfolgreiches Cybersecurity-Management in der gesamten Unternehmens-IT zu gewährleisten.

Zur Unterstützung bei der Erfassung, Beschreibung und Dokumentation von IT-Serviceprozessen wurden **Rahmenwerke** (auch als **Frameworks** bezeichnet) entwickelt. Die bekannten Rahmenwerke **IT Infrastructure Library (ITIL)** und **Control Objectives for Information Technology (CobiT)** beinhalten Anleitungen, die erläutern, wie eine IT-Service-Organisation aufgebaut und strukturiert sein sollte, um die laufenden Geschäftsanforderungen optimal unterstützen zu können.

Rahmenwerke wie ITIL sind nicht als Normen, sondern als Baukasten zu verstehen, der aus realen Erfahrungen (best practices) entwickelte Elemente enthält. ITIL ist international als Instrument für Betriebe unterschiedlicher Größe mittlerweile als De-facto-Standard akzeptiert. Weitere Rahmenwerke stellen dazu eine interessante, oft hilfreiche Erweiterung dar. Klassischerweise findet sich eine **Einteilung der IT-Service-Prozesse** in

- **IT-Service-Supports** (= operationelle Managementprozesse mit den Teilprozessen Incident Management, Problem Management, Change Management, Configuration Management und Release Management) sowie der
- **IT-Service-Delivery** (= planende Managementprozesse mit den Teilprozessen Service Level Management, Financial Management, Capacity Management, Service Continuity Management, Availability Management).

Ausführliche Informationen zum IT-Servicemanagement mit der Weiterentwicklung dieser Prozesse finden Sie in Kapitel 10 dieses Handbuchs.

Besonderheiten sind die beiden weiteren Elemente des IT-Servicemanagements: der Service-Desk (als Funktion) sowie das IT-Security-Management (übergreifende Unterstützung der jeweiligen IT-Serviceprozesse). Sie haben – im Gegensatz zu den zuvor genannten IT-Serviceprozessen – entweder funktionalen Charakter oder sind funktionsübergreifender Natur.

Am Beispiel der IT-Serviceprozesse kann auch verdeutlicht werden, dass der Einfluss der Digitalisierung hier ebenfalls über kurz oder lang zu mehr oder weniger gravierenden Veränderungen der Serviceorganisation führen dürfte. Dabei ist zu beachten, dass je umfangreicher die Digitalisierung im Unternehmen umgesetzt wird, zwangsläufig auch die Anforderungen an die IT-Services komplexer werden und eine Veränderung erfahren werden. Insofern stellt sich auch die Frage, inwieweit die IT-Serviceorganisation deshalb strukturell Veränderungen erfahren muss. Dies umfasst sowohl die Gestaltung der immer umfangreicheren digitalen Schnittstellen zu den Kunden als auch die Sicherung der Qualitätslevel der Services.

Während in der klassischen IT-Serviceorganisation die Bereitstellung der IT-Services vielfach über isolierte IT-Funktionen erfolgt, werden mit der Umsetzung von Digitalisierungskonzepten zunehmend vernetzte digitale Services und Plattformen genutzt. Dazu gehören auch eine deutlich schnellere Bereitstellung und Aktualisierung von Services, produktivitätssteigernde Automatisierungen und neue Service-Ansätze wie Crowd-Support. Auch die Rolle als Service-Broker, der den Fachbereichen bedarfsgerecht Cloud-Dienste zur Verfügung stellt, kann im Zuge der digitalen Transformation die Strukturen und Prozesse der IT-Serviceorganisationen deutlich verändern.

Je digitaler die Unternehmensprozesse werden, desto anspruchsvoller werden zwangsläufig auch die Sicherheitserfordernisse. Werden etwa in Industrieunternehmen Digitalisierungen in der Produktion und Logistik vorangetrieben, dann sind im Rahmen der komplexen Vernetzung die gesamten Produktionsabläufe, vor allem reibungslose und störungsfreie Datenaustausche, mit hohen Anforderungen an Datensicherheit nötig. Einerseits müssen die sehr komplexen Produktionsstrukturen, zu denen neben autonom agierenden Maschinen und Softwaresystemen die Produzenten selbst, Materiallieferanten, Maschinenhersteller, Logistikunternehmen, Vertriebsorganisationen und Kunden entlang der Wertschöpfungsketten gehören, vor manipulativen Einflüssen geschützt werden. Gleichzeitig sind viele Unternehmens- und Produktinformationen sehr wettbewerbskritisch und dürfen nicht in fremde Hände gelangen.

13.6 Rollen und IT-Stellen vereinbaren

Um die Führungs- und Fachaufgaben im IT-Bereich zu systematisieren und sinnvoll zu bündeln, lassen sich für ausgewählte Ausprägungen konkrete Rollen festlegen. Diese Rollen können in der Praxis eine oder mehrere Personen wahrnehmen. Es ist aber auch üblich, dass eine Person mehrere Rollen übernimmt. Letztlich geht es hierbei um das organisatorische Problem der Stellenbildung, das wir zum Schluss dieses Abschnitts darstellen.

Wesentlich ist, dass sich Rollen – insbesondere auch durch den Wandel der Informations- und Kommunikationstechnologien bzw. neuer Anforderungen der digitalen Transformation – ändern bzw. auch neue Rollen dazukommen können.

Die digitale Transformation ist bereits in vollem Gange und hat mittlerweile sämtliche Branchen mehr oder minder fest im Griff. Die IT-Abteilungen sind die entscheidenden Akteure, wenn es gilt, die Strategie zu entwerfen und die Aktivitäten im Prozess der digitalen Transformation zu steuern und umzusetzen.

Auf Dauer sind auch neue Mitarbeiterqualitäten notwendig. Zwar verfügen die IT-Organisationen vielfach über fachlich gut ausgebildete und erfahrene Mitarbeiter, sie entstammen jedoch vornehmlich den klassischen Aufgaben der IT. Für das Managen der vorhandenen IT und die Entwicklung kreativer Lösungen unter Nutzung der modernen Digitalisierungstechnologien sind jedoch unterschiedliche Perspektiven erforderlich.

Dies gilt auch für den methodischen Hintergrund der Mitarbeiter, weil Digitalisierungsprojekte meist anders angelegt sein müssen als das klassische Wasserfallmodell mit seinem Plan-Build-Run-Ansatz. Statt dieser Methode ist bei den Digitalisierungsinitiativen meistens ein agiles Vorgehen notwendig.

Insofern bedarf es eines Personalbedarfs- und Personalentwicklungsplans, um kreative Mitarbeiter mit neuen Ideen und Arbeitsweisen mit Digital-Native-Profil für die IT zu gewinnen. Die Ressourcen können für planerische und Projektmanagementfunktionen durchaus auch innerhalb des Unternehmens rekrutiert werden, indem man jüngere Mitarbeiter mit hoher digitaler Affinität adressiert. Gleichzeitig gilt es aber auch das Fortbildungsengagement zu steigern, damit die Mitarbeiter unabhängig ihres Alters und bisherigen fachlichen Könnens sukzessive zu aktiven Mitgestaltern der digitalen Kultur der IT-Organisation werden können.

13.6.1 Typische Rollen innerhalb der IT-Organisation

Welche **Rollen** sind nun **im IT-Bereich** konkret festzustellen? Im Wesentlichen unterscheidet man die folgenden Segmente:
- **Rollen mit Management- und Führungsfunktionen** (CIO, IT-Leitung, CDO, CTO, CISO, Leader Enterprise Architecture, Data Center-Management, Leitung Project Management Office etc.).
- **Rollen im Bereich IT-Planung und IT-Controlling** (Enterprise- und IT-Architekten, IT-Controller, IT-Quality-Manager, IT-Koordinatoren, IT-Beschaffung, Informations- und Wissensmanagement)

- **Rollen im Governance, Risk & Compliance-Management** (IT-Security-Experten, IT-Risikomanager, GRC-Verantwortliche)
- **Rollen im IT-Betrieb bzw. Systemmanagement** (Systemmanager, Gruppenleiter, Prozessverantwortliche, Mitarbeiter im Service-Desk- und IT-Support, Datenbankadministratoren, IT-Security-Experte, IT-Risikomanager)
- **Rollen in der Anwendungsentwicklung und Applikationsintegration** (Programmierer/Softwarearchitekten, Systemintegratoren, Datenbank- und Systementwickler, agile Projektentwickler)
- **Rollen im Rahmen Unternehmens-Datenmanagement und Data Analytics** (Chief Data Officer, Datenarchitekten, Data Stewards, Data Scientists, Data Owner, Data Consumer usw.)
- **Rollen im Enterprise IT-Projektmanagement sowie in digitalen Transformationen** (Projekt-Portfolio-Manager, Projekt-Teamleiter, Product Owner, Scrum Master)

13.6.1.1 Management- und Führungsfunktionen

Die Erwartungen und Anforderungen an Führungskräfte im IT-Bereich sind heutzutage extrem hoch. Zum einen müssen sie sich im IT-Umfeld (mit IT-Produkten und mit IT-Prozessen) auskennen, auf der anderen Seite sollen sie ihre Mitarbeiter motivieren und als Führungskraft überzeugen.

Hinsichtlich der Orientierung bezüglich der Rollen mit Führungsfunktionen gilt es zunächst einen Blick auf die IT-Leitungsrolle zu werfen. Zu den eigentlichen IT-Aufgaben der **IT-Leitung** zählen:

- Planung und Organisation des IT-Bereichs (IT-Strategien und Architekturmanagement, Projekt-Portfoliomanagement)
- Planung und Umsetzung der Anforderungen des Unternehmens an die IT (Anforderungen managen)
- Durchführung und Sicherung des Betriebs
- Personalführung (Leadership)
- Sicherstellung der Einhaltung der gesetzlichen/behördlichen Vorgaben sowie der Vorgaben der Unternehmensführung

Durch den Wandel der letzten Jahre sind auch die Leitung einer IT-Abteilung und der Vorstand eines Unternehmens betroffen und aufgefordert, passende Veränderungen einzuleiten und durchzuführen. Immer mehr Unternehmen reagieren auf die größere Bedeutung der IT-Abteilung, indem sie neben dem klassischen IT-Leiter die Rolle des Central Information Officer (CIO) vergeben. Der CIO ist hierarchisch zumeist in der Geschäftsführung bzw. im Vorstand angesiedelt. Durch den CIO werden technisches Know-how und ein detailliertes Wissen über den momentanen Stand der IT-Abteilung und Infrastruktur in die höchste Führungsebene gebracht. Damit wird die Bedeutung der IT-Abteilung in einem Unternehmen besonders hervorgehoben.

Durch den zunehmenden Konkurrenzdruck in den meisten Bereichen einer Wettbewerbswirtschaft kann es sich kein Unternehmen mehr leisten, eine ineffiziente, unwirtschaftliche, über- oder unterdimensionierte, unsichere oder nicht performante IT-Abteilung zu betreiben. Viele Unternehmensleitungen haben dies erkannt und beschäftigen sich intensiv mit einer strategischen Positionierung der IT-Abteilung in ihrem Unternehmen. Die IT kann immer häufiger jenen Vorsprung am Markt oder jene Unterscheidungsmerkmale zu Konkurrenzunternehmen ausmachen, welche zwischen Gewinn und Verlust entscheiden.

Im Führungsbereich hat sich als Ergänzung oder als Ersatz zum klassischen IT-Leiter in letzter Zeit die Rolle des **CIO** (für „Central Information Officer") herauskristallisiert. Von seiner Stellung her ist der CIO normalerweise Mitglied der Geschäftsleitung oder des Vorstands oder dieser Ebene direkt zugeordnet. Ausschlaggebend hierfür ist die Bedeutung der IT im Unternehmen. Der **Aufgabenbereich eines CIO** umfasst:

- Entwicklung und Umsetzung einer IT-Strategie für das Informationstechnik-, Wissens- und Informationsmanagement
- Erarbeitung, Festlegung und Durchsetzung von IT-Standards
- Unterstützung der Fachbereiche bei der Entwicklung und Optimierung von Lösungen für deren Geschäftsprozesse
- Identifikation und Einführung sogenannter „Best Practices" für das Unternehmen
- Förderung des Informationsflusses zwischen allen Gruppen des Unternehmens, die an IT-Lösungen arbeiten bzw. mit diesen arbeiten
- Planung, Überwachung und Analyse der IT-Budgets und IT-Kosten sowie Initiierung und Überwachung von Kostensenkungsprogrammen in Zusammenarbeit mit dem IT-Controlling

Eine Trennung zwischen CIO und IT-Leitung ist dann vorzunehmen, wenn es sich um große Organisationen handelt bzw. eine Trennung zwischen dem Unternehmen und der IT besteht. Dies kann durch Auslagerung, rechtlich selbstständige Einheiten u. Ä. geschehen. In diesem Fall ist der CIO auf der Unternehmensseite der Ansprechpartner für den IT-Leiter. Bei integrierten Einheiten in Unternehmen und Verwaltung ist der Aufgabenbereich IT-Leitung und CIO auf eine Person konzentriert.

In der **Aufgabenstellung** und damit in der Organisation gibt es grundsätzlich zwei Ausprägungen:

- Der CIO ist der Verantwortliche des Unternehmens für alle Belange der Informationsverarbeitung und vertritt das Unternehmen gegenüber dem gesamten IT-Bereich. Diese Ausprägung ist Standard in sehr großen Unternehmen mit rechtlich eigenständiger IT oder mit durch Dritte betriebener IT (Outsourcing). In diesem Fall fungiert der CIO quasi als Auftraggeber für die IT-Bereiche.
- Der CIO ist der Verantwortliche des Unternehmens für alle Belange der Informationsverarbeitung und gleichzeitig Leiter der IT des Unternehmens. Dies ist eine übliche Ausprägung in kleinen und mittleren Unternehmen sowie in Bereichen des öffentlichen Dienstes. Der CIO ist damit der Auftragnehmer gegenüber dem Unternehmensmanagement, hat aber gleichzeitig auch aus seiner Verantwortung für die Unternehmensdaten eine eigenständige Rolle als Auftraggeber für interne IT-Projekte.

 Mit Chief Information Officer (CIO) wird die oberste IT-Instanz in einem Unternehmen bezeichnet. Die Abgrenzung zum klassischen IT-Leiter zeigt die Unterschiede zum bisherigen, eher technisch geprägten Denken auf. Der Kern-Aufgabenbereich des IT-Leiters wird in der Unterstützung der Softwareentwicklung und des IT-Betriebs gesehen. Er ist mit der Bereitstellung technischer Lösungen für aktuelle Geschäftsprozesse betraut und verfügt über technisches IT-Know-how. Der CIO konzentriert sich hingegen auf das Informations-, Wissens- und Technikmanagement, erarbeitet Visionen und Konzepte für zukünftige technische Möglichkeiten und berät die Fachbereiche bei der Gestaltung ihrer Geschäftsprozesse bzw. der Erweiterung der Business-Capabilities.

13.6.1.2 IT-Planung und IT-Controlling

Im Bereich der IT-Planung und des IT-Controllings sind folgende Rollen typisch:

- Enterprise IT-Architekten
- IT-Controller
- IT-Quality-Manager
- IT-Koordinatoren
- IT-Beschaffung
- IT-Marketing
- Informations- und Wissensmanagement

IT-Architekten: Sie strukturieren die vorhandenen Anwendungs- und Systemwelten systematisch und schaffen durch definierte Rahmenbedingungen die Basis für eine flexible Anpassung der Informationstechnologien an veränderte Marktanforderungen. Wichtige Eckpunkte der Tätigkeit sind die kontinuierliche Entwicklung und Pflege der IT-Architekturen (Fach-, Software- und Systemarchitekturen), die situationsabhängige Durchsetzung der gewünschten Architektur und die Institutionalisierung des Architekturmanagements.

IT-Controlling: Unabhängig von dem Unternehmenscontrolling als verlängerter Arm der Unternehmensleitung besteht die Notwendigkeit eines Controllings für die spezifischen Aktivitäten des IT-Bereichs. IT-Controller sollen letztlich dafür sorgen, dass das Management (Unternehmensführung, Management der Fachbereiche, IT-Management) die „richtigen" Entscheidungen treffen kann. Sie sichern und optimieren die Informationsversorgung der Manager. Neben der Beschaffung und Aufbereitung der entscheidungsrelevanten Daten klären und präzisieren sie, wo IT-Entscheidungen nicht mehr durch Fakten abgesichert werden können und welche Risiken die Entscheidungsträger eingehen (müssen). Im Einzelnen lassen sich folgende Kernaufgaben für das IT-Controlling unterscheiden:

- IT-Controller sorgen für Strategie-, Ergebnis-, Finanz- und Prozesstransparenz in der IT und tragen somit zu höherer Wirtschaftlichkeit bei.
- IT-Controller koordinieren Teilziele und Teilpläne ganzheitlich (etwa für IT-Projekte oder IT-Services) und organisieren das Berichtswesen.
- IT-Controller moderieren und gestalten den Managementprozess der Zielfindung, der Planung und der Steuerung in der IT so, dass jeder Entscheidungsträger zielorientiert handeln kann. Dies betrifft etwa Informationen bezüglich der Beschaffung von IT-Produkten.
- IT-Controller leisten den erforderlichen Service der betriebswirtschaftlichen Daten- und Informationsversorgung für die IT-Beschäftigten.
- IT-Controller gestalten und pflegen die IT-Controlling-Systeme.

Zur Erfüllung der Aufgaben im IT-Controlling sind entsprechende **Prozesse** zu definieren, zu dokumentieren und in der Praxis permanent zu optimieren (vgl. hierzu Kapitel 15 „IT-Controlling").

IT-Qualitätsmanagement: Ein integriertes spezialisiertes Qualitätsmanagement gehört zu jedem IT-Bereich. Man unterscheidet hier drei wesentliche Aufgabenfelder, die es zu erfüllen gilt:

- Sicherung der Qualität der Produkte/Leistungen des IT-Bereichs sowohl in der Anwendungsentwicklung als auch in der Produktion bzw. im laufenden Betrieb,
- Planung, Definition, Abstimmung und Einführung interner Standards (etwa die Fixierung und Fortschreibung von Prozessbeschreibungen, das Erstellen eines Projektmanagement-Handbuchs etc.),
- Einführung externer Standards wie eine Zertifizierung nach ISO 9001 oder ITIL-Standard für die Serviceprozesse. Hierzu zählen dann auch die Schulung der Mitarbeiter und die Überwachung der Einhaltung der Standards und der Vorgaben der Normen usw.

IT-Koordination: Es wurde bereits herausgestellt, dass die IT Technologien und IT-Produkte bereitstellen muss, die die Geschäftsprozesse der jeweiligen Organisation optimal unterstützen. IT-Koordinatoren befassen sich unter anderem mit der Auswahl, Einführung und dem störungsfreien Betrieb geeigneter IT-Systeme. Dabei sind die Interessen des einzelnen Anwenders genauso zu berücksichtigen (durch systematisches Erheben und Bewerten der Anforderungen) wie die strategischen Ziele des Unternehmens insgesamt sowie daraus abgeleitete spezifische IT-Ziele (Qualität, Sicherheit, Wirtschaftlichkeit). Ein IT-Koordinator muss letztlich die Balance zwischen den begrenzten Ressourcen des Unternehmens und den vielfältigen Möglichkeiten, die die modernen Informationstechnologien heute bieten, täglich neu finden.

IT-Beschaffung: Hier gilt es vor allem, IT-Systeme kostengünstig zu beschaffen und gleichzeitig eine hohe Leistungsqualität bereitzustellen. Aufgabe ist es beispielsweise über ein koordiniertes Mengenmanagement eine Nachfragebündelung für zu beschaffende IT-Produkte dadurch zu realisieren, dass die Nachfragemengen für alle Unternehmenseinheiten zentral zusammengeführt werden. Anstelle pauschaler Plandaten stehen damit für die IT-Beschaffung Daten zur Verfügung, die detailliertere Planungen ermöglichen. Auf die IT-Lieferanten kann so auch ein gewisser Druck über Preise und Margenvorgaben ausgeübt werden. Damit verbunden sowie durch die Nachfragebündelung lassen sich Kostenreduktionen realisieren. Angestrebt werden sollte ein zentrales Vertragsmanagement, sodass für alle Arbeitsplätze gleiche Rahmenverträge gelten. So erreicht man eine langfristige Konditionensicherheit und stellt Preistransparenz für den Endbenutzer her.

IT-Marketing und Vertrieb: Dies sind zwei Rollen, die zu jedem gut geführten IT-Bereich gehören, egal, ob es sich um einen weitgehend autarken Bereich handelt oder ob man eine stark eingebundene Organisation betrachtet. Die IT muss, da sie in dem hier beschriebenen Kontext eine Serviceorganisation ist, ihre Bedeutung und den Mehrwert für das Unternehmen verdeutlichen und auch gegenüber dem tatsächlichen oder fiktiven Wettbewerb (denken Sie etwa an den Bezug von IT-Leistungen von außen) eine akzeptierte Stellung wahrnehmen. Wichtig ist, andere Abteilungen im Unternehmen für die Pläne der IT zu interessieren, Neugier zu wecken. Im Idealfall wissen die Fachabteilungen genau Bescheid, wie sie IT-Services der IT abrufen können und welche neuen Lösungen verfügbar sind.

13.6.1.3 IT-Betrieb (IT-System- und Plattformmanagement)

Der IT-Betrieb bzw. die Produktion von IT-Leistungen stellen wiederum eine Zusammenfassung verschiedener Rollen dar. Zu unterscheiden sind hier beispielsweise:

- Service-Desk (Help-Desk)
- Hardwareservice und Betrieb
- Netzwerkservice/Netzwerktechniker
- Cloud-Integrationsspezialisten
- Service-Prozessverantwortliche
- Systemadministration
- Datenbankadministration
- IT-Security-Experten

Die im Einzelfall nötige Aufteilung richtet sich nach der Größe des jeweiligen Bereichs.

Service-Desk (zuweilen auch Help-Desk): die zentrale Kontaktschnittstelle zwischen den Benutzern von IT-Systemen und den Mitarbeitern im IT-Servicemanagement. Die Mitarbeiter im Service-Desk sind bei allen Fragen und Schwierigkeiten rund um den IT-Arbeitsplatz erste Ansprechpartner für den Anwender von IT-Systemen (Single-Point-of-Contact). Der Service Desk hat sich aufgrund der erweiterten Aufgaben und vielschichtigen Funktionalitäten der IT aus dem früheren Help Desk entwickelt. Mittlerweile ist er nicht mehr nur eine Anlaufstelle für Probleme, sondern vielmehr eine Service-Organisation, die sich auch um Installationen oder IT-Übersiedlungen kümmert. Zu den wesentlichen **Aufgaben im Service-Desk** zählen:

- die Aufnahme und Klassifizierung von Störungen (Incident Management);
- die Bereitstellung von Soforthilfen (etwa über Fernwartung) sowie
- die Überwachung der Störungsbearbeitung bis zur Problemlösung.

> Um die genannten Aufgaben erfolgreich bewältigen zu können, werden im Service-Desk Informationen über den aktuellen Bearbeitungsstand von Störungen in Datenbanken festgehalten. Zudem erbringen die Beschäftigten im Service-Desk für die Anwender bei Bedarf auch Beratungs- und Supportleistungen.

Netzwerkservice: Mittlerweile ist es für Unternehmen/IT-Bereiche mit eigenen Leitungsnetzen (etwa LANs bzw. WANs) nahezu selbstverständlich, dass sich spezielle Gruppen mit Netzhardware, Netzanbindungen und auch der Netzauslastung beschäftigen. Zunehmend ist jedoch auch die Nutzung der öffentlichen Netze ein wesentlicher Erfolgsfaktor bei der Abwicklung der Unternehmensaktivitäten. Auch dieser Bereich muss in einem internen Service organisiert sein. Die Aufgaben im öffentlichen Netz bestehen darin, sowohl die technischen Kontakte mit den Providern zu organisieren und die für den Betrieb optimalen Angebote zu identifizieren als auch die wirtschaftlichen Gesichtspunkte zu bewerten. Außerdem sind hier in Verbindung mit dem Security Management die Sicherheit des Netzes und damit auch des Betriebs zu gewährleisten. Der Netzwerkservice wird in den betrachteten Unternehmen und Organisationen sowohl dem Betrieb zugeordnet als auch als selbstständiger Bereich (Gruppe, Abteilung etc.) geführt.

Entscheidungskriterien hierfür sind sowohl die Größe des Netzwerkbereichs (in Bezug auf die zugeordneten Personen) als auch die Bedeutung für den Unternehmensablauf insgesamt. So ist in den kommunikationsintensiven Betrieben wie im Internethandel der Netzwerkbereich eine separate Organisation.

Cloud-Integrationsspezialist: Durch die allgemeine Entwicklung hin zu Public-Cloud-Infrastrukturen und den Einsatz von Hybrid Clouds sind Spezialisten für Cloud Computing wesentlich. Ihre Aufgabe liegt im Wesentlichen darin, die Clouds einzurichten, in die Systemlandschaft zu integrieren sowie eine professionelle Absicherung der Lösungen zu gewährleisten.

Service-Prozessverantwortliche: Für jeden der definierten und zu implementierenden IT-Serviceprozesse sollte ein spezifischer Prozessmanager ernannt werden, der in der Einführungsphase in Vollzeit zur Verfügung steht. Er verfügt idealerweise über Erfahrungen aus dem jeweiligen Prozessumfeld und über Basis-Know-how im Bereich IT-Servicemanagement. Eine entsprechende Orientierung vermittelt Bild 13.7.

Prozessgruppe	Prozess/Status	Verantwortlichkeiten							
		Produktion	Infrastruktur	Competence Center	Business Intelligence	Competence Center	Competence Center	Projekt-Management	Account Mgmt./Controlling
Service Support	Incident Management	X							
	Problem Management	X	X	X	X	X	X		
	Configuration Management		X						
	Change Management							X	X
	Release Management					X			
Service Delivery	Service Level Management								X
	Financial Management								X
	Capacity Management		X						
	Continuity Management	X	X						
	Availability Management	X	X						

Bild 13.7 Prozessverantwortung im IT-Betrieb

Bei der Einführung eines IT-Servicemanagements sind unbedingt die Qualifikationen der IT-Mitarbeiter zu berücksichtigen. Dabei gilt es zu ermitteln, für welche Prozesse Qualifikationen vorhanden sind und wo sie noch fehlen. Bezüglich der fehlenden Qualifikationen ist ein Zeit- und Kostenplan zur Erlangung dieser Befähigungen zu erstellen. Dieser ist dann mit den allgemeinen Einführungsplanungen zu vergleichen und die Lücken (GAPs) sind herauszuarbeiten. Daraufhin sind ggf. Schulungen zu organisieren, die es den Mitarbeitern ermöglichen, die neuen Anforderungen zu bewältigen.

13.6.1.4 Anwendungsentwicklung

Im Bereich der Anwendungsentwicklung sind folgende Rollen typisch:
- Systemanalytiker/Solution-Architekten
- Anwendungsentwickler
- Softwareintegratoren
- Webdesigner
- Datenbankentwickler
- Mobile-Entwickler

Unter Anwendungsentwicklung wurden hier die tatsächliche Entwicklung von Software und die Einführung von Standardsoftware zusammengefasst. Obwohl hinsichtlich der Projektabwicklung (Vorgehensmodelle) und der Behandlung der Produkte erhebliche Unterschiede bestehen, können die Bereiche organisatorisch gleich behandelt werden. Es hat sich bewährt, die Bereiche bei ausreichender Größe entsprechend der Software zu trennen.

Der Bedarf an **Mobile-Entwicklern** hat in den letzten Jahren enorm zugenommen. So haben mobile Lösungen in der Praxis die klassischen Desktops bei den Nutzerzahlen oft bereits überholt. Insgesamt ergibt sich eine große Nachfrage nach plattformübergreifenden Mobile-Entwicklern, die über eine hohe Integrationskompetenz verfügen.

13.6.1.5 Projektmanagement

Eine mögliche Rolle ist das Projekt-Portfoliomanagement. Hier geht es um die Planung und Verwaltung des Projekt- und Betriebsportfolios. Diese werden in jedem IT-Bereich als wesentliche Basis für die Führung des Bereichs und für die Abwicklung der anstehenden Aufgaben benötigt.

Auch die **IT-Projektleitung** nimmt in diesem Rahmen eine Sonderstellung ein, sie ist die Vermittlerin zwischen dem Anwendungsbereich und der IT sowie die Verwalterin eines Projektvolumens, das durchaus dem Volumen eines mittelständischen Betriebs entsprechen kann, und hat die Führung eines Projektteams zu realisieren. Eine klassische Zuordnung ist die Integration der Projekte in die Anwendungsentwicklung. Dies ist heute jedoch zu eng gegriffen.

13.6.2 Stellenbildung und Personalbemessung

Die **Stellenbildung** ist eine unverzichtbare Technik in jedem Gestaltungsansatz, so auch bei der Gestaltung des IT-Bereichs. Systematische Grundlage ist in der Organisationspraxis eine mehr oder weniger differenzierte Aufgabenanalyse. Durch Stellenbildung entstehen „auf Dauer" angelegte Systembestandteile, die übertragene Aufgaben erfüllen, solange sich diese Aufgaben in einem gültigen oder zu gestaltenden Arbeitszusammenhang bewegen.

Stellen sind elementare organisatorische Einheiten der betrieblichen Struktur (in diesem Fall des IT-Bereichs), denen die Erfüllung bestimmter, sachlich genau abgegrenzter Teilaufgaben **(Stellenaufgaben)** zugewiesen wird. Ein bestimmter Aufgabenkomplex aus der Sammlung der Teilaufgaben kennzeichnet jede Stelle im IT-Bereich.

Zu jeder Stelle sollte es eine **Stellenbeschreibung** geben. Diese dokumentiert die vertikale und horizontale Eingliederung von Stelleninhabern in einer Organisationsstruktur, die zu erfüllenden Aufgaben (Stellenbildung), die zu erreichenden Ziele und die notwendigen Informationen zur Aufgabenerfüllung. Wesentlich für den Stelleninhaber sind:

- Aufgabenbild und Ziele,
- Anforderungsprofil und
- Kommunikationsbild (notwendige Informationen).

In der Aufgabenanalyse für den IT-Bereich sind Teilaufgaben zu bilden, deren Umfang durch Zerlegen so weit reduziert wird, bis jede Teilaufgabe deutlich unter der Auslastung einer Person – oder einer sich selbst weiter organisierenden Gruppe – liegt. Die Stellen werden gebildet, indem jeweils einige dieser Teilaufgaben gebündelt und in der Regel einer „gedachten" Person, einer (teil-)autonomen Arbeitsgruppe oder einem sachlichen Aufgabenträger zugeordnet werden.

In engem Zusammenhang mit der Stellenbildung steht die Personalbemessung. Die **Personalbemessung** (oder auch Stellenbemessung) ist als **quantitative Stellenbildung** Teil der aufbauorganisatorischen Gestaltung. Grundlage der Personalbemessung sollte ein bereits von Schwachstellen befreites Strukturkonzept sein. Andernfalls werden organisatorische Mängel mit einem häufig überhöhten Personalbedarf festgeschrieben.

Folgende **Ziele** können für Überlegungen zur **Personalbemessung im IT-Bereich** zu beachten sein:

- begründeter Personalumfang und begründete Personalkosten,
- Gewährleistung einer zeitgerechten Aufgabenerfüllung,
- angemessene und gleichmäßige Arbeitsbelastung der Mitarbeiter,
- Anpassungsflexibilität gegenüber Veränderungen in der Aufgabenerledigung (z. B. Aufgabenmengenschwankungen, Arbeitsablaufänderungen).

Zur Ermittlung des zur Aufgabenerfüllung erforderlichen Personalbedarfs werden verschiedene sich ergänzende Verfahren genutzt:

- Aufgabenorientierte Kennzahlen werden analytisch ermittelt. Dazu werden für jede Aufgabenart gesondert der Arbeitszeitbedarf (Bearbeitungszeit) sowie die Aufgabenmenge festgestellt.
- Dieser Prozess lässt sich vereinfachen, wenn für die Bearbeitungszeit je Aufgabenart aus Erfahrungswerten gebildete Richtzahlen vorliegen. Diese Richtzahlen geben die Aufgabenmenge an, die von einem Menschen innerhalb einer bestimmten Zeit geleistet werden kann.

Bei der Verwendung von Richtzahlen ist zu prüfen, ob die bei der Ermittlung der Richtwerte zugrunde gelegte Situation (Soll-Situation) der Ist-Situation entspricht. Da die Soll-Situation vielfach nicht bekannt ist, muss davon ausgegangen werden, dass die Richtzahlen einer „Normalsituation" gerecht werden.

13.7 Organisation der Unternehmens-IT im Wandel

Mittlerweile findet im IT-Bereich ein weiteres Umdenken statt: Jahrelang haben sich IT-Abteilungen auf die Einführung und Unterstützung von Technologien und deren fachliche Beherrschung konzentriert. IT-Abteilungen müssen heute ergänzend zahlreiche leistungsfähige Services erbringen, deren Ziel es in Zeiten von Kundenorientierung und Kostenbewusstsein ist, die bestmögliche Unterstützung der Geschäftsprozesse sicherzustellen. Die IT wird damit immer mehr Bestandteil des eigentlichen Geschäfts (vgl. dazu auch Kapitel 1).

13.7.1 Zentrale IT-Abteilung oder dezentrale Organisationsformen?

Klassischerweise hatte die **IT-Abteilung** ein Hauptziel: „Beherrschung und Unterstützung der Technik". Heute ist eine „bestmögliche Unterstützung der Geschäftsprozesse (und Kunden) im Unternehmen" gefragt. In dieser Formulierung findet auch der Servicegedanke immer mehr Berücksichtigung bei der Gestaltung der IT-Organisation. **Zentrale Forderungen,** die organisatorisch der Berücksichtigung bedürfen, sind beispielsweise:

- Orientierung des Handelns am Leitbild der Organisation sowie des IT-Bereichs,
- klare (zentrale) Ansprechpartner für bestimmte Aufgaben und auftretende Probleme,
- umfassende Übersicht über den Status der Bearbeitung laufender Projekte,
- Gewährleistung eines störungsfreien IT-Betriebs,
- nachvollziehbarer und zielorientierter Informationsfluss im IT-Bereich und nach außen,
- geregelte Abwicklung von Veränderungen in der IT (Changes),
- Sicherstellung der Wirtschaftlichkeit in der IT bei hoher Kosten- und Leistungstransparenz,
- einheitliche Vorgaben für Dokumente aller Art (Projektdokumentation, Prozessdokumente etc.).

Folgende strukturelle Fragen sind für die Gestaltung des IT-Bereichs zu beantworten:

- Welche Aufgabenbereiche der IT werden identifiziert und legen eine Abteilungsbildung nahe?
- Welche Stellen benötigt man im IT-Bereich?
- Wie viele Stellen welcher Art braucht der IT-Bereich?
- Benötigt der IT-Bereich Unterstützung von zentralen Stellen (z.B. Recht, Organisation, Personalabteilung, Controlling, Innovation)? Wenn ja, in welcher Form und in welchem zeitlichen Umfang?
- Wie ist die Prozessverantwortung (hier für IT-Prozesse) im Liniensystem einer IT-Organisation zu integrieren?
- Wie werden die einzelnen Arbeitsprozesse des IT-Bereichs zu einer gesamten Organisation verbunden?

Abteilungen ergeben sich, indem mehrere Arbeitsaufgaben eines segmentierten, aber zusammengehörigen Aufgabenkomplexes in einen Organisationsbereich unter Leitung einer Instanz zusammengefasst werden. In einer Abteilung besteht ein Mindestmaß an direkten Arbeitsbeziehungen, sodass von einem quasi-geschlossenen Untersystem einer Institution gesprochen werden kann. Wird das Mindestmaß überschritten, werden Abteilungen in der Regel zu „Hauptabteilungen" gebündelt. Denkbar ist also die IT-Abteilung als Hauptabteilung (bei großen Organisationen) oder als „normale" Abteilung.

Die **klassische Organisation der IT** umfasste die Einrichtung und den Betrieb eines Rechenzentrums. Im Laufe der Zeit sind spezielle Arbeitsbereiche dazugekommen; etwa die Anwendungsentwicklung oder das Managen von IT-Projekten.

Heute ergeben sich sehr differenzierte Möglichkeiten. Hatte die starke Technikbezogenheit der Datenverarbeitung in der Vergangenheit dazu geführt, dass sich IT-Abteilungen von ihrem Selbstverständnis her als Lieferanten von Technik sahen, reicht es heute nicht mehr aus, nur Technologie bereitzustellen:

- Nachgefragt werden Leistungen wie beispielsweise das Implementieren und die umfassende Pflege einer betriebswirtschaftlichen Anwendung.
- Trotz steigender Komplexität der IT-Technologien (etwa gemischte Client-Server-Strukturen) sowie der geschäftskritischen Anwendungen müssen sowohl die Qualität der bereitgestellten Informationen als auch die Verfügbarkeit der Informationssysteme und Informationen selbst gesichert werden.

Oft untergliedern insbesondere größere Unternehmen ihre IT in eine **Nachfrageorganisation** (Informationsmanagement unter der Leitung eines CIO) und eine **Lieferorganisation** (interne IT-Abteilung und externe Kooperationspartner), um marktorientierte Verhaltensstrukturen zu etablieren. Die IT steuert dabei stellvertretend für die nachfragenden Fachbereiche (Einkauf, Personal, Rechnungswesen usw.) die Beschaffungsprozesse sowie zahlreiche Serviceleistungen für den laufenden Betrieb. Eine solche **Einordnung des IT-Bereichs** zeigt Bild 13.8.

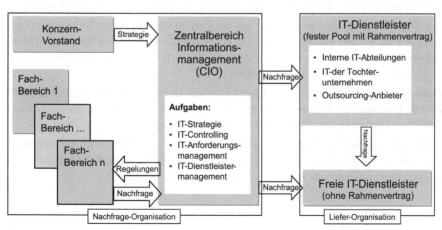

Bild 13.8 Mögliche organisatorische Einordnung des IT-Bereichs (Quelle: [Ga05])

Ein typisches Phänomen moderner IT-Organisationen: Das IT-Management erarbeitet im Team die IT-Strategie für das Unternehmen, legt technische Standards fest, die von den internen und externen IT-Dienstleistern zu beachten sind. Diese können die Leistungen selbst erbringen oder wiederum Dritte beauftragen. Eine weitere Aufgabe ist das Anforderungsmanagement, also die Nachfragebündelung und das Management der Lieferantenbeziehungen.

13.7.2 Gremien in der Unternehmens-IT

Folgende wesentliche Gremien für die Unternehmens-IT können unterschieden und eingerichtet werden:

- **IT Strategy Committee:** Diesem Gremium kommt die Aufgabe zu, die strategische Richtung und Ausrichtung der Unternehmens-IT in Abstimmung mit der Unternehmensstrategie vorzugeben. Wichtig sind das Vereinbaren von strategischen Vorgaben sowie das Festlegen und Fixieren von Policies (beispielsweise zu Themen des IT-Risikomanagements, des strategischen Kosten- und Finanzmanagements, Applikations- und Datenstrategien, Business-IT-Servicestrategien, Grundsatzfragen des IT-Sourcing, Partnerschaften). Die Einhaltung der vereinbarten Strategien gilt es zu verifizieren (etwa Erreichung von strategischen Zielen). Die Verfügbarkeit von ausreichenden Ressourcen für ein angemessenes IT-Risikomanagement gilt es sicherzustellen sowie Risikoaspekte bezüglich IT-Investitionen zu prüfen.

- **IT Steering Committee:** Als Aufgabenbereiche werden die Priorisierung von Business-IT-Projekten, das Bewerten von Anfragen/Projektplänen unter Aspekten strategischer Angemessenheit sowie Reviews der Projekt-Portfolios gesehen. Es agiert quasi als Sponsor für das Kontroll-, Risiko- und Governance-Framework. Darüber hinaus ist es für das Fällen von wesentlichen Entscheidungen zur Enterprise IT-Governance verantwortlich.

- **Technology Council:** Hier geht es um das zur Verfügung stellen von Technologierichtlinien, die Überwachung der Relevanz von neuen Technologieentwicklungen (IT-Trendradar) aus Sicht des Kerngeschäfts sowie um das Bewerten der Schwachstellen, Risiken und Chancen von intelligenten Technologien.

- **Architecture Review Board:** Kernaufgaben sind das Bereitstellen von Architekturrichtlinien, die Lenkung des Architekturdesigns sowie das Sicherstellen, dass die Enterprise-Architektur rechtlichen und Kontinuitätsanforderungen entspricht.

- **IT-Lenkungsausschuss:** dient insbesondere dem Business-IT-Alignment. Dabei kommt es etwa auf die Zusammenarbeit mit beteiligten IT-Stakeholdern durch Kommunikation und Koordination der Arbeitsaktivitäten an.

13.7.3 Standortkonzepte für die Unternehmens-IT

Oft ist die Situation gegeben, dass in Unternehmensgruppen bzw. bei global ausgerichteten Unternehmen die IT-Abteilung auch für die IT-Services in den Filial- und Länderorganisationen zuständig ist. Dabei kann der Grad der Zentralisierung von Aufgaben und Verantwortung höchst unterschiedlich sein.

Aus strategischer Sicht sind meist klare **Standortkonzepte** notwendig. Bei weitgehend autarken Landesgesellschaften besteht eine Herausforderung oft darin, diese zeitnah mit standardisierten und skalierbaren IT-Services zu versorgen sowie die IT-Dienste und deren Service-Level reibungsfrei zu überwachen. Durch ein abgestimmtes Standortkonzept soll insbesondere erreicht werden, dass an allen Standorten IT-Services in konstanter und professioneller Qualität bereitgestellt werden sowie zugleich die lokalen IT-Betriebskosten durch neue zentrale IT-Dienste gesenkt werden.

Die Anzahl der Standorte (Filialen, Ländergesellschaften), die eine eigene IT-Organisation haben, beträgt in der Praxis in vielen Unternehmen oft zwischen 20 und 40 Teilorganisationen. In diesem Fall bietet sich heute ein differenziertes Konzept an.

Ein Praxisbeispiel: In einem globalisierten Unternehmen mit 30 Ländergesellschaften, die über eine eigene lokale IT-Organisation verfügen, kann beispielsweise festgelegt werden, dass sog. A-, B- und C-Standorte identifiziert werden, die mit bestimmten Aufgabenbereichen und Befugnissen ausgestattet werden.

A-Standorte: Als A-Standorte werden sog. Kompetenzzentren etabliert (beispielsweise in Deutschland für Europa, in Rio für Südamerika sowie in Tokio für Asien). Hauptfunktion der A-Standorte ist es, die Einhaltung der vereinbarten Service-Level zu garantieren. Um dies zu erreichen, werden die meisten Standorte mittels VPN über das Internet an einen A-Standort angebunden, der zukünftig auch einen direkten und abgesicherten break-out zum Internet bereitstellt. Die A-Standorte werden architektonisch so ausgestattet, dass aus ihnen heraus die IT-Services für ganze Regionen erbracht und für die zugeordneten B- und C-Standorte bereitgestellt werden können.

B-Standorte: Die B-Standorte benötigen zusätzlich bestimmte lokale IT-Services. Dies kann beispielsweise die Finanzbuchhaltung betreffen oder eine lokale Ablage von CAD-Daten.

C-Standorte: Die 15 C-Standorte schließlich beziehen alle Services von den A-Standorten. Dazu gehören etwa zentrale Deployment-Dienste und IT-Support. Von Vorteil ist, dass so die Leistungsfähigkeit der Standorte erhöht wird. Zugleich bleibt mehr Zeit für die Kernaufgaben.

■ 13.8 Outsourcing von IT-Leistungen

Outsourcing von IT-Leistungen ist mittlerweile ein wesentliches Entscheidungsfeld für die Gestaltung der IT-Organisation. Die Idee dahinter ist einfach: Eine Unternehmung soll sich auf ihre Kernkompetenz konzentrieren. Alles, was darüber hinausgeht, hindert eine Privatunternehmung lediglich am finanziellen Erfolg und treibt intern die Kosten. Deshalb erwartet man Kostenreduktionen, wenn Firmen, deren Kernkompetenz eben IT ist (sog. IT-Service-Provider), diesen Betrieb für mehrere andere Firmen übernehmen.

Outsourcing (Abkürzung für „outside resourcing") ist in der IT-Welt umstritten. Letztlich geht es um die mittel- und langfristige Übertragung einzelner oder aller bisher innerbetrieblich erfüllten IT-Aufgaben an ein rechtlich unabhängiges Dienstleistungsunternehmen.

Betrachtet man heute die IT-Organisationen großer Unternehmen und öffentlicher Bereiche, so ist festzustellen, dass die Verlagerung von Aktivitäten des Bereichs auf fremde Firmen und Organisationen ständig zunimmt. Grundsätzlich kommen mehrere Optionen einer Zusammenarbeit mit Dritten in Betracht: Einzelpersonen, Partnerunternehmen, Offshore-Unternehmen (als Sonderfall externer Unternehmen) sowie Outsourcing-Partner.

Grundsätzlich wird das Verhältnis zwischen Dritten und der eigenen IT-Organisation ausschließlich durch die bestehenden Verträge und Gesetze geregelt. Zu regeln ist unter anderem auch die Integration in die Aufbau- und Ablauforganisation sowie in Know-how-Transfer und Reporting.

Auch die Service-Provider (Outsourcing-Partnerfirmen) stehen unter einem Veränderungsdruck durch die Herausforderung der Digitalisierung. So wird (etwa von Gartner) prognostiziert, dass diejenigen Service Provider vom Markt verschwinden werden, denen das Entwickeln einer bimodalen Roadmap mit einer entsprechenden Ausrichtung auf Digitalisierung nicht gelingt. IT-Entscheider in den Kundenunternehmen sehen dann sinnvollere Alternativen in neuen Modellen der Zusammenarbeit wie Branchenkonsortien, Crowdsourcing oder auch Mergern und Akquisitionen. Darüber hinaus kommen in neuen Kooperationen auch Channel-Partner mit branchenspezifischem Hintergrund sowie Provider aus der Start-up-Szene für Digitalisierungslösungen in Betracht.

13.8.1 Grad des IT-Outsourcing bestimmen

Eine wesentliche Grundsatzentscheidung, die in allen Bereichen von Betrieben und Verwaltungen heute zu treffen ist, ist der **Grad des Outsourcing** (IT-Outsourcing ja/nein? Was wird outgesourced?). Neben anderen Überlegungen (wie Sicherheit, Flexibilität etc.) spielen natürlich vor allem Kostenüberlegungen eine Rolle. Als wesentliche **Entscheidungsgründe für IT-Outsourcing** werden genannt:

- Kurzfristig erforderliche Kapazitäten werden möglicherweise nicht auf Dauer benötigt. Dies gilt etwa bei der Einführung einer neuen ERP-Lösung. Nach der Einführungsphase wird IT-Personal zwar für den Betrieb bzw. die Weiterentwicklung der Lösung denkbar sein, aber weniger für die Entwicklung bzw. das Customizing von Lösungen.
- Die rasche Entwicklung in den Informationstechnologien lässt immer wieder neue Tätigkeitsfelder im IT-Bereich entstehen, bei denen die zugehörigen Personalressourcen (zunächst) knapp sind. Die innerbetriebliche Aneignung sehr spezieller Kenntnisse mit geringer Wiederverwendungsmöglichkeit ist nicht wirtschaftlich, sodass auf externe Ressourcen zurückgegriffen wird.

- Um innerbetriebliche Fachkompetenz im IT-Bereich aufzubauen, sind in der Regel externe Schulungs- und/oder Beratungsleistungen erforderlich.
- Im Rahmen von IT-Projekten werden oft unternehmenspolitisch heikle Veränderungen vorgenommen, die mit externer Unterstützung durch namhafte Beratungsunternehmen leichter durchsetzbar sind als ausschließlich intern erarbeitete Vorschläge.

Bild 13.9 illustriert grundsätzliche Motive für IT-Outsourcing.

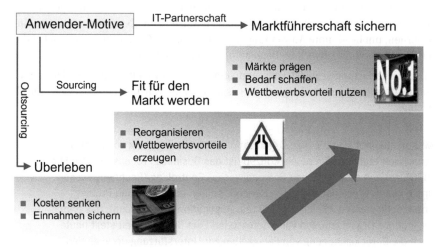

Bild 13.9 Anwendermotive für IT-Outsourcing

Aus der Definition zu IT-Outsourcing wird auch deutlich, dass es unterschiedliche Formen des Outsourcing gibt. Einen Überblick über **typische Partnerschaftsmodelle für das IT-Outsourcing** zeigt Bild 13.10.

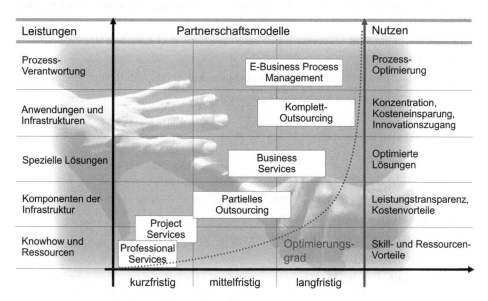

Bild 13.10 Partnerschaftsmodelle des IT-Outsourcing

Einige erläuternde Hintergrundinformationen zu Bild 13.10:

- Bei kurzfristigen Lösungen (sog. Project Services oder Professional Services) werden bestimmte IT-Projekte außer Haus durchgeführt bzw. IT-Leistungen durch Externe erbracht, beispielsweise IT-Beratung, Systementwicklung, Systeminstallationen, Programmierung und IT-Schulungen. Letztlich werden externes Know-how sowie externe Personalressourcen in Anspruch genommen.
- Werden auch Komponenten der IT-Infrastruktur ausgegliedert, spricht man von partiellem Outsourcing. In diesen Fällen müssen beispielsweise keine Extra-Server vor Ort eingesetzt werden, um bestimmte Anwendungen zu nutzen. Das Outsourcing kann dabei die Bereiche Storage und Archivierung, Back-up und Systemmanagement einschließen.
- Werden spezielle Lösungen übertragen und somit auch Anwendungen (etwa Lohn- und Gehaltsabrechnungen) außer Haus erledigt, spricht man von Business Services durch Outsourcing.

Mittlerweile hat sich für viele Organisationen die Auslagerung von IT-Infrastrukturen etabliert. Ein neues Konzept ist das Business Process Outsourcing (BPO), etwa in den Bereichen Personalwesen, Controlling/Rechnungswesen und Einkauf. Diese hochwertigen Services sollten einer genauen Prüfung unterzogen werden. Gleiches gilt für ein Application-Management, das primär für größere Organisationen von Interesse ist. Eine Besonderheit stellt heute auch die Berücksichtigung von Fähigkeiten zur Unterstützung der digitalen Transformation dar.

Eine besondere Rolle spielt auch die **Wahl des Outsourcing-Partners**. Die Anbieter unterscheiden sich meistens hinsichtlich ihres Portfolios: Applikations-Outsourcing steht neben Infrastruktur-Outsourcing und Business Process Outsourcing. **Entscheidungskriterien** können sein:

- Erfahrung, Reputation, Zuverlässigkeit und Garantien des Anbieters der Outsourcing-Leistungen
- Globalität und lokale Präsenz sowie Unternehmenskultur des Anbieterunternehmens
- Finanzielle Situation und Marktstellung des Anbieters
- Referenzen
- Branchenkenntnisse
- Innovationsfähigkeit
- Vorhandene Technologie- und Personalressourcen
- Flexibilität in Vertragsverhandlungen, Fairness in der Vertragsgestaltung
- Zusammenarbeit und Kommunikation
- Kostenkriterien (einmalige und laufende Kosten)
- Datensicherheit und Datenschutz

Eine beispielhafte Beurteilung der Sourcing-Strategie nach den Kriterien Kosten, Flexibilität, Geschäftsstrategie, Innovation, kritische Masse und Qualität zeigt Bild 13.11.

		Selbstbetrieb	Partnerschaft	Externer Betrieb
Kosten		++ ←	+	−
Qualität	Kundenzufriedenheit	+	++ ←	+
	Akzeptanz	+	++ ←	+
Flexibilität	Spitzenzeiten	−	+	++ ←
	Neue Anforderungen/ Anwendungen	−	+	++ ←
Strategie	Planung/Steuerung	+	+	−
	operativ	+	+	−
	Knowhow fachlich	+	++ ←	−
	Knowhow Festo	++ ←	+	−
	Schnittstellen	+	++ ←	−
Innovationen	Markttrends	+	++ ←	+

Bild 13.11 Entscheidungskriterien für das Outsourcing

13.8.2 IT-Outsourcing projektieren

Outsourcing ist eine Strategie, welche die Tätigkeiten im Unternehmen auf Kernkompetenzen beschränkt, indem Nicht-Kernkompetenzen an externe Dienstleister vergeben werden und so die Produktivität gesteigert und Kosten gesenkt werden. Das Auslagern gewachsener Strukturen erfordert jedoch eine detaillierte Planung, damit man die angestrebten Ziele nicht verfehlt (vgl. ausführlich [So02]).

Wie kann eine **Projektierung von IT-Outsourcing** aussehen? 80 Prozent der Unternehmen, die Dienste wie Anwendungsentwicklung und -wartung bereits von einem externen Provider beziehen, haben Probleme. Dies ist das Ergebnis einer Studie. Diese zeigt nämlich, dass 60 Prozent der Unternehmen strategisch wichtige Bereiche auslagern, aber 80 Prozent der Befragten keine Managementtechniken, keinen Rechtsschutz und keine Maßnahmen etabliert haben, um die Einhaltung von Spezifikationen zu gewährleisten. Obwohl Kontrolle und Management des Outsourcers die einzige Kompetenz ist, die nach dem Outsourcing im Haus bleibt, haben die Unternehmen nicht in das Management und die Kontrolle des Partners investiert.

Die Versäumnisse vieler Unternehmen beginnen vielfältigen Erfahrungen zufolge schon bei den Vorbereitungen zu einem Auslagerungs-Deal. Eine ausformulierte Strategie ist selten vorhanden, die Entscheidungsfindung folgt meistens einzig und allein der Vorgabe, das IT-Budget zu reduzieren. Dies ist umso erstaunlicher, als die tatsächlichen IT-Kosten des aktuellen Betriebs kaum bekannt sind und die angepeilten Ersparnisse einer echten Prüfung nicht standhalten.

Eine **fundierte Kostenbetrachtung** sieht anders aus. Ihr sollten nicht allein die in dem eigenen Betrieb und Unternehmen versteckten Kosten zugrunde liegen, sondern auch

- die Anlaufkosten für das Outsourcing-Projekt,
- die Aufwendungen für die Veränderungsprozesse im Hause,

- die erhöhten Preise für künftige Erweiterungs- und Änderungswünsche gegenüber dem Outsourcer sowie – natürlich –
- die laufenden Zahlungen an den externen Dienstleister.

Nüchtern und unvoreingenommen sollten die Anwenderunternehmen sich dem Outsourcing-Thema nähern und allen Entscheidungen eine Bestandsaufnahme vorausgehen lassen. Dazu zählen neben der Kostenbetrachtung nach dem Total-Cost-of-Ownership-(TCO-)Verfahren oder vergleichbaren Modellen möglicherweise auch ein Benchmark-Projekt und die Dokumentation der aktuellen Prozesse. Bei Letzteren helfen Best-Practice-Ansätze wie die IT Infrastructure Library (ITIL) sowie das vor allem von indischen Anbietern genutzte Capability Maturity Model (CMM) des Software Engineering Institute (SEI).

Obwohl nach dem Outsourcing zumindest eine Zeitlang die alten Systeme von bekannten Mitarbeitern betrieben werden, bleibt nach dem Betriebsübergang kaum etwas erhalten. Vormals informelle Vereinbarungen weichen offiziellen Aufträgen. Dafür sorgen die Outsourcer sehr schnell, indem sie die übernommenen Mitarbeiter in ihre bewährten internen Delivery-Prozesse einbinden. Zu Problemen auf Anwenderseite kommt es immer dann, wenn sie diese Neuerungen organisatorisch nicht aufgreifen. Nur gut ausgebildetes Personal, das den Wert der IT für die Geschäftsprozesse kennt, die Anforderungen der Fachabteilungen in ein Pflichtenheft für den Outsourcer übersetzen sowie den externen Partner kontrollieren und steuern kann, ist ein Garant für ein funktionierendes Auslagerungsprojekt.

In jedem Fall ändert sich aber das Anforderungsprofil der Mitarbeiter. Sie müssen sich vom Handwerker zum Architekten entwickeln. Intern sind Projektmanager gefragt. Dem zum externen Anbieter wechselnden Arbeitnehmer zeigen sich ebenfalls neue Karrierepfade auf. Um sie erfolgreich beschreiben zu können, ist eine serviceorientierte Mentalität erforderlich.

Eine wichtige Entscheidung betrifft Vertragslaufzeit. So werden mehr als fünf Jahre heute als wenig sinnvoll angesehen, da in der IT-Branche der Innovationszyklus, der Wettbewerb und die Preisvolatilität enorm sind. Je kürzer die Laufzeit, desto geringer ist die Gefahr in einem unzeitgemäßen Vertrag „gefangen" zu sein.

- Erhalten Sie sich internes Wissen für die Konzeption und Strategieentwicklung.
- Vermarkten Sie den Veränderungsprozess „Outsourcing" intern, denn IT-Outsourcing muss – soll es funktionieren – von den verschiedenen Kundengruppen und Stakeholdern akzeptiert werden.
- Versuchen Sie, geschäftsbezogene SLAs abzuschließen.
- Kennzahlen müssen für Sie interpretierbar und als Steuerungsgröße anwendbar sein.
- Klare Definition von Schnittstellen, gerade bei mehreren Outsourcing-Partnern
- Sie werden es nicht schaffen, alles vertraglich zu fixieren. Streben Sie deshalb eine partnerschaftliche Zusammenarbeit an und versuchen Sie, Ihren Outsourcing-Partner zur Innovation zu motivieren.
- Stellen Sie einen Knowledge-Transfer Ihrer internen Abläufe zum Outsourcing-Partner sicher. Sorgen Sie gleichzeitig dafür, dass dieses Wissen auch bei Ihrem Outsourcing-Partner verbleibt.

Bei allen Projekten des IT-Outsourcing hat die Steuerung des Vertrags sowie der Dienstleister-Kunden-Beziehungen eine hohe Bedeutung. Ein guter Vertrag definiert spezifische Teams, Verantwortlichkeiten, technische Anforderungen und Eskalationsstufen genau.

Wichtig für die Realisierung eines erfolgreichen Outsourcing ist, dass die Leistungsbeschreibung (Statement of Work) so detailliert wie möglich ausgearbeitet ist. Service Level Agreements (SLAs) dienen gemeinsam mit der Leistungsbeschreibung dazu, den Umfang und die Qualität der Leistungen festzulegen, die durch den Dienstleister erbracht werden. Zudem sollten sie jährlich überprüft und gegebenenfalls angepasst werden können. Auch IT-Innovationen, die für das Unternehmen von Vorteil sind, sollten nachträglich aufgenommen werden können.

13.9 Steuerung der IT-Organisation – mit Kennzahlen und Online-Reporting

Vielfältige Erfahrungen zeigen: Für die Umsetzung der IT-Prozesse (siehe die zuvor abgebildete Prozesslandschaft) und der damit verbundenen Planungs-, Steuerungs- und Überwachungsaufgaben sowie von Projektaktivitäten sind für die IT-Verantwortlichen abgestimmte Informations- und Kommunikationstätigkeiten nötig. In vielen Organisationen verfügen IT-Verantwortliche noch nicht über entsprechende Instrumente, was verstärkt als eklatanter Mangel empfunden wird.

> Die Effektivität des IT-Bereichs, seine Reaktionsfähigkeit und seine Akzeptanz hängen ganz wesentlich von Kommunikation und Reporting ab. Wichtig ist deshalb der Aufbau eines geeigneten Informations- und Kommunikationssystems für das IT-Management.

13.9.1 Kennzahlensysteme für das IT-Management

Von besonderer Bedeutung für den Aufbau eines Informationssystems für das IT-Management sind zunächst die genauen Inhalte und eine Festlegung, welche Informationen notwendig sind. Informationen sind die Basis für jedes Führungshandeln, so auch im IT-Bereich. Deshalb gilt es erst die Anforderungen, die ein Informationssystem für das IT-Management erfüllen soll, zu analysieren und zu formulieren. Maximalanforderungen sind durch folgende Merkmale gekennzeichnet:

- hoher Aussagegehalt (genau, eindeutig),
- aktuelle und zeitgerechte Bereitstellung,
- Vollständigkeit,
- leichte Zugänglichkeit und unmittelbare Verfügbarkeit,
- sichere Speicherung (keine Zugriffsmöglichkeit für Unbefugte),

- attraktive Darstellung,
- sinnvolle Informationsverdichtung.

Moderne Management- und Steuerungsansätze fußen letztlich auf Kennzahlen. Auch die IT-Leitung bzw. der CIO benötigt heute ein individuell auf die Unternehmensanforderungen zugeschnittenes Kennzahlensystem. Mit Kennzahlen sollten ihr möglichst aktuelle und verdichtete Maßgrößen zu den wesentlichen IT-Dimensionen (IT-Produkte, IT-Prozesse, IT-Personal und IT-Projekte) bereitgestellt werden, um damit eine adäquate Grundlage für Entscheidungen im IT-Bereich zu haben.

In vielen Unternehmen sind die Kosten und Leistungen der IT erstaunlich intransparent. Ohne saubere Struktur und Erfassung der IT-Kosten sowie der IT-Leistungen und daraus abgeleitete „richtige" Kennzahlen gleicht die IT-Führung einem „zahnlosen Tiger". Zu prüfen ist im Detail, welche IT-Kennzahlen im Einzelfall mit vernünftigem Aufwand erhoben werden können und welche den größten Nutzen haben.

Ausgehend von den genannten Anforderungen kann eine genauere Einordnung des Begriffs **IT-Kennzahlen** (gleichberechtigt finden sich auch die Bezeichnungen „Kontrollziffer", „Schlüsselgröße", „Messzahlen") vorgenommen werden:

- IT-Kennzahlen sind ein wichtiges Handwerkszeug des Managements, des IT-Managements sowie des Controllings, mit denen Informationen in verdichteter Form bereitgestellt werden.
- Mit IT-Kennzahlen lassen sich komplexe Systeme abbilden und Ist- und Sollzustände beschreiben. Diese betreffen die Leistungsfähigkeit der installierten IT-Systeme ebenso wie die Betreuung von IT-Anwendungen, die Durchführung von IT-Projekten sowie den Einsatz von Ressourcen (Personal, Sachmittel).
- Jede Kennzahl erfasst natürlich nur einen engen Ausschnitt der komplexen Realität und stellt demzufolge ein grobes Abbild dieser Realität dar. Als Kennzahlen können jene Zahlen gelten, die quantitativ erfassbare Sachverhalte in konzentrierter Form erfassen.
- IT-Kennzahlen beinhalten heute nicht nur Informationen über technische und betriebswirtschaftliche Tatbestände, sondern auch zu den IT-Prozessen, Stakeholdern, Personen und Kunden.
- IT-Kennzahlen ermöglichen die Beurteilung von IT-Bereichen und die von ihnen erbrachten Leistungen.

Hinweis: IT-Kennzahlen werden unter anderem im Kapitel „IT-Controlling" vorgestellt.

13.9.2 Reportingfelder der IT-Organisation

In engem Zusammenhang mit der Organisation von Information und Kommunikation für die Führungsebene steht das betriebliche Berichtswesen gegenüber der Unternehmensleitung. Hier liegt der Schwerpunkt auf der Bereitstellung von verdichteten Informationen. Außerdem kommt es ergänzend darauf an, die wertmäßigen IT-Erfolge zu verdeutlichen (im Sinne von IT als Wettbewerbsfaktor bzw. als Value-Management des IT-Bereichs).

Entscheidungsträger – seien es die Unternehmensleitung oder die IT-Leitung bzw. das IT-Management – benötigen zur zielgerichteten Steuerung der IT-Aktivitäten in regelmäßigen

Abständen geeignete Informationen. Dabei gilt der Grundsatz, dass nicht alle Empfänger dieselben Informationen in demselben Detaillierungsgrad erhalten müssen.

Bei der Planung der Berichterstattung müssen deshalb vorweg einige Fragen geklärt werden, die letztlich darüber entscheiden, was im Detail zu tun ist. **Gestaltungsfragen der Berichtslegung** betreffen

- die Person des Berichterstatters und des Berichtsempfängers (wer?),
- den Inhalt (was?),
- die Form (wie?) sowie
- den Zeitpunkt der Berichterstattung (wann?).

Berichte aus dem IT-Bereich sollten kein Selbstzweck sein. Wichtig ist vielmehr, für spezifische Zielgruppen angepasste Berichte bereitzustellen, die zu einer erfolgreichen Durchführung aktueller und künftiger Aktivitäten im IT-Bereich beitragen.

Managementinformationen dürfen nicht „überfrachtet" sein. Es kommt vielmehr darauf an, dass die entscheidungsrelevanten Informationen für das Management unmittelbar erkennbar und anschaulich aufbereitet sind. Ein Ansatz dazu ist das sogenannte **„One Page Management"** (OPM). Ziel dieser Konzeption ist es, die für einen Manager wichtigen Informationen so zu strukturieren, dass alles Wesentliche übersichtlich in drei Memos, die jeweils nicht länger als eine Seite sind, dargestellt werden kann. Ausgehend von zuvor definierten kritischen Erfolgsfaktoren, kann das Informationssystem des Managements auf den folgenden drei einseitigen Memos aufgebaut werden:

Im **Schwerpunkt**-Memo sind die Schlüsselinformationen über den Tätigkeitsbereich des jeweiligen Managers enthalten. Für jeden definierten kritischen Erfolgsfaktor bzw. dessen Messgröße werden ein Minimalniveau, ein befriedigendes Niveau und ein hervorragendes Zielniveau bestimmt. Die Erreichung wird wöchentlich oder monatlich dokumentiert, wie dies Tabelle 13.2 beispielhaft zeigt.

Tabelle 13.2 Beispiel für ein Schwerpunkt-Memo

Schwerpunkt-Memo für Karl Meiler für den Monat Februar					
1. Erfolgsbereich – IT-Projekte					
Projektbezeichnung	ANUBA	BEGIM	SEGEL	SELUBA	ZEILA
Fertigstellungsgrad	10 %	65 %	15 %	80 %	100 %
Geplanter Endtermin	10. Oktober	30. Mai	15. Mai	1. April	–
2. Erfolgsbereich – IT-Services					
Servicebereich	RZ-Services	Web-Services	Daten-Services	Benutzer-Services	Software-Services
Servicegrad	92 %	90 %	95 %	98 %	65 %

Das **Feedback**-Memo beinhaltet die guten und schlechten Nachrichten zu den Arbeitsfeldern. Auf dieser Seite werden die kritischen Erfolgsfaktoren nach positiver bzw. mangelnder Zielerreichung getrennt. Dies soll einerseits eine motivationsfördernde Wirkung haben, andererseits den Blick auf jene Bereiche lenken, in denen sich durch frühzeitige Maßnahmen ein Misserfolg noch verhindern lässt.

Im **Management-Memo** werden die positiven und negativen Leistungen der Mitarbeiter dokumentiert. Empfehlenswert ist ein Aufbau nach folgendem Schema:

Indirekte Mitarbeiter	Direkte Mitarbeiter
1. Positivzone	2. Positivzone
3. Negativzone	4. Negativzone

Als indirekte Mitarbeiter bezeichnen wir hier jene, die primär in den Fachabteilungen angesiedelt und der betreffenden IT-Führungskraft somit nicht unmittelbar unterstellt sind, aber in IT-Projekten mitwirken. Die Positivzonen beschreiben ausgezeichnete Leistungen, die Negativzonen anhaltende Probleme.

13.10 Benchmarking für die IT-Organisationsanalyse

Aus strategischer Sicht werden die in einem Unternehmen erbrachten IT-Leistungen und IT-Kosten fortlaufend „auf den Prüfstand" gestellt. Ein nützliches Instrumentarium, um die Leistungen der IT-Organisation kontinuierlich zu verbessern, ist „Benchmarking": Dieses Instrument ermöglicht es, durch Vergleiche mit anderen Best-Practice-Organisationen konkrete Ansatzpunkte zu erkennen, um die eigene Leistungsfähigkeit der IT weiter zu steigern.

Welche Merkmale kennzeichnen IT-Benchmarking?

Nehmen wir folgendes **Ausgangsbeispiel** aus der IT-Supportorganisation: *Die Fachbereiche in Ihrem Unternehmen vertreten fast durchgängig die Meinung, dass die Supportleistung durch die IT verbesserungswürdig ist und insbesondere die Prozesse der Störungsbearbeitung bzw. der Problembehandlung noch Optimierungspotenzial besitzen. Sie selbst haben das Gefühl, dass der IT-Support (Service-Desk) unterbesetzt ist sowie die Ausbildung der Service-Desk-Mitarbeiter forciert werden sollte. Nach intensiver Besprechung mit den Mitarbeitern des Support-Teams sowie der Unternehmensführung kommen Sie zu dem Schluss, dass eigentlich nur durch ein Benchmarking-Projekt herausgefunden werden kann, inwiefern Sie bzw. die Fachbereiche gefühlsmäßig „richtig" liegen.*

Wie kann Benchmarking zu einer Verbesserung der Problemsituation beitragen? Der Grundgedanke geht dahin, dass – ausgehend von einer Ist-Analyse der internen Supportorganisation – ein systematischer Vergleich anhand spezifischer Kennzahlen (Benchmarks) zu ausgewählten Aufgaben und Prozessen mit den Ergebnissen und Lösungen in vergleichbaren Organisationen vorgenommen wird. Aus einem Vergleich der Ist-Daten mit dem Best-Practice-Unternehmen können dann die Maßnahmen abgeleitet werden, die für die Zielerreichung – etwa im IT-Support – notwendig sind.

Welches Vorgehen bietet sich für das IT-Benchmarking an?

13.10 Benchmarking für die IT-Organisationsanalyse

Am Beispiel der Analyse der Leistungsfähigkeit und Akzeptanz der IT-Systeme und der Optimierung des IT-Supports bzw. der damit verbundenen IT-Prozesse wird nachfolgend ein praktisch erprobtes Vorgehenskonzept zur Umsetzung von IT-Benchmarking skizziert. Empfehlenswert ist dabei folgende projektmäßige Vorgehensweise:

- **Interne Analyse:** Ausgehend von den formulierten Zielsetzungen für das IT-Benchmarking müssen zunächst die Untersuchungsbereiche sowie die Benchmarking-Objekte durch eine Ist-Analyse genau abgegrenzt und bestimmt werden. Eine Übersicht über die Entscheidungsbereiche und die aufzubereitenden Daten (Benchmarks) gibt die nachfolgende Tabelle 13.3:

Tabelle 13.3 Entscheidungsbereiche für ein Benchmarking

Entscheidungsbereiche/ Fragenkreise	Mögliche Entscheidungen im Beispielfall
Auswahl der Benchmarking-Objekte	- Leistungsfähigkeit der IT-Infrastrukturen - Leistungsfähigkeit und Akzeptanz der IT-Applikationen - Prozesse im Incident Management - Prozesse im Problemmanagement - Personalausstattung/Auslastung im Service
Vereinbarung der Benchmarking-Ziele (Festlegen der Messgrößen)	- Qualität der IT-Systeme (IT-Infrastrukturen, IT-Applikationen) - Reaktionsgeschwindigkeit auf Störungsmeldungen verbessern - Sofortlösungsrate im ServiceDesk erhöhen - Erreichbarkeit des ServiceDesk verbessern - Hohe Auslastung und Qualität des ServiceDesk-Personals gewährleisten - Leistungen des ServiceDesk für Kunden transparent machen
Festlegen oder Ausarbeiten der Benchmarks (mindestens einer je Messgröße)	- Verfügbarkeit der IT-Systeme - ROI ausgewählter IT-Systeme - Durchschnittliche Reaktionszeit pro Störfall - Sofortlösungsrate im ServiceDesk - Erfolgsquote der Störungslösung - Service-Verfügbarkeit (Reaktion, Erreichbarkeit) - Durchschnittliche Wartezeit pro Kunde in der Warteschlange - Auslastungsrate im ServiceDesk - Kundenzufriedenheitsniveau mit dem ServiceDesk
Datensammlung (Auswertung von allgemein zugänglichen Daten)	- Bereitstellung von Daten aus dem Service-Desk-Unterstützungstool - Nutzung von Personaldaten (aus ERP-HR-System) - Vorhandene Kennzahlen im Unternehmen (die für den Fall geeignet sind)

- **Partnersuche:** Für die Durchführung der Kennzahlenvergleiche im Rahmen des Benchmarking wird eine geeignete Partnerorganisation benötigt. Dazu sollte man sich die Benchmarking-Ziele und Erwartungen noch einmal vergegenwärtigen und anhand dieser Daten nach dem geeigneten Partner suchen (im Sinne einer Best-Practise-Lösung).
- **Kennzahlenvergleich und vergleichende Prozessanalyse:** Wichtig ist nun das Bestimmen der sog. Benchmarking-Lücke. Dazu muss die Differenz zwischen der eigenen Leis-

tung in dem ausgewählten Bereich (hier für den ServiceDesk) und den Leistungen des aktuellen Benchmarking-Partners analysiert werden. Das Ergebnis der Abweichungsanalyse zwischen den Ist-Werten Ihrer Organisation und den Ist-Werten des Benchmarking-Partners bedarf dann einer Ursachenfindung. Dazu müssen bezüglich gravierender Negativabweichungen die zugrunde liegenden Prozesse für die eigene Organisation mit den Prozessen des Benchmarking-Partners verglichen werden, um mögliche Ursachen für die Abweichungen zu identifizieren. Gegebenenfalls können auch Erfahrungsaustausche, Beobachtungen vor Ort oder Workshops helfen, Ideen zur Verbesserung liefern. Also: Auch hier ist Teamarbeit hilfreich und die Beteiligung verschiedener Akteure mit differenzierten Sichtweisen von Nutzen.

- **Entwicklung und Umsetzen von Maßnahmen:** Im Anschluss an die Ursachenanalyse für vorliegende Abweichungen muss über das weitere Vorgehen entschieden werden. So sollten aus den Analyseergebnissen geeignete Maßnahmen abgeleitet und gezielt umgesetzt werden. Gestützt wird diese Umsetzung, wenn eine konkrete Definition und Planung entsprechender Korrekturmaßnahmen vorgenommen werden.

Das Wichtigste – zusammengefasst:

- **Die Aufgaben, die von der IT-Organisation zu lösen sind, haben sich gerade in den letzten Jahren gravierend verändert. Ausgehend von der funktionalen Unterstützung über eine zentralisierte Steuerung von Systemen und Anwendungen hin zu einer organisatorischen Einheit, die neben dem Erstellen und Bereitstellen von IT-Produkten (Applikationen etc.) und Leistungen besondere (innovative) Services erbringt (z. B. Cloud Services, Multiprovider Management und Service-Platform-Integration) und dabei verschiedene Leistungserbringer koordiniert.**
  IT-Organisationen, die den aktuellen und erwartbaren Entwicklungen gerecht werden wollen, müssen sich zunehmend vom Bereitsteller und Verwalter von Informations- und Kommunikationstechnologien zu einem Anbieter und Manager von IT-Produkten und umfassenden Services entwickeln. Dabei kommt dem Business-IT-Alignment eine besondere Bedeutung zu.

- **Beachten Sie, dass der Aufbau und die Weiterentwicklung einer IT-Organisation wesentlich auf das Schaffen geeigneter Prozesse und Strukturen ausgerichtet sind!**
  Organisation kann grundsätzlich als das ganzheitliche Gestalten von Beziehungen zwischen Aufgaben, Menschen, Sachmitteln und Informationen eingeordnet werden. Dabei kommt es vor allem darauf an, die IT-Prozesse optimiert auszurichten und zu „leben" sowie entsprechend abgestimmte Strukturen zu etablieren (Abteilungen, Gruppen, Stellen, Rollen).

- **Für den IT-Bereich müssen verschiedene grundlegende Entscheidungen zur Organisation getroffen werden:**
  Welche Prozesse gibt es im IT-Bereich und wie hängen diese Prozesse miteinander zusammen (Dokumentation in einer Prozesslandkarte und Vereinbarung einer Process Policy)? Welche IT-Aufgaben fallen an, wie können diese systematisiert werden und wo werden die identifizierten Aufgaben sinn-

vollerweise erledigt? Welche Rollen sind in den identifizierten und vereinbarten IT-Prozessen nötig, um die Aufgaben optimal zu erledigen? Welche Stellen werden im IT-Bereich benötigt und wie werden die Stellen besetzt? Welche organisatorischen Regelungen (bzw. Richtlinien) müssen entwickelt, vereinbart und hinsichtlich ihrer Einhaltung geprüft werden?

- **Mit dem Ansatz „Bimodale IT-Organisation" verbindet sich die Idee, zwei dynamisch unterschiedliche Organisationsstrukturen einzurichten. So sollen neben der klassischen IT ergänzend die digitalen Innovationen in einer separaten Organisation zielgerichtet vorangetrieben werden.**
  Dieser Ansatz macht zunächst durchaus Sinn. Allerdings besteht auch die Gefahr, dass beide Strukturen ein isoliertes Eigenleben entwickeln und Schnittstellen immer weniger implementiert werden. Dabei können sich die beiden IT-Bereiche im Extremfall sogar gegenseitig blockieren, wenn nicht systematisch für kontinuierliche wechselseitige Impulse gesorgt wird.

- **Outsourcing von IT-Leistungen ist mittlerweile ein wesentliches Entscheidungsfeld für die Gestaltung einer zukunftsorientierten IT-Organisation!**
  Dabei gilt es zu beachten, dass nur nach vorheriger gezielter Analyse und ganzheitlicher Bewertung aufgrund ausgewählter Kriterien eine Verlagerung von IT-Aufgaben, IT-Ressourcen bzw. IT-Prozessen erfolgt.

- **Die IT-Organisation steht permanent „auf dem Prüfstand", wobei der Prozess des Wandels hinsichtlich der Intensität gravierende Unterschiede zwischen den Unternehmen aufweist. Formen der Aufgabenteilung sowie die nötigen Rollen und Skills müssen mit der Zeit gehen und bedürfen daher einer kontinuierlichen Aktualisierung.**
  Der Einbezug digitaler Transformationsprozesse im Unternehmen bedeutet, dass auf nahezu allen Ebenen der Organisation an verbesserten (datengetriebenen) Prozessen, neuartigen digitalen Produkten unter Beachtung zeitgemäßer Business-IT-Strategien gearbeitet werden muss. Dies kann auch die Etablierung neuer Unternehmensbereiche (Digital Labs) bzw. neuer Unternehmen (im Gesamtunternehmen) bedeuten, die die Digitalisierung als ihre Basis haben.

13.11 Literatur

[Ba18]   *Baur, A.:* IT-Turnaround: Managementleitfaden zur Restrukturierung der IT. 2. Aufl. Hanser, München 2018

[HHH09]   *Holtschke, B.; Heier, H.; Hummel, Th.:* Quo vadis CIO? Springer, Berlin, Heidelberg 2009.

[Ga05]   *Gadatsch, A.:* IT-Controlling realisieren. Vieweg. Wiesbaden 2005

[GaTi06]   *Gadatsch, A.; Tiemeyer, E. (Hrsg.):* Betriebswirtschaft für Informatiker und IT-Experten. Elsevier, Heidelberg 2006

[Gru21]   *Gruhn, V.:* IT-Organisation im Jahr 2021 – Wirtschaftlichkeit und Innovation Hand in Hand, Blog vom 23.07.2021, online unter: *https://de.linkedin.com/pulse/it-organisation-im-jahr-2021-wirtschaftlichkeit-und-innovation-gruhn* (letzter Zugriff: 20.09.2022)

[Pa03]   *Payr, Chr.:* IT-Organisation in KMU. Josef Eul, Köln 2003

[SI21]   *Sinha, Monika:* How to Organize IT for Efficiency. Gartner Research 2021.

[So02]   *Soebbing, T.:* Handbuch des IT-Outsourcing. Mitp, Bonn 2002

[Ti05a]   *Tiemeyer, E.:* IT-Servicemanagement kompakt. Elsevier/Spektrum Akademischer Verlag, Heidelberg 2005

[Ti21]   *Tiemeyer, E. (Hrsg.):* Handbuch IT-System- und Plattformmanagement – Handlungsfelder, Prozesse, Managementinstrumente, Praxisbeispiele. Hanser, München 2021

[UNAF16] *Urbach, N.; Ahlemann, F.:* IT-Management im Zeitalter der Digitalisierung: Auf dem Weg zur IT-Organisation der Zukunft. Springer-Gabler, Heidelberg 2016

14 Personalmanagement und Leadership im IT-Bereich

Ernst Tiemeyer

Fragen, die in diesem Kapitel beantwortet werden:

- In welchen Situationen sind ein konsequentes Personalmanagement sowie eine professionelle Personalführung durch IT-Verantwortliche notwendig?
- Gibt es aktuelle Herausforderungen, die gerade auch bei Personalfragen im IT-Bereich durch das IT-Management berücksichtigt werden müssen?
- Welche Personalmanagement- und Führungsaufgaben sowie welche Kompetenzen sind für das IT-Management heute unverzichtbar, um erfolgreich und nachhaltig als Führungskraft im IT-Bereich tätig zu sein?
- Welche Grundsätze haben sich für ein erfolgreiches Führungshandeln im IT-Bereich bewährt und sollten als orientierende Handlungsmaximen beachtet werden?
- Gibt es Führungsinstrumente, die das IT-Management kennen und gezielt einsetzen sollte?
- Wie können ein erfolgreiches Managen und Führen von IT-Teams „aufgesetzt" werden?
- Welche Phasen kennzeichnen die typische „Entwicklung" von IT-Teams und welche Möglichkeiten der Optimierung der Teamentwicklung bzw. der Maßnahmensteuerung für die Teamleitung gibt es?
- Inwiefern bestehen Zusammenhänge zwischen IT-Qualitätsmanagement sowie erfolgreicher Mitarbeiterführung im IT-Bereich?
- Inwiefern bestimmen Veränderungen der Arbeitsorganisation, der demografische Wandel sowie die zunehmende Heterogenität der Mitarbeiterschaft die Wirksamkeit des Führungshandelns von IT-Managern?

■

Die Erwartungen und Anforderungen an das IT-Leitungspersonal sind im Hinblick auf personelle Fragenkreise (Personalauswahl, Einsatz bzw. Umgang mit Mitarbeitern, Führung ausgewählter IT-Teams) nach wie vor besonders hoch. Worauf lässt sich dies zurückführen? Zum einen wird von IT-Verantwortlichen erwartet, sich im IT-Architektur- und Systemumfeld sowie auch im Business-Bereich auszukennen (Business-IT-Alignment), auf der anderen Seite sollen sie ihre Mitarbeiter motivieren und als Führungskraft überzeugen. Dieser

Spagat fällt oftmals schwer, besonders wenn man als „IT-Fachkraft" aufgrund hervorragender fachlicher Leistungen wenig vorbereitet in eine Führungsposition aufgestiegen ist. Gerade bei vielen **Führungskräften im IT-Bereich** ist dieses Phänomen anzutreffen. Ist das der Fall, empfiehlt es sich, für die Weiterentwicklung zur IT-Führungskraft die wesentlichen Fragen des Personalmanagements sowie die Nutzung von modernen Führungsinstrumenten (engl. Leadership) insbesondere aus der spezifischen IT-Sicht in den Fokus zu nehmen und hierfür entsprechende Kompetenzen aufzubauen.

■ 14.1 IT-Personalfragen lösen – Situationen und Handlungsgrundsätze

Ohne leistungsfähige und leistungsbereite IT-Fachkräfte lassen sich IT-Managementaufgaben bzw. Problemlösungsprozesse nur selten erfolgreich „bewerkstelligen". Kompetentes IT-Fachpersonal bietet die Chance und Gewähr, dass die im IT-Bereich anstehenden Aufgaben sowie die durchzuführenden IT-Projekte zur Zufriedenheit der Kunden und Auftraggeber realisiert werden können. Deshalb müssen sich IT-Verantwortliche auch in die damit verbundenen diversen Personalmanagementprozesse selbst einbringen sowie Führungsfunktionen (Leadership) in spezifischen Situationen übernehmen.

Hinzu kommt: Die Arbeitsprozesse in IT-Organisationen vollziehen sich typischerweise als kooperative Problemlösungsprozesse. Dabei müssen alle betroffenen Wissens-, Kompetenz- und Verantwortungsträger im Unternehmen bzw. in der IT-Organisation gemeinsam zusammenwirken. Wichtig ist deshalb auch eine vertrauensvolle Zusammenarbeit von IT-Leitung, einzelnen Fachkräften im IT-Bereich sowie den Mitgliedern der verschiedenen IT-Teams. Dazu ist eine entsprechende Organisation erforderlich, die die Form der Koordination, Kommunikation und Kooperation zwischen den Beteiligten in der IT-Organisation festlegt sowie die Nutzung geeigneter Methoden und Instrumente vereinbart.

Ein **systematisches Personalmanagement** und eine **situationsadäquate Personalführung** stellen an Verantwortliche im IT-Bereich besondere Anforderungen, auf die sie entsprechend eingestellt und vorbereitet sein müssen. Festzuhalten ist:

- Aufgaben im IT-Bereich können nur dann erfolgreich gelöst werden, wenn IT-Fachkräfte mit den notwendigen Kompetenzen und Qualifikationen vorhanden sind und eine ganzheitliche Berufsfähigkeit zur Lösung komplexer Handlungssituationen vorhanden ist. Dies erfordert entsprechende Personalentwicklungsmaßnahmen mit Unterstützung des IT-Managements.

- Darüber hinaus müssen die Mitarbeiterinnen und Mitarbeiter im IT-Bereich über ausreichende Leistungsbereitschaft (nicht nur Leistungsfähigkeit) verfügen. Dies erfordert förderliche Rahmenbedingungen für das IT-Personal, die durch entsprechende Managementmaßnahmen geschaffen werden müssen (etwa bezüglich des Arbeitsklimas bzw. der Arbeitsbedingungen). Durch Personalmanagementmaßnahmen kann etwa erreicht werden, dass die Mitarbeiterfluktuation „in Grenzen" gehalten wird.

- Durch Personalmanagement und Personalführung muss das IT-Management vielfach für eine erfolgreiche Durchsetzung von Veränderungen sorgen (IT-Führungskräfte als

Change Manager). Dies betrifft beispielsweise Umstellungen auf neue IT-Infrastrukturen und Softwareentwicklungsarchitekturen, das Angebot und die Anwendung neuer IT-Services sowie Governance-Konzepte.

- Eine hohe Ergebnisqualität der Arbeiten in IT-Prozessen und IT-Projekten wird unter Beachtung wichtiger personeller Erfolgs- und Qualitätsfaktoren durch das IT-Management ermöglicht.

Welche Konsequenzen ergeben sich dabei aus Sicht der Personalführung? Eine wesentliche und permanente Aufgabe von IT-Führungskräften sollte es daher sein, die Potenziale der anvertrauten Menschen (sowohl die Entwicklung der einzelnen Personen als auch die der IT-Teams) so zu verändern und zu aktivieren, dass ihre Leistung und Leistungsbereitschaft erhöht werden. Kernzielsetzungen der Führungsaktivitäten im IT-Management sind daher,

- die Mitarbeiterinnen und Mitarbeiter in der IT-Organisation zu befähigen, ihr Bestes für die Unternehmung zu geben und die übertragenen Aufgaben mit hoher Motivation und Qualität zu erfüllen,
- Teammitglieder (z. B. IT-Projektteams, IT-Serviceteams, Applikationsentwicklungsteams) dazu anzuleiten, Ziele gemeinsam zu erreichen,
- die Rahmenbedingungen für die Fach- und Führungskräfte im IT-Bereich so zu gestalten, dass die verschiedenen Mitarbeiter bzw. die festgelegten Teams effektiv und effizient arbeiten können, sowie
- die Problemlösungskompetenz der Teammitglieder (einzeln und als Gruppe) zu fördern und auf einem hohen Niveau zu halten.

Eine illustrative Einordnung der Herausforderungen zeigt Bild 14.1.

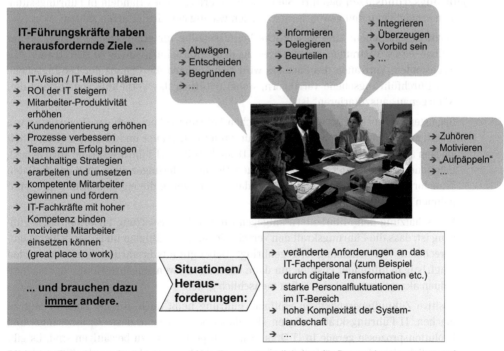

Bild 14.1 Ziele, Herausforderungen und Handlungsnotwendigkeiten für Personalmanagement und Führungskräfte in der IT

Festzuhalten bleibt: Ohne ein aktives Personalmanagement (mit integrierter Umsetzung der klassischen HR-Prozesse wie Personaleinstellung bzw. Personalentwicklung) sowie ausgefeilte Führungstechniken und ausgeprägtes Teamverhalten kann das IT-Management die Aufgaben und Herausforderungen im IT-Bereich nicht erfolgreich bewältigen. Die im IT-Management tätigen Personen dürfen sich nicht nur auf fachliche Aufgaben fokussieren (etwa auf Architektur- und Servicefragen konzentrieren), sondern müssen vielmehr auch Verantwortung für eine Reihe von Aufgaben im personalen Bereich übernehmen. Nur so kann letztlich die Effektivität der gesamten IT-Organisation gesichert werden. Konkret bedeutet dies:

- Von der IT-Führungskraft werden umfassende Kompetenzen im Umgang mit Personalfragen erwartet. Diese umfassen sowohl methodisches Wissen als auch die erfolgreiche Anwendung von Instrumenten des Personalmanagements und der Personalführung.
- Klar definierte Ziele, Vorgaben und Ergebnisse allein reichen als Instrument der Aufgabenverteilung unter den Mitarbeitern heute nicht mehr aus. Wenn IT-Führungskräfte effektiv sein wollen, müssen sie als Führungspersönlichkeit überzeugen und mit den Mitarbeitern diesbezüglich zu gemeinsamen Vereinbarungen kommen. Nur wenn das IT-Personal aus Überzeugung den Vorgaben des IT-Managements folgt, ist eine nachhaltige Produktivität und erfolgreiche Zusammenarbeit der Managementebene mit der Fachkräfteebene gesichert.
- Auch im Zusammenhang mit Personalfragen ist von Anfang an zu klären, für wen die IT-Leitung verantwortlich ist sowie welche Entscheidungsbefugnisse sie in Personalfragen hat.

Im Hinblick auf eine erfolgreiche Führung im IT-Bereich hat sich auch das Beachten von **Führungsgrundsätzen** bewährt. Sie können ein erfolgreiches Handeln in Führungssituationen ermöglichen und gewährleisten. Zu den wichtigsten Grundsätzen zählen:

- Vertrauen aufbauen: Eine wesentliche Voraussetzung für erfolgreiche Führung ist der Aufbau eines Vertrauensverhältnisses zu den Mitarbeitern sowie zu den Teams. Mit wachsendem Vertrauen des Partners wird sich zugleich die Distanz der Leitungsebene und Durchführungsebene verringern, wobei natürlich das Verhältnis von Distanz und Nähe genau „auszutarieren" ist.
- Begeisterung wecken: Zu einer erfolgreichen Führung gehört auch das Produzieren von Emotionen. Denken Sie daran: Begeisterung reißt mit, Trauer und Niedergeschlagenheit stecken an, Sympathie weckt Sympathie. Deshalb sollten IT-Führungskräfte auch lernen, Emotionen zu produzieren und sich neuen Herausforderungen (wie etwa der digitalen Transformation) positiv zu stellen, und dabei gleichzeitig die eigenen Mitarbeiter „mitnehmen".
- Wertschätzung den Mitarbeitern entgegenbringen: Voraussetzung für erfolgreiche Führung ist, dass die Führungskraft den verschiedenen Beschäftigten im IT-Bereich eine entsprechende Wertschätzung entgegenbringt. Dabei gilt aus Erfahrung: Personen werden langfristig in führender Position nur dann überzeugen, wenn sie ihre Mitarbeiter als Individuen akzeptieren und sich selbst menschlich geben.
- Positive Zukunftsperspektiven eröffnen: Führung heißt auch, für die Zukunft Mut zu machen. IT-Führungskräfte müssen sich dabei bewusst sein, dass Veränderungs- und Evolutionsprozesse gerade in IT-Organisationen permanent zu bewältigen sind. Es gibt eigentlich niemals eine endgültige Lösung, alles bleibt vielmehr immer im Fluss.

Festzuhalten ist: Die einer IT-Führungskraft übertragene Autorität muss mit fachlicher, methodischer und sozialer Kompetenz ausgefüllt werden. Sind diese drei Kernkompetenzen in hoher Ausprägung vorhanden, ist eine erfolgreiche Arbeit als Führungskraft wahrscheinlich. Darüber hinaus kann eine Orientierung an klaren **Grundsätzen** sicherstellen, dass in Führungssituationen die richtigen Entscheidungen getroffen werden. Beispiele für diese Führungsgrundsätze illustriert in einem vernetzten Zusammenhang Bild 14.2.

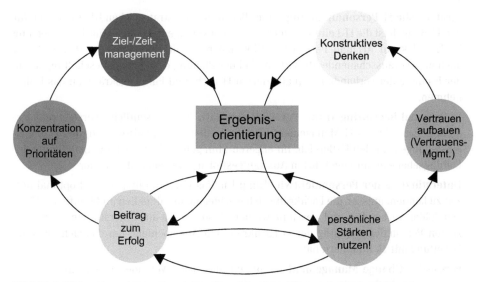

Bild 14.2 Wirksame und klare Grundsätze für erfolgreiche Führungskräfte im IT-Bereich

Die Übersicht soll verdeutlichen, dass erfolgreiche IT-Manager sich auf ein Set an klaren Werten und Grundsätzen in ihrem Handeln beziehen. Das macht sie authentisch und zuverlässig sowie gleichzeitig berechenbar für ihre Mitarbeiterinnen und Mitarbeiter. Die Konsequenz: IT-Führungskräfte machen sich selbst und ihr Team erfolgreich, indem sie eigene Handlungsgrundsätze entwickeln und damit Orientierung für die Mitarbeiterinnen und Mitarbeiter geben. Ihre Führungsprinzipien sind so letztlich die Basis eines Führungshandelns, das „von Werten zu Wertschöpfung" führt.

 Erfahrungen aus der Praxis zeigen: IT-Leitungspersonal ist zunehmend gefordert, ein professionelles Führungshandeln zu etablieren. Nur wenn das IT-Management dazu über die entsprechenden Kompetenzen und Instrumente verfügt, können die IT-Mitarbeiter ihre Leistungsfähigkeit voll entfalten und IT-Teams erfolgreich arbeiten.

14.2 Personalmanagementaufgaben für IT-Verantwortliche

Folgende vier Aufgaben im Personalmanagement haben für die IT-Leitung eine besondere Relevanz:

- **Strategische IT-Personalplanung:** Unter Beachtung der strategischen Überlegungen für den IT-Bereich ist die IT-Leitung gefordert, das notwendige IT-Personal für die Umsetzung im Hinblick auf Art und Personalqualifikation rechtzeitig einzuplanen. Dies bedeutet auch eine vorausschauende Mitwirkung bei der Planung der Personalbeschaffung sowie der Bindung der vorhandenen qualifizierten IT-Fach- und Führungskräfte an das Unternehmen.

- **IT-Personal-Recruiting (inkl. Personalauswahl):** Eine wesentliche Personalmanagementaufgabe für das IT-Management sind die Initiierung und Mitwirkung bei Personaleinstellungen für den IT-Bereich. Im engeren Sinn gehört dazu auch die Beteiligung der Leitungsebene an durchgeführten Auswahlgesprächen für neue Mitarbeiter.

- **Unterstützung der Personalentwicklung:** Um das IT-Fachkräftepotenzial optimal nutzen zu können, müssen die Fachkräfte zielgerichtet auf die aktuellen und künftigen Tätigkeitsfelder vorbereitet und geschult werden. Insofern ist die Unterstützung einer gezielten Personalentwicklung der IT-Fachkräfte ein Aufgabenfeld, um das sich auch die IT-Leitung mit zu kümmern hat.

- Personales **Change Management** bei organisatorischen Veränderungen: Eine Neuausrichtung der IT-Strategie, neu installierte IT-Systeme sowie ggf. veränderte Outsourcing-Entscheidungen haben auch Auswirkungen auf die Tätigkeiten und notwendigen Kompetenzen des IT-Personals. Es bedarf dann auch einer Mitwirkung der IT-Leitung, um die Veränderungsprozesse erfolgreich zu gestalten.

Die **strategische IT-Personalplanung** kann als die strategische Planung im Hinblick auf das Erfolgspotenzial IT-Personal beschrieben werden. Wesentlich ist, dass diese vom IT-Management in Abstimmung mit der übergreifenden Unternehmensplanung und der IT-Gesamtplanung erfolgt. Um eine strategische personale Unter- oder Überdeckung im IT-Bereich zu identifizieren, sollten Personalbestand und -bedarf (differenziert nach Rollen bzw. Stellen) als Schlüsselrollen in verschiedenen Szenarien modelliert werden. Im Anschluss daran können dann Maßnahmen abgeleitet und in Handlungsplänen zusammengefasst werden, die eine nachhaltige Sicherung von IT-Fachpersonal gewährleisten.

Für den **Prozess der strategischen IT-Personalplanung** hat sich die 5-Schritte-Methode bewährt:

1. Personalbestandsanalyse (nach verschiedenen Kriterien wie Qualifikation, Demografie etc. wird der Ist-Bestand des IT-Personals einer Analyse unterzogen)
2. Strategische Personalbedarfsfestlegung (abhängig von den erwarteten IT-Projekten, den Architekturplanungen, den anstehenden IT-Produktentwicklungen bzw. IT-Services etc.)
3. Abweichungsanalyse (Differenz zwischen IT-Personalbedarf und Ist-Personalbestand, aufgeteilt für einen Zeitraum von drei bis fünf Jahren sowie gegliedert nach Qualifikation/Rollen/Stellen)

4. Entwicklung strategischer Handlungspläne (Maßnahmen zur Zielerreichung)
5. Fortschrittskontrolle mit gegebenenfalls nachträglicher Anpassung der Handlungspläne (rollierende Planung)

Personalbestandsanalyse Wie jede Planung bedarf auch die strategische Personalplanung zunächst einer umfassenden Analyse der vorhandenen Daten. Zu Beginn muss folglich eine entsprechende Datenbasis gegeben sein oder geschaffen werden. Neben den quantitativen IT-Mitarbeiterzahlen (etwa Anzahl der in den nächsten Jahren ausscheidenden Mitarbeiter) werden qualitative Daten benötigt, die differenzierte Aussagen zu den vorhandenen Rollen/Stellen oder aber auch zu notwendigen personalen Fähigkeiten und Kompetenzen (Capabilities) ermöglichen. Erforderlich ist zudem, dass diese Informationen sowohl organisatorisch als auch inhaltlich in unterschiedlicher Differenzierung vorhanden sind. Durch Simulationen werden Trends ersichtlich, die die strategischen Optionen maßgeblich beeinflussen. So entsteht Transparenz darüber, wie viele und welche IT-Mitarbeiter heute im Unternehmen tätig sind (Bestand) und wie sich deren Anzahl und Qualifikationen in den nächsten drei bis fünf Jahren unter Berücksichtigung verschiedener Simulationsparameter voraussichtlich ändern werden.

Strategische Personalbedarfsfestlegung Entscheidend für die IT-Organisation ist es zu wissen, welche Mitarbeiterrollen aus dem IT-Bereich für die Umsetzung der IT-Strategie von grundlegender Bedeutung sind. Der Bedarf an diesen Rollen leitet sich aus den strategischen IT-Zielen ab, die den Personalszenarien zu Grunde liegen. Die Erkenntnis darüber, wie bestimmte Einflussgrößen oder Kennzahlen miteinander verknüpft sind, stellt eine wichtige Voraussetzung für die Simulation des Personalbestands und -bedarfs über den gesamten Prognosezeitraum dar.

Abweichungsanalyse Durch einen Vergleich des ermittelten Personalbestands sowie dessen prognostizierter Entwicklung auf der einen Seite und der Bestimmung des IT-Personalbedarfs auf der anderen Seite können Abweichungen identifiziert und den Entscheidungsträgern transparent gemacht werden. Diese Lücken können unterschiedliche Dimensionen haben, zum Beispiel quantitativ pro Szenario oder auch qualitativ in Bezug auf Fähigkeiten/Kompetenzen von IT-Mitarbeitern innerhalb des Unternehmens. Die Berechnung der Planungslücke erfolgt über die Bildung der Differenz von Personalbestand und Personalbedarf.

Entwicklung strategischer Handlungspläne Um den durch die Abweichungsanalyse identifizierten quantitativen und qualitativen Defiziten bzw. Überschüssen an IT-Personal entgegenzuwirken, stehen dem Management mehrere Handlungsoptionen zur Verfügung. Diese haben ergänzend Auswirkungen auf die bereits erwähnten Prozesse, wie beispielsweise Rekrutierung und Entwicklung von IT-Fachkräften. In vielen Fällen werden in Bezug auf die identifizierten Lücken spezifische Rekrutierungspläne erarbeitet, während Personalüberhänge durch Umsetzungs- bzw. Weiterqualifizierungsmaßnahmen angegangen werden können.

Personalauswahl Ein weiteres personalbezogenes Handlungsfeld für das IT-Management stellt die *Personalauswahl* dar. Gerade bei der Zusammensetzung des Mitarbeiterteams muss die IT-Führungskraft maßgeblich mitwirken. Sollte dies nicht gegeben sein, gilt es zu prüfen, inwieweit eine Einflussmöglichkeit denkbar ist.

Personalentwicklung Eine wichtige Personalmanagementaufgabe für IT-Führungskräfte stellt darüber hinaus die Unterstützung der *Personalentwicklung* des IT-Personals dar. Sie umfasst die Initiierung und Mitwirkung bei allen Maßnahmen, mit denen die Mitarbeiterinnen und Mitarbeiter des IT-Bereichs ausgewählte Kenntnisse, Fähigkeiten und Verhalten erwerben können, um die übertragenen Aufgaben und Arbeitspakete in der IT-Organisation erfolgreich zu bewältigen. Als Teilaufgaben für IT-Führungskräfte können herausgestellt werden:

- Wahrnehmen der Verantwortung für die IT-Mitarbeiterinnen und IT-Mitarbeiter,
- Fordern und Fördern der IT-Mitarbeiterinnen und IT-Mitarbeiter,
- Rahmenbedingungen für das Lernen schaffen bzw. schaffen lassen (Personalentwicklungskonzepte für einzelne Mitarbeiter erarbeiten, Angebote zur Teilnahme an Weiterbildungsmaßnahmen unterbreiten etc.).

Eine lebenszyklusorientierte Personalentwicklung verfolgt das Ziel, die Kompetenzen der IT-Fach- und Führungskräfte während der Dauer ihrer Betriebszugehörigkeit zu erhalten und kontinuierlich weiterzuentwickeln. Die mitarbeiterbezogenen Zyklen beginnen bei Einstellung im Unternehmen bis hin zum Ausscheiden. Dabei zeigt sich natürlich oft das Problem, dass diese Form der Betrachtung von einer gleichmäßigen Entwicklung über den Lebenszyklus ausgeht und keine Abweichungen der Karriereleiter vorsieht.

14.3 Führungsaufgaben im IT-Management

Folgende Bereiche, die **typische Führungsaufgaben** darstellen, sollten von IT-Führungskräften gewissenhaft wahrgenommen und daraufhin geprüft werden, ob hier optimal gehandelt wird oder ob Verbesserungen nötig bzw. möglich sind. Wesentliche Aufgabenbereiche sind in der folgenden Tabelle wiedergegeben.

Tabelle 14.1 Führungsaufgaben für IT-Verantwortliche

Aufgabenbereiche	Erläuterungen
Ziele setzen und Ziele vereinbaren (**Zielvereinbarungen** mit Mitarbeiter und IT-Teams)	Bei der Ausführung von Arbeitsaufträgen durch die Teammitglieder sollte die IT-Führungskraft eine wesentliche Unterstützungsfunktion übernehmen. Nur so kann sichergestellt werden, dass die jeweiligen Teammitarbeiter ihre Aufgaben zeit- und qualitätsgerecht erledigen. Dabei hat sich vielfach das Instrument der Zielvereinbarungen bewährt.
Mitarbeitergespräche führen	Zur Organisation der Arbeiten sowie ggf. auch für das Bewältigen von Konflikten ist das gezielte Führen von Mitarbeitergesprächen unverzichtbar. Aufgaben, die vom IT-Personal in Führungspositionen wahrzunehmen sind, umfassen – je nach Situation bzw. Anlass – Beurteilungs-, Motivations- sowie Konfliktgespräche.
IT-Personal motivieren	IT-Führungskräfte sollten Rahmenbedingungen schaffen und eigene Maßstäbe setzen, die zur Motivation der IT-Fachkräfte sowie der Mitarbeiterinnen und Mitarbeiter in IT-Teams beitragen.

Aufgabenbereiche	Erläuterungen
Tätigkeiten koordinieren	Die IT-Führungskraft sollte sicherstellen, dass die von den IT-Mitarbeitern übernommenen Tätigkeiten nach ihrem Wichtigkeits- und Dringlichkeitsgrad mit einem Minimum gegenseitiger Behinderung ausgeführt werden. Wichtig ist, dass dadurch keine unnötigen Überlastungen sowie Wartezeiten entstehen.
Aufgaben delegieren	Delegierbare Aufgaben und Zuständigkeiten sollte die IT-Führungskraft in geeigneter Weise Teammitgliedern übertragen. Wichtig ist dabei die Vorgabe von Zielen, aber auch eine entsprechende Kontrolle der Zielerreichung bzw. Aufgabenerledigung.
Lenken und Entscheiden	Bei der Ausführung von Arbeitsaufträgen durch die Teammitglieder sollten ggf. Unterstützungsfunktionen übernommen werden (Coaching). Nur so lässt sich sicherstellen, dass die Aufgaben zeit- und qualitätsgerecht ausgefüllt werden.

Eine wichtige Führungsaufgabe für das IT-Management liegt darin, eine dauerhafte **Motivation** der Mitarbeiterinnen und Mitarbeiter sicherzustellen. Werden hier wichtige Einflussfaktoren vernachlässigt, führt dies oft zu einer besonders hohen **Demotivation**. Eine Hauptursache für demotivierte Mitarbeiter kann in der Unzufriedenheit mit dem Informationsverhalten im Unternehmen bestehen. Fühlen sich Personen ausreichend informiert, wird dies als Selbstverständlichkeit empfunden. Teammitgliedern, die sich schlecht über wichtige Belange informiert fühlen, vergeht hingegen schnell die Lust an der Arbeit. Deshalb ist dies ein recht guter Ansatzpunkt, den Sie vielleicht als Erstes in Angriff nehmen.

Mitarbeiterinnen und Mitarbeiter im Team fordern von der Leitung typischerweise eine hohe Fach- und Führungskompetenz. Steht es schlecht damit – müssen sie beispielsweise Weisungen von einer in ihren Augen unfähigen Führungskraft entgegennehmen und befolgen –, sinkt ihr Engagement erheblich. Umgekehrt wird die Einsatzbereitschaft nicht wesentlich erhöht, wenn die Fach- und Führungskompetenz bei der Führungsebene als unumstritten gilt.

Sind die demotivierenden Faktoren „ausgeräumt", sollte die Führungskraft positiv überlegen, wie sie zur **Steigerung der Motivation** beitragen kann. Dazu einige Tipps:

- Entwickeln Sie neue Ideen für Ihren Arbeitsbereich. Prüfen Sie vor allem, welche zusätzlichen Funktionen die Arbeit bereichern können. So kann es Arbeitsaufgaben geben, die für Mitarbeiterinnen und Mitarbeiter gleichzeitig die Möglichkeit einer persönlichen Weiterentwicklung bieten.
- Achten Sie auf den Umgangston! Ein Lob oder ein Hinweis auf das bisher Erreichte ist häufig gut geeignet, um Mitarbeiterinnen und Mitarbeiter neu zu motivieren.
- Die IT-Leitung sollte jede Form von willkürlichem Verhalten unterlassen, gelegentlich ein Auge zudrücken und Fehler eines Mitarbeiters nicht zur Katastrophe hochstilisieren. Be- und verurteilen Sie nicht gleich alles! Lassen Sie – wenn möglich – etwas Zeit verstreichen, bevor Sie in einer Angelegenheit Stellung beziehen!

- Prüfen Sie Ihr eigenes Informationsverhalten. Suchen Sie nach Wegen, wie sich mithilfe einer ausgewogenen Informationspolitik Misstrauen vermeiden lässt. So können Sie einen wertvollen Beitrag zur Förderung der Motivation bei den Mitarbeiterinnen und Mitarbeitern leisten.
- Achten Sie darauf, auch künftig mit den „richtigen" Personen zu kooperieren. Anerkennung, Entfaltungsmöglichkeiten, Freude daran, in einem „winning team" zu arbeiten, diese Faktoren sind meist die entscheidenden, wenn die Arbeit Spaß machen und von Erfolg gekrönt sein soll.

Letztendlich kann – so meinen manche – niemand eine andere Person motivieren, sie muss und kann sich nur selbst motivieren. Selbstverwirklichung ist echte Motivation. „Engagement für eine gute Sache oder Aufgabe führt zur wahren Selbstverwirklichung" (Hans P. Jansen).
„Wenn du entzünden willst, musst du selbst brennen." (Friedrich Nietzsche)

Eine weitere wesentliche Führungsqualität besteht in einer geschickten Koordination und **Aufgabendelegation**. Hier einige Tipps, was IT-Führungskräfte beachten sollten:
- Jede Auftragserteilung an andere muss kurz und möglichst klar sein. Die Führungskraft sollte immer deutlich sagen, was sie unter professioneller Aufgabenerfüllung versteht.
- Es sollte für die Erledigung der übertragenen Aufgaben immer ein Endtermin festgelegt werden, unter Umständen sind ergänzend Termine für Zwischenberichte nötig. Arbeiten Sie bei umfangreichen Arbeitspaketen mit Etappenzielen.
- Die Führungskraft sollte immer den Stellenwert und die Bedeutung des Auftrags, den sie delegiert, klarmachen. Unter Umständen ist auch mithilfe von Fragen zu prüfen, ob der Auftrag tatsächlich verstanden wurde.
- Es empfiehlt sich das Führen einer Erledigungskartei: kein Auftrag ohne Erledigungsmeldung.

■ 14.4 Führungsstile und Führungsprinzipien

Führung ist, im Gegensatz zur nackten Machtausübung,
untrennbar verbunden mit den Bedürfnissen und Zielen der Geführten.
James MacGregor Burns, amerikanischer Politologe

Die Erfahrung aus der Praxis lehrt: IT-Führungskräfte sind zunehmend gefordert, ein professionelles Führungsverhalten zu etablieren. Nur so gelingt es ihnen, die Leistungsfähigkeit der IT-Mitarbeiter voll zu entfalten und IT-Teams auf Erfolgskurs zu bringen.

Zur **Realisierung einer wirksamen Führung** lassen sich beispielsweise die in Bild 14.3 enthaltenen Bereiche und Grundsätze unterscheiden.

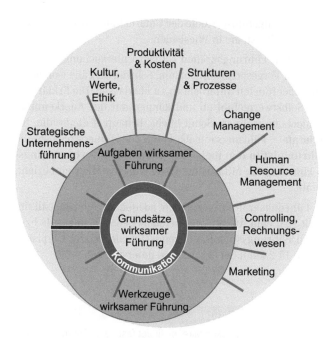

Bild 14.3
Aufgaben wirksamer Führung

Checkliste „Erfolgreiches Führen"
Führung durch Vertrauen Eine wesentliche Voraussetzung für erfolgreiche Führung im IT-Bereich ist der Aufbau eines Vertrauensverhältnisses zu jedem Mitarbeiter bzw. Teammitglied. Beachten Sie deshalb immer genau die Distanz und das Distanzbedürfnis des anderen. Mit wachsendem Vertrauen des Partners wird sich zugleich die Distanz verringern.
Führung durch Emotionen Zu einer erfolgreichen Führung gehört auch das Produzieren von Emotionen. Denken Sie daran: Begeisterung reißt mit, Trauer und Niedergeschlagenheit stecken an, Sympathie weckt Sympathie. Deshalb sollten IT-Führungskräfte lernen, Emotionen im Team zu produzieren.
Führung und gegenseitige Wertschätzung Voraussetzungen für erfolgreiches Führen sind auch ein individualisiertes Menschenbild sowie die Wertschätzung der Mitarbeiterinnen und Mitarbeiter. Langfristig überzeugt in führender Position nur jemand, der seine Mitarbeiter „als Menschen" akzeptiert. Dies kann er aber nur dann, wenn sein eigenes Verhalten dem entspricht. Denken Sie daran, dass Sie nur dann „menschlich" wirken, wenn Sie (kontrolliert) zeigen, was und wie Sie empfinden.
Zukunftsorientiertes Führen Führung bedeutet auch, für die Zukunft Mut zu machen. Sie müssen sich bewusst sein, dass permanent Veränderungs- und Evolutionsprozesse zu bewältigen sind. Es gibt niemals eine endgültige Lösung. Alles bleibt immer im Fluss.

In deutschen Unternehmen ist es mit modernem Führungsstil vielfach immer noch nicht weit her: Die Führungskraft sagt den Beschäftigten, was sie zu tun haben – und damit Schluss. In Wirklichkeit werden Mitarbeiterinnen und Mitarbeiter dann nicht geführt, sondern nur als Mittel zum Zweck eingesetzt. Zu diesem Ergebnis kommt eine in 180 Unternehmen mit 3000 Führungskräften durchgeführte Studie der Unternehmensberatung Oves Organisations-, Versorgungs- und Entgeltsysteme in Wiesbaden.

Im Detail: Grundlage der Autorität von Führungskräften sei laut Untersuchung in erster Linie der Wissensvorsprung, den sich Vorgesetzte vorbehalten. Schwierige Fälle wollen sie selbst bearbeiten, statt sie den nachgeordneten Mitarbeitern zu überlassen. Die Erklärung: Führungskräfte leiten davon ihr Selbstwertgefühl ab und können mit der Anerkennung durch die nächsthöhere Hierarchieebene rechnen. Somit bliebe, behauptet die Studie, für die eigentliche – meist nicht erlernte – Führungsaufgabe keine Zeit. Dauerstress sei die Folge. **Fazit: Die Mitarbeiterführung ist in den meisten Unternehmen verbesserungswürdig,** da eine professionelle Führung, die Mitarbeiter systematisch stärker einbezieht, enorme Reserven freisetzen könnte.

Wichtig ist deshalb, dass jede IT-Führungskraft ihren eigenen, adäquaten Führungsstil findet. Als Ausgangspunkt empfiehlt sich eine Analyse des persönlichen Führungsstils bzw. des im Unternehmen praktizierten Führungsstils. Die folgende Tabelle skizziert typische Führungsstile in der Praxis. Tabelle 14.2 kann bei der Analyse unterstützen!

Tabelle 14.2 Führungsstilvarianten

Führungsstile (Merkmale)	Erläuterung
geringe Mitarbeiterorientierung + geringe Aufgabenorientierung	Laissez-faire, es findet fast keine Führung statt
geringe Mitarbeiterorientierung + hohe Aufgabenorientierung	stark sachbetonte Führung ohne Pflege zwischenmenschlicher Beziehungen
hohe Mitarbeiterorientierung + geringe Aufgabenorientierung	fürsorglich, Human-Relation-Ansatz, dient der Pflege menschlicher Beziehung
hohe Mitarbeiterorientierung + hohe Aufgabenorientierung	gemeinsame Zielfindung und häufige Meetings

Zu überlegen ist, ob man mit der Zuordnung für die Situation zufrieden ist und damit „gut zurechtkommen" kann. Anderenfalls sollten Änderungsmaßnahmen in Angriff genommen werden.

Natürlich gibt es keinen generell „richtigen" Führungsstil. Es gibt nur einen subjektiv/situativ richtigen, authentischen Stil, der permanent weiterentwickelt werden sollte. Der geeignete Führungsstil ist situationsbedingt, Bild 14.4 verdeutlicht die dabei wirksamen wesentlichen Einflussgrößen.

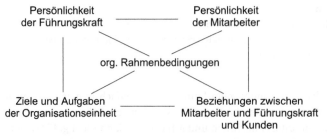

Bild 14.4 Der situative Führungsstil – Einflussfaktoren des adäquaten Führungsstils

14.4 Führungsstile und Führungsprinzipien

Eine Orientierung hinsichtlich der besonderen Akzentuierung des Führungsstils gibt Tabelle 14.3. Sie zeigt sechs verschiedene Ausprägungen eines Führungsverhaltens, wobei gegenseitige Abhängigkeiten bestehen. In der Praxis gilt es oft, sinnvolle Kombinationen zu schaffen:

Tabelle 14.3 Anwendung von Führungsstilen

Führungsstil	Besondere Merkmale (Führungsverhalten)	Anwendung bei ...
wertschätzender Führungsstil	<ul><li>Eigene Wertschätzung äußern</li><li>Erreichte Ziele anerkennen</li><li>Lob in dosiertem Umfang spenden</li></ul>	Dieser Führungsstil sollte engagierten und ausgleichenden Personen gegenüber gewählt werden. Diese sind in ihrem Verhalten zu bestärken und dauerhaft zu motivieren.
fördernder Führungsstil	<ul><li>Zielorientierung und Leistungen herausstellen</li><li>Ausdehnung von Aufgaben-, Kompetenz- und Verantwortungsbereichen analog zur Mitarbeiterentwicklung</li><li>leistungsanreizende Motivationsfaktoren nutzen</li></ul>	Anwendung, um leistungsstarke Mitarbeiter zu motivieren, ihre Stärken zu erhalten bzw. noch zu steigern. Ist die Leistungsbereitschaft – bezogen auf die Aufgabe – hoch, die Fähigkeiten zur Problemlösung bei den Mitarbeitern aber noch unzureichend ausgeprägt, ist ein Anleiten und Fördern durch die Führungskraft hilfreich.
anspornender Führungsstil	<ul><li>wenig aufgaben-, aber stark mitarbeiterbezogener Führungsstil</li><li>deutlich Erwartungen rückkoppeln und mit Appellen zur Veränderung des Mitarbeiterverhaltens verbinden</li><li>bewusst machen, dass Minderleistungen eines Einzelnen Mehrleistung für die Gruppe bedeuten</li></ul>	Bei Mitarbeitern mit Bequemlichkeitsmotiven („Drückeberger") sollte ein anspornender Führungsstil gewählt werden, um sie entsprechend zu fordern. Mitunter verfügen Mitarbeiter über ein hohes Maß an Fähigkeiten und Fertigkeiten zur Aufgabenbewältigung, doch fehlt ihnen oft das nötige Engagement.
integrierender Führungsstil	<ul><li>klar definierte Ziele vereinbaren und häufigere Kontrollen der Zielerreichung durchführen</li><li>„schützende Hand" walten lassen, wenn Personen von anderen Teammitgliedern isoliert werden</li></ul>	Sinnvoll, um Neulinge zu integrieren und Außenseiter an die Gruppe heranzuführen.
ermutigender Führungsstil	<ul><li>neue Hoffnungen geben und Zuversicht zeigen</li><li>aktiv Zuhören und verstehende Anteilnahme zeigen</li><li>unterlaufene Fehler nicht tadeln und kritisieren, sondern gemeinsam bereinigen</li></ul>	Schüchterne und in ernste Lebenskrisen geratene Mitarbeiter („Problembeladene") können auf diese Weise gestärkt und neu motiviert werden.

(Fortsetzung nächste Seite)

Tabelle 14.3 Anwendung von Führungsstilen *(Fortsetzung)*

Führungsstil	Besondere Merkmale (Führungsverhalten)	Anwendung bei ...
bremsender Führungsstil	• vereinbarte Ziele fokussieren und keine Zielabweichungen zulassen • persönliche Autorität einsetzen • aufkeimendem Streit und aufwiegelndem Verhalten sofort und massiv begegnen	Zu lebhafte und stark extrovertierte Mitarbeiter (Profilneurotiker, Querulanten, Besserwisser) müssen mitunter in Schranken gewiesen und auf Leistungsziele hingesteuert werden.

Erfahrene Manager haben ihren eigenen Führungsstil. John D. Rockefeller sagte: „Was mich anbelangt, so zahle ich für die Fähigkeit, Menschen richtig zu behandeln, mehr als für irgendeine andere Fähigkeit auf der ganzen Welt."

Personalführung kann in der heutigen Zeit nur dann erfolgreich sein, wenn ein die Persönlichkeit respektierendes Menschenbild und die Wertschätzung der Mitarbeiter Handlungsmaßstab für die IT-Führungskraft ist. Mit einem partnerschaftlich-dialogischen Führungskonzept kann dem Selbstverständnis gut ausgebildeter, mündiger IT-Mitarbeiterinnen und IT-Mitarbeiter entsprochen werden.

IT-Führungspersönlichkeiten müssen in der Zukunft ihre Macht teilen und „loslassen können", ja sie müssen ihren anvertrauten Mitarbeiterinnen und Mitarbeitern mehr zutrauen. Delegation ist zu wenig. Persönliches Charisma und Glaubwürdigkeit sowie Offenheit der Führenden werden mitunter zu entscheidenden Prämissen für den Führungserfolg.

■ 14.5 Instrumente für erfolgreiches Führungshandeln

Die Kommunikation der IT-Führungskräfte untereinander ist für den Unternehmenserfolg und für erfolgreiches Handeln unerlässlich. Kommunikation erleichtert Entscheidungen und das Lösen von Konflikten. Mit Kommunikation werden zudem Informationen beschafft. Kommunikation sorgt für Entspannung und macht Wissen verfügbar.

Die Notwendigkeit einer funktionierenden Kommunikation in Management- und Führungsprozessen ist unbestritten. Dazu zählen nicht nur die Besprechungen im Team. Notwendig sind auch persönliche Gespräche. So sollte gerade die IT-Leitung immer wieder das Einzelgespräch unter vier Augen suchen, da man nur dort erfährt, wie die Zusammenarbeit im Team beurteilt wird und wie die Motivationslage der Teammitglieder zu bewerten ist. Auch persönliche Einstellungen, Befürchtungen, Konkurrenzgefühle oder zwischenmenschliche Konflikte lassen sich nur im persönlichen Gespräch aufdecken.

Sie können bei Ihrem Gesprächspartner kein Interesse für etwas wecken, wenn er Ihnen gar nicht zuhört. Ebenso wenig wird es Ihnen gelingen, Ihren Gesprächspartner zum Handeln zu bewegen, wenn er nicht auch innerlich und gefühlsmäßig von einer Sache überzeugt ist.

Nachfolgend sollen die wesentlichen Führungsinstrumente, die insbesondere auch Kommunikationsanforderungen an die IT-Führungskraft stellen, skizziert werden: Zielvereinbarungen, Mitarbeitergespräche und aktives Konfliktmanagement.

14.5.1 Zielvereinbarungen

Zielvereinbarungen sind auch für das IT-Management wesentlich, um verbindliche Absprachen mit den Mitarbeiterinnen und Mitarbeitern für einen festgelegten Zeitraum zu treffen (in der Regel ein Jahr). Sie enthalten Angaben zu den für den definierten Zeitraum zu erreichenden Wirkungen/Ergebnissen (Outcome) und/oder über die zu erbringenden Leistungen (Output). Dabei werden die bereitgestellten Ressourcen und andere Rahmenbedingungen ggf. ausdrücklich skizziert.

Daraus lassen sich zwei wesentliche Funktionen von Zielvereinbarungen ableiten:

- Sie sind ein wesentliches Instrument, um Ergebnis- oder Prozessziele zu einer Tätigkeit in IT-Projekten bzw. innerhalb von IT-Prozessen zu definieren.
- Sie sind ein Instrument zur Förderung der Mitarbeitermotivation und können ggf. auch als Anhang des Arbeitsvertrags festgelegt sein.

Wie kann für die Entwicklung von Zielvereinbarungen vorgegangen werden? Als Basis sollten die Unternehmensziele herangezogen werden. Diese werden dann auf die jeweiligen organisatorischen Einheiten heruntergebrochen. So richten sich dann die Ziele des einzelnen Mitarbeiters nach den Zielen seiner Gruppe oder Abteilung. Oftmals gibt es aber auch Ziele, welche nicht direkt von einem Unternehmensziel abgeleitet werden können, aber aufgrund des Arbeitsumfangs trotzdem in der Zielvereinbarung aufgenommen werden sollten.

Prinzipiell kann zwischen folgenden **Zielarten** unterschieden werden:

- Führungsziel: ein für Führungskräfte relevantes Ziel, wie z. B. Personalaufbau, Verbesserung der Mitarbeiterzufriedenheit, Reduktion der Personalfluktuation.
- Fachliches Ziel: Umsetzung von Tätigkeiten im Rahmen von Projekten oder einzelnen Aufträgen, Betrieb von Systemen oder Komponenten, Austausch von bestehender Software durch neuere Technologien.
- Persönliches Ziel: Verbesserung der Kommunikation, z. B. Fremdsprachen, Aufbau von IT-Consultant-Fähigkeiten, Weitergabe von Wissen an andere Mitarbeiter.

Bei der Festlegung von Zielen im Rahmen von Zielvereinbarungen sind einige Grundregeln zu beachten. Die Ziele müssen sein:

- genau definiert und messbar (z. B. nach Menge, Qualität, Aufwand/Kosten, Zeiträumen/Fristen);
- umsetzbar in konkretes Handeln;

- überschaubar, also zeitlich und inhaltlich begrenzt;
- realistisch, d. h. herausfordernd, aber binnen eines Jahres erreichbar;
- aus übergeordneten strategischen Zielen ableitbar, jedenfalls mit ihnen vereinbar;
- ohne Widerspruch zu anderen Zielen;
- annehmbar, also auf die individuellen Möglichkeiten und Fähigkeiten bezogen;
- sie müssen Handlungsspielräume frei lassen.

Die Anzahl der zu vereinbarenden Arbeitsziele sollte nicht mehr als 15 bis 20 betragen. Arbeitsziele können aus allen Themenfeldern des Aufgabenbereichs entwickelt und gemeinsam erarbeitet werden. Die Ziele sollten möglichst zu Kernaufgaben im Zuständigkeitsbereich und damit zu Arbeitsschwerpunkten vereinbart werden. Zielvereinbarungen umfassen qualitative ebenso wie quantitative Aspekte.

Bezüglich der Entscheidung über eine Einführung oder Optimierung des Einsatzes von Zielvereinbarungen ist zu prüfen und herauszuarbeiten, welcher Nutzen damit verbunden ist. Als **Vorteile von Zielvereinbarungen für den IT-Bereich** können genannt werden:

- Die Entwicklung, Definition und Vereinbarung von Zielen schafft eine verlässliche Arbeitsgrundlagenbeziehung zwischen der IT-Leitung und den Mitarbeitern.
- Die strategischen Ziele der Unternehmensorganisation bzw. des IT-Bereichs werden durch Vereinbarungen zu Sach-, Arbeits- und Verfahrenszielen mit den Jahreszielen aus den konkreten Aufgaben der einzelnen Beschäftigten über alle Ebenen hinweg verknüpft. Das schafft mehr Transparenz.
- Die Vereinbarungen zu Arbeitszielen und zu persönlichen Zielen sind als Bestandteile des Mitarbeitergesprächs wichtige Voraussetzungen für ziel- und qualitätsorientiertes Handeln in der Praxis.
- IT-Leitung und Mitarbeiter werden in die Lage versetzt, sich eine detaillierte Vorstellung von den Aufgaben der Zielvereinbarungspartner zu erarbeiten. Gleichzeitig wird die Identifikation mit den Aufgaben des IT-Bereichs erleichtert und mehr eigenverantwortliches Handeln im eigenen Zuständigkeitsbereich ermöglicht.
- Schließlich wird so die Aufgabenerfüllung im IT-Bereich durch klare Ziele gesteuert.

14.5.2 Mitarbeitergespräche

Im Rahmen der Tätigkeit als IT-Führungskraft sind vielfältige Gespräche zwischen Führungskräften und Mitarbeitern gegeben. Dabei geht es um unterschiedlichste Anlässe: Aufgaben sollten delegiert, aufgetretene Probleme gelöst und ggf. auch besondere Kritik geübt werden. Von den Ad-hoc-Gesprächen abzugrenzen sind die Mitarbeitergespräche, die aus einem bestimmten Anlass geführt und mitunter für die betriebliche Praxis genau formalisiert sind.

Mitarbeitergespräche stellen mittlerweile ein zentrales Führungsinstrument dar, das in Form eines Dialogs die IT-Führungskraft und ihre Mitarbeiterinnen und Mitarbeiter auf einer Ebene zusammenbringt. Es umfasst alle institutionalisierten oder formalisierten Personalführungsgespräche, die der Vorgesetzte mit einem Mitarbeiter in Wahrnehmung seiner Führungsaufgabe gestaltet, wobei eine beiderseitige Vorbereitung auf das Gespräch zugrunde liegt. Das Mitarbeitergespräch ist in der Regel ein vertrauliches „Vier-Augen-Gespräch" und bietet die Chance, die Zusammenarbeit zwischen Vorgesetztem und Mitarbeiter zu verbessern. Die Inhalte von Mitarbeitergesprächen sind vielgestaltig und können abhängig vom Gesprächsanlass variieren (vgl. [WiHo10], S. 2 ff.). Mögliche Optionen sind:

- Verständigung über Ziele (Zielvereinbarungsgespräch),
- Bilanzierung der Zusammenarbeit (Kooperationsgespräch),
- Besprechung der weiteren Entwicklung des Mitarbeiters (Personalentwicklungsgespräch),
- Konfliktklärung und Konfliktbehebung (Konfliktgespräche).

Demgemäß kann zwischen anlassbezogenen und institutionalisierten Mitarbeitergesprächen unterschieden werden.

Anlassbezogene Mitarbeitergespräche liegen dann vor, wenn sich die Arbeitsgrundlage unvorhergesehen gravierend ändert, die Kooperation der Mitarbeiter stockt oder die Ergebnisse optimiert werden sollen. Zur Durchführung sollte eine Terminvereinbarung getroffen und – zumindest bezüglich der Führungskraft, die häufig das Gespräch initiiert – auch eine Vorbereitung erfolgen.

In vielen Unternehmen sind von den Führungskräften sogenannte **institutionalisierte Mitarbeitergespräche** durchzuführen. Das Mitarbeitergespräch ist in diesem Fall zum Beispiel regelmäßig und mindestens einmal jährlich zwischen Vorgesetzten (hier der IT-Leitung) und Mitarbeitern als gleichberechtigte Partner zu führen. Es dient etwa der wechselseitigen Rückmeldung über erlebtes und erwünschtes Verhalten (beim Kooperationsgespräch) und über die jeweiligen Zielvorstellungen zu den Sach- und persönlichen Zielen (beim Zielvereinbarungsgespräch).

Im letzteren Fall sind es also geplante und inhaltlich vorbereitete Gespräche zwischen Mitarbeiter und Führungskraft, die meist mithilfe eines unternehmensspezifisch ausgestalteten Gesprächsleitfadens strukturiert und nach einem von der Organisation fest definierten Prozess durchgeführt werden. Dabei handelt es sich um einen zyklischen, meist jährlichen Gesprächsprozess. Die Gesprächsinhalte sind auf die spezifischen Anforderungen des Unternehmens ausgerichtet und können sich in der Praxis stark unterscheiden.

Grundsätzlich soll das Mitarbeitergespräch den Informationsfluss und die Transparenz in der Arbeit verbessern, Störungen in der Zusammenarbeit aufdecken und beseitigen und die persönliche Entwicklung fördern. Daher sollen im Gespräch folgende Themenbereiche angesprochen werden: Zusammenarbeit und Führung, Arbeitsumfeld, Aufgaben und Rahmenbedingungen der Arbeit, berufliche Förderung und persönliche Entwicklung sowie Zielvereinbarungen zu Arbeits- und persönlichen Zielen.

Für eine optimale Gesprächsführung ist es wichtig, dass Führungskräfte sich bei Gesprächen im Vorfeld Gedanken über den möglichen Einfluss dieser Faktoren machen. Schwierige Gespräche erfordern zu Beginn eine sehr klare und differenzierte Zielformulierung.

14.5.3 Konfliktmanagement

> *Unsere Aufgabe ist es nicht, den Konflikt – als existentiellen Spannungszustand – zu negieren, sondern ihn zu erkennen, zu untersuchen, zu bewältigen – und mit ihm zu leben, soweit er nicht zu bewältigen ist.*
>
> Hans L. Merkle, Manager

Dieses Zitat verdeutlicht die Bedeutung, die dem Konfliktmanagement für eine erfolgreiche Tätigkeit einer IT-Führungskraft zukommt. Die Vorstellung, konfliktfrei leben und arbeiten zu können, ist sicher ein Mythos. Dazu eine wichtige Feststellung vorweg: Konflikte sind im Berufs- und Privatleben nicht unbedingt eine Katastrophe, sondern eigentlich normal, weil überall dort, wo Menschen mit Menschen umgehen, längerfristig Konflikte entstehen.

Auch in der IT-Praxis sind Konflikte nicht selten. Meist läuft im Team etwas schief, wenn Absprachen und Termine nicht eingehalten wurden, einzelne Teammitglieder sich überlastet fühlen, Rivalitäten im Projekt ausgetragen werden, strenge Planvorgaben die Arbeitsmotivation bremsen oder Informationen nicht weitergegeben wurden. Ein typischer Konflikt ist oft vorprogrammiert, wenn Mitglieder eines IT-Projektteams parallel in der Linienorganisation tätig sind und dann quasi zwei Vorgesetzte haben.

Wahrscheinlich verbinden auch Sie Konflikte mit etwas Unangenehmem, das vermeidbar ist. Das trifft sicher zu einem Großteil zu. Konflikte behindern Ihre Arbeit, kosten Zeit und belasten die Arbeitsatmosphäre. Dennoch sollten Sie Ihre Einstellung ein wenig relativieren: Konflikte können durchaus produktiv sein. Sie sind nicht selten der Motor von Dynamik und Weiterentwicklung. Wo keine Auseinandersetzung stattfindet, gibt es auch keine Veränderung. Als Beispiele für positive Erfahrungen im Umgang mit Konflikten seien genannt: Probleme werden aufgezeigt, Kreativität wird gefördert und der persönliche Horizont erweitert.

Aber aufgepasst: Die vorgenannten Feststellungen bedeuten nicht, dass Sie unbedingt und permanent auf Konfliktkurs gehen sollten. Wichtig ist der richtige Umgang mit Konflikten. Damit Konflikte nicht zum Ärgernis werden, müssen sie rechtzeitig **erkannt, richtig analysiert und konstruktiv bearbeitet** werden. Diese systematische Vorgehensweise fasst man unter dem Begriff **Konfliktmanagement** zusammen.

Konflikte können einen sehr unterschiedlichen Verlauf nehmen: Sie können lange oder nur kurz andauern, sachlich oder aggressiv ausgetragen, offen angesprochen oder direkt angegangen werden. Trotz dieser Vielfalt gibt es Vorgänge, die für das Verständnis aller Konflikte wichtig sind.

Wie tragen Sie Konflikte gekonnt aus? Suchen Sie baldmöglichst das Gespräch und vereinbaren Sie mit den Betreffenden einen Termin einige Tage im Voraus, um sich in Ruhe besprechen zu können.

- Wichtig ist für Sie, mehr über die Hintergründe Ihres Konfliktpartners zu erfahren bzw. sich diese zu vergegenwärtigen. Sprechen Sie das Problem gezielt an. Dabei helfen Ihnen die W-Fragen weiter, beispielsweise indem Sie interessiert nach dem Warum fragen.

14.5 Instrumente für erfolgreiches Führungshandeln

- Zeigen Sie den Willen zur Konfliktlösung und unterbreiten Sie einen oder mehrere Lösungsvorschläge. Lassen Sie auch andere Meinungen und Ansichten gelten. Legen Sie aber gleichzeitig Ihre eigene Sichtweise dar. Betonen Sie, dass beide Positionen gleichwertig sind.
- Beachten Sie außerdem, dass im Konfliktgespräch „Du-Aussagen" nach dem Motto „Du bist ...", „Du musst ..." wenig hilfreich sind. Besser als solche Anklagen sind „Ich-Aussagen" nach dem Motto „Ich bin der Meinung" oder „Ich fühle mich verletzt".

Da Konflikte in der Praxis wohl unvermeidlich sind, müssen Führungskräfte nach Wegen suchen, um ihre Konfliktfähigkeit langfristig zu verbessern. Dies bedeutet letztlich, dass sie die **Fähigkeit** entwickeln, künftig

- unnötige Konflikte zu **vermeiden,**
- unausweichliche Konflikte psychisch **durchzustehen** und
- vorhandene Konflikte zu **beheben.**

Um **unnötige Konflikte zu vermeiden,** sollten Sie die Konfliktpotenziale kennenlernen, die im Team und bei anderen Personen stecken können.

- Stellen Sie sicher, dass die Zusammenarbeit im IT-Bereich funktioniert. Signale über das Funktionieren erhalten Sie bei der Prüfung, inwieweit Aufgaben und Verantwortung übernommen werden und ob kreative Vorschläge zustande kommen.
- Formulieren Sie gemeinsam einen Verhaltenskodex für Führungskräfte! Auf diese Weise soll sichergestellt werden, dass sich niemand auf Kosten anderer profiliert.
- Prüfen Sie die Kommunikationskultur im IT-Bereich! Wichtig ist es, Probleme offen anzusprechen und wichtige Informationen rechtzeitig weiterzugeben.

Allerdings: Die soeben beschriebenen Gedanken sind hoffentlich gute Leitlinien für Ihr künftiges Verhalten. Patentrezepte können sie jedoch nicht sein. Wie Sie am besten vorgehen, sollten Sie in der jeweiligen Situation von Ihren persönlichen Erfahrungen und den aktuellen Rahmenbedingungen abhängig machen.

Sprechen Sie im Konfliktgespräch auch verbindende Elemente an. Wenn möglich, betrachten Sie die Sache auch mit einem humorvollen Auge (zumindest innerlich).

14.6 Führung von IT-Teams – Teambildung und Teammanagement

Für die optimale Aufgabenerfüllung im IT-Bereich benötigt nahezu jede IT-Leitung Unterstützung durch weitere Personen. In der Regel realisieren Teams weitgehend die Ergebnisse, sei es Projektteams, Serviceteams oder IT-Architekturteams. Wichtig ist es deshalb, für alle Teammitglieder förderliche Rahmenbedingungen für Teamarbeit zu schaffen.

14.6.1 Teams in der IT-Organisation formieren

Eine erfolgreiche Arbeit in IT-Organisationen erfordert geeignete personelle Ressourcen, die insbesondere Kompetenzen aufweisen, die für die Realisierung der Teamarbeit benötigt werden.

Gegenüber der Einzelarbeit hat das Arbeiten im Team zahlreiche Vorteile. Dies zeigt die nachfolgende Tabelle 14.4.

Tabelle 14.4 Teamarbeit – Ausschöpfung der Vorteile

Vorteile	Hinweise
Bessere Ergebnisqualität	Ein gut funktionierendes Team erzielt Leistungen, die die Teammitglieder für sich allein nicht erbringen könnten. Durch den kumulierenden Effekt unterschiedlicher Denk- und Arbeitsleistungen ergibt sich eine bessere Problemlösung (Ausnutzung sogenannter Synergieeffekte).
Kompetente IT-Lösung durch Kooperation von IT und Fachbereich	Durch das Hinzuziehen unterschiedlicher Fachkräfte aus den Fachbereichen können fachübergreifende Aufgaben sachgerecht im IT-Team gelöst werden.
Gegenseitige Absicherung und Motivation	Die Gruppe gibt einzelnen Teammitgliedern auch eine höhere Sicherheit und bedeutet damit oft eine verstärkte Motivation und größeres Engagement für jeden einzelnen.
Erhöhte Entscheidungssicherheit	Wichtige Entscheidungen lassen sich im Team auf einer fundierten Basis treffen, sodass das Risiko von Fehlentscheidungen reduziert wird.

Wichtig: Bei erfolgreicher Teamarbeit fühlen sich die Teammitglieder gemeinsam für die vereinbarten Ziele verantwortlich und suchen gemeinsam nach Wegen und Lösungen. Die Zusammenstellung der Teammitglieder ist mitentscheidend dafür, dass dies gelingt, denn viele Teams scheitern an zwischenmenschlichen Konflikten und nicht unbedingt an Problemen auf sachlicher Ebene.

Eine der Entscheidungsgrundlagen für die Teamzusammensetzung, aber auch für Personalentwicklungsmaßnahmen ist die Mitarbeiter-Potenzialanalyse. Neben vorhandenen Personaldaten (etwa einer Skill-Datenbank) gehören dazu auch die laufende Beobachtung der Mitarbeiter, ihre Stärken und Schwächen, die Kommunikation mit anderen, der Umgang mit Verantwortung, das Verhalten in Krisen und vieles mehr. Die Informationen und Ziele aus Mitarbeitergesprächen, die Erfahrungen in der täglichen Praxis durch die Teambegleitung, mögliche Teamanalysen durch die Teammitglieder werden in weiterer Folge für die Gewinnung eines Mitarbeiterprofils (Stärken, Schwächen und Potenzial des Mitarbeiters) genutzt.

14.6.2 Teamentwicklungsprozesse identifizieren

> *„Der Mensch für sich allein vermag gar wenig und ist ein verlassener Robinson; nur in der Gemeinschaft mit den andern ist und vermag er viel."*
> Arthur Schopenhauer

Experten sehen die Teamentwicklung als einen Prozess an, der mehrere Phasen umfasst (vgl. Bild 14.5).

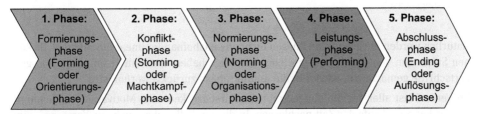

Bild 14.5 Phasen der Teamentwicklung

Tabelle 14.5 skizziert in übersichtlicher Form die verschiedenen Phasen sowie die Verhaltensweisen und Stimmungen der Teammitglieder in den jeweiligen Phasen.

Tabelle 14.5 Teamentwicklungsphasen analysieren

Teamentwicklungsphase	Erläuterungen zur Gruppenstruktur	Verhaltensweisen, Stimmungen
1. Phase: Formierungsphase (Forming oder Orientierungsphase)	In der Anfangsphase der Kooperation formiert sich das Team. Dabei bestehen noch Unsicherheiten hinsichtlich der konkreten Zielsetzungen der Kooperation sowie der Regeln und Formen der Zusammenarbeit.	höfliches, vorsichtiges und unpersönliches Verhalten der Teammitglieder, gegenseitiges Kennenlernen, mitunter gespannte Stimmungslage
2. Phase: Konfliktphase (Storming oder Machtkampfphase)	Im Verlauf der Zusammenarbeit sind immer wieder Machtkämpfe und Konflikte im Team möglich. Wichtig ist, dass hier Spielregeln festgelegt und Konflikte so „bewältigt" werden, dass sie sich in positive Energie verwandeln.	Cliquenbildung, erste unterschwellige Konflikte brechen auf, mühsames Vorwärtskommen in der Sache (Ziele werden in Frage gestellt u. Ä.)
3. Phase: Normierungsphase (Norming, Stabilisierungsphase)	Im Laufe der Zeit bilden sich klare Teamregeln heraus, gegenseitige Unterstützung findet statt, ein Gruppengefühl entwickelt sich. Nun ist auch mehr Offenheit vorhanden. Mitunter entwickeln sich sogar Teamrituale.	Entwicklung neuer Umgangsformen und Verhaltensweisen, gegenseitiges Helfen in Problemsituationen

(Fortsetzung nächste Seite)

Tabelle 14.5 Teamentwicklungsphasen analysieren *(Fortsetzung)*

Teamentwicklungsphase	Erläuterungen zur Gruppenstruktur	Verhaltensweisen, Stimmungen
4. Phase: Leistungsphase (Performing, Produktionsphase)	Eine Konzentration auf die eigentliche Teamarbeit setzt sich durch, Teammitglieder können Aufgaben eigenständig bearbeiten. Kommunikations- und Entscheidungsprozesse laufen in geregelter Form ab.	Energie wird für effektive Arbeit frei, die Gruppe ist ziel- und ergebnisorientiert; engagiertes, leistungsorientiertes Verhalten; Solidarität bei Problemen
5. Phase: Abschlussphase (Ending oder Auflösungsphase)	Das Ende der Kooperationsarbeiten bedeutet auch die Auflösung des Teams.	Umsetzungsbemühen, Auflösungserscheinungen

Natürlich werden die genannten Phasen nicht alle nacheinander linear durchlaufen. So können Störungen von außen immer wieder zur Folge haben, dass ein Team, das schon gute Fortschritte gemacht hat, wieder in die Konfliktphase zurückgeworfen wird.

Im Verlauf fast aller Teambildungen gibt es „Durststrecken". Die Motivation der Teammitglieder kann im Laufe der Zeit nachlassen. In diesem Fall – aber auch zur Vorsorge – sind besondere Teamentwicklungsarbeiten nötig.

Die folgenden Symptome lassen auf **Störungen in der Teamentwicklung** schließen:

- **Interesselosigkeit** bei der Bearbeitung von Teamaufgaben: Das Team ist unkonzentriert und inkonsequent bei der Verfolgung der gemeinsamen Ziele und der sich daraus ergebenden Aufgaben. Die Vorbereitung auf Meetings erfolgt nur unzureichend, Diskussionen im Team verlaufen eher schleppend, anstehende Entscheidungen werden tendenziell aufgeschoben.

- Fehlende Übernahme von Verantwortung und **Unentschlossenheit** bei der Entscheidungsfindung: In Teammeetings wird oft abstrakt, auf einer theoretischen Ebene diskutiert, sodass konkrete Lösungsvorschläge ausbleiben. Gleichzeitig ist eine gewisse Angst vor den Folgen von Entscheidungen zu spüren. Im Extremfall weigern sich Teammitarbeiter sogar, Verantwortung zu übernehmen.

- **Konflikte im Team:** Feststellen lassen sich diese insbesondere dann, wenn permanent eine gespannte und aggressive Stimmung in den Teamsitzungen zu spüren ist. Typische Phänomene sind auch, dass Ideen schon angegriffen werden, obwohl sie noch gar nicht ausreichend dargelegt wurden, oder Argumente äußerst emotional und heftig vorgetragen werden. Das Klären und Lösen solcher Konfliktsituationen ist dann der einzige Lösungsweg, um wieder zu einer konstruktiven Teamarbeit zu kommen.

Werden Störungen in der Teamentwicklung wahrgenommen, müssen die **Ursachen für die beschriebenen Störungen im Team** analysiert werden. **Mögliche Störfaktoren** sind:

- **Kompetenzprobleme:** Teammitglieder verfügen über einen höchst unterschiedlichen Kenntnisstand, etwa bezüglich der Fachkompetenz, sodass sich keine Synergieeffekte bei der Teamarbeit ergeben.

- **Entscheidungsprobleme:** Die Arbeit im Team geht nicht so recht voran, weil man sich nicht zu den notwendigen klaren Entscheidungen durchringen kann.

- **Kommunikationsprobleme:** Kooperationsziele sowie die erwarteten Ergebnisse bleiben vielen Teammitgliedern nach wie vor unklar.
- **Informationsprobleme:** Probleme bei der Kooperation sind mitunter nur auf Schwierigkeiten beim Informationsaustausch unter den Beteiligten zurückzuführen.
- **Organisationsprobleme:** Ein vereinbarter Arbeitsplan, aus dem insbesondere ein Zeit- und Aktivitätenplan hervorgeht, fehlt. Dieser muss entsprechend nachgearbeitet werden.
- **Rollenkonflikte:** Rollen und Funktionen sind oft nicht eindeutig festgelegt. In diesem Fall muss noch einmal über das Rollenkonzept diskutiert und eine klare Festlegung der Verantwortung und Kompetenzen von Leitung und Team getroffen werden.
- **Beziehungsprobleme:** Es finden beispielsweise „Dominanzspiele" der Teammitglieder untereinander statt. Werden Beziehungsprobleme zwischen Teammitgliedern ignoriert, kann dies zu echten Krisen führen, wo auch sachlich angemessene Informationen und Argumente nicht mehr gehört und berücksichtigt werden.

Es empfiehlt sich, diese Störfaktoren im Einzelfall zu hinterfragen und daraufhin geeignete Maßnahmen zu ergreifen. Notwendig ist zumindest eine gewisse Sensibilität für die angeführten Störfaktoren.

Geeignete **Maßnahmen zur Bewältigung der genannten Störungen** bestehen primär in einem optimalen Beziehungsmanagement gegenüber allen Kooperationspartnern sowie in einem sorgfältig abgestimmten Informationsaustausch. Insofern liegt es natürlich nahe, dass – je nach Kooperationspartner – auch ein angepasstes und differenziertes Kooperationsverhalten notwendig ist:

- Die IT-Leitung sollte versuchen, die Merkmale von Top-Teams vorzuleben und das Umfeld im Team in regelmäßigen Abständen zu motivieren. Kundenorientierung sollte der wesentliche Leitsatz des Handelns im Team sein!
- Ein weiterer Erfolgsfaktor ist die Einstellung der einzelnen Teammitglieder. Positiv ist es, wenn jedes Teammitglied versucht, eine gemeinsame Wellenlänge mit dem Kooperationspartner zu erreichen. Da die jeweiligen Kooperationspartner naturgemäß höchst unterschiedlich sein können, ist dies nicht immer einfach. Teammitglieder benötigen in jedem Fall ein großes Repertoire an Verhaltensalternativen.
- Zur gemeinsamen Erreichung der Ziele ist außerdem immer wieder zu prüfen, ob die inhaltlichen Arbeitsschritte und Teillösungen dem Teamziel entsprechen. Daraufhin ist zu überlegen, ob die Art der Zusammenarbeit (Rollen- und Aufgabenverteilung, Teamklima, Machtverteilung) und die Art des Vorgehens (Methodik) zielführend sind.
- Außerdem sollte jedes Teammitglied die Wirkung, die es beim jeweiligen Gegenüber erzeugt, zur Kenntnis nehmen und als Spiegelung des eigenen Verhaltens betrachten. Dies erfordert mitunter den Mut, eingefahrene Gleise zu verlassen, und die Bereitschaft, neue Verhaltensweisen zu erlernen. Solche Anstrengungen werden aber sicher belohnt, weil sich jedes Mal eine neue Gelegenheit bietet, die eigene Persönlichkeit weiterzuentwickeln.

Eine wichtige Aufgabe der Teamleitung ist es, die **Teamentwicklung hinsichtlich der zu erreichenden Ziele zu steuern.** Weil die Teamarbeit zeitlich begrenzt ist, muss schnell eine funktionierende Arbeitsbasis geschaffen werden. Der IT-Leitung obliegt es, dazu in moderierender Weise das Team zu formen, Teamregeln zu vereinbaren und zu überwachen sowie die Verantwortlichkeiten zu regeln.

14.6.3 Teamkultur aufbauen und weiterentwickeln

Die Erfahrungen der Praxis zeigen: Die Unternehmenskultur bestimmt sehr stark auch den sozialen Orientierungsrahmen, den jedes Teammitglied entwickelt. Dennoch kann und sollte eine spezifische Teamkultur aufgebaut und gefördert werden.

Ein entscheidender Erfolgsfaktor von Teams ist die Zielorientierung. Ein Team kann nur dann eine optimale Leistung erbringen, wenn es eine gemeinsame Richtung einschlägt. Das „Wir"-Gefühl – der Teamgeist – muss immer an erster Stelle stehen.

Aufgabe der Teamleitung ist es, durch entsprechende Aktivitäten den Wirkungsgrad eines Teams positiv zu beeinflussen. Als wichtige **Orientierungen** werden heutzutage angesehen:

- Geben Sie möglichst strategische Richtlinien vor, keine taktischen! Jedes Team sollte eine gewisse „Mission" haben.
- Richten Sie das Team auf die gemeinsamen Ziele aus!
- Die Teamleitung sollte über Charisma verfügen.
- Bringen Sie Vielfalt ins Team!
- Verhelfen Sie dem Team zu Erfolgen!
- Stärken Sie das Elitegefühl und machen Sie Qualität zum Kult! Nützlich sind dabei ein sportlicher Teamgeist und das Herausstellen der „Einzigartigkeit" der Aufgabe.
- Nehmen Sie möglichst geringe Veränderungen in der Teamzusammensetzung vor (nach dem Grundsatz „never change a winning team").

In einem Team sind Menschen mit persönlichen Zielen für die Erfüllung einer gemeinsamen Aufgabe beschäftigt. Nur wenn es gelingt, die Mitarbeiter auf das gemeinsame Ziel auszurichten und an einem Strick ziehen zu lassen, kann das Team Höchstleistungen vollbringen.

Ein wichtiges Element einer modernen Teamkultur ist ausreichendes **Vertrauen** untereinander. Vertrauen ist die Basis für persönliche Kompetenz und beruflichen Erfolg. Eine gute Portion Vertrauen und Zuversicht fördert die Harmonie im Team.

Eine entscheidende Rolle spielt das Vertrauensverhältnis sowohl bei der Teamleitung-Team-Beziehung als auch bei den Beziehungen innerhalb des Teams. Jeder muss sich auf den anderen blind verlassen können! Einige wichtige Grundsätze für den **Aufbau und die Aufrechterhaltung von Vertrauen** zeigt die folgende Checkliste.

- Vertrauen entsteht durch die erfolgreiche Wahrnehmung von Verantwortung.
- Halten Sie Ihr Wort, wenn Sie anderen etwas versprechen.
- Achten Sie darauf, dass Sie Ihre Meinung immer ehrlich und offen äußern. Andere Menschen merken dann schnell, dass man Ihnen vertrauen kann.
- Achten Sie darauf, dass Sie zu Terminen (Teamsitzungen) und Verabredungen immer pünktlich erscheinen. Pünktlichkeit erzeugt bei manchen Menschen Vertrauen!

- Räumen Sie Ihrem Team administrative und organisatorische Hürden aus dem Weg. Teams kann man zeitweise völlig autonom arbeiten lassen bzw. in die Isolation „verbannen" (Hotel, abgelegenes Büro, Ferienhaus).
- Arbeiten Sie an einer positiven Ausstrahlung, die auf Vertrauen gebaut ist.
- Akzeptieren Sie andere Menschen so, wie sie sind. Versuchen Sie nicht, sie zu ändern. Wenn Sie Vertrauen schaffen wollen, müssen Sie selbst dem anderen ebenfalls vertrauen können. Vertrauen ist die Grundvoraussetzung für ein motivierendes menschliches Miteinander.
- Achten Sie auf Ihre Wortwahl. Die richtige Kommunikation ist die „Brücke von Mensch zu Mensch" und schafft gegenseitiges Vertrauen.
- Trauen Sie anderen Menschen mehr Verantwortung zu. Sie fördern auf diese Weise den harmonischen Umgang miteinander und schaffen gleichzeitig eine Atmosphäre des Vertrauens.
- Schieben Sie nie einen Fehler auf andere. Wer Fehler begeht, sollte diese auch zugeben. Anderenfalls merken Sie schnell, dass andere Ihnen misstrauen!

Im Rahmen der Globalisierung nimmt die Zahl der internationalen Aktivitäten immer mehr zu. International orientierte Teams setzen beim Teamleader ein besonderes Know-how voraus. Dies betrifft insbesondere die Teamarbeit, da nun weitere Spielregeln überlegt werden müssen, um Mitarbeiter aus den verschiedenen Nationen und Kulturen in das Vorhaben einzubeziehen und zu einem harmonierenden Team zu formen.

14.6.4 Wissensmanagement und Teamarbeit

Teams können in der IT-Organisation aus unterschiedlichen Gründen gebildet werden: In jedem Fall natürlich für Projekte, aber auch etwa für das Erbringen von Serviceleistungen sind Teams notwendig und vorteilhaft. Sie bieten allen Beteiligten die Chance, voneinander und miteinander zu lernen. Durch die Zusammenarbeit unterschiedlicher Spezialisten und unterschiedlicher Persönlichkeiten für ein gemeinsames Ziel, vielleicht gar für eine gemeinsame Vision, können die Teammitglieder einen enormen Lernzuwachs realisieren und gleichzeitig ein besseres Ergebnis gemäß Beauftragung erbringen.

In einem IT-Projekt beispielsweise müssen immer wieder neue Herausforderungen sowohl inhaltlicher Art als auch auf der zwischenmenschlichen oder der Meta-Ebene gemeistert werden. Gerade durch ein offenes Feedback der Partner im Projektteam kann sehr schnell gelernt werden, was wann wie wo am besten funktioniert.

Projektteams machen Fehler. Und Fehler sind ebenfalls Chancen zum Lernen. Für eine Organisation (ein Unternehmen) insgesamt und hier besonders für andere Projektteams kann es ausgesprochen wertvoll sein, das, was erfolgreich war, zu erkennen und von Fehlern zu lernen. Es bietet sich deshalb an zu prüfen, wie es gelingen kann, das in IT-Projekten Gelernte weiterzugeben oder gemeinsam zu erarbeiten.

Zunehmend wird in der Praxis auch die Notwendigkeit erkannt, Projekterfahrungen (Lessons learned) so aufzubereiten und zu sichern, dass sie auch zur Entwicklung, Akquisition und Bearbeitung neuer, ähnlicher IT-Projekte genutzt werden können. Findet keine Sicherung der Projekterfahrungen statt, hat dies zur Folge, dass

- wesentliche Informationen verloren gehen,
- wichtige Trends unerkannt bleiben,
- Wiederholungen von bereits an anderer Stelle erledigten Aufgaben vorkommen und
- wertvolle Erfahrungen aus früheren Projekten nicht zur Verfügung stehen.

In der Praxis ist für eine professionelle Sammlung, Speicherung und Nutzung des vorhandenen Wissens der Begriff des Wissensmanagements etabliert. Um ein verstärktes Wissensmanagement im Projektumfeld zu etablieren, sind vor allem einige Voraussetzungen zu schaffen:

- Wissensmanagement funktioniert nur dann, wenn in dem Unternehmen insgesamt und in dem Projekt eine hinreichende Vertrauenskultur herrscht. Diese lässt sich aber nicht verordnen. Durch ein zuverlässiges, aufrichtiges und berechenbares Handeln von Management, Projektleitung und eines jeden Teammitglieds wird diese Vertrauenskultur entwickelt und gefördert. Denn nur dort, wo die Projektmanagementkultur frei von jeder Geheimniskrämerei ist, kann Wissensmanagement funktionieren.
- Wissen wird vor allem durch Kommunikation entwickelt, transferiert und genutzt. Für Projekte ist insbesondere zu überlegen, welche Wissensmärkte für die Projektarbeit nutzbringend sind: Literatur, Seminare, Internet, externe Berater, Kontakte zu anderen Fachleuten, Informationen der Fachverbände, Netzwerke u. a. Auch die Projektdokumentation stellt eine gute Basis dar.
- Erfahrungen zeigen, dass es ganz hilfreich ist, Erfahrungswissen jeweils am Ende einer jeden Projektphase (Meilensteinsitzung) zu sichern, indem festgehalten wird, wie die jeweilige Phase „gelaufen" ist, und dann geprüft wird, was davon als Erfahrungswissen weitergegeben werden sollte.
- Die Aktivitäten des Wissensmanagements müssen die bisherigen Gestaltungsformen von Wissen (eingesetzte IT-Lösungen, Weiterbildungspolitik) einschließen. So bietet sich verstärkt die Nutzung der neuen Medien (Internet, Intranet) und moderner Archivierungssysteme an. Sie sind wichtige Enabler für eine effiziente Wissensbeschaffung, Wissensbewahrung und Wissensverteilung.
- Trotz aller Bemühungen gibt es in der Praxis immer noch weit verbreitete Barrieren in der Wissensverteilung. Sie werden kaum zu umgehen sein, wenn es jedem Einzelnen in der Organisation nicht klar ist, was zurückkommt, wenn er sein Wissen preisgibt.

Eine umfassende erfolgreiche Umsetzung von Projekt-Know-how zeigt die folgende beispielhafte Zusammenstellung der **Anwendungsfelder**:

- Verzeichnis von Methoden, Werkzeugen und Instrumenten und Hintergrundinformationen für sämtliche IT-Projekte,
- systematisierte Wissensaufbereitung (nach Themengebieten usw.) und Zuordnung der beteiligten Personen,
- Nachschlagewerk für administrative Routinetätigkeiten im Projektmanagement,
- Aufbereitung des impliziten Wissens durch Projektarbeit/Coaching-Gespräche,

- laufende Aktualisierung der Know-how-Profile des IT-Personals,
- intensive Aus- und Weiterbildung des IT-Personals,
- Wissenscontrolling – durch Bestimmung des Anteils des wiederverwendeten Wissens (Projektvorschläge/-entwürfe, Präsentationen, Markt-/Firmeninformationen usw.).

14.6.5 Organisation und Führung virtueller Teams

Durch das Aufkommen von Technologien, die das Internet und das unternehmenseigene Intranet unterstützen (zum Beispiel Sharepoint), ist eine neue Infrastruktur entstanden, über die gerade Mitarbeiter im IT-Projekt bzw. von IT-Serviceteams Informationen einfach und schnell weiterleiten können sowie auch die Zusammenarbeit im IT-Projekt auf eine neue Basis gestellt werden kann.

Eine erfolgreiche Zusammenarbeit im IT-Projekt hängt zu einem Großteil davon ab, ob Zielsetzungen, Erwartungen und Projektstatusinformationen klar weitergegeben werden – seien es nun Informationen an Mitglieder des Projektteams oder an Führungskräfte, die auf höchster Ebene über den Projektstatus informiert werden wollen.

Innerhalb einer Organisation bietet sich der Einsatz von Collaboration-Software (Groupware) an, wobei heute die integrierte Nutzung mobiler und webbasierter Systeme unverzichtbar ist. Die typischen Funktionen von Collaboration-Lösungen, die von IT-Teams genutzt werden können, sind:

- **Kommunikationsfunktionen:** Neben dem einfachen Versenden und Empfangen von E-Mails sind meist auch die Weiterleitung von Nachrichten eines Absenders an viele Empfänger (Verteilerlisten, Rundschreiben u. a.) sowie das integrierte Versenden von Dateien möglich. Erweiterte Systeme verfügen auch über Electronic-Messaging-Funktionen.
- **Terminplanung und Terminkoordination in Gruppen:** Bei Einsatz entsprechender Groupware lassen sich Termine zwischen den Projektgruppenmitgliedern über mehrere elektronische Kalender hinweg abstimmen. Das System kann dabei automatisch freie Termine in einem bestimmten Zeitrahmen suchen oder bei Vorgabe von Terminen prüfen, wo Überschneidungen vorliegen. Darüber hinaus können projektbezogene Gruppenkalender eingerichtet werden, die das System automatisch aktualisiert.
- **Dokumentenmanagement:** Nicht nur eine geordnete Archivierung und das komfortable Suchen von Dokumenten sind damit möglich. Auf diese Weise kann Groupware auch eine gemeinsame Bearbeitung von Projektdokumenten wesentlich vereinfachen. Damit ist gleichzeitig eine Basis für den Ausbau zu Wissensmanagementsystemen gegeben.
- **Einrichtung virtueller Arbeitsbereiche für Teams:** So lassen sich beispielsweise IT-Projekte abwickeln, indem Mitarbeiter verschiedener Organisationen einen gemeinsamen virtuellen Arbeitsbereich nutzen. Teilelemente können Diskussionsforen, Dateiablagen, Aufgabenverwaltung und Kalenderfunktionen sein.
- **Echtzeitkommunikation im Web:** Diese Funktionalität erlaubt es Mitarbeitern, über Audio- oder Videokonferenzen direkt miteinander zu kommunizieren und Dokumente oder Anwendungen via Web gemeinsam zu bearbeiten.

Gerade mit dem Internet haben sich die Möglichkeiten von Groupware gravierend geändert und erweitert. Die Produkte sind heute „Web-enabled" gestaltet, sodass die Groupware-

Funktionalität zusätzlich auch im Standard-Webbrowser zur Verfügung steht. Durch diese Entwicklung wird der Webbrowser mehr und mehr zur integrierten Benutzeroberfläche für die computerunterstützte Teamarbeit im Unternehmen sowie für unternehmensübergreifende IT-Projekte.

Eine Erweiterung der Anwendungen bietet sich gerade für die IT-Projekte an, in denen eine orts- und unternehmensübergreifende Zusammenarbeit gewünscht ist. Ein Beispiel: Wichtige Projekte mit straffen Zeitplänen benötigen mehr als nur E-Mail, Voice Mail, Fax und gemeinsame Meetings, um sie erfolgreich zu bewältigen. Oftmals sind Teammitglieder auch außerhalb der Unternehmens-Firewall und über mehrere Zeitzonen verteilt. Hier werden dann die erweiterten Webfunktionalitäten benötigt, die ein integriertes Arbeiten ermöglichen.

Wesentliche Vorteile von webbasierten Kommunikationsfunktionen in Integration mit Projektmanagementsoftware sind:

- **Bessere Planung und erfolgreiche Realisierung der Projektteamarbeit.** Teammitglieder können einen täglichen Arbeitsplan und ein individuelles Balkendiagramm (Gantt) im Kontext ihrer Projekte anzeigen, tatsächlich aufgewendete Stunden für Projektvorgänge und arbeitsfreie Zeit eingeben und Projektmitglieder über Urlaub oder andere Abwesenheitszeiten informieren. Mit der Berechtigung eines Projektmanagers können außerdem Vorgänge hinzugefügt oder an andere Teammitglieder Vorgänge/Aktivitäten delegiert werden.

- **Fortschrittsüberwachung durch aktuelle Informationsbereitstellung.** Projektmanager können bestimmen, welche Informationen automatisch aktualisiert werden können und welche Informationen von ihnen überprüft werden müssen, bevor ein Projekt aktualisiert wird. Sie können darüber hinaus Statusberichte von Teammitgliedern anfordern, die in einem Bericht zusammengefasst werden können.

- **Bereitstellung von umfassenden Projektinformationen.** Leitende Angestellte und andere Verantwortliche können sich Projektzusammenfassungen und „Ampel"-Symbole anzeigen lassen, damit sie den Fortschritt von Projekten besser beurteilen können. Sie können dann ganz nach Wunsch Einzelheiten untersuchen.

- **Standardisierte Arbeitsprozesse sparen Zeit und Frust.** Über einen zentralen Fileserver kann jeder zu jeder Zeit die für das Projekt wichtigen Dateien finden. Auf dem Server lagern verschiedene Projektordner mit nach einheitlichen Regeln benannten Dateien und Unterordnern. Nicht nur alle erforderlichen Assets (Grafiken, HTML-Dateien), auch alles andere Wichtige kann hier bereitstehen (Protokolle, To-do-Listen, Projektplan, Korrekturdokumentationen etc.).

■ 14.7 Personalführung und Leadership im IT-Bereich

Ist die Personalführung im IT-Bereich anders als in anderen Bereichen eines Unternehmens? Und wenn ja, liegt das an den Aufgaben oder an den Mitarbeitenden? Was immer die Antwort sein mag, Tatsache ist, dass in den vergangenen Jahren zum Teil sehr große

Anstrengungen unternommen worden sind, um den immer wichtiger werdenden IT-Bereich „in den Griff zu bekommen".

14.7.1 Digital Leadership

Der Unternehmensführung kommt für die digitale Transformation eine wesentliche Bedeutung zu. Um eine erfolgreiche Umsetzung der Digitalisierung für die Praxis von Unternehmen, Wirtschaft und Gesellschaft zu gewährleisten, gilt es für die Geschäftsführung (CEO) und das IT-Management (CIO, CTO und ggf. CDO) sich neu zu positionieren oder entsprechend gegenzusteuern. Für einen erfolgreichen digitalen Wandel ist insbesondere ein verbindliches und intensives Commitment auf der gesamten Managementebene wesentlich:

- Notwendig ist, dass Unternehmen – basierend auf einer Digitalisierungsstrategie – ihre digitalen Geschäftsmodelle konsequent nach einem strukturierten digitalen Masterplan aufbauen und in Projekten umsetzen.
- Die Umsetzung des digitalen Masterplans bedarf einer ganzheitlichen Managementunterstützung für alle Entwickler- und Implementationsteams.
- Wichtig ist darüber hinaus, dass die Unternehmensführung eine digitale Innovationskultur über alle Unternehmensbereiche hinweg fördert. Schlagworte wie Digital Leadership bzw. Digital Empowerment kennzeichnen die Richtung, in die es gehen muss.
- Führungsverantwortlichkeiten und -rollen (etwa der Chief Digital Officer) können – so die Meinung vieler Experten – dafür sorgen, dass die nötigen Leadership-Skills vorhanden sind und ein Entrepreneur-Geist entsteht.

Denkbare Maßnahmen der Innovationsförderung sind:

- Human Resources Management in den Fokus nehmen: Flexible Arbeitszeitmodelle und Regeln für Home-Office vereinbaren; Firmenkultur prägen.
- Facility Management im Fokus: Revitalisierung von Büros, Laboren etc. zum Digital Workplace, Ausstattung der Beschäftigten für verschiedene Arbeitsmodi (lokal, mobil, Team, Home-Office etc.).
- IT-Neuerungen frühzeitig erproben: Mobility-Technologien und Geräte (BYOD), Bereitstellung aller benötigter Applikationen und Daten, Self-Service-Portale und Automatisierung.

Wichtig ist auch ein aktives Talent-Management zur Stärkung der „Digital Skills". Besonders spezielle Ausbildungsprogramme, Digital Bootcamps, Mentoring oder der Aufbau von Digital Think Tanks tragen zur Optimierung der digitalen Arbeitsweise bei.

Merke: Die Digitalisierung verlangt von Unternehmen eine Überprüfung von Kultur und Führung. Damit das mittlere Management sich bewegen kann, braucht es ein neues Verständnis von seiner Rolle und davon, wie sich seine Spielräume und Verantwortung verändern.

Digital Mindset kennzeichnet, dass digitale Transformation nur dann erfolgreich gestaltet werden kann, wenn bei den Beschäftigten eine Verankerung und Veränderung im Hinblick auf digitales Denken und Handeln in nachhaltiger Verantwortung erfolgt. Mögliche Ansätze für eine solche Veränderung werden in dem Aufbau und der Umsetzung von „digital-awareness-Initiativen" gesehen, die alle Beschäftigen im Unternehmen „mitnehmen".

Beachten Sie:

Mittels eines sogenannten Digital Leaderships sollen entsprechende Veränderungen in der Unternehmenskultur, im Verhalten der Mitarbeiter, aber auch im öffentlichen Auftreten von Mitarbeitern und Managern initiiert und realisiert werden. Dies kann etwa durch das Schaffen von „kreativen Inseln" im Unternehmen ermöglicht werden, wobei aber auch wesentlich ist, dass sich diese nicht zu weit vom restlichen Unternehmen entfernen, sondern dieses mit den digitalen Innovationen „infizieren" müssen.

14.7.2 Das EFQM-Modell und die Rolle der Mitarbeiterführung

Das Europäische Modell für umfassendes Qualitätsmanagement entstand Anfang der 90er-Jahre im Schoße der E.F.Q.M. mit dem Ziel, die Selbstbewertung von Organisationen als wichtiges Managementinstrument zu fördern. Das Modell bildet auch die Grundlage für die Bewertung bei der Verleihung des European Quality Awards und wird darüber hinaus gerade derzeit gerne als Referenzmodell benützt, wenn es darum geht, die Frage zu beantworten, was man denn unter TQM konkret verstehen könnte.

Obwohl, wie es in den Richtlinien zur Selbstbewertung für Unternehmen ausdrücklich heißt, das Modell keinen normativen Charakter hat, können sowohl die sogenannten Befähiger-Kriterien als auch die Ergebnis-Kriterien als Orientierungshilfen bei der Ausgestaltung des Qualitätsmanagements in einer Organisation nutzbringend angewendet werden.

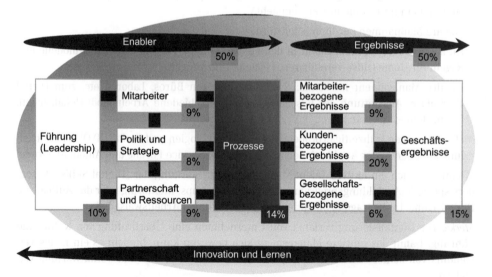

Bild 14.6 European Foundation for Quality Management (EFQM) im Überblick

Dabei fällt auf, dass den Mitarbeitenden und der Mitarbeiterführung sehr große Bedeutung beigemessen wird und entsprechend viele Aussagen dazu gemacht werden – direkt und indirekt. Die folgenden Auszüge mögen das illustrieren:

1. **Führung:** Das Verhalten aller Führungskräfte, um das Unternehmen zu umfassender Qualität zu führen.
   a) Sichtbares Engagement und Vorbildfunktion in Bezug auf umfassende Qualität
   b) Eine beständige TQM-Kultur
   c) Rechtzeitiges Anerkennen und Würdigen der Anstrengungen und Erfolge von Einzelpersonen und Teams
   d) Förderung von Total Quality durch Bereitstellung geeigneter Ressourcen und Unterstützung
   e) Engagement bei Kunden und Lieferanten
   f) Aktive Förderung von umfassender Qualität außerhalb des Unternehmens
2. **Politik und Strategie:** Daseinszweck, Wertesystem, Leitbild und strategische Ausrichtung des Unternehmens sowie die Art und Weise der Verwirklichung dieser Aspekte
   a) Wie Politik und Strategie auf dem Konzept der Umfassenden Qualität beruhen
   b) Wie Politik und Strategie aufgrund von relevanten und umfassenden Informationen festgelegt werden
   c) Wie Politik und Strategie in der gesamten Organisation realisiert werden
   d) Wie Politik und Strategie intern und extern bekannt gemacht werden
   e) Wie Politik und Strategie regelmäßig aktualisiert und verbessert werden
3. **Mitarbeiterorientierung:** der Umgang des Unternehmens mit seinen Mitarbeitern
   a) Wie Mitarbeiterressourcen geplant und verbessert werden
   b) Wie die Kompetenzen und Fähigkeiten der Mitarbeiter bei Personalplanung, Personalauswahl und Personalentwicklung erhalten und weiterentwickelt werden
   c) Wie Mitarbeiter und Teams Ziele vereinbaren und ständig die Leistung überprüfen
   d) Wie die Beteiligung aller Mitarbeiter am Prozess der ständigen Verbesserung gefördert wird und wie Mitarbeiter autorisiert werden, selbst zu handeln
   e) Wie eine wirksame Kommunikation über Hierarchieebenen hinweg von oben nach unten sowie umgekehrt und horizontal erzielt wird
4. **Ressourcen:** Management, Einsatz und Erhaltung von Ressourcen
   a) Management der finanziellen Ressourcen
   b) Management der Informationsressourcen
   c) Umgang mit Lieferanten, Materialien, Gebäuden und Ausrüstungsgütern
   d) Anwendung von Technologie
5. **Prozesse:** das Management aller wertschöpfenden Tätigkeiten im Unternehmen
   a) Wie die für den Unternehmenserfolg wesentlichen Prozesse identifiziert werden
   b) Wie das Unternehmen seine Prozesse systematisch führt
   c) Wie Prozesse überprüft und Verbesserungsziele gesetzt werden
   d) Wie das Unternehmen Innovation und Kreativität bei der Prozessverbesserung anregt
   e) Wie das Unternehmen Prozessveränderungen einführt und den Nutzen bewertet

6. **Kundenzufriedenheit:** was das Unternehmen im Hinblick auf die Zufriedenheit seiner externen Kunden leistet

   a) Die Beurteilung bezüglich der Produkte, Dienstleistungen und Kundenbeziehungen des Unternehmens durch die Kunden

   b) Die Entwicklung zusätzlicher Messgrößen, die die Zufriedenheit der Kunden des Unternehmens beschreiben

7. **Mitarbeiterzufriedenheit:** was das Unternehmen im Hinblick auf die Zufriedenheit seiner Mitarbeiter leistet

   a) Die Beurteilung des Unternehmens unter dem Aspekt der Qualität der Mitarbeiter. Mögliche Ansatzpunkte:
   - Motivationsfaktoren, z. B.: machbare Möglichkeiten, Autorisierung der Mitarbeiter, Mitarbeiterbeteiligung, Karrierechancen und Laufbahnplanung, Aus- und Weiterbildung, Leistungsanerkennung, Mitarbeiterbewertung und Zielvereinbarung
   - Zufriedenheitsfaktoren, z. B.: Daseinszweck, Wertesystem, Leitbild und Strategie des Unternehmens, Beschäftigungsbedingungen, Entlohnungssysteme, Arbeitsumfeld

   b) Die Entwicklung zusätzlicher Messgrößen, die die Zufriedenheit der Mitarbeiter des Unternehmens beschreiben.
   Mögliche Ansatzpunkte:
   - Zufriedenheitsfaktoren, z. B.: Schulungs- und Weiterbildungsniveau, Anerkennung der Leistung des Einzelnen und Teams, Abwesenheits- und Krankenstandquoten
   - Faktoren in Bezug auf Mitarbeiterbeurteilung, z. B.: Teilnahme an Verbesserungsteams, Teilnahme an Vorschlagsprogrammen

14.7.3 Agile Methoden im Führungsprozess

Agile Methoden verändern mehr als nur die Softwareentwicklungsprozesse in den Unternehmen. Nur durch eine angemessene agile (Führungs-)Kultur können agile Prinzipien und Methoden erfolgreich gelebt und umgesetzt werden. Vor allem die Führungskräfte müssen anhand entsprechender Personal- und Führungsinstrumente darin unterstützt werden, ihre gewohnten klassischen Denkmuster und Verhaltensweisen zu ändern und ein agiles Mindset anzunehmen. Das heißt in der Regel, dass nicht mit schnellen Resultaten zu rechnen ist, sondern dass eine höhere Selbststeuerungskompetenz der Mitarbeitenden gegebenenfalls als Lohn einer geänderten konsequenten und nachhaltigen Führungsleistung zu ernten ist.

Agile Führung verlangt eine Verschiebung der Schwerpunkte in den vier Aufgaben- bzw. Aktionsbereichen einer Führungskraft vom Aufgabenbereich MANAGEMENT in die Aufgabenbereiche LEADERSHIP und (Personal-)ENTWICKLUNG.

- Als Experte hat die Führungskraft Verantwortung für folgende Aufgaben: Qualitätsmanagement und Standards setzen, fachliches Coaching des Teams und Verantwortung für die fachlichen Kompetenzen (Know-how, Arbeitstechnik, Trends in der Branche …) und Ressourcen (technische Geräte, Arbeitsmethoden, -techniken und -tools …). Die große Herausforderung für Führungskräfte ist dabei, trotz eigenen Fachwissens nicht zu viel im operativen Tun mitzumischen.

- Als Manager steuert die Führungskraft die Organisationsstruktur, den Planungsprozess (Kennzahlen, Kostenmanagement ...), Zielvereinbarungen, Informationsmanagement und Besprechungen, Ressourcenplanung und Kostenmanagement. Hier bewegt sich die Führungskraft im Bereich der klassischen BWL und im Qualitätsmanagement.
- Als Leader beeinflusst die Führungskraft die Beziehungen im Team und zu jedem einzelnen Mitarbeiter. Sie sorgt für gute Kommunikation und menschlichen Umgang miteinander. Sie gestaltet und beeinflusst die Kultur und die Beziehungen im Team, sorgt für einen Teamspirit, motiviert und fördert die Mitarbeiter im Team.
- Als Entwickler sorgt die Führungskraft für Inspiration und attraktive Zukunftsbilder, für die Entwicklung eines Leitbilds, einer Strategie und die Umsetzung konkreter Ziele.

Führungskräfte übernehmen die Verantwortung für die bewusste Weiterentwicklung des Unternehmens und der einzelnen Mitarbeiter! Für diese Entwicklung brauchen sie spezielle Kompetenzen. Neben guter Fach-, Methoden- und Sozialkompetenz verlangt eine zeitgemäße Personalführung auch hohe Selbstkompetenz.

Entscheidend dabei ist auch, dass die Führungskräfte gerne führen und sich dabei an den folgenden **Leitgedanken** ausrichten, die nicht neu sind, aber im agilen Umfeld wesentlich an Bedeutung gewonnen haben:

- Die wertschätzende Haltung bestimmt den Umgang mit den Mitarbeitenden, mit anderen Führungskräften, mit Kunden, Lieferanten und allen anderen externen Partnern.
- Die Führungskräfte sind sich der Funktionen, die zur Führungsarbeit gehören, bewusst und üben diese situationsadäquat aus. Ihre praktische Handhabung entspricht ihren persönlichen, d. h. authentischen Fähigkeiten. Die wesentliche Wirkung erzielen die Führungskräfte kraft ihrer Persönlichkeit, zu deren Entwicklung sie ständig bewusste Maßnahmen setzen. Zur Sicherung ihrer Führungsqualität reflektieren sie ihre Führungsarbeit regelmäßig.
- Jede Intervention bei Mitarbeitenden muss mit einer Veränderung bei der Führungskraft beginnen bzw. mit einer Veränderung der Rahmenbedingungen der Mitarbeitenden verbunden sein.
- Auf ihre Aussagen und auf Vereinbarungen, die sie mit anderen treffen, kann man sich hundertprozentig verlassen, denn was sie sagen, das meinen sie auch, und was sie vereinbaren, das halten sie ein.
- Die Führungskräfte integrieren Prinzipien und Grundsätze des Unternehmens mit strategischen Absichten und Entscheidungen und mit ihren operativen Handlungen.
- Bei ihrer Arbeit gehen sie zielorientiert vor, und zwar im Detail genauso wie im Großen. Zum anderen beachten sie bei ihrer Führungsarbeit jeweils den stattfindenden Prozess, bei dem ihre Führungsgrundsätze lebendig erlebbar sind – Arbeits-, Entscheidungs-, Team-, Verkaufs-, oder Planungsprozesse nützen sie immer wieder als Lernmöglichkeiten. Somit gestalten Führungskräfte bewusst eine lernende, zukunftsfähige Organisation.
- Führungskräfte konzentrieren sich auf das Arbeiten mit und das Mobilisieren und Entwickeln von Ressourcen und Fähigkeiten im Unternehmen. Dementsprechend orientieren sie sich an vorhandenen Stärken und setzen diese zur Bewältigung von Herausforderungen und Problemstellungen ein.
- Führungskräfte nehmen bei ihrer Arbeit die relevanten Ebenen (z. B. die Inhalts-, Prozess- und Beziehungsebene, Handlungs- und Metaebene, die Ebene der Aufgaben, der

Rollen, der Macht, der Entscheidung, die Ebene der Vergangenheit, der Gegenwart und der Zukunft, die Ebene der Vernunft und der Intuition, die Ebenen der Materie, der Bewegung, der Energie und des Geistes usw.) bewusst wahr und wechseln die Ebenen ebenso bewusst.

- Führungskräfte setzen Instrumente der Führung, Techniken und Hilfsmittel bewusst und offen ein.
- Führungskräfte sind körperbewusst – zum einen, um ihre persönliche Leistungskraft zu erhalten, und zum anderen, um ihren Körper als Medium für intuitives Handeln zu nützen.
- Führungskräfte sind bereit zum Risiko und zum Handeln, „die beste (und einige würden sogar sagen einzige) Garantie für unternehmerischen Erfolg ist unternehmerisches Handeln". Unternehmerische Führungskräfte fragen nicht „Wer ist schuldig?", sondern „Was ist zu tun?".

Als ein besonderes Beispiel der **Anwendung agiler Führungstechniken** sei die Thematik der Zielvereinbarung herausgehoben. Klassischerweise wird hierbei auf **Management by Objectives** (MBO) als Führungsinstrument gesetzt. Vielfach erscheint dieser Ansatz im Zeitalter der agilen Führung nicht mehr zeitgemäß, da die Anwendung von MBO nicht mehr genügend Flexibilität bietet.

Als Alternative bzw. Weiterentwicklung wird die Managementtechnik **Objectives and Key Results** (OKR) gesehen. Dabei wird bei der Implementierung der Zielfindung nach **OKR** eine Orientierung an den bekannten agilen Frameworks wie Scrum oder Kanban vorgenommen. Empfohlen wird daher auch, die OKR-Einführung mit Teams zu starten, die schon mit agilen Methoden vertraut sind und deren Führungskräfte über das entsprechende „Mindset" verfügen.

Wo liegen die **Unterschiede** zwischen den beiden Techniken?

- Zielvereinbarungen auf Basis von MBO werden in der Regel jährlich vorgenommen. Dies führt dazu, dass bei einem dynamischen Arbeitsumfeld die Ziele selten aktuell sind. Sie müssen daher im Fall einer unterjährigen Nutzung umständlich „nachjustiert" werden. Im Gegensatz zu MBO geht die OKR-Technik von kürzeren Planungszeiträumen aus. So werden hier die Ziele quartalsweise gesetzt und überprüft. Beim Managementansatz OKR werden im Gegensatz zu MBO die Ziele quartalsweise gesetzt und überprüft.
- Beide Ansätze unterscheiden sich auch hinsichtlich der Festlegungen zur Zielbestimmung. So werden beim OKR-Ansatz die Objectives (Ziele) mit Key Results (Ergebniskennzahlen) unterlegt. Diese Festlegung ermöglicht es, die Zielerreichungen zu konkretisieren und zu messen. Objectives dienen dabei den jeweiligen Akteuren als Motivationsinstrument, während Key Results beschreiben, welche konkreten Ergebnisse auf dem Weg zur Zielerreichung nachgewiesen werden können.
- Interessant ist beim OKR-Ansatz, dass die Ziele von jeder Person von anderen Personen eingesehen werden können. Die OKRs schaffen daher allen Akteuren im Arbeitsumfeld Klarheit darüber, woran eine Person jeweils arbeitet.
- Beim MBO-Ansatz wird eine vollständige Zielerreichung (100 Prozent) angestrebt, während OKR-Ziele so definiert werden, dass eine Zielerreichung von 60 bis 70 Prozent durchaus ausreichend ist. Die Ziele können individuell, aber auch pro Gruppe gesetzt werden.

14.8 Anforderungen an IT-Führungshandeln in der Zukunft

Fünf **Herausforderungen** werden aktuell diskutiert, die wesentlich in Führungshandeln einzubeziehen sind:

- Fachkräftemangel im IT-Bereich bzw. zur Umsetzung der digitalen Transformation (z.B. durch demografischen Wandel),
- Umgang mit Heterogenität (unterschiedlichen Mitarbeitern etwa der Generation Y bzw. Z),
- integriertes Berücksichtigen von Gesundheitsmanagement,
- Arbeiten in neuen Organisationsformen (Teams, mobil, home etc.),
- Veränderungen der Arbeitswelt durch Digitalisierung.

Um dem drohenden **Fachkräftemangel** gerade bei IT-Fachkräften zu begegnen, sollte das IT-Management unterschiedliche Ansätze verfolgen. Eine Option besteht darin, Maßnahmen kontinuierlich zu entwickeln, damit die älteren Mitarbeiter länger dem Unternehmen erhalten bleiben. Somit ist das Personalmanagement gefordert, in der IT passende Jobs zu schaffen, wo auch älteres Personal länger mitarbeiten kann. Insgesamt können folgende Maßnahmen und Ziele verfolgt werden:

- Erhaltung der Leistungsfähigkeit aller Mitarbeiter,
- Förderung und Motivation,
- Kompetenzentwicklung,
- Kompetenzsicherung zur Erreichung der Geschäftsziele,
- Mitarbeiterbindung von leistungsfähigen und motivierten Mitarbeitern aller Altersgruppen,
- Sensibilisierung des Managements und der Beteiligten für demografierelevante Instrumente.

Zum **Umgang mit Heterogenität** ist festzustellen:

Eine Option liegt in der Nutzung der Möglichkeiten individueller Personalentwicklung:

- Kommunikation eines gemeinsamen transparenten Leitbilds eines modernen Mitarbeiters,
- Einbezug und Integration neuer Beschäftigungsformen, Arbeitsoptionen und Einstellungen (etwa zu Arbeitszeiten, Arbeitsorten etc.),
- Zusammenführung unterschiedlicher „Logiken" und „Geschwindigkeiten",
- Übergang von Diversity Management zu Heterogenität und Variabilität.

Gefordert sind:

- Bereitschaft zur Leistung sowie die Bereitschaft zur Verantwortungsübernahme als wesentliche Beurteilungsmerkmale,
- Vereinbarkeit von Leistungsorientierung mit partnerschaftlicher Zusammenarbeit sichern,

- neue Differenzierung: Technikaffinität vs. Betriebszugehörigkeit vs. Status,
- Toleranzmaßstäbe vereinbaren und Konfliktlösungsmechanismen entwickeln.

Eine **betriebliche Gesundheitsförderung** sollte kontinuierlich und vorbeugend stattfinden. Diese folgt meist einer betrieblichen Gesundheitspolitik. Dabei sollte man sich aber nicht nur auf die Einhaltung der Vorschriften aus dem Arbeitsschutz, wie zum Beispiel Schreibtischformate, Sesselbeschaffenheiten usw. halten, sondern auch dem „erweiterten Präventionsauftrag" nachkommen. Dazu sollen weitreichende Maßnahmen zum Erhalt der physischen sowie psychischen Arbeitsfähigkeit getroffen werden, die somit nicht nur vor Krankheit schützen, sondern auch bereits präventiv und vorausschauend die Gesundheit erhalten.

Die Gesundheitsförderung sollte im Interesse jedes Unternehmens sein, da diese Krankenquoten verringern und Kosten durch Personalausfälle reduzieren kann. Mitarbeiter der IT sind körperlich durch das lange Arbeiten am Schreibtisch mit dem PC betroffen, da diese oftmals die Pausenzeiten auslassen und zu lange in den Monitor sehen und so die Augen nicht entspannen. Psychisch ist oftmals eine starke Belastung durch das Arbeiten in Projektform festzustellen. Dabei treten Belastungen wie Stress und Zeitdruck auf. Auch fehlende Kompetenzen oder der Einsatz des falschen Personals für gewisse Tätigkeiten können den Mitarbeiter „krank" machen.

Als Beispiel sollten Projektmanager keine technischen Konzepte für Lösungen entwickeln müssen, da dies oftmals deren Kompetenzen überschreitet und dadurch erhöhter Aufwand und Stress entstehen können.

In der Praxis gibt es eine Reihe von gesundheitsfördernden Maßnahmen. So wird den Mitarbeitern Folgendes angeboten: Trainingsprogramme, Vergünstigungen in diversen Sportstudios, Business Run, Gesundheitstag.

Digitalisierte Arbeits- und Lebenswelten sind bereits heute allgegenwärtig. Dabei werden nicht nur die besonderen technischen Herausforderungen zu bewältigen sein. Auch die Arbeitsaufgaben und Arbeitsinhalte der Beschäftigten selbst stehen vor grundlegenden Veränderungen. Folgende Trends zeichnen sich ab:

- Für die Mehrheit der Beschäftigten in Produktion, Handel und Dienstleistungen wird es zu deutlich höheren Komplexitäts-, Abstraktions- und Problemlösungsanforderungen im Beruf kommen.
- Es ist zudem zu erwarten, dass ein höheres Maß an selbstgesteuertem Handeln, kommunikativen Kompetenzen und die Fähigkeit zur Selbstorganisation, als notwendige Voraussetzungen zur gewinnbringenden Teilhabe am Arbeitsleben, erforderlich sein werden.

Digitale Transformation wird nur dann erfolgreich gelingen, wenn der notwendige Wandel der **Arbeitsorganisation** und der Arbeitsweisen einbezogen wird, was einer gezielten Begleitung und Gestaltung bedarf. Die Beschäftigten werden also nicht nur Teil der skizzierten Entwicklungen und Veränderungen sein, sondern können und müssen sie auch selbst gestalten. Dabei werden zur Gestaltung der Arbeitsorganisation mehrere Faktoren wesentlich:

- die individuellen Bedürfnisse der Beschäftigten, wie etwa die zwingend erforderliche Vereinbarkeit von Familie und Beruf,
- das ortsunabhängige Arbeiten oder
- das mobile Lernen.

14.8 Anforderungen an IT-Führungshandeln in der Zukunft

Mit dem Wandel der Arbeitsorganisation durch die Digitalisierung müssen auch Konsequenzen für die Personalentwicklung und den Personaleinsatz einhergehen. Allgegenwärtige Collaboration-Technologien stellen bewährte Arbeitsstandards auf den Kopf. Denn bereits heute lebt jeder in recht ausgeprägtem Maß digital, beispielsweise, wenn wir mobile Apps nutzen, auf Cloud-Dienste zugreifen oder Informationen über soziale Netzwerke teilen. Gleichzeitig ändern sich die Mitarbeitertypen. Diese im digitalen Zeitalter geborene („born digital") Generation wird auch die Arbeitswelt insofern „formen", als den Bedürfnissen und Erwartungen in Bezug auf Arbeitsorganisation und Arbeitsweisen Rechnung getragen werden muss.

Fazit:

- **Demonstrieren Sie einen adäquaten Führungsstil und setzen Sie Führungsinstrumente gezielt ein!**
  Beachten Sie, dass es keinen generell richtigen Führungsstil gibt, sondern nur einen geeigneten, situationsadäquaten. Nur so kann eine „richtige" Behandlung aller Mitarbeiterinnen und Mitarbeiter gewährleistet werden. Wichtige Führungsinstrumente sind Zielvereinbarungen, systematische Mitarbeitergespräche und erfolgreiche Teammeetings!

- **Notwendig für eine erfolgreiche Führung sind eine professionelle Organisation und Gestaltung der Arbeit im und mit dem Team.**
  Teamentwicklung kann als Prozess angesehen werden, der mehrere Phasen umfasst: Forming, Storming, Norming, Performing, Ending. Das IT-Management sollte diese Phasen kennen und in der Lage sein, einzuschätzen, welche Maßnahmen zu bestimmten Zeitpunkten hilfreich sind, um erfolgreiche Teamarbeit und qualitativ hochwertige Ergebnisse der IT-Teams zu gewährleisten.

- **Aufgabe des IT-Managements ist es, eine förderliche Teamkultur aufzubauen und durch entsprechende Maßnahmen den Wirkungsgrad der Teams zu erhöhen.**
  Ein positives Innovationsklima im IT-Team ist erreichbar durch eine klare Zielorientierung und klare Kommunikationsstrukturen.

- **Schaffen Sie optimale Voraussetzungen für ein motiviertes Arbeitsteam!**
  Eine wichtige Quelle für den Arbeitserfolg sind die Mitglieder der IT-Teams und ihre Motivation. Je höher die Motivation, desto größer auch die Leistungsfähigkeit und desto besser die Ergebnisse.

14.9 Literatur

[Hu11]   *Hungenberg, H.; Wulf, T.:* Grundlagen der Unternehmensführung. 4. Auflage. Springer, Berlin 2011

[TU19]   *Thieler-Unge, R.:* Führung und Leadership in der Praxis: Durch emotionale Intelligenz und richtige Rhetorik zur erfolgreichen Führungskraft inkl. Mitarbeitergespräche aus der Praxis. Taschenbuch. Cherry Media 2019

[Ti17]   *Tiemeyer, E.:* Handbuch IT-Projektmanagement – Vorgehensmodelle, Managementinstrumente, Good Practices. 3. Auflage. Hanser, München 2017

[WiHo10] *Winkler, B.; Hofbauer, H.:* Das Mitarbeitergespräch als Führungsinstrument. Handbuch für Führungskräfte und Personalverantwortliche. 4., vollständig überarbeitete Auflage. Hanser, München 2010

15 IT-Controlling

Helmut Krcmar, Vanessa Greger

Fragen, die in diesem Kapitel beantwortet werden:

- Wie lässt sich IT-Controlling im Rahmen des IT-Managements einordnen und wie kann eine Positionierung in der Unternehmenspraxis erfolgen?
- Welche Möglichkeiten zur organisatorischen Einbindung des IT-Controllings in eine IT-Organisation bzw. ein Unternehmen gibt es?
- Welche Ziele werden mit der Einführung und Optimierung von IT-Controlling verfolgt?
- Welche Kernaufgaben des IT-Controllings sind zu unterscheiden?
- Wie hängen der Lebenszyklus von Informationssystemen und das IT-Controlling zusammen?
- Welche Methoden, Instrumente und Werkzeuge zur Unterstützung des IT-Controllings stehen zur Verfügung und haben sich in der Praxis bewährt?

■ 15.1 Begriff des IT-Controllings und konzeptionelle Aspekte

Mit dem sich wandelnden Verständnis der Rolle der Informationstechnologie (IT) in Unternehmen und Verwaltung hat sich auch das Verständnis bezüglich der Funktion des Controllings von IT und Informationssystemen (IS) verändert. Standen früher die von der IT verursachten Kosten im Mittelpunkt, so verschiebt sich der Fokus des IT-Controllings zunehmend auf die Darstellung von Leistungen, Wertbeiträgen und den Nutzen der IT (value management). Die Darstellung des IT-Controllings in diesem Kapitel folgt weitgehend den Darstellungen bei [AuKr99; Kü05; KeMüSc07; Kr10].

Wichtige Aufgaben des IT-Controllings bestehen darin, das Informationsmanagement (IM) einer Organisation zu koordinieren und das Management über die Effektivität und Effizienz der IT-Aktivitäten zu informieren, um gegebenenfalls rechtzeitig steuernd eingreifen zu können.

Ziele des Controllings umfassen daher Wirtschaftlichkeit, Effizienz und Effektivität von Planung, Steuerung und Kontrolle aller IT-Prozesse, deren Ressourcen und der IT-Infrastruktur [Kr10 unter Verwendung von Kr90].

Die Beschäftigung mit IT-Controlling führt zu einer wirtschaftlichen Betrachtung der Ressource Information. In Literatur und Praxis existieren diverse Controlling-Konzeptionen, die je nach Einsatzziel verschiedene inhaltliche Schwerpunkte setzen. Im angloamerikanischen Raum wird der Begriff „Controlling" äußerst selten verwendet. Er wird vielmehr durch die mit dem Controlling verbundenen, inhaltlichen Fragestellungen ersetzt. Unterschieden wird zwischen IT/IS (investment) evaluation, IT/IS (performance) measurement, measurement of IT/IS costs, benefits oder IT/business alignment, IT management accounting oder managerial accounting of IT [Sc06; Kü04].

15.1.1 Funktionsbegriff und Institutionenbegriff

Hinsichtlich der begrifflichen Einordnung von IT-Controlling findet sich entweder eine Positionierung als Institutionenbegriff oder als Funktionsbegriff.

Bei der Verwendung als **Institutionenbegriff** wird das IT-Controlling als Querschnittsfunktion im Unternehmen zur Unterstützung des organisationsweiten IM verstanden. Aus diesem Grund werden Schnittstellen mit dem Linienmanagement sowie der Controlling-Abteilung benötigt. Da diese unternehmensinterne Stellung äquivalent zur Stellung anderer Controlling-Bereiche ist, kann das IT-Controlling als Stabstelle, Parallelorganisation oder als Kombination dieser Formen in das Unternehmen integriert werden [Kr10].

Legt man den **Funktionsbegriff** zugrunde, kann das IT-Controlling nach Vöhringer [Vö04] nach drei Gestaltungsrichtungen unterschieden werden:

- Gewinnzielorientierung,
- Berichtswesen- bzw. Kennzahlenorientierung sowie
- Koordinationsorientierung.

Die gewinnzielorientierte Controlling-Konzeption ist auf die Gewährleistung der Gewinnerreichung ausgerichtet. Es werden überwiegend quantitative Kennzahlen zur Bewertung des Erfolgs eingesetzt.

Die berichtswesen- bzw. kennzahlenorientierte Konzeption konzentriert sich auf die Führungsunterstützung durch eine erhöhte Entscheidungsqualität. Diese soll durch die verbesserte Koordination der Beschaffung und Verarbeitung von Informationen gewährleistet werden. Es werden vorwiegend Informationen aus dem Rechnungs- und Berichtswesen verwendet.

Die koordinationsorientierte Controlling-Konzeption definiert die Sicherstellung von Koordinations-, Reaktions- und Anpassungsfähigkeit der Führung als Zweck des Controllings. Kernaufgabe des Controllings ist es demnach, die Systeme der Planung und Kontrolle sowie der Informationsversorgung zu koordinieren und zu steuern.

Die koordinationsorientierte Konzeption betrachtet das IT-Controlling als eigenständiges Subsystem der Führung und grenzt sich unter dem Gesichtspunkt des Institutionenbegriffs von den anderen Konzeptionen ab [Vö04]. [Vö04] beschreibt die Koordination von Führungssystemen als zentrale Funktion des IT-Controllings. Diese umfasst die Koordination sowohl innerhalb einzelner Teilsysteme als auch zwischen unterschiedlichen Teilsystemen.

Des Weiteren kann die Koordinationsfunktion in Anlehnung an [Vö04] in eine systembildende und eine systemkoppelnde Koordination unterteilt werden. Die systembildende Koordination umfasst die Errichtung von Planungs-, Kontroll- und Informationssystemen sowie die Bildung von Organen zur Gewährleistung der Koordination. Sie zielt auf die Abstimmung von Aufgaben ab. Die systemkoppelnde Koordination dient zur Problemlösung innerhalb existierender Systeme [Vö04]. Durch die gestiegene Bedeutung der Bewertung von Wertbeitrag, Leistungen und Nutzen der IT ist die koordinationsorientierte Konzeption zu einer vorherrschenden Stellung gelangt. Sie soll daher in der folgenden Betrachtung im Zentrum stehen.

Die Koordinationsfunktion umfasst im Sinne der unternehmensweiten Ziele den Lebenszyklus der IS, der IT-Infrastruktur sowie den Informationseinsatz [Kr10]. Sie dient neben der Versorgung des Unternehmens mit einheitlichen Methoden zur Informationsbeschaffung der Bereitstellung IT-basierter Werkzeuge zur Verwaltung von Geschäftsprozessen in den Geschäftsbereichen [Kr10]. Zusammenfassend lässt sich IT-Controlling vor dem Hintergrund des koordinationsorientierten Ansatzes wie folgt definieren:

 „IT-Controlling ist das Controlling der IT im Unternehmen. Das IT-Controlling soll die Formalziele Effizienz und Effektivität sowie die Sachziele Qualität, Funktionalität und Termineinhaltung der Informationsverarbeitung sicherstellen. Es wird hierbei nicht nur als reine Überwachungsfunktion verstanden, sondern hat eine Koordinationsfunktion für das gesamte Informationsmanagement." [Kr10] ∎

15.1.2 Organisatorische Einbindung des IT-Controllings

Aus der Definition des IT-Controlling-Begriffs ergibt sich, dass IT-Controlling und IT-Management eng zusammenarbeiten müssen. Häufig wird jedoch nicht ausreichend zwischen originären Managementaufgaben und den Aufgaben des Controllings unterschieden. Die Folge sind Missverständnisse und falsche oder fehlende Verantwortlichkeiten.

15.1.2.1 Abgrenzung IT-Controlling und IT-Management

Während das IT-Management *ergebnis*verantwortlich ist (z. B. in Form eines Cost- oder Profit-Centers), ist das IT-Controlling *transparenz*verantwortlich und bietet dem Management einen Informations-, Entscheidungs- und Koordinationsservice (vgl. [Kü06]). Im Rahmen dieser Führungsunterstützung übernimmt das IT-Controlling Entlastungs-, Ergänzungs- und Begrenzungsaufgaben [We04].

Entlastungsaufgaben können laut [We04] zwar vom IT-Management selbst wahrgenommen werden (z. B. Berichtswesen oder Abweichungsanalysen), aber durch Delegation und Spezialisierung des Controllings können sie von diesem besser, schneller und weniger aufwendig erfüllt werden. Bei diesen Aufgaben ist das IT-Controlling dem IT-Management unmittelbar nützlich.

Im Bereich der *Ergänzungsaufgaben* ist diese unmittelbare Nützlichkeit nicht gegeben [We04]: Das IT-Management kann solche Aufgaben nicht mehr vollständig hinsichtlich Umfang, Inhalt und Ergebnis einschätzen. Es erkennt jedoch die Bedeutung der Aufgaben und fordert einen zweiten Blick auf die eigene Einschätzung. Dies ist z. B. der Fall, wenn eine höhere Führungsebene die Überprüfung einer Entscheidung durch das mittlere IT-Management veranlasst.

Begrenzungsaufgaben stellen einen Sonderfall der Ergänzungsaufgaben dar. Hier liegt ein „Wollensproblem" seitens des IT-Managers vor, beispielsweise das Verlassen eines von einer höheren Instanz gesetzten Rahmens [We04].

Darüber hinaus dient das IT-Controlling der Rationalitätssicherung der Führung bzw. der Sicherung der Führungsqualität selbst: Es gibt einen Rahmen zur Sicherung von Effizienz (richtige Mittel) und Effektivität (richtiger Zweck) des IT-Managements vor [We04].

15.1.2.2 Zusammenhang zwischen IT-Controlling und IT-Governance

IT-Governance-Formen lassen sich in Abhängigkeit vom Ort, an dem IT-Entscheidungen getroffen werden, und anhand der jeweils zugrunde liegenden Strukturen in sechs Entscheidungstypen von zentraler Entscheidung bis hin zu dezentraler Entscheidung klassifizieren [WeRo04]. Diese Entscheidungstypen sind:

- **Geschäftsmonarchie:** Entscheidungen werden durch ein Mitglied der Geschäftsleitung oder eine Gruppe von Geschäftsleitern getroffen.
- **IT-Monarchie:** Entscheidungen werden durch den IT-Leiter oder eine Gruppe von IT-Verantwortlichen getroffen.
- **Föderalismus:** Entscheidungen werden durch Führungskräfte der mittleren Führungsebenen aus allen operativen Geschäftsbereichen getroffen; dies berücksichtigt auch die Einbindung der IT-Leitung.
- **IT-Duopol:** Entscheidungen werden durch die IT-Leitung und eine Gruppe aus Mitgliedern der Geschäftsleitung getroffen.
- **Feudalismus:** Entscheidungen werden jeweils selbstständig auf Fachbereichsebene getroffen.
- **Anarchie:** Entscheidungen werden selbstständig durch Nutzer oder eine Gruppe von Nutzern getroffen.

Diese Klassifikation ist nicht nur auf der Ebene der Entscheidungsfindung relevant, sondern kann auch Auskunft über die Herkunft des Inputs für die Entscheidungsfinder geben [WeRo04]. Je nach Governance-Struktur entstehen unterschiedliche Anforderungen an die IT und folglich auch an das IT-Controlling, welches als Steuerungsinstrument im Rahmen der IT-Governance angesehen werden kann (vgl. Kapitel 17).

15.1.2.3 Einbindung des IT-Controllings in die Organisation[1]

In Abhängigkeit von der vorliegenden IT-Governance gibt es unterschiedliche Möglichkeiten für die Einbettung des IT-Controllings in die Organisation. Diese Möglichkeiten lassen sich mit folgenden Fragestellungen beschreiben (vgl. [Kü05]):

---

[1] Quelle: Überwiegend [Kü05]

- Welcher Abteilung soll das IT-Controlling organisatorisch zugeordnet werden?
- Ist es sinnvoll, eine eigenständige IT-Controlling-Abteilung zu errichten, und wenn ja, wie soll sie personell besetzt werden?
- Wie sollen IT-Controlling-Aufgaben aufgegliedert werden?

IT-Controlling sollte nahe bei den Managemententscheidern im Sinne der IT-Governance verortet werden. Folglich bietet es sich an, das Controlling der IT-Leistungsverwendung dezentral in den Fachbereichen anzusiedeln. Organisationsweite Fragestellungen der IT-Leistungserstellung sollten hingegen zentral in der IT-Organisation gesteuert werden [Kr10; Kü05]. So lässt sich eine bedarfsgerechte Ausgestaltung des IT-Controllings erreichen. Jedoch entsteht im Vergleich mit einer rein zentralen Organisation ein erhöhter Koordinationsaufwand. Zudem können Synergieeffekte nur schwer genutzt werden.

Mögliche Positionierungen des IT-Controllings in der Organisation stellt Bild 15.1 dar.

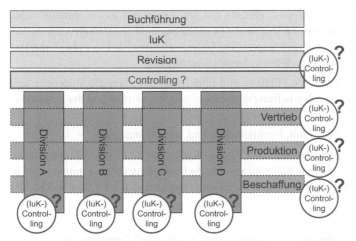

Bild 15.1 Organisatorische Einbettung des IT-Controllings

Wird das IT-Controlling als Querschnittsfunktion zur Unterstützung des unternehmensweiten IM aufgefasst, so sind entsprechende Schnittstellen mit dem Linienmanagement sowie der Controlling-Abteilung zu bilden [KrBu94]. Da diese unternehmensinterne Stellung äquivalent zur Stellung anderer Controlling-Bereiche ist, kann auch das IT-Controlling als Stabsstelle, Parallelorganisation oder als Kombination dieser Formen in das Unternehmen integriert werden. Jedoch muss aufgrund der Querschnittsfunktion bei der Umsetzung festgelegt werden, welche Entscheidungsbefugnisse für diesen Bereich gegeben sind und über welche Qualifikation der Mitarbeiter verfügen muss [KrBu94].

Die Entscheidung für die Errichtung eines eigenständigen IT-Controllings hängt im Wesentlichen vom Umfang und von der Häufigkeit der IT-Nutzung, der strategischen Bedeutung der IT, der Art der IT-Leistungserstellung, der Unternehmensgröße sowie von existierenden Controlling-Konzepten ab [Kü05].

15.2 Ziele, Objekte und Aufgaben des IT-Controllings

Startpunkt der Entwicklung eines IT-Controlling-Konzepts sind Vereinbarungen zu dessen Zielen. Die Ziele definieren die Objekte, mit denen sich das IT-Controlling beschäftigt. Aus den Objekten können dann konkrete Herausforderungen und Aufgabenfelder abgeleitet werden.

15.2.1 Ziele und Objekte für ein IT-Controlling

Die Ziele von IT-Controlling-Konzepten müssen mit den Zielen des unternehmensweiten Controllings abgestimmt werden. Zudem setzt IT-Controlling eine IT-Strategie voraus. Aus den Zielen der IT-Strategie lassen sich Controlling-Objekte ableiten [Ho11]. Dabei kann laut [Kr10] zwischen Formal- und Sachzielen unterschieden werden:

- Zu den *Formalzielen* gehören die Effizienz und Effektivität der Planung, Steuerung und Kontrolle aller Informationsverarbeitungsprozesse, deren Ressourcen und der Infrastruktur im Unternehmen.
- Zu den *Sachzielen* zählen Qualität, Funktionalität und Termineinhaltung.

Ausgehend von den Aufgaben des IM, den Zielen allgemeiner Controlling-Konzeptionen und des IT-Controllings werden nachfolgend spezifische Controlling-Objekte herausgearbeitet und in Teilbereiche untergliedert. Diese Aufteilung orientiert sich am Lebenszyklus der IS [Kr10].

Grundsätzlich ist zwischen strategischem und operativem IT-Controlling zu unterscheiden: Das strategische Controlling unterstützt die Koordinierung der IT-Strategieplanung und misst den Grad der IT-Strategieerreichung. Gegebenenfalls sind Abweichungsanalysen zu erstellen. Das operative Controlling koordiniert die Einzelplanungen von Ressourcen, Leistungen, Projekten und Maßnahmen. Es dient der systematischen Messung des Ist-Zustands im IT-Betrieb und bereitet die Informationen für die Entscheidungsträger auf.

Strategisches IT-Controlling

Das strategische IT-Controlling befasst sich nach [Kr10] mit der Integration der strategischen Ziele der Informationswirtschaft in die strategische Planung des Unternehmens. Auf diese Weise soll die Effektivität des IM gewährleistet werden. Die Wirtschaftlichkeit und die Versorgung des Unternehmens mit geeigneten Informationen stehen im Vordergrund. Weitere Ziele bzw. Aufgaben des strategischen IT-Controllings sind nach [Kr10] in der Qualitätssicherung der gelieferten Informationen, der Instandhaltung verwendeter Programme zur Gewährleistung der bereitgestellten Funktionalität sowie der Einhaltung von Terminen zu sehen. Die Strategie des Unternehmens und deren Gesamtziele sollen unterstützt werden. Um die interne Akzeptanz des Controllings nicht zu gefährden, muss das Verhältnis von Aufwand und Nutzen beachtet werden [Kr10]. Aus dieser Zielsetzung lassen sich die folgenden zu unterstützenden Controlling-Objekte ableiten:

- IT-Strategieentwicklung,
- Planung, Kontrolle und Steuerung der IT-Architektur als Basis für die langfristige strategische Ausrichtung der IT-Landschaft an der Gesamtstrategie (vgl. Kapitel 3) sowie
- Planung und Priorisierung von (mittel- bis langfristigen) IT-Vorhaben (Grundlage für eine langfristige, strategische Ausrichtung an den Geschäftsprozessen).

Operatives IT-Controlling

Die Ziele des operativen IT-Controllings werden aus dem Leistungsspektrum und den Leistungsprozessen der IT abgeleitet. Die Anwender der Fachbereiche nehmen Leistungen ab, die in Form sogenannter IT-Services von der IT-Abteilung bzw. dem IT-Dienstleister angeboten werden. Die Leistungsbereiche entsprechen den Controlling-Objekten. Die Controlling-Bereiche des operativen IT-Controllings resultieren aus dem Lebenszyklus der IS und umfassen folgende Objekte [Kr10]:

- IT-Portfolio (IT-Masterplan),
- IT-Projekte,
- IT-Produkte,
- IT-Infrastrukturen und deren Komponenten sowie
- IT-Prozesse.

15.2.2 Aufgaben im IT-Controlling

Analog zu den strategischen und operativen Zielen und Objekten des IT-Controllings kann zwischen strategischen und operativen Aufgaben unterschieden werden.

Strategische Aufgaben

Die strategischen IT-Controlling-Aufgaben umfassen die Festlegung geeigneter Maßnahmen und Projekte, die die Organisation bei der Zielerreichung optimal unterstützen. Letztlich geht es um die Unterstützung der IT-Strategieentwicklung. Diese beschäftigt sich mit der Formulierung eines definierten Soll-Zustands und der Identifizierung des daraus abzuleitenden Handlungsbedarfs sowie der Ermittlung von Handlungsoptionen für den IT-Bereich [KrBuRe00]. Ein wesentlicher Bestandteil der IT-Strategie ist die langfristige Ausrichtung der IT an den Geschäftsprozessen. Sie definiert die Ist- und Soll-Struktur der IT-Landschaft und gibt die zukünftige Entwicklung der IT-Controlling-Objekte vor (vgl. Kapitel 2).

Mit der langfristigen Ausrichtung der IT an den Geschäftsprozessen liefert das strategische IT-Controlling den Entscheidungsträgern grundlegende Informationen zur Weiterentwicklung der IT-Architektur. Zur langfristigen Ausrichtung der IT an den Fachprozessen wird die Planung von IT-Vorhaben und IT-Projekten benötigt. Durch die übergeordnete Betrachtung aller IT-Projekte, die Berücksichtigung des Gesamtnutzens bzw. des Gesamtrisikos sowie die Analyse von eventuellen Abhängigkeiten können die strategische Relevanz und Effektivität des IT-Portfolios für die Gesamtorganisation sichergestellt werden [KrBuRe00].

Operative Aufgaben

Die operativen Aufgaben des IT-Controllings stellen eine Kombination aus den Aufgaben des IM und des Controllings dar [Kr10]: Das Controlling der Anwendungssysteme kann in Anlehnung an den Lebenszyklus von IS in die Objektbereiche

- Portfolio-Controlling,
- Projekt-Controlling,
- Produkt-Controlling sowie
- Infrastruktur-Controlling

unterteilt werden. Diese Unterteilung ist in Bild 15.2 dargestellt.

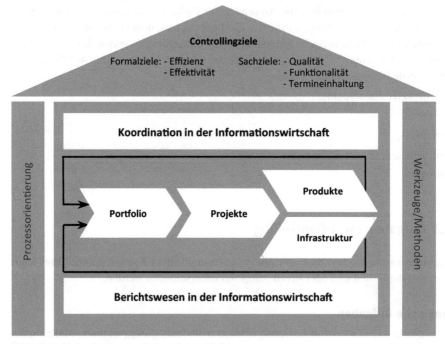

Bild 15.2 IT-Controlling im Unternehmen [Kr10]

Um das IT-Controlling als Unterstützung bei der Entscheidungsfindung für das IT-Management nutzen zu können, ist ein Berichtswesen notwendig, in dem adäquate Kenngrößen den IT-Controlling-Prozess zusammenfassend darstellen und somit zur Steuerung und Kontrolle des IM eingesetzt werden können [KrBu94]. Die genannten Objekt-Bereiche werden im Folgenden näher erläutert.

 Beachten Sie:

Orientierungspunkte im IT-Controlling sind Prozessorientierung (Geschäftsprozessunterstützung) sowie Werkzeuge und Methoden. Häufig angewandte Methoden sind beispielsweise Kennzahlensysteme und der Vergleich von

Kennzahlen durch Benchmarking. Die Hauptaufgabe des IT-Controllings ist die Koordination der Informationswirtschaft, die sich als Koordination der Teilbereiche und Abstimmung einzelner Aktivitäten mit den Zielen versteht.

15.2.2.1 Portfolio-Controlling

Die Portfolio-Analyse dient zur Unterstützung des IM bei der strategischen Planung von IT-Projekten durch passende Verfahren der Planung und entsprechende Instrumente (vgl. Kapitel 5). Durch ein Portfolio-Controlling als Teil des IT-Controllings sollen die Beurteilung und die Selektion von zukünftigen, geplanten oder existierenden IT-Projekten erleichtert und die Transparenz bei laufenden IT-Projekten verbessert werden. Hierfür werden oft Projektdatenbanken erstellt und gepflegt sowie wichtige Eckdaten, wie der Gesamtnutzen und das Gesamtrisiko der jeweiligen IT-Projekte, anhand geeigneter Größen ermittelt und dargestellt [KrBuRe00] (vgl. Bild 15.3).

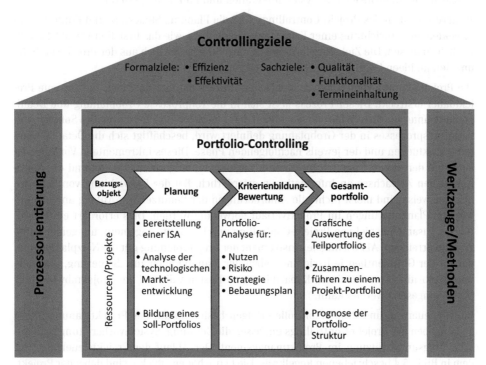

Bild 15.3 Portfolio-Controlling [Kr10]

 Das Portfolio-Controlling muss nach [Kr10] strategische Relevanz und Wirtschaftlichkeit aller Anwendungen sicherstellen. Seine wichtigste Funktion ist demnach die Unterstützung des Informationsmanagements mit Planungsverfahren und Instrumenten für die Bewertung und Auswahl von IT-Projekten. Als ein geeignetes Instrument zur Unterstützung des Portfolio-Controllings wird die Portfolio-Analyse angesehen.

15.2.2.2 Projekt-Controlling[2]

Kernaufgabe im Projekt-Controlling ist die Unterstützung des Projektmanagements bei der Durchführung der IT-Projekte: Hierfür müssen geeignete Methoden ausgewählt, passende Instrumente zur Verfügung gestellt und notwendige Informationen bereitgestellt werden. Betrachtet man ein Projekt als die Erfüllung einer Aufgabe in einem festgelegten Zeitraum mit limitierten Ressourcen innerhalb einer bestimmten Organisation, so kann Projekt-Controlling als „integriertes System zur Planung, Steuerung und Kontrolle von Kosten, Terminen und Leistungen eines Projekts" [Kr10] verstanden werden. Zwar existieren verschiedene Arten von Projekten, wie z.B. Softwareentwicklungs- oder Wartungsprojekte, doch unterliegen alle IT-Projekte einem Lebenszyklus. Während dieses Lebenszyklus ist es Aufgabe des Projekt-Controllings, die Durchführung des Projekts mit verschiedenen, der Art des Projekts angemessenen Instrumenten zu unterstützen. Soll der Ablauf des Projekt-Controllings genauer betrachtet werden, so ist eine Orientierung an den Projektphasen sinnvoll. Diese gliedern ein Projekt in die Abschnitte Anforderungsanalyse, Fachspezifikation, IT-Spezifikation, Realisierung, Systemintegration und Einführung [So87].

Weitere Aufgaben des Projekt-Controllings sind die Planung, Steuerung und Kontrolle von Projekten, die Einrichtung einer Erfahrungsdatenbank sowie das Erstellen von Wirtschaftlichkeitsanalysen. Die Ziele für ein Projekt-Controlling lassen sich aus der Projektvorstudie und den im Ideen-Controlling entstandenen Projektzielen entwickeln.

Die Projektplanung stellt einen dynamischen Prozess dar, der sich über die gesamte Projektdauer erstreckt. Dieser Prozess lässt sich in die Teilprozesse Grobplanung und Detailplanung untergliedern: Während der Ablauf der unterschiedlichen Phasen des Softwareentwicklungsprozesses in der Grobplanung definiert wird, beschäftigt sich die Detailplanung mit der aktuellen und der jeweils nachfolgenden Phase. Dieses inkrementelle Vorgehen ist aufgrund der unzureichenden Informationslage am Anfang eines Projekts und des kontinuierlichen Zuwachses an Informationen erforderlich. Bei der Entwicklung von Software beispielsweise sind meist nicht alle Anforderungen der Benutzer von Anfang an bekannt, weshalb Planänderungen im Projektverlauf notwendig werden. Dies erfordert ein koordiniertes Zusammenspiel von Projekt-Controlling und Projektmanagement, um gemeinsame Ziele zu erreichen. Als wichtigstes Instrument der Projektplanung gilt die Netzplantechnik, die auf der Graphentheorie basierend neben der Planung auch zur „Steuerung, Kontrolle und Disposition von Terminen, Kapazitäten und Kosten während der Projektabwicklung" [Kr10] eingesetzt werden kann.

Projektsteuerung und Projektkontrolle erfolgen basierend auf der Projektplanung: Diese Teilaufgaben des Projekt-Controllings umfassen die Beratung, Systemvorbereitung und Entscheidungsunterstützung im Projektmanagement. Der Ablauf der Projektsteuerung folgt dem in Bild 15.4 beschriebenen Regelkreis. Die betrachteten Objekte sind dabei der Projektfortschritt anhand von Meilensteinen, Terminen, Kapazitäten, Projektkosten, Qualität und Wirtschaftlichkeit.

---

[2] Quelle: Überwiegend [Kr10]

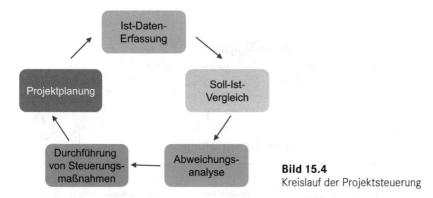

Bild 15.4
Kreislauf der Projektsteuerung

Der Projektfortschritt wird anhand von Berichten der Projektmitarbeiter kontrolliert und gesteuert. Der aktuelle Stand des Projekts wird durch die Auswertung der Ist-Daten ermittelt und dokumentiert. Außerdem wird die Terminsituation von Arbeitspaketen überprüft, wobei bei der Entwicklung von Software darauf zu achten ist, dass häufig Anforderungen ohne Beachtung von Qualitätsstandards als erreicht deklariert werden.

Um den Kapazitätsverbrauch festzustellen, werden verschiedene Verfahren zur Messung von Personalkapazitäten und der Rechnernutzung angewendet. Projektkosten können dabei mithilfe einer prozessorientierten Projektkalkulation überwacht werden.

Damit das Controlling eine unterstützende Funktion bei der Entscheidungsfindung übernehmen kann, ist die Errichtung einer Erfahrungsdatenbank vor allem bei der Planungsunterstützung des IM erforderlich. Auch das Berichtswesen basiert wesentlich auf Informationen aus dieser Datenbank. Durch die Bereitstellung einheitlicher Qualitätsstandards soll das Controlling die Qualitätssicherung von IT-Projekten gewährleisten. Diese muss unter dem Aspekt der Wirtschaftlichkeit stattfinden. Für das gesamte Projekt ist eine rollierende, projektbegleitende Wirtschaftlichkeitsanalyse durchzuführen, die unter anderem bei der nachträglichen Betrachtung von Projekten zur Erhebung von Kennzahlen und zur Erweiterung der Erfahrungsdatenbank dient [Kr10 unter Verwendung von So87].

Weitere Aufgaben des Projekt-Controllings sind die Bereitstellung von Informationen für das Projekt Management Office und die Projektleitung, die Generierung von Berichten und die Dokumentation der IT-Projekte auf Basis der Erfahrungsdatenbank. Den kompletten Ablauf für ein Projekt-Controlling stellt Bild 15.5 dar.

 Beim **Projekt-Controlling** geht es um die Überwachung der Wirtschaftlichkeit, Qualität und Funktionalität einzelner Maßnahmen. Nachdem ein IT-Projekt ausgewählt worden ist, hat das Projekt-Controlling das IT-Management mit den für die Projektrealisierung notwendigen Methoden, Instrumenten und Informationen zu versorgen. Zu den Teilaufgaben zählen dabei die Projektplanung, -steuerung und -kontrolle, der Aufbau einer Erfahrungsdatenbank sowie die Durchführung von Wirtschaftlichkeitsanalysen.

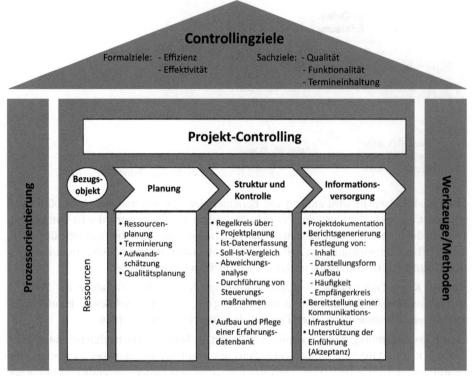

Bild 15.5 Projekt-Controlling [Kr10]

15.2.2.3 Produkt-Controlling[3]

Sobald ein IT-Produkt (zum Beispiel eine Applikation oder ein Service) fertiggestellt und eingeführt wurde, ist es Aufgabe des IT-Controllings, die effektive und effiziente Nutzung des Produkts über den gesamten **Produktlebenszyklus** zu koordinieren. Dabei sind die

- Betreuung,
- Wartung,
- Weiterentwicklung sowie
- Anpassung an neue Systemumfelder

als Aufgaben des IM zu betrachten. Die Unterstützung dieser Prozesse durch das Controlling mit Instrumenten zur Koordination soll helfen, die Folgekosten von Projekten gering zu halten. Weil die Kosten für Produktanpassungen bis zu 80 Prozent der Kosten des gesamten Lebenszyklus betragen, muss das Controlling zur Kontrolle dieser Tätigkeiten passende Methoden und Werkzeuge zur Verfügung stellen. Um die Überwachung der Folgekosten zu ermöglichen, empfiehlt es sich, das Controlling an der Geschäftsprozessdefinition zu beteiligen, da sich aus den Prozessdefinitionen die notwendigen Tätigkeiten zur Produktmodifikation ableiten lassen.

---

[3] Quelle: Überwiegend [Kr10]

Durch die Verwendung von Informationen über frühere Systeme aus der Erfahrungsdatenbank können Wartungszeiten verringert und Modifikationsprojekte verbessert werden. Mithilfe einer kontinuierlichen Kosten-Nutzen-Analyse kann das Produktmanagement bei der Entscheidungsfindung zur Durchführung von Modifikationsprojekten unterstützt werden. Somit fallen auch Produktmodifikationsprojekte in den Aufgabenbereich des Controllings, weshalb die Budgetierung und Verrechnung von Aufwänden bei bereichsübergreifend eingesetzten Produkten durch Kostenverrechnung stattfinden kann. Des Weiteren gehören die Wirtschaftlichkeitsbetrachtung des Anwendungseinsatzes sowie die Ermittlung der Akzeptanz eines Systems zu den Aufgaben des Produkt-Controllings. Auf dieser Basis müssen Entscheidungen über den Ersatz eines Produkts und dessen Zeitpunkt vorbereitet werden.

Beim Einsatz von Standardsoftware entstehen hohe Kosten für die individuelle Anpassung der Systeme an die unternehmensinternen Anforderungen und Gegebenheiten [AuKr99]. Durch häufige Release-Wechsel und den daraus resultierenden Implementierungsaufwand entstehen weitere Aufwendungen. Weil Wartung und Weiterentwicklung der Standardsoftware größtenteils vom Hersteller übernommen werden, rücken Planung und Steuerung des Gesamtaufwands und der internen IT-Kapazitäten in den Hintergrund. Durch externe Wartungs- und Serviceverträge erfolgt die Aktualisierung der eingesetzten Produkte zu festgesetzten Konditionen. Folglich steht die Wirtschaftlichkeitsbetrachtung der Systemanpassung an die sich ständig ändernden Bedürfnisse der Benutzer im Vordergrund [AuKr99; Kr10]. Der Produkt-Controlling-Ablauf ist in Bild 15.6 dargestellt.

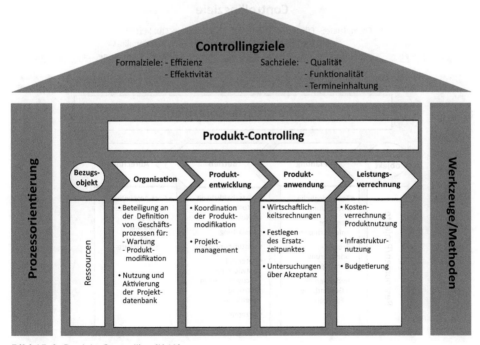

Bild 15.6 Produkt-Controlling [Kr10]

Das Produkt-Controlling hat die effektive und effiziente Nutzung fertiggestellter Produkte (Anwendungen) zum Ziel. Seine Aufgabe ist deshalb, das Produkt über den restlichen Produktlebenszyklus zu begleiten und seine Qualität und Funktionalität zu gewährleisten.

15.2.2.4 Infrastruktur-Controlling[4]

Durch die zunehmende Dezentralisierung von IT-Systemen wird die Steuerung der Gesamtheit aller IT-Systeme und Anwendungen in einem Unternehmen zu einer immer wichtigeren Aufgabe, die das Infrastruktur-Controlling übernimmt [AuKr99]. Zu den zentralen Aufgaben des Infrastruktur-Controllings gehören laut [AuKr99]

- die Mitwirkung bei der Gestaltung von Strukturen,
- die Bereitstellung adäquater Methoden und Werkzeuge zur Umsetzung,
- die Unterstützung der Konfigurationsanalyse mit geeigneten Methoden,
- die Gewährleistung einer strukturierten Systemdokumentation sowie
- die Bereitstellung von Techniken zur zentralen Steuerung und Kontrolle aller Systeme.

Weitere Aufgaben werden in Bild 15.7 dargestellt.

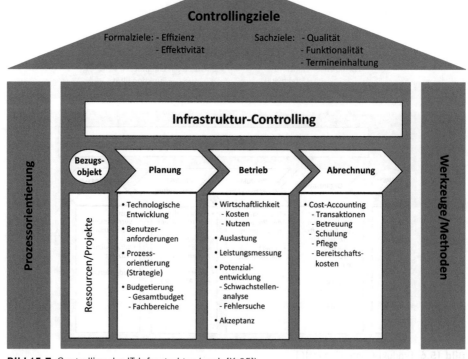

Bild 15.7 Controlling der IT-Infrastruktur (nach [Kr05])

---

[4] Quelle: [AuKr99]

Kernaufgabe des Infrastruktur-Controllings ist es, das Informationsmanagement bei der Gestaltung und Dokumentation eines Regelwerks zu unterstützen, das alle wesentlichen Bestandteile einer IT-Infrastruktur im Unternehmen beinhaltet.

Bild 15.8 zeigt ein Rahmenkonzept, das Bestandteile einer IT-Infrastruktur exemplarisch darstellt. Das Rahmenkonzept bietet Unternehmen eine Strukturvorlage und Orientierungsmöglichkeit zur bedarfsgerechten Ausgestaltung des eigenen Regelwerks.

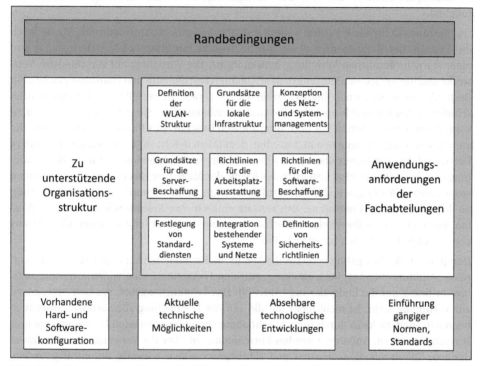

Bild 15.8 Rahmenkonzept für verteilte IT-Infrastrukturen [AuKr99]

Die Anpassung des Rahmenkonzepts erfolgt anhand der spezifischen Randbedingungen des Unternehmens, deren Einhaltung das IT-Controlling überwacht [AuKr99]: Das IT-Controlling übernimmt die Dokumentation des angepassten Rahmenkonzepts und sorgt für dessen unternehmensweite Verfügbarkeit, während für die inhaltliche Konzeption und die erforderlichen Grundsatzentscheidungen das IM zuständig ist. Zu den weiteren Aufgaben des **Infrastruktur-Controllings** zählen

- die Entscheidungsunterstützung,
- die Koordination und Abstimmung der Regelungsinhalte sowie
- die Aktualisierung und laufende Anpassung des Rahmenkonzepts an die sich ändernden Anforderungen und technologischen Entwicklungen [AuKr99].

Außerdem müssen die unternehmensinternen Grundsätze und Richtlinien überwacht und kontrolliert werden.

[AuKr99] beschreiben die Ausrichtung der zu fällenden Infrastrukturentscheidungen an der strategischen IT-Planung als Ziel des Infrastruktur-Controllings. Hierbei ist auf die Berücksichtigung der Anwendungsarchitektur, des Datenhaltungskonzepts, der Hardware- und Netzarchitektur, der Anwendungsentwicklung und des Sicherheitskonzepts bei der Entscheidungsfindung zu achten. Darüber hinaus sind dem IM Informationen über die IT-Infrastruktur, wie die Betriebskosten von IT-Systemen, die Verfügbarkeit von Systemen sowie die Verrechnungssätze für IT-Leistungen, zur Verfügung zu stellen. Hierdurch kann das IM bei der Entscheidungsfindung unterstützt werden, die häufig durch eine Vielzahl an Gestaltungsalternativen und eine hohe Komplexität der Infrastrukturentscheidungen geprägt ist.

Das Bestands-Controlling ist eine weitere Aufgabe des Infrastruktur-Controllings, die durch die Vielzahl der Komponenten einer IT-Infrastruktur mit einer hohen Heterogenität und einer starken räumlichen Verteilung notwendig ist. Die Verteilung auf verschiedene Netzwerke und die wechselseitige, funktionale Abhängigkeit der Soft- und Hardware machen ein Bestands-Controlling unabdingbar. Dabei ist es gerade in verteilten IT-Infrastrukturen schwierig, den Überblick über den Bestand zu behalten und die entstehenden Kosten zu kontrollieren, weshalb vom IT-Controlling alle den Bestand betreffenden Informationen, die zur Entscheidungsfindung benötigt werden, dem IM zu liefern sind. Dies sind insbesondere Daten und Auswertungen über den IT-Bestand aus der Anlagenbuchhaltung, die Verwaltung existierender Verträge bezüglich des Kaufs, der Miete bzw. des Leasings von Systemen sowie Lizenz-, Wartungs- und Versicherungsverträge. Damit verbunden ist die Anforderung an das Infrastruktur-Controlling, den Einsatz einheitlicher Release-Stände zu gewährleisten, Entscheidungen über Release-Wechsel vorzubereiten und Informationen über daraus resultierende Folgekosten bereitzustellen.

Durch die starke Delegation von IT-Aufgaben in die Fachabteilungen ergibt sich bei dezentralen Strukturen im Vergleich zu einer zentralen IT-Abteilung eine veränderte Ausgangslage in Bezug auf die Budgetierung [AuKr99]: Das Leistungsangebot, das den Anwendern zur Verfügung steht, ist nicht mehr auf die von der IT-Abteilung angebotenen Leistungen begrenzt, sondern kann durch Inanspruchnahme von unterstützenden Leistungen anderer Bereiche variieren. Außerdem werden Entscheidungen über die Verwendung von Anwendungen, Kommunikationsdiensten und Hardwaresystemen teilweise dezentral getroffen. Das IT-Budget wird auf verschiedene Fachbereiche verteilt und nicht mehr zentral der IT-Abteilung zugeordnet.

Wegen der selbstständigen Planung der Leistungen und Ressourcen, die in den Fachbereichen bezogen werden, ergibt sich das IT-Budget durch Konsolidierung der Budgets der Fachabteilungen und der Kosten der für die IT-Abteilung bezogenen Leistungen:

- Durch diese Aufteilung wird der Budgetierungsprozess komplexer und erfordert die Steuerung und Koordination durch das IT-Controlling unter Einbeziehung der Fachbereiche.
- Gleichzeitig entsteht die Chance, die IT-Budgets flexibler zu gestalten und den Fachbereichen die finanziellen Konsequenzen möglicher Infrastrukturalternativen darzulegen.

Somit kann der Zusammenhang aus Leistungs- bzw. Ressourcenbeanspruchung und den daraus entstehenden Kosten verdeutlicht sowie die Effizienz der Gestaltung und Planung der IT-Infrastruktur durch die Budgetierung erhöht werden.

Bei der Gestaltung des **Kostenverrechnungssystems** ist auf die Transparenz und Gerechtigkeit der Verteilung zu achten, um eine effiziente und vertrauensvolle Zusammenarbeit der Kostenverantwortlichen und der zentralen IT-Abteilung zu gewährleisten. Eine möglichst gerechte Verteilung der Kosten lässt sich durch die **verursachungsgerechte Zurechnung der entstandenen Kosten** erreichen. Die in zentralisierten Strukturen rechnerisch nicht mehr zerlegbaren Fixkostenblöcke können in dezentralisierten Systemen direkt dem Verursacher zugeordnet werden, wodurch die Verteilungstransparenz erhöht wird. Bei den Kostenrechnungsverfahren müssen kausale Zusammenhänge so klar wie möglich dargestellt werden, um für die Kostenverursacher nachvollziehbar zu sein, wodurch die Akzeptanz des Verfahrens gesteigert wird. Durch die Anwendung eines nach diesen Kriterien gestalteten Verrechnungssystems können neben Informationen für ein Budgetierungssystem auch Steuerungs- und Koordinationsaufgaben zwischen strategischer und operativer IT-Planung unterstützt werden.

Das Infrastruktur-Controlling beschäftigt sich mit der Steuerung der Verfügbarkeit und der Weiterentwicklung geeigneter Infrastruktur, wobei die Infrastruktur als Plattform für die Produkte verstanden wird. Zu den Aufgaben des Controllings gehören hier die Planung der IT-Infrastruktur, die Unterstützung der Umsetzung von Infrastrukturmaßnahmen und die Verrechnung entstandener Kosten.

15.3 Methoden, Instrumente und Werkzeuge im IT-Controlling

Mit der steigenden Bedeutung des IT-Controllings wurden eine Vielzahl von Methoden, Instrumenten und Werkzeugen zur Erfüllung der Controlling-Aufgaben entwickelt. Das folgende Kapitel gibt einen Überblick über eine praxiserprobte und von der Literatur anerkannte Auswahl.

15.3.1 IT-Balanced Scorecard

Als zentrale Methode bei der Festlegung von Zielen ist in den Controlling-Konzepten die Balanced Scorecard (BSC) zu sehen. Die Methode der BSC wurde im Umfeld der strategischen Unternehmenssteuerung entwickelt (vgl. [KaNo96]). Bei der BSC handelt es sich um ein Kennzahlensystem, das im Vergleich zu anderen Lösungen nicht nur finanzwirtschaftliche Kennzahlen betrachtet, sondern das Management auch über qualitative Aspekte, z. B. Durchlauf-/Antwortzeiten, Qualität oder Zufriedenheit, informiert und bei der Entscheidungsfindung und Umsetzung unterstützt.

Durch die Berücksichtigung qualitativer Einflussgrößen gewährt die BSC nicht nur einen Überblick über vergangene Leistungen, sondern ermöglicht auch eine zukunftsorientierte Betrachtung wettbewerbsrelevanter Größen. Sie gewinnt daher im Zuge des gewandelten IT-Controlling-Verständnisses mehr und mehr an Bedeutung. Die operative und strategische Steuerung wird mithilfe der BSC umgesetzt, indem die Strategie bzw. das Oberziel über Ursache-Wirkungs-Zusammenhänge mit operativen Maßnahmeplänen verknüpft werden [GaMa05]. Die Strategie wird somit mit konkreten Maßnahmen zu deren Umsetzung versehen. Die BSC ist dabei nicht auf die Darstellung der Gesamtorganisation beschränkt, sondern kann gleichzeitig zur Steuerung einzelner Organisationsbereiche, Abteilungen oder Projekte eingesetzt werden. Sie bietet sich somit ideal für das hier betrachtete IT-Controlling an. Die BSC erfasst Kennzahlen aus unterschiedlichen Dimensionen, die als Perspektiven bezeichnet und über Ursache-Wirkungs-Zusammenhänge miteinander verbunden werden [GaMa05].

Standardmäßig besteht eine BSC aus vier Perspektiven:

- finanzwirtschaftliche Perspektive,
- Kundenperspektive,
- interne (Geschäfts-)Prozessperspektive sowie
- Lern- und Entwicklungsperspektive.

Je nach Bedarf können allerdings Perspektiven entfernt, hinzugefügt oder umbenannt werden. Die Entscheidung über die zu verwendenden Perspektiven ist in Abhängigkeit vom jeweiligen Anwendungsfall zu treffen. So eignet sich die BSC auch für den Einsatz in Non-Profit-Organisationen oder öffentlichen Verwaltungen [Ka01]. Bedeutsamer für eine wirkungsvolle Integration in die Führungs- und Steuerungssysteme sind letztendlich die Ausarbeitung der Ursache-Wirkungs-Zusammenhänge und deren Hinterlegung mit eindeutigen Kennzahlen, um die tatsächlichen Relationen zwischen Maßnahmen und Ergebnissen zu erfassen. Das Standardmodell kann an die Verhältnisse eines IT-Bereichs in Abhängigkeit seiner organisationalen Einbindung angepasst werden. Dabei ist eine Verknüpfung mit der strategischen Positionierung der IT wichtig, da diese für die Bestimmung operativer Ziele und Auswahl der Maßnahmen relevant ist.

Ausgehend von der IT-Strategie werden für jede Perspektive auf jeder Controlling-Ebene operative Ziele ermittelt und entsprechende Kennzahlen entwickelt [KeMüSc07]: Aus den IT-Zielen, z. B. Leistungs- und Kostenziele, und der IT-Strategie werden für die einzelnen Perspektiven die strategischen bzw. kritischen Erfolgsfaktoren (sogenannte Strategietreiber) definiert, die sich wesentlich auf die Zielerreichung, z. B. Mitarbeitermotivation, Prozessqualität oder hohe Kundenzufriedenheit, auswirken. Dabei ist darauf zu achten, dass die Ursache-Wirkungs-Zusammenhänge korrekt abgebildet werden. Für jeden dieser kritischen Erfolgsfaktoren sind im folgenden Schritt korrespondierende Kennzahlen, sogenannte **Key Performance Indicators** (KPI), zu bestimmen, die eine Überwachung und Steuerung der betreffenden Strategietreiber ermöglichen [Kü05], und mit Sollvorgaben, konkreten Maßnahmen zur Umsetzung sowie Verantwortlichkeiten zu hinterlegen.

15.3.2 IT-Kennzahlensysteme

Ein grundlegendes Instrument zur Überwachung und Steuerung der Zielvorgaben der BSC im Sinne eines IT-Controllings stellen Kennzahlen dar.

Kennzahlen sind quantitative Daten, die einen Ausschnitt der realen Situation einer Organisation zu einem bestimmten Zeitpunkt darstellen und festgelegten, formalen Anforderungen genügen.

Kennzahlen entstehen erst durch Verdichtung (z. B. durch Summenbildung).

Unter Kennzahlensystemen versteht man die Gesamtheit geordneter Kennzahlen, die die sachlogischen Zusammenhänge zwischen verschiedenen Größen aufzeigen und so betriebswirtschaftlich sinnvolle Aussagen über Unternehmungen und ihre Teile vermitteln [Gl01].

Kennzahlensysteme dienen der Analyse und Steuerung [Gl01]. Kennzahlen und Kennzahlensysteme sollen dem Management Informationen über kritische Erfolgsfaktoren der Zielerreichung in komprimierter und übersichtlicher Form zur Verfügung zu stellen. Bei den Kennzahlen lässt sich zwischen Kennzahlen, die in einer komprimierten Form über einen zahlenmäßig erfassbaren Sachverhalt berichten, und Indikatoren unterscheiden. Indikatoren sind komplementäre Kennzahlen, welche nur schwer abbildbare Zusammenhänge widerspiegeln. Dies kann z. B. in Form von Ampeln oder Trendpfeilen geschehen (vgl. [Kü06]). Kennzahlen lassen sich in absolute und relative Kennzahlen unterscheiden. Bei den absoluten Kennzahlen geht es um grundlegende Sachverhalte in der Organisation. Beispielsweise können dies Einzelzahlen wie die Anzahl der Mitarbeiter, Summenzahlen wie die Bilanzsumme, Differenzen oder Mittelwerte sein. Relative Zahlen werden durch Quotientenbildung sinnvoller Sachverhalte erstellt, wobei der zu messende Wert als Zähler dient und der als Maß dienende als Nenner.

Die relativen Kennzahlen lassen sich wiederum in drei Gruppen einteilen:

- **Gliederungszahlen** geben den Anteil einer Größe an einer Gesamtmenge wieder, beispielsweise den Anteil der IT-Personalkosten an den IT-Gesamtkosten.
- **Beziehungszahlen** sollen Zusammenhänge bei Zahlen mit unterschiedlicher Grundgesamtheit herstellen, bei denen ein Ursache-Wirkungs-Zusammenhang vermutet wird. Ein Beispiel sind Hardwarekosten pro Nutzer.
- **Indexzahlen** sind eine Aufbereitungsart, mit der sich eine Veränderung von Daten über die Zeit deutlicher darstellen lässt. Dazu wird zu einem bestimmten Zeitpunkt „t0" als Grundwert „gleich 100" gesetzt und alle Änderungen werden dann prozentual angegeben.

Beachten Sie:

„Es empfiehlt sich, neben absoluten Kennzahlen vor allem relative Kennzahlen zu verwenden. Durch die Verhältnisbildung zweier Kennzahlen lässt sich oftmals erst die erforderliche Aussagekraft erzielen." [RuKüKr08]

Qualitative und quantitative Kennzahlen und Kennzahlensysteme bilden die Grundlage des IT-Controllings. Allerdings gibt es keine Kennzahlen, die sich – unabhängig vom Kontext – immer wieder einsetzen lassen. Je nach Zweck und Zielvorgaben der IT-Strategie müssen daher für das IT-Controlling individuelle Kennzahlen definiert werden.

Eigenschaften, die grundsätzlich alle Kennzahlen erfüllen sollten, sind nach [MaJuOl09] und [Kü11 unter Verwendung von Th94; Ha89]:

- **Zweckeignung,**
- **Genauigkeit,**
- **Aktualität,**
- **Kosten-Nutzen-Relation,**
- **Einfachheit und Nachvollziehbarkeit,**
- **Datenverfügbarkeit,**
- **Datenverdichtung,**
- **Ziel- und Aufgabendefinition** sowie
- **Quantifizierbarkeit.**

Oft sind Kennzahlen nur in einer Zusammenstellung in einem Kennzahlensystem sinnvoll. Ein solches Kennzahlensystem bildet möglichst genau den Zustand eines realen Systems als Modell ab und unterscheidet zwischen Soll- und Istzuständen [Kü05]. Eine kontinuierliche Erfassung der Kennzahlen ermöglicht es, Abweichungen früh zu erkennen und einzugreifen [GaMa10].

In der Literatur lassen sich Beispiele für Kennzahlensysteme mit unterschiedlichem inhaltlichen Fokus und für unterschiedliche Zielgruppen finden. So beschreiben beispielsweise [RuKüKr08] ein Kennzahlensystem zur Messung der Qualität der IT-Servicebereitstellung im Kontext mittelständischer Unternehmen. Weitere Kennzahlen lassen sich etwa aus den Rahmenwerken der IT Infrastructure Library (ITIL) und der Control Objectives for Information and Related Technology (CobiT) ableiten.

Die wichtigsten Anforderungen an Kennzahlensysteme sind nach [Kü05]:

- adäquate Beschreibung des aktuellen Systemstatus zu jedem Zeitpunkt,
- Beschreibbarkeit des Idealzustands des Systems anhand des Kennzahlensystems zu jedem Zeitpunkt,
- Erkennbarkeit der Stärke der Abweichung des Istzustands vom Idealzustand sowie
- Existenz eines korrespondierenden Steuerungsmodells zur Beeinflussung des zu steuernden Objekts über passende Stellgrößen zu jeder Kennzahl.

Bei der Größe eines Kennzahlensystems ist nach [Kü05] auf die Anzahl der enthaltenen Kennzahlen zu achten, da beispielsweise durch die doppelte Anzahl an Kennzahlen gleichzeitig die Betriebskosten für das Kennzahlensystem verdoppelt werden. Es ist anzunehmen, dass durch die Erhöhung der Komplexität der Nutzen für den Verantwortlichen nicht vergrößert wird. Zudem steigt die Schwierigkeit der Bewertung von Differenzen der Ist- und Sollwerte. Um mithilfe der Kennzahlen zu steuern und Entscheidungen zu treffen, müssen Kennzahlen entsprechend aufbereitet werden.

Vorgeschlagen wird, absolute Kennzahlen in Beziehung mit anderen Werten zu setzen [GaMa05]:

- Diese Normierung wird beispielsweise bei Strukturkennzahlen, Produktivitäten oder Wirtschaftlichkeiten verwendet, lässt sich aber auch bei anderen zeitraumbezogenen Größen einsetzen, wobei meist Mengen und Zeiträume in Relation gesetzt werden.
- Eine weitere Form der Normierung sind Erfüllungsgrade, bei denen der Istwert in Relation zum Zielwert gesetzt wird. Bei einem Erfüllungsgrad von 100 Prozent ist das Ziel erreicht.

Um die Akzeptanz eines IT-Kennzahlensystems zu gewährleisten, müssen die enthaltenen Informationen geeignet strukturiert und aufbereitet werden. Abhängig von der zu erfüllenden Steuerungsaufgabe und vom Umfeld können verschiedene Gliederungsansätze sinnvoll sein, z. B. die Gliederung nach Zeitebenen, Sichten auf das Steuerungsobjekt oder nach Wertschöpfungsketten [Kü05; GaMa05]:

- Werden die IT-Kennzahlen nach Zeitebenen untergliedert, so lässt sich zwischen Tages-, Monats- und Langzeitkennzahlen unterscheiden.
- Bei einer Gliederung nach Sichten können die Kennzahlen in die Perspektiven Zeit, Kosten bzw. Aufwand, Leistung, Qualität und Risiko eingeordnet werden.
- Sollen die Kennzahlen anhand der Wertschöpfungskette strukturiert werden, ist eine Einteilung nach Kennzahlen über Lieferanten, Ressourcen, Prozesse, Produkte und Kunden möglich.

Kennzahlen und Kennzahlensysteme lassen sich außerdem wie folgt gliedern: Einzelkennzahlen, Analysekennzahlensysteme und Steuerungskennzahlensysteme.

Voraussetzung für die strategische Nutzung der Ergebnisse der Kennzahlendefinition ist nach [Ti05] ein fundiertes Berichtswesen, das Führungskräften, dem allgemeinen Controlling, der IT-Leitung und weiteren Entscheidungsträgern Informationen zur Verfügung stellt. Die Empfänger der Berichte treffen Entscheidungen in unterschiedlichen Bereichen und unterscheiden sich durch einen differenzierten Informationsbedarf. Die Berichtsform muss deshalb in Hinblick auf Berichtsinhalt, Zielgruppe und Berichtszeitpunkt angepasst werden [Ti05].

Bei der **Einführung eines Berichtswesens** für das IT-Controlling wird folgende Vorgehensweise vorgeschlagen [Ti05]:

- Ziele der Berichterstattung definieren;
- Adressatenkreis benennen (z. B. Leitung, IT-Leitung, IT-Mitarbeiter);
- Informationsbedarf für die jeweiligen Empfänger ermitteln (Detaillierungsgrad, Verdichtungsstufen festlegen);
- Datenquellen analysieren (Daten aus Kostenverrechnung, Leistungsverrechnung, Risikomanagement, IT-Bestandsmanagement, vorhandene Berichte);
- Konzept ausarbeiten (Verantwortlichkeiten festlegen, Kennzahlen bestimmen, Darstellung etablieren);
- Werkzeuge auswählen (Ausgabemedien (Drucker, E-Mail, Software));
- Berichtssystem in Lasten- und Pflichtenheft spezifizieren.

15.3.3 Benchmarking[5]

Der Begriff IM-Benchmarking bezeichnet die Durchführung von Leistungsvergleichen im IM und ist ein fester Bestandteil des IT-Controllings. Durch den Vergleich mit anderen Organisationen, die Beobachtung von Erfahrungen, Methoden und Wissen und die Nutzbarmachung der gewonnenen Erkenntnisse auf Basis zentraler IT-Kennzahlen sollen Effizienz und Effektivität der Organisation gesteigert werden (vgl. [Kr10]).

Benchmarking beinhaltet einen Vergleich von Organisationen mit den jeweils „Besten". Dieser Vergleich kann branchenabhängig oder branchenunabhängig erfolgen. Das Aufdecken von Schwachstellen in der eigenen Organisation steht im Vordergrund. Best Practices sollen übernommen werden: Die Identifikation und Adaption von Best Practices setzen eine große Erfahrung mit der Methode voraus. Oftmals ist es einfacher, einen Leistungsvergleich mit Orientierung und Ausrichtung an einem definierten Leistungsstandard (dem *Benchmark*) vorzunehmen, da häufig nicht eindeutig identifiziert werden kann, welche Lösung die Best Practice darstellt.

Die verschiedenen Formen des Benchmarkings werden in Bild 15.9 basierend auf [Le99] kategorisiert (vgl. [Kr10]): Die Vergleichspartner im Benchmarking können demnach entweder aus dem eigenen Unternehmen (intern) oder aus anderen Unternehmen (extern) stammen. Diese Unterscheidung wird als Vergleichshorizont bezeichnet. Stammen die Vergleichspartner aus der gleichen Branche, spricht man von konkurrenzbezogenem Benchmarking, während branchenunabhängiges Benchmarking auch als funktionales Benchmarking bezeichnet wird. Die Untersuchungsgegenstände des Benchmarkings können beispielsweise Prozesse, Produkte oder Strategien sein. Die Zielsetzung des Benchmarkings kann entweder die Leistungsmessung skalierbarer Zahlenwerte (quantitative Zielsetzung) oder das Erlernen von erfolgreichen Praktiken (qualitative Zielsetzung) sein.

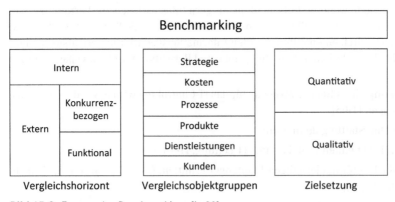

Bild 15.9 Formen des Benchmarkings [Le99]

Eine wichtige Herausforderung beim Benchmarking besteht darin, sicherzustellen, dass die Vergleichsobjekte von allen Teilnehmern gleich definiert und erfasst werden. Grundlage des Vergleichs kann beispielsweise ein gemeinsam entwickeltes Kennzahlensystem sein. Weil das IM als Querschnittsfunktion in verschiedenen Unternehmen sehr unterschiedlich

---

[5] Quelle: Überwiegend [Kr10]

gestaltet sein kann, erweisen sich die Definition und Operationalisierung von vergleichbaren Messgrößen in der Praxis oft als schwierig. Aus diesem Grund beschränken sich Vergleiche im Benchmarking häufig auf die Informations- und Kommunikationsebene, z. B. Benchmarks der Hardware oder Infrastrukturgestaltung des Rechenzentrums. Sofern Prozesse als Vergleichsobjekte herangezogen werden, handelt es sich im IM meist um Prozesse der Leistungserstellung und Unterstützung, da diese leichter zu vergleichen sind als die Prozesse der Leistungsverwendung.

Benchmarking hört nicht mit dem Abschluss des Vergleichs auf, vielmehr ist ein langfristiges Engagement seitens der beteiligten Organisationen erforderlich, um die identifizierten Best Practices für das eigene Unternehmen zu übernehmen.

Bei der Durchführung von Benchmarking-Vorhaben ist die Orientierung an vorhandenen Vorgehensmodellen wie etwa dem Phasenmodell von [Ca94] hilfreich. Diese Phasen werden mit den dazugehörigen Prozessschritten in Bild 15.10 dargestellt.

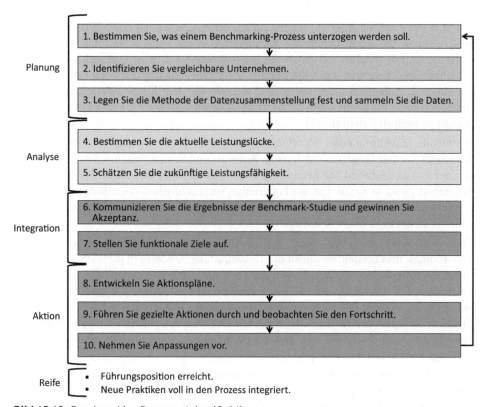

Bild 15.10 Benchmarking-Prozessschritte [Ca94]

Die permanente Auseinandersetzung mit Best Practices erhöht das Verständnis der Benchmarking-Partner bezüglich ihrer Leistungsfähigkeit sowie ihrer Veränderungspotenziale beträchtlich.

15.3.4 Service-Level-Agreements (SLA)

Service-Level-Agreements (SLA) sind kennzahlenbasierte Vereinbarungen eines Dienstleistungsanbieters mit seinen Kunden bezüglich der zu gewährleistenden Servicequalität [Bu06]. Dabei wird der Grad der Leistungsqualität (Service-Level (SL)) anhand der Definition der Leistung, der Darstellbarkeit der Leistung als Kennzahl, der Messmethode, des Erstellers und des Empfängers der Leistung sowie anhand der Erstellungsfrequenz und des Leistungsniveaus beschrieben [LeMa00].

Die Leistungsspezifikation durch die Definition des SL führt dazu, dass die Transparenz erbrachter IT-Leistungen erhöht wird. Daraus resultiert für den Dienstleistungsanbieter die Möglichkeit, Leistungszusagen verbindlich festzulegen. Diese Leistungszusagen verringern die Unsicherheit der Kunden bei Vertragsschluss bezüglich der Qualität der zu erbringenden Dienstleistung, welche aufgrund der fehlenden Inspektionseigenschaften zur Überprüfung der Qualität entsteht [OGC07].

Ein SL bezieht sich nach [Bö04] immer auf ein Leistungsmerkmal einer IT-Dienstleistung, beispielsweise die durchschnittliche Verfügbarkeit eines Systems. Darüber hinaus wird festgehalten, mit welchen Systemen die Leistung gemessen wird und welche Verfahren dazu angewendet werden. Auch die Definition der Erhebungszeiträume ist fester Bestandteil eines SL. Außerdem muss spezifiziert werden, wie dem Kunden die erreichten Leistungsergebnisse mitgeteilt werden und welche Konsequenzen ein Unter- bzw. Überschreiten des SL nach sich zieht [Bö04].

Die für die Einhaltung eines SL relevante Größe wird als Messgröße bezeichnet. Häufig verwendet werden Verfügbarkeitsquoten, Antwort- und Reaktionszeiten, Bearbeitungszeiten, der Personalaufwand zur Erbringung einer Leistung oder die Anzahl der Ausfälle pro Zeiteinheit [Sc00 in Kr10]. Um die langfristige Vergleichbarkeit der erhobenen Daten zu gewährleisten, ist der Erhebungszeitraum zu definieren, d.h. die Zeitpunkte bzw. die Intervalle der Messungen [Sc00 in Kr10].

Nach [Sc00 zitiert in Kr10] müssen spezifische Anforderungen der Vertragspartner wie Mitwirkungs- und Beistellleistungen des Dienstleistungsnehmers in projektbezogenen Definitionen festgehalten werden. Es können auch Ausnahmen definiert werden, die nicht Bestandteil der Messungen sein sollen. Außerdem muss spezifiziert werden, wie auf Änderungen im Umfang der zu liefernden Dienstleistung reagiert werden soll, um spätere Konflikte bezüglich des Vertrags zu vermeiden. Des Weiteren sind unter projektbezogenen Definitionen auch die Sanktionen genauer zu definieren, die bei Nichteinhaltung der SL verhängt werden [Sc00 in Kr10].

Eine Einteilung von Beispielen für SLAs in Kategorien kann wie in Tabelle 15.1 dargestellt erfolgen [Bu06 in Kr10]: Die ergebnisbezogenen bzw. outputorientierten SLA fordern eine gewisse Qualität der zu erbringenden Leistung und bilden diese auf Kennzahlen ab. Die prozessorientierten SLA definieren Anforderungen an den Prozess der Leistungserstellung, während inputorientierte oder potenzialbezogene SLA Ansprüche an die Inputfaktoren des Leistungsprozesses stellen.

Beachten Sie:

Ein Service-Level-Agreement muss auf Leistungen ausgerichtet sein, die für den Kunden von besonderer Relevanz sind, um auf beiden Seiten den Status der Verbindlichkeit zu erlangen [BöKr04].

Tabelle 15.1 Beispiele für ergebnis-, prozess- und potenzialbezogene Service-Levels [Bö04]

Service-Level	Erläuterung
1. Ergebnisbezogene Service-Levels	
Verfügbarkeit	Leistungsbereitschaft eines IT-Systems als Anteil eines Zeitraums (z. B. 98 Prozent/Monat)
Antwortzeit	Ausführungszeit für Benutzertransaktionen (z. B. durchschnittlich 1 sec im Tagesmittel oder 98 Prozent der Transaktionen < 1,5 sec)
Problemlösungszeit	Maximale Zeit bis zur Lösung eines Problemfalls (in der Regel werden Probleme nach Schwere klassifiziert und danach abgestufte Zeiten vereinbart) (z. B. Behebung eines Störfalls der Stufe 1 (Totalausfall des Systems) innerhalb von vier Stunden)
Zuverlässigkeit	Einhaltung von Zusagen und Arbeitsqualität (z. B. Anteil kritischer Wartungsmaßnahmen, die zum zugesagten Zeitpunkt bereitgestellt werden, oder Anwendungen, die fehlerfrei in den Produktionsbetrieb übernommen werden)
Kundenzufriedenheit	Zu erreichender Indexwert einer Kundenzufriedenheitsbefragung
2. Prozessbezogene Service-Levels	
Bereitschaftszeit	Zeit, zu der der Nachfrager die Leistung anfordern kann (z. B. 07:00 - 24:00 Uhr)
Erreichbarkeit	Zahl der Fälle, in der Nachfrager den Anbieter in einem definierten Zeitfenster erreichen können (z. B. x Sekunden durchschnittliche/maximale Wartezeit für Anrufe am Help-Desk)
Reaktionszeit	Zeit, in der eine Leistung nach Anforderung erbracht werden muss (z. B. Einspielen von Sicherheits-Updates x Tage nach Verfügbarkeit)
Wiederholhäufigkeit	Häufigkeit der Durchführung einer bestimmten Dienstleistung innerhalb eines festgelegten Zeitraums (z. B. Anzahl der Release-Wechsel pro Jahr)
3. Potenzialbezogene Service-Levels	
Ressourcenanforderungen	Anforderungen an Mitarbeiter und technische Ressourcen (z. B. (mitarbeiterbezogen) Sprachkenntnisse beim Help-Desk, Schulungsstand der Mitarbeiter oder (IT-bezogen) Verwendung eines bestimmten Hardwareherstellers, Betriebssystems oder Datenbanksystems)
Zertifizierung	Externe, dokumentierte Überprüfung des Leistungspotenzials des Anbieters nach festgelegten Standards (z. B. Zertifizierung als Microsoft-Gold-Partner oder nach ISO 9002, auditierte Einhaltung von Sicherheitsstandards bei der Ausstattung von Rechenzentren)
Kapazität	Vorhalten einer bestimmten Kapazität (z. B. Reservekapazität an Mitarbeitern)

Nach [BöKr04] gilt: Der Kunde ist zwar an der Verfügbarkeit und Performanz eines Anwendungssystems interessiert, nicht jedoch daran, ob diese aufgrund von Netzwerktechnik, Datenbanken oder Servern gewährleistet werden. Zwar ist es für den Dienstleistungsanbieter einfacher, die Verfügbarkeit und Performanz der einzelnen Systeme zu messen, doch müssen diese Einzeldaten zu einem übergeordneten SL aggregiert werden, um beim Kunden ein maximales Verständnis zu erreichen. Durch die zunehmende Verbreitung von SLAs wächst der daraus resultierende Aufwand zur Überwachung von SL stetig. Dabei sind die Anforderungen an die Infrastruktur zum Management und zur Überwachung der SL umso größer, je mehr Vereinbarungen getroffen werden und je größer die Anzahl der darin vorkommenden gemeinsamen Elemente ist.

15.3.5 Leistungsverrechnung

In den letzten Jahren sind die Kosten für IT in Unternehmen ständig gestiegen. Den gestiegenen Kosten steht das Unverständnis vieler Nutzer gegenüber, nach deren Wahrnehmung die IT-Kosten sinken müssten, weil die Preise für IT-Endgeräte niedriger werden [Di04]. Das IT-Controlling kann durch eine Steigerung der Transparenz bei der Ausgestaltung der Leistungsbeziehung zwischen IT-Servicegeber und IT-Servicenehmer dazu beitragen, diese Diskrepanz zwischen tatsächlicher und wahrgenommener Leistung der IT zu beseitigen. Als Controlling-Instrument bietet sich hierbei die IT-Leistungsverrechnung an. Bild 15.11 zeigt eine praxisorientierte Darstellung der Aufgaben der IT-Leistungsverrechnung.

Bild 15.11 Aufgaben der IT-Leistungsverrechnung [YuKoWe03]

15.3.5.1 Grundlagen der Kosten- und Leistungsrechnung

In der Kostenrechnung wird zwischen Kostenarten, Kostenstellen und Kostenträgern unterschieden [ScKü11; Kü05]:

- Die Kostenartenrechnung ermittelt, um welche Kosten es sich handelt (z. B. Hardware- oder Softwarekosten).
- Die Kostenstellenrechnung beschäftigt sich mit der Frage, wo diese Kosten entstanden sind, z. b. beim ERP-Basisbetrieb oder beim Service Desk.
- Die Kostenträgerrechnung zeigt, wofür die Kosten entstanden sind, z. b. für einen bestimmten IT-Service.

Eine weitere Kostenklassifikation stellt die Unterscheidung in Fixkosten und variable Kosten dar [Kü05]: Fixkosten bleiben unabhängig von der Nutzungsintensität immer gleich hoch. Variable Kosten ändern sich in Abhängigkeit von der Nutzung. Außerdem existieren sogenannte intervallfixe Kosten, die innerhalb gewisser Intervalle fix sind, jedoch zwischen den Intervallen auf ein niedrigeres oder höheres Niveau fallen oder steigen.

Die dritte Möglichkeit, Kosten aufzugliedern, sind Einzel- und Gemeinkosten: Einzelkosten lassen sich exakt auf Kostenträger zurechnen, Gemeinkosten müssen auf mehrere Kostenträger verteilt werden.

Methodisch unterscheidet man bei der Kostenrechnung zwischen Vollkostenrechnung und Teilkostenrechnung [Kü05]: Die Vollkostenrechnung verrechnet sämtliche Kosten auf die Kostenträger, die Teilkostenrechnung lediglich Einzelkosten.

Im Rahmen der Leistungsverrechnung wird zwischen Leistungsverrechnung durch Umlageverfahren, direkter, prozessorientierter und produktorientierter Leistungsverrechnung unterschieden [KeMüSc07].

15.3.5.2 Arten der Leistungsverrechnung

Im Folgenden werden die Arten der Leistungsverrechnung kurz vorgestellt.

Leistungsverrechnung durch Umlageverfahren

Das Umlageverfahren ist ein einfaches, schnell umsetzbares Verfahren, bei dem IT-Kosten über passende Bezugsgrößen, wie die Anzahl der Lizenzen oder die Anzahl der Arbeitsplatzrechner, pauschal verteilt werden. Diese Einfachheit hat jedoch zur Folge, dass Kosten nur sehr bedingt verursachungsgerecht verrechnet werden, worunter auch die Transparenz des Verfahrens leidet [KeMüSc07].

Direkte Leistungsverrechnung

Bei der direkten Leistungsverrechnung sollen Größen verwendet werden, die der realen Inanspruchnahme von IT-Leistungen entsprechen [KeMüSc07]. Beispiele aus der IT für direkte Leistungsverrechnung sind die Anzahl der gedruckten Seiten, Servicestunden oder die Dauer der Programmierung in Stunden.

Ist dieses Verfahren gut implementiert, können Kosten verursachergerecht und transparent verrechnet werden, wodurch das Kostenbewusstsein der Leistungsempfänger steigen soll. Jedoch bleibt anzumerken, dass bei einer vollständigen Verrechnung der Kosten Unwirtschaftlichkeiten der IT-Abteilung Preiserhöhungen zur Folge haben sowie der Verzicht auf

IT-Leistungen zu Preisnachlässen führen müsste. Damit ist der Anreiz eines wirtschaftlichen Umgangs mit IT-Leistungen auf beiden Seiten nur sehr bedingt gegeben [KeMüSc07].

Prozessorientierte Leistungsverrechnung

Die prozessorientierte Leistungsverrechnung ist eine Methode, bei der durch das Paradigma der Prozessorientierung versucht wird, eine größtmögliche Transparenz herzustellen und der zunehmenden Komplexität der IT-Abteilungen gerecht zu werden [GeBuKr00]: Das Ziel der Prozesskostenrechnung ist die transparentere Gestaltung der Gemeinkostenbereiche in Bezug auf die existierenden Aktivitäten und deren Inanspruchnahme von Ressourcen. Dadurch sollen die Kosten der einzelnen Gemeinkostenbereiche gezielter beeinflusst werden können. Durch eine prozessorientierte Kalkulation soll die Entscheidungsunterstützung verbessert werden. Wird eine strategische Kalkulation bereits in der Frühphase der Produktentwicklung durchgeführt, so können neue Kostensenkungspotenziale entdeckt werden. Letztendlich sollen Prozesse durch die Prozesskostenrechnung hinsichtlich ihrer Qualität, Zeit und Effizienz optimiert werden [GeBuKr00]. Bild 15.12 zeigt das Konzept der Prozessorientierung in Anwendung auf den IT-Bereich.

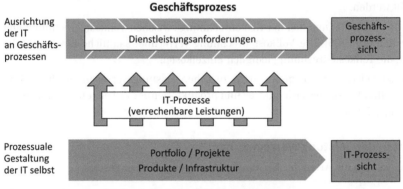

Bild 15.12 Prozessorientierung im IT-Bereich [GeBuKr00]

Während üblicherweise die Gemeinkosten durch Zuschlagssätze auf die direkten Kosten verrechnet werden, ist dies bei IT-Dienstleistungen und IT-Produkten nicht sinnvoll, da der IT-Bereich als indirekter Leistungsbereich ausschließlich Gemeinkosten aufweist. Aus diesem Grund ist ein Vorgehen wie die Prozesskostenrechnung erforderlich, mit dem die Gemeinkosten weiter differenziert und verrechnet werden können [KaKü07].

Jedem Prozess wird nach [KaKü07] ein Kostentreiber zugeordnet, der sowohl als Messgröße für den Output der Leistung als auch für die Kostenverursachung herangezogen wird. Um die Prozesskostenrechnung zur Verrechnung von Kosten und Leistungen des IT-Bereichs nutzen zu können, müssen IT-Prozesse und Teilprozesse gebildet werden, in denen die Leistungen erbracht werden [KaKü07]. Den Teilprozessen können nun Kostentreiber zugeordnet werden und entsprechend lassen sich die Prozesskosten ermitteln – es wird zwischen leistungsmengenabhängigen und leistungsmengenneutralen Teilprozessen unterschieden [KaKü07]: Teilt man die Summe der leistungsmengenabhängigen und leistungsmengenneutralen Prozesskosten durch die Menge der Kostentreiber, ergeben sich die Kostensätze der Prozesse [KaKü07].

Produktorientierte Leistungsverrechnung

Basis der produktorientierten Leistungsverrechnung sind die von der IT für die Leistungsabnehmer zur Verfügung gestellten IT-Produkte (IT-Services). Für solche IT-Services gilt [KeMüSc07]:

- Die Services müssen für die Kunden verständlich beschrieben werden, die Leistungsbeschreibung muss von den Kunden akzeptiert werden und die Kunden müssen die Abnahme von Services beeinflussen können.
- IT-Services müssen voneinander abgrenzbar und standardisiert sein sowie in gleicher Qualität wiederholt angeboten werden können.
- IT-Services müssen auf die Unterstützung von Unternehmenszielen und -strategien ausgerichtet sein.
- IT-Servicekosten sollten möglichst einfach messbar und kalkulierbar sein.
- Die Gestaltung von IT-Services sollte sich an externen und internen Angeboten weiterer Services orientieren, um einen Vergleich mit Marktpreisen zu ermöglichen.

Weil sich die Ausgestaltung des Servicekatalogs in der Praxis häufig als schwierig erweist, haben [RuScKr08] einen praxisorientierten Gestaltungsvorschlag für Servicekataloge erarbeitet. Der Vorschlag basiert auf der im IT-Servicemanagement üblichen Unterscheidung der Sichtweisen von Leistungsgeber und Leistungsnehmer. Die beiden Sichten werden durch die Gliederungsebenen

- IT-Services,
- Servicemodule und
- Serviceelemente

miteinander verbunden.

Diese Gliederung ermöglicht es, den Abnehmern der IT-Leistungen auf Ebene der Services wahrnehmbare, verständliche und klar abgrenzbare Leistungsbeschreibungen zur Verfügung zu stellen, deren Leistungsumfang, Qualität und Menge auf Ebene der Servicemodule beeinflussbar sind (vgl. [RuBöKr08]). Die Servicestrukturierung kann als Grundlage für die Prozesse der Bedarfserhebung, Planung und Steuerung der IT-Servicebereitstellung eingesetzt werden [RuKr08].

Nach [Ru09] bestehen die Servicemodule aus für die Servicenehmer verständlichen Wahlmöglichkeiten in Bezug auf die angebotene Leistung. Die Serviceelemente beschreiben mehrfach kombinierbare Bündel von IT-Ressourcen zur technischen Umsetzung der Leistungen [Ru09]. Serviceelemente sind leistungsgebernah gestaltet sowie plattform- und herstellerunabhängig formuliert. Sie können so auch zur Kommunikation mit (externen) Dienstleistern der IT eingesetzt werden [Ru09]. Bild 15.13 zeigt den Zusammenhang zwischen den Gliederungsebenen.

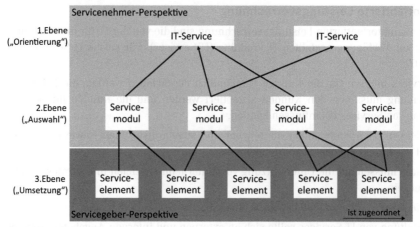

Bild 15.13 Gliederungsebenen zur Strukturierung des Serviceangebots [RuBöKr08]

Bild 15.14 zeigt die musterhafte Ausgestaltung der Servicestruktur am Beispiel des IT-Services E-Mail.

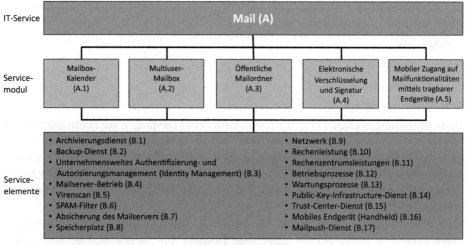

Bild 15.14 Musterbeispiel Servicegestaltung E-Mail [RuBöKr08]

15.3.5.3 IT-Outsourcing als Sonderfall der Leistungsverrechnung im IT-Controlling[6]

Einen Sonderfall bezüglich der Leistungsverrechnung im IT-Controlling stellt das IT-Outsourcing dar. Outsourcing wird in der Regel als Mittel zur Effizienzsteigerung und Kostensenkung gesehen. Viele Unternehmen gehen davon aus, dass Prozesse, die nicht zu den Kernkompetenzen der Organisation zählen und keinen strategischen Wettbewerbsvorteil darstellen, von (externen) Spezialisten effizienter erbracht werden können. Dies wird auf die Vorteile der Spezialisierung und Economies of Scale zurückgeführt. Darüber hinaus

---

[6] Quelle: Überwiegend [Kr10]

erhoffen sich viele Unternehmen durch Outsourcing eine Kostenreduktion im Zuge der Variabilisierung ihrer Fixkosten. Weitere Gründe für IT-Outsourcing sind beispielsweise politische Gegebenheiten oder Durchsetzungsgründe (vgl. [Kr10]).

Beachten Sie:

Outsourcing ist eine Zusammensetzung der Wörter Outside, Resource und Using. Es bedeutet, dass einzelne Aufgaben der IT oder sämtliche IT-Aufgaben an ein anderes Unternehmen abgegeben werden. Es umfasst sowohl die Auslagerung (externes Outsourcing) und die Übertragung von Aufgaben an ein externes Unternehmen als auch die Ausgliederung (internes Outsourcing) an ein rechtlich verbundenes anderes Unternehmen [Kr10].

In Outsourcing-Beziehungen können unterschiedliche Formen der Koordination auftreten: Die schwächste Form des Outsourcings ist die Ausgliederung, bei der eine (konzerneigene) Firma für die IT-Leistungen gegründet wird. Die nächste Outsourcing-Stufe liegt vor, wenn ein Unternehmen die Leistungen eines ausgegliederten Systemhauses beansprucht. Die größte Unabhängigkeit des Outsourcing-Anbieters ist bei der Auslagerung an spezialisierte Fremdanbieter, z. B. Hardwarehersteller oder Rechenzentren, gegeben. Als Bindeglied zwischen Outsourcing-Nehmer und Outsourcing-Geber kann auch eine Unternehmensberatung zwischengeschaltet sein.

Eine neue Form der Kooperation stellen sogenannte Shared Service Center (SSC) dar. Dabei werden Dienstleistungen, wie z. B. Rechenzentrumsleistungen, zentral in gebündelter Form einer Gruppe von Abnehmern zur Verfügung gestellt. SSC vereinen in der Regel sowohl die Vorteile von Economies of Scope als auch die Vorteile der Economies of Scale in sich [Ma08]. Kritisch anzumerken ist, dass bei SSC auch Konstellationen denkbar sind, in denen konkurrierende Organisationen vom gleichen Anbieter mit Leistungen versorgt werden.

■ 15.4 Umsetzung von IT-Controlling

Die größte Herausforderung für das IT-Controlling liegt darin, das (strategische) Management mit Informationen über die Wirtschaftlichkeit der Leistungserstellung durch Informations- und Kommunikationstechnologie zu versorgen und insbesondere den Nutzen der Leistungsverwendung darzustellen. Es besteht die Gefahr, dass sich das IT-Controlling lediglich auf die Kostenseite beschränkt und Ausgaben und Nutzen nicht in geeignetem Ausmaß einander gegenübergestellt werden. Infolgedessen herrscht vielfach Angst davor, dass das Controlling lediglich als Vorwand für Budget- oder Personalkürzungen dienen soll. Diesem Umstand trägt das Controlling Rechnung, indem es den Spagat sowohl zwischen den Bedürfnissen der Anwender als auch den Ansprüchen der IT-Abteilung und den Bedürfnissen der Gesamtorganisation versucht.

Zur Erfüllung dieser Aufgabe stellen Literatur und Praxis dem IT-Controller einen ausgereiften Baukasten an Methoden und Instrumenten zur Verfügung.

Es kommt in der Zukunft für Organisationen weniger darauf an, geeignete Instrumente und Werkzeuge des Controllings zu finden und diese aus dem Baukasten auszuwählen, sondern die ausgewählten Methoden richtig im organisationalen Kontext anzuwenden.

Das IT-Controlling muss sich daher in einem zyklischen Prozess immer wieder selbst auf seine Eignung als Instrument der Managementunterstützung hin evaluieren. Dazu bietet sich in Anlehnung an den DMAIC-Zyklus der Six-Sigma der Ablauf in Bild 15.15 an:

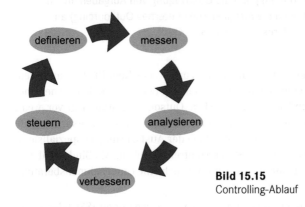

Bild 15.15
Controlling-Ablauf

- **Definieren:** Im ersten Schritt werden geeignete Kennzahlen (abgeleitet aus den Zielen der IT-Strategie) festgelegt.
- **Messen:** In Schritt 2 werden die strategischen und operativen Ziele anhand geeigneter Kennzahlen gemessen.
- **Analysieren:** In Schritt 3 sind die gewonnenen Ergebnisse sowohl inhaltlich als auch hinsichtlich ihrer Reliabilität und Validität zu analysieren.
- **Verbessern:** Auf Basis der Analyse erarbeitet man gegebenenfalls Verbesserungserfordernisse und Lösungsszenarien (Schritt 4). Die Verbesserungsanforderungen können sowohl die gemessenen Inhalte als auch die Kennzahlen selbst betreffen.
- **Steuern:** Die Erkenntnis aus Schritt 4 führt gegebenenfalls zu strategischen und/oder operativen Steuerungsmaßnahmen (Schritt 5). Die Umsetzung der Steuerungsmaßnahmen liegt in der Verantwortung des Managements.
- **Definieren:** Auf Basis der gewonnenen Erkenntnisse kann es zu Weiterentwicklungen und Neudefinitionen von Zielen und Kennzahlen kommen, sodass der Controlling-Regelkreis erneut durchlaufen wird.

Das Wichtigste – zusammengefasst

- **Beachten Sie, dass es hinsichtlich der begrifflichen Einordnung und der Positionierung von IT-Controlling im Unternehmen unterschiedliche Ausrichtungen gibt!**
  Als Primärziele eines IT-Controlling-Systems werden die Formalziele Effizienz und Effektivität sowie die Sachziele Qualität, Funktionalität und Termineinhaltung der Informationsverarbeitung herausgestellt. Dabei sollte IT-Controlling nicht nur als reine Überwachungsfunktion verstanden werden, sondern auch eine wesentliche Koordinationsfunktion für das gesamte Informationsmanagement wahrnehmen.

- **Die organisatorische Verankerung von IT-Controlling im Unternehmen sollte wohl überlegt sein; sie bestimmt zu einem hohen Maß das Erfolgspotenzial!**
  In der Regel wird empfohlen, IT-Controlling möglichst nahe bei den Managemententscheidern im Sinne der IT-Governance zu verankern. Dabei kann es sich durchaus anbieten, das Controlling der IT-Leistungsverwendung dezentral in den Fachbereichen anzusiedeln, während organisationsweite Fragestellungen der IT-Leistungserstellung zentral in der IT-Organisation zu steuern sind. Bei einer Zuordnung als Querschnittsfunktion sind entsprechende Schnittstellen mit dem Linienmanagement sowie der Controlling-Abteilung zu beachten.

- **Berücksichtigen Sie bei der organisatorischen Ausgestaltung des IT-Controllings die zugrunde liegenden Entscheidungsstrukturen der IT-Governance!**
  In Abhängigkeit von der Verteilung von Entscheidungsrechten und Zuständigkeiten bezüglich der IT zwischen zentralen und dezentralen Unternehmensbereichen sind auch unterschiedliche Ansprüche und Erwartungshaltungen an das IT-Controlling zu beachten. Durch eine entsprechende organisatorische Zuordnung des Controllings sowie eine geeignete Ausgestaltung von Berichtswesen und Kennzahlen können Sie diesem Umstand Rechnung tragen.

- **Beachten Sie den Zusammenhang zwischen dem Lebenszyklus der Informationssysteme und dem IT-Controlling!**
  Es gibt kein allgemeines, in jeder Unternehmenslage identisches IT-Controlling. IT-Controlling basiert auf den Zielen der IT-Strategie und setzt sich aus einer Mischung aus unterschiedlichen Methoden und Werkzeugen zusammen. Die Ausgestaltung des IT-Controllings kann sich dabei am Lebenszyklus der Informationssysteme orientieren. In Abhängigkeit vom Lebenszyklus (Portfolio, Projekte, Produkte und Infrastruktur) kann das Controlling spezifisch ausgestaltet werden.

- **Überlegen Sie, welche wesentlichen Teilbereiche bzw. Handlungsfelder das IT-Controlling in der Praxis umfassen sollte!**
  Zu den strategischen IT-Controlling-Aufgaben gehören die Festlegung geeigneter Maßnahmen und Projekte (IT-Masterplanung), die die Organisation bei der Zielerreichung optimal unterstützen, sowie die Unterstützung der

IT-Strategieentwicklung. Die operativen Controlling-Aufgaben umfassen beispielsweise das IT-Projekt-Controlling, das IT-Produkt-Controlling sowie das IT-Infrastruktur-Controlling.

- **Orientierungspunkte im IT-Controlling sind Prozessorientierung (Geschäftsprozessunterstützung) sowie Werkzeuge und Methoden.**
  Zur Steuerung bieten sich insbesondere Kennzahlensysteme (z. B. auf der Basis einer Balanced Scorecard) sowie der Vergleich von ausgewählten Kennzahlen durch Benchmarking an.

- **Beachten Sie, dass eine innerbetriebliche Verrechnung der IT-Kosten und IT-Leistungen wesentliche Vorteile im Hinblick auf eine faire Kooperationskultur von IT-Bereich und Fachbereich bringen kann!**
  Durch den Einsatz eines entsprechenden IT-Controlling-Instrumentariums kann eine Steigerung der Transparenz bei der Ausgestaltung der Leistungsbeziehung zwischen IT-Servicegeber und IT-Servicenehmer erreicht und so die vielfach beobachtete Diskrepanz zwischen tatsächlicher und wahrgenommener Leistung der IT beseitigt werden.

- **Stellen Sie eine kontinuierliche Weiterentwicklung des IT-Controllings sicher!**
  Aus der Erhebung von Kennzahlen und dem Controlling-Prozess können neben der Ableitung von inhaltlichen Erkenntnissen zur Steuerung auch Erkenntnisse zur Weiterentwicklung des Controlling-Prozesses und der Kennzahlen selbst gewonnen werden. Stellen Sie sicher, dass diese Erkenntnisse systematisch in das IT-Controlling eingebunden werden.

15.5 Literatur

[AuKr99] *Aurenz, H.; Krcmar, H.:* Controlling verteilter Informationssysteme. In: *von Dobschütz, L.; Baumöl, U.; Jung, R.* (Hrsg.): IV-Controlling aktuell. Gabler, Wiesbaden 1999

[Kü05] *Kütz, M.:* IT-Controlling für die Praxis. Konzeptionen und Methoden. dpunkt.verlag, Heidelberg 2005

[KeMüSc07] *Kesten, R.; Müller, A.; Schröder, H.:* IT-Controlling – Messung und Steuerung des Wertbeitrags der IT. Vahlen, München 2007

[Kr10] *Krcmar, H.:* Informationsmanagement. Springer, Berlin u. a. 2010

[Kr90] *Krcmar, H.:* Informationsverarbeitungs-Controlling: Zielsetzung und Erfolgsfaktoren. In: Information Management, Vol. 5, Nr. 3, 1990; S. 6 – 15

[Sc06] *Schauer, H.:* Vergleichende Buchbesprechung – IT-Controlling. In: Wirtschaftsinformatik, Vol. 48, Nr. 3, 1990; S. 212 – 222

[Kü04] *Küpper, H.-U.:* Controlling und Operations Research – Der Beitrag quantitativer Theorie zur Selbstfindung und Akzeptanz einer praxisorientierten Disziplin. In: Zeitschrift für Betriebswirtschaft, Vol. 77, Nr. 7/8, 2004, S. 735 – 758

[Vö04] *Vöhringer, B.:* Computerunterstützte Führung in Kommunalverwaltung und -politik. Steuerung mit New Public Management und Informationstechnologie. Gabler, Wiesbaden 2004

[Kü06]   Kütz, M.: IT-Steuerung mit Kennzahlensystemen. dpunkt.verlag, Heidelberg 2006
[We04]   Weber, J.: Einführung in das Controlling. Schäffer-Poeschel, Stuttgart 2004
[WeRo04]   Weill, P.; Ross, J.: IT governance – how top performers manage IT decision rights for superior results. Harvard Business School Press, Boston (MA) 2004
[KrBu94]   Krcmar, H.; Buresch, A.: IV-Controlling – Ein Rahmenkonzept für die Praxis. In: Zeitschrift Controlling, Nr. 1994 Heft 5, 1994
[Ho11]   Horvath, P.: Controlling. Vahlen, München 2011
[KrBuRe00] Krcmar, H.; Buresch, A.; Reb, M.: IV-Controlling auf dem Prüfstand. Konzept – Benchmarking – Erfahrungsberichte. Gabler, Wiesbaden 2000
[So87]   Sokolovsky, Z.: Projektcontrolling: Projektbegleitende Wirtschaftlichkeitskontrollen bei großen DV-Projekten. In: Zeitschrift für Organisation, Nr. 4, 1987; S. 261–268
[KaNo96]   Kaplan, R. S.; Norton, D. P.: Using the Balanced Scorecard as a Strategic Management System. In: Harvard Business Review, Vol. 74, Nr. 1, 1996; S. 75–85
[GaMa05]   Gadatsch, A.; Mayer, E.: Masterkurs IT-Controlling. Vieweg, Wiesbaden 2005
[Ka01]   Kaplan, R. S.: Strategic Performance Measurement and Management in Nonprofit Organizations. In: Nonprofit Management & Leadership, Vol. 11, Nr. 3, 2001; S. 353–370
[Gl01]   Gladen, W.: Kennzahlen- und Berichtssysteme – Grundlagen zum Performance Measurement. Gabler, Wiesbaden 2001
[RuKüKr08] Rudolph, S.; Kütz, M.; Krcmar, H.: Handlungsleitfaden IT-Kennzahlen und IT-Kennzahlensysteme für mittelständische Unternehmen. Books on Demand GmbH, Norderstedt 2008
[MaJuOl09] Marx Gomez, J.; Junker, H.; Oldebrecht, S.: IT-Controlling – Strategien, Werkzeuge, Praxis. Erich Schmidt, Berlin 2009
[Kü11]   Kütz, M.: Kennzahlen in der IT – Werkzeuge für Controlling und Management. dpunkt. verlag, Heidelberg, 2011
[Th94]   Thaller, G. E.: Software-Metriken einsetzen, bewerten, messen. Heise, Hannover 1994
[Ha89]   Haufs, P.: DV-Controlling – Konzeption eines operativen Instrumentariums aus Budgets – Verrechnungspreisen – Kennzahlen. Physica, Heidelberg 1989
[GaMa10]   Gadatsch, A.; Mayer, E.: Masterkurs IT-Controlling: Grundlagen und Praxis für IT-Controller und CIOs. Vieweg, Wiesbaden 2010
[Ti05]   Tiemeyer, E.: IT-Controlling kompakt. Elsevier, München 2005
[Le99]   Legner, C.: Benchmarking informationsgestützter Geschäftsprozesse. Gabler, Wiesbaden 1999
[Ca94]   Camp, R.: Benchmarking. Hanser, München 1994
[Bu06]   Burr, W.: Service-Level-Agreements: Arten, Funktionen und strategische Bedeutung. In: Bernhard, M. G.; Mann, H.; Lewandowski, W.; Schry, J. (Hrsg.): Praxishandbuch Service-Level-Management: Die IT als Dienstleistung organisieren. Symposion, Düsseldorf 2006
[LeMa00]   Lewandowski, W.; Mann, H.: Erfolgreiches Outsourcing – Eine gute Prozesssteuerung ist die halbe Miete. In: Bernhard, M. G.; Lewandowski, W.; Mann, H. (Hrsg.): Service-Level-Management in der IT. Symposion, Düsseldorf 2000
[OGC07]   Office of Government Commerce, G. B.: Service Design. TSO (The Stationary Office), London 2007
[Bö04]   Böhmann, T.: Modularisierung von IT-Dienstleistungen: Eine Methode für das Service Engineering. Gabler, Wiesbaden 2004
[Sc00]   Schrey, J.: Ein Wegweiser für effektive vertragliche Regelungen – Fehlende gesetzliche Regelungen erfordern Absprachen. In: Bernhard, M. G.; Lewandowski, W.; Mann, H. (Hrsg.): Service-Level-Management in der IT: Die IT als Dienstleistung organisieren. Symposion, Düsseldorf 2000

[BöKr04] Böhmann, T.; Krcmar, H.: Grundlagen und Entwicklungstrends im IT-Servicemanagement. In: HMD – Praxis der Wirtschaftsinformatik, Band 237 (Juni 2004), 2004; S. 7 – 21

[Di04] Dietrichsweiler, L. A.: Kostensenkung in der dezentralen IT-Infrastruktur. In: Dietrich, L. (Hrsg.): IT im Unternehmen. Springer, Berlin 2004

[YuKoWe03] Yurtkuran, S.; Kollorz, E.; Weber, M.: Whitepaper zum IT-Controlling und IT-Leistungsverrechnung. Nicetec GmbH, Bissendorf 2003

[ScKü11] Schweitzer, M.; Küpper, H.-U.: Systeme der Kosten- und Erlösrechnung. Vahlen, München 2011

[GeBuKr00] Gerlinger, A.; Buresch, A.; Krcmar, H.: Prozessorientierte IV-Leistungsverrechnung – Der Weg zur totalen Transparenz? In: Krcmar, H.; Buresch, A.; Reb, M. (Hrsg.): IV-Controlling auf dem Prüfstand: Konzept – Benchmarking – Erfahrungsberichte. Gabler, Wiesbaden 2000

[KaKü07] Kargl, H.; Kütz, M.: IV-Controlling. Oldenbourg, München 2007

[RuScKr08] Rudolph, S.; Schwarzer, B.; Krcmar, H.: Handlungsleitfaden IT-Services und IT-Servicekataloge für mittelständische Unternehmen. Books on Demand, Norderstedt 2008

[RuBöKr08] Rudolph, S.; Böhmann, T.; Krcmar, H.: Struktur von IT-Servicekatalogen: Ein praxisorientierter Gestaltungsvorschlag für die Dokumentation des IT-Leistungsangebots. GITO, S. 145 – 146

[RuKr08] Rudolph, S.; Krcmar, H.: Prozessleitfaden zur Planung und Steuerung der IT-Servicebereitstellung für mittelständische Unternehmen. Books on Demand, Norderstedt 2008

[Ru09] Rudolph, S.: Servicebasierte Planung und Steuerung der IT-Infrastruktur im Mittelstand: Ein Modellansatz zur Struktur der IT-Leistungserbringung. Gabler, Wiesbaden 2009

[Ma08] Martin-Perez, N.: Service Center Organisation: Neue Formen der Steuerung von internen Dienstleistungen unter besonderer Berücksichtigung von Shared Services. Gabler, Wiesbaden 2008

16 Lizenzmanagement in IT-Umgebungen

Torsten Groll

Fragen, die in diesem Kapitel beantwortet werden:

- Was ist eine Softwarelizenz und warum ist es erforderlich, die damit verbundenen Nutzungsbedingungen zu kennen?
- Warum ist es wichtig, dass der Betrieb der IT-Architektur vom Lizenzmanagement unterstützt wird?
- Welche Aspekte sind für die Umsetzung und den Betrieb eines Lizenzmanagements wichtig?
- Welche neuen Herausforderungen auf das heutige und zukünftige Lizenzmanagement entstehen mit dem lizenzkonformen Verwalten von Cloud-Technologien?
- Welche Daten sind für das Verwalten und Auswerten von Lizenzinformationen erforderlich?
- Warum ist ein Software-Life-Cycle Prozess für den Betrieb des Lizenzmanagements so wichtig?
- Welche Komplexitätstreiber müssen im Lizenzmanagement beachtet werden?
- Wie ist die derzeitige Marktsituation im Umfeld der SAM-Tool-Hersteller?
- Worauf sollten Sie bei der Einführung einer Lizenzmanagement-Lösung achten?
- Was sind die wesentlichen Aspekte, die ein operatives Lizenzmanagement beschreiben?

16.1 Lizenzmanagement im Wandel

Im Kapitelbeitrag zur 6. Auflage legte ich dar, warum die IT-Verantwortlichen große Herausforderungen zu meistern haben, wenn es um den zukünftigen wirtschaftlichen und lizenzrechtlich korrekten Betrieb von Softwareassets- und Softwarelizenzen geht.

Nun haben wir in wenigen Monaten bereits das Jahr 2020 und im Prinzip muss ich eingestehen, dass, obwohl sich auch die Technologien in der Welt der Softwareasset- und Lizenzmanagement-Werkzeuge in den letzten Jahren rasant weiterentwickelt haben – auch um mit den immer schneller werdenden neuen IT-Technologietrends Schritt halten zu können –, die Herausforderungen für das Verwalten von Softwareassets- und Softwarelizenzen eher noch komplexer geworden sind und damit auch deren Verwaltung und Risikosteuerung.

Die Ursachen sind unterschiedlicher Natur. Angefangen bei der oft beharrlich stetigen Aussage, dass sich Softwareasset- und Softwarelizenzmanagement faktisch von allein betreiben lässt (man benötigt ja nur ein Tool dafür, dann geschieht alles automatisch wie von selbst), über das Vernachlässigen von strukturierten und auch erforderlichen durchdachten Softwareanforderungs- und Bereitstellungsprozessen bis hin zu der oft fehlenden Voraussicht, dass eine Person, die die Rolle eines Lizenzmanagers oder einer Lizenzmanagerin einnehmen soll, kaum oder überhaupt nicht ausgebildet wird, den Komplexitäten im Zusammenwirken zwischen bestehender Softwarearchitektur, veränderten Nutzungsbedingungen bzw. immer schneller werdenden „Anpassungen" der Lizenzmetriken durch die Hersteller, nicht genügend Beachtung geschenkt wird oder aber dass dem aktivem Risikomanagement so gut wie keine Bedeutung beigemessen wird.

Viel stärker als prognostiziert und mit großer Wucht ist das Thema Cloud Computing mittlerweile im IT-Markt angekommen, ein Zurück gibt es schon lange nicht mehr. Zu sehr sind bereits die erforderlichen IT-Strukturen für bspw. die Nutzung von IT-Services auch im privaten Umfeld, wie z. B. iCloud (Apple), OneDrive, Office365 (Microsoft) usw., darauf ausgerichtet.

> *Der Gartner-Analyst Gregor Petri sagte dazu:*
> Cloud-Technologien sind heute die primäre Option – nicht mehr nur eine von vielen IT-Infrastruktur-Möglichkeiten.
>
> *Gartner selbst sagt dazu:*
> Die Cloud hat 2019 den Status eines „Hypes" endgültig verlassen und ist durch den verbreiteten Einsatz in Firmen und Organisationen zur Normalität geworden.[1]

Diese Geschwindigkeit der Veränderungen der bestehenden IT-Architekturen haben nur ganz wenige IT-Verantwortliche auf dem Radar gehabt und ihre IT-Strategien rechtzeitig darauf ausgerichtet. Gartner identifiziert dabei in seiner Studie die folgenden zukünftigen zehn wichtigsten Trends:

---

[1] Quelle: *https://blogs.oracle.com/de-cloud/die-10-wichtigsten-cloud-trends-2019*

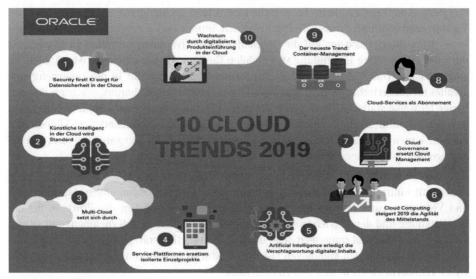

Bild 16.1 Gartners zehn Cloud-Trends 2019[2]

Sicher kann kaum jemand quasi mal eben so auf Knopfdruck einen Paradigmenwechsel durchführen. Besondere Rahmenbedingungen (wie bspw. Verträge), gesetzliche Vorgaben oder aber auch schlicht und ergreifend fehlende personelle Ressourcen (der IT-Markt ist seit Jahren wie leergefegt) sind oft mit der Grund, dass die erforderlichen Transformationsprozesse nicht oder nicht in der gewünschten bzw. erforderlichen Ausprägung, dem Umfang oder mit der notwendigen Geschwindigkeit durchgeführt werden können.

Hinzu kommt, dass durch die enorme Geschwindigkeit der IT-Transformation bedingte Rahmenparameter nicht im ausreichenden Maß beachtet werden. So werden bspw. immer wieder gerne nur unzureichend die für die Transformation erforderlichen Institutionen zur Mitbestimmung am Arbeitsplatz (Betriebsrat, Personalrat, Datenschutz u. a.) mitgenommen. Konsequenz: Der notwendigen Transformation (um wettbewerbsfähig zu bleiben) wird teilweise sehr stark ablehnend gegenübergestanden. Aber gerade die neuen (Cloud-)Technologien, gehen immer mehr und faktisch fast ausschließlich in die Richtung, dass eine Pay-per-use-Abrechnung und auch Steuerung – oft vom Softwarehersteller ausgelöst – umgesetzt werden muss, mit einer dadurch (wirtschaftlich bedingten) Kontrolle, wer denn tatsächlich die bereitgestellte Software wann „benutzt".

Hier entstehen nun aufgrund der neuen Komplexitäten im bisherigen Verwalten von Softwarelizenzen weitere Herausforderungen für das Management von klassischen Softwarelizenzen und von Softwareprodukten mit anderen Lizenzmetriken oder Abrechnungsmodellen in Cloud-Umgebungen. Ich spreche jetzt absichtlich von „Softwareprodukten bzw. -Services in Cloud-Umgebungen" und nicht mehr von Softwarelizenzen, weil es diese Form bzw. diese Begriffsbeschreibung so in Cloud-Umgebungen nicht mehr lange geben wird. Hier werden Sessions, Datenvolumen, transaktionsbasierte oder andere Verbrauchsabrechnungsmodelle die althergebrachten Zählweisen (Lizenzmetriken) ablösen.

---

[2] Quelle: *https://blogs.oracle.com/de-cloud/die-10-wichtigsten-cloud-trends-2019*

Das jetzt aktuell erforderliche Beherrschen der Cloud-Technologien verlangt nach neuen Verfahrensweisen und Prozessen. Der Anspruch, immer und überall und von jedem Gerät unter jedem Betriebssystem auf die Geschäfts- oder Privatdaten zugreifen zu können, ist nur durch die weitere Einbindung von mobilen Geräten wie Smartphones oder Tablets zu gewährleisten. Diese müssen aber auch möglichst kosteneffizient in die Unternehmensarchitektur integrierbar sein. Schon aus diesem Gesichtspunkt heraus, wachsen das bisherige teilweise statische Hard- und Softwareassetmanagement über Virtualisierungstechnologien zusammen, um die hierfür erforderliche Flexibilität bereitstellen zu können, mit der Konsequenz, dadurch einer weiteren Komplexitätsstufe im Softwareasset- und Lizenzmanagement gegenüberzustehen.

Weil u. a. auch die Cloud-Architekturen mit den sich rasch ändernden Betriebsszenarien und damit einhergehenden „neuen" dynamischen Nutzungsbedingungen das Betreiben und Verwalten von Software immer komplexer gestalten, müssen die Prozesse für die Bereitstellung und den Betrieb von Softwareassets und Lizenzen unternehmensweit so aufgebaut, eingeführt und umgesetzt sein, dass es gelingt, die getätigten Software- und Hardwareinvestitionen in den komplexen IT-Infrastrukturen gemeinsam mit den Cloud-Technologien risikoarm zu verwalten und zu betreiben.

Ich zitiere hier immer sehr gerne Albert Einstein, der einmal sagte:

Nicht alles, was zählt, kann gezählt werden und nicht alles, was gezählt werden kann, zählt.

Dieser (undatierte) Spruch ist heute mehr denn je aktuell.

■ 16.2 Was ist eine Softwarelizenz?

 Diesen Abschnitt lasse ich für die jetzige Auflage so bestehen, da die Erläuterungen zur Softwarelizenz (on-premises) so immer noch aktuell sind. In Bezug auf die Cloud-Technologien, werden sich die Lizenzmetriken und Abrechnungsmodelle (also wie gezählt wird) immer mehr in Richtung „was genutzt wird, wird bezahlt" verschieben. Zurzeit sind aber die hierfür erforderlichen Prozesse in den Unternehmen und die bestehenden Werkzeuge meistens noch nicht genügend vorbereitet, aber auch mögliche Widerstände (Thema SW-Nutzungsmessung versus Arbeitszeitkontrolle) stehen dem oft noch im Weg. Ein paar Jahre wird sicher noch das klassische Softwareasset- und Lizenzmanagement zusammen mit den Cloud-Infrastrukturen und -Technologien verwaltet und gesteuert.

Begriffliche Klärung

Von der technischen Seite aus betrachtet, können Sie die Software nach der Installation auf Ihrem Computersystem anwenden und für Ihre Zwecke einsetzen. Nun ist aber die Software ein „Werk", welches durch eine natürliche oder juristische Person (Hersteller) „erschaffen" wurde. Der Urheber des Werks ist laut deutschem Urheberrecht untrennbar mit seiner

„Schöpfung" verbunden, d. h., nur er darf über die weitere Verwendung oder Verbreitung seines Werks bestimmen. Dieses Recht zur Verwendung (zur Nutzung) des Werks erteilt der Urheber in Form einer Lizenz. Der Duden beschreibt den Begriff „Lizenz" folgendermaßen:

> Li/zenz, die; (lat.): Erlaubnis, Genehmigung, bes. zur Nutzung eines Patents oder eines Softwareprogramms oder zur Herausgabe eines Druckwerks.[3]

Der Begriff **Softwarelizenz** bezeichnet das Nutzungsrecht, das der Rechteinhaber (Urheber) dem Nutzer (Endanwender) an der von ihm erworbenen Software einräumt. In einem Lizenzvertrag wird der vom Urheber vorgegebene rechtliche und vertragliche Rahmen beschrieben. Erst mit dem Akzeptieren des Lizenzvertrags darf die Software in der vereinbarten Form bestimmungsgemäß genutzt werden.

Das Verwalten von Softwarelizenzen bedeutet also:

> Die rechtskonforme sowie betriebswirtschaftlich optimierte Nutzung von Softwarelizenzen sicherzustellen, diesen Prozess permanent zu überwachen und zu steuern.

Die gebräuchlichsten Lizenzformen

Jeder Urheber, der Software entwickelt und in Verkehr bringt, legt mit der anzuwendenden Lizenzform fest, unter welchen Nutzungs- bzw. Lizenzbedingungen die Software verwendet werden darf. Sie werden in Ihrem Unternehmen sicherlich mit den unterschiedlichsten Softwareprodukten und deren Lizenzbestimmungen zu tun haben. Die dabei anzutreffenden Lizenzformen lassen sich prinzipiell in proprietäre Software (kommerziell) mit den Unterformen „Freeware" und „Shareware" sowie „Freie Software" (Open Source, nicht kommerziell) unterteilen. Die „Public Domain"-Lizenzform als weitere Lizenzform der „Freien Software" soll hier nur am Rande Erwähnung finden, weil nach deutschem Urheberrecht (im Gegensatz zum amerikanischen) kein Urheber auf seine Rechte zum Wohle der Gemeinheit verzichten darf. Somit kann ein Urheber in Deutschland seine Software nicht unter die Lizenzform „Public Domain" stellen.

Hinweis:

Die vom Urheber gewählte Lizenzform bestimmt die Freiheiten bei der Benutzung oder Verbreitung seiner Software.

In den folgenden Abschnitten erhalten Sie einen kurzen Überblick über die am häufigsten von den Urhebern angewendeten Lizenzformen.

Proprietäre Software

Gemeinhin wird sämtliche Software, die nicht vom Urheber unter die Open-Source-Lizenzbedingungen (beispielsweise die GNU GPL) gestellt wird, als proprietäre Software eingestuft und auch als kommerzielle Software angesehen (also Software, die gegen Geld ge- und verkauft wird), wie beispielsweise Microsoft Office, Lotus Notes, Adobe Photoshop u. v. a. m. „Freeware" und „Shareware" sind zwei Lizenzformen, in die u. a. proprietäre Software eingeteilt werden kann und diese nicht immer obligatorisch gegen Geld genutzt wird, hier

---

[3] Duden, Band 1, Die deutsche Rechtschreibung, 24. Aufl., S. 649.

kann es auch Sonderformen der Vergütung geben (z.B. durch freiwillige Spenden an den Softwareautor). Gemeinsam ist allen, dass sie im Gegensatz zur Freien Software nicht verändert werden dürfen und der Quelltext der Software nicht offengelegt ist.

Freeware

Freeware bezeichnet im Allgemeinen proprietäre Software, deren Nutzung zwar kostenlos ist und die frei kopiert bzw. weiterverbreitet werden darf, aber nicht mit so vielen Freiheiten ausgestattet ist wie Freie Software (Open Source). Die Nutzungsbedingungen werden durch den Urheber festgelegt und üblicherweise auch in der Form eines „End User License Agreement (EULA)" beschrieben. Die Unterschiede zur Freien Software ergeben sich insbesondere daraus, dass der Quelltext nicht offen vorliegt und es beispielsweise dem Endanwender von den meisten Freeware-Programmen verboten wird, den Programmcode zu ändern und das geänderte Programm weiterzugeben.

Softwarehersteller vertreiben ihr Produkt häufig als Freeware, wenn die Verbreitung einen strategischen Marktvorteil erwirkt. Der Internet Explorer von Microsoft oder der Adobe Acrobat Reader sind bekannte Beispiele für Freeware.

Praxistipp:

Meist ist die kostenlose Nutzung von Freeware nur für den privaten Gebrauch zulässig, für die kommerzielle Nutzung erhebt der Autor Lizenzgebühren. Wenn Sie bei sich im Unternehmen Freeware einsetzen, dann lesen Sie sich bitte die Nutzungsbestimmungen der Software genau durch, damit Sie die rechtlichen Bedingungen einhalten.

Shareware

Shareware bezeichnet frei kopier- und weiter verbreitbare Softwareprodukte, die für einen bestimmten Zweck (beispielsweise für den privaten Einsatz) oder über einen gewissen Zeitraum hinweg kostenlos genutzt werden können. Zeitbegrenzungen enden oft nach 30 Tagen. In diesem Testzeitraum steht aber oftmals der komplette Funktionsumfang der Software zur Verfügung. Nach Ablauf der Testperiode muss der Endanwender, falls er die Software weiterhin nutzen möchte, eine Lizenzgebühr an den Autor zahlen. Die sonstigen Lizenzbedingungen entsprechen weitgehend denen von proprietärer Software und werden oft mit einem in die Software integrierten „End User License Agreement (EULA)" beschrieben.

Die Vertriebskanäle von Shareware sind in den meisten Fällen das Internet oder Softwaresammlungen auf CD-ROMs, die vielen Computerzeitschriften beigelegt werden. Da der Autor den Vertrieb seiner Software nicht selbst übernimmt, hat er keine Möglichkeit, die Anwender seines Programms zu identifizieren, um eine Bezahlung nach Ablauf der Testzeit zu erhalten. Um der erfahrungsgemäß geringen Zahlungsmoral der Anwender vorzubeugen, ist Shareware häufig modifiziert. Meistens stehen nach Ablauf der Testzeit die Programmfunktionen nur eingeschränkt zur Verfügung oder es lassen sich beispielsweise keine neuen Dateien mehr mit dem Produkt anlegen.

Software, die unter der Flagge „Shareware" segelt, wird häufig von Privatleuten oder kleineren Firmen, die auf sich aufmerksam machen wollen, verwendet. Einige Programme, die Sie bestimmt kennen, haben ihre Karriere als Shareware begonnen, wie beispielsweise das Zeichenprogramm Paint Shop Pro, oder sind es teilweise heute noch, wie beispielsweise das Packprogramm Winzip. Diese meist kleinen Helferlein erfreuen sich nach wie vor großer Beliebtheit in den Unternehmen, umso wichtiger ist es auch hier, die Nutzungsbedingungen zu kennen und einzuhalten.

Freie Software, Free Software

Mehr als 20 Jahre gibt es jetzt schon Freie Software. Heute ist es durchaus üblich, auch in kommerziellen Umgebungen Freie Software wie beispielsweise das Betriebssystem Linux, den Internetbrowser Firefox, das E-Mail-Programm Thunderbird oder die Bürosuite Open Office einzusetzen. Das war aber nicht immer so. Erst in den letzten Jahren konnte sich Freie Software auch verstärkt in den Unternehmen etablieren, u. a. auch deshalb, weil viele große Firmen wie beispielsweise IBM oder Oracle für Freie Software Entwicklungsarbeit leisten.

Freie Software gibt Ihnen im Gegensatz zu proprietärer Software die Freiheit, sie für einen beliebigen Zweck auszuführen, ihre Funktionsweise zu studieren, sie Ihren eigenen Bedürfnissen anzupassen oder sie zu verbessern und diese Kopien der Software zu veröffentlichen oder weiterzugeben. Der Zugriff auf den Quelltext ist die Voraussetzung dafür, Software zu studieren, anzupassen und zu verbessern. Mit der Beliebtheit Freier Software stieg auch die Zahl der Bezeichnungen. Die Free Software Foundation (FSF) empfiehlt im Deutschen die Verwendung des Terminus „Freie Software", um diese entsprechend in andere Sprachen übersetzen zu können. Ein weiterer Begriff, der 1998 von der Open Source Initiative (OSI) vorgeschlagen wurde, um Freier Software zu größerer Akzeptanz in den Chefetagen zu verhelfen, ist „Open Source". Die Idee war, sich auf die technischen Aspekte Freier Software zu konzentrieren und sie so im Unternehmensumfeld leichter verkaufen zu können. Schon nach kurzer Zeit konnte Open Source die ersten Erfolge verbuchen. Die Popularität von Linux – der Open-Source-Software schlechthin – bewog Firmen, wie beispielsweise IBM, Novell, Informix, Sun und viele weitere bekannte Soft- und Hardwarehersteller, Produkte für Linux zu entwickeln. Inzwischen ist Open Source ein anerkannter und oft benutzter Begriff, der für (fast immer) kostenlose, qualitativ hochwertige, frei verfügbare, modifizierbare und weiterverbreitbare Software steht. Heute bedeuten die Begriffe Open Source und Freie Software das Gleiche.

Der Begriff „Freie Software" umfasst im Kern die vier folgenden Freiheiten:

- Die Software darf eigenen Bedürfnissen angepasst werden.
- Die Software (Arbeitsweise) darf studiert werden.
- Die Software darf kostenlos kopiert und weiterverteilt werden.
- Die Software darf für jeden Zweck genutzt werden.

Eine der populärsten und wichtigsten Formen, „Freie Software" zu lizenzieren, ist die Anwendung der GNU General Public License (GPL)[4]. Die derzeit aktuellste Version ist am 29. Juni 2007 in der Version 3 (GPLv3) von der Free Software Foundation *(http://fsf.org/)* veröffentlicht worden. Die Version 2.0 wurde im Juni 1991 und die Version 1 im Februar

---

[4] Der Name GNU ist ein rekursives Akronym von GNU's Not Unix („GNU ist Nicht Unix" Auszug aus *http://de.wiki pedia.org/wiki/GNU*

1989 veröffentlicht und für die Open-Source-Entwicklergemeinde erstmalig zur Verfügung gestellt.[5]

Hinweis:
Verwechseln Sie den Begriff „Freie Software" nicht mit „Freeware". Freeware ist zwar kostenlos erhältlich und frei verteil- und kopierbar, berechtigt Sie aber nicht, die Software eigenen Zwecken anzupassen oder sie zu verändern. Da bei Freeware kein offener Quelltext vorliegt, ist dies auch nicht möglich. ∎

Einen zusammenfassenden Überblick über die vorgestellten Lizenzformen finden Sie in Tabelle 16.1. Zur besseren Übersicht wurden „Freeware" und „Shareware" als spezielle Untergruppe der proprietären Software dargestellt, da diese Lizenzformen keine Freie Software repräsentieren.

Tabelle 16.1 Übersicht über die gebräuchlichsten Lizenzformen[6]

	Kostenlos	Kopier- und weiter-verbreitbar	Uneinge-schränkt nutzbar	Quelltext offen und modifizierbar	Unterliegt einer Lizenz
Freie Software Open Source	✓	✓	✓	✓	✓
Proprietäre Software	–	–	–	–	✓
Freeware	✓	✓	–	–	✓
Shareware	–	✓	–	–	✓

Das Wissen, wann welche Lizenzbestimmungen bei welchem Softwareprodukt Anwendung finden, ist grundlegend für das Verständnis der im Unternehmen vorherrschenden bzw. einsetzbaren IT-Architektur.

Das Lizenzmodell[7]

Um beim Aufbau des Lizenzinventars die kaufmännische (erworbene) Software der technischen (installierten) korrekt zuordnen zu können, müssen Sie für jede einzelne Software das anzuwendende Lizenzmodell kennen und verstanden haben. Die Wahl des richtigen Modells kann Ihnen später erhebliche Kosten ersparen, die Wahl des falschen Modells unnötige Kosten bescheren. Die meisten Softwarehersteller tun jedoch alles, um die Nutzungsbestimmungen für ihr Produkt so auszuformulieren, dass der normale IT-Anwender seine liebe Mühe hat, dieses komplexe Geflecht zu verstehen.

Ein Lizenzmodell setzt sich unter anderem aus der Lizenzklasse, einem Lizenztyp und der Lizenzmetrik zusammen. Die Wahl des Lizenzmodells sollte sich deshalb an den individu-

---
[5] Unter *http://www.gnu.org* sind weitere Informationen zu finden
[6] Tabelle aus [Gr15], Kap. 2.2.2, S. 24.
[7] Eine ausführlichere und umfassendere Beschreibung der Lizenzmodelle finden Sie in [Gr15], Kap. 2.7, S. 39 ff.

ellen Bedürfnissen und Gegebenheiten Ihres Unternehmens und des geplanten Softwareeinsatzes orientieren (hierbei ist auch das Verständnis für die in Ihrem Unternehmen vorherrschende IT-Architektur sehr wichtig!). Die Kombinationsmöglichkeiten sind mittlerweile so vielfältig, dass sich viele Berater nur noch auf ein oder zwei Softwarehersteller spezialisiert haben, um ihre Kunden bei der Wahl des richtigen Lizenzmodells unterstützen zu können. Die häufigsten Spezialisierungen im Lizenzumfeld beziehen sich auf Microsoft-, Oracle- und SAP-Produkte.

Lizenzmodelle beeinflussen die rechtmäßige Softwarenutzung in Form folgender Faktoren:

- durch die Lizenzart (z. B. Einzellizenz, Mehrplatzlizenz);
- durch die Lizenzklasse (z. B. Vollversion, Upgrade-Version);
- durch den Lizenztyp (z. B. pro Gerät, pro gedruckte Seite);
- durch die Lizenzmetrik, mit der man festlegt, wie gezählt wird (z. B. gilt die Lizenz für 5000 gedruckte Seiten pro Monat oder für 1000 zu verwaltende Systeme);
- durch die Lizenzbindungen bzw. Lizenzbeschränkungen (z. B. Einsatz auf einem Gerät mit maximal zwei CPU-Kernen oder auf einer bestimmten Hardwareumgebung);
- durch das Beschreiben von Weitergabeverboten (beispielsweise das einer OEM-Lizenz) sowie von Veräußerungs- und Vermietverboten;
- durch das Beschreiben bzw. Bestimmen von Laufzeiten der Softwarenutzung (begrenzt, unbegrenzt).

Praxistipp:

Überprüfen Sie in regelmäßigen Abständen, ob das ausgewählte Lizenzmodell noch Ihren Anforderungen und Gegebenheiten entspricht oder einer Anpassung bedarf.

Die Frage, welche der Modelle zur Softwarelizenzierung in Zukunft noch Bestand haben werden, ist mit dem jüngsten Trend hin zu Cloud-basierten Abonnementlizenzen wohl keine große Kaffeesatzleserei mehr. Jedenfalls wird sich das für den Desktop (Client-Umgebung) und mobilen Bereich immer mehr durchsetzen.

Des einen Freud, des anderen Leid. Denn während sich das Cloud-Lizenzmodell mit der vereinfachten Abrechnung sehr gut für den Heimgebrauch und die breite Öffentlichkeit eignen wird, wird es für die Unternehmen teurer, komplexer und schwieriger, diese neue Form der Lizenzverbrauchsabrechnung zusammen mit dem klassischen Lizenzmanagement zu administrieren und zu verwalten.

Warum es nun unabdingbar geworden ist, dass IT-Architekten und das Lizenzmanagement eng zusammenarbeiten müssen, um mit den einzusetzenden Nutzungsbedingungen die eigene oder Kunden-IT-Infrastrukturen wirtschaftlich und risikoarm betreiben zu können, darauf geht der nächste Abschnitt ein.

16.3 IT-Architektur und das Lizenzmanagement

Früher war alles anders: Da gab es ein großes Rechenzentrum mit viel Hardware, die kaum geändert wurde, außer wenn einmal der Speicherplatz knapp wurde. Änderungen an der Konfiguration (z. B. CPU-Erweiterung) gab es kaum. Somit war die bestehende IT-Architektur lange Zeit gar nicht bzw. nur selten irgendwelchen Änderungen unterworfen, weder in Hinblick auf die verwendete Hardware noch auf den Betrieb der Software.

Heute erfordert die Dynamik der IT-Entwicklungen mit der rasanten Verbreitung und Nutzung der Cloud-Technologien eine permanente Anpassung und Überwachung der bestehenden IT-Architektur. Aber: Oft wird bei vermeintlichen Hardwareoptimierungen zum Zweck von Betriebskostensenkungen ohne das Lizenzmanagement agiert und im Nachhinein entpuppen sich „Optimierungen" als große Kostenfallen bzw. Auditrisiken, weil schlicht und ergreifend die bestehenden Nutzungsbedingungen einer Software bspw. mal eben so auch auf den Cloud-Betrieb „übertragen" wurden, obwohl das u. U. vom Hersteller so nicht erlaubt war bzw. ist.

So haben vermeintliche Betriebsoptimierungen in der jeweiligen IT-Architektur einen sehr erheblichen Einfluss auf die Lizenzierung der einzusetzenden Software, die es immer im Vorfeld eines Change zu beachten gilt.

Noch komplexer kann es werden, wenn bspw. ein Service Provider für Kunden Server-Infrastrukturkomponenten betreibt bzw. entsprechende Plattformen und Services (bspw. Datenbanken) bereitstellt, aber nicht darauf achtet, ob die Softwarenutzungsbedingungen des Herstellers dies überhaupt gestatten oder aber ob dafür nicht eine ganz andere Softwarelizenzierung bzw. Nutzung für diesen Betrieb erforderlich ist.

Zusätzlich zu diesen Anforderungen und Rahmenbedingungen, um den Betrieb lizenzkonform zu gewährleisten, geht eine ständige Überwachung von möglichen Veränderungen (oft auch automatisch im Betrieb erzeugt) an Hardwarekomponenten einher (beispielsweise werden weitere CPUs im Server eingebaut oder die VMware-Umgebung wird auf ein anderes physikalisches System verschoben). Hier ist permanent sicherzustellen, dass die zu betreibenden Softwareprodukte weiterhin mit den Nutzungsbedingungen der Hersteller im Einklang stehen.

Ein Beispiel dazu: Sie oder Ihr Provider betreiben einen Server, auf dem z. B. eine Datenbank von IBM im Einsatz ist (DB2). Das IBM-Lizenzmodell für die Nutzung einer Vollversion einer DB2-Datenbank wird nach der Lizenzmetrik PVU (Prozessor Value Unit) berechnet. IBM gibt hierfür bestimmte Bedingungen vor, nach denen sich dieser PVU-Faktor für bestimmte Hardwaretechnologien bestimmt. So hat ein Server der Marke „Hewlett Packard Proliant ML 330 G6" mit dem Prozessortyp „Intel Xenon" gemäß der IBM-Liste einen PVU-Faktor von 50. Je nachdem, ob Sie nun einen DualCore oder QuadCore im Einsatz haben, wird dieser Wert mal zwei oder mal vier genommen. Damit ergibt sich, dass Sie für den Einsatz einer DB2-Datenbank auf einem solchen Server entweder 100 PVU oder 200 PVU „kaufen" müssen. In diesem Fall müssen Sie also das komplette „Blech" lizenzieren.

Jetzt könnte ja jemand auf die Idee kommen (das könnte auch Ihr Provider sein, da dieser ja ein erklärtes Interesse daran hat, Kosten zu sparen), auf diesem physikalischen Server eine

VMware-Umgebung aufspielen zu lassen, um mehrere virtuelle Server und Datenbanken betreiben zu können. Jeder VMWare-Instanz wird nun nur noch jeweils ein Prozessor zugewiesen, damit werden also auch weniger PVU-„Punkte" – lizenzrechtlich gesehen – verbraucht.

Ganz so einfach, wie es sich vielleicht technisch darstellt, lässt sich der mögliche Lizenzverbrauch aber leider nicht optimieren, denn es gibt auch hier wieder weitere Regeln[8] zu beachten, damit die von IBM festgelegten Nutzungsbedingungen eingehalten werden. Dieser wichtige Aspekt wird aber von den beteiligten Personen sehr oft nicht wahrgenommen und das Lizenzmanagement wird meistens erst recht nicht mit eingebunden. Oft verändert der Provider seine technischen Plattformen (Kostenoptimierung), ohne dass Sie als Kunde davon etwas mitbekommen. Sofern der Provider die Software stellt und Sie nur den Service in Anspruch nehmen, ist dagegen nichts einzuwenden. Sobald Sie aber für das Bereitstellen der Software verantwortlich zeichnen und auch das Lizenzmanagement dafür betreiben, müssen Sie über solche Veränderungen stets zeitnah informiert werden. Sonst steht Ihr Unternehmen im Fall eines Audits ziemlich schlecht da und es wird unter Umständen sehr teuer. Da Vereinbarungen zu dieser Problematik in den Service-Verträgen oft fehlen, könnte es sein, dass Sie die Zeche ganz allein bezahlen müssen, denn aus der Sicht des Herstellers (z.B. IBM) sind Sie als Lizenznehmer der Software für die Einhaltung der vereinbarten Nutzungsbedingungen allein verantwortlich und voll haftbar.

Die Cloud-Technologien erzeugen eine sehr starke dynamische Skalierung von technischen Ressourcen und viele Hersteller (u.a. Oracle, IBM) nutzen dies immer mehr aus und koppeln die Lizenzpreise an sogenannte „High Watermark"-Stände. Wenn einmal ein Höchstwert im System erreicht wurde, gilt dieser dann für die weitere Abrechnung der Nutzung. Umso wichtiger ist es jetzt, diese Parameter zu kennen und zu verwalten, damit Änderungen in der IT-Architektur nicht die Risiken erhöhen, anstatt sie zu verringern, und der kosteneffiziente Betrieb der IT-Strukturen weiterhin sichergestellt werden kann.

Fazit:

Wo auch immer Veränderungen an der IT-Architektur angedacht sind, sowohl im Client- (z.B. Citrix-Thema) als auch im Server-Umfeld (und hier ist es noch viel wichtiger), sollten Sie immer das Lizenzmanagement im Unternehmen mit einbeziehen bzw. die Personen, die das Thema Softwarebeschaffung zu verantworten haben. Geplante Optimierungen und Änderungen von Hardware- und Softwareumgebungen müssen Sie immer mit der korrekten Einhaltung der Nutzungsbedingungen abgleichen, sonst kann es für Ihr Unternehmen ein ungemütliches Erwachen im Fall eines Audits geben.

---

[8] Siehe IBM-Webseiten: *https://www.ibm.com/software/passportadvantage/subcaplicensing.html*

16.4 Aspekte des Lizenzmanagements

Rasant wachsende Technologien zum Betrieb der IT-Architekturen erfordern eine ständige Gesamtbetrachtung der IT-Kosten. Steigende Compliance-Prüfungen der Hersteller – auf die lizenzkonforme Einhaltung ihrer immer komplexer werdenden Nutzungsrechte – erfordern verstärkte Aufmerksamkeit durch die Unternehmen. Mit der Erzeugung und Darstellung der geforderten Software-Compliance gelangen immer mehr Unternehmen an die Grenze der wirtschaftlich und personell machbaren Umsetzung. Dabei gehört eine aktive Verwaltung von Softwarelizenzen längst mit in jedes Unternehmens-Risikomanagementsystem, so wie jedes andere zu steuernde unternehmenskritische Risiko auch.

Die auch in Zeiten der neuen Cloud-Technologien immer noch geltenden vier wichtigsten Zielsetzungen für ein aktives Lizenzmanagement sind:

- Transparenz schaffen,
- Kosten reduzieren,
- Compliance einhalten,
- Rechtmäßigkeit herstellen.

Begrifflichkeiten

Das Lizenzmanagement beschreibt Prozesse für den legalen Umgang mit Software und deren vereinbarten Lizenz- und Nutzungsbestimmungen. Das Lizenzmanagement hat primär eine wirtschaftliche (kaufmännische) Sichtweise. Für die natürlich gleichzeitig notwendige technische Verwaltung und Steuerung der einzusetzenden Software in einem Unternehmen wird eigentlich der Begriff Software-Asset-Management (SAM) verwendet. Mit „SAM" ist in vielen Publikationen aber auch oft das Lizenzmanagement gemeint. Sie sollten diese Begrifflichkeiten vorab in Ihrem eigenen Umfeld definieren, damit es zu keinen Missverständnissen im weiteren Verlauf bei der Umsetzung Ihres Lizenzmanagement-Projekts kommt.

Für die Aufgabe „Compliance einhalten bzw. überhaupt erst herstellen" müssen die Verantwortlichen eine grundsätzliche Antwort auf die folgende Frage finden.

- Wie viele Softwarelizenzen sind gekauft worden (kaufmännische Seite) und wie viele sind aktiv und im Einsatz (technische Seite)?

sowie die durch die Cloud-Technologien neu entstehende Fragestellung:

- Von wem und wann wird über einen bestimmten Zeitraum in welchem Umfang die bereitgestellte Software oder der Service genutzt?

Am Ende des Tages muss sich ein plausibles Ergebnis aus den gewonnenen und verarbeiteten technischen und den bereitzustellenden kaufmännischen Daten gewinnen lassen. Welche Daten und Informationen u. a. dazu mindestens gebraucht werden, wird in Bild 16.2 grafisch dargestellt.

Bild 16.2
Komplexität im Lizenzmanagement – um die Software Compliance sicherzustellen[9]

Zusammengefasst bedeuten die einzelnen Teilbereiche folgendes:

- **Kaufmännisch:** Individuelle Vertragsstrukturen mit unterschiedlichen Beschaffungs- und Bestellmöglichkeiten.
- **Diversität:** Einsatz vielfältiger Softwareprodukte ohne ausreichende Standardisierung des Softwareportfolios.
- **Lizenzrechtlich:** Große Anzahl unterschiedlich anzuwendender Nutzungsrechte und Lizenzmetriken.
- **Organisatorisch:** Individuelle Prozess- und Rollenumsetzung mit unterschiedlichen Verantwortlichkeiten.
- **Technisch:** Vielfältige IT-Architekturen in heterogenen Umgebungen mit komplexer Datenverarbeitung.
- **Administrativ:** Komplexe Administration von Lizenzen und Verträgen mit aufwendiger Informationsbereitstellung.

Die dabei zu verarbeitenden Informationen liegen in unterschiedlichen Formen und Ausprägungen (auch was die zu erwartende bzw. erforderliche Datenqualität und -quantität betrifft) von statischen, wie bspw. kaufm. Stammdaten, und dynamischen Daten vor, die es oft – nahezu in Echtzeit – zu verarbeiten und zu bewerten gilt. Beispielhaft wäre hier zu nennen: Veränderungen bzw. Zuschaltungen von CPU-Leistungen für eine bestimmte Zeit oder aber die dynamische Zuordnung von Benutzern zu Abonnements wie bspw. Microsoft Office365).

Aber es sind noch weit mehr Aspekte in Betracht zu ziehen. So stellen die bestehenden Prozesse und die im Unternehmen vorherrschenden IT-Architekturen weitere wichtige Faktoren dar, die einen erheblichen Einfluss auf die korrekte Beantwortung der Software-Compliance-Frage haben können. Es reicht also bei weitem nicht aus, die vereinbarten Nutzungsbedingungen auf dem Papier zu kennen, sondern es ist auch wichtig zu wissen, ob

---

[9] *www.apogiz.com,* Warum Lizenzmanagement so komplex ist

diese korrekt in den bestehenden IT-Szenarien umgesetzt werden bzw. wurden, wie schon einmal im Abschnitt 16.2, IT-Architektur und Lizenzmanagement, angesprochen. Besonders anfällig für Fehler bzw. Falschinterpretationen sind beispielsweise Szenarien von Rechenzentren-Backups, Terminalserver-Umgebungen bzw. deren Betrieb, virtuelle Server-Architekturen oder Stand-by-Lösungen.

In einer Organisationseinheit „Lizenzmanagement" sollten daher alle notwendigen Informationen zusammenfließen, um den anfordernden Stellen Auskunft geben zu können, beispielsweise mit einem Compliance-Report, einem Auditbericht oder aber auch einer Empfehlung für die Umsetzung eines bestimmten IT-Szenarios.

Diese Informationen werden über Schnittstellen der beteiligten Systeme ausgetauscht und beinhalten u. a.:

- kaufmännische Daten, wie z. B. Stammdaten, Vertragsdaten, Lizenzdaten, Bestelldaten, Wareneingängen, Organisationsdaten,
- technische Daten, bestehend z. B. aus Software- und Hardwareassetdaten, CMDB-Datenbeständen, Daten, die von anderen ITSM-Prozessen oder Schnittstellen geliefert werden wie bspw. Useraccountdaten,
- Nutzungsdaten, also Informationen darüber, *wann* wie oft und von *wem* Nutzung „erzeugt" wird – diese werden bspw. benötigt, um Software-Abo-Modelle wirtschaftlich steuern zu können,
- Prozessdaten (Software-Life-Cycle-Prozess, Rollen, Richtlinien),
- IT-Architektur-Daten (Abbildung und Umsetzung von Lizenzmodellen).

Bild 16.3 stellt die für einen ordnungsgemäßen und risikoarmen Betrieb eines Lizenzmanagements wichtigen Schnittstellen und einzubeziehenden Verantwortlichkeiten dar.

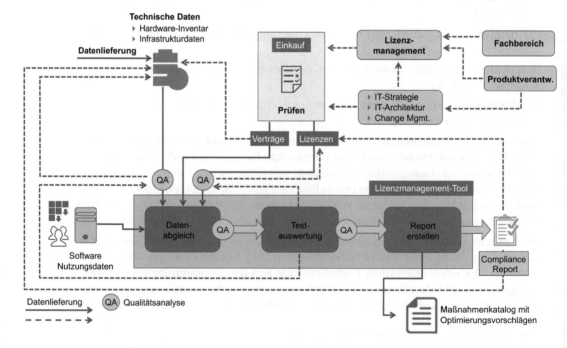

Bild 16.3 Überblick erforderlicher Schnittstellen zur Datenlieferung

16.4 Aspekte des Lizenzmanagements

Die Chance, ein Software-Lizenzmanagement auf der grünen Wiese – unbefangen von anderen Geschäftsprozessen – aufbauen zu können, gibt es selten. Meist müssen die vorherrschende Unternehmenssituation und die umliegenden Geschäftsprozesse mit berücksichtigt werden.

Eine Möglichkeit, der Einführung und Umsetzung eines Lizenzmanagements einen entsprechenden Rahmen und Struktur zu geben, beschreibt die Norm ISO 19770 – 1:2012[10] vier Stufen (die frühere Teil-Norm ISO 19970 – 4 „Staged adoption of SAM processes" ist in die ISO 19770 – 1:2012 eingearbeitet worden). Damit lässt sich recht schnell feststellen, an welchem Punkt sich das eigene Software-Asset-Management (SAM) und das Lizenzmanagement im Unternehmen befinden.

Die vier Stufen beschreiben übersetzt in etwa Folgendes:

- **Stufe 1: Die Erzeugung verlässlicher Daten.** Beschreibt den Vorgang, um einen genauen Überblick über die exakte Anzahl der im Unternehmen eingesetzten Software und der vorhandenen Lizenzen (Nutzungsrechte) zu verschaffen, sowie die darauf aufbauende Erstellung von regelmäßigen Lizenzbilanzen (Compliance Report).
- **Stufe 2: Die Kontrolle des Umfelds.** Umfasst die Definition und Abbildung von standardisierten Prozessen und Verfahren im Software-Life-Cycle-Prozess, um die erhobenen Informationen stets auf einem aktuellen Stand halten zu können.
- **Stufe 3: Die Einbindung in die Geschäftsprozesse.** unterstützt die Schaffung eines SPOC (Single Point of Contact) für alle Belange des Lizenzmanagements, sowohl organisatorisch, administrativ, technisch als auch lizenzrechtlich betrachtet.
- **Stufe 4: Die vollständige Integration.** Plant die Umsetzung eines dauerhaften operativen Software-Asset- und Lizenzmanagements mit den erforderlichen eingeführten Prozessen, Rollen und Richtlinien und die dafür notwendige Unterstützung durch ein geeignetes Tool.

Verlässliche Daten zu erzeugen (Stufe 1), ist dabei die wichtigste Voraussetzung für den Betrieb eines Lizenzmanagements. Wenn die Datenqualität nicht stimmt, lässt sich kein belastbares Zahlenmaterial gewinnen. Umso wichtiger ist es, als Erstes den Bestand an kaufmännischen und technischen Assets zu erfassen, zu konsolidieren und auswertbar zu machen (siehe auch Kapitel 16.7 „Welche Daten sind für das Lizenzmanagement erforderlich?").

Praxistipp:

Nehmen Sie sich erst einmal nur eine bestimmte Gruppe von Herstellern oder Produkten vor und erstellen Sie daraus eine Top-5- oder Top-10-Liste. Die Auswahl können Sie dabei erst einmal über die Installationszahlen der Software, nach ihren strategischen Herstellern oder der Höhe ihres Investitionsvolumens für bestimmte Software eingrenzen.

Die Kontrolle des Umfelds (Stufe 2) ist eine weitere Voraussetzung, um über die bestehenden Prozesse und Verfahren die notwendigen Informationen auf einem aktuellen Stand

---

[10] http://www.itamstandards.org/

halten zu können. Eine zentrale Rolle nimmt dabei der Software-Life-Cycle-Prozess ein, der sich aus sechs Hauptprozessen zusammensetzt, wobei drei davon der Beschaffung – dem kaufmännischen Teil – und drei dem Betrieb – dem technischen Teil – zuzuordnen sind (siehe auch Kapitel 16.8 „Der Software-Life-Cycle-Prozess und seine Teilprozesse").

Aufbauend darauf (Stufe 3) erfolgt dann die Einbindung in die unternehmensweiten Geschäftsprozesse. Achten Sie dabei von vornherein auf eine klare Abgrenzung zwischen den Prozessen – das Lizenzmanagement betreffend – und den Prozessen für beispielsweise den technischen Betrieb, wie etwa der Softwareverteilung.

Eine der wichtigsten Maßnahmen bei der Einbindung ist dabei die Errichtung eines SPOC (Single Point of Contact), der üblicherweise vom operativen Lizenzmanagement verantwortet wird und dafür Sorge trägt, dass die benötigten Informationen allen Beteiligten zur Verfügung gestellt werden können.

Praxistipp:

Eine erst einmal pragmatische und schnelle Variante ist neben einer Sammelrufnummer auch die Einrichtung eines Gruppenpostfachs. Legen Sie noch fest, dass zukünftig sämtliche Anfragen zu Software und Lizenzen nur noch an dieses Postfach zu richten sind. Damit haben Sie Ihrem Lizenzmanagement-Team bereits eine wichtige Brücke gebaut, um die anfallenden Aufgaben leichter erfüllen zu können.

Die vollständige Integration und dauerhafte Umsetzung eines aktiven Lizenzmanagements in die Unternehmenslandschaft (Stufe 4) ist – nach der schrittweisen Umsetzung der Stufen 1 bis 3 – mit der Unterstützung eines auf die Belange des Unternehmens ausgerichteten Lizenzmanagement-Werkzeugs erreicht.

■ 16.5 Lizenzmanagement on-premises versus Cloud

In den vergangenen Jahren haben sich IT-Manager selten ausreichend mit dem Thema Softwarelizenzen beschäftigt. Immer noch hat die in Bild 16.4 zu sehende typische Verteilung der in einem Unternehmen eingesetzten bzw. vorhandenen Software seinen aktuellen Bezug.

Die Grundsatzproblematik und Ursache der damit einhergehenden Mehrausgaben liegt darin, dass für viele der im Einsatz befindlichen Softwareprodukte bspw. die erforderlichen Lizenzen fehlen, an anderer Stelle installierte bzw. zugewiesene (Benutzermetrik → Cloud-Thematik) und lizenzierte Softwareprodukte zum Teil gar nicht oder kaum genutzt werden. Die Folge sind unnötige und vermeidbare Mehrausgaben für Softwareprodukte und Services für den eigentlichen Geschäftsbetrieb.

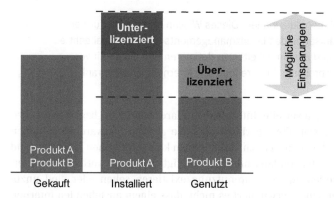

Bild 16.4 Typische Unternehmenssituation bei Softwarelizenzen[11]

Die Ausgangssituation in den meisten Unternehmen

Es gibt kaum noch einen Unternehmensprozess, der nicht von Software – zumindest partiell – unterstützt wird. Gleichzeitig unterschätzt man aber oft die Wichtigkeit einer aktuellen Übersicht über den aktiven und korrekt eingesetzten Softwarebestand. Gibt es diese Übersicht nicht, entsteht unerwünschter Wildwuchs und die erforderliche Transparenz geht verloren.

Die Herausforderung im On-premises-Umfeld

Die meisten Unternehmen haben keinen Überblick, welche Software wo und wie oft eingesetzt wird und ob sie auch ausreichend – entsprechend den vereinbarten Nutzungsbedingungen – mit Lizenzen kaufmännisch gedeckt ist. Diese Unkenntnis entbindet die Geschäftsleitung aber nicht von der Verantwortung, lizenzrechtliche Bestimmungen einzuhalten, um mögliche strafrechtliche und wirtschaftliche Konsequenzen abzuwenden.

Die handelsrechtliche Verantwortlichkeit verpflichtet die meisten Unternehmen zu Einführung und Betrieb eines Risikomanagementsystems, zu dessen Aufgaben auch die Überwachung der Lizenzkonformität der im Unternehmen eingesetzten Software gehört. Ein zu bewertendes Risiko kann dabei sein, für Lizenznachkäufe durch eine festgestellte Unterlizenzierung Rückstellungen zu bilden. Die Risiken, die sich dabei auch auf das gesamte Unternehmen auswirken können (Stichwort: KontraG, Basel II, Sox), sind mit einem IT-basierten Software- und Lizenzmanagement-System minimierbar. Eine zentrale Verwaltung aller erworbenen Lizenzen und der dazugehörigen Verträge in Verbindung mit einer permanenten Analyse der installierten und aktiven Softwarebasis kann dabei helfen.

 Praxistipp:

Hersteller lassen sich ständig neue Spielarten einfallen, Kunden mit immer komplexeren Lizenzbestimmungen herauszufordern. Dafür ist es jedoch notwendig, Spezialwissen über die Softwarelieferanten und deren Lizenz-

---

[11] Abbildung aus [Gr15], Kap. 2.3, S. 24.

> modelle im Unternehmen aufzubauen. Dieses Wissen müssen Sie für den Aufbau und die Organisation des Lizenzmanagements nutzen. Dabei geht es auch darum, Rollen und Zuständigkeiten zu definieren und die damit verbundenen Prozesse abteilungsübergreifend im Unternehmen zu verankern. ∎

In vielen Unternehmen erzeugen verteilte Interessen unklare Situationen bzgl. Verantwortlichkeiten, Rollen und Prozessen. Ein Überblick über die aktiven Softwareinstallationen (technische Stückzahlen) und den tatsächlich vorhandenen kaufmännischen Lizenzbestand ist meistens nicht im geforderten Umfang und der benötigten Qualität vorhanden. Unternehmensspezifische Richtlinien zur Softwarenutzung existieren selten oder sind unzureichend. Vor diesem Hintergrund verwundert es nicht, dass einem anstehenden internen oder externen Software-Audit oft mehr mit „Glauben" als mit „Wissen" begegnet wird.

Folgende Fragen helfen Ihnen bei einer ersten Bestandsaufnahme in Ihrem Unternehmen:

- Können Sie auf Knopfdruck Ihren aktuellen Bestand an PCs, Servern und anderem IT-Equipment abrufen?
- Können Sie ermitteln, wie viele unterschiedliche Softwareanwendungen Sie haben, und werden diese auch alle eingesetzt und tatsächlich genutzt?
- Wird Ihre Software zentral oder dezentral beschafft?
- Werden die Vertragsunterlagen an einer Stelle geführt?
- Was passiert mit der Software, die nicht mehr genutzt wird? Wird das in den bestehenden Verträgen mit betrachtet?
- Kann Software von Mitarbeitern unerlaubt installiert werden?
- Besitzen Sie Richtlinien für den Umgang mit Software in Ihrem Unternehmen?
- Werden diese Richtlinien von jedem verstanden, „gelebt" und ihre Einhaltung regelmäßig überprüft?

Vielleicht können Sie einige der gestellten Fragen mit „Ja" beantworten, vielleicht müssen Sie sich aber auch eingestehen, dass Sie einige dieser Aspekte noch nicht ausreichend betrachtet haben, was bedeutet: Sie müssen handeln.

Die Herausforderung im Cloud-Umfeld

Bezugnehmend auf die von Gartner aufgestellten zehn wichtigsten Trends (siehe Kapitelabschnitt 16.1) bedeutet das aktive Verwalten und Steuern der einzusetzenden Softwareprodukte, Verfahren und Services (bspw. Datenbanken) oft ein großes Umdenken gegenüber dem klassischen Softwareasset- und Lizenzmanagement.

Hier steht das bisherige Lizenzmanagement jetzt ganz anderen, auch neuen Fragestellungen gegenüber:

- In welcher Form sollen die Bereitstellung bzw. Nutzung von Software in der Cloud erfolgen?
- Die erforderlichen Softwareprodukte, Daten und Prozesse sind im Vorfeld zu klassifizieren, um sie auf den Einsatz in Cloud-Umgebungen vorzubereiten bzw. um sie auch dort betreiben zu können.

- Die aktive Verwaltung der erlaubten oder eben nicht erlaubten Lizenzmobilität von Softwareprodukten in virtuellen Umgebungen ist zu berücksichtigen.
- Die jetzt entstehenden Anforderungen, die Verarbeitung von kurzfristigen bzw. dynamischen Veränderungen lizenzrelevanter Parameter nahezu in Echtzeit durchzuführen.
- Unternehmensteile oder Kunden fordern für Transparenz und Kostenabrechnungen eine Unterstützung zur Verfolgung von verbrauchsgerechter Nutzung der Softwarelizenzierung.

Die neuen Herausforderungen für den Betrieb der IT-Infrastrukturen, aber auch für die Unternehmensorganisation:

- Eine erforderliche Anpassung und Ausrichtung der Geschäftsprozesse mit einer dynamischen Prozessintegration in die Organisation.
- Die Sicherstellung, dass in virtuellen Umgebungen SaaS (Software-as-a-Service) und IaaS (Infrastructure-as-a-Service) die Datenanalyse zur Softwarenutzung nahezu in Echtzeit erfolgen muss.
- Das Softwareasset- und Lizenzmanagement muss in die Lage versetzt werden, den bedarfsgerechten Einsatz von Software als IT-Service über alle Plattformen hinweg dynamisch zu steuern.
- Es müssen Voraussetzungen und Akzeptanz geschaffen werden, um die Transformation des Cloud-Managements zur Cloud-Governance insbesondere in Bezug auf das Multi-Cloud-Management zu gewährleisten.

Um sich diesen neuen Herausforderungen adäquat stellen zu können, sind in der Regel drei Stufen der erforderlichen Transformation zu durchlaufen, wie in Bild 16.5 gezeigt.

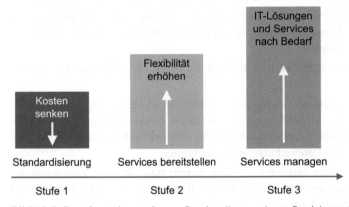

Bild 16.5 Transformationsstufen zur Bereitstellung und zum Betrieb von Services

Voraussetzung für die Transformation

- Sicherstellung einer dynamischen Nachverfolgung der Installation bzw. Bereitstellung von Softwareanwendungen sowie die Erhebung der damit erzeugten Softwarenutzung.
- Permanente lizenzrechtliche Betrachtung von bestehenden Verträgen und Produktnutzungsrechten, mit Überwachung möglicher lizenzrechtlicher Änderungen der Nutzungsbedingungen durch den Hersteller.

Auswirkungen auf dem Weg in die Cloud

- Es entsteht u. U. erheblicher Aufwand und damit verbundener Beratungsbedarf bei der Überführung von „on-premises"-Softwareprodukten und der damit verbundenen Nutzungsbedingungen für den Einsatz und Betrieb in Cloud-Infrastrukturen.
- Es gilt: Die Überwachung und Verfolgung der Einhaltung der Softwarelizenzbestimmungen in Cloud Umgebungen ist erheblich komplexer und mit hohen Prozesskosten verbunden.

Die Enterprise-Cloud-Services wachsen rasant schnell. Im Schnitt sind bereits mehrere hundert Anwendungen pro Unternehmen im Einsatz, verfügbare Cloud-Service-Produkte (ähnlich wie die Apps für mobile Devices) gibt es schon mehrere Zehntausend. Die Cloud-Services werden üblicherweise in drei Hauptbereiche unterteilt:

- User-bezogen – z. B. Facebook, LinkedIn, Google+, YouTube, Instagram
- Business-bezogen – z. B. Box, Salesforce, Google Apps, DocuSign, Dropbox
- IT-Service-bezogen – z. B. O365, Adobe Creative Cloud, Amazon Web Services, Azure (Microsoft Cloud)

Wo Licht, da auch Schatten, denn:

- Ca. 95 % der Cloud-Services werden ohne Wissen der IT genutzt.
- Die meisten Cloud-Anwendungen sind noch nicht für eine optimale Nutzung im Unternehmen bereit.
- Der Endanwender (wo kommt der auf einmal her?) ist ein neuer, bisher nicht berücksichtigter Faktor.
- Weniger als ein Drittel der Unternehmen besitzen eine umsetzbare Cloud-Strategie.
- Es werden immer noch sehr wenige der für den Einsatz vorgesehenen Cloud-Services ähnlich konsequent in Bezug auf Sicherheit und Datenschutz beurteilt und validiert wie On-premises-Softwareprodukte.
- Oft steuern „Nicht IT"-Geschäftsbereiche die Einführung von Cloud-Services (hauptsächlich als SaaS).
- Es bestehen hohe Sicherheits- und Compliance-Risiken durch Übertragung von Geschäftsdaten in die Cloud, auch in Hinblick auf einzuhaltende Datenschutzverordnungen. So entsteht bspw. zusätzlicher Druck hinsichtlich der Datensicherheit durch die im Mai 2018 in Kraft getretene EU-Datenschutzgrundverordnung.

In Sachen Cloud-Infrastruktur-Bereitstellung und Betrieb und hier im Besonderen der Betrieb von SaaS (Software-as-a-Service) ist also noch sehr viel an „Softwareasset- und Lizenzmanagement Arbeit" zu leisten.

16.6 Aktives Lizenzmanagement – Potenzial und Nutzen

Allgemein wird die IT als Kostentreiber betrachtet, die nicht oder in nur geringem Ausmaß im Verlauf der Geschäftsprozesse zur Wertschöpfung beiträgt. Bei konsequenter Umsetzung eines Software-Lizenz-Managements wird aus dem Kostentreiber IT ein Wertschöpfer.

Die Einführung eines Software-Lizenz-Managements hilft Ihnen, mögliche Einsparpotenziale aufzudecken. Der Einsatz von Technologien zur Erfassung von Software-Lizenzen führt relativ kurzfristig zu einem beachtlichen Return on Investment (ROI). So können die durch eine Lizenzoptimierung aufgedeckten Sparpotenziale bei einem mittelständischen Unternehmen mit 3500 Mitarbeitern schon durchaus im sechsstelligen Bereich liegen. Durch Anpassung von Wartungsverträgen oder die Reduzierung von Lizenzstückzahlen ergeben sich weitere mittel- und langfristige Einsparmöglichkeiten.

Aktives Lizenzmanagement hilft Ihnen, nicht nur Softwarekosten zu senken, sondern kann das Unternehmen unter Umständen vor einer strafbaren Unterlizenzierung und der Nutzung von Raubkopien auf den unternehmenseigenen Computern bewahren. Um die gesetzlichen Anforderungen zu erfüllen und für Herstelleraudits gewappnet zu sein, ist es unerlässlich, ein Lizenzmanagement zu initiieren und auch dauerhaft zu betreiben.

Praxistipp:

In vielen Fällen ist der endgültige Auslöser für ein Lizenzmanagementprojekt der angekündigte Besuch eines Auditors, der im Auftrag eines Softwareherstellers bei Ihnen vorstellig wird. Nur ist es dann meistens schon zu spät. Jetzt kostet es Sie unter Umständen richtig viel Geld, da Sie den „Schätzungen" des Auditors keine eigenen belastbaren Zahlen entgegenhalten können. Zeigen Sie deshalb die Brisanz des Themas bei Ihrer Geschäftsleitung bzw. bei Ihrer Revision noch einmal eindringlich auf, um künftig bei anstehenden Audits besser vorbereitet zu sein.

Neben den zuvor genannten vorrangigen Beweggründen gibt es aber noch eine Reihe weiterer Vorteile, die für die Einführung eines Lizenzmanagements sprechen:

- Die Sicherstellung der Einhaltung der Herstellervorgaben (Nutzungsbestimmungen);
- die Einhaltung der Volumenverträge, Beitritte sowie der übergeordneten Vereinbarungen, z. B. Software License Agreements (SLA);
- die Beachtung von Vorgaben zur transparenten Darstellung der Unternehmenssituation (Revision);
- die Schaffung von Compliance (durch den Abgleich der erfassten technischen und kaufmännischen Daten);
- die Informationsbereitstellung für eine rechtzeitige, strategische Planung von Softwareeinkäufen;
- Aufzeigen möglicher Einsparungen durch aktive und proaktive Steuerung der Lizenzausnutzung (Stichwort: Softwarenutzungsanalyse);

- Herstelleraudits lassen sich fast ohne Vorbereitungszeit – und damit ohne zusätzlichen Aufwand und Kosten – unproblematisch durchführen;
- Möglichkeit von Kosteneinsparungen durch Standardisierung und Lizenzpooling;
- Einsparungspotenziale durch Wiederverwendung ungenutzter bzw. freier Lizenzen innerhalb eines „Lizenzpools";
- Prozesskostensenkung durch Optimierung des Lizenz- und Software-Handlings (z. B. interner Lizenzbestellvorgang, Lizenzverwaltung, Lizenzpooling);
- bessere Position gegenüber den Softwareherstellern oder Lieferanten bei Vertragsverhandlungen durch eine transparente und stets aktuelle Sicht auf die Lizenzierungssituation.

Praxistipp:

Erstellen Sie sich eine Argumentations-/Vorteilsliste zum IT-Lizenzmanagement. Übernehmen Sie die hier aufgeführten Punkte, um eine Entscheidungsvorlage für die Einführung eines Lizenzmanagement-Projekts für Ihre Geschäftsleitung aufzubereiten.

Ein aktueller, transparenter und gepflegter Datenbestand kommt letztendlich auch den anderen Geschäftsprozessen zugute. Die Zukunft wird uns auch im Umfeld des Lizenzmanagements neue interessante Aufgaben bescheren. Die Hersteller werden weiterhin die Einhaltung ihrer Nutzungsrechte im Auge behalten und nicht zuletzt werden neue Technologien wie beispielsweise „die Cloud" das Lizenzmanagement vor neue Herausforderungen stellen.

■ 16.7 Welche Daten sind für das Lizenzmanagement erforderlich?

Diese Frage ist nicht so einfach zu beantworten. Aufgrund der gestiegenen Komplexität sowohl im Bereich der Erfassung von technischen Daten (Inventory-Scan) als auch bei der Verwaltung der kaufmännischen Daten (umfangreiche, individuelle und komplexe Lizenz- und Nutzungsbedingungen der Hersteller) wachsen die Anforderungen an ein Lizenzmanagement stetig und sind noch dazu sehr dynamisch.

Die derzeit am Markt erhältlichen Lizenzmanagement-Lösungen können mittlerweile immer umfassender die Bereitstellung von möglichen Lizenzmetriken gewährleisten. Aber es kommen auch immer mehr spezielle und individuelle Sondervereinbarungen hinzu, die beispielsweise eine sonst allgemeinübliche Zählweise der Nutzungsbedingungen außer Kraft setzen. Sie können sicher schon bereits jetzt erahnen, welche Vielfalt dadurch von einer Lizenzmanagement-Lösung verwaltet werden muss. Einige Tools können das sehr gut und sind auch für neue Aufgabenstellungen flexibel, andere eher nicht.

Im Grunde klingt es eigentlich recht einfach: Das Lizenzmanagement hat die Aufgabe, die tatsächlich installierten Softwareprodukte (technisches Ist) mit den tatsächlich erworbenen (gekauften) Lizenzen (kaufmännisches Ist) abzugleichen und einen sogenannten Compliance-Report zu erstellen. In der Regel zeigt dieser Report – pro Softwareprodukt – entweder eine Überlizenzierung auf (Sie haben dann zu viel gekauft) oder eine Unterlizenzierung (mehr Softwareinstallationen als erworbene Lizenzen). Eigentlich kommt immer sowohl das eine als auch das andere vor. In welchem Spielraum sich beide bewegen, hängt auch von der Qualität der bisherigen Software-Lifecycle-Prozesse und der erhobenen und verarbeiteten Quelldaten ab.

Die technischen Daten

Das Lizenzmanagement-Tool muss in der Lage sein, über Schnittstellen technische und kaufmännische Daten aufzunehmen. Dies bedeutet eine Anbindung an Ihre bestehenden Inventory-Systeme (technischer Scan der Clients und Server) und eine Anbindung an Ihre kaufmännischen Systeme (mit Bestell-, Vertrags- und Artikeldaten). Eine Besonderheit ist bei der Erfassung der technischen Daten hervorzuheben. Das Lizenzmanagement kann nur namentlich identifizierte Softwarekomponenten aus dem technischen Datenbestand mit den kaufmännischen Bestands- und Bewegungsdaten abgleichen. Das bedeutet, entweder muss das Inventory-System bereits eine aus den eingesammelten Rohdaten übersetzte „lizenzrechtlich lesbare" Softwareliste erstellen können oder die Lizenzmanagement-Lösung muss dazu in der Lage sein (eine der wichtigsten Anforderung an eine Lizenzmanagement-Lösung). Die Systeme, entweder Scanner oder Lizenzmanagement-Tool, müssen nämlich für das Lizenzmanagement nicht verwendbare Daten, wie z. B. Patches, Hotfixe, Add-ons, Open-Source- oder Freeware-Produkte, zumindest kennzeichnen können oder bestenfalls komplett ausfiltern. Eine weitere wichtige Aufgabe besteht darin, den gefundenen „*.exe-Dateien" zu entnehmen, ob es sich beispielsweise um eine einzelne Installation eines Softwareprodukts oder um eine Installation aus einem Softwarebundle handelt. Denn nur mit eindeutigen Installations-„Zahlen" kann das Ergebnis gegen die kaufmännischen „Zahlen" abgeglichen werden.

Beachten Sie, dass das Lizenzmanagement primär die Frage zu beantworten hat, ob das Unternehmen in Sachen Software rechtlich und gegenüber dem Hersteller in Compliance ist. Dabei sind nur die lizenzkostenpflichtigen Softwareprodukte und deren richtige Zählweise entsprechend den vereinbarten Nutzungsbedingungen von Bedeutung.

Die kaufmännischen Daten

Jetzt kommt der kaufmännische Part. Damit der Compliance-Report richtige Zahlen wiedergeben kann, muss die Lizenzmanagement-Lösung die Daten aus den Verträgen (die eingegangenen Nutzungs- und Lizenzbedingungen) korrekt anwenden können. Es muss also bekannt sein, ob ein 1:1-Abgleich möglich ist (eine technische Softwareinstallation repräsentiert eine kaufmännische Lizenz) oder ob noch andere Faktoren hineinspielen. Ich erinnere hier nur an das Zweitkopierrecht, bei dem ein Hauptbenutzer mit einem Desktop-PC noch das Recht besitzt, auf einem tragbaren Computer (meist Laptop) eine zweite Kopie von Office zu installieren, ohne dass diese beim Zählen der Installationen mitgerechnet werden muss. Hier haben Sie bereits die nächste Komplexitätsstufe (und noch nicht die letzte!) bei der Auswertung der Daten.

Bei der Erfassung der kaufmännischen Daten wird es nicht ganz so komplex, weil die Aufgabe hier eigentlich nur darin besteht, die vereinbarten Nutzungsbedingungen (Zählweisen auch Lizenzmetrik genannt) und die entsprechenden erworbenen Lizenzrechte (gekaufte Mengen) abzubilden. Aber auch hier kann sich der Arbeitsaufwand schnell vervielfachen. Im Vorfeld sollten Sie also prüfen, ob die nachfolgend aufgeführten beispielhaften Punkte bei der Erfassung der kaufmännischen Lizenz- und Nutzungsdaten in Betracht zu ziehen sind.

Folgende Fragen sollten Sie sich zur Erfassung der Lizenz- und Nutzungsdaten stellen:

- Wie viele Verträge existieren jeweils von einem Lieferanten zu einem Produkt/einer Produktgruppe – pro Unternehmensstandort oder auch übergreifend?
- Fehlen eventuell Verträge aus anderen Unternehmensstandorten?
- Sind alle abgeschlossenen Verträge in einem zentralen Einkaufs- oder Vertragsmanagementsystem erfasst?
- Wie lässt sich eine Identifikation der zu jedem Softwarevertrag gehörenden Softwareprodukte gewährleisten?
- Existieren Softwareverträge und Einkaufsabschlüsse möglicherweise nur in Papierform? Muss deshalb Schrankware[12] in erheblichem Umfang nacherfasst werden?
- Wie soll die Nacherfassung abgewickelt werden und durch wen?[13]
- Welcher Stichtag wäre für die Erstellung des Lizenzinventars festzulegen (beispielsweise der Windows 10 Rollout o. a.)?

Welche Problematiken könnten noch in Betracht kommen?

- Es können teilweise mehrere Einzelverträge zu einem Hersteller/Lieferanten mit ähnlichen Inhalten zu unterschiedlichen oder gleichen Konditionen existieren.
- Die Vertragsdetails sind nur wenigen Mitarbeitern bekannt.
- Das vorhandene Kopfwissen der Vertragsverantwortlichen ist nirgends erfasst.
- Ihr Einkaufs- oder Vertragsmanagementsystem ist nicht an allen Unternehmensstandorten verfügbar, d. h. es ist zu klären:
  - Wo werden Verträge und Einkaufsabschlüsse von den Standorten verwaltet, die keinen Zugriff auf das zentrale Einkaufs- bzw. Vertragsmanagementsystem haben?
  - Welcher Geltungsbereich wurde für die Verträge und Einkaufsabschlüsse definiert?
  - Welche Produkte von welchem Lieferanten?
  - Wer hat wo wie viel im jeweiligen lokalen Unternehmensstandort eingekauft?
  - Wenn es ein autonomes lokales Einkaufs- und Vertragsmanagementsystem gibt: Kann es wie gewünscht ausgewertet werden?
  - Haben Sie dafür genügend Ressourcen? Wer steuert sie, wer überwacht sie?

---

[12] Als Schrankware werden Informationen zu Bestellungen und Verträgen in Papierform oder „nur" eingescannt bezeichnet, die noch nirgends elektronisch erfasst wurden, aber wichtig sind.

[13] Hier ist ein besonderes Augenmerk auf die notwendige Historisierung zu legen (Abbildung von Upgrade-Pfaden).

Die Aufzählung ist bei Weitem nicht vollständig und es gibt eine Fülle weiterer möglicher Komplexitätstreiber, die je nach Unternehmenssituation entstehen können und betrachtet werden müssen.

Einen beispielhaften Auszug der notwendigen Informationen, die das Vertragsmanagement (meist in einem Lizenzmanagement-Tool mit integriert) abbilden sollte, präsentiert die folgende Aufzählung. (Auch wenn Sie bereits Vertragsdaten in einem Ihrer Systeme verwalten, werden Sie einige der unten aufgeführten Felder in Ihrem System nicht vorfinden. Bestenfalls sind diese für das kaufmännische Lizenzinventar wichtigen Informationen in einem an den Datensatz angehängten Dokument zu finden. Für das Lizenzmanagement ist es aber wichtig, genau diese Informationen elektronisch auswerten zu können.)

- Die Vertragsinformationen sollten bestehen aus:
  - Vertragsstatus (aktiv, inaktiv, in Bearbeitung)
  - Vertragsart (z. B. Softwarekauf)
  - Vertragsnummer
  - Vertragsname (Titel)
  - Vertragskategorie (Lizenzen, Wartung, Dienstleistung)
  - Vertragsnehmer
  - Vertragsgeber
  - Verantwortlicher Ansprechpartner Einkauf
  - Lieferant
  - Gültigkeitsbereich (z. B. > 50 % Beteiligungsverhältnis) des Vertrags
  - Vertragslaufzeit (in Monaten)
  - Gültig ab, gültig bis
  - Kündigungsfristen (Zeitraum z. B. 90 Tage)
  - Vertragssprache (z. B. Deutsch)
  - Anwendbares Recht
  - Gerichtsstand
- Der Teil für die Software-Lizenzinformationen sollte beinhalten:
  - Einsatz für welches Umfeld (Client, Server, Cloud)
  - Einsatz zulässig auf Plattform (beispielsweise in Win-32- oder Win-64-Umgebungen, sowohl Client als auch Server, Mac OS, Linux)
  - Eindeutiger Artikelname des Softwareprodukts
  - Version des Softwareprodukts
  - Einsetzbare Produktsprache für die Software
  - Produktgruppe (z. B. Datenbanksoftware, Datensicherung, Grafiksoftware), am besten eCl@ss verwenden[14]
  - Downgrade-fähig (darf für ein aktuelles Softwareprodukt, z. B. Office 2019, auch ein älteres Softwareprodukt, z. B. Office 2016, eingesetzt werden?)

---

[14] Weitere Informationen zur eCl@ss siehe unter *www.eclass.de*

- Lizenzklasse (Vollversion, Update)
- Lizenztyp (z. B. pro Gerät, pro User, pro Named User)
- Lizenzmetrik (z. B. gezählt wird pro CPU, pro Gerät)
- Wartungslaufzeit
- Wartung gültig ab, gültig bis
- Wartung Kündigungsfristen
- Nebenabreden
- Zusatzleistungen Vertragsgeber, Vertragsnehmer

Im nächsten Schritt müssen Sie dafür sorgen, dass die vorhandenen kaufmännischen Daten aus Ihren vorhandenen Systemen bzw. auch mögliche manuelle Daten und Informationen (Schrankware) korrekt im Lizenzmanagement-Tool erfasst werden. Nur so können Sie gewährleisten, dass die Zahlen aus dem zukünftigen Compliance-Report auch belastbar sind. Das Erfassen der notwendigen Informationen kann sich allerdings aus den unterschiedlichsten Gründen schwierig gestalten: Vielleicht gibt es in Ihrem System keine Sicht auf die Metadaten der Softwareverträge. Oder Bestandsdaten lassen sich nur schwer zusammenführen und konsolidieren, weil die Vertragsinformationen dezentral aufbewahrt und verwaltet werden. Und das sind nur zwei von vielen möglichen Hindernissen.

Tipp:

Um nicht in einem Meer an Arbeit zu versinken, versuchen Sie am besten nicht, sofort alle Softwareprodukte und Verträge aufzunehmen. Das wäre in der ersten Phase überhaupt nicht zielführend. Legen Sie sich beispielsweise eine Top-10-Liste zurecht. Suchen Sie sich die zehn wichtigsten Verträge und/oder Produkte aus und lassen Sie sich dabei von den Preis- und Stückzahlvolumen leiten. Sind die Top 10 abgearbeitet, können Sie sukzessive Ihre Liste erweitern, bis Sie irgendwann möglichst alle Softwareverträge und Produkte erfasst haben.

16.8 Der Software-Lifecycle-Prozess und seine Teilprozesse

In den meisten Unternehmen gibt es kaum noch einen Geschäftsablauf, der ohne die Unterstützung durch Computer auskommt. Damit die Computer funktionieren und den Geschäftsablauf steuern können, benötigt man Software. Aufgrund der Schnelllebigkeit der Entwicklungszyklen und der rasanten Weiterentwicklung der Hardware unterliegt Software einem festgelegten Lebenszyklus, „Software Lifecycle" genannt, der mit der Beschaffung beginnt und mit der Entsorgung der Software endet.

Für das Betreiben eines funktionierenden Lizenzmanagements ist es eine ganz zentrale Voraussetzung, dass die Abläufe im Software-Lifecycle-Prozess aufeinander abgestimmt sind. Dabei kristallisiert sich immer wieder das gleiche Problem heraus. In den meisten Unternehmen existieren zwar Prozessabläufe und Richtlinien, um auch noch die kleinste Büroklammer inventarisieren zu können – um es einmal etwas überspitzt zu formulieren –, doch bei dem mittlerweile sehr kostbaren Wirtschaftsgut „Software" sucht man solches oft vergeblich.

Wie schon anfangs kurz beschrieben, setzt sich der Software-Lifecycle-Prozess aus insgesamt sechs Hauptprozessen zusammen, wobei drei davon dem kaufmännischen Lizenzmanagement-Teil und drei dem technischen Lizenzmanagement-Teil zuzuordnen sind. In Bild 16.6 sind die sechs Hauptprozesse im Überblick zu sehen.

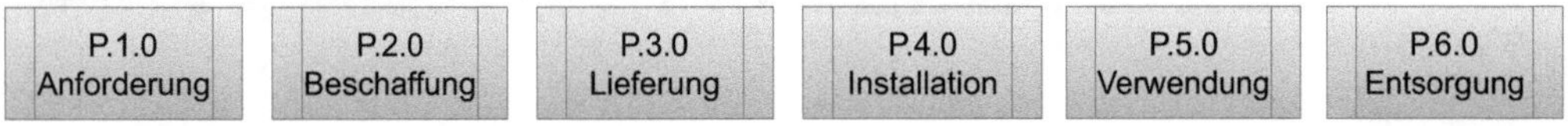

| P.1.0 Anforderung | P.2.0 Beschaffung | P.3.0 Lieferung | P.4.0 Installation | P.5.0 Verwendung | P.6.0 Entsorgung |

Bild 16.6 Software-Lifecycle Hauptprozesse

- Die **kaufmännischen Prozesse** setzen sich zusammen aus:
  - Anforderung
  - Beschaffung
  - Lieferung

Zu den kaufmännischen Prozessen gehören das Verwalten und Optimieren von Verträgen wie Rahmen-, Einzel- oder Wartungsverträge für Software, aber auch Softwareservices, Softwareanforderungen und -lieferungen sowie das Verwalten von Lizenzmodellen bzw. Lizenzmetriken der Hersteller und Lieferanten. Sehr hilfreich können dabei Vertragsmanagement-Systeme sowie andere Systeme sein, in denen die Beschaffungsvorgänge dokumentiert werden.

- Die **technischen Prozesse** bestehen aus:
  - Installation
  - Verwendung
  - Entsorgung

Die technischen Prozesse beschreiben den Betrieb der beschafften Software von der Installation (dazu gehören die Softwareidentifikation, Softwarekennzeichnung, Zuordnung zu kaufmännischen Artikeln mit Materialnummern) über die Verwendung (der eigentliche Nutzungszeitraum der Software) mit der Zuordnung zu Systemen, um die Compliance herstellen zu können (Abgleich kaufmännischer Daten mit technischen Daten), bis zur Verschrottung von Hardware und der damit einhergehenden Deinstallation von Software. Abhängig von Ihrer Unternehmensgröße ist es u. U. sinnvoll, sich von Zeit zu Zeit zu fragen, ob denn die momentan im Unternehmen „gelebten" Prozesse noch effektiv und dem Unternehmensziel optimal angepasst sind.

Zu jedem dieser sechs Hauptprozesse gehören weitere Teilprozesse, wie Bild 16.7 exemplarisch zeigt (die Teilprozesse können je nach Unternehmenssituation variieren).

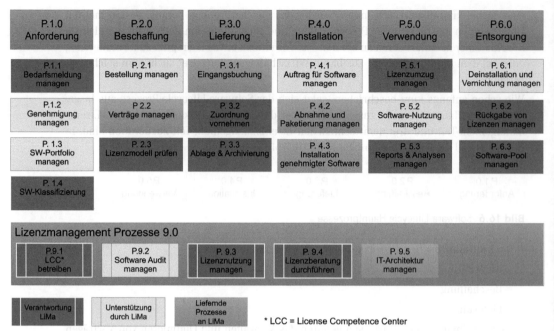

Bild 16.7 Software-Life-Cycle Prozess mit möglichen Teilprozessen

 Eine Besonderheit – aber ein wichtiges Feature – ist, hier eine Legende aufzustellen und abzubilden.

Eine Best-practise-Legende wäre:

- Teilprozesse in der Verantwortung des Lizenzmanagements (hier „grün").
- Teilprozesse, die durch das Lizenzmanagement unterstützt werden (hier „gelb").
- Teilprozesse als liefernde Prozesse mit Informationen an oder für das Lizenzmanagement (hier farblich „grau" hinterlegt.

Ebenso sollte nicht vergessen werden, dass zum Software-Lifecycle-Prozess auch eigenständige Prozesse vom bzw. für das Lizenzmanagement erforderlich und zu beschreiben sind. Als Beispiel wäre hierfür der Teilprozess P.9.1 „License Competence Center betreiben" oder P.9.4 „Lizenzberatung durchführen" zu nennen.

Für ein korrektes Lizenzmanagement ist ein umfassender Überblick über alle jemals im Unternehmen beschafften Softwareprodukte unbedingt erforderlich. Dabei bietet sich ein pragmatisches Vorgehen an. Sie können nicht erwarten, bei einem Unternehmen mit Zehntausenden von Computern und Serversystemen und Hunderten im Einsatz befindlichen Softwareprodukten eine dauerhafte Compliance über alle Softwareprodukte zu erhalten. Hier müssen Sie sich zu Beginn der Aufgabenstellung „Erstellung einer Compliance" einen Fahrplan zurechtlegen, um erst einmal beispielsweise die Top-5-Hersteller bzw. -Lieferanten und deren im Einsatz befindliche Softwareprodukte zu überprüfen.

Praxistipp:

Wenn Sie planen, ein Lizenzmanagement-Tool einzusetzen und sich davon eine wirkungsvolle Unterstützung erhoffen, müssen Sie im Vorfeld die bestehenden Software-Lifecycle-Prozesse einer Ist-Analyse unterziehen, um mögliches Optimierungspotenzial aufzeigen zu können. In einem zweiten Schritt sollte dann der Software-Lifecycle-Prozess mit den heutigen Anforderungen im Unternehmen auf den Prüfstand gestellt werden. Denn das Lizenzmanagement-Tool sollte zu den Prozessen des Unternehmens passen und nicht das Unternehmen zu den (eventuell sehr starren) Prozessabläufen des Tools.

Viele Unternehmen haben die Anforderungs- und Beschaffungsprozesse für „Non-IT"-Güter recht gut im Griff. Schauen wir in die Softwareecke, sehen wir dort meist ein mehr oder minder großes Durcheinander. Der Grund: Früher wurde Software einfach mit dem Computer eingekauft und keiner kümmerte sich explizit darum, sie zu verwalten, geschweige denn, ein Lizenzmanagement einzurichten. Oft können auch die Mitarbeiter im Prinzip ihre Wünsche äußern, ohne dass auf die strategische Ausrichtung von Software im Unternehmen Rücksicht genommen werden muss. Hier sammeln sich dann sehr schnell die verschiedensten Softwareprodukte an, oft mit gleichen Funktionen. Aufwendige und komplexe Prozesse sowie gewachsene Einkaufsstrukturen, die das Thema Softwarebeschaffung eigentlich nur nebenbei als Aufgabe sehen, sind oft daran nicht ganz unschuldig.

Eine Optimierung der Anforderungs- und Beschaffungsprozesse ermöglicht folgende Vorteile:

- Erhöhung der Transparenz über Ihren Softwarebestand,
- Gewährleistung der rechtlichen Compliance.,
- Vermeidung paralleler Bestellungen und damit Verhinderung doppelter Kosten sowie Sicherstellung, dass die vereinbarten Einkaufskonditionen unternehmensweit angewendet und genutzt werden.

So erreichen Sie diese Ziele:

- Erstellen Sie sich ein Konzept, um die bestehenden Beschaffungswege zu vereinheitlichen, und legen Sie damit den Grundstein für eine einheitliche und zentrale Software- und Lizenzbeschaffung.
- Reduzieren Sie möglichst die bisherigen Beschaffungsprozesse auf ein notwendiges Minimum.
- Erstellen Sie eine einheitliche und unternehmensweit gültige Richtlinie für Ihre künftigen Beschaffungsprozesse.
- Legen Sie neue Rollen und Verantwortlichkeiten in Bezug auf die künftigen Beschaffungsprozesse fest.

Um diesen Dingen gezielter auf den Grund gehen zu können, empfehle ich Ihnen aber, alle Ihre Prozesse im Software-Lifecycle auf den Prüfstand zu stellen und durch ein Benchmarking zu überprüfen, beispielsweise mit einer Reifegradanalyse (weitere Informationen siehe [Gr15]). Damit ein Lizenzmanagement die gestellten Aufgaben erfüllen kann, sind eine Vielzahl an unterschiedlichen Daten zu betrachten und aktiv zu verwalten. Mit welchen Komplexitätstreibern im Lizenzmanagement zu rechnen ist, lesen Sie im nächsten Kapitelabschnitt.

16.9 Komplexitätstreiber im Lizenzmanagement

„Lizenzmanagement aufbauen und betreiben, unser Herr Meier ist da sehr kompetent, der macht das schon." So oder so ähnlich werden viele Mitarbeiter plötzlich vor eine Aufgabe gestellt, die für sie vollkommen neu und mit keinem ihnen bekannten Arbeitsstil oder Arbeitsmittel umsetzbar ist. Doch nicht nur die Mitarbeiter sehen sich einem für sie völlig neuen Thema gegenüber. Häufig unterschätzen auch die verantwortlichen Manager die Dimension des Themas und erst recht rechnet niemand damit, dass es auch hier Komplexitätstreiber zu berücksichtigen gilt.

Aber was macht das Lizenzmanagement im Allgemeinen so komplex?

- Verfügbare Softwareprodukte werden in verschiedenen Varianten mit unterschiedlichen Lizenzmodellen angeboten.
- Die dadurch komplexen Nutzungsbedingungen erschweren den Abgleich der technisch ermittelten mit den dazugehörenden kaufmännischen Daten.
- Nur ein Tool allein kann ohne das erforderliche Fachwissen diese Komplexität nicht beherrschen.
- Die in virtuellen Umgebungen gewünschte Flexibilität erzeugt eine hohe Volatilität (Schwankung) der zu beachtenden lizenzrelevanten Parameter (gerade jetzt auch durch die Cloud-Technologien).
- Die Serverlizenzmetriken und deren hohe Lizenzvolatilitäten führen (von Herstellern gewollt) zu einer starken Erhöhung der Komplexität im Lizenzmanagement mit hohen Lizenzrisiken.
- Für die Einhaltung der Compliance ist ein permanent hohes technisches Lizenz-Knowhow erforderlich.

Betrachtet man die Komplexitätstreiber etwas umfassender, dann sind diese in vier Kernbereichen zu finden und jeder davon hat wiederum weitere diesem zuzuordnende Komplexitäten:

- **Rollen**
  - Komplexe Organisationsstrukturen
  - Organisatorische Hierarchien
  - Ressourcen
- **Prozesse**
  - Vielfältige Beschaffungswege

- Ablage der Lizenznachweise (Datenträger, Lizenz-Keys)
- Vielfältige Beschaffungssysteme, Vertragsmanagement, Softwareverteilung, CMDB u. a. m.
- Asset-, Vertrags-, Beschaffungs-, Produktdaten
- Komplexe und heterogene Datenstrukturen
- Spezialbereiche (Testumgebungen)

- **Verträge**
  - Komplexe Lizenzbestimmungen (Unterschiede bei Client und Server)
  - Versionswechsel einer Software (Update- und Downgrade-Spezifika)
  - Komplexe und vielfältig abzubildende Lizenzmetriken
  - Abbildung der IT-Architektur zu den erworbenen Nutzungsrechten
  - Geltungsrechte bei Wartung, Unterschiede bei Client und Server
  - Vertragshierarchien (mehrere Verträge mit unterschiedlichen Bedingungen)
  - Wartungsverträge (unterschiedliche Laufzeiten, Vermischung von Lizenzen mit und ohne Wartung)
  - Abbildung der Vertragshistorie (Wechsel von Lizenzbedingungen und Lizenzmetriken)

- **Schnittstellen**
  - Vielfältige Systemlandschaften
  - Zu beachtende IT-Architekturen wie z. B. Client, Server, Terminal Server, Virtual-Machine-Umgebungen
  - Hohe Schnittstellenstrukturen zwischen unterschiedlichen Systemen
  - Vorherrschende Qualität der Daten (kann gut oder schlecht sein)

Jeder der oben beschriebenen Abschnitte enthält eine Aufzählung der am häufigsten anzutreffenden Komplexitätstreiber, ohne Gewähr auf eine vollständige Auflistung, dafür sind die Unternehmen einfach zu oft in den unterschiedlichsten Konstellationen anzutreffen. Wird sich im Unternehmen diesem Thema angenommen, können noch eine Vielzahl weiterer „unternehmensspezifischer" Komplexitätstreiber hinzukommen.

In Bild 16.8 habe ich Ihnen einmal die wichtigsten Komplexitätstreiber im Lizenzmanagement grafisch zusammengefasst.

Praxistipp:

Wenn Sie sich aus den für Sie wichtigsten erkannten Komplexitätstreibern eine Handlungsmatrix erstellen, können Sie daraus für das Management und die beteiligten Projektmitglieder eine Übersicht erstellen, in der beispielsweise der kritische Pfad abgebildet ist.

∎

Bild 16.8 Komplexitätstreiber im Lizenzmanagement

■ 16.10 Das Lizenzmanagement-Tool

Mal Hand aufs Herz, würden Sie ein fertiges Haus mit einem Keller und Nebengebäuden kaufen und erst nach dem Kauf überlegen, ob Sie überhaupt einen Keller oder die Nebengebäude benötigen? Ich denke nicht.

Aber genau das machen viele IT-Verantwortliche in ihrem Unternehmen, wenn es um die Frage geht, wer oder was das Lizenzmanagement (wenn es denn überhaupt im Fokus steht) am besten unterstützen kann. Viele IT-Manager unterliegen leider noch zu oft dem Irrglauben, wenn sie ein Tool einkaufen und dieses implementiert haben, läuft alles von ganz allein. Dabei ist beispielsweise ein im Vorfeld optimierter und funktionierender Software-Life-Cycle-Prozess eine wichtige Voraussetzung dafür, dass die zu implementierende Lizenzmanagement-Lösung auch später optimal funktioniert und den Lizenzmanager bei seinen Aufgaben unterstützen kann. Deshalb sollten Sie vor der Auswahl einer Lizenzmanagement-Lösung für Ihr Unternehmen die Anforderungen an diese Lösung genau kennen und beschreiben können, damit bei der Implementierung der Lizenzmanagement-Lösung das Systemdesign entsprechend ausgestaltet werden kann.

In einem ersten Schritt sollten – bei der Beachtung einiger Grundregeln – die angestrebten Ziele klar formuliert werden.

Beschreibung eines Ziels

Ein Ziel wird am besten so formuliert, dass die anzustrebende Situation umfassend beschrieben wird, und zwar so, dass sie möglichst alle Beteiligten verstehen. Außerdem sollte eine Zielbeschreibung lösungsneutral erfolgen, um unabhängige und wertfreie Lösungsmöglichkeiten finden zu können. Natürlich spielen hierbei auch noch andere Faktoren, wie das verfügbare Budget, Ziele/Anforderungen anderer Beteiligter und vor allem die verfügbare Zeit, eine wichtige Rolle.

Die folgenden Zielbeschreibungen bilden eine erste Grundlage für das weitere Vorgehen:

- Ein zentrales Lizenzmanagement-Tool zur nachhaltigen Unterstützung der Unternehmensziele und Geschäftsprozesse.
- Ein vom Lizenzmanagement-Tool unterstützter wirtschaftlicher Einsatz von Software ist über einen standardisierten Betrieb und eine verursachergerechte Bereitstellung über Software Pooling zu gewährleisten.
- Ein vom Lizenzmanagement-Tool bereitgestelltes umfassendes transparentes Reporting, das einen Compliance-Status höher als 95 % ermöglichen soll, um lizenzrechtliche Risiken zu verringern bzw. zu vermeiden.
- Ein Lizenzmanagement-Tool unterstützt mit der Bereitstellung von Software- und Lizenzassetinformationen die zentralen Geschäftsprozesse im Unternehmen.

Stellen Sie sich dazu ergänzend diese Fragen:

- Was will man erreichen?
- Wie lässt es sich erreichen?
- Wie messe ich das Erreichte?

Sie sollten auch die beiden folgenden Kriterien beachten:

- Vollständigkeit: Alle Ziele sollten klar und vollständig beschrieben sein.
- Widerspruchsfreiheit: Formulieren Sie keine gegensätzlichen Ziele, denn diese können das Projekt in seiner geplanten Ausführung behindern.

Haben Sie die Zielformulierung erarbeitet und ist diese auch so vom Management verstanden und abgesegnet worden, können Sie sich mit dem nächsten Schritt beschäftigen.

Betrachtung der Ist-Situation

Im Rahmen des geplanten Lizenzmanagement-Projekts betrachten Sie die bisherigen Ist-Prozesse und Vorgehensweisen für die Steuerung des Software-Lifecycle-Prozesses und bilden diese ab (Stichwort Reifegradanalyse):

- Optimieren Sie jetzt nach „Best Practise"-Erkenntnissen den „alten" Software-Lifecycle-Prozess mit den notwendigen Schnittstellen zu Ihren anderen Unternehmensprozessen.
- Beschreiben Sie dabei auch die neuen Verantwortlichkeiten und notwendigen Rollen.

Im nächsten Schritt werden daraus die Anforderungen für die Lizenzmanagement-Lösung aus der Sicht des Unternehmens möglichst genau formuliert und in ein Anforderungsdokument (Lastenheft) übertragen.

Achten Sie dabei unbedingt auf die folgenden Punkte:

- Die Anforderungen sind vollständig und verständlich beschrieben.
- Die Anforderungen sind dem derzeitigen Wissensstand angepasst, aktuell und korrekt.
- Die Anforderungen besitzen klare rechtliche Beschreibungen.
- Die Anforderungen sind konsistent, testbar und bewertbar.
- Die Anforderungen sind eindeutig, realisierbar und auch notwendig.

Mit der möglichst genauen Beschreibung der Anforderungen helfen Sie auch den Herstellern, die Ihre Ausschreibungsunterlagen erhalten und beantworten, ihre Chancen realistischer einzuschätzen und Sie können diese im Rücklauf auch einfacher aus- und bewerten.

Hinweis:

Beschreiben Sie nur die unbedingt notwendigen und für die Funktionserfüllung erforderlichen Anforderungen im Lastenheft. Manches ist einfach nur „Schmuck am Nachthemd", wie meine Oma zu sagen pflegte, wenn etwas überflüssig zu sein schien. Die Erfahrung zeigt, dass bis zu ca. 43 % der geforderten Funktionen später in Wirklichkeit nicht genutzt werden!

Bevor Sie Ihre fertig beschriebenen Anforderungsunterlagen an die Hersteller schicken, wäre es sinnvoll, das Angebot an möglichen Lösungen auf dem Markt zu sondieren und im Vorfeld die am Markt verfügbaren Hersteller und Tools auf eine überschaubare Anzahl einzugrenzen. Beachten Sie bitte dazu auch die Ausführungen im Abschnitt „Gartner Magic Quadrant für Software Asset Management-Tools". Das Gesagte gilt nicht, wenn Sie der Ausschreibungspflicht von Gesetzes wegen unterliegen, also z. B. als öffentlicher Auftraggeber dazu verpflichtet sind, eine Deutschland- oder sogar EU-weite Ausschreibung durchzuführen.

Eine der wichtigsten und absolut erforderlichen Funktionen eines Tools ist die Fähigkeit, die aus dem inventarisierten Softwareasset-Datenbestand erhobenen Software-Rohdaten, unter Zuhilfenahme eines (permanent und dynamisch gepflegten) Software-„Übersetzungskatalogs", der es überhaupt erst ermöglicht, die erhobenen Softwareinventarisierungsdaten in ein lizenzrechtlich lesbares Softwareinventar zu übersetzen (technische, kaufmännische und lizenzrechtliche Interpretation – wie wirst du gezählt). Aufgrund der immer schneller werdenden Anpassungen und Veränderungen der von den Herstellern vorgegebenen „Zählweisen" (Nutzungsbedingungen) kann so etwas heute unmöglich manuell erfolgen. Achten Sie also unbedingt darauf, dass dieser vom Tool-Hersteller angebotene Software-„Übersetzungsdienst" dynamisch und regelmäßig über Update-Mechanismen in das Lizenzmanagement-System eingespielt wird. Eine Aktualisierung eines solchen Katalogs von einmal im Monat ist gerade noch so akzeptabel. Was gar nicht mehr geht ist, wenn ein Hersteller diesen Katalog bspw. nur alle drei Monate oder eventuell sogar nur einmal in zwölf Monaten aktualisiert.

Schon aus diesem Gesichtspunkt heraus, können nur noch einige wenige Hersteller diesen sehr ressourcen- und zeitintensiven Service anbieten und dieser Service ist dadurch bedingt auch einer der preisintensivsten Komponenten.

In einer möglichen Teststellung durch den Hersteller in Ihrem Unternehmen sollten Sie darauf achten, dass zumindest benannte eigene Systeme inventarisiert werden, um die Leistungsfähigkeit eines solchen Software-„Übersetzungskatalogs" prüfen zu können.

Praxistipp:

Versuchen Sie im Vorfeld ein realistisches Mengengerüst der zu verwaltenden Assets aufzustellen. Nur so können Sie vernünftig abschätzen, ob die angedachte

Tool-Lösung auch zu Ihrem Bedarf passt. Natürlich sollte das System auch später ohne größere Anpassungen erweiterbar sein. Ein modular aufgebautes System wäre bereits ein guter Ansatz.

Sammeln Sie also möglichst schon vor dem Start der Ausschreibung Informationen über die verschiedenen auf dem Markt angebotenen Lösungen. Das spart Ihnen bei der späteren Auswahl eine Menge Zeit und Nerven. Haben Sie den Kreis schon etwas einschränken können, sollten Sie in einem zweiten Schritt mit den Herstellern in Kontakt treten, die eine für Ihr Unternehmen interessante Lösung anbieten. Bevor Sie mit den Herstellern tiefergehende Gespräche und Meetings anberaumen – was sehr zeitintensiv werden kann –, lassen Sie sich Kundenreferenzen nennen, die möglichst auch aus Ihrer Branche stammen sollten. So können Sie sich schon einmal einen ersten und vor allem ehrlichen Überblick verschaffen, ob die ins Auge gefasste Lösung halten kann, was Ihnen der Vertriebsmitarbeiter des Herstellers verspricht.

Hinweis:

Sie sollten eine Softwarelösung eines in diesem Bereich führenden Anbieters einsetzen. Durch eine Marktanalyse der in diesem Segment erhältlichen Tools können Sie eine Vorauswahl treffen. Im Rahmen dieser Analyse werden die bis dato bekannten Anforderungen auf Realisierbarkeit mit den angebotenen Produkten beleuchtet. Zusätzlich werden Technologie, Strategie und Professionalität der Tools untersucht. Beachten Sie bitte, dass die heute auszuwählenden Tools immer komplexere Hardwarekonfigurationen verstehen müssen, um effektiv und lizenzkonform das Lizenzmanagement in allen seinen Facetten unterstützen zu können.

Der Gartner Magic Quadrant für Software-Asset-Management-Tools

Immer wieder sehr interessant sind die von Gartner erhobenen Bewertungen der am Markt befindlichen „Player" und Nischenanbieter im Enterprise-Umfeld. Die Ergebnisse werden jährlich im sogenannten Gartner Magic Quadrant[15] veröffentlicht. Diese Studie ist auch insofern interessant, da die Gartner-Analysten sehr viele Aspekte und Bereiche von den heute „State-of-the-art" zu erwartenden Leistungsumfängen solcher Tools untersuchen und analysieren, die ja den Kunden eine umfassende Unterstützung zur signifikanten Risikominderung, Kostenoptimierung und Verbesserung der Geschäftsleistung versprechen.

In einem Abschnitt der Studie heißt es (aus dem Englischen übersetzt) u. a. dazu:

Im Jahr 2018 schätzte Gartner die Größe des SAM-Tool-Markts auf 225 bis 275 Millionen US-Dollar, mit einer geschätzten Wachstumsrate von rund 10 Prozent gegenüber dem Vorjahr. Die Funktionstiefe und der Umfang der SAM-Tools werden weiter zunehmen. Da SAM-Anbieter Cloud-, virtualisierte und mobile Software unterstützen, werden sich neue Ansätze entwickeln. Die Investition in ein SAM-Tool birgt Risiken im Zusammenhang mit der sich schnell

---

[15] Magic Quadrant für Software-Asset-Management-Tools, der aktuelle wurde veröffentlicht am 24. April 2019 – unter der Gartner ID G00360099

ändernden Art der Softwarelizenzierung und der zunehmenden Vielfalt der Plattformen. ITSM, Client Management und andere IT-Tool-Anbieter, die keine zuverlässigen SAM-Funktionen bieten, beginnen, Beziehungen zu SAM-Tool-Anbietern aufzubauen, Partnerschaften aufzubauen und neue Produktfunktionen hinzuzufügen, um Lücken in der SAM-Automatisierung und -Optimierung in ihren Lösungen zu schließen. Folgen dieser Trends:

IT-Verantwortliche müssen sicherstellen, dass bei der Auswahl der Tools sowohl die aktuellen als auch die zukünftigen Anforderungen sowie die Markttrends berücksichtigt werden. Auf dem SAM-Tool-Markt ist es üblich, dass ein Proof-of-Concept-Test (PoC) durchgeführt wird, bevor der Kauf eines Werkzeugs abgeschlossen wird. Auf diese Weise kann der Kunde überprüfen, ob der Softwareverbrauch für seine wichtigsten Hersteller effektiv gemessen werden kann. Darüber hinaus erhalten Mitarbeiter die Möglichkeit, direkte Erfahrungen mit dem Tool zu sammeln und das Risiko zu verringern, dass das Produkt nicht effektiv zur Wertsteigerung von Software-Assets für das Unternehmen eingesetzt werden kann.

Jetzt interessiert Sie sicherlich, welche Hersteller noch von Gartner analysiert wurden und wo diese von Gartner eingeordnet wurden. In der nachfolgenden Abbildung 16.9 können Sie die aktuelle Auswertung sehen.

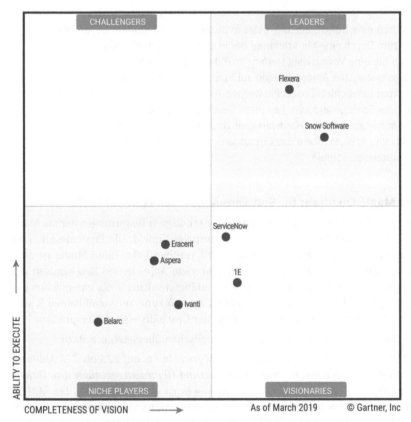

Bild 16.9 Magic Quadrant für Software-Asset-Management-Tools[16]

---

[16] Gartner, „Magic Quadrant für Software Asset Management-Tools" von Roger Williams, Matt Corsi, Ryan Steffani, 24. April 2019, ID G00360099

Gartner hat – und das bestätigt auch meine Marktwahrnehmung – „nur" noch zwei Player, Flexera und Snow, als Marktführer identifiziert. Aufgrund der in diesem Abschnitt auch schon erwähnten immer größer und umfassender werdenden Anforderungen an die Tools und deren Hersteller sind Hersteller, die weniger Ressourcen in die Weiterentwicklung des Tools oder der erforderlichen Services (siehe Hinweis-Kästchen zum Software-„Übersetzungskatalog") zur Verfügung haben, einfach nicht mehr in der Position, bei den „Leaders" mitspielen zu können.

> *Auf dem Markt sind auch in den letzten zwei Jahren einige Hersteller verschwunden bzw. von anderen aufgekauft worden. Beispielsweise hat Flexera den Hersteller Brainware mit seinem Produkt „Spider" übernommen. Laut eigener Aussage auf den Webseiten von Flexera werden im Laufe der Zeit die Spider-Produkte in die FlexNet Manager Suite und andere Flexera-Lösungen integriert. Somit ist wieder ein mittelständischer Hersteller aus dem SAM-Tool-Markt verschwunden. Bereits im Oktober 2015 ereilte auch die amando Software GmbH mit ihrem Produkt „Miss Marple" mit der Übernahme durch Comparex (jetzt SoftwareONE) das gleiche Schicksal.[17] Auch hier ist auf den Seiten der Comparex zu lesen, dass das Produkt nicht mehr weiterentwickelt wird.[18] Interessant ist, dass Comparex Miss Marple in seine Eigenentwicklung „SAM2GO NextGen" integrieren wollte, was aber auch fehlgeschlagen ist. Konsequenz – schon im September 2018 ging Comparex eine Partnerschaft mit Snow Software ein und begrub damit auch sein eigenes Tool.[19] Seit Februar 2019 gehört nun Comparex zu SoftwareONE[20] und diese haben jetzt „nur noch" Flexera und Snow Software[21] als SAM-Tool-Lösung im Angebot.*

Sie fragen sich jetzt sicherlich, warum ich Ihnen das hier so ausführlich erzählt, aufgezeigt und dargelegt habe. Ich möchte Ihnen damit helfen, dass Sie sich bei der Auswahl eines SAM-Tools nicht mehr als erforderlich mit dem Markt beschäftigen, da es mittlerweile nur noch eine Handvoll Hersteller gibt, die betrachtenswert sind (aufgrund der wachsenden Komplexität, Cloud-Technologien, dynamischer Softwarenutzung u. a. m.). Die anderen, verbleibenden Hersteller werden in zwei bis drei Jahren sicherlich am Markt keine große Rolle mehr spielen, das Umfeld ist mittlerweile einfach zu dynamisch und die Produktzyklen werden einfach immer kürzer, um den wachsenden Marktanforderungen zu genügen.

Praxistipp:

Lassen Sie sich während des PoC von den jeweiligen Herstellern Referenzkunden nennen und sprechen Sie auch mit diesen. So finden Sie am schnellsten heraus, ob der Hersteller mit seinem Implementierungspartner die dort ausgeführte Projektarbeit in dem zugesagten Budgetrahmen (Zeit und Geld) wenigstens einigermaßen eingehalten hat. Denken Sie aber bitte daran (was sehr oft unterschätzt bzw. einfach nicht beachtet wird), dass Sie als Auftraggeber eine sehr große Mitwirkungspflicht haben und wenn diese

---

[17] https://www.presseportal.de/pm/52512/3138846
[18] https://www.comparex-group.com/web/de/de/services/software-asset-management/mme/miss-marple-enterprise-edition.htm
[19] https://www.snowsoftware.com/de/gesellschaft/nachrichten/comparex-und-snow-software-werden-globale-partner#.XXqeuSgzaUk
[20] https://www.softwareone.com/de-de/press/softwareone-closes-acquisition-of-comparex
[21] https://www.snowsoftware.com/de

nicht eingehalten werden kann, dann kann auch der Auftragnehmer den geplanten Budgetrahmen nicht einhalten.

Wichtig ist auch, dass Sie noch einmal klären, ob der potenzielle Hersteller auch Erfahrung bei der Anbindung und Umsetzung von Geschäftsprozessen des Kunden in sein Tool vorweisen kann. Oft erlebe ich, dass außerhalb des Tools kaum Lizenzmanagement-Wissen bei den Beratern zu finden ist.

Nach Abschluss der Teststellungen und Vorführungen wird eine abschließende Bewertung durch das Lizenzmanagement-Projektteam und den Fachbereich, der das Tool später betreiben soll, durchgeführt. Oft liegen die ausgewählten Hersteller mit den erreichten Punkten sehr dicht nebeneinander. Wenn es keine weiteren technischen Ausschlussmöglichkeiten gibt, ist nun der Einkauf gefragt, der das beste Angebot verhandeln sollte.

Mit der Auswahl einer Lizenzmanagement-Lösung ist es natürlich nicht getan. Jetzt heißt es, die Anforderungen aus dem Lastenheft gemeinsam mit dem ausgewählten Anbieter umzusetzen und alle angrenzenden Geschäftsprozesse mit einzubinden.

16.11 Einführung einer Lizenzmanagement-Lösung

Sie haben bislang einen sehr großen und wichtigen Meilenstein geschafft, das Werkzeug für die Unterstützung des Lizenzmanagements in Ihrem Unternehmen ist ausgewählt. Jetzt stehen Sie vor einer weiteren Herausforderung. Das Tool muss implementiert und in Betrieb genommen werden. Je nachdem, wie die Anforderungen definiert und beschrieben wurden und welche davon mehr oder weniger vollständig durch „Out of the Box"-Funktionen des Tools umgesetzt werden können, kann diese Phase relativ kurz sein oder auch etwas länger dauern. Üblicherweise wird in Zusammenarbeit mit dem Hersteller ein Projekt- und Testplan für die anstehenden Aufgaben erstellt, in dem die Leistungen des Auftraggebers und Auftragnehmers festgehalten werden.

Hinweis:

Das Projekt wird zwangsläufig einige Änderungen im Unternehmensumfeld, in den Prozessen, Strukturen und Organisationseinheiten mit sich bringen. Diese Änderungen werden nicht von allen Beteiligten unbedingt als positiv empfunden. Versuchen Sie, diese Ängste zu identifizieren, und sprechen Sie rechtzeitig mit den Betroffenen über die zu erwartenden Veränderungen und deren Konsequenzen. Psychologisches Einfühlungsvermögen und die Information aller Beteiligten spielen eine wesentliche Rolle für die erfolgreiche Einführung der Lizenzmanagement-Lösung.

Für die Umsetzung der anstehenden organisatorischen und technischen Maßnahmen müssen sowohl der Auftraggeber als auch der Auftragnehmer bestimmte Voraussetzungen erfüllen. So sind beispielsweise verantwortliche Personen auf beiden Seiten zu benennen, das Projektorganigramm und der Projektplan sind zu erstellen, technische Voraussetzungen für die Installation des Tools auf Seiten des Auftraggebers zu schaffen, Test- und Vorproduktionsumgebungen zu erstellen, ein Backup-Szenario wird benötigt und viele weitere wichtige Punkte sind zu beachten. Kapitel 16 ff. in [Gr15] geht auf diese Punkte, die hier aus Platzgründen leider nicht eingehender behandelt werden können, ausführlicher ein.

Praxistipp:

Die Erfahrung zeigt, dass sich immer irgendwo eine weitere kleine Baustelle ganz plötzlich und unerwartet auftut. Im Vorfeld kann einfach nicht an alles gedacht werden, dazu gibt es zu viele Faktoren und Größen, die sich gegenseitig beeinflussen. Implementieren Sie daher von Anfang an ein Risikomanagement, um auf diese unvorhergesehenen Ereignisse und Aufgaben entsprechend reagieren zu können.

Bei allen Aktivitäten, die mit den Funktionen des Tools unmittelbar oder mittelbar zusammenhängen, ist ein Testplan erforderlich, der unter anderem auch dafür sorgt, dass die gewünschten Ergebnisse während der Implementierung des Tools erreicht und bestätigt werden.

Nachdem die erforderlichen Tests erfolgreich waren, sollte der Produktiveinsatz des Tools anhand eines „Piloten" geprüft werden. Hierbei wird die Produktivumgebung in einer Testumgebung nachgebildet, mit der Besonderheit, dass die Pilotumgebung Echtdaten aus der Produktivumgebung über die schon produktiven Schnittstellen erhält. Die Pilotumgebung wird außerdem oft auch als Schulungsumgebung für die Endanwender genutzt und muss damit zusätzlich unter Beweis stellen, dass alle gewünschten Prozesse und Funktionen ohne Probleme arbeiten.

Bevor Sie das Tool oder die Softwarelösung produktiv setzen, sollten alle Beteiligten ausreichend und ihrer zukünftigen Rolle entsprechend im Umgang mit der Software geschult worden sein. Bewährt hat sich auch, dass in den ersten zwei bis vier Wochen Mitarbeiter des Tool-Herstellers Unterstützung leisten. Geben Sie rechtzeitig eine vorher eingerichtete Hotline-Nummer und E-Mailbox bekannt, damit Ausfall und Problemmeldungen sofort an die richtige Stelle kommuniziert werden können.

Für den aktiven Betrieb der Lizenzmanagement-Lösung und der Lizenzmanagement-Prozesse sind verantwortliche Rollen zu benennen und zu besetzen. Im nächsten Kapitelabschnitt erfahren Sie, welche Rollen mindestens für den Betrieb eines aktiven Lizenzmanagements erforderlich sind.

16.12 Handlungsfelder des operativen Lizenzmanagements

Aus der Implementierung des Lizenzmanagements mit seinen Prozessen ergeben sich Rollen, Aufgaben und Aktivitäten, die von dem künftigen operativen Lizenzmanagement verantwortet werden. So sollte bspw. bei Fragen zu Softwareanforderungen das operative Lizenzmanagement für die Mitarbeiter eine erste Anlaufstelle sein.

Das operative Lizenzmanagement steuert und kontrolliert dabei das Tagesgeschäft und meldet auftretende Probleme oder Fehler an das strategische Lizenzmanagement zurück, damit nach einer Lösung gesucht werden kann. Das dadurch entstehende permanente Feedback ist eine erforderliche Größe, um die Daten aus dem operativen Lizenzmanagement zu bewerten und analysieren zu können, um das Wirtschaftsgut „Software" möglichst optimal steuern und einsetzen zu können.

Aspekte und Komponenten des operativen Lizenzmanagements

Nun besteht das operative Lizenzmanagement nicht nur aus der täglichen Beobachtung von Softwareinstallationen und deren Ableitung von Ursachen für sinkende oder steigende Zahlen. Das operative Lizenzmanagement setzt sich aus mehreren Komponenten zusammen, die ineinandergreifen und von denen jede einzelne einen wichtigen Teil darstellt. Hinzu kommen drei weitere Aspekte, die für einen erfolgreichen Betrieb eines operativen Lizenzmanagements von Bedeutung sind.

Die Mitarbeiter aus dem operativen Lizenzmanagement stehen mit allen Unternehmensbereichen in einem permanenten Austausch von Informationen und müssen die Informationen aus den Fachbereichen auf verschiedenen Ebenen weiterverarbeiten. Dabei gilt es nicht nur die kaufmännische, technische, lizenzrechtliche und administrative Komponente des operativen Lizenzmanagements kontinuierlich zu überwachen und im Gleichgewicht zu halten, sondern es spielen auch rationale, politische und emotionale Aspekte eine wichtige Rolle. Diese drei Aspekte sind für den Erfolg des operativen Lizenzmanagements mit entscheidend und sollten konsequent berücksichtigt werden. In Bild 16.10 sind einmal die Zusammenhänge zwischen den Aspekten und Komponenten in einem operativen Lizenzmanagement abgebildet.

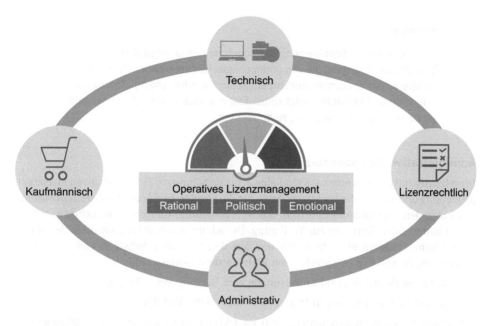

Bild 16.10 Übersicht über Aspekte und Komponenten des operativen Lizenzmanagements

Sprechen wir als Erstes kurz über die drei Aspekte, die sicherlich auch in jedem anderen Projekt Beachtung finden sollten.

- **Rationaler Aspekt: das Geschäft verstehen.** Die Grundvoraussetzungen für erfolgreiches operatives Lizenzmanagement sind die Methodensicherheit und Kompetenz der Mitarbeiter im Lizenzmanagement, um erfahrene Ansprechpartner für andere zu sein und ggf. neue Lösungswege aus der Situation heraus erschließen zu können.
- **Politischer Aspekt: das Management einbeziehen.** In das operative Lizenzmanagement müssen auch Führungskräfte und Entscheider aktiv involviert werden können. Zudem sollten die Mitarbeiter im operativen Lizenzmanagement über Fähigkeiten und Erfahrungen verfügen, um für unterschiedliche Interessen eine gemeinsame Lösung zu finden.
- **Emotionaler Aspekt: die Mitarbeiter einbinden.** Um im operativen Lizenzmanagement erfolgreich zu sein, müssen alle Beteiligten ihre Aufgaben verstehen und motiviert durchführen. Das erreicht man, indem man die verantwortlichen Mitarbeiter gezielt in die Aufgabenlösung im operativen Lizenzmanagement einbindet und jeden Mitarbeiter des Unternehmens im Umgang mit dem Wirtschaftsgut Software ausreichend sensibilisiert.

Das operative Lizenzmanagement kann nur dann seinen Aufgaben als SPOC (Single Point of Contact) nachkommen, wenn sämtliche Tätigkeiten unter Berücksichtigung der im Folgenden aufgezählten Komponenten aus- und durchgeführt werden. Die Beschreibung der Komponenten geht nicht explizit auf die – für diese Aufgabe oder Aktivität – eventuell notwendige oder zuständige Rolle ein.

Hinweis:

Die nachfolgende Beschreibung der Komponenten untergliedert sich in eine Vielzahl von Aufgaben, die von unterschiedlichen verantwortlichen Rollen im operativen Lizenzmanagement ausgeführt werden. Die Aufzählung der Aufgaben und Aktivitäten folgt keiner fest einzuhaltenden Reihenfolge und ist keineswegs als vollständig zu betrachten.

Administrative Komponenten

Die administrativen Komponenten sind eine zentrale Schnittstelle des operativen Lizenzmanagements und stellen alle wichtigen Daten für die aus den Fachbereichen, der Beschaffung (Einkauf), den Technikbereichen (z. B. Softwareverteilung) und der Unternehmensorganisation kommenden Anfragen zur Verfügung. Die administrativen Komponenten des operativen Lizenzmanagements setzen sich u. a. aus den folgenden Aufgaben und Tätigkeiten zusammen, die von den entsprechenden Rollen wahrzunehmen sind:

- Prüfung von Richtlinien und Anweisungen zum Umgang mit Software,
- Verwalten und Steuern von Anfragen (Telefon, E-Mail, Workflows),
- Verwaltung von Softwaredatenträgern (CDs, DVDs, USB-Sticks) an einem zentralen Ort,
- Verwaltung von Softwareprodukten, die über einen elektronischen Weg (Download) bereitgestellt werden,
- Verwaltung und Aufbewahrung von Lizenznachweisen (Lizenzvereinbarungen, Handbücher, Rechnungen, Kaufbelege, Lizenzkeys u. a.),
- Verwaltung und Ablage von Softwareverträgen (Rahmen-, Einzel- und Wartungsverträge); u. U. wird hier nur eine steuernde Funktion ausgeübt (z. B. wenn ein anderer Fachbereich für das Vertragsmanagement verantwortlich ist),
- Überwachung von Terminen und Fristen aus den Software- und Wartungsverträgen,
- Steuern und Überwachen von Vereinbarungen zu Leistungsscheinen (Softwarenutzung und Bereitstellung) gegenüber Serviceprovidern,
- Erstellen von regelmäßigen Lizenzbilanzen (Abgleich erworbener Lizenzrechte mit der tatsächlichen Nutzungssituation),
- Verwaltung und Steuerung der Softwarelizenzen in einem zentralen Lizenzpool (z. B. auch die Verwertung nicht mehr benötigter Lizenzen),
- Steuerung von Veränderungen an den Systemen (Neuinstallation, Umzug, Verschrottung),
- Prüfung der tatsächlich ausgerollten Software über Bestandsveränderungen (z. B. durch Inventory Scans).

Technische Komponenten

Für die Durchführung und Bewerkstelligung der im operativen Lizenzmanagement anfallenden Arbeiten sind auch Kenntnisse aus dem technischen Umfeld gefordert.

Dazu gehören u. a.:

- Kenntnisse der bestehenden IT-Landschaften und -Architekturen, besonders in den Bereichen Client/Server, virtuelle Umgebungen, Terminal-Server-Architekturen und Mainframe,

sowohl in der eigenen Unternehmenslandschaft als auch gegenüber möglichen IT-Dienstleistern wie Outsourcern oder Service Providern (z. B. durch Beistellungen von Software),
- Kenntnisse bzgl. der korrekten Übersetzung von erhobenen Inventorydaten (Rohdaten aus den Scan-Systemen) in ein lizenzrechtlich lesbares Softwareinventar zur Weiterverarbeitung in einem Lizenzmanagement-Werkzeug (Grundlage und Bestandteil für einen Compliance-Report),
- Kenntnisse über die lizenzrechtlich korrekte Bereitstellung von Softwareprodukten, z. B. für die Paketierung von Software oder zur Identifikation von Software (Zuordnung von Fingerprints für das Software-Inventory mit dem entsprechenden Katalogmanagement),
- Kenntnisse über die manuelle Erfassung und Zuordnung von Systemen und Software in Umgebungen, die nicht automatisiert erfasst werden können, wie beispielsweise Serverumgebungen (physikalisch und virtuell) in Bezug auf nicht automatisiert erfassbare Lizenzmetriken (z. B. Named User, Prozessoren, CALs) oder Szenarien wie z. B. bei Web- oder Terminalserver-Architekturen,
- Kenntnisse über die unterschiedlichen Lizenzierungsmodelle der Hersteller, um bei komplexen IT-Architektur- und Designentscheidungen beratend mitwirken zu können, z. B. um bei komplexen Entwicklungs- und Infrastrukturprojekten die betrieblichen Anforderungen und die Machbarkeit in Bezug auf die Einhaltung der lizenzrechtlichen Nutzungsbedingungen prüfen zu können.

Kaufmännische Komponenten

Die dritte Komponente, die in einem operativen Lizenzmanagement einen wichtigen Teil darstellt, umfasst das kaufmännische Umfeld. Hierzu zählen u. a. folgende Aufgaben:
- beratende Unterstützung bei Budgetplanungen der Fachbereiche,
- Unterstützung bei der Ermittlung von Umlagekosten für Software zur weiteren Verrechnung,
- Unterstützung und Durchführung der betriebswirtschaftlichen Darstellung von Kostenszenarien für künftige Planungen zur IT-Architektur sowie für Migrations- und Rolloutprojekte,
- Unterstützung und Optimierung von Softwarebeschaffungen durch Bündelung von Rahmenverträgen und Bestellungen sowie Konsolidierung von Lieferanten,
- Definition von Vorgaben, die für Softwarebeschaffungen einzuhalten sind,
- Auslösung von Beschaffungen, Lizenzfreigabe oder Reservierung,
- Vorbereitung, Unterstützung und Beratung bei der Umsetzung von optimierten Beschaffungskonzepten (z. B. für Rabattsysteme, Einkaufsrahmen, Bündelung von Bestellungen),
- Unterstützung bei Vorbereitungen von Vertragsverhandlungen,
- Darstellung und Überwachung von Kostenentwicklungen für die eingesetzten Softwareprodukte im Unternehmen,
- Unterstützung und Beratung bei der Entwicklung künftiger Einkaufs- und Beschaffungsstrategien in Zusammenarbeit mit den Fachabteilungen,
- Prüfung und Durchführung der Evaluierung, Historisierung und Qualifizierung der kaufmännischen Daten (Bestelldaten, Stammdaten, Kreditoren u. a.),
- Ermittlung von Einsparpotenzial bei verschiedenen Softwareprodukten im Lizenzpool über die Installations- und Nutzungszahlen.

Lizenzrechtliche Komponenten

Die vierte Komponente ist für die Einhaltung der lizenzrechtlichen Konformität verantwortlich, muss unter Umständen auch proaktiv erfolgen und wird u. a. durch die folgenden Aufgaben und Aktivitäten beschrieben:

- Unterstützung und Beratung für eine nachhaltige, lizenzrechtlich korrekte Umsetzung der bestehenden IT-Architektur mit einer fortwährenden Prüfung auf die Einhaltung der vereinbarten Nutzungsbedingungen der bestehenden Lizenzierungsvereinbarungen mit den Herstellern,
- intensive Kommunikation mit den Softwareherstellern und -lieferanten, um den Fachbereichen eine fundierte fachliche Auskunft bei Fragen zur lizenzkonformen Nutzung ihrer Produkte geben zu können,
- Prüfung bestehender Softwareverträge bezüglich der vereinbarten Supportleistungen bei Wartungsverträgen, die von den Herstellern oder Dritten zu leisten sind (z. B. Wie und in welchem Rahmen wird die Verfügbarkeit von Hotfixes, Patches und Programmupdates gewährleistet?),
- Prüfung von bestehenden lizenzrechtlichen Sachverhalten auf korrekte Umsetzung durch die Anwendungsverantwortlichen in den einzelnen IT-Szenarien,
- Entwicklung von Konzepten zur Optimierung der vorhandenen Softwarelizenzmodelle,
- Beobachtung der Veränderungen von Lizenzmetriken und -modellen durch die Hersteller (z. B. ist eine stetige Beobachtung der offiziellen PURs (Produktnutzungsrechte) ratsam),
- Unterstützung bei der Vorbereitung und Durchführung von Herstelleraudits,
- Erstellung und Interpretation der Lizenzbilanzen (Compliance-Report) mit Unterstützung durch ein Lizenzmanagement-Werkzeug,
- Sicherstellung der ordnungsgemäßen Einhaltung der Softwarelizenzierung gemäß der vertraglich vereinbarten Nutzungsbedingungen,
- Unterstützung und Mitwirkung bei der Prüfung und Beurteilung betrieblicher Anforderungen in komplexen IT-Architekturprojekten in Bezug auf eine lizenzkonforme Nutzung der Softwareprodukte,
- Durchführung einer Bestandsaufnahme der bisher beschafften Softwarelizenzen und der individuellen Metriken für alle Objekttypen,
- Historisierung der beschafften Softwarelizenzen.

Es gibt durchaus Softwareprodukte, die aus Sicht des Lizenzmanagements relativ einfach zu verwalten sind, weil es z. B. keine komplexen Lizenzmodelle oder -metriken gibt (ich meine damit jetzt nicht Open-Source-Produkte). Doch meist sind die Hersteller nicht gerade darauf aus, ihre Lizenzbedingungen so transparent zu gestalten, dass es relativ unkompliziert wäre, die Nutzungsbedingungen einzuhalten. Insofern lauern hier erhebliche Risiken und Gefahren, wenn die Sache nicht ernst genug genommen wird. Die Risiken gehen dabei auch immer ein Stück weit mit den vorhandenen oder nicht vorhandenen automatisierten Software-Lifecycle-Prozessen einher.

Die Gefahr einer erheblichen Unterlizenzierung besteht beispielsweise, wenn in Ihrem Unternehmen die Prozesse der Softwarepaketierung und Softwareverteilung hoch automatisiert sind und z. B. im Workflow zur Bereitstellung der Software nicht ausreichend geprüft wird, ob die anstehende Softwareinstallation durch eine kaufmännische Softwarelizenz gedeckt ist.

 Mittlerweile gibt es recht gute Erfahrungswerte, was die Nutzung bestimmter Softwareprodukte und die damit verbundenen Lizenzrisiken betrifft. Ein großes Risiko einer potenziell falschen Lizenzierung gehen Sie z. B. bei folgenden klassischen Desktop-Produkten ein:

- Microsoft-Produkte (z. B. Visio, Project – komplex durch die einzuhaltende und zu überwachende 90-Tage-Zuweisung zu einem qualifizierten Desktop). Außerdem wird aufgrund der vielfältigen Beschaffungsmöglichkeiten über EA (Enterprise Agreement), Select-, Open-, Box-, Retail-, OEM- oder System-Builder-Produkte unter Beachtung unterschiedlichster Lizenzmetriken der lizenzkonforme Einsatz von Software immer komplexer.
- Die Zuordnung und Zählung der richtigen Anzahl von CALs (Client Access License)
- IBM-Produkte (z. B. Lotus Notes, Lotus Workflow, durch hohe Schwankung der Mitarbeiterzahlen, fehlerhafte Adressbücher u. a.)

Bei den Server-Produkten sind es meistens:

- Alle Windows-Server-Betriebssysteme (z. B. werden oft die falschen Server-Editionen für bestimmte Szenarien verwendet, vor allem im Zusammenhang mit Server-Virtualisierung)
- Oracle-Produkte (z. B. wird häufig die falsche Edition für ein bestimmtes Architekturszenario oder die falsche Lizenzmetrik „Named User Plus versus CPU" ausgewählt)

Auch hier kann nur – noch einmal – darauf hingewiesen werden, wie wichtig es ist, sich immer das bestehende oder geplante IT-Szenario vor Augen zu halten.

Das operative Lizenzmanagement ist für ein Unternehmen heute ein nicht mehr wegzudenkendes Steuerungsinstrument, um das vorhandene Wirtschaftsgut „Software" gemäß den vereinbarten Nutzungsbedingungen der Hersteller einzusetzen. Um diese Aufgaben erfüllen zu können, sind die administrativen, technischen, kaufmännischen und lizenzrechtlichen Komponenten des operativen Lizenzmanagements ebenso mit einzubeziehen wie die notwendigen rationalen, politischen und emotionalen Aspekte, die von allen Rollen des operativen Lizenzmanagements mehr oder weniger im Tagesgeschäft mit berücksichtigt werden müssen.

Das Kapitel konnte aufgrund der begrenzten Seitenanzahl nur einen kleinen Ausschnitt des doch sehr umfangreichen und komplexen Themas „Lizenzmanagement" beleuchten. Sollten Sie die Aufgabenstellung erhalten haben, ein Lizenzmanagement-Projekt aufzusetzen, empfehle ich Ihnen [Gr15].

Fazit:

Das Lizenzmanagement ist für Unternehmen heute mehr denn je ein erforderliches Steuerungsinstrument, um „Software" wirtschaftlich und gemäß den vereinbarten Nutzungsbedingungen der Hersteller einzusetzen. Die Aufgabe, ein Lizenzmanagement in all seinen Facetten zu entwickeln, aufzubauen und letztendlich auch zu implementieren, ist selbst für gestandene IT-Fachleute eine große Herausforderung. Bedingt durch die wenigen Angebote auf dem Markt, sich in diesem Thema fachlich fundiert ausbilden zu lassen, hängt auch heute noch sehr viel von dem Wissen und den persönlichen Erfahrungen der verantwortlichen Mitarbeiter ab. Der Einsatz eines Werkzeugs ist dabei aber nur eine Möglichkeit, diesen Prozess zu unterstützen. Viel wichtiger sind die vielen unterschiedlichen Faktoren, die es zu beachten gilt, wenn ein Lizenzmanagement aktiv betrieben werden soll. Beispielsweise spielen das genaue Wissen und die Beachtung der bestehenden IT-Architektur eine große Rolle, damit die vereinbarten Nutzungsrechte lizenzkonform umgesetzt werden können.

Ebenfalls muss die Managementebene noch stärker als bisher in das Thema Lizenzmanagement eingebunden werden. Denn nur mit der Unterstützung des Managements kann der Lizenzmanager seine Rolle unternehmensweit ausüben und so die Einhaltung der gesetzlichen Vorgaben sowie die ordnungsgemäße Verwendung der durch die Softwarehersteller eingeräumten Nutzungsrechte sicherstellen.

Der rasant fortschreitende Einsatz von Cloud-Technologien, (z. B. SaaS, IaaS) erfordert ein immer schneller umzusetzendes transparentes, dynamisch mitgehendes Lizenzmanagement, um die wirtschaftlichen und organisatorischen Risiken zu managen und möglichst gering zu halten. Die Herausforderungen – bspw. für Gremienbeteiligte wie Personal- oder Betriebsrat – sind, einzugestehen und auch mitzutragen, dass eine Erhebung der aktiven Softwarenutzung die zukünftige Grundlage sein wird, um gezielt und punktuell einem wirtschaftlichen Softwarebetrieb zu ermöglichen. Durch die Cloud-Technologien bedingt, wird es immer weniger „On premises"-Lizenzmodelle geben. Die „Pay per use"-Abrechnungsmodelle werden sich aber nicht ohne die Kenntnis der Softwarenutzung wirtschaftlich umsetzen bzw. betreiben lassen. Hier wird es sehr schnell einen Paradigmenwechsel einhergehend mit großen Änderungen in der zukünftigen IT-Welt geben.

16.13 Literatur

[Gr15]   Groll, T.: 1x1 des Lizenzmanagements. 3. Auflage. Hanser, München 2015

[Webseite] *www.apogiz.com,* Lizenzmanagement als Software Compliance Service, Seminare, Dienstleistungsportfolio

17 Enterprise IT-Governance

Robert Bergmann, Ernst Tiemeyer

> *Im Leben gibt es keine Lösungen.*
> *Es gibt nur Kräfte, die in Bewegung sind:*
> *Man muss sie erzeugen – und die Lösungen werden folgen.*
> Antoine de Saint-Exupéry

Fragen, die in diesem Kapitel beantwortet werden:

- Inwiefern stellt Corporate Governance einen wesentlichen Ausgangspunkt zur Einführung und Umsetzung von Enterprise IT-Governance dar?
- Wie kann die Enterprise IT-Governance im Unternehmenskontext eingeordnet und „aufgestellt" werden?
- Welche Handlungsprinzipien und Zielsetzungen kennzeichnen eine moderne Enterprise IT-Governance?
- Welche Aufgabenbereiche für die Enterprise IT-Governance haben sich bewährt?
- Inwiefern kann zwischen Aufgaben der IT-Governance und des IT-Management unterschieden werden und welche Schnittstellen sind gegeben?
- Welche Handlungsfelder umfasst eine zeitgemäße Enterprise IT-Governance?
- Warum wird eine zentrale Steuerung von IT-Aktivitäten auf Unternehmensebene immer wichtiger? Inwiefern leistet der IT-Governance-Ansatz einen unmittelbaren Beitrag zum Unternehmenserfolg?
- Welchen Beitrag können eine unternehmensweite IT-Strategieentwicklung, das Aufsetzen eines Enterprise Architecture Managements sowie ein ganzheitliches IT-Risikomanagement für die Umsetzung von IT-Governance leisten?
- Welche Bedeutung kommt einem ausgereiften IT-Investitionsmanagement und dem Value Management im Rahmen von IT-Governance zu?
- Wie können Verfahren und Prozesse einer IT-Governance erfolgreich in Unternehmen implementiert werden?
- Inwiefern kann das Framework COBIT für die Verankerung von Enterprise IT-Governance in der Praxis herangezogen werden?

Als Antwort auf die vielfältigen technologischen und organisatorischen Herausforderungen im IT-Bereich (Digitalisierung, intelligente Technologien, Automation und Integration) sowie den steigenden Anforderungen aus dem Business haben sich in den letzten Jahren auch die Verfahren, Strukturen und Instrumente der Corporate und IT-Governance weiterentwickelt. Zunehmend hat sich eine ganzheitliche „Enterprise IT-Governance" etabliert, die mittels eines gestärkten Business-IT-Alignment und der erhöhten Ausrichtung der IT am Business Value das Erschließen vielfältiger Potenziale ermöglichte.

Dabei wurde in der Regel deutlich, dass die Organisation sowie Steuerung (Planung und Kontrolle) des IT-Einsatzes in einem Unternehmen zentral durch Personen erfolgen sollte, die in der Unternehmensführung verankert sind. Hauptstoßrichtung dieses Ansatzes ist die konsequente Ausrichtung der IT-Prozesse, Unternehmensarchitekturen und IT-Projekte bzw. IT-Investitionen an der Unternehmensstrategie und den sich daraus ergebenden Geschäftsfeldern und Geschäftsprozessen.

Eine zentrale These dieses Beitrags lautet, dass die Zusammenarbeit von „Strategen" bzw. Planern und „Umsetzern" auf der Tagesgeschäftsebene unverzichtbar ist. Das Ziel dieses strategischen Business-IT-Alignments besteht in der Realisierung einer erfolgreichen Zusammenarbeit in Form von bewusst eingerichteten unternehmensweiten „Plattformen" (möglichst im Sinne eines kundenorientierten Managements der IT-Landschaft).

Die damit verbundene Steuerung (engl. „Governance") durch eine zentrale Institution (beispielsweise in Form eines Competence Centers) wird als dringend notwendig erachtet. Wesentliche **Gründe** können sein:

- **Hoher Wert der IT-Assets.** Die zunehmende Durchdringung des Unternehmens mit IT-Systemen (Infrastrukturen, Applikationen, Services) sowie die hohe Komplexität der IT-Lösungen hatten zur Folge, dass der Wert der IT-Investitionen und somit der Wert des gesamten IT-Bestands eines Unternehmens im Vergleich zum Gesamtwert des Unternehmens immer wichtiger geworden ist.

- **IT ist ein wesentlicher Erfolgsfaktor** für das Business des Unternehmens und ermöglicht die konsequente Verbesserung der unterstützten Geschäftsprozesse (IT als Enabler).

- **Strategieorientierung ist unverzichtbar.** Ohne eine strategische Ausrichtung der IT und die Orientierung des Handelns an Leitbildern, IT-Prinzipien und strategischen Zielsetzungen ist eine nachhaltige Entscheidungsfindung auch für den IT-Bereich nicht mehr zu bewerkstelligen.

- **Risikoanalysen und Risikobewertungen** für die IT-Systeme und IT-Prozesse erfordern ein durchdachtes Risikomanagement mit klaren Verantwortlichkeiten. IT-Systeme verfügen über eine hohe Komplexität, unterliegen damit aber auch einem hohen Ausfallrisiko. Auch die IT-Prozesse – insbesondere die Serviceprozesse – spielen in vielen Unternehmen eine immer wichtigere und kritische Rolle. Gezieltes IT-Risikomanagement ist deshalb ständig weiterzuentwickeln.

Funktioniert die IT, ermöglichen die IT-Systeme erfolgreiche Unternehmensgeschäfte und sorgen die IT-Lösungen für ausreichend Flexibilität des Unternehmens am Markt? Oder haben wir uns zwar gute, aber teure IT-Produkte und inflexible IT-Prozesse geschaffen? Mit einer Momentaufnahme lassen sich diese Fragen nur unzureichend beantworten. Wichtig ist vielmehr, sich mit den Strukturen und Prozessen, insbesondere den Planungs-, Koordinations-, Kontroll- und Entscheidungsprozessen für Veränderungen im Unternehmen zu beschäftigen. Es sollte schnell bewusst werden, wenn Systeme nur teuer und inflexibel sind und nicht die gewünschten Erfolge erreichen.

Dieses Kapitel soll Ihnen als Orientierung und als Entscheidungshilfe für die vielfältigen Aspekte der Enterprise IT-Governance dienen.

■ 17.1 Merkmale und Bedeutung von Enterprise IT-Governance

Um die konstituierenden Merkmale von Enterprise IT-Governance herauszukristallisieren, gilt es vorab zu verdeutlichen: Die im Rahmen von IT-Governance zu betrachtenden Standards und Vorgaben werden typischerweise aus der **Corporate Governance** des Unternehmens abgeleitet. Unter Corporate Governance werden allgemein alle selbst gesetzten und extern vorgegebenen (ethischen) Werte, Grundsätze, Verfahren und Maßnahmen für eine gute und verantwortungsvolle Unternehmensführung zusammengefasst, die sowohl für die Mitarbeiterinnen und Mitarbeiter als auch für die Unternehmensführung selbst gelten.

Die aus der Corporate Governance abgeleiteten strategischen Ziele des Unternehmens und der verschiedenen Unternehmensbereiche werden im Rahmen der IT-Governance strukturiert durch die IT-Verantwortlichen verfolgt. IT-Governance leistet damit einen wesentlichen und heute unverzichtbaren Beitrag, um IT-Lösungen im Sinne der ganzheitlichen Architekturausrichtung des Unternehmens (also etwa aller Niederlassungen und Werke bzw. aller Landesgesellschaften) zu entwickeln, harmonisierte IT-Systeme auszuwählen und zu implementieren.

Die Gründe für einen verstärkten Wunsch nach zentraler Steuerung der IT-Landschaft sind vielfältig. Im Wesentlichen sollten durch entsprechende Verfahren und Instrumente die Negativfolgen vermieden werden, die sich bei unzureichend ausgeprägter IT-Governance ergeben. Dies veranschaulicht Tabelle 17.1.

Tabelle 17.1 Effektiver IT-Einsatz im Gesamtunternehmen – Situationsanalysen und mögliche Folgen

Situationen/Situationsanalysen	Typische Folgen für die IT-Welt
Vorhandene dezentrale Organisationsstrukturen sind durch Eigenverantwortlichkeit in der Führung, Ergebnisverantwortung und marktkonforme Leistungsbeziehungen gekennzeichnet (wenn beispielsweise jede Ländergesellschaft nahezu frei über die IT-Infrastrukturen und Applikationen entscheiden kann). Bei einer unzureichend ausgeprägten oder nicht vorhandenen Corporate Governance sind nur wenige grundlegende Sachverhalte geregelt, was ein hohes „Eigenleben" der dezentralen Einheiten zur Folge hat.	• Vielzahl unterschiedlicher IT-(Teil-)Architekturen (Plattformen und Infrastrukturtechnologien, Applikationen) • Leistungserbringung wird nicht ausreichend gesteuert (unterschiedliche Anforderungen der dezentralen Einheiten trotz gleicher Prozesse) • Unzureichende Skaleneffekte für die IT-Beschaffung (Vendor-Management und strategisches Sourcing finden nicht statt) • Zahlreiche redundante IT-Lösungen • Mangelnde Portfolio- und Projektsteuerung

17.1.1 Einordnung von Corporate Governance und IT-Governance

Corporate Governance richtet sich auf das „Geflecht der Beziehungen zwischen der Geschäftsführung eines Unternehmens, seinem Aufsichtsorgan (Board), seinen Aktionären und anderen Unternehmensbeteiligten (Stakeholdern)" sowie auf „den strukturellen Rahmen für die Festlegung der Unternehmensziele, die Identifizierung der Mittel und Wege zu ihrer Umsetzung und die Modalitäten der Erfolgskontrolle" ([OECD15], S. 9).

Die Corporate-Governance-Grundsätze der OECD fanden in Deutschland im Rahmen des „Deutschen Corporate Governance Kodex" (DCGK) erstmals im Jahr 2002 Berücksichtigung. Der Kodex enthält unter anderem zahlreiche Empfehlungen und Anregungen für die Umsetzung von Corporate Governance. „Im Rahmen eines Corporate Governance Kodex sind im Detail Grundsätze, Empfehlungen und Anregungen zur Leitung und Überwachung börsennotierter Gesellschaften dokumentiert, die national und international als Standards guter und verantwortungsvoller Unternehmensführung anerkannt sind." [DCGK19]

Derzeit finden sich zahlreiche Vorstellungen darüber, was Corporate Governance ergänzend an Festlegungen und Orientierungen umfassen sollte. Einvernehmlich wird die Auffassung vertreten, dass Corporate Governance jedenfalls auch Fragenkreise gesellschaftlicher Verantwortung (Corporate Social Responsibility (CSR) mit ökonomischer, sozialer und ökologischer Nachhaltigkeit) und Integrität/Ethik berücksichtigen muss.

Neue gesetzliche und technische Herausforderungen an Organisationen, wie Unternehmenssanktionsrecht, Lieferkettengesetz, Berichterstattung über Nachhaltigkeit in der Lieferkette, Informationssicherheits- und sonstige globale Risiken verstärken den Bedarf der Organisationen an Management-Informationssystemen und offiziellen Nachweisen, dass das Unternehmen auch in den Bereichen Risiko-, Compliance- und Nachhaltigkeitsmanagement (ESG) aktuellen Governance-Anforderungen umfassend Rechnung tragen kann.

Um eine „gute" Corporate Governance zu gewährleisten, sind die Geschäftsführer einer GmbH bzw. der Vorstand einer AG bereits per Gesetz dazu verpflichtet, ein den Anforderungen des Unternehmens entsprechendes **Internes Kontrollsystem (IKS)** einzurichten. Als IKS wird die Gesamtheit der Methoden und Maßnahmen zur Systematisierung einer ständigen, umfassenden Kontrolle und Information bezeichnet. Es dient insbesondere dazu,

- die vorhandenen Vermögenswerte des Unternehmens zu sichern,
- die betriebliche Leistungsfähigkeit zu steigern,
- die Vollständigkeit und Richtigkeit der geschäftlichen Aufzeichnungen sicher zu stellen,
- die Zuverlässigkeit des Rechnungs- und Berichtswesens zu gewährleisten,
- Vorstand und Geschäftsführung bei ihrer Überwachungsaufgabe zu unterstützen,
- dass das Unternehmensvermögen nicht durch kriminelle oder fahrlässige Handlungen geschädigt wird, sowie
- die betriebliche Effizienz durch Rationalisierungen und Kostensenkungen zu verbessern.

In der Realität stellen die Vielzahl an Unternehmens- und Geschäftsprozessen sowie deren Komplexität die Unternehmensführung oft vor enorme Herausforderungen. So ist es grundsätzlich problematisch, eine ordnungsgemäße Durchführung der Prozesse selbst bei guter Prozessorganisation zu überblicken. Die Einhaltung der Ordnungsmäßigkeit der Prozesse ist allerdings essenziell. Bereits minimale Abweichungen können negative Auswirkungen auf das gesamte Unternehmen haben. Abhilfe bzw. Übersicht schafft ein implementiertes effizientes Internes Kontrollsystem, indem es als Steuerungs- und Überwachungsinstrument bei der korrekten Ausführung der wichtigsten Prozessschritte im Unternehmen unterstützt.

Hinweis

Ein Internes Kontrollsystem ist ein wichtiges Steuerungs- und Führungsinstrument eines jeden Unternehmens, das einer laufenden Überwachung bedarf.
In der Praxis geschieht dies meist über die interne Revision eines Unternehmens. Es bietet sich an, die IKS-Systeme in sog. „Integrierte technologiegestützte Managementsysteme" zu etablieren.

In den letzten Jahren hat sich zunehmend im Kontext der Corporate Governance auch das Kürzel **GRC** (für Governance, Risk, Compliance) eingebürgert. Basierend auf Überlegungen der OCEG (= Open Compliance and Ethics Group) kann GRC als eine integrierte Sammlung von Aufgaben und Fähigkeiten verstanden werden, die es einer Organisation ermöglichen,

- die Unternehmensziele zuverlässig zu erreichen,
- Unsicherheiten zu bewältigen sowie
- integer und regelkonform zu handeln.

GRC umfasst per Definition die Arbeit von Abteilungen wie Innenrevision, Compliance, Risiko, Recht, Finanzen, IT, Personal sowie der Geschäftsbereiche, der Führungsebene und des Vorstands selbst.

Ein **GRC-System** eines Unternehmens oder einer Organisation stellt mittlerweile einen wesentlichen Bestandteil der Unternehmensführung („Corporate Governance") dar. Verschiedene Managementfunktionen wie Internes Kontrollsystem, Sicherheitsmanagement, Krisenmanagement, Nachhaltigkeitsmanagement, Risikomanagement sowie Compliance-Management, dienen dazu, das Unternehmen vor Gefahren und Risiken zu bewahren, Chancen zu erkennen und so insgesamt den Fortbestand der Institution zu sichern. Um die mit GRC verbundenen Aufgabenbereiche effizient und effektiv erfüllen zu können, bedarf es einer transparenten organisatorischen Ausgestaltung dieser Managementfunktionen sowie der Etablierung eines geeigneten, technologiegestützten Managementsystems.

Im Einzelnen werden folgende Rahmenbedingungen genannt, die ein funktionales GRC-System ermöglichen:

- Um die Bedeutung und Notwendigkeit einer GRC-Initiative bzw. entsprechende organisatorischen Verankerungen zu unterstreichen, ist eine Zusammenarbeit zwischen allen Mitgliedern der Leitungsebene unverzichtbar.
- Eine ausgeprägte Risiko- und Security-Awareness ist gegeben. Eine Allokation von Ressourcen, um negative Konsequenzen im Falle des Eintritts von Risiken zu reduzieren, ist erfolgt.
- Eine Vorstandsposition für Informationssicherheit (CISO), die als Kontrollinstanz für andere Abteilungen wie IT, Risikomanagement und Compliance fungieren kann, ist etabliert.
- Eine Kultur, die das Verhalten zum Schutz von Daten und Informationen belohnt und nicht bestraft, ist gegeben.

Als Basis für den Aufbau und Betrieb des integrierten GRC-Systems hat sich das **Three-Lines-Modell** (kurz: 3LM; auch Modell der drei Linien) als ein sehr effektiver Ansatz bewährt. Dieses Modell, das von der European Confederation of Institutes of Internal Auditing (ECIIA) und der Federation of European Risk Management Associations (FERMA) entwickelt wurde, unterteilt eine Organisation in drei Linien (die sog. **Three-Lines**), indem jeweils die Aufgaben der folgenden drei Gruppen im GRC-Kontext definiert und beschrieben werden:

- 1st Line – Operatives Management (Fachbereichsmanagement)
- 2nd Line – GRC-Funktionen für spezifische Services (z. B. Risikomanagement, IKS, Compliance)
- 3rd Line – Interne Revision

Das Zentrum des Three-Lines-Modells stellt das **operative Management** dar. Dieses sind etwa die Abteilungsleiter bzw. Bereichsleiter der Fachbereiche. Sie haben die fachliche Verantwortung aller Prozesse ihrer organisatorischen Einheit. Über diese Prozesse werden die Aufgaben innerhalb der jeweiligen Organisationseinheit strukturiert und vereinbart. Damit einher geht insbesondere auch die Verantwortung für Kennzahlen, Risiken, Kontrollen und die Einhaltung von Compliance-Vorgaben.

Auf der 2nd Line befinden sich die verschiedenen **Querschnittsdisziplinen** wie Internes Kontrollsystem (IKS), Prozessmanagement, Risikomanagement, Compliance-Management, Corporate Security Management, Arbeitsschutz, Datenschutz (DSGVO), Health Management, Qualitätsmanagement und Umweltschutz. Sie definieren das Vorgehen und die Methode, um die verschiedenen Aufgaben bzw. Pflichten innerhalb der jeweiligen Unternehmensfunktion wahrnehmen und erfüllen zu können.

Die letzte der drei Linien besteht aus der **internen Revision**, welche die Aufgaben der Überwachung des GRC-Systems übernehmen und auf Effektivität und Effizienz prüfen.

Wesentlicher Nutzen und Vorteil des Three-Lines-Modell ist es, dass die Interaktion, Kooperation und Kommunikation zwischen den verschiedenen Managementdisziplinen verbessert werden können. Dazu tragen insbesondere die konkrete Klärung und Beschreibung der wesentlichen Rollen im Corporate-Governance- bzw. GRC-Umfeld bei. Wichtig ist, dass die Verantwortlichen der 2nd Line das Potenzial der Zusammenarbeit erkennen, um Querschnittsthemen gleichermaßen in den fachlichen Funktionsbereichen zu betrachten.

IT-Governance wird vielfach als Teilbereich der Corporate Governance gesehen. Aufgrund der zunehmenden Bedeutung der IT für den Unternehmenserfolg hat sich dieser Handlungsbereich im Business-IT-Bereich mittlerweile etabliert (vgl. auch Definitionen gemäß ISO/IEC 38500:2015 sowie des IT-Governance-Instituts (ITGI)).

Einen ersten konkreten Zugang zum Begriff „IT-Governance" kann die folgende Definition geben: IT-Governance besteht aus Führung, Organisationsstrukturen und Prozessen, die sicherstellen, dass die IT die Unternehmensstrategie und -ziele unterstützt. („Leadership and organizational structures and processes that ensure that the organisation's IT sustains and extends the organisation's strategy and objectives"), IT Governance Institute (kurz ITGI) 2006.

Ein übergeordnetes Ziel der IT-Governance wird darin gesehen, dass in der Unternehmensführung der Etablierung und dem „Wirken" einer IT-Organisation eine hohe strategische Bedeutung zugeordnet wird. So soll sichergestellt werden, dass das Unternehmen sowohl Innovationen bzw. Investitionen tätigen kann als auch seinen laufenden Betrieb erfolgreich aufrechterhalten kann. Dazu muss es sich vergewissern, dass es seine benötigten Strategien implementieren und seine Aktivitäten in der Zukunft ausbauen kann. IT-Governance-Praktiken zielen darauf ab, dass die Erwartungen an die IT erfüllt werden, die IT-Leistung gemessen wird und seine Ressourcen gemanagt sowie die Risiken berücksichtigt und abgesichert werden. Um dies zu gewährleisten, sollte vor allem ein ausreichender Einbezug der Stakeholder des Unternehmens erfolgen.

Grundsätzlich werden mit der Einführung von IT-Governance eine Vielzahl von Entscheidungen bzw. die damit verbundenen Entscheidungsprozesse auf den Prüfstand gestellt:

- Wie sind Entscheidungsfindungsprozesse zu IT-Themen im Unternehmen geregelt und wie sind die Verantwortlichkeiten verteilt?
- Wie wird die IT-Nachfrage mit den vorhandenen Ressourcen und wie werden operative mit strategischen Prioritäten ausbalanciert?
- Wer ist für die Ausrichtung und Leitung der IT und der Geschäftsbereiche verantwortlich? Wer untersucht und empfiehlt neue Technologien? Wer trifft Investitionsentscheidungen?
- Wie behalten Führungskräfte die Übersicht und Kontrolle über die Organisation – mit klar definierten Verantwortlichkeiten und geeigneten Anreizsystemen?
- In welchem Unternehmenskontext steht die IT und wie werden IT-Governance-Designs (Strukturen, Gremien, Prozesse) aktualisiert, angepasst und abgestimmt?

Bei der Einführung einer *zentralen IT-Steuerung* muss Wert auf eine ganzheitliche Sichtweise gelegt werden, weil Know-how und Führung zentrale Merkmale effektiver Strukturen (Prozesse) darstellen. Betrachtet man die Kunden- und Finanzsicht als weitere Grundpfeiler dieses Ansatzes im Unternehmen, ist der Schritt zu einer Balanced Scorecard eigentlich schon vollzogen.

Unternehmens-Governance legt Methoden (Standards) und Verantwortung (z. B. Leitsätze) in der Organisation fest, um Gesetze einzuhalten (basierend auf OECD-Principles of Corporate Governance, um beispielsweise Rechte von Anteilseignern, die Rolle von Stakeholdern oder die Verfügbarkeit und Transparenz von Informationen zu regeln), Ziele etc. zu erreichen, d. h. Unternehmensressourcen verantwortungsvoll einzusetzen. Dabei wird zwischen einer sogenannten Enterprise- und Corporate-Governance unterschieden (vgl. [Jo07], S. 36 ff.).

IT-Governance will erreichen, dass Chancen und Risiken der IT und durch die IT aktiv gemanagt werden. Bislang war die IT oft getrieben von Fachbereichsinitiativen und reagierte mehr, statt zu agieren. Durch aktives Management, gesteuert durch IT-Governance, ist die IT in der Lage, das Erreichen der Unternehmensziele nachhaltig zu unterstützen, und erlangt so wachsende Bedeutung. IT-Governance stellt somit einen wesentlichen Bestandteil einer gesamtheitlichen Unternehmensführung dar (vgl. [Jo07], S. 32 f.).

Bild 17.1 zeigt einen Bezugsrahmen, der die Einordnung der verschiedenen Ansprüche an eine Governance-Struktur im Zusammenhang verdeutlichen soll. Während „die Corporate Governance (…) das Unbehagen der Aktionäre, den Umgang mit den von ihnen bereitgestellten Finanzmitteln (…) abbauen soll, so geht es bei der IT-Governance (…) um das Adressieren des Unbehagens beim Top-Management, wenn es um Kosten und Nutzen des Einsatzes von Informationstechnologie im Unternehmen geht" ([RüSG06], S. 4).

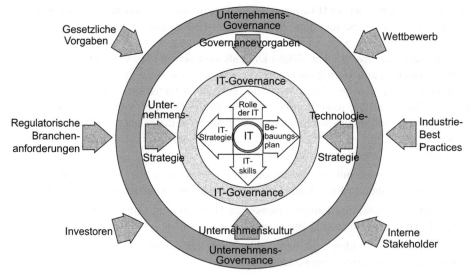

Bild 17.1 Bezugsrahmen für IT-Governance (nach [RÜSG06], S. 5)

IT-Governance fungiert oft als Bindeglied zwischen Corporate Governance und dem IT-Dienstleister eines Unternehmens (z. B. der IT-Abteilung oder dem IT-Service-Center). Die Definition von klaren Prozessen und Verantwortlichkeiten ist eine Grundvoraussetzung, um IT-Entscheidungen effizient treffen und durchsetzen zu können. Hierbei geht es vor allem um die Steuerung und Zuteilung von IT-Ressourcen und um die Methoden und Kriterien zur Priorisierung von IT-Investitionsentscheidungen. Bewährt hat sich der Einsatz von Portfoliomanagementmethoden, mit denen sich IT-Initiativen (Projekte) hinsichtlich ihrer strategischen und operativen Bedeutung sowie in Hinblick auf Finanzierung und Projektrisiken bewerten lassen. Im Einzelnen gilt es dabei zu beachten:

- Maßgebliches Kriterium zur Bewertung von IT-Initiativen ist die Wertschöpfung, die durch vorhandene und neue IT-Lösungen realisiert wird (= Value Management).
- Langfristige und kurzfristige Perspektive müssen abgewogen sowie die Verbindlichkeit von Initiativen berücksichtigt werden, die sich aus gesetzgeberischen Anforderungen ergeben.
- IT und Fachbereich priorisieren gemeinsam Aktivitäten für IT-Lösungen.
- Ein effektives Instrumentarium zur Leistungsmessung und -überprüfung muss installiert werden. Dazu können Kennzahlen (KPIs) dienen und so ein Performance Management aufgebaut werden.

 Beachten Sie:

Neben den Prozessen der IT-Governance, die sich primär mit den IT-Anforderungen und der Priorisierung von IT-Initiativen beschäftigen, sind auch die nachgelagerten Prozesse für die IT-Governance zu definieren. Diese beschäftigen sich mit der Umsetzung der Projekte und stellen sicher, dass die geplanten Projektergebnisse tatsächlich erreicht und umgesetzt werden. Dabei spielen stets Bereichs- und Unternehmensziele eine entscheidende Rolle.

17.1.2 Enterprise IT-Governance – die erweiterte Sichtweise von IT-Governance

Als ein erweiterter Fokus für die IT-Governance kann die Betonung der Aufgabenausrichtung auf die gesamte Unternehmenssicht gesehen werden. So findet sich folgende Begriffseinordnung bei De Haes und van Grembergen: *„Enterprise Governance of IT (kurz EGIT) is an integral part of corporate governance, exercised by the Board, overseeing the definition and implementation of processes, structures and relational mechanism in the organization that enable both business and IT people to execute their responsibilities in support of business/IT alignment and the creation of business value from IT-enabled business investments."* ([DeH15], De Haes/van Grembergen 2015)

Die Definition zeigt die Weiterentwicklung im Hinblick auf die vielfältigen Herausforderungen eines Risiko- und Ressourcenmanagements sowie die entsprechende Steuerung durch Monitoring- und Performancemanagement-Lösungen. In besonderer Weise wird auf das Zusammenspiel von IT- und Fachbereich Wert gelegt. Darüber hinaus wird die strategische Ausrichtung am Business betont, wobei eine Unterstützung von Unternehmenszielen und -strategien durch die IT erfolgt. So wird letztlich der Wertbeitrag der IT (zum Buisness Value) in den Mittelpunkt der Ausrichtung von Enterprise IT-Governance gestellt.

Die erstmals im Jahr 2008 publizierte Norm „ISO/IEC 38500:2008 Corporate governance of information technology" nimmt bezüglich der Aufgabenorganisation eine „Unterscheidung zwischen Governance und Management" vor. Der wesentliche Beweggrund für diese Unterscheidung geht darauf zurück, dass beide Disziplinen „mit unterschiedlichen Arten von Aktivitäten verbunden" sind, unterschiedliche Organisationsstrukturen erfordern und unterschiedlichen Zwecken dienen ([ISACA12a], S. 16).

Auch das dominierende Framework COBIT® geht von der Unterscheidung in IT-Governance- und Managementprozessen aus. Dabei bestehen die Governance-Prozesse im Wesentlichen „aus Praktiken und Aktivitäten, die darauf ausgelegt sind, strategische Optionen zu evaluieren, die IT-Richtung vorzugeben (also die IT zu steuern) und Ergebnisse zu überwachen" ([ISACA12b], S. 25). Für die Benennung der Governance-Domäne bzw. der zugehörigen IT-Governance-Zielsetzungen werden dabei die drei Begriffe „Evaluate, Direct, Monitor" (abgekürzt „EDM") verwendet.

Zu beachten ist, dass die aktuelle COBIT®-Version, COBIT® 2019, diesen Ansatz konsequent fortführt. So wird bezüglich der Einführung von Governance-Systemen eine klare Unterscheidung zwischen Governance- und Managementstrukturen und Aktivitäten angeregt (vgl. [ISACA20a], S. 17). Darüber hinaus werden zusätzliche Implementations-Guidelines formuliert, um auf der Basis von Good Practices eine erfolgreiche Umsetzung der beschriebenen Prozesse in die Unternehmenspraxis zu ermöglichen.

17.1.3 Zielsetzungen und Rahmenbedingungen für eine erfolgreiche Enterprise IT-Governance

Um unternehmensweit eine wirtschaftliche, hocheffiziente IT zu gewährleisten, sind eine Konsolidierung der IT-Systeme und IT-Applikationen, eine Harmonisierung der Anforderungen an die IT sowie eine zentrale Projektsteuerung (Multiprojektmanagement für IT-Projekte) unverzichtbar. Dies lässt sich mithilfe klarer IT-Governance-Strukturen und -Prozesse leisten.

Enterprise IT-Governance ist ein **Instrumentarium** sowie ein vereinbartes **Gremium bzw. eine etablierte organisatorische Einheit (Competence Center),** durch das die IT innerhalb eines Unternehmens gelenkt und kontrolliert wird. Mittels einer klaren IT-Governance-Struktur können die Rechte und Pflichten unter verschiedenen Akteuren im Unternehmen (etwa dem Vorstand bzw. Aufsichtsrat, Unternehmens- und IT-Management sowie den Mitarbeiterinnen und Mitarbeitern der Fachbereiche) vereinbart und angewandt werden. Dazu gibt es beispielsweise entsprechende Regeln und Verfahren für die Entscheidungsfindung im IT-Bereich. IT-Governance stellt auf diese Weise sowohl Strukturen, mit deren Hilfe IT-Ziele definiert werden können, als auch Mittel zum Erreichen dieser Ziele und zur Überwachung der Performance bereit.

Enterprise IT-Governance schafft und erfordert letztlich eine Struktur von Beziehungen und Prozessen, um via IT-Alignment die Geschäftsfelder und Geschäftsprozesse des Unternehmens so zu steuern, dass sich die Geschäftsziele optimal erreichen lassen. Den entsprechenden Wertzuwachs erzielt man durch das Ausbalancieren von Risiko und Ertrag der IT-Lösungen und ihrer Prozesse (vgl. [GO06] S. 6). Dieses Ausbalancieren ist Aufgabe der Führungskräfte sowie von ausgewählten Gremien (strategisches Projekt- oder besser Projektinvestitionssteuergremium). Ziel ist ein Optimum der Zielerreichung (am besten im Sinne einer Balanced Scorecard).

Durch das Etablieren von Enterprise IT-Governance soll eine möglichst hohe Transparenz im Unternehmen über die IT-Lösungen geschaffen werden, wobei gleichzeitig eine Konsolidierung und Harmonisierung der IT-Landschaft angestrebt wird, ohne jedoch die Fachbereiche zu bevormunden. Konkret bedeutet dies, dass alle Fachbereiche (inkl. der IT selbst) bei der Planung von Veränderungen alle Prozesse und Schnittstellen sowie Anforderungen an Daten für alle plausiblen Handlungsalternativen zugrunde legen. Auf dieser Basis liegen den Verantwortlichen – also den Entscheidungsträgern – alle Informationen für eine effektive Beauftragung der IT und die spätere Steuerung ihrer Geschäftsprozesse und somit der erfolgskritischen Vorgänge vor. Der IT-Dienstleister wird dadurch effektiv an Geschäftsprozessen ausgerichtet und durch die zentrale IT-Steuerung sowie Steuergremien im Sinne des Geschäfts geleitet.

 Eine gut organisierte Enterprise IT-Governance umfasst somit Strukturen, Prozesse und Ressourcen, die mit der Unternehmensstrategie und deren Zielen verknüpft sind. Angestrebt werden organisatorische Einheiten (sowohl des Unternehmens insgesamt als auch der IT-Organisation), die primär an Prozessen statt an Organisationsstrukturen ausgerichtet sind. IT-Governance befähigt so Organisationen, sämtliche Geschäftsprozesse dezentral zu verantworten, gleichzeitig aber zentral sicherzustellen, dass alle am gleichen Strang in die gleiche Richtung ziehen.

Worin bestehen die primären **Zielsetzungen der Etablierung von Enterprise IT-Governance?** Die **Ziele** der IT-Governance sollen sicherstellen, dass die Umsetzung der IT-Strategie im Sinne der Verantwortungsträger – also der Unternehmensführung – erfolgt. Insbesondere können folgende Anforderungen und Zielsetzungen formuliert werden:

17.1 Merkmale und Bedeutung von Enterprise IT-Governance

- Enterprise IT-Governance soll die Sicherheit (Integrität, Verfügbarkeit, Vertraulichkeit) und Verlässlichkeit (Einhaltung externer Anforderungen) der Informationen bzw. der IT-Systeme gewährleisten.
- Es soll ein effizienter Einsatz der IT-Ressourcen bei gleichzeitiger Ausrichtung der IT auf die Unternehmensziele hergestellt werden (IT-Strategie als integraler Bestandteil der Business-Strategie eines Unternehmens).
- Durch die Schaffung von Transparenz (etwa die strategische und betriebswirtschaftliche Bewertung von IT-Projekten oder IT-Systemen unter Berücksichtigung von Aspekten des Risikomanagements) soll auch ein Beitrag zur Kostensenkung im Bereich der Unternehmens-IT geleistet werden.
- Durch klare, revisionssichere Strukturierung der IT-Organisation, Prozesse und IT-Projekte nach allgemeinen Standards (z. B. ITIL, COBIT) wird ein Beitrag zu einer optimalen IT-Organisation geschaffen.
- Es kann die Erfüllung gesetzlicher Vorgaben (z. B. Ableitung von Sicherheitsanforderungen aus der IT-Risikoanalyse) gewährleistet werden. Dabei sind im Rahmen der Organisation zweckmäßige und funktionsbezogene Planungs- und Kontrollsysteme einzurichten und weiterzuentwickeln.

Tabelle 17.2 zeigt eine Zusammenstellung wesentlicher Zielsetzungen der Einführung von Enterprise IT-Governance und gibt Hinweise zur Umsetzung.

Tabelle 17.2 Wichtige Ziele bei der Einführung von Enterprise IT-Governance

Zielsetzungen	Begründung/Implementierungshinweise
Ganzheitliche Ausrichtung der IT auf Unternehmenslösungen	Geschäfts- und IT-Strategie müssen so in Übereinstimmung gebracht werden, dass die Gesamtstrategie der Organisation die Ausgestaltung der IT Strategie ganzheitlich – und wechselseitig – bedingen kann („Strategic Alignment"). Darunter verstehen wir Transferleistungen einer operativen „Plattform" von Anforderungsmanagern bzw. -koordinatoren, die sowohl die Ist-Prozesse genau kennt als auch jeweils auf Bereichsebene strategische Veränderungen plant.
Unternehmensweite Standardisierung und Verfügbarkeit der IT erhöhen	Die Einführung von unternehmensweiten, standardbasierenden Hard- und Softwarelösungen ermöglicht eine erhöhte Verfügbarkeit und erleichtert die Flexibilität und Adaptionsfähigkeit der installierten IT-Systeme.
Wirtschaftlichkeit der IT für das Gesamtunternehmen gewährleisten	Mittels Konsolidierung der unternehmensweiten IT-Landschaften können die mitunter explodierenden Kosten für IT-Wartung bzw. Pflege gesenkt werden.
Optimiertes Innovations- und Investitionsmanagement	Nutzengenerierung mit Fokus auf der Optimierung der Ausgaben (Einsparungsmöglichkeiten systematisch aus Analysen ableiten) und umfassende ganzheitliche Bewertung des Nutzens der IT; Unterstützung des Unternehmens bei der Erreichung der Geschäftsziele, verantwortungsvoller und nachhaltiger Einsatz der IT-Ressourcen (Management von Ressourcen, Optimierung von Wissen und IT-Infrastruktur)

(Fortsetzung nächste Seite)

Tabelle 17.2 Wichtige Ziele bei der Einführung von Enterprise IT-Governance *(Fortsetzung)*

Zielsetzungen	Begründung/Implementierungshinweise
IT-Landschaft insgesamt vereinheitlichen bzw. vereinfachen	Konsolidierte Hardwaresysteme (Server, Storage, Netze etc.), Daten (Datenbanken) und Applikationen können eine Verbesserung der betrieblichen Effizienz gewährleisten sowie eine erhöhte Verfügbarkeit des Gesamtsystems sicherstellen. Der Verwaltungsaufwand wird reduziert, die Supportkosten werden gesenkt.
IT-Risiken minimieren und erfolgreich meistern	Risikomanagement, das sich auf den Schutz des IT-Assets bezieht, unter Berücksichtigung von Disaster Recovery (Wiederanlauf nach Katastrophen) und Fortführung der Unternehmensprozesse im Krisenfall

Hinweis

Beim Aufbau von Strukturen und Prozessen einer Enterprise IT-Governance ist zu beachten, dass sie von einer Vielzahl bisweilen auch konkurrierender interner und externer Faktoren beeinflusst wird und es keinen allgemeingültigen Standard für die IT-Governance gibt. In ihrer Ausprägung ist sie – notwendigerweise – so verschieden, wie es die Ausrichtung und Ziele von Unternehmen sind. Zudem wird durch IT-Governance kein statischer (Ideal-)Zustand erzeugt, sondern ein **zyklischer Prozess** initiiert, der die verschiedenen Governance-Ziele mit den Einflüssen auf die IT in ein (dynamisches) Gleichgewicht zu bringen versucht. IT-Governance lässt sich daher mit Best-Practice-Ansätzen nicht erreichen. Zu beachten ist, dass sich damit vor allem auch der „Umgang mit IT" in einer Organisation mit einer Einführung grundlegend verändert (vgl. [WeRo04]).

17.2 Enterprise IT-Governance-Aufgaben

Enterprise IT-Governance wird in der Unternehmenspraxis bereits vielfach als wichtiger Ansatzpunkt gesehen, wenn es um eine zukunftsorientierte Konzeptentwicklung und Organisation der IT im Unternehmen geht. Die damit verbundene übergreifende Business-IT-Strategie, die Vereinbarungen zu unternehmensweiter Planung und Steuerung der Unternehmensarchitektur sowie die Notwendigkeit eines integrierten IT-Portfoliomanagements verdeutlichen, dass den Aufgaben der Planung, Organisation, Steuerung und Kontrolle der Unternehmens-IT insgesamt eine immer höhere Bedeutung beizumessen ist. Deshalb sind auch besondere Aktivitäten und Verfahren auf der Ebene und in enger Abstimmung mit der Unternehmensführung zu etablieren (quasi unabhängig von der Leitung und Verankerung des eigentlichen IT-Bereichs; etwa der IT-Abteilung bzw. des IT-Dienstleisters).

Unterschieden werden drei grundlegende Governance-Aufgaben (Evaluate, Direct, Monitor), die von der Unternehmensleitung und den IT-Governance-Verantwortlichen wahrzunehmen sind:

- **Evaluate:** Hier steht die Bewertung des aktuellen und künftigen Einsatzes der IT-Systeme sowie die Nutzung diverser IT-Plattformen und Cloud-Services im Zentrum. Dabei werden die Ergebnisse der Überwachungsaktivitäten (etwa Lizenzaudits bezüglich des Einhaltens von Lizenzbestimmungen für den Softwareeinsatz) ebenso einbezogen wie Assessments (etwa laufende oder Ad-hoc-Architektur-Reviews zu den Ist-IT-Landschaften). Eine Prüfung und Bewertung sollen darüber hinaus für die auf der IT-Management-Ebene erstellten Planungen (IT- bzw. Architektur-Roadmaps, Masterplanungen) erfolgen.

- **Direct:** Die Leitungsaufgaben der IT-Governance-Verantwortlichen konzentrieren sich auf strategische Festlegungen und Vereinbarungen (etwa zu IT-Strategien sowie zu Teilbereichen wie IT-Services, Daten oder IT-Sourcing). Zur Umsetzung dieser strategischen Überlegungen hat die Unternehmensleitung bzw. die Governance-Organisation entsprechende Verantwortlichkeiten an die nachgeordneten IT-Management-Ebenen zu delegieren und den Prozess der Umsetzung zu steuern. Mittels der Strategien sind insbesondere die durch IT-Investitionen zu erreichenden Ziele festzulegen, während ausgewählte Richtlinien eine korrekte Nutzung der IT durch das Personal sicherstellen sollen. Für im Rahmen der Bewertung identifizierte Bedarfe ist durch die Leitungsorgane die Entwicklung entsprechender Vorschläge zu initiieren (etwa in Form eines Roadmapping).

- **Monitor:** Im Mittelpunkt des Monitoring bzw. der Überwachungsaufgaben, die die Unternehmensleitung im Rahmen einer IT-Governance wahrzunehmen hat, konzentrieren diese sich primär auf die Überwachung der IT-Leistungen und den damit verbundenen Beitrag zum Business Value. Die Wahrnehmung dieser Aufgaben erfolgt in der Regel auf der Basis entsprechender Rückmeldungen durch die Managementebene unter Einbezug geeigneter Mess- und Kennzahlensysteme. Im Rahmen dieser Überwachungsaufgaben kommt es vor allem darauf an, den Grad der Zielerreichung festzustellen sowie sicherzustellen, dass eine Übereinstimmung der Entscheidungen und Handlungen mit den verfolgten Strategien und Initiativen gegeben ist. Darüber hinaus ist eine Konformität mit Compliance-Verpflichtungen aufgrund gesetzlicher, behördlicher und vertraglicher Vorgaben sowie unternehmensinternen Regelungen zu gewährleisten (nach [Kl16], S. 21 ff.; vgl. [ISO15], S. 7 f.)

Beachten Sie:

Gemäß den OECD-Grundsätzen sowie der ISO38500 wird eine besondere Betonung der skizzierten Governance-Aufgaben vorgenommen. Dem allgemeinen Konzept von Kontrolle und Gegenkontrolle folgend wird so eine Differenzierung zwischen Governance und Management vorgenommen. Für die Governance der Enterprise IT kann somit auch eine Trennung der IT-Governance von Aufgaben des IT-Managements auf organisatorischer Ebene erfolgen.

17.2.1 Planungsaufgaben (Plan)

Die Planungsaufgaben, die im Rahmen einer Enterprise IT-Governance anfallen, sind im wesentlichen strategischer Art. Wichtig ist es darüber hinaus aber auch, die taktischen und operativen Überlegungen einzubeziehen.

Eine Einordnung der strategischen Planungsaufgaben und Planungsprozesse zeigt Bild 17.2 nach Gartner (vgl. [GA20], S. 11).

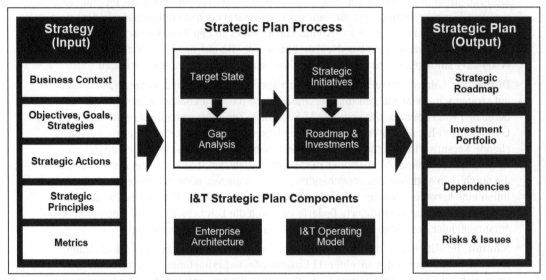

Bild 17.2 Strategische Planungsaufgaben im Rahmen der Enterprise IT-Governance
(Quelle: Gartner (2020): The Stratetic Planning Checklist to Progress Through Uncertainty)

Die Abbildung zeigt, dass im **strategischen Planungsprozess** ein Ziel-Zustand (Target State) zu definieren ist (etwa bezüglich der Enterprise Architecture oder der IT-Service-Organisation) und mittels einer Lückenanalyse (Gap Analysis) durch einen Vergleich mit dem Ist-Zustand sinnvolle strategische Initiativen (Strategic Initiatives) überlegt werden. Diese Initiativen münden dann in entsprechende Roadmaps (Masterpläne) sowie Investment-Portfolios. Dabei gilt es – unter Einbezug der Abhängigkeiten – die Risiken und Chancen abzuwägen und in Planungsdokumenten darzustellen.

Als wichtige Rahmenbedingungen und Input-Daten für die strategischen Planungsaufgaben werden gesehen:

- Business Context: Dazu rechnen die genutzten Geschäftsmodelle, die Geschäftsorganisation, Business Capabilities, Geschäftsprozesse sowie Produktportfolios).
- Objectives und Goals: Hier macht es Sinn, einen strategischen Zielkatalog zu formulieren und diesen als Basis für die Definition von Zielzuständen zu nehmen.
- Strategic Actions: Strategische Maßnahmen und Handlungsfelder werden auf der Basis von strategischen Zielkatalogen und SWOT-Analysen konkretisiert und in geeigneter Form dokumentiert.
- Strategic Principles: Handlungsprinzipien, an denen sich die Entscheidungsfindung in Boards orientieren, bilden die Basis für die Ableitung von Roadmaps und Investitionsportfolios.
- Metrics: Auf der Basis von Zielkatalogen lassen sich Metriken (etwa in Form von IT-Balanced Scorecards) ableiten, so dass strategische Kennzahlen im Rahmen von Planungen genutzt werden können (vgl. hierzu auch [Ti07], S. 202 ff.).

Merke:

Im Kontext der strategischen IT-Planungen gilt es, eine „Richtung vorzugeben". Eine Kernanforderung besteht darin, das Erstellen und Verwenden von Strategien und Richtlinien dahingehend zu steuern, dass das Unternehmen von den Entwicklungen bzw. Innovationen der IT profitiert. Vorschläge für einen innovativen IT-Einsatz sollten angeregt werden, damit das Unternehmen auf neue Chancen und Herausforderungen reagieren kann und neue Geschäftspotenziale erschließen bzw. seine Capabilities und Geschäftsprozesse verbessern kann.

17.2.2 Steuerungsaufgaben (Control)

Die Steuerung der IT im Unternehmen soll in erster Linie über betriebswirtschaftliche Steuerungsgrößen erfolgen, namentlich Qualität, Wirtschaftlichkeit, Effektivität und Nachhaltigkeit. Dabei ist eine Orientierung an folgenden Steuerungsobjekten von Bedeutung, wobei die ersten beiden der strategischen Ebene und die anderen der operativen Ebene zugeordnet werden.

- Informations- und Kommunikationstechnologien: Im Rahmen eines Architektur- und Technologiemanagement gilt es, unter Orientierung an einer Ziel-Architektur mittels geeigneter Verfahren (Innovationsmanagement, Portfoliosteuerung) eine agile, hochleistungsfähige Business-IT-Architektur zu gewährleisten.
- Geschäftsfelder: Mittels Enterprise IT-Governance wird ein Beitrag zum Business Value unter Beachtung der Unternehmens- und IT-Ziele gewährleistet.
- Geschäftsfunktionen (Business Capabilities) sowie Geschäftsprozesse: Sie werden zur Umsetzung der strategischen Zielsetzungen optimiert (unter Beachtung klassischer Kenngrößen wie Zeit und Kosten). Dabei kommt dann heute auch zunehmend durch eine zunehmende Digitalisierung den Kenngrößen Automatisierungsgrad und Selbststeuerung für die Potenzialgenerierung eine besondere Bedeutung zu.
- Kundenanforderungen: Hier geht es vor allem darum, durch eine verbesserte Customer Experience eine höhere Kundenzufriedenheit und Kundenbindung sicherzustellen.

Bild 17.3 zeigt ein entsprechendes Modell zur Steuerung der IT.

Insgesamt ist festzuhalten, dass eine zentrale managementorientierte Steuerung der IT (engl. „Governance for Enterprise-IT") als dringend notwendig gesehen wird, weil

- die strategischen und operativen IT-Ziele aus den übergreifenden Unternehmenszielen abzuleiten sind (um so erfolgreich ein Business-IT-Alignment zu ermöglichen),
- die Business- und IT-Architekturlandschaft (insbesondere auch aus Service-, Verfügbarkeits- und Kostengründen) unbedingt unternehmensweit zu planen und im Ergebnis zu harmonisieren bzw. zu konsolidieren ist,
- die Kundenwünsche/Kundenanforderungen gezielt aufzunehmen und zu harmonisieren sind, damit durch die ausgewählten und implementierten IT-Lösungen ein auf das Gesamtunternehmen bezogener hoher Value der IT für das Business bzw. die Kunden gegeben ist,

- mehrere IT-Projekte parallel laufen und – sowohl bei Initiierung und Beantragung als auch in der Durchführung – für das gesamte Unternehmen abzustimmen sind (Projekt-Portfoliomanagement).

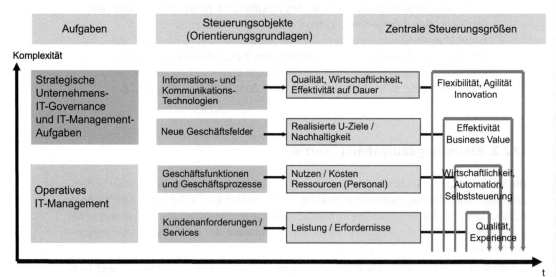

Bild 17.3 Modell zur Steuerung der unternehmensweiten IT

Bewährt hat sich der Einsatz von Portfoliomanagementmethoden, mit denen sich IT-Initiativen (Projekte) hinsichtlich ihrer strategischen und operativen Bedeutung sowie in Hinblick auf Finanzierung und Projektrisiken bewerten lassen. Im Einzelnen gilt es dabei zu beachten:

- Maßgebliches Kriterium zur Bewertung von IT-Initiativen ist die Wertschöpfung, die durch vorhandene und neue IT-Lösungen realisiert wird (= Value Management).
- Langfristige und kurzfristige Perspektive müssen abgewogen sowie die Verbindlichkeit von Initiativen berücksichtigt werden, die sich aus gesetzgeberischen Anforderungen ergeben.
- IT und Fachbereich priorisieren gemeinsam Aktivitäten für IT-Lösungen.

Merke:

Ein effektives Instrumentarium zur Leistungsmessung und -überprüfung muss ausgewählt, entwickelt und installiert werden. Dazu können Kennzahlen (KPIs) dienen und so ein Performance Management aufgebaut werden.

17.2.3 Bewertungs- und Entscheidungsaufgaben (Evaluate, Decide)

Aufgrund der vielfältigen Herausforderungen an die IT ergibt sich nicht nur ein verstärkter Wunsch nach unternehmensweiter IT-Planung und zentraler IT-Steuerung, sondern auch eine Entscheidungsfindung in Verbindung mit innovativen technologischen und geschäftsbezogenen Herausforderungen unter Beachtung der regulatorischen Rahmenbedingungen.

Grundsätzlich adressiert Enterprise IT-Governance in der Praxis eine Vielzahl an Fragen und Entscheidungen:

- Wie sehen die Entscheidungsfindungsprozesse in der IT aus und wie sind die Verantwortlichkeiten verteilt?
- Wie wird die IT-Nachfrage gegenüber den vorhandenen Ressourcen ausbalanciert und wie werden operationale und strategische Prioritäten gegeneinander abgewogen (etwa im Rahmen eines Projekt- oder Produktportfoliomanagements)?
- Wer ist für die Leitung der IT und der Geschäftsbereiche verantwortlich? Wer empfiehlt neue Technologien? Wer bzw. welches Gremium trifft Investitionsentscheidungen?
- Wie behalten Führungskräfte die Übersicht und Kontrolle über die IT-Organisation – mit klar definierten Verantwortlichkeiten, Autorität oder Anreizsystemen?
- In welchem Unternehmenskontext steht die IT und wie werden IT-Governance-Designs aktualisiert, angepasst und abgestimmt?

Darüber hinaus gibt es immer regulatorische Anforderungen, die es zu berücksichtigen gilt und die einer ganzheitlich, nachhaltigen Entscheidungsfindung bedürfen. Als Beispiele für eine nachhaltig organisierte Entscheidungsfindung seien genannt:

- Dezentralen Organisationsstrukturen (Fachabteilungen, Niederlassungen) kommt heute eine hohe Eigenverantwortlichkeit bei der Entscheidungsfindung zu. Als Konsequenz ergibt sich eine eher heterogene IT-Landschaft, die unter anderem Integrationsprobleme zur Folge haben kann.
- IT-Entscheidungen sind auf kurzfristige, taktische Einsätze fixiert. Folge: Ganzheitlich-strategische Sicht fehlt und Fehlausrichtungen sind „vorprogrammiert".
- Fehlende zentrale Richtlinien zur Auswahl und-zum Einsatz von IT-Systemen sowie unzureichende Controllingoptionen führen oft zu nicht nachvollziehbaren Entscheidungen (hohe Intransparenz); im Extremfall sogar zu Fehlinvestitionen.
- Unzureichend ausgeprägte bzw. überhaupt nicht vorhandene Corporate Governance (wenige grundlegende Sachverhalte sind in einer Corporate Governance geregelt; koordinierte Abstimmung mit den Kunden ist nicht gegeben) hat mitunter zur Folge, dass die Unternehmensführung ihrer Verantwortung auch für den IT-Bereich eher wenig gerecht wird.

Die Konsequenz aus den skizzierten Phänomenen bei der Entscheidungsfindung: Es ist vielfach unverzichtbar, unternehmensweite IT-Entscheidungsregeln und Gremien (etwa Boards) zu etablieren. Im Rahmen von Enterprise IT-Governance ist es daher notwendig, einen Managementrahmen zu schaffen, der festgelegte Verfahren für die unternehmensweite Entscheidungsfindung aufweist. Erstens werden darin klare Aufgaben und Regeln für alle IT-Entscheidungsträger festgelegt, zweitens macht er die Nachfrage nach IT-Services sichtbar und drittens wird der Wert von IT-unterstützten Geschäftsprojekten messbar, und zwar über ihren gesamten Lebenszyklus.

Enterprise IT-Governance muss als wichtiges Bindeglied zwischen Corporate Governance und dem IT-Dienstleister eines Unternehmens verankert werden (z. B. zur internen IT-Abteilung oder dem ausgegliederten IT-Service-Center). Die Definition von klaren Prozessen und Verantwortlichkeiten ist eine Grundvoraussetzung, um IT-Entscheidungen (etwa über Investitionen) effizient zu treffen und durchsetzen zu können. Hierbei geht es vor allem um die Steuerung und Zuteilung von IT-Ressourcen und um die Methoden und Kriterien zur Priorisierung von IT-Investitionsentscheidungen.

 Ziel des Managements von zeitlich und inhaltlich um dieselben IT-Ressourcen konkurrierenden Anforderungen von Fachbereichen ist es, einen Konsens auf Ebene der verantwortlichen Entscheidungsträger zu erzielen. Ein zurückgestelltes Projekt bedeutet dann, dass der Nutzen anderer Maßnahmen im zu beplanenden Zeitraum größer war, oder es kann auch heißen, dass ein anderer Manager seine Hausaufgaben besser gemacht hat.

17.2.4 Überwachungs- und Kontrollaufgaben (Monitor)

Enterprise IT-Governance impliziert letztlich auch den Anspruch, die Leistungsfähigkeit der IT zu messen sowie die Verlässlichkeit der Leistungserbringung laufend überprüfen zu können. Unterschiedliche IT-Organisationen und Strukturen, branchenspezifische IT-Produkte sowie unternehmensspezifische Prozesse (Geschäftsprozesse, IT-Prozesse) verlangen ergänzend differenzierte Kontrollen.

Das interne Kontrollsystem der Enterprise IT-Governance muss somit ein individuelles System von aufeinander abgestimmten und sich ergänzenden Methoden und Maßnahmen darstellen. Dies muss letztlich dazu dienen, die Sicherheit, Ordnungsmäßigkeit und Wirtschaftlichkeit aller betrieblichen Abläufe sowie der IT-Prozesse zu gewährleisten. Somit werden die Überwachung und Kontrolle mit Hilfe eines internen Kontrollsystems auch von der gesetzlichen Perspektive noch stärker zur unabdingbaren IT-Management- und Governance-Aufgabe.

Ein Blick auf einige typische Überwachungs- und Kontrollaufgaben sowie dabei sich ergebende Anforderungen an ein Monitoring kann für eine unternehmensspezifische Identifikation der Aufgaben eine Orientierung bieten:

- Die entwickelten Pläne und Nutzungsrichtlinien sollten ebenso wie die damit verbundenen IT-Maßnahmen und Initiativen bewertet werden. So können eine Ausrichtung der Planungen und Maßnahmen an den Unternehmenszielen und die Erfüllung der Anforderungen wichtiger Stakeholder und Kunden gewährleistet werden.
- Auswahl- und Beschaffungsentscheidungen gilt es vor allem daraufhin zu überprüfen, ob Vergaben im Rahmen von Ausschreibungsprozessen unter Einhaltung transparenter Kriterien und ordnungsgemäßer Verfahren durchgeführt wurden.
- Bei der Umsetzung genehmigter IT-Projekte sollten geeignete Fortschrittskontrollen durch ein Projektportfoliomanagement sichergestellt werden. Dabei ist vor allem darauf zu achten, dass die Ziele mit den geplanten Ressourcen in der vorgesehenen Zeit erreicht werden.
- Der IT-Einsatz bedarf einer fortlaufenden Überwachung, um sicherzustellen, dass der beabsichtigte Nutzen realisiert wird. Insbesondere durch ein differenziertes Risiko- und Securitymanagement sind vorbeugend mögliche Risiken zu minimieren und rechtzeitig Gegenmaßnahmen „einzuleiten".

- Um eine Unterstützung der künftigen Geschäftsanforderungen durch die IT sicherzustellen, sollten die Entwicklungen sowohl der IT (im Sinne eines Innovationsmanagements) als auch der Geschäftsprozesse und Business Capabilities kontinuierlich oder im Rahmen von Assessments bewertet werden.

17.3 Kern-Handlungsfelder der Enterprise IT-Governance

Die IT ist für ein Unternehmen heute von so großer Bedeutung, dass die Planung, Organisation und Kontrolle der IT (Steuerung bzw. control) zunehmend auf der Ebene der Unternehmensführung erfolgen müssen (quasi unabhängig von der Leitung des eigentlichen IT-Bereichs, etwa der IT-Abteilung bzw. des IT-Dienstleisters). IT-Governance gilt derzeit als wichtiger Ansatzpunkt, wenn es um eine zukunftsorientierte Konzeptentwicklung und Organisation der IT im Unternehmen geht.

Grundlegendes Merkmal für die Positionierung von IT-Governance ist die Orientierung an der Unternehmensstrategie. Dies gilt sowohl bei der Formulierung der IT-Strategie als auch für Festlegungen zur IT-Organisation und für Vereinbarungen zu den IT-Prozessen. Da IT eine Querschnittsfunktion mit grundlegenden strategischen Nutzenpotenzialen darstellt, ist auf die Zusammenarbeit der strategischen und der operativen Ebenen großer Wert zu legen. Eine zentrale Verzahnung dieser zwei Perspektiven über die Anforderungsebene, die durch eine IT-Steuerung koordiniert wird, ermöglicht die praktische Umsetzung der theoretisch vielfältig beschriebenen Ansätze.

Bild 17.4 gibt einen Überblick über die Herausforderungen und die sich daraus ableitenden Kernaufgabenfelder zentraler IT-Governance.

Bild 17.4 Handlungsfelder einer Enterprise IT-Governance

Ein Ziel der zentralen IT-Steuerung ist es, die funktionale Bedarfsermittlung der Fachbereiche weitestgehend von frühzeitigen Fokussierungen auf bestimmte Lösungen zu trennen. Auch oder gerade vor dem Hintergrund von Diskussionen zu Themen wie SOA halten wir dies für eine notwendige Prämisse. Erhält die IT funktionale, prozessbezogene Anforderungen, sollte sie die Entscheidung und damit Verantwortung für die spezifische Lösung haben.

Letztlich wird eine verbesserte Wertschöpfung im Gesamtunternehmen durch eine klare Trennung von Fachbereichsbedarf und IT-Bedarf möglich. Mittel- bis langfristig muss die IT den geschäftsbezogen-fachlichen Bedarf aus den Fachabteilungen weitestgehend von den in die immer komplexer werdende IT-Landschaft einzufügenden Lösungen trennen. Niemann unterstreicht dies mit dem Hinweis, dass ein Großteil der Potenziale (und somit auch Risiken) im „Housekeeping", also dem Handhaben der vorhandenen IT-Landschaft, stecken [NI05, S. 60], welches ca. 80 % der IT-Kosten beinhaltet.

Wertbeiträge durch Investitionen: Flankierend ist es ebenso wichtig, die betriebswirtschaftlichen Anforderungen an IT-Lösungen bzw. IT-Projekte frühzeitig zu einer bewertbaren Basis auszuarbeiten. Der Nutzen nicht nur für einen einzelnen Fachbereich, sondern der vernetzte Unternehmens- oder Konzernnutzen müssen in den Vordergrund von Planungsüberlegungen und Entscheidungen gerückt werden. Regeln und Vereinbarungen (top down) sind hier erforderlich.

Insgesamt ist festzustellen, dass die IT mittlerweile ein zentraler Baustein zukünftiger Unternehmensentwicklungen geworden ist. Allerdings erfordert dies für eine erfolgreiche IT-Governance auch entsprechende Durchsetzungs- und Veränderungsmechanismen im Bereich Führung und Kommunikation. Ein Zusammenspiel mit der Personalabteilung stellt hier ein die Planung begleitendes proaktives Agieren sicher.

Konsequenzen

Bestand bislang oftmals die Rolle der IT-Abteilung bzw. eines IT-Dienstleisters darin, „lediglich" technische Komponenten und eine Infrastruktur zur Verfügung zu stellen, so kann die IT mit der Einführung von IT-Governance-Strukturen und -Prozessen zunehmend als aktiver Partner und Akteur für diverse andere Bereiche im Unternehmensgefüge auftreten, etwa:

- als Unterstützer/Berater für Fachabteilungen (sogenanntes Business-IT-Alignment);
- als zentraler Anlaufpunkt für Mitarbeiter und Kunden bei technischen Fragen und Problemen;
- als Geschäftspartner für externe und interne Lieferanten, Outsourcing-Firmen oder für externe Consultants.

Aus diesem neuen Rollenverständnis als **Partner für unterschiedlichste Stakeholder** ergibt sich, dass an die IT-Organisation verschiedenste neue Anforderungen gestellt werden. Neben den „klassischen" Anforderungen an die IT bzw. die IT-Systeme (wie Benutzerfreundlichkeit, Performance, Sicherheit, Funktionalität und Support) werden Aspekte wie die folgenden immer wichtiger:

- Know-how-Transfer zwischen den Abteilungen
- Wirtschaftliche Bereitstellung von IT-Produkten (IT-Infrastrukturen, Applikationen)
- Qualitativ hochwertige IT-Services
- Konsequente Unterstützung der Geschäftsprozesse

Damit trotz wachsender Kostensenkungsbestrebungen und sogenannter Industrialisierung der IT die Innovationsfähigkeit der IT auf einem hohen Niveau bleibt, ist es Aufgabe der IT-Governance, hierauf ein Augenmerk zu legen und IT-Innovationen mit IT-Risikoabschätzungen in Einklang zu bringen.

17.3.1 Ganzheitliche IT-Strategieentwicklung

IT-Governance-Verantwortliche sind in jedem Fall gefordert, in regelmäßigen Abständen eine aussagekräftige ganzheitliche IT-Strategie zu formulieren und dabei zukunftsweisende Entscheidungen für die Ausrichtung der unternehmensweiten IT-Architekturen (Enterprise Architecture) sowie Empfehlungen hinsichtlich durchzuführender IT-Projekte zu treffen. Dabei kommt es heute vor allem darauf an, kosten- und wertorientiert zu denken, gleichzeitig aber auch technologisch up to date zu bleiben und den zunehmenden Anforderungen der Anwender bzw. Endbenutzer gerecht zu werden (vgl. hierzu auch das Kapitel zum IT-Anforderungsmanagement in diesem Handbuch).

Für die Formulierung und Ausgestaltung der IT-Strategie sind ausgehend vom Ist-Zustand der IT im Unternehmen, den Anforderungen des Unternehmens an die IT sowie den organisatorischen und technischen Möglichkeiten auf dem Gebiet der Informations- und Kommunikationstechnologien verschiedene Festlegungen zu treffen:

- Formulierung der Vision, der Mission, der Zielsetzungen und Wege, wie die IT in Zukunft in einem Unternehmen genutzt werden soll
- Eckpunkte für anzustrebende unternehmensweite Soll-IT-Architekturen (in Verbindung mit der Business Architecture sind dies vor allem die Applikations-, Infrastruktur- und die Datenarchitektur)
- Bereitschaft, für entsprechende Projekte organisatorische Veränderungen zu schaffen

Im Ergebnis sollte ein **Konzept bzw. ein Vorgehensmodell** existieren, das

- die Erarbeitung einer an den Unternehmenszielen ausgerichteten IT-Strategie ermöglicht (IT-Governance folgt Corporate Governance),
- eine darauf aufbauende Unternehmensarchitektur (mit integrierter Applikations- und Infrastrukturarchitektur) kreiert sowie
- die Darstellung und Vermarktung des daraus resultierenden Werts für die Kunden des IT-Bereichs realisiert.

Darüber hinaus sind aus der IT-Strategie die Qualitätsziele für das jeweilige Jahr abzuleiten. Die Herausforderung des „Strategic Alignment" bzw. der Ausrichtung der IT-Strategie an der Geschäftsstrategie ist die ganzheitliche Verzahnung beider Strategien (siehe Bild 17.5). Schafft man es, die Unternehmensziele durch geeignete IT-Aktivitäten bzw. IT-Produkte zu unterstützen, ist eine effektive Basis für eine nachhaltige Unternehmensentwicklung geschaffen.

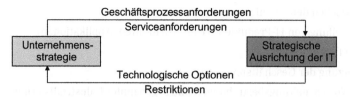

Bild 17.5 Strategische Ausrichtung der IT und Beachtung der Unternehmensstrategie

Diese Verzahnung *muss* auf einer Ebene der Zusammenarbeit im operativen und im strategischen Bereich geschehen, da so die Grenzen der Strukturorganisation mit klar geregelten Zuständigkeiten schon im Planungsstadium überwunden werden können. Geschäftsbereichsstrategien müssen auf Kundenprodukte und Kundenprozesse abstellen und zukünftige Transaktionsarten zwischen Kunden und Unternehmen in die Betrachtung einbeziehen. Darauf aufsetzend, kann eine zentrale IT-Steuerung im Rahmen geeigneter Gremien neue Ideen generieren und für das Gesamtunternehmen erfolgreich umsetzen.

Parallel entwickelt die zentrale IT-Steuerung unter Mitwirkung der IT-Experten (des IT-Dienstleisters) die bestehende Unternehmensstrategie weiter. Insgesamt erfolgt eine Verzahnung durch Verbesserung des gegenseitigen Verständnisses und der gemeinsamen Grundlagenarbeit für die mindestens jährlichen Planungsrunden. Ein Aspekt ist dabei auch das sprachliche Zusammenwachsen sowie das Generieren einer „Konzernbrille", da heute teilweise immer noch von Alleingängen bzw. Abteilungsegoismen berichtet wird. Erst wenn diese Verzahnung erreicht ist, kann eine IT-Strategie richtig *effektiv* sein.

Eine solche Entwicklung in der Organisation kann ausschließlich die **Führungsarbeit** der Unternehmensleitung sicherstellen, welche mit der erfolgreichen Steuerung solch kritischer Prozesse auch entscheidend die Kultur des Unternehmens prägt. Der scheinbare Widerspruch zwischen den Thesen Chandlers und Mintzbergs wird durch effektive Führung überwunden, denn grundsätzlich haben beide Recht: Harvard-Professor Alfred Chandler mit seiner 1962 veröffentlichten, auf empirischen Studien basierenden Theorie, dass die Organisationsstruktur auf die Umsetzung der Strategie ausgerichtet sein muss und von der Strategie gesteuert wird, und Henry Mintzberg, der den Erfolg einer Organisation wesentlich auf die Unternehmenskultur bezieht. Geeignete Koordinationsmechanismen zwischen freier Abstimmung und direkter Anweisung schaffen eine Kultur des „pulling together", um die Zentrifugalkräfte des Tagesgeschäfts (z. B. Interessen Einzelner setzen sich durch, Erfolge werden nur den Führungskräften zugeschrieben, nicht nachvollziehbare Machtausübung) zu minimieren und das Unternehmen auf der Ebene gelebter Werte ständig zusammenzuhalten (vgl. [Mi89], S. 95 ff.).

Bild 17.6 veranschaulicht diese Zusammenarbeit auf operativer und strategischer Ebene.

Direkte Auswirkungen hat das gesamte Vorgehen auch auf die Prioritäten bei der Auswahl geplanter IT-Projektvorhaben im Rahmen des Multiprojektmanagements und somit auf IT-Produkte und IT-Serviceprozesse.

Bild 17.7 zeigt ein Beispiel für die Inhalte des Strategiepapiers (= IT-Master-Plan).

17.3 Kern-Handlungsfelder der Enterprise IT-Governance

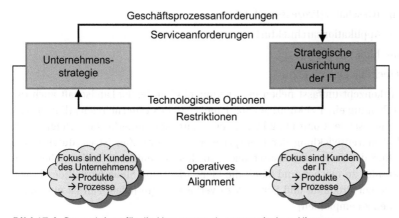

Bild 17.6 Perspektiven für die Umsetzung des strategischen Alignments

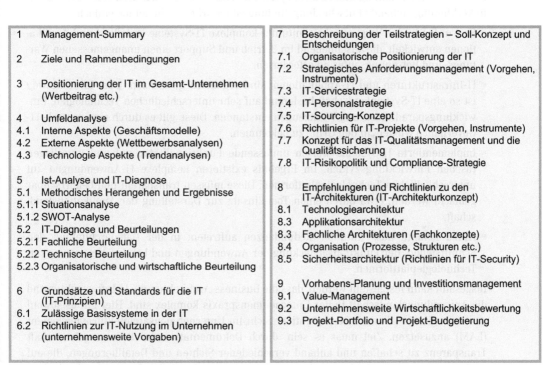

Bild 17.7 Unternehmensweite IT-Strategie und IT-Master-Plan (Gliederungsvorschlag für ein Dokument)

17.3.2 Enterprise Architecture Management

Enterprise Architecture Management (kurz EAM) ist ein ganzheitlicher Ansatz zur Planung, Entwicklung, Implementierung und Weiterentwicklung von Unternehmensarchitekturen (vgl. auch ausführlich Kapitel 4 dieses Handbuchs). Dabei werden die wesentlichen Ebenen der Unternehmensarchitektur (Enterprise Architecture) betrachtet:

- Geschäftsebene (Geschäfts-(Prozess-)architektur)
- Anwendungen (Applikationsarchitektur)
- Daten (Datenarchitektur)
- Technologie (Technologiearchitektur)

Das Managementkonzept umfasst neben der Dokumentation der Ist-Landschaft auch die Konzeption und Planung einer zukünftigen Soll-Landschaft des Unternehmens (Enterprise-Bebauungsplanung) sowie Controlling-Instrumente zur kontinuierlichen erfolgreichen Steuerung und Weiterentwicklung der Enterprise Architecture. Ziel ist es, durch einen ganzheitlichen Blick die Unternehmensarchitektur in allen wesentlichen Teilbereichen (Domänen) transparenter zu machen und damit die Planbarkeit und Steuerbarkeit des Unternehmens sowie seiner Produkte und Services zu verbessern (in jedem Fall ist ein klares Top-down-Vorgehen zu empfehlen).

Eine Steuerung (Planung und Kontrolle) der Enterprise IT-Architekturen sowie eine damit in Verbindung stehende Entscheidungsfindung ist natürlich nicht gerade einfach:

- So wurden in der Vergangenheit mitunter komplexe IT-Systeme installiert und Applikationen entwickelt, die anschließend im Betrieb und Support einen unangemessenen Wartungs- und Betreuungsaufwand erforderten.
- IT-Infrastrukturen und IT-Applikationen sind organisch gewachsen. Über Jahre hinweg ist so eine IT-Systemlandschaft basierend auf sehr unterschiedlichen Technologien, Entwicklungsparadigmen und Werkzeugen entstanden. Diese gilt es durch eine zentrale IT-Governance wieder „in den Griff" zu bekommen.
- Implementierte IT-Systeme weisen umfassende Funktionalitäten auf und unterliegen raschen Entwicklungszyklen. Im Ergebnis existieren komplexe IT-Anwendungen auf unterschiedlichen Technologieplattformen. Diese müssen transparent und beherrschbar gemacht werden, etwa durch einen Tool-Einsatz zur Darstellung der Applikationslandschaft.
- Hinzu kommt, dass mitunter Redundanzen auftreten: in der Datenarchitektur, den Schnittstellen, der Funktionsabdeckung der Anwendungen und bei der Ausstattung mit Technologieplattformen.

Insgesamt kann festgestellt werden, dass die Business-Architektur, die IT-Infrastruktur und die Anwendungslandschaft in der Unternehmenspraxis komplex sind. Hier gilt es sowohl aus strategischer als auch aus operativer Sicht im Unternehmensarchitekturmanagement (EAM) anzusetzen. Ziel muss es sein, durch Dokumentation der Bebauungslandschaft Transparenz zu schaffen und anhand verschiedener Sichten und Detaillierungen, die auf die Interessengruppen im Unternehmen ausgerichtet sind (vgl. [NI05], S. 21 f.), die Planbarkeit und Steuerbarkeit der komplexen IT-Landschaft zu gewährleisten.

Wie sehen die wesentlichen Rahmenbedingungen und Zielsetzungen bei Einführung eines systematischen Unternehmensarchitekturmanagements aus? Welche Merkmale bei der Implementierung moderner Architekturen Beachtung finden sollten, zeigt Tabelle 17.3.

Von besonderer Relevanz sind die ganzheitliche Betrachtung auf Unternehmensebene und die Entwicklung von Architekturen „im Großen" sowie die Berücksichtigung der Wechselwirkungen zwischen den Bausteinen der Architekturen.

Tabelle 17.3 Eckpunkte für Architekturmanagement

Merkmale	Begründung/Implementationshinweise
Standardisierung	Die Einführung von standardbasierenden Hard- und Softwarelösungen ermöglicht eine erhöhte Verfügbarkeit und erleichtert die Flexibilität und Adaptionsfähigkeit der IT-Systeme.
Modularität & Integration	Durch eine modulare, integrierte Systemarchitektur lassen sich Skalierbarkeit, Effizienz und Ressourcenauslastung von IT-Systemen wesentlich verbessern.
Erhöhte Wirtschaftlichkeit der IT	Bei Architekturentscheidungen müssen zunehmend betriebswirtschaftliche Betrachtungen (ROI, TCO) berücksichtigt werden. So lassen sich durch eine Konsolidierung der IT-Landschaften insbesondere auch auf Ebene der genutzten Funktionalitäten die explodierenden Kosten für IT-Wartung bzw. -Pflege in den Griff bekommen.
Vereinfachung bzw. Vereinheitlichung der IT-Landschaft	Konsolidierte Hardwaresysteme (Server, Storage, Netze etc.), Daten (Datenbanken) und Applikationen können eine Verbesserung der betrieblichen Effizienz gewährleisten sowie eine erhöhte Verfügbarkeit des Gesamtsystems sicherstellen. Der Verwaltungsaufwand wird reduziert, die Supportkosten werden gesenkt.
Verbesserte Flexibilität in der Anwendungsrealisierung	Immer schneller sich verändernde wirtschaftliche Rahmenbedingungen erfordern eine höhere Flexibilität und schnellere Reaktionsfähigkeit (Time to Market) bei der Realisierung von IT-Anwendungen. Nur so lassen sich entscheidende Wettbewerbsvorteile erzielen.
Ganzheitliche IT-Strategieorientierung	Geschäfts- und IT-Strategie müssen so in Übereinstimmung gebracht werden, dass die Gesamtstrategie der Organisation die Ausgestaltung der IT-Strategie ganzheitlich – und wechselseitig – bedingen kann („Strategic Alignment").

Unternehmensarchitekturen bewerten: Für Planungen und Entscheidungen ist es unverzichtbar, eine Bewertung der vorhandenen Architekturen vorzunehmen. Dazu stehen verschiedene Instrumente und Verfahren zur Auswahl (siehe Bild 17.8).

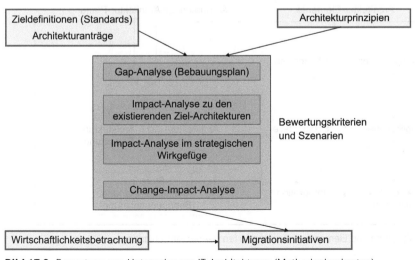

Bild 17.8 Bewertung von Unternehmens-IT-Architekturen (Methodenbaukasten)

Um eine **Impact-Analyse** durchführen zu können, müssen die kritischen IT-Systeme im Unternehmen zunächst identifiziert und zu diesen Systemen eine Risikoanalyse durchgeführt werden. Dazu sind die Eintrittswahrscheinlichkeiten eines Ausfalls zu schätzen sowie die Höhe des dann eintretenden Schadens zu bewerten. Mit der Anwendung einer **Service-Impact-Analyse** wird dann ermittelt, welche Auswirkungen der Ausfall eines Systemelements auf das Funktionieren der damit verbundenen Systemelemente hat. So können im Fall des Eintretens von Systemausfällen mögliche Betroffene zeitnah verständigt werden. Gleichzeitig können so das Wissensmanagement für Ausfallsituationen optimiert und geeignete Vorsorgeoptionen festgelegt werden.

Eine Variante zur Service-Impact-Analyse stellt die Business-Impact-Analyse dar. Mit Anwendung einer **Business-Impact-Analyse** verfügen Unternehmen über die Möglichkeit, festzustellen, welche Folgen der Ausfall eines IT-Systems (zum Beispiel einer Applikation oder einer Server-Komponente) auf die zugeordneten Geschäftsprozesse (also die Business-Architektur) des Unternehmens hat.

Unternehmensarchitekturen planen und steuern: Vorhandene IT-Architekturen bedürfen in jedem Fall zunächst einer permanenten Steuerung (inkl. eines damit verbundenen Performance-Managements). Die Schwierigkeit besteht mitunter darin, die komplexe IT-Landschaft so zu managen, dass einerseits die IT-Unterstützung für die Geschäftsprozesse jederzeit in der vereinbarten Qualität erbracht wird, andererseits aber auch genügend Sicherheit und Flexibilität für künftige Veränderungen an Teilsystemen entstehen.

IT-Architekturen können in der Regel nicht „auf der grünen Wiese" geplant werden. In der Realität beherrschen gewachsene Systeme mit unterschiedlichen Lebenszyklen die IT-Landschaft von Organisationen. So ist ein komplexes Geflecht von Beziehungen und Abhängigkeiten entstanden. Dieses Geflecht muss handhabbar, skalierbar, steuerbar und stringent gestaltet sein und mittels Architekturmanagement entsprechende Mechanismen zur Verfügung stellen, um die Anforderungen aus dem Tagesgeschäft erfüllen zu können.

Bild 17.9 zeigt, wie die **Aktivitäten bei der IT-Bebauungsplanung** miteinander zusammenhängen.

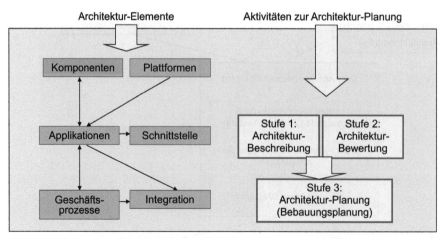

Bild 17.9 Vorgehen und Elemente einer integrierten IT-Architekturplanung

Beachten Sie:

Mit der Enterprise Architecture werden die wesentlichen Elemente der Unternehmensarchitektur dargelegt. Diese umfassen im Kern – ausgehend von der Unternehmensstrategie – die Geschäftsprozesse (Geschäftsprozessarchitektur oder fachliche Architektur), die Applikationen (Anwendungs- oder Applikationsarchitektur) sowie die zugrunde liegende IT-Infrastruktur (Technologiearchitektur). Ergänzend können die Geschäftsfelder (Geschäftsfeldarchitektur), die Datenarchitektur (Informationsarchitektur), die Softwarearchitektur und die IT-Produkte (IT-Service-Architektur) aufgenommen und strukturiert dokumentiert werden.

EA-Governance – Organisation, Guidelines, EA-Verfahren und KPIs

Grundvoraussetzung für eine ganzheitliche und nachhaltige Optimierung der Gestaltung bzw. Steuerung von Business-IT-Landschaften ist die Formulierung von strategischen Zielrichtungen für die Enterprise Architekturen auf Basis der übergeordneten Unternehmensziele und der daraus abgeleiteten strategischen IT-Ziele.

Ausgehend von den unternehmensspezifischen Governance-Zielen können sich folgende Entscheidungen und Aufgabenbereiche für die EA-Governance als notwendig erweisen:

- Aufbau und Sicherstellung einer **EA-Governance-Organisation**
- Entwicklung, Anwendung und Kommunikation von **Architekturprinzipien**
- **Governance-Richtlinien und Guidelines** etablieren: Hierzu zählen Vereinbarungen für ein Pflegekonzept der EAM-Daten, Modellierungsrichtlinien zur EA, Guidelines (Empfehlungen, Erfahrungen und etablierte Methoden)
- **Strategische Planungs- und Steuerungsaufgaben** (Landschaftsplanung, Portfoliosteuerung etc.) und deren Umsetzung in Handlungsfeldern und Prozessen (z. B. Application- und Technologieportfoliomanagement)
- **Bewertung der Architekturbereiche** unter Einsatz ausgewählter Methoden und Instrumente der Analyse und Entscheidungsunterstützung (z. B. Maturitätsanalyse, Gap-Analysen, Impact-Analysen). Für Planungen und Entscheidungen ist es unverzichtbar, eine Bewertung der vorhandenen Architekturen vorzunehmen.
- **Risikomanagementprozesse zu Enterprise-Architekturen** vereinbaren und realisieren: Ermöglichung eines ganzheitlichen Risiko- und Compliance-Managements durch die Bereitstellung eines auf die Enterprise-Architektur ausgerichteten methodischen Instrumentariums.
- **Controlling der Zielerreichung** in den einzelnen Architekturbereichen (anhand von vereinbarten KPIs). Aufbau und Betreiben eines EA-Governance- und Controlling-Systems mit smarten Zielen, Steuerungsgrößen (KPIs) und Überwachungs- und Steuerungsprozessen.

Organisation der EA-Governance: Ausgehend von einer Ausrichtung des EAM im Unternehmenskontext (dokumentiert in EA-Visionen, Zielen) bedarf es vor allem einer Aufgabenidentifikation, der Festlegung von Rollen und Verantwortlichkeiten sowie der Einrichtung von EA-Gremien (Boards etc.). Dies umfasst auch die Erstellung und Pflege von grundlegenden EA-Dokumentationen (zu Applikationen, Daten, Geschäftsprozessen/Business Capabilities, Technologien/Plattformen, Integrationen) unter Nutzung von EA-Tools und integrierten Management-Informationssystemen.

Wesentliche Fragen, die in Bezug auf die Organisation von EA-Governance einer Klärung bedürfen, sind:

- Was ist der Zweck bzw. was sind die Zielsetzungen der EA-Governance? Was soll erreicht werden (Value Management)?
- Welche wesentlichen Aufgaben der EA-Governance können identifiziert werden und bedürfen einer organisatorischen Verankerung?
- Mit welchen anderen unternehmensweiten Governance-Systemen muss sich EA verbinden (Schnittstellen, Prozesse)?
- Welche Organisationseinheiten und Rollen müssen in die EA-Governance in welcher Weise eingebunden werden (Gremien)?

Beachten Sie: Organisatorisch von Bedeutung ist, dass für die skizzierten Governance-Aufgaben und Prozesse klare Rollen und Verantwortlichkeiten vereinbart sind sowie entsprechende Tools, Werkzeuge und Instrumente zum Einsatz gelangen. So ist zum Beispiel für die Architekten eine Bereitstellung aussagekräftiger Einblicke und Berichte zu architekturrelevanten Daten über die eingesetzten Enterprise-Architecture-Werkzeuge unverzichtbar.

Das **Arbeiten mit Kennzahlen (KPIs)** ist vielfach gelebte Praxis. Der Prozess für die Umsetzung von EA-Governance beginnt mit der Zieldefinition zu den EA-Bereichen im gesamten Unternehmen. Bereits in dieser Phase können Grundlagen gelegt werden, um in Form eines kontinuierlichen Prozesses die Performance der EA messen zu können. Aus diesen Messergebnissen gehen notwendige Zieländerungen hervor, die in der Folge umgehend veranlasst werden können.

Anhand dieser Messergebnisse wird der Fortschritt kontrolliert, während Ziele klare Aufgaben der Enterprise-IT-Architekten und Performance-Messungen jene des Managements sind. Es ist offensichtlich, dass Ziele und Performance gemeinsam entwickelt werden sollen.

- Es wird empfohlen, bezüglich der Entwicklung des Architektur-Kennzahlensystems für das Unternehmen von einem Top-down-Ansatz auszugehen. Dies bedeutet, dass ausgehend von den wesentlichen strategischen EAM-Zielsetzungen die Architektur-Kennzahlen für das Unternehmen abgeleitet werden.
- Eine Kategorisierung der Kennzahlen sollte anhand der Grundgliederung für eine Balanced Scorecard erfolgen, da so einerseits eine Ableitung der strategischen Architekturziele des Unternehmens aus vorliegenden strategischen Unternehmenszielen erfolgen kann, andererseits ein Kennzahlensystem entsteht, das auf „ausgewogenen" und messbaren Kennzahlen (KPIs) beruht.
- Als wesentliche Kennzahlenkategorien für das Enterprise-Architekturmanagement im BRZ werden unterschieden und in diesem Dokument skizziert: Finanzen und Value, Kunden, Architekturmanagementprozesse, Personal (im EAM), IT-Produkte/IT-Services, IT-Projekte, Daten/Informationen.

- Nach genauer Definition der Kennzahlen (in Kennzahlenformblättern) und deren Abstimmung mit den wesentlichen Stakeholdern sollte ein toolgestütztes Management-Cockpit entwickelt werden. Ergänzend wird der Aufbau eines angepassten Reportingsystems empfohlen.
- Die erfolgreiche Etablierung des skizzierten Kennzahlensystems bedarf konkreter Unterstützungs- und Einführungsmaßnahmen gegenüber den Adressaten bzw. den Stakeholdern (Management, Kunden). Dazu zählen unter anderem die Bereitstellung von Instrumenten und Reportingvorlagen sowie eine zielgerichtete Information und Einweisung der Akteure.

Hinweis

Die Einführung von geeigneten Messgrößen ist für ein professionelles Architekturmanagement bzw. Architekturcontrolling von hoher Bedeutung. Nur so kann geprüft und sichergestellt werden, ob die angestrebten Ziele im Rahmen des Architekturmanagements auch erreicht werden. Die Kontrolle wird dabei primär durch die Definition von Kennzahlen, sogenannten Key Performance Indicators (KPIs), formalisiert. Mit ihrer Hilfe kann gezielt überprüft werden, inwieweit die im Enterprise-Architekturmanagement festgelegten strategischen und operativen Ziele erreicht werden.

17.3.3 Multiprojektsteuerung für IT-Projekte

IT-Verantwortliche müssen in der Regel mehrere IT-Projekte gleichzeitig managen. Diese Projekte können einen sehr unterschiedlichen Charakter (seien es Softwareentwicklungsprojekte, IT-Infrastrukturprojekte oder strategische IT-Projekte) sowie eine unterschiedliche Relevanz für das Unternehmen haben. Dies gilt es bei Auswahlentscheidungen, aber auch bei der Durchführung zu berücksichtigen. Mit Methoden und Instrumenten des Projekt-Portfoliomanagements lassen sich die vielfältigen Aufgaben zur Bewertung, Qualifizierung und unternehmensweiten Steuerung sämtlicher IT-Projekte ganzheitlich erfolgreich realisieren, von der Anforderungsanalyse und Priorisierung bis hin zur Realisierung und Produktivsetzung der jeweiligen IT-Projekte.

Eine erfolgreiche Umsetzung der genehmigten IT-Projekte setzt im Rahmen von IT-Governance-Strukturen in jedem Fall eine entsprechende Multiprojektmanagement-Organisation voraus. Die dabei zu steuernden IT-Projekte des Gesamtunternehmens sollten sich durch eine relativ hohe Komplexität und einen nicht unerheblichen Innovationsgehalt der Aufgabenstellung auszeichnen. Dabei sind Mitarbeiter aus unterschiedlichen Abteilungen (Ländergesellschaften, Werken) und Kulturen einzubeziehen sowie externe Mitarbeiter in die Projektarbeit zu integrieren. Hinzu kommen bereits während der Projektlaufzeit diverse Änderungen an den zuvor festgelegten Projektzielen und Kundenanforderungen.

Optimal ergänzt wird die systematische Erarbeitung von Anforderungen durch eine Multiprojektsteuerung, die das effektive Nutzen der Unternehmensressourcen zum Ziel hat.

> **Definition**
>
> Multiprojektsteuerung oder Multiprojektmanagement ist das Management mehrerer „paralleler" Projekte, die über begrenzte Ressourcen oder über Sachergebnisse miteinander verbunden sind. Im Rahmen von IT-Governance-Strukturen können diese übergreifend für die zu einem Unternehmen (Konzern) gehörenden Firmen bzw. Ländergesellschaften zu managen sein. Daraus ergeben sich folgende Aufgaben:
>
> - Unternehmensweite Erhebung der Anforderungen zu IT-Vorhaben
> - Aufdecken von Abhängigkeiten (Redundanzen, Synergien) zwischen den verschiedenen Projekten
> - Priorisierung (Bewertung)/laufende Anpassung
> - Kapazitäten-/Ressourcensteuerung
> - Terminsteuerung unter Beachtung der Einzelprojekte übergreifende Notwendigkeiten

Bei der Realisierung eines Multiprojektmanagements müssen klare **Governance-Regeln** geschaffen werden. Dies bezieht sich vor allem auf die Steuerung der Prozesse im Multiprojektmanagement und die Rollenverteilung. Die folgenden fünf Phasen geben dem Instrument der IT-Projektinvestitionssteuerung einen Rahmen:

- Klären des Nutzens der geplanten Maßnahme
- Bewerten der Maßnahme
- Entscheiden, wann in welchem Rahmen realisiert wird
- Umsetzung der Maßnahme
- Nachbetrachtung nach Inbetriebnahme

Weil größere IT-Projekte oder Projektalternativen zur Erarbeitung der Chancen und Risiken teilweise schon erhebliche Ressourcen benötigen, sind zwei Entscheidungsphasen denkbar:

- die Freigabe einer Voruntersuchung und
- die Freigabe der Umsetzung im Rahmen des IT-Portfolios.

Diese Phasen werden von Ansprechpartnern und Richtlinien unterstützt. In der Entscheidungsphase ist ein Herzstück das Steuergremium „Project Advisory Board", wobei beispielsweise als IT-Projekt auch Maßnahmen ab einem Gesamtaufwand von etwa 50 TEUR betrachtet werden sollten, sobald die IT direkt oder indirekt betroffen ist. Kriterien für das Vorliegen eines IT-Projekts können etwa die Nutzung von IT-Ressourcen sowie der Bezug zu Geschäftsprozessveränderungen sein.

Damit konzentriert sich eine zentrale IT-Steuerung auf strategisch induzierte Veränderungen. Durch die Betrachtung auch kleinerer Vorhaben entsteht neben der Transparenz zu entstehenden Aufwendungen bzw. Investitionen auch eine Kultur der Offenheit, da keine „Salamitaktik" beispielsweise eine bewertbare Anforderungsspezifikation umgehen kann. Optimal wäre es, wenn anfordernde Abteilungen einen Business Case erarbeiten, der die Bewertungskriterien des Unternehmens, die natürlich vorher definiert und festgelegt werden müssen, adressiert.

Entscheidungsfindung im Multiprojektmanagement

Ziel des Managements von zeitlich und inhaltlich um dieselben IT-Ressourcen konkurrierenden Anforderungen von Fachbereichen ist es, einen Konsens auf Ebene der verantwortlichen Entscheidungsträger zu erzielen. Ein zurückgestelltes Projekt bedeutet dann, dass der Nutzen anderer Maßnahmen im zu beplanenden Zeitraum größer war, oder es kann auch heißen, dass ein anderer Manager seine Hausaufgaben besser gemacht hat.

Damit ist ein nicht unwichtiger Aspekt eines solchen offenen, diskursiven Vorgehens angesprochen, welches hohe Transparenz auf Entscheidungsebene bedeutet. Gut vorbereitete Maßnahmen, welche die Nutzenpotenziale klar erkennen lassen, wirken für die Priorisierung wie ein plausibler Businessplan bei einem kreditvergebenden Banker. Aufgabe der zentralen IT-Steuerung ist es hier, die Argumente (mit jeweils gleicher Subjektivität) zu bewerten und ein Projektportfolio für das IT-Investitions-Gremium zu erstellen.

Doch damit sind noch nicht alle Vorteile benannt. Jede Anwendung kann unterschieden werden in Basisfunktionalitäten und besonders ausgeprägte bzw. solche, mit denen sich Anbieter von der Konkurrenz unterscheiden können; auch Fachbereiche haben aufgrund ihrer Geschäftsprozesse oft solche besonderen Ausprägungen vor Augen. Überprüft man nun die Kosten und Deckungsbeiträge aus den hinter den Anforderungen liegenden Geschäftsprozessen, handelt es sich bei den zuletzt genannten Funktionalitäten der gewünschten Anwendung um eher beeinflussbare Kosten. Hier gibt es also Potenzial für Einsparungen oder Wettbewerbsvorteile.

17.3.4 Enterprise IT-Risikomanagement

IT-Projekte, IT-Prozesse und IT-Systeme (IT-Infrastrukturen, Applikationen) unterliegen – das steht außer Zweifel – immer einem gewissen Risiko. Eine Vielzahl von Einflussfaktoren können dazu führen, dass das Erreichen der angestrebten Ziele der IT-Organisation gefährdet ist oder gar erhebliche negative Folgewirkungen für das Unternehmen insgesamt denkbar sind (etwa aufgrund des Ausfalls von IT-Systemen, aufgrund von Verzögerungen in der Ausführung der IT-Prozesse oder der IT-Projekte).

Für die Handhabung von IT-Risiken wurden inzwischen einige brauchbare Lösungsansätze entwickelt, die erhebliche Potenziale zur Zukunftssicherung eröffnen. Entsprechende Konzepte gilt es im Rahmen von IT-Governance mit Unterstützung geeigneter Akteure für das IT-Risikomanagement zu entwickeln und umzusetzen.

Die Bedeutung des Risikomanagements wurde im IT-Bereich lange nicht erkannt. Mittlerweile bekommt IT-Risikomanagement aber einen immer höheren Stellenwert. So machen zahlreiche Beispiele aus der IT-Welt deutlich, welche IT-Risiken mit Negativfolgen zu beachten sind. Zur Vermeidung gravierender Schäden wird es für Unternehmen – unabhängig von der Unternehmensgröße und Unternehmensbranche – zu einer unverzichtbaren Aufgabe, zu untersuchen, welche möglichen Risiken bzw. Schwierigkeiten im IT-Bereich auftreten können, welche Folgen damit verbunden sind und wie geeignete Maßnahmen zur

Risikobewältigung aussehen können. Damit wird IT-Risikomanagement zu einem wichtigen Handlungsfeld von IT-Governance.

In jedem Fall müssen sich die Verantwortlichen für IT-Governance vergegenwärtigen,

- welche IT-Risiken bei den IT-Systemen, IT-Prozessen und IT-Projekten es zu beachten gilt,
- welche Aktivitäten und Prozesse für das IT-Risikomanagement üblich sind,
- wie eine Einordnung dieser Aktivitäten und Prozesse aus operativer und strategischer Sicht sinnvoll ist,
- welche Zielgruppen sich für das IT-Risikomanagement unterscheiden lassen.

Zunächst ist eine genauere Einordnung der Herausforderungen und Aufgaben zum IT-Risikomanagement für die jeweilige Organisation vorzunehmen. Dazu zählen eine Bewusstmachung und Kategorisierung der IT-Risiken für das jeweilige Unternehmen sowie die Formulierung der dazu erforderlichen Risikopolitik und die Dokumentation der Prozesse im IT-Risikomanagement (etwa in einem Positionspapier).

Mit einem **IT-Risiko** wird gemeinhin die Möglichkeit bezeichnet, dass es bei IT-Projekten, IT-Systemen bzw. IT-Prozessen zu Problemen mit negativen Auswirkungen kommt. Ein solches Risiko setzt sich zusammen aus

- den möglichen Problemen/Ereignissen,
- der Wahrscheinlichkeit ihres Auftretens,
- der Tragweite (Auswirkungen) beim Auftreten der Probleme sowie
- den erforderlichen Aufwänden, um das Risiko zu mindern.

Soll ein Risikomanagement-System für den IT-Bereich neu aufgesetzt oder verbessert werden, ist es erforderlich, zunächst eine strategische Positionierung vorzunehmen. Im Zuge einer Konzeptentwicklung werden zunächst die **Grundsätze der Risikopolitik** vereinbart und daraufhin die Prozesse und Werkzeuge des Risikomanagements bestimmt. Dabei sind vier Schritte erforderlich. Diese müssen permanent durchlaufen werden, da neue Risiken hinzukommen oder bestehende sich ändern können:

- **Risikoidentifikation:** Zunächst sind die IT-Risiken zu identifizieren. Dies geschieht etwa durch Meldungen der beteiligten und betroffenen Personen eines IT-Prozesses, durch den System-Owner bzw. durch die jeweiligen IT-Projektleiter.
- **Risikoanalyse:** Die identifizierten Risiken müssen anschließend hinsichtlich der Erreichung der Zielsetzungen einer genauen Analyse unterzogen werden. In diesem Fall schätzt der Risikomelder, mit welcher Wahrscheinlichkeit das Risiko eintritt. Dann wird ermittelt, welches Ausmaß das Risiko in Bezug auf Funktion, Zeit und Ressourcen voraussichtlich hat.
- **Risikobewertung:** Aufgrund der Einschätzung der Wahrscheinlichkeit des Risikoeintritts sowie des geschätzten Schadensausmaßes kann für jedes Risiko eine Risikokennzahl ermittelt werden. So kann eine Priorisierung der vorliegenden und identifizierten IT-Risiken vorgenommen werden.
- **Maßnahmen zur Risikobehandlung:** Es gilt, Maßnahmen einzuleiten, die den identifizierten IT-Risiken entgegenwirken. Bei IT-Systemen bzw. IT-Prozessen zählt dazu beispielsweise die Anpassung von Zielen, Plänen oder Ressourcen. Ist dieses Potenzial ausgeschöpft, können Risiken auch auf Dritte verlagert werden, etwa durch Outsourcing

oder die Vereinbarung von Schadensersatz bei Nichterfüllung von Dienstleistungen durch Dritte.

Ähnlich einem effektiven Controlling-Ansatz, bei dem es zu einem Dialog zwischen Entscheider und Controller kommen muss, ist auch die Identifikation von Risiken im IT-Bereich, wenn diese nicht nur die rein technische Infrastruktursicht (z. B. Business Continuity) beinhalten soll, stark von einer inhaltlichen Transparenz abhängig. Weiß der IT-Verantwortliche, wo die strategische Reise des Unternehmens hingehen soll, und kennt er darüber hinaus auch konkrete Details wie strategische Kunden, Produkte und Prozesse, dann kann er in diesen Kontexten die Risiken darstellen und bewerten – hier sind natürlich die Produkte und Prozesse aus Kundensicht gemeint.

Sinn und Zweck eines effektiven, durch die IT-Governance gesteuerten Risikomanagements ist also nicht nur die Identifizierung von IT-Risiken, sondern vielmehr die Ermittlung von Maßnahmen, um diese Risiken von vornherein zu vermeiden bzw. um die zu erwartenden Schäden für die Unternehmung und ihre Kunden möglichst gering zu halten. Dies beinhaltet neben der Identifizierung und Bewertung der IT-Risiken auch die Planung und konsequente Umsetzung von Risikomaßnahmen mit dem Ziel, den IT-Bereich in optimierter Form erfolgreich zu einer hohen Ergebnisqualität zu führen (siehe Bild 17.10).

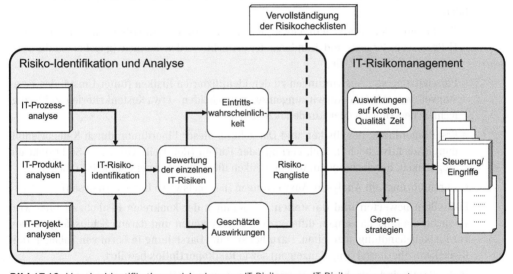

Bild 17.10 Von der Identifikation und Analyse von IT-Risiken zum IT-Risikomanagement

IT-Risiken identifizieren und dokumentieren: Der wichtigste Aspekt für das Management operationaler und strategischer IT-Risiken ist deren Wahrnehmung/Erkennung. Dazu gilt es eine Liste aller IT-Risiken zu erstellen, die das erwartete bzw. gewünschte Ergebnis der IT-Aktivitäten in qualitativer, zeitlicher und finanzieller Hinsicht gefährden können.

IT-Risiken entstehen durch Probleme und Gefahren bei der Nutzung von IT-Produkten/Systemen, bei der Abwicklung von IT-Prozessen sowie bei der Durchführung von IT-Projekten. Die Aufgabe eines Risikomanagements ist es nun, die Berücksichtigung der Zielgrößen Kosten, Termine, Funktionalität bzw. Qualität der Systeme, Prozesse sowie IT-Projekte sicherzustellen, um

- eine langfristige Wirtschaftlichkeit der IT nicht zu gefährden,
- ausfallsichere IT-Systeme zu gewährleisten sowie
- gleichzeitig auch die Innovationspotenziale der IT zu nutzen.

Im Rahmen der systematischen Bestandsaufnahmen zu den Risiken sind natürlich auch die Wirkungszusammenhänge zu erfassen. Insbesondere sollen die IT-Risiken identifiziert und einer nachfolgenden Analyse und Behandlung unterzogen werden, die den Bestand des Unternehmens in besonderer Weise gefährden können. Bereits bestehende Maßnahmen der Risikoeindämmung sollen in dieser Phase bewusst außer Acht gelassen werden.

IT-Risiken analysieren: Sofern eine Risikoidentifikation und eine erste Dokumentation der IT-Risiken (in Form einer Risikoliste) vorgenommen wurden, kann in einem nächsten Schritt die Analyse der Risiken erfolgen. Hilfreich ist in jedem Fall eine vollständige Erfassung aller IT-Risiken, die für die Erreichung von Unternehmenszielen und die Erfüllung von Erwartungen der Managementebene bzw. der IT-Kunden relevant sind. Dabei sind sowohl die Eintrittswahrscheinlichkeit als auch die Schadenshöhe eines Gefährdungspotenzials (hier eines identifizierten IT-Risikos) einzuschätzen. Ergänzend können die Wirkungszusammenhänge der Risiken in Betracht gezogen werden.

Im Rahmen einer Risikoanalyse geht es im Kern um folgende Zielsetzungen und Teilaktivitäten:

- Bestimmung der Wahrscheinlichkeit, mit der die IT-Ziele (zu IT-Systemen, IT-Projekten, IT-Prozessen, Finanz- und Kundenziele) erreicht werden können (gegebenenfalls Festlegung realistischer Ziele)
- Einschätzung von Auswirkungen zu den identifizierten Risiken (unter Umständen ist es sinnvoll, verschiedene Auswirkungen zu unterscheiden – etwa Kostenkriterien, Zeitbezug, technische Kriterien oder Kundenakzeptanz)
- Erste Einordnung der Risiken und Darstellung dieser Einordnung durch Kategorienbildung (Adjektive hoch, mittel, gering) oder Farben (Rot, Gelb, Grün …). So besteht die Möglichkeit, herauszufinden, welche Risiken die größte Aufmerksamkeit brauchen.
- Durchführung von Analysen/Auswertungen (beispielsweise Impact-Analysen)

IT-Risiken bewerten und darstellen: Im Rahmen der konkreten Risikobewertung wird versucht, die Einschätzungen differenzierter darzustellen und daraus Schlussfolgerungen zur Risikobehandlung abzuleiten. Dazu hat sich die Darstellung in Form von Tabellen (mit Risikokennziffern und Ampelanzeigen) sowie **Risikoportfolios** bewährt.

In der Praxis sind verschiedene Darstellungsoptionen für Portfolios verbreitet:

- 4-Felder-Matrix
- 9-Felder-Matrix (Beispiel siehe Bild 17.11)
- 25-Felder-Matrix

Für die Festlegung der Risikotoleranzbereiche, welche durch Risikotoleranzgrenzen getrennt sind, wird in der Regel diese Farbdarstellung verwendet:

- Unterer Risikotoleranzbereich (grün, linker unterer Bereich)
- Mittlerer Risikotoleranzbereich (gelb, mittlerer Bereich)
- Oberer Risikotoleranzbereich (rot, rechter oberer Bereich)

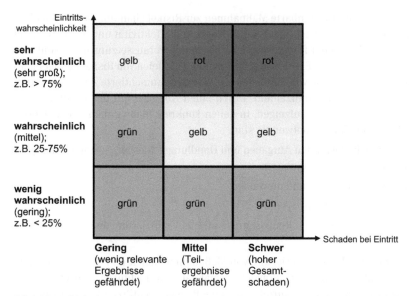

Bild 17.11 Risikobewertung und Einordnung in einem „Risikoportfolio" (Beispiel 9-Felder-Matrix)

Durch die skizzierte Risikokategorisierung im Portfoliodiagramm kann den identifizierten Risiken eine Struktur gegeben werden, die hilft, besonders riskante Bereiche herauszufiltern und sinnvolle Maßnahmen abzuleiten.

Beachten Sie:

Die roten, grünen bzw. gelben Felder in den Portfoliomatrizen sind unternehmensindividuell festzulegen. Im Ergebnis wird sich ein Risikoportfolio ergeben, das einer entsprechenden Interpretation bedarf. Mögliche Auswertungslisten für eine Gruppierung sind: Liste der Risiken, die schnell bewältigt werden müssen, Liste mit Risiken für zusätzliche Analysen, Überwachungslisten für Risiken mit niedriger Priorität, Trenddarstellungen zu den Ergebnissen der qualitativen Risikoanalyse.

Wichtig ist auch die Einstufung der Dringlichkeit von Risiken. Die zeitkritischen IT-Risiken bzw. Bewältigungsmaßnahmen werden dabei in den Prioritäten nach vorne gereiht. Methodisch beliebt ist hier die Interviewtechnik.

IT-Risikosteuerung (Maßnahmen ergreifen): Im Rahmen der Risikosteuerung sollen identifizierte Risiken durch gezielte Maßnahmen dahingehend beeinflusst werden, dass eine Verringerung der Eintrittswahrscheinlichkeit und/oder Begrenzung der Auswirkungen für identifizierte Risiken erreicht wird. Ausgelöst werden die Maßnahmen im IT-Risikomanagement häufig bei Erreichen gewisser Schwellenwerte, die entsprechend der Risikostrategie/Risikoneigung des Unternehmens bzw. der IT-Verantwortlichen festgelegt werden müssen. Die Risikostrategie muss dem Umstand Rechnung tragen, dass die Minimierung von Risiken bzw. deren Auswirkungen in einem angemessenen Verhältnis zu den Chancen stehen müssen, die mit den Risiken einhergehen und die die Grundlage für erfolgreiches Handeln im IT-Bereich sind.

Identifizierte IT-Risiken und vereinbarte Maßnahmen zur Risikobehandlung bedürfen einer konsequenten Überprüfung hinsichtlich ihrer Effizienz und Effektivität und der Verfolgung bezüglich der Aktualität und der Einhaltung der Umsetzung. Voraussetzung dafür sind eine Ist-Dokumentation (in Form von Excel-Listen, Dokumenten, Dateien von Risikomanagementprogrammen) sowie die Vorgabe von Plandaten (etwa auch dokumentierte Zielvereinbarungen oder die Angabe von Soll-Kennzahlen). Durch einen Abgleich mit der Realität lassen sich immer aktuell die Bereiche aufzeigen, in denen konkrete Maßnahmen zur Risikovermeidung bzw. Risikominderung notwendig sind.

Im Wesentlichen sind die folgenden Aufgaben und Handlungsfelder im Zusammenhang mit dem **IT-Risikocontrolling** zu vereinbaren:

- IT-Risikokennzahlen ermitteln und anwenden
- IT-Risikoreporting durchführen
- IT-Risiken überwachen (laufende Risikostatuskontrolle, Verifizierung der Ergebnisse der Risikobewertung)
- IT-Risiken steuern durch die Generierung von Maßnahmenplänen und deren Umsetzung (korrektive Maßnahmen anstoßen, Präventionsmaßnahmen ausführen, Umsetzung der Risikovorbeugungsmaßnahmen kontrollieren, neue Risiken identifizieren und planen)
- Gestaltungsfragen zur Berichtslegung für IT-Risiken

Beachten Sie:

Die Einführung von geeigneten Messgrößen ist für ein professionelles IT-Risikomanagement unverzichtbar. Nur so kann geprüft und sichergestellt werden, ob die angestrebten Ziele im Rahmen des Risikomanagements auch erreicht werden. IT-Bereiche, die die Anforderungen ihres Umfelds in ihr strategisches und operatives Handeln integrieren, profitieren davon in vielfältiger Weise. Der Blick über den aktuellen Horizont bietet z. B. im Unternehmen folgende Vorteile: Steigerung des Risikobewusstseins von Unternehmensführung und Anwendern von IT-Lösungen im gesamten Unternehmen, Stärkung der Innovationskraft der IT, höhere Zuverlässigkeit der IT-Systeme und verbesserte Erfolgsquote der IT-Projekte.

IT-Risikomanagement ist grundsätzlich in allen Unternehmen zu etablieren, bei Unternehmen, die besonders von ihrer IT abhängig sind, ist es sogar eine wesentliche Compliance-Aufgabe (vgl. [FrGl07], S. 53 f.). Damit stellt es eine zentrale Aufgabe der IT-Governance dar, die beispielsweise auf standardisierten IT-Prozessen aufbauend diese zu definierten und dokumentierten IT-Dienstleistungen bündelt, welche einer ständigen Qualitätskontrolle zu unterziehen sind.

Die Umsetzung von IT-Risikomanagement muss sich über mehrere Unternehmensbereiche erstrecken und sämtliche IT-Prozesse, IT-Projekte und IT-Systeme umfassen. Dazu ist ein entsprechendes Rollenkonzept ergänzend zu etablieren. Ausgehend davon zeigt Bild 17.12 die wesentlichen Aufgaben und Handlungsfelder des IT-Risikomanagements.

17.3 Kern-Handlungsfelder der Enterprise IT-Governance

IT-Systemrisiken managen

Ist primär notwendig, um in Situationen erfolgreich handeln zu können, bei denen Mängel der IT-Systeme und ihrer Organisation (IT-Prozesse) zu unerwarteten Verlusten/Schäden (Datenverlust, finanzielle Verluste, Imageverlust, Kundenverlust, Zeitverlust) führen.

IT-Systeme umfassen Applikationen, IT-Infrastruktur-Komponenten und die dazugehörigen Daten/Informationen, die in einem vernetzten Zusammenhang stehen und ein Planen und Controllen der damit verbundenen Risiken erfordern.

IT-Projektrisiken managen

Ist vor Projektbeginn (durch Erstellen eines Risikoplans) als auch in weiteren Phasen von IT-Projekten notwendig.

Das Projektrisiko ist (da ja ein Projekt als komplexes Handlungssystem aufgefasst wird) das mit der Durchführung des IT-Projekts verbundene Gesamtrisiko, das sich aus dem Zusammenspiel von Einzelrisiken ergibt.

Wesentliche Teilaufgaben bestehen darin, relevante IT-Projektrisiken möglichst vollständig zu identifizieren, adäquate Vorsorgemaßnahmen zur Risikoreduktion zu planen sowie Projektkrisen durch rechtzeitiges Eingreifen zu verhindern.

IT-Prozessrisiken managen

Mit Prozessrisiken werden die Risiken bezeichnet, die sich aus der Ausführung von IT-Prozessen ergeben. Dies können Management-, Kern- und Unterstützungsprozesse sein.

Wesentliche Risikokriterien betreffen die Faktoren
- Zeit (Termintreue, Durchlaufzeit, Flexibilität),
- Kosten,
- Leistung (Quantität, Qualität)

IT-Assets und IT-Ressourcenrisiken managen

IT-Bestände unterliegen einem Risiko und bedürfen deshalb besonderer Management-Herausforderungen.

Ohne ein effektives IT-Asset- und Lizenzmanagement und den daraus abgeleiteten Kennzahlen und Daten dürften die IT-Abteilungen kaum in der Lage sein, ihre IT kostendeckend und wirtschaftlich einzusetzen sowie gleichzeitig den hohen Anforderungen der Kunden und der Stakeholder im Unternehmen gerecht zu werden.

Bild 17.12 Aufgaben und Kern-Handlungsfelder des IT-Risikomanagements

Nachfolgend zeigen wir Ihnen, wie etwa das **Managen von IT-Systemrisiken** in der Praxis konkret realisiert werden kann. Um die Risiken beim Einsatz der vorhandenen IT-Systeme (Applikationen, Nutzung von IT-Infrastrukturen und Netzwerkservices) „beherrschen" zu können, müssen die vorliegenden IT-Systemrisiken möglichst vollständig erkannt und dokumentiert werden. Mögliche IT-Systemrisikoereignisse (mit gravierenden, möglichen Schäden) zeigt Tabelle 17.4.

Tabelle 17.4 Typische IT-Systemrisiken (Kategorien)

Risikokategorie	Beispiele/Erläuterungen
Availability-Risiken	Systemausfall (Server-, Netzwerkausfall, inkl. Ausfall von Systemkomponenten), System nicht wartbar, Stromausfall, Wasser- und Brandschäden
Security-Risiken	Spionage (Datendiebstahl) und Sabotage, Hacker-Angriffe u. a.
Prozess- und Organisationsrisiken	Fahrlässiges Benutzerverhalten, organisatorische Mängel im Applikationsmanagement
Personelle Risiken	Mitarbeiterfluktuation, Verlust qualifizierter Mitarbeiter, unzureichend geschultes Personal (Endbenutzer, Systembetreuer)
Compliance- und Datenrisiken	Fehlerhafte Daten (unzureichende Datenqualität), falsche Datenformate, korrupte Daten
Finanz- und Kostenrisiken	Explodierende Kosten des Systembetriebs
Partnerrisiken (Lieferanten, Kunden)	Lieferschwierigkeiten, unzureichende Kundenakzeptanz

Risiko-kategorie	Identifikation des Risikos (Risikotitel)	Beschreibung des Risikos	Mögliche Ursachen/Effekte
Availability-Risiken	Systemverlust	Nicht funktionierendes Recovery, Systemausfall	Fehlendes Recovery-Konzept
System-Risiken	Systemausfall	System nicht verfügbar	Datenverlust, Netzwerkfehler, Systemausfall
	Schwer wartbares System	Fehlende Rückvollziehbarkeit und Nachverfolgung von Changes	Unvollständige Dokumentation
Netzwerk-Risiken	Netzwerkausfall	Die verschiedenen Komponenten können nicht mehr zusammenarbeiten	Fehlende Vorgaben
Security-Risiken	Spionage und Sabotage	Datendiebstahl	
		Systemsabotage	Sicherheitsstrategie
Compliance- und Daten-Risiken	Korrupte Daten	Falsche Dateiformate, können vom System nicht verarbeitet werden	Fehlende Vorgaben
Prozess- und Organisations-Risiken	Fahrlässiges Benutzerverhalten	Bedienungs- und Wartungsmängel, Nichtbeachten von Sicherheitsmaßnahmen	Fehlende Richtlinien, Schulungen und Kontrollen
	Organisatorische Mängel	Ungeklärte Zuständigkeiten	Ungenügende Dokumentation
Personelle Risiken	Mitarbeiterausfall	Verlust qualifizierter Mitarbeiter	Unzufriedenheit, schlechte Arbeitsverhältnisse
		Mitarbeiterfluktuation	
		Überforderung der Mitarbeiter	Zu wenige (qualifizierte) Mitarbeiter
Finanz- und Kosten-Risiken	Explodierende Kosten für Systembetrieb	Die Aufrechterhaltung des Betriebs ist wesentlich teurer als der Nutzen des Unternehmens	Schlechte Planung/Strategie
		Falsche Umsatz- oder Bestandsdaten	Fehlende Kontrolle, Ungenauigkeit
Partner-Risiken (Lieferanten, Kunden, …)	Lieferschwierigkeiten	Versicherungskarten können nicht oder nur sehr spät nachgeliefert werden	Zu späte Bestellung, kaputte Maschinen
		Strategiewechsel beim Softwarelieferanten	Schlechte Vereinbarungen/Verträge, fehlende/verspätete Sicherheitsupdates

Bild 17.13 IT-Systemrisikomanagement – Ausschnitt einer Risikoliste

Notwendig für ein erfolgreiches Risikomanagement zu den IT-Systemen ist in jedem Fall die Differenzierung der Risikoarten für die jeweils unter Risikoaspekten analysierten IT-Systeme. Nur durch eine **geeignete Kategorienbildung** ist eine differenzierte Risikoanalyse möglich und lassen sich geeignete Maßnahmenbündel zur Risikobewältigung ableiten. Für jedes System kann auf der Grundlage der Risikoidentifikation eine Systemrisikoliste erstellt werden. Die wichtigsten Felder einer solchen **Risikoliste (Risikoregister)** sind folgende:

- ID des IT-Risikos: Eine Risiko-ID sollte eingeführt werden, um im gesamten Systemrisikomanagement eindeutige Bezeichnungen für jedes Risiko zu schaffen.
- Zuordnung des IT-Risikos (zu einer Gruppe von Risikoarten): erleichtert später unter anderem die sachgerechte Generierung von Maßnahmen.
- Risikokurzbeschreibung: Die Risikobeschreibung ist die Definition eines Systemrisikos an sich (nicht zu allgemein, angemessener Detaillierungsgrad ist zu beachten).
- Beschreibung möglicher Ursachen für das Eintreten des Risikofalls.

Ausgehend davon zeigt Bild 17.13 einen Ausschnitt für eine solche Risikoliste für IT-Systemrisiken.

Sofern eine Risikoidentifikation vorgenommen und in einem Risikoregister dokumentiert wurde, können in einem nächsten Schritt die **Analyse und Bewertung der Systemrisiken** erfolgen. Dabei sind sowohl die Eintrittswahrscheinlichkeit als auch die Schadenshöhe eines Gefährdungspotenzials zu schätzen. Ergänzend müssen die Wirkungszusammenhänge der Risiken in Betracht gezogen werden.

Grundsätzlich stehen bezüglich der Einschätzung von Eintrittswahrscheinlichkeiten für IT-Systemrisiken sowie der Auswirkungen qualitative und quantitative Verfahren zur Wahl. **Qualitative Einschätzungen** stufen die Risiken zu den IT-Systemen in Kategorien und Klassen ein, zum Beispiel kleines, mittleres, katastrophales Risiko. Bei der Eintrittshäufigkeit sind etwa mehrmals im Jahr (sehr oft) bis sehr unwahrscheinlich (fast nie) als extreme Kategorien denkbar.

Ein Beispiel zeigt Bild 17.14.

	Eintrittswahrscheinlichkeit (E); Kategorien mit Punktevergabe			Schadenshöhe (S); Kategorien mit Punktevergabe	
1	fast nie	< 1/30J	1	klein	< 2.000 €
2	sehr selten	1x30J	2	mittel	< 30.000 €
3	selten	1x7J	3	groß	< 2 Mio €
4	oft	< 3xJ	4	sehr groß	< 10 Mio €
5	sehr oft	>= 3xJ	5	katastrophal	> 10 Mio €

Bild 17.14 Kategorien für Eintrittswahrscheinlichkeit und Schadenshöhe (qualitative Risikoeinschätzung)

Quantitative Einschätzungen und Berechnungen nehmen eine Messung der potenziellen Schäden und Eintrittswahrscheinlichkeiten mittels Zahlwerten (Schaden in Euro, Wahrscheinlichkeit in Prozent) vor. Dabei kann etwa auch auf Erfahrungswerte der Vergangenheit zurückgegriffen werden.

Die Risikoanalyse für IT-Systeme beginnt normalerweise bei den Business-Prozessen und den damit verbundenen Applikationen, die üblicherweise Risiken durch externe Ereignisse ausgesetzt sind. Gegenstand von **Impact**-**Analysen** ist es, die Auswirkungen von Risiken auf verschiedene Aspekte (etwa auf das Business oder auf andere Systeme) zu analysieren und im Hinblick auf einen möglichen Schaden später zu bewerten. Interessante Ergebnisse zeigt Bild 17.15.

Systemabstürze und Ausfalldauer:

Den Firmen geht jährlich fast ein ganzer Tag durch Systemabstürze verloren. Aufs Jahr gesehen ergeben sich bei Unternehmen Ausfallzeiten von durchschnittlich etwas mehr als 14 Stunden, die Zeit nach dem Ausfall bis zur Rückkehr zum reibungslosen Betrieb dazugezählt 22,5 Stunden.

Die meiste Zeit geht Betrieben des öffentlichen Sektors verloren, die mehr als 22 Stunden im Jahr von Ausfällen betroffen sind – samt Recovery-Zeit sogar fast 33.

(Quelle: CA-Studie, durchgeführt 2010 von Coleman Parkes)

Systemausfall und Umsatzverlust:

In Zeiten des Systemausfalls büßen Unternehmen bis zu 30 % Umsatz ein. Allein deutschen Firmen entgehen dadurch nach den Berechnungen jedes Jahr 4 Mrd. Euro. Europaweit summiert sich der Schaden gar auf 17 Mrd. Euro. Von den 202 befragten IT-Chefs aus Deutschland erleidet jeder durchschnittlich Umsatzeinbußen von rd. 389.000 Euro im Jahr, weil wichtige Systeme ausfallen.

Während des Ausfalls ist die Fähigkeit der Unternehmen, Umsatz zu erzielen, um 30 % verringert, während der Dauer der Wiederherstellung aller Daten noch um 21 %.

(Quelle: CA-Studie)

Systemausfall und Störungsdauer (nach Branchen):

Der letzte Systemausfall dauerte bei den Befragten aus Deutschland im Durchschnitt etwas länger als sieben Stunden. Rechneten die CIOs die Zeit dazu, bis alle Daten wiederhergestellt waren und die Systeme wieder einwandfrei liefen, kamen sie sogar auf eine Störungsdauer von 11 Stunden und 20 Minuten.

Am längsten dauerte der letzte registrierte Störfall bei Teilnehmern aus dem Handel, am kürzesten in der Industrie.

(Quelle: CA-Studie)

Systemverfügbarkeit und Disaster-Recovery:

Nur 4 % der in der Studie befragten Unternehmen gaben an, dass die Verfügbarkeit ihres Rechenzentrums bzw. ihrer IT-Systeme 99,999 % (oder besser) ist. Hochverfügbarkeitskonzepte und Disaster-Recovery-Pläne sind demnach nur ansatzweise vorhanden.

Fällt eine Anwendung, etwa durch einen Server-Crash, aus, können die in der Studie besser organisierten Unternehmen die Anwendung bzw. das System im Schnitt innerhalb von 1,3 Stunden wiederherstellen. Durchschnittsfirmen benötigen dagegen für die Wiederherstellung 4,7 Stunden, und die sogenannten Laggards sogar 8,4 Stunden.

(Quelle: Aberdeen-Studie)

Bild 17.15 IT-Systemrisiken und typische Schadenshöhen – Ergebnisse aus ausgewählten Studien (CA-Studie, Aberdeen-Studie)

Im nächsten Schritt, der IT-System-Risikobewertung, soll eine ganzheitliche Bewertung von Eintrittswahrscheinlichkeiten und Schadensauswirkungen zu den identifizierten Risiken erfolgen. Ziel ist es, Informationen zur Herausfilterung von kritischen Risiken für die Generierung geeigneter Maßnahmen zur Risikobewältigung zu erhalten.

Um einen Maßnahmenplan zu entwickeln, ist in der Regel die Darstellung in einem Portfolio verbreitet, da dies weitere hilfreiche Informationen zur Entscheidungsfindung bereitstellt. Ein Beispiel zeigt Bild 17.16.

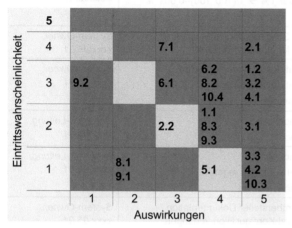

Bild 17.16 Qualitative Systemrisiken bewerten und in einem Portfolio darstellen (Risikomatrix)

Auf dieser Basis kann nun ein Maßnahmenplan abgeleitet werden. Aus der Abbildung wird beispielsweise deutlich, dass die identifizierten Risiken 8.1, 9.1 und 9.2 im grünen Bereich liegen und deshalb von nicht so hoher Bedeutung sind wie die im roten Bereich aufgeführten Risiken.

Ein Beispiel für eine daraufhin mögliche Maßnahmenplanung zeigt in einer Maßnahmenliste Bild 17.17.

Beschreibung der Risikofaktoren zum IT-System	Mögliche Maßnahmen zur Risikovorsorge	Verantwortlich, Termin
Nicht funktionierendes Recovery	• Backup-Konzept erstellen • Recovery Files testen	*Backup-Beauftragter, xxxx.05.01*
Serverausfall	• Doppelt ausgelegte Server (Hot Standby) • Single Server 1% → 1/(100*100)=0,001 %	*System-Owner, xxxx.05.01*
System nicht verfügbar	Services und Schnittstellen im Monitoring überwachen (Monitoring-Konzept)	*System-Owner, xxxx.05.01*
System schwer wartbar	• Dokumentationsrichtlinien erstellen • Dokumentation abnehmen/kontrollieren • Change Management integrieren	*System-Owner, xxxx.05.01*
Router defekt	• Netzwerkmonitoring • Ersatzteillager	*Netzwerk-Leitung, xxxx.05.01*
Netzwerkkabel defekt	• Netzwerkmonitoring • Ersatzkabel auf Lager legen • Netzwerkpläne warten	*Netzwerk-Leitung, xxxx.05.01*
Falsche Konfiguration	• Vom Systemhersteller Dokumentation, Anleitung und Konfiguration verlangen • Nur geschultes Personal die Konfigurationen durchführen lassen	*System-Owner, xxxx.05.01*
Datendiebstahl	• Jeder Mitarbeiter (intern und extern) muss eine Vertraulichkeitserklärung unterschreiben • Sensible Daten in Safes aufbewahren (auch digital möglich) • Verschlüsselung von sensiblen Daten	*System-Owner, xxxx.05.01*
Systemsabotage	• Loggin System (Historie: Wer hat darauf zugegriffen?) • Systemverantwortlichen bestimmen	*System-Owner, xxxx.05.01*
Falsche Datenformate	Unternehmensweite Strategie, Richtlinien umsetzen und kontrollieren	*System-Owner, xxxx.05.01*

Bild 17.17 Qualitatives Gesamtrisiko – Maßnahmenplan

Warum brauchen wir ein System-Risikomanagement? Ein systematisches Risikomanagement für die installierten IT-Systeme ist aus verschiedenen Gründen unverzichtbar und bietet zahlreiche Nutzenvorteile:

- Risikomanagement schafft die Möglichkeit, dass die IT-Systeme erfolgreich und ohne große Störungen und Probleme mit hoher Kundenzufriedenheit genutzt werden.
- Aufgrund der immer komplexer werdenden Geschäftsprozesse sowie rasch veränderter Technologielandschaften veralten die IT-Systeme in vielen Unternehmen zusehends. Häufig werden IT-Applikationen erst dann geprüft oder erneuert, wenn eine schwerwiegende Panne aufgetreten ist. Durch ein geeignetes Risikomanagement hätte dies rechtzeitig verhindert werden können.

- Gestiegene Systemkomplexität und gestiegene Abhängigkeiten zwischen den Systemen verlangen nach Transparenz und zentraler Steuerung. Dies kann durch eine klare und kontinuierliche Risikobewertung der IT-Systeme gestützt werden.
- Die Entstehung neuer komplexer IT-Systemlandschaften birgt vielfach gleichzeitig das Risiko des Scheiterns in sich. Bringen beispielsweise die neu installierten IT-Applikationen nicht die von den Anwendern und den IT-Experten erwartete Leistung, kann dadurch der Geschäftserfolg des Unternehmens insgesamt erheblich gefährdet werden. Deshalb sollten Unternehmen frühzeitig Strategien entwickeln, um diesen Risiken entgegenzuwirken, sodass gleichzeitig ein wertvoller Beitrag für ein erfolgreiches Business erbracht werden kann.
- Gestiegene Compliance- und Sicherheitsanforderungen erfordern ein regelmäßiges Controlling von vorgegebenen Richtlinien. Ansonsten können sich erhebliche finanzielle Schäden ergeben (etwa bei Verstößen gegen Lizenzbestimmungen für die Nutzung bestimmter IT-Systeme).
- Der Stellenwert sicherer Informationsverarbeitung und die Notwendigkeit für risikobewusstes Arbeiten werden in der Organisation erkannt.
- Verteilte IT-Organisation setzt klare Zuständigkeitsregelungen voraus, um Entwicklungen im System konsistent zu halten.

17.3.5 Compliance Management

IT-Compliance ist ein noch verhältnismäßig junges Teilgebiet des IT-Managements, das in den Unternehmen unbedingt organisatorisch verankert sein sollte – in welchem Detaillierungsgrad auch immer. Die Zahl an Richtlinien und Vorgaben – sei es auf der gesetzlichen Ebene oder aufgrund von unternehmensinternen Festlegungen – ist in den letzten Jahren auch für den IT-Bereich enorm gewachsen. Beispiele sind etwa Sicherheitsrichtlinien, Lizenzvorgaben für die Softwarenutzung oder Datenschutzrichtlinien.

Im Rahmen eines Compliance Management ist es wesentlich, dass in der IT-Organisation geeignete Maßnahmen definiert und umgesetzt werden, die sicherstellen, dass die vorliegenden IT-Prozesse und die entwickelten IT-Lösungen so gestaltet sind, dass sie den gesetzlichen Anforderungen sowie sonstigen internen und externen Vorgaben entsprechen.

Ein gesetzeskonformes Verhalten soll sowohl für Handlungen des Unternehmens als auch für Handlungen der einzelnen Mitarbeiterinnen und Mitarbeiter sichergestellt werden. Bezweckt wird, bereits im Vorfeld durch eine entsprechende Organisation Gesetzesverstöße zu verhindern.

Mögliche Maßnahmen können im organisatorischen, personellen und technischen Umfeld angesiedelt sein. Ein gesetzeskonformes (Compliance-gerechtes) Verhalten soll dabei sowohl für Handlungen des Unternehmens insgesamt als auch für Handlungen der einzelnen Mitarbeiterinnen und Mitarbeiter sichergestellt werden. Hauptziel dieser Maßnahmen ist, bereits im Vorfeld durch entsprechende Regelungen Gesetzesverstöße zu verhindern.

IT-Compliance-relevant sind primär **Gesetze** (z. B. BDSG, KonTraG), Verwaltungsvorschriften (z. B. GDPdU) sowie **Richtlinien, Standards** und Referenzmodelle (z. B. COBIT, ITIL sowie BSI-Standards und Grundschutzkataloge), die einen Bezug zur IT aufweisen.

Die organisatorische Verankerung und Einführung von IT-Compliance sowie von Initiativen zur Einhaltung von Compliance-Regularien stellen zwar einen Kostenfaktor dar. Allerdings: Der Aufwand für IT-Compliance ist letztlich eine Investition in den Fortbestand des Unternehmens. Die Nichteinhaltung von Compliance-Regularien kann teuer werden. Darüber hinaus können weitere erhebliche Kosten aus unterschätzten oder unentdeckten Risiken entstehen.

Denn Nichteinhaltung von Vorgaben, Richtlinien und Gesetzen ist kein Kavaliersdelikt. Mit einer IT-Compliance-Analyse sollten diejenigen Handlungsfelder in den Mittelpunkt gestellt werden, welche die IT-Systeme (IT-Infrastrukturen, Datenverwaltung und Applikationen) des Unternehmens aus Compliance-Sicht betreffen.

Was muss getan werden, um IT-Compliance in einem Unternehmen erfolgreich zu etablieren und entsprechende Compliance-Analysen durchzuführen?

Schritt 1: Strategische Positionierung von IT-Compliance im Unternehmen. Eine grundsätzliche Positionierung zu IT-Compliance für ein Unternehmen ist sowohl bei der Einführung als auch für eine kontinuierliche Optimierung unverzichtbar. Wesentlich für eine Einführung ist, dass die unverzichtbaren Voraussetzungen für eine erfolgreiche Verankerung von IT-Compliance dargelegt und dabei ergänzend auch Grundsätze zur Einhaltung von Richtlinien und Gesetzen – auf die Unternehmensebene bezogen – festgehalten werden. Zunächst ist dazu eine genauere Positionierung zum Thema IT-Compliance vorzunehmen und in einem Policy-Dokument zu dokumentieren (enthält die unternehmensspezifischen Richtlinien, ggf. vereinbarte Prozesse und Rollen u. a.).

Schritt 2: Identifikation der relevanten Compliance-Bereiche. Am besten beraten Sie sich dazu mit auf IT-Recht sowie auf IT-Organisation spezialisierten Experten. Zu den Compliance-Anforderungen zählen dabei vor allem

- das Herstellen von Informationssicherheit,
- das Gewährleisten einer hohen Verfügbarkeit der eingesetzten IT-Systeme,
- das Vermeiden von Datenverlusten und Datendiebstahl sowie
- das Einhalten von Datenschutzregelungen.

Schritt 3: Analyse der negativen Auswirkungen, die mangelnde IT-Compliance haben kann. So können die Bedeutung von IT-Compliance sowohl für die IT-Organisation als auch für das Unternehmen insgesamt verdeutlicht werden. Veröffentlichte Fälle von Non-Compliance können hierbei durchaus hilfreich sein. Je realistischer die Folgen identifiziert werden, auf die eigene Situation übertragen und veranschaulicht werden, umso besser kann ein Handlungsdruck in Sachen IT-Compliance für das Unternehmen begründet werden.

Schritt 4: Festlegen von personellen Verantwortlichkeiten. IT-Compliance darf keinesfalls allein als Aufgabenbereich einzelner IT-Verantwortlicher oder eines speziellen Compliance-Managers gesehen werden. Wichtig ist: Effiziente IT-Compliance bezieht mehrere Akteure ein und wird auch von der Unternehmensführung wahrgenommen! Eine Empfehlung: Erst durch die intensive Zusammenarbeit von Personen, die unterschiedliche Rollen im IT-Bereich wahrnehmen, kann ein erfolgreiches IT-Compliance-Management garantiert werden. Denn: Der wesentliche Erfolgsfaktor für Compliance sind der Rückhalt und das aktive Eintreten der Unternehmensleitung. Diese muss die Bedeutung von Compliance für das Unternehmen anerkennen. Das sichtbarste Zeichen hierfür ist, wenn die Verantwortung für Compliance einem Mitglied des Top-Managements übertragen wird. Gleiches gilt auf der

Ebene der Unternehmens-IT, auf der die IT-Leitung bzw. der Chief Information Officer (CIO) IT-Compliance als Teil ihrer bzw. seiner Verantwortung (im doppelten Sinn) wahrnehmen muss.

Insgesamt kann festgestellt werden, dass IT-Compliance für das IT-Management eine Herausforderung, aber auch eine Chance bedeutet. Durch die Bewusstseinsbildung zur Bedeutung von IT-Compliance kann der IT-Einsatz im Unternehmen durchaus einen neuen Stellenwert erhalten. Die IT wird als moderner Dienstleister für die anderen Unternehmensbereiche wahrgenommen, der regulatorischen Anforderungen und internen wie externen Prüfern im selben Maß unterworfen ist wie etwa das Rechnungswesen oder der Personalbereich Ihres Unternehmens.

Hinweis: Zum Compliance-Management vergleiche ausführlich Kapitel 19 „IT-Compliance" in diesem Handbuch.

17.3.6 IT-Investitionsmanagement und Value-Management

Die Planung, Durchführung und Bewertung von IT-Investitionen sind Aufgaben, die immer von mehreren Stellen und Personen im Unternehmen erledigt werden. Ausgehend von den Grundsätzen der IT-Governance ist es wichtig, dafür ein klares Verfahrenskonzept zu entwickeln und einzuführen.

Oberste Zielsetzung ist es, dass die IT einen Beitrag zur Optimierung der Geschäftsprozesse leistet, egal ob es sich um betriebliche Kernprozesse oder Managementprozesse handelt. Dies ist gerade bei Investitionsentscheidungen zu berücksichtigen. Die IT-Investitionen können unterschiedlichen Zwecken dienen. Aus strategischer Sicht unterscheidet man beispielsweise die folgenden drei Arten von IT-Investitionen:

1. **Investitionen zur Sicherung der Betriebs- und Lieferfähigkeit:** IT-Investitionen zur Sicherung der Betriebs- und Lieferfähigkeit stellen ein absolutes Muss zur Aufrechterhaltung des laufenden Betriebs dar. Der größte Teil aller IT-Investitionen – 70 Prozent und mehr – dient in der Praxis lediglich der Sicherung der Betriebstätigkeit.
2. **Investitionen zur Verbesserung der Leistungsfähigkeit:** IT-Investitionen zur Verbesserung der Leistungsfähigkeit sollen die Wirtschaftlichkeit des Betriebs erhöhen, indem sich größere Transaktionsvolumina dann mit weniger Aufwand abwickeln und Dienstleistungen effizienter erbringen lassen.
3. **Investitionen zur Verbesserung der Wettbewerbsfähigkeit:** IT-Investitionen zur Verbesserung der Wettbewerbsfähigkeit können etwa durch eine Differenzierung der Produkte und Dienstleistungen mittels IT ermöglicht werden. Diese Differenzierung resultiert weniger aus der bloßen Implementierung einer bestimmten Technologie oder eines bestimmten IT-Systems als vielmehr aus einem richtigen strategischen Einsatz der IT.

Tabelle 17.5 zeigt, welche Stellen oder Gruppen in welchen IT-Governance-Prozessen für Aufgaben bezüglich der IT-Investitionen zuständig sind.

Tabelle 17.5 IT-Governance-Aufgaben und Verantwortliche für IT-Investitionen (analog IT-Governance Institute; [ITGI 3], S. 67)

IT-Governance-Prozess	Stelle/Gruppe	Herausforderungen/Aufgaben
Strategic IT-Alignment	Technology Council	• Technologierichtlinien zur Verfügung stellen • Relevanz von neuen Entwicklungen der IT aus Sicht des Kerngeschäfts der Organisation analysieren und Empfehlungen geben
	IT Architecture Review Board	Architekturrichtlinien entwickeln und die Einhaltung sicherstellen
Value Delivery (Wertmanagement)	Top-Management	IT-Investitionen müssen ein ausgewogenes Kosten-Nutzen-Verhältnis aufweisen (akzeptable Budgets) und eine Risikoprüfung inkludieren.
	CFO	IT-Budget und IT-Investitionspläne sind nachhaltig und realistisch, darüber hinaus sind sie in den übergeordneten Finanzplan integriert.
	Linien-Management	• Neue IT-Services identifizieren und Beschaffung unterstützen • Operativen Nutzen von IT-Investitionen feststellen und kommunizieren
	IT Steering Committee (Steuergremium für IT-Projekte)	• Identifikation und Berücksichtigung aller relevanten Kosten sicherstellen • Kosten-Nutzen-Analyse durchführen
	Technology Council	Technologieauswahl unterstützen (in Abstimmung mit den definierten Standards)
	IT Architecture Review Board	Anwendung der Architekturrichtlinien controllen und performen
IT Resource Management	Top-Management	Ein ausgewogenes Maß an IT-Investitionen für Erhalt bzw. Wachstum des Unternehmens bereitstellen
	IT Strategy Committee	Eine allgemeine Richtung für Sourcing und den Einsatz von IT-Ressourcen (z. B. strategische Allianzen) vorgeben
	CIO	• IT-Infrastruktur bereitstellen, die die Erstellung und Kommunikation von Information zu optimalen Kosten unterstützt • Standardisierung von Architektur und Technologie entwickeln und gewährleisten
Risk Management	IT Strategy Committee	Risikoaspekte von IT-Investitionen berücksichtigen
Performance Management	CEO	Performance, Kontrollen und Risiken der IT und der wesentlichen Investitionen evaluieren
	Technology Council	Einhaltung von Technologiestandards und Vorgaben verifizieren
	EA-Governance (Enterprise Architect)	Einhaltung von Architekturstandards und Vorgaben verifizieren

Die IT leistet einen wesentlichen und unverzichtbaren Beitrag zur Bewältigung der Herausforderungen des Informationszeitalters. Sie stellt die Summe der technischen und organisatorischen Mittel (Hardware, Software, Services) zur Unterstützung der Geschäfts- und Führungsprozesse sowie der verschiedenen informationellen Prozesse (der Beschaffung, Verarbeitung, Speicherung, Übertragung und Bereitstellung von Informationen) dar.

Auch in der Literatur wird die IT mittlerweile nicht mehr nur als Kostenfaktor und Dienstleister, sondern zum Beispiel als „Value Center" oder Werttreiber gesehen, der durch seine Orientierung am langfristigen Erfolg ein Unternehmen auch zu besseren und neuen Leistungen befähigen und sich durch seine Marktorientierung sogar als „Profit Center" profilieren kann. Im Grunde wird also – in der Theorie wie in der Praxis – die IT zunehmend als eine Art Unternehmen im Unternehmen betrachtet, das Kundenbedürfnisse befriedigen, profitabel im Markt agieren, kostenbewusst arbeiten und zukunftsfähig handeln muss.

Die Möglichkeiten und Chancen der IT, den Erfolg zu beeinflussen, liegen unter anderem in der Kostensenkung. Die positive Beeinflussung der Erlössituation ist sicherlich auch durch eine Steigerung der Erlöse möglich, leichter und prozentual gewichtiger aber durch Kostensenkung erreichbar. Eine effiziente betriebliche IT kann Bestandskosten und Gemeinkosten nachhaltig senken. Wichtig ist es aber auch, den anfallenden Kosten den Wertzuwachs gegenüberzustellen, der sich durch die Anwendung von Informations- und Kommunikationstechnologien realisieren lässt.

Möchte man den Beitrag eines Informationssystems zur Wertschöpfung eines Unternehmens genauer untersuchen, gilt es zunächst, bestimmte Wertkategorien abzugrenzen und herauszuarbeiten. Folgende Wertkategorien, die durch die Nutzung moderner IT-Lösungen realisierbar sind, können unterschieden werden:

1. **Return on Investment.** In diese Kategorie fällt der enge Nutzenbegriff der traditionellen Kosten-Nutzen-Analyse und Investitionsrechnung.
2. **Strategische Unterstützung.** Investitionen werden vielfach durchgeführt, um strategische Zielsetzungen des Unternehmens zu unterstützen. Lautet ein strategisches Ziel „Kundennähe", so wird dieses Ziel durch den Einsatz von Informationstechnologie für direkte Kundenkommunikation gefördert.
3. **Wettbewerbsvorteil.** In diese Kategorie fallen die Schaffung neuer Marktstrukturen, eine verbesserte Positionierung der Produkte oder die Schaffung neuer Geschäftsmöglichkeiten. Ein Beispiel ist das Angebot von Dienstleistungen, wie dies verschiedene Fluggesellschaften in Form von Buchungssystemen tun, deren Kerngeschäft in einem anderen Bereich liegt.
4. **Managementinformation.** Dieser Faktor umfasst Informationen über die Kernaktivitäten des Unternehmens, über kritische Erfolgsfaktoren. Liefert ein Managementinformationssystem derartige Informationen, ist dies zu berücksichtigen.
5. **Reaktion auf Wettbewerb.** Vielfach fordert der Markt bestimmte Maßnahmen vom Unternehmen, so etwa die Einführung bestimmter technischer Systeme. Die Forderung kann von Kundenseite kommen oder durch Aktivitäten der Mitbewerber diktiert werden.
6. **Strategische IT-Architekturen.** Es gibt Systeme und Systemlösungen, die zwar nicht unmittelbar Erträge und Wirtschaftlichkeitsvorteile bedeuten. Diese IT-Architekturen können jedoch aus strategischer Sicht unverzichtbar sein und ein Zukunftspotenzial darstellen. Insofern kann man sie als besonders zu berücksichtigende Werte ausweisen.

Gerade in den nächsten Jahren werden sich zahlreiche Unternehmen mit der Ressource Information stärker als bisher auseinandersetzen müssen, was auch eine aktive Mitwirkung von Fach- und Führungskräften einschließt. Informationssysteme werden zur strategischen Waffe erfolgreicher Unternehmensführung, das Management wird zum Gestalter und Nutzer solcher Systeme.

17.4 Zentrale Enterprise IT-Governance einführen

17.4.1 Die Ansätze

Die Implementierung von IT-Governance ist nicht mit klassischen CRM- oder ERP-Projekten vergleichbar, aber gewisse Projektelemente sind ähnlich: etwa die dedizierten Teams, welche die Maßnahmen und ihre Koinzidenz mit den Business-Strategien ständig überprüfen.

Ein integraler Bestandteil von IT-Governance ist die Etablierung von Rahmenbedingungen zur Ermöglichung der kontinuierlichen Verbesserung des Konzepts. Exemplarisch einige Beispiele für derartige Rahmenbedingungen:

- Hilfreich ist die Vorgabe einer klaren, marktoffenen Auftragnehmer-Auftraggeber-Beziehung zwischen den Fachbereichen und der IT.
- IT-Ausgaben und -Aufwendungen (inkl. Budgetierungen für den IT-Bereich) werden zentral gesteuert und bedürfen auch der Mitwirkung der IT-Governance-Organisation.
- Projektentscheide erfolgen unter Mitwirkung der zentralen IT-Steuerungsgremien (etwa dem Project Advisory Board) auf Basis eines einheitlichen, verpflichtenden Business-Case-Formats (Kosten-, Nutzen- und Risikobetrachtung) mit anschließendem Nutzeninkasso (Prüfung und Kontrolle des Business Case).
- Transparenz über die IT-Portfolios der Unternehmens-IT (IT-Projekte, IT-Applikationen, Business IT-Services etc.) ist jederzeit gegeben (Einzelprojektcontrolling durch die Auftraggeber, Existenz einer übergreifenden IT-Controlling-Instanz für das Multiprojektmanagement). Auch moderne IT-Portfoliomanagementsoftware stellt heute dafür Funktionen im Sinne einer Realtime-Aktualisierung bereit.

Ohne praktische Erfahrung in den Bereichen der Projektorganisation und -abwicklung sowie das Wissen um die eigene Wertschöpfungskette und der einzuführenden Methodologie ist ein solches Einführungs- bzw. Optimierungsprojekt „IT-Governance" kaum zu bewältigen. Wichtig ist die Berücksichtigung der **Erfolgsfaktoren für IT-Governance,** die in Tabelle 17.6 aufgeführt sind.

Tabelle 17.6 Hauptgründe und Erfolgsfaktoren für IT-Governance

Erfolgsfaktor	Hinweise
Transparenz für alle Fachbereiche schaffen	- Schafft Vertrauen in die IT - Verbessert die Zusammenarbeit von IT und Fachbereich - Motiviert die Betroffenen
Einbezug und Unterstützung durch das General Management	- Ermöglicht die Bestärkung und Veränderung von Verhaltensweisen des General Managements zu IT-Managementfragen - Management als Sponsor ist unverzichtbar - General Management über die Bedeutung und Vorteile von IT-Governance informieren
Governance-Regeln an das Unternehmen anpassen	- Nicht einfach Standards anderer Unternehmen als Regeln übernehmen, sondern Governance-Regeln mit Stakeholdern und Betroffenen vereinbaren - General Management einbinden
Governance-Regeln konzentrieren	- Auf wenige strategische IT-Ziele konzentrieren - Klare Verhaltensweisen (Prozessbeschreibungen und Verfahrensregeln) dokumentieren - Überschaubares Kennzahlensystem implementieren - Klare Regelung von Ausnahmen (Absicherung etwa durch ein exception reporting)

Die IT stellt im Unternehmen ein verbindendes Element dar, dessen Integrationsbestreben aufgrund bereichsindividueller Zielsetzungen kein primäres Ziel der einzelnen Bereichsverantwortlichen ist. Um mit diesen divergierenden Einstellungen umzugehen und eine geschlossene Strategie zu entwickeln, sollten Führungskräfte und Vorstände eine starke IT-Steuerungsstruktur in ihren Unternehmen etablieren. Viele Akteure müssen aber auch ihre Einstellung überdenken, dass IT-Steuerung nicht ihre eigene Verantwortung ist. Sie müssen damit beginnen, proaktiv zu führen, um sicherzustellen, dass ihre Organisationen die vielen Vorteile nutzen, die sich aus einer Optimierung von IT-Chancen ergeben, und sich gleichzeitig vor Risiken zu schützen.

Beachten Sie:

Um die möglichen Vorteile eines Governance-Konzepts zu nutzen, müssen die Einführung und Weiterentwicklung mit großer Sorgfalt und Disziplin erfolgen. Die konsequente Analyse des Ist-Zustands der eigenen unternehmerischen Prozesse und der vorhandenen IT-Prozesse sowie der IT-Architekturlandschaft inklusive der dafür oder dadurch erbrachten Dienstleistungen sind Grundvoraussetzungen für die erfolgreiche Einführung.

IT-Governance liegt in der Verantwortung des Vorstands sowie des Managements und ist ein wesentlicher Bestandteil der Unternehmensführung.

17.4.2 Vorgehen

Neben den inhaltlichen Schritten muss sich die zentrale IT-Steuerung zunächst als Organisationseinheit im Unternehmen formieren, ihre Rolle definieren und anschließend die skizzierten Handlungsfelder in Angriff nehmen.

Letztendlich laufen sämtliche Planungen und Abstimmungen auf konkrete Maßnahmen hinaus, die in der Regel als IT-Projekte bzw. IT-Vorhaben gesteuert, umgesetzt und überwacht werden. Wesentlich ist, dass die für den Unternehmenserfolg maßgeblich verantwortlichen Geschäftsbereiche die IT als ihr Mittel zur Zielerreichung sehen müssen, gleichzeitig aber die Wechselwirkungen innerhalb der IT-Landschaft auf Konzernebene berücksichtigen lernen. Damit hat IT-Steuerung auch mit Entscheidungsrechten sowie Verantwortungsrahmen zu tun und will einen anderen *Umgang mit der IT* erreichen (vgl. [WeRo04]). Da dies sehr theoretisch klingt, ist es ein plausibles Vorgehen, sich auf die Planungsphase zu konzentrieren und auf drei wesentliche logische Schritte zu fokussieren (siehe Bild 17.18):

- Klärung des WAS oder rein funktionaler Zielsetzungen – hier kann durchaus eine Technologie die gewünschten Funktionalitäten erst ermöglichen.
- Klärung der Bewertungskriterien und Entscheidung vor dem Hintergrund strategischer Zielsetzungen und begrenzter Ressourcen im Unternehmen
- Klärung des WIE oder der Realisierung innerhalb der IST-IT-Architektur im Sinne einer optimierten Planungsalternative

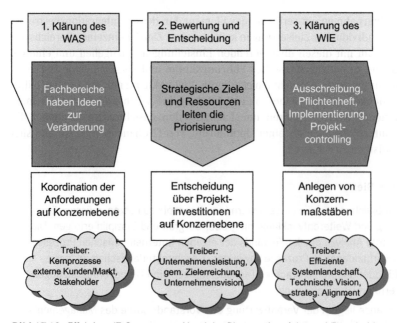

Bild 17.18 Effektives IT-Governance-Handeln: Planungsbereiche und Entscheidungen

Problematisch bezüglich der Umsetzung von IT-Governance-Regeln und Prinzipien ist ein in der Praxis oftmals formulierter Zeitdruck: Die Geschäftsbereiche wollen neue Ideen in der Regel unmittelbar angehen. Der Einstieg in das Thema IT-Governance in der beschriebenen Form kann deshalb für viele Organisationen nicht konzentriert (quasi als Big Bang) erfolgen, sondern muss Schritt für Schritt umgesetzt und parallel zum Tagesgeschäft durchgeführt werden. Das bedeutet auch, dass der Erfolg – wie bei strategischen Maßnahmen ohne Krisensituationen – erst mit der Zeit an Konturen gewinnt. In eine ganzheitliche Architekturplanung mit allen wesentlichen Geschäftsbereichen müssen alle Beteiligten gemeinsam hineinwachsen. Wichtig ist deshalb ein Grundkonsens im Unternehmen zu der strategischen Maßnahme „IT-Governance", um den Ansatz nachhaltig zu implementieren.

Unter **WAS** versteht man die funktionalen Anforderungen aus den Unternehmensprozessen, die im Rahmen von übergeordneten Zielen und Vorgaben sowie begrenzten Ressourcen optimiert werden müssen (die richtigen Dinge tun). Aufgrund eines permanenten technologischen Wandels ist insbesondere bei der Entscheidung zum **WIE** der technischen Umsetzung auf einen systemischen Ansatz zu achten, der den hohen Ansprüchen an Integration und somit Beherrschbarkeit sowie Flexibilität nachkommt. Dabei muss es der IT gelingen, die wesentlichen Geschäftsprozesse und damit die wesentlichen Aktivitäten aktiv zu unterstützen, um unsere Kunden am Markt zufriedenzustellen. Der IT kommen hier als Berater und Dienstleister im Unternehmen zwei wichtige Rollen zu, die eine wohldosierte IT-Governance unterstützen und steuern soll.

IT-Governance kümmert sich aus Gesamtunternehmenssicht

- einerseits um die Steuerung der IT-Investitionen und deren Abstimmung mit der Unternehmensstrategie (liefert insofern über die Anforderungen auf Basis der Geschäftsprozesse den essenziellen Input zum Change Management) sowie
- andererseits um die Performance der IT selbst. Der laufende IT-Betrieb ist dabei ebenfalls als Fachbereich zu sehen, der ständiger Innovation unterliegt, die erkannt und integriert werden muss.

Das Thema „IT-Governance" gewinnt seit einigen Jahren aufgrund des Stellenwerts von IT für viele Geschäftsprozesse zusehends an Bedeutung. Die These, wonach IT-Steuerung bzw. IT-Governance bei immer mehr IT innerhalb der Geschäftsprozesse vieler Unternehmen ebenfalls zunimmt, soll dieser Beitrag nicht nur begründen, sondern konkrete Ansätze liefern, um dem ebenfalls wachsenden IT-Integrationsproblem aus Sicht der unternehmerischen Investition zu begegnen. Einen Überblick vom Geschäftsmodell bis zur konkreten Anforderung des Fachbereichs an die IT verschafft Bild 17.19.

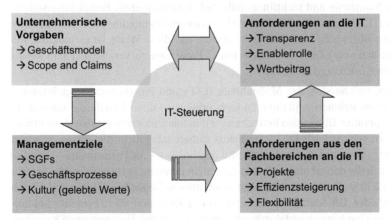

Bild 17.19 Zunehmende Bedeutung der IT-Steuerung – Anforderungen an die IT ganzheitlich managen

17.5 Performance Management für IT-Governance

Durch das Messen von Performance (IT Performance Measurement) soll die Umsetzung von Strategien (hier der IT-Strategie des Unternehmens) verfolgt und überwacht werden. Gleiches gilt für IT-Projekte und die Verwendung von Ressourcen. Die Messungen von Prozessperformance und Leistungserbringung werden z. B. mithilfe von Balanced Scorecards heute vielfach erfolgreich vorgenommen.

Neben der Definition von **IT-Governance-Prozessen und -Strukturen** ist auch die **Einführung geeigneter Messgrößen** von großer Bedeutung. Nur so kann sichergestellt werden, dass die angestrebten Ziele durch die IT-Governance ebenfalls erreichbar sind. Die Kontrolle der IT-Governance wird durch die Definition von Kennzahlen, sogenannter **Key Performance Indicators (KPIs),** formalisiert. Mit ihrer Hilfe kann überprüft werden, inwieweit die in der IT-Strategie festgelegten strategischen und operativen Ziele erreicht werden. Für die Definition von KPIs lassen sich einige Grundregeln festlegen:

- Die KPIs müssen eindeutig messbar und durch die verantwortlichen Strukturen, Prozesse und Personen beeinflussbar sein.
- Die Kontrollmechanismen müssen bekannt und allgemein akzeptiert sein.
- Die KPIs sollten nicht nur auf quantitative finanzielle Messgrößen beschränkt sein, sondern auch qualitative Kriterien und andere Bewertungsperspektiven in Betracht ziehen (vgl. Balanced Scorecard).
- Der Aufwand bei der Ermittlung von KPIs sollte immer in angemessener Relation zum Nutzen stehen.
- Eine Verbindung von KPIs mit Leistungsanreizen (z. B. Prämien) erhöht die Motivation zur Erreichung der Zielwerte.

Über Zieldefinitionen bzw. sog. „Critical Success Factors" (CSF) und korrespondierende Messgrößen zur Zielerreichung – „Key Performance Indicators" (KPI) – und andere Kennzahlen wird im Rahmen von IT-Governance-Konzepten dem Bedarf des Managements nach Kontrolle und Messbarkeit der IT-Rechnung getragen. Pro CSF kann es mehrere KPIs geben, dabei geht es um finanzielle und nichtfinanzielle Ziele gleichermaßen. Beispielsweise können mittels KPIs ITIL-Prozesse innerhalb der IT-Serviceerbringung über das gesamte Prozessmodell hinweg überwacht und gesteuert werden. Auf diese Weise ist es möglich, die IT-Umgebung mit den von COBIT identifizierten IT-Prozessen zu vergleichen und sie zu beurteilen (vgl. *www.isaca.org/cobit.htm*).

Die Zielsetzungen, welche sich aus Maßnahmen (CSF) und jeweils korrespondierenden Messgrößen (KPI) im Rahmen geplanter Budgets ergeben, sollten jeweils die normative, strategische und operative Dimension betrachten, um in alle Unternehmensbereiche hinein kommunizierbar zu sein (vgl. [BiWi07]). Im Fokus stehen dabei nicht die Kosten, sondern die Zusammenhänge zwischen Zielen, Kosten und Ergebnissen – die Performance. Abschließend sei an dieser Stelle darauf hingewiesen, dass nicht genutzte Performance-Messungen und die insofern nicht stattgefundene Lernkurve auf diesem Gebiet bei der Beurteilung, ob z. B. „Outsourcing" oder „Offshoring" die besseren Alternativen sind, oft zu Fehlentscheidungen führen können. Eine konsequent durchgeführte und „gelebte" IT-Governance kann helfen, Entscheidungen dieser Tragweite besser zu beurteilen und letztendlich das Potenzial des eigenen Unternehmens besser zu nutzen.

Zweck eines kennzahlengestützten IT-Controllings durch eine zentrale Instanz ist es, in einem ersten Schritt die IT-Kosten und -Leistungen innerhalb des Unternehmens transparent zu machen. Betroffen hiervon sind sowohl bezogene IT-Leistungen als auch solche, die durch Geschäftsbereiche oder Tochterfirmen des Unternehmens in Eigenregie erbracht werden. Die geschaffene Transparenz ermöglicht es der Geschäftsleitung und nachgeordneten Führungskräften, steuernd auf die IT-Kosten, somit aber auch auf die gesamte IT-Landschaft, ihrer Organisationseinheiten einzuwirken.

■ 17.6 Framework COBIT

Das IT-Governance Framework COBIT (Control Objectives for Information and related Technology) stellt heute vielfach eine geeignete Basis für die Einführung und Optimierung von Enterprise IT-Governance dar. Dabei handelt es sich um ein umfassendes Referenzmodell für IT-Governance, das eine Menge von Kontrollzielen für die Informatikprozesse definiert, die für die Auditierung von IT-Systemen verwendet werden können (vgl. hierzu ausführlich ITSM Library: IT-Governance, Das Taschenbuch basierend auf COBIT). Hier wird vor allem die Brücke von der rückwärts gerichteten Sicht der Prüfung zu der nach vorne gerichteten Gestaltung serviceorientierter Geschäftsprozesse geschlagen.

17.6.1 Entwicklungsstufen und Elemente der Frameworks COBIT

Das COBIT-Framework ist mittlerweile ein international anerkannter Standard für IT-Governance sowie auch für das IT-Management vor allem im Hinblick auf zentrale unternehmensweite IT-Planungen, IT-Steuerungen und IT-Controlling (aus Außensicht). Mit COBIT steht Unternehmen (und öffentlich-rechtlichen Organisationen) ein gutes Set an Praktiken durch ein Domain- und Prozess-Framework zur Verfügung. Die wesentlichen Aktivitäten und Instrumente werden in einer überschaubaren und logischen Struktur präsentiert. Die IT-Ressourcen können durch ein Set von natürlich gruppierten Prozessen gemanagt werden. Somit werden Informationen bereitgestellt, die Unternehmen benötigen, um vorgegebene und formulierte Ziele zu erreichen. Dazu wird ein Prozessmodell realisiert, das die IT in klare Domains und Prozesse unterteilt (ISACA, 2007, S. 5).

Es handelt sich insgesamt um ein umfassendes Referenzmodell für Enterprise IT-Governance, das eine Menge von Kontrollzielen für die Informatikprozesse definiert, die insbesondere auch für die Auditierung von IT-Systemen verwendet werden können. Hier wird eine Brücke von der rückwärts gerichteten Sicht der Prüfung zu der nach vorne gerichteten Gestaltung serviceorientierter Geschäftsprozesse geschlagen.

COBIT wurde 1993 vom internationalen Prüfungsverband ISACA (Information Systems Audit and Control Association) entwickelt und erstmals Ende 1995 veröffentlicht. Es unterscheidet in der noch weit verbreiteten Version 5 vier Domains (Planung & Organisation,

Beschaffung & Implementation, Betrieb & Unterstützung, Überwachung), identifiziert 34 kritische Prozesse, orientiert sich an High Level Control Objectives (318 Kontrollziele werden unterschieden). Es liegt aktuell in der Version 2019 vor.

Einen Überblick über die Entwicklungsstufen und Versionen gibt Bild 17.20.

Bild 17.20 COBIT-Framework – Entwicklungsstufen und Zielgruppen im Überblick (Quelle: ISACA 2013/Germany Chapter)

Die Übersicht zeigt:

- In den ersten beiden Versionen von COBIT war eine starke Fokussierung auf Audit- und Controlling-Aufgaben gegeben.
- Mit der Version COBIT3 im Jahr 2000 wurden auch Aufgaben des strategischen IT-Management einbezogen; z. B. strategische IT-Planung und das Finanz- und Kostenmanagement für die Unternehmens-IT.
- Eine Erweiterung ergab sich mit der Version 4 im Hinblick auf Governance (einschließlich Risk- und Compliance-Management). So wurde das COBIT-Prozessmodell für die IT-Governance-Kernbereiche (engl. focus areas) abgebildet (ISACA, 2007, S. 7). Diese **fünf IT-Governance-Kernbereiche** lauten wie folgt (ISACA, 2007, S. 6): Strategic Alignment, Value Delivery, Resource Management, Risk Management sowie Performance Measurement.

Mit der Einführung von **COBIT 5** (im Jahr 2012) ergaben sich gegenüber COBIT 4.1 stärkere Änderungen, als dies bei früheren Versionswechseln der Fall war. So wurden die bisher eigenständigen Rahmenwerke **Risk IT** und **Val IT** nun in COBIT integriert. Dabei wurde ein detailliertes Mapping auf der Ebene von Control Objectives vorgenommen. Mit der Bereitstellung eines Prozessleitfadens sollte den Anwendern die Umstellung von COBIT 4.1, Risk IT und/oder Val IT auf COBIT 5 erleichtert werden. Im Wesentlichen sieht COBIT 5 die folgenden **Ressourcen** der Organisation als **Schlüsselkomponenten** für die Enterprise IT-Governance:

- Prozesse
- Prinzipien und Grundsätze

- Organisationsstrukturen
- Fähigkeiten und Kompetenzen
- Kultur und Verhalten
- IT-Service-Fähigkeiten
- Information

Jede dieser Schlüsselkomponenten ist in COBIT 5 durch die ihnen zugeordneten Anspruchsgruppen, Ziele und Metriken, Lebenszyklen, Best Practices und Attribute näher beschrieben.

Das COBIT 5 Process Reference Model unterteilt außerdem die Prozesse der Enterprise IT in zwei Hauptprozess-Domains (ISACA, 2011, S. 35): **Governance und Management.** Dabei ist zu beachten: Die Governance-Prozesse stellen den Rahmen und die Regeln auf, denen die Managementprozesse in der Unternehmens-IT folgen.

Die **Governance-Domain** besteht ab der Version 5 aus **fünf Governance-Prozessen:**

- Governance Framework definieren und weiterentwickeln
- Wertschöpfungsoptimierung sicherstellen
- Risikooptimierung gewährleisten
- Ressourcenoptimierung sicherstellen
- Transparenz für Stakeholder ermöglichen

Innerhalb von jedem dieser Governance-Prozesse sind die Phasen **Evaluate, Direct und Monitor** bei der organisatorischen Ausgestaltung und Implementierung abzudecken. Demgegenüber werden bezüglich der Managementprozesse die Phasen **Plan, Build, Run und Monitor** unterschieden.

Den Zusammenhang zeigt Bild 17.21.

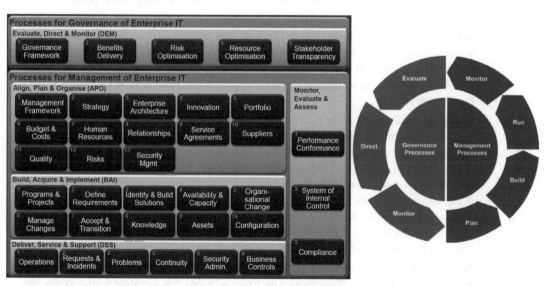

Bild 17.21 Governance of Enterprise IT – Governance-Prozesse und IT-Managementprozesse im Zusammenhang: COBIT Process Reference Model (Quelle: COBIT 5 Referenz)

Anfang 2019 wurde ein Update des COBIT-Frameworks veröffentlicht. Mit COBIT 2019 macht das Framework nun den nächsten Schritt, IT-Organisationen dabei zu helfen agiler, schneller und smarter zu werden. Es ist vollständiger und in sich noch konsistenter geworden. Neu beschriebene Prinzipien und Modelle geben nun den anwendenden Organisationen die Möglichkeit, das Governance-System besser auf die unterschiedlichen Bedürfnisse, Rahmenbedingungen und Ziele der jeweiligen Unternehmen zuzuschneiden und anzupassen.

Die aktuelle Weiterentwicklung von COBIT mit der Option **COBIT® 2019** versteht sich als Framework für die „enterprise governance of information and technology (EGIT)" und stellt damit nicht nur auf die Informationstechnologie ab – gleichwohl steht diese im Mittelpunkt. IT-Governance ist auch für die neueste COBIT-Version ein integraler Bestandteil der Corporate Governance. Ihre Ausgestaltung obliegt der Unternehmensleitung, die die Definition und Implementierung von Prozessen, Strukturen und Arbeitszusammenhängen im Unternehmen überwacht, sodass das Management der Fachabteilungen (das „Business") und der IT-Funktion in der Lage ist, seine Verantwortung hinsichtlich des Business-/IT-Alignments und der Wertschöpfung durch IT-Investitionen wahrzunehmen (nach [ISACA20a], S. 11).

17.6.2 Zielorientierung – die COBIT-Goals-Kaskadierung

Den Kern von COBIT® 2019 und COBIT5 bildet nunmehr ein Referenzmodell für Governance- und Managementziele, die über eine Kaskadierung letztlich zu einer Unterscheidung von IT-Governance- und IT-Management-Zielen führen. Hierbei werden die Zielsetzungen für die IT-Governance in der Governance-Domäne „Evaluate, Direct, Monitor (EDM)" (dt.: Evaluieren, Vorgeben, Überwachen) abgebildet.

Ein Überblick über die Ziel-Kaskadierung wird im Folgenden beschrieben (ISACA, 2011, S. 23 – 26):

- **Schritt 1: Stakeholder-Bedürfnisse (Stakeholder Needs)** sind zunächst einmal in Governance-Ziele (Governance Objectives) umzuwandeln. Die Abbildung der Stakeholder-Bedürfnisse erfolgt dabei auf eine oder mehrere Governance-Zielsetzungen: beispielsweise die Realisierung von Gewinnen, Risikooptimierung und Optimierung des Ressourceneinsatzes.

- **Schritt 2: Governance-Ziele (Governance Objectives) in Unternehmensziele (Enterprise Goals) umwandeln:** Übergreifende Governance-Ziele für Unternehmen werden in ein Set von generischen Unternehmenszielen umgewandelt. Diese Unternehmensziele werden etwa mit Hilfe von Balanced-Scorecard-(BSC)-Dimensionen entwickelt, welche eine Liste von generellen Zielen darstellen, die ein Unternehmen für sich selbst definiert. Auch wenn diese Liste keinen Anspruch auf Vollständigkeit hat, können die meisten unternehmensspezifischen Ziele leicht auf ein oder mehrere generische Unternehmensziele abgebildet werden. Beispielhaft werden in COBIT generische Ziele formuliert, welche die Unternehmensziele darstellen, und die sich auf die Governance-Ziele beziehen.

- **Schritt 3: Unternehmensziele (Enterprise Goals) in IT-ähnliche Ziele (IT related goals) umwandeln.** Das Realisieren von Unternehmenszielen erfordert eine Reihe von IT-Ergebnissen, welche durch die IT-ähnlichen Ziele repräsentiert werden. Diese IT-ähnlichen Ziele werden in einem Set von generischen IT-Zielen für Geschäftsabteilungen und die IT realisiert. COBIT 5 definiert dazu 18 IT-ähnliche Ziele. Diese werden in einer Liste dargestellt, wobei ein Mapping zu den Unternehmenszielen gezeigt wird.

- **Schritt 4: IT-ähnliche Ziele in Enabler-Ziele umwandeln:** Damit in der IT ähnliche Ziele erreicht werden können, sind eine erfolgreiche Anwendung und Verwendung einer Reihe von Enablern erforderlich. Enabler beinhalten Prozesse, Organisationsstrukturen und Informationen, wobei für jeden Enabler ein Set an Zielen zur Unterstützung der IT-Ziele definiert werden kann.

17.6.3 Governance-Enabler und Ressourcen

Unter Enabling kann die Befähigung verstanden werden, eine Aufgabe wahrzunehmen bzw. einen Prozess auszuführen, um gesetzte Ziele erreichen zu können. Dabei lassen sich nach COBIT für die Enterprise IT-Governance vier Formen von Enablern unterscheiden: Stakeholder, Ziele (Goals), Process Life Cycle sowie Good Practices.

Einen Überblick über die Governance-Enabler und Ressourcen von COBIT gibt Bild 17.22.

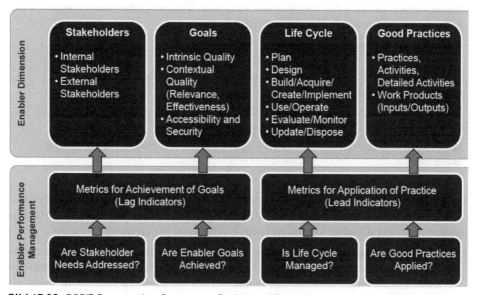

Bild 17.22 COBIT-Framework – Governance Enabler und Ressourcen

Die Abbildung zeigt, dass bei der Organisation der Unternehmens-IT der Einbindung von Stakeholdern eine besondere Bedeutung zukommt. IT-Stakeholder sind Personen oder Gruppen (z. B. Topmanagement oder IT-Kunden), die ein berechtigtes Interesse an der IT haben und für eine erfolgreiche organisatorische Gestaltung einbezogen werden müssen.

17.6.4 Governance- und Managementprozesse in COBIT 2019

Die COBIT-Prozesse enthalten die IT-Aktivitäten und Control Objectives, wobei ein COBIT-Prozess mehrere Control Objectives aufweisen kann. Control Objectives sind die spezifisch auf die IT ausgerichteten Kontrollziele, welche einen zentralen Aspekt in COBIT darstellen. Damit wird ein Set an High-Level-Requirements für das Management zur Verfügung gestellt, um eine effektive Steuerung der IT-Prozesse zu ermöglichen. Es besteht aus Policies, Prozeduren, Best Practices und Organisationsstrukturen. So werden zum Beispiel Anweisungen für bestimmte Aktionen zur Wertsteigerung und Risikoreduktion gegeben (vgl. auch ISACA, 2007 bzw. 2011, S. 12).

Der Governance-Domain besteht aus den in der nachfolgenden Tabelle skizzierten fünf Governance-Prozessen. Diese Hauptprozessdomäne wird in COBIT jeweils in den Phasen Evaluate, Direct und Monitor (kurz EDM) dargestellt.

Tabelle 17.7 Governance-Prozesse des Prozessreferenzmodells in COBIT 2019

Governance-Prozesse	Kurzerläuterung, Objectives
EDM01 Ensured Governance; Governance Framework Setting and Maintenance	Das unternehmensspezifische Enterprise-IT-Governance-Rahmenwerk ist definiert und wird gepflegt (kontinuierlich weiterentwickelt).
EDM02 Ensured Benefits Delivery	Nutzen und Wertbeitrag werden durch die Unternehmens-IT geliefert.
EDM03 Ensured Risk Optimization	Eine optimale Risikosituation ist gewährleistet.
EDM04 Ensure Resource Optimization	Eine optimale Ressourcensituation (Kapazitätsauslastung etc.) ist sichergestellt.
EDM05 Ensure Stakeholder Engagement	Transparenz und Beteiligung der wesentlichen Anspruchsgruppen (Stakeholder) sind sichergestellt.

Demgegenüber besteht die Hauptprozessdomäne **Management** aus vier Teil-Domains, welche sich in die Verantwortungsbereiche **Align (Plan), Build, Deliver (Run) und Monitor** aufgliedern. Unterschieden werden im Einzelnen folgende Management-Domains:

- **Align (Plan)** – Plan & Organize: befasst sich mit der Gesamtorganisation, der Strategie und den unterstützenden Planungs- und Koordinationsaktivitäten für die Unternehmens-IT. Dazu gehören unter anderem das Definieren des Management Framework sowie das Formulieren einer Strategie.
- **Build** – Aquire & Implement: behandelt die Definition, Beschaffung und Implementierung von IT-Lösungen sowie ihre Integration in Geschäftsprozesse. Letztlich geht es auch darum, Anforderungen zu definieren sowie Lösungen zu identifizieren und erfolgreich umzusetzen.
- **Deliver (Run)** – Service & Support: richtet sich auf die operative, sichere Bereitstellung und Unterstützung von IT-Services. Wichtig ist darüber hinaus das Managen von Operations sowie das Lösen von Problemen und Incidents etc.
- **Monitor** – Evaluate & Assessment (Performance und Konformität überwachen, Compliance mit externen Anforderungen überwachen und beurteilen).

Align, Plan and Organize (APO) – Anpassen, Planen, Organisieren

Welche Inhalte deckt die Prozessdomäne Align, Plan and Organize ab? In dieser Domäne werden sowohl strategische als auch taktische Frage- und Aufgabenstellungen angesprochen und festgelegt. Dies betrifft die Identifikation, wie die IT am besten zur Erreichung der Unternehmensziele beitragen kann.

Die Umsetzung der strategischen Vision muss geplant, kommuniziert und gemanagt werden. Darüber hinaus sollen eine geeignete Organisation und eine technologische Infrastruktur vorhanden sein. Kurz: Es gilt die Rahmenbedingungen für ein erfolgreiches Managen der Unternehmens-IT zu schaffen und diese erfolgreich umzusetzen (strategische IT-Pläne, Enterprise Architekturen, Technologie, Prozesse, Ziele, HR, Qualitätsmanagement, Risk-Management, Projektmanagement).

Tabelle 17.8 Managementprozesse Align, Plan and Organize (APO) des COBIT-Referenzmodells

Prozesse Align, Plan and Organize (APO)	Kurzerläuterung, Objectives
APO01 Define the Management Framework for IT	IT-Management-Rahmenwerk entwickeln und definieren (z. B. Aufgaben und Ziele der IT-Management-Disziplinen)
APO02 Define Strategy	IT-Strategien entwickeln und umsetzen
APO3 Manage Enterprise Architecture	Dokumentation der Unternehmensarchitektur und Durchführung von EA-Planungen und EA-Governance
APO4 Manage Innovation	Innovationsmanagement (Produkte, Prozesse)
APO5 Manage Portfolio	IT-Portfolios vereinbaren, bewerten, anpassen und für Planungs- und Steuerungsaufgaben nutzen
APO6 Manage Budget and Cost	Budgetplanungen (Budgetierungen) und Kostenmanagement
APO7 Manage Human Resources	Personalplanung, Personalentwicklung und Personalverwaltung zur Unternehmens-IT
APO8 Manage Relationships	Beziehungen der Unternehmens-IT zu den Geschäftspartnern und Stakeholdern managen
APO9 Manage Service Agreements	Service-Vereinbarungen treffen und Einhaltung sichern
APO10 Manage Suppliers	Lieferantenmanagement
APO11 Manage Quality	IT-Qualitätsmanagement (Sicherung, Entwicklung)
APO12 Manage Risk	IT-Risikomanagement (insbesondere Sicherheits-, Ausfall- und Datenrisiken)

Build, Acquire and Implement (BAI) – Aufbauen, Beschaffen, Implementieren

Welche Inhalte deckt die Prozessdomäne Build, Acquire and Implement ab? IT-Lösungen müssen identifiziert, entwickelt oder beschafft sowie umgesetzt und in die Geschäftsprozesse integriert werden. Zusätzlich werden Änderungen und Wartungen durchgeführt, um sicherzustellen, dass die Lösungen weiterhin den Unternehmenszielen entsprechen. Kurz: Beschaffung und Implementierung (Hardware/Software, Einkauf, Change-Management) sowie Wartungsfragen sind in dieser Managementdomäne verankert.

Tabelle 17.9 Managementprozesse Build, Acquire and Implement (BAI) des COBIT-Referenzmodells

Prozesse Build, Acquire and Implement (BAI)	Kurzerläuterung, Objectives
BAI1 Manage Programmes and Projects	Manage Programme und Projekte
BAI2 Define Requirements	Definiere Anforderungen (in Kooperation mit Fachbereichen und Kunden)
BAI3 Identify and Build Solutions	Identifiziere und erstelle Lösungen (Applikationen und integrierte Solutions)
BAI4 Manage Availability and Capacity	Verfügbarkeit und Kapazität der Systeme und Services managen
BAI5 Enable Organisational Change	Ermögliche organisatorische Veränderungen
BAI6 Manage changes	Changemanagement (Änderungen managen)
BAI7 Accept and Transition of Change	Änderungen (etwa von Services) genehmigen und in Produktion geben
BAI8 Knowledge Management	Wissensmanagement

Deliver, Service and Support (DSS) – Bereitstellen, Betreiben, Unterstützen

Welche Inhalte deckt die Prozessdomäne Deliver and Support ab? Diese Domäne beschäftigt sich mit der eigentlichen Erbringung der Business-IT-Serviceleistungen, was Leistungserbringung, Sicherheit und Kontinuität, Service Support für User und Management von Daten und Einrichtungen umfasst. Kurz: gesamte Führung des IT-Betriebs sowie Lieferantenmanagement, Kostenverrechnung, Support und Schulungen für User.

Tabelle 17.10 Deliver, Service and Support (DSS) des COBIT-Referenzmodells

Deliver, Service and Support (DSS)	Kurz-Erläuterung, Objectives
DSS1 Manage Operations	Betrieb der Systeme managen
DSS2 Manage Assets	IT-Assetmanagement (Software, Infrastruktur)
DSS3 Manage Configuration	Manage die Konfiguration
DSS4 Manage Service Requests and Incidents	Manage Service-Anforderungen und Vorfälle
DSS5 Manage Problems	Manage Probleme
DSS6 Manage Continuity	Manage den kontinuierlichen Betrieb
DSS7 Manage Information Security	Manage Informationssicherheit
DSS8 Manage Business Process Controls	Manage Kontrollen in Geschäftsprozessen (unter Nutzung von Prozesskennzahlen)

Monitor, Evaluate and Assess (MEA) – Überwachen, Evaluieren und Beurteilen

befasst sich mit der Leistungsüberwachung in Bezug auf interne Leistungs- und Kontrollziele und der Compliance der IT mit externen Anforderungen.

Tabelle 17.11 Monitor, Evaluate and Assess (MEA) des COBIT-Referenzmodells

Monitor, Evaluate and Assess (MEA)	Kurzerläuterung, Objectives
MEA1 Monitor and Evaluate Performance and Conformance	Überwache und beurteile die Performance und Konformität der Solutions, Daten etc.
MEA2 Monitor System of Internal Control	Überwache das interne IT-Kontrollsystem (IKS)
MEA3 Monitor and Evaluate Compliance with External Requirements	Überwache und beurteile Compliance mit externen Vorgaben

17.6.5 Designfaktoren und Designprozess zur COBIT-Implementation

Eine Herausforderung für die Unternehmensführung und die Unternehmens-IT besteht nun in der Praxis darin, das unternehmensspezifische Governance-System zu designen und zu implementieren. COBIT bietet dazu elf sog. Designfaktoren an, mit denen Organisationen für die verschiedenen Faktoren die Ausprägungen (mit den jeweiligen Zielen und Kenngrößen) festlegen können, die der unternehmensindividuellen Situation entsprechen. Diese Desginfaktoren sind:

- Unternehmensstrategie
- Unternehmensziele
- Risikoprofile (unternehmensweites IT-Risikomanagement)
- IT-geleitete Issues
- Sicherheitsanforderungen (Threat Landscape)
- Compliance-Anforderungen
- Rolle und Bedeutung der IT im Unternehmen
- IT-Sourcing-Modell
- IT-Implementationsmethoden
- Technologie-Adoption-Strategie (Portfoliomanagement)
- Unternehmensgröße

Für die Nutzung der Designfaktoren wird ein sog. Designprozess vorgeschlagen. Dieser Prozess unterstützt Organisationen dabei, das COBIT-Framework auf die spezifischen Bedürfnisse der jeweiligen Organisation anzupassen. Er umfasst vier Teilschritte:

- Identifikation von Kontext und Strategie des Unternehmens: Statusaufnahme und Assessment
- Festlegen des Startumfangs (initial scope) des Governance-Systems
- Verfeinern der Elemente und Ziele des Governance-Systems
- Finalisierung des Designs des Governance-Systems

Die skizzierten Entwicklungsschritte spiegeln wider, dass verschiedene Faktoren eine unterschiedliche Bedeutung bei der Definition eines Enterprise IT-Governance-Systems haben können. Darüber gilt es im Rahmen des Einführungsteams zu entscheiden.

17.7 Fazit

Unter Beachtung der in den vorhergehenden Abschnitten skizzierten Handlungsfelder dient die in Bild 17.24 dargestellte **Roadmap** als Orientierung, wenn eine ganzheitliche und umfassende Einführung von IT-Governance-Strukturen und -Prozessen im Unternehmen angestrebt wird.

Im Einzelnen sind in Bild 17.23 verschiedene Handlungsfelder skizziert, die sich mittels geeigneter Prozessbeschreibungen optimiert umsetzen lassen. Allerdings stehen diese Prozesse nicht isoliert da, sondern sind miteinander verknüpft und bedürfen einer Verankerung in geeigneten organisatorischen Strukturen.

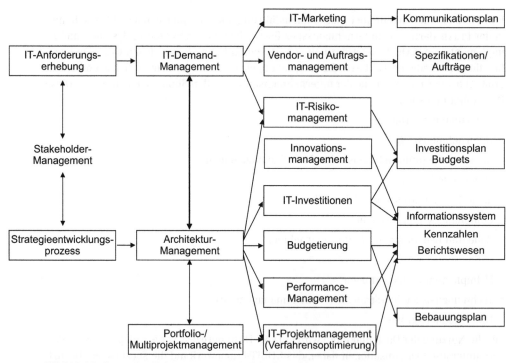

Bild 17.23 Enterprise IT-Governance – mögliche Roadmap

Bezüglich der Verankerung der Prozesse in der Unternehmensorganisation ist zunächst einmal eine Zuweisung von Rollen und Verantwortlichkeiten zu bestimmten Personen notwendig. Außerdem sind Entscheidungsgremien einzurichten, welche die notwendigen Entscheidungen treffen und deren Umsetzung im Sinne der Governance-Zielsetzungen sicherstellen.

Diese Gremien können sowohl auf der Angebots- als auch auf der Nachfrageseite aktiv werden und dazu Entscheidungen vorbereiten, treffen und umsetzen. So sind bezüglich der Angebotsseite Entscheidungen und Gremien notwendig, die sich mit der Überwachung externer IT-Dienstleister und der operativen Bereitstellung von IT-Produkten befassen. Entscheidungsgremien, die im strategischen Umfeld aktiv sind, müssen Überlegungen zur generellen Ausrichtung der IT-Organisation, zu Beschaffungsstrategien und IT-Investitionen großen

Umfangs „anstellen" und dazu entsprechende Aktivitäten anstoßen. Bezüglich der Nachfrageseite sind Gremien bzw. Rollen nötig (etwa IT-Koordinatoren), die auf der operativen Ebene die Anforderungen bzw. Wünsche der Fachbereiche bündeln bzw. harmonisieren, kleinere Investitionsentscheidungen treffen sowie Change Requests behandeln und „abwickeln".

Welche Erwartungen werden an eine professionelle Governance gestellt? Der Nutzen, den eine gezielte und umfassende zentrale IT-Steuerung für die Praxis bietet, ist vielfältig, wie Bild 17.24 verdeutlicht.

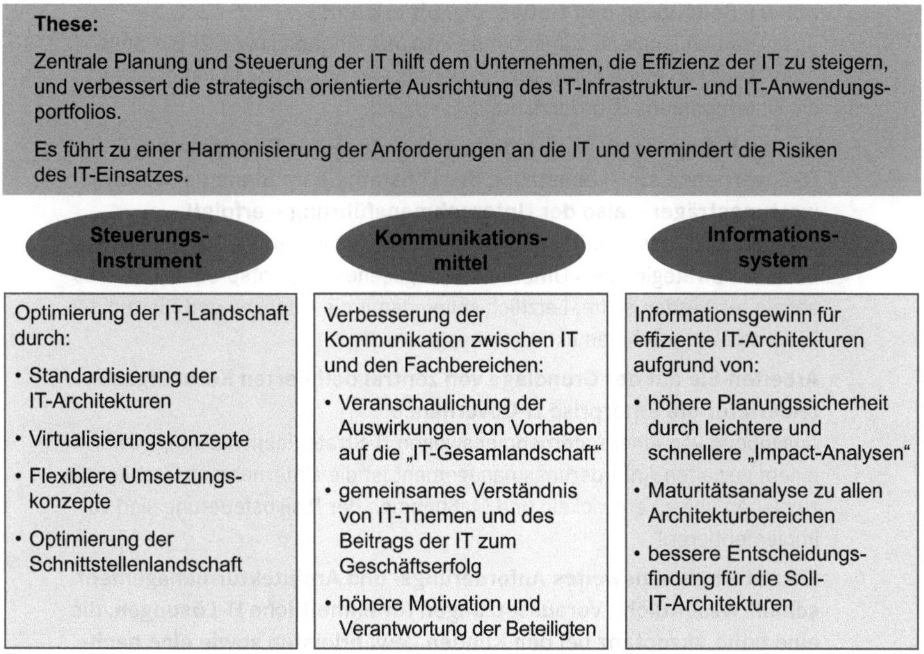

These:

Zentrale Planung und Steuerung der IT hilft dem Unternehmen, die Effizienz der IT zu steigern, und verbessert die strategisch orientierte Ausrichtung des IT-Infrastruktur- und IT-Anwendungsportfolios.

Es führt zu einer Harmonisierung der Anforderungen an die IT und vermindert die Risiken des IT-Einsatzes.

Steuerungs-Instrument

Optimierung der IT-Landschaft durch:
- Standardisierung der IT-Architekturen
- Virtualisierungskonzepte
- Flexiblere Umsetzungskonzepte
- Optimierung der Schnittstellenlandschaft

Kommunikationsmittel

Verbesserung der Kommunikation zwischen IT und den Fachbereichen:
- Veranschaulichung der Auswirkungen von Vorhaben auf die „IT-Gesamtlandschaft"
- gemeinsames Verständnis von IT-Themen und des Beitrags der IT zum Geschäftserfolg
- höhere Motivation und Verantwortung der Beteiligten

Informationssystem

Informationsgewinn für effiziente IT-Architekturen aufgrund von:
- höhere Planungssicherheit durch leichtere und schnellere „Impact-Analysen"
- Maturitätsanalyse zu allen Architekturbereichen
- bessere Entscheidungsfindung für die Soll-IT-Architekturen

Bild 17.24 Möglicher Nutzen durch Einführung zentraler IT-Steuerung

Als Fazit kann festgehalten werden: In der Realität sind alle Unternehmen in immer stärkerem Ausmaß von einer funktionierenden IT abhängig. Sie ist der integrale Bestandteil vieler Geschäftsprozesse. Deswegen ist gerade für die Schnittstelle zwischen IT und Geschäft eine effektive Governance essenziell. Fehlt sie, kann dies in den meisten Unternehmen gravierende Folgen haben: Die Reihe der missglückten IT-Projekte setzt sich fort und die gesamte Wertschöpfung sowie der nachhaltige Bestand eines Unternehmens leiden.

Das Wichtigste – zusammengefasst

- **Die Einrichtung eines internen Überwachungssystems stellt ein wichtiges Instrument der Corporate Governance dar. Dieses beinhaltet sowohl die Teilsysteme der prozessabhängigen Überwachung (Internes Kontrollsystem) als auch die der prozessunabhängigen Überwachung (Interne Revision).**
  Dabei prüft und beurteilt die Interne Revision die Effizienz und Effektivität des internen Kontrollsystems im Unternehmen.

- **Die Corporate Governance ist der wesentliche Treiber für die IT-Governance!**
  Enterprise IT-Governance und die dabei zu betrachtenden Standards und Vorgaben werden typischerweise aus der Corporate Governance des Unternehmens abgeleitet.
- **Beachten Sie, dass eine zentrale Planung und Kontrolle bzw. die Steuerung der IT-Aktivitäten für viele Organisationen eine immer höhere Bedeutung und Notwendigkeit erlangt!**
  Business-IT-Alignment, zunehmende Risikosituationen sowie Compliance-Anforderungen machen die Zentralisierung von Steuerungsfunktionen für die Unternehmens-IT unverzichtbar.
- **Stellen Sie sicher, dass durch die Anwendung der Prinzipien der IT-Governance eine Umsetzung der IT-Strategie im Sinne der Verantwortungsträger – also der Unternehmensführung – erfolgt!**
  Das bedeutet, dass die IT-Strategie als möglichst integraler Bestandteil der Business-Strategie eines Unternehmens gesehen und entsprechend daraus abgeleitet werden sollte. Letztlich sollen damit die Chancen und Risiken der IT für das Unternehmen aktiv gemanagt werden.
- **Arbeiten Sie auf der Grundlage von zentral definierten Kernaufgabenfeldern für die Enterprise IT-Governance!**
  Ausgehend von einer unternehmensweiten IT-Strategieentwicklung sowie einem gezielten Anforderungsmanagement ist die Unternehmensarchitektur zu planen und zu entwickeln und Maßnahmen der Risikosteuerung sind zu implementieren!
- **Ein unternehmensweites Anforderungs- und Architekturmanagement schafft wesentliche Voraussetzungen für einheitliche IT-Lösungen, die eine hohe Akzeptanz bei den Kunden gewährleisten sowie eine nachhaltige Unternehmenssicherung ermöglichen.**
- **Nutzen Sie auf der Management- und Steuerungsebene die Chance, in Zeiten komplexer und wichtiger werdender IT-Systeme für Ihre Organisation effektive Strukturen zu schaffen, die auch die Kultur Ihres Unternehmens durch die neue Qualität der Zusammenarbeit positiv verändern werden.**
- **Ausgehend von den Grundsätzen der Enterprise IT-Governance ist es wichtig, dass die Planung, Durchführung, Kontrolle und Bewertung von IT-Investitionen nach einem klaren Verfahrenskonzept erfolgen.**
  Auf diese Weise kann sichergestellt werden, dass ein sachgerechter und effizienter Einsatz der für IT-Zwecke zur Verfügung stehenden Mittel erfolgt.
- **Als wesentliche Methoden zur Sicherung und Steuerung des IT-Betriebs bzw. der IT-Governance haben sich IT-Prozessanalysen, Impact-Analysen sowie Risiko- und Compliance-Analysen bewährt.**
  Um aufgrund von vorliegenden Informationen und durchgeführten Analysen zu abgestimmten Maßnahmen zu gelangen, benötigen alle Beteiligten grundlegende Problemlöse- und Methodenkompetenzen. Damit können sich alle

Beteiligten und Betroffenen konstruktiv sach- und zielgerichtet einbringen und durch eine gemeinsame Umsetzung von Maßnahmen erfolgreich einen sicheren und effizienten IT-Systembetrieb ermöglichen.

- **COBIT (Control Objectives for Information and related Technology) kann als das herausragende Framework für Enterpise IT-Governance vielfach nutzbringend herangezogen werden!**
  Es deckt wie kein anderes Framework die Prozesse und Aktivitäten der IT ab, die für eine unternehmensweite IT-Steuerung wesentlich sind.

■ 17.8 Literatur

[BiWi07] *Bienert, P.; Faulhaber, B.:* IT-Governance – Strategische Führung und Kontrolle von Informationssystemen als Teil der New Corporate Governance. Forte Advisors AG, 2007

[DCGK19] Regierungskommission *Deutscher Corporate Governance Kodex* (Hrsg.): Deutscher Corporate Governance Kodex in der Fassung vom 7. Februar 2017, online unter: http://www.dcgk.de/de/kodex/aktuelle-fassung/praeambel.html (letzter Zugriff: 13.06.2022)

[DeH15] *De Haes, S.; van Grembergen, W.; Joshi, A.; Huygh, T.:* Enterprise Governance of Information Technology – Achieving Alignment and Value in Digital Organizations, 3. Aufl., Springer, Cham 2015

[FrGl07] *Fröhlich, M., Glasner, K.:* IT Governance – Leitfaden für eine praxisgerechte Implementierung. Gabler, Wiesbaden 2007

[GA20] *Gartner:* The Strategic Planning Checklist to Progress Through Uncertainty. Präsentation und Empfehlungen von Gartner-Research 2020

[Gau19] *Gaulke, M.:* COBIT® 2019 – das neue IT-Governance-Modell für die Unternehmens-IT. In: IT-Governance, 13. Jg. (2019), Nr. 29, S. 3-9

[Gau20] *Gaulke, M.:* Praxiswissen COBIT – Grundlagen und praktische Anwendung in der Unternehmens-IT, 3. Aufl., dpunkt, Heidelberg 2020

[Go06] *Goltsche, Wolfgang:* COBIT kompakt und verständlich. Springer, Berlin Heidelberg 2006

[ITSM05] *ITSM Pocket Library:* IT Governance. Das Taschenbuch basierend auf COBIT. Van Haren Publishing, 2005

[ISACA2011a] *ISACA*: COBIT 5, The Framework, Rolling Meadows, USA, 2011. http://www.isaca.org/COBIT514

[ISACA2011b] *ISACA*: COBIT 5, Process Reference Guide, Rolling Meadows, USA, 2011. http://www.isaca.org/COBIT515

[ISACA2012a] Information Systems Audit and Control Association (*ISACA*): COBIT® 5 – Rahmenwerk für Governance und Management der Unternehmens-IT, deutsche Ausgabe, ISACA, Rolling Meadows 2012

[ISACA2012b] *ISACA*: COBIT 5, Information Systems Audit and Control Association (*ISACA*): COBIT® 5 – Enabling Processes, deutsche Ausgabe, ISACA, Rolling Meadows 2012

[ISACA20a] Information Systems Audit and Control Association (*ISACA*): COBIT 2019 Einleitung und Methodik, ISACA, Schaumburg 2020

[ISACA20b] Information Systems Audit and Control Association (*ISACA*): COBIT 2019 Governance- und Managementziele, ISACA, Schaumburg 2020

[ISO15] *International Organization for Standardization* (Hrsg.): International Standard ISO/IEC 38500:2015, Information technology – Governance of IT for the organization, Second Edition, Genf 2015

[ITGI03] *IT Governance Institute* (Hrsg.): IT Governance für Geschäftsführer und Vorstände. IT Governance Institute in Kooperation mit KPMG, 2003

[JoGo07] *Johannsen, W.; Goeken, M.:* Referenzmodelle für IT-Governance. Strategische Effektivität und Effizienz mit COBIT, ITIL & Co. dpunkt.verlag, Heidelberg 2007

[Jo07] *Joisten, C.:* IT Governance A new concept or an innovative development of Information Management. VDM Verlag Dr. Müller, 2007

[Ke04] *Keitsch, D.:* Risikomanagement. 2., überarb. u. erw. Auflage. Schäffer-Poeschel, Stuttgart 2004

[KeMa08] *Keller, W.; Masak, D.:* Was jeder CIO über IT-Alignment wissen sollte. IM Information Management & Consulting, 23. Jahrgang 1/2008

[Kl16] *Klotz, M.:* ISO/IEC 3850x – Die Normenreihe zur IT-Governance. In: SIMAT Arbeitspapiere. Hrsg. von M. Klotz. Stralsund: FH Stralsund, SIMAT Stralsund Information Management Team, 8. Jg. (2016), Nr. 30, DOI: *http://dx.doi.org/10.13140/RG.2.2.31605.58080*

[Mi89] *Mintzberg, H.:* Mintzberg on Management. Inside our strange world of organizations. Free Press, 1989

[Ni05] *Niemann, K.:* Von der Unternehmensarchitektur zur IT Governance – Bausteine für ein wirksames IT-Management. Vieweg, Wiesbaden 2005

[OECD15] *OECD* (Hg.): G20/OECD-Grundsätze der Corporate Governance, OECD Publishing Paris 2015, DOI: *https://doi.org/10.1787/9789264250130-de* (letzter Zugriff: 11.08.2022)

[RüSG06] *Rüter, A.; Schröder, J.; Göldner, A.:* IT-Governance in der Praxis. Springer, 2006

[Ti07] *Tiemeyer, E.:* IT-Strategien entwickeln – IT-Architekturen planen. Rauscher, Haag i. OB 2007

[WeRo04] *Weill, P.; Ross, W.:* IT Governance How top performers manage IT decision rights for superior results. Harvard Business Scholl Press, 2004

18 Information Security Management

Klaus Schmidt

Fragen, die in diesem Kapitel beantwortet werden:

- Worin besteht die Aufgabe des Information Security Managements und was wird für diese Aufgabe benötigt?
- Welche wichtigen Information-Security-Standards existieren und wie können sie angewendet werden?
- Mit welchen Kriterien kann man die Information Security bestimmen?
- Was gehört alles zu einem Managementsystem für Informationssicherheit?
- Welche Möglichkeiten gibt es zur Gestaltung der Sicherheitsorganisation?
- Welche Rollen sind bei der Implementierung eines Information-Security-Managements und den damit verbundenen Prozessen zu etablieren?
- Wie kann die Sicherheitssituation einer IT-Organisation reportet werden?
- Wie baut man eine Security Policy zweckmäßig auf und welche Inhalte sollten im Rahmen entsprechend unterstützender Dokumente geführt werden?
- Welche rechtlichen Grundlagen existieren im Zusammenhang mit der Information Security?

Nach etlichen spektakulären Hackerangriffen und Datenskandalen steht die Notwendigkeit für die Sicherheit der Informationstechnik außer Frage. Niemand muss mehr überzeugt werden, dass Sicherheit beim Einsatz der IT eine große Rolle spielt. Dabei lässt sich in der IT eine weiter wachsende Verwundbarkeit beobachten und das hat mehrere Gründe:

- **Steigende Komplexität:** IT-Systeme, Komponenten und Dienste werden immer umfangreicher und sind immer stärker miteinander verwoben. Die Grenze zwischen klassischem Computing und Mobile Computing verschwimmt zunehmend und immer neue Dienste, Features und Möglichkeiten erhöhen die Anfälligkeit für Fehler und Angriffe. Zudem werden die Release-Zyklen aufgrund gestiegener „time to market"-Anforderungen immer kürzer. Für detaillierte Produkttests bleibt keine Zeit, lieber arbeitet man reaktiv mit Patches und Updates.
- **Steigende Dynamik und Abhängigkeiten:** Die Abhängigkeit der Geschäftsprozesse von der IT nimmt immer mehr zu. Es gibt kaum noch einen Geschäftsprozess in der Produk-

tion oder der Verwaltung, der ohne IT auskommt. Die Abhängigkeit zwischen den einzelnen Systemen, Komponenten und Diensten steigt stetig, gleichzeitig nimmt die Veränderungsgeschwindigkeit ebenfalls zu. Oft können da Kontroll- und Dokumentationsmechanismen nicht mithalten.

- **Zunehmende Öffnung:** Während früher die Vernetzung der EDV-Systeme eines Unternehmens noch überschaubar war, verfügen moderne IT-Systeme über eine Vielzahl von Verbindungen zu anderen IT-Systemen, sowohl unternehmensintern als auch zu globalen Diensten und Netzwerken. Beispiele hierfür sind unternehmensübergreifende Prozesse, Identity Federation oder der Einsatz von Cloud Computing. Steuerungssysteme werden mit der IT-Welt gekoppelt, sowohl im industriellen als auch im privaten Bereich, z. B. beim Smart Home.

- **Sinkende Transparenz:** Mit der steigenden Komplexität wird es immer schwieriger, die gesamte IT-Architektur zu durchschauen. Nicht nur das Fehlerpotenzial steigt dadurch, Angreifer haben es auch leichter, unentdeckt im System zu agieren.

- **Erhöhtes Missbrauchspotenzial:** Die der IT überantworteten Anwendungen und Dienste werden immer umfangreicher. In Verbindung mit den beiden erstgenannten Punkten steigen damit das Missbrauchspotenzial und die Höhe der möglichen Schäden. Durch die Kopplung mit der IT-Welt geraten auch kritische Infrastrukturen wie beispielsweise Kraftwerke, die lange Zeit als abgeschottet und damit als sehr sicher galten, in die Reichweite von IT-Angriffen.

Effektive Organisation und Steuerung der Information Security erfordern, besonders in größeren IT-Umgebungen, ein durchdachtes Information Security Management. Die dafür notwendigen Strukturen und Methodiken werden in diesem Kapitel behandelt.

18.1 Rechtlicher Rahmen für die Information Security

Lange Zeit gab es keine rechtlichen Vorgaben, die sich auf die IT-Security bezogen hätten. Für den Gesetzgeber galt der Grundsatz der unternehmerischen Freiheit, nach dem der Staat nicht zu bestimmen hat, wie ein Unternehmen arbeitet und welche Entscheidungen es trifft. Dies galt auch für die Information Security.

Mit der Durchdringung und wachsenden Abhängigkeit der Geschäftsprozesse von der IT fand diese Freiheit dort ihre Grenzen, wo ein Schutzinteresse von Dritten besteht. Eine Person, die einem Unternehmen persönliche Informationen zur Verfügung stellt, muss sich darauf verlassen können, dass mit diesen Informationen verantwortungsvoll umgegangen wird. Investiert eine Person Geld in eine Unternehmensaktie, muss sie davon ausgehen können, dass sich das Unternehmen zumindest um existenzgefährdende Risiken kümmert.

Durch internetbasierte Wirtschaftsspionage, IT-gestützte politische Ausspähung und Cyberangriffe aus terroristischen Motiven sind ganze Volkswirtschaften bedroht, was dazu führt, verstärkt gesetzliche Vorgaben mit unmittelbarem Bezug zur Information Security zu formulieren.

18.1.1 IT-Sicherheitsgesetz

Als Folge von Anschlägen und Cyberattacken gegen vor allem westliche Gesellschaften entstanden Überlegungen, welche Infrastrukturen für das Gemeinwesen besonders wichtig (kritisch) seien, bei denen aus diesem Grund ein Schutz im staatlichen Interesse liegt.

Im Jahr 2009 wurde vom Bundesministerium des Inneren die „Strategie zur Sicherung kritischer Infrastrukturen" initiiert. Als kritische Infrastrukturen wurden die neun Bereiche Staat und Verwaltung, Energie, Information- und Kommunikationstechnik, Gesundheit, Transport und Verkehr, Medien und Kultur, Wasser, Finanz- und Versicherungswesen und Ernährung definiert.

Diese Strategie wurde ab 2013 zu einem umfassenden Umsetzungsplan zum Schutz kritischer Infrastrukturen (UP KRITIS) weiterentwickelt. Aufgrund wachsender Bedrohungen durch Cyber-Angriffe entschloss man sich, es nicht nur bei freiwilligen Maßnahmen durch die Betreiber zu belassen, sondern verbindliche gesetzliche Vorgaben für die Information Security zu schaffen.

Mit dem am 17. Juli 2015 beschlossenen Gesetz zur Erhöhung der Sicherheit informationstechnischer Systeme (IT-Sicherheitsgesetz) gibt es erstmals eine gesetzliche Regelung in Deutschland, die sich direkt auf die Information Security bezieht. Das IT-Sicherheitsgesetz ist ein Artikelgesetz, also ein Gesetz, durch das mehrere andere Gesetze geändert werden, in diesem Fall unter anderem das BSI-Gesetz, Atomgesetz, Energiewirtschaftsgesetz, Telemediengesetz und das Telekommunikationsgesetz.

Seit dem 18. Mai 2021 gibt es eine neue Fassung des Gesetzes („IT-Sicherheitsgesetz 2.0"), die den Grundgedanken des Gesetzes nochmals verstärkt, die Kompetenzen des Staats bzw. des Bundesamts für Sicherheit in der Informationstechnik (BSI) erhöht und den Kreis der Betroffenen erweitert. So gibt es nun einen zehnten Sektor „Siedlungsabfallentsorgung", der Umweltgefährdungen und Seuchengefahr bei Ausfall der Abfallentsorgung im Blick hat[1], wodurch Entsorgungsunternehmen in die Reichweite des Gesetzes kommen.

Der Kerngedanke der Erhöhung der Sicherheit hat sich nicht geändert und lässt sich an einer Passage in Artikel 1 (BSI-Gesetz) ablesen:

Artikel 1, § 8a Abs. 1: „Betreiber Kritischer Infrastrukturen sind verpflichtet (…), angemessene organisatorische und technische Vorkehrungen zur Vermeidung von Störungen der Verfügbarkeit, Integrität, Authentizität und Vertraulichkeit ihrer informationstechnischen Systeme, Komponenten oder Prozesse zu treffen (…)."

Damit wird eine präventive Information Security gefordert. Unter die organisatorischen Vorkehrungen fällt das unternehmensweit arbeitende und von der Geschäftsleitung verantwortete Information Security Management und dessen Management-System (ISMS), bei den technischen Vorkehrungen wird gefordert, dass sie dem Stand der Technik entsprechen müssen.

---

[1] Hintergrund könnten Vorfälle von Müllchaos in Italien gewesen sein, aus denen die Bedeutung der Abfallentsorgung ersichtlich wurde.

Auch die reaktive Information Security wird adressiert und gefordert. So müssen aufgetretene erhebliche Störungen dem BSI gemeldet werden (Meldepflicht nach Artikel 1, § 8 f Abs. 7). Interessant ist, dass auch potenzielle erhebliche Störungen gemeldet werden müssen, die zu einem Ausfall oder erheblicher Beeinträchtigung der Wertschöpfung führen können. Das führt zur Betrachtung von Risikoszenarien innerhalb des Information Security Managements.

Aus der Pflicht zur Meldung erheblicher Störungen wird jetzt die Pflicht zur Erkennung dieser Störungen abgeleitet, was folgerichtig ist. Ab dem 1.5.2023 ist nach § 8a Abs. 1a (neu) der Einsatz von Systemen zur Angriffserkennung (Security Monitoring, Security Operations[2]) verpflichtend[3]. Des Weiteren wird jetzt nach § 8b Abs. 4a (neu) aus der Meldepflicht abgeleitet, dass ein KRITIS-Betreiber auf Verlangen des BSI die zur Bewältigung der Störung notwendigen Informationen herausgeben muss. Das schließt personenbezogene Daten mit ein. Die entsprechende Befugnis dazu wird im Gesetz erteilt.

Das Gesetz wird durch die KRITIS-Verordnung (KritisV) konkretisiert, in der beispielsweise geregelt ist, wann ein Unternehmen als KRITIS-Betreiber betrachtet wird. Dafür sind neben der Branchenzugehörigkeit auch das Vorhandensein bestimmter Anlagen und Leistungsgrößen (Schwellenwerte) maßgeblich. Ist das Unternehmen als Betreiber festgestellt, ist es verpflichtet, sich unmittelbar beim BSI zu registrieren (§ 8b Abs. 3).

Nach § 2 Abs. 14 gilt das Gesetz aber auch für „Unternehmen im besonderen öffentlichen Interesse", darunter fallen Unternehmen, die eine erhebliche volkswirtschaftliche Bedeutung besitzen oder Rüstungsgüter produzieren oder bei denen Störfälle mit großen Auswirkungen denkbar sind (z. B. Chemiekonzerne).

KRITIS-Komponenten, durch die eine erhebliche Störung entstehen kann, sind beim BSI anzuzeigen, für sie wird eine Erklärung der Vertrauenswürdigkeit durch den Hersteller gefordert. Kommt das Bundesministerium des Innern und für Heimat zu der Überzeugung, dass durch die Komponente die öffentliche Ordnung und Sicherheit beeinträchtigt werden, kann es den Einsatz dieser Komponente untersagen[4].

18.1.2 EU Datenschutz-Grundverordnung (DSGVO)

Aus den Persönlichkeitsrechten lässt sich das Recht auf informationelle Selbstbestimmung und damit auf den Schutz personenbezogener Daten[5] ableiten. Strenggenommen ist der Datenschutz ein eigenes Thema, die Datenschutzgesetzgebung soll dennoch hier Erwähnung finden und unter dem Aspekt der Information Security betrachtet werden.

In der EU ist seit 25. Mai 2018 die Datenschutz-Grundverordnung (DSGVO) in allen Mitgliedstaaten verbindlich anzuwenden. Sie ersetzt die EU-Datenschutzrichtlinie von 1995

---

[2] Die Hauptaufgabe besteht in der Überwachung der IT und der Behandlung von Sicherheitsereignissen bzw. -vorfällen. Dazu hat sich der Begriff SIEM (Security Information and Event Management) in der IT etabliert. SIEM-Systeme werden meist an einem zentralen Ort (Security Operations Center, SOC) betrieben.

[3] Damit wird eine technische Vorkehrung schon im Gesetz näher spezifiziert.

[4] Hintergrund dürfte die Diskussion um die Vertrauenswürdigkeit von Huawei-Komponenten im 5G-Netz sein, da in § 9b Abs. 2 explizit die Kontrolle des Herstellers durch die Regierung, staatliche Stellen oder Streitkräfte erwähnt wird.

[5] Daten, die sich eindeutig einer natürlichen Person zuordnen lassen.

und vereinheitlicht und modernisiert die bis dahin bestehenden nationalen Datenschutzbestimmungen.

Artikel 5 nennt die Prinzipien, die der Verarbeitung personenbezogener Daten zugrunde liegen:

- **Zweckbindung, Rechtmäßigkeit und Datenminimierung:** Die Daten dürfen nur für rechtmäßige Zwecke erhoben und auf rechtmäßige Weise verarbeitet werden. Dabei sind nur die Daten zu erheben, die für diesen Zweck notwendig sind.
- **Speicherbegrenzung, Richtigkeit, Integrität und Vertraulichkeit:** Die Daten sind nur so lange zu speichern, wie es für den Zweck erforderlich ist. Solange sie gespeichert sind bzw. verarbeitet werden, müssen die Daten sachlich richtig und aktuell sein. Die Daten sind technisch und organisatorisch gegen Verlust, Beschädigung, unbefugten Zugriff und Manipulation zu schützen.

Der letzte Satz führt direkt zur Information Security. Dies wird in Artikel 32 weiter ausgeführt, in dem gefordert wird, dass die mit der Verarbeitung verbundenen Risiken berücksichtigt und die Sicherheitskriterien Verfügbarkeit, Vertraulichkeit und Integrität sichergestellt werden. Aus Artikel 25 ergeben sich dabei die in einem Erwägungsgrund zu geeigneten Maßnahmen erwähnten Prinzipien „Data protection by design" und „Data protection by default", d. h., die Datenschutzprinzipien sollten schon in die Gestaltung der Funktionalität der eingesetzten IT-Applikationen einfließen.

Die datenverarbeitende Stelle kann nach Artikel 42 bei einer zugelassenen Zertifizierungsstelle ein Datenschutzzertifikat erlangen, das sich als Nachweis der DSGVO-Konformität nutzen lässt.

Die DSGVO macht keine Aussagen darüber, wie die Information Security konkret ausgestaltet sein soll, sie legt nur deren Ziele im Hinblick auf den Datenschutz fest.

Besondere Beachtung hat die DSGVO deshalb gefunden, weil sie harte Sanktionen bei Verstößen gegen die Datenschutzgrundsätze zulässt, die jeweils auf nationaler Ebene festgelegt werden. So kann ein Bußgeld über bis zu 20 Mio. Euro oder 4 % des weltweiten Jahresumsatzes verhängt werden.

18.1.3 KonTraG und DCGK

Nach einigen Fällen von überraschenden und schuldhaften Unternehmenszusammenbrüchen, bei denen die Vorstände existenzbedrohende Risiken leichtfertig ignorierten und die Aktionäre ihr eingesetztes Kapital verloren hatten, wurde in Deutschland 1998 das Gesetz zur Kontrolle und Transparenz im Unternehmensbereich (KonTraG) geschaffen.

Es macht einige Vorgaben für eine verantwortungsvolle Unternehmensführung und gehört daher zu den Richtlinien, für die sich der Begriff *Corporate Governance* etabliert hat.[6]

Das KonTraG ist, ebenso wie das IT-Sicherheitsgesetz, ein Artikelgesetz,[7] durch das eine Vielzahl von Wirtschaftsgesetzen geändert werden (z. B. Aktiengesetz, Handelsgesetzbuch,

---

[6] Der Begriff lässt sich im Unternehmen auf die verschiedenen Funktionsbereiche herunterbrechen. Bezogen auf die IT findet sich daher der Begriff *IT-Governance*.
[7] d. h. ein Gesetz, das andere Gesetze erweitert, ergänzt oder ändert.

GmbH-Gesetz oder die Wirtschaftsprüferordnung). Die wichtigste Forderung besteht in der Verpflichtung des Vorstands, ein Früherkennungssystem für bestandsgefährdende Risiken einzurichten:

 Der Vorstand hat geeignete Maßnahmen zu treffen, insbesondere ein Überwachungssystem einzurichten, damit den Fortbestand der Gesellschaft gefährdende Entwicklungen früh erkannt werden.

Das hierfür erforderliche, unternehmensweit arbeitende und vom Vorstand verantwortete Risikomanagementsystem schließt auch die Betrachtung von IT-Risiken mit ein. Sie werden in der Regel innerhalb eines IT-Risikomanagement-Systems ermittelt, bewertet und als finanzielle Risiken im unternehmensweiten Risikomanagement berücksichtigt. Die Ergebnisse des IT-Risikomanagements fließen in das Information Security Management ein, das sich um eine angemessene Absicherung kümmert.

Das KonTraG zielt auf große und damit schwer zu durchdringende Aktiengesellschaften, bei einer kleinen AG wird davon ausgegangen, dass Bestandsgefährdungen schneller erkannt werden können. Aber auch für Kommanditgesellschaften auf Aktien (KGaA) oder eine große GmbH mit einem Aufsichtsrat ist das KonTraG relevant.

Im Jahr 2002 wurde der deutsche Corporate Governance Kodex (DCGK) veröffentlicht, der ganz allgemein Regeln für die Unternehmensleitung und -überwachung enthält. In Kapitel 4 (Vorstand) heißt es in Abschnitt 4.1.4: „Der Vorstand sorgt für ein angemessenes Risikomanagement und Risikocontrolling im Unternehmen." Damit ist, genau wie beim KonTraG, die Brücke zum IT-Risikomanagement und dem Information Security Management vorhanden.

18.1.4 UK Corporate Governance Code

In den 1990er-Jahren entstanden in Großbritannien mit dem Cadbury Code, dem Greenbury Report und dem Hampel Report drei Corporate-Governance-Ansätze. Ende der 1990er-Jahre verschmolzen sie zum „Combined Code" und führten schließlich zum UK Corporate Governance Code. Britische Unternehmen müssen bei Unternehmensprüfungen die Konformität zu diesem Kodex erklären oder begründen, warum sie ihn nicht umsetzen.

In Section C – Accountability finden sich die Aussagen, die mittelbaren Bezug auf das Information Security Management besitzen. Mittelbar deshalb, weil ähnlich wie beim KonTraG oder dem DCGK die Information Security nicht direkt adressiert wird, sondern nur die Risiken angesprochen werden, die vom Unternehmen eingegangen werden. In Section C heißt es:

- „The board is responsible for determining the nature and extent of the significant risks."
- „The board should maintain risk management and internal control systems."
- „The board should establish formal and transparent arrangements for considering how they should apply risk management and internal control principles."

Angesichts der starken IT-Durchdringung der Unternehmen gewinnen die IT-Risiken immer mehr an Bedeutung, die Berücksichtigung der IT-Risiken bei der Betrachtung der Unternehmensrisiken ist daher heute fast schon obligatorisch.

18.1.5 Sarbanes Oxley Act (SOX, SOA)

Aufgrund einiger Bilanzskandale (z. B. Enron) sah sich 2002 auch die US-Regierung veranlasst, im Bereich der Corporate Governance aktiv zu werden und die gesetzlichen Bestimmungen für die Bilanzierung börsennotierter Unternehmen zu verschärfen. Insbesondere sollte die Korrektheit der in der Bilanz dargestellten Zahlen sichergestellt werden.

Der resultierende Gesetzesentwurf wurde nach den beiden maßgeblich beteiligten Personen, dem Senator Paul Sarbanes und dem Kongressabgeordneten Michael Oxley, benannt und erhielt die Bezeichnung „Sarbanes Oxley Act" (kurz SOX oder SOA). Die wichtigen Vorgaben des Gesetzes findet man in zwei Sektionen:

- **Sektion 302:** Hier werden der Vorstandsvorsitzende und der Finanzvorstand verpflichtet, persönliche Erklärungen über die Korrektheit der Finanzberichterstattung abzugeben und zu bescheinigen, dass die geforderten Kontrollen und Verfahren effektiv durchgeführt wurden. Der Vorstandsvorsitzende und der Finanzvorstand können für die Korrektheit in die persönliche Haftung genommen werden.

- **Sektion 404:** Hier wird gefordert, dass das Unternehmen interne Kontrollen im Unternehmen etablieren, durchführen und dokumentieren muss, die sicherstellen, dass nicht unbemerkt oder vorsätzlich falsche Angaben in der Finanzberichterstattung auftauchen. Betroffen sind also insbesondere alle bilanzwirksamen Prozesse. Da auch diese Prozesse IT-gestützt sind, müssen die erwähnten internen Kontrollen auch in der IT bzw. den IT-Prozessen eingeführt werden.

Das Gesetz gilt für alle an der New Yorker Börse (NYSE) notierten Unternehmen und somit auch für deutsche Unternehmen, die an der Wall Street gelistet sind.

18.1.6 8. EU-Richtlinie (EuroSOX)

Auch in Europa gab es Prüfungsskandale (z. B. Parmalat in Italien), die den Handlungsbedarf der europäischen Union aufzeigten. Die EU reagierte mit der 8. EU-Richtlinie (2006/43/EG) des Europäischen Parlaments und des Rates, die auch als Abschlussprüfungs-Richtlinie oder kurz EuroSOX bezeichnet wird und seit Juni 2006 in Kraft ist.

Kernpunkt ist die Unabhängigkeit externer Prüfer, die in der Vergangenheit immer wieder untergraben wurde, denn Wirtschaftsprüfungsunternehmen sind privatwirtschaftliche Unternehmen – Mandate bedeuten Umsatz. So kam es in der Vergangenheit öfter zu Gefälligkeitstestaten. Um das Mandat nicht zu verlieren, wurden Unregelmäßigkeiten nicht beanstandet. Dieser Missstand soll durch die Stärkung der Unabhängigkeit der Wirtschaftsprüfer in Zukunft bekämpft werden.

Da sich die Ansätze für Corporate Governance in den einzelnen Mitgliedsstaaten erheblich voneinander unterscheiden, ist EuroSOX nicht so streng wie SOX und überlässt den einzelnen Staaten Regeln für die Ausgestaltung der Corporate Governance. Definiert werden die Ziele, nicht aber die Form und die Mittel. Allerdings zeigt sich auch bei EuroSOX, dass ein Schwerpunkt bei der Einrichtung und Durchführung interner Kontrollen liegt. Daher ist ein internes Kontrollsystem (IKS) zu etablieren, dessen Wirksamkeit überprüft wird.

Die Richtlinie definiert keine konkreten Maßnahmen für einzelne Bereiche wie die Informationstechnik. Die IT ist jedoch mittelbar vom IKS betroffen, sodass etwa interne Kontrollen in den IT-Prozessen notwendig sind.

18.1.7 Weitere Gesetze

Neben den dargestellten Gesetzen existieren noch eine Vielzahl gesetzlicher Regelungen, die bestimmte Informationsverarbeitungsbereiche betreffen (z. B. GoBS[8]), für bestimmte Branchen gelten (z. B. KWG[9]), sich auf bestimmte Anwendungen beziehen (z. B. ITK-Gesetze wie TKG[10] oder IuKDG[11]) usw. Im Einzelfall muss daher geprüft werden, welche gesetzlichen Vorgaben anzuwenden sind. Diese Prüfung sollte durch einen kompetenten Rechtsexperten erfolgen.

Prüfen Sie schon bei der Planung von IT-Lösungen, welchen externen und internen Vorgaben sie in einzelnen Bereichen des Unternehmens genügen müssen. Ist der Bereich beispielsweise nach einem Standard zertifiziert, dann machen Sie transparent, welche Anforderungen sich daraus für die IT-Lösungen ergeben.

18.2 Sicherheitsorganisation für die Information Security

Einer der ersten Schritte beim Aufbau eines Information Security Managements besteht darin, Verantwortlichkeiten, Zuständigkeiten und Rollen für das Thema Information Security organisatorisch im Unternehmen zu verankern. Dabei gilt es zu bedenken, dass ein Unternehmen keine homogene Einheit ist, die sachlogisch und zweckrational funktioniert, sondern ein komplexes System von Interessen, Macht, Konsens und Konflikten, aus dem heraus das Handeln des Unternehmens entsteht. Diese Tatsache zeigt sich auch, wenn es darum geht, die Sicherheitsorganisation für die Information Security zu gestalten.

Jede Möglichkeit zur Gestaltung der Sicherheitsorganisation (siehe Abschnitt 18.3.1) berührt Macht- und Interessensbereiche. Mit der Wahl der Rollen und der Ausstattung dieser Rollen mit Kompetenzen und Rechten im Unternehmen können Personen oder Bereiche gestärkt, aber auch Konflikte vorprogrammiert werden. Es ist wichtig zu wissen, welche Auswirkungen die verschiedenen Möglichkeiten zur Positionierung innerhalb des Organigramms besitzen.

---

[8] Grundsätze ordnungsmäßiger Speicherbuchführung (betrifft buchhaltungsrelevante Daten)
[9] Gesetz über das Kreditwesen (betrifft die Bankenbranche)
[10] Telekommunikationsgesetz
[11] Informations- und Kommunikationsdienstegesetz

18.2.1 Positionierung des Information Security Managements

Es gibt für Unternehmen keine feste Vorgabe, wo das Information Security Management anzusiedeln ist und wer im Unternehmen dafür verantwortlich ist. Dadurch ergibt sich eine Fülle von Möglichkeiten für die Definition verantwortlicher, zuständiger und kontrollierender Abteilungen, Teams, Stellen und Rollen.

Bei der Aufbauorganisation eines Unternehmens gibt es zwei Hauptrichtungen: Die vertikale Organisation spiegelt die Disziplinargewalt wider, die horizontale Organisation enthält die für das Unternehmen benötigten Tätigkeitsbereiche, die sich entweder an *Funktionen* (z. B. Einkaufsabteilung) oder an *Objekten* (z. B. IT-Bereich) orientieren.

Für das Information Security Management bedeutet die Orientierung an der Funktion, dass das Management von Sicherheit im Vordergrund steht. Bei der Orientierung am Objekt ist die eingesetzte Informationstechnik maßgeblich. Eine generell richtige oder falsche Einordnung gibt es hierbei nicht.

18.2.1.1 Information Security Management als Teilfunktion des IT-Managements

Als das Thema Information Security für Unternehmen relevant wurde, stand zunächst die Technik im Vordergrund. Firewalls oder Virenscanner mussten beschafft und implementiert werden. Aus diesem Grund waren die Personen, die sich um das Management der Information Security kümmern sollten, schnell gefunden: die Mitarbeiter der IT-Abteilung. Nur sie verfügten über das entsprechende IT-Know-how.

Mit der Zeit wurde die Aufgabe des Information Security Managements immer komplexer. Zunehmend stellte man fest, dass für diese Aufgabe nicht nur IT-Know-how erforderlich war, sondern vor allem Qualifikationen wie methodisches Wissen, Koordinationsvermögen oder analytische Fähigkeiten gefragt sind. Die direkte Zuordnung des Information Security Managements zum IT-Lebenszyklusmanagement entsprach immer weniger den Erfordernissen dieser Managementfunktion.

Viele Unternehmen lösten deshalb das Information Security Management aus dem IT-Betrieb und definierten eigene verantwortliche Rollen wie Information Security Manager oder IT-Sicherheitsbeauftragte (siehe auch Abschnitt 18.3.2). Bei diesem Ansatz werden alle IT-relevanten Funktionen (IT-Planung, IT-Betrieb, Information Security Management) als Teilbereiche des IT-Bereichs realisiert, das Objekt (die IT) steht im Vordergrund.

Vorteile:

- Eine einfache, objektbezogene Investitionssteuerung und -kontrolle ist möglich.
- Ein Ansprechpartner für alle Belange in der IT
- Kurze Wege und gute Abstimmung zwischen den IT-Funktionen

Nachteile:

- Oft kein eigenes Information Security Budget, d. h., das Information Security Management konkurriert mit anderen IT-Funktionen um das IT-Budget.
- Das Information Security Management ist disziplinarisch der IT-Leitung unterstellt und wird von den Interessen der IT-Leitung beeinflusst (keine Unabhängigkeit).

Viele IT-Leiter bemühen sich um die Einordnung des Information Security Managements in den IT-Bereich, weil sie damit die Information Security unter Kontrolle halten können. Müssen die Berichtswege in der Hierarchie eingehalten werden, kann der IT-Leiter beispielsweise Schwachstellen, die vom Security-Management entdeckt und gemeldet werden, zumindest eine Zeitlang unter dem Deckel halten. Eine geschickte Budgetsteuerung kann das Information Security Management stärken oder schwächen.

Bild 18.1 zeigt eine solche Einordnung. Die Security-Rollen sind in den IT-Bereich integriert, der IT-Leiter ist sehr mächtig und hat eine Schlüsselposition. Der Information Security Manager ist von ihm abhängig.

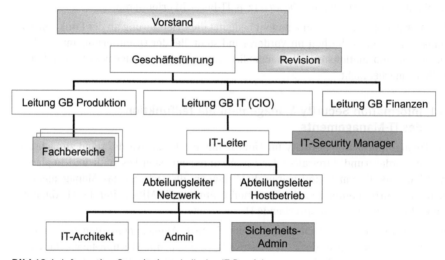

Bild 18.1 Information Security innerhalb des IT-Bereichs

Für die Sicherheitsadministratoren ergibt sich ein Interessenskonflikt zwischen den Interessen des Abteilungsleiters und den Interessen des Information Security Managers. Der IT-Leiter kann den Information Security Manager austricksen, ausbluten lassen oder Druck über die Abteilungsleiter ausüben.

Selbst wenn sich die Unternehmensleitung zur Information Security bekennt und dem Information Security Manager über Vorstandsbeschlüsse und Richtlinien die nötige Rückendeckung gibt, entsteht ein Konfliktpotenzial zwischen dem Information Security Manager und dem IT-Leiter. Dies führt mitunter zu einem Machtkampf, der nicht im Sinne des Unternehmens sein kann.

Als Vorteil dieser Variante gilt, dass der Information Security Manager fachlich eng mit dem IT-Leiter zusammenarbeitet und so kurze Wege existieren. Die Sicherheitsadministratoren sind als Linienposition voll in die IT eingebunden und haben dadurch einen besseren Einblick in IT-Projekte und den laufenden IT-Betrieb.

18.2.1.2 Information Security Management als Teil der Corporate Security

Stellt man nicht das Objekt, sondern die Funktion (das Security-Management) in den Mittelpunkt, gibt es einen Bereich „Information Security", der vom Information Security Manager verantwortet wird und der im Optimalfall in einem übergeordneten Bereich „Corporate

Security" eingebettet ist, in dem alle sicherheitsrelevanten Bereiche des Unternehmens als Teilbereiche realisiert sind (Objektschutz, Personenschutz, Arbeitssicherheit, Produktionssicherheit, Informationssicherheit usw.).

Das Information Security Management ist losgelöst von anderen IT-Managementfunktionen. In der Corporate Security wird die Unternehmenssicherheit als Ganzes analysiert und gesteuert. Es wird somit leichter, die Risiko- bzw. Sicherheitslage des Unternehmens zu ermitteln. Die Information Security wird zu einem Teilbereich der Unternehmenssicherheit, also zu einer „Unternehmenssicherheit angewendet auf die IT" und gewinnt dadurch eine andere Bedeutung im Unternehmen.

Vorteile:
- Die Sicherheitsbereiche arbeiten mit einheitlichen Methodiken, ein ganzheitliches Security-Reporting wird möglich.
- Die Managementwahrnehmung für die Information Security nimmt in der Unternehmensführung zu.
- Unabhängigkeit von den IT-Funktionen.

Nachteile:
- Hoher Aufwand bei der Zusammenführung der Sicherheitsbereiche.
- Abnehmende Identifizierung der IT mit dem Thema Information Security.

Bild 18.2 zeigt die Variante, bei der der Information Security Manager unabhängig von der IT-Linie arbeitet. Der Weg zur Geschäftsführung ist kürzer als im ersten Beispiel, dadurch wird der Kontakt zur Geschäftsführung direkter. Der Information Security Manager berichtet direkt an die Geschäftsführung, die Berichte können nicht durch andere Stellen oder Positionen gefiltert oder geschönt werden.

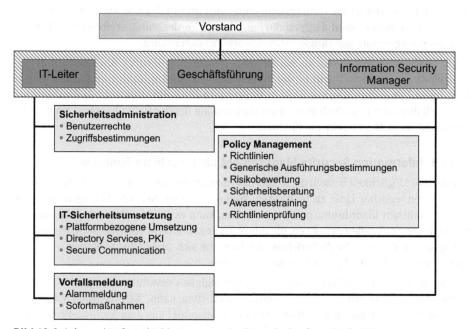

Bild 18.2 Information Security Management als eigenständige Security-Funktion

IT-Leiter und Information Security Manager stehen auf der gleichen Höhe im Organigramm, was für ein ausgeglichenes Kräfteverhältnis spricht. Zwar sind immer noch Intrigen der einen oder anderen Seite möglich, aufgrund der direkten Anbindung der Geschäftsführung kann diese aber schnell intervenieren.

Sowohl der IT-Leiter als auch der Information Security Manager sind in die sicherheitsrelevanten IT-Themen eingebunden. Das kann beim Information Security Manager dazu führen, dass er überfordert wird, wenn er nicht auf einen ausreichenden personellen Unterbau (Information Security Management Team) zurückgreifen kann.

In diesem Modell entsteht das Konfliktpotenzial auf der Ebene der Themen: Was wird vom IT-Bereich bestimmt und wo ist das Information Security Management bestimmend? Hier sollten sich beide Seiten nicht als Konkurrenz verstehen.

18.2.1.3 Information Security Management als Teil der Corporate Compliance

Mit wachsender Bedeutung von Gesetzen und Richtlinien wie KonTraG oder SOX kristallisiert sich ein neuer Tätigkeitsbereich heraus: Corporate Compliance. Auch in Deutschland wächst die Zahl der Unternehmen, die die Position des Chief Compliance Officer (CCO) eingerichtet haben.

Aufgabe dieses Tätigkeitsbereichs ist die Sicherstellung der Konformität des Unternehmens zu den für das Unternehmen relevanten Corporate-Governance-Gesetzen und -Richtlinien sowie zu anderen Vorschriften, Bestimmungen, Vorgaben und Standards, die für das Unternehmen gelten. Der Bereich ist üblicherweise beim Top-Management angesiedelt und berichtet direkt dem Vorstand.

Auch die Corporate Compliance kann nach Objekt und Funktion im Unternehmen heruntergebrochen werden (siehe zum Thema IT-Compliance ausführlich Kapitel 15 dieses Handbuchs). Steht das Objekt im Vordergrund, ergibt sich im Fall des Objekts IT der Tätigkeitsbereich *IT-Governance*. Steht dagegen die Funktion im Vordergrund, ergibt sich im Fall des Security-Managements der Tätigkeitsbereich *Security-Governance*.

Es gilt in vielen Unternehmen als modern, das Information Security Management der IT-Governance zuzuordnen. Damit ist die Problematik der Abhängigkeit vom IT-Bereich aber nicht gelöst. Der andere Weg zur Security-Governance erscheint schwierig, da die einzelnen Sicherheitsbereiche historisch gewachsen sind und die Bereichsleiter bei einer Konsolidierung meist einen Machtverlust befürchten.

18.2.1.4 Information Security Management als losgelöste Funktion

Eine weitere Möglichkeit besteht darin, das Information Security Management als Stabstelle losgelöst von jeglicher Linie zu realisieren. Weil die anderen Security-Management-Bereiche vor ähnlichen Einordnungsproblemen stehen, kann es leicht passieren, dass plötzlich eine Fülle von Stabstellen existieren, die ihrerseits unkoordiniert einzelne Security-Aspekte managen und alle einer Stelle berichten möchten, die sich „möglichst weit oben" befindet, um eine entsprechende Rückendeckung zu erhalten.

Demgegenüber steht der Vorteil, dass die Unabhängigkeit gewährleistet ist und die Stelle flexibel mit verschiedenen Organisationslinien arbeiten kann. Konfliktpotenzial gibt es trotzdem, z. B. wenn darum gestritten wird, ob Finanzmittel aus dem Security-Projektbudget oder einem Budget aus der Linie zur Verfügung gestellt werden sollen.

18.2.1.5 Dezentralisierung des Information Security Management

Ist das Unternehmen stark verteilt, kann eine Rolle allein die Information Security im Gesamtunternehmen nicht mehr gewährleisten. Die Aufgaben müssen dezentralisiert werden. Eine diesbezügliche Möglichkeit zeigt Bild 18.3.

Auch hier findet sich die Position des Information Security Manager (im Bild mit SM gekennzeichnet), allerdings besitzt er eine etwas andere Funktion. In den bisherigen Beispielen war er der Dreh- und Angelpunkt für alle operativen Sicherheitsthemen. Nun bekommt er eine mehr koordinierende Funktion und ist nicht mehr in alle Themen eingebunden.

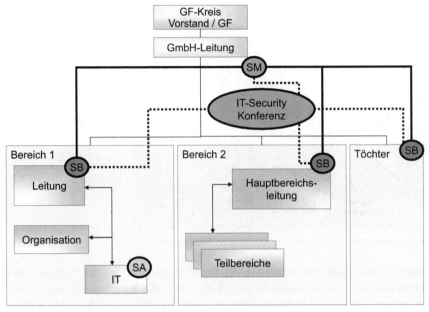

Bild 18.3 Dezentralisiertes Information Security Management

Die Hauptakteure für die operativen Sicherheitsthemen sind nun die IT-Sicherheitsbeauftragten (im Bild mit SB gekennzeichnet), die einerseits in ihrem Bereich an die Bereichsleitungen berichten, andererseits aber vom Information Security Manager koordiniert werden und ihn über die Sicherheitslage informieren. Nach innen verfügen die Beauftragten mit den IT-Sicherheitsadministratoren über unterstützende Personen für operative Tätigkeiten in der Information Security.

Die Sicherheitslagen der Bereiche fließen beim Information Security Manager zusammen, der daraus den Gesamtlagebericht erstellt und an die Unternehmensleitung berichtet.

Alle IT-Sicherheitsbeauftragten und der Information Security Manager stimmen sich in regelmäßigen Meetings, Videokonferenzen o. Ä. („Information-Security-Konferenz") ab und stellen in wichtigen Punkten die Einheitlichkeit (z. B. von Methoden) sicher.

18.2.1.6 Gremienmodell für das Information Security Management

In diesem Modell, das in Bild 18.4 dargestellt ist, wird die zentrale Figur des Information Security Manager durch ein oder mehrere Gremien ersetzt. Den Information Security Manager gibt es nach wie vor, er besitzt in diesem Modell aber weit weniger formale Macht.

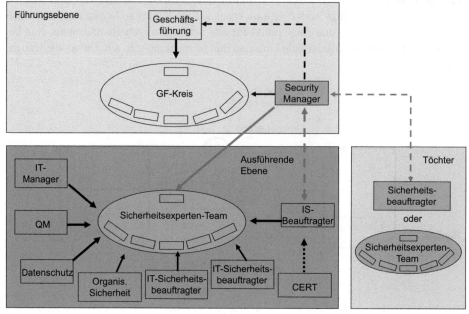

Bild 18.4 Gremienmodell für das Information Security Management

Die eigentlichen Entscheidungen werden in den Gremien getroffen, wo sich Vertreter aller für die Information Security relevanten Bereiche befinden. Durch den gremienbasierten Aufbau ist der Aufwand höher als bei den vorangegangenen Modellen. Das beginnt bei der Problematik, gemeinsame Termine zu finden, und zeigt sich auch an der Vielzahl von Interessen, die unter einen Hut gebracht werden müssen. Das führt dazu, dass die Entscheidungsfindung mehr Zeit in Anspruch nimmt und oft Kompromisse in Kauf genommen werden müssen.

 Richten Sie nur dann ein Gremium ein, wenn für Entscheidungen und Beschlüsse mehrere Verantwortliche beteiligt sein *müssen*. Überlegen Sie genau, wer in dem Gremium vertreten sein *muss*. Oft finden sich in der Praxis zu große Gremien, in denen wenige Wortführer den Ton angeben und andere nur ihre Zeit „absitzen".

18.2.2 Rollen im Information Security Management

Um das Thema Information Security Management im Unternehmen umzusetzen, werden verschiedene sicherheitsbezogene Rollen definiert. Jede Rolle deckt einen bestimmten Teilbereich des Themas Information Security Management ab. Damit können einzelne Aspekte delegiert werden. Außerdem erzielt man eine Arbeitsteilung. Gebräuchliche Rollen sind:

- **Information Risk Manager:** Die Aufgabe des Information Risk Manager liegt in der Erkennung, der Bewertung und dem Management von IT-Risiken im Unternehmen. Er führt Risikoanalysen durch, etabliert und betreibt die IT-Risikomanagement- und Risikofrüherkennungssysteme, erstellt den Risikolagebericht und berät die Unternehmensleitung bei Risikoentscheidungen mit Bezug zur Informationstechnik.
- **Information Security Manager:** Der Information Security Manager bzw. Chief Information Security Officer (CISO) spielt die Hauptrolle, wenn es um das Thema Information Security Management geht. Er ist zentraler Ansprechpartner sowohl für die Unternehmensleitung als auch für den IT-Bereich und arbeitet eng mit dem Information Risk Manager zusammen. Er bzw. ein Mitglied seines Teams erarbeitet Schutzbedarfsfeststellungen und wirkt mithilfe der Risikoerhebungen des Risk Managers bei der Erstellung entsprechender Schutzkonzepte mit. Er definiert Information-Security-Standards und verankert sie im Unternehmen. Beim Thema Information Security ist es sinnvoll, wenn der Information Security Manager fachvorgesetzt ist.
- **IT-Sicherheitsbeauftragter:** Die IT-Sicherheitsbeauftragten bilden die Brücke zwischen dem Information Risk Manager/Information Security Manager auf der einen Seite und der IT in den einzelnen Unternehmensbereichen auf der anderen Seite. Sie entwickeln mit dem Information Security Manager zusammen Schutzkonzepte für einzelne IT-Lösungen und setzen sie in Zusammenarbeit mit dem IT-Bereich um. Sie führen vor Ort Sicherheitsuntersuchungen und Audits durch, begleiten Notfallübungen und sind vor Ort Ansprechpartner für die Erfüllung der Sicherheitsstandards und für alle Fragen der Information Security. Durch ihren engen Kontakt zur Praxis liefern sie dem Information Security Manager wertvolle Informationen.
- **IT-Sicherheitsadministrator:** Diese Rolle ist für die Umsetzung von Maßnahmen im Bereich der Information Security zuständig. Der IT-Sicherheitsadministrator implementiert in Zusammenarbeit mit dem IT-Bereich Sicherheitslösungen und gewährleistet den sicheren IT-Betrieb. Er kennt sich technisch sehr gut mit den eingesetzten Technologien aus und kennt deren sicherheitstechnische Schwachstellen. Warnzeichen und sicherheitsrelevante Vorfälle bekommt er vor Ort mit und meldet sie dem Information Security Manager oder einem IT-Sicherheitsbeauftragten. Darüber hinaus ist er Ansprechpartner für alle technischen Detailfragen der Information Security.
- **Datenschutzbeauftragter:** Die Rolle des Datenschutzbeauftragten ergibt sich vor allem aus der gesetzlichen Verpflichtung zur Bestellung eines Datenschutzbeauftragten.[12] Er ist zuständig für den Schutz personenbezogener Daten, prüft die Zulässigkeit der Erhebung, Speicherung, Nutzung und Übermittlung solcher Daten, überwacht den korrekten Umgang mit den Daten und die Wahrung der Rechte von Betroffenen. Aufgrund der starken rechtlichen Betonung des Themas findet man diese Rolle oft auch in den juristischen Bereichen von Unternehmen.

---

[12] Wann ein Unternehmen zur Bestellung eines Datenschutzbeauftragten verpflichtet ist, wird in Deutschland beispielsweise im BDSG ausgeführt.

18.2.3 Zusammenspiel mit anderen Sicherheitsbereichen

Die Information Security ist einer von vielen Sicherheitsbereichen im Unternehmen. In der Vergangenheit entwickelten sich diese Bereiche unabhängig und isoliert voneinander und wurden nicht koordiniert. Diese Situation ist für das Unternehmen unbefriedigend, da es aufgrund verschiedener Strategien, Philosophien und Methodiken nicht leicht ist, Aussagen über die Gesamtsicherheitssituation des Unternehmens zu treffen.

Doch auch für die Sicherheitsbereiche im engeren Sinn ist dies nicht sinnvoll. Die Information Security ist dafür ein gutes Beispiel. Die Sicherheit eines Servers hängt nicht nur von der IT ab (Hardware, Software, Netzwerk etc.), sondern beispielsweise auch von der Sicherheit des Gebäudes und des Raums, in dem sich der Server befindet. Für die Gebäudesicherheit ist aber in der Regel ein anderer Sicherheitsbereich zuständig, z. B. das Facility Management.

Die Information Security benötigt vom Facility Management in diesem Fall die Sicherheitslage des Gebäudes/Raums, im Gegenzug benötigt das Facility Management die Information, wie wichtig der Server für das Unternehmen ist, um die Sicherheitsmaßnahmen darauf abstimmen zu können. Ohne Einheitlichkeit bei Sicherheitsanforderungen und Metriken ist die Zusammenarbeit schwierig. Es sollte daher das Bestreben sein, mit den anderen Sicherheitsbereichen zu einer sinnvollen Zusammenarbeit zu kommen.

18.3 Information Security Management System (ISMS)

Nach der Definition der Sicherheitsorganisation geht es an die inhaltliche Ausgestaltung der Information-Security-Managementfunktion. Kurz zusammengefasst lässt sich das Information Security Management beschreiben als die Aufgabe,

- die Schutzziele (Verfügbarkeit, Vertraulichkeit, Integrität etc.)
- bei allen relevanten Objekten (IT-Prozesse, Personen, Daten, IT-Anwendungen, IT-Systeme, IT-Netzwerke, physische Umgebung)
- über den gesamten Lebenszyklus (Planung, Beschaffung/Entwicklung, Implementierung, Regelbetrieb/Störungsbetrieb, Änderung, Außerbetriebnahme)
- zu managen (vorgeben/definieren, organisieren, überwachen/aufrechterhalten, kontrollieren, korrigieren/steuern, Probleme lösen, verbessern).

Die dazu notwendigen Prozesse, Methoden und Definitionen formen ein Managementsystem für die Information Security, das als Information Security Management System (ISMS) bezeichnet wird und Teil eines integrierten Managementsystems (IMS) des gesamten Unternehmens sein kann.

Im ISMS werden die Sicherheitsziele und -strategien festgelegt, Funktionsblöcke gebildet, in denen einzelne Teilaspekte behandelt und Managementkreisläufe etabliert werden (z. B. PDCA-Zyklen), um die Weiterentwicklung und das Zusammenspiel der Funktionsblöcke zu gewährleisten. In den folgenden Abschnitten werden die zu einem ISMS gehörenden Komponenten und einige wichtige Methodiken näher betrachtet.

18.3.1 Schutzziele

Für eine Aussage über das Ausmaß an Sicherheit und damit das Ausmaß der Freiheit von Gefahren und Risiken werden drei Angaben benötigt:

- **Auf welches Objekt bezieht sich die Sicherheit?** Ein Objekt kann eine Person sein, materielle (z. B. ein Server) oder immaterielle (z. B. Daten) Gegenstände, ein Zustand (z. B. Temperaturkonstanz) oder auch eine Handlung/ein Prozess (z. B. eine Datenübertragung).
- **Auf welche Situation bezieht sich die Sicherheit?** Dieser Punkt beschreibt die situativen Rahmenbedingungen für das Objekt zum Zeitpunkt der Betrachtung der Sicherheit.
- **Sicherheit in welcher Hinsicht?** Hier wird danach gefragt, welche Eigenschaften der Objekte durch die Information Security betrachtet und geschützt werden sollen.

Der letzte Punkt der Aufzählung führt zu den *Schutzzielen*, die auch als Schutzwerte oder Sicherheitskriterien bezeichnet werden. Mit ihnen lässt sich die Sicherheit eines Objekts beurteilen. Sie geben Auskunft darüber, welche Eigenschaften für ein Objekt gewährleistet werden müssen, damit das Objekt als ausreichend sicher gelten kann. Anders ausgedrückt: Hier wird die Frage gestellt, woran sich die Sicherheit des Objekts festmachen lässt bzw. wie man sie feststellen kann.

Beispiel: Bei einem Geldschein würde man die Echtheit, die Ursprünglichkeit (nicht wesentlich beschädigt o. Ä.) und die Wertstabilität als Schutzziele definieren.

Die Frage nach solchen Schutzzielen bzw. Sicherheitskriterien ist auch für die Information Security wichtig, denn die Aussage „Der Server ist nicht sicher" ist zu global, sodass sich sofort die Folgefrage stellt: „Nicht sicher in welcher Hinsicht?" In den nachfolgenden Abschnitten sollen die wichtigsten Schutzziele für die Information Security kurz beleuchtet werden.

Richten Sie alle Information-Security-Aktivitäten nach den Schutzzielen aus! Ordnen Sie Schwachstellen, Bedrohungen und Risiken (bottom-up) sowie Anforderungen und Ziele (top-down) den jeweiligen Schutzzielen zu! Vergessen Sie die Schutzziele nicht im Reporting!

18.3.1.1 Verfügbarkeit

Die fundamentalste Forderung an die IT besteht darin, sich in einem Zustand zu befinden, in dem sie genutzt werden kann. Aus Sicht der Information Security spricht man in diesem Fall davon, dass die IT „verfügbar" ist. Die Verfügbarkeit eines IT-Systems ist die Wahrscheinlichkeit, dieses IT-System zu einem bestimmten Zeitpunkt in einem funktionstüchtigen Zustand anzutreffen. Die Verfügbarkeit kann als max. Ausfallzeit angegeben werden oder als Prozentwert, was den Vorteil bietet, dass in diesem Fall die Betriebszeiten besser berücksichtigt werden können. 0 % bedeutet, dass das IT-System nie funktioniert, bei 100 % (theoretischer Wert) würde das IT-System nie ausfallen. In Tabelle 18.1 sind einige Verfügbarkeitswerte und die sich ergebenden Ausfallzeiten dargestellt.

Tabelle 18.1 Verfügbarkeiten und Ausfallzeiten[13, 14]

Verfügbarkeit	Ausfallzeit pro Jahr
90 %	36,5 Tage
95 %	18,25 Tage
99 %	3,65 Tage
99,9 %	8,76 Stunden
99,99 %	52,56 Minuten
99,999 %	5,26 Minuten

In der IT werden hoch anmutende prozentuale Verfügbarkeiten gefordert, die meist über 99 % liegen. In Tabelle 18.1 wurden die Verfügbarkeitswerte in Ausfallzeiten umgerechnet. Man sieht, dass selbst 99 % für einen IT-Dienst noch eine relativ große Ausfallzeit bedeutet.

18.3.1.2 Vertraulichkeit

In einem Unternehmen existieren viele Informationen, die nur einem bestimmten Personenkreis zugänglich sein dürfen. Die Vertraulichkeit gibt an, wie stark eine Information vor Ausspähung geschützt werden muss und wie groß der Personenkreis ist, dem die Information zugänglich sein darf.

Die Vertraulichkeit wird mithilfe von Vertraulichkeitsstufen angegeben, wobei verschiedene Metriken existieren. Eine oft verwendete Möglichkeit bilden die folgenden Stufen:

- **Öffentlich:** Die Informationen sind jedermann zugänglich und müssen daher in Bezug auf die Vertraulichkeit nicht geschützt werden.
- **Intern:** Im Fall eines Unternehmens dürfen die Informationen nur Personen innerhalb des Unternehmens zugänglich sein. Innerhalb des Unternehmens müssen die Informationen nicht geschützt werden.
- **Vertraulich:** Die Informationen dürfen nur einer abgegrenzten Personengruppe zugänglich gemacht werden. Das kann im Unternehmen eine Abteilung, ein Team oder ein festgelegter Verteilerkreis sein. Es muss sichergestellt werden, dass die Informationen von anderen Personen im Unternehmen nicht ausgespäht werden können.
- **Streng vertraulich:** Die Informationen dürfen nur einzelnen, genau festgelegten Personen zugänglich gemacht werden. Der Personenkreis muss so klein wie möglich gehalten werden.

18.3.1.3 Integrität/Ursprünglichkeit

Für die Information Security ist es wichtig, dass Unbefugte nicht unbemerkt Informationen verändern können, da sonst zum einen ein großer Schaden droht und zum anderen das Vertrauen in die Informationstechnik verlorengeht. Man stelle sich eine Bank vor, bei der die Kurswerte des Online-Wertpapierhandels oder Girokontostände unbemerkt manipuliert werden können.

---

[13] Kontinuierlich arbeitender IT-Dienst ohne Wartungszeiten, Werte gerundet.
[14] Dieser Wert wird auch als „Five Nines" bezeichnet.

Man bezeichnet eine Information als integer, solange sie ihren ursprünglichen Inhalt besitzt und nicht unbefugt verändert wurde, in diesem Fall ist die Integrität WAHR. Ergibt eine Integritätsprüfung, dass die Information unbefugt verändert wurde, ist die Integrität nicht mehr gegeben und damit FALSCH. Für jede kritische Information sollte die Möglichkeit der Integritätsprüfung bestehen (z. B. durch den Einsatz von digitalen Signaturen).

18.3.1.4 Authentizität

Ähnlich wie die Manipulation von Daten, kann es auch verheerend sein, wenn es gelingt, eine Information „unterzuschieben", z. B. bei einer E-Mail-Nachricht einen bestimmten Absender vorzutäuschen.

Die Authentizität ist ein Maß dafür, ob man sich darauf verlassen kann, dass eine Information tatsächlich von demjenigen stammt, der als Urheber der Information angegeben ist. Die Authentizität von elektronischen Daten kann ebenfalls mit digitalen Signaturen überprüfbar gemacht werden und liefert einen Wahrheitswert.

18.3.1.5 Nachvollziehbarkeit

Mit der Nachvollziehbarkeit lässt sich verfolgen, welche Aktionen in einem IT-System/einer IT-Anwendung durchgeführt wurden und ggf. wer diese Aktionen durchgeführt hat. Dies ist besonders für die IT-Forensik und die IT-Revision von Bedeutung.

Die Nachvollziehbarkeit wird mithilfe von Stufen angegeben (z. B. „nicht erfüllt" – „teilweise erfüllt" – „vollständig erfüllt"), wobei festzulegen ist, welche Eigenschaften für welche Stufe erfüllt sein müssen.

18.3.1.6 Konformität

Die Konformität ist ein Maß für die Übereinstimmung mit einem definierten Vergleichsgegenstand. Im Hinblick auf die Informationssicherheit spielt die Konformität zu Sicherheitsstandards die größte Rolle. Einige Sicherheitsstandards bieten die Möglichkeit der Zertifizierung, um die Konformität des Unternehmens mit dem jeweiligen Standard nachzuweisen.

Für die Beurteilung der Konformität können ebenfalls die Stufen „nicht erfüllt" – „teilweise erfüllt" – „vollständig erfüllt" verwendet werden, auch eine Prozentangabe ist möglich.

18.3.1.7 Verbindlichkeit

Die Verbindlichkeit bzw. Nichtabstreitbarkeit ist ein Beispiel für ein Schutzziel, das sich aus zwei anderen Schutzzielen zusammensetzt. Ein solches Schutzziel wird daher auch als „kombiniertes Schutzziel" bezeichnet. Die Verbindlichkeit setzt sich dabei aus der Authentizität und der Integrität zusammen.

Wenn feststeht (z. B. durch eine digitale Signatur), dass ich der Absender einer Bestellung per E-Mail bin, und wenn weiterhin feststeht, dass diese E-Mail auf ihrem Weg von mir zum Empfänger nicht verändert wurde (ebenfalls durch eine digitale Signatur), dann kann ich nicht bestreiten, die Bestellung in der Form aufgegeben zu haben, wie sie beim Empfänger eingetroffen ist.

Da die Verbindlichkeit ein kombiniertes Schutzziel darstellt, kann die Beurteilung der Verbindlichkeit mithilfe der bereits bekannten Stufen „nicht erfüllt" – „teilweise erfüllt" – „vollständig erfüllt" erfolgen.

18.3.2 Schutzklassen

Bei den Schutzzielen zeigte sich, dass mit Stufen gearbeitet wird. Mit ihnen wird der Bereich zwischen *sehr gefährlich* bzw. *sehr risikoreich* (0 % Sicherheit) und *sehr sicher* (100 % Sicherheit)[15] in überschaubare Bereiche, die sogenannten Schutzklassen,[16] eingeteilt, wie in Bild 18.5 zu sehen ist. Wie viele Schutzklassen definiert werden, hängt davon ab, wie fein man den Bereich zwischen 0 % und 100 % einteilen möchte oder muss. Üblich sind drei bis sieben Klassen. Drückt man mit ihnen den Grad an Sicherheit aus, dann werden oft Zahlen (1, 2, 3 …), Buchstaben (A, B, C …) oder Namen (Hochsicherheit, Grundschutz …) für die Klassen verwendet. Auch Farben werden verwendet, meist im Sinne der Angabe der Gefahrenhöhe (Grün, Gelb, Rot …).

Bild 18.5 Schutzklassen

Schutzklassen sind in der Praxis wichtig, weil sie das Information Security Management erheblich vereinfachen. Voraussetzung ist jedoch, dass die Klassen einheitlich im Unternehmen verwendet werden, sodass jeder sofort weiß, welchen Schutz er von den einzelnen Klassen erwarten kann.

Statt die Sicherheit anhand vieler Sicherheitsanforderungen zu definieren, die für die jeweils zu sichernden Objekte mühsam abgestimmt werden müssen, ist es unter Verwendung einer Schutzklasse möglich, ein bestimmtes Sicherheitsniveau anzugeben, bei dem unternehmensinterne Standards festlegen, welche Sicherheitsanforderungen dieses Niveau garantieren.

 Beispiel: Die Bottom-up-Analyse eines Servers A ergibt, dass der Server die Schutzklasse 2 für die Verfügbarkeit erfüllt. In einem IT-Projekt wird später eine IT-Lösung entwickelt und in der Top-down-Schutzbedarfsanalyse wird für die Verfügbarkeit das Erfordernis der Schutzklasse 2 festgestellt. Damit kann Server A als Serverplattform für die IT-Lösung genutzt werden.

---

[15] Diese Extreme sind jedoch nur fiktive Werte, die in der Praxis nicht existieren.
[16] Es finden sich dafür auch die Begriffe „Sicherheitsstufen" oder „Sicherheitsklassen".

18.3.3 Grundsätzliche Information-Security-Strategien

Mit der Definition der grundsätzlichen Information-Security-Strategien wird die Philosophie bestimmt, die hinter dem konkreten Information Security Management steht. Hier werden die Vorgehensweisen festgelegt und es zeigt sich, wie das Unternehmen in Bezug auf die Information Security denkt.

18.3.3.1 Top-down Security

Ausgangspunkt für die Top-down-Security-Strategie ist der angestrebte Soll-Zustand der Information Security. Der bestehende Sicherheitszustand der IT ist nicht maßgeblich. Die Umsetzung der Strategie erfolgt in den folgenden Schritten:

- **Definieren des Scope:** In diesem ersten Schritt wird definiert, auf welchen Bereich sich die Information Security beziehen soll. Ist es eine einzelne Komponente, eine IT-Lösung, ein Netzwerkbereich, ein Prozess, ein Standort oder das ganze Unternehmen?
- **Bestimmen der Assets:** Ein Asset ist etwas, das einen Wert besitzt und deshalb geschützt werden soll oder muss. Das kann ein physisches Objekt wie z. B. ein sehr teurer Server sein oder ein logisches Objekt wie eine digitale Konstruktionszeichnung in der Form einer elektronischen Datei. Wissen, Mitarbeiter, Produkteigenschaften – all das können Assets für ein Unternehmen sein.
- Der nächste Schritt besteht deshalb darin, zu identifizieren, welche zu schützenden Assets es wo im Scope gibt.
- **Festlegen des/der benötigten IT-Sicherheitsniveaus:** Zunächst wird entschieden, in welcher Hinsicht die Assets geschützt werden sollen, d. h. welche Schutzziele relevant und wichtig sind. Für jedes relevante Schutzziel wird dann ein IT-Sicherheitsniveau für den Scope festgelegt.

Das Information Security Management wendet dabei folgenden Grundsatz an: „Je wertvoller ein Asset für das Unternehmen ist, desto besser muss es geschützt werden." Die Höhe des IT-Sicherheitsniveaus hängt also direkt vom Wert des Assets ab.

Als Ergebnis hat man z. B. das IT-Sicherheitsniveau der Verfügbarkeit einer IT-Lösung.

Statt des Begriffs „Scope" findet man in diesem Zusammenhang auch Begriffe wie Sicherheitsbereich oder Sicherheitszone. Es gilt das Maximalprinzip, d. h., das wertvollste Asset bestimmt die Höhe des IT-Sicherheitsniveaus.

- **Ableiten von Sicherheitsanforderungen:** Aus dem IT-Sicherheitsniveau werden Anforderungen abgeleitet. Hierbei können IT-Sicherheitsstandards eine wertvolle Hilfe sein. Als Ergebnis hat man einen Anforderungskatalog für den betrachteten Sicherheitsbereich. Sind alle Anforderungen erfüllt, ist das IT-Sicherheitsniveau erreicht.
- **Bestimmen und Umsetzen von IT-Sicherheitsmaßnahmen:** Als Letztes werden IT-Sicherheitsmaßnahmen konzipiert, mit denen die Anforderungen erfüllt werden.

18.3.3.2 Bottom-up Security

Die Bottom-up-Security-Strategie ist das genaue Gegenteil der Top-down Security. Maßgeblich ist hier der bestehende Sicherheitszustand des betrachteten Bereichs. Die Umsetzung der Strategie erfolgt in den folgenden Schritten:

- **Definieren des Scope:** Dieser erste Schritt ist noch gleich. Es wird definiert, welcher Bereich betrachtet werden soll.
- **Erhebung des Ist-Zustands:** Alle sicherheitsrelevanten Eigenschaften der Komponenten im Scope und deren Betriebsbedingungen werden erhoben. Bei einem Raum wird z. B. erhoben, wie die Tür beschaffen ist und welche Temperaturen im Raum herrschen.
- **IT-Bedrohungsanalyse:** Innerhalb der Bedrohungsanalyse wird identifiziert, durch was die IT-Sicherheit im Scope bedroht werden könnte. Hier können standardisierte Bedrohungskataloge hilfreich sein, wie sie z. B. im BSI-Grundschutz vorhanden sind.

Achten Sie darauf, die Bedrohungslage realistisch einzuschätzen. Natürlich gibt es die Bedrohung, dass ein Geheimdienst sich Zugriff auf Ihre IT-Systeme verschafft. Aber wenn Sie einen Buchladen in einer Kleinstadt betreiben: Wie wahrscheinlich ist dann diese Bedrohung?

Fragen wie die folgenden Beispiele helfen bei der Identifizierung und Einschätzung der Bedrohungen:

Steht Ihr Unternehmen öfter im Fokus der Öffentlichkeit?

Stellt der Bereich, den Sie betrachten, ein lohnendes Ziel für Angreifer dar?

Stellen erhobene, sicherheitsrelevante Eigenschaften der Komponenten im Scope Schwachstellen dar oder weisen sie auf solche hin?

- **IT-Risikoanalyse:** Zunächst wird festgelegt, welches Risiko als akzeptabel anzusehen ist.
- Dann werden die Bedrohungen unter Anwendung eines Risikomodells bewertet. Ein gängiges Modell ist die Risikoformel, bei der jede Bedrohung hinsichtlich der Eintrittswahrscheinlichkeit und der Schadenshöhe bewertet wird.
- **Bestimmen und Umsetzen von risikomindernden Maßnahmen:** Wenn die Risiken das Maß übersteigen, das als akzeptabel festgelegt wurde, werden risikomindernde Maßnahmen[17] umgesetzt. Auf diese Weise erreicht man einen neuen, sichereren Ist-Zustand.

Arbeiten Sie sowohl top-down als auch bottom-up! Wenn Sie nur top-down arbeiten, fehlen Ihnen die Informationen über die bestehende Sicherheits- und Risikosituation. Arbeiten Sie hingegen nur bottom-up, *reagieren* Sie, statt proaktiv zu *agieren*.

18.3.3.3 Strategie der Chinesischen Mauer

Diese Strategie, die oft auch unter dem entsprechenden englischen Begriff „Chinese Wall" zu finden ist, geht davon aus, dass die Bedrohungen für die IT-Sicherheit des Unternehmens ausschließlich von außen kommen.

Innerhalb des Unternehmens besteht bei dieser Strategie eine „Domain of trust", d. h., man vertraut sich intern und ergreift zwischen internen Instanzen wie Mitarbeitern, Abteilun-

---

[17] Es gibt verschiedene Möglichkeiten, Risiken zu behandeln. Aus Platzgründen wurde hier nur die Risikominderung aufgeführt.

gen usw. keine großen IT-Sicherheitsmaßnahmen. Wie der Name schon andeutet, wird „um das Unternehmen herum eine große Mauer gebaut", die IT-Sicherheitsmaßnahmen konzentrieren sich auf die Schnittstellen zwischen dem Unternehmen und der Außenwelt.

Vor dem Hintergrund, dass Innentäter (z. B. rachesüchtige Mitarbeiter) einen beachtlichen Anteil an Schadensereignissen haben, weil sie über sehr viel internes Wissen verfügen, erscheint diese Strategie nicht zielführend zu sein. Auf der anderen Seite kann nicht jeder Mitarbeiter verdächtigt und ständig misstrauisch behandelt werden. Daher sollte überlegt werden, wo und wie Domains of trust gebildet werden können, die dann mit der Chinese-Wall-Strategie geschützt werden.

18.3.3.4 Strategie der prozessbasierten Sicherheit

Das Konzept der prozessbasierten Sicherheit geht davon aus, dass es in einem Unternehmen eine Vielzahl von Prozesssträngen gibt, die parallel zueinander durch das Unternehmen laufen. Den Scope bildet hier ein Prozess, innerhalb dessen Informationen erhoben, ausgetauscht und gespeichert werden.

Bei diesem Ansatz sind die Rollen im Prozess wichtig, sie legen fest, wer welche Befugnisse hat. Ein Schwerpunkt liegt deshalb in der Authentifizierung und Autorisierung, mit denen das „Need to know"-Prinzip umgesetzt werden kann. Ein Mitarbeiter verfügt damit nur über diejenigen Informationen, die er für seine Funktion im jeweiligen Prozess benötigt.

18.3.3.5 Strategie der Sicherheit von innen nach außen

Bei dieser Strategie gibt es keine Domain of trust mehr. Jede Information ist ein schützenswertes Gut, unabhängig davon, in welchem Prozess die Information genutzt wird. Jede interne Instanz ist potenziell für diesen Schutz zuständig, unabhängig davon, welche Informationen in dieser Instanz genutzt werden. Dies bedeutet, dass auch innerhalb einer Arbeitsgruppe jeder seine Informationen vor jedem anderen Kollegen schützt. Es bedeutet aber auch, dass dadurch jeder Mitarbeiter jedem Kollegen indirekt misstraut.

Der Schutz der Informationen wird bei dieser Strategie möglichst nahe an der Information selbst organisiert. Beispiel: Die Information befindet sich auf einer DVD im Aktenschrank. Sicherheit von außen nach innen würde zuerst das Gelände schützen, dann das Gebäude, den Raum und den Schrank.

Sicherheit von innen nach außen schützt zuerst die Information auf der DVD (z. B. durch Verschlüsseln der Information), sodass die DVD auch dann ausreichend geschützt ist, wenn sie nicht im Schrank, sondern auf dem Schreibtisch liegt oder im Extremfall im Zug liegengelassen wird.

18.3.3.6 Strategie der Sicherheit durch Eigentümerschaft

Es wird ein Eigentümer (Owner) für jede schützenswerte Information benannt. Der Eigentümer ist für den Schutz dieser Information verantwortlich. Er legt zusammen mit den Verantwortlichen für die Information Security fest, wie hoch der Schutz sein muss und welcher Personenkreis über die Information verfügen darf. Diese Strategie, die auch unter ihrem englischen Namen „Security by Ownership" bekannt ist, stellt also die Verantwortung für eine bestimmte Information in den Mittelpunkt der Überlegungen.

Vorteil dieser Strategie ist, dass der Eigentümer am besten weiß, wie schützenswert die Information ist. In der Regel ist er auch in die tägliche Nutzung involviert und hat einen guten Überblick darüber, wer die Information benötigt.

Ein Nachteil besteht darin, dass der Schutz abhängig vom Know-how des jeweiligen Eigentümers ist. Gerade in großen Umgebungen ist es schwierig, mit dieser Strategie eine homogene IT-Sicherheit zu erzielen.

18.3.4 Corporate-Information Security Policy

Das Fundament für das Information Security Management (Top-down-Strategie) bilden die Corporate-Information Security Policy (auch als unternehmensweite IT-Sicherheitspolitik oder IT-Sicherheitsleitlinie bezeichnet) und die daraus abgeleiteten IT-Sicherheitsrichtlinien, die sich auf bestimmte Unternehmensbereiche, bestimmte Technologien oder bestimmte Lebenszyklusphasen der IT beziehen können.

Mit der Information Security Policy werden die Sollzustände für die Information Security definiert. Sie ist im Sinne einer unternehmensweiten Basisrichtlinie quasi das „Grundgesetz der Information Security", das die Leitlinien der Information Security enthält.

Vorsicht! Der Begriff „Sicherheitspolitik" wird in mehreren Bedeutungen verwendet. Neben dem unternehmensweiten Regelwerk für die Information Security wird damit manchmal auch das Dokument bezeichnet, das auf der obersten Ebene der Corporate Information Security Policy grundsätzliche Aussagen zur Information Security trifft. Selbst im Hinblick auf die taktische und politische Arbeit der für die Information Security zuständigen Personen ist er zu finden.

Wenn der Begriff Policy verwendet werden soll, hat es sich als zweckmäßig erwiesen, für das Regelwerk den Begriff „Corporate Information Security Policy" und für die oberste Ebene derselben den Begriff „Information Security Policy" zu benutzen.

Die Corporate-Information Security Policy ist das zentrale Element des Top-down-Information-Security-Managements. Sie dokumentiert die Grundsätze und Leitlinien der Information Security und liefert Sicherheitsvorgaben für einzelne IT-relevante Bereiche im Unternehmen (z.B. IT-Netzwerke oder IT-Systeme). An dieser SOLL-Beschreibung und dem jeweiligen konkreten Schutzbedarf orientiert sich dann das Handeln.

18.3.4.1 Dreistufiges Modell für die Corporate-Information Security Policy

Obwohl nicht festgelegt ist, wie eine Corporate-Information Security Policy zu gestalten ist und welchen Inhalt sie aufweisen sollte, setzt sich zunehmend ein Modell durch, das schon früh vom Bundesamt für Sicherheit in der Informationstechnik (BSI) propagiert wurde.

In diesem Modell existieren drei Stufen, wobei jede Stufe eine andere Aufgabe übernimmt. Zusammen bilden sie das Regelwerk, das den SOLL-Zustand der Information Security beschreibt. Bild 18.6 zeigt die drei Stufen des Modells.

Bild 18.6 Dreistufiges Security-Policy-Modell

18.3.4.2 Die Information Security Policy (ISP)

Die ISP kann quasi als das „Information-Security-Grundgesetz" angesehen werden. Ähnlich wie das deutsche Grundgesetz im juristischen Bereich formuliert sie im Bereich der Information Security einen abstrakten Rahmen. Auf operative Aspekte wird bewusst nicht eingegangen. Beschrieben wird unter anderem,

- für wen das Regelwerk gültig und bindend ist,
- welche Begriffe verwendet werden und in welcher Bedeutung sie das Unternehmen gebraucht,
- welche Bedeutung der Informationssicherheit zukommt und wie sie im Unternehmen verstanden wird,
- was unter schutzbedürftigen Werten zu verstehen ist (evtl. auch, welche es gibt) und wie die grundsätzlichen Sicherheitsziele aussehen,
- wie das Security-Management aufgebaut ist und im Unternehmen verstanden werden sollte,
- wie das Regelwerk der Security Policy aufgebaut ist und wie man es verwenden sollte,
- was grundsätzlich von den Mitarbeitern in Bezug auf die Informationssicherheit erwartet wird,
- welche Konsequenzen sich aus Verstößen ergeben.

Die ISP wird in der Regel vom Top-Management herausgegeben und dokumentiert damit das Commitment der Geschäftsleitung zur Informationssicherheit. Dies ist folgerichtig, denn die Geschäftsleitung und niemand anders ist gesamtverantwortlich für die Informationssicherheit, auch wenn sie fachlich nicht die erforderliche Expertise besitzt und die resultierenden Aufgaben delegieren muss.[18]

Die ISP sollte in ausgedruckter Dokumentenform einen Umfang von fünf bis zehn Seiten nicht überschreiten.

---

[18] So wird auch die ISP nicht von der Geschäftsleitung erstellt, sondern vom IT-Security-Management. Die Geschäftsleitung unterschreibt sie jedoch und verleiht ihr somit entsprechend Bedeutung.

18.3.4.3 Der generische Security Standard (GSS)

Die ISP ist aufgrund ihrer Abstraktheit und der recht allgemein gehaltenen Aussagen nicht als operatives Regelwerk geeignet. Diese Aufgabe kommt dem generischen Security Standard (GSS) zu.

Der GSS beschreibt den SOLL-Zustand der Information Security mithilfe von Sicherheitsanforderungen, die an die informationsverarbeitenden Bereiche des Unternehmens zu stellen sind. Eine Anforderung wird mehreren Elementen zugeordnet:

- dem passenden Sicherheitsbereich, z. B. der physischen Sicherheit (Gebäude, Räume), der Netzwerksicherheit, der Systemsicherheit;
- der in der Anforderung behandelten Objektart, z. B. Server, Raum, Person, Netzwerkelement;
- dem in der Anforderung behandelten Thema, im Fall eines Raums z. B. Brandschutz, Einbruchsschutz, Zutrittsschutz;
- den in Frage kommenden Schutzzielen und Schutzklassen.

Als Ergebnis der dargestellten Schritte liegt ein implementierungsunabhängiger, technologieneutraler Anforderungskatalog vor, der den vollständigen ganzheitlichen SOLL-Sicherheitszustand umfasst. Bild 18.7 zeigt, wie ein solcher Anforderungskatalog gestaltet werden kann. Von links nach rechts sieht man die Security-Kriterien [1], das Thema [2], den Anforderungstext [3] und die Schutzklassen [4].

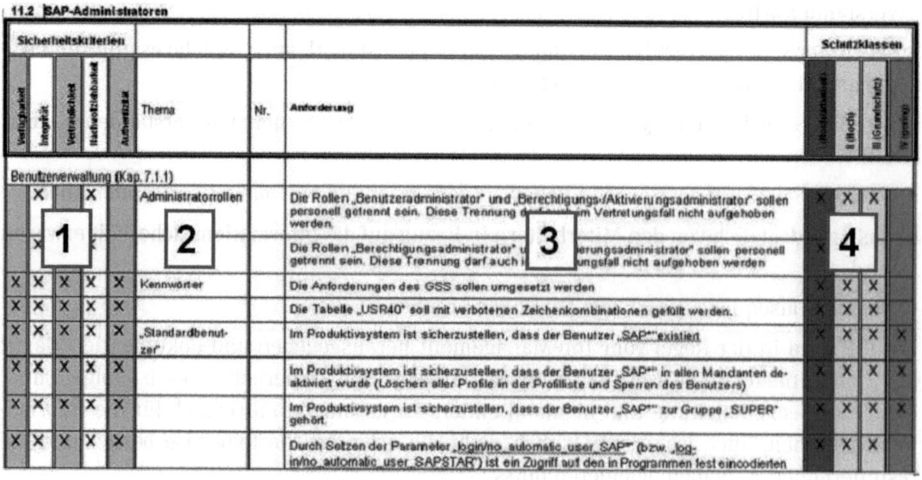

Bild 18.7 Ausschnitt aus einem GSS-Anforderungskatalog

Ein solcher GSS-Anforderungskatalog kann als ausgedrucktes Dokument je nach Ausprägung zwischen 60 und 120 Seiten umfassen. Heutzutage ist der GSS-Anforderungskatalog in der Regel aber kein Textdokument mehr, sondern eine Datenbank. Für den Katalog kann man vordefinierte Anforderungen aus bekannten Sicherheitsstandards wie die BSI-Grundschutzkataloge, ISO 27001, COBIT o. Ä. verwenden, was den Aufwand für die Erstellung des Katalogs verringert.

Verwalten Sie den generischen Sicherheitsstandard nicht als Textdokument. Auch eine Tabellenkalkulation stößt an Grenzen, wenn der GSS auf die Objekte angewendet und das Ergebnis zusammengeführt werden soll. Setzen Sie besser ein datenbankgestütztes Policy-Management-Tool ein.

Die GSS-Anforderungen sollte man wirklich als Anforderungen formulieren („Was soll damit in Bezug auf die Sicherheit erreicht werden?") und nicht als Maßnahmen. Beispiel für eine Anforderung: „Sensible Räume sind vor unbefugtem Zutritt zu schützen." Dagegen wäre „An den Türen müssen elektronische Codeschlösser installiert werden" eine Maßnahme.

Maßnahmen sind problematisch, denn zum einen wäre es vermessen, wenn der Information Security Manager die Maßnahmenkompetenz in allen Sicherheitsbereichen beanspruchen würde, zum anderen kann eine Maßnahme aufgrund der Situation vor Ort nicht umsetzbar sein, was die Richtlinie ad absurdum führen würde.

18.3.4.4 Der produktspezifische Security Standard (PSS)

Die Ebene des PSS hat die Aufgabe, die generischen Anforderungen des GSS für eine bestimmte Technologie oder ein bestimmtes Produkt zu konkretisieren. Dort, wo die generischen Anforderungen nicht weiter konkretisiert werden müssen oder können, wird im PSS auf den GSS verwiesen, was unnötige Redundanzen verhindert. Der PSS bildet somit die Schnittstelle zwischen dem GSS auf der einen Seite und Administrationsleitfäden bzw. Handbüchern auf der anderen. Dies ist gleichzeitig die Schnittstelle zum IT-Betrieb.

Im PSS wird beschrieben, wie (mit welchen Sicherheitseigenschaften) das jeweilige Produkt die GSS-Anforderungen erfüllt und welche Konfiguration dafür nötig ist. Dies kann so weit gehen, dass detailliert für einzelne Anforderungen beschrieben wird, wie die erforderlichen Systemeinstellungen in den Bildschirmmasken vorzunehmen sind. Da man hierbei auch den Kompetenzbereich des IT-Betriebs berührt, sollte der PSS nicht ohne Beteiligung der Administration erstellt werden. Auch die Frage der Pflege ist zu klären, da infolge von Veränderungen, z. B. durch Release-Wechsel, unter Umständen die Inhalte des PSS angepasst werden müssen.

Der Umfang eines PSS kann je nach Produkt recht hoch sein. Für komplexere Produkte kann er als ausgedrucktes Dokument durchaus 150–200 Seiten betragen. Daher wird man nicht für jedes eingesetzte Produkt einen PSS erstellen, sondern nur für sehr zentrale Produkte, für die die Informationssicherheit eine wichtige Rolle spielt.

18.3.4.5 Information Security Policy-Management

Mit der Erstellung der Information Security Policy ist es noch nicht getan. Sie muss veröffentlicht, im Unternehmen verankert, umgesetzt und kontrolliert werden. Diese Aufgaben fasst man unter dem Begriff „Information Security Policy-Management" zusammen.

Die Aufgabe, den Status der Anforderungen zu pflegen, sollte nicht allein beim Information Security Manager liegen. Sinnvoller ist es, diese Aufgabe im Unternehmen an diejenigen Personen zu delegieren, die vor Ort für die jeweilige Objektart bzw. das jeweilige Thema zuständig sind. Dazu müssen Rollen definiert werden (z. B. Brandschutzbeauftragter), denen man dann die entsprechenden Anforderungen zuordnet.

Man könnte meinen, mit der Erstellung, Veröffentlichung und Delegation der Information Security Policy sei es getan und die Rollen- bzw. Funktionsträger im Unternehmen würden nun aufgrund des durch die Information Security Policy definierten Soll-Zustands die Anforderungen eigenverantwortlich umsetzen bzw. erfüllen. Ein Blick in die Praxis zeigt, dass bei einer solchen Auffassung meist der Wunsch Vater des Gedankens ist. Dies hat vielerlei Gründe, unter anderem:

- **Die Funktionsträger verstehen die Anforderungen nicht.** Sie verstehen nicht, was die Anforderung soll, was sie meint und wie Maßnahmen zu ihrer Erfüllung aussehen könnten. Deshalb ist es oft gut, wenn nicht nur der Anforderungstext aufgeführt wird, sondern auch Erklärungen, Beispiele oder auch Maßnahmenvorschläge dazu existieren.
- **Die Funktionsträger haben ganz andere Sorgen.** Das kann daran liegen, dass die Personen mit zu vielen Aufgaben überfordert sind, dass andere Aufgaben dringlicher erscheinen oder einfach daran, dass die Personen in puncto Sicherheit träge und bequem sind. Geht es mit der Erfüllung der Anforderungen trotz Rücksprachen, Erinnerungen usw. nicht voran (was man am besten mit einem softwarebasierten Policy-Management verfolgt), muss die Situation eskaliert werden, damit im Ernstfall nicht das Information Security Management verantwortlich gemacht wird.
- **Die Funktionsträger steuern bewusst dagegen.** Manchmal ist auch Bösartigkeit im Spiel. Vielleicht will man die Information Security gegen die Wand laufen lassen, vielleicht langsam zermürben. Gutes Zureden wird nicht helfen, der Konflikt und die Fronten müssen geklärt werden. In dieser Situation ist Durchsetzungsfähigkeit gefragt, auch die Rückendeckung der Geschäftsleitung, bestehender Gesetze und Richtlinien usw. sollten genutzt werden.

18.3.5 Information Security Circle

Die Dynamik des Information Security Management wird durch Management-Kreisläufe abgebildet. Dabei sind 4-Phasen-Kreisläufe wie der PDCA-Zyklus mit den Phasen Plan, Do, Check, Act oder der Regelkreislauf mit den Phasen Identifikation, Konzeption, Umsetzung und Kontrolle am gebräuchlichsten. In den einzelnen Phasen werden Methodiken des Information Security Management angewendet (z. B. die Business-Impact-Analyse). Unter Einbeziehung der Information Security Policy als tragendes Element und der Geschäftsprozesse als zu schützende Elemente entsteht der Information Security Circle, so wie er in Bild 18.8 zu sehen ist.

In den Circle fließen die Schutzbedürfnisse, die aus dem Geschäft kommen und sich auf die IT vererben. Auf der Basis der Information Security Policy (top-down) wird die benötigte Sicherheit festgestellt, konzipiert und umgesetzt. Die Ergebnisse des Kreislaufs gelangen über das Reporting wieder in das Geschäft (zur Leitungsebene) zurück. Der Information Security Circle ist ein kontinuierlicher Kreislauf, der letztlich nie endet.

Bild 18.8 Information Security Circle

18.4 Einsatz von Sicherheitsstandards

Wie in anderen Managementbereichen haben sich auch für das Information Security Management bestimmte Vorgehensweisen und Inhalte herauskristallisiert, die ein effektives Management versprechen und in entsprechenden Standards formuliert wurden. Dabei zeigt sich, dass die einzelnen Standards für Information Security zwar ein gemeinsames Grundverständnis besitzen, dennoch aber verschiedenen Philosophien folgen.

Information-Security-Standards lassen sich grob in vier Gruppen einteilen:

1. Gesetze und Vorschriften mit Bezug auf die Information Security
   (BDSG, KonTraG, SOX/Euro-SOX, IT-Sicherheitsgesetz etc.)
2. Normen und technische Richtlinien für einzelne Sicherheitsbereiche
   (VDI/VDE-Normen, PCI-DSS, ISO 18033 etc.)
3. Standards und Normen für das Management der Informationssicherheit
   (ISO 27001, BSI, ITIL[19] etc.)
4. Standards zur Evaluierung und Auditierung von Information Security
   (Common Criteria, COBIT, CMM etc.)

---

[19] Der ITIL-Standard beschäftigt sich nicht hauptsächlich mit dem IT-Security-Management, es wird jedoch behandelt.

In diesem Kapitel soll aus Platzgründen nur auf die beiden wichtigsten Information-Security-Management-Standards eingegangen werden.

18.4.1 ISO/IEC 27001

Die Wurzeln dieser Norm liegen in Großbritannien, wo das Handelsministerium 1992 zusammen mit britischen Firmen einen „Code of Practice" im Bereich der Information Security erstellte, der 1995 vom British Standard Institute als BS 7799 veröffentlicht wurde. Der 1999 weiterentwickelte und in zwei Teile geteilte Standard wurde schließlich 2005 zu den ISO-Normen ISO/IEC 27001 und 27002. Beide Normen gehören zur Normenreihe ISO/IEC 27000, in der mehr als 20 Einzelstandards zur Informationssicherheit existieren.

Die Norm in ihrer aktuellen Fassung ISO/IEC 27001:2013[20] – Information security management systems – Requirements beschreibt die Anforderungen an ein ISMS und besitzt folgende Kernpunkte:

- **Führung (Kapitel 5):** Information Security wird als Aufgabe und Verantwortlichkeit der Geschäftsleitung definiert. Ausdruck findet dies in der Erstellung einer Information Security Policy und der Definition einer Sicherheitsorganisation mit Rollen und Verantwortlichkeiten für die Information Security.
- **Planung (Kapitel 6):** Für einen angemessenen Schutz sind die Chancen und Risiken des IT-Einsatzes zu ermitteln, zu bewerten und zu behandeln, was durch die Etablierung eines Risikomanagementprozesses und entsprechender Risikoanalysen gewährleistet wird. Es ist festzulegen, wann ein Risiko akzeptabel und vertretbar ist (Risikoakzeptanzkriterien) und welche Sicherheitsziele mit dem ISMS erreicht werden sollen.
- **Unterstützung (Kapitel 7):** Für ein funktionsfähiges ISMS muss das dafür erforderliche Information-Security-Know-how durch Schulungen, Trainings etc. sichergestellt werden. Bei allen Mitarbeitern ist ein Bewusstsein für Information Security zu schaffen (Awareness). Die Kommunikation innerhalb des ISMS und zwischen dem ISMS und anderen Bereichen ist zu regeln, notwendige Dokumentationen sind zu führen und zu verwalten.
- **Betrieb (Kapitel 8):** Die operative Durchführung des Information Security Management erfordert die Definition und Umsetzung von Information-Security-Prozessen und die Durchführung der bereits erwähnten Risikoermittlung und -behandlung.
- **Leistungsbewertung (Kapitel 9):** Die durchgeführten Information-Security-Aktivitäten sind zu überwachen und ihre Wirksamkeit bzw. Effektivität ist zu prüfen. Das ISMS selbst ist in Form von internen Audits regelmäßig zu überprüfen, zusätzlich sind Reviews durch die Geschäftsleitung durchzuführen.
- **Verbesserung (Kapitel 10):** Es ist zu gewährleisten, dass Abweichungen von den Vorgaben des Standards entdeckt und korrigiert werden, wodurch ein kontinuierlicher Verbesserungsprozess (KVP) erfolgt.

---

[20] Zu dieser Fassung existieren zwei Korrekturdokumente (Technical Corrigendum) aus 2014 und 2015. Die deutschsprachige Norm bezieht sich auf diese Fassung, auch wenn deren Bezeichnung DIN ISO/IEC 27001:2017 aktueller erscheint.

Zur Norm existiert ein Anhang A, der als Checkliste genutzt werden kann. Er enthält 14 verschiedene Sicherheitsbereiche (A.5 bis A.18) mit einzelnen Umsetzungsvorgaben (Controls). Die Bereiche beziehen sich auf Organisation bzw. Prozesse (z. B. A.14 Systementwicklung), Technik (z. B. A.11.2.8 Unbeaufsichtigte Geräte von Benutzern) oder auch Bausteine des ISMS (z. B. A.13.1 Network Security Management).

Die ISO-27001-Controls können durch die Norm ISO 27002 weiter verfeinert werden.

18.4.2 BSI-Grundschutz

Die in den 1980er-Jahren beim BND beheimatete „Zentralstelle für das Chiffrierwesen" wurde 1989 zur „Zentralstelle für die Sicherheit in der Informationstechnik" und 1991 zum heutigen „Bundesamt für Sicherheit in der Informationstechnik" (BSI)[21] und hat die Stärkung der IT-Sicherheit in Deutschland als primäres Ziel. Zwei Veröffentlichungen des BSI sind besonders relevant: das IT-Grundschutz-Kompendium und die BSI-Standards.

Das BSI veröffentlichte 1995 im Bundesanzeiger ein IT-Grundschutzhandbuch (ca. 150 Seiten) mit Maßnahmenempfehlungen für die IT-Sicherheit von IT-Systemen mit mittlerem Schutzbedarf. 2006 wurden die methodischen Teile herausgenommen und als eigenständige BSI-Standards veröffentlicht. Das IT-Grundschutzhandbuch wurde zu den IT-Grundschutzkatalogen (IT-GSK) und 2017, nach einer Modernisierung der IT-Grundschutz-Methodik, zum IT-Grundschutz-Kompendium.

Das IT-Grundschutz-Kompendium besteht aus einer Liste von organisatorischen und gebräuchlichen technischen IT-Objekten (im Folgenden als Bausteine bezeichnet) wie beispielsweise „Web-Browser", „IT-Verkabelung" oder „Mobile Device Management". Dabei werden zwei Arten von Bausteinen unterschieden:

- **Prozessbausteine:** Sie bilden organisatorische Domänen wie „Sicherheitsmanagement" oder „Betrieb" ab, die sich auf viele technische Objekte auswirken.
- **Systembausteine:** Mit den Systembausteinen werden technische Objekte wie „Web-Browser" oder „Serverraum" abgebildet.

Jeder Baustein wird auf die gleiche Weise beschrieben. Dazu werden die folgenden Informationen aufgeführt:

- **Gefährdungslage:** Für den Baustein wird beschrieben, welche Bedrohungen für diesen Baustein von Bedeutung sind. Es existiert eine Liste mit vordefinierten elementaren Gefährdungen, die auf den Baustein angewendet wird. Als Ergebnis ergibt sich eine Kreuzreferenztabelle, die Auskunft darüber gibt, welche Anforderung welcher Gefährdung entgegenwirkt.
- **Anforderungen:** Ziel der Methodik ist die Umsetzung eines grundlegenden Schutzes der IT. Für den Baustein wird angegeben, welche Anforderungen dazu existieren. Die Anforderungen werden in drei Teile gegliedert:
  - Basisanforderungen müssen zwingend erfüllt werden. Solange sie nicht vollständig erfüllt bzw. entsprechende Maßnahmen nicht umgesetzt sind, ist das Grundschutzniveau nicht erreicht.

---

[21] Das BSI ist eine nachgeordnete, nationale Sicherheitsbehörde des Bundesministeriums des Inneren (BMI).

- Standardanforderungen sollten grundsätzlich erfüllt werden, um einen adäquaten und wirksamen Schutz zu erzielen. Die Erfüllung ist auch für eine Zertifizierung nach ISO 27001 (auf Basis IT-Grundschutz) erforderlich.
- Anforderungen bei erhöhtem Schutzbedarf sind Vorschläge, wie ein höheres Sicherheitsniveau erreicht werden kann.

Die 2017 überarbeiteten BSI-Standards beziehen sich wie die IT-Grundschutzkataloge auf den Schutz von IT-Systemen mit maximal mittlerem Schutzbedarf (Grundschutz). Sie enthalten die methodischen Grundlagen und Vorgehensweisen und bestehen aus drei Standards:

1. **BSI-Standard 200 – 1: Managementsysteme für Informationssicherheit.** Der Standard definiert ein Managementsystem für Informationssicherheit (ISMS) und geht auf den Sicherheitsprozess und das Sicherheitskonzept ein. Dabei wird die Kompatibilität zum ISO-Standard 27001 gewahrt.
2. **BSI-Standard 200 – 2: IT-Grundschutzmethodik.** Der Standard bildet die Basis für die Anwendung der IT-Grundschutzmethodik und für den Aufbau eines ISMS. Er konzentriert sich besonders auf den Sicherheitsprozess und die Erstellung einer Sicherheitskonzeption.
3. **BSI-Standard 200 – 3: Risikomanagement.** Der Standard beschreibt die Durchführung der Risikoanalyse auf der Basis von IT-Grundschutz und die Behandlung von ermittelten Risiken. Dieses Vorgehen ist für Systeme mit höherem Schutzbedarf erforderlich.

Die Anwendung der IT-Grundschutzmethodik in einer konkreten IT-Architektur erfolgt in fünf Schritten:

1. **Strukturanalyse:** Der erste Schritt der Grundschutzmethodik liegt darin, den Informationsverbund (IT-Umgebung) festzulegen, der betrachtet werden soll (Scope). Anschließend wird der Verbund in infrastruktureller, technischer, personeller und organisatorischer Hinsicht analysiert. Welche IT-Objekte (Räume, Rechner, Personal etc.) sind in der Architektur vorhanden und wie sind sie miteinander verschaltet? Dazu wird am besten eine grafische Übersicht (Netzplan) erstellt und die notwendigen Informationen zu den einzelnen IT-Objekten werden erfasst. Wie ist die infrastrukturelle (physische) Umgebung gestaltet? Welche Schnittstellen bestehen?
2. **Schutzbedarfsfeststellung:** Welche Schäden sind in den einzelnen Bereichen (Infrastruktur, IT-Systeme, Geschäftsprozesse) zu erwarten, wenn kein oder kein ausreichender Schutz vorhanden ist? Wie stark müssen daher die Objekte im Informationsverbund in den einzelnen Schutzzielen geschützt werden?
3. **Modellierung:** Zu jedem IT-Objekt wird der entsprechende BSI-Baustein gesucht und auf diese Weise die IT-Architektur mit BSI-Bausteinen „nachgebaut". Gibt es für ein Objekt keinen BSI-Baustein, müssen die Gefährdungen und Anforderungen „per Hand" in einer eigenen Sicherheitsanalyse definiert werden. Aus den Anforderungen in den Bausteinen ergibt sich die zu erreichende Soll-Situation.
4. **IT-Grundschutz-Check:** Nun wird geprüft, inwieweit die durch die Anforderungen definierte Soll-Situation durch die bestehende Situation erfüllt ist. Dazu werden Dokumente gesichtet und Interviews geführt.

   Bei IT-Objekten, für die ein hoher Schutzbedarf ermittelt wurde, wird eine Risikoanalyse nach dem Standard 200 – 3 durchgeführt und es werden höherwertige oder zusätzliche Maßnahmen festgelegt.

5. **Realisierung:** In diesem Schritt wird die Umsetzung von Maßnahmen geplant und durchgeführt, die geeignet sind, um noch nicht erfüllte Anforderungen zu erfüllen.

Um die Information Security aufrechtzuerhalten, sollten regelmäßig Sicherheitsrevisionen durchgeführt werden, in denen die aktuelle Situation erneut mit der Soll-Situation abgeglichen wird.

■ 18.5 Funktionsblöcke des ISMS

Wie bereits in Abschnitt 18.3 erwähnt wurde, werden innerhalb des ISMS mehrere Funktionsblöcke definiert, die einzelne Bereiche des Information Security Managements behandeln. Dabei wird zwischen drei Arten von Funktionsblöcken unterschieden:

Objektbezogene Funktionsblöcke behandeln die Information Security von einzelnen IT-Objektarten der IT-Architektur. Die Systemsicherheit beispielsweise behandelt ausschließlich die Sicherheit von IT-Systemen und nicht von IT-Netzwerken. Die Gesamtheit dieser Funktionsblöcke wird als Architektursicherheitsmanagement bezeichnet. Es umfasst:

- *Personelle Sicherheit/Information Security Awareness*
- *Datensicherheit*
- *Anwendungs-/Applikationssicherheit*
- *Systemsicherheit*
- *Netzwerksicherheit*
- *Physische Sicherheit*

Phasenbezogene Funktionsblöcke behandeln die Information Security von allen IT-Objektarten, die sich in einer bestimmten Lebenszyklusphase befinden. Das Notfallmanagement beispielsweise behandelt das Zusammenspiel aller IT-Objekte zur Überwindung von eingetretenen Notfällen.

- *Notfallmanagement*
- *Sichere Migration*
- *Krisen-/WGK-Management*[22]
- *Information Security Incident Management*
- *Sichere Außerbetriebnahme und Entsorgung*

Managementkreislaufbezogene Funktionsblöcke behandeln Information-Security-Aspekte, die phasenunabhängig bei allen IT-Objekten innerhalb des Managementkreislaufs von Bedeutung sind. Dies sind:

- *Asset-Management*
- *Information Risk Management*
- *Information Security Audit Management*

---

[22] WGK = Weiterführung der Geschäftsprozesse im Katastrophenfall.

- *Information Security Monitoring and Reporting*
- *Information Security Patch Management*

Für jeden Funktionsblock sind zu definieren:

1. Die Information-Security-Ziele und Sollvorgaben
2. Die operativen Prozesse, um die Sicherheit zu schaffen und aufrechtzuerhalten
3. Der Managementprozess, der den Funktionsblock als solchen überwacht und verbessert
4. Die im Funktionsblock eingesetzten Verfahren, Methodiken, Metriken usw.
5. Die Schnittstellen zu anderen Funktionsblöcken oder Bereichen außerhalb des ISMS

Aus Platzgründen ist es nicht möglich, alle Funktionsblöcke in diesem Kapitel zu erläutern, einige wichtige Blöcke und die darin angewandten Methodiken sollen aber in den folgenden Abschnitten näher betrachtet werden.

18.6 Architektursicherheitsmanagement

Das Architektursicherheitsmanagement ist verantwortlich für die Sicherheit der IT-Objekte in der IT-Architektur. Es besteht aus den in Abschnitt 18.4 genannten objektbezogenen Funktionsblöcken. An dieser Stelle soll der operative Prozess erläutert werden, mit dem die erforderliche Sicherheit hergestellt wird.

18.6.1 Ermittlung des Geschäftseinflusses

Bei einem Funktionsblock innerhalb des Architektursicherheitsmanagements besteht der erste Schritt darin zu betrachten, wie schwerwiegend die Folgen auf der geschäftlichen Ebene (Geschäftsprozesse) wären, wenn IT-Objekte oder deren Komponenten (z. B. eine IT-Systemplattform oder eine IT-Anwendung) versagen bzw. zum Versagen gebracht werden, falsche Ergebnisse liefern bzw. manipuliert werden oder Daten Unberechtigten zugänglich machen. Mit der Geschäftseinflussanalyse (Business-Impact-Analyse) steht hierfür eine passende Methodik zur Verfügung. Der Geschäftseinfluss hängt von mehreren Faktoren ab:

- **Wo wird das IT-System eingesetzt und auf welche Weise wird es genutzt?** Es ist leicht nachvollziehbar, dass es folgenreicher ist, wenn ein Rechner zum Stellen von Signalen und Weichen der Deutschen Bahn versagt, als wenn die Webseite einer Betriebskantine nicht mehr aufgerufen werden kann. In der Praxis werden daher Schadenskategorien wie „Schaden für Leib und Leben", „Verstoß gegen Gesetze und Vorschriften" oder „finanzieller Schaden" definiert. Basierend auf den Schadenskategorien werden dann Schutzbedarfsklassen wie gering/mittel/hoch/sehr hoch definiert und damit festgelegt, wie wichtig der Aspekt Sicherheit für das jeweils betrachtete IT-Objekt (z. B. ein Server oder ein LAN-Switch) ist und wie stark daher der Schutz ausgeprägt sein muss.
- **Wie lange hält die Funktionsstörung an?** Je länger ein IT-System ausfällt bzw. falsche Ergebnisse produziert werden, desto größer ist in der Regel der Einfluss auf der Geschäftsebene.

- **Wie gut kann die Situation vor der Funktionsstörung wiederhergestellt werden?**
  Dabei unterscheidet man zum einen die Machbarkeit (von „vollständig möglich" bis „unmöglich") und, falls die Machbarkeit nicht unmöglich ist, zum anderen die Schwierigkeit (von „einfach" bis „extrem schwierig").
- **Wie sensibel sind die vom System gespeicherten oder verarbeiteten Informationen?**
  Hier ist der Personenkreis zu definieren, dem die zu beurteilenden Informationen zugänglich gemacht werden dürfen.

Gehen Sie zur Bestimmung des Geschäftseinflusses von den Geschäftsprozessen aus und bringen Sie in Erfahrung, in welchen Prozessen bzw. Prozessschritten welche IT-Anwendungen durch wen in welcher Weise genutzt werden. Erst dann ermitteln Sie alle für die IT-Anwendung erforderlichen Applikationen und Dienste und in einem weiteren Schritt die tragende IT-Infrastruktur (Server, Netzwerke usw.).

Um die Folgen von Funktionsstörungen etc. abschätzen zu können, muss die Ist-Situation der IT-Architektur vollständig und korrekt bekannt sein. So müssen Informationen dazu vorliegen, welche IT-Komponenten mit welchen anderen Komponenten wie zusammenarbeiten bzw. in Verbindung stehen. Alle Abhängigkeiten von IT-Komponenten untereinander müssen bekannt sein; es darf keine versteckten Abhängigkeiten geben. Dazu werden bestehende Dokumentationen gesichtet und die tatsächliche Situation durch Begehungen, Interviews, Tests o. Ä. erhoben. Hilfreich sind auch toolgestützte Beschreibungen (grafisch oder in Datenbanken) zu den IT-Komponenten (vgl. hierzu auch das dritte Kapitel dieses Beitrags).

18.6.2 Schutzbedarfsanalyse

Aufbauend auf der Business-Impact-Analyse[23] wird der Schutzbedarf des zu betrachtenden Objekts (Server, Gebäude, Prozess, IT-Verfahren etc.) festgestellt, um einen passgenauen Schutz organisieren zu können. Auch für die Schutzbedarfsanalyse gibt es bislang kein einheitlich festgelegtes Vorgehen, sondern es existieren nur Best Practices, von denen eine Möglichkeit hier vorgestellt werden soll.

Zunächst wird festgelegt, welche Schutzziele betrachtet werden sollen („In welcher Hinsicht kann etwas passieren?"). Um Umfang und Aufwand in Grenzen zu halten, beschränken sich viele dieser Analysen auf die drei Kernkriterien Verfügbarkeit, Vertraulichkeit und Integrität.

Als Nächstes wird festgelegt, welche Schadenskategorien innerhalb des jeweiligen Kriteriums betrachtet werden sollen. Dies sind beispielsweise „finanzieller Schaden", „Imageverlust" oder „Beeinträchtigung der Aufgabenerfüllung". Bei Letzterem können die Ergebnisse der BIA verwendet werden.

---

[23] Der Geschäftseinfluss ist der wichtigste, aber nicht der einzige Faktor für den Schutzbedarf. Beispielsweise könnte auch der Wert der IT-Ausstattung eine Rolle spielen.

Anschließend werden die Schadensklassen festgelegt (Größe der Auswirkungen eines Schadens in dieser Schadensart und diesem Schutzziel). Beispielsweise könnten für einen finanziellen Schaden infolge eines Verfügbarkeitsverlusts die Klassen Gering (0 – 10 000 €), Mittel (10 000 – 100 000 €), Hoch (100 000 – 1 Mio. €) und Sehr hoch (> 1 Mio. €) definiert sein. Neben dem Begriff der Schadensklassen wird hier auch der Begriff „Schutzbedarfsklassen" verwendet.

In der konkreten Schutzbedarfsanalyse werden nun die Auswirkungen beurteilt, die sich in den Schadenskategorien ergeben, wenn das jeweilige Schutzziel nicht gewährleistet ist.

Beispiel: Für den zentralen E-Mail-Server eines Unternehmens wird der Schutzbedarf hinsichtlich der Verfügbarkeit festgestellt. Als Klassifizierung wird die Metrik gering/mittel/hoch/sehr hoch verwendet, die vorab in den einzelnen Schadenskategorien mit Werten belegt wurde. Es ergeben sich folgende Fragen:

- **Wie groß ist die Gefahr für Leib und Leben bei Ausfall des E-Mail-Servers?**
 (z. B. Ausfall von Alarmierung-E-Mails für Produktionseinrichtungen)
- **In welchem Ausmaß wird durch einen Ausfall gegen Gesetze verstoßen?**
 (z. B. gegen Aufbewahrungs- oder Bereitstellungsfristen)
- **In welcher Höhe ergeben sich infolge eines Ausfalls monetäre Schäden?**
 (z. B. durch E-Mails, die aufgrund des Ausfalls nicht bearbeitet werden können)
- **Inwiefern wird die Aufgabenerfüllung ver- oder behindert?**
 (z. B. Mitarbeiter, die aufgrund des Ausfalls nicht mehr arbeiten können)
- **Wie sehr leidet das Image des Unternehmens?**
 (z. B. durch eine Pressemeldung, die die mangelnde Zuverlässigkeit des E-Mail-Dienstes des Unternehmens kritisiert)

Die Ergebnisse werden nach dem Maximumprinzip zusammengefasst, d. h., der höchste Wert bestimmt die Schutzklasse für das jeweilige Schutzziel.

18.6.3 Sicherheitskonzepte und Sicherheitslösungen

Auf der Grundlage der Ergebnisse der Schutzbedarfsanalyse wird der Soll-Zustand für die Sicherheit definiert. Dazu wird analysiert, welche Sicherheitsanforderungen an Technik und Organisation zu stellen sind, um die Schutzziele ausreichend zu erfüllen. An dieser Stelle ist die Verwendung von Sicherheitsstandards (siehe Abschnitt 18.4) hilfreich.

Zu den Anforderungen werden passende Maßnahmen festgelegt und in entsprechenden Sicherheitskonzepten koordiniert und dokumentiert. Die Kombination aus technischen und/oder organisatorischen Maßnahmen, welche die benötigte Sicherheit für einen bestimmten Bereich realisieren, bezeichnet man als Sicherheitslösung.

Mit der Umsetzung der Sicherheitslösungen ist der operative Prozess für den Funktionsblock (z. B. die Systemsicherheit) abgeschlossen und es startet ein Managementkreislauf, um zunächst die Wirksamkeit der Maßnahmen festzustellen und ggf. anzupassen sowie anschließend das Sicherheitsniveau aufrechtzuerhalten und regelmäßig zu überprüfen.

18.7 IT-Notfallmanagement

Exemplarisch für einen phasenbezogenen Funktionsblock soll hier das IT-Notfallmanagement erwähnt werden, das unabhängig davon, an welcher Stelle in der IT-Architektur der Notfall eintritt, für eine schnelle Überwindung des Notfalls sorgt.

Auch das beste Information Security Management kann das Auftreten von Notfällen[24] nicht vollständig verhindern. Tritt ein Notfall ein, geht es vor allem um Schadensbegrenzung. Bereits vor Auftreten des Notfalls wird innerhalb der Notfallvorsorge und Notfallplanung durchdacht, was bei verschiedenen Notfällen zu tun wäre. Diese Abläufe werden als Notfallkonzept dokumentiert und in angekündigten und unangekündigten Notfallübungen regelmäßig trainiert.

Zentrales Instrument im Notfall ist das Notfallhandbuch, in dem wichtige Notfallmaßnahmen wie Alarmierungen, Sofortmaßnahmen und Vorgehensweisen zur Notfallbewältigung zu finden sind. Es muss auch unter schwierigen Bedingungen benutzbar sein (Stromausfall, Notbeleuchtung o. Ä.), die Informationen müssen aktuell sein und schnell aufgefunden werden können.

Bei großen Notfällen ändert sich die disziplinarische Hierarchie. Je nach Notfall geben unter Umständen externe Kräfte wie Polizei oder Feuerwehr den Ton an. Im Unternehmen übernimmt evtl. ein Krisenstab die Befehlsgewalt nach innen. Alle Anstrengungen richten sich auf die Rettung von Personen und die Sicherung des Notfallgebiets, auf die Sicherung der Geschäftstätigkeit (Business Continuity) durch Weiterführung/Überbrückung oder Auslagerung der Geschäftsprozesse und ggf. Errichtung eines Notbetriebs sowie auf die Wiederherstellung des Regelbetriebs (Disaster-Recovery, Business-Recovery, IT-Recovery). Mit der Etablierung des Überbrückungsbetriebs endet der akute Notfall, mit Feststellung des wiederhergestellten Regelbetriebs ist der Notfall überwunden.

Dann beginnt die Aufarbeitung des Notfalls. Wie konnte es dazu kommen? Wie kann so etwas in Zukunft verhindert werden?

18.8 Information Security Auditing

Mit dem Delegieren der Verantwortung zur Erfüllung der Anforderungen delegiert man gleichzeitig auch die Verantwortung zur Meldung des Status der Anforderungen. Somit kann festgestellt werden, ob und wie schnell einzelne Bereiche in der Information Security vorankommen. Was aber, wenn ein Verantwortlicher munter Erfüllungsmeldungen berichtet, die in Wahrheit gar nicht stimmen?

---

[24] Hier verstanden als größere Schadensfälle.

Auch hier gilt: Vertrauen ist gut, Kontrolle ist besser. Ein Mittel zur Kontrolle ist das Information Security Auditing. Ein Information Security Audit ist ein Sicherheitscheck mithilfe einer vorher festgelegten Checkliste. Es kann sowohl die Information Security als auch das Information Security Management überprüft werden. Im ersten Fall enthält die Checkliste Punkte aus der Corporate Information Security Policy, im zweiten Fall werden Kriterien definiert, anhand derer sich überprüfen lässt, ob das Information Security Management vorhanden und geeignet ist und ob es „gelebt" wird. In beiden Fällen kann man vordefinierte Sicherheitsstandards als Grundlage verwenden.

Die Zielsetzung eines Information Security Audit liegt vor allem darin, festzustellen, in welchen Punkten der tatsächliche IST-Zustand vom berichteten Zustand und dem Soll-Zustand abweicht. Falls die Konformität zu einem Standard nachgewiesen werden muss (Information Security Compliance), gilt es weiterhin innerhalb eines Information Security Audit herauszufinden, an welchen Stellen der Standard nicht erfüllt ist.

Die Abweichungen werden als sogenannte Findings („Gefundenes") in einem Audit-Report dokumentiert. Dem auditierten Bereich sollte die Möglichkeit zur Stellungnahme gegeben werden, um aufzuzeigen, wie sich die Abweichungen aus seiner Sicht darstellen und welche Gründe es dafür gibt.

Die Auditierung kann manuell oder mithilfe von speziellen Audit-Tools erfolgen. Große IT-Anwendungssysteme besitzen auch eigene Audit-Funktionalitäten.

18.9 Sicherheit in externen Partnerschaften

Bislang bezogen sich die Aussagen zum Information Security Management nur auf Bereiche innerhalb des Unternehmens. In der Praxis ist man jedoch auch mit vielen Situationen konfrontiert, in denen externe Partner wie externe Mitarbeiter, Hersteller oder Dienstleister für Betriebsleistungen oder Hosting involviert sind. Auch in diesen Konstellationen ist natürlich die Wahrung der IT-Sicherheit wichtig.

18.9.1 IT-Sicherheitsrisiken in externen Partnerschaften

In externen Beziehungen entstehen durch die Partnerschaft selbst einige Informationsrisiken, die es zu berücksichtigen gilt. Dies sind beispielsweise:

- **Verfügbarkeitsrisiken:** Werden externe Plattformen und Systeme genutzt, kann ein Ausfall in die Geschäftsprozesse des eigenen Unternehmens durchschlagen. Vertragsstrafen für den Fall, dass die vereinbarte Verfügbarkeit nicht eingehalten wird, können jedoch nicht immer die volle Schadenshöhe absichern. Auf jeden Fall sollte darauf geachtet werden, dass die Abhängigkeit nicht zu groß wird, um im Bedarfsfall zu einem anderen Partner wechseln zu können.

- **Vertraulichkeitsrisiken:** Der externe Partner bekommt durch die Zusammenarbeit unter Umständen einen tiefen Einblick in das Unternehmen. Dies betrifft zunächst den

Vertragszweck als solchen, d. h. die dem externen Partner zur Verarbeitung übergebenen Daten, er bekommt aber auch Informationen über interne Strukturen des Unternehmens, die aktuellen Probleme, unternehmenspolitische Interna usw.

Solche „weichen" Informationen sind für die Wettbewerber des Unternehmens sehr lukrativ. Es besteht daher das Risiko, dass solche Informationen vom externen Partner selbst oder einem seiner Mitarbeiter an Dritte weitergegeben werden. Daher sollte es selbstverständlich sein, Vertraulichkeitserklärungen abzuschließen, die sich nicht nur auf die verarbeiteten Daten, sondern auch auf solche weichen Informationen beziehen.

- **Integritätsrisiken:** Wenn Systeme des Unternehmens auch externen Personen zugänglich gemacht werden oder Unternehmensdaten über zusätzliche, das Unternehmen verlassende Schnittstellen fließen, steigt auch das Risiko, dass der externe Partner oder einer seiner Mitarbeiter vorsätzlich oder fahrlässig Systeme manipuliert oder Daten verfälscht.

- **Know-how-Risiken:** Bereits bei den Vertraulichkeitsrisiken wurde angesprochen, dass der externe Partner in der Zusammenarbeit von vielen Dingen des Unternehmens Kenntnis erhält. Er nimmt dadurch viel Wissen und Know-how des Unternehmens auf. Gerade in Unternehmen, bei denen dieses Wissen einen großen Geschäftswert darstellt, besteht das Risiko, dass dieser Geschäftswert durch Mitarbeiter des externen Partners oder durch den externen Partner selbst kompromittiert und von ihm während oder nach Beendigung der Partnerschaft zum Nachteil des Unternehmens eingesetzt wird.

  Auch auf der personellen Ebene besteht dieses Risiko in Form des Abwerbens von Mitarbeitern des Unternehmens, die als Know-how-Träger des Unternehmens für die Wahrung des angesprochenen Geschäftswerts notwendig sind. Man mag einwenden, dass dieses Risiko ganz allgemein und nicht nur in einer externen Partnerschaft besteht, doch steigt mit den direkten personellen Beziehungen dieses Risiko an.

- **Risiko in Bezug auf Schutzrechte:** Ist der externe Partner im Entwicklungsprozess involviert und steuert er zu einem Produkt eigene Ergebnisse bei (z. B. eine von ihm erstellte Software, die Teil des Produkts wird), sollte sichergestellt sein, dass das Unternehmen über die vollständigen Schutzrechte des Produkts verfügt bzw. eine Regelung darüber getroffen wird, wie mit integrierten externen Teilen umzugehen ist.

18.9.2 Security Service Level Agreements

Bereits bei der Definition der Sicherheitsanforderungen beginnen oft die Probleme. Oft genug sind sie unvollständig, unverständlich, über- oder unterdimensioniert, zu schwammig formuliert oder fehlen ganz. Häufig wird auch nicht geprüft, ob der externe Partner überhaupt in der Lage ist, die geforderte Sicherheit zu erbringen. Der externe Partner wird diese Frage immer bejahen, da er den Auftrag haben und kein schlechtes Bild abgeben möchte.

Es kann auch passieren, dass der externe Partner die Sicherheitsanforderungen nicht ernst nimmt. Das kann daran liegen, dass der externe Partner andere Vorstellungen und Auffassungen zum Thema Sicherheit hat (z. B. eine andere Einschätzung der Bedrohungslage), das Thema am liebsten völlig ignorieren möchte oder gedankenlos handelt.

Ein weiteres Problem besteht in der Aktualität. Bei längerfristigen Partnerschaften müssen die Sicherheitsanforderungen regelmäßig auf Aktualität und Angemessenheit überprüft werden, sonst entspricht die ursprünglich geforderte und vereinbarte Sicherheit nicht mehr der aktuellen Situation und wird den Bedürfnissen des Unternehmens nicht gerecht.

Schließlich ist auch die mangelnde Kontrolle der Sicherheitsanforderungen ein Problem. Der externe Partner wird sich nur ungern „in die Karten schauen lassen" und auf erlangte Zertifizierungen verweisen oder allenfalls Rechenzentrumsbegehungen anbieten.

Ein Security Service Level Agreement (SSLA) stellt eine Möglichkeit dar, die Sicherheitsaspekte in externen Partnerschaften zu berücksichtigen. Analog zu einem funktionalen Service Level Agreement (SLA) werden darin Vereinbarungen in Bezug auf sicherheitsrelevante Punkte (Security Services) der Partnerschaft getroffen. Für die Sicherheit werden zumeist qualitative Parameter und Kennzahlen (Levels) definiert, anhand derer man beurteilt, ob den Sicherheitsanforderungen Genüge getan wird oder nicht. In einem solchen SSLA finden sich beispielsweise folgende Punkte:

- **Garantien zur Gewährleistung der technischen Verfügbarkeit:** Einsatz von fehlertoleranten oder hochverfügbaren Systemen, Beschaffungsgarantie von Ersatzteilen und -geräten innerhalb eines definierten Zeitraums, Nachweis über regelmäßige Wartung der Systeme, Überwachung der Systeme inkl. Früherkennung von Problemen etc.
- **Schutz vor Missbrauch der Systeme des Unternehmens.** Einrichtung von Ausweissystemen und Zugangskontrollen, Einsatz mandantenfähiger[25]-Systeme, Überprüfung der Vertrauenswürdigkeit von Administratoren etc.
- **Datensicherheit.** Regelmäßige Datensicherung, redundante Speichersysteme, Manipulationsschutz, Verschlüsselung von Datenübertragungen, Verpflichtung der Mitarbeiter auf Vertraulichkeit und Datenschutz etc.
- **Mitwirkungspflichten, Zusammenarbeit im Notfall**
- **Kontroll- und Überwachungsbefugnisse des Auftraggebers**
- **Konsequenzen der Nichterfüllung**

Probleme bereitet mitunter die rechtliche Einordnung von SLA und SSLA. Verschiedene gesetzliche Regelungen, die z. B. die Gewährleistung oder Haftung betreffen, beziehen sich auf einzelne Vertragstypen, die oft aus dem angelsächsischen Rechtsraum stammende SLAs in dieser Form nicht berücksichtigen. Deshalb sollten Sie solche Vereinbarungen immer rechtlich überprüfen lassen.

18.9.3 Cloud Security Management

Besonders eine Ausprägung von externen Partnerschaften gewinnt immer mehr an Bedeutung: das Cloud Computing. Das Arbeiten mit Cloud-basierten Diensten ist mittlerweile zur Selbstverständlichkeit geworden, aber wie sieht es mit der Sicherheit aus?

Security Audits beim Cloud-Anbieter durchführen zu wollen, lässt sich in der Praxis ebenso schwer durchsetzen wie der Abschluss von Security Service Level Agreements, schließlich

---

[25] Mandantenfähigkeit bedeutet die vollständige Isolierung von Anwendungen, Diensten und Daten auf Systemen, die für mehrere Unternehmen (Mandanten) genutzt werden.

hat man es oft mit kommerziell starken Partnern wie Amazon, Microsoft, Deutsche Telekom etc. zu tun. Wie kann also eine Information-Security-Management-Strategie im Angesicht der Cloud aussehen?

Für das Cloud Security Management muss man umdenken. Die Cloud ist wie das Internet eine Umgebung, die außerhalb der Kontrolle des eigenen Information Security Managements liegt und damit als potenziell unsicher gelten muss.

Daher ist hier die Security-Strategie „von innen nach außen" sinnvoll. Die Cloud wird als Blackbox behandelt und zwischen der Cloud-IT und den Daten werden Sicherheitsmaßnahmen geschaltet wie:

- **Verschlüsselung der Daten.** Die Daten werden, soweit es performant möglich ist, verschlüsselt. Das gilt sowohl für ruhende Daten (data in rest) als auch für den Datentransfer (data in transfer).
- **Zugriff auf die Cloud.** Für die Cloud sollten detaillierte Zugriffspolicies erstellt und gepflegt werden. Da auf die Cloud über externe Netze zugegriffen wird, sollte eine strenge Authentifizierung erfolgen. Der Zugriff sollte nur über geschützte Kanäle (z. B. IP Sec) erfolgen.

■ 18.10 Information Security Reporting

Neben der Definition des SOLL-Zustands und der Ermittlung der bestehenden Sicherheitssituation gehört auch das Security-Reporting zu den Aufgaben des Information Security Management. Vor allem die Geschäftsleitung ist Adressat für das Reporting, da der Vorstand bzw. die Geschäftsleitung gesamtverantwortlich für die Informationssicherheit ist. Das Reporting sollte folgende Eigenschaften besitzen:

- Es sollte die Leitungsebene ausreichend über die Herausforderungen, Aufgaben und Aktivitäten der Information Security informieren, ohne sie mit unwichtigen Details zu überfrachten.
- Es sollte eine Zusammenfassung geben, um die Sicherheitssituation möglichst „auf einen Blick" darzustellen. Die Datengrundlage dieser Zusammenfassung sollte möglichst einfach nachgeschlagen werden können. In dieser Management Summary sollte der identifizierte Handlungsbedarf erkennbar sein.
- Die Form des Reporting sollte so gewählt sein, dass sie der Arbeitsweise und dem Kenntnisstand des Empfängers entspricht. So verbieten sich in einem Bericht an die Geschäftsleitung komplizierte technische Begriffe oder Zusammenhänge. Der Bericht muss in verständlicher Form abgefasst sein, d. h. verstanden werden können.
- Der Bericht sollte die Sicherheit nach gewünschten bzw. sinnvollen Gesichtspunkten gliedern (z. B. nach Sicherheitsbereichen, Sicherheitskriterien, Standorten, Kritikalität der Systeme o. Ä.).
- Der Bericht sollte geeignet sein, der Geschäftsleitung als objektives Steuerungsinstrument für die Information Security zu dienen, d. h., er darf nicht zu sehr interessengeleitet sein und muss einen entscheidungsunterstützenden Charakter besitzen.

Das Unternehmen ist in der Gestaltung des Reporting völlig frei. Es haben sich in der Vergangenheit einige Arten von Reporting-Möglichkeiten herauskristallisiert, die sich gut für ein solches Reporting eignen.

18.10.1 Reifegrade

Vom Business-Management wird mitunter die Frage gestellt: „Wie gut sind unsere Information Security und das Information Security Management eigentlich?" Für die Beantwortung muss es zunächst eine Metrik von „ganz schlecht" bis „optimal" geben. Genau das liefern die verschiedenen Reifegradmodelle, von denen eines, das Security Capability Maturity Model (SCMM), hier näher betrachtet werden soll. Es ist die Anwendung des Capability Maturity Model (CMM), das aus dem Bereich der Softwareentwicklung stammt, auf die Information Security. Es lässt sich sowohl auf die Reife der Sicherheitssituation als auch auf die Reife des Sicherheitsmanagementprozesses anwenden. In beiden Fällen existieren fünf Stufen, wie in Bild 18.9 zu sehen ist.

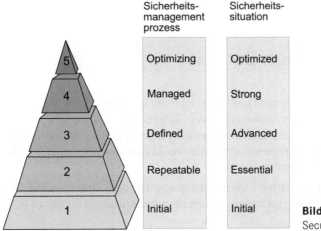

Bild 18.9
Security Capability Maturity Model

Für die Reife des Information Security Management besitzen die fünf Stufen folgende Bedeutung:

- **Initial:** Das Unternehmen kümmert sich nicht um die Information Security und wenn überhaupt, dann ist das Vorgehen chaotisch, es existieren nur intuitive Ad-hoc-Entscheidungen. Erfolge in der Information Security beruhen allein auf dem persönlichen Engagement einzelner Mitarbeiter.
- **Repeatable:** Es gibt Vorgehensweisen für einzelne Aufgaben im Information Security Management (z. B. für die Durchführung von Audits), die immer wieder in ähnlicher oder gleicher Weise stattfinden, jedoch meist nicht dokumentiert sind. Es werden Erfahrungswerte verwendet, die auch weitergegeben werden.
- **Defined:** Prozesse und Bausteine des Information Security Management sind definiert, dokumentiert (und damit unabhängig von einzelnen Mitarbeitern) und werden im Unternehmen „gelebt". Es sind Verantwortlichkeiten für die Information Security benannt.

- **Managed:** Es existieren quantitative und qualitative Ziele für die Information Security. Für die Ziele werden Messgrößen definiert und der Fortschritt wird gemessen und überwacht. Damit ist die Qualität der Informationssicherheit kontrollierbar.
- **Optimizing:** Es existiert ein kontinuierlicher Verbesserungsprozess, mit dessen Hilfe der Sicherheitsmanagementprozess weiterentwickelt und optimiert wird.

Für die Höhe des Sicherheitsgrads der IST-Situation besitzen die fünf Stufen eine etwas andere Bedeutung:

- **Initial:** Sicherheit ist in dieser Stufe Zufall, es ist keine geplante Sicherheit vorhanden. Organisierte Sicherheitslösungen sind weder im Einsatz noch geplant.
- **Essential:** Nur die nötigsten Sicherheitsvorkehrungen sind getroffen. Entweder sind dies Vorkehrungen, die per se vorgesehen sind (z. B. bereits durch den Hersteller eingebaute Schutzmaßnahmen) oder selbstverständlich erscheinen (z. B. sind die Türen zu sensiblen Räumen verschlossen). In einigen wichtigen Bereichen ist ein Grundschutz implementiert.
- **Advanced:** Die Information Security ist flächendeckend implementiert und gewährleistet einen durchgehenden Grundschutz. In wichtigen Bereichen sind Sicherheitsmaßnahmen entsprechend dem jeweiligen Schutzbedarf implementiert.
- **Strong:** Die Information Security ist flächendeckend entsprechend dem jeweiligen Schutzbedarf implementiert. Das Unternehmen ist in der Lage, auch Bereiche mit hohem bis sehr hohem Schutzbedarf adäquat mit Sicherheitsmaßnahmen zu versorgen.
- **Optimized:** Die optimale Sicherheit ist erreicht. In allen Bereichen sind entsprechend dem Schutzbedarf und den Vorgaben der Information-Security-Policy-Sicherheitsmaßnahmen umgesetzt. Der Schutz berücksichtigt sowohl technische als auch organisatorische und rechtliche Aspekte. Die Sicherheitssituation wird von einem Sicherheitsmanagementprozess begleitet, der mindestens in die Stufe 4 einzuordnen ist.

Mit dem Erreichen der Stufe 5 ist die Arbeit nicht etwa abgeschlossen. Die Sicherheitssituation verändert sich durch neue Technologien, Architekturänderungen u. v. m ständig, sodass es großer Anstrengungen bedarf, den hohen Reifegrad auch zu halten.

18.10.2 Grafische Darstellung der Sicherheitssituation

Um schnell – „auf einen Blick" – zu erkennen, in welchen Bereichen die Information Security stark ausgeprägt ist und wo sich Schwächen zeigen, eignen sich grafische Darstellungen. In Bild 18.10 werden die SCMM-Stufen auf sieben Sicherheitsbereiche (Physik, Netzwerke, Systeme, Anwendungen, Inhalte, Personen und Übergeordnetes wie Prozesse) angewendet und als Spinnennetzdiagramm dargestellt. Während in diesem Beispiel die physikalische Sicherheit optimal ist, bestehen in der personellen Sicherheit starke Defizite.

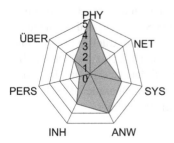

Bild 18.10
Spinnennetzdiagramm der Information Security

Wendet man das SCMM nicht nur auf die Sicherheitsbereiche an, sondern betrachtet zusätzlich die drei Dimensionen technisch, organisatorisch und rechtlich, erhält man eine dreidimensionale Grafik (siehe Bild 18.11), die einer Landschaftskontur mit Hügeln und Tälern ähnelt und daher auch als IT Security Landscape bezeichnet wird.

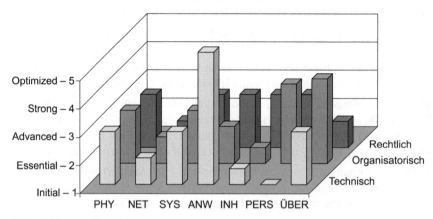

Bild 18.11 Security Landscape

Es ist sinnvoll, die grafischen Darstellungen skalierbar einzusetzen. Das bedeutet, die Darstellung (z. B. die Security Landscape) auf verschiedene Betrachtungshorizonte (Scope) zu beziehen. So kann es eine Security Landscape für das gesamte Unternehmen geben, für einen Standort oder ein bestimmtes Objekt (z. B. für einen Raum oder einen Server). Damit hat man ein leistungsfähiges Reporting-Instrument zur Verfügung, das sich zudem noch für weitere Zwecke, z. B. für die Investitionssteuerung, einsetzen lässt.

■ 18.11 IT-/OT-Sicherheit

Dieses Kapitel war bislang auf die reine Informationsverarbeitung ausgerichtet, so wie sie in elektronischer Form zunächst als elektronische Datenverarbeitung (EDV) in den Büros und Planungsabteilungen begann und sich dann über das Management von Unternehmensprozessen (z. B. Produktionsplanung) in alle Informationsbereiche eines Unternehmens ausdehnte. Die in diesen Bereichen eingesetzte Technologie, die als Information Technology (IT) bzw. Informationstechnologie bezeichnet wird, war und ist der Kontext, in dem das Information Security Management agiert.

In produzierenden Unternehmen wird aber angesichts der Digitalisierung und Konzepten wie Industrie 4.0 oder IIoT (Industrial Internet of Things) auch ein anderer Bereich zunehmend digital durchdrungen: die Produktion. Dort geht es um Steuerung und Automatisierung von Maschinen und Produktionsanlagen. Sie reicht von der punktuellen Programmierung einzelner Objekte (Roboter, CNC-Maschinen), über die Steuerung einzelner technischer Prozesse bis hin zur Vernetzung und Steuerung ganzer Produktionsstraßen und Industrieanlagen. Die in diesem Bereich eingesetzte Technologie wird als Operational Technology (OT) bzw. betriebliche Technologie oder operative Technologie bezeichnet.

Aufgrund der Unterschiedlichkeit der Aufgaben und Sicherheitsbedürfnisse waren die Bereiche IT und OT lange Zeit voneinander getrennt, es entwickelten sich daher jeweils eigene Technologie- und Managementansätze. Mit der immer stärker werdenden Kopplung zwischen IT und OT verschmelzen nun beide Welten zunehmend. Beispielsweise kann ein sensitiver Roboter[26] aufgrund von IT-Daten eingerichtet, in der OT betrieben und gesteuert werden und festgestellte Events in eine Cloud melden, die dann wieder in der IT weiterverarbeitet werden.

Das Thema Sicherheit spielt dabei eine entscheidende Rolle, denn die frühere, strenge Abschottung der OT nach außen lässt sich nicht mehr durchhalten, wodurch beängstigende Szenarien entstehen können. Man stelle sich nur vor, eine angreifende Person würde über das Internet in die IT eines Krankenhauses eindringen können und wäre in der Lage, die Steuerung von Operationsrobotern zu manipulieren.

Während die IT Security in den meisten Unternehmen etabliert ist, ist das Thema Security in der OT vielerorts noch ein Problem. Bei den OT-Komponenten spielt es, wenn überhaupt, nur eine untergeordnete Rolle, weil davon ausgegangen wurde, dass Cyber-Bedrohungen von außen nicht relevant wären.

Ein eigenes, isoliertes OT Security Management aufzubauen, erscheint angesichts der anstehenden Konvergenz von IT und OT nicht sinnvoll. Die Integration der OT in die etablierte Information Security gestaltet sich oft jedoch nicht ganz so einfach, worauf der nächste Abschnitt hindeutet.

18.11.1 Erweiterter Sicherheitsbegriff

Der Begriff „Sicherheit" bezieht sich in der IT auf den Schutz der Daten und der IT selbst (Hard- und Software) gegen schädliche Einwirkungen. Die Funktion der IT als solche wird nicht als sicherheitskritisch im physischen Sinn angesehen, Fehler und Ausfälle gehören in der IT quasi zum Geschäft. Da es um die reine Informationsverarbeitung geht, ist das akzeptabel, denn ein gefährliches Versagen mit einer physischen Gefährdung des IT-Benutzers ist nicht zu erwarten.

Das ist bei der OT anders. Ein OT-System zur Weichensteuerung einer Bahnstrecke, dessen Funktion sich ohne Einwirkung von außen ungewollt verändert, gefährdet unmittelbar das Leben der Fahrgäste, die diese Strecke passieren. Aus diesem Grund bedeutet Sicherheit im Zusammenhang mit OT-Systemen vor allem die korrekte Funktion des Systems selbst. Damit ergeben sich die nachfolgend aufgeführten zwei Sicherheitsbegriffe:

- **Funktionale Sicherheit (Safety).** Die funktionale Sicherheit ist die Gewährleistung des Schutzes vor Störungen, Fehlern und Ausfällen, die vom System selbst ausgehen und als gefährliches Versagen dessen Umgebung bedrohen – die Bedrohungen kommen von innen. Die englische Sprache kennt dafür den Begriff der Safety, der einen Zustand ausdrückt, in dem keine akuten Gefährdungen bestehen (meist in Hinblick auf Leben und Gesundheit). Im Deutschen würde man am ehesten den Begriff der Betriebssicherheit verwenden, prominentes Beispiel ist die Betriebssicherheit von Kernkraftwerken.

---

[26] Das sind mit Sensoren ausgestattete Roboter, die über eine eingebaute Logik oder künstliche Intelligenz Ereignisse feststellen und kommunizieren können.

- **Protektive Sicherheit (Security).** In diesem Bereich geht es um den Schutz des Systems selbst vor Bedrohungen, die von der Umgebung des Systems auf das System einwirken. Es ist also genau umgekehrt wie bei der Safety, die Bedrohungen kommen von außen. Beim Kernkraftwerk wäre das beispielsweise der Schutz eines Prozessrechners vor Manipulation durch eine angreifende Person.

Damit wird ersichtlich, warum das Kapitel die Überschrift Information Security Management trägt. Der Begriff der Security weist deutlicher auf den Schutz vor Bedrohungen von außen hin, sie ist der klassische Ansatz der Informationssicherheit. Um nun die angesprochene Verschmelzung von IT und OT zu verwirklichen, muss sowohl in der IT der Aspekt der Betriebssicherheit stärker berücksichtigt als auch in der OT stärker auf die Cyber-Bedrohungen von außen geachtet werden.

Oft zu finden ist in diesem Zusammenhang der Begriff Cybersecurity, der im engeren Sinne eigentlich nur für den Schutz vor Angriffen aus dem Cyberraum[27] steht, verstärkt aber auch als Oberbegriff für die Sicherheit in digitalisierten Umgebungen verwendet wird und damit im Zusammenhang mit IT *und* OT.

Der Bedarf für Cybersecurity führte in der IT zur Entwicklung von Standards, so wie sie mit dem BSI-Grundschutzkompendium oder ISO/IEC 27001 in Abschnitt 18.4 beschrieben sind. Aber auch in der OT wurde Cybersecurity adressiert und ein entsprechender Standard geschaffen. Er soll im nächsten Abschnitt behandelt werden.

18.11.2 OT Security Norm IEC 62443

Gegen Ende der Neunziger Jahre begann die International Society for Automation (ISA) mit der Entwicklung von Verfahren, um sichere industrielle Automatisierungs- und Steuerungssysteme (IACS)[28] zu implementieren und adressierte damit die Cybersecurity in der OT. Die Ergebnisse wurden als ISA99-Standards publiziert und später als Norm IEC 62443 übernommen.

IEC 62443 ist eine Normenreihe, die aus mehreren Teilen mit jeweils mehreren Einzelnormen besteht. Es ist im Rahmen dieses Abschnitts nicht möglich, die ganze Normenreihe zu behandeln, daher werden nur die als wichtig erachteten Teile dargestellt. Die nachfolgende Abbildung zeigt die Struktur und wichtige Inhalte der Normenreihe.

---

[27] Der Cyberraum ist ein Sammelbegriff für alle weltweit über das Internet und andere Datennetze vernetzten IT-Systeme und deren Daten.

[28] Der Begriff IACS umfasst alle Elemente, die für ein automatisiertes System benötigt werden. Neben der Hardware sind dies z. B. auch Software und erforderliche Einrichtungs- und Betriebsprozesse.

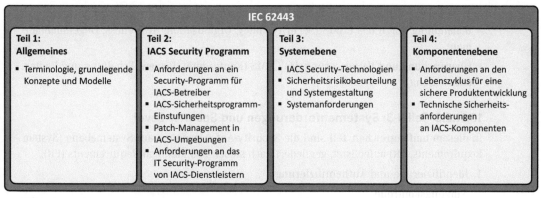

Bild 18.12 Struktur und wichtige Inhalte der Normenreihe IEC 62443

18.11.2.1 Teil 1-1: Terminologie, Konzepte und Modelle

Die erste Einzelnorm ist ein Grundlagendokument, in dem verschiedene elementare Aspekte beleuchtet werden, die für die gesamte Normenreihe wichtig sind. Dies umfasst unter anderem:

- Die Ausgangssituation mit derzeitigen Systemen und Schnittstellen
- Elementare Konzepte wie der „Defence in depth"-Ansatz oder die Gliederung in „Foundational requirements"
- Bedrohungsanalyse mit Erläuterung der essenziellen Begriffe Asset, Verwundbarkeit, Risiko, Bedrohungen und Gegenmaßnahmen
- Security Policies, wobei zwischen unternehmensweiter Policy und operativen Policies und Verfahren unterschieden wird (siehe dazu 18.3.4.1) und auch die Reife der Security betrachtet wird
- Asset-Modelle und die Strukturierung von Assets in Security-Zonen und Conduits
- Security Level und deren Betrachtung in den Lebenszyklusphasen

Die grundsätzliche Vorgehensweise der IEC 62443 besteht aus vier Schritten:

1. In der Architektur Zonen bilden, in denen gleiche Sicherheitsanforderungen bestehen und die über definierte Kommunikationskanäle (Conduits) verbunden werden
2. Bedrohungen/Risiken in den Zonen identifizieren, bewerten und daraus Security Level bzw. Security-Vektoren ermitteln
3. Ausgehend von den Security-Vektoren System- und Komponentenanforderungen ableiten
4. Security-Maßnahmen zur Erfüllung der Anforderungen definieren und umsetzen

18.11.2.2 Teil 2-1: IACS Security Program

In Teil 2-1 geht es um ein Managementsystem für Cybersecurity (CSMS). Das Dokument ist damit ähnlich gelagert wie ISO/IEC 27001, bezieht sich aber explizit auf Automatisierungs- und Steuerungssysteme (IACS). Es ist nicht überraschend, dass sich im Dokument viele der aus dem Rest dieses Kapitels bekannten Elemente wiederfinden:

- Risikoanalyse (Identifizierung, Klassifizierung und Erhebung von Risiken)
- Behandlung durch das CSMS (Security Policy, Organisation, Awareness, Gegenmaßnahmen)
- Überwachung und Verbesserung des CSMS (Konformität, Review, Erhaltung und Weiterentwicklung)

18.11.2.3 Teil 3-3: Systemanforderungen und Security Level

In diesem umfangreichen Teil sind die Security-Anforderungen auf Systemebene (System Requirements, SR) aufgelistet, gegliedert nach sieben Foundational Requirements (FR):

1. Identifizierung und Authentifizierung
2. Nutzungskontrolle
3. Systemintegrität
4. Vertraulichkeit der Daten
5. Eingeschränkter Datenfluss
6. Zeitnahe Reaktion auf Ereignisse
7. Ressourcenverfügbarkeit

Beispiel: FR 1 bezieht sich auf die Zugriffskontrolle, SR 1.7 auf den Aspekt der Stärke von Passwörtern. Die Anforderung fordert, dass das System eine konfigurierbare Passwortstärke durchsetzen können muss.

Für die Erfüllung höherer Security Level (SL) sind bei den Anforderungen noch weitergehende Anforderungen formuliert. Im Beispiel SR 1.7 wird als Anforderungserweiterung (Requirement Extension, RE) gefordert, dass das System die Wiederverwendung von Passwörtern verhindern und die zeitliche Gültigkeit für menschliche Nutzer beschränken können muss. Als zweite Erweiterung (RE 2) wird gefordert, dass das System die zeitliche Gültigkeit auch für alle anderen Nutzer (z. B. technische User) beschränken können muss.

Anforderung und erweiterte Anforderungen werden dann den Security Level zugeordnet. So genügt im Beispiel SR 1.7 für SL 2 die Grundanforderung, für SL 3 muss auch RE 1 erfüllt werden und für SL 4 auch RE 2.

Aus den für die Zonen ermittelten Security-Level lässt sich damit direkt ein Satz von Security-Anforderungen ableiten, mit denen das benötigte Sicherheitsniveau auf Systemebene erreicht werden kann.

18.11.2.4 Teil 4-2: Technische Security-Anforderungen für IACS-Komponenten

Dieser Teil ist analog zum Teil 3-3 aufgebaut, bezieht sich jedoch auf die Ebene der Komponenten bzw. Geräte in einem IACS. Damit werden aus den Anforderungen der Systemebene, sofern erforderlich, technische Anforderungen bzgl. der Fähigkeiten der technischen Komponenten abgeleitet. Wo dies nicht erforderlich ist, werden die Systemanforderungen übernommen.

18.11.3 Übergreifendes IT-/OT-Sicherheitsmanagement

Die Weiterentwicklung eines etablierten Information Security Management hin zu einem IT-/OT-Sicherheitsmanagement erfordert im Kern drei Schritte:

Schritt 1: Organisatorische Vorbereitung der Konvergenz von IT Security und OT Security

Die Vorbereitung beginnt zunächst organisatorisch, denn die Verantwortung für das OT Management bzw. die OT Security liegt in der Regel beim Chief Operation Officer (COO), die Verantwortung für das IT Management und die IT Security liegt beim Chief Information Officer (CIO) bzw. dem Chief Information Security Officer (CISO). In den machtpolitischen Diskussionen um die Konvergenz der OT Security hat das Information Security Management gegenüber dem OT Management aufgrund der Historie und der breiteren Verankerung im Unternehmen oft die besseren Karten. Viele Unternehmen verschieben die Verantwortung für die OT Security dann in den Bereich des CISO. Von dieser Vorgehensweise wird auch hier ausgegangen.

Schritt 2: Konvergenz der Methodiken und Architekturen von IT und OT Security

Sofern die OT Security schon etabliert ist, ist sie in der Regel nach IEC 62443 organisiert. Der zweite Schritt besteht deshalb darin, die Methodiken zusammenzuführen, die OT Security methodisch in die IT Security einzugliedern und dabei deren besonderen Bedürfnisse zu berücksichtigen.

Dazu gehört in der Folge auch, die IT- und OT-Architekturen gemeinsam zu betrachten und Systeme und Komponenten wie Sensor-Arrays, Aktuatoren, speicherprogrammierbare Steuerungen (SPS), Embedded Systems etc., aber auch die höheren OT-Strukturen wie SCADA[29]- oder DCS[30]-Systeme, in die Security-Betrachtungen aufzunehmen.

Schließlich wird die konvergierte Methodik schrittweise auf die IT und OT ausgerollt und angewendet.

Schritt 3: Realisierung von grundsätzlichen OT-Prinzipien in der konvergierten Architektur

Ein Beispiel für diese Prinzipien ist das Prinzip des definierten sicheren Zustands. Es besagt, dass bei einer Funktionsstörung ein System geordnet in einen sicheren Zustand überführt werden muss, in dem vom gestörten System keine Gefährdung nach außen ausgeht.

---

[29] Supervisory Control and Data Acquisition bezeichnet ein System auf der Prozessleitebene, mit dem der Ablauf einzelner technischer Prozesse beobachtet und beeinflusst wird.
[30] Distributed Control System steht für Prozessleitsysteme, mit denen größere Umgebungen geführt werden können.

Beispiel Ampelsteuerung:

Im Fall einer Ampelsteuerung wird der sichere Zustand dadurch erreicht, dass alle Ampeln dieser Kreuzung zunächst auf „Rot" schalten. Bei einem kompletten Ampelausfall wird der sichere Zustand über die Beschilderung der Kreuzung erreicht. Würden hier die bisher in der IT vorhandenen Prinzipien angewendet, dann könnten die Ampeln bei einer Störung irgendeine der drei Farben anzeigen (also auch: Alle Ampeln zeigen „Grün"), bis die Störung bemerkt würde.

Im gezeigten Beispiel gilt es im ersten Schritt im IT-/OT-Sicherheitsmanagement für die Systeme zu definieren, was als sicherheitsrelevante Störung anzusehen ist, woran sie zu erkennen ist, wie das gestörte Verhalten so zeitnah wie möglich technisch zu detektieren ist und wie das jeweilige System im Störungsfall so schnell und so geordnet wie möglich in den definierten sicheren Zustand überführt werden kann. Dabei ist zu entscheiden, in welchen Bereichen (IT-/OT-Sicherheitsmanagement, Betriebsmanagement) welche Aufgaben verortet werden und wie die Bereiche zusammenarbeiten sollen.

Im Endausbau ist ein integriertes IT-/OT-Sicherheitsmanagement vorhanden, das Security und Safety gleichrangig betrachtet, miteinander verzahnt und prozessual in einer konvergierten Architektur gewährleistet. Es ist zu erwarten, dass auch die Hersteller der Software-Tools im Bereich des Information Security Management diese Entwicklung aufnehmen werden.

Das Wichtigste – zusammengefasst

- **Betrachten Sie die Information Security als elementaren Bestandteil von IT-Verfahren, IT-Prozessen, IT-Produkten und IT-Projekten!**
  Kein Fußballtrainer stellt eine Mannschaft auf, die aus elf Stürmern besteht. Erst die Information Security macht Ihre IT-Verfahren zu einer zuverlässigen und vertrauenswürdigen Stütze der Geschäftsprozesse.

- **Nutzen Sie Information-Security-Standards!**
  Sie geben Ihnen vordefinierte, meist praxiserprobte Methoden an die Hand. Werden Sie aber nicht zum Sklaven des Standards. Er muss Ihnen dienen und zu Ihnen passen, nicht umgekehrt!

- **Kein Sicherheitskonzept ohne Schutzbedarfsanalyse!**
  Nur wer weiß, welcher Schutz benötigt wird, kann Sicherheitslösungen adäquat planen und realisieren.

- **Schaffen Sie mit der Security Policy Klarheit über Sicherheitsanforderungen!**
  Auf diese Weise wird die Information Security strukturiert und mess- bzw. prüfbar.

- **Sorgen Sie für ein aussagekräftiges, verständliches und managementkonformes Reporting!**
  Damit schaffen Sie die Grundlage für die Involvierung der Leitungsebene und letztlich auch für das Ansehen der Information Security.

- **Planen, üben und treffen Sie Vorkehrungen für den Notfall!**
  Im Ernstfall müssen Sie schnell reagieren und die richtigen Entscheidungen treffen.
- **Bereiten Sie die Konvergenz von IT und OT vor, wenn Ihr Unternehmen Produktionsautomation einsetzt!**
  IT und OT haben unterschiedliche Prinzipien. Beide Bereiche müssen adäquat im Security Management abgebildet werden.

18.12 Literatur

[Brenn19] *Brenner, M.:* Praxisbuch ISO/IEC 27001. Hanser, München 2019
[Eck18]   *Eckert, C.:* IT-Sicherheit. Oldenbourg, München 2018
[Har18]   *Harich, Th. W.:* IT-Sicherheitsmanagement. mitp Professional, Bonn 2018
[BSI22]   *BSI:* IT-Grundschutz Arbeitshandbuch. Reguvis Fachmedien, Köln 2022
[BSI21]   *BSI:* Checklisten Handbuch IT-Grundschutz. Reguvis Fachmedien, Köln 2021

19 IT-Compliance

Michael Klotz

Fragen, die in diesem Kapitel beantwortet werden:

- Was bedeutet der Begriff „Compliance" bzw. „compliant sein"?
- Woher kommen die Vorgaben, die zu beachten sind, wenn ein Unternehmen compliant sein will?
- Was ist unter IT-Compliance zu verstehen?
- Welche typischen Fälle von Non-Compliance der IT sind in Unternehmen vorzufinden?
- Welche Regelwerke sind für IT-Compliance relevant?
- Welche besondere Bedeutung kommt den Vorgaben der Datenschutz-Grundverordnung bzw. des Bundesdatenschutzgesetzes sowie dem IT-Sicherheitsgesetz zu?
- Wie ordnet sich IT-Compliance in das IT-Governance Framework „COBIT©" ein?
- Was sind Ziele und Nutzen von IT-Compliance?
- Wie lässt sich IT-Compliance in der Aufbauorganisation verankern?
- Welchen Aufgaben hat ein IT-Compliance-Officer wahrzunehmen?
- Aus welchen Elementen setzt sich ein Managementsystem für IT-Compliance zusammen?

■ 19.1 Begriff und Aktualität von Compliance

Wegen Gesetzesverstößen in den Bereichen des Kartell- oder Produktrechts werden Bußgelder in Millionenhöhe verhängt. Vorstände müssen wegen Bestechung, Betrug, schwarzen Kassen, Geldwäsche und anderen illegalen Praktiken ihre Posten räumen. Die Aufarbeitung der Vergehen der Wirecard AG wird noch Jahre in Anspruch nehmen. Im Hinblick auf Compliance-Verstöße in der Unternehmens-IT wird immer wieder von verlorenen oder gestohlenen Daten berichtet, die mitunter Gegenstand von Erpressungsversuchen sind. Zudem halten Bespitzelungsskandale Vorstände und Aufsichtsräte, aber natürlich auch die Betroffenen und die gesamte Öffentlichkeit in Atem. Mit der viel beschworenen verantwortungsvollen Unternehmensführung scheint es allzu häufig nicht gut bestellt zu sein. So verwundert es nicht, dass (mangelhafte) Compliance seit einiger Zeit nicht nur Tagungsthema und Gegenstand von Fachpublikationen ist, sondern mittlerweile regelmäßig den Weg in die Tagespresse findet.

Wie kommt es dazu? Als Ursache dieser Entwicklung beklagen viele Unternehmen eine ständig zunehmende Zahl an Regularien, d. h. Vorgaben aus Gesetzen, Verordnungen, Normen, Standards usw. Für Unternehmen aller Größenordnungen bedeutet dies wachsende Risiken aus potenziellen Regelverstößen – die sich allerdings schon allein deswegen ergeben können, weil ein Überblick über die Vielzahl der Regelwerke und die aus ihnen resultierenden Vorgaben kaum möglich ist. Die Vermeidung derartiger Risiken durch Sicherstellung der Befolgung von Vorgaben ist Zielsetzung der Corporate Compliance, im IT-Bereich speziell der IT-Compliance.

19.1.1 Begriffliche Grundlagen

Compliance ist ein noch recht junges Teilgebiet der Unternehmensführung. Schon deshalb ist die Bedeutung von „Compliance" nicht leicht zu fassen. Der Begriff stammt aus der angelsächsischen Rechtsterminologie (vgl. [Hau16], S. 6) und sollte vor Gebrauch erst in die verwendete Fachterminologie eingeordnet werden. Ohne eine derartige systematische Einordnung droht eine „Aufladung" des Compliance-Begriffs mit vorschnellen Identifizierungen und beliebigen, im Zweifelsfall schwammigen Bezügen zur Unternehmenswirklichkeit. Die Folge sind Unsicherheit und mangelnde Orientierung, schlimmstenfalls auch Fehlallokationen von Managementkapazität und Finanzmitteln. Es ist also nötig, sich mit der Begrifflichkeit auseinanderzusetzen, um auf der Basis eines geklärten und gemeinsamen Verständnisses die erforderlichen Maßnahmen ergreifen zu können. Dabei lassen sich in Bezug auf Compliance einige Grundhaltungen identifizieren (vgl. ebd., S. 6 f.):

- Das allgemeine Empfinden von Führungsverantwortlichen ist das der „Überregulierung", also der ausufernden Vorgaben durch Rechtsnormen, aber auch durch Anweisungen von Regulierungs- und Aufsichtsbehörden. Allerdings ist es unrealistisch, künftig auf weniger Regulierung – oder gar einen Rückbau – zu hoffen.

- Das Vorliegen von Verstößen gegen Compliance-Vorgaben stellt grundsätzlich ein wirtschaftliches Risiko für das Unternehmen und die das Unternehmen als Organe vertretenden Personen der Unternehmensleitung dar. Gerade die persönliche Betroffenheit der verantwortlichen Führungskräfte ist ein zentraler Treiber von Compliance-Maßnahmen.

- Compliance und Risikomanagement gehen Hand in Hand. Eine risikoorientierte Sichtweise erfordert bewusste Entscheidungen darüber, welche Compliance-Risiken akzeptabel sind und welche Compliance-Risiken im Rahmen eines Risikomanagements gesteuert werden müssen.

- Das Steuern von Compliance-Risiken erfordert neben der Zuordnung von Aufgaben und Verantwortlichkeiten vor allem ein Compliance-Managementsystem, das dem Eintritt von Schäden durch Fälle von Non-Compliance entgegenwirken soll.

In einem allgemeinen, grundlegenden Verständnis handelt ein Unternehmen dann „compliant", wenn es in seiner Geschäftstätigkeit bestimmte relevante Vorgaben befolgt. Neben „Befolgung" werden auch Begriffe wie „Übereinstimmung", „Einhaltung", „Konformität", „Erfüllung" oder „Entsprechung" verwendet. Welche Vorgaben relevant sind, ist einerseits unternehmensextern vorgegeben (wie beispielsweise bei Gesetzen), andererseits selbst gewählt (z. B. bei unternehmensinternen Richtlinien). Dementsprechend lässt sich der Compliance-Begriff wie folgt fassen:

Compliance liegt vor, wenn alle für das Unternehmen verbindlich vorgegebenen bzw. als verbindlich akzeptierten Vorgaben nachweislich eingehalten werden. ∎

Dort, wo ein Unternehmen nicht compliant ist, liegt ein Compliance-Verstoß, häufig auch als „Non-Compliance" bezeichnet, vor.

Sehen wir uns die Compliance-Definition genauer an.

1. Das Satzglied „Compliance liegt vor" bezeichnet einen Zustand (und keine Struktur, keinen Prozess, kein Konzept o. Ä.), wobei natürlich adäquate Strukturen eingerichtet und Prozesse gestaltet werden müssen, um Compliance zu erreichen. Dieser Zustand stellt sich nicht von selbst ein, sondern ist durch geeignete Maßnahmen anzustreben. Damit wird deutlich, dass es sich bei Compliance um ein Ziel (einen Zielzustand) handelt. Diesem Ziel nähert sich ein Unternehmen mal mehr, mal weniger an – vor allem, weil Rechtsnormen und sonstige Regelungen einer kontinuierlichen Veränderung unterliegen und in ihrer Zahl tendenziell steigen (was zu der von Unternehmen beklagten Überregulierung führt). Diese Erkenntnis sollte aber nicht entmutigen – Compliance ist vielmehr als „regulatives Ideal" anzusehen, das in seiner Gesamtheit nie endgültig erreichbar ist und dem sich Unternehmen insofern nur asymptotisch nähern, aber auch wieder davon entfernen können. Damit bezeichnet Compliance einen Zustand, der immer „noch nicht ist", aber als „moving target" auch nie komplett eintreten wird (was höchstwahrscheinlich auch unwirtschaftlich wäre). Jeder Zustand von Compliance ist somit notwendig mit einem gewissen Ausmaß an Non-Compliance verbunden. Hieraus folgt für die Compliance-Verantwortlichen, dass sie Unsicherheit und ein entsprechendes Risiko akzeptieren müssen. Die Vorgaben einzelner Regelwerke können aber – und müssen teilweise – sehr wohl vollständig eingehalten werden. Hierzu ist zu klären, welche Regelwerke bzw. welche der in ihnen enthaltenen Vorgaben entsprechend zu priorisieren sind.

2. Die Satzglieder „nachweislich" und „eingehalten werden" verweisen darauf, dass eine Zielerreichung nicht nur zu postulieren, sondern auch nachzuweisen ist. Dies ist vor allem dann der Fall, wenn Dritte berechtigte Interessen am Vorliegen von Compliance geltend machen – ein pures Versprechen des Einhaltens von Vorgaben reicht dann nicht aus. Die nicht nur potenzielle, sondern faktische Nachweisbarkeit (z. B. mittels archivierter Dokumente, Verfahrensanweisungen, Prüfprotokollen, Prozessbeschreibungen, Kontrollbelegen) ist unternehmensintern gegenüber Aufsichtsorganen und Prüfungsinstitutionen (z. B. Wirtschaftsprüfer, interne Revision, Aufsichtsbehörden) notwendig, aber auch, um sich im Verdachts- und Streitfall exkulpieren zu können – wie folgendes Beispiel zeigt.

Beispiel: Das Landgericht München I gab in seinem Urteil vom 5. April 2007 (Az. 5 HKO 15964/06) einer Anfechtungsklage, mit der der Hauptversammlungsbeschluss zur Entlastung des Vorstands für nichtig erklärt werden sollte, statt. Bei dem betreffenden Elektronik-Großhandelsunternehmen war nach Einschätzung des den Jahresabschluss testierenden Wirtschaftsprüfers zwar ein Überwachungssystem zur Erkennung bestandsgefährdender Entwicklungen eingerichtet, es mangelte aber an einer hinreichenden formellen Dokumentation desselben. Diese Dokumentation, die auch die wesentliche Grundlage ist, um ein Risikomanagementsystem im Unternehmen zu kommunizieren, sah das Gericht als zentrale Aufgabe des Vorstands an und stufte die unterbliebene Dokumentation als wesentlichen Verstoß gegen § 91 Abs. 2 AktG ein. Hiernach hat der Vorstand „geeignete Maßnahmen zu treffen, insbesondere ein Überwachungssystem einzurichten, damit den Fortbestand der Gesellschaft gefährdende Entwicklungen früh erkannt werden."

Die Erfüllung von Dokumentationspflichten ist jedoch nicht nur von Gesetzes wegen erforderlich. Eine vollständige und qualitativ hochwertige Dokumentation ist Voraussetzung, um den zentralen Managementanforderungen der kaufmännischen Sorgfalt, der Transparenz und Kontrolle zu genügen. Ohne eine solche Dokumentation ist eine Unternehmensführung, die den Erwartungen und Anforderungen der verschiedenen Stakeholder (Anteilseigner, Abschlussprüfer, Analysten etc.) entspricht, heute nicht mehr denkbar.

3. Die oben genannte Compliance-Definition adressiert ein Unternehmen und damit sein gesetzlich vorgesehenes Vertretungsorgan, d. h. den Vorstand, die Geschäftsführung, den geschäftsführenden Inhaber. Compliance liegt somit im Verantwortungsbereich der Unternehmensleitung und muss insofern Gegenstand des Führungs- und Überwachungssystems eines Unternehmens sein. Konkret bedeutet dies für die Unternehmensleitung, dass das Erreichen von Compliance eine Zielsetzung sein muss, die durch ein internes Kontrollsystem (IKS) sowie interne und externe Prüfungen angestrebt wird. Hieraus resultiert die Notwendigkeit, dass die Unternehmensleitung Compliance nicht nur als Pflichtübung ansieht, sondern explizit und sichtbar als treibende Kraft agiert. Dies zeigt sich beispielsweise in einem unmissverständlichen Bekenntnis zu Compliance, verbunden mit einer konsequenten Sanktionierung von Verstößen, siehe Bild 19.1.

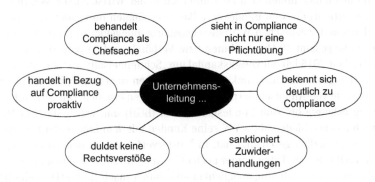

Bild 19.1 Commitment der Unternehmensleitung

Praxistipp: Ohne das Commitment der Unternehmensleitung geht es nicht

Wesentliche Erfolgsfaktoren für Compliance sind der Rückhalt und das aktive Eintreten der Unternehmensleitung. Diese muss die Bedeutung von Compliance für das Unternehmen anerkennen. Das deutlichste Zeichen hierfür ist, wenn die Verantwortung für Compliance einem Mitglied des Top-Managements übertragen wird. Gleiches gilt auf der Ebene der Unternehmens-IT, auf der die IT-Leitung bzw. der Chief Information Officer (CIO) IT-Compliance als Teil ihrer bzw. seiner Verantwortung wahrnehmen muss.

4. Das vierte und zentrale Element der Compliance-Definition bilden die einzuhaltenden Vorgaben. Sofern sie aus Gesetzen stammen, bedeutet dies, dass sich Unternehmen an geltendes Recht zu halten haben – was eigentlich eine Selbstverständlichkeit sein sollte. Neben Gesetzen, oder besser Rechtsnormen, hat ein Unternehmen jedoch auch weitere Vorgaben aus unterschiedlichen Regelwerken zu beachten. Diese erstrecken sich auf Verträge, die die Gruppe der rechtlichen Vorgaben ergänzen, sowie auf unternehmensinterne und -externe Regelwerke. Die unternehmensexternen Regelwerke beinhalten vor allem Normen und Standards, die für ein Unternehmen ebenso von existenzieller Bedeutung sein können wie die Befolgung gesetzlicher Vorgaben. Dies gilt vor allem für Normen und Standards, die sich in einer Branche durchgesetzt haben und hier eine grundlegende Voraussetzung für Marktzutritt und Geschäftstätigkeit darstellen (z. B. Sicherheitszertifizierungen). Interne Regelwerke (Richtlinien, Hausstandards etc.) dienen in vielen Fällen dazu, die Beachtung der Anforderungen aller anderen Regelwerke sicherzustellen, indem sie konkrete Handlungsanweisungen für die Organisationsmitglieder vorgeben (nach [Kl09a], S. 4).

19.1.2 Beispiele von Compliance-Verstößen

Beispiele von Non-Compliance finden sich kontinuierlich in der Wirtschaftspresse. In der Öffentlichkeit stehen oftmals die vom Bundeskartellamt verhängten Bußgelder im Vordergrund. 2020 wurden von der deutschen Wettbewerbsbehörde Bußgelder in Höhe von rund 349 Mio. Euro gegen insgesamt 19 Unternehmen bzw. Verbände und 24 natürliche Personen verhängt [Bu21]. Seit 2015 hat der Dieselskandal um „Schummelsoftware" zur Manipulation von Abgaswerten große Aufmerksamkeit erfahren. Neben staatsanwaltlichen Ermittlungen wurden vor allem von Anteilseignern und Kunden Klagen erhoben. Die gerichtliche Auseinandersetzung gelangte bis zum Bundesgerichtshof (BGH) und wurde dort im Mai 2020 mit dem Ergebnis entschieden, dass VW seine Kunden mit dem Einbau der illegalen Abschalteinrichtung vorsätzlich geschädigt hat. In Musterverfahren wurden seitdem Vergleiche erzielt, Sammelklagen sind aber immer noch offen und für Käufer von neuen Diesel-Pkws hat der BGH neue Entschädigungsmöglichkeiten eröffnet (nach [EbKo21], [Zeit22]). Derzeit und noch für einige Jahre werden die Folgen des Wirecard-Skandals abgearbeitet. Mit seitens des Insolvenzverwalters und der Staatsanwaltschaft erhobenen Anklagen des ehemaligen Wirecard-CEO Markus Braun im ersten Quartal 2022 ist ein vorläufiger Höhepunkt erreicht (vgl. [Fin22]).

Wenn Medien über Fälle von Non-Compliance berichten, ist zu berücksichtigen, dass eine Anklage natürlich keinen Schuldspruch bedeutet. Gerichtliche Verfahren ziehen sich gewöhnlich über Jahre hin, bis sie letztinstanzlich entschieden werden oder auch in einem Vergleich enden. Für die Unternehmen führt dies jedoch immer wieder zu Reputationsverlusten, negativen Auswirkungen auf Aktienkurse, der Bindung von Managementkapazität und nicht zuletzt hohen Kosten für Berater und Rechtsbeistand. So beliefen sich beispielsweise für Volkswagen die Kosten für externe Beratung in Zusammenhang mit dem Dieselskandal allein bis Juni 2019 konzernweit auf 1,77 Mrd. Euro [Vo19].

Dass vorwiegend Gesetzesverstöße als Beispiele für Non-Compliance publik werden, liegt daran, dass es hier jeweils Einrichtungen oder Personen gibt, die an der Entdeckung und Aufklärung ein eigenes Interesse haben und Verstöße aktiv verfolgen (z. B. Strafverfolgungsbehörden, Aufsichtsorganisationen, Anteilseigner, Wettbewerber, Kundengruppen). Ähnliches gilt für Vertragsverstöße, auf deren Aufdeckung und Verfolgung die Vertragspartner achten werden. Diese Fokussierung und die für Unternehmen damit verbundenen Risiken von Rechts- und Vertragsverstößen führen mitunter zu einer Verengung des Compliance-Begriffs auf eine sog. „Legal Compliance", die die Konformität mit rechtlichen Rahmenbedingungen zum Ziel hat. Dass dieser Fokus, der aber gleichsam den Kern von Compliance darstellt, derzeit gerade in der Corporate Compliance im Vordergrund steht, hängt auch damit zusammen, dass für das Topmanagement eines Unternehmens bei von ihnen zu verantwortenden Gesetzesverstößen neben einem Karriereknick auch persönliche Haftungsrisiken bis hin zu strafrechtlichen Konsequenzen drohen.

Vor allem größere Unternehmen haben in den letzten Jahren mit der Etablierung eines eigenständigen Compliance-Bereichs, der an die Unternehmensleitung berichtet, reagiert. Dies erfolgte oftmals als Teil eines Maßnahmenbündels zur Sicherstellung einer ordnungsgemäßen Unternehmensführung, die von aktuellen Konzepten und Vorschriften zur Corporate Governance genauso wie von Politik, Öffentlichkeit und Investoren gefordert wird. Als zentrale Regelung schreibt der Deutsche Corporate Governance Kodex (DCGK) die Verpflichtung des Vorstands für die Einhaltung gesetzlicher Bestimmungen fest. Weiterhin erfährt die Institutionalisierung von Compliance in denjenigen Branchen einen Schub, wo regulatorische Vorgaben die Einrichtung einer Compliance-Funktion vorschreiben.

> **Beispiel:** Nach den von der Bundesanstalt für Finanzdienstleistungsaufsicht (BaFin) als Rundschreiben veröffentlichten „Mindestanforderungen an die Compliance-Funktion und die weiteren Verhaltens-, Organisations- und Transparenzpflichten nach §§ 31 ff. WpHG für Wertpapierdienstleistungsunternehmen" (MaComp) müssen Wertpapierdienstleistungsunternehmen *„eine angemessene, dauerhafte und wirksame Compliance-Funktion einrichten und ausstatten, die ihre Aufgaben unabhängig wahrnehmen kann. Sie trägt die Gesamtverantwortung für die Compliance-Funktion und überwacht deren Wirksamkeit"* ([Bafin21a], BT1.1).

Praxistipp: IT-Compliance muss auf Corporate Compliance aufsetzen

Überlegungen zur IT-Compliance müssen die vorhandenen Strukturen, Verfahren und Prozesse der Corporate Compliance als Ausgangspunkt nehmen. Diese stellen den Rahmen für IT-Compliance dar. Die IT-Compliance wird sich nicht völlig unabhängig von der Corporate Compliance etablieren lassen. Maßnahmen der IT-Compliance können somit nie Projekte sein, die ausschließlich der IT-Funktion zugeordnet sind.

In der IT sind es im Alltag neben den in den Medien publizierten Rechtsverstößen, vor allem in Bezug auf die DSGVO-Vorfälle, in denen gegen Richtlinien verstoßen oder auch Problemsituationen gar nicht erkannt werden. Typische Fälle von Non-Compliance in der IT sind z. B.

- „Verstöße gegen Telemediengesetz (TMG) und Urheberrechtsgesetz (UrhG) im Rahmen der Nutzung dienstlicher E-Mail-Accounts
- Verstöße gegen §§ 202 ff. StGB (Strafgesetzbuch) im Rahmen von Administratoraufgaben
- Verstöße gegen § 257 HGB (Handelsgesetzbuch) respektive § 140 ff. AO (Abgabenordnung) bzw. § 14b UStG (Umsatzsteuergesetz) hinsichtlich der Aufbewahrung bzw. Archivierung von Geschäftsbriefen und Rechnungen
- Verstöße gegen DSGVO/BDSG hinsichtlich der Löschung von personenbezogenen Daten, wenn die Voraussetzungen nach Art. 6 Abs. 1 DSGVO nicht mehr gegeben sind
- Verstöße gegen die Meldepflichten nach § 8b Abs. 4 BSIG (BSI-Gesetz)
- Verstöße gegen interne Anforderungen bzgl. der Trennung von Entwicklungs-, Test- und Produktionsumgebung
- Verstöße gegen die Grundsätze des 4-Augen-Prinzips bei der Gewährung von Berechtigungen in Buchhaltungssystemen
- Verstöße gegen § 289 Abs. 1 Satz 4 HGB wegen mangelnder Transparenz im Lagebericht des Jahresabschlusses hinsichtlich der Risiken aufgrund der Non-Compliance der technisch-organisatorischen Maßnahmen (TOM) in der IT
- Verstöße gegen die unternehmensspezifische Clean Desk Policy durch nicht sachgerechten und verantwortungsbewussten Umgang mit Informationen und Vorgaben bezüglich Sicherheit am Arbeitsplatz
- Verstöße gegen die ISO/IEC 27000-Reihe aufgrund der Nichteinhaltung von internen Regelungen zur Sicherheit, wie z. B. Umgang mit mobilen Geräten, Umgang mit Datenträgern, Vergabe, Protokollierung und Auswertung von (kritischen) Berechtigungen oder Kryptografie" ([Schm21], S. 10)

■ 19.2 IT-Compliance

19.2.1 Begriffliche Grundlagen

Auch die IT-Funktion eines Unternehmens ist – wie jeder andere Unternehmensbereich – als Handlungsfeld Gegenstand von Compliance bzw. Compliance-Verstößen. Dies liegt schon allein daran, dass es verschiedene Gesetze gibt, die die Art und Weise der Nutzung von IT direkt oder indirekt adressieren. Im Mittelpunkt der aktuellen Bestrebungen zu IT-Compliance stehen die seit 2018 anzuwendende Datenschutz-Grundverordnung (DSGVO) und die Maßnahmen zur IT-Sicherheit bei Betreibern kritischer Infrastrukturen (KRITS).

Wegen der hohen Bußgelder – bis zu 20 Mio. Euro oder bis zu 4 % des weltweiten Unternehmensumsatzes – ergeben sich aus den Datenschutzvorschriften für die IT-Nutzung wesentliche Non-Compliance-Risiken, die im Rahmen des Risikomanagements einer Risikosteuerung unterliegen müssen. Auch wenn die Aufsichtsbehörden in ihren bisherigen Strafzumessungen Augenmaß bewiesen haben, ist nicht zu empfehlen, dass der DSGVO-Compliance künftig weniger Gewicht zugemessen werden sollte (siehe Tabelle 19.1). Wie zu erwarten, sind die hohen Strafen den großen IT-Unternehmen – in diesem Fall Amazon, Facebook und Google – vorbehalten, die personenbezogene Daten in sehr großem Ausmaß verarbeiten. Deutsche Aufsichtsbehörden haben sich bezüglich der Höhe verhängter Bußgelder bisher eher zurückgehalten und erreichen bisher nur im Ausnahmefall einen zweistelligen Millionenbetrag.

Tabelle 19.1 Die zehn höchsten seit 2021 wegen Verstoß gegen die DSGVO verhängten Bußgelder

Lfd. Nr.	Strafzahlung (Euro)	Datum	Organisation	Land
1	746 000 000 €	16.07.2021	Amazon Europe Core S.à.r.l.	Luxemburg
2	225 000 000 €	02.09.2021	WhatsApp Ireland Ltd.	Irland
3	90 000 000 €	31.12.2021	Google LLC	Frankreich
4	60 000 000 €	31.12.2021	Google Ireland Ltd.	Frankreich
5	60 000 000 €	31.12.2021	Facebook Ireland Ltd.	Frankreich
6	26 500 000 €	16.12.2021	Enel Energia S.p.A	Italien
7	10 400 000 €	08.01.2021	notebooksbilliger.de	Deutschland
8	9 500 000 €	28.09.2021	Austrian Post	Österreich
9	8 150 000 €	11.03.2021	Vodafone España, S.A.U.	Spanien
10	8 000 000 €	14.01.2022	REWE International AG	Österreich

Quelle: http://www.enforcementtracker.com/ (Stand 16.03.2022)

Betreiber kritischer Infrastrukturen sind größere Unternehmen und sonstige Organisationen in den Sektoren Energie, Wasser, Ernährung, Informationstechnik und Telekommunikation, Gesundheit, Finanz- und Versicherungswesen, Transport und Verkehr, Siedlungsabfallentsorgung, Medien & Kultur sowie Staat & Verwaltung. Diese sog. „KRITIS-Betreiber" sind nach § 8a Abs. 1 BSIG dazu verpflichtet, „angemessene organisatorische und technische Vorkehrungen zur Vermeidung von Störungen der Verfügbarkeit, Integrität, Authentizität und Vertraulichkeit ihrer informationstechnischen Systeme, Komponenten oder Prozesse zu treffen, die für die Funktionsfähigkeit der von ihnen betriebenen Kritischen Infrastrukturen maßgeblich sind". Verstöße gegen die Bestimmungen des BSI-Gesetzes werden als Ordnungswidrigkeit mit Geldbußen bis zu zwei Mio. Euro belegt. Im Vergleich zu den potenziellen Bußgeldern der DSGVO kann dies allein nicht als wesentliches oder auch nur großes Risiko bezeichnet werden. Im Hinblick auf mögliche Folgeschäden einer mangelnden Versorgung sind die Vorgaben des BSIG jedoch unbedingt zu erfüllen. In Folge des Russisch-Ukrainischen Krieges, insbesondere nach dem Einmarsch russischer Truppen im Februar 2022 in die Ukraine und dem damit verbundenen Cyberkrieg, wird zunehmend Druck auf die KRITIS-Betreiber entstehen, ihren gesetzlichen Verpflichtungen nachzukommen und ihre Informationssicherheitsmanagementsysteme auf- und auszubauen sowie verstärkte IT-Sicherheitsmaßnahmen durchzuführen. Dass dies auch die gesamte IT-Lieferkette betreffen kann, zeigt sich beispielsweise in der gemäß § 7 BSIG veröffentlichten Warnung des BSI vor dem Einsatz der Virenschutzsoftware des russischen Herstellers Kaspersky sowie die Empfehlung, Anwendungen dieses Anbieters durch alternative Virenschutzsoftware abzulösen (nach [BSI22]).

Vor allem in den Fällen von Gesetzesverletzungen ist davon auszugehen, dass die betroffenen Unternehmen neben Schadensersatzzahlungen und gesetzlich vorgesehenen Strafen in der Öffentlichkeit eine Schädigung ihrer Reputation, verbunden mit Verlust von Vertrauen und Kundenbindung, erleiden. Dies soll jedoch nicht heißen, dass die mangelnde Befolgung sonstiger Regelwerke von geringerer Bedeutung ist. Verträge sehen bei Verletzung vertraglicher Vereinbarungen mitunter empfindliche Strafzahlungen vor. Zudem dürften schwerwiegende Vertragsverletzungen in der Regel zu einer Beendigung der Geschäftsbeziehung führen, was entsprechende Umsatz- und Imageverluste nach sich zieht. Der Verlust von Zertifikaten als Folge mangelnder Konformität mit am Markt üblichen Standards kann Nachteile bei der Auftragsgewinnung bewirken, wenn beispielsweise in einer Ausschreibung der Nachweis bestimmter Zertifikate als Teilnahmevoraussetzung vorgeschrieben ist. Und die mangelnde Befolgung unternehmensinterner Regelungen führt wiederum zum Verstoß gegen externe Vorgaben, aber auch zu internen Ineffizienzen, Kontrollverlust und operationellen Risiken.

Praxistipp: Aus schlechten Beispielen anderer lernen

Analysieren Sie systematisch die negativen Auswirkungen, die mangelnde IT-Compliance haben kann. So können Sie die Bedeutung der Compliance für die Unternehmens-IT wie auch das Unternehmen insgesamt verdeutlichen. Die veröffentlichten Fälle von Non-Compliance können hierbei durchaus hilfreich sein. Je realistischer Sie die Folgen identifizieren, auf die eigene Situation übertragen und veranschaulichen, umso eher lässt sich intern ein Handlungsdruck in Sachen IT-Compliance begründen.

Traditionell unterstützt die IT-Abteilung die Geschäftsprozesse der Unternehmensbereiche durch den Betrieb der Fachanwendungen. Diese Unterstützung muss sich heute auch auf die Compliance in der Durchführung der Geschäftsprozesse erstrecken, beispielsweise durch die Implementierung prozessintegrierter, automatischer Kontrollen. Zudem hat die IT-Funktion auch direkt an sie gerichtete Compliance-Vorgaben zu erfüllen. Damit steht „IT-Compliance" als Teilbereich des IT-Managements zur Debatte. Wie prägt sich dieser Teilbereich der Compliance aus?

IT-Compliance materialisiert sich letztlich im Vorhandensein und Funktionieren spezifischer informations- und kommunikationstechnischer Einrichtungen, im Vorliegen von Systemdokumentationen, IT-Richtlinien, Kontrollergebnissen und Notfallplänen, korrekten und gesicherten Daten, Regelungen für den Datenzugriff und vielem anderen mehr. Dennoch steht all dies nicht für die Bedeutung des Begriffs „IT-Compliance". Nicht der unmittelbare Zweck, der mit dem Vorhandensein der verschiedenen Gerätschaften, Dokumente etc. verbunden ist, wird vom Compliance-Begriff adressiert, sondern eine Nebenbedingung steht hier im Vordergrund: die der Befolgung relevanter Vorgaben. Diese Vorgaben, die technischer, organisatorischer oder personeller Art sein können, erweisen sich in der Regel als Mittel zum Zweck. So soll beispielsweise die Beschränkung des Datenzugriffs (als Mittel) Datenmissbrauch und somit die Beeinträchtigung des Unternehmenswerts (als Zweck) verhindern. Umfang und Art der Beschränkung werden hierbei internen Vorgaben eines Berechtigungskonzepts, vertraglichen Vereinbarungen, gesetzlichen Anforderungen, z. B. der DSGVO und des Bundesdatenschutzgesetzes (BDSG), oder akzeptierten IT-Normen und IT-Standards, z. B. der DIN ISO/IEC 27001 oder dem Grundschutzkompendium des Bundesamts für Sicherheit in der Informationstechnik (BSI), zu genügen haben, vgl. Bild 19.2.

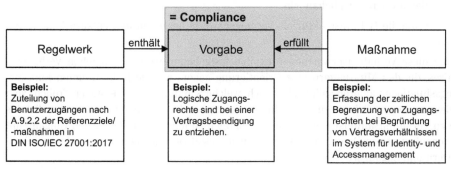

Bild 19.2 IT-Compliance als Erfüllung von Vorgaben

Die Erfüllung von Vorgaben ist somit auch die Basis für den Begriff der IT-Compliance als Spezialisierung des allgemeinen Compliance-Begriffs:

 IT-Compliance bezeichnet einen Zustand, in dem alle die IT des Unternehmens betreffenden und verbindlich vorgegebenen bzw. als verbindlich akzeptierten Vorgaben nachweislich eingehalten werden.

Hierbei ist es unerheblich, ob die IT-Leistungen ausschließlich konzern- bzw. unternehmensintern oder (teilweise) durch externe IT-Dienstleister (im Rahmen von Entwicklungs-, Hosting-, Outsourcing-Verträgen o. Ä.) erbracht werden.

19.2.2 IT-Compliance als Verhalten

Ausgehend von wohlbekannten Unternehmensskandalen (z. B. Enron und Worldcom in den USA, FlowTex und jüngst Wirecard in Deutschland), bei denen beträchtlicher Schaden durch betrügerisches Handeln entstanden ist, hat sich Compliance als Forderung nach einem regelkonformen Verhalten der Unternehmensmitglieder entwickelt. Übertragen auf die Unternehmens-IT ist IT-Compliance ein Verhalten, bei dem Unternehmensmitglieder und ggf. beauftragte Externe in ihrem Handeln alle auf die IT des Unternehmens gerichteten Vorgaben einhalten. Gegenstand der IT-Compliance sind bei dieser Sichtweise vor allem verhaltensbeeinflussende, steuernde oder überwachende Maßnahmen. Hierbei steht die Befolgung von rechtlichen Vorgaben, aber auch von ethisch fundierten Handlungsprinzipien im Vordergrund. Ein hierfür häufig genutztes Instrument sind Verhaltensnormen, die von den Mitarbeitern beispielsweise fordern, dass sie

- ihre informationsbezogenen Aufgaben mit Ehrlichkeit, Sorgfalt und Kompetenz wahrnehmen;

- alle für die IT des Unternehmens relevanten bzw. als relevant akzeptierten internen und externen Regelwerke einhalten und die damit verbundenen ethischen Werte achten (z. B. das dem Datenschutz zugrunde liegende informationelle Selbstbestimmungsrecht von Betroffenen);
- Daten von Kunden, Lieferanten und anderen Geschäftspartnern sowie sensible Unternehmensdaten vertraulich behandeln;
- Daten und die IT-Infrastruktur als Vermögenswerte begreifen und entsprechend schützen.

Soweit diese Verhaltenserwartungen explizit festgehalten werden, entstehen Verhaltenskodizes, die den Mitarbeitern eine Orientierung geben, wie sie in bestimmten Entscheidungssituationen agieren sollen, aber auch, welche Sanktionen bei Verstößen drohen. Vom Kodex angebotene Orientierungen sollten weitestgehend konkretisiert werden, letztlich bis hin zu Verfahrensanweisungen, denen verbindlich zu folgen ist (z. B. für den Umgang mit personenbezogenen Daten, mit als vertraulich klassifizierten Dokumenten oder mit Passwörtern und Zugangscodes).

Eine sensible Frage in diesem Zusammenhang ist die Aufforderung, dass Mitarbeiter Verstöße gegen den Verhaltenskodex melden sollen. Es wird von der Einrichtung eines generellen Hinweisgebersystems abhängen, inwieweit dies in einem Unternehmen hinsichtlich der IT-Compliance praktiziert wird. Die EU-Whistleblower-Richtlinie hätte Deutschland bis zum 17. Dezember 2021 umsetzen müssen. Der Koalitionsvertrag der Regierungsparteien sieht dies nunmehr vor. Da die EU-Kommission wegen der verspäteten Umsetzung ein Vertragsverletzungsverfahren gegen Deutschland eingeleitet hat, ist mit einer baldigen Gesetzgebung zu rechnen. Die danach einzuführenden Hinweisgebersysteme sollten auch den Bedarf der IT-Compliance abdecken. In jedem Fall bedarf es jedoch spezifischer Informations- und Beratungsstrukturen, die den Mitarbeitern eine Hilfestellung bieten, z. B. eine Compliance-Helpline oder Compliance-Schulungsangebote. Eine sowohl initiale als auch kontinuierliche Mitarbeiterschulung ist eine der Kernmaßnahmen sowohl der Corporate Compliance als auch der IT-Compliance. Mitunter, so z. B. beim Datenschutz, sind Mitarbeiterschulungen ohnehin gesetzlich vorgeschrieben.

Natürlich können präventiv wirkende Kodizes, Schulungsmaßnahmen und Beratung kein vorsätzliches Missachten oder gar kriminelles Handeln verhindern. Insofern ist eine Ergänzung um kontrollierende und entdeckende Maßnahmen erforderlich, die von der Implementierung einzelner Kontrollen bis hin zur Einrichtung eines Anti-Fraud-Managementsystems reichen.

Neben der fachlichen Kompetenz fokussiert die Verhaltensperspektive die mit der Aufgabendurchführung verknüpfte persönliche Verantwortung, die sich in arbeitsteiligen Organisationen über die Delegation entlang den hierarchischen Weisungsbeziehungen ergibt. Hier werden sinnvollerweise unabdingbare Pflichten zu regeln sein, die sich auf wesentliche Aufgaben richten, beispielsweise in den Bereichen IT-Sicherheit, IT-Risikomanagement oder Einhaltung von IT-Verträgen. Der Nachvollziehbarkeit der Übertragung von Verantwortung ist hierbei besondere Aufmerksamkeit zu widmen (nach [Kl09b], S. 6).

Praxistipp: Mit den Personal- und Organisationsfunktionen zusammenarbeiten

Die Verhaltensperspektive führt in der Praxis dazu, dass die IT-Compliance mit den Personal- und Organisationsfunktionen eng zusammenarbeiten muss, und zwar sowohl was die nachweisliche Qualifizierung der Belegschaft als auch die formale Grundlage der Delegation von Verantwortlichkeiten und die Dokumentation derselben anbelangt. Diese Zusammenarbeit sollte von Beginn an praktiziert werden.

19.2.3 Compliance der IT-Funktion vs. IT-gestützte Corporate Compliance

In der Literatur, bei Fachdiskussionen und praktischen Anwendungsbeispielen lassen sich zwei Auffassungen von IT-Compliance ausmachen. Eine häufig anzutreffende Sichtweise versteht IT-Compliance als Einsatz von Soft- und Hardwareprodukten, mit deren Hilfe die Einhaltung von Regelwerken sichergestellt werden kann. In diesem Sinne handelt es sich um eine „IT-gestützte Corporate Compliance". Diese Interpretation wird vor allem von Herstellern vertreten, die Lösungen für Security- oder Content-Management, Archivierung, Verschlüsselung, Identity- und Access-Management (IAM), Lizenzverwaltung und anderes mehr anbieten. Aber auch auf Unternehmensseite wird dieser Sicht gerne gefolgt, belegt doch der Einsatz derartiger Systeme das Bemühen um Compliance. Dass diese Auffassung ihre Berechtigung hat, kann nicht im Geringsten bezweifelt werden. Im Gegenteil: Ohne die genannten Lösungen sind die zahlreichen Anforderungen aus den verschiedenen Regelwerken nicht in den Griff zu bekommen. Kontrollbezogene Funktionen und automatisierte Kontrollen „können in ERP-Anwendungen oder anderer geschäftsprozessunterstützender Software, auf Ebene des Betriebssystems oder des Netzwerks als IT-Security-Tools oder Systems-Management-Software eingebaut werden" und damit eine wichtige Form der Unterstützung von (IT-)Compliance durch Software darstellen ([RaSp21], S. 177).

Die zweite Sichtweise fragt danach, welche Vorgaben aus Gesetzen, Normen, Standards, Verträgen und anderen Regelwerken die IT selbst als Unternehmensfunktion zu erfüllen hat. Hier richten sich Anforderungen direkt an die Planung, die Entwicklung und den Betrieb von Informationssystemen. Da diese Aufgaben ganz überwiegend im Verantwortungsbereich der IT-Abteilung eines Unternehmens liegen, steht hier somit die „Compliance der IT-Funktion" im Mittelpunkt der Betrachtung. Auch diese Sichtweise ist vollauf berechtigt, ist sie doch Teil der Führungsverantwortung der IT-Leitung.

In der Praxis sind beide Sichtweisen zusammenzubringen. Zunächst einmal ist es jedoch sinnvoll, sich die grundlegenden Unterschiede zwischen den beiden Interpretationsmöglichkeiten zu verdeutlichen (siehe Bild 19.3).

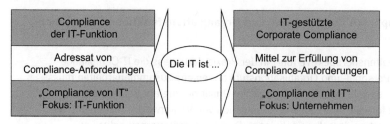

Bild 19.3 Compliance der IT-Funktion vs. IT-gestützte Corporate Compliance ([Kl09a], S.15)

Die Sichtweise „Compliance der IT-Funktion" betrachtet die IT selbst als Träger von Compliance-Anforderungen. Hier stellen sich beispielsweise folgende Fragen (nach [KD08], S. 9 f.):

- Welche Rechtsnormen und ggf. sonstigen Regelwerke sind für die IT des Unternehmens relevant?
- Welche Compliance-Anforderungen haben die einzelnen Bereiche der IT (Infrastruktur, Datenhaltung, Betrieb, Prozesse etc.) zu erfüllen?
- Welche IT-gestützten Prozesse und Anwendungen sind betroffen und welche Anforderungen sind von ihnen zu erfüllen?
- Welche Risiken resultieren in welcher Höhe aus fehlender oder mangelhafter Compliance der IT?
- Welche technischen, organisatorischen und personellen Maßnahmen sind für die Gewährleistung von Compliance der IT zu ergreifen?

IT-gestützte Corporate Compliance bedeutet, dass IT als Mittel zum Erreichen von Compliance in allen Unternehmensbereichen genutzt wird. Bei dieser Sichtweise stellen sich beispielsweise folgende Fragen:

- Welche Compliance-Anforderungen haben die Geschäftsprozesse zu erfüllen?
- Welche Compliance-Anforderungen kann eine spezifische Hard- oder Software adressieren?
- Welche Hard- oder Softwarelösung ist für die Erfüllung der Compliance-Anforderungen am besten geeignet?
- Wie sind die verfügbaren Compliance-Tools aufeinander abzustimmen?

Es ist offensichtlich, dass beide Sichtweisen der IT-Compliance ineinandergreifen und insofern beide notwendig sind, um Compliance im Allgemeinen und Compliance der IT im Speziellen zu erreichen. Im Ergebnis liegt ein IT-gestütztes Management von Vorgaben vor, die sich sowohl an das Unternehmen insgesamt und seine verschiedenen Unternehmensfunktionen als auch speziell an die IT-Funktion richten. Eine Trennung beider Sichtweisen in der Praxis scheint kein gangbarer Weg. Insofern gilt:

IT-Compliance = IT-gestützte Corporate Compliance + Compliance der IT-Funktion

Eine weitgehende IT-Unterstützung bei der Einhaltung von Compliance ist letztlich die einzige Möglichkeit, die Vielzahl heutiger Compliance-Anforderungen zu erfüllen. Dies gilt insbesondere für die kontinuierliche Überwachung des IT-Betriebs auf Compliance-Verstöße.

Beispiel: Das Bundesdatenschutzgesetz richtet spezifische Anforderungen an die Haltung personenbezogener Daten. Zum Schutz dieser Daten sind nach §64, Abs. 3 BDSG zahlreiche Kontrollen zu implementieren (z. B. Zugriffs, Eingabe-, Transport- oder Verfügbarkeitskontrollen). Um diese Vorgaben zu erfüllen, sind zuerst organisatorische und personelle Maßnahmen zu ergreifen, z. B. die Durchführung von Risiko- und Schutzbedarfsanalysen, die Festlegung von Zugriffsberechtigungen, die Planung und Durchführung von Schulungsmaßnahmen, die Regelung von Zutritts- und Zugangsrechten, das Erlassen von Vorschriften für die Verarbeitung von personenbezogenen Daten und die Verpflichtung der Mitarbeiter auf diese Vorschriften. Zu einem Großteil führen diese Maßnahmen aber letztlich zu technischen Lösungen, z. B. einer automatisierten, funktionsbasierten Zugriffssteuerung, einer systemgesteuerten Passwortvergabe, einer Datenverschlüsselung oder einer automatischen Datensicherung.

Im Kern besteht eine IT-gestützte Compliance aus folgenden Elementen, siehe Bild 19.4.

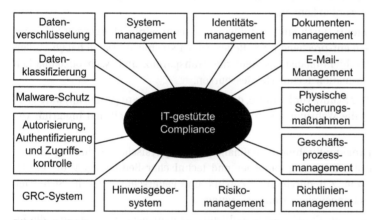

Bild 19.4 IT-Lösungen als Elemente einer IT-gestützten Compliance

- **Autorisierung/Authentifizierung/Zugriffskontrolle:** Systeme für die Autorisierung, Authentifizierung und Zugriffskontrolle stellen die Vertraulichkeit, die Integrität und den Schutz von (insbesondere personenbezogenen) Daten sicher.
- **Datenklassifizierung:** Um Daten entsprechend ihrer Verwendung optimal bereitstellen, speichern, schützen und archivieren zu können, ist es erforderlich, sie zu klassifizieren und ihren Schutzbedarf festzustellen.
- **Datenverschlüsselung:** Die Datenverschlüsselung sorgt für den Schutz der Daten bei Übertragung, Speicherung und Archivierung. Der Umfang der Verschlüsselung richtet sich nach dem Schutzbedarf der Daten.
- **Dokumentenmanagement:** Mit Dokumentenmanagement-Systemen lassen sich Zugriffe auf sensible Daten und Dokumente regeln, kontrollieren und nachvollziehen.
- **Elektronische Archivierung:** Archivsysteme für eine langfristige, unveränderbare Aufbewahrung stellen ein wichtiges Element der IT-gestützten Compliance dar, da durch sie gesetzliche Vorgaben für die Aufbewahrung und Löschung von Daten und Dokumenten in sachlicher und zeitlicher Hinsicht erfüllt werden können.

- **E-Mail-Management-Systeme:** Systeme für das E-Mail-Management sorgen für die regelkonforme Nutzung, Versendung, Verteilung und Archivierung von E-Mails in allen Bestandteilen, z. B. (digitalen) Signaturen und Anhängen.
- **Geschäftsprozessmanagement:** Systeme für Geschäftsprozessmanagement unterstützen die transparente und ordnungsgemäße Aufgabendurchführung unter Berücksichtigung von Compliance-Anforderungen, beispielsweise durch Kontroll- und Freigabe-Workflows.
- **GRC-Systeme:** Integrierte-GRC-Systeme vereinen Lösungen für Risikomanagement it Compliance-Funktionalitäten. Risiken werden mit Kontrollen verbunden und ihre Entwicklung wird in einem automatisierten Reporting kommuniziert. GRC-Prozesse werden durch digitale Formulare und Workflows abgebildet.
- **Hinweisgebersysteme:** Zur Umsetzung der sich abzeichnenden Gesetzgebung zur Einführung von Hinweisgebersystemen werden bereits entsprechende digitale Lösungen angeboten. Diese Systeme stellen im Kern eine webbasierte Meldeplattform dar, über die Hinweise zu Non-Compliance unter Schutz der Identität des Meldenden in verschlüsselter Form kommuniziert werden können.
- **Identitätsmanagement:** Durch ein Identitätsmanagement wird sichergestellt, dass nur autorisierte Personen entsprechend ihren Rollen Zugriffsrechte auf Daten haben. Außerdem unterstützt das Identitätsmanagement die Transparenz und Nachvollziehbarkeit beim Zugriff auf informationstechnische Ressourcen.
- **Malware-Schutz:** Der Schutz vor Malware, d. h. bösartiger Software (Viren, Spyware etc.), ist grundlegend für die Wahrung von Vertraulichkeit, Verfügbarkeit und Integrität von Daten.
- **Physische Sicherungsmaßnahmen:** Maßnahmen zur physischen Sicherung richten sich vor allem auf die Schaffung baulicher und technischer Bedingungen, die die IT-Lösungen unterstützen, z. B. durch einen Zutritts- und Feuerschutz oder die Sicherstellung einer unterbrechungsfreien Stromversorgung.
- **Richtlinienmanagement:** Ein IT-gestütztes Richtlinienmanagement unterstützt die Erstellung, Freigabe und Kommunikation von Richtlinien. Es ermöglicht zudem die Kontrolle der Kenntnisnahme der Richtlinien durch den jeweiligen Adressatenkreis. Weitere Funktionen richten sich auf die Versionenverwaltung und das Verfolgen der Gültigkeit der einzelnen Richtliniendokumente.
- **Risikomanagement:** Tools für das Risikomanagement decken den gesamten oder weite Teile des Risikomanagementprozesses ab. Derartige Software unterstützt insbesondere bei der Erfassung, Analyse und Bewertung von Risiken sowie der Erfassung und dem Verfolgen von Maßnahmen zur Risikosteuerung.
- **Systemmanagement:** Neben einer auf Effizienz des Systembetriebs ausgerichteten Zielsetzung bieten Systemmanagement-Tools auch Compliance-Funktionalitäten für die Aufzeichnung und Verfolgung von Zugriffen und Änderungen an Daten, Dokumenten, Konfigurationen etc. sowie für die IT-Sicherheit (z. B. Wiederherstellung oder Intrusion Detection und Prevention).

Praxistipp: Ein integrativer Ansatz ist unumgänglich

Damit die einzelnen informationstechnischen Lösungen für eine IT-gestützte Compliance effektiv und effizient arbeiten können, müssen sie in einem Gesamtkonzept aufeinander abgestimmt sein. Dies ist keine triviale Aufgabe, sondern erfordert die Zusammenarbeit der verschiedenen Bereiche, insbesondere IT-Risikomanagement, IT-Compliance, IT-Sicherheit und IT-Betrieb.

19.2.4 „Governance – Risk – Compliance" und IT-Compliance

Governance, Risikomanagement und Compliance auf der Unternehmensebene verweisen aufeinander. Aufgrund der inhaltlichen Zusammenhänge wird von der Trias „Governance – Risk – Compliance" (GRC) gesprochen, die eine integrierte Strategie und ein gemeinsames Management erfordert. Dieser allgemeine GRC-Zusammenhang ergibt sich auch für die IT.

- **Governance – Compliance:** Regelwerke der Corporate Governance lassen sich heutzutage häufig nur noch erfüllen, wenn entsprechende IT-Maßnahmen ergriffen werden. Die Ordnungsmäßigkeit sowohl der Entwicklung als auch des Betriebs von IT-Anwendungen muss vor allem hinsichtlich der Finanzberichterstattung nachgewiesen werden können (nach [JoGo11], S. 17 f.). Corporate Governance zieht somit eine spezialisierte IT-Governance nach sich. Diese richtet sich auf die Regelung von Verantwortlichkeiten und Entscheidungsrechten sowie von entsprechenden Prozessen und Verfahren mit dem Ziel, aus der IT-Nutzung einen maximalen Wertbeitrag für das Unternehmen zu ziehen. Hierzu gehört auch die Einrichtung eines IT-Kontrollsystems als Bestandteil des unternehmensweiten IKS, mit dem die Steuerung und Überwachung der IT im Unternehmen sichergestellt werden soll. Für die Ausgestaltung des IT-Kontrollsystems liegen wiederum einschlägige Standards vor, die insofern Gegenstand der IT-Compliance sind, z. B. COBIT© (siehe Abschnitt 19.3).

- **Risikomanagement – Compliance:** Ein IT-Risikomanagement als Teil eines unternehmensweiten Risikomanagements richtet sich speziell auf die IT-Risiken des Unternehmens. Als Schnittmenge von IT-Risiken einerseits und von mit Regelverstößen verbundenen Risiken, d. h. Compliance-Risiken, andererseits ergeben sich die IT-Compliance-Risiken (siehe Bild 19.5). In einer risikoorientierten Sichtweise adressiert IT-Compliance IT-Risiken, die dadurch entstehen, dass die Informations- und Kommunikationssysteme eines Unternehmens nicht wie geplant funktionieren, schlecht organisiert sind, nicht wie erforderlich betrieben und genutzt werden, unzureichend verfügbar oder ungenügend gesichert sind, manipuliert oder missbraucht werden können usw., sodass hierdurch vor allem gesetzliche Vorgaben potenziell nicht oder nur mangelhaft erfüllt werden.

Bild 19.5 IT-Compliance-Risiken als Schnittmenge ([Kl09a], S. 9)

Im Ergebnis erfährt die GRC-Trias eine Spezialisierung im IT-Bereich, was vielfältige Koordinationsaufgaben bedingt. So muss sich jede Spezialisierung in den jeweiligen generellen Bereich eingliedern, also z. B. die IT-Compliance in die generellen Compliance-Aktivitäten des Unternehmens. Zudem muss jede Spezialisierung wegen der konzeptionellen, methodischen und strukturellen Überschneidungen auch mit den anderen Spezialisierungen abgestimmt werden, die IT-Compliance folglich mit IT-Governance und IT-Risikomanagement (vgl. Bild 19.6).

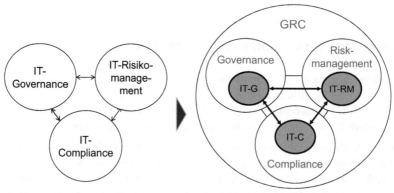

Bild 19.6 Bezüge der IT-Compliance ([Kl09a], S. 11)

Praxistipp: GRC-Zusammenhänge klären

Die unternehmensspezifische Klärung der Zusammenhänge zwischen den Strukturen von Governance, Risikomanagement und Compliance ist ebenso schwierig wie notwendig. Ansonsten drohen Ineffizienzen, Doppelinvestitionen, Verschwendung von Managementkapazität, Überschneidung von Richtlinien, Prozessen, Maßnahmen oder gar konkurrierende Verantwortlichkeiten, die sich gegenseitig neutralisieren.

19.3 IT-Compliance nach COBIT®

19.3.1 COBIT® als ITGovernance Framework

Bei COBIT® handelt es sich um ein Referenzmodell („Framework") für IT-Governance und IT-Management. Es bietet Unternehmen eine methodische Unterstützung, um IT-Ressourcen (d. h. Anwendungen, Informationen, IT-Infrastruktur und Personal) effizient und risikooptimal für das Erzielen von Wertbeiträgen einzusetzen. Seit 1993 wurde COBIT® von dem internationalen Prüfungsverband „ISACA®" (Information Systems Audit and Control Association) entwickelt und erstmals Ende 1995 veröffentlicht. Ende 2018 wurde die aktuelle Version „COBIT® 2019" veröffentlicht (vgl. im Folgenden nach [Kl19]).

Die erste Version von COBIT® legte den Schwerpunkt auf sogenannte Kontrollziele und adressierte damit vor allem die Arbeit von Auditoren (hieraus resultierte auch die Bezeichnung „COBIT" als Abkürzung für „Control Objectives for Information and Related Technology"). Die Verfolgung dieser Kontrollziele, ihre regelmäßige, systematische Überprüfung und die Umsetzung entsprechender Maßnahmen sollten einen effizienten und effektiven Einsatz der Informations- und Kommunikationstechnologie im Unternehmen gewährleisten. Im Verlauf der letzten Jahre entwickelte sich COBIT® zunehmend zu einem Managementinstrument, mit dem die IT nicht nur nachgelagert geprüft, sondern proaktiv gestaltet werden kann. In der nächsten Entwicklungsstufe positionierte sich COBIT® als Framework für die IT-Governance als integralem Element der Corporate Governance (vgl. [ISACA20a], S. 11). Mit der jüngsten Weiterentwicklung verfolgte die ISACA das Ziel, COBIT® für den konkreten Bedarf eines Unternehmens hinsichtlich Steuerung und Management der Unternehmens-IT besser adaptieren zu können (vgl. [Ga19], S. 3).

Damit die Unternehmens-IT ihren Beitrag zum Erreichen der Unternehmensziele leistet, hat sie IT-spezifische Governance- und Managementziele zu erreichen. COBIT® 2019 reformuliert das bisherige Modell für IT-Prozesse als Zielmodell („COBIT Core Model") und definiert insgesamt 40 Ziele für IT-Governance und IT-Management, weiterhin in den fünf Domänen

- „Evaluieren, Vorgeben und Überwachen" (engl. „Evaluate, Direct and Monitor" – EDM),
- „Anpassen, Planen und Organisieren" (engl. „Align, Plan and Organize" – APO),
- „Aufbauen, Beschaffen und Implementieren" (engl. „Build, Acquire and Implement" – BAI),
- „Bereitstellen, Betreiben und Unterstützen" (engl. „Deliver, Service and Support" – DSS),
- „Überwachen, Evaluieren und Beurteilen" (engl. „Monitor, Evaluate and Assess – MEA).

Jedes Governance- bzw. Managementziel wird mittels einer definierten Beschreibungsstruktur dargestellt, deren Elemente auch die Komponenten eines Governance-Systems darstellen. Kern dieser Beschreibung sind normativ formulierte und nochmals in Aktivitäten untergliederte Prozesspraktiken für IT-Governance und IT-Management, mit denen die jeweiligen Ziele erreicht werden können. Für die Messung der Zielerreichung werden beispielhafte Metriken vorgeschlagen. Zudem sind die Aktivitäten in Anlehnung an die Capability Maturity Model Integration (CMMI®) verschiedenen Reifegraden im Sinne von Fähigkeitsstufen zugeordnet. In der inhaltlichen Ausgestaltung der Praktiken werden wichtige IT-Normen und IT-Standards (z. B. ITIL®, verschiedene ISO/IEC-Normen sowie NIST-Standards) berücksichtigt. Damit ist COBIT® gewissermaßen selbst „compliant" gegenüber diesen Regelwerken.

Neben den Praktiken und Aktivitäten bildet die Organisationsstruktur eine weitere Komponente des Governance-Systems nach COBIT® 2019. Während die Praktiken mit den ihnen zugehörigen Aktivitäten die prozessuale Beschreibungsdimension abdecken, versteht COBIT® unter Organisationsstruktur die mit IT-Governance- und IT-Management befassten Organisationseinheiten, die je nach Unternehmenssituation unterschiedlich als Abteilung, Stelle, Rolle oder Gremium ausgeprägt sein können (vgl. [ISACA20b], S. 20 ff.). Als wesentlichen Verantwortungsträger für Compliance sieht COBIT® eine Organisationseinheit „Compliance" vor, die für alle Richtlinien zur externen Compliance verantwortlich ist (vgl. [ISACA20b], S. 322). Weitere Organisationseinheiten mit Bezug zu IT-Compliance sind der

Datenschutzbeauftragte, Recht und die interne Revision. In COBIT® 2019 werden insgesamt 33 Organisationseinheiten definiert, die alle mehr oder weniger an Compliance beteiligt sind.

COBIT® 2019 berücksichtigt die Compliance-Thematik im Wesentlichen in dreierlei Hinsicht:

- Compliance stellt eine der Zielsetzungen dar, die im Rahmen der sog. Zielkaskade in eine hierarchische Struktur eingeordnet werden. Zum einen richten sich jeweils zwei der 13 Unternehmens- und IT-Ziele auf die Sicherstellung externer und interner IT-Compliance. Diese Ziele werden wiederum mittels der Verfolgung der IT-Governance- und IT-Managementziele in unterschiedlichem Ausmaß erreicht.
- Eines der IT-Managementziele widmet sich speziell der Sicherstellung von Compliance. Dies ist das IT-Managementziel MEA03 („Managed compliance with external requirements") in der COBIT®-Domäne „Überwachen, Evaluieren und Beurteilen".
- Compliance stellt zudem einen der Designfaktoren dar. Diese dienen der Adaption von COBIT® an die spezifische Unternehmenssituation. Hierzu werden zum einen die IT-Governance- und IT-Managementziele, zum anderen die Komponenten des Governance-Systems priorisiert. COBIT® unterscheidet niedrige, normale und hohe Compliance-Anforderungen. Letztere können sich z. B. aus Branchenbedingungen oder geopolitischen Einflüssen ergeben (vgl. [ISACA20a], S. 28).

19.3.2 IT-Compliance als Gegenstand der IT-Ziele

Die Gewährleistung von IT-Compliance ist Gegenstand von zwei der 13 in COBIT® 2019 formulierten IT-Ziele (in COBIT® als „IT-bezogene Ziele" bezeichnet), zum einen das Ziel „IT-Compliance und Unterstützung bei der Einhaltung externer Gesetze und Vorschriften durch das Unternehmen und zum anderen das Ziel „IT-Compliance mit internen Richtlinien". Diese beiden IT-Ziele unterstützen gemeinsam mit dem IT-Ziel „Wissen, Erfahrung und Initiativen für Geschäftsinnovationen" die beiden von COBIT® vorgegebenen compliance-bezogenen Unternehmensziele:

- Compliance mit externen Gesetzen und Bestimmungen,
- Compliance mit internen Richtlinien.

Die Qualität der Unterstützung der Unternehmensziele durch die IT-Ziele differenziert COBIT® in zwei Gruppen. Eine primäre Unterstützung drückt eine wichtige Beziehung, eine sekundäre Unterstützung eine immer noch starke, aber weniger wichtige Beziehung aus. Die entsprechenden Zuordnungen sind in Tabelle 19.2 enthalten.

Tabelle 19.2 Zuordnung von compliance-bezogenen Unternehmens- und IT-Zielen (nach [ISACA18b], S. 297)

IT-Ziel		Unternehmensziel	
		03	11
		Compliance mit externen Gesetzen und Bestimmungen	Compliance mit internen Richtlinien
01	IT-Compliance und Unterstützung des Unternehmens bei der Einhaltung externer Gesetze und Vorschriften	P	S
11	IT-Compliance mit internen Richtlinien	P	P

P = primäre Unterstützung, S = sekundäre Unterstützung

Durch die Verbindung der Formulierungen der IT-Compliance-Ziele und des IT-Managementziels MEA03 ergibt sich der von COBIT® verwendete Compliance-Begriff:

> Compliance nach COBIT® richtet sich auf die Einhaltung von Gesetzen, externen Bestimmungen, vertraglichen Vorgaben und internen Richtlinien. Dieses Verständnis umfasst sowohl die IT-Compliance als eigenständiges Handlungsfeld als auch die IT-Unterstützung der Compliance des gesamten Unternehmens. ∎

Für jedes in COBIT® beschriebene IT-Governance- oder IT-Managementziel wird angegeben, welche Unternehmens- und IT-Ziele es unterstützt. Hierdurch lassen sich die nach COBIT® erforderlichen Prozesspraktiken und ihre zugehörigen Aktivitäten identifizieren, die notwendig sind, um IT-Compliance zu gewährleisten. Insgesamt 12 der 40 IT-Governance- oder IT-Managementziele unterstützen die Erreichung von IT-Compliance. Tabelle 19.3 listet beispielhaft IT-Governance- oder IT-Managementziele auf, die die Sicherstellung von IT-Compliance unterstützen.

Tabelle 19.3 Unterstützung der externen IT-Compliance durch IT-Governance- und IT-Managementziele (Beispiele)

Notation	IT-Governance-/ IT-Managementziele	Compliance-Bezug in den Aktivitäten
EDM01	Einrichtung und Pflege des Governance-Rahmenwerks ist sichergestellt	Gesetzliche, regulatorische und vertragliche Compliance-Anforderungen sind zu identifizieren, zu analysieren und bei der unternehmensindividuellen Gestaltung des IT-Governance-Systems zu berücksichtigen. Es ist sicherzustellen, dass Konsequenzen von Non-Compliance bekannt sind und durchgesetzt werden. Zudem muss überwacht werden, inwieweit die Unternehmens-IT externe IT-Compliance-Anforderungen, aber auch interne Richtlinien und professionelle Standards erfüllt.

(Fortsetzung nächste Seite)

Tabelle 19.3 Unterstützung der externen IT-Compliance durch IT-Governance- und IT-Managementziele (Beispiele) *(Fortsetzung)*

Notation	IT-Governance-/ IT-Managementziele	Compliance-Bezug in den Aktivitäten
APO01	IT-Management-Rahmenwerk ist gemanagt	In Bezug auf IT-Compliance muss das compliance-relevante Unternehmensumfeld analysiert werden. Inhalt und Umfang von Compliance-Verantwortlichkeiten, insbesondere für Entscheidungen und Genehmigungen, sind in Übereinstimmung mit Governance-Vorgaben festzulegen und an entsprechende Organisationseinheiten zuzuweisen. Um sicherzustellen, dass die Compliance-Verantwortlichkeiten ordnungsgemäß ausgeübt werden, sind angemessene Überwachungsmaßnahmen zu implementieren.
DSS06	Geschäftsprozesskontrollen sind gemanagt	In Geschäftsprozesse eingebettete interne Kontrollen sind zu identifizieren und zu dokumentieren, um auch Compliance-Zielvorgaben zu erfüllen. Entsprechende Kontrollen sind risikobasiert zu priorisieren. Die Eigentümerschaft von Schlüsselkontrollen ist zuzuweisen. Die Kontrollen sind zu automatisieren und ihr Betrieb ist kontinuierlich zu überwachen, um Verbesserungsmöglichkeiten zu identifizieren. Prozesse, Tools und Techniken zur Überprüfung der Compliance sind zu identifizieren und zu implementieren.
MEA02	Internes Kontrollsystem wird gemanagt	Auf der Grundlage von Standards der Unternehmensführung und branchenüblicher Überwachungs- und Bewertungsaktivitäten für compliance-bezogene interne Kontrollen sind durchzuführen. Für Überwachung und Selbsteinschätzungen sind Branchenstandards und Best-Practices heranzuziehen. Festgestellte Fälle von Non-Compliance müssen erfasst, berichtet und analysiert werden. Es ist sicherzustellen, dass geeignete Korrekturmaßnahmen priorisiert und ggf. umgesetzt werden.

19.3.3 IT-Managementziel zur Sicherstellung von Compliance

Das IT-Managementziel „MEA03 Compliance mit externen Anforderungen wird gemanagt" ist als drittes Managementziel in die Domäne „Überwachen, Evaluieren und Beurteilen" eingeordnet (im Folgenden nach [ISACA20b], S. 305 ff.). Durch dieses Managementziel soll sichergestellt werden, dass das Unternehmen alle relevanten externen Anforderungen einhält. Ob und inwieweit diese Zielsetzung erreicht wird, soll anhand folgender Metriken gemessen werden:

- Kosten für IT-bezogene Fälle von Non-Compliance, einschließlich Vergleichs- und Bußgeldzahlungen sowie Auswirkungen von Reputationsverlusten,

- Anzahl der IT-bezogenen Fälle von Non-Compliance, die dem Vorstand gemeldet wurden oder die eine negative öffentliche Aufmerksamkeit erfahren haben,
- Anzahl der IT-bezogenen Fälle von Non-Compliance im Zusammenhang mit vertraglichen Vereinbarungen mit IT-Dienstleistern.

Das IT-Managementziel gliedert sich in vier Prozesspraktiken, die als normative Aussagen den Inhalt und den Umfang des Managements vor allem der extern orientierten IT-Compliance wiedergeben (siehe Bild 19.7).

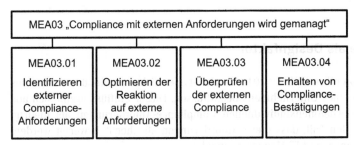

Bild 19.7 Prozesspraktiken von MEA03 – Gemanagte Compliance mit externen Anforderungen

Compliance-Anforderungen resultieren nach COBIT® 2019 aus gesetzlichen, behördlichen und vertraglichen Anforderungen, die für die Nutzung von IT-Ressourcen und die Informationsverarbeitung im Rahmen des Geschäfts- und IT-Betriebs des Unternehmens relevant sind. Als spezielle Bereiche werden u. a. Datenschutz, interne Kontrollen, Finanzberichtswesen, branchenspezifische Bestimmungen, geistiges Eigentum, Gesundheit und Sicherheit genannt. Damit die maßgeblichen Anforderungen abgestimmt gemanagt werden können, wird die Führung eines integrierten Registers empfohlen. Dieses stellt die Basis für die Analyse der Auswirkungen der Compliance-Anforderungen und die Festlegung erforderlicher Maßnahmen dar. Soweit erforderlich, ist auf externe Hilfe zurückzugreifen.

Um zeitnah auf neue oder geänderte Vorgaben reagieren und Compliance herstellen zu können, bedarf es eines internen Prozesses der Identifikation sowie der Umsetzung durch IT-Richtlinien, -Standards und -Verfahren, die regelmäßig zu bewerten und anzupassen sind. Wichtig ist die Kommunikation von Neuerungen und Änderungen an die betroffenen Stellen und Abteilungen des Unternehmens.

Die Einhaltung der Compliance-Anforderungen ist regelmäßig durch interne und externe Überprüfungen zu überwachen und zu beurteilen. Werden Compliance-Lücken bei Richtlinien, Standards und Verfahren festgestellt, sind diese zu dokumentieren und zeitnah Maßnahmen einzuleiten, und zwar vor allem hinsichtlich einer Anpassung der internen IT-Richtlinien, -Standards und -Verfahren. Eine wichtige Rolle spielen hierbei die Prozesseigner (engl. process owner), die die Compliance des von ihnen verantworteten Geschäfts- oder IT-Prozesses zu bestätigen haben. Gleiches gilt für IT-Dienstleister und Geschäftspartner. Die Ergebnisse – insbesondere zu Non-Compliance-Vorfällen und ihren Ursachen sowie zu ergriffenen Maßnahmen – sind in die generelle Berichterstattung des Unternehmens zu integrieren.

In der auf die R- und A-Verantwortungen reduzierten RACI-Tabelle von COBIT® 2019 (R = responsible, A = accountable) ist die Organisationseinheit „Compliance" für die Identifizierung der Compliance-Anforderungen, die Bestätigung der externen Compliance und für das Erhalten der Compliance-Bestätigungen rechenschaftspflichtig (A). Nur für die Reaktion auf externe Anforderungen liegt diese Verantwortung bei der Audit-Funktion des Unternehmens. Dem Chief Information Officer (CIO) sowie der Rechtsabteilung obliegen die Durchführungszuständigkeit (R) für alle vier Prozesspraktiken – allerdings nicht alleinig. Weitere Beteiligte sind z. B. die Geschäftsprozessverantwortlichen und der Datenschutzbeauftragte. Beide sind durchführungszuständig für die Identifizierung der Compliance-Anforderungen, die Optimierung der Reaktion auf externe Anforderungen und die Bestätigung der externen Compliance.

19.3.4 Compliance als Designfaktor

Compliance ist einer von elf in COBIT® 2019 beschriebenen Faktoren, die das Design des IT-Governance-Systems eines Unternehmens beeinflussen. Dieser Einfluss ergibt sich aus der Einstufung der unternehmensindividuellen Compliance-Anforderungen als niedrig, normal oder hoch. Für den Fall, dass diese Anforderungen als „hoch" bewertet werden, kommen den IT-Governance- und IT-Managementzielen

- EDM01 (Sichergestellte Einrichtung und Pflege des Governance-Rahmenwerks),
- EDM03 (Sichergestellte Risikooptimierung),
- APO 12 (Gemanagtes Risiko),
- MEA03 (Gemanagte Compliance mit externen Anforderungen),
- MEA04 (Gemanagte Assurance)

eine relativ höhere Priorität bei der Ausgestaltung des IT-Governance-Systems zu (nach [ISACA18c], S. 38).

Weiterhin gibt COBIT® 2019 den Hinweis, dass bezüglich der Komponenten des IT-Governance-Systems den Informationselementen, die für das effektive Funktionieren des Governance-Systems erforderlich sind, sowie den Richtlinien und Arbeitsanweisungen besondere Beachtung zu schenken ist. Hinsichtlich der Informationselemente ist vor allem an Informationen zu Compliance-Anforderungen oder Kontrollinformationen zur Entdeckung von Non-Compliance zu denken. Richtlinien und Arbeitsanweisungen dienen dazu, ein gewünschtes Verhalten – eben das Einhalten von Compliance-Vorgaben – in praktische Leitlinien für das tägliche Management umzusetzen (vgl. [Ga19], S. 7).

Wenn das Unternehmen noch weitere Designfaktoren zu berücksichtigen hat (z. B. die Unternehmensgröße oder Unternehmensstrategien und -ziele), ergeben sich weitere Prioritäten für IT-Governance- und IT-Managementziele sowie Komponenten des IT-Governance-Systems (z. B. Organisationsstrukturen oder Fähigkeiten und Kompetenzen der Mitarbeiter). All diese Prioritäten sind in der Ausgestaltung des IT-Governance-Systems zu berücksichtigen und miteinander abzustimmen. Eventuelle Prioritätskonflikte sind hierbei zu lösen (nach [ISACA18c], S. 41).

Praxistipp: Eigene Konzeption der IT-Compliance an COBIT® orientieren

COBIT® ist das führende Framework für IT-Governance und IT-Management – gerade auch aus Sicht von Wirtschaftsprüfern bzw. externen IT-Auditoren. Die compliance-bezogenen Ausführungen von COBIT® bieten eine gute Grundlage für eigene Konzeptionen zur IT-Compliance. Zudem sind sie in ein umfangreiches IT-Governance- und Management-Framework integriert, z. B. hinsichtlich IT-Risiko- oder IT-Sicherheitsmanagement. COBIT® kann deswegen gut als Ausgangspunkt für die Konzeption der IT-Compliance im Unternehmen dienen.

■ 19.4 Nutzen von IT-Compliance

Neben der selbstverständlichen Pflicht zur Erfüllung gesetzlicher Vorschriften soll IT-Compliance ein Unternehmen vor allem vor wirtschaftlichen Nachteilen als Folge von Rechtsverletzungen bewahren. Es sollen insbesondere Schadensersatzpflichten, Strafen, Buß- und Zwangsgelder, aber auch erhöhte Steuerzahlungen aufgrund von Schätzungen des Finanzamts vermieden werden. So kann beispielsweise ein Schaden entstehen, wenn ein Unternehmen im Rahmen einer gerichtlichen Auseinandersetzung beweiserhebliche Daten und Dokumente nicht vorlegen und damit seiner Beweispflicht nicht nachkommen kann. Wird im Zusammenhang mit steuerrelevanten Unterlagen gegen Archivierungspflichten verstoßen, drohen Strafzahlungen wegen Steuerverkürzung. Zusätzlich zu diesen monetären Schäden ist auch ein potenzieller Imageschaden zu bedenken. Dieser kann sich leicht einstellen, wenn etwa gegen Datenschutznormen verstoßen wird oder Kundendaten missbraucht werden. Die Folgen können eine negative Publizität, Nachteile bei der Vergabe öffentlicher Aufträge oder gar Kundenabwanderungen sein.

Neben dieser Schutzfunktion, die auf die Vermeidung von Nachteilen zielt, ist IT-Compliance mit folgenden teils direkten, teils indirekten Vorteilen verbunden (siehe Bild 19.8).

Bild 19.8 Nutzen von IT-Compliance ([KlO9a], S.17)

- **Wertbeitrag:** Wenn die IT eines Unternehmens ihre Compliance nachweisen kann, führt dies auf vielfältigen Wegen zu einer Erhöhung des Unternehmenswerts. Erweisen sich bestimmte Standards (z. B. IT-Sicherheitszertifikate) als Markteintrittsbarrieren, ist der Wertbeitrag der IT offensichtlich. Ohne die Konformität zu derartigen externen Vorgaben könnten Umsatzchancen nicht genutzt werden. Andererseits kann mangelnde IT-Compliance zu Abschlägen bei der Bestimmung des Unternehmenswerts im Fall von Unternehmenstransaktionen führen, wenn sich während einer Due-Diligence-Prüfung wesentliche IT-Compliance-Risiken offenbaren. Gerät ein Unternehmen mit negativen Schlagzeilen in die Presse (beispielsweise wegen mangelnden Datenschutzes), werden hierdurch auch wirtschaftliche Nachteile zu befürchten sein. Kundenverluste können den Produktabsatz reduzieren und aufwendige PR-Kampagnen erforderlich machen.

- **IT-Qualität:** Viele Maßnahmen zur Herstellung von IT-Compliance tragen zu einer höheren Qualität von IT-Prozessen bei. Eine systematische Konzeption von Abläufen, verbunden mit ihrer Dokumentation und IT-technischen Unterstützung, wird in der Regel zu einer Erhöhung der Produktivität und zur Möglichkeit einer kontinuierlichen Verbesserung führen. Vor allem eine Konformität mit Best-Practice-Verfahren führt zu einer Steigerung der Prozessqualität, häufig verbunden mit einer höheren Nachvollziehbarkeit und Sicherheit in den betroffenen IT-Prozessen. So dient beispielsweise die Zuordnung von Personen zu Aufgaben und Rollen dem Nachweis der ordnungsmäßigen Bearbeitung (kritischer) Transaktionen durch autorisierte Personen. Eine qualitätssteigernde Wirkung liegt weiterhin vor, wenn Compliance-Anforderungen und Kontrollen als Elemente des IKS systematisch aufeinander abgestimmt werden. Hieraus resultiert eine höhere Transparenz, die die gesamte IT-Architektur umfasst und letztlich ein effektives Enterprise Architecture Management (EAM) unterstützt. Eine in diesem Sinne verbesserte Qualität führt zu einer Reduzierung der Komplexität der IT-Infrastruktur und somit zu einer verbesserten Steuerungsfähigkeit, aber auch Auditierbarkeit der IT.

- **IT-Sicherheit:** Hinsichtlich des IT-Sicherheitsmanagements liegen Normen und Standards vor (z. B. die ISO/IEC-Normen-Reihe 2700x oder die IT-Grundschutz-Standards des BSI), mit denen die Unternehmens-IT gegebenenfalls compliant zu sein hat. Darüber hinaus adressieren Maßnahmen der IT-Compliance, die die Ordnungsmäßigkeit des IT-Betriebs sicherstellen, auch die IT-Sicherheitsziele der Vertraulichkeit, Verfügbarkeit und Integrität. Hieraus resultieren Synergiepotenziale, die bei einer abgestimmten Vorgehensweise realisiert werden können. Auf diese Weise entfaltet IT-Compliance zusätzliche Nutzenpotenziale für die IT-Sicherheit.

- **IT-Risiken:** Ähnliches wie für die IT-Sicherheit gilt für das IT-Risikomanagement. Auch hier existieren Normen und Standards für die Unternehmens-IT, z. B. die Norm „ISO/IEC 27005 – Information Security Risk Management" oder der BSI-Standard 200-3 zur Risikoanalyse, die es zu erfüllen gilt, wenn sie für das Unternehmen als verbindlich erachtet werden. Aber selbst wenn dies nicht der Fall ist, ergeben sich Synergieeffekte für das IT-Risikomanagement, das durch gleichgerichtete Maßnahmen der IT-Compliance verstärkt wird. Somit entfaltet IT-Compliance auch für das Management von IT-Risiken zusätzliche Nutzenpotenziale – insbesondere dann, wenn eine Integration mit dem IT-Sicherheitsmanagement erfolgt (dass dies erforderlich ist, lässt sich schon daran erkennen, dass die ISO/IEC 27005 Teil der ISO/IEC-Normen-Reihe 2700x ist).

- **IT-Kosten:** Die verschiedenen Maßnahmen der IT-Compliance verursachen selbstverständlich Kosten. Da die Maßnahmen aber auch aus Gründen der Risikoreduzierung und der Erhöhung der IT-Sicherheit erfolgen, lassen sich die damit verbundenen Kosten oft nicht eindeutig der IT-Compliance zurechnen. Dies gilt natürlich auch umgekehrt für die Kosteneinsparungen, die sich unter anderem aus der Automatisierung manueller Arbeitsabläufe (beispielsweise bei der Überwachung oder im Reporting), geringeren Kosten in der IT-Administration und -Wartung oder bei der Durchführung von IT-Prüfungen ergeben. Der quantitative wirtschaftliche Nutzen von Maßnahmen der IT-Compliance kann – wenn überhaupt – somit nur in einem größeren Zusammenhang ermittelt werden. Trotzdem gilt, dass IT-Compliance zwar Investitionen erfordert, aber auch zur Reduzierung von IT-Kosten beiträgt.

Praxistipp: Keine Nutzenbetrachtung von IT-Compliance ohne Nutzenverfolgung

Ohne eine Nutzenbetrachtung wird kein Business Case für IT-Compliance auskommen. Insofern müssen Sie unbedingt den Nutzen detailliert abschätzen. Dies ist allerdings in den meisten Fällen nicht leicht. Nutzen Sie bereits vorhandene Erfahrungen und bewerten Sie kritisch, inwieweit mit den Maßnahmen der IT-Compliance ein intendierter Nutzen auch wirklich realisiert wurde.
Nur so lässt sich eine realistische Sicht auf den Nutzen von IT-Compliance erreichen.

19.5 Beteiligte und Interessenlagen

Der Kreis der grundsätzlich an der Herstellung von IT-Compliance beteiligten Personen und Gruppen erweist sich als durchaus umfangreich. Auch wenn in der fachlichen Diskussion oftmals ein „IT-Compliance-Officer" im Mittelpunkt steht, hat die aufbauorganisatorische Gestaltung alle Beteiligten im Rahmen eines Stakeholder-Ansatzes einzubeziehen (Bild 19.9) und ihre Aufgaben- und Verantwortungsteilung in Bezug auf IT-Compliance zu regeln.

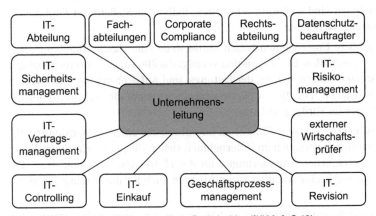

Bild 19.9 An IT-Compliance beteiligte Stakeholder ([Kl09a], S. 13)

Die Hauptverantwortung für IT-Compliance kommt der Unternehmensleitung zu. Dies ergibt sich aus expliziten gesetzlichen Vorgaben sowie generellen Sorgfaltspflichten der Unternehmensorgane (zwecks Vermeidung eines Organisationsverschuldens). Änderungen des Aktiengesetzes – zuletzt durch das Finanzmarktstabilisierungsgesetz (FMStG) – haben mit der persönlichen Inanspruchnahme von Vorstandsmitgliedern dafür gesorgt, dass Risikomanagement und Compliance die Aufmerksamkeit der Unternehmensleitung erlangen. So drohen bei Verstößen gegen Compliance-Anforderungen die Verweigerung der Entlastung, eine Abberufung, eine außerordentliche fristlose Kündigung oder gar eine persönliche Haftung.

Die Unternehmensleitung muss zur Wahrnehmung ihrer Compliance-Verantwortung konzeptionelle und operative Aufgaben und die hierfür erforderlichen Befugnisse delegieren. Der Kreis der hierfür zur Verfügung stehenden Funktionsträger hängt von der Unternehmensgröße, der Gesellschaftsform, der Branchenzugehörigkeit und etwaigen weiteren situativen Bedingungen ab. In jedem Fall sind die Corporate Compliance, die IT-Abteilung und die Fachabteilungen als Hauptbeteiligte einzubeziehen.

Die IT-Abteilung und ihre Leitung bzw. der CIO haben den Großteil an Maßnahmen zur Erfüllung der Compliance-Anforderungen zu planen und durchzuführen, zumindest soweit es die informations- und kommunikationstechnischen Mittel anbelangt. Hierbei sind die Entwicklung und der Betrieb von IT-Systemen selbst an IT-Standards (wie z. B. COBIT®) auszurichten oder die Anforderungen aus Gesetzen (wie beispielsweise der DSGVO und dem BDSG) sind direkt umzusetzen. Hierzu müssen IT-Kontrollen eingeführt werden, entweder als prozessintegrierte Kontrollen einzelner IT-Anwendungen (z. B. Eingabeprüfungen) oder als generelle IT-Kontrollen, die auf die gesamte IT wirken. Beispiele für generelle IT-Kontrollen sind Benutzerberechtigungskonzepte, Zugriffsschutzverfahren und Change-Management-Verfahren.

Auch die Fachabteilungen tragen eine Verantwortung für die Erfüllung von Compliance-Anforderungen – und zwar immer dann, wenn bereichsbezogene organisatorische oder personelle Maßnahmen ergriffen und entsprechende Kontrollen eingeführt werden. Vor allem die „Awareness" für IT-Compliance, insbesondere für Datenschutz und Datensicherheit, muss bei den IT-Nutzern in den Fachabteilungen entwickelt werden.

In größeren Unternehmen sind weiterhin eine ganze Reihe von Stellen und Funktionen potenziell mit IT-Compliance befasst:

- Viele, vor allem größere Unternehmen haben mittlerweile eine eigene Abteilung „Corporate Compliance" geschaffen. Diese Funktion verfolgt die Zielsetzung, das rechtmäßige Verhalten des gesamten Unternehmens, der Leitungs- und Aufsichtsorgane sowie seiner Mitarbeiter sicherzustellen. Für die Corporate Compliance steht die Sichtweise der IT-gestützten Compliance im Vordergrund.

- Die unternehmensinterne Rechtsabteilung stellt im Auftrag der Unternehmensleitung die Einhaltung von rechtlichen Vorgaben im Unternehmen sicher. Die juristische Beurteilung gesetzlicher und vertraglicher Anforderungen an die IT ist eine Kernkompetenz der Rechtsabteilung, der somit eine wichtige Verantwortung auch für die IT-Compliance zukommt.

- Eine weitere Schnittstelle ergibt sich zum Geschäftsprozessmanagement hinsichtlich der Compliance von Geschäftsprozessen. Soweit Stellen mit spezialisierter Prozessverantwortung eingerichtet sind, ist zu prüfen, ob und gegebenenfalls inwieweit ihr Verantwortungsbereich um Aspekte der IT-Compliance zu erweitern ist.

- Der oben beschriebene inhaltliche Zusammenhang zwischen IT-Risikomanagement und IT-Compliance erfordert auch auf institutioneller Ebene eine Zusammenarbeit zwischen den entsprechenden organisatorischen Einheiten. Soweit sich das Risikomanagement auf existenzgefährdende Unternehmensrisiken konzentriert, werden in Bezug auf die IT die Bereiche des Datenschutzes sowie des Notfall- und Kontinuitätsmanagements im Vordergrund stehen. Ein weiterer Bereich der Zusammenarbeit kann das Management von IT-Projektrisiken sein, wenn für die Unternehmensentwicklung wesentliche IT-Entwicklungen betroffen sind.

- Ähnliches gilt für das IT-Sicherheitsmanagement. Zahlreiche Regelwerke (beispielsweise DSGVO/BDSG, ISO/IEC 27001, ITIL®) stellen Anforderungen an die Sicherheit der IT-Systeme bzw. ihrer Komponenten (z. B. IT-Infrastruktur, IT-Anwendungen, Daten, IT-Prozesse). Viele IT-Sicherheitslösungen können dazu beitragen, Anforderungen der IT-Compliance zu erfüllen (wie das obige Beispiel für das BDSG zeigt).

- Mit dem Vertragsmanagement sind in manchen Unternehmen anstelle der Rechtsabteilung die Einkaufsabteilung oder das Controlling befasst, sodass diese Stellen mitunter auch Steuerungs- und Überwachungsaufgaben bei der Durchführung von IT-Verträgen wahrnehmen. Falls vertraglich geregelte Leistungen im Rahmen von IT-Projekten erbracht werden, kann das Vertragscontrolling auch Aufgabe des IT-Projektmanagements sein.

- Mit dem durch Art. 37 DSGVO und § 38 Abs. 1 BDSG vorgeschriebenen Datenschutzbeauftragten gibt es zudem eine Stelle im Unternehmen, die bezogen auf das Gebiet des Datenschutzes bereits eine Compliance-Funktion wahrnimmt. Ein abgestimmtes Vorgehen von Datenschutz und Datensicherheit bietet ein großes Potenzial für Synergien.

- Wenn Buchführung und Finanztransaktionen des Unternehmens IT-gestützt erfolgen, ist die Ordnungsmäßigkeit der IT Gegenstand sowohl der Jahresabschlussprüfung durch den externen Wirtschaftsprüfer als auch unterjährig der internen Revision. Hierzu haben beide Prüfungsinstanzen unter anderem die Angemessenheit und Wirksamkeit des IT-Kontrollsystems zu beurteilen, indem sie die Durchführung verschiedener IT-Kontrollen prüfen. Hierbei orientieren sie sich an entsprechenden Standards und Normen zur Wirtschaftsprüfung, z. B. ISA 315 (revised 2019), zur IT-Sicherheit und zum IT-Risikomanagement.

Neben den eben aufgeführten gibt es weitere Stellen und Funktionen, die sich nach Branchenerfordernissen richten (z. B. in der Banken-, Telekommunikations- oder Pharmabranche). Auch hier gibt es häufig Bezüge zur IT-Compliance, sodass diese Stellen ebenfalls zu beteiligen sind. Für eine diesbezügliche Klärung sollte die unternehmensinterne Rechtsabteilung der erste Ansprechpartner sein.

Das Interesse der Stelleninhaber und Funktionsträger an IT-Compliance wird sich nach dem Inhalt und Umfang der an sie delegierten Verantwortung richten. In jedem Fall ist eine persönliche Haftung zu befürchten, und zwar nicht nur für die Unternehmensleitung. Bei einer nicht regelkonformen Aufgabenausführung können auch Mitarbeiter prinzipiell zur Verantwortung gezogen und haftbar gemacht werden. Für ausführende Mitarbeiter ergibt sich dies aus den Regelungen zur Arbeitnehmerhaftung.

In vielen Unternehmen stellt sich die Herausforderung, die Verantwortung für IT-Compliance in eine Corporate-Compliance-Struktur zu integrieren. In dieser Konstellation bietet sich für die Beteiligten die Chance, den eigenen Aufgaben- und Verantwortungsbereich zu erweitern. Mitunter können sich so auch neue Karrierepfade eröffnen. Auf der anderen Seite droht neue Konkurrenz um Ressourcen und Einfluss. Diese Unsicherheiten gilt es bei der institutionellen Verankerung von IT-Compliance im Unternehmen durch eine klare Aufgaben- und Verantwortungsteilung zu beseitigen. Es liegt in der Verantwortung der Unternehmensleitung, die Klärung dieser Fragen zu initiieren und durchzusetzen.

Praxistipp: IT-Compliance benötigt Stakeholder-Management

Vor allem in der Implementierungsphase von IT-Compliance ist ein systematisches Stakeholder-Management erforderlich. Das Stakeholder-Management hat die Anforderungen und Erwartungen der Stakeholder zu ermitteln und bei der Konzeption und Umsetzung zu berücksichtigen. Während der gesamten Einführung ist die Kommunikation so zu steuern, dass die Bedürfnisse der Stakeholder erkannt und – soweit möglich – erfüllt sowie Probleme gemeinsam identifiziert und gelöst werden können.

■ 19.6 IT-relevante Regelwerke

19.6.1 Klassifikation der Regelwerke

Wie für die Corporate Compliance lassen sich auch für die IT-Compliance grundsätzlich drei Gruppen von Regelwerken unterscheiden, die in ihrer Summe ein Grundgerüst für eine systematische Analyse von Compliance-Anforderungen darstellen (siehe Bild 19.10):

Unternehmens-interne Regelwerke	Rechtliche Vorgaben	Unternehmens-externe Regelwerke
	Gesetze und Rechtsverordnungen	
IT-Richtlinien		IT-Kodizes
IT-Hausstandards	Rechtsprechung	IT-Normen
IT-Leitfäden und -Verfahrensanweisungen	Verwaltungsvorschriften	IT-Branchenstandards
Interne IT-bezogene Vereinbarungen	Referenzierte Regelwerke	IT-Verbandsstandards
...	Verträge	...

Bild 19.10 House of IT-Compliance ([KD14], S. 21)

- rechtliche Vorgaben an die IT, d. h. Rechtsnormen (also vom Gesetzgeber erlassene Gesetze sowie auf deren Grundlage von den Verwaltungen erlassene Rechtsverordnungen), Rechtsprechung, Verwaltungsvorschriften und weitere Regelwerke, auf die in Gesetzen, Rechtsverordnungen und Verwaltungsvorschriften verwiesen wird oder die von der Rechtsprechung zur Auslegung herangezogen werden, sowie Verträge, die ein Unternehmen mit Kunden, Lieferanten und sonstigen Marktpartnern abschließt und die IT-relevante Vereinbarungen enthalten;
- unternehmensexterne, auf IT bezogene Regelwerke, wie IT-Kodizes, IT-Normen oder IT-Standards vielfältiger Institutionen;
- unternehmensinterne Regelwerke, wie IT-Richtlinien, IT-Organisations- oder Verfahrensanweisungen, Verhaltenskodizes, Service-Level-Agreements (SLAs) oder Hausstandards, soweit sie IT-relevante Vorgaben enthalten.

Mit der Überlegung, dass sowohl der Bindungsgrad als auch das Risiko bei einem Verstoß in der genannten Reihenfolge tendenziell abnehmen, ergibt sich das in Bild 19.11 dargestellte „Zwiebelmodell".

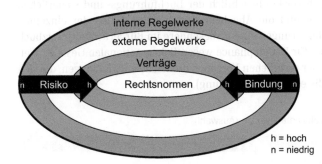

Bild 19.11
Zwiebelmodell für Compliance-relevante Regelwerke ([Kl09a], S. 21)

h = hoch
n = niedrig

Bei Rechtsnormen und Verträgen ergeben sich höhere Risiken, weil hier oft ein monetäres Strafmaß entweder gesetzlich oder vertraglich geregelt ist bzw. aus Vertragsverletzungen teilweise bestandsgefährdende Schadensersatzpflichten resultieren können. Außerdem kommen in diesen Fällen häufig Vertrauensverlust und Imageschäden hinzu, die das Schadensausmaß zusätzlich erhöhen. Durch strafverfolgende Institutionen bzw. Vertragspartner, die ihre Interessen wahren wollen, ergibt sich auch eher die Wahrscheinlichkeit, dass ein Verstoß reklamiert und ein Anspruch verfolgt und durchgesetzt wird.

Bei den externen Regelwerken ist zu beachten, dass diese ggf. aufgrund Verweis oder Heranziehung zur Auslegung der Rechtsnormen letztlich deren Bindungswirkung und das daraus resultierende Risiko teilen. Die Regelwerke dieser Gruppe erlangen dann eine höhere Bindungswirkung, wenn ihre Einhaltung von Dritten (z. B. Wirtschaftsprüfern, Kunden) eingefordert wird.

 Praxistipp: Entscheiden, welche Regelwerke berücksichtigt werden

Der Umfang von und der Aufwand für IT-Compliance hängt wesentlich davon ab, welche Regelwerke im Verantwortungsbereich der IT-Compliance liegen.
Soll nur eine Beschränkung auf rechtliche Regelwerke – und somit auf „Legal IT-Compliance" – erfolgen? Oder werden auch weitere interne und externe

Regelwerke einbezogen? Und wenn ja, welche? Diese Fragen sind als konstitutive Entscheidungen der IT-Compliance anzusehen; sie müssen vor der strukturellen Implementierung von IT-Compliance beantwortet werden.

19.6.2 Rechtliche Vorgaben

Gesetze und Rechtsverordnungen

Im Zentrum der rechtlichen Vorgaben stehen Rechtsnormen, also Gesetze und Rechtsverordnungen. Die Notwendigkeit zur Einhaltung der IT-Compliance ergibt sich nicht nur aus Gesetzen, die sich schon vom Namen her offensichtlich auf die IT beziehen, wie beispielsweise die DSGVO, das Bundesdatenschutzgesetz, das Telekommunikation-Telemedien-Datenschutz-Gesetz, das Telemediengesetz oder das Telekommunikationsgesetz. Vielmehr regeln zahlreiche weitere Gesetze den IT-Einsatz im Unternehmen, z. B. das Betriebsverfassungsgesetz, das Strafgesetzbuch sowie hinsichtlich der Buchführungs- und steuerlichen Pflichten das Handelsgesetzbuch und die Abgabenordnung nebst Teilen der einzelnen Steuergesetze. Vertragliche Anforderungen sind insbesondere im Bürgerlichen Gesetzbuch geregelt. Tabelle 19.4 enthält die für IT-Compliance wesentlichen nationalen Gesetze. Weiterhin zählen zu dieser Gruppe der rechtlichen Vorgaben die Rechtsentwicklungen, die sich auf EU-Ebene vollziehen (z. B. die ePrivacy-Verordnung).

Tabelle 19.4 Für IT-Compliance relevante Gesetze (Auswahl)

Abkürzung	Gesetz
AO	Abgabenordnung
BGB	Bürgerliches Gesetzbuch
BGB-InfoV	Verordnung über Informations- und Nachweispflichten nach bürgerlichem Recht
BDSG	Bundesdatenschutzgesetz
BetrVG	Betriebsverfassungsgesetz
BSIG	Gesetz über das Bundesamt für Sicherheit in der Informationstechnik
DSGVO	Datenschutzgrundverordnung
EStG	Einkommensteuergesetz
HGB	Handelsgesetzbuch
IT-SiG	IT-Sicherheitsgesetz
KunstUrhG	Kunsturhebergesetz
StGB	Strafgesetzbuch
TKG	Telekommunikationsgesetz
TMG	Telemediengesetz
TTDSG	Telekommunikation-Telemedien-Datenschutz-Gesetz (TTDSG)
UrhG	Urheberrechtsgesetz
UStG	Umsatzsteuergesetz
UWG	Gesetz gegen den unlauteren Wettbewerb
ZPO	Zivilprozessordnung

Rechtsprechung

Zu den rechtlichen Vorgaben zählt weiterhin die Rechtsprechung, die die Rechtsnormen auslegt und damit wesentlich deren Inhalt bestimmt. Dies betrifft in besonderem Maße sogenannte unbestimmte Rechtsbegriffe bzw. Generalklauseln. Beispiele hierfür sind die „übliche Beschaffenheit", die das Vorliegen eines Mangels im Werkvertragsrecht bestimmt, oder die „im Verkehr erforderliche Sorgfalt", deren Missachtung den Vorwurf fahrlässigen Verhaltens begründet.

Beispiel: Das Oberlandesgericht Hamm hat in seinem vielzitierten Urteil vom 1. Dezember 2003 (Az. 13 U 133/03) eine unterlassene Datensicherung bei Schäden, die durch Datenverluste entstehen, als Mitverschulden gewertet. In dem entschiedenen Fall war bei einer Reparatur durch eine beauftragte Computerfirma ein Datenverlust infolge eines Server-Absturzes entstanden. Das Gericht stellte fest, dass eine Datensicherung täglich zu erfolgen hat, eine Vollsicherung mindestens einmal wöchentlich. Da in dem Fall die Vollsicherung nicht einmal monatlich erfolgt war, wurde der Schaden der klagenden Auftraggeberin allein zugerechnet und ihr Schadensersatzanspruch abgewiesen.

Verwaltungsvorschriften

Auch ohne dass es sich um Rechtsnormen im engeren Sinne handelt, sind für IT-Compliance ferner Regelwerke relevant, die von den zuständigen (Aufsichts-)Behörden zur Interpretation und Ausführung der Rechtsnormen aufgestellt oder erklärtermaßen herangezogen werden. Diese Regelwerke bewirken rechtlich eine Selbstbindung der Verwaltung, indem sie die Anwendung der Rechtsnormen durch die Verwaltung bestimmen. Zudem ist die Entwicklung zu beobachten, dass es zunehmend Darlegungen gibt, wie spezielle Fragen zur Nutzung von IT aus Sicht der Verwaltung zu handhaben sind – allerdings ohne bindende Wirkung.

Beispiel: Die vom Bundesministerium für Finanzen (BMF) als Verwaltungsanweisung erlassenen „Grundsätze zur ordnungsmäßigen Führung und Aufbewahrung von Büchern, Aufzeichnungen und Unterlagen in elektronischer Form sowie zum Datenzugriff (GoBD)" interpretieren die Regelungen der Abgabenordnung zu den Anforderungen an die ordnungsgemäße Buchführung beim Einsatz IT-gestützter Buchhaltungssysteme und bei Verwendung digitaler Unterlagen.

In Bezug genommene Regelwerke

Regelwerke, die als solche keinen Rechtsnormcharakter haben und sowohl von Verwaltungen wie auch von privatrechtlichen Institutionen (z. B. dem DIN Deutsches Institut für Normung) stammen können, haben für die IT-Compliance die gleiche Bedeutung wie Rechtsnormen, wenn sie durch ausdrückliche Verweisung in diese einbezogen werden.

Beispiel: Die von der Bundesanstalt für Finanzdienstleistungsaufsicht (BaFin) per Rundschreiben herausgegebenen MaRisk (Mindestanforderungen an das Risikomanagement) konkretisieren das von Kreditinstituten nach § 25a Abs. 1 KWG (Kreditwesengesetz) einzurichtende Risikomanagement. Die der MaRisk zugehörige Erläuterung verweist sowohl auf die vom Bundesamt für Sicherheit in der Informationstechnik (BSI) herausgegebenen Dokumente zum IT-Grundschutz als auch auf die ISO/IEC-Normen-Reihe 2700x, siehe Tabelle 19.5. Dies hat zur Folge, dass Kreditinstitute, um keinen Beanstandungen der

BaFin ausgesetzt zu sein, ein diesen Normen und Standards entsprechendes Sicherheitsniveau zu realisieren haben.

Tabelle 19.5 Auszug aus MaRisk Anlage 1: Erläuterungen zu den MaRisk in der Fassung vom 16.08.2021 (entnommen aus [BaFin21b])

AT 7.2 Technisch-organisatorische Ausstattung	
1 …	
2 Die IT-Systeme (Hardware- und Softwarekomponenten), die zugehörigen IT-Prozesse und sonstige Bestandteile des Informationsverbunds müssen die Integrität, die Verfügbarkeit, die Authentizität sowie die Vertraulichkeit der Daten sicherstellen. Für diese Zwecke ist bei der Ausgestaltung der IT-Systeme und der zugehörigen IT-Prozesse grundsätzlich auf gängige Standards abzustellen, …	**Standards zur Ausgestaltung der IT-Systeme** Zu solchen Standards zählen z. B. der IT-Grundschutz des Bundesamts für Sicherheit in der Informationstechnik (BSI) und die internationalen Sicherheitsstandards ISO/IEC 270XX der International Organization for Standardization. …
3 …	

19.6.3 Verträge

Vertragsverstöße stellen für ein Unternehmen operationelle Risiken dar, die es mittels einer effektiven und effizienten Vertragssteuerung zu managen gilt. Zwei Gruppen von Verträgen sind hier von Bedeutung:

- Verträge allgemeiner Art, deren Vertragsgegenstand sich nicht auf IT-Belange konzentriert, die aber einzelne IT-relevante Regelungen enthalten (beispielsweise zum Austausch oder zur Aufbewahrung von Informationen) oder die dem Vertragsdokument als IT-Objekt einen schutzwürdigen Status zuerkennen (was gewöhnlich durch eine Geheimhaltungsvereinbarung geschieht).
- Spezifische IT-Verträge, deren Vertragsgegenstand sich auf IT-Leistungen bezieht und die dadurch direkt relevant sind für IT-Compliance (z. B. IT-Entwicklungs- oder Schulungsverträge, Software-Überlassungs- und Software-Pflegeverträge, Provider-Verträge).

Während das Vertragscontrolling Leistungserbringer und -empfänger kontinuierlich im Auge behalten muss, stehen aus Compliance-Sicht nur diejenigen vertraglichen Vereinbarungen im Fokus, aus denen sich IT-spezifische Pflichten und Obliegenheiten des Unternehmens als Vertragspartner ergeben. Diese beziehen sich z. B. auf die Erfüllung von Dokumentationspflichten sowie Geheimhaltungsabreden. In Bezug auf das Risikomanagement stehen solche Regelungen im Vordergrund, aus denen sich Risiken hinsichtlich Schadensersatzansprüchen oder Vertragsstrafen ergeben.

19.6.4 Unternehmensexterne Regelwerke

In die Gruppe der unternehmensexternen Regelwerke fallen viele derjenigen Regelwerke, die im IT-Management große Aufmerksamkeit erfahren, vor allem die als „Framework", „Referenzmodell" oder „Best-Practice-Modell" gehandelten IT-Standards, wie CMMI®, ITIL® und COBIT®. Insgesamt sind die in dieser Gruppe vertretenen Regelwerke höchst unterschiedlich. Die Spannbreite reicht von ITRichtlinien supranationaler Organisationen, wie der OECD (Organisation for Economic Cooperation and Development), über nationale und internationale IT-Normen (z. B. ISO/IEC 20000, ISO/IEC 700x), Standards internationaler und nationaler Verbandsorganisationen und behördlicher Einrichtungen bis hin zu Empfehlungen oder Konzepten, die sich im Laufe der Zeit durch Informations- und Erfahrungsaustausch in der Fachwelt herausgebildet haben.

Aus Sicht der IT-Compliance sind in dieser Gruppe vor allem Regelwerke von hoher Relevanz, die als Basis für Testierungen oder Zertifizierungen dienen. Hierzu zählen insbesondere die Prüfungs- und Rechnungslegungsstandards des Instituts der Wirtschaftsprüfer in Deutschland e. V. (IDW). In Bezug auf die Abschlussprüfung sind dies z. B. der IDW Prüfungsstandard ISA 315 (revised 2019)und die Stellungnahmen des IDW-Fachausschusses für Informationstechnologie zur Rechnungslegung (RS FAIT) 1 bis 5.

Im betrieblichen Alltag sind an vielen Stellen mittlerweile Normen und Standards maßgebend, so auch für die IT, wobei die Grenzen mitunter fließend erscheinen und die Verbindlichkeit der verschiedenen Regelwerke oft nicht deutlich wird.

> **Exkurs: Normen vs. Standards**
>
> Da Normen eine Spezialisierung von Standards darstellen, hat die Begriffsklärung beim Begriff des Standards anzusetzen. Ein Standard ist zunächst ein Regelwerk, das beschreibt, wie etwas zu tun, zu lösen oder handzuhaben ist. Nun stellt jedoch nicht jede Zusammenfassung von Richtlinien, Best-Practices, Empfehlungen u. Ä. sofort einen Standard dar. Zur bloßen Existenz eines schriftlichen Regelwerks muss hinzukommen, dass die als Standard beschriebenen Regeln breit akzeptiert und angewendet werden. Der Akzeptanzbereich kann dabei geografisch (z. B. auf einen Staat oder eine Staatengemeinschaft) oder auf eine nationale, internationale oder globale Anwendergruppe (z. B. Softwareentwickler, Projektmanager) beschränkt sein. Die Anwendergruppe muss zudem den Standard nicht nur kennen und akzeptieren, sondern auch wirklich praktisch nutzen. Aus dieser Nutzung muss sich außerdem eine Rückkopplung für die Weiterentwicklung des Standards ergeben.
>
> Eine Norm ist nun ein Standard, der von einer offiziellen Normungsorganisation als Ergebnis eines systematischen, festgelegten Normungsverfahrens beschlossen und veröffentlicht wurde. Eine Norm ist ein *„Dokument, das mit Konsens erstellt und von einer anerkannten Institution angenommen wurde und das für die allgemeine und wiederkehrende Anwendung Regeln, Leitlinien oder Merkmale für Tätigkeiten oder deren Ergebnisse festlegt, wobei ein optimaler Ordnungsgrad in einem gegebenen Zusammenhang angestrebt wird"* ([DIN07], S. 23). Aufgrund des formalisierten Erstellungsprozesses beinhalten Normen

in der Regel nicht den innovativsten Stand eines Anwendungsgebiets, sondern schreiben vielmehr die durch praktische Bewährung allgemein anerkannten Regeln eines (häufig technischen) Anwendungsbereichs fest. Ihre Einhaltung wird zudem mitunter in nationalen und internationalen Vorschriften, d. h. Gesetzen und Verordnungen, verbindlich vorgeschrieben.

Normen stellen somit eine Teilmenge von Standards dar; sie werden mitunter auch als „De-jure-Standard" bezeichnet. Eine Norm gewinnt dadurch einen offiziellen Charakter, dass die jeweilige Normungsorganisation in der Lage ist, die Norm in ihrem Geltungsbereich (fachlich) durchzusetzen.

Für IT-Compliance relevante Normungsorganisationen sind:

- Auf internationaler Ebene die „International Standardization Organization" (ISO).
- Auf europäischer Ebene das Europäische Komitee für Normung (Comité Européen de Normalisation – CEN).
- In Deutschland das „Deutsche Institut für Normung e. V." (DIN).

Weiterhin ist die International Electrotechnical Commission (IEC) von Bedeutung, die im Bereich der Informationstechnologie mit der ISO das gemeinsame „ISO/IEC Joint Technical Comitee 1" (JTC 1) unterhält. Normen, die aus der Arbeit dieses Komitees resultieren, erhalten eine ISO/IEC-Kennung. ISO-Normen werden von den zuständigen Normenausschüssen des DIN kontinuierlich daraufhin geprüft, ob sie als „DIN ISO"-Norm übernommen werden sollen. Europäische EN-Normen werden vom DIN grundsätzlich als „DIN EN"-Norm übernommen. Normen, die sowohl vom DIN und der ISO als auch vom CEN verabschiedet wurden, werden als „DIN EN ISO"-Norm gekennzeichnet.

Beispiel für einen IT-Standard: Die ITIL® (Information Technology Infrastructure Library) ist eine umfassende, nicht proprietäre und öffentlich publizierte Verfahrensempfehlung für die Planung, den Betrieb, die Überwachung und die Steuerung von IT-Services. Sie ist insofern der zentrale IT-Standard für das IT-Servicemanagement (ITSM). Erarbeitet wurde die ITIL® durch die Central Computer and Telecommunications Agency (CCTA), eine IT-Dienstleistungsorganisation der britischen Regierung, in Zusammenarbeit mit Experten, Beratern und erfahrenen Berufspraktikern. Heute liegen die Rechte an ITIL bei dem Unternehmen „Axelos Limited". Nachdem im Februar 2019 mit „ITIL® Foundation, ITIL® 4 Edition" das erste Werk der vierten Version erschienen war, wurde die ITIL® 4 zu Beginn 2020 komplettiert. ITIL® versteht sich als Best-Practice-Sammlung und Referenzhandbuch für Praktiker. Eine Zertifizierungsmöglichkeit gibt es auf einer individuellen Ebene bzw. institutionell nach ISO/IEC 20000-1. Heute besteht die ITIL®-„Bewegung" aus allen Ingredienzien eines professionellen Managementkonzepts: Trainingsangebote inkl. qualifizierter Zertifikatsabschlüsse, Beratung und unabhängiger Erfahrungsaustausch innerhalb spezieller Organisationen, Umsetzungshilfen und Software-Tools.

Beispiel für eine IT-Norm: Die Norm „ISO/IEC 20000" wurde im Dezember 2005 von ISO/IEC als internationale Norm zum IT-Servicemanagement verabschiedet. Die ISO/IEC 20000 basiert auf der britischen Norm BS 15000 und ergänzt das Normenwerk von ISO und IEC im

Bereich des Software- und System-Engineerings. International ist dafür das Gremium ISO/IEC JTC 1/SC 40/WG 2 zuständig. In Deutschland arbeitet das nationale Spiegelgremium „NA 043-01-40 AA IT-Servicemanagement und IT-Betriebsführung" mit Experten aus Hochschulen, Bundesbehörden, IT-Beratungsfirmen, Telekommunikationsunternehmen und Forschungseinrichtungen an diesen Normen mit.

Für Anwender der Norm sind folgende Teile relevant:

- ISO/IEC 20000-1:2018 – Information technology – Service management – Part 1: Specification: Dieser Teil der Norm enthält eine formelle Spezifikation. Hier finden sich die Vorgaben, die eine Organisation umsetzen und nachweislich gewährleisten muss, um eine ISO/IEC-20000-Zertifizierung zu erhalten.
- ISO/IEC 20000-2:2019 – Information technology – Service management – Part 2: Code of practice: Im zweiten Teil werden die Anforderungen des ersten Teils durch Erläuterungen und Best-Practice-Beispiele ergänzt. Außerdem sind hier die Leitlinien und Empfehlungen für die ITSM-Prozesse zu finden. Damit dient dieser Teil als Leitlinie für Auditoren und bietet Hilfen für Dienstleister, die Serviceverbesserungen oder Audits nach ISO/IEC 20000-1 planen.
- ISO/IEC 20000-3:2012 Information technology – Service management – Part 3: Guidance on scope definition and applicability of ISO/IEC 20000 – 1: Der dritte Teil unterstützt bei der Bestimmung des Geltungsbereichs und der Anwendung der ISO/IEC 20000-1 sowie bei der Bewertung der Übereinstimmung mit den Anforderungen der ISO/IEC 20000-1.

Die ISO/IEC 20000 bietet einen messbaren Qualitätsstandard für das IT-Servicemanagement. Sie spezifiziert die hierzu notwendigen IT-Prozesse, die eine Organisation etablieren muss, um IT-Services in definierter Qualität bereitzustellen und steuern zu können. Als solche beinhaltet sie Prozesse wie Incident Management, Problem Management oder Change Management und führt durch die Anwendung des ISO-typischen Optimierungsmodells „Plan-Do-Check-Act" (PDCA) zu einem kontinuierlichen Verbesserungsprozess in der IT.

Die Norm ist an den Prozessbeschreibungen, wie sie durch ITIL® beschrieben sind, ausgerichtet und ergänzt diese komplementär. Unternehmen können ihr IT-Servicemanagement mit der ISO/IEC 20000 nach einheitlichen und zertifizierbaren Kriterien messen. Die Norm kann damit Unternehmen als Referenzwert zur Kontrolle der eigenen IT-Prozesse dienen, aber auch bei der Auswahl geeigneter ITSM-Software unterstützen. Außerdem haben Unternehmen mit der ISO/IEC 20000 eine Orientierungshilfe für die Auswahl von externen IT-Dienstleistern und die Zusammenarbeit mit diesen.

19.6.5 Unternehmensinterne Regelwerke

Bei unternehmensinternen Regelungen ist die Bindungswirkung auf dasjenige Unternehmen beschränkt, das die jeweilige Regelung in Kraft setzt. Beispiele für unternehmensinterne Regelungen aus dem IT-Bereich sind interne IT-Richtlinien oder IT-Verfahrensvorgaben zur IT-Sicherheit (z. B. IT-Sicherheitsvorschriften, E-Mail-Richtlinien, Regelungen zum Umgang mit Passwörtern). Aber auch zwischen der IT-Abteilung und den Fachabteilungen vereinbarte Service-Level-Agreements zählen zu dieser Gruppe.

Interne Regelwerke sind aus zweierlei Hinsicht Compliance-relevant. Zum einen dienen sie in vielen Fällen dazu, die Beachtung der Anforderungen aller anderen Regelwerke sicherzustellen, indem sie konkrete Handlungsanweisungen für die Organisationsmitglieder vorgeben. Hierdurch dokumentieren sie zum anderen nach außen, dass externen Verpflichtungen, insbesondere rechtlichen Vorgaben, nachgekommen wird.

Praxistipp: Synergien realisieren durch Konsolidierung der Vorgaben

Die Vorgaben aus den verschiedenen Regelwerken überlappen sich zum Teil beträchtlich. IT-Compliance sollte dafür Sorge tragen, dass die Vorgaben über die verschiedenen Regelwerke hinweg zusammengefasst werden, um eine getrennte, doppelte Realisierung von Compliance-Maßnahmen zu verhindern. Hierin liegt ein beträchtliches Synergiepotenzial von IT-Compliance.

■ 19.7 Organisatorische Verankerung von IT-Compliance

Die Institutionalisierung von IT-Compliance richtet sich auf die Übertragung von Compliance-Aufgaben sowie eine entsprechende Zuweisung von Befugnissen und Verantwortung an alle Betroffenen. Es geht also nicht nur um die Etablierung einer Organisationseinheit mit der Bezeichnung „IT-Compliance" bzw. die Einrichtung einer Position „IT-Compliance-Officer" (ITCO). Grundlage für die aufbauorganisatorische Institutionalisierung der IT-Compliance ist die Frage, wie die Corporate Compliance im Unternehmen strukturiert ist, insbesondere ob hier eine zentrale oder eine dezentrale Ausrichtung dominiert. Größere, vor allem räumlich verteilt agierende Unternehmen werden nicht umhinkommen, eine dezentrale Zuordnung der Verantwortung für IT-Compliance vorzunehmen. Das Grundmodell der IT-Compliance-Organisation besteht dann zumindest aus drei Ebenen (nach [Bü16], S. 1157 ff.), siehe Bild 19.12.

- *Ebene 1:* Unternehmensleitung (Gesamtverantwortung für IT-Compliance)
- *Ebene 2:* IT-Compliance-Officer (Schnittstellen- und Steuerungsfunktion für IT-Compliance)
- *Ebene 3:* Dezentrale IT-Compliance-Beauftragte (bereichsbezogene IT-Compliance-Funktionen)

19.7 Organisatorische Verankerung von IT-Compliance

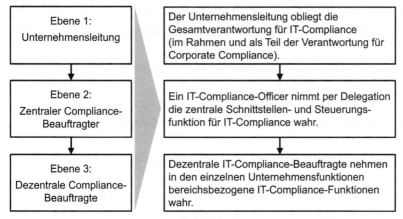

Bild 19.12 Managementsystem für IT-Compliance

In jedem Fall stellt die Unternehmensleitung auch für Compliance (inkl. IT-Compliance) die oberste Entscheidungsebene dar. Bei ihr verbleibt die Gesamtverantwortung für die Initiierung, Konzeption, Implementierung, Überwachung und Weiterentwicklung des Compliance-Managementsystems. Immer mehr Unternehmen gehen dazu über, ein Compliance-Ressort in der Unternehmensleitung zu verankern, wobei das betreffende Mitglied der Unternehmensleitung dann von einem Corporate bzw. Chief Compliance Officer (CCO) unterstützt wird. Ist ein solches Ressort in der Unternehmensleitung vorhanden, wäre auch hier die oberste Verantwortung für IT-Compliance zu verorten. Da aber letztlich allen Mitgliedern einer Unternehmensleitung eine Gesamtverantwortung zukommt, zeichnet auch das für die IT verantwortliche Mitglied der Unternehmensleitung (CIO) für IT-Compliance verantwortlich.

Die zweite Ebene der IT-Compliance-Organisation stellt der IT-Compliance-Officer dar. Für seine organisatorische Anbindung bieten sich grundsätzlich zwei Varianten an:

1. Zuordnung des IT-Compliance-Officer zum CCO, wobei der ITCO in diesem Fall eine Linienstelle innerhalb des Compliance-Bereichs einnehmen wird
2. Zuordnung des IT-Compliance-Officer zum Chief Information Officer (CIO), wobei die Position hier eher als Stabstelle ausgeprägt ist und die Compliance der IT-Funktion im Vordergrund stehen wird.

Generelle Aufgaben des IT-Compliance-Officer bestehen darin, den CCO bzw. den CIO in allen Compliance-relevanten Fragen zu beraten, die Gestaltung und Weiterentwicklung des Managementsystems für IT-Compliance zu konzipieren und die Umsetzung zu koordinieren. Im Einzelnen kommen folgende Aufgaben für den IT-Compliance-Officer in Frage:

- Unterstützung der Unternehmensleitung (oder des CCO) und der IT-Leitung in allen IT-Compliance-relevanten Fragen
- Ansprechpartner für die IT-Mitarbeiter des Unternehmens vor allem bei Systementwicklung und betrieb
- Ansprechpartner für externe Stellen, vor allem externe IT-Auditoren, IT-Berater
- Initiieren der Analyse des Regelungsbedarfs hinsichtlich IT-Compliance und Steuerung der Umsetzung in Richtlinien, Verfahrensanweisungen etc.

- Bestimmung fachbereichsübergreifender IT-Compliance-Risiken
- Einleitung fachbereichsübergreifender IT-Compliance-Maßnahmen und Überwachung ihrer Ausführung
- Realisierung von Synergien aus der Konsolidierung dezentraler IT-Compliance-Maßnahmen
- Konzeption und Weiterentwicklung des IT-Compliance-Managementsystems
- Koordination und Dokumentation der Umsetzung des IT-Compliance-Managementsystems
- Sicherstellen von Compliance-Information und -Kommunikation (IT-Compliance-Berichtswesen)
- Koordination mit IT-Risikomanagement und IT-Sicherheitsmanagement
- Steuerung der dezentralen IT-Compliance-Beauftragten
- Entgegennahme und Konsolidierung der Berichte seitens der dezentralen IT-Compliance-Beauftragten und Berichterstattung an den Corporate Compliance Officer bzw. das IT-Compliance-Committee
- Initiierung und Steuerung von Konzeption und Betrieb eines Überwachungssystems zur Einhaltung der IT-Compliance-Anforderungen
- Mitwirkung an der Aufdeckung von Non-Compliance sowie Initiierung und Überwachung entsprechender Maßnahmen.

Stellenanzeigen kommen häufig mit etwas kürzeren Aufgabenauflistungen aus, wie das folgende Beispiel aus dem März 2022 zeigt.

Beispiel: Ein Finanzdienstleistungsunternehmen sucht einen IT-Compliance-Officer, der einen ganzheitlichen IT-Compliance-Ansatz auf Gruppenebene unterstützt, mit folgenden Aufgaben:

- Unterstützung bei der Überwachung aufsichtsrechtlicher Verpflichtungen und Anforderungen sowie neuer Marktpraktiken im Bereich IT-Governance/IT-Compliance
- Beratung der IT-Geschäftsbereiche in Compliance-relevanten Fragen, insbesondere im Hinblick auf die ordnungsgemäße Umsetzung der Mindestanforderungen an das Risikomanagement (MaRisk), der bankaufsichtlichen Anforderungen an die IT (BAIT) und des Gesetzes über das Bundesamt für Sicherheit in der Informationstechnik (BSIG)
- Entwicklung und Anwendung der für die IT-Geschäftsbereiche relevanten Compliance-Richtlinien und Kontrolle ihrer Umsetzung
- Etablierung eines Kontrollrahmens in Form von Kontrollanforderungen und Kontrollaktivitäten im Sinne einer „2nd Line of Defense"
- Konzeptionelle Entwicklung und Erstellung von relevanten Risikoanalysen
- Durchführung von unabhängigen Kontrollen der Angemessenheit und Wirksamkeit der technischen und organisatorischen Ausgestaltung der IT
- Erstellung von Berichten an den Vorstand/die Geschäftsführung und andere relevante Gremien
- Unterstützung bei der Kommunikation mit Aufsichtsbehörden, Verbänden und IT-Compliance-Beauftragten anderer Institutionen

- Schnittstelle und Ansprechpartner für die aktuell etablierten Projekte zur nachhaltigen Beendigung von Erkenntnissen in Bezug auf IT-Compliance
- Information und Schulung der Mitarbeiter zu Fragen der IT-Compliance

Dem IT-Compliance-Officer wird eher eine konzeptionelle, initiierende, beratende und steuernde Rolle zukommen, sein Schwerpunkt wird weniger in der Durchführung liegen. Hierfür sind dem IT-Compliance-Officer dezentrale IT-Compliance-Beauftragte in der IT-Abteilung und in den Fachabteilungen zugeordnet, die jeweils spezifische Aufgaben innerhalb der IT-Compliance erfüllen, siehe Bild 19.13. Diese dezentralen Positionen stellen die dritte Ebene der IT-Compliance-Organisation dar. In größeren Unternehmen werden weitere Ebenen und auch eine regionale Dimension (z. B. Compliance-Verantwortliche in Landesgesellschaften) hinzukommen müssen.

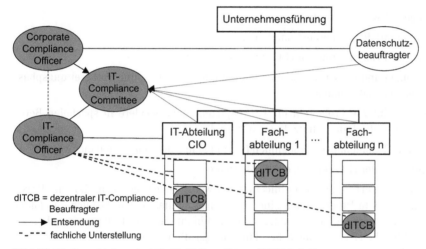

Bild 19.13 Organisationsstruktur für IT-Compliance ([Kl09b], S. 8)

Die Beziehung zwischen IT-Compliance-Officer und den dezentralen IT-Compliance-Beauftragten kann von einer begrenzten funktionalen Weisungsbefugnis bis zu einer vollständigen fachlichen Unterstellung reichen. Letztere Variante wird dann kaum in Betracht kommen, wenn Aufgaben der IT-Compliance von einem dezentralen Compliance-Beauftragten, der dem CCO zugeordnet ist, wahrgenommen werden. Die Aufgaben der dezentralen IT-Compliance-Beauftragten sind:

- Identifizierung der für den jeweiligen Bereich relevanten Regelwerke und IT-Compliance-Vorgaben
- Bestimmung der fachbereichsbezogenen IT-Compliance-Risiken
- Einleitung der fachbereichsbezogenen IT-Compliance-Maßnahmen und Überwachung ihrer Ausführung
- Dokumentation und Berichterstattung an den IT-Compliance-Officer
- Zusammenarbeit mit dem IT-Compliance-Officer bei Vorliegen von Non-Compliance.

Je nach Größe und Gegenstand des Unternehmens kann es sinnvoll sein, das 3-Ebenen-Modell um ein IT-Compliance-Committee zu ergänzen, das aus dem CIO, dem Corporate

Compliance-Officer, dem Datenschutzbeauftragten sowie Vertretern der Rechtsabteilung, der IT-Revision, der Personalabteilung und der Fachbereiche bestehen kann. Dieses Gremium bietet die Möglichkeit, weitere unternehmensinterne Zentralfunktionen sowie die betroffenen Fachbereiche in die IT-Compliance-Organisation aktiv einzubinden. Eine organisatorische Alternative würde darin bestehen, die organisatorischen Schnittstellen im Einzelfall zu regeln.

Das IT-Compliance-Committee hat die Aufgabe, den IT-Compliance-Officer in seiner Funktion zu unterstützen, aber auch zu überwachen. Dieses Gremium wäre dann der Empfänger der vom ITCO erstellten IT-Compliance-Statusberichte. Die Unterstützung bezieht sich im Wesentlichen auf notwendige Abstimmungen in der Planungs- und Vorbereitungsphase von Compliance-Maßnahmen. Die Aufgaben des IT-Compliance-Committees sind im Einzelnen:

- übergreifende GRC-Koordination.
- Koordination mit der Corporate Compliance.
- Risikobasierte Priorisierung von IT-Compliance-Maßnahmen.
- Abstimmungen und Ressourcenbereitstellung in der Planungs- und Vorbereitungsphase von Compliance-Maßnahmen.
- Unternehmensinterne Promotion für IT-Compliance, insbesondere in speziellen Bereichen, beispielsweise Datenschutz, Datensicherheit.
- Kontrolle von IT-Compliance-Maßnahmen (vor allem in Folge von Compliance-Verstößen).
- Entgegennahme der IT-Compliance-Statusberichte.

Da die Position eines IT-Compliance-Officer derzeit weder in der Theorie noch in der Praxis gefestigt ist, gibt es in Unternehmen eine große Spannbreite, die von fachlich eng fokussierten IT-Spezialisten, die operativ tätig sind, bis hin zu einer im Unternehmensbereich „Compliance" für die IT verantwortlichen Führungsposition reicht. Eine empirische Erhebung von Stellenanzeigen zum Aufgabenbereich, zur Qualifikation und zur organisatorischen Einordnung des IT-Compliance-Officer in der Praxis belegte ein ausdifferenziertes Bild für die Position eines „IT-Compliance-Manager" bzw. ähnlich benannter Stellen. Es wurde jedoch deutlich, dass es sich ganz überwiegend nicht um eine Stelle mit disziplinarischen Befugnissen handelt. Der IT-Compliance-Officer „ist als ‚Manager' nicht mit ihm disziplinarisch unterstellten Mitarbeitern, sondern mit dem Management von Fachobjekten (IT-Compliance-Prozesse, -Projekte, -Anforderungen, -Richtlinien, -Berichte, IT-Compliance-Verstöße etc.) befasst" [Kl18], S. 20). Es bleibt abzuwarten, ob sich diese Ausrichtung nicht in Richtung einer steuernden und überwachenden Verantwortung verschiebt, wenn die Ausgestaltung der IT-Compliance in Unternehmen einen höheren Reifegrad erreicht.

Praxistipp: IT-Compliance erfordert ein eigenes Organisationsprojekt

Die Organisation von IT-Compliance erfordert ein eigenes Organisationsprojekt, wie sich leicht anhand der Vielzahl der geschilderten Ansätze erkennen lässt. IT-Compliance lässt sich nicht „nebenbei" mit der Zuweisung einiger Verantwortlichkeiten einrichten.

19.8 Management der IT-Compliance

Um IT-Compliance effektiv und effizient wahrzunehmen, bedarf es systematischer Aktivitäten im Rahmen eines speziellen Managementsystems, dessen oberstes Ziel die Sicherstellung von IT-Compliance ist. Unter einem solchen IT-Compliance-Managementsystem (IT-CMS) sind Grundsätze und Maßnahmen zu verstehen, die ein regelkonformes Verhalten – d. h. das Einhalten von Regeln und das Verhindern von wesentlichen Regelverstößen – der Unternehmensmitglieder und ggf. beteiligter Dritter sicherstellen (nach [IDW21], Tz. 13).

Die Konzeption eines IT-Compliance-Managementsystems beinhaltet (vgl. Bild 19.14)

- die Förderung einer IT-Compliance-Kultur;
- die Festlegung von IT-Compliance-Zielen;
- den Prozess der Feststellung und Analyse der IT-Compliance-Risiken;
- den Prozess zur Erstellung des IT-Compliance-Programms;
- den Aufbau der IT-Compliance-Organisation;
- die Entwicklung eines Kommunikationsprozesses und
- die Entwicklung von Verfahren zur Überwachung und Verbesserung des IT-Compliance-Managementsystems (nach [IDW21], Tz. 27).

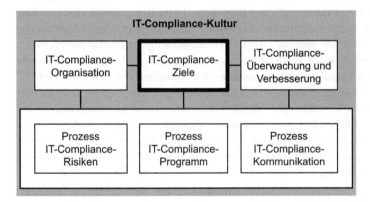

Bild 19.14 IT-Compliance-Managementsystem nach IDW (nach [Kl19], S. 21)

Die IT-Compliance-Kultur des Unternehmens stellt die Grundlage für die Angemessenheit und Wirksamkeit des IT-Compliance-Managementsystems dar. Sie wird wesentlich von der allgemeinen Compliance-Kultur des Unternehmens beeinflusst. Dies betrifft z. B. die Entscheidungsfindung, die Fehlerkultur und den Umgang mit Konflikten. IT-spezifische Ausprägungen betreffen beispielsweise den Umgang mit personenbezogenen Daten oder geschäftlich sensiblen Dokumenten, vor allem dann, wenn mobile Endgeräte zum Einsatz gelangen. Für die einzelnen Mitarbeiter spielt die Vorbildfunktion des Managements bis hin zur Unternehmensleitung (sog. „tone at the top") eine wichtige Rolle für ihre Bereitschaft, die Vorgaben der IT-Regelwerke einzuhalten. Eine wichtige Funktion kommt hierbei IT-Leitbildern und IT-Verhaltenskodizes zu, die die vom Unternehmen intendierte Art und Weise der Informationsnutzung kodifizieren (vgl. [Kl14], S. 63; [IDW21], Tz. 27, A23).

Die Ziele für „IT-Compliance sind aus den Compliance-Zielen des Unternehmens abzuleiten bzw. werden mit diesen in einer hierarchischen Zielpyramide verknüpft sein. Hieraus ergeben sich Prioritäten und Gewichtungen für die IT-Compliance-Ziele. In Unternehmen, wo das operative Unternehmensgeschäft in hohem Maß von der Funktionsfähigkeit der IT abhängt, werden die Ziele für die IT-Compliance eine wesentlich höhere Bedeutung haben als in Unternehmen, wo dies nicht der Fall ist" ([Kl14], ebd.). Bei der Zielfestlegung sind die Anforderungen der Konsistenz, der Verständlichkeit und Praktikabilität, der Messbarkeit und der Erreichbarkeit durch die vorhandenen Ressourcen zu beachten (nach [IDW21], A 24).

Das Management der IT-Compliance-Risiken umfasst eine systematische Erkennung, Analyse und Bewertung der IT-Compliance-Risiken und eine adäquate Berichterstattung. „Bei der Erkennung von IT-Compliance-Risiken sind neben den Entwicklungen im rechtlichen Umfeld insbesondere personelle Veränderungen und die Nutzung neuer Informationstechnologien, beispielsweise Cloud Computing oder Big Data, relevant. Auch der Ort der Geschäftstätigkeit ist vor dem Hintergrund des Einsatzes mobiler Technologien und damit zusammenhängender Entwicklungen, wie Mobile-Office-Technologien oder BYOD (Bring Your Own Device), von Bedeutung" ([Kl14], S. 64). Das Management der IT-Compliance-Risiken stellt einen Regelprozess dar, der einen wichtigen Input für die Verbesserung des IT-CMS liefert (nach [IDW21], A 25).

Das IT-Compliance-Programm soll mittels Grundsätzen und Maßnahmen Non-Compliance vermeiden und damit IT-Compliance-Risiken begrenzen. Unter Grundsätzen sind hier Regelungen, z. B. Verhaltenskodizes, Richtlinien, Arbeitsanweisungen oder Handbücher, zu verstehen, die ein regelkonformes Verhalten der Unternehmensmitglieder sicherstellen sollen. Diese Regelungen müssen klare Festlegungen zur Zulässigkeit bzw. Unzulässigkeit von informationsbezogenen Verhaltensweisen sowie zu den Sanktionen im Fall von Non-Compliance umfassen. Die Maßnahmen des IT-Compliance-Programms richten sich auf das Erkennen von Compliance-Verstößen (z. B. mittels eines Hinweisgebersystems), die Reaktion darauf sowie eine anschließende Ursachenanalyse. Wird Non-Compliance aufgedeckt, ist ggf. eine zeitnahe Kommunikation an interne und externe Stellen vorzunehmen, so wie dies beispielsweise gemäß Art. 33 DSGVO bei einer Verletzung des Schutzes personenbezogener Daten der Fall ist (nach [Kl14], S. 64; [IDW21], A 26).

Das Einrichten der IT-Compliance-Organisation umfasst die im vorherigen Abschnitt beschriebenen Strukturen mit Aufgabenteilung, Zuordnung von Verantwortlichkeiten und Festlegung eines Berichtswesens. Außerdem sind die persönlichen und fachlichen Voraussetzungen der betreffenden Aufgabenträger sicherzustellen (vgl. [IDW21], 27). Die prozessuale Ausgestaltung kann sich an COBIT® orientieren. Zur Gestaltung der IT-Compliance-Organisation zählt auch die Integration der Maßnahmen und Managementsysteme der IT-Compliance in andere Managementsysteme des Unternehmens, insbesondere in das Risikomanagementsystem und das interne Kontrollsystem. Im Rahmen dieser Aufgabe wird regelmäßig auch die Frage der Tool-Nutzung zu klären sein, wobei auch hier eine Integration in vorhandene GRC- bzw. IKS-Tools angestrebt werden sollte.

Die Mitarbeiter des Unternehmens, ggf. auch Dritte, müssen zur Wahrnehmung ihrer IT-Compliance-Verantwortung ausreichend informiert sein. Hierzu umfasst die IT-Compliance-Kommunikation

- die Kommunikation der zu beachtenden IT-Regelwerke und ihrer einzelnen Vorgaben,

- die Kommunikation des IT-Compliance-Programms,
- die Festlegung von Berichtsanlässen und wegen zur Kommunikation von IT-Compliance-Risiken und Verstößen an die zuständigen Stellen,
- die Ergebniskommunikation der Überwachungsmaßnahmen.

Die IT-Compliance-Kommunikation bedient sich der üblichen Instrumente der internen Unternehmenskommunikation. Dies sind beispielsweise explizierte Leitlinien, Handbücher, Prozessbeschreibungen, Newsletter, aber natürlich auch Schulungsmaßnahmen. IT-Compliance muss zudem auch Gegenstand der Mitarbeiterführung sein. Diese hat sicherzustellen, dass die Compliance-Inhalte nicht nur zur Kenntnis genommen, sondern auch verstanden werden (vgl. [IDW21], A 28).

Die Überwachung der IT-Compliance erfolgt durch prozessunabhängige Stellen, vornehmlich die interne IT-Revision. Diese hat die angemessene Ausgestaltung und die Wirksamkeit des IT-Compliance-Managementsystems zu prüfen, insbesondere die prozessintegrierten Kontrollen des IKS. „Zeigen sich im Ergebnis der Überwachung Schwachstellen, so sind deren Ursachen zu ermitteln und Maßnahmen zu ihrer Beseitigung zu konzipieren und umzusetzen, beispielsweise eine Verstärkung der Kommunikationsmaßnahmen oder die Implementierung zusätzlicher Kontrollen. Werden Regelverstöße durch Unternehmensmitglieder bzw. Dritte aufgedeckt, sind personelle bzw. vertraglich vorgesehene Maßnahmen zu ergreifen. Bei schweren oder wiederholten Verstößen sind ggf. auch Verträge zu kündigen. Aber auch in diesen Fällen ist zu überlegen, wie diese Entwicklungen präventiv hätten verhindert werden können", um eine kontinuierliche Verbesserung des IT-Compliance-Managementsystems zu erreichen ([Kl14], S. 65 f.).

Praxistipp: Ziele und Prozesse der IT-Compliance zuerst klären

Basierend auf umfassend diskutierten und breit geteilten Zielen der IT-Compliance und einem klaren Prozessverständnis lassen sich die weiteren Elemente des Managementsystems für IT-Compliance leicht ableiten. Dies gilt insbesondere für die Aufgaben- und Verantwortungsteilung, das Berichtswesen und die einzusetzenden Methoden und Tools.

Die weitere Entwicklung der Organisation von IT-Compliance in einem Unternehmen wird wesentlich von der Integration der IT-Compliance in die Corporate Compliance und die Integration der Corporate Compliance in eine GRC-Organisation abhängen. Aufgrund der engen Verzahnung dürfte langfristig keine Alternative zu einer organisatorischen Zusammenführung bestehen. Dies bedeutet aber nicht, dass IT-Compliance als Teilbereich des IT-Managements seine Bedeutung verlieren wird.

Als Alternative zum Prüfungsstandard des IDW kann die DIN-Norm DIN ISO 37301, die die Norm DIN ISO 19600 abgelöst hat, herangezogen werden. Die Norm legt Anforderungen fest und beinhaltet Leitlinien für den Aufbau, die Entwicklung, die Umsetzung, die Bewertung, die Aufrechterhaltung und die Verbesserung eines Compliance-Managementsystems. Compliance fasst die Norm als Ergebnis der Erfüllung von Compliance-Verpflichtungen auf. Ein Managementsystem wird definiert als Satz zusammenhängender, sich gegenseitig beeinflussender Elemente einer Organisation, um Politiken, Ziele und Prozesse zum Erreichen dieser Ziele festzulegen (nach ([DIN21], S. 12 ff.). Die wesentlichen Handlungsbereiche zum Aufbau, zur Implementierung, Bewertung, Aufrechterhaltung, fortlaufenden Verbesserung sind

- die Kontextanalyse als Basis der Festlegung des Anwendungsbereichs des Compliance-Managementsystems;
- die Führung mit der Verpflichtung der Organe zu Compliance, zur Festlegung von Compliance-Zielen, zur Förderung einer Compliance-Kultur und zur Etablierung einer Compliance-Funktion;
- die Planung mit der Maßnahmenplanung zur Erreichung der Compliance-Ziele, der Identifizierung von Compliance-Verpflichtungen und der Beurteilung von Compliance-Risiken;
- die Unterstützung zur Sicherstellung der Ressourcen, insbesondere durch Maßnahmen der Bewusstseinsbildung, der Mitarbeiterschulung und der Compliance-Kommunikation und -Dokumentation;
- der Betrieb mit der Planung und Steuerung der Compliance-Prozesse, inkl. compliance-bezogener Kontrollen, sowie der Implementierung eines von Verfahren für die Meldung und Untersuchung von Compliance-Verstößen;
- die Bewertung der Leistung des Compliance-Managementsystems auf der Grundlage definierter Feedback-Prozesse, Indikatoren und Berichtswege; Element des Bewertungssystems sind auch ein internes Audit sowie eine von der obersten Leitung sicherzustellende Bewertung der Eignung, Angemessenheit und Wirksamkeit des Compliance-Managementsystems;
- die Verbesserung des Compliance-Managementsystems in Folge von Non-Compliance und entsprechend vorgenommener Korrekturmaßnahmen, wodurch Eignung, Angemessenheit und Wirksamkeit des Compliance-Managementsystems kontinuierlich optimiert werden soll (nach ([DIN21], S. 16 ff.).

Das Wichtigste – zusammengefasst:

- **Klären Sie Inhalt und Bedeutung von IT-Compliance für Ihr Unternehmen, insbesondere die Schnittstellen zur Corporate Governance und Compliance auf der einen, zu IT-Governance, IT-Risiko- und IT-Sicherheitsmanagement auf der anderen Seite!**
  Im Rahmen des übergeordneten GRC-Konzepts muss IT-Compliance mit den verschiedenen Managementbereichen strukturell, konzeptionell und methodisch abgestimmt werden. Die Hauptverantwortung kommt hierbei der Unternehmensleitung sowie dem für die IT-Funktion Verantwortlichen zu. Grundlegend bezeichnet IT-Compliance einen Zustand, in dem alle die IT des Unternehmens betreffenden und verbindlich vorgegebenen bzw. als verbindlich akzeptierten Vorgaben nachweislich eingehalten werden. Dies erfordert die Identifizierung relevanter Regelwerke und die Erfüllung der aus ihnen resultierenden Vorgaben im Rahmen eines IT-Compliance-Prozesses.

- **Klären Sie den Nutzen von IT-Compliance, um die Unterstützung von Top-Management und Fachabteilungen für IT-Compliance sicherzustellen!**
Neben der selbstverständlichen Pflicht zur Erfüllung gesetzlicher Vorschriften soll IT-Compliance ein Unternehmen vor allem vor wirtschaftlichen Nachteilen als Folge von Rechtsverletzungen bewahren. Es sollen insbesondere Schadensersatzpflichten, Strafen, Buß- und Zwangsgelder vermieden werden. Der weitere Nutzen von IT-Compliance richtet sich auf die Erhöhung des Wertbeitrags der IT, die Steigerung der Qualität von IT-Prozessen, die Erhöhung der IT-Sicherheit sowie die Reduzierung von IT-Kosten und IT-Risiken. Der Wertbeitrag der IT-Compliance in diesen einzelnen Nutzenkategorien ist herauszuarbeiten und den für IT-Governance verantwortlichen Akteuren zu kommunizieren. Auf diese Weise können Maßnahmen der IT-Compliance begründet und die Freigabe von Budgets für IT-Compliance gerechtfertigt werden

- **Organisieren Sie die Zusammenarbeit für IT-Compliance!**
Die IT-Abteilung und ihre Leitung haben den Großteil der Maßnahmen zur Erfüllung der IT-Compliance-Anforderungen zu planen und durchzuführen. Eine besondere Bedeutung kommt der Position des IT-Compliance-Officer zu. Dieser hat die Unternehmens- und IT-Leitung in allen IT-Compliance-relevanten Fragen zu beraten, die Gestaltung und Weiterentwicklung des Managementsystems für IT-Compliance zu konzipieren und die Umsetzung zu koordinieren. Aber auch die Fachabteilungen tragen eine Verantwortung bei der Erfüllung von IT-Compliance-Anforderungen – und zwar immer dann, wenn bereichsbezogene organisatorische oder personelle Compliance-Maßnahmen ergriffen und entsprechende IT-gestützte Kontrollen eingeführt werden.

- **Richten Sie ein Managementsystem für IT-Compliance ein!**
Ein Managementsystem für IT-Compliance umfasst die Förderung einer IT-Compliance-Kultur, die Festlegung der IT-Compliance-Ziele, Prozesse zum Management von IT-Compliance-Risiken, die Erstellung des IT-Compliance-Programms, den Aufbau der IT-Compliance-Organisation, die Entwicklung eines Kommunikationsprozesses und die kontinuierliche Überwachung und Verbesserung des Managementsystems. Diese Elemente müssen für eine effektive und effiziente IT-Compliance aufeinander abgestimmt sein und gemeinsam implementiert werden.

- **Identifizieren und priorisieren Sie die für Ihr Unternehmen relevanten Regelwerke!**
Unabdingbare Grundlage der operativen Compliance-Arbeit ist eine vollständige Übersicht über die für ein Unternehmen relevanten Regelwerke. Für die einzelnen Vorgaben der Regelwerke sind Risiken der Non-Compliance zu analysieren und zu bewerten. Bei Gesetzen fällt diese Aufgabe leicht, da Strafen oder Bußgelder explizit im Gesetzestext benannt werden. Aber auch hier sind eventuelle Folgeschäden zu berücksichtigen. Die Identifizierung der Regelwerke ist keine einmalige Angelegenheit, sondern eine kontinuierliche Aufgabe, die der für IT-Compliance verantwortlichen Stelle, z. B. einem IT-Compliance-Officer, obliegt.

19.9 Literatur

[BaFin21a] Bundesanstalt für Finanzdienstleistungsaufsicht (BaFin): Rundschreiben 05/2018 (WA) – Mindestanforderungen an die Compliance-Funktion und weitere Verhaltens-, Organisations- und Transparenzpflichten – MaComp, Stand 14.07.2021, online verfügbar unter: *https://www.bafin.de/SharedDocs/Veroeffentlichungen/DE/Rundschreiben/2018/rs_18_05_wa3_macomp.html* (Zugriff am 31.03.2022)

[BaFin21b] Bundesanstalt für Finanzdienstleistungsaufsicht (BaFin): Anlage 1: Erläuterungen zu den MaRisk in der Fassung vom 16.08.2021, online verfügbar unter: *https://www.bafin.de/SharedDocs/Downloads/DE/Rundschreiben/dl_rs1021_MaRisk_Erlaeuterungen.pdf?__blob=publicationFile&v=5* (Zugriff am 30.06.2019)

[BSI22] Bundesamt für Sicherheit in der Informationstechnik (Hrsg.): BSI warnt vor dem Einsatz von Kaspersky-Virenschutzprodukten, 15.03.2022, *https://www.bsi.bund.de/DE/Service-Navi/Presse/Pressemitteilungen/Presse2022/220315_Kaspersky-Warnung.html* (Zugriff am 31.03.2022)

[Bu21] Bundeskartellamt: Das Bundeskartellamt – Jahresbericht 2020/21, online verfügbar unter: *https://www.bundeskartellamt.de/SharedDocs/Publikation/DE/Jahresbericht/Jahresbericht_2020_21.pdf?__blob=publicationFile&v=5* (Zugriff am 31.03.2022)

[Bü16] *Bürkle, J.:* Compliance-Beauftragten-System. In: *Hauschka, Ch. E.* (Hrsg.): Corporate Compliance – Handbuch der Haftungsvermeidung im Unternehmen. 3. Auflage. Beck, München 2016, S. 1152–1184

[DIN07] DIN Deutsches Institut für Normung e. V.: DIN EN 45020 – Normung und damit zusammenhängende Tätigkeiten – Allgemeine Begriffe (ISO/IEC Guide 2:2004), März 2007

[DIN21] DIN Deutsches Institut für Normung e. V.: DIN ISO 37301:2021-11 – Compliance-Managementsysteme – Anforderungen mit Leitlinien zur Anwendung (ISO 37301:2021), November 2021

[EbKo21] *Eberhard, H.; Kornmeier, C.:* Urteile zum Dieselskandal – Von Betrugssoftware bis Thermofenster, Tagesschau, 28.12.2021, *https://www.tagesschau.de/wirtschaft/verbraucher/dieselskandal-urteile-101.html* (Zugriff am 31.03.2022)

[Fin22] *Finance (Hg.):* Wirecard-Ticker: Das Aktuellste zum Bilanzskandal, Stand: 14.03.2022, *https://www.finance-magazin.de/transformation/deutschland/wirecard-ticker-das-aktuellste-zum-bilanzskandal-41574/* (Zugriff am 31.03.2022)

[Ga19] *Gaulke, M.:* COBIT® 2019 – das neue IT-Governance-Modell für die Unternehmens-IT. In: IT-Governance, 2019, 13. Jg., Heft 29, S. 3–9

[Hau16] *Hauschka, Ch. E.:* §1, Einführung. In: *Hauschka, Ch. E.* (Hrsg.): Corporate Compliance – Handbuch der Haftungsvermeidung im Unternehmen. 3. Auflage. Beck, München 2016

[IDW21] Institut der deutschen Wirtschaftsprüfer (IDW) (Hrsg.): IDW EPS 980 n. F. – Grundsätze ordnungsmäßiger Prüfung von Compliance Management Systemen, Stand 28.10.2021. Institut der deutschen Wirtschaftsprüfer, Düsseldorf

[ISACA20a] Information Systems Audit and Control Association (ISACA): COBIT® 2019 Rahmenwerk – Einleitung und Methodik, Schaumburg: ISACA 2020

[ISACA20b] Information Systems Audit and Control Association (ISACA): COBIT® 2019 Rahmenwerk – Governance- und Managementziele, Schaumburg: ISACA 2020

[ISACA18c] Information Systems Audit and Control Association (ISACA): COBIT® 2019 Design Guide – Designing an Information and technology Governance Solution, Schaumburg: ISACA 2018

[JoGo11] *Johannsen, W.; Goeken, M.:* Referenzmodelle für IT-Governance – Strategische Effektivität und Effizienz mit COBIT, ITIL & Co. 2., akt. u. erw. Auflage. dpunkt.verlag, Heidelberg, 2011

[KD08] *Klotz, M.; Dorn, D.-W.:* IT-Compliance – Begriff, Umfang und relevante Regelwerke. In: HMD Praxis der Wirtschaftsinformatik, 2008, Jg. 45, Heft 263, S. 5–14

[Kl09a] *Klotz, M.:* IT-Compliance – Ein Überblick, dpunkt.verlag, Heidelberg 2009

[Kl09b] *Klotz, M.:* Facetten der IT-Compliance. In: IT-Service Management, 2009, 4. Jg., Heft 9, S. 5–8

[Kl14] *Klotz, M.:* IT-Compliance – Begrifflichkeit und Grundlagen. In: SIMAT Arbeitspapiere. Hrsg. von Michael Klotz. Stralsund: FH Stralsund, Jg. 6 (2014), Nr. 28

[Kl18] *Klotz, M.:* Aufgaben, organisatorische Einordnung und Qualifikation des IT-Compliance-Managers in der Praxis. In: IT-Governance, 2018, 12. Jg., Heft 28, S. 15–21

[Kl19] *Klotz, M.:* IT-Compliance nach COBIT® 2019. In: SIMAT Arbeitspapiere. Hrsg. von Michael Klotz. Stralsund: Hochschule Stralsund, Jg. 11 (2014), Nr. 34

[RaSp21] *Rath, M.; Sponholz, R.:* IT-Compliance – Erfolgreiches Management regulatorischer Anforderungen. 3. Auflage. Erich Schmidt, Berlin 2021

[Schm21] *Schmidt, A. u. a.:* Leitfaden IT-Compliance – Grundlagen, Regelwerke, Umsetzung, ISACA (Hg.), dpunkt, Berlin 2021, online unter: *https://www.isaca.de/sites/default/files/attachements/leitfaden_it-compliance_grundlagen_regelwerke_umsetzung.pdf* (letzter Zugriff: 31.03.2022)

[Vo19] *Votsmeier, V.:* Berater im Dieselskandal kosten den VW-Konzern mehr als 1,7 Milliarden Euro, Handelsblatt, 14.06.2019, *https://www.handelsblatt.com/unternehmen/industrie/autohersteller-berater-im-dieselskandal-kosten-den-vw-konzern-mehr-als-1-7-milliarden-euro/24457804.html* (Zugriff am 31.03.2022)

[Zeit22] *Zeit online (Hrsg.):* Neuwagenkäufern steht im Dieselskandal Restschadenersatz gegen VW zu, 21.02.2022, *https://www.zeit.de/wirtschaft/unternehmen/2022-02/abgasskandal-volkswagen-bgh-restschadenersatz-neuwagen-urteil?* (Zugriff am 31.03.2022)

Partnermanagement in der IT – Relationship Management, Stakeholder Management

Helmut Zsifkovits

 Fragen, die in diesem Kapitel beantwortet werden:

- Welche Aufgabenbereiche umfasst das Relationship Management?
- Welche speziellen Herausforderungen und kritischen Schnittstellen existieren bezüglich Relationship Management im aktuellen Marktumfeld?
- Welche Vorteile und Potenziale lassen sich durch zielgerichtetes Relationship Management erschließen?
- Welche Stakeholder können identifiziert werden und wie sind diese in Informationsflüsse und Entscheidungen einzubinden?
- Welche Konzepte, Instrumente und Methoden werden im Customer Relationship Management eingesetzt und können auch für die Beziehung von IT-Organisationen zu den Fachbereichen (als Kunden) genutzt werden?
- Was sind die Prinzipien eines erfolgreichen Requirement Engineering und wie kann dieses organisiert werden?
- Welche Best-Practice-Modelle für das Relationship Management können Anregungen für den Aufbau einer eigenen Relationship-Management-Organisation liefern?
- Welche potenziellen Beiträge kann Digitalisierung zur Steigerung der Effektivität und Effizienz des Relationship Management leisten?

■ 20.1 Einordnung und Ausblick

Relationship Management als ganzheitliches Konzept umfasst alle Arten von Beziehungen eines Unternehmens. Dies sind primär die businessrelevanten Beziehungen zu Kunden, Lieferanten und Wettbewerbern, darüber hinaus auch die Beziehungen zu den Stakeholdern im weiteren Sinne. Dazu zählen alle internen und externen Anspruchsgruppen, die von den Tätigkeiten des Unternehmens gegenwärtig oder in Zukunft direkt oder indirekt betroffen sind.

Oftmals wird Relationship Management ausschließlich im Zusammenhang mit Kundenbeziehungen verwendet. Ein alle Stakeholder umfassendes Beziehungsmanagement fehlt in den meisten IT-Organisationen. Relationship Management ist mehr als nur die Einrichtung einer Account-Manager-Rolle zur besseren Kontaktpflege mit dem Kunden. Für den Aufbau nachhaltiger Kooperationen und Netzwerke ist die Einbeziehung der Supplier (Lieferanten) sowie aller Stakeholder von großer Bedeutung.

Die IT als Serviceorganisation weist hinsichtlich ihrer Kunden- und Lieferantenbeziehungen eine Reihe von Besonderheiten auf. Aufgrund der vielfach hohen technischen und organisatorischen Komplexität von IT-Systemen und -Lösungen besitzt die klare Abstimmung und Definition von Anforderungen (Requirements Engineering) hier besondere Bedeutung.

Wir behandeln deshalb das Relationship Management in einem umfassenden Sinn, unter Einbeziehung von Kunden, Lieferanten und Stakeholdern im Umfeld der Business-IT.

■ 20.2 Aspekte eines Relationship Managements

Relationship Management (dt. Beziehungsmanagement) baut Bindungen zu wesentlichen Kunden, Lieferanten und anderen Stakeholdern auf. Dadurch können Nutzeffekte in unterschiedlicher Hinsicht erreicht werden:

- Kundenbindung bringt vor allem Akzeptanzvorteile und führt zu einer höheren Kundenzufriedenheit. Gleichzeitig können Kostenvorteile erzielt werden, da die Kosten für die Erhaltung eines vorhandenen Kundenstamms geringer sind als jene für die Gewinnung neuer Kunden.
- Eng verbundene Lieferanten können besser und flexibler auf die Anforderungen des Unternehmens eingehen und Leistungen in besserer Qualität erbringen.
- Stakeholder im Umfeld des Unternehmens haben positiven Einfluss auf die öffentliche Wahrnehmung von Aktivitäten und können bei einer entsprechenden Einbeziehung Entscheidungen erleichtern und beschleunigen.

Relationship Management zielt auf einen möglichst guten Ausgleich zwischen der Nähe bzw. Bindung zu Partnern (Kunden, Lieferanten) und der dazu im Konflikt stehenden Anforderung einer weitgehenden Unabhängigkeit. Diese Ziele sowie das Spannungsverhältnis sind im nachfolgenden Bild 20.1 (Zielsystem des Relationship Management) dargestellt.

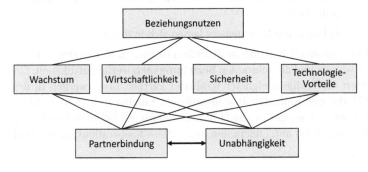

Bild 20.1
Zielsystem des Relationship Management

Eine engere Kooperation mit Partnern ermöglicht eine bessere Abstimmung, eine effektivere Ausschöpfung von Geschäftspotenzialen sowie die Nutzung gemeinsamer **Wachstums- und Erfolgspotenziale**.

Beziehungsmanagement dient im Wesentlichen der Erhöhung der Beziehungssicherheit. Durch stabile, langfristig ausgerichtete Beziehungen (etwa zu Lieferanten) reduziert sich der Aufwand für die Suche, Auswahl und Bewertung von Geschäftspartnern. Mit einer entsprechenden Zusammensetzung und Streuung der Partner in einem Netzwerk kann außerdem die Abhängigkeit von bestimmten Partnern reduziert werden.

Durch den Aufbau und die Pflege von effektiven Beziehungen können darüber hinaus **Innovationspotenziale** erschlossen werden. Die Einbindung von Partnerkompetenzen erschließt potenziell Zugänge zu Technologien und Entwicklungen, die für einen der Partner isoliert nicht vorhanden sind.

Durch Synergieeffekte aus der Zusammenlegung von Ressourcen können Größen- und Erfahrungskurveneffekte genutzt, durch Bündelungen in Beschaffung, Transport und anderen Bereichen eine bessere Verhandlungsposition erreicht und Transaktionskosten bei der Geschäftsabwicklung reduziert werden. Daraus ergeben sich **Kosten- bzw. Wirtschaftlichkeitsvorteile**. Positive Bündelungseffekte in Form von Kosten- und Zeitersparnis können auch durch Konsolidierung der Lagerbestände, Standardisierung und Normung sowie Entfall von Doppeltätigkeiten erreicht werden.

20.3 Aufgabenfelder des Relationship Management

Der Zweck des Relationship Management ist allgemein die Gestaltung und Nutzung der Beziehungen zu Kunden, Lieferanten und anderen Stakeholdern im Geschäftsumfeld des Unternehmens. Die **Aufgaben** umfassen:

- Identifikation relevanter, für die eigene Organisation bedeutsamer, Stakeholder,
- Bewertung von deren Bedeutung für die Aktivitäten des Unternehmens,
- Identifikation der Bedürfnisse/Anforderungen bestehender und potenzieller Kunden,
- Sicherstellung der Erfüllung dieser Bedürfnisse durch geeignete Produkte und Services,
- Aufbau und Pflege der Beziehungen zu Lieferanten,
- Aufbau und Pflege der Beziehungen zu anderen relevanten Stakeholdern (Behörden, Berufsvereinigungen, Anrainern etc.).

Die Aufgabenbereiche des Relationship Management lassen sich in drei Phasen darstellen.

In der ersten Phase gilt es, die möglichen und tatsächlichen Partner zu identifizieren, Informationen über sie zu gewinnen und die relevanten **Beziehungsnetzwerke** aufzubauen. Ein Partner-Portfolio definiert die Profile geeigneter wählbarer Partner. Diese werden in der Folge aufgrund einer Markt- und Umfeldanalyse identifiziert. Kunden sind vielfach durch den organisatorischen Kontext vorgegeben, die IT hat es vielfach mit internen Kunden zu tun und tritt nicht am freien Markt auf. Lieferanten und weitere Kooperationspartner sind hingegen zu bewerten und auszuwählen. Dazu müssen Informationen über die Marktstellung und organisatorischen Strukturen der jeweiligen Organisationen und deren Potenziale (insbesondere im Hinblick auf mögliche Synergien) gewonnen werden.

Für attraktiv erscheinende Partnerunternehmen werden mögliche Kooperationsformen (von einfachen Transaktionen bis hin zu Entwicklungspartnerschaften) entwickelt und mit diesen abgestimmt. Durch den Aufbau von Netzwerken können über mehrere Partner hinweg Potenziale erschlossen und Wettbewerbsvorteile aufgebaut werden. So können etwa Modullieferanten als „Systemköpfe" für umfassende Sublieferantennetzwerke eingesetzt werden. Innerhalb der Partner können Klassifikationen vorgenommen werden (Kundengruppen, „Key-Accounts" oder Lieferantenklassen).

In der zweiten Phase geht es um die **Ausgestaltung der Transaktionssysteme** für die jeweiligen Geschäftspartner. Hier werden die Strukturen und Prozesse für die Abwicklung der Waren- bzw. Leistungsflüsse, der Informations- und Geldflüsse festgelegt.

Relevante Fragen sind die Ausgestaltung der Warenströme (z. B. Lieferung von Hardware), die Lagerung, die Verpackung sowie die Abwicklung von Retouren (Reklamationen, Verpackungsrückläufer), der Informationslogistik (IT-Vernetzung, elektronische Bestellsysteme, Austausch von Informationen) und der Zahlungsströme (Zahlungsziele, Rechnungs-/Gutschriftverfahren, elektronischer Zahlungsverkehr).

Auch die sozialen Beziehungen sind zu entwickeln, die Art des Umgangs auf persönlicher Ebene, institutionalisiert durch Treffen und Veranstaltungen.

Transaktionen können vertragsrechtlich in unterschiedlicher Weise organisiert werden. Das Spektrum reicht von unverbindlichen Absprachen über Rahmenverträge und Kooperationsvereinbarungen bis hin zu Joint Ventures (Gemeinschaftsunternehmen), in die einzelne Transaktionsprozesse ausgegliedert werden.

Die dritte Phase umfasst das **operative Management der Transaktionen** im Rahmen der Beziehungen, die kurzfristig anfallenden Aufgaben der Planung und Steuerung, der terminlichen Koordination und Disposition sowie die Behandlung von Sonderfragen, z. B. im Rahmen des Beschwerdemanagements. Auf dieser Ebene sind auch die physischen Transaktionen vorzunehmen, d. h. der Austausch von Gütern und Leistungen.

Wie im Bild 20.2 dargestellt, bestehen zwischen diesen Aufgabenfeldern Zusammenhänge und Feedback-Schleifen. Erkenntnisse und Erfahrungen aus der täglichen Arbeit fließen in die Gestaltung von Systemen, Prozessen und Verträgen ein bzw. beeinflussen die Art der Zusammenarbeit im Netzwerk.

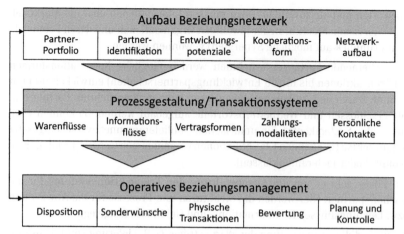

Bild 20.2 Aufgabenfelder des Relationship Management

20.4 Relationship Management – spezifische Anforderungen und Standards

Beziehungen im Business-IT-Umfeld sind durch eine Reihe von Besonderheiten gekennzeichnet, die spezifische Anforderungen an die Gestaltung von Kooperationsbeziehungen stellen und die sich wie folgt beschreiben lassen:

- IT-Vorhaben weisen typischerweise eine hohe **Komplexität und Dynamik** des Umfelds auf. Es bestehen starke Abhängigkeiten zwischen den Teilaufgaben sowie eine intensive Interaktion mit internen und externen Stellen. Das komplexe Zusammenspiel von betriebswirtschaftlichen, technischen und menschlichen Komponenten erfordert umfangreiche Kompetenzen, die oft nur mit Lieferanten und anderen Partnern gemeinsam bereitgestellt werden können.

- Aufbau und Betrieb von IT-Services erfordern die **fachübergreifende Zusammenarbeit** verschiedener Fachbereiche. Daraus ergibt sich eine hohe Anzahl an Schnittstellen, deren Identifikation und klare Definition maßgeblich sind für eine erfolgreiche Umsetzung von Vorhaben.

- **Ziele und Anforderungen** von Projekten verändern sich während der Umsetzung immer wieder, damit sind laufend Abstimmungen zwischen den beteiligten Partnern erforderlich.

- IT hat vielfach neue Technologien zu entwickeln und Projekte mit einem hohen **Innovationsgrad** durchzuführen. Es entsteht die Notwendigkeit, intern vorhandenes Know-how durch den Zukauf von Leistungen und Wissen zu erweitern.

- Aus der ausgeprägten **Technologieorientierung** ergeben sich hohe Risiken, deren Eintrittswahrscheinlichkeit nur durch genaue Planung, Kontrolle und konsequent durchgeführte Tests reduziert werden kann.

- IT-Services sind stark von **qualitativen Aspekten** bestimmt und damit in ihrem Erfolg oft schwer messbar. Gleichzeitig hat die Einführung meist mittel- und langfristige Konsequenzen. Eine **Life-Cycle-Orientierung** ist erforderlich, über die Anfangsinvestitionen hinaus sind die zukünftigen Wirkungen zu beachten. Dies bedeutet auch, dass Beziehungen zu Kunden und Lieferanten nicht punktuell mit der Einführung von Lösungen enden, sondern auf eine längerfristige Kooperation hin aufgebaut sein müssen.

Die für das Management von IT-Service-Organisationen **relevanten Standards** beziehen sich explizit auf das Management der Beziehungen zwischen IT-Organisation und deren Partnern und stellen für dieses Rahmen und Instrumente zur Verfügung. Die aktuelle Fassung der IT Infrastructure Library (ITIL 2011) umfasst die Disziplin Business Relationship Management (BRM) als eigenständigen ITIL-Prozess, in ähnlicher Weise erfolgt dies auch im Kontext des Normenwerks ISO/IEC 20000.

ITIL formalisiert im Rahmen des Prozesses **Business Relationship Management (BRM)** die Rolle, die Aufgaben und Aktivitäten des Business Relationship Manager als Stimme des Service-Providers zum Kunden und als die des Kunden zum Service-Provider. Die Steuerung des Serviceangebots über deren Lebenszyklus sowie die Verantwortung für Preise und Verrechnungsmodalitäten der Services obliegt nach ITIL dem Service Portfolio Management (SPM). ITIL konzentriert sich damit vor allem auf die Prozesse des Customer Relationship Management (CRM) und geht nur wenig auf die Rolle der Lieferantenbeziehungen ein.

Business Relationship Management im IT-Umfeld zielt darauf, den Servicebedarf des Kunden zu identifizieren und aktiv zu befriedigen. Dazu ist es erforderlich, die Geschäftsabläufe und Anforderungen der Kunden zu verstehen und ein gutes Verhältnis zwischen dem Service-Provider und dem Kunden zu entwickeln und aufrechtzuerhalten. Bedarfe auf Kundenseite sind einem immer schnelleren Wandel unterworfen. Dem sollten sich auch die Services anpassen.

Business Relationship Management sollte an den Service-Lebenszyklus-Phasen ausgerichtet sein, um eine kontinuierliche Abstimmung mit den Kundenbedürfnissen und in weiterer Folge ein hohes Maß an Kundenzufriedenheit sicherzustellen. ITIL gibt dazu einige Hinweise:

- **Service-Strategie:** Diese definiert die längerfristige Ausrichtung der Leistungsangebote und derer Übereinstimmung mit den Zielen und Anforderungen der Kunden.
- **Service-Design:** In Zusammenarbeit zwischen Kunden und Design-Team werden die Inhalte, detaillierte Funktionalitäten und die Bedieneroberfläche des neuen oder zu ändernden Service festgelegt.
- **Service Transition:** Der Kunde ist an Change-, Release- und Deployment-Aktivitäten beteiligt, sein Feedback wird laufend berücksichtigt. Die Kunden- und Anwenderakzeptanz wird im Rahmen des Prozesses Service Validation und Testing erhoben. Die Bereitstellung von geeigneten Testdaten erfolgt durch den Kunden.
- **Service Operation:** In dieser Phase erfolgt die Bereitstellung der Services gemäß Service Level Agreement oder Vertrag. Störungen und Problemen werden erkannt und durch entsprechende Maßnahmen behoben oder verhindert.
- **Continual Service Improvement:** In einem kontinuierlichen Verbesserungsprozess werden systematische oder spontan auftretende Probleme in der Anwendung der Services sowie Beschwerden des Kunden festgestellt und präventiv geeignete Abhilfemaßnahmen mit dem Kunden abgestimmt und umgesetzt.

Zu beachten sind die unterschiedlichen Zielsetzungen und Erwartungshaltungen von Kunden, Anwendern und Anbietern. Der Kunde möchte eine wirtschaftliche Preisgestaltung, er erwartet Profitabilität auf Basis definierter ROI-Kennzahlen, messbare Ergebnisse und neue Geschäftschancen durch innovative Lösungen. Der Anwender erwartet Leistung hinsichtlich Antwort- und Reaktionszeit, Stabilität, Verfügbarkeit, Sicherheit und Verlässlichkeit, eine hohe Anwenderfreundlichkeit von Benutzeroberfläche und Bedienung, außerdem eine stabile Arbeitsweise durch Konsistenz von Funktionen und Arbeitsweisen. Aus diesen oftmals divergenten Erwartungshaltungen können Konflikte entstehen, es müssen Kompromisse zwischen widersprüchlichen Faktoren gefunden werden.

Auf der Basis der angebotenen Services erfolgt die Planung und Kalkulation der benötigten Ressourcen. So können die Kosten der einzelnen Services berechnet und Preise festgelegt werden.

Praxistipp

Klar definierte und abgegrenzte Services fördern die Akzeptanz einer Verrechnung von Service auf der Seite der Kunden. Die Transparenz der Leistungsangebote und Verrechnungsmodalitäten ist zu beachten. Für innerhalb eines Unternehmens erbrachte Leistungen empfiehlt es sich, eine interne Leistungsverrechnung zu etablieren.

Das Service-Portfolio bildet die Schnittstelle zwischen Service-Provider und Kunden. Dieses muss daher aktiv gemanagt und weiterentwickelt werden. Es ist an der Unternehmensstrategie auszurichten und sollte auf seinen Wertbeitrag zum Geschäft bewertet werden. Services müssen – in gleicher Weise wie Produkte – über ihren gesamten Lebenszyklus betrachtet werden, es bedarf laufender Entscheidungen, welche Services betrieben, neu aufgenommen oder nicht mehr angeboten werden.

■ 20.5 Stakeholder Management

Stakeholder (Relationship) Management umfasst alle Bestrebungen, die Beziehungen eines Unternehmens zu seinen wichtigsten Anspruchsgruppen zu gestalten. Stakeholder sind alle Gruppen, die das Erreichen der Unternehmensziele beeinflussen können, oder solche, die Ansprüche an das Unternehmen haben.

Ausgehend von einer Umfeldanalyse werden unternehmensinterne und -externe Stakeholder identifiziert. Darüber hinaus werden auch weitere Einflussfaktoren analysiert, die für den Erfolg eigener Maßnahmen bestimmend sein könnten. Eine beispielhafte, nicht vollständige Aufstellung zeigt die Tabelle 20.1.

Tabelle 20.1 Inhalte einer Umfeldanalyse

Unternehmensinterne Stakeholder	Unternehmensexterne Stakeholder	Sachlich inhaltliche Einflussgrößen
- Management/Geschäftsleitung - Interner Projektauftraggeber - Projektleiter, Projektteam - Unmittelbar betroffene Organisationseinheiten (Nutzer der Lösung) - Andere Organisationseinheiten, die indirekt betroffen sind	- Externe Kunden, Betreiber - Lieferanten - Behörden - Medien - Politik - Mitbewerber	- Technologische Entwicklungen - Organisationsänderungen - Normen und Standards - Gesetzliche Rahmenbedingungen - Andere Projekte im Unternehmen

Das Ergebnis der **Umfeldanalyse** ist eine Auflistung der betroffenen Umfeldgruppen (Stakeholder) mit einer Analyse der jeweiligen Erwartungen bzw. Befürchtungen. Daraus abgeleitet werden eine Analyse der sachlichen Einflussbereiche bzw. Projekte sowie ein Maßnahmenkatalog für die Bearbeitung der relevanten Umfeldgruppen. Entscheidend ist vor allem eine vollständige Berücksichtigung der betroffenen Bereiche bzw. die Abstimmung mit anderen Bereichen und Maßnahmen.

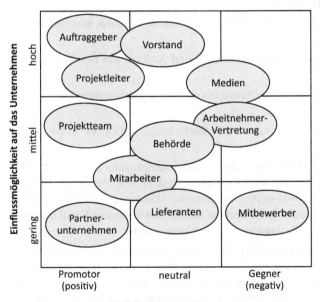

Bild 20.3 Stakeholder-Portfolio (Beispiel)

20.6 Kundenmanagement und IT-Marketing

In der Mehrzahl der Unternehmen liegt der Fokus des Relationship Management auf dem **Customer Relationship Management (CRM),** dem Management der Kundenbeziehungen.

CRM zielt darauf, die Beziehung des Unternehmens zu seinen Kunden aufzubauen und zu entwickeln. Dadurch soll eine bessere Erfüllung von Kundenbedürfnissen erreicht werden und eine stärkere Bindung der Kunden an das Unternehmen.

Über Kundenzufriedenheitsumfragen und die systematische Erfassung und Behandlung von Beschwerden werden die Bedürfnisse bestehender und potenzieller Kunden festgestellt und Problembereiche aufgespürt. Auf diese Ergebnisse aufbauend wird angestrebt, dass Bedürfnisse mit bestehenden oder neu zu entwickelnden Services erfüllt werden.

Customer Relationship Management umfasst neben der Identifikation von Kundenbedürfnissen und der Pflege der Kundenbeziehungen die folgenden weiteren **Prozesse:**

- Pflege des Kundenportfolios (Erfassen und Aktualisieren aller Kunden der IT-Organisation)
- Identifikation der Service-Anforderungen (Service-Ergebnisse, Service-Level-Ziele, ausgedrückt in der Sprache des Kunden)
- Vorbereitung, Abschluss und Verwaltung von Kundenverträgen (Entwicklungsleistungen, Standard-Services, erweiterte Services)
- Durchführen von Kundenzufriedenheitserhebungen (Umfragen planen, durchführen und auswerten)
- Bearbeiten von Kundenrückmeldungen (Erfassung und Analyse von Beschwerden und positiven Rückmeldungen)
- Überwachen von Kundenbeschwerden (Statusinformation zu Beschwerden, Einleiten von Maßnahmen)
- Definition und Ermittlung von Kennzahlen (Key Performance Indicators, KPIs) zu Kundenbeziehungen

Die IT-Organisation sowie die IT-Verantwortlichen haben unternehmensintern oft einen schweren Stand – selbst wenn die Performance stimmt. Deshalb betreiben viele IT-Verantwortliche – das IT-Management sowie weitere Teilbereiche – heute ein aktives Reputationsmanagement. Das Selbstverständnis der IT und die interne sowie externe Kommunikation sind zunehmend ein essenzieller Bestandteil des „IT-Managements".

Von vielen IT-Lösungen (z. B. neu eingeführte IT-Systeme, vorgenommene Veränderungen an den Applikationen, Möglichkeiten zur Nutzung von Mobile Devices) erfahren in der Praxis die meisten Mitarbeiter der Fachbereiche, das General Management und sogar die Unternehmensführung oft nur wenig oder gar nichts. Das hat vor allem zwei Ursachen: Kaum ein IT-Experte (Mitarbeiter aus dem IT-Bereich) informiert die Fachbereiche so, dass sie auch ohne Kenntnis des Fachchinesischen verstehen, worum es geht und welche Bedeutung die betreffenden IT-Lösungen (IT-Applikationen, Mobile Devices etc.) für das gesamte Unternehmen oder für eine einzelne Fachabteilung haben. Der zweite Grund für die Ahnungslosigkeit folgt direkt aus dem ersten: Wenn Management und Mitarbeiter der Fachbereiche die Bedeutung der IT nicht erkennen können, interessieren sie sich nicht dafür.

Und das muss sich gerade im Zeitalter der „Digitalen Transformation" bzw. des Business-IT-Managements rasch ändern.

An dieser Stelle könnte ein **IT-Marketing** auch für die IT-Produkte bzw. IT-Systeme und IT-Services direkt ansetzen. Die Dinge, die die IT für das Unternehmen und die Kunden leistet, so zu erklären, dass Kunden dies auch verstehen, ist keine einfache Aufgabe. Da sind zum einen natürlich die vielen technischen Begriffe und Zusammenhänge, die für einen Laien erst einmal übersetzt werden müssen. Die Frage, wie viel IT-Wissen dabei vorausgesetzt werden darf, ohne dass sich Mitarbeiter und Manager dumm vorkommen, bildet einen zusätzlichen Unsicherheitsfaktor.

Zum anderen stellt sich aber auch die Frage, was die IT-Abteilung in letzter Zeit unmittelbar Spürbares für Kunden und Mitarbeiter geschaffen hat. Deshalb sollte sich das IT-Management vor dem „Wie" und „Wie häufig" zuallererst die Frage stellen, was für Kunden und Mitarbeiter der Fachbereiche Nutzen stiften kann.

Ein **Marketingkonzept** zu den IT-Produkten und IT-Services sollte möglichst alle Zielgruppen mit einschließen, um eine hohe Akzeptanz zu erhalten.

Im Kern sind folgende Handlungsfelder im IT-Marketing zu unterscheiden:

- Im Bereich der Unternehmensführung gilt es, das gewünschte Produkt entsprechend darzustellen und dem Mentor eine Argumentationshilfe zu geben.
- Beim Management der Leistungsabnehmer muss ein Verständnis erzielt und damit die entsprechende Akzeptanz gewonnen werden.
- Der Unternehmensöffentlichkeit ist das jeweilige IT-Produkt entsprechend darzustellen, um unkontrollierte Gerüchte zu vermeiden.

Als Ansatz für konkrete Programme eines IT-Marketings kann die Definition des klassischen **Marketing-Mix** dienen. Im Englischen orientiert man sich hierfür an den 4 Ps: Product, Price, Place, Promotion. Im Deutschen entspricht dies der vergleichsweise sperrigen Formulierung Produkt-/Leistungspolitik, Preis-/Konditionenpolitik, Distributions-/Bereitstellungspolitik und Kommunikationspolitik (Bild 20.4).

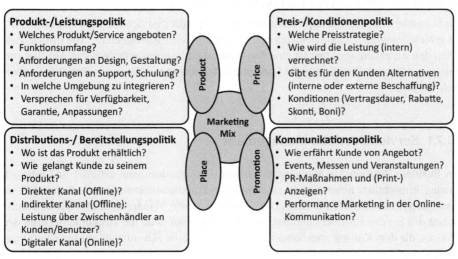

Bild 20.4 Der klassische Marketing-Mix, angepasst

Nachfolgend ein Beispiel einer Ideenliste für interne Marketing-Maßnahmen des IT-Bereichs eines Unternehmens in Bezug auf den internen Kunden:

- Teilnahme an den wöchentlichen Meetings verschiedener Gremien mit aktiver Präsentation aktueller IT-Themen (Vorstands-, AL-Ebene etc.)
- Ein etwa alle vier Monate stattfindendes IT-Informations-Meeting mit der gesamten Belegschaft
- Vorortbesuche in den einheimischen Werken (etwa einmal im Jahr) und bei den ausländischen Niederlassungen (zweimal jährlich), dabei Treffen auch mit Schlüsselanwendern
- Regelmäßige Beiträge zu Mitarbeiterzeitungen und Intranet-News-Diensten
- Regelmäßige Besprechung mit dem Vorstandschef
- Etablierung eines IT-Lenkungsausschusses
- Aktive Einbindung der Fachbereiche in die Budgetplanung
- IT-Helpdesk-Newsletter und -Reporting
- Jour-Fixes mit wichtigen Fachbereichen
- Business-Dinner zusammen mit Anbietern und Projektmitgliedern aus dem Business
- Aktives „Walking-around", um den Business-Kollegen Gelegenheit zur Kontaktaufnahme zu geben

■ 20.7 Demand Management für IT-Lösungen

Kundenanforderungen entstehen einerseits im Rahmen des laufenden Betriebs von IT-Systemen, hier geht es um die **Unterstützung von betrieblichen Anwendungssystemen,** um Helpdesk-Dienste oder E-Mail-Services, andererseits im Zuge von Projekten zur **Neuentwicklung oder Verbesserung** von bestehenden Lösungen.

Wir behandeln die erste Gruppe unter dem Schwerpunkt „Service Portfolio Management", die projektbezogenen Anforderungen unter „Requirements Management". Die Grenze zwischen den Aufgabenbereichen ist eine fließende, auch Projekte erfordern das Angebot von Diensten, während Dienste für die laufende Unterstützung vielfach aus Projekten entwickelt werden.

20.7.1 Service Portfolio Management

Das Business Relationship Management erhebt die Anforderungen externer und interner Kunden hinsichtlich neuer Services, erweiterter Funktionalitäten oder Performance-Verbesserungen bestehender Services. Das Service Portfolio Management als Organisationseinheit des Service-Providers definiert von der fachlichen Seite die Zusammensetzung der Services, die dem Kunden angeboten werden, und stellt die Schnittstelle zur internen Organisation der IT dar.

Damit soll sichergestellt werden, dass die IT einerseits auf die Anforderungen der Organisation ausgerichtet ist, dass aber gleichzeitig Standards und Wirtschaftlichkeitskriterien eingehalten werden. Das Entstehen von Insellösungen und ein Wildwuchs heterogener, inkompatibler Systeme sollen verhindert werden.

Das definierte Service Portfolio muss gegenüber den Kunden, aber auch in der internen Organisation und hinsichtlich erforderlicher Zulieferungen gemanagt werden. Über entsprechende Serviceverträge werden die Services auf Lieferantenseite gesteuert.

Die Services werden in **Service-Katalogen** verwaltet und sollen gegenüber den externen und internen Kunden so konsistent und präzise wie möglich beschrieben werden. Für die Klassifikation und Spezifikation von Services haben sich verschiedene architektonische Vorgaben entwickelt, die vielfach aus Best Practices abgeleitet wurden.

Eine Klassifikation von kundenorientierten Services kann nach der Struktur der Geschäftsprozesse des Kunden erfolgen, wohingegen Basis-Services den Arbeitsplatz oder die Kommunikation unterstützen. Ähnlich einer Stückliste in der industriellen Fertigung erfolgt die Dekomposition von Services in einzelne Sub-Services, eine Aufgliederung in einzelne Bausteine, die spezifische Aufgaben erfüllen und wie Module kombiniert werden können.

Das Service Portfolio Management fungiert als Service-Integrator und kombiniert eigene Dienste mit zugekauften standardisierten Infrastruktur-Services. Der hierarchische Aufbau der angebotenen Services fördert die Mehrfachverwendung von Funktionen und ist die Grundlage für deren Planung und Verrechnung. Die Kundenerwartungen (Ansprüche an Umfang, Qualität und Performance der Services) sind in Service Level Agreements (SLA) formuliert.

20.7.2 Requirements Management

Für das Umsetzen der Kundenorientierung muss ein professionelles Anforderungsmanagement etabliert werden. Für das Finden und sachgerechte Beurteilen der Kundenwünsche ist es dabei wesentlich, den Zweck zu verstehen, mit dem der jeweilige Kunde Anforderungen an die IT bzw. an die IT-Lösungen formuliert:

- Was sind die Anlässe, aus denen heraus der Kunde ein neues IT-System bzw. eine neue bzw. veränderte Applikation möchte?
- Welche Zielsetzungen verfolgt der IT-Kunde mit der Investition in neue bzw. veränderte IT-Lösung?
- Was sind Erfolgskriterien für eine erfolgreiche Zusammenarbeit mit dem Kunden bei der Umsetzung seiner Wünsche und Anforderungen an die IT?
- Inwiefern lassen sich die Anforderungen an die vom Kunden gewünschten Systeme und Lösungen konkretisieren?

Sollen IT-Leistungen kundengerecht erbracht werden, dann müssen auch die Leistungen bzw. Produkte der IT genau definiert sein. Ohne ein Leistungsverzeichnis ist auch ein Produktkatalog bzw. ein IT-Produktmarketing nicht möglich. So bietet es sich an, dass der IT-Produktkatalog allen Bedarfsträgern zur Verfügung gestellt wird. Auch dies trägt zur Erhöhung der Kosten- und Leistungstransparenz in der IT bei. Außerdem kann über Schritte zur Standardisierung ein Beitrag zur Kostensenkung geleistet werden.

Anforderungen (Requirements) sind Fähigkeiten, die ein Projektergebnis (Produkt oder Service) aufweisen sollte, um die Kundenanforderungen zu erfüllen. Eigenschaften (Features) sind demgegenüber Gruppen von Anforderungen, die es dem Kunden ermöglichen, Geschäftsziele (Business Goals/Business Needs) zu erreichen. Dies ist somit auf einer höheren Ebene als die Anforderungen. Für die Aufgabenbereiche und Prozesse der Abstimmung von IT-Lösungen auf die Bedürfnisse der Kunden werden jedoch gemeinhin die Begriffe Requirements Management und Requirements Engineering verwendet.

Requirements Management (RM) beschreibt eine Managementaufgabe für die effiziente und fehlerarme Entwicklung nach Kundenspezifikationen. Dies ist vor allem dort von Bedeutung, wo komplexe Produkte bzw. Systeme konzipiert werden und stark arbeitsteilig an deren Entwicklung gearbeitet wird.

Das Anforderungsmanagement zielt darauf ab, zwischen Auftragnehmer und Auftraggeber ein gemeinsames Verständnis über eine zu entwickelnde Lösung zu erreichen. Die gemeinsam definierten Dokumente dienen vielfach auch als vertragliche Basis für die weitere Umsetzung.

Somit umfasst Requirements Management die Prozesse der Analyse, Dokumentation, Verfolgung, Bewertung und Vereinbarung von Anforderungen mit relevanten Stakeholdern und die Kontrolle und Steuerung dieser Anforderungen im Rahmen von Projekten. Requirements Management findet kontinuierlich in allen Phasen eines Projekts statt. An dieser Stelle muss darauf hingewiesen werden, dass die Begriffe Requirements Engineering, Requirements Management, Requirements Analysis etc. in Normenwerken und Literatur teilweise unterschiedlich verwendet werden. Auf diese Diskussion wird hier verzichtet, wir verwenden Requirements Management als den umfassenden Begriff.

Aufgabenbereiche im Rahmen des Requirements Management sind:

- Anforderungsdefinition
- Anforderungsanalyse (Requirements Elicitation)
- Anforderungsdokumentation (Requirements Documentation)
- Anforderungsvalidierung (Requirements Validation)
- Anforderungsverwaltung
- Risikomanagement
- Änderungsmanagement
- Umsetzungsmanagement

Das Ergebnis der Anforderungsanalyse ist die Dokumentation der funktionalen Anforderungen (Funktionen, Daten, Verarbeitungslogik, Systemverhalten), der Qualitätsanforderungen (Antwortzeiten/Geschwindigkeit, Zuverlässigkeit, System- und Datensicherheit) sowie weiterer Rahmenbedingungen (Systemumgebung, technische und organisatorische Vorgaben, Wiederverwendbarkeit).

Um ein professionelles IT-Anforderungsmanagement in der Praxis zu realisieren, haben sich vielfach in den Unternehmen IT-Koordinatoren als Rollen bzw. Stellen etabliert. Dabei handelt es sich um Stellen/Rollen, die entweder im IT-Bereich angesiedelt sind oder auch dem Fachbereich zugeordnet sein können (synonym finden sich auch Bezeichnungen wie Key User, Power User, IT-Beauftragter, Fachkoordinator oder Business-Analyst). Besondere Merkmale, die der **Rolle eines IT-Koordinators** zugewiesen werden, sind:

- IT-Koordinatoren bilden quasi eine „Drehscheibe zwischen IT-Organisation und Fachbereich", indem sie die beiden Bereiche zusammenführen und wichtige Vermittlungsfunktionen wahrnehmen.
- IT-Koordinatoren gewährleisten effiziente, harmonisierte und ganzheitliche IT-Lösungen.
- IT-Koordinatoren sorgen für eine verbesserte Kooperation und Kommunikation von IT und Fachbereich.
- IT-Koordinatoren sind vielfach nicht nur Vermittler zwischen den beiden Polen/Fronten, sondern gleichzeitig Innovatoren im technischen Wandel.

20.7.3 Requirements-Management-Prozesse implementieren

Eine systematische Anforderungsermittlung (englisch „Requirements Elicitation") schafft die Basis, um eine Dokumentation sämtlicher Anforderungen (bzw. die Ausarbeitung der Anforderungsspezifikation) vornehmen zu können. Die Sammlung kann auch durch den Anwender getrieben sein, der Regelfall ist jedoch die Zusammenführung durch einen IT-Koordinator/Anforderungsmanager oder durch einen zuständigen IT-Systementwickler. Zu entscheiden ist:

- Wer führt die Erhebungen verantwortlich durch bzw. welcher Personenkreis wird in die Anforderungserhebung einbezogen? Oft müssen Anforderungen auch kollaborativ über Abteilungs- und Unternehmensgrenzen hinweg gesammelt, kommentiert und erfasst werden. In diesem Fall ist eine geeignete Mischung der Beteiligten aus Vertretern der Fachbereiche und von IT-Experten sinnvoll – ggf. unter Steuerung der IT-Governance-Organisation.
- Mit welchen Methoden sollen Erhebungen jeweils erfolgen? Zur Wahl stehen im Wesentlichen eine Dokumentenanalyse, Interviews, Einsatz der Fragebogentechnik, Beobachtungsmethoden sowie Gruppentechniken.

Zur Unterstützung der Anforderungserhebung kann spezielle Software für das Anforderungsmanagement genutzt werden. Auf diese Weise lassen sich

- Anforderungen besser strukturieren,
- Redundanzen bei der Formulierung von Anforderungen vermeiden sowie
- Rückverfolgbarkeit der Anforderungen (wann und von wem?) relativ einfach ermöglichen.

Ergebnis ist vielfach, dass die Software automatisch eine entsprechende Anforderungsspezifikation als Ergebnisdokument erzeugen kann.

Erreicht werden soll damit, dass zwischen den Kunden der IT und den Entwicklern/Projektmitgliedern ein Einverständnis über die Anforderungen besteht, die eine neue bzw. eine modifizierte IT-Applikation erfüllen soll. Nachdem die Anforderungen ermittelt und dokumentiert wurden, werden eine Analyse und Bewertung der Anforderungen vorgenommen. Dieses Ergebnis wird dann entsprechend in einer Vereinbarung bzw. einem **Lastenheft** fixiert.

Die Phase „Analyse" dient einmal der Konkretisierung und Priorisierung der Anforderungen an das im Pflichtenheft beschriebene IT-System. Teilergebnisse der Anforderungsanalyse können Sie in den Qualitätssicherungsplan einfließen lassen. Die Phase „Bewertung" ist dann quasi eine Qualitätssicherung von Anforderungen und bezieht sich auf die Aspekte Verifikation und Validierung.

- Die **Verifikation** gibt Ihnen eine Information, ob die Anforderungen im Kontext auf das zu entwickelnde System richtig spezifiziert wurden.
- Die **Validierung** sagt demgegenüber aus, ob die richtigen Anforderungen an das System spezifiziert wurden. Aufgrund einer Untersuchung wird bestätigt, dass die besonderen Forderungen für einen speziellen beabsichtigten Gebrauch erfüllt werden können.

Mit der Systemspezifikation wird ein Dokument ausgearbeitet, das die Aufgaben, die das IT-System erfüllen soll (das „Was"), möglichst vollständig definiert. Letztlich werden darin fachliche Funktionen detailliert, konsistent, vollständig und nachvollziehbar beschrieben.

Praxistipp

Eine Anforderungsanalyse muss getragen werden vom wirklichen, ehrlichen Interesse der IT an den Bedürfnissen des Fachbereichs. Durch die Einführung und Umsetzung von geeigneten Vorgehensweisen im Anforderungsmanagement (u. a. Positionsbestimmung zu IT-Anforderungsmanagement im Unternehmen, Stakeholder-Analyse und Scope-Definition, Anforderungserhebung, Anforderungsanalyse, Anforderungsspezifikation, Anforderungsmodellierung, Anforderungsreviews) können Sie den Herausforderungen der Praxis nach Kunden- und Serviceorientierung in besonderer Weise Rechnung tragen.

20.7.4 Lastenheft und Pflichtenheft

Als Grundlagen der Anforderungsdefinition dienen Lastenhefte und Pflichtenhefte. In einer frühen Phase der Systementwicklung wird ein Lastenheft erstellt, in dem die grundlegenden Anforderungen an ein zu entwickelndes oder zu beschaffendes Software-System definiert werden. Vielfach werden hierfür synonym die Begriffe Lastenheft und Pflichtenheft verwendet.

In einer differenzierten Sicht wird ein Lastenheft in einer früheren Phase der Systementwicklung als das Pflichtenheft erstellt. Wir folgen dem Begriffsverständnis von Balzert (2009), der ein Lastenheft als Grob-Pflichtenheft sieht, das entsprechend weniger detailliert ist, in dem eine Konzentration auf fundamentale Eigenschaften des Produkts erfolgt. Lastenhefte dienen der Beurteilung der Machbarkeit eines Systems und der Durchführbarkeit des Vorhabens. Das Lastenheft ist nach Balzert Bestandteil einer **Feasibility Study** (Durchführbarkeitsstudie, Machbarkeitsstudie), die darüber hinaus auch einen Projektplan sowie eine Projektkalkulation erstellt.

Der Einsatz von Lastenheft und Pflichtenheft sowie die darauf aufbauende Erstellung von Angebot und Vertrag verlaufen nach folgendem Schema:

1. Der Auftraggeber erstellt ein Lastenheft und übermittelt dieses an potenzielle Auftragnehmer.
2. Der Auftragnehmer erhebt Anforderungen und korrigiert ggf. das Lastenheft.

3. Der Auftraggeber bestätigt das korrigierte Lastenheft.
4. Der Auftragnehmer erstellt ein Pflichtenheft (meist gegen Bezahlung).
5. Der Auftragnehmer erstellt eine Aufwandsschätzung aufgrund des Pflichtenhefts.
6. Angebot und Vertrag werden erarbeitet.

Das **Lastenheft** wird vielfach auch als Anforderungsspezifikation, Anforderungskatalog oder Requirements Specification bezeichnet. Da es sich hier um ein zentrales Dokument für die Spezifikation und Bewertung von technischen Systemen handelt, gibt es exakte Definitionen der Natur und Inhalte. Nach DIN 69901-5[1] (Begriffe der Projektabwicklung) [DI19] ist ein Lastenheft die „vom Auftraggeber festgelegte Gesamtheit der Forderungen an die Lieferungen und Leistungen eines Auftragnehmers innerhalb eines Auftrags".

Dieses beschreibt somit, was und wofür etwas gemacht werden soll. Gegenüber einem reinen Fachkonzept (das die Funktionen eines IT-Systems aus Benutzersicht beschreibt) ist es aber um formelle Aspekte erweitert, die für eine Ausschreibung nötig sind.

Praxistipp

Die Übersichtlichkeit und Verständlichkeit der Anforderungsdefinition ist ein wesentliches Kriterium. Diese bildet eine Brücke zwischen (externem oder internem) Auftraggeber und Auftragnehmer.

Es empfiehlt sich eine Kombination aus orientierendem Text und Detaillierungen in tabellarischer Form, mit Ergänzungen durch Zeichnungen und Grafiken. Formale Modellierungssprachen (wie UML oder BPMN) zur Darstellung von Prozessabläufen, Datenstrukturen und Zusammenhängen können eingesetzt werden.

Der Auftraggeber kann das Lastenheft als Grundlage einer Ausschreibung verwenden und an potenzielle Auftragnehmer verschicken. Diese erstellen auf Grundlage des Lastenhefts ein Pflichtenheft.

Das **Pflichtenheft** beschreibt in konkreterer Form, wie der Auftragnehmer die im Lastenheft definierten Anforderungen umzusetzen plant – mit welchen Konzepten und welchen Mitteln. Andere dafür verwendete Begriffe sind Fachspezifikation, Fachfeinkonzept, Sollkonzept, Funktionelle Spezifikation, Gesamtsystemspezifikation, Implementierungsspezifikation oder Feature Specification.

Das Pflichtenheft wird vom Auftragnehmer formuliert, gehört damit diesem und wird auf dessen Wunsch vom Auftraggeber bestätigt. Nach dieser Bestätigung und der Beauftragung können die eigentlichen Entwicklungs- und Implementierungsarbeiten beginnen.

Nach DIN 69901-5 umfasst das Pflichtenheft die „vom Auftragnehmer erarbeiteten Realisierungsvorgaben aufgrund der Umsetzung des vom Auftraggeber vorgegebenen Lastenhefts". Anforderungen des Lastenhefts sind nun mit technischen Festlegungen der Betriebs- und Wartungsumgebung verknüpft.

Dies deckt sich mit der Definition in VDI-Richtlinie 2519: „Das Pflichtenheft ist die Beschreibung der Realisierung aller Kundenanforderungen, die im Lastenheft gefordert werden." [VD01].

Praxistipp

Pflichtenhefte sollten in ihrem Aufbau und ihrer Präzision so formuliert sein, dass sie als Basis eines juristischen Vertrags verwendet werden können. Sie sollten verbindliche Festlegungen enthalten, welche Produkte und Leistungen ein Auftragnehmer zu liefern hat. Damit ist hier auch die Grundlage für die Abnahme der Leistung gegeben. Im Streitfall kann das Pflichtenheft auch für die gerichtliche Klärung herangezogen werden. ∎

Pflichtenhefte haben keine vorgegebene Struktur, es haben sich jedoch Richtlinien und Standards entwickelt, die einen bestimmten Aufbau empfehlen. Damit sollen die Erstellung erleichtert und die Vergleichbarkeit verbessert werden.

Die **Recommended Practice for Software Requirements Specifications** wurden 1984 als Standard IEEE 830-1984 verabschiedet und zum Standard IEEE 830-1998 weiterentwickelt. Danach wird für das Pflichtenheft eine Gliederung in drei Hauptkapitel vorgeschlagen, die jeweils in weitere Unterkapitel unterteilt sind:

- **Einleitung (Introduction):** Die Einleitung beschreibt den Aufbau des Dokuments und definiert einige Grundlagen, die für das weitere Verständnis wichtig sind, außerdem die Ziele, die durch das Produkt erreicht werden sollen.
- **Übersichtsbeschreibung (General Description):** Die Übersichtsbeschreibung gibt einen Überblick über die Funktionen des Produkts, die Umgebung sowie die künftigen Benutzer und ihre Eigenschaften.
- **Spezifische Anforderungen (Specific Requirements):** Die funktionalen Anforderungen (Functional Requirements) werden mit ihren jeweiligen Anforderungen in eigenen Kapiteln aufgeführt. Die Beschreibung folgt einer Input-Process-Output-Systematik einer anderen Beschreibungssystematik für Funktionen bzw. Geschäftsprozesse. Nichtfunktionale Anforderungen umfassen die Anforderungen an externe Schnittstellen, an das Leistungsvermögen (Performance), Restriktionen für den Systementwurf, Qualitätsmerkmale sowie weitere Anforderungen.

In der Unternehmenspraxis existieren eine Reihe von exemplarischen, detaillierten Gliederungen für Pflichtenhefte, die als Vorlage verwendet und für die eigenen Anforderungen spezifisch angepasst werden können. Anhand der darin gemachten Spezifikationen kann in der Folge eine Aufwandschätzung durchgeführt werden. Eine bewährte Gliederung zeigt die nachfolgende Tabelle 20.2.

Tabelle 20.2 Gliederung Pflichtenheft[1]

Abschnitt	Inhalte
1.	Zielbestimmung 1. Muss-Kriterien: unabdingbare Leistungen und Funktionalitäten, die in jedem Fall erfüllt sein müssen 2. Soll-Kriterien: Kriterien, deren Erfüllung angestrebt wird 3. Kann-Kriterien: nicht unabdingbar; sollten nur angestrebt werden, falls noch ausreichend personelle und finanzielle Kapazitäten vorhanden sind 4. Abgrenzungskriterien: Kriterien, derer Erreichung bewusst nicht angestrebt ist
2.	Produkteinsatz 1. Anwendungsbereiche 2. Zielgruppen 3. Betriebsbedingungen: physikalische Umgebung des Systems, Betriebszeit, Betrieb unter Beobachtung oder unbeaufsichtigt
3.	Produktübersicht: kurze Übersicht über das Produkt
4.	Produktfunktionen 1. Gliederung in Teilprodukte 2. Beschreibung der Produktfunktionen
5.	Produktdaten: langfristig zu speichernde Daten aus Benutzersicht
6.	Produktleistungen, Performance-Kriterien (Anforderungen Zeit und Genauigkeit)
7.	Qualitätsanforderungen
8.	Benutzungsoberfläche 1. Grundlegende Anforderungen 2. Zugriffsrechte
9.	Nichtfunktionale Anforderungen 1. Einzuhaltende Gesetze und Normen 2. Sicherheitsanforderungen 3. Plattformabhängigkeiten
10.	Technische Produktumgebung 1. Hardware: nach Server und Client getrennt 2. Software: nach Server und Client getrennt 3. Orgware: organisatorische Rahmenbedingungen 4. Schnittstellen (Daten, Funktionen)
11.	Spezielle Anforderungen an die Entwicklungsumgebung 1. Software 2. Hardware 3. Entwicklungsschnittstellen
12.	Glossar 1. Allgemein verwendete Terminologie 2. Unternehmensspezifische Terminologie 3. Abkürzungen

---

[1] adaptiert nach [Ba09]

20.7.5 Use Cases als Form der Anforderungsspezifikation

Ein Use Case als Form der Anforderungsspezifikation für IT-Systeme modelliert in semiformaler Sprache die Strukturen und das Verhalten von Software- und anderen Systemen. Er stellt Akteure und Anwendungsfälle mit ihren jeweiligen Abhängigkeiten und Beziehungen dar. Er beschreibt die Interaktionen zwischen Nutzer und System, abstrahiert von technischen Lösungen.

Use Cases stellen das erwartete Verhalten eines Systems dar und werden dafür eingesetzt, die Anforderungen an ein System zu spezifizieren. Sie haben große Verbreitung erlangt, sind aufgrund ihrer einfachen Anwendung beliebt und versprechen effizientere und qualitativ bessere Spezifikationen.

Stakeholder und Benutzer sowie deren Ziele bei der Systembenutzung stehen im Mittelpunkt. Use Cases verankern die Spezifikation im Benutzungskontext und gewährleisten Relevanz und Vollständigkeit der zu entwickelnden Funktionalität.

Die **Definition von Use Cases** erfolgt in mehreren Schritten:

1. Erstellung des Kontextmodells, das Akteure, Anwendungsfälle und (Teil-)Systemgrenzen definiert und durch tabellarische Definitionen ergänzt
2. Definition der Anwendungsfälle mittels kurzer Prosatexte
3. Ausgebaute und semiformal strukturierte Anwendungsfalldefinition mittels Erfolgs- und Fehlerszenarien, Vor- und Nachbedingungen etc.

Das dargestellte Vorgehen bietet für wichtige Entscheidungen im Projektverlauf (z. B. Schätzung, Architektur, Qualitätssicherung) abgesicherte Informationen über die Anforderungen.

Für die Organisation der Spezifikationsaufgaben wichtig sind eine klare Rollenverteilung, ein reibungsloses Zusammenwirken der Beteiligten und hohe Kompetenz, individuell und im Team. Grundsätzlich können und sollen viele Mitarbeiter eines Projekts und des Auftraggebers bei der Anwendungsfallspezifikation mitwirken. Es ist aber wichtig, dass jede Person hinsichtlich ihrer Stärken und Leistungsfähigkeit optimal eingesetzt wird.

Tabelle 20.3 zeigt die rollenbedingten Stärken und Schwächen ausgewählter Projektbeteiligter. In erster Linie sollte die Erstellung der Anwendungsfälle bei den „Anforderungsingenieuren" liegen. Anwender und Fachexperten können in einzelnen Bereichen gezielt unterstützen.

Tabelle 20.3 Rollen in der Anwendungsfallspezifikation

Rolle	Stärken (rollenbedingt)	Schwächen (rollenbedingt)	Einsatzbereich
Anwender	• Kenntnis fachlicher Detailthemen	• Betriebsblindheit • Systemkenntnis • Know-how (Anforderungsdefinition)	• Ansprechpartner für Anwendungsszenarien
Fachexperte	• Zielorientierung • Gesamtsicht • Fachliche Expertise	• Systemkenntnis • Know-how (Anforderungs-definition)	• Ansprechpartner für fachliche Fragen

Rolle	Stärken (rollenbedingt)	Schwächen (rollenbedingt)	Einsatzbereich
Produktmanager	▪ Zielorientierung ▪ Gesamtsicht ▪ Fachliche Expertise	▪ Systemkenntnis ▪ Know-how (Anforderungs-definition)	▪ Einbeziehung bei übergeordneten Zielen, Reviews
Anforderungs-ingenieur	▪ Systemkenntnis ▪ Know-how (Anforderungs-definition)	▪ fachliche Expertise	▪ Umsetzung, zentrale Koordination

Use Cases werden so benannt, wie die Prozesse aus der Sicht der Nutzer heißen, z. B. Bestellung erstellen, Kunden erfassen, Wareneingang verbuchen, Anruf durchführen oder Rechnungsbetrag überweisen. Das nachfolgende Beispiel zeigt ein Anwendungsfalldiagramm, unter Verwendung der Unified Modeling Language (UML) als Spezifikationssprache.

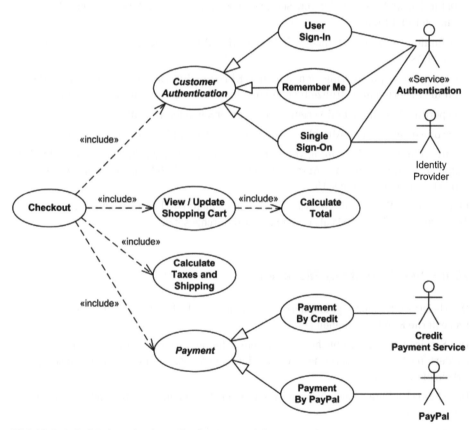

Bild 20.5 Beispiel eines Use Case (Quelle: *www.uml-diagrams.org*)

20.8 Service Level Management

Das Service Level Management dient der Definition, Überwachung und Optimierung von IT-Dienstleistungen. Die von der IT angebotenen Leistungen sollen in Einklang mit den Kundenerwartungen gebracht werden, die in Service Level Agreements (SLA) formuliert sind.

In einem **Service-Katalog** werden jene Services verwaltet, die im Rahmen von Geschäftsprozessen angeboten werden (Business Services). Bestandteil des Service Level Management sind auch das Management der Verträge und das Controlling.

Die Aufgaben des Service Level Managements im Einzelnen sind:

- Definition und Verwaltung von Service-Katalogen aufgrund von geschäftlichen Anforderungen
- Definition und Verwaltung von Service Level Agreements (SLAs) zwischen IT-Service-Anbieter und Kunden
- Definition von Key Performance Indicators (KPIs) als Leistungsmaße für die Einhaltung von SLAs
- Überwachung (Monitoring) von SLAs und KPIs, um drohende Verletzungen bzw. Risiken für die Zielerreichung frühzeitig erkennen bzw. ihnen gegensteuern zu können
- Reporting: Erstellung und Verteilung der entsprechenden Berichte
- Vertragsmanagement: Abschluss, Anpassung und Verwaltung der Kundenverträge
- Entwicklung und Verwaltung von unterstützenden Verträgen für intern erbrachte Leistungen (Operational Level Agreement, OLA) oder mit Sub-Dienstleistern und Zuliefern (Underpinning Contracts, UC)

Eine mögliche Variante des Service Level Management ist IT Infrastructure Library (ITIL); diese hat sich in der Praxis als Quasi-Standard durchgesetzt.

20.8.1 Service-Katalog-Management

Der IT-Service-Katalog repräsentiert das Angebot der IT-Abteilungen, aus dem sich interne und externe Kunden bedienen können.

Der Service-Katalog ist üblicherweise in einer hierarchischen Struktur aufgebaut, untergliedert nach Service-Bereichen wie Business-Services, Kommunikation, Hosting oder Arbeitsplatzservices.

Der IT-Service-Katalog beinhaltet zumindest die folgenden beschreibenden Attribute zu jedem Service:

- Eindeutige Bezeichnung des Service (Name, Katalognummer)
- Kurzbeschreibung des Service
- Detaillierte Beschreibung des Service
- Leistungsumfang (Messgrößen)
- Verrechnungsart

- Preis/Einheit
- Einbindung (Verbindung zu Anwendungen und anderen Services)

Business- und technische Services stehen in einer Abhängigkeit. Technische Services wie Datenspeicherung und Netzwerkverbindungen liegen den Business-Services zu Grunde. Business-Services in Verbindung mit Anwendungssystemen (ERP, Auftragsverwaltung etc.) nutzen die technischen Services Datenspeicherung oder Lieferantenanbindung. Diese Services stehen aber gleichzeitig auch anderen Business-Services zur Verfügung. Die Grafik zeigt ein Beispiel für die Hierarchiestruktur von Standard-IT-Services.

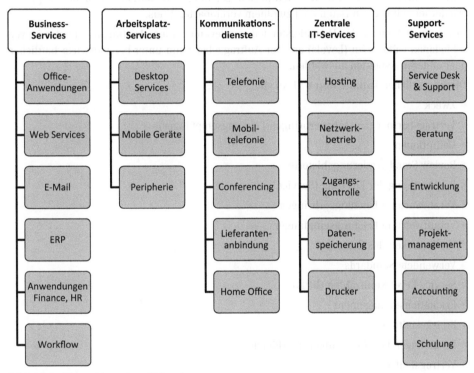

Bild 20.6 Hierarchiestruktur IT-Services

Services können alle Nutzer innerhalb des Unternehmens betreffen (z. B. E-Mail- oder Office-Anwendungen), einzelne Abteilungen oder Gruppen von Anwendern ansprechen (z. B. ein bestimmter Workflow) oder arbeitsplatzspezifisch sein (Installation eines Heimarbeitsplatzes).

20.8.2 Service Level Agreements (SLAs)

Ein Service Level Agreement (SLA), auch Dienstleistungsvereinbarung oder Schnittstellenvereinbarung genannt, bezeichnet eine **Vereinbarung zwischen einem Auftraggeber und einem Dienstleister** für wiederkehrende Dienstleistungen.

SLAs sind ursprünglich für IT-Dienstleistungen entstanden, werden aber mittlerweile auch für andere Arten von Dienstleistungen (z. B. in der Instandhaltung, Anlagenwirtschaft) verwendet. Durch die IT Infrastructure Library (ITIL) haben SLAs an Bedeutung gewonnen.

SLAs schaffen eine verbesserte Preis-Leistungs-Transparenz für die Vertragspartner und eine Unterstützung in strittigen Fällen. Der Auftraggeber erhält Kontrollmöglichkeiten, indem zugesicherte Leistungen hinsichtlich Leistungsumfang, Reaktionszeit und Schnelligkeit der Bearbeitung genau beschrieben werden. Zentrales Kriterium ist hierbei der Servicelevel, welcher die vereinbarte Leistungsqualität beschreibt. Der Auftragnehmer garantiert die Erfüllung der im SLA definierten Leistungen (Reaktionszeiten des Supports, Wiederherstellung von Daten etc.) zu einem vereinbarten Preis.

In einem SLA bietet der Dienstleister jeden relevanten Dienstleistungsparameter in verschiedenen Gütestufen (Levels) an. Der Auftraggeber kann unter betriebswirtschaftlichen oder anderen Aspekten auswählen.

Die wesentlichen **Inhalte eines SLAs** sind:

- Zweck
- Vertragspartner (Leistungserbringer, Leistungsempfänger)
- Definitionen
- Review-Stand/Änderungshistorie
- Beschreibung der Leistung (Service)
- Verantwortung Leistungserbringer
- Verantwortung Leistungsempfänger
- Verfügbarkeit des Services
- Verwendete Standards
- Service-Level-Kennzahlen (KPIs)
- Eskalationsmanagement
- Preisgestaltung
- Rechtsfolgen bei Nichteinhaltung (Pönale)
- Vertragslaufzeit

SLAs sind ein wesentliches Element des Service Level Management. Sie werden laufend verändert und an neue Marktgegebenheiten, Geschäftsanforderungen oder Kundenanforderungen angepasst. Damit wird auch ein konsequentes Versionsmanagement (Review-Stand/Änderungshistorie) erforderlich.

20.9 Best Practices im Business Relationship Management

Die Ziele, Aufgaben und Rollen des Business Relationship Management werden in den angeführten Standards **IT Infrastructure Library (ITIL, 2011 Edition)** und **ISO/IEC 20000 – Standard for IT Service Management** beschrieben. Daraus können Prozesse und Strukturen abgeleitet werden, die sich in der Praxis bewährt haben.

Der Business Relationship Manager stellt eine Brücke zwischen der IT-Organisation und ihren Kunden dar. Gartner prognostiziert, dass der Anteil der Personen in der IT-Organisation, die sich vorrangig mit „Relationship Management und Change Leadership" beschäftigen, über die nächsten Jahre auf über 20 Prozent steigen wird [Me15a].

Ein Modell der Best Practices im Business Relationship Management muss über diese Standards hinausgehen bzw. eine Weiterentwicklung anstreben. Das nachfolgend dargestellte **Business-IT Maturity Model** [Me15a] bietet eine Richtlinie, wie sich IT-Organisationen zur Exzellenz im Beziehungsmanagement hin entwickeln können.

Das Modell (Bild 20.7) zeigt eine typische Lernkurve in der Entwicklung von BRM. Es repräsentiert sowohl die Entwicklung der Geschäftsanforderungen (Business Demand, links von der Lernkurve) als auch die Reife der IT-Versorgung (IT Supply, rechts von der Lernkurve). Geschäftsanforderungen und IT-Versorgung entwickeln sich nicht notwendigerweise synchron. Die drei Ebenen der **Reifeentwicklung (Reifegrad)** werden bezeichnet als:

- Ebene 1: Business Efficiency (Geschäftseffizienz)
- Ebene 2: Business Effectiveness (Geschäftseffektivität)
- Ebene 3: Business Transformation (Geschäftstransformation)

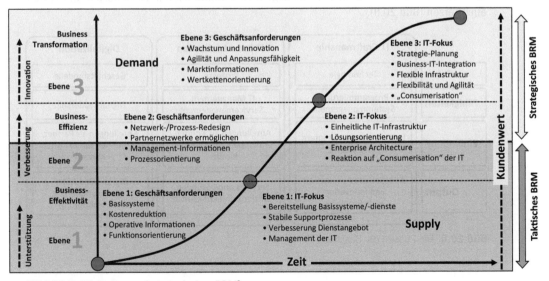

Bild 20.7 Taktisches und strategisches BRM[2]

---

[2] übersetzt und adaptiert nach [Me15a]

Die obere Hälfte beschreibt das **Strategische BRM**, die untere Hälfte repräsentiert das sog. **Taktische BRM**, mit einem Fokus auf Business Efficiency und Business Effectiveness. Die obere Hälfte zeigt demgegenüber den Bereich des Strategischen BRM, ausgerichtet auf Business Effectiveness und zunehmend Business Transformation.

Der Übergang liegt dort, wo die Lernkurve ihre Richtung ändert. Dies ist ein Bereich, wo Unternehmen in ihrer Reifeentwicklung stagnieren, wo Erträge aus Investitionen abnehmen, wo Unternehmen in Probleme geraten, ihre Leistung weiter zu steigern. Ab diesem Punkt soll die Nachfrage nach Dienstleistungen, Aktivitäten und Initiativen mit hohem potenziellen „Business Value" stimuliert werden. In enger Zusammenarbeit zwischen Anbieter und Nutzer von IT-Leistungen werden neue Potenziale und Geschäftsfelder erschlossen, die über eine reine Unterstützung von Prozessen hinausgehen.

Standards und Frameworks wie ITIL, COBIT und TOGAF sind darauf ausgelegt, den taktischen Bereich durch Mechanismen der Kontrolle und gezielten Steuerung zu unterstützen (Ebenen 2 und 3), sie tragen aber wenig zur Schaffung von neuen, innovativen Lösungen bei (Ebene 3). Das Business Relationship Management nimmt eine wichtige Rolle ein, um Innovationen zu fördern und so einen aktiven Beitrag zur Wertschöpfung des Unternehmens zu leisten.

Eine andere Sicht auf die Entwicklung von Beziehungen zwischen IT-Organisation und Kunden stellt das Modell von Gartner dar, das eine Evolution der Enterprise IT in drei Phasen beschreibt.[3] Ausgehend von einer „handwerklichen IT", befindet sich heute die IT-Landschaft der meisten Unternehmen im Übergang von der Ära der IT-Industrialisierung, in der der Schwerpunkt auf Prozessen liegt, in die Ära der Digitalisierung, in der der Fokus auf Geschäftsmodellen liegt. Dieser Übergang wird die Verschiebung von technisch kompetenzorientierten Servicefähigkeiten zu geschäftsbereichsorientierten Servicefähigkeiten vorantreiben. Daher muss sich die IT-Marketing- und Vertriebsfunktion weiterentwickeln, um die Möglichkeiten der digitalen Technologien zu kommunizieren, zu bewerten und gezielt einzusetzen (Bild 20.8).

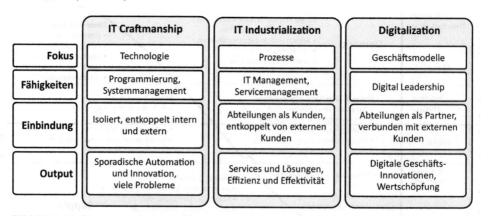

Bild 20.8 Die Phasen der Business IT[4]

---

[3] http://odigitech.com/technology-education/it-services-marketing/
[4] übersetzt und adaptiert nach [Od22]

20.10 Relationship Management und die Potenziale der Digitalisierung

Die Technologien und Konzepte der Digitalisierung, Crowd Sourcing, Künstliche Intelligenz oder Data Analytics sind dabei, die Schnittstellen zwischen Lieferanten und Kunden in der Wertkette sind grundlegend zu verändern (vgl. ausführlich auch Kapitel 3 dieses Handbuchs):

- Die Beschaffung wird integrales Element in dynamischen **Digital Supply Networks**. Es entstehen neue Formen der Zusammenarbeit, eine gesteigerte Markttransparenz und neue Abläufe.
- **Digitale Einkaufsplattformen** ermöglichen eine objektivere Bewertung von Lieferanten sowie eine deutliche Effizienzsteigerung in der Prozessabwicklung.
- Werkzeuge der **Künstlichen Intelligenz und Predictive Analytics** ermöglichen weitgehend automatisierte, von Maschinen autonom angestoßene und gesteuerte Bestellprozesse.
- Das **Internet of Things und Industrie 4.0** integrieren über Sensordaten und umfassende Vernetzung Informationen von Kunden, Lieferanten und anderen Partnern in der Wertschöpfungskette und tragen zu einer optimierten, zeitgerechten Bereitstellung von Produkten und Services bei.

Um diese Potenziale auszuschöpfen und die Wettbewerbsposition zu stärken, sind Unternehmen gefordert, cross-funktionale strategische Initiativen von Einkauf und Unternehmens-IT zu starten und auch entsprechende Investitionen in die zukünftigen Systeme durchzuführen.

In der Folge betrachten wir einige Ansätze aus dem komplexen Umfeld der Technologien von Digitalisierung und Industrie 4.0. Dabei wird auf jene fokussiert, die für das Beziehungsmanagement hin zu Kunden und Lieferanten besondere Bedeutung haben.

20.10.1 Digitale Unternehmen und Wertschöpfungsketten

Digitalisierung ist mehr als die Abbildung bestehender Strukturen und Prozesse in neue, computerunterstützte Arbeitsweisen und Produkte. Aufbauend auf den Basistechnologien – wie dem Internet der Dinge, den Cyber-Physical Systems und dem Physical Internet – strukturieren sich Unternehmen und Wertschöpfungsketten neu:

- Das **Internet der Dinge (IoT)** beschreibt die Vernetzung von „intelligenten", eindeutig identifizierbaren Objekten mit integrierter Sensorik durch Kommunikationsnetze. Diese kommunizieren miteinander, tauschen Informationen über Lokationen und Zustände aus und können mithilfe entsprechender Algorithmen selbststeuernde Systeme bilden.
- **Cyber-physikalische Systeme (CPS)** bilden die reale Umwelt in virtuellen Modellen ab, simulieren diese Umwelt und wirken steuernd auf sie ein. So können reale Zustände und Aktionen vorab im Computermodell erprobt werden, bevor potenziell kostspielige oder risikoreiche Aktionen gesetzt werden. Die reale Welt wird in der Wahrnehmung der

(menschlichen) Akteure durch virtuelle Elemente (wie etwa Informationen, Anleitungen) erweitert.

- Das **Physical Internet (PI)** überträgt die Vernetzungskonzepte des Digital Internet auf Transportnetzwerke. Wie Nachrichten in dem uns vertrauten Internet reibungslos und selbstgesteuert fließen, bewegen sich im Physical Internet Produkte in intelligenten Behältern und finden den optimalen Weg zu ihrem Zielort.

Das Industrie-4.0-Framework umfasst vier Säulen: Smart Solutions, Smart Innovation, Smart Supply Chains und Smart Factory. Diese Säulen sind als Faktoren zur Wachstumssteigerung und Effizienzsteigerung eingebettet in ein organisatorisches Framework, bestehend aus einem agilen Betriebsmodell, Personalführung, Change Management, Governance und Prozesse sowie der digitalen Infrastruktur. Daraus ergibt sich das in Bild 20.9 dargestellte Modell.

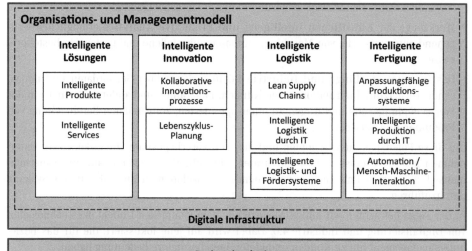

Bild 20.9 Rahmenmodell digitaler Unternehmen und Wertschöpfungsketten[5]

Ziel des Einsatzes digitaler Technologien sind die Steigerung von Produktivität, Effizienz, Service Level, Flexibilität, Wettbewerbsfähigkeit und Nachhaltigkeit.

---

[5] übersetzt und adaptiert nach [Zs19], [Zs19a] und [Be14]

Das Wichtigste zusammengefasst

- **Relationship Management umfasst alle Arten von Beziehungen eines Unternehmens, also die businessrelevanten Beziehungen zu Kunden, Lieferanten und Wettbewerbern, aber auch die Beziehungen zu den Stakeholdern im weiteren Sinne.**
  Enge Partnerkooperationen ermöglichen eine bessere Abstimmung, eine effektivere Ausschöpfung von Geschäftspotenzialen sowie die Nutzung gemeinsamer Wachstums- und Erfolgspotenziale. Meist liegt der Fokus ausschließlich auf dem Management der Kundenbeziehungen (Customer Relationship Management), andere Kooperationen und Netzwerke werden häufig vernachlässigt.

- **Die Aufgabenfelder des Relationship Management umfassen primär die Definition des Beziehungsnetzwerks, die Ausgestaltung der Transaktionssysteme sowie das operative Transaktionsmanagement.**
  Das Business-IT Relationship Management weist eine Reihe von Besonderheiten auf, die in Normenwerken und Frameworks (ITIL, ISO/IEC 20000) berücksichtigt sind.

- **Das Management der Kundenbeziehungen** umfasst die Aufgabenbereiche Service Portfolio Management, Requirements Management und Service Level Management.

- **Anhand eines Reifegradmodells wird ein möglicher Entwicklungsweg zu einem innovativen, für alle beteiligten Partner gewinnbringenden Business-IT Relationship Management aufgezeigt.**
  Das „Rahmenmodell digitaler Unternehmen und Wertschöpfungsketten" zeigt die Anwendungspotenziale digitaler Technologien in allen Bereichen des Relationship Management auf.

20.11 Literatur und weiteres Informationsmaterial

[Ax15]   Axelos, IT Infrastructure Library (ITIL): *https://www.axelos.com/itil*, abgerufen am 14.06.2015

[Ba09]   Balzert, H.: Lehrbuch der Softwaretechnik: Basiskonzepte und Requirements Engineering. 3. Auflage. Springer 2009

[Be14]   *Bechtold, J.; Lauenstein, C.; Kern, A.; Bernhofer, L.:* Industrie 4.0 – Eine Einschätzung von Capgemini Consulting: Der Blick über den Hype hinaus. Capgemini Consulting 2014, *https://www.capgemini.com/de-de/wp-content/uploads/sites/5/2017/07/industrie-4.0-de.pdf*, abgerufen am 15.01.2019

[DI19]   DIN 69901-5[1] (Begriffe der Projektabwicklung)

[Di95]   *Diller, H.:* Beziehungsmanagement. In: *Tietz, B.; Köhler, R.; Zentes, J.* (Hrsg.): Handwörterbuch des Marketing. 2. Auflage, Stuttgart 1995

[Di05]   Diller, H.; Haas, A.; Ivens, B.: Verkauf und Kundenmanagement: eine prozessorientierte Konzeption. Stuttgart 2005

[IS15]   ISO/IEC 20000-1: 2011 IT Service Management: *http://www.iso.org/iso/catalogue_detail?csnumber=51986*, abgerufen am 14.06.2015

[IT14]   IT Infrastructure Library (ITIL): *https://www.axelos.com/itil*, abgerufen am 29.11.2014

[Iv02]   Ivens, B.: Beziehungsstil im Business-to-Business-Geschäft. Nürnberg 2002

[Me15]   Merlyn, Vaughan: IT-Enabled Business Innovation: A Missing Link? *http://vaughanmerlyn.com/*, abgerufen am 14.06.2015

[Me15a] Merlyn, Vaughan: ITIL and the Business Relationship Manager: Avoiding the Performance Trap! *http://vaughanmerlyn.com/2013/01/15/itil-and-the-business-relationship-manager-path-to-success-or-to-getting-stuck*, abgerufen am 30.08.2019

[Od22]   Odigitech.com: it Services Marketing, *https://odigitech.com/technology-education/it-services-marketing/* zuletzt abgerufen am 7.7.2022

[Pe09]   Pelkmann, Th.: Die Trends bei E-Procurement und E-Collaboration, 2009, *http://www.cio.de/strategien/methoden/884233/index.html*, zuletzt abgerufen am 17.8.2019

[Ro06]   Robertson, S.; Robertson, J. C.: Mastering the Requirements Process. Second Edition. Addison-Wesley Professional 2006

[VD01]   VDI 2519 Blatt 1 Vorgehensweise bei der Erstellung von Lasten-/Pflichtenheften, Erscheinungsdatum 2001-11

[Zs12]   Zsifkovits, H.: Logistik, UVK 2012

[Zs19]   Zsifkovits, H.; Woschank, M.: Smart Logistics – Conceptualization and Empirical Evidence, CMU Journal, Chiang Mai University, Thailand 2019

[Zs19a] Zsifkovits, H.; Woschank, M.: Smart Logistics – Technologiekonzepte und Potentiale. Berg- und Huettenmaennische Monatshefte. 615. doi:10.1007/s00501-018-0806-9.

21 Enterprise IT-Projektmanagement

Ernst Tiemeyer

Fragen, die in diesem Kapitel beantwortet werden:

- Was sind die Erfolgsfaktoren für die Durchführung von IT-Projekten und wie können bewährte Konzepte für ein Management von IT-Projekten erfolgreich umgesetzt werden?
- Zu welchen Inhalten sollten im Projektantrag für IT-Projekte typischerweise Aussagen gemacht werden?
- Welche Bedeutung kommt der Projektplanung für ein erfolgreiches Projektmanagement zu und welche Teilbereiche der Projektplanung sind wie erfolgreich umzusetzen?
- Was zeichnet Phasenmodelle bei IT-Projekten aus, welche Varianten werden unterschieden und inwiefern sind diese für die Projektplanung nützlich?
- Welche Aktivitäten müssen Sie zum Projektende unbedingt in Angriff nehmen, um ein IT-Projekt erfolgreich abzuschließen?
- Mit welchen Werkzeugen kann das Controlling von IT-Projekten wirksam und nachhaltig unterstützt werden?
- Welche Handlungsfelder lassen sich für die professionelle Umsetzung von Multiprojektmanagement in IT-Organisationen unterscheiden?
- Welche Zielsetzungen werden mit der Einführung von besonderen Verfahren, Organisationsformen und Instrumenten eines Multiprojektmanagements in der IT verfolgt?
- Können Computer-Tools für das IT-Projektmanagement eine Hilfe sein?

Das Arbeiten in Projekten ist im IT-Bereich weit verbreitet. Sei es die Entwicklung einer Software, die Aktualisierung eines Webportals, die Integration und Weiterentwicklung von Standardsoftware (etwa die Integration einer ERP-Lösung), die Umstellung von Anwendungen auf Software-as-a-Service (SaaS), die Einführung einer Dokumentenmanagement-Lösung (DMS) oder die Implementierung einer komplexen Netzwerk- oder Speichertechnologie – all diesen Aktivitäten liegt in der Regel ein IT-Projekt zugrunde.

In der IT-Praxis hat Projektarbeit in der letzten Zeit eine immer größere Bedeutung erlangt. Umfangreiche, funktionsübergreifende Aufgaben werden heute fast nur noch in Projektform abgewickelt. Ein wesentlicher Grund dafür liegt darin, dass viele der anstehenden Aufgaben so komplex sind, dass sie nur in Zusammenarbeit verschiedener Experten gelöst werden können.

Mit den richtigen Methoden, Techniken und Prozessen sowie einem guten Projektmanagement werden die Erfolgschancen erheblich verbessert. Erfahrungen aus zahlreichen IT-Projekten haben gezeigt: **Gutes IT-Projektmanagement lohnt sich**, auch und gerade finanziell. Dazu kommt, dass heutige Projektausschreibungen die Anwendung etablierter Techniken der Projektsteuerung vertraglich fordern. Und auch angesichts einer sich verschärfenden Produkthaftung ist professionelles IT-Projektmanagement für IT-Organisationen aller Art (IT-Abteilungen, Software- und Systemhäuser etc.) geradezu überlebensnotwendig.

■ 21.1 Von der Projektinitiative zum Projektantrag

21.1.1 IT-Projekttypen und ihre Besonderheiten

Bei einem Projekt handelt es sich grundsätzlich um eine sachlich und zeitlich begrenzte Aufgabe, die durch eine Zusammenarbeit mehrerer Personen gelöst werden muss. Hinzu kommen Kennzeichen wie Zielorientierung und Neuartigkeit der Aufgabe für die Organisation. **Wesentliche Merkmale eines Projekts** sind:

- **Aufgabenstellung mit zeitlicher Befristung (vorgegebener Abschlusstermin):** Ein Projekt besitzt einen definierten Umfang (es muss eine lösbare Aufgabenstellung vorliegen), wobei zwischen definiertem Anfangs- und Endzeitpunkt ein relativ großer Abstand besteht. Dies können mehrere Monate, aber auch mehrere Jahre sein.
- **Zielvorgabe:** Unabhängig von dem zu erreichenden Gesamtergebnis (dem realisierten Softwareprodukt) existiert eine Gruppe von Projektzielen. Dies können Qualitätsziele, Terminziele, Kundenziele (Auftraggeber) oder Kostenziele (ggf. auch Einnahmeziele) sein. Hilfreich sind möglichst klare, ergebnisorientierte und messbare Zielvorgaben.
- **Aufgabenstellung mit Einmaligkeitscharakter, hoher Komplexität und Risiko:** Bei einem Projekt handelt es sich um eine Aufgabe von relativer Neuartigkeit (gewisser Einmaligkeitscharakter, keine Routineaufgabe). Diese Neuartigkeit kann sich sowohl auf das Vorgehen bei der Problemlösung als auch auf das angestrebte Ergebnis beziehen. Damit verbunden ist ein gewisses Risiko hinsichtlich der Zielerreichung.
- **Begrenzte Ressourcen und begrenzter finanzieller Rahmen (Budgetierung):** Für das Projekt stehen begrenzte Ressourcen (Personen, Sachmittel) mit einer definierten Kapazität zur Verfügung. Für die im Zusammenhang mit der Projektbearbeitung anfallenden Kosten und Investitionen wird ein Projektbudget als Kostenrahmen aufgestellt.

- **Teamarbeit und interdisziplinäre Teambildung:** Aufgabenstellungen im Projekt können im Regelfall nur fach- und bereichsübergreifend gelöst werden. Die Projektdurchführung erfordert deshalb eine besondere, über die Sichtweise eines speziellen Tätigkeitsbereichs hinausgreifende Koordination. Projektarbeit ist typischerweise Teamarbeit mit allen Vor- und Nachteilen.

Beachten Sie:
Eine genaue Prüfung der Projektmerkmale ist deshalb sinnvoll, weil jedes Projekt eine spezifische Organisationsform benötigt, die zur Aufgabenstellung des Projekts passt. Eine Differenzierung ergibt sich dann je nach Art des IT-Projekts.

Ein **Anwendungsbeispiel:** Nehmen wir ein Projekt, das – ausgehend von einem vorhandenen Intranet – den Aufbau eines Mitarbeiterportals zum Gegenstand hat. Folgende Aspekte zeigen, dass ein Projekt vorliegt:

- Die Aufgabenstellung besitzt einen definierten zeitlichen Umfang. Ausgehend von dem vorhandenen firmeninternen Webangebot sollen konkrete Angebote und Produkte entwickelt (Weblösungen mit umfassender Informationsbereitstellung für die Mitarbeiter eines Unternehmens) und eingeführt werden.
- Im Mittelpunkt des Projekts steht die Online-Bereitstellung neuer Informationen und Möglichkeiten für die Mitarbeiterinnen und Mitarbeiter eines Unternehmens. Dazu müssen die zugrunde liegenden Informations- und Kommunikationsprozesse systematisch geplant und unter Einsatz moderner Webtechnologien realisiert werden.
- Das Beispielprojekt weist eine hohe Komplexität auf, wobei organisatorische, medientechnische, personal- und betriebswirtschaftliche sowie informationstechnische Fragestellungen in einer Gesamtheit zu bearbeiten sind.
- Hauptziel eines Projekts „Mitarbeiterportal" ist letztlich die Realisierung eines umfassenden Webangebots für die definierte Zielgruppe der Beschäftigten eines Unternehmens.

Vielfach werden in der Praxis alle Vorhaben, die mehrere Teilaufgaben umfassen, als Projekt bezeichnet. Hier gilt es genau zu beachten: Alle eingeführten, permanent durchzuführenden Vorgänge und Prozesse in einer Organisation (einem Unternehmen oder einer Institution) sind **nicht als Projekt** anzusehen. Dies betrifft im IT-Bereich etwa

- Regelprozesse (laufende Aufgaben und Tätigkeiten, wie etwa das laufende Erbringen bestimmter IT-Services),
- Linienmaßnahmen, die eindeutig einem bestimmten Ressort zugeordnet werden können (hier dem IT-Ressort), sowie
- einfache Vorhaben (sie werden in Abgrenzung zum Projektbegriff als Arbeitsaufträge bezeichnet).

All diese Aktivitäten benötigen dann auch nicht die besonderen organisatorischen Rahmenbedingungen, Methoden und Techniken, wie sie sich im Projektmanagement bewährt haben.

Die in der Praxis durchzuführenden **IT-Projekte** unterscheiden sich im Wesentlichen durch die folgenden **Merkmale:**

- Art der Aufgabenstellung (Projektinhalte)
- Größe/Umfang (Budget, Dauer)
- Innovationsgrad und Komplexität
- Auftraggeber-Auftragnehmer-Verhältnis

Für die IT-Praxis können **bezüglich der Projektaufgabe (der Projektinhalte)** folgende **Projekttypen** unterschieden werden:

- Softwareentwicklungsprojekte
- Integrations- und Implementierungsprojekte für Business-Software (ERP, SCM, CRM etc.)
- Informationssystemprojekte (Big-Data- und BI-Projekte, Content-Management-System-Projekte, Datenbankprojekte, DMS-Projekte etc.)
- IT-Infrastrukturprojekte (Endpoint-Implementierungen etc.)
- Strategische Business-IT-Projekte (z. B. EAM-Einführung bzw. Ausbau, Outsourcing-Projekte etc.)

Bezüglich der **Projektgröße** (Teamgröße, Dauer, Budget) kann folgende Differenzierung (Tabelle 21.1) vorgenommen werden:

Tabelle 21.1 Projekteinordnung nach der Projektgröße

Projektgröße	Anzahl Teammitglieder	Personenjahre	Budget (Mio. Euro)
sehr klein	< 3	< 0,4	< 0,05
klein	3 – 10	0,4 – 5	0,05 – 0,5
mittel	10 – 50	5 – 50	0,5 – 5
groß	50 – 150	50 – 500	5 – 50
sehr groß	> 150	> 500	> 50

Ein Projekt sollte in der Regel nicht kürzer als zwei Monate und nicht länger als fünf Jahre dauern. Die **Projektdauer** ist steuerbar, beispielsweise über die Anzahl der eingesetzten Projektmitarbeiter. Insbesondere hängen Projektdauer und Projektgröße voneinander ab. Bezogen auf die Projektdauer bzw. den Projektaufwand gibt es eine optimale Anzahl von Projektmitarbeitern.

Eine besondere Rolle für eine Projektklassifizierung spielt natürlich der Grad der **Einzigartigkeit der Aufgabenstellung,** die es erfordert, das vorhandene Know-how stets neu zu organisieren und zusammenzuführen. Dies wird insbesondere bei IT-Projekten zum Problem, deren Aufgabenstellung zu Projektbeginn noch weitgehend offen ist.

Hinsichtlich der **Auslösung von Projekten** und der sich daraus ergebenden Auftraggeber-/Auftragnehmer-Verhältnisse kann zwischen internen und externen Projekten unterschieden werden:

- Bei **internen IT-Projekten** ist der Auftraggeber in der Regel die Unternehmensführung oder eine Fachabteilung, die dann auch grob die Zielsetzungen und die erwarteten Ergebnisse vorgibt.

- Bei **externen IT-Projekten** werden Projekte für einen (unternehmens-)fremden Auftraggeber durchgeführt. Dies gilt etwa für spezielle IT-Software-Häuser oder Systemhäuser, die für ein Anwenderunternehmen ein IT-Projekt realisieren. Diese Projekte führen dann meist zu einer definierten Leistung, wobei ein klar definierter Projektauftrag vereinbart wird.

Hinweis

Schauen Sie auf die Merkmale und den Typus Ihres jeweiligen IT-Projektes. Für die Planung, Umsetzung und Steuerung des Projektes gibt es dann typische Verfahren und Instrumente, die Sie in der Folge zur Anwendung bringen sollten!

21.1.2 Auslöser für IT-Projekte

Wie beginnen IT-Projekte in der Praxis? Im Wesentlichen können drei typische **Ausgangsfälle für die Inangriffnahme von IT-Projekten** unterschieden werden:

- IT-Projekte ergeben sich als Ergebnis einer IT-Langfristplanung und werden aus IT-Strategien abgeleitet. Dabei werden die Ergebnisse des Strategieentwicklungsprozesses im IT-Masterplan dokumentiert.
- Konkrete Anforderungen von Fachabteilungen oder der Unternehmensleitung sowie Praxisprobleme sind die Auslöser für IT-Projekte bzw. Projektanträge.
- Veränderungen des Umfelds (etwa technologische Entwicklungssprünge, Marktveränderungen, organisatorische Veränderungen oder gesetzliche Auflagen) machen das Auflegen eines IT-Projekts notwendig.

Die **Projektauslöser** im Zusammenhang zeigt Bild 21.1.

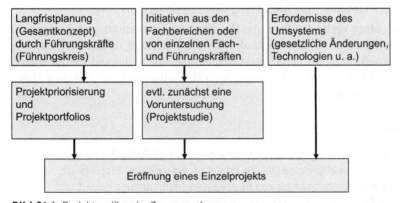

Bild 21.1 Projektauslöser im Zusammenhang

Leider zeigt die Praxis, dass in zahlreichen Firmen und Behörden die langfristige Planung von IT-Projekten unterentwickelt ist. Eine Gesamtkonzeption ist oft nicht einmal vorhanden oder weitgehend überholt.

Konkreter Auslöser für Projekte in der Wirtschaftspraxis sind meist Ideen aus den Fachbereichen oder Anregungen seitens der Geschäftsführung, etwa der Wunsch von Geschäftsführung und Fachabteilung nach schnellerer oder sicherer Abwicklung von Geschäftsprozessen. Verschiedene Gründe führen dazu, dass bei den Verantwortlichen entsprechende Anträge gestellt werden, um zu neueren, leistungsfähigeren Lösungen zu kommen. Varianten zeigt Tabelle 21.2.

Tabelle 21.2 Auslöser und Initiatoren von Projekten

Projektauftraggeber (Wer erteilt den Auftrag?)	Projektideen (Wofür?)	Projektanlässe (Warum?)	Projektinitiatoren (angeregt durch?)
• Unternehmensführung • Personalabteilung/Human Resources (HR) • Finanz- und Rechnungswesen • Einkauf/Materialwirtschaft • Marketing/Vertrieb • Produktion • IT-Abteilung	• Aufbau eines Mitarbeiterportals • Neue Software einführen (etwa native Cloud-Lösungen) • Digital-Business-Projekt (E-Procurement, CRM u. a.) • Neue Technologien einführen (etwa KI) • Internetauftritt optimieren	• Erweiterter Informationsbedarf • Arbeitserleichterung • Gesetzliche Anforderung • Umsatzförderung • Prestigebedürfnis • Personalförderung	• Vorgesetzte • Kollegen • Seminare • Verbände • Organisation • Hersteller • Medien

Um aufgrund von aktuellen Anlässen und Anforderungen zu einem konkreten Auftrag für ein IT-Projekt zu gelangen, sind besondere **Voraussetzungen und Vorgehensweisen** denkbar:

- **Antragsverfahren:** Der Eröffnung eines IT-Projekts geht in diesem Fall ein stufenweiser Entscheidungsprozess voraus, ehe die Projektinitialisierung mit der Freigabe eines Projekts endet. So muss insbesondere in größeren Organisationen zunächst mittels eines „Kanalisierungsverfahrens" eine Beurteilung über Projektanträge erfolgen.

- **Durchführung einer Vorstudie:** Bevor das Hauptprojekt durchgeführt wird, ist eventuell vorab eine Vorstudie sinnvoll. Ziel einer solchen Voruntersuchung ist eine genauere Prüfung, ob das Projekt in dieser Form gestartet (Machbarkeitsstudie) und welche spezifische Projektausrichtung eingeschlagen werden soll (Festlegung eines Ziel- und Handlungsrahmens für das IT-Projekt).

Beachten Sie:

Die Projektinitialisierung zählt zu den schwierigsten Projektabschnitten, wie einige Negativbeispiele zeigen. So erfolgt oft ein voreiliger Projektstart, ohne dass die Rahmenbedingungen für die Projektdurchführung geklärt und die notwendigen Voraussetzungen geschaffen worden sind. Probleme sind darüber hinaus vorprogrammiert, wenn die Entscheidung für ein IT-Projekt aufgrund eines „einsamen" Managemententschlusses gegen den erklärten Willen der Fachbereiche bzw. der Betroffenen erfolgt.

21.1.3 Wichtige Festlegungen für erfolgreiche Projektarbeit

Erfahrungen aus der Praxis und zahlreiche Studien zeigen, dass IT-Projekte zu einem nicht unerheblichen Teil scheitern. Das ist ein untragbarer Zustand, der – das dokumentieren ebenfalls vielfältige Erfahrungen – nicht sein muss. Die Lösung liegt in der Festlegung eines ausgewogenen IT-Projektportfolios („die richtigen IT-Projekte machen") sowie in der Verankerung eines konsequenten, ganzheitlichen Projektmanagements („die IT-Projekte richtig machen").

Die Zahl der IT-Projekte, die beendet werden, ohne dass der festgesetzte Zeitpunkt oder der Kostenrahmen überschritten wird, ist also immer noch gering. IT-Projekte sind mit Risiken und Problemen verbunden. Alle Projektbeteiligten und der Auftraggeber des Projekts sollten in jedem Fall die typischen **Projektrisiken** kennen, um ein Scheitern eines Projekts zu vermeiden. Diese Risiken können in folgende Gruppen eingeteilt werden:

- unzureichende Projektdefinition (ungenaue Zielsetzungen, Abgrenzungsprobleme mit anderen Projekten, mangelhafte Abstimmung mit Stakeholdern etc.);
- fehlender Einsatz geeigneter Methoden (Planungs- und Steuerungsinstrumente) und unzureichende Nutzung bewährter Arbeitstechniken und Vorgehensmodelle;
- Risiken personeller Art;
- fehlende oder unzureichende Projektplanung;
- Mängel in der Projektdurchführung bzw. bei der Projektsteuerung.

Was sind die Konsequenzen? **Wie lassen sich Projektfehlschläge vermeiden?** Eine These vorweg: **Erfolgreiche IT-Projekte sind ohne effizientes Projektmanagement undenkbar.** Nur so sind die für die Projektabwicklung anfallenden Teilaufgaben überschaubar und lassen sich Problemsituationen rechtzeitig erkennen. Außerdem wird es den Mitarbeitern im Projekt dann weniger schwer fallen, zielorientiert zu handeln.

Beachten Sie:

Nehmen die Projekte einen gewissen Umfang an, empfiehlt sich nach wie vor in der Regel ein durchdachtes Projektmanagement, also eine vorherige Projektdefinition (eventuell auch eine Vorstudie), nach der Genehmigung eine differenzierte Planung sowie in der Phase der eigentlichen Durchführung eine fortlaufende Überwachung und Steuerung des Projekts (bzw. ein agiles und flexibles Vorgehen). Bloßes „Draufloswerkeln" birgt in einigen Fällen durchaus Gefahren und Nachteile in sich, die vielen Projektleitern und Mitarbeitern in Projekten sicherlich bekannt sind: Zeitverzögerungen, unnötige Kostensteigerungen, Leerlauf durch fehlende Verfügbarkeit der notwendigen Ressourcen (Sachmittel und Personal) sowie eine unzureichende Qualität der Ergebnisse.

21.1.4 Die Projektskizze

Aus den Projektideen ist in einer ersten Phase eine grobe **Projektskizze** (= Projektdefinition) zu erarbeiten. Hier geht es darum, die für eine Grundsatzentscheidung bzw. die Erarbeitung eines detaillierten Projektantrags wesentlichen Punkte abzuklären und zu fixieren. Dazu gehören insbesondere:

- die **Skizzierung der Aufgabenstellung** (Herausforderungen und Zielsetzungen),
- die **Analyse der Rahmenbedingungen** (sachliches und soziales Umfeld, andere Projekte und Produkte) sowie
- die erwarteten **Ergebnisse**.

Mit einer groben Projektskizze wird die Initiative für die Durchführung eines Projekts fixiert. Daraus kann dann ein konkreter Projektantrag/Projektvorschlag erarbeitet werden. Hierüber muss der Auftraggeber befinden (bzw. ein evtl. existierender Projektentscheidungsausschuss des Unternehmens). Wird das Projekt genehmigt, mündet der Antrag in einen konkreten Projektauftrag.

Beachten Sie:

Mit einer klaren Projektdefinition wird die erste Voraussetzung geschaffen, um einen Projektantrag erarbeiten zu können. In dem Projektantrag sollten alle zum aktuellen Zeitpunkt absehbaren Daten, die für eine Entscheidung über die Projektdurchführung wichtig sind, schriftlich fixiert werden. So können hier etwa auch die entstehenden Chancen und Risiken sowie die erwarteten Kosten und Nutzengrößen quantifiziert werden.

21.1.5 Der Projektantrag

Um alle an einem IT-Projekt Beteiligten dazu zu zwingen, die aus der Projektinitiative resultierenden Informationen und Probleme sachgerecht zu durchdenken, hat es sich in der Praxis als sinnvoll erwiesen, einen Projektantrag zu formalisieren und typische Inhalte vorzugeben. Eine **mögliche Inhaltsgliederung eines Projektvorschlags** wird nachfolgend skizziert.

- Beschreibung des Projektgegenstands
- Strategierelevanz des Projekts
- Skizzierung der Projektziele und ggf. Wirtschaftlichkeitsbeurteilung (WBU) bzw. Nutzenbetrachtung zum Projekt
- Erste Aktivitätenplanung
- Vorgehensmodell (Projektphasen) mit grobem Terminplan (Projektstart & -ende) und Projektmeilensteinen
- Erste Ressourcenplanung

- Grober Kostenplan: Aufwands- und Kostenschätzung
- Projektrollen (Kunde, Projektleitung, Projektteam)
- Zu erwartende Ergebnisse des Projekts
- Rahmenbedingungen für die Projektumsetzung (Risikobetrachtung, Qualitätsmanagement etc.)
- Berichtsplan

Ausgangspunkt des Projektantrags ist eine kurze Beschreibung des geplanten Projekts (bzw. des **Projektgegenstands**). Dabei ist die Ausgangslage zu skizzieren, mit der dargelegt wird, warum das Projekt durchgeführt werden soll.

Gewünscht ist oft auch eine kurze Einschätzung der Bedeutung des Projekts in Bezug auf die strategischen Zielsetzungen der Organisation **(Strategierelevanz des Projekts).** Neben einer quantitativen Beurteilung (hoch, mittel, niedrig) kann auch eine qualitative Begründung für die Festlegung angegeben werden.

Zumindest grob sollten im Projektantrag die **Projektziele,** der **Projektnutzen** und die **erwarteten Ergebnisse** umrissen werden. Eine Hilfe ist dabei das Arbeiten mit Zielhierarchien. Dies bedeutet, dass ausgehend von einem Oberziel verschiedene Teilziele abgeleitet werden. Zunehmend setzt sich auch die Orientierung anhand einer Balanced Scorecard durch.

Tabelle 21.3 Zielsetzungen in IT-Projekten

Zielbereiche	Zielsetzungen
Finanzielle Ziele	- Projektbudget einhalten (Abweichung unter 10%) - Flexibilität bei der Budgetverwendung erhöhen - Projektkosten minimieren - Nutzwert des IT-Projekts transparent darstellen und kommunizieren
Kundenziele	- Hohen Kundenzufriedenheitsgrad erreichen (Zufriedenheitsindex von mindestens 98% sichern) - Hohen Nutzungsgrad (Verbreitungsgrad) der Projektergebnisse gewährleisten (mindestens 95%) - Wirkung von Projektmarketingmaßnahmen erhöhen (Bekanntheitsgrad der IT-Projekte im Unternehmen auf 80% steigern)
Prozessziele	- Projekterfolgsquote verbessern (etwa auf 95% steigern) - Auslastungsrate der Ressourcen im Projekt erhöhen - Vereinbarte Termine/Zeiten zu 99% einhalten (Arbeiten in time)
Personalziele	- Hohe Zufriedenheit der Projektmitarbeiter sichern - Projektpersonal kontinuierlich entwickeln - Personalbindung für das IT-Projekt herstellen (Mitarbeiter halten und damit eine niedrige Fluktuationsrate gewährleisten)
Produktorientierte Ziele	- Projektergebnisse in hoher Qualität bereitstellen - Projektergebnisse zeitnah/zeitgerecht ausliefern - Abnahme der Projektergebnisse durch den Auftraggeber sichern (Erst-Abnahmequote von 95%)

Interessant in Verbindung mit den Zielen und den erwarteten Ergebnissen sind unter Umständen auch spezifische **Wirtschaftlichkeitsüberlegungen**. Ohne eine Skizzierung der Kosten-/Nutzenaspekte ist heute ein IT-Projekt kaum noch realisierbar. Der **Kostenaspekt** lässt sich dabei leichter ermitteln. Mitunter können Erfahrungen aus vorherigen Projekten herangezogen werden.

Problematischer (weil nicht unbedingt quantifizierbar) sind die **Nutzenaspekte**. Wichtige Nutzenaspekte, die in Projekten herausgestellt werden können, sind:

- verbesserte Kundenorientierung
- Kostensenkung
- Amortisationsdauer (ROI-Beitrag)
- Innovations-, Qualitäts- und Flexibilitätsförderung
- Beitrag zu Green-IT-Zielen

Beachten Sie:

Wenn am Ende eines Projekts die Frage gestellt wird, ob die Projektziele erreicht wurden, hört man in der Regel ausweichende Antworten. Die Hoffnung, dass die zu Projektbeginn oft noch nicht eindeutig geklärten Ziele sich im Verlauf schon klären werden, erfüllt sich erfahrungsgemäß nicht. Die Projektziele, der Projektnutzen und die erwarteten Ergebnisse sollten zu Beginn so weit wie möglich umrissen werden, damit es hinterher kein böses Erwachen gibt.

Bei IT-Projekten ist es üblich, zwischen der Entwicklung des **Fachkonzepts** sowie des **Architekturkonzepts** zu unterscheiden.

Bezüglich der fachlichen Anforderungen kann dargelegt werden:

- unterstützte Prozesse (prozessuale Anforderungen)
- gewünschte Funktionen (funktionelle Anforderungen)
- Informationsbedarf (informationelle Anforderungen)

Als Teilbereiche des IT-Architekturentwurfs kommen in Betracht:

- Architekturentwicklung (z. B. Blueprint-Entwurf)
- Datenbankentwurf = Planung der Funktions- und Datenstrukturen (allerdings Flexibilität beachten)
- Design der Benutzeroberfläche (Beachtung ergonomischer Kriterien)
- Realisierungsinstrumente: Plattformen, Komponenten der IT-Infrastruktur, Applikationslandschaft

Um eine Übersicht über die wesentlichen Aktivitäten zur Durchführung zu erhalten, bietet sich im Projektantrag die Skizzierung der gewählten Projektphasen an. Je nach Projektgegenstand sind entsprechende **Vorgehensmodelle** zu adaptieren (zum Beispiel ein Phasenmodell oder ein agiles Vorgehen nach Scrum). Wichtig ist, dass in einem Projektantrag ein Projektplan als Richtschnur existiert und hierin die Meilensteine und auch Termine festgehalten werden.

Tabelle 21.4 zeigt einen möglichen groben Projektzeitplan, wie er für ein Beispielprojekt „Aufbau eines Mitarbeiterportals" aus definierten Projektphasen abgeleitet werden kann.

Tabelle 21.4 Ausschnitt eines Projektzeitplans

Projektzeitplan – Aufbau eines Mitarbeiterportals				
Phase	Inhalt	Verantwortlich	Termin (Beginn)	Termin (Ende)
Definition	Systemerhebung und Systembeschreibung	Herr Meyer	01. Okt. ..	01. Feb. ..
Design, Plan	Entwicklung des Fach- und Architekturkonzepts (Inhalte etc.) Entwicklung Webdesign	Frau Riedel	01. Feb. ..	31. März ..
Build	Systemrealisierung	Herr Meyer	01. April ..	30. Mai ..
Roll-out	Stufenweise Umstellung	Frau Ziegler	01. Juni ..	01. August ..
Produktivstart	Customizing und Test	Fachabteilung Marketing	01. August ..	

Schließlich sind im Projektantrag erste Angaben zum benötigten **Budget** zu machen. Aus dem Bedarf an Einsatz- und Finanzmitteln, der durch die Aufwandsschätzung für Arbeitspakete, Vorgänge und Projekte bestimmt wurde, können die gesamten Projektkosten hochgerechnet werden. Dies ist Aufgabe der **Kostenplanung,** die den einzelnen Elementen die voraussichtlichen Kosten zuordnet. Ziel der Kostenplanung ist letztlich das Ermitteln der für das Projekt erforderlichen Geldmittel und das Vorbereiten der Entscheidung über die Zuteilung eines Budgets.

Bezüglich des Vorgehens empfiehlt es sich, eine Gliederung der **Haupt-Kostenarten eines Projekts** nach betriebswirtschaftlichen Gesichtspunkten vorzunehmen:

- Interne Personalkosten (Löhne, Gehälter, Sozialkosten, Erfolgsbeteiligungen)
- Fremd-Personalkosten (beispielsweise Kosten für externe Beratung und Unterstützung)
- Sach- und Dienstleistungskosten (beispielsweise Instandhaltung, Energie, Hilfsmaterial, Reisekosten, Nachrichtenkosten, Werbekosten, Büromaterial)
- Kapitaleinsatzkosten (Investitionskosten): kalkulatorische Abschreibungen, Zinsen, Wagnisse, Steuern, Versicherungen

Hinsichtlich der Vorgehensweise beginnt man in der Regel mit den Personalkosten. Dazu sind meist die anfallenden Aufgaben (Arbeitspakete des Projekts) eine gute Basis. Daraufhin werden auch die externen Kosten (als gesonderte Größe) geschätzt. Anschließend werden die Sach- und Kapitalkosten kalkuliert.

Die **Auflistung der gewünschten Ergebnisse** (Funktionen, Deliverables), die nach Umsetzung des Projekts vorliegen sollen, sind ein weiterer Hauptpunkt innerhalb eines Projektantrags. Sie bildet eine gute Grundlage für die konkrete Formulierung der Anforderungen an die künftige Lösung.

Darüber hinaus sind Fragen im Hinblick auf die **Projektumsetzung** anzusprechen und daraufhin im Projektantrag zu fixieren:

- **Qualitätsmanagement:** Anzugeben sind spezifische Qualitätssicherungsmaßnahmen, die gewährleisten, dass die angestrebten Projektergebnisse tatsächlich erreicht werden.
- **Änderungsmanagement (Change Management):** Hier sind die Aktivitäten aufzulisten, die sicherstellen, dass die Betroffenen den Projektergebnissen positiv gegenüberstehen und eine Umsetzung in die Realität gewährleisten.
- **Risikomanagement:** Hilfreich sind die Aufzählung der Risikoarten (beispielsweise Risiken hinsichtlich Termine, Kosten, Realisierung), denkbare Risikoursachen sowie die möglichen Handlungsfelder für den Fall des Risikoeintritts. Außerdem können hier alle jene Maßnahmen angeführt werden, die bereits im Vorfeld getroffen wurden, um das Projektrisiko zu minimieren.
- **Projektberichtswesen:** Nützlich sind Überlegungen zur Art der abzuliefernden Dokumente/Berichte. Dabei können Termine vorgegeben bzw. die Periodizität der abzuliefernden Berichte festgelegt werden.

Wichtige Merkmale, die erfolgreiche Projekte aufweisen:

- die „richtigen" Projekte,
- ausreichende Berücksichtigung des Projektumfelds,
- leistungsfähige und hochmotivierte Mitarbeiter,
- sinnvolle organisatorische Einbettung der Projekte,
- möglichst systematische Projektplanung,
- sorgfältige Projektsteuerung,
- integriertes Projektqualitätsmanagement.

■

■ 21.2 Projektgenehmigungsverfahren und Projektaufträge

Der Projektantrag ist gestellt. Meist wird nach einem genau vereinbarten Verfahren entschieden, ob das IT-Projekt durchgeführt werden soll. Dazu wird insbesondere der vorliegende Projektantrag einer genaueren Prüfung und Bewertung unterzogen. Die Gesamtbewertung sollte möglichst durch ein neutrales Gremium erfolgen. Nach der Genehmigung des Projekts ist dann der (in aller Regel) schriftlich fixierte Projektauftrag die Grundlage für alle weiteren Projektaktivitäten.

21.2.1 Bewertungskriterien für IT-Projekte und Priorisierungsverfahren

Für die Behandlung von Projektanträgen empfiehlt sich ein formalisiertes Verfahren, meist unter Einschaltung eines Koordinierungsausschusses. Dieser Ausschuss (besetzt etwa aus der Geschäftsleitung und weiteren Vertretern der Managementebene) entscheidet dann – möglichst unter Hinzuziehung der IT-Leitung – letztlich darüber, ob das IT-Projekt durchgeführt werden soll oder nicht. Den Zusammenhang zeigt Bild 21.2.

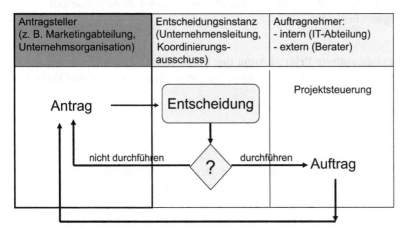

Bild 21.2 Projektgenehmigungsverfahren (Beispiel)

Die Art und Weise, wie erste Projektideen offiziell vorgestellt werden, ist in Organisationen mit ausgereifter Projektinfrastruktur in der Regel im Detail vorgegeben. Dabei stellen geeignete Formulare und Checklisten sicher, dass wichtige Fragen, die zur Bewertung und Entscheidung über die Umsetzung der Idee notwendig sind, beantwortet werden.

 Fragen, die bei der Projektselektion zu bearbeiten bzw. zu prüfen sind:

- Ist das IT-Projekt hinsichtlich der technischen Komplexität überhaupt beherrschbar?
- Besteht tatsächlich ein echter Bedarf an den Projektergebnissen? (Analyse der Kundenwünsche, Prüfung der Konkurrenzsituation etc.)
- Können durch dieses Projekt die operativen Kosten merklich gesenkt werden?
- Ist der erwartete Nutzen hoch genug? Mitunter kann hier der Return on Investment (das Ergebnis der Wirtschaftlichkeitsbeurteilung) herangezogen werden.
Stehen überhaupt genügend Ressourcen zur Verfügung, um das beantragte IT-Projekt durchführen zu können (ausreichende Anzahl qualifizierter Personen, genügend Finanzmittel)?
- Steht das IT-Projekt im Zusammenhang mit anderen (wichtigen) Projekten?

- Welche Vor- bzw. Folgeprojekte sind zu dem vorgeschlagenen Projekt notwendig? Ein Projekt „Mitarbeiterportal" steht beispielsweise in Abhängigkeit zu verschiedenen weiteren IT-Projekten (Datenbanklösungen, Dokumentenmanagement, Webauftritt etc.).
- Was geschieht nach dem eigentlichen Projekt? Welche Auswirkungen sind zu erwarten, wenn das Projekt nicht durchgeführt wird? Zu prüfen sind etwa die Auswirkungen auf die Kosten-/Nutzensituation sowie die Auswirkungen in personeller Hinsicht.

Um eine klare und akzeptierte **Priorisierung der möglichen IT-Projekte** vorzunehmen, sollten spezifische Techniken verwendet werden. Die am häufigsten eingesetzten Varianten zeigt Tabelle 21.5:

Tabelle 21.5 Verfahren für die Priorisierung von IT-Projekten

Verfahren	Kennzeichnendes Merkmal
Rangfolgeverfahren im Entscheidungsteam (Koordinierungsausschuss)	Teammitglieder bewerten die zur Wahl stehenden Projekte und stellen eine Rangfolge der Notwendigkeit/Wünschbarkeit auf.
ABC-Technik	Eingereichte Projekte werden entweder als A-, B- oder C-Projekt eingestuft. A-Projekte sind von besonders hoher Bedeutung und sollten in jedem Fall durchgeführt werden.
Portfoliotechnik	Es wird ein Handlungsportfolio erstellt, wobei eine gründliche Einschätzung nach zwei Hauptmerkmalen – etwa strategische Projektrelevanz und Wirtschaftlichkeit – erfolgt.

Bei Anwendung des **Rangfolgeverfahrens** erfolgt eine Priorisierung, indem aus den zur Wahl stehenden Alternativen eine Rangfolge durch die Mitglieder des Projektteams gebildet wird. Diese Rangfolgebildung sollte möglichst von jedem Mitglied des Entscheidungsgremiums selbstständig vorgenommen werden. Die Rangordnung der Projekte ergibt sich dann aus der Summierung der Daten der verschiedenen Teammitglieder.

Die **ABC-Technik** versucht, eine Verfeinerung vorzunehmen, indem IT-Projekte von der IT-Leitung oder dem Auswahlgremium einer der drei Klassen zugeordnet werden:

- A = Projekt von hoher Bedeutung und besonderer Dringlichkeit
- B = Projekt von mittlerer Bedeutung
- C = Projekt von minderer Bedeutung und Dringlichkeit

Nützlich ist dabei eine möglichst klare Spezifizierung von Kriterien zur Festlegung der Bedeutung und Dringlichkeit.

In der Praxis hat sich darüber hinaus die Fixierung der Überlegungen in Form von **Handlungsportfolios** als hilfreich erwiesen. Hier werden die strategischen Alternativen fixiert und visualisiert. Dazu können die alternativen Projekte zunächst nach einzelnen Kategorien (z. B. monetären Kriterien, effizienzbezogenen Kriterien, effektivitätsbezogenen Kriterien) in verschiedenen Teilportfolios positioniert werden. Dabei werden beispielsweise die

Wirtschaftlichkeits- und Nutzenbeurteilungen anhand einer Bewertungsskala zur strategischen Relevanz des Projekts in Beziehung gesetzt. Um daraufhin zu einer endgültigen Positionierung der Alternativen zu gelangen, müssen die unterschiedlichen Portfolios zusammengefasst werden. Hierfür ist es sinnvoll, die unterschiedliche Bedeutung der Beurteilungsklassen durch Gewichtungsfaktoren darzustellen und durch Aufrechnung eine generelle Positionierung zu erreichen.

Zwei wesentliche Kategorien von Priorisierungskriterien werden unterschieden (siehe auch Bild 21.3):

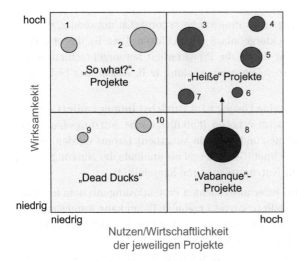

Bild 21.3 Portfolioanalyse für die Projektpriorisierung

- An **Wirtschaftlichkeit** orientierte Kriterien: Aus der Nutzung von Projektergebnissen ist über die investierten Entwicklungskosten und die laufenden Betriebskosten hinaus ein angemessenes Ergebnis zu erwirtschaften.

- An **Wirksamkeit /Risikograd** orientierte Kriterien. Hierunter können vor allem betriebswirtschaftliche Nutzenkomponenten verstanden werden, wie Serviceverbesserungen, aktuelle Informationen, bessere Entscheidungsbasis, höhere Mitarbeitermotivation, Erlangung von Wettbewerbsvorteilen, Imageverbesserung, Sicherheitserhöhung in der Geschäftsabwicklung.

Ziel der Bewertungsüberlegungen sollte ein Projektportfolio sein, in dem strategische und wirtschaftliche Projekte in einem ausgewogenen Verhältnis stehen.

 Beachten Sie:

Neben den Kriterienkategorien müssen in das Priorisierungsverfahren auch die Erfolgsposition des Geschäftssegments und die diesbezüglichen Unternehmensziele einfließen. Hier wird dann eine Einordnung nach der geschäftlichen (strategischen) Relevanz vorgenommen.

21.2.2 Wirtschaftlichkeitsbeurteilung von IT-Projekten

Ohne eine **Skizzierung der Kosten-/Nutzenaspekte** ist heute ein IT-Projekt kaum noch realisierbar. In besonderer Weise ist ein Projektantrag daraufhin zu prüfen, ob das beantragte Projekt wirtschaftlich ist und wie es finanziert werden kann. Ein Projekt kann demnach auch immer als Investitionsvorhaben betrachtet werden (Business-Case-Analyse). Der **Kostenaspekt** lässt sich dabei leichter ermitteln. Mitunter können Erfahrungen aus vorherigen Projekten herangezogen werden. Problematischer (weil nicht unbedingt quantifizierbar) sind die **Nutzenaspekte**.

Für die Wirtschaftlichkeitsbeurteilung eines Projekts ist es zunächst notwendig, die kalkulatorische Nutzungsdauer der Projektergebnisse abzuschätzen. Dies ist die erwartete oder beabsichtigte Nutzungsdauer der durch die Projektarbeit hervorgebrachten neuen IT-Lösungen bis zur Gesamtablöse bzw. Generalüberholung (z. B. Ablöse der bisherigen Lösung).

Die durch das geplante Projekt angestrebte Lösung wird **zunächst immer isoliert** für sich betrachtet und die Daten werden separat erhoben (kalkulatorische Nutzungsdauer, Anschaffungsausgaben, laufende Einnahmen und laufende Ausgaben). Daraus werden die entscheidungsrelevanten Ergebnisse errechnet (Gesamtergebnis am Ende der Nutzungsdauer, Amortisationsdauer im Verhältnis zur Nutzungsdauer und Rentabilität).

Zusätzlich wird das absolute Ergebnis jeder untersuchten Projektlösung mit dem Ergebnis der Ist-Variante verglichen und dargestellt (relatives Ergebnis). Damit kann festgestellt werden, um wie viel günstiger bzw. ungünstiger die untersuchte Projektlösung finanziell im Vergleich mit einer Fortschreibung des Ist-Zustands abschneidet.

Einen Überblick der verschiedenen **Verfahren zur Wirtschaftlichkeitsbeurteilung** von IT-Projekten gibt Bild 21.4.

Bild 21.4 Verfahren zur Wirtschaftlichkeitsanalyse

- Dies sind einmal die Verfahren der betriebswirtschaftlichen Investitionsrechnung (etwa die Kostenvergleichsrechnung sowie die Amortisationsrechnung).
- Eine andere Option ist die Anwendung der Nutzwertanalyse, die versucht, neben finanziellen Kriterien auch besondere (etwa qualitative) Nutzengrößen zu quantifizieren.
- Eine weitere Variante umfasst den Verzicht auf reine Berechnungen und die Konzentration auf die Beschreibung der Wirkungen der neuen Lösungen (Argumentebilanz mit der Darstellung von Wirkungsketten).

Bild 21.5 zeigt ein Beispiel für ein Formular zur Wirtschaftlichkeitsberechnung.

Wirtschaftlichkeits-Rechnung	Projekt:		
	Ersteller:		
Berechnungsgrundlage			
1. Totalausgaben des Projekts			
2. Mit dem Projekt verbundene Wiederverkaufserlöse			
3. Durch das Projekt abzuschreibende Restbuchwerte			
4. Saldo		3.-2.	
5. Berechnungsgrundlage		1.+4.	
6. Abschreibungsdauer		Jahre	
7. Abschreibungen pro Jahr		5./6.	
8. Ertragssteuersatz			
Voraussichtliche Einsparung/Jahr	**Personal**	**Sachkosten**	**Total**
9. Aktuelle Kosten/Jahr			
10. Zukünftige Kosten/Jahr			
11. Durchschnittliche Einsparung p.a.	9.-10.		
Wirtschaftlichkeit		**12./vor Steuern**	**13./nach Steuern**
12./13. Kalkulation des Ertrags	11.-7.	12.-(12.*8)	
14. Durchschn. Einsparung p.a. nach Steuern		11.-(12.*8)	
15./16. Rückflussdauer (Jahre)	15.=5./11.	16.=5./(14.)	
17./18. Rentabilität (%)	17.=12./(0,5*5)	18.=13./(0,5*5)	

Bild 21.5 Formular zur Wirtschaftlichkeitsberechnung

Hinsichtlich der **Finanzierungsfrage** ist zu unterscheiden, ob es sich um externe Kunden oder interne Auftraggeber handelt:

- Bei **externen Kunden** erfolgt die Finanzierung dadurch, dass diese eine Zahlung an den Auftragnehmer leisten (sei es als Teilzahlungen bei Projekten mit längerer Laufzeit oder als Gesamtzahlung).
- Handelt es sich um einen **internen Auftraggeber** für das Projekt (Fachabteilung, Geschäftsführung), muss geprüft werden, aus welchem Budget die IT-Projekte finanziert werden können. Die Beantwortung der Frage hängt natürlich auch von der Positionierung der IT-Abteilung im Unternehmen ab, also davon, ob sie als Cost-Center oder als Profit-Center geführt wird.

Beachten Sie:

Im späteren Projektverlauf muss dann durch ein konsequentes Projektcontrolling die Liquidität des Projekts sichergestellt werden. Dazu sind die Ein- und Ausgänge der Zahlungen ständig zu überwachen, sodass bei Liquiditätsengpässen rechtzeitig eingegriffen und entsprechende Maßnahmen durchgeführt werden können.

21.2.3 Der Projektauftrag als Grundlage für die Projektarbeit

Ist die Entscheidung für die Durchführung eines IT-Projekts positiv gefallen (das Projekt wurde also genehmigt), muss noch ein entsprechender **Projektauftrag** ausformuliert werden.

Inhalte eines Projektauftrags:

- die Aufgabenstellung des Projekts sowie die damit verbundenen Zielsetzungen und erwarteten Ergebnisse;
- die verschiedenen Rollen (z. B. Projektleitung, AP-Verantwortliche, IT-Architekten, Softwareentwickler etc.) und verantwortlichen Entscheidungsgremien (z. B. Projektlenkungsausschuss);
- das bei der Projektgenehmigung vereinbarte Projektbudget sowie
- alle Rahmenbedingungen, unter denen das Projekt durchzuführen ist (z. B. Qualitätsanforderungen).

Dabei können weitgehend die im Projektantrag festgehaltenen Informationen als Basis genommen werden. Außerdem sind die Anregungen und Vorgaben aus den Gutachten und dem Entscheidungsgremium einzuarbeiten.

Es empfiehlt sich, die hier getroffenen Festlegungen genau zu lesen und im Projektteam ausführlich zu besprechen. Dabei ist zu berücksichtigen, dass insbesondere die Festschreibungen zu dem angestrebten Endzustand Größen darstellen, die in der laufenden Projektarbeit immer wieder Gegenstand von Auseinandersetzungen sein können.

Außerdem ist zu beachten, dass zum Zeitpunkt der Fixierung des Projektauftrags noch nicht alle Details übersehen werden können. So stellt sich mitunter erst im Verlauf der Projektarbeit heraus, dass die Projektarbeit sehr stark mit anderen Fragestellungen verwoben ist, die eigentlich zuvor hätten geklärt werden müssen und ohne deren Beantwortung das laufende Projekt nicht vorankommt.

21.3 Projektaufträge erfolgreich umsetzen – Einzelprojektmanagement

Projektmanagement ist das Management von komplexen Problemlösungsprozessen. Unabhängig von Projektart und Projektgröße hat es sich bewährt, das **Durchführungsmanagement von Projekten** in vier Hauptabschnitte einzuteilen.

Die vier Hauptabschnitte der Projektdurchführung:

- Startphase (Projektvorbereitung)
- Analyse und Entwurfsphase (Think, Design)
- Realisierung (Enable)
- Einführung (Run)

Diesen Abschnitten können nun bestimmte Projektmanagementaufgaben zugeordnet werden. Eine mögliche Zuordnung zeigt Bild 21.6.

Projektphasen/ Betrachtungs- objekte	Startphase (Vorbereitung)	Analyse und Entwurfsphase (Think, Design)	Realisierung (Enable)	Einführung (Run)
Methoden und Instrumente	Projektdefinition (Zielklärung, Grobplanung, Wirtschaftlichkeit, Projektauftrag)	Projektplanung (Feinplanung der Arbeits- pakete, Termine, Kosten, Ressourcen)	Projektkontrolle und Projektsteuerung	Projektabschluss und -auswertung (Evaluation)
Projekt- Teamarbeit (soziale Aspekte)	Auswahl des Projektteams	Team- entwicklung (Teamkultur)	Meeting- Management, Konflikt- management	Auflösung des Projektteams, Reintegration der Mitarbeiter
Projekt- organisation	Rollendefinition (Teams, Ausschüsse)	Aufgaben- verteilung	Einbettung von - Controlling - QS - Externen	Abschlussbericht und Abschluss- Sitzung
Projektumfeld	Stakeholder- analyse	Projekt- marketing	Claim- Management, Change- Management	Produktübergabe, Abnahme beim Kunden, Präsentation

Bild 21.6 Übersicht über Phasen und Projektmanagementaufgaben

Welchen **Nutzen** bringt die konsequente **Anwendung des Projektmanagements?**

- Die bei der Projektrealisierung anfallenden Aufgaben werden transparenter und überschaubarer.
- Problemsituationen können rechtzeitig erkannt werden. So kann rasch auf sich ergebende Chancen und Bedrohungen reagiert werden.
- Es fällt den Beteiligten nicht so schwer, zielorientiert zu handeln, da klare Vorgaben fixiert und den Betroffenen bekannt sind.
- Durch die Benennung eines Projektleiters sowie von Verantwortlichen für Teilaufgaben (Arbeitspakete) ergibt sich eine personifizierte Verantwortung.
- Durch Übertragung anspruchsvoller Projektaufgaben können die Personalentwicklung und die Motivation der Projektmitarbeiter gefördert werden.
- Insgesamt ergeben sich durch ein gezieltes Management der Projektarbeit qualitativ bessere Arbeitsergebnisse.

Das Projektmanagement muss bei der Durchführung von Projekten immer drei zentrale Zielgrößen im Auge behalten: Qualität, Termine, Kosten (sogenanntes magisches Dreieck des Projektmanagements). Diese gelten durchgängig für die Planung, die Steuerung und die Kontrolle. Wird eines dieser Ziele gefährdet, wirkt sich das auch auf die anderen Ziele aus. Wird beispielsweise an der „Kostenschraube" gedreht, kann sich dies gegebenenfalls unmittelbar auf die Qualität der Projektergebnisse auswirken. Den Zusammenhang verdeutlicht Bild 21.7.

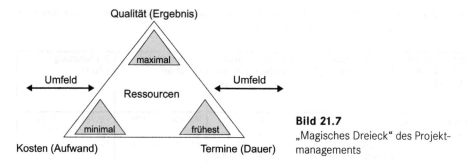

Bild 21.7 „Magisches Dreieck" des Projektmanagements

Welche Vorgehensweise (klassisch, agil oder hybrid) garantiert erfolgreiche IT-Projekte? Die Antwort lautet: Es kommt darauf an! Jedes IT-Projekt hat eigene Anforderungen, Risiken und Bedingungen, also eine spezifische Charakteristik. Es lohnt sich daher, die geeignete Projektmanagement-Vorgehensweise anhand des Kontextes zu prüfen und auszuwählen.

Bezüglich der Umsetzung hat sich in den letzten Jahren neben den klassischen Vorgehensweisen (in der Regel in Phasen gegliedertes Vorgehen) vor allem das agile Vorgehensmodell etabliert. Darüber hinaus wird eine hybride Vorgehensweise vorgeschlagen.

Zum Unterschied nachfolgend die wichtigsten Stichworte:

- **Klassisches Projektmanagement:** deduktive Planung, phasenorientiertes Vorgehen, klare Definition und Vereinbarung von Projektzielen und Ergebnissen, Projektstrukturplan und Balkenpläne.
- **Agiles Projektmanagement:** Anwendung agiler Prinzipien, iteratives Vorgehen, kontinuierliche Kommunikation, proaktiver Umgang mit Änderungen, aktive Einbindung des Kunden in den Entwicklungs- und Integrationsprozess.
- **Hybride Projektmanagement:** Es finde sich ein gemischtes Vorgehen; also teils klassisch und teils agil. Beispielsweise kann grundsätzlich für ein größeres IT-Projekt ein klassisches Vorgehensmodell zugrunde gelegt werden. In bestimmten Phasen bzw. in bestimmten Teilprojekten werden aber agile Vorgehensweisen realisiert.

21.3.1 Klassische Vorgehensmodelle für das IT-Projektmanagement

Das klassische Vorgehensmodell ist das sogenannte sequenzielle V-Modell. Dies zeichnet sich durch folgende Merkmale aus:

- Intensive Projektplanungen werden zu Projektbeginn vorgenommen.
- Es wird ein stufenweises Vorgehen im IT-Projekt vereinbart – oft den Phasen Design (Plan), Build und Test (Run) folgend!
- Zur IT-Projektsteuerung wird ein Controlling (von Zeitbedarf, Kosten u. a.) organisiert.

Beim klassischen Vorgehen wird also grundsätzlich ein phasenweises Vorgehen präferiert. Bei Entwicklungs- und Integrationsprojekten können etwa generell die Teilphasen

- Analyse (Festlegung der detaillierten Anforderungen an das konkrete Vorhaben oder Teilvorhaben),
- Design (Festlegung der technischen Umsetzung der Anforderungen),

- Implementierung (Umsetzung der Anforderungen wie im Design vorgegeben),
- Test (Test des resultierenden IT-Systems oder -Teilsystems)

unterschieden werden.

Als wesentliche **Erfolgsfaktoren** dieses Ansatzes gelten:

- Klarheit des Projektauftrags,
- verbindliche und transparente Projektvereinbarungen,
- realistische Zeitplanung sowie Verfügbarkeit der zugesagten Ressourcen,
- offene Kommunikation,
- frühe Einführung des Testprozesses.

Das Projektcontrolling soll durch Iterationen (kurze überschaubare Etappen bezüglich Zeiten und Kostenstatus, Inspektion lauffähiger Software) und durch Kommunikation erfolgen – aktives Nachfragen, Reflexions-Workshops (am Ende einer Iteration).

21.3.2 Agiles Management von IT-Projekten

Ziel eines agilen Projektmanagements bzw. einer agilen Vorgehensweise ist es, die Projektmanagementprozesse (insbesondere fokussiert auf Softwareentwicklungsprojekte sowie Digitalisierungsprojekte) durch Abbau der Bürokratisierung und durch die stärkere Berücksichtigung der menschlichen Aspekte effektiver und flexibler zu gestalten.

Agiles Vorgehen ist durch folgende Merkmale gekennzeichnet:

- Ein zyklisches Vorgehen wird vereinbart; dabei erfolgen ein kontinuierliches Prüfen und ein flexibler Umgang mit Änderungswünschen der Kunden.
- Es findet ein konsequentes Management über Ziele, Risiken und Anforderungen statt.
- Die jeweiligen zeitlichen bzw. personellen Aufwände sind entsprechend anzupassen.

Zu Beginn einer agilen Vorgehensweise sind über das Projektergebnis nur wenige Details bekannt. Da die Projektbeteiligten noch weniger über den Weg wissen, ist es in einem solchen Szenario überaus sinnvoll, in übersichtlichen Zeiteinheiten („Sprints") zu arbeiten und sich nach jeder Einheit Feedback „einzuholen". Dieses iterative Vorgehen erlaubt, sich im laufenden Prozess zu korrigieren und Lehren für die weitere Arbeit zu ziehen.

Grundlage dieses Ansatzes ist das agile Manifest (Cockburn 2001), das auf vier Grundprinzipien beruht:

- Menschen und Interaktionen bedeuten mehr als Prozesse und Werkzeuge.
- Lauffähige Software ist wichtiger als umfangreiche Dokumentation.
- Zusammenarbeit mit dem Auftraggeber zählt mehr als Vertragsverhandlungen.
- Reagieren auf Veränderungen ist wichtiger als das starre Befolgen eines Plans.

Die zwölf agilen Prinzipien sind nachfolgend skizziert:

1. Die höchste Priorität besteht darin, den Kunden durch frühe und zahlreiche Lieferungen hochwertiger Software zufriedenzustellen.
2. Veränderte Anforderungen sollten immer positiv aufgenommen werden, selbst wenn sie sich erst spät in der Entwicklung zeigen. Agile Verfahren nutzen Veränderungen als Wettbewerbsvorteil für den Kunden.

3. Funktionierende Software muss regelmäßig geliefert werden, innerhalb weniger Wochen oder Monate.
4. Mitarbeiter aus den Fachbereichen und Entwickler arbeiten täglich gemeinsam im Projekt.
5. Bauen Sie Ihr Projekt um motivierte Mitarbeiter auf. Geben Sie diesen Mitarbeitern die Unterstützung, die sie benötigen, und vertrauen Sie darauf, dass die Mitarbeiter ihre Arbeit gut machen.
6. Die effizienteste und effektivste Methode zur Informationsübermittlung für und innerhalb eines Projektteams besteht in der direkten Kommunikation.
7. Funktionierende Software ist der primäre Maßstab für den Fortschritt.
8. Agile Prozesse fördern eine kontinuierliche Entwicklung (Velocity).
9. Ständige Aufmerksamkeit gegenüber technisch hervorragender Qualität sowie gutem Design verbessert die Agilität.
10. Einfachheit – die Kunst, die Menge der nicht geleisteten Arbeit zu maximieren – ist existenziell.
11. Die besten Architekturen, Anforderungen und Designs entwickeln sich in Teams, die sich selbst organisieren.
12. Die Teams müssen in regelmäßigen Abständen darüber beraten, wie sie noch effizienter vorgehen können, und ihr Verhalten entsprechend anpassen.

Hinweis

Bezüglich der Planung für agile IT-Projekte wird diese als ein kontinuierlicher Prozess betrachtet, der stufenweise (Produkt, Release, Iterationen) gestaltet wird. Details werden zur richtigen Zeit erhoben, wobei man sich strikt an prüfbaren Ergebnissen orientiert. Durch ein schnelles, konsequentes Feedback soll eine Verbesserung von Planungsprozess und Planungsqualität erreicht werden. In der Beurteilung wird festgehalten: Planung ist im agilen Projektmanagement flexibler, aber aufwendiger. Es gibt keine starren Vorgaben, man möchte offen sein für Änderungen.

■ 21.4 IT-Projekte starten

Mit der Genehmigung eines IT-Projekts kann die eigentliche Arbeit beginnen. „So wie Sie starten, liegen Sie im Rennen", dieser Satz gilt insbesondere auch für erfolgreiche Projekte. Um einen gelungenen Projektstart „hinzulegen", sind zum Projektbeginn folgende **Handlungen und Entscheidungen** unerlässlich:

- **Durchführung von Startveranstaltungen**, etwa eines **Start-up-Workshops** mit dem Projektteam und eines **Kick-off-Meetings** als Informationsveranstaltung für alle vom Projekt betroffenen Personengruppen

- **Entwicklung von Projektvisionen**, um dem IT-Projekt eine klare Orientierung zu geben
- **Präzisierung und Fixierung der Projektziele.** Im Projektauftrag sind die groben Projektziele vorgegeben. Diese müssen nun vom Projektteam weiter konkretisiert werden. Dazu ist unter Umständen eine unmittelbare Abstimmung mit dem Projektauftraggeber sinnvoll.
- **Durchführung einer Projektumfeldanalyse.** Durch die Identifikation und Analyse der Einflussnehmer auf das Projekt bzw. eine systematische Analyse der von den Projektergebnissen Betroffenen lassen sich geeignete Maßnahmen für die Information und Schulung, für das Projektmarketing sowie für die Vereinbarung von Rahmenbedingungen (etwa rechtlicher Art) ableiten.
- **Festlegung der Projektphasen und der wichtigsten Meilensteine.** Im Ergebnis ergibt sich eine erste grobe Projektterminplanung. Hierzu gehören auch die Konkretisierung der Aufgabenstellung sowie eine Präzisierung der gewünschten Projektergebnisse.

21.4.1 Start-up-Workshop/Kick-off-Meeting

Gerade zu Beginn eines Projekts kommen der Motivation und der Vereinbarung von Kooperationsformen für die Mitglieder des Projektteams eine besondere Bedeutung zu. Außerdem sind alle von den Projektergebnissen künftig Betroffenen sowie die in die Projektarbeit einzubeziehenden Personen vorab in ausreichender Weise zu informieren. Es hat sich bewährt, **zwei Arten von Startveranstaltungen** durchzuführen:

- einen Start-up-Workshop mit dem Projektteam sowie
- eine Informationsveranstaltung für alle Betroffenen (**= Kick-off-Meeting**).

Gut vorbereitet und professionell durchgeführt, werden mit einem **Projekt-Start-up-Workshop** die ersten Grundlagen für ein erfolgreiches Projekt gelegt. Insbesondere kann ein Start-up-Workshop dazu beitragen, dass

- sich die Mitglieder des Projektteams näher kennenlernen (auch persönliche Erfahrungen und Ziele können angesprochen werden),
- sich ein „Wir-Gefühl" im Projektteam entwickelt,
- eine erste Rollenverteilung im Projekt vorgenommen wird und
- mögliche Risiken und Konflikte für die Projektarbeit schon in der Startphase erkannt werden.

Das **Kick-off-Meeting** wird in der Regel von der Projektleitung bzw. in Kooperation mit dem Projektteam vorbereitet und unterscheidet sich vom Start-up-Workshop einmal durch die Teilnehmergruppe. Teilnehmen sollten daran neben der Projektleitung und dem Projektteam:

- Vertreter des Auftraggebers (bei externen Projekten Vertreter des Kunden),
- die Leitung der durchführenden Institution (etwa ein Sponsor aus der Unternehmensführung) sowie
- die wesentlichen Projektinteressenten und Personen, die von den Projektergebnissen betroffen sind (Stakeholder).

Ziel der Kick-off-Veranstaltung ist es, dass Auftraggeber und Projektleitung gemeinsam den Betroffenen einen Überblick über das anstehende Projekt geben sowie die Gelegenheit eröffnen, alle relevanten Fragen zu dem neuen Projekt zu klären. So sollen insbesondere im Vorhinein schon eine gewisse Abklärung geschaffen und eine Aufbruchstimmung für die Projektarbeit erzeugt werden, die über die gesamte Projektlaufzeit möglichst erhalten bleiben.

21.4.2 Projektvisionen entwickeln

Eine Orientierung der Projektarbeit an Visionen und Zielen stellt eine wesentliche Basis für den Projekterfolg dar:

- Eine Vision vermittelt allen Projektbeteiligten und Projektbetroffenen eine Vorstellung, wo die Reise im Projekt hingeht. Sie haben als Folge davon das Gefühl, an einer wertvollen Sache mitzuwirken.
- Für die Projektmitarbeiter wird darüber hinaus eine positive Grundstimmung erzeugt. Die strategische Stoßrichtung des Projekts wird deutlich und damit werden die im Projekt anfallenden und übertragenen Aufgaben gerne übernommen und es wird als lohnend angesehen, sich entsprechend zu bemühen.
- Es entwickelt sich ein „Wir-Gefühl" unter den Personen im Projektteam. Die Vision wird so zur Grundlage eines gleichgerichteten Verhaltens aller im Sinne des Gesamtprojekts.
- Für die Erreichung der Projektergebnisse ergeben sich neue Impulse. Letztlich kann so ein erfolgreiches Projektmanagement betrieben werden.

Ergebnis des Visionen-Entwicklungsprozesses sollten dokumentierte Überlegungen sein, die Formulierungen einer umsetzbaren Vision unter Berücksichtigung späterer Ausbaustufen enthalten. Dazu gehören:

- die Darlegung der Rahmenbedingungen;
- das Formulieren einprägsamer Visionsgrundsätze für die Projektarbeit;
- die Erarbeitung einer Vision-Map (etwa unter Berücksichtigung einer Zeitachse oder in Form einer Mindmap).

Eine Vision-Map für das jeweilige IT-Projekt macht die Richtung der Projektarbeit für die Beteiligten und Betroffenen deutlich. Ein Beispiel mit einer Differenzierung nach kurz-, mittel- und langfristigen Orientierungen sowie der Formulierung der Vision gibt für das Beispielprojekt „Mitarbeiterportal" Bild 21.8.

Beachten Sie:

Prüfen Sie, ob Sie selbst und Ihr Projektteam über ausreichende Visionen verfügen. Kommen Sie zu einem negativen Ergebnis, sollten Sie aktiv werden und überlegen, welche Veränderungen möglich sind. Beachten Sie außerdem, dass eine Vision nicht nur gedacht werden darf. Sie muss vielmehr auch kommuniziert und durchgesetzt werden. Tun Sie dazu das Ihnen Mögliche!

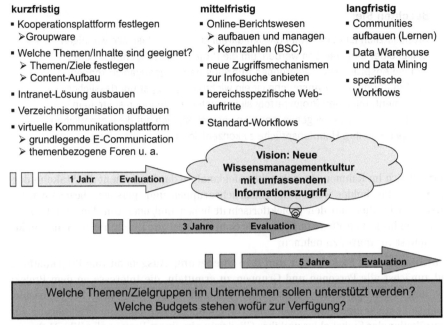

Bild 21.8 Vision-Map „Portalprojekt"

21.4.3 Stakeholder-Analyse und Stakeholder-Management

Viele gute Projektideen scheitern schon in der Frühphase an einem kleinen Detail: Die Betroffenen – das können beispielsweise Kunden oder Mitarbeiter aus anderen Abteilungen sein – werden zu spät oder unzureichend über das Projekt und mögliche Veränderungen informiert. Die Folge: Sie fühlen sich übergangen, „mauern" und das Projekt „geht baden". Daher ist es unabdingbar, wenn die Projektleitung schon frühzeitig das Projektumfeld (sogenannte Stakeholder) analysiert und wichtige Personen/Personengruppen „mit ins Boot holt".

Vielfältige Erfahrungen zeigen, dass IT-Projekte dann leichter zum Erfolg geführt werden, wenn die Projektleitung und das Projektteam das sogenannte Projektumfeld bereits zu Beginn des Projekts in die Planungs- und Gestaltungsüberlegungen einbeziehen. Erwartungen und Hindernisse können so frühzeitig erkannt werden.

Im Einzelnen sind bei der Umfeldanalyse folgende **Aktivitäten** notwendig:

- Ganzheitliche und frühzeitige Erfassung aller Einflussfaktoren auf ein IT-Projekt
- Identifikation von Potenzialen und Problemfeldern eines IT-Projekts
- Beurteilung der Konsequenzen für die Projektdurchführung
- Feststellung der Abhängigkeiten von anderen Aufgaben und Projekten im Unternehmen
- Verbesserung der Kommunikation im IT-Projekt durch grafische Darstellung von Umfeldbeziehungen
- Ableitung von Maßnahmen zur Optimierung von Umfeldbeziehungen (Projektmarketing)

Beachten Sie:

Grundsätzlich ist beim Projektdesign darauf zu achten, dass alle wichtigen Stakeholder eingebunden werden, um die Projektziele zu kommunizieren und die Ansprüche der Zielgruppen frühzeitig berücksichtigen zu können. Die Ermittlung dieser Ansprüche ist ein wichtiges, ja sogar unerlässliches Instrument, um einen Projekterfolg sicherzustellen. Dennoch sollte man nicht zu sehr ins Detail gehen, sondern versuchen, sich auf die wesentlichen Gruppen und ihre Hauptansprüche zu konzentrieren.

Bewährt hat sich im Rahmen einer Projektumfeldanalyse das Instrument der **Stakeholder-Analyse.** Als Stakeholder werden die Anspruchsgruppen und -personen bezeichnet, die unmittelbaren Einfluss auf den Projektfortschritt haben und/oder von den Projektzielen direkt oder indirekt betroffen sind. Folgende **Schritte** sind zur Durchführung einer Stakeholder-Analyse in Angriff zu nehmen:

1. **Identifikation der Stakeholder und ihre Gliederung.** Ausgehend vom Projektauftrag sind zunächst alle Personen und Gruppen zu ermitteln, die Interesse an dem Projekt bzw. den Projektergebnissen haben oder davon in irgendeiner Weise betroffen sind. Dabei sollte auch eine erste Gliederung vorgenommen werden. Eine Orientierung zur Identifikation der Stakeholder und ihre Gliederung in einem Projekt gibt Bild 21.9.

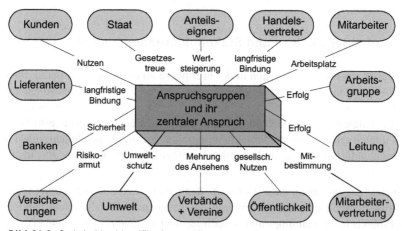

Bild 21.9 Stakeholder-Identifikation und ihre Ansprüche

Aus der Klärung der Anspruchsgruppen und ihren jeweils zentralen Ansprüchen können die speziellen Ansprüche für das in Angriff zu nehmende Projekt abgeleitet werden.

2. **Bewertung der Stakeholder** (evtl. unter Nutzung vorliegender Erhebungen im Projektteam). In einem Ranking kann die Bewertung des Einflusses der Anspruchsgruppen in einer Zahl (beispielsweise einer Skala von 1 (nicht sehr wichtig) bis 5 (äußerst wichtig)) vorgenommen werden. Ziel einer solchen zu einem bestimmten Zeitpunkt durchgeführten Bewertung ist es, die wesentlichen von weniger bedeutenden Einflussgruppen zu unterscheiden und in der Folge das Hauptaugenmerk auf die Stakeholder mit einem hohen Ranking zu legen.

3. **Auftrag/Zielsetzungen:** Um anschließend die zentralen Ansprüche genauer zu ermitteln, kommen verschiedene Methoden und Instrumente in Betracht. Vor Beginn eines Projekts können die Ansprüche der verschiedenen Gruppen durch quantitative Analysen, Prozessanalysen und Interviews mit den Betroffenen ermittelt werden. Die meisten Ansprüche entstehen aber erst im Laufe der Projektarbeit.
4. **Analyse der Chancen und Risiken,** die die jeweiligen Stakeholder-Gruppen in dem Projekt sehen. Die entscheidende Frage ist natürlich die Analyse, inwieweit die Stakeholder das Projekt unterstützen oder – im anderen Extremfall – auch dagegen opponieren.
5. **Maßnahmenfestlegung:** Abhängig von der Bewertung sowie den Analyseinformationen sind daraufhin verschiedene Maßnahmen und Strategien für die weitere Projektarbeit zu entwickeln. Die möglichen Maßnahmen, die aus der Analyse der Stakeholder abgeleitet werden können, lassen sich folgenden Bereichen zuordnen:
   - Veröffentlichungen in der Mitarbeiterzeitung oder über einen Newsletter
   - Informationen im Intranet bzw. Internet
   - Besondere Informationsveranstaltungen (etwa Kick-Off im Corporate TV, Online-Chat mit Vorstand)
   - Einbindung der Führungskräfte und dezentraler Multiplikatoren durch Präsentation des Projekts in Sitzungen der Führungsgremien
   - Absicherung durch rechtliche Vereinbarungen (etwa mit dem Betriebsrat)
6. **Dokumentation der Stakeholder-Analyse:** Für die Dokumentation sind die folgenden Informationen in einer Tabelle zusammenzustellen:
   - Identifikation nach Rolle, Name, Funktion
   - Analyse und Klärung von Auftrag und wesentliche Zielsetzungen der jeweiligen Stakeholder
   - Betroffenheit der Stakeholder durch das Projekt (High-Middle-Low = ABC im Hinblick auf Interesse und Einfluss bezüglich des Projekts)
   - Analyse der Stakeholder nach Chancen/Interessen durch das Projekt
   - Analyse der Stakeholder nach persönlichen Risiken und möglichen Konfliktpotenzialen
   - Maßnahmen/Konsequenzen für die weitere Projektarbeit

Ergebnis kann eine Stakeholder-Liste (Tabelle) sein, wie sie Bild 21.10 zeigt.

Praxistipps

Formulieren Sie den als Ergebnis einer Umfeldanalyse entstehenden Maßnahmenkatalog so operativ wie nur möglich. Jede Maßnahme sollte einer Person oder Gruppe zur Erledigung bis zu einem definierten Zeitpunkt übertragen werden.

Es empfiehlt sich, die Umfeldanalyse in jedem Fall zum Projektstart als Teil der Projektplanung durchzuführen (Basisanalyse). Nach Abschluss wichtiger Projektphasen (zu den Meilensteinterminen) ist es außerdem nützlich, wenn die Umfeldanalyse aktualisiert wird. Der Vergleich zwischen den Ergebnissen der Basisanalyse und den aktuellen Daten liefert auch wertvolle Informationen für eine aktive Projektsteuerung.

Name, Funktion	Auftrag, Ziele	Bewertung (Stärke)	Chancen, Interessen	Risiken, Konfliktpotenziale	Maßnahmen
Unternehmensführung	unterstützt Projekt	*Interesse:* hoch *Einfluss:* hoch	möchte Wissensmanagement im Unternehmen fördern; Kostenersparnisse	hohe Erwartungshaltung	Fortlaufende Information über Projektergebnisse und -fortschritte
Leiter der Fachabteilungen	effiziente und effektive Arbeit in den einzelnen Funktionsbereichen sicherstellen	*Interesse:* vermutlich vorhanden *Einfluss:* hoch	bessere Führungsinfos; verbesserte Wissensorganisation und Workflow im Unternehmen führt zur Leistungssteigerung bei der Sachbearbeitung; Instrument der Mitarbeiterqualifizierung	Unsicherheit über die Kultur des Wissensmanagements bei Mitarbeitern und im Management	Informationsgespräche mit den Abteilungsleitungen; vertrauensbildende Maßnahmen durch gemeinsames Treffend und lfd. Information
betroffene Sachbearbeiter in den Fachabteilungen	hervorragende Arbeitsleistungen erbringen	*Interesse:* muss geweckt werden *Einfluss:* mittel	neue Möglichkeiten eröffnen neue Informationschancen; Mittel zur Aktualisierung von Wissensbeständen (individuell, kollektiv)	technische Voraussetzungen müssen gegeben sein; Interessen wahrscheinlich sehr unterschiedlich, Hemmschwellen denkbar	Information und Schulung; Vorteile der neuen Möglichkeiten darstellen; Anforderungen abfragen
Personalabteilung	Personalmanagement und -entwicklung	*Interesse:* hoch *Einfluss:* mittel bis hoch	Besondere Profilbildung für die Personalentwicklung; effizientes Instrument der Personalentwicklung	Unsicherheit, was das Projekt bringt	Vertrauensbildende Maßnahmen; enge Kooperation suchen; Vorteile darstellen
Betriebsrat	Sicherheit und Datenschutz (z.B.: Wer darf welche Daten sehen?)	*Interesse:* hoch, da Personalfragen unmittelbar betroffen *Einfluss:* mittel bis hoch	Information und Einwilligung der Mitarbeiter	Mitbestimmungspflicht bei Mitarbeiterqualifizierung; Arbeitszeitenausgleich/Überstundenregelung; Rationalisierungseffekte/Stellenabbau	Einbezug bei bestimmten Entscheidungen; Information über Projektfortschritte

Bild 21.10 Stakeholder-Tabelle (Beispiel)

21.4.4 Projektziele präzisieren

Bereits in der Phase der Projektvorbereitung wurde eine grobe Zielplanung vorgenommen. Um ein Projekt erfolgreich durchführen zu können, ist diese Zielvorgabe aber oft zu unpräzise. In der Startphase müssen deshalb für die weitere Projektarbeit die Ziele nun weiter konkretisiert und in Kommunikation mit dem Projektteam vereinbart werden.

Wie gelangt ein Projektteam zu den „richtigen" Zielen? Wichtig ist, dass das Bilden von Zielen als ein dynamischer und sozialer Prozess gesehen wird. Ziele müssen gemeinsam zwischen Beteiligten und Betroffenen erarbeitet und mit dem Erkenntnisfortschritt angepasst werden, nur dann können sie wirksam als Handlungsgrundlage für alle Projektbeteiligten vereinbart werden. Dabei sind – wie die Erfahrungen der Praxis zeigen – folgende Teilschritte und **Grundsätze** zu beachten:

1. Sammeln Sie die mit dem Projektergebnis angestrebten Ziele! (Wichtig: Projektziele sollen lösungsneutral sein, denn grundsätzliche mögliche Lösungen sollen nicht von vornherein ausgeschlossen werden.)
2. Gliedern Sie die Ziele und entwickeln Sie damit ein entsprechendes Zielsystem! (aber nicht mehr als 20 Ziele in einem Zielsystem!)
3. Formulieren Sie die Ziele möglichst operational und fixieren Sie diese schriftlich! (Ziele müssen eindeutig nachvollziehbar, präzise, verständlich und leicht messbar formuliert sein. Die schriftliche Fixierung zwingt zu einer bewussten Entscheidung; lässt den Problemlöser nicht im „Regen" der Beweisnot stehen.)
4. Prüfen Sie, ob die formulierten Ziele machbar sind! Ziele müssen realisierbar sein, gleichzeitig aber auch eine Herausforderung darstellen. (Nicht überfordernd, aber auch nicht unterfordernd; unerreichbare Ziele können Handlungen nicht leiten.)
5. Ziele sollen in ihrer Präferenz erkennbar sein. (Wichtiges soll im Vergleich zu Unwichtigem deutlich werden; Trennung von Muss- und Kann-Zielen ist mitunter sinnvoll.)

Beachten Sie:

Einmal vereinbarte Ziele müssen auch während der Projektabwicklung immer wieder überprüft werden, ob sie weiterverfolgt werden sollen oder ob eine Veränderung der Zielsetzungen sinnvoll ist. Gerade bei IT-Projekten mit längerer Projektdauer sind Veränderungen in den Rahmenbedingungen des Projekts nicht untypisch, diese können auch eine neue Vereinbarung bzw. Revision von Projektzielen erforderlich machen.

21.4.5 Phasengliederung und Meilensteine festlegen

Erfahrungen zeigen, dass sich für die **Planung und Steuerung der meisten IT-Projekte eine Gliederung** in Phasen als sinnvoll erweist. Abhängig vom Projektgegenstand können unterschiedliche Vorgehensmodelle sinnvoll sein. Jede Phase wird durch einen sogenannten Meilenstein beendet. Die jeweiligen Meilensteine definieren klare Checkpoints, die letztlich sicherstellen, dass die im Projekt zu leistenden Aktivitäten zielgerichtet und zeitgerecht in der gewünschten Qualität abgewickelt werden.

Typische Projektphasen bei verschiedenen IT-Projekttypen sind im Folgenden skizziert:

Softwareentwicklungsprojekte:

- Visioning
- Ist-Aufnahme und Bedarfsermittlung (Anforderungsspezifikation)
- Grobplanung der Lösung
- Pilotrealisierung
- Test und Abnahme

Softwareeinführungsprojekte:

- Projektierung
- Fachliches Soll-Konzept (Plan)
- Design
- Realisierung (Build)
- Test
- Technische Implementierung und Integrationstest
- Organisatorische Implementierung (Run)

IT-Infrastrukturprojekte:

- Projektvorbereitung
- Ist-Analyse
- Zielplanung
- Soll-Konzeption
- Pilotanwendung
- Evaluierung der Pilotanwendung
- Umsetzung des Gesamtkonzepts
- Schulung und Gesamtevaluation

Netzwerkprojekte:

- Projektplanung
- Konzepterstellung
- Vorbereitung
- Durchführung
- Nachbereitung

Welche Bedeutung haben Meilensteine im Projekt? Um wichtige Aufgaben und Termine (reviews) herauszuheben, sollten sogenannte Meilensteine (milestones) definiert und gesondert dargestellt werden. Es handelt sich dabei um markante Zeitpunkte im Projektablauf, die üblicherweise keine Dauer besitzen. Es sind typischerweise Entscheidungssitzungen, die als Einschnitte zwischen Projektphasen die Projektarbeit strukturieren. Sie kennzeichnen – wie schon aus dem Namen hervorgeht – den Weg, den das IT-Projekt bereits genommen hat bzw. der noch vor ihm liegt. Damit liefern sie eine hervorragende Orientierung für die Projektbeteiligten, für den Projektauftraggeber und auch für die Projekt-Stakeholder.

Durch Überprüfen der Meilensteine erhält der Projektleiter rasch einen Überblick über die zeitliche Abstimmung der einzelnen Phasen des gesamten Projekts. Gleichzeitig können Meilensteine auch dazu dienen, vor einem Projektlenkungsausschuss Rechenschaft darüber abzulegen, inwieweit das Projekt noch richtig auf Kurs ist.

Wie werden Meilensteine ausgewählt?

- Meilensteine sollten wichtige Ereignisse in dem Terminplan bilden. Dies ist beispielsweise der Abschluss einer umfangreichen Projektphase, der mit einer Präsentation oder einer Entscheidungssitzung repräsentiert sein kann.
- Meilensteine können außerdem eine wesentliche Zäsur beinhalten, indem sie logische Abschnitte kennzeichnen, wo auch inhaltliche Entscheidungen (beispielsweise „Stop or Go"-Entscheidungen des Auftraggebers) zu treffen sind oder Verantwortlichkeiten wechseln.
- Um aussagefähige Projektstatusberichte zu ermöglichen, ist es hilfreich, wenn die ausgewählten Meilensteine ein überprüfbares Ergebnis beschreiben (beispielsweise ein Zwischenprodukt zu definierten Kosten an einem bestimmten Termin).

Beispiel

Die Verteilung der Meilensteine könnte am Beispiel des Projekts „Aufbau eines Mitarbeiterportals" wie folgt aussehen:

- *1. Meilenstein:* Präsentation des genehmigten Projektvorschlags und Startup-Meeting (großer Meilenstein)
- *2. Meilenstein:* Anforderungen analysieren; Bedarfe ermitteln; Konzept entwickeln; Abschluss der Konzept- und Designphase (kleiner Meilenstein)
- *3. Meilenstein:* Customizing durchführen; Abschluss der Produktionsphase (kleiner Meilenstein)
- *4. Meilenstein:* Entscheidung über die Maßnahmenplanung; Freigabe der Budgetmittel (großer Meilenstein)
- *5. Meilenstein:* Testphase und Evaluation der entwickelten/adaptierten Softwaremodule zum Wissensmanagement und Workflow (kleiner Meilenstein)
- *6. Meilenstein:* Entwicklung weiterer Module; Abnahme der Ergebnisse (kleiner Meilenstein)
- *7. Meilenstein:* Projektabschlusspräsentation und Freigabe des Gesamtprodukts (großer Meilenstein)

21.5 Projektbeteiligte und Projektorganisation

Die vertrauensvolle Zusammenarbeit von Auftraggeber, Projektleitung, Projektteam, Entscheidungsträgern sowie den künftigen Nutzern der Projektergebnisse ist eine unverzichtbare Basis für eine erfolgreiche Projektarbeit. Dazu ist eine entsprechende Organisation erforderlich, die die Form der Koordination, Kommunikation und Kooperation zwischen den verschiedenen Beteiligten festlegt.

Zu Beginn eines jeden IT-Projekts ist deshalb die **organisatorische Einbindung** zu klären. Dazu zählen:

- eine Definition der wichtigsten Projektrollen (Auftraggeber des IT-Projekts, Projektleitung, Projektteam, am Projekt beteiligte Bereiche);
- eine Beschreibung der wesentlichen projektbezogenen Rollen;
- die Bildung des Projektteams (Zuordnung von Personen zu den Rollen);
- Darstellung der Projektaufbauorganisation (Projektorganigramm) sowie
- Vereinbarungen zum Informationsfluss im Projekt.

Welche Rollen können in klassischen IT-Projekten (z. B. Integrationsprojekten) unterschieden werden?

- Projektleitung
- IT-Experten (IT-Architekten wie Applikationsarchitekten, Integratoren etc.)
- Mitglieder aus Fachbereichen
- Externes Personal (Entwickler, Coach, Consultants)

Kern eines jeden IT-Projekts ist eine **Projektgruppe**, die von Projektbeginn bis zur Auflösung des Projekts existiert. Die Projektgruppe arbeitet letztlich unter der Hauptregie des **Auftraggebers** für ein Projekt. Zu ihr gehören:

- der IT-Projektleiter/die IT-Projektleiterin,
- Projektmitarbeiter (in Voll- oder Teilzeit) sowie
- eventuell externe Personen (wie Berater und andere Fachleute).

Bereits bei der Stakeholder-Analyse wurde aber auch deutlich, dass ergänzend weitere Personen bzw. Personengruppen in die Projektarbeit einzubeziehen sind. So sind für den Projekterfolg auch eine Koordinierung und Abstimmung der oftmals unterschiedlichen Interessenten und Interessen notwendig. Neben dem Projektteam sind in jedem Fall von besonderer Bedeutung:

- Vertreter der Fachabteilungen
- Mitglieder der Unternehmensleitung
- abhängig vom Projektauftrag evtl. auch Beteiligte aus anderen Unternehmen (Kunden, Lieferanten, Logistikdienstleister, Agenturen etc.)

Entsprechend kann deshalb ergänzend die Bildung bestimmter Gremien (Lenkungsausschuss, Projektbeirat) notwendig sein. Hinzu kommt in größeren Organisationen die **Ein-**

richtung spezieller Unternehmensinstanzen; etwa ein sogenanntes **Project Office** (mitunter auch als **Project Management Office** – kurz PMO – bezeichnet) zur Koordinierung verschiedener Projekte.

Eine Orientierung zu den **Beteiligten bei Projekten** zeigt Bild 21.11.

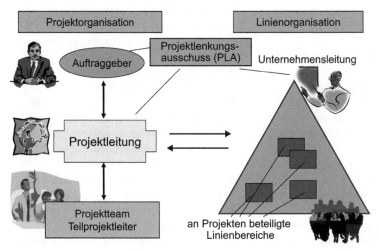

Bild 21.11 Beteiligte im Projektmanagement

21.5.1 IT-Projektleitung – Aufgaben, Anforderungen und Befugnisse

Projekte – gleich welcher Art – benötigen eine Projektleitung, die die Hauptverantwortung für das Projektmanagement und die Projektdurchführung übernimmt. Die **Projektleitung** ist letztlich **verantwortlich**

- für das Erreichen der im Projektauftrag formulierten Projektziele;
- für das Einhalten des festgelegten Zeit- und Kostenrahmens;
- für den sach- und termingerechten Einsatz der Projektressourcen sowie
- für das Bereitstellen der Projektergebnisse gemäß den gesetzten Qualitätsanforderungen.

Die Projektleitung fungiert als Hauptansprechpartner für das jeweilige Projekt und stellt ein Bindeglied zwischen Auftraggeber, dem Projektteam und den übrigen am IT-Projekt beteiligten Personen und Bereichen dar.

Bezüglich der **Anforderungen an die Projektleitung** ist festzuhalten, dass ein Projektleiter in erster Linie nicht immer der beste Fachmann seines Projektteams sein muss. Er sollte vielmehr in der Lage sein, als integrierende und motivierende Kraft die beste Leistung mit dem Team zu bringen, Fachleute sachgerecht einzubeziehen und das Projektziel geradlinig zu verfolgen.

Bezüglich der wahrzunehmenden **Aufgaben** sowie der dabei erforderlichen **Befugnisse** soll Tabelle 21.6 eine Orientierung geben.

Tabelle 21.6 Aufgaben und Befugnisse der Projektleitung

Aufgaben einer IT-Projektleitung	Mindestbefugnisse einer IT-Projektleitung
• Abstimmung mit dem Auftraggeber des IT-Projekts • Projektvorbereitung • Vorbereitung und Durchführung von Ausschreibungen • Mitwirkung bei der Einrichtung der Projektorganisation • Durchführung der Projektplanung (in Kooperation mit dem Projektteam) • Abstimmung des Arbeitseinsatzes und der Arbeitsaufträge mit den Mitgliedern des Projektteams • Vorbereitung, Durchführung und Leitung von Projektsitzungen • Vorbereitung von Sitzungen des Steuerungsgremiums • Projektsteuerung und Kontrolle des Projektfortschritts (Termine, Kosten, Arbeitsfortschritt, Qualität) • Koordination des Projektablaufs • Berichtswesen • Organisation der Abnahme der Projektergebnisse	• Fachliche Anweisungsbefugnisse gegenüber Projektmitarbeitern • Disziplinarische Anweisungsbefugnisse (wenn ein Projektleiter mit denselben Mitarbeitern über Jahre hinweg in Folgeprojekten zusammenarbeitet) • Vorschlags- und Mitspracherecht für die Auswahl der Teammitglieder • Übertragen von Projektteilaufgaben an die Projektmitarbeiter • Mitspracherecht bei der Abwesenheitsplanung (beispielsweise Urlaubsplanung der Teammitglieder) • Vorschlagsrecht für Aus- und Weiterbildung der Projektmitarbeiter • Einleiten von Korrekturmaßnahmen bei Planabweichungen • Lösung von Konflikten innerhalb der Projektgruppe

Beachten Sie:

Der **IT-Projektleitung** ist als **Schlüsselperson für den Projekterfolg** dem Projektlenkungsausschuss und über ihm den Auftraggebern verantwortlich. Sie führt die Projektgruppe bzw. das Projektteam, unter Umständen mithilfe von Teilprojektleitern.

21.5.2 Das Projektteam – Rollenkonzept und Teambildung

Wer auf Dauer die Anforderungen erfüllen möchte, die an erfolgreiche Projektarbeit und die zu liefernden Projektergebnisse gestellt werden, wird die Ressourcen eines Projektteams benötigen. Gegenüber der Einzelarbeit hat das **Arbeiten im Team** gerade bei IT-Projekten nämlich zahlreiche **Vorteile**:

- Durch Hinzuziehen unterschiedlicher Fachkräfte können fachübergreifende Aufgaben überhaupt erst gelöst werden.
- Ein gut funktionierendes Team erzielt Leistungen, die die Mitglieder für sich allein nicht fertigbringen würden. Es ergibt sich eine bessere Problemlösung durch den kumulierenden Effekt unterschiedlicher Denkleistungen (Ausnutzung sogenannter Synergieeffekte).

- Die Gruppe gibt einzelnen Teammitgliedern auch eine höhere Sicherheit und bedeutet damit oft eine verstärkte Motivation und größeres Engagement für jeden einzelnen.
- Wichtige Entscheidungen lassen sich im Team auf einer fundierten Basis treffen, sodass das Risiko von Fehlentscheidungen reduziert wird.

Nehmen Sie als Beispiel das Projekt „Aufbau eines Mitarbeiterportals": Hier arbeiten Fachleute aus extrem unterschiedlichen Wissensgebieten zusammen: Fach- und Führungskräfte aus dem Personalwesen, Webdesigner, Texter/Content-Manager, Datenbankexperten und Softwareentwickler sprechen jeweils eine eigene Sprache und betrachten das Projekt aus völlig unterschiedlichen Perspektiven. Das Team ist also in starkem Maß interdisziplinär „aufgestellt", sodass das Projektmanagement die Zusammenarbeit von Menschen verschiedener Denkart ermöglichen muss.

Nehmen wir noch ein Beispiel der **Rollen in agilen Projekten**. Hier gibt es festgelegte Begrifflichkeiten, die sich mittlerweile auch in der Praxis vielfach verankert haben. Dazu zählen

Produktverantwortliche (product owner):
- Sie sammeln und pflegen die fachlichen und technischen Anforderungen im Product Backlog,
- priorisieren die Anforderungen,
- entscheiden, welche Anforderungen im nächsten Sprint realisiert werden.

Das Scrum-Team:
- führt alle Entwicklungstätigkeiten im Projekt weitgehend autonom durch.
- Aufwände für Sprints werden in einer gemeinsamen Sitzung abgeschätzt.

Der Scrum-Master:
- unterstützt das Team und den Produktverantwortlichen.
- Aufgabe ist darüber hinaus, die Daily Scrums zu moderieren und für die Aktualität der Dokumente zu sorgen.

Das Projektteam sorgt letztlich für die Ausführung der verschiedenen Teilaufgaben im IT-Projekt, wobei jedes Teammitglied seinen ihm gemäßen Beitrag dazu leisten muss. Typische **Aufgaben der Mitarbeiterinnen und Mitarbeiter im Projektteam** sowie vorhandene **Befugnisse** zeigt Tabelle 21.7.

Tabelle 21.7 Aufgaben und Befugnisse von Projektteammitgliedern

Das Projektteam	
Typische Aufgaben	Befugnisse/Verantwortung
- Selbstständige und verantwortliche Bearbeitung von Arbeitspaketen - Sachlich qualifizierte Fertigstellung der übernommenen Arbeiten im vereinbarten Terminrahmen - Regelmäßige Statusmeldungen zum Stand der übernommenen Arbeitspakete	- Mitwirkung bei der Sicherstellung der Projektziele - Termin- und kostengerechte Erledigung der Arbeitsaufträge - Mitbestimmung bei Entscheidungen und Vereinbarungen zur Projektarbeit

(Fortsetzung nächste Seite)

Tabelle 21.7 Aufgaben und Befugnisse von Projektteammitgliedern *(Fortsetzung)*

Das Projektteam	
Typische Aufgaben	Befugnisse/Verantwortung
• Unverzügliche Mitteilung an den Projektleiter bei sachlichen oder zeitlichen Abweichungen von der Planung • Unterstützung der Projektleitung durch Mitwirkung bei der Projektplanung • Erarbeitung von Entscheidungsvorlagen • Erstellen der zur Projektsteuerung notwendigen Berichte (Tätigkeitsberichte, Arbeitsaufträge und Arbeitsauftragserledigung)	• Aktive Mitarbeit bei den Teamsitzungen • Rechtzeitiges Einfordern von Personal, Sachmitteln (Kapazitäten) und Finanzen bei der Projektleitung

Für die **Teambildung** ist es hilfreich, sich zu vergegenwärtigen, welche Funktion einem Team zukommt. Eine der Entscheidungsgrundlagen für die Teamzusammensetzung, aber auch für Personalentwicklungsmaßnahmen ist dann die Mitarbeiter-Potenzialanalyse. Neben vorhandenen Personaldaten (etwa einer verfügbaren Skill-Datenbank) gehören dazu auch die laufende Beobachtung der Mitarbeiter, ihre Stärken und Schwächen, die Kommunikation mit anderen, der Umgang mit Verantwortung, das Verhalten in Krisen und vieles mehr. Die Informationen und Ziele werden aus Mitarbeitergesprächen, den Erfahrungen in der täglichen Projektpraxis durch die Projektbegleitung, möglichen Teamanalysen durch die Teammitglieder sowie einer Projektnachbetrachtung gewonnen und in weiterer Folge für die Gewinnung eines Mitarbeiterprofils (Stärken, Schwächen und Potenzial des Mitarbeiters) genutzt.

Ein leistungsfähiges und ausgewogenes Projektteam zusammenzustellen, ist in den meisten Fällen jedoch keine einfache Aufgabe. Bei der Bildung des Projektteams sollte deshalb auf Erfahrungen zurückgegriffen werden. Nachfolgend sind einige „**Regeln zur Teambildung**" zusammengestellt:

Regeln zur Teambildung:

- Teams sollten nicht zu groß sein. Ein arbeitsfähiges Team umfasst zwischen fünf und sieben Personen. Bei dieser Gruppenstärke wird die bestmögliche Teameffizienz erreicht.
- Bei Projekten mit einer größeren Zahl von Projektmitarbeitern (etwa mehr als sieben Personen) wird sinnvollerweise ein Kernteam gebildet. Außerdem ist es dann notwendig, verschiedene Teilprojekte zu bilden.
- Es sollte darauf geachtet werden, dass möglichst jede Gruppe von Hauptbetroffenen im Projektteam repräsentiert ist. Auch sollte versucht werden, Machtträger und Promotoren in das Projektteam einzubinden.
- Im Projektverlauf können sich die Anforderungen an die Teamgröße und -zusammensetzung je nach Bedarf ändern.
- Da im Projektteam unterschiedliche Rollen zu besetzen sind, werden auch Personen unterschiedlicher Qualifikation benötigt. Dabei ist darauf zu achten,

dass die Personen die Rollen übertragen bekommen, die sie auch ausfüllen können.
- Bei der Auswahl der Personen spielen Qualifikationsanforderungen (fachlich/methodisch) ebenso eine Rolle wie Interesse, Motivation und Identifikation mit dem Projekt sowie rein personenbezogene und soziale Kompetenzen.
- Eine Mischung des Projektteams aus unterschiedlichen Persönlichkeiten kann für ein Projekt oft gewinnbringend sein. Denn: Kontroversen können – so sie sachlich ausgetragen werden – zu fortschrittlichen, unkonventionellen Lösungswegen führen.

21.5.3 Projektauftraggeber und unterstützende Gremien

Unabhängig von der existierenden Organisationsform und der Größe der Organisation, in der das IT-Projekt durchgeführt wird, sind verschiedene Instanzen notwendig, um die Projektdurchführung zu begleiten und zu unterstützen. So ist durch eine entsprechende Koordination und Abstimmung sicherzustellen, dass oftmals unterschiedliche Interessen harmonisiert werden.

21.5.3.1 Der Auftraggeber im Projektmanagement

Der **Auftraggeber eines IT-Projekts** ist in der Praxis vielfach mit dem Initiator des Projekts identisch und zählt meist auch zu den unmittelbaren Nutzern der Projektergebnisse (Tabelle 21.8). Er übergibt dann in der Regel den unterzeichneten Projektauftrag an die Projektleitung und das Projektteam.

Tabelle 21.8 Aufgaben und Befugnisse des Projektauftraggebers

Der Projektauftraggeber	
Aufgaben	Befugnisse/Verantwortung
- Rahmenbedingungen für die Projektarbeit festlegen - Projektrelevante Informationen bereitstellen - Planungen der Projektleitung begleiten - Regelmäßige Überwachung der Projektarbeit (etwa über Statusberichte) - Mitwirkung im Lenkungsausschuss	- Übernahme des finanziellen und unternehmerischen Risikos - Projektgenehmigung - Entscheidungskompetenz bei wichtigen Projektabschnitten (Milestones) und Zwischenreviews - Finanzielle Freigaben - Projektabnahme

Zu unterscheiden sind in der Projektpraxis zwei Varianten:
- **Interner Auftraggeber:** In Unternehmen ist die Unternehmensführung oder eine Hauptabteilung als Auftraggeber denkbar. Im Beispielprojekt „Aufbau eines Mitarbeiterportals" ist die zentrale Unternehmensführung der Projektauftraggeber.
- **Externer Auftraggeber:** Führt eine Unternehmensberatung oder eine Softwarefirma ein Projekt für einen Kunden durch, handelt es sich bei den Kunden um externe Auftraggeber.

Beachten Sie:

Der Auftraggeber ist letztlich der „Hauptentscheider" zu allen Fragen der Umsetzung und Abnahme des IT-Projekts. Er trägt das unternehmerische und finanzielle Risiko.

21.5.3.2 Die Rolle der Unternehmensführung

Der Einfluss der Unternehmensführung auf den Erfolg von IT-Projekten ist nicht unerheblich. Dies gilt vor allem für strategisch orientierte IT-Projekte und für solche, in denen die Unternehmensführung die Rolle des Auftraggebers innehat. Nicht unerheblich ist auch die Promoterfunktion, die dem Management bei vielen IT-Projekten zukommt. Nur mit Unterstützung von solchen Machtpromotern bzw. Sponsoren lässt sich oft der Erfolg eines IT-Projekts – wie die Erfahrungen zeigen – sicherstellen. Wichtig ist deshalb eine gut funktionierende Zusammenarbeit, Kommunikation und Abstimmung der Unternehmensführung mit der Projektleitung und dem Projektteam.

Die Führungsebene muss natürlich auch selbst dafür sorgen, dass die Projektarbeit erfolgreich verläuft und eine hohe Akzeptanz gegeben ist. Beispiele für **unterstützende Maßnahmen und hilfreiche Leitlinien seitens der Unternehmensführung** zeigt Tabelle 21.9.

Tabelle 21.9 Unterstützung der Projektarbeit durch die Unternehmensführung

Hilfreiche Rahmenbedingungen	Leitlinien (Projektmanagementkultur)
Ausreichende Freiräume für das Projektteam sind gewährleistet.	Mindestens ein Mitglied der Unternehmensführung ist inhaltlich (als „Sponsor") beteiligt.
Die Bedingungen für eine optimale Informationsbasis der Teammitglieder sind geschaffen.	Niemand im Unternehmen sollte Projektarbeiten als Bedrohung ansehen, sondern als Chance, innovativ tätig zu werden und etwas zu verbessern.
Ein positives Betriebsklima für die Zusammenarbeit von Projektteam und Fachabteilungen ist sichergestellt.	Projekte werden nach modernen mitarbeiterorientierten Prinzipien geführt. Dabei herrscht vor allem Offenheit gegenüber neuen Arbeits- und Lösungswegen.
Es ist sichergestellt, dass synergetische Arbeitsteams eingebunden werden können.	Kompetente Mitarbeiter sind auf entsprechenden Wunsch für die Projektarbeit freizustellen/bereitzustellen. Eine laufende Fortbildung zur Förderung der Mitglieder des Projektteams ist zu gewährleisten.
Der Projektleitung und dem Projektteam wird ausreichende administrative Unterstützung gewährt.	Zwischen dem Projektmanagement im Unternehmen und den anderen Führungskräften sollte keine Rivalität bestehen, sondern die Bereitschaft, voneinander zu lernen und sich gegenseitig zu unterstützen.

Insgesamt lässt sich festhalten, dass die Unternehmensführung (bzw. der Auftraggeber des Projekts) unbedingt dafür Sorge treffen muss, die notwendige Organisationskultur (die Werte und Leitlinien der Unternehmung) und die strukturellen Voraussetzungen für ganzheitlich-situative Projektarbeit zu schaffen. Wird sie dieser Aufgabe nicht gerecht, kann das Projekt schon zum Scheitern verurteilt sein, noch bevor es begonnen hat.

21.5.3.3 Der Projektlenkungsausschuss

Bei mehreren und bei größeren Projekten hat sich die Einrichtung von Ausschüssen als sinnvoll erwiesen. Als Entscheidungs-, Koordinations- und Kontrollgremium ist die Einrichtung eines **Projektlenkungsausschusses** (kurz PLA) auf gesamtorganisatorischer Ebene weit verbreitet (synonyme Begriffe dafür sind Entscheidungsausschuss, Entscheidungskommission, Steuerungsgruppe, Steering Board, Steering Committee, Steuerungsausschuss, Lenkungskreis, Controlboard). Er bildet letztlich die Schnittstelle zwischen

- Projekt, Projektleitung und Projektteam auf der einen Seite und
- Unternehmensführung und extern Beteiligten auf der anderen Seite.

Dieses Gremium überwacht das Projekt von Beginn an bis zur Umsetzung. Es ist das oberste Gremium für die Planung und Steuerung aller Projekte, die in einer Organisation realisiert werden. Hier werden letztlich die entscheidenden Weichen für weitere Projektfortschritte gestellt. So kann der Projektlenkungsausschuss in der Regel darüber entscheiden, ob das Projekt gestoppt oder gar abgebrochen wird, wenn sich abzeichnet, dass die Projektziele überhaupt nicht erreicht oder andere übergeordnete Ziele durch das Projekt sogar gefährdet werden.

Bezüglich der Zusammensetzung hat es sich als zweckmäßig erwiesen, in dieses Gremium hochrangige Führungskräfte zu entsenden. Da in dem Gremium Entscheidungen von erheblicher Tragweite getroffen werden, sollten in jedem Fall ein Mitglied der Geschäftsleitung sowie die IT-Leitung im Projektlenkungsausschuss vertreten sein. Die Projektleitung kann mitunter ebenfalls an den Sitzungen teilnehmen (bei unterschiedlichem Stimmrecht).

Es hat sich bewährt, dass sich die Mitglieder des Lenkungsausschusses in regelmäßigen Abständen (z. B. monatlich) treffen, darüber hinaus auch bei Bedarf außerplanmäßig. Bezüglich der Beschlussregeln gilt das „Einstimmigkeitsprinzip", um so eine weitgehende Koordination zwischen den beteiligten Bereichen und für die spätere Umsetzung zu gewährleisten.

Bei der Projektmanagementmethode PRINCE 2 (Projects in Controlled Environments) richten sich die Zusammenkünfte der Mitglieder des Projektlenkungsausschusses nach den Projektphasen, sodass sich diese regulär immer am Ende jeder Projektphase treffen, um die abgeschlossene Projektphase abzunehmen und die folgende Phase zu genehmigen. Selbstverständlich kann der Projektlenkungsausschuss auch außerhalb der regelmäßigen Treffen bei Bedarf zusammengerufen werden, um über sogenannte Ausnahmeberichte oder dringende Change Requests zu entscheiden.

> **Praxistipp:**
>
> Lenkungsausschüsse sind in der Regel für mehrere Projekte in einem Unternehmen zuständig. Um die Verantwortlichkeit zu verdeutlichen, sollte in dem Lenkungsausschuss für jedes Projekt ein Mentor als Ansprechpartner festgelegt werden.

21.5.3.4 Das Projektbüro (Project Office)

Um ein optimales Multiprojektmanagement zu gewährleisten und eine übergeordnete Steuerung und Auswertung von Projekten zu realisieren, findet sich in größeren Organisationen zunehmend eine besondere Stelle: das Project Office. Diesem obliegt die Administration der Gesamtplanung aller Projekte zum Zwecke der übergeordneten Steuerung und Auswertung der Projekte.

Das Project Office erhält zu allen Projekten die aus der Projektvorbereitung resultierenden Entwürfe der Projektaufträge, nach der Auftragserteilung die definitiven Projektaufträge, die Projektpläne sowie zum gegebenen Zeitpunkt die Abschlussberichte. Das Project Office wird von den Fachabteilungen zum frühestmöglichen Zeitpunkt über sämtliche Ideen oder Initiativen zu möglichen Projekten informiert.

Den möglichen Zusammenhang zwischen den verschiedenen Mitarbeitern im Projekt (Teams, Teammitgliedern) und dem Projektlenkungsausschuss bzw. einem Project Office verdeutlicht Bild 21.12.

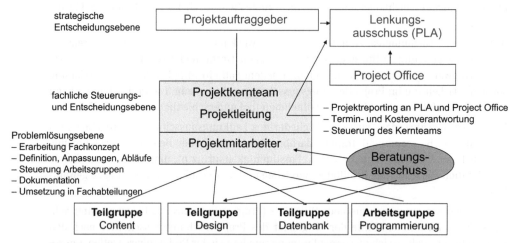

Bild 21.12 Einordnung von Lenkungsausschuss und Project Office

21.5.3.5 Projektcontrolling und Projektqualitätsmanagement als Sonderfunktionen

In größeren Organisationen kann es außerdem **besondere Stellen** geben, die eine übergreifende und wirtschaftliche Projektarbeit gewährleisten:

- IT-Projektcontrolling
- Projektqualitätsmanagement

Zur Unterstützung des IT-Projektleiters kann das Einsetzen eines speziellen **Projektcontrollers** hilfreich sein. Ausgehend von den genehmigten Projektaufträgen werden hier folgende Aufgaben als sinnvoll angesehen:

- Prüfung und Aktualisierung von Projektplanungen (insbesondere der Kostenplanung)
- Einholen von Statusmeldungen und Prüfung der monatlichen Statusberichte
- Durchführen spezieller Soll-Ist-Vergleiche und von Projekt-Reviews

- Erstellen von Projektprognosen (insbesondere zu den Finanzmitteln)
- Ableiten von Handlungsempfehlungen für die Projektleitung

QS-Beauftragte: Für die Dauer des Projekts kann ein spezieller QS-Beauftragter die Projektleitung bei der Planung, Steuerung und Durchführung von projektbezogenen Qualitätssicherungsaktivitäten (beispielsweise die Entwicklung eines Projekt-QS-Plans) unterstützen.

Beachten Sie:

Welche Ausschüsse, Gremien und besondere Stellen zur Steuerung und Unterstützung der Projektarbeit vorhanden sind, hängt stark von den Rahmenbedingungen der betreffenden Unternehmung/Institution sowie der Projektgröße ab.

21.5.3.6 Beteiligung der Arbeitnehmervertretung

Es soll ehrgeizige Projekte geben, die nie über das Planungsstadium hinauskommen, weil man den Konflikt mit den Arbeitnehmervertretern scheut. Das muss nicht sein – zumindest nicht, wenn man zeitgemäßes Projektmanagement wörtlich nimmt.

Was die Einbindung des im Zusammenhang mit neuen Maßnahmen vielfach als Bremsklotz verschrienen Betriebsrats angeht, sind drei Dinge angesagt:

- Anerkennung seiner Existenz und Arbeit,
- Einbeziehung in das „Benchmarking" konkreter Projektphasen und
- gemeinsame Definition eines mit dem Projekt verbundenen langfristigen Ziels.

21.5.4 Kooperation mit externen Fachkräften

Firmenfremde Fachkräfte können für eine erfolgreiche Projektabwicklung aus mehreren Gründen unentbehrlich sein. Einmal kommt ihr Einsatz dann in Betracht, wenn die Kapazität der eigenen Mitarbeiter zur termin- und sachgerechten Projektdurchführung nicht ausreicht. Zum anderen fehlt gerade in IT-Projekten oft das erforderliche Know-how zum Aufbau einer modernen Hardware- oder Datenbanklösung oder zur Anpassung einer komplexen Softwarelösung.

Bei **IT-Projekten** lassen sich **vier Kategorien von externen Fachkräften** unterscheiden, die in ein Projekt involviert werden können:

- Unabhängige Berater (Consultants) mit fachlichem Know-how oder spezieller Coaching-Kompetenz,
- Softwareentwickler,
- Spezialisten einer Softwarefirma zur Anpassung und Einführung von Standardsoftware und
- Cloud- oder Hardwaresystemspezialisten zur Mithilfe bei einer Netzkonzeption oder der Architekturentwicklung für IT-Infrastrukturen bzw. ihre Komponenten.

Generell sollte auf externe Beratung dann zurückgegriffen werden, wenn „Neuland" betreten werden soll, für das innerbetrieblich nicht das notwendige Know-how vorhanden ist.

Speziell bei der Einführung von Computer- und Webanwendungen bietet sich Hilfe von außen für den Fall an, dass

- langfristige Planungen erforderlich sind (Strategiekonzept),
- das übliche Maß überschreitende Finanzinvestitionen anstehen,
- völlig neue Technologien eingeführt werden sollen (Multimedia, Workflow, Portale, Wissensmanagement-Werkzeuge),
- größere Projekte mit vielen Schnittstellen zu realisieren sind oder
- zügige Programmanpassungen vorzunehmen sind.

Für ein IT-Projekt (so auch im Anwendungsbeispiel „Aufbau eines Mitarbeiterportals") gelten viele der genannten Anwendungssituationen gleichzeitig. Vielleicht ist es sogar unumgänglich, neutrale Kompetenz in derartige Projekte einzubeziehen. Dabei sollte sich die Aufgabe des Beraters nicht auf die Einbringung technischer Expertise beschränken. Er muss sich vielmehr rasch in das Unternehmen und dessen Probleme hineindenken können sowie als Katalysator für Projekte und zugleich als Konfliktlöser dienen.

Beachten Sie:

Die Entscheidung über die Art der in Frage kommenden Beratungsfirma dürfte in erster Linie vom Ziel des Beratungsauftrags abhängig sein. Während bei organisatorischen Problemen und Auswahlfragen „Herstellerneutralität" besondere Bedeutung hat, kann für die Realisierung durchaus die Spezialisierung auf bestimmte Anbieter nützlich bzw. unumgänglich sein.

21.6 Planungsaufgaben in IT-Projekten

21.6.1 Rahmenbedingungen moderner Projektplanung

Die Notwendigkeit einer klaren Projektplanung ist auf Managementebene nahezu unbestritten. Erfahrungen der Praxis zeigen nämlich, dass gerade eine schlechte Planungsarbeit eine Hauptursache für Projektfehlschläge und Zielabweichungen ist.

Welche Vorteile hat es, IT-Projekte zu planen? Die Notwendigkeit einer Projektplanung ist auf Managementebene gemeinhin unbestritten, wobei unter Umständen der Detaillierungsgrad einer Planung strittig sein kann:

- Erfahrungen der Praxis zeigen, dass eine schlechte Planungsarbeit gerade im IT-Projektmanagement eine Hauptursache für Projektfehlschläge und Zielabweichungen ist.
- Untersuchungen und Erfahrungswerte für IT-Projekte haben ergeben, dass durch genaue IT-Projektplanung ca. 22% Zeitersparnis und 15% Kostenersparnis bei vielen Projekten erreichbar sind.
- Auch eine höhere Ergebnis-/Produktqualität kann erwartet werden.

Beachten Sie:

Eine gut durchdachte Planung lohnt sich also durchaus! Die zuvor genannten Mehrwerte einer Projektplanung können natürlich nur eine grobe Schätzung liefern und sind in der Praxis von IT-Projekt zu IT-Projekt sehr verschieden. Gerade im agilen Projektumfeld lassen sich beispielsweise oft konkrete Planungen nur in eingeschränktem Maße „festmachen" und umsetzen.

Auch wenn die grundsätzliche Notwendigkeit einer Projektplanung aus Erfahrung bestätigt werden kann, stellt sich natürlich die Frage, was in welchem Detaillierungsgrad geplant werden muss. Im Wesentlichen werden in der Praxis heute bei der Projektplanung mehr oder weniger detaillierte Vorstellungen über den personellen, sachlichen und finanziellen Rahmen sowie für den zeitlichen Ablauf des Projekts entwickelt. Dabei wird nach dem Grundprinzip „Vom Groben zum Detail" die konkrete Gesamtaufgabe in überschaubare Arbeitspakete zerlegt und mit ausgewählten Personen ein Projektteam gebildet. Das Ergebnis der Planungsarbeiten ist ein umfassendes Konzept mit verschiedenen **Teilplänen,** das die Grundlage für die Steuerung und der Maßstab für die Kontrolle des Projekts ist.

Die verschiedenen Teilpläne für das Projektmanagement sind voneinander abhängig. So wäre beispielsweise eine noch so perfekte Zeitplanung wertlos, wenn sie Ressourcen unterstellt, die nicht vorhanden sind. Insoweit ist es notwendig, die Planungsmaßnahmen und die Planungsgrößen untereinander sowie in zeitlicher Hinsicht aufeinander abzustimmen.

Tabelle 21.10 skizziert – ausgehend von den wesentlichen Planungsgegenständen – die typischen Teilpläne und dabei zu lösende Fragestellungen.

Tabelle 21.10 Teilpläne im IT-Projektmanagement

Planungsgegenstand/ Ergebnisse	Fragestellungen, die durch die Teilpläne beantwortet werden können
Projektstruktur: **Projektstrukturplan (PSP)**	• Welche Aktivitäten sind für das Erreichen der Projektziele nötig? (Was ist im Einzelnen zu tun?) • Welcher Zusammenhang besteht zwischen den Projektaufgaben? (Hierarchie der Teilaufgaben bilden) • Wie lassen sich die Objekte und Tätigkeiten für das Projekt in Arbeitspakete aufteilen?
Projektablauf: **Projektablaufplan**	• In welchen Phasen soll das Projekt abgewickelt werden? • In welcher Reihenfolge sind die Aktivitäten zu erledigen? Wo gibt es logische Abhängigkeiten? • Welche Arbeitspakete können parallel ausgeführt werden?
Projekttermine (Zeiten): **Terminplan**	• Wie hoch wird der Zeitaufwand für die jeweiligen Aktivitäten geschätzt? • Bis wann ist was zu erledigen? Sind bestimmte Meilensteine zu beachten?

(Fortsetzung nächste Seite)

Tabelle 21.10 Teilpläne im IT-Projektmanagement *(Fortsetzung)*

Planungsgegenstand/ Ergebnisse	Fragestellungen, die durch die Teilpläne beantwortet werden können
Ressourcenbedarf, Ressourcenkapazität, Ressourceneinsatz: **Ressourcenpläne**	• Wie viel Personal wird für die einzelnen Arbeitspakete benötigt? • Welcher Sachmittelbedarf ist gegeben? • Welche Kapazitätsbegrenzungen bezüglich der Ressourcen sind zu berücksichtigen (Kapazitätsplan)? • Wann ist die Verfügbarkeit der Ressourcen notwendig (Ressourceneinsatzplan)?
Kosten und Projektfinanzen: **Kosten- und Finanzplan**	• Welche Kosten(-arten) fallen wann bei welchen Arbeitspaketen an? Wie hoch sind die Gesamtkosten für das jeweilige Arbeitspaket? • Was wird das Projekt insgesamt ungefähr kosten? Lässt sich die Summe durch eine Addition der Arbeitspaketkosten (sogenannte direkte Kosten) und der Gemeinkosten ermitteln? • Wie hoch sind die anfallenden Personalkosten? • Wie erfolgt die Freigabe der Finanzmittel? (Zeitpunkt, Voraussetzungen)
Qualität: **Qualitätssicherungsplan (QS-Plan)**	• Welche Ergebnisse sollen in welcher Qualität/Form erarbeitet werden? • Welche qualitätssichernden Maßnahmen sollen im Projektverlauf ergriffen werden? (projektinterne Richtlinien, QS-Schulungsmaßnahmen, Reviews, Tests)
Risikomanagement: **Risikoplan**	• Welche Projektrisiken sind denkbar und wie groß ist die Wahrscheinlichkeit ihres Eintretens? • Welche Auswirkungen sind im Risikofall möglich? • Welche vorbeugenden Maßnahmen zur Risikominimierung können ergriffen werden (Prioritätsplan der Risiken)?
Projektorganisation: **Organisationsplan, Berichtsplan**	• Welche Rollen sind in dem Projekt gegeben? • Welche Aufgaben, Kompetenzen und Befugnisse sind jeder Rolle zuzuordnen und wie ist das Zusammenspiel zwischen den Projektrollen geregelt? • Wie wird die Kommunikation zwischen Team, Auftraggeber und weiteren Beteiligten geregelt? • Wie soll das Berichtswesen organisiert werden? • Wie wird das Projekt dokumentiert?

Praxistipp:

Für die Abstimmung der Planungsgrößen empfiehlt sich ein iteratives Vorgehen. Ausgangspunkt ist eine (kritische) Größe, bei der ein Engpass vermutet wird. Häufig wird dies der festgelegte Finanzrahmen oder die begrenzte Personalkapazität sein. Auf die jeweilige Engpassgröße werden dann alle anderen Plangrößen ausgerichtet.

Stellt sich im Rahmen der weiteren Planung eine andere Größe als kritischer heraus, so muss diese zur Grundlage einer neuen Planungsrunde gemacht werden. Alle anderen Größen müssen nun hierauf abgestellt werden. Dieses Verfahren wird so oft wiederholt, bis alle Plangrößen miteinander in Einklang gebracht worden sind.

Den Zusammenhang zwischen den **Teilaufgaben bei der Planung von IT-Projekten** illustriert Bild 21.13.

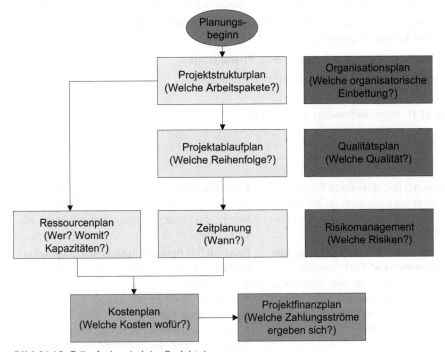

Bild 21.13 Teilaufgaben bei der Projektplanung

Es ist sinnvoll, die Projektplanung von der eigentlichen Produktplanung zu unterscheiden. Soll ein hochkomplexes Produkt (beispielsweise eine ganzheitliche Softwarelösung) durch das IT-Projekt entwickelt werden, ist zunächst eine intensive **Produktstrukturplanung** vorzunehmen. Sie gibt die technische Gliederung des zu entwickelnden Produkts wieder und stellt alle physischen Komponenten des Projektliefer- und leistungsumfangs dar. Dies ist bei einem Projekt zum Aufbau eines Mitarbeiterportals beispielsweise das zu realisierende Portal mit den verschiedenen Teilbereichen und Funktionen.

21.6.2 Projektstrukturplan und Arbeitspakete

Die eigentliche Projektplanung beginnt – nach Vorliegen des unterschriebenen Projektauftrags – mit der Strukturplanung. Aufbauend auf dem Anforderungskatalog (dem Pflichtenheft) bzw. den im Projektauftrag formulierten Aufgabenstellungen wird das Entwicklungsvorhaben technisch, aufgabenmäßig und kaufmännisch strukturiert. Ziel ist es, das Projekt zu Beginn in überschaubare und abgrenzbare Aufgaben zu zerlegen, um damit eine erste Übersicht über alle notwendigen Aktivitäten zur Projektrealisierung zu erhalten.

Für die Strukturplanung hat es sich als sinnvoll erwiesen, stufenweise vorzugehen und die gesamten Aktivitäten in einer hierarchischen Form zu ordnen. Ergebnis dieser Gliederung ist ein **Projektstrukturplan** (kurz PSP, engl. **work breakdown structure**), der meist in einer grafischen Form erstellt wird. Dieser Plan – auch als Aufgabenstrukturplan bezeichnet – gibt einen Überblick über die in der Projektabwicklung zu erledigenden Aufgaben.

Wie gelangt man in der Praxis zu einem Projektstrukturplan (kurz PSP)? Es gibt grundsätzlich zwei Wege (siehe Tabelle 21.11):

- die Orientierung am Projektziel (Objekt, Produkt) oder
- die Orientierung an Projektphasen (Projektfunktionen).

Tabelle 21.11 Wege der Strukturplanerstellung

(1) objektorientierte Erstellung eines PSP (produktorientiert)	(2) prozessorientierte Erstellung eines PSP (funktionsorientiert, phasenorientiert)
Erläuterung: Das vereinbarte Projektziel (= das Produkt wie beispielsweise das Mitarbeiterportal) wird in wesentliche Bestandteile zerlegt.	**Erläuterung:** Es wird der Weg, der zum Erreichen des Projektziels zurückgelegt werden muss, in kleinere, meist auch chronologisch geordnete Teilziele zerlegt.
Beispiel: Das **Projekt „Entwicklung des Mitarbeiterportals"** führt unterhalb der „Ist-Analyse" zu den folgenden Einheiten: • bisherige Intranetlösung (Inhalte, Design) • Infrastruktur (Netze, Rechner) • Daten- und Dokumentenorganisation • Prozesse	**Beispiel:** Das **Projekt „Aufbau des Mitarbeiterportals"** führt in der zweiten Ebene zu den folgenden Einheiten: • Projektvorbereitung und Analyse • Soll-Konzept entwickeln • System- und programmtechnische Realisierung • Einführung der neuen Lösung (Run, Roll Out) • Projektmanagement und Personalfragen

Das objektorientierte Vorgehen wird vor allem bei IT-Projekten gewählt, bei denen ein Überblick über die zu berücksichtigenden Objekte gegeben ist. Demgegenüber werden funktionsorientierte Gliederungen vorwiegend bei Dienstleistungsprojekten gewählt, da hier sehr gut erkennbar ist, welche Tätigkeiten anfallen.

Beachten Sie:

In der Regel werden in einem Projektstrukturplan beide Gliederungsprinzipien vorkommen (sogenannter gemischtorientierter Projektstrukturplan). Steht die Einhaltung von Terminen im Vordergrund, dominieren phasenorientierte Gliederungen. Hat dagegen die Einhaltung von Kosten Priorität, erfolgt eher eine objektorientierte Gliederung.

Im Beispielfall wird für das Projekt „Aufbau eines Mitarbeiterportals" der folgende Projektstrukturplan (Bild 21.14) zugrunde gelegt.

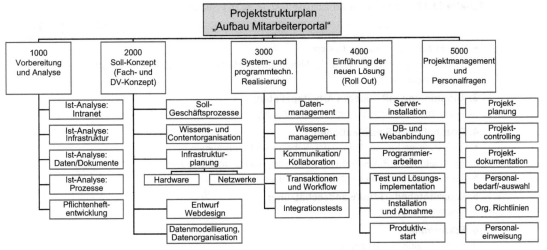

Bild 21.14 Projektstrukturplan (Beispiel)

Die einzelnen Äste im Projektstrukturplan werden – je nach Bedarf – unterschiedlich weit zu untergliedern sein. Bezüglich der Projektstrukturplanung wird im Allgemeinen davon ausgegangen, dass die Gliederung des Projekts nur so detailliert vorgenommen wird, bis sich Arbeitspakete als plan- und kontrollierbare Einheiten ergeben. Eine weitergehende Detaillierung verringert in der Regel die Übersichtlichkeit und verschlechtert so das Kosten-/Nutzenverhältnis der Projektplanung.

Der Projektstrukturplan stellt eine wichtige Basis dar, um einzelne Arbeitspakete planen zu können. Der Plan sollte dabei so aufgebaut sein, dass jedes Strukturelement ein Arbeitspaket darstellt. Dies bedeutet: Ein **Arbeitspaket** umfasst in der Regel alle Vorgänge (Tätigkeiten, Aktivitäten) eines Projekts, die sachlich zusammengehören und in einer organisatorischen Einheit (von einer Stelle oder einer Teilgruppe) durchgeführt werden sollen.

Das in Tabelle 21.12 dargestellte Beispielformular aus dem Projekt PORTAL kann als Basis für eine Arbeitspaketbeschreibung dienen.

Tabelle 21.12 Beispiel einer Arbeitspaketfestlegung

Arbeitspaketplanung	
Projektbezeichnung:	PORTAL
Projektleiter:	Dipl.-Kfm. Friedrich Müller
Arbeitspaket (AP):	Ist-Analyse „Bisherige Intranet-Lösung"
AP-Verantwortliche:	Frau Frieda Käfer
1. Abgrenzung, Inhalt und Umfang (was zu tun ist):	
Analyse des bisher realisierten Intranets unter Berücksichtigung der angestrebten Ziele und der Verbesserungs-/Erweiterungspotenziale durch den Ausbau zu einer Portallösung	
2. Abzuliefernde Ergebnisse (z. B. zu erstellende Dokumente):	
▪ Zusammenstellung der bisherigen Inhalte des Intranets (Dokumentation) ▪ Benutzerprofilanalyse (aufgrund einer Mitarbeiternutzungsanalyse)	

(Fortsetzung nächste Seite)

Tabelle 21.12 Beispiel einer Arbeitspaketfestlegung *(Fortsetzung)*

Arbeitspaketplanung
• Bericht zur Akzeptanz des Designs • Beschreibung und Beurteilung der bisherigen Funktionalitäten (Datenbankunterstützung, Verzeichnisse etc.)
3. Abstimmung mit anderen Arbeitspaketen: Soll eine Basis zur Entwicklung eines Soll-Konzepts sein.
4. Einzuhaltende Spezifikationen: • QS-Richtlinien für den Aufbau der Websites im Unternehmen • organisatorische Regelungen zur Abwicklung von Geschäftsprozessen • Datenschutz- und Datensicherheitsrichtlinien
5. Kapazitätsbedarf/Aufwandsschätzung: 4 Personenwochen
6. Ecktermine: geplanter Beginn der Arbeiten: geplantes Ende der Arbeiten:

Wichtig bei der Planung der Arbeitspakete ist: Die einzelnen Pakete sind exakt voneinander abgegrenzt (keine Überschneidung mit anderen Arbeitspaketen). Für jedes Paket ist als Zielgröße ein konkretes Ergebnis festzulegen. Dies können bestimmte Dokumente, fertige Programmelemente und Ähnliches sein. Die Arbeitspakete können somit gleichsam als isolierte Einzelaufträge innerhalb eines Projekts angesehen und zur Bearbeitung an Einzelpersonen, Arbeitsgruppen oder externe Projektpartner vergeben werden.

Im Rahmen der Planung der Arbeitspakete findet eine erste **Aufwandsschätzung** statt:

- Dazu ist für jedes Arbeitspaket ein **Zeitschätzwert** zu bestimmen. Dies ermöglicht später eine genaue Berechnung verschiedener Termine. Mögliche Zeitstufen sind: Jahre, Monate, Wochen, Tage, Stunden, Minuten oder Schichten. Grundsätzlich handelt es sich bei dem Schätzwert um eine Zeit, die unter normalen Umständen anzusetzen ist.

- Der Zeitschätzwert pro Arbeitspaket hängt natürlich vor allem davon ab, wie viel Ressourcen (Personen) für die Bearbeitung der einzelnen Arbeitspakete zur Verfügung stehen bzw. benötigt werden. Das ist auch der Grund dafür, dass die Werte oft als sogenannte Personentage (bzw. Personenmonate, Personenjahre) angegeben werden (früher wurde auch von Manntagen, Mannmonaten oder Mannjahren gesprochen).

Letztlich sollte für jedes Arbeitspaket auch die organisatorische Zuständigkeit geregelt sein. Dies ist am einfachsten bei der Zuordnung zu einer bestimmten Person, die zum Projektteam gehört. Es ist aber auch denkbar, dass ein Arbeitspaket von einer Fremdfirma übernommen wird.

Beachten Sie:

Die Aufwandsschätzung ist in der Praxis nicht immer ganz einfach. Außer dem eigenen Erfahrungspotenzial sollten die Erfahrungen außenstehender Experten sowie die Möglichkeiten spezieller Aufwandsschätzverfahren (gibt es beispielsweise bei IT-Projekten zur Applikationsentwicklung) genutzt werden.

21.6.3 Projektablauf- und Terminplanung

Nachdem feststeht, was alles im Rahmen der Projektarbeit zu tun ist und welche organisatorische Einheit (Person) für die Erledigung der jeweiligen Arbeitspakete verantwortlich ist, kann die sinnvolle Reihenfolge der Abarbeitung der Arbeitspakete geprüft und festgelegt werden. Dazu wird ein Projektablaufplan (PAP) erstellt. Auf dieser Basis kann dann weiter ins Detail gegangen und eine Projektterminplanung vorgenommen werden.

21.6.3.1 Projektablaufplan erstellen

Zur Erstellung des Projektablaufplans müssen vor allem die folgenden Fragen geklärt werden:

- In welcher logischen Reihenfolge sind die Arbeitspakete (Vorgänge) auszuführen?
- Können bestimmte Arbeitspakete parallel ausgeführt werden? Wenn ja, welche?
- Ist es sinnvoll, die Arbeitspakete weiter in Vorgänge zu untergliedern?

Das Ergebnis der Ablaufplanung kann in einer Tabelle (als Vorgangsliste) oder in grafischer Form dargelegt werden. Aus dem Projektstrukturplan für das Projekt „Aufbau eines Mitarbeiterportals" wurde eine Vorgangsliste (siehe Tabelle 21.13) erstellt.

Tabelle 21.13 Beispiel einer Vorgangsliste

	Vorgangsbezeichnung	Dauer in Wochen	Vorgänger
1	Grobe Vorstudie	1	–
2	Ist-Analyse „Intranet" u. a.	4	1
3	Pflichtenhefterstellung	2	2
4	Auftragserteilung	3	3
5	Entwurf „Geschäftsprozesse"	7	4
6	Entwurf „Wissens-/Content-Organisation"	3	5
7	Datenmodellierung und DB-Organisation	3	5
8	Entwurf „Web-Design"	2	5
9	Infrastrukturplanung	4	6
10	Entscheidungssitzung	1 Tag	9; 8; 7
11	Teilprojekt „Datenanalyse/DB-Management"	6	10
12	Teilprojekt „Wissensmanagement"	8	10
13	Teilprojekt „Kommunikation/Kollaboration"	6	10
14	Teilprojekt „Transaktionen und Workflow"	10	10
15	Serverinstallation	3	11; 12; 13; 14
16	Datenbank- und Webanbindung	3	15
17	Programmierarbeiten	2	16
18	Test- und Lösungsimplementation	2	17; 14
19	Installation und Abnahme	4	18
20	Personaleinweisung	1	19;18
21	Produktivstart	1	20;18

Die Tabelle macht deutlich, dass eine Vorgangsliste für jeden Vorgang folgende Daten enthält:

- Vorgangsnummer,
- Vorgangsbezeichnung,
- Vorgangsdauer,
- den jeweiligen Vorgänger (das sind die Vorgänge, die zum Beginn des betrachteten Vorgangs abgeschlossen sein müssen).

Beachten Sie folgende Hinweise für das Entwickeln einer Vorgangsliste aus einem vorhandenen Projektstrukturplan.

Hinweise für das Entwickeln einer Vorgangsliste

- Die im Rahmen der Projektstrukturplanung festgelegten Arbeitspakete werden noch einmal in weitere Aktivitäten zerlegt und für die Terminplanung als Vorgänge übernommen.
- Tragen Sie die Vorgänge in einer Tabelle zunächst möglichst in der zeitlichen Reihenfolge der Abarbeitung ein!
- Die voraussichtliche Dauer eines jeden Vorgangs wird in der Spalte „Dauer" eingetragen. Hier sind unterschiedliche Zeiteinheiten möglich (je nach gewünschter Genauigkeit der Planung).
- Betrachten Sie danach den Beziehungszusammenhang zwischen den einzelnen Vorgängen. In der Spalte „Vorgänger" der Vorgangsliste wird der Vorgang bzw. werden die Vorgänge, die erledigt sein müssen, eingetragen, um mit der Arbeit an dem jeweiligen Vorgang beginnen zu können.
  Beispiel: Die Datenbank- und Webanbindung (Vorgang 16) setzt voraus, dass die Serverinstallation abgeschlossen ist (Vorgang 15).
- Grundsätzlich kann es Vorgänge ohne notwendigen Vorgänger (gilt zumindest für einen Startvorgang), mit einem oder mehreren notwendigen Vorgängern geben.

21.6.3.2 Projektterminpläne (als Gantt- oder Netzplandiagramm) erstellen

In der Zeitplanung wird auf Ergebnisse der Ablaufplanung (Struktur der Ablauffolge) und evtl. der Bedarfsplanung (Anzahl und Zeitdauer der zur Verfügung stehenden Ressourcen) zurückgegriffen.

Um eine genaue Berechnung von Projektterminen zu ermöglichen, ist zunächst der Zeitpunkt festzulegen, an dem das Projekt starten soll (**= Startzeitpunkt**), oder alternativ der Zeitpunkt, an dem das Projekt spätestens beendet sein soll (**= Endzeitpunkt**).

Außerdem muss für jeden Vorgang eine Zeitdauer (in Arbeitsstunden bzw. Personentagen oder Personenmonaten) geschätzt werden. Auf dieser Basis können dann – unter Berücksichtigung der vorliegenden Meilensteintermine, der vorhergehenden Annahmen zur logischen Aufeinanderfolge und den Zeitschätzungen für die einzelnen Arbeitspakete – verschiedene Zeiten ermittelt werden. So kann man berechnen,

- wann das Gesamtprojekt abgeschlossen ist (frühester Endtermin),
- zu welchen Terminen bestimmte Vorgänge (Arbeitspakete) beginnen können und wann diese abgeschlossen sind,
- wann die festgelegten Meilensteine erreicht sein werden,
- wo mögliche Pufferzeiten liegen,
- wann von wem welche Arbeitsergebnisse vorliegen müssen und
- wo der kritische Pfad liegt.

Für die **Darstellung des zeitlichen Ablaufs** sind – je nach Komplexität des Projekts – unterschiedliche Instrumente geeignet:

- Tabellarische Terminliste
- Balkendiagramm (Gantt-Darstellung)
- Netzplandiagramm

Tabellarische Terminliste

Für einfache Projekte reicht eine tabellarische Liste, die die Arbeitspakete des Projekts in der Reihenfolge der Bearbeitung mit den Anfangs- und Endterminen (unter Umständen auch noch mit den zuständigen Ressourcen) enthält. Ein Beispiel hierfür liefert Bild 21.15.

	❶	Vorgangsname	Dauer	Anfang	Ende
1		Grobe Vorstudie	1 Woche	Fr 02.02.07	Do 08.02.07
2		Istanalyse "Intranet" u. a.	4 Wochen	Fr 09.02.07	Do 08.03.07
3		Pflichtenhefterstellung	2 Wochen	Fr 09.03.07	Do 22.03.07
4		Auftragserteilung	3 Wochen	Fr 23.03.07	Do 12.04.07
5		Entwurf "Geschäftsprozesse"	7 Wochen	Fr 13.04.07	Do 31.05.07
6		Entwurf "Wissens-/Contentorga"	3 Wochen	Fr 01.06.07	Do 21.06.07
7		Datenmodellierung und DB-Orga.	3 Wochen	Fr 01.06.07	Do 21.06.07
8		Entwurf "Web-Design"	2 Wochen	Fr 01.06.07	Do 14.06.07
9		Infrastrukturplanung	4 Wochen	Fr 22.06.07	Do 19.07.07
10		Entscheidungssitzung	1 Tag	Fr 20.07.07	Fr 20.07.07
11		TP "Datenanalyse/DB-management"	6 Wochen	Mo 23.07.07	Fr 31.08.07
12		TP "Wissensmanagement"	8 Wochen	Mo 23.07.07	Fr 14.09.07
13		TP "Kommunikation/Kollaboration"	6 Wochen	Mo 23.07.07	Fr 31.08.07
14		TP "Transaktionen und Workflow"	10 Wochen	Mo 23.07.07	Fr 28.09.07
15		Serverinstallation	3 Wochen	Mo 01.10.07	Fr 19.10.07
16		Datenbank- und Web-Anbindung	3 Wochen	Mo 22.10.07	Fr 09.11.07
17		Programmierarbeiten	2 Wochen	Mo 12.11.07	Fr 23.11.07
18		Test und Lösungsimplementation	2 Wochen	Mo 26.11.07	Fr 07.12.07
19		Installation und Abnahme	4 Wochen	Mo 10.12.07	Fr 04.01.08
20		Personaleinweisung	1 Woche	Mo 07.01.08	Fr 11.01.08
21		Produktivstart	1 Woche	Mo 14.01.08	Fr 18.01.08

Bild 21.15 Tabellarische Terminliste (Beispiel)

Balkendiagramm

Mit der Balkendiagrammdarstellung lassen sich verschiedene Projektaktivitäten innerhalb einer Zeitspanne veranschaulichen und vergleichen. In diesem Fall wird jede Tätigkeit des Projekts (also jedes Arbeitspaket) durch einen waagerecht verlaufenden Balken über einer

Zeitachse dargestellt, dessen Länge die Dauer kennzeichnet. Anhand der Zeitachse wird der zeitliche Ablauf eines Projekts auf einen Blick erkennbar. Bild 21.16 zeigt ein Beispiel für das Projekt PORTAL.

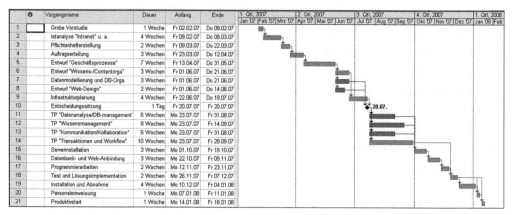

Bild 21.16 Balkendiagrammdarstellung (Beispiel)

Im Einzelnen kann dieser Darstellungsform entnommen werden,

- wie der zeitliche Ablauf eines Projekts geplant ist,
- wo zeitliche Überlappungen von Aktivitäten gegeben sind,
- welche Bedeutung die verschiedenen Aufgaben für die Einhaltung der gesetzten Termine haben (veranschaulicht durch unterschiedliche Farben und Symbole),
- wo sich der kritische Weg befindet.

Möglich ist eine unterschiedliche Skalierung der Zeitachse. Sie wird so festgelegt, dass ein „lesbares" Diagramm entsteht.

Auswertungen und daraus folgende Maßnahmen sind daraufhin in verschiedener Weise aufgrund der ermittelten Meilensteine und des kritischen Pfads denkbar:

- Meilensteine werden im Balkendiagramm durch eine Raute gekennzeichnet (im Beispielfall der Vorgang 10 „Entscheidungssitzung"). Möglich sind dabei sowohl errechnete Meilensteine als auch individuell gesetzte Meilensteine.
- Der kritische Pfad ist von besonderer Bedeutung für das Projektmanagement, denn alle Aktivitäten, die auf diesem Pfad liegen, erfordern eine besondere Aufmerksamkeit durch die Projektleitung. Die zeitkritischen Vorgänge sind nämlich dadurch gekennzeichnet, dass eine Verzögerung bei diesen Vorgängen unmittelbar zu einem Zeitverzug für das gesamte Projekt führt. Alle anderen Aktivitäten haben einen zeitlichen Puffer. Eine wichtige Schlussfolgerung für das Projektmanagement: Es bietet sich an, die kritischen Vorgänge in kürzeren Abständen zu reviewen.

Netzplandiagramm

Die Netzplantechnik ist eine bereits längere Zeit bewährte Planungsmethodik, die eine Reihe von Verfahren zur Analyse, Beschreibung, Planung, Steuerung und Überwachung von Projektabläufen umfasst. Dazu werden die festgestellten Projektablaufstrukturen in eine grafische Darstellung gebracht, die die logische und zeitliche Abhängigkeit der Vorgänge verdeutlicht. Dabei werden Zeiten, Kosten, Ressourcen und weitere Einflussgrößen erfasst und Berechnungen dazu durchgeführt.

Es handelt sich in der Regel um ein **rechnergestütztes Verfahren,** da es sich bei der heute verfügbaren Projektmanagement-Software als viel zu aufwendig erweisen würde, das Erstellen der Diagramme und die Berechnungen (für die Ermittlung der Planungsdaten bzw. für Auswertungen) manuell durchzuführen.

Grundlage für das Erstellen eines Netzplans ist die bereits erläuterte **Vorgangsliste**, die

- sämtliche Tätigkeiten des Projekts (Vorgänge) auflistet,
- die geschätzten Zeitwerte enthält sowie
- die Abhängigkeiten zu den Vorgänger- und Nachfolgervorgängen aufzeigt.

Es gibt verschiedene Verfahren der Netzplantechnik, wobei allerdings ein gemeinsames Grundprinzip vorhanden ist: Es werden alle Ablaufelemente und ihre Abhängigkeiten untereinander in einer grafischen Darstellungsform berücksichtigt, sodass sich eine vernetzte Darstellung sämtlicher Arbeitspakete ergibt. Die Varianten zeigt Bild 21.17.

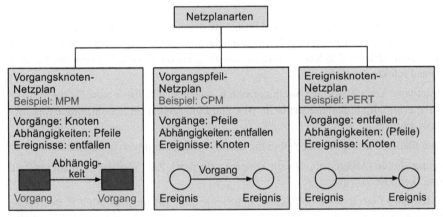

Bild 21.17 Netzplanarten

Beachten Sie:

Je nach verwendeter Netzplanmethode lassen sich unterschiedliche Anordnungsbeziehungen darstellen. Einige Methoden (Programme) erlauben nur sogenannte Ende-Start-Beziehungen, andere können auch beliebige Überlappungen zwischen den Tätigkeiten darstellen.

Werden nach diesen Vorüberlegungen die geschätzten Zeiten hinzugenommen, lassen sich die geplanten Anfangs- und Endtermine der einzelnen Vorgänge ermitteln. Einen Ausschnitt aus einem entsprechenden Netzplan zeigt die Übersicht in Bild 21.18.

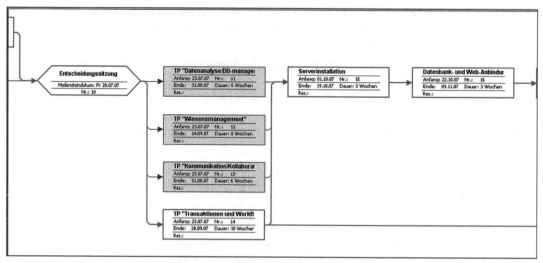

Bild 21.18 Netzplan (Ausschnitt)

Die Berechnung der Zeiten erfolgt dabei in der Weise, dass – ausgehend von einem Startzeitpunkt für einen Vorgang – jeweils die geschätzte Vorgangsdauer addiert wird. Im Endergebnis ergibt sich für den letzten Vorgang des Projekts die Gesamtzeit bzw. der Endzeitpunkt des Projekts.

Ein besonderer Vorteil: Mit der Netzplantechnik lassen sich Zeitreserven für die Projektsteuerung ermitteln, indem der kritische Weg und Pufferzeiten für die einzelnen Vorgänge berechnet werden.

Beachten Sie, dass bezüglich der Zeiten für einen Vorgang zu unterscheiden sind:

- **Vorgangsdauer** (Arbeitszeit, die ein Vorgang erfordert): Z. B. Vorgang „Pflichtenheft erstellen" benötigt 20 Tage.
- **Arbeitsdauer** (= Zeit, die eine Ressource für einen Vorgang aufwendet): Z. B. Bearbeiten 2 Mitarbeiter parallel den Vorgang „Pflichtenheft erstellen", dann beträgt die Arbeitsdauer pro Mitarbeiter 10 Tage. Arbeiten 2 Mitarbeiter 50 % ihrer Zeit parallel an der Aufgabe „Pflichtenheft erstellen", dann beträgt die Arbeitsdauer 20 Tage.

 Beachten Sie:

Bezüglich der realen Terminermittlung ist darüber zu berücksichtigen, dass für die beteiligten Personen neben der zur Verfügung stehenden Arbeitszeit auch noch die Urlaubszeiten und Feiertage einzurechnen sind.

Der effiziente Einsatz einer oder mehrerer Terminplanungsmethoden hängt von der Komplexität und Dynamik des jeweiligen Projekts ab. Einige Beurteilungen im Vergleich zeigt die Tabelle 21.14.

Tabelle 21.14 Vergleich von Terminplanungsmethoden für Projekte

Beurteilungsmerkmal	Terminliste	Balkendiagramm	Netzplan
Informationsbedarf bzw. bereitgestellte Informationen	Arbeitspaketliste Starttermine und/oder Endtermine der Arbeitspakete	Arbeitspaketliste Dauer je Arbeitspaket zeitliche Lagen der einzelnen Arbeitspakete	Arbeitspaketliste Dauer je Arbeitspaket technologische und ressourcenmäßige Abhängigkeiten zwischen Arbeitspaketen
Darstellung der Abhängigkeiten	nein	schlecht	gut
Übersichtlichkeit	gering	gut	sehr gut
Aufwand für die Erstellung	gering	mittel	hoch (Softwarenutzung sinnvoll)
Einsatzbereich	für einfache Projekte	für kleinere bzw. mittlere Projekte	für komplexe und größere Projekte

21.6.4 Ressourcenbedarfsplan und Ressourceneinsatzplan

Zur Verdeutlichung, welche **Ressourcen** für ein IT-Projekt in Betracht kommen, kann die in Tabelle 21.15 gezeigte Differenzierung gewählt werden.

Tabelle 21.15 Projektressourcen

Mögliche Ressourcen	Erläuterungen/Besonderheiten
Eigenpersonal	Für das IT-Projekt benötigte Personen (Einzelpersonen oder Personengruppen): Mitarbeiter der Abteilung, die das Projekt durchführt, Beteiligte aus anderen Fachabteilungen des Unternehmens.
Fremdpersonal	Hierzu zählt beispielsweise die Inanspruchnahme externer Beratungsleistungen im IT-Projekt. Neben dem zeitlichen Einsatzplan sind vertragliche Vereinbarungen mit den externen Dienstleistern über Inhalt und Form der Kooperation wichtig.
Investitionsgüter und sonstige Sachmittel	Hierzu zählen vor allem Anlagen der Informations- und Kommunikationstechnik (einschließlich der beschafften Applikationen bzw. Softwarelizenzen).
Räume	Projektmitarbeiter bzw. das Projektteam benötigen während der Projektlaufzeit besondere Räumlichkeiten.

Innerhalb dieser Gruppen kann eine weitere Klassifizierung sinnvoll sein, wenn das Ressourcenmanagement sehr viele Ressourcen umfasst und detaillierte Planungen und Auswertungen nötig sind.

21.6.4.1 Ressourcenbedarfsplanung

Im Rahmen einer **Ressourcenbedarfsplanung** haben Grenznutzenbetrachtungen eine große Bedeutung. Ein Projektvorgang, für den beispielsweise 24 Arbeitstage Aufwand angesetzt sind, kann von 3 Mitarbeitern in 8 Tagen genauso erfüllt werden wie von 4 Mitarbeitern in 6 Tagen. 24 Mitarbeiter werden aber kaum mit nur einem Tag auskommen. Sie werden sich vermutlich gegenseitig im Weg stehen und der Koordinationsaufwand dürfte unangemessen ansteigen.

Ergebnis der **Ressourcenbedarfsplanung** sollte eine Übersicht über den **Bedarf an Personen und Sachmitteln pro Arbeitspaket und für das gesamte Projekt** sein. In einer Tabelle werden die so ermittelten Mengen den Arbeitspaketen zugeordnet. Aus ihr können dann sowohl der Bedarf pro Arbeitspaket wie auch der Gesamtbedarf abgelesen werden. Das Ergebnis der Bedarfsplanung ist eine Bedarfsübersicht für jedes Arbeitspaket und für das gesamte Projekt (siehe Bild 21.19).

Aufgabe	Anzahl Mitarbeiter	Qualifikation	Zeitdauer	Sachmittel	Organisations-mittel	Raumbedarf
Σ						

Bild 21.19 Ressourcenbedarfsplanung (Planungstabelle)

21.6.4.2 Ressourcenkapazitätsplanung

In engem Zusammenhang mit der Ressourcenbedarfsplanung steht die Kapazitätsplanung. Die benötigten Ressourcen können **Restriktionen** in zeitlicher und kapazitativer Hinsicht aufweisen. Auch dies lässt sich berücksichtigen. Eine Zeitplanung unter der Annahme unbegrenzt verfügbarer **Kapazitäten** wäre in der Praxis ja oft unrealistisch. Es bedarf vielmehr der Einbeziehung zusätzlicher Restriktionen, etwa die Berücksichtigung einer beschränkten Verfügbarkeit von Personal und Einsatzmitteln (Beispiel: Herr X aus der Fachabteilung arbeitet nur zu 30 % seiner Arbeitszeit an dem Projekt „Aufbau des Mitarbeiterportals" mit).

Der Leitgedanke einer jeden Planung lautet „nach Engpass planen":

- Entweder stehen die Termine eines Vorgangs fest, dann sind die Kapazitäten so einzuplanen, dass dieser Termin auch erreicht wird.
- Alternativ liegen die personellen Kapazitäten fest, dann sind hieraus resultierend die Termine zu bestimmen.

Beachten Sie:

Die zur Projektarbeit erforderlichen Ressourcen werden in einer **Kapazitätsplanung** auf die verfügbaren Mitarbeiter, Maschinen und Ressourcen aufgeteilt. Das Ergebnis ist eine Gesamtübersicht aller zur Abarbeitung des Projekts erforderlichen Kapazitäten zu geplanten Terminen während der Projektlaufzeit.

Bei der Kapazitätsplanung werden also die während des Projektablaufs benötigten Personalbedarfe zeitlich eingeplant. Für jeden Projektmitarbeiter wird so ermittelt, wie groß die Kapazitätsauslastung innerhalb eines Zeitraums ist, und das Ergebnis wird in Form eines Belastungsprofils erstellt. Damit ist ersichtlich, ob die für das Projekt verfügbare Personalkapazität eines Mitarbeiters unterschritten wird und für andere Aktivitäten eingeplant werden kann oder überschritten wird und somit ein Belastungsausgleich erforderlich ist.

Die Ressourcenbedarfs- und -kapazitätsplanung erfordert gleichzeitig eine Planung der Ressourcenbeschaffung. Dabei geht es vor allem um die zeitgerechte Anforderung von Sachmitteln (inklusive Fremdpersonal und Beratungsleistungen) und Investitionsgütern (z. B. benötigte Hard- und Software). Bezüglich der Projektplanung ist zu beachten, dass mitunter bei den Beschaffungsvorgängen längere Vorlaufzeiten durch eventuell erforderliche Ausschreibungen nötig sind.

21.6.4.3 Ressourceneinsatzplanung

Aus den im Rahmen der Terminplanung errechneten Zeiten kann eine Ressourceneinsatzplanung (z. B. Personaleinsatzplanung) vorgenommen werden. Den verschiedenen Arbeitspaketen im IT-Projekt können jetzt konkrete Ressourcen zugeordnet werden, die zu ihrer Ausführung erforderlich sind. Für die Einsatzplanung kann dabei von zwei Ansätzen ausgegangen werden:

- Es wird ein gleichmäßiger zeitlicher Einsatz über die zeitliche Dauer eines Arbeitspakets vorgesehen.
- Es wird ein unterschiedlicher Einsatz an verschiedenen Arbeitstagen/Arbeitswochen festgelegt.

Teilschritte der Personaleinsatzplanung

- Ermitteln des Vorrats an Ressourcen (qualifikationsgerecht, zeitgerecht)
- Errechnen des Bedarfs (Arbeitspakete und Teilbarkeit als Rahmendaten, ermittelt aus der Anzahl der Mitarbeiter pro Projekteinheit bzw. Zeitvorgabe)
- Gegenüberstellen von Bedarf und Vorrat (Personalmaßnahmen, Verteilzeiten, Grundlasten)
- Optimieren der Auslastung
- Aufgaben, Kompetenzen und Verantwortlichkeiten zuteilen
- Planung des Personaleinsatzes im Zeitablauf

Möglichkeiten, um vorhandene Überlastungsprobleme zu lösen, sind:

- Verlängerung des Zeitraums, der zur Erledigung ausgewählter Arbeitspakete zur Verfügung steht
- Erhöhung der Kapazität für bestimmte Ressourcen
- Priorisierung von Tätigkeiten
- Veränderung von Ablauffolgen durch entsprechende Umstrukturierung des Ablaufplans

Beachten Sie:

Zusätzliche Probleme ergeben sich für die Personaleinsatzplanung, wenn die Mitarbeiter in unterschiedlichen Projekten zum Einsatz kommen können. Hier ist eine umfassende **Multiprojektplanung** notwendig. Die Planung muss dann berücksichtigen, dass mehrere Projekte eines Unternehmens auf die gleichen knappen Ressourcen zugreifen.

21.6.5 Projektkostenplanung

Für die Durchführung von Projekten werden mehr oder weniger umfangreiche Finanzmittel benötigt. Dazu zählen die Kosten für Personal, Materialien, Investitionen sowie externe Personaldienstleistungen. Zunächst zwei Hinweise:

- Ohne eine detaillierte Planung und Betrachtung der Finanzdaten können die Projektkosten schnell „aus dem Ruder" geraten. Wichtig ist neben einer möglichst exakten Kostenplanung auch die permanente Prüfung der Wirtschaftlichkeit eines Projekts.
- Kosten können zum Teil darüber entscheiden, wie schnell Vorgänge erledigt und wie Ressourcen (etwa Sachmittel und Arbeitskräfte) eingesetzt werden. Steht beispielsweise bei fehlenden Ressourcen ein entsprechendes Budget zur Verfügung, kann etwa für Spezialfragen besonderer Sachverstand von außen „eingekauft" werden.

Ausgangspunkt der Kostenplanung sind die Daten aus der Aufwandsschätzung und Terminplanung. Sie werden mit geeigneten Multiplikatoren (z. B. Arbeitswerte, Stundensätze, Verrechnungspreise, Einkaufspreise) in Werteinheiten umgerechnet. Ergebnis sind die voraussichtlichen Kosten für das Gesamtprojekt sowie der Kostenverlauf auf der Zeitachse.

Es empfiehlt sich, eine möglichst umfassende Vollkostenrechnung zu erstellen, in der alle direkten und indirekten Kosten für das Projekt erfasst werden. Die Gliederung der kalkulationsrelevanten Teileinheiten sollte auf der vorliegenden Projektstruktur aufbauen (vgl. Tabelle 21.16).

Tabelle 21.16 Projektkostenermittlung

Checkliste zur Ermittlung der Projektkosten (Projektkostenarten)	
Einzelkosten	**Beispiele**
Personalkosten	• Gehälter (entsprechend dem Zeiteinsatz) • Löhne • Personalnebenkosten • Prämien • Fort- und Weiterbildung
Materialkosten	• Büromaterial (Papier etc.) • Archivierungsmedien (konventionell, elektronisch)

Checkliste zur Ermittlung der Projektkosten (Projektkostenarten)	
Reisekosten	- Kilometergeld (Fahrtkostenerstattung) - Bahn- und Flugreisen - Übernachtung (Hotel) - Spesen (Verpflegung)
Fremdleistungen	- Beratung - externe Mitarbeiter (Entwickler etc.)
Versicherungen	direkt abgeschlossene Versicherungsleistung
Raumkosten	- Miete (direkt bzw. kalkulatorisch) - Raumnebenkosten (Strom, Gas, Wasser) - Einrichtungskosten
Gemeinkosten	**Beispiele**
Verwaltungskosten	- Geräte (anteilige Abschreibungen für Computer, Kopierer und anderes) - Kommunikationskosten (Telefon etc.) - Projektmanagement (Software etc.)
zentrale Dienstleistungen	- Personalwesen (Personalbeschaffung etc.) - Finanz- und Rechnungswesen - Qualitätsmanagement
Raummiete	anteilig für: - Büroräume - Schulungsräume - Besprechungsräume - Lagerräume

Die Umlage der unterschiedlichen Formen der Gemeinkosten erweist sich oftmals als problematisch. Ein Teil dieser Kosten ist in den Stundenverrechnungssätzen eingearbeitet, andere Kostenelemente müssen zusätzlich pauschal umgelegt werden.

Die beste Grundlage für eine exakte Kostenplanung ist ein gut strukturierter Projektstrukturplan mit genau definierten Arbeitspaketen. Mit den darin zur Verfügung stehenden Daten kann eine sogenannte **Schätzklausur** durchgeführt werden. Bei dieser Methodik geht das Projektteam (zuweilen auch mit Unterstützung von anderen Fachleuten) so vor, dass die einzelnen Arbeitspakete im Detail analysiert und betrachtet werden. Hierfür werden die jeweiligen Mengenangaben (= Personentage bzw. Personenwochen je Arbeitspaket) festgestellt. Diese Mengenwerte werden dann aufgrund der kalkulatorischen Lohn-/Gehaltsdaten in Personalkosten umgesetzt. Ähnliches gilt für die anderen Kostenarten.

Es bietet sich an, die Kosten in der beschriebenen Weise für jedes Arbeitspaket einzeln zu ermitteln. Diese Kosten werden anschließend als gesamte Projektkosten zusammengefasst (vgl. Bild 21.20).

Arbeitspaket	Ressource	Aufwand (in Std.)	Stundensatz	Fixkosten	Gesamt in €
...	HA	15,5	75,-	250,-	1.412,50
2.4	SR	20	175,-	3000,-	3.195,00
2.4	PS	8	105,-	0	840,00
3.1	MM	12	85,-	0	1.020,00
3.2	RI	23,5	80,-	0	1.880,00
3.2	SR	10	175,-	50,-	1.800,00
...	MM	8	85,-	350,-	1.030,00

Bild 21.20 Kostenmatrix

Für die Detailkostenplanung kann das in Bild 21.21 dargestellte Formular verwendet werden.

Projektnummer:		Projekt:									
Arbeitspaket (laut PSP)		Kosten/AP	Kostenarten								
			1000	Personal	2000	Sachkosten	3000	....	4000	Reise	5000	sonst. Kosten
Code	Bezeichnung	Summe AK	Kosten		Kosten		Kosten		Kosten		Kosten
	Projekt managen										
	Soll-Ist-Analyse										
	PM-Infrastruktur										
	PM Aus- und Weiterbildung										
	Pilotprojekte										
	PM-Organisationsregeln										
	Herstellkosten										
	Verwaltungsgemeinkosten										
	Vertriebsgemeinkosten										
	Selbstkosten										
	Wagnis										
	kalk. Gewinn / Verlust										
	Summe Kostenart										
	Projektkosten										

Bild 21.21 Projektkostenplanung (Formular)

21.6.6 Projektqualitätsplanung

Eine wesentliche Aufgabe des Projektmanagements ist die Sicherung der Qualität der Projektergebnisse. Nur so kann erreicht werden, dass

- die Projektkunden bzw. der Projektauftraggeber zufrieden sind,
- hohe Folgekosten (etwa für Nachbearbeitung, Reparaturen oder Rücknahmen) vermieden werden,
- kein Imageverlust eintritt und
- auch die Motivation im Projektteam erhalten bleibt.

Beachten Sie:

Verschiedene Studien zeigen, dass die Zufriedenheit des internen oder externen Auftraggebers weit mehr von der Qualität des gelieferten Produkts abhängt als etwa von der Einhaltung der zugesagten Termine und Kosten. Dies gilt sicher einige Zeit nach Projektabschluss, denn der Ärger mit überzogenen Terminen und erhöhten Kosten lässt mit der Zeit nach, im Gegensatz zum Ärger über ein Produkt, das sich mit „bescheidener" Qualität im mehr oder weniger regelmäßigen Einsatz befindet.

Wesentlich für die **Qualitätsplanung** ist die Festlegung der Qualitätsmaßstäbe. Diese Festlegung ist gerade bei Projektergebnissen, die ja immer eine gewisse Neuartigkeit beinhalten, nicht einfach und hängt unmittelbar von den Produkten und Leistungen ab, die als Ergebnis der Projektarbeit herauskommen sollen. Jede Leistung muss so beschrieben werden, dass eine eindeutige Messung bei der Abnahme des Ergebnisses möglich ist.

Im Ergebnis sollte ein **Projektqualitätsplan** (kurz **Projekt-QS-Plan**; vgl. Tabelle 21.17) erstellt werden, der eine Aufstellung der im Projekt vorgesehenen qualitätssichernden Maßnahmen mit Aktivitäten, Verantwortlichkeiten und Zeiten (was, wer, wann) beinhaltet.

Tabelle 21.17 Beispiel für den Aufbau eines Projekt-QS-Plans

QS-Maßnahmen	Verantwortlichkeiten	Zeiten/Termine
• Richtlinien erstellen • Designrichtlinien • Organisationsrichtlinien		
• Reviews • QFD-Workshops (Quality Function Deployment) • Zwischenergebnisse prüfen • Realisierte Inhalte (Abschlussreview)		
• Tests • Funktionstests • Ergonomietests		
QS-Schulungsmaßnahmen		

In der praktischen Umsetzung der Qualitätsplanung wird in der Regel so vorgegangen, dass der Projekt-QS-Plan gemeinsam vom Projektleiter mit dem Projektauftraggeber, dem Projektteam sowie einem im Projektauftrag festgelegten QS-Beauftragten erarbeitet wird. Grundlage dafür sind die Projektanforderungen, es besteht eine Abhängigkeit von den übrigen Projektplänen. Um Spitzenqualität im Projekt zu erreichen, müssen mögliche Fehler permanent bzw. in sinnvollen Abständen analysiert und korrigiert werden. Eine entsprechende Orientierung gibt die folgende Checkliste.

Vorgehen zur Qualitätssicherung

- Qualitätsziele für das Produkt/Projektergebnis festlegen (z. B. einfache Bedienbarkeit)
- Mängel erkennen und analysieren (beispielsweise komplizierte Benutzung bestimmter Funktionen)
- Korrekturen/Maßnahmen entwickeln und verfeinern (z. B. moderneres Produktdesign)
- Wirksamkeit der neuen/veränderten Produktmerkmale messen (beispielsweise Benutzerakzeptanz anhand eines Prototyps evaluieren)
- Neue Qualitätsziele setzen

Die Bestandteile der Qualitätssicherung der Projektergebnisse im Zusammenhang zeigt Bild 21.22.

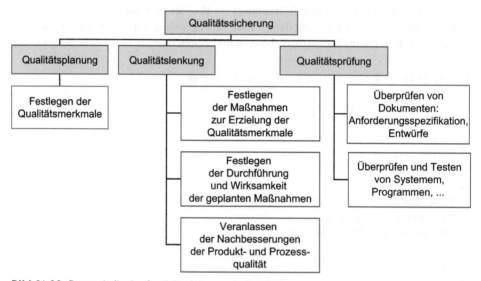

Bild 21.22 Bestandteile der Qualitätssicherung in Projekten

Abschließend einige Hinweise auf wichtige **Grundsätze zur Qualitätssicherung** in Projekten:

- Bei der Auftragsvergabe sollten möglichst schon Abstimmungen zur Qualitätsplanung und Qualitätssicherung erfolgen. Eine präzise Projektdefinition erleichtert später das Herstellen der gewünschten Produktqualität.
- Bereits in der Anfangsphase von Projekten ist die Einhaltung der Qualitätsmaßstäbe konsequent zu verfolgen.
- Ein projektbegleitendes Qualitätsmanagement sollte vorbeugend von Anfang an dafür sorgen, dass die dem Kunden zugesagte oder vom Markt verlangte Qualität erreicht wird. Ein bewährtes Instrument sind QFD-Workshops (Quality Function Deployment), in denen

die wichtigsten Anforderungen des Kunden erfasst und in technische Produkteigenschaften (= Systemanforderungen) umgesetzt werden können.
- Bereits in frühen Phasen des Projekts werden die entscheidenden Weichen für die Qualität eines Produkts gestellt. Deshalb sollten immer wieder in Zwischenreviews die Zwischenergebnisse bei der Produktentwicklung geprüft werden (Meilensteine).

21.6.7 Projektrisikoplanung

Projektarbeit und Projektplanung sind aufgrund der Einmaligkeit und der hohen Komplexität der IT-Projekte nicht frei von Risiken und somit großen Unsicherheiten unterworfen. Diese machen sich oft im ungünstigsten Zeitpunkt bemerkbar und können den geplanten Projektverlauf empfindlich stören. IT-Projekte bergen vielmehr erhebliche Gefahrenpotenziale in sich:

- Menschliches Versagen, etwa durch unzureichende Qualifizierung oder fehlende Leistungsbereitschaft des Personals (etwa von Projektteammitgliedern oder der Projektleitung).
- Fehlende Kontrollen können hohen Schaden verursachen. Wichtig ist hier, durch regelmäßige Statusmeldungen über Projektfortschritte mit transparenten Aussagen entgegenzuwirken.
- Fehlerhafte Abstimmungen und Fehler verursachende Kommunikationsprozesse können die Qualität der Produkte der Projektarbeit signifikant verschlechtern.

Eine nicht unwichtige Aufgabe besteht deshalb im Rahmen der Projektplanung darin, zu untersuchen, welche möglichen Risiken und Schwierigkeiten bei der Projektdurchführung auftreten können. Mit Risiko wird in diesem Fall die Möglichkeit bezeichnet, dass es im Projektverlauf zu negativen Auswirkungen kommt. Ein solches Risiko setzt sich zusammen aus:

- den möglichen Problemen,
- der Wahrscheinlichkeit ihres Auftretens,
- der Tragweite (Auswirkungen) beim Auftreten der Probleme sowie
- der Aufwände, die betrieben werden müssen, um das Risiko zu mindern.

Hier ist die Projektleitung gefordert, ein vorbeugendes Risikomanagement zu betreiben. So muss die Projektleitung unter Einsatz bestimmter Techniken und Verfahren versuchen, Probleme/Projektrisiken vorherzusehen, ihnen vorzubeugen und damit das Projektrisiko insgesamt zu mindern.

Die folgende Übersicht soll zeigen, dass **Risikomanagement** verschiedene **Tätigkeiten** umfasst, die in vier Abschnitte unterteilt werden können:

- die Identifikation der Projektrisiken,
- die Bewertung der Risiken,
- die Klassifizierung sowie
- die Behandlung der Risiken.

Den Zusammenhang skizziert Bild 21.23.

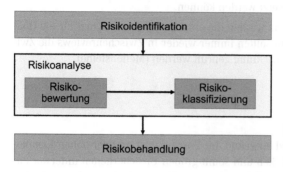

Bild 21.23
Aktivitäten im Risikomanagement von Projekten

In der Praxis beschränkt sich Risikomanagement oft auf die Risikoanalyse. Wichtig ist aber auch die Risikobehandlung, bei der mögliche Reaktionen auf die erkannten Risiken zusammengestellt werden.

Ausgangspunkt für das Risikomanagement ist die systematische Bestandsaufnahme der Risiken, die in den vorgesehenen bzw. geplanten IT-Projekten vorliegen. Projektrisiken entstehen durch Probleme und Gefahren bei der Durchführung von Projekten. Die Aufgabe eines Risikomanagements ist es nun, die Berücksichtigung der Zielgrößen Funktionalität bzw. Qualität der Produkte, Kosten sowie Termine sicherzustellen, um eine langfristige Wirtschaftlichkeit nicht zu gefährden bzw. einen nachhaltigen Projekterfolg sicherzustellen.

Erste Schritte im Risikomanagementprozess für IT-Projekte stellen systematische Bestandsaufnahmen zu den Risiken dar, die in IT-Projekten einschließlich ihrer Wirkungszusammenhänge gegeben sind. Insbesondere müssen die Risiken identifiziert werden, die die Ergebnisse eines Projekts in besonderer Weise gefährden können. Notwendig für ein erfolgreiches Risikomanagement ist in jedem Fall die Differenzierung der Risikoarten. Nur durch eine geeignete Kategorienbildung ist eine differenzierte Risikoanalyse möglich und lassen sich geeignete Maßnahmenbündel ableiten.

Ausgehend von den identifizierten Projektrisiken kann eine Bewertung der bestehenden Risiken vorgenommen werden (beispielsweise hinsichtlich der Wahrscheinlichkeit des Eintretens, Beschreibung der Auswirkungen im Fall des Risikoeintritts). Schließlich sind die Ursachen für die Risiken und Konsequenzen (bei Eintritt des Risikos) zu beschreiben.

Aber nicht nur das Erkennen und Bewusstmachen der Risiken im Projekt ist wichtig, sondern vor allem das Minimieren dieser Projektrisiken. Deshalb sollten bereits in der Planungsphase des Projekts Strategien bzw. Maßnahmen entwickelt werden, wie die Risiken beseitigt, verringert oder im Fall des Eintretens beherrscht werden können.

Im Ergebnis sind – ausgehend von den identifizierten Risikofaktoren – **Maßnahmen zur Risikovorsorge (= Risikobehandlung)** zu formulieren. Ein Beispiel zeigt Tabelle 21.18.

Tabelle 21.18 Maßnahmen im Risikomanagement von Projekten (Beispiel)

Risikofaktoren im Projekt	Mögliche Maßnahmen zur Risikovorsorge	Verantwortlich, Termin
Mangel an geeignetem Teampersonal	▪ Schulungen durchführen ▪ Fördermaßnahmen zur Teamentwicklung ▪ „Einkauf" externer Spezialisten	NN, xx.05.23
Unrealistische Kosten- und Zeitpläne	▪ Ausarbeitung detaillierterer Pläne ▪ Durchführung von Schätzklausuren ▪ Hinzuziehen von Experten	
Unzureichende Benutzerakzeptanz	▪ frühzeitige Einbindung der Endbenutzer in der Entwicklungsphase (QFD-Workshops) ▪ Prototyp für das angestrebte Projektergebnis erstellen ▪ konsequentes Change Management	

Bei den in der mittleren Spalte eingetragenen Maßnahmen kann noch eine Differenzierung dahingehend vorgenommen werden, ob es sich um **vorbeugende Maßnahmen** oder **Eventualmaßnahmen** handelt. Vorbeugende Maßnahmen werden im Vorfeld ergriffen, um das jeweilige Risiko zu mindern. Dies geschieht in der Regel in der Form, dass Maßnahmen geplant und anschließend auch realisiert werden, die das Eintreten der auslösenden Ursachen und damit das Auftreten des möglichen Problems verhindern oder zumindest die Wahrscheinlichkeit des Eintretens senken.

Es empfiehlt sich, für alle Maßnahmen, die durchgeführt werden sollen, noch festzulegen,

- wer für die Durchführung der jeweils vorgeschlagenen Maßnahme verantwortlich ist,
- welche Stelle mit der Durchführung der jeweiligen Maßnahme beauftragt werden soll und
- bis zu welchem Termin die Maßnahme realisiert bzw. vorbereitet sein muss.

21.6.8 Nutzung von Projektmanagementsoftware für die Projektplanung

Projektmanagementprogramme bieten vielen Projektleitern die Chance, eine effizientere Planung und Steuerung der zu betreuenden Projekte zu realisieren. So stehen immer aktuell klare Planungs- und Steuerungsinformationen zur Verfügung. Aber auch Projektteammitglieder profitieren davon, indem

- klar orientierende und motivierende Zielvorgaben erstellt werden können,
- Aufgaben präzise zugewiesen werden und damit
- gleichzeitig die Rahmenbedingungen für eine positive Teamarbeit geschaffen werden.

Eine Orientierung, in welchen Phasen der Projektarbeit welche Teilaktivitäten des Projektmanagements durch Softwareeinsatz unterstützbar sind, gibt Bild 21.24.

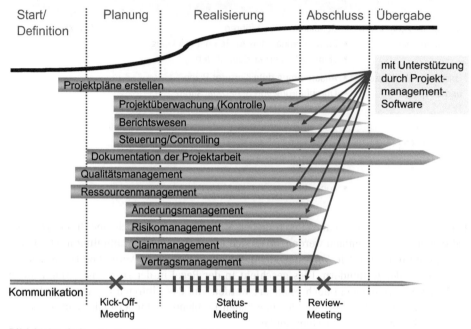

Bild 21.24 Softwareunterstützung für Projektmanagementaktivitäten

Die Übersicht zeigt, dass ein Computerprogramm in der Startphase eines Projekts wenig hilfreich ist. Die Zieldefinition und die Analyse der Rahmenbedingungen für die Projektarbeit muss der Projektleiter in Zusammenarbeit mit dem Projektteam und dem Auftraggeber vornehmen. Demgegenüber kann gerade in der Planungs- und Steuerungsphase ein Projektmanagementprogramm wertvolle Unterstützung leisten.

Durch Einsatz eines Projektmanagementprogramms in der Planungsphase

- lässt sich die Projektstruktur in übersichtlicher Weise aufzeigen (mittels Balkendiagramm und Netzplan) und daraufhin eine genauere Projektplanung (z. B. die Personaleinsatzplanung) vornehmen,
- können automatisch eine Vielzahl wichtiger Plan- und Kontrolltermine ermittelt werden,
- werden wichtige Daten zur Budget- und Ressourcenplanung zur Verfügung gestellt,
- können auftretende Planänderungen schnell ohne großen Aufwand im Projektplan berücksichtigt werden,
- können im Planungsstadium verschiedene Möglichkeiten (etwa unterschiedlicher Personaleinsatz) durchgespielt werden, um herauszufinden, welche Auswirkungen diese auf das Gesamtprojekt haben (What-If-Analysen).

Praxistipp:

Vor der Entscheidung über ein geeignetes Projektmanagementprogramm sollten Sie sich erst einmal vergegenwärtigen, wie Programme dieser Kategorie arbeiten und welche Leistungsmöglichkeiten grundsätzlich gegeben sind.
Denn: Unabhängig vom eingesetzten Programm gibt es hinsichtlich der Arbeitsweise und der Funktionalitäten viele Gemeinsamkeiten.

21.7 Kontrolle und Steuerung von IT-Projekten

Während der eigentlichen Projektumsetzung sind auch zahlreiche Managementaktivitäten notwendig. Waren zuvor vor allem planende Aktivitäten gefragt, sind nun primär **überwachende und steuernde Funktionen durch das Projektmanagement** wahrzunehmen.

Wichtige Teilaktivitäten zur Realisierung einer ausreichenden **Projektsteuerung** zeigt im Zusammenhang Bild 21.25.

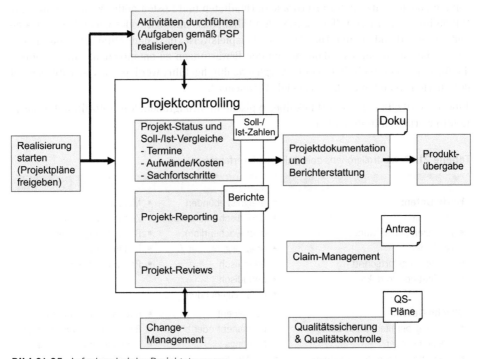

Bild 21.25 Aufgaben bei der Projektsteuerung

Bild 21.25 zeigt, dass die Grundlage der Projektsteuerung die freigegebenen Projektpläne sind. Die Projektleitung muss nun sicherstellen, dass alle Mitarbeiterinnen und Mitarbeiter im Projektteam ab diesem Zeitpunkt auch über die aktuellen Daten als Orientierungsgrundlagen für ihre Arbeiten verfügen.

Mit der Umsetzung der Arbeitspakete können dann erste Ist-Daten (Ist-Anfang, Ist-Ende, tatsächlich benötigte Arbeitsstunden, Ist-Kosten) ermittelt und erfasst werden. Zur Feststellung des Projektstatus sind diese Ist-Daten mit den Plandaten im Vergleich zu analysieren. Bei Abweichungen sind ggf. Steuerungsmaßnahmen notwendig. Dieser permanente Steuerungsprozess wird so lange durchgeführt, bis das Projekt erfolgreich beendet ist. Parallel erfolgen eine Projektdokumentation, die Aufbereitung von Projektinformationen sowie die Bereitstellung von Reports für unterschiedliche Berichtsempfänger.

Im Wesentlichen ist natürlich die Projektleitung gefordert, mit Unterstützung des Projektteams und eventuell eines Controllers, eines Risikomanagers oder eines Qualitätsmanagementbeauftragten Steuerungsmaßnahmen festzulegen, zu diskutieren, zu beschließen und einzuleiten.

21.7.1 Varianten der Projektüberwachung

In IT-Projekten ist eine permanente Fortschrittsüberwachung zu den Vorgängen, Ressourcen (Personaleinsatz, Materialverbrauch), Qualitäten und Kosten nötig. Voraussetzung zur Durchführung von Kontrollen ist in vielen Fällen, dass messbare oder genau beschriebene Soll-Werte vorhanden sind. Dies bedeutet beispielsweise, dass dem Mitarbeiter im Projekt genau klar ist, worauf es ankommt, um den Erwartungen zu entsprechen. Nur so können die für Kontrollen typischen Soll-Ist-Vergleiche durchgeführt werden. Dies ist natürlich bei den „harten" Daten einfacher als bei den „weichen".

Tabelle 21.19 gibt einen Überblick über typische Kontrollgrößen, Kontrollzeitpunkte sowie Kontrollverfahren in Projekten.

Tabelle 21.19 Kontrollgrößen, -zeitpunkte und -verfahren

Kontrolldaten (Kontrollgrößen)	Kontrollzeitpunkte	Kontrollverfahren
Harte Daten: • Ist-Termine • Ist-Zeiten (Ist-Aufwand) • Ist-Kosten • Ist-Leistungsfortschritt • Qualität der Produkte	• ereignisgebunden • periodisch (monatlich oder wöchentlich) • ereignisgebunden/ periodisch • periodisch • ereignisgebunden	• Meldung • Zeitaufschreibung • Buchhaltungsdaten • Meldungen • Prüfung, Review
Weiche Daten: • Leistungsbereitschaft einzelner Teammitglieder • Teamatmosphäre (Stimmungen etc.) • Effektivität von Meetings • Akzeptanz des Projekts	• permanent • permanent oder bei Meetings • bei Meetings • ereignisgebunden	• Beobachtung, Interview • Beobachtung, Befragungen • Beobachtung, Befragung • Befragungen

Welches Verfahren zur Kontrolle sollte gewählt werden? Grundsätzlich kann bezüglich des Verfahrens unterschieden werden,

- ob die Kontrolldaten mündlich, schriftlich oder elektronisch erfasst werden und
- ob sie vom Projektteammitglied gemeldet (Bringschuld) oder vom Projektleiter selbst erhoben werden (Holschuld).

Praxistipp

Bei komplexeren IT-Projekten hat es sich bewährt, die Ist-Daten von den verantwortlichen Personen bzw. von allen Projektmitgliedern einzuholen. Diese haben dann in regelmäßigen Abständen die Daten zu melden bzw. einen Bericht über den Vorgangsfortschritt (mit genau fixierten Ist-Daten) vorzulegen. Um ein Projekt zu verfolgen, müssen außerdem die geplanten Ressourcendaten abgeglichen werden. Jeder Mitarbeiter an einem IT-Projekt muss dazu seine Arbeitstage (oder Stunden), die er am Projekt gearbeitet hat, laufend festhalten und an den für das Projektcontrolling Verantwortlichen melden.

21.7.2 Statuserfassung für Projektvorgänge

Zur erfolgreichen Durchführung von IT-Projekten ist eine laufende Erfassung der Projektfortschritte erforderlich. Dazu werden in regelmäßigen Zeitabständen die Ist-Daten zum Projektablauf gesammelt. Wichtige **Projektstatusdaten**, die es zu erfassen und zu verfolgen gilt, sind:

- Zeitdaten (Termine, geleistete Stunden/Arbeitsaufwand)
- Fertigstellungsdaten (Fertigstellungsgrad einzelner Arbeitspakete)
- Kostendaten (Höhe und Art der angefallenen Kosten)

Liegen die aktuellen Fortschrittsdaten vor, müssen diese systematisch erfasst werden und der bisherige Projektplan muss ggf. fortgeschrieben werden. Im Rahmen der Terminkontrolle ist durch die Projektleitung oder durch das Projektteam die Fortschreibung der Anfangs- und Endtermine sowie der verbrauchten Zeiten für Teilvorgänge möglich. Ergänzend erforderlich sind in vielen Fällen außerdem eine Kontrolle und Fortschreibung des Ressourceneinsatzes sowie der angefallenen Kosten.

Die **Überwachung** und der **Statusabgleich** der tatsächlichen **Anfangs- und Endtermine** sind von besonderer Bedeutung. Die Termine beeinflussen den erfolgreichen Projektverlauf unmittelbar, die entsprechenden Daten sollten deshalb vorrangig überwacht werden. Beachten Sie:

- Vorgänge, die zu spät beginnen oder enden, können das gesamte Projektziel beeinflussen. Dies ist vor allem dann der Fall, wenn sich die darauf unmittelbar folgenden Vorgänge verzögern.
- Vorgänge, die früher als geplant beginnen oder enden, schaffen zusätzliche Freiräume. So können die dadurch frei werdenden Kapazitäten der Ressourcen für die Arbeit an anderen Vorgängen eingeplant werden.

Bei überschaubaren Projekten können die Termine im Balkendiagramm gut verfolgt werden, indem man den Balken dem erreichten prozentualen Leistungsanteil entsprechend ausfüllt.

Beachten Sie:

Die Terminkontrolle und Terminsteuerung sind bei größeren Projekten nur mit Unterstützung der Netzplantechnik praktikabel durchführbar. Nur sie erlaubt einen Gesamtblick auf die zahlreichen Einzelaufgaben mit ihren vielen Abhängigkeiten im Projekt. Das Durchrechnen der Termine zum Bestimmen des kritischen Pfads ist am einfachsten mit einem softwaregestützten Netzplanverfahren möglich.

Zur Zeit- und Aufwandserfassung, die möglichst durch die Mitarbeiter selbst erfolgen sollten, kann das Formblatt aus Tabelle 21.20 verwendet werden.

Tabelle 21.20 Formular zur Zeit- und Aufwandserfassung von Projektarbeiten

Zeit- und Aufwandserfassung										
Projektbezeichnung: PORTAL Projektleiter: Dipl.-Kfm. Friedrich Müller							Arbeitspaket: Ist-Analyse „Bisherige Intranetlösung"			
Projektmitarbeiter: Frieda Müller							Kalenderwoche: 43			
Aktivitäten	Zeitaufwand (Stunden)						Summe Aufwand Woche	Plan-Aufwand Gesamt	Tats. Aufwand Gesamt	Restl. Aufwand
	M	D	M	D	F	S				
Dokumentation der Intranetinhalte	8	8	4				20	25	20	5
Benutzerprofilanalyse				4	8	4	16	20	20	0

Wenn die so erfassten Daten danach computergestützt weiterverwendet werden sollen, können organisatorisch folgende Varianten in Betracht kommen:

- Alle Projektmitarbeiter führen einen „Stundenzettel" nach der oben abgebildeten Vorlage. Die Daten des Stundenzettels werden danach zentral in das Projektcontrollingsystem übertragen.
- Für das Arbeiten mit Zugriff auf einen Projekt-Server wird den Projektmitarbeitern vom Programmsystem eine Erfassungsmaske für die Arbeitszeiten dezentral zur Verfügung gestellt. Die Erfassung erfolgt so unmittelbar im Programm durch die Mitarbeiter.

Die Projektleitung fasst die gemeldeten Ressourcendaten schließlich zu einem Projektstatusbericht zusammen. In der Statusmeldung werden dann letztendlich die angefallenen Personentage (kurz PT) jeweils für die einzelnen Projektphasen nachgehalten und kumuliert. Hier werden auch kurz der jeweilige Ist-Stand geschildert, Schwierigkeiten beschrieben und eingeleitete Maßnahmen erläutert. Des Weiteren sollte das geplante Vorgehen kurz dargestellt werden.

21.7.2.1 Kostenerfassung

An die Erfassung und Kontrolle der Kosten, die im IT-Projekt anfallen, werden oft besondere Anforderungen gestellt. Für die Projektleitung ergeben sich typischerweise folgende Fragen:

- Wie hoch sind die bisher angefallenen Kosten?
- Welche Personen im Projektteam haben welche Kosten verursacht?
- Wie sind die angefallenen Kosten im IT-Projekt auf die einzelnen Projektphasen bzw. einzelnen Arbeitspakete verteilt? (Vorplanung, Entwurfsplanung, Ausführungen etc.)
- Wie weit ist das Projekt abgerechnet und sind die Kosten gedeckt?

Für Auswertungen ist von Interesse, welche **Aufteilung** bezüglich der Kostenerfassung möglich ist. Dies betrifft einmal genaue Auswertungen über die Personalkosten eines Projekts. Dabei bilden die Ermittlung und Erfassung der Zeiten eine wichtige Basis für gezielte Auswertungen und weitere Verrechnungen (neben den Lohnkosten bzw. einem Anteil an allgemeinen Geschäftskosten). Üblich ist die Erfassung der einzelnen Personalstunden (unterschieden wird bei den Personalkosten zwischen Normalzeit, Dienstreise, Gleitzeit, Krankheit, Urlaub und Sonderurlaub) und etwaiger Kosten, wie Materialkosten oder Aufwendungen für Unterauftragnehmer, sowie deren Verteilung auf die einzelnen Projekte. Ergänzend wäre die Zuordnung zu Kostenstellen- bzw. Abteilungsdaten von Interesse.

21.7.2.2 Sachfortschritte im Projekt erfassen

Die Fortschrittskontrolle stellt für die Projektleitung sicherlich die wichtigste und schwierigste Kontrollaufgabe dar. Die Sachfortschrittskontrolle zerfällt in eine produkt- und eine projektbezogene Kontrolle:

- **Produktfortschrittskontrolle:** Hier muss die Frage beantwortet werden, inwieweit bestimmte Leistungsmerkmale der zu erstellenden Projektprodukte bereits erreicht sind. Dies äußert sich beispielsweise in dem Erreichen bestimmter technischer Daten sowie im Vorliegen von Qualitätssicherungsdokumenten (z. B. Testberichte).
- **Projektfortschrittskontrolle:** Hier geht es um die Bestimmung des Fertigstellungsgrads bzw. des Fertigstellungswerts (etwa auf einzelne Arbeitspakete bezogen).

Als Messgrößen für den Sachfortschritt werden Fortschrittsberichte der einzelnen Teammitglieder sowie Zwischenpräsentationen verwendet. Grundsätzlich empfiehlt es sich, während der Projektdurchführung in bestimmten Abständen Restzeitschätzungen vorzunehmen.

Bei einer integrierten Projektsteuerung sollte neben den Terminen und den geleisteten Arbeitsstunden auch das inhaltliche Projektergebnis überwacht und bewertet werden. Damit wird letztlich der Fertigstellungsgrad eines Projekts ermittelt. „Der Fertigstellungsgrad bezeichnet das Verhältnis der zu einem Stichtag erbrachten Leistung zur Gesamtleistung eines Vorgangs, Arbeitspakets oder Projekts" (gemäß DIN 69903).

Zur Ermittlung des Fertigstellungsgrads können in der Praxis unterschiedliche Messtechniken eingesetzt werden. Beispiele sind:

- **Mengen- und Zeitproportionalität:** In diesem Fall werden die angefallenen Mengen- und Zeiteinheiten mit den geplanten Mengen- und Zeiteinheiten verglichen. Daraus wird dann der Fortschritt der einzelnen Vorgänge ermittelt.

- **Schätzung:** Dieses subjektive Verfahren (Angabe eines Schätzwerts in Prozent) sollte immer dann zur Anwendung gelangen, wenn andere (präzisere) Verfahren nicht möglich sind.

Hier gibt es ein besonderes Problem, nämlich das „Fast schon fertig"-Syndrom. Damit wird ausgedrückt, dass die Projektmitarbeiter den erreichten Fertigstellungsgrad ihrer Aufgaben meist als zu hoch bewerten. So werden beispielsweise für die letzten 10 % einer Aufgabe meist mehr als 40 % der Zeit benötigt. Gründe für solche Fehleinschätzungen sind:

- Der Aufwand für die noch zu leistende Arbeit wird unterschätzt.
- Der Anteil der bereits erbrachten Leistung wird überschätzt.
- Schwierigkeiten, die in der Zukunft bevorstehen, werden verharmlost.
- Bereits eingetretene terminliche Planüberschreitungen werden ignoriert und verdrängt.
- Das Drängen der Projektleitung beeinträchtigt die Realitätstreue der Aussagen der Projektmitarbeiter.

Grundsätzlich benötigt jedes Arbeitspaket eines Projekts zur Fertigstellung einen bestimmten Zeitaufwand und verursacht damit Kosten. Um den Wert von geleisteten Arbeiten zu einem bestimmten Stichtag zu ermitteln, wird der sogenannte Fertigstellungswert berechnet. Nach DIN 69903 werden unter Fertigstellungswert „die dem Fertigstellungsgrad entsprechenden Kosten eines Vorgangs, Arbeitspakets oder Projekts" verstanden. Die Formel zur Ermittlung lautet:

Fertigstellungswert = geplante Kosten × aktueller Fertigstellungsgrad

21.7.3 Plan-Ist-Vergleiche und Reviews

Eine besondere Aufgabe der Projektleitung ist es, Abweichungen zu erkennen und den Projektfortschritt für jeden Vorgang zu verfolgen. Dazu lassen sich konkrete **Vergleiche von Plan- und Ist-Daten** vornehmen. Durch diesen Vergleich der geplanten Daten mit aktuellen Daten können mögliche Probleme schon bei der Entstehung erkannt und frühzeitig gelöst werden.

In der Praxis gibt es natürlich zahlreiche Gründe dafür, dass **Abweichungen zwischen Plan und Ist** auftreten:

- Unvorhergesehene Änderungen im Projektverlauf (neue Schwerpunktsetzungen bei der Projektaufgabe, unerwartete Auswahl von Personal)
- Unrealistische Planung (Einplanung von zu wenig Reiseaufwand etc.)
- Fehler in der Arbeitsausführung
- Nicht planmäßige Durchführung wegen fehlender Qualifikation bzw. unzureichender Motivation der Beteiligten
- Spannungen im Projektteam
- Falsche Einschätzungen von Umweltbedingungen und den damit verbundenen Auswirkungen (beispielsweise finanzielle Bedingungen, Preisentwicklungen auf den Märkten etc.)

Grundsätzlich werden drei **Arten von Abweichungen im Projektmanagement** unterschieden:

- Terminabweichungen
- Ergebnis-/Sachfortschrittsabweichungen
- Kostenabweichungen

Ausgehend von den vorliegenden Ist-Daten und ihrer Analyse sind dann im Bedarfsfall geeignete Korrekturmaßnahmen einzuleiten. Während kleinere Abweichungen oft ohne großen Aufwand korrigiert werden können, sind größere Abweichungen möglich, die auch eine Korrektur der Pläne oder sogar der Projektziele auslösen können. Durch ein entsprechendes Projektcontrolling müssen diese Abweichungen frühzeitig erkannt und daraufhin Maßnahmen überlegt und ergriffen werden, die die Abweichungen wieder ausgleichen.

Beachten Sie:

Ständige Soll-Ist-Vergleiche sind wichtige Instrumente eines modernen Controllings. Im IT-Projekt kann somit früh eine gravierende Abweichung erkannt werden, um durch geeignete Steuerungsmaßnahmen entweder das Projekt wieder „in den Plan" zu holen oder die Projektplanvorgaben zu ändern.

Liegen keine Terminabweichungen aufgrund der Plan-Ist-Vergleiche vor, sollte eventuell noch ergänzend eine **Termin-Trendanalyse** durchgeführt werden. Damit können künftige Verzögerungen aufgezeigt werden. In diesem Fall werden ältere Planwerte mit neuen Plandaten verglichen und – ausgehend von eventuell in Angriff zu nehmenden Korrekturen – entsprechende Trends ermittelt.

Ein besonderes Verfahren ist die **Meilenstein-Trendanalyse**. Sie vermag aufzuzeigen, inwieweit Arbeitspakete zur Erreichung eines Meilensteins (voraussichtlich) fristgerecht abgearbeitet werden. Damit lassen sich frühzeitig Verzögerungen erkennen und entsprechende Korrekturmaßnahmen einleiten, etwa Fremdvergaben organisieren oder zusätzliche Kapazitäten bereitstellen. Die Meilenstein-Trendanalyse erfolgt am besten grafisch: Dazu wird eine Grafik angelegt, die etwa links den Planungszeitraum und rechts den Projektfortschritt (und damit den Berichtszeitraum) angibt.

21.7.4 Kostencontrolling in Projekten

Bei der Kostenüberwachung werden die bis zu einem bestimmten Zeitpunkt geplanten Kosten den bis dahin angefallenen Kosten gegenübergestellt. Dies gibt bereits erste Anhaltspunkte, ob eventuell gegengesteuert werden muss. Eine Beispielaufstellung eines **Soll-Ist-Kostenvergleichs** zeigt Tabelle 21.21.

Tabelle 21.21 Beispiel für einen Soll-Ist-Kostenvergleich

Kostenarten	Soll-Ist-Vergleich		Abweichungs-analyse	Beurteilung
	Soll	Ist		
Personalkosten	140	144	– 4	geringe Überschreitung
Materialkosten	24	20	+ 4	gute prozentuale Einsparung
Reisekosten	16	36	– 20	enorme Überschreitung der Kosten
Fremdleistungen	4	2	+ 2	Einsparung von 50 %
Raumkosten	6	6	–	ausgeglichen
Gemeinkosten	10	12	– 2	Überschreitung um 20 %
Summe	200	220	– 20	Überschreitung um 10 %

Liegt keine Kostenüberschreitung vor, kann eine sogenannte Kosten-Trendanalyse hilfreich sein, um künftige Abweichungen aufzuzeigen.

21.7.5 Project-Scorecard – IT-Projekte mit Kennzahlensystemen steuern

In Abhängigkeit von den Rahmenbedingungen einer IT-Organisation ergeben sich unterschiedliche Optionen, um für das IT-Projektmanagement bzw. für das Multiprojektmanagement eine sogenannte „IT-Project Scorecard" zu entwickeln und zu etablieren. Aus eigener Erfahrung kann festgestellt werden, dass der Weg über eine Balanced Scorecard (kurz BSC) fast immer der Idealfall sein dürfte und damit ein überaus erfolgversprechender Ansatz ist.

Üblicherweise kann bezüglich einer **BSC für IT-Projekte** festgehalten werden:

- Aus der Sicht der Finanzperspektive lassen sich Kennzahlen wie Budgeteinhaltung und Kostenentwicklung im IT-Projekt als wesentliche Orientierungsmaßstäbe nennen.
- Die Kundendimension kann ebenfalls auf das IT-Projektmanagement übertragen werden. Die „Endkunden für IT-Projekte" sind dabei die einzelnen Endbenutzer und Anwender, mögliche Kennzahlen sind die Kundenzufriedenheit und die Lösungsakzeptanz (Nutzungsgrad der IT-Lösungen).
- Die Prozessdimension hat in den letzten Jahren auch für das Projektmanagement stark an Bedeutung gewonnen. So werden die Projektmanagementprozesse zunehmend optimiert. Interessante Messgrößen bzw. Kennzahlen für die Prozessdimension sind beispielsweise die Einhaltung von Meilensteinterminen sowie die Projekterfolgsquote.
- Die Lern- und Wachstumsdimension fokussiert auf die Mitarbeiterinnen und Mitarbeiter im IT-Projekt. Wichtige Fragen, die einer permanenten Klärung und Steuerung (auch unter Einbeziehung der Arbeitnehmervertretung) bedürfen, sind die Personalentwicklung (Qualifizierung des Projektteams) und die Zufriedenheit der Projektmitarbeiter bzw. des gesamten Projektteams.

Um eine entwickelte IT-Projekt-Scorecard effizient einzusetzen, bietet sich der Aufbau eines **Management-Cockpits** an, das in differenzierter Weise von Projektleitung, Projekt-Office, IT-Leitung und Auftraggeber genutzt werden kann. Es

- ermöglicht eine transparente Auswertung der vorliegenden Kennzahlen und
- liefert darüber hinaus auch die Möglichkeit von differenzierten Ursachenanalysen sowie perspektivischen Trendanalysen.

Die Einrichtung eines Management-Cockpits sollte so konzipiert sein, dass sehr unterschiedliche Differenzierungsebenen der Informationen genutzt werden können. Gleichzeitig stellen Alarmfunktionen sicher, dass der Nutzer relevante Informationen rechtzeitig angezeigt bekommt und umgehend entsprechende Aktionen anstößt, wie zum Beispiel das Senden von E-Mails.

Bei systematischer Anordnung der Informationen und integrierter grafischer Aufbereitung der Informationen in einem Management-Cockpit kann der Nutzer (also die IT-Projektleitung bzw. das Project Office) auf einen Blick erkennen, in welchem Grad die Projektziele erreicht wurden und ob sich die Schlüsselindikatoren innerhalb definierter Toleranzbereiche befinden.

Beachten Sie:

Mittels Kennzahlen lassen sich IT-Projekte effizienter kontrollieren und steuern. Mittels einer angepassten Balanced Scorecard kann ein IT-Projekt aus unterschiedlichen Blickwinkeln betrachtet werden (z. B. Finanzen, Kunden, Prozesse, Mitarbeiterpotenziale). Zur Übertragung der BSC auf das Projektcontrolling können neben den vier Standardperspektiven noch weitere Perspektiven eröffnet werden, die ihren Fokus beispielsweise ergänzend auf die Projektergebnisse legen. Dabei sollten nicht nur vergangenheitsbezogene, sondern auch zukunftsbezogene Daten berücksichtigt werden.

21.7.6 Projektreporting

Entscheidungsträger – seien es der Auftraggeber, das Projektbüro, die Unternehmensleitung oder der Kunde des Projekts – benötigen zur zielgerichteten Steuerung der Projektarbeit in regelmäßigen Abständen geeignete Informationen. Dabei gilt der Grundsatz, dass nicht alle Empfänger dieselben Projektinformationen im gleichen Detaillierungsgrad erhalten müssen.

Bei der Planung der Projektberichterstattung und der Projektdokumentation müssen deshalb vorweg einige Fragen geklärt werden, die letztlich darüber entscheiden, was im Detail zu tun ist. **Gestaltungsfragen der Projektberichterstattung** betreffen

- den Inhalt (was?),
- die Person des Berichterstatters und des Berichtsempfängers (wer?),
- die Form (wie?) sowie
- den Zeitpunkt der Berichterstattung (wann?).

Inhalte von Projektberichten: Anhand der Checkliste in Tabelle 21.22 können Sie die wichtigsten Aspekte für die Inhalte eines Projektberichts zusammenstellen (abhängig von der Empfängergruppe).

Tabelle 21.22 Checkliste: Inhalte eines Projektberichts

Hauptbereiche	Spezifikationen
Stand der Projektarbeiten laut Strukturplan	- fertiggestellt (erledigte Arbeitspakete) - in Arbeit (inkl. vorliegender Zwischenergebnisse) - in Unterbrechung - noch zu arbeiten
Terminplan der Projektaktivitäten/-ergebnisse	- Soll-Termine - Ist-Termine
Kostenplan der Projektaktivitäten/-ergebnisse	- Soll-Kosten - Ist-Kosten
Übersicht der Kapazitätsbelastungen	- Personentage
Abweichungsanalysen	- Beschreibung der zu erkennenden Auswirkungen von Abweichungen - mit Kommentaren und Vorschlägen für Steuerungsmaßnahmen
Stand des Projektbudgets	- Planansatz - bisher verbraucht - noch verfügbar - Abweichungen gegenüber dem Planansatz
Hinweise auf Probleme, Risiken	- aktuelle Engpässe in der Projektarbeit - Sachverhalte, die einer Änderung bedürfen - ggf. Risikobewertung (wenn es sich um gravierende Änderungen handelt)
Handlungsbedarf	- notwendige Maßnahmen
Projektbezogene Kennzahlen	- Kosten (Wie hoch? Welche Restkosten sind noch zu erwarten?) - Termine - Meilensteine - Kapazitäten u. a.

Beachten Sie:

Ohne vereinbarten Berichtsplan sind ein modernes Projektmanagement und Projektcontrolling nicht denkbar. Darin ist beispielsweise festzulegen, welche Berichte in dem jeweiligen IT-Projekt von wem erstellt werden und wer als Empfängerkreis zu berücksichtigen ist. Ergänzend kann angegeben werden, zu welchen Zeitpunkten und in welcher Form (Papier, online per E-Mail und auf der Online-Arbeitsplattform des Projekts) die Berichtsinformationen zu übermitteln sind.

21.7.7 Claim Management und Änderungsverfahren

Trotz einer guten Projektvorbereitung und aller gründlichen Vorüberlegungen zu Projektbeginn können im Projektverlauf immer wieder Änderungswünsche an das Projektteam herangetragen werden. Die **Gründe** dafür sind vielfältig:

- Es werden zusätzliche Wünsche von dem internen oder externen Auftraggeber bzw. auch von anderen Stakeholdern des Projekts formuliert.
- Neue technische Erkenntnisse und Entwicklungen machen ein Überdenken der bisherigen Ziele und Projektanforderungen notwendig.
- Es wurden Fehler oder unpräzise Angaben in der ursprünglichen Spezifikation für das Projektergebnis gemacht.

In der Vergangenheit – so zeigen Erfahrungen aus zahlreichen IT-Projekten – wurde auf ein konsequentes Management von eingehenden Änderungen weitgehend verzichtet. Die Folge war, dass die Wünsche entweder ohne Überprüfung ihrer Auswirkungen (hinsichtlich Aufwand, Kosten und Zeiten) akzeptiert wurden oder dass jede weitere Änderung rigoros abgelehnt wurde. Beides ist sicherlich keine gute Reaktion; denn

- einerseits muss genügend Flexibilität gegeben sein, um neuen Herausforderungen gerecht zu werden, und
- andererseits muss natürlich gesehen werden, dass häufige und unkontrolliert eingebrachte Änderungen nicht nur zusätzlichen Arbeitsaufwand verursachen, sondern auch den Planungs- und Koordinierungsaufwand im Projekt erhöhen.

Heute setzt sich immer mehr die Erkenntnis durch, dass eingehende Änderungsnotwendigkeiten systematisch geprüft und entsprechend entschieden werden. Für diesen Tätigkeitsbereich hat sich mittlerweile der Begriff „**Claim Management**" etabliert. Damit wird quasi ein klares Verfahren vereinbart, wie mit solchen Änderungswünschen umzugehen ist.

Ein Änderungsantrag (bzw. eine veränderte Spezifikations- oder Fehlermeldung) ist – sobald die Notwendigkeit erkannt worden ist – durch die Verantwortlichen auszufüllen und an die Projektleitung weiterzuleiten. Wichtig ist, dass dieser Änderungsantrag dem Grundsatz Rechnung trägt, dass nur kontrolliert geändert werden darf. Die Auswirkungen auf andere Arbeitspakete und auf die Komponenten des Projektgegenstands sowie auf Termine und Kosten müssen zunächst systematisch überprüft werden.

Beachten Sie:

Die Prüfung erfolgt im Wesentlichen durch die Projektleitung (evtl. auch unter Hinzuziehung weiterer Fachleute), die die Auswirkungen schriftlich im Change-Request-Formular festhält. Danach kann eine Entscheidung getroffen werden. Bei kleineren Projekten entscheidet die Projektleitung bezüglich Änderungen eventuell selbst. Bei größeren Projekten gibt es oft ein „Change Control Board" (besonderes Gremium zur Überwachung und Steuerung von Änderungswünschen), in dem auch der Auftraggeber vertreten ist.

Den gesamten Ablauf eines Änderungsverfahrens im Rahmen von IT-Projekten gibt Bild 21.26 wieder.

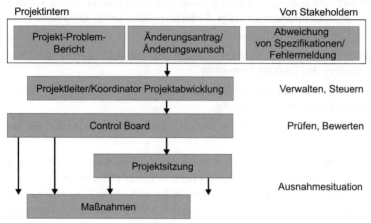

Bild 21.26 Ablauf eines Änderungsverfahrens

21.7.8 Projektmarketing

Um den Projekterfolg nachhaltig zu sichern, muss ein IT-Projekt bereits im Vorfeld, während der Durchführung und im Rahmen der Umsetzung der Ergebnisse „vermarktet" werden. Mit einem sorgfältig dosierten **Marketing-Mix** können die Anerkennung und der Erfolg für ein Projekt erheblich verbessert werden. Die Wirkungen eines professionellen Projektmarketings sind weitreichend:

- Aktuelles aus der Projektarbeit wird zielgerichtet weitergegeben (abhängig von den Interessen der Stakeholder). Der verbesserte Informationsgrad zum Projekt geht Hand in Hand mit vermehrter Anerkennung der Projektmitarbeiter und der Projektergebnisse.
- Der Projekterfolg wird bekannt, sodass die verdiente Anerkennung der Projektarbeit laufend gegeben ist und die Motivation des Projektteams weiter gesteigert wird.

Die **Maßnahmen für ein Projektmarketing** sind vielfältig. Dazu zählen:

- Informationsveranstaltungen (Marketingveranstaltungen für künftige Nutzer u. a.)
- Informationsbroschüren (beispielsweise periodisch als Projekt-Newsletter)
- Präsentation und Kommunikation via Intranet (E-Newsletter, Informationsforen, Projekt-Intranetsite mit aktuellen Infos rund um das Projekt etc.)

Beachten Sie:

Marketingmaßnahmen für das im IT-Projekt hergestellte Produkt (z. B. eine implementierte Applikation) sollten schon während der Projektumsetzung betrieben werden. Natürlich wird die Intensität gegen Ende der Umsetzung ansteigen. Im Ergebnis soll so eine hohe Akzeptanz des hergestellten Produkts beim Kunden/Projektauftraggeber und im sonstigen Projektumfeld (den Stakeholdern) erreicht werden.

Durchführen und Steuern von Projektmarketingaktivitäten heißt nicht nur, die zuvor vereinbarten Maßnahmen des Projektmarketings umzusetzen, sondern auch, den gesamten Prozess zu kontrollieren und zu steuern. Dabei werden die einzelnen Teilprozesse „Analyse des Projektumfelds", „Planung von Zielen, Strategien und Maßnahmen" sowie „Durchführung und Steuerung" iterativ durchlaufen.

Bild 21.27 illustriert den skizzierten Projektmarketingprozess.

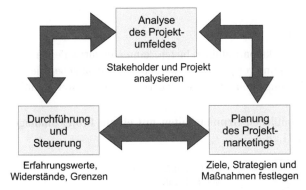

Bild 21.27 Schritte im Projektmarketing

Als Fazit ist festzuhalten: Das Projektumfeld bedarf einer permanenten Analyse, um zu geeigneten Kommunikationsinstrumenten und -wegen zu kommen. Dies bedeutet für die Praxis, dass die Projektmarketingmaßnahmen nicht nur durchzuführen, sondern auch ihre Auswirkungen im Umfeld zu beachten sind. Demzufolge handelt es sich beim Projektmarketing um einen Prozess, bei dem die Planung der Maßnahmen regelmäßig die Änderungen im Projektverlauf berücksichtigen muss.

21.7.9 Nutzung von Projektmanagementsoftware für die Projektsteuerung

In der **Realisierungsphase** liefert ein Projektmanagementprogramm wichtige Steuerungsinformationen:

- Tatsächlich realisierte Werte (Zeiten, Ressourceneinsatz, Kosten) können für die einzelnen Arbeitspakete erfasst werden.
- Es sind permanente Soll-Ist-Vergleiche möglich. Diese liefern wertvolle Informationen für die Steuerung der Projektarbeit.

Nach dem Projektstart verlagert sich der Aufgabenbereich des Projektleiters auf die **Kontrolle und Steuerung des Projekts**. Zu diesem Zweck müssen die jeweiligen Projektfortschritte erfasst werden. Dies sind:

- Benötigte Ist-Zeiten
- Tatsächlicher Ressourcenverbrauch
- Tatsächlich angefallene Kosten

Diese Daten müssen kontinuierlich oder in regelmäßigen Abständen (wöchentlich oder monatlich) erfasst werden.

Nach Eingabe von Ist-Terminen, tatsächlicher Ressourcennutzung und der Ist-Kosten lassen sich verschiedene **Soll-Ist-Vergleiche** anstellen. Beispiele sind:

- Projektstatusübersichten
- Soll-Ist-Vergleichslisten zu Terminen und Ressourceneinsatz
- Kostenentwicklungsübersichte
- Ressourcenauslastungsdiagramme

Aus diesen Werten, die wertvolle Projektkontrollhilfen bieten, kann eine fortlaufende Fortschreibung der Anfangs- und Endtermine vorgenommen werden. Außerdem geben sie Anregungen, ob bei Abweichungen Maßnahmen zur Gegensteuerung ergriffen werden müssen.

Den Zusammenhang mit den wesentlichen **Grundarbeiten mit einem Projektmanagementprogramm** verdeutlicht Bild 21.28.

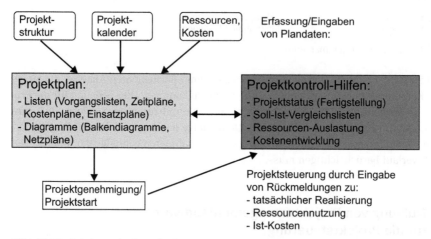

Bild 21.28 Arbeiten mit einem Projektmanagementprogramm

Die angebotenen Projektmanagementprogramme sind einer permanenten Weiterentwicklung unterworfen. Der Trend geht dabei immer stärker dahin, dass ein Projektmanagementprogramm nicht nur für die Projektleitung hilfreich ist, sondern auch das Projektteam selbst sowie ein Projekt-Office (Unterstützung von Multiprojektmanagement-Funktionen) und das Management (etwa für ein spezielles Projektcontrolling) ein solches Programm sinnvoll nutzen können (im Sinne eines Enterprise Project Management). Die Entwicklungslinien verdeutlicht Bild 21.29.

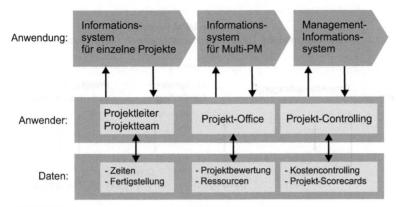

Bild 21.29 Entwicklungslinien von Projektmanagementsoftware

■ 21.8 Multiprojektmanagement und Projektportfoliomanagement

IT-Organisationen (IT-Abteilungen, IT-Service-Center, Software-Häuser etc.) führen in der Regel nicht nur ein Projekt durch, meist müssen mehrere IT-Projekte gleichzeitig gesteuert und umgesetzt werden. Diese Projekte können

- eine sehr unterschiedliche Ausrichtung hinsichtlich der angestrebten Projektergebnisse (seien es Softwareentwicklungsprojekte, IT-Infrastrukturprojekte oder strategische IT-Projekte) sowie
- eine unterschiedliche strategische Relevanz für das Unternehmen haben und
- mit differenzierten Risiken behaftet sein.

Dies gilt es bei Auswahlentscheidungen über beantragte IT-Projekte, aber auch bei der Durchführung genehmigter IT-Projekte zu berücksichtigen. Ein Ansatzpunkt für die Optimierung der oben beschriebenen Ausgangssituation einer IT-Organisation ist die Einführung und Anwendung moderner Instrumente, die auf die besonderen Anforderungen des Multiprojektmanagements ausgerichtet sind. Mit Methoden und Instrumenten des Projekt-Portfoliomanagements lassen sich die vielfältigen Aufgaben zur Bewertung, Qualifizierung und kontrollierten Steuerung sämtlicher IT-Projekte ganzheitlich erfolgreich realisieren, von der Anforderungsanalyse und Priorisierung bis hin zur Realisierung und Produktivsetzung der jeweiligen IT-Projekte.

Eine erfolgreiche Umsetzung der genehmigten IT-Projekte setzt in jedem Fall eine entsprechende Multiprojektmanagement-Organisation voraus. Dabei wird Multiprojektmanagement als summarischer Oberbegriff für ein Set an Methoden und organisatorischen Einrichtungen (z. B. Gremien) gesehen und umfasst Prozesse wie Projektbeauftragung, Multiprojektcontrolling sowie Projektabnahme und -evaluierung.

Bild 21.30 zeigt einen Überblick über die **Prozesse im Projektmanagement**.

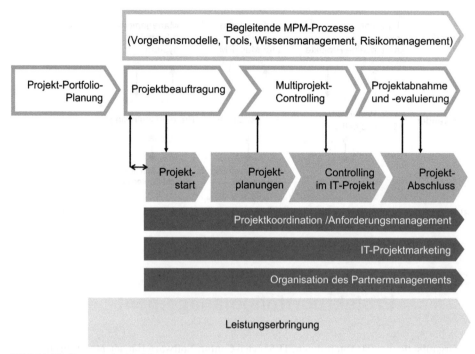

Bild 21.30 Prozesse im Projektmanagement

21.8.1 Zielsetzungen und Erfolgsfaktoren im Multiprojektmanagement

Zur erfolgreichen Umsetzung von Multiprojektmanagement bietet sich das Instrumentarium „Projekt-Portfoliomanagement" an. Dieses leistet unter anderem einen Beitrag, um eine sachgerechte Anforderungsdefinition für IT-Projekte vorzunehmen und daraufhin die „richtigen IT-Projekte" auszuwählen. In der Planungsphase für die beschlossenen IT-Projekte kann eine ganzheitliche Ressourcen- und Kostenplanung erfolgen. Darüber hinaus ist eine projektübergreifende Steuerung systematisch und zielgerichtet möglich, sodass beispielsweise angemessene Reaktionen auf unvorhergesehene Ereignisse möglich sind. Die erwähnten Methoden helfen dann auch, möglichst viele IT-Projekte in der geplanten Zeit und innerhalb des festgelegten Budgetrahmens abzuschließen.

Um die Herausforderungen des IT-Portfoliomanagements zu verdeutlichen, liegt es nahe, die Merkmale einer Multiprojektmanagement-Umgebung für den IT-Bereich in Erinnerung zu rufen:

- Es gibt mehrere parallel laufende IT-Projekte.
- Die verschiedenen IT-Projekte greifen auf die gleichen Ressourcen (Personal, Sachmittel) zu.
- Mitunter bestehen Beziehungen bzw. Vernetzungen zwischen den verschiedenen Projekten. So sind IT-Projekte oft mindestens über die Ressourcen miteinander verbunden (Zugriff etwa auf gemeinsames Personal).

- Die Einzelprojekte werden nach anerkannten Regelungen und Vorgehensweisen zum Projektmanagement abgewickelt.

Beachten Sie:

IT-Portfoliomanagement bedeutet letztlich, Kosten und Nutzen, Risiken und Chancen von IT-Investitionen (IT-Projekten) gemeinsam zu betrachten und eine kohärente Strategie konsequent umzusetzen. Konsequent eingesetzt, wird der Aufwand um 5 bis 10% reduziert.

Angesichts parallel laufender Projekte gewinnt die **übergeordnete Steuerung aller Projekte** auf der strategischen Ebene des Unternehmens eine herausragende Bedeutung. Eine **Abgrenzung zwischen Multiprojektmanagement und Einzelprojektorganisation** zeigt Tabelle 21.23.

Tabelle 21.23 Multiprojektmanagement versus Organisation einzelner Projekte

Ausrichtungen	Multiprojektumgebung	Einzelprojektorganisation
Kernfrage	Arbeiten wir an den richtigen IT-Projekten?	Machen wir mit dem Projekt alles richtig?
Merkmale	• Mehrere IT-Projekte werden parallel durchgeführt. • Für die verschiedenen IT-Projekte stehen – zumindest teilweise – gleiche Ressourcen zur Verfügung. • Eine übergeordnete Projektsteuerung ist sinnvoll.	• Ein IT-Projekt, das mehr oder weniger komplex ist • Gewisse Einmaligkeit • Lösung der Projektaufgabe erfordert ein abgestimmtes Teamworking.
Zielsetzungen	• Es soll eine hohe Effektivität bei der Abwicklung der verschiedenen IT-Projekte erreicht werden. • Eine übergreifend hohe Kapazitätsauslastung ist sicherzustellen. • Eine hohe Qualität der Projektergebnisse und eine erfolgreiche (akzeptierte) Einführung der IT-Lösungen sind anzustreben.	• Eine hohe Effizienz der jeweiligen Projektabwicklung wird angestrebt. • Unter Beachtung des im Projektmanagement typischen magischen Dreiecks von Qualität, Kosten und Zeit ist eine Optimierung anzustreben. • Risikominimierung hinsichtlich der Zielerreichung sowie hohe Kundenzufriedenheit als weitere Zielsetzungen
Organisation/ Instrumente	• Ggf. Einrichtung eines zentralen Projektbüros (Project Office) • Steuerungsinstrumente für übergreifenden Personaleinsatz sowie für Kapazitätsausgleich • Gemeinsame Regeln für das Berichtswesen	• Projektmanagementinstrumente • Planungswerkzeuge (Termine, Kosten, Arbeitspakete etc.) • Controlling-Instrumente

Wie Erfahrungen der Praxis zeigen, beruhen sehr viele der Probleme im Einzelprojekt auf Fehlern im Multi-Projektmanagement. Und viele der Probleme im Multi-Projektmanagement beruhen auf einem mangelnden Management der Einzelprojekte. Folgende Fragen verdeutlichen typische Probleme in einer Multi-Projektsituation und die sich daraus ergebenden Handlungsfelder:

- Welche Bedeutung hat das jeweilige IT-Projekt im Vergleich zu den übrigen beantragten bzw. laufenden Projekten?
- Wer erhält welchen Anteil vom insgesamt für die IT verfügbaren Budget? (Wie wird das Gesamtbudget auf die einzelnen IT-Projekte verteilt?)
- Welches Projekt erhält welche Mitarbeiter (Ressourcenkapazität)?
- Wie kann mit Änderungen umgegangen werden, die von einem IT-Projekt ausgehen, sich aber auch auf andere Projekte auswirken?
- Wie können Doppelarbeiten vermieden und Synergieeffekte genutzt werden?

Wesentliche **Zielsetzungen** und daraus abgeleitete **Hauptaktivitäten im Multiprojektmanagement für IT-Projekte** skizziert Tabelle 21.24.

Tabelle 21.24 Multiprojektmanagement – Zielsetzungen und Aktivitätsfelder

Zielsetzungen	Aktivitätsfelder im Multiprojektmanagement
Die richtigen Projekte machen	**Auswahl** für IT-Projekte: • Geeignete Priorisierungsverfahren bereitstellen und anwenden • Projektanträge bzw. zur Wahl stehende IT-Projekte bewerten
Entscheidungsfindung im gesamten Unternehmensinteresse abstimmen	**Organisationsgestaltung** für IT-Projekte: • Anwendung und Pflege eines Projekt-Managementhandbuchs • Entscheidungsverfahren und Wissensmanagement vereinbaren
Projektaufträge bei optimierter Kapazitätsauslastung zeitgerecht erfüllen	**Kapazitätsabstimmungen** für IT-Projekte: • Personaleinsatzplanungen vornehmen • Verfahren zum Kapazitätsabgleich vereinbaren
Projektaufträge zeitgerecht erfüllen („in time")	**Übergreifende Projektterminplanungen und Risikomanagement:** • Integrierte Zeitplanungsmethoden • Projektübergreifendes Termincontrolling • Projektrisikomanagement etablieren
Projektkosten „im Griff halten"	**Gesamtbudget** für die Projektorganisation wird „ins Blickfeld" genommen, sodass auch gegenseitige Ausgleichsprozesse möglich sind.
Transparente Abläufe während der Durchführung sicherstellen	**Überwachung und Steuerung** der IT-Projekte: • Steuerung mit Portfolios • Project-Office als Institution • Abgestimmtes Berichtswesen und Project-Scorecards vereinbaren

Beachten Sie:

Beim Multiprojektmanagement geht es nicht um die Optimierung der Durchführung eines einzelnen Projekts, sondern um eine Vorgehensweise und Methodik für die Abwicklung vieler parallel laufender Projekte. Außerdem soll eine Begleitung durch ein oder mehrere Genehmigungsgremien (Boards) erfolgen, die auch den Fortschritt der Projekte beobachten und Hilfestellungen bei Eskalationen geben.

21.8.2 Projektauswahl mittels IT-Portfolioanalyse

Projektideen entstehen in der Regel in den verschiedenen Fachbereichen und unterscheiden sich oft deutlich hinsichtlich des Aufbaus und der Aussagekraft der Projektanträge. Vorteilhaft ist es, wenn in diesem Zusammenhang die Anforderungsmanagementprozesse (das Requirements-Management) optimiert sind und damit die Anforderungen aus den Fachbereichen systematisch abgeleitet wurden und entsprechend nach klaren Regeln dokumentiert sind (zum Beispiel als UseCases).

Der Prozess „Projektportfolio-Planungs- und Priorisierungsprozess" umfasst die Aktivitäten „von der Projektidee zum Projektportfolio". Dazu gehören einerseits die Sammlung, Harmonisierung und Potenzialabschätzung der aus den Unternehmensbereichen kommenden Projektideen (Projektideenpool). Andererseits geht es um die sukzessive Weiterentwicklung der vorliegenden Projektideen, um einen optimierten Planungsstand zu erhalten, der in entsprechende Projektanträge mündet.

Eine besondere Herausforderung stellt danach die Priorisierung der Projekte in einem Projektportfolio dar. Für die Projektselektion finden sich in der Praxis unterschiedliche Priorisierungsmechanismen. Ziel der Bewertungsüberlegungen sollte ein Projektportfolio sein, in dem strategische und wirtschaftliche Projekte in einem ausgewogenen Verhältnis zueinander stehen. Um die begrenzten Ressourcen der IT optimal einzusetzen, sind die Projekte in ein Priorisierungssystem, abgeleitet aus der Unternehmensstrategie (den strategischen Anforderungen) sowie den ROI-Beiträgen, zu bringen. Verabschiedet wird dieses Programm (Portfolio) in der Regel von einem Gremium (z. B. einem Entscheidungsboard) bzw. von einem speziellen Koordinierungsausschuss (Projektlenkungsausschuss), der meist mit Personen aus der Geschäftsleitung und weiteren Vertretern der Managementebene sowie IT-Experten besetzt ist.

Ausgehend von den Ergebnissen der Projektpriorisierung bzw. der Portfolioanalyse, ist eine grundsätzliche Entscheidung zur Projektbeauftragung zu treffen. Dabei sind möglichst klare Projektaufträge zu vereinbaren sowie die Projektorganisation zu fixieren. Im Einzelnen kann der Projektbeauftragungsprozess folgende Aktivitätsfelder umfassen:

- Entscheidung über die Projektrealisierung unter Berücksichtigung der strategischen Ziele des Auftraggebers
- Projektabgrenzung und Beschreibung des IT-Projekts in einem Pflichtenheft (einschließlich des Business Case), d. h. Problemstellung, Ist-Analyse, Lösungswege
- Entscheidung über die Organisationsform zur Durchführung des Projekts

- Abklärung der Verfügbarkeit der benötigten Projektressourcen
- Nominierung der Projektleitung und Budgetvergabe

Im Rahmen des Portfoliomanagements können bezüglich der Auswahlentscheidung mehrere **Projekttypen** unterschieden werden: Muss-Projekte, Soll-Projekte und Standardprojekte.

- **Muss-Projekte** sind in jedem Fall durchzuführen, etwa aufgrund gesetzlicher Vorgaben oder unausweichlicher Tatsachen (Nichtmehrverfügbarkeit von Services etc.). Ein Beispiel sind die Softwareprojekte anlässlich der Euro-Umstellung (Gesetz).
- **Soll-Projekte** sind wünschenswerte, etwa von der Unternehmensführung aus unternehmenspolitischer Sicht „gesetzte" Projekte. Sie werden deshalb im Regelfall auch keiner besonderen Bewertung unterzogen.
- **Standard-IT-Projekte** durchlaufen einen standardisierten Bewertungsprozess, z. B. hinsichtlich ihres Kapitalwerts und Risikos oder ihres Beitrags zur Erreichung von Unternehmenszielen (Nutzwertanalyse). Ein Beispiel wäre die Einführung eines CRM-Systems oder die Umgestaltung des Personalwesens inkl. Softwareumstellung.

Beachten Sie:

Die Dimensionen für ein Portfolio sind individuell zu definieren. Mögliche Dimensionen: *Wirtschaftlichkeit* des jeweiligen IT-Projekts, *Risikoeinschätzung* im Sinne der Erreichbarkeit des Projektziels sowie die *strategische Bedeutung*. Das allgemeine Ziel eines Portfolios besteht darin, die Gesamtheit aller geplanten, aktuellen und beendeten IT-Projekte darzustellen. Auf diese Weise sollen die Effektivität und Koordination der Projektressourcen und -budgets sichergestellt werden.

21.8.3 Planungsaktivitäten im Multiprojektmanagement

Die Planungen für das Multiprojektmanagement bauen in der Regel auf Planungen für einzelne Projekte auf. Um das **Optimum der Multiprojektplanung** zu erreichen, ist eine Ausrichtung der Projektplanungen nach verschiedenen Dimensionen erforderlich:

- **Zuordnung von Ressourcen zu den einzelnen IT-Projekten.** Bei einer Multiprojektplanung wird die insgesamt für IT-Projekte verfügbare Kapazität (Ressourcen, Budgets) auf die einzelnen IT-Projekte verteilt. Dabei gilt es zu berücksichtigen, welche besonderen personalen Kompetenzen in den einzelnen IT-Projekten gefragt sind, und – vor allem – dafür zu sorgen, dass die Verteilung des verfügbaren Personals auf die Projekte so erfolgt, dass es in der Lage ist, seine Projektbeiträge optimal zu bewältigen, ohne Engpässe oder gar Überbelastung entstehen zu lassen.
- **Planoptimierung der einzelnen Projekte** über die Zeit: Einzelne Projekte sind so anzuordnen, dass sachlogische Abhängigkeiten untereinander berücksichtigt sind. Projekte liefern z. B. Vorergebnisse, die erst bereitstehen müssen, bevor ein anderes Projekt beginnen oder in eine bestimmte Phase eintreten kann. Weitere Abhängigkeiten können entstehen, wenn etwa das Ergebnis eines bestimmten Projekts nicht zeitgleich mit dem Ergebnis eines anderen Projekts bekannt sein sollte.

Die Ressourcenbedarfs- und -kapazitätsplanung in der Multiprojektumgebung erfordert gleichzeitig eine Planung der Ressourcenbeschaffung. Bei einer Kapazitätsplanung plant man die während des Projektablaufs benötigten Personalbedarfe zeitlich ein. Für jeden Projektmitarbeiter wird auf diese Weise in Form eines Belastungsprofils ermittelt, wie groß die Kapazitätsauslastung innerhalb eines Zeitraums ist. Damit ist ersichtlich, ob die für das Projekt verfügbare Personalkapazität eines Mitarbeiters unterschritten wird und für andere Aktivitäten eingeplant werden kann oder überschritten wird und somit ein Belastungsausgleich erforderlich ist. Im Rahmen des **Multiprojektmanagements** findet dann ein **projektübergreifender Belastungsausgleich** statt.

Beachten Sie:

Ein Kapazitätsausgleich ist für eine Planoptimierung ein wesentlicher Aspekt, um personellen Anforderungen ausgewogen Rechnung zu tragen. Dieser Ausgleich kann beispielsweise dadurch geschaffen werden, dass nicht kritische Vorgänge zu einem späteren Zeitpunkt gestartet werden. Jede andere Kapazitätsoptimierung oder -glättung hat entweder eine Terminverschiebung des Projekts oder einen höheren Ressourcenaufwand (durch Einstellung neuer Projektmitarbeiter oder externe Auftragsvergabe) zur Folge.

21.8.4 Steuerung des IT-Projektportfolios

Kern-Zielsetzung des projektübergreifenden Projektcontrollings ist die Sicherstellung, dass die IT-Projekte innerhalb der geplanten Zeit zu den gewünschten Ergebnissen gelangen. Dazu sind in regelmäßigen Abständen entsprechende Statusinformationen zu den verschiedenen Projekten zu erheben und gegebenenfalls daraufhin Steuerungsmaßnahmen zu ergreifen. Wesentliche Grundlage der Projektsteuerung sind das „verabschiedete" Projektportfolio und die freigegebenen Projektpläne für die einzelnen IT-Projekte.

Für die Steuerung der Projektportfolios und der Projektdurchführung bieten sich meist spezielle Stellen an, insbesondere ein Projektlenkungsausschuss (PLA) sowie ein besonderes Projektbüro (Project Office) für Multiprojektsteuerung.

Im Rahmen der Durchführung der IT-Projekte übernimmt ein **Project Office** die Ausarbeitung des Projektgesamtstatus. Die Zusammenstellung basiert in der Regel auf den periodischen Statusberichten der IT-Projekte. Diese können auch in Form eines außerordentlichen Zwischenberichts oder des Abschlussberichts eines Projekts erfolgen. Das Project Office fertigt eine aktuelle Übersicht – den Projektgesamtstatus – an, übergibt sie zwecks weiterer Behandlung dem Lenkungsausschuss und stellt sie den IT-Projekten als Information (zu bestimmten Zeitpunkten oder bei Bedarf) zur Verfügung.

Der inhaltliche Fortschritt der IT-Projekte wird anhand der **Statusmeldungen** evaluiert. Abweichungen von den Zielvorgaben sowie daraus resultierende Maßnahmen werden im Projektgesamtstatus aufgezeigt und dienen dem Projektlenkungsausschuss als Diskussionsgrundlage.

21.8.5 Softwareunterstützung im Multiprojektmanagement

Einen wesentlichen Erfolgsfaktor für die Umsetzung eines effizienten Multiprojektmanagements bilden in vielen Fällen die Verfügbarkeit und Nutzung einer leistungsfähigen Software, die die wesentlichen Prozesse und Aktivitäten im Management von IT-Projekten effektiv unterstützt. Dazu werden den Akteuren im Multiprojektmanagement fundierte Methoden bereitgestellt, die von der Festlegung des Portfolios bis hin zur Planung und Optimierung des Projektportfolios reichen.

Was kann Software für das Multiprojektmanagement im Detail leisten? Im Kern ergibt sich für den gesamten Investitions- und Projektlebenszyklus ein besserer Überblick für das Multiprojektmanagement – von den strategischen Portfolioentscheidungen bis hin zur ganzheitlichen Projektplanung und Projektsteuerung.

Nahezu alle angebotenen Programme bieten die Möglichkeit, alle IT-Projekte des Projektportfolios und alle projektrelevanten Informationen, Dokumente, Projektpläne, Termine und Aufgaben zentral zu verwalten. Während der Abwicklung muss regelmäßig überprüft werden, ob das Budget eingehalten wird. Hierzu ist ein leistungsfähiges Berichtswesen erforderlich, das die benötigten Informationen in Management Reports zusammenfasst und die Geschäftsführung frühzeitig warnt, falls Ressourcen- bzw. Finanzbudgets überschritten werden oder Risiken auftreten.

Dafür werden geeignete Kennzahlen für Projekte bzw. Projektportfolios hinterlegt, auf deren Grundlage Indikatoren in einem Management-Cockpit den aktuellen Status anzeigen. Die Ansichten des „Portfolio Dashboard" können sich für verschiedene Benutzergruppen individuell konfigurieren lassen. Bezüglich des projektübergreifenden Ressourcenmanagements sind erhebliche Nutzenvorteile durch Softwareeinsatz realisierbar. Software-Tools erlauben es vielfach, Ressourcen zu Teams zusammenzufassen und ihnen Rollen zuzuweisen. Im Rahmen einer übergreifenden Ressourcenplanung wird zunächst nur ein Team oder die benötigte Rolle eingeplant. Die konkrete Benennung der mitwirkenden Personen ist dann in einem nächsten Schritt möglich.

21.9 IT-Projekte abschließen

Formal wird ein Projekt mit seiner Abnahme durch den Auftraggeber sowie die Übergabe der Projektergebnisse an die Projektnutzer (bzw. den Kunden des Projekts) abgeschlossen. Gleichzeitig wird die Projektgruppe vom Auftraggeber aufgelöst.

Um dahin zu gelangen, sind im Wesentlichen folgende **Schritte in der Abschlussphase eines Projekts** zu durchlaufen:

- Projektabnahme und Produktübergabe
- Durchführung einer Projektabschlussanalyse
- Erstellen eines Projektabschlussberichts und einer Ergebnisdokumentation
- Aufbereitung der Lessons-learned zwecks Erfahrungssicherung

- Bekanntmachung der Ergebnisse in Form einer Abschlusspräsentation
- Emotionaler Projektabschluss (evtl. mit Prämienregelung für das Projektteam)
- Eigentliche Projektauflösung mit Freigabe der Mitarbeiter für andere Projekte und Rückgabe der erhaltenen Projektsachmittel

Aktivitäten, die Teil eines guten Projektabschlusses (Project Closing) sind, zeigt Bild 21.31 im Zusammenhang.

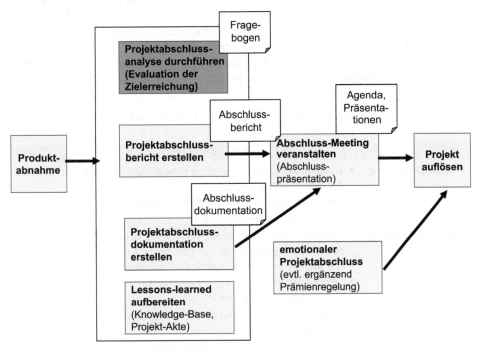

Bild 21.31 Aufgaben zum Projektabschluss

Letztlich geht es mit einem sorgfältig organisierten Projektabschluss darum, verschiedene **Ziele** zu erreichen:

- Formal kommt es darauf an, durch eine entsprechend dokumentierte Unterlage eine ordnungsgemäße Abnahme der Projektprodukte durch den Auftraggeber des Projekts sicherzustellen.
- Funktional ist es wichtig, eine umfassende Akzeptanz und konsequente Umsetzung der Ergebnisse bei den von den Projektergebnissen betroffenen Personen und Institutionen zu erreichen.
- Für künftige Projekte kommt es darauf an, aus den Erfahrungen, die im Projekt gesammelt wurden, zu lernen. Diese Chance sollte nicht verpasst werden.
- Am Projektende heißt es für die Mitglieder im Projektteam Abschied nehmen. Wichtig ist ein emotionales Beenden bei gleichzeitiger Rückkehr zu den ursprünglichen Kernaufgaben bzw. Inangriffnahme neuer Projekte.

21.9.1 Projektabnahme und Produktübergabe

Um die Projektabnahme zu erreichen, findet typischerweise eine **Projektabschlusssitzung mit dem Projektauftraggeber** statt. Neben der Projektleitung und Vertretern des Projektauftraggebers können an dieser gesonderten Abschlusssitzung auch weitere Mitglieder des Projektteams beteiligt werden.

Im Normalfall wird der Projektleiter beim Auftraggeber dann um die Projektabnahme nachsuchen, wenn die in der Projektaufgabenbeschreibung festgelegten Pflichten erfüllt und die Produkte (bzw. das Produkt) fertiggestellt sind. Hierbei muss als Erstes das Entwicklungsergebnis einen (vorgeplanten) Abnahmetest durchlaufen. Übergabe an den Auftraggeber und Übernahme durch denselben sind in einem Produktabnahmebericht festzuhalten. Typische Fragestellungen einer Projektabschlusssitzung zeigt Tabelle 21.25.

Tabelle 21.25 Im Rahmen der Projektabschlusssitzung mit dem Auftraggeber zu klärende Fragenkreise

Themenbereich	Fragenkreise
Projektzielerreichung	• Inwiefern wurden die Projektziele erreicht? Gegebenenfalls ist der Grad der Zielerreichung anzugeben! • Welche Projektziele wurden verfehlt? Worin werden die Hauptgründe für das Nichterreichen gesehen?
Aufgabenbearbeitung und Qualität der Arbeitsergebnisse	• Sind noch Restarbeiten zu erledigen? Wenn ja, ist eine Einigung über noch zu erbringende Leistungen bzw. offene Aufgaben nötig. • Wie wird die vorliegende Qualität der Arbeitsergebnisse bewertet? • Ergeben sich von Seiten des Auftraggebers neue Anforderungen nach Vorlage der Projektergebnisse?
Produktabnahme durch den Auftraggeber	• Ist eine fachliche Abnahme der Projektergebnisse sichergestellt und wer wird daran beteiligt? • Ist eine technische Abnahme der Projektprodukte sichergestellt und wer wird daran beteiligt? • Welche Dokumente sind bis wann an wen zum Projektabschluss zu übergeben?
Produktauslieferung an den Projektkunden	• In welcher Form soll die Übergabe der Produkte (Resultate) an die Betroffenen bzw. den Fachbereich erfolgen? • Wie kann die weitere Umsetzung der Ergebnisse (Verstetigung der Projektergebnisse) sichergestellt werden?
Projektteambewertung	• Wie wird die Arbeit des Projektteams grundsätzlich eingeschätzt? • Wie soll die Verabschiedung vom Projektteam erfolgen?

Schwerpunkte der Abschlusssitzung sind natürlich die Prüfung und die Diskussion, ob die Projektziele erreicht wurden. In einer gemeinsamen Sitzung gilt es dann evtl. noch offene Aufgaben und Restarbeiten zu klären bzw. Verantwortliche für die Durchführung festzulegen.

Im Fall einer Ablehnung der Projektabnahme (etwa weil schwerwiegende Mängel vorliegen) ist eine Nachbesserung der Projektergebnisse erforderlich. Wichtig ist, dass im Rahmen der

Projektabschlusssitzung dafür ein realistischer Zeitrahmen vereinbart und fixiert wird. Dies führt dazu, dass die Abnahmeprozedur erneut durchlaufen wird.

Beachten Sie:

Wenn mit dem Auftraggeber ein Leistungserfolg – etwa die Realisierung eines Pflichtenhefts – vereinbart ist, sieht schon das Gesetz die Abnahme der Leistungen durch den Auftraggeber vor. Nach der gesetzlichen Regelung ist erst mit der unterzeichneten Abnahmeerklärung eine eventuell anfallende Vergütung zu leisten und erst dann beginnt die Gewährleistung.

21.9.2 Projektabschlussanalyse durchführen – Evaluierung und Auswertung der Projektarbeit

Zu den wesentlichen Abschlussarbeiten am Projektende gehören auch eine gründliche Evaluierung und Auswertung der Projektarbeit. Für diese umfassende Projektauswertung sollten neben dem Projektteam sämtliche Stakeholder (Kunden, Lieferanten etc.) in die Erfassung und Analyse einbezogen werden.

Die Wahl der Methode hängt unter anderem von der Zielsetzung ab. Für die Erfassung, Zusammenstellung und Bewertung der Projekterfahrungen gibt es mehrere **methodische Herangehensweisen:**

- Projektabschlussworkshop mit dem Projektteam
- Informelles Gespräch mit den Teammitgliedern
- Schriftliche Befragung (Fragebogen) der Teammitglieder und der Kunden (Abnehmer der Projektergebnisse)

An einem **Projektabschlussworkshop** sollten in jedem Fall alle Mitglieder des Projektteams beteiligt sein, auch wenn einige Personen bereits mit völlig anderen Projekten und Aufgaben befasst sind.

Im Rahmen einer Abschlussevaluierung sollte die Projektleitung bzw. das Projektteam das Projekt vor allem daraufhin untersuchen, ob und inwieweit die vereinbarten Projektziele erreicht wurden. Dabei ist nicht nur das Projektprodukt zu evaluieren, sondern auch der gesamte Projektverlauf.

Bei der **Besprechung im Projektteam** kommt es vor allem darauf an, dass alle Beteiligten offen und ehrlich zum Feedback bereit sind. In Ergänzung zur mündlichen Feedback-Runde ist auch das Einholen eines **schriftlichen Feedbacks von den Projektmitgliedern** sinnvoll.

Eine weitere Erhebung richtet sich auf die **Zufriedenheit beim Kunden.** Dies kann mittels eines informellen Gesprächs, durch einen Projektabschlussworkshop oder als schriftliche Befragung erfolgen.

21.9.3 Projekterfahrungen sichern

Zunehmend wird in der Praxis auch die Notwendigkeit erkannt, Projekterfahrungen so aufzubereiten und zu sichern, dass sie auch zur Akquisition und Bearbeitung neuer, ähnlicher Projekte genutzt werden können. Findet keine Sicherung der Projekterfahrungen statt, hat dies zur Folge, dass

- wesentliche Informationen verloren gehen,
- wichtige Trends unerkannt bleiben,
- Wiederholungen von bereits an anderer Stelle erledigten Aufgaben vorkommen und
- wertvolle Erfahrungen aus früheren Projekten nicht zur Verfügung stehen.

In der Praxis ist für eine professionelle Sammlung, Speicherung und Nutzung des vorhandenen Wissens der Begriff des **Wissensmanagements** etabliert. Um ein verstärktes Wissensmanagement im Projektumfeld zu etablieren, sind vor allem einige Voraussetzungen zu schaffen:

- **Wissensmanagement** funktioniert nur dann, wenn in dem Unternehmen insgesamt und in dem Projekt eine hinreichende Vertrauenskultur herrscht. Diese lässt sich aber nicht verordnen. Durch ein zuverlässiges, aufrichtiges und berechenbares Handeln von Management, Projektleitung und eines jeden Teammitglieds wird diese Vertrauenskultur entwickelt und gefördert. Denn nur wo die Projektmanagementkultur frei von jeder Geheimniskrämerei ist, kann Wissensmanagement funktionieren.
- Erfahrungen zeigen, dass es ganz hilfreich ist, Erfahrungswissen jeweils am Ende einer jeden Projektphase (Meilensteinsitzung) zu sichern, indem festgehalten wird, wie die jeweilige Phase „gelaufen" ist, und dann geprüft wird, was davon als Erfahrungswissen weitergegeben werden sollte.

Beachten Sie:

Erfahrungen, die bei der Projektarbeit gesammelt wurden, sind das Wissenskapital einer jeden Organisation, die nicht in den Köpfen einzelner Mitarbeiter oder bei der Projektleitung verkümmern sollten. Aus Erfahrungen kann man lernen. Sie ermöglichen künftig einen Informations- und Wettbewerbsvorteil für andere Projekte.

Das Wichtigste – zusammengefasst

- **Favorisieren Sie einen ganzheitlichen Ansatz im Projektmanagement! Überlegen Sie dabei, welche Grundsatzentscheidungen getroffen werden sollten!**
  Wichtig ist ein situativer Ansatz beim Treffen der Grundsatzentscheidungen im Projektmanagement. Die einseitige Ausrichtung des IT-Projektmanagements auf methodische, budgetäre oder personelle Fragen oder auf bestimmte Vorgehensmodelle birgt Gefahren. Überlegungen zum IT-Projektmanagement sollten alle wesentlichen Aspekte und Vorgehensmodelle gleichgewichtig einbeziehen.

- **Beachten Sie, dass eine gründliche Kenntnis der Ausgangssituation zum Projektgegenstand hilfreich ist!**
  Ein offizieller Projektstart sollte erst erfolgen, wenn die wesentlichen Rahmenbedingungen geklärt und die notwendigen Voraussetzungen geschaffen worden sind. Dies ist in der Regel in einem konkreten Projektauftrag fixiert.

- **Organisieren Sie die Projektstartphase in besonderer Weise, denn diese ist eine wichtige Grundlage für den späteren Projekterfolg!**
  Wichtig für eine erfolgreiche Abwicklung von IT-Projekten ist eine Integration dieser Projekte in die strategische Ausrichtung der Gesamtorganisation (Makroebene). Die Erarbeitung einer Vision Map (Visioning) sowie die Durchführung von Startveranstaltungen und einer Projektumfeldanalyse (unter anderem Stakeholder-Analyse) sind wichtige Aktivitäten zu Projektbeginn.

- **Arbeiten Sie auf der Grundlage von Zeit- und Kostenplänen!**
  Pläne sind notwendig, damit die Projektleitung dem Team eine Richtung vorgeben kann. Aber seien Sie auch flexibel! Prüfen Sie insbesondere, inwiefern Risikopläne und Qualitätsplanungen professionell erstellt und in die Projektarbeit integrativ eingebunden sind!

- **Ermitteln Sie im Rahmen von differenzierten Projektkontrollen den Ist-Zustand der Projektdurchführung, sodass ein Plan-Ist-Vergleich erfolgen kann!**
  Bei Abweichungen müssen durch die Projektleitung bzw. den Projektlenkungsausschuss (PLA) Korrekturmaßnahmen eingeleitet werden. Prüfen Sie, ob zusätzliche Ressourcen eingesetzt werden müssen, um den Projekttermin einhalten zu können!

- **Projektcontrolling ist heute quasi die Lebensversicherung des Projektverantwortlichen!**
  Ein straffes Projektmanagement und insbesondere stringentes Projektcontrolling gewinnen an Bedeutung. Dies gilt sowohl für das Einzelprojektmanagement als auch für die Organisation des Multiprojektmanagements.

- **Bestimmen Sie, bevor Sie Controlling-Werkzeuge wie Scorecards oder Reports einsetzen, zunächst die typischen Controlling-Prozesse für Ihre IT-Projekte.**
  Im IT-Projekt-Controlling können Sie Kennzahlen und Reports als wesentliche Instrumente nutzen. Dabei ist es unerlässlich, dass Sie die Kennzahlen für Ihre Projekttypen und organisatorischen Anforderungen spezifisch auswählen und festlegen. Außerdem müssen Sie ein auf die Empfänger abgestimmtes Reporting-System vereinbaren und umsetzen.

- **Legen Sie die Inhalte der Projektreports unter Beachtung der Adressaten fest!**
  Standardreports enthalten vor allem Statusinformationen zu den verbrauchten Zeiten, Ist-Terminen, Ist-Kosten sowie dem Fertigstellungsgrad des Projekts. Ergänzend können vorliegende Kennzahlen (etwa zur Kundenzufriedenheit) sowie Analyseinformationen „einfließen".

- **Sorgen Sie durch die Inangriffnahme und Steuerung von definierten Teilprozessen für einen systematischen Projektabschluss!**
  Kein IT-Projekt sollte ohne systematischen Projektabschluss enden. Dazu müssen Sie die für Ihre IT-Projekte wesentlichen Teilprozesse identifizieren und konsequent umsetzen. Hilfreich ist dafür auch eine spezifische Prozessbeschreibung (zumindest aber eine abgestimmte Checkliste).

- **Sichern Sie Ihre Projekterfahrungen, um sie für künftige Projekte nutzbar zu machen!**
  Für künftige IT-Projekte kommt es darauf an, aus Erfahrungen zu lernen. Diese Chance sollten Sie nicht verpassen und Ihre Projekterfahrungen in geeigneter Weise dokumentieren sowie kommunizieren.

- **Beachten Sie, dass IT-Organisationen meist mehrere IT-Projekte gleichzeitig umsetzen müssen. Dies gilt für IT-Abteilungen, IT-Service-Center sowie für Software- und Systemhäuser in gleicher Weise.**
  Die verschiedenen IT-Projekte können dabei eine sehr unterschiedliche Ausrichtung sowie eine unterschiedliche strategische Relevanz und Größe (Umfang) haben – seien es Business-Integrationsprojekte, Softwareentwicklungsprojekte, IT-Infrastrukturprojekte oder Digitalisierungsprojekte. Um die Unterschiedlichkeit der anstehenden IT-Projekte sowohl bei Auswahlentscheidungen zur Festlegung des IT-Projektportfolios als auch bei der Planung und Durchführung genehmigter IT-Projekte angemessen zu berücksichtigen, bedarf es der Nutzung von Methoden und Instrumenten des Multiprojektmanagements.

- **Nutzen Sie die Instrumente und Organisationsformen des Multiprojektmanagements, wenn die Zahl der gleichzeitigen IT-Projekte in Ihrer Organisation ein gewisses Maß übersteigt!**
  Wesentlich beim „Aufsetzen" von Multiprojektmanagement für eine IT-Organisation ist die Beachtung der Unterschiede zum Einzelprojektmanagement. So handelt es sich beim Multiprojektmanagement eher um eine dauerhafte Aufgabe, während das Managen und Leiten von Einzelprojekten zeitlich begrenzt ist. Darüber hinaus hat der Multiprojektmanager keine Ergebnisverantwortung, sondern nur eine projektübergreifende Koordinationsfunktion.

- **Sobald mehrere IT-Projekte gleichzeitig gemanagt werden müssen, wachsen die Herausforderungen und Aufgabenfelder für alle Beteiligten!**
  Je mehr gleichzeitige IT-Projekte bestehen, umso größere Schwierigkeiten ergeben sich beim Setzen von Projektprioritäten – Koordinationsbedarf und Ressourcenkonflikte treten auf. Hierfür benötigen Sie angepasste Instrumente, wenn Sie die Projektarbeit erfolgreich gestalten wollen. Diese helfen der Unternehmensleitung oder dem Projektlenkungsausschuss, alle für Entscheidungen über IT-Projekte notwendigen Informationen zu liefern sowie eine gemeinsame Infrastruktur und einheitliche Managementprozesse zu etablieren, um IT-Projekte besser planbar, steuerbar und mittels Scorecards vergleichbar zu machen.

21.10 Literatur

[BK13] *Broy, M.; Kuhrmann, M.:* Projektorganisation und Management im Software Engineering. Springer Vieweg, Wiesbaden 2013

[Gar06] *Gareis, R.:* Happy Projects – Projekt- und Programmmanagement, Projektportfolio – Management, Management der projektorientierten Organisationen. 3. Auflage. Manz, Wien 2006

[KM18] *Kusay-Merkle, U.:* Agiles Projektmanagement im Berufsalltag. Für mittlere und kleine Projekte. Springer Gabler, Wiesbaden 2018

[Li01] *Litke, H. D.; Kunow, I.:* Projektmanagement. Einfach. Praktisch. Haufe, Freiburg 2001

[Sc99] *Schelle, H.:* Projekte zum Erfolg führen. Projektmanagement systematisch und kompakt. Beck-Wirtschaftsberater im dtv, München 1999

[Ste06] *Sterrer, C.; Winkler, G.:* Let your projects fly. Goldegg, Wien 2006

[Ti02] *Tiemeyer, E.:* Projekte erfolgreich managen. Methoden, Instrumente, Erfahrungen. Beltz, Weinheim, Basel 2002

[Ti04] *Tiemeyer, E.:* Projekte im Griff – Tools und Checklisten zum Projektmanagement. Mit CD-ROM. WBV Bertelsmann, Bielefeld 2004

[Ti08] *Tiemeyer, E.:* IT-Projekte erfolgreich managen. Zeit, Kosten und Ziele im Griff. rauscher.Verlag, Haag i. Obb. 2008

[Ti18] *Tiemeyer, E. (Hrsg.):* Handbuch IT-Projektmanagement – Vorgehensmodelle, Managementinstrumente, Good Practices. 3. Auflage. Hanser, München 2018

[Tu01] *Tumuscheit, K. D.:* Immer Ärger im Projekt. Wie Sie die Projektkiller austricksen. Orell Füssli, Zürich 2001

[WC04] *Weixlbaumer, E. (Hrsg.); Ciresa, M.:* IT-Projekte in Österreich. Management in time, in budget, in quality. Manz, Wien 2004

[WM04] *Wieczorrek, H. W., Mertens, P.:* Management von IT-Projekten. Von der Planung zur Realisierung. Xpert.press. Springer, Berlin 2004

22 Digitale Transformation und IT-Management – digitale Projekte agil in Teams umsetzen

Ernst Tiemeyer

 Fragen, die in diesem Kapitel beantwortet werden:

- Welche Typen von digitalen Transformationsvorhaben sind zu unterscheiden und erfordern ein differenziertes Vorgehen sowie ein Projektmanagement mit unterschiedlichen Teamzusammensetzungen?
- Welche spezifischen Herausforderungen und Rahmenbedingungen sind für eine optimale digitale Transformation zu beachten?
- Warum können digitale Transformationsprozesse in der Regel nur unter Beteiligung verschiedener Management-Disziplinen zu erfolgreichen digitalen Lösungen führen?
- Wie gelangt eine Unternehmung aufgrund von Digitalisierungsstrategien bzw. eines Business-IT-Relationsmanagement zu einem Portfolio für ihre digitalen Projekte (= digitales Projektportfolio)?
- Welche Kriterien und Verfahren haben sich für eine Priorisierung möglicher digitaler Projekte sowie für eine zeitliche Fixierung in einem Masterplan (Roadmap) bewährt?
- Welche Gelingensbedingungen sind für die Durchführung von Digitalisierungsprojekten sowohl im Entscheidungsboard als auch durch die Project Leader (incl. Product Owner bzw. Process Owner) zu beachten?
- Wie sehen bewährte Vorgehens- und Planungskonzepte für digitale Projekte aus?
- Inwiefern haben neue Entwicklungs- und Transformationsansätze (wie DevOps) Einfluss auf ein erfolgreiches Managen von Digitalprojekten?

Unternehmen jeglicher Größe und Branche stehen ähnlich wie öffentliche und gemeinnützige Organisationen in Bezug auf die erfolgreiche Umsetzung von Digitalisierung vor einer gemeinsamen Herausforderung: Welche Digitalisierungspotenziale sind im Unternehmen (bezogen auf die Produkte und Dienstleistungen sowie die Prozesse, die Gestaltung der Kundenorientierung und die Automatisierung von Geräteverbindungen) evident und legen einen Handlungsbedarf nahe?

Ist der grundsätzliche **Handlungsbedarf** geklärt, müssen die Verantwortlichen (Fachbereichsmanagement, IT-Management, Prozessmanagement)

- die vielfältigen Potenziale der Digitalisierung für die Handlungsfelder im Unternehmen gezielt eruieren und bewerten,
- daraufhin entscheiden, ob und wie innovative digitale Geschäftsmodelle, Produkte und Prozesse im Rahmen spezifischer Organisationsformen (wie Projekte u. a.) entwickelt werden sowie
- die Implementierung der digitalen Lösungen im Sinne einer nachhaltigen Nutzung gewährleisten.

Die Eingangsüberlegungen zeigen: Neue digitale Technologien und vielfältige Lösungsoptionen machen gerade im digitalen Zeitalter und in einem komplexen Unternehmenskontext das „intelligente Aufsetzen" innovativer Produkte und Projekte unumgänglich. Dieser Beitrag zeigt auf, wie eine „richtige" Bewertung und Ausrichtung von innovativen digitalen Projektideen erfolgt. Darüber hinaus wird ein adäquater Ressourceneinsatz berücksichtigt, der Expertise in unterschiedlichen Bereichen – vor allem der Fachbereiche, dem Enterprise-Architektur-Management, dem Bereich Business-Analyse sowie dem Prozessmanagement – im Sinne eines Business-IT-Alignments erfordert. Schließlich werden – basierend auf Erfahrungen – erfolgreiche Vorgehensansätze für die verschiedenen digitalen Projekte aufgezeigt.

22.1 Digitale Transformation – Einordnung, Treiber und Erfolgsfaktoren

Insgesamt gilt es als wahrscheinlich bzw. gehen alle Experten davon aus, dass der digitale Wandel sich für viele Organisationen in einer nie dagewesenen Geschwindigkeit vollziehen wird. Deshalb ist es auch naheliegend, dass Unternehmen, die sich den Herausforderungen der digitalen Transformation und Digitalisierungspotenzialen nur unzureichend stellen, angesichts der Vielfältigkeit und Vielzahl der anstehenden disruptiven Veränderungen in nahezu allen Handlungsfeldern zeitnah mehr oder weniger große Schwierigkeiten haben werden und „ins Hintertreffen" geraten.

Digitale Transformation entwickelt sich immer mehr zu dem wesentlichen Erfolgsfaktor für Unternehmen, Dienstleistungsorganisationen und Verwaltungen. Unternehmen müssen sich im digitalen Zeitalter verstärkt neuen Herausforderungen stellen und diese durch geeignete digitale Projekte zeitnah umsetzen. Dabei kann es in den Projekten um die Gestaltung neuer Geschäftsmodelle, die Digitalisierung von Produkten und Services sowie die Veränderung von internen und unternehmensübergreifenden Prozessen gehen. Darüber hinaus sind digitale Projekte zur Anpassung der Kundenkommunikation und Leistungserstellung bis hin zum Digital Workplace „angesagt". Weitere wesentliche Elemente des digitalen Projektportfolios (fokussiert man auf die wesentlichen digitalen Technologien) sind IoT-, Blockchain- und KI-Projekte.

Verantwortliche für die digitale **Transformationen** müssen letztlich Fragen der Konkretisierung der Handlungsfelder bzw. der Produkte, Prozesse und Projekte (= Form des Enterprise Project Management) regeln. Dies betrifft insbesondere die folgenden Fragen:

- Welche digitalen Projekte müssen/sollen in der nächsten Zeit in Angriff genommen werden? (= die richtigen Projekte machen)
- Wie kann das vereinbarte digitale Projektportfolio erfolgreich umgesetzt werden? (= die digitalen Projekte „richtig" machen)

Die Konsequenz aus den skizzierten Herausforderungen: Eine Fixierung der strategischen Überlegungen (mit integrierter Masterplanung) ist heute für nahezu alle Unternehmen und Dienstleistungsorganisationen wesentlich, um die richtigen Entscheidungen und Handlungen für eine Unternehmens- und IT-Steuerung (Planung und Steuerung der digitalen Produkte und digitalen Services) zu gewährleisten.

Die Umsetzung des digitalen Masterplans bedarf einer ganzheitlichen Managementunterstützung – insbesondere durch Enterprise-IT-Architekten, Prozess- und Transformationsmanager. Dies erfordert eine differenzierte Zusammensetzung für alle Entwickler- und Implementationsteams im Rahmen digitaler Transformationen. Wie dies „intelligent" durch ein Projektportfoliomanagement bzw. Ressourceneinsatzmanagement gelingen kann, ist anhand verschiedener Typen von Digitalisierungsprojekten zielgenau festzulegen und nachhaltig umzusetzen.

Klare Festlegungen zur organisatorischen Verantwortung für die digitale Transformation sind dazu unerlässlich. Bewährt hat sich vielfach die Organisation eines Portfolio- und Multiprojektmanagements für digitale Projekte über sogenannte Entscheidungsboards, in denen für alle Business-IT-Projekte eines Unternehmens oder speziell für alle digitalen Projekte die wesentlichen Rahmenentscheidungen getroffen werden.

Beachten Sie:

Viele Unternehmen haben mittlerweile die strukturellen Fragen geklärt und eine organisatorische Verankerung der Digitalisierung vorgenommen (etwa als digitale Unit). Neben der strukturellen Festlegung sind aber insbesondere auch zahlreiche Kompetenz- und Verfahrensfragen zu klären und hierfür entsprechende Grundsätze und Richtlinien für die Planung und Umsetzung konkreter Vorhaben zu vereinbaren.

Mit dem Aufkommen neuer, sich rasch entwickelnder digitaler Technologien (Cloud, Enterprise Mobility, Connectivity, Blockchain, IoT etc.) stellt sich die Notwendigkeit, **permanent digitale Transformationsprozesse** zu Produkten, Geschäftsprozessen und Services durchlaufen zu müssen. Dementsprechend gilt es auch Regelungen dazu zu schaffen, wie darüber entschieden wird, welche Digitalisierungsprojekte jeweils prioritär angegangen werden und wie eine erfolgreiche Umsetzung aus Sicht des Gesamtunternehmens erfolgen kann.

Damit stellt sich dann für Unternehmen die Frage: Wie stelle ich durch entsprechendes Einzel- und Multi-Projektmanagement sicher, dass meine digitalen Projekte erfolgreich verlaufen? Diese Frage stellt sich bei jedem Digitalisierungsprojekt, das „in Angriff genommen" wird, neu. In jedem Fall muss die Unternehmensorganisation dazu eine Positionierung einnehmen und zielgerichtet überlegen, welche digitalen Projekte welche Organisationsform und welches Vorgehensmodell des Projektmanagements erfordern und wie sich die gewählte Organisationslösung umsetzen lässt (Entscheidungen und Transfermaßnahmen zur Regelanwendung der Projektergebnisse in der Praxis).

Um geeignete digitale Projekte „aufzulegen" sowie diese erfolgreich umzusetzen, ist eine Kenntnis und Berücksichtigung der **Treiber für Transformationslösungen** unverzichtbar. Erfahrungen der Praxis zeigen, dass folgende Voraussetzungen bzw. Aktivitäten für eine gelingende digitale Transformation in der Unternehmenspraxis gegeben sein müssen:

- **digitale Assessments,** die im Wesentlichen eine Lagebeurteilung, einen digitalen Health-Check sowie eine Business-Analyse umfassen,
- eine abgestimmte **Digitalisierungsstrategie,** aus der Handlungsfelder und Masterpläne für eine zukunftsorientierte Ausrichtung der digitalen Lösungen vereinbart werden,
- eine Zusammenstellung der **Umsetzungs-Aktivitäten,** wobei als Aktivitäten im Wesentlichen Design, Entwicklung und Operations unterschieden werden. Dabei sollten die Anforderungen der Stakeholder sowie der Beschäftigten im Unternehmen integrativ beim Design und bei der Realisierung der digitalen Lösungen berücksichtigt werden.
- ein **Projekt-Portfolio,** das verschiedene Projektinitiativen zu ausgewählten Schwerpunkten vorsieht, die entsprechend bewertet und gewichtet sind und die Basis für einen daraus abzuleitenden Masterplan bilden,
- einen **Masterplan,** mit dem eine Fixierung der strategischen Überlegungen erfolgt, um die richtigen Entscheidungen und Handlungen für eine Unternehmens- und IT-Steuerung (Planung und Steuerung der digitalen Produkte und digitalen Services) zu gewährleisten,
- ein **Change Management,** das die betrieblichen Veränderungen (neue digitale Produkte, Arbeits- und Geschäftsprozesse, Personalmanagement etc.) sozial verträglich gestaltet und die Auswirkungen von digitalen Lösungen in ein kontinuierliches Monitoring überführt.

Bild 22.1 nimmt eine Einordnung der zuvor skizzierten **Treiber der Digitalisierung** als wesentliches Aktionsfeld für die Planung und Umsetzung von notwendigen Projektmanagementaktivitäten vor.

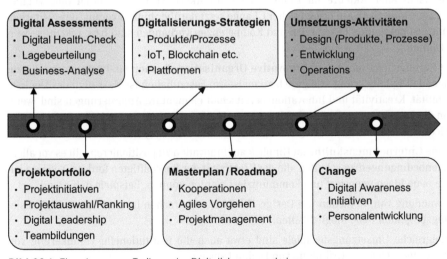

Bild 22.1 Einordnung von Treibern der Digitalisierungsvorhaben

Wo liegen die Besonderheiten der digitalen Projekte? Sie sind primär gekennzeichnet durch komplexe und innovative Aufgabenstellungen, wobei ein hoher Zeit- und Erfolgsdruck gegeben ist. Für diese Projektinitiativen gilt es spezifische Auswahlkriterien und Rankingverfahren zu vereinbaren. Außerdem ist in der Regel eine aktive Unterstützung durch die Unternehmensführung hilfreich (Digital Leadership) sowie auch eine Einrichtung von agilen Teams „angesagt".

Ein Hinweis: Werden in der Unternehmenspraxis digitale Projekte innerhalb von IT-Projektportfolios „behandelt", dann bedarf es einer Abgrenzung bzw. einer Verknüpfung mit den bisher „üblichen" Typen von IT-Projekten bzw. klassischer Business-Projekte.

Mit der Vereinbarung einer **digitalen Roadmap** sollte ein umfassendes Transformationsprogramm aufgesetzt werden. Partner- und Technologiekonzepte sind dabei zu vereinbaren (etwa die Kooperation mit Business-Analysten, Enterprise-Architekten oder externen Experten). Um den Herausforderungen der Digitalisierung Rechnung zu tragen, muss darüber hinaus ein agiles Prozess- und Projektmanagement für die Umsetzung vereinbart werden. Dazu sind im Unternehmen generell und in der IT-Organisation (bzw. in der digitalen Unit) im Besonderen

- eine Innovationskultur und ein darauf bezogenes Innovationsmanagement zu etablieren,
- strategische Konzepte zu entwickeln und eine digitale Roadmap zu vereinbaren, die die anstehenden digitalen Projekte in einem abgestimmten Verfahren konzipiert und festlegt, sowie
- Regeln, Verfahren und Instrumente für eine erfolgreiche Umsetzung zu etablieren.

Nur so können viele Unternehmen sich dem digitalen Wandel stellen und ihre Wettbewerbsfähigkeit behaupten sowie zukünftigen Anforderungen nachhaltig gerecht werden. Um zu einer Roadmap zu gelangen, ist nicht nur eine nachhaltige Gestaltung der organisatorischen Implikationen, sondern vor allem auch der ggf. sich ergebenden zwischenbetrieblichen Kooperationen (etwa auch die Kooperation mit Start-ups) gewünscht.

Ein weiterer notwendiger Ansatzpunkt für eine erfolgreiche digitale Transformation wird darin gesehen, vielfältige **Change-Aktivitäten** zu entfalten, damit die Digitalisierung im Bewusstsein aller Akteure im Unternehmen verankert wird (etwa durch eine Digital-Awareness-Initiative). Ein erfolgreicher Change setzt darüber hinaus voraus, dass Mitarbeiter mit den passenden Fähigkeiten und Kompetenzen vorhanden sind bzw. rekrutiert werden können.

Neue Herangehensweisen und **innovative Organisationsformen** sind gefragt, um die zunehmende Digitalisierung erfolgreich zu meistern. Festzuhalten ist, dass digitales Denken, Flexibilität, Kreativität und Innovationsbereitschaft elementare Anforderungen sind, wenn es um die Steuerung der Projekt-Initiativen im Hinblick auf digitale Produkte, Prozesse und Services sowie die Ausgestaltung nachhaltiger Arbeitsformen geht.

Um eine **Unternehmenskultur** im Hinblick auf Innovation zu positionieren, gilt es vor allem Rahmenbedingungen zu schaffen, die die Kreativität der Beschäftigten fordern, sodass vielfältige neue Ideen generiert und kommuniziert werden können. Beispiele dafür sind:

- Anwendung von Methoden wie Design-Thinking versprechen im Umfeld von Digitalisierungsprojekten neue Möglichkeiten.
- Erfolgreiche Umsetzungsbeispiele sind etwa auch die institutionelle Verankerung von Thinktanks sowie die Gründung von Digital Labs etc.

- Schließlich gilt es, im Management der digitalen Projekte neue Methoden des Arbeitens zu etablieren, beispielsweise Rapid Prototyping sowie Lean Development.

Vielfach werden digitale Thinktanks (aus englisch think tank) als eine innovative Herangehensweise für digitale Transformationsvorhaben betrachtet. Damit werden im Rahmen der digitalen Transformation methodische Organisationsansätze bezeichnet, die durch systematische Erforschung und Entwicklung von innovativen Konzepten und Strategien Einfluss auf die Umsetzung (hier der Digitalisierung) in der Praxis nehmen. Die Erwartung geht dabei dahin, dass so für alle Seiten deutlich wird, welche Chancen die Digitalisierung bietet, wenn man Entwicklungen agil gestaltet.

Mit **Digital Labs** werden – orientiert an Erfahrungen der Start-up-Szene – Organisationsformen bezeichnet, in denen kreative Freiräume für unternehmensinterne Mitarbeiterteams geschaffen werden. Sie stellen bezüglich der Zusammensetzung einen Mix aus kreativen Mitarbeitern dar, die aus unterschiedlichen Unternehmensbereichen kommen (etwa IT-Architekten, Anwendungs-Entwickler, Produkt-Designer/Entwickler, Vertrieb). Ziel ist es, unbelastet von zentralen Unternehmenszwängen in den „Digital Labs" Ideen für neue Geschäftsmodelle und innovative digitale Produkte zu entwickeln. So kann erwartet werden, dass auch umsetzbare Lösungen zur Zukunftsfähigkeit des Unternehmens „herauskommen".

Rapid Prototyping zielt auf eine Optimierung von Verfahren und Prozessen zur Entwicklung von digitalen Lösungen (Produkte, Prozesse, Services). Das Verfahren, das aus dem Produktionsbereich stammt, setzt auch bei der Digitalisierung auf möglichst schnelle (engl. „rapid") Herstellung eines Prototyps (engl. »Prototyping«) für die jeweils geplanten und „in Angriff" genommenen digitalen Lösungen.

Lean Development beschreibt einen Ansatz, wie die Prozesse in der Entwicklung digitaler Lösungen optimal („schlanker") gestaltet werden können. Nach diesem Ansatz lässt sich anhand entsprechender Methoden die Qualität der Produktentwicklung deutlich steigern. Dazu werden ausgewählte Gestaltungsprinzipien wie zum Beispiel Kontinuierlicher Verbesserungsprozess, Standardisierung, Fließ- und Pull-Prinzip, Mitarbeiterorientierung und zielorientierte Führung verankert.

Im Rahmen von Digitalisierungslösungen wird bei der Entwicklung und Anpassung von Applikationen immer mehr Geschwindigkeit gefordert. Künftig werden primär „DevOps-Projekte" gefragt sein, bei denen „Development" und „Operations" Hand in Hand gehen.

Fazit: Methoden und Techniken, die sich für das Managen digitaler Projekte bewährt haben, sollten in jedem Fall bei der Planung und Umsetzung von Projekten in den Fokus genommen werden:

- Business-Analyse und Design Thinking (incl. Customer-/Partnermanagement)
- Lean Architekturplanungen (EAM) – Plattformen, Devices und andere
- Agile Methoden/Techniken nutzen
- DevOps für Entwicklung und Einsatz digitaler Lösungen etablieren

Praxistipp:

Digitale Transformation entwickelt sich immer mehr zu dem wesentlichen Erfolgsfaktor für Unternehmen, Dienstleistungsorganisationen und Verwaltungen. Unternehmen müssen sich im digitalen Zeitalter verstärkt neuen Herausforderungen stellen und diese durch geeignete digitale Projekte zeitnah umsetzen.

■ 22.2 Management-Handlungsfelder und erfolgreiche digitale Transformationsvorhaben

Digitale Transformationsprozesse können in der Regel nur unter Beteiligung verschiedener Management-Disziplinen zu erfolgreichen digitalen Lösungen (Produkte, Prozesse etc.) führen. Einen ersten Überblick über die wesentlichen **Erfolgsfaktoren und Kern-Managementdisziplinen** gibt Bild 22.2.

	Strategisches Management digitaler Lösungen	Die digitale Transformation erfordert eine strategische Management-Ausrichtung und dazu abgeleitete Road-maps und konkrete Masterpläne (Projektportfolios).
	Digitale Governance	Zur kontinuierlichen Weiterentwicklung digitaler Produkte, Lösungen und Prozesse ist eine nachhaltige Steuerung (Governance) unverzichtbar. Notwendig ist die stetige Auswertung von KPIs sowie die Fortschreibung/Pflege von Daten.
	Geschäftsprozessmanagement (BPM)	Die digitale Transformation erfordert ein professionelles Design der Geschäftsprozesse und ein damit in Bezug stehendes Business Process Management (BPM).
	Unternehmens-Architekturmanagement (EAM)	Die digitale Transformation erfordert ein Enterprise Architecture Management (EAM), das ausgehend von der Business Architecture ein Alignment zu digitalen Assets (Applikationen, IT-Systeme, Data Architecture) erfolgreich sicherstellt.
	Digital Workplace Management	Die Neugestaltung der Arbeitsplätze in Richtung Flexibilisierung und Digitalisierung bedarf einer nachhaltigen Planung und einer Servicierung durch den CIO/CDO!
	HR-Management und Digital Learning	Die Qualifizierung von Mitarbeitern für die digitale Transformation sollte unternehmensweit erfolgen (Digital Empowerment bzw. Corporate Learning im Unternehmenskontext).
	Digital Security & Compliance Management	Digitale Produkte, Systeme und Prozesse müssen kontinuierlich in Bezug auf Sicherheit und Compliance überprüft und weiterentwickelt werden.
	DEVOp-Lösungen und Management	Digitale Lösungen (Produkte, Systeme und Prozesse) müssen unter Beachtung von EAM flexibel und agil entwickelt und implementiert (Deployment) werden.

Bild 22.2 Gelingensbedingungen „digitaler Transformation" – die wichtigsten Management-Disziplinen

Strategisches Management und Digitale Governance (Innovationsmanagement)

Wichtig für ein erfolgreiches Implementieren digitaler Lösungen ist vor dem Start eines entsprechenden Projekts die Klärung der Rahmenbedingungen, die sowohl die Geschäftsanforderungen als auch die Unternehmensstrategie und die daraus abgeleitete Unternehmensplanung in den Fokus nimmt. Im Detail bedarf es unter anderem einer strategischen Positionsbestimmung zu folgenden Fragenkreisen:

- Wo liegen im Unternehmen die wesentlichen Herausforderungen für die künftige Ausrichtung? Ein kontextbezogenes Denken in Lösungsalternativen ist besonders zielführend.
- Welcher Gestaltungsrahmen wird seitens der Unternehmensführung bereitgestellt, um die Potenziale der Digitalisierung nutzen zu können?
- In welchem Spielraum lassen sich die grundlegenden digitalen Produkte, Prozesse und Services für das Unternehmen adaptieren, um den wachsenden Veränderungen der Digitalisierung und den Geschäftsausrichtungen des Unternehmens gleichermaßen gerecht zu werden?

Im Rahmen von gezielten Interviews/Befragungen mit der Unternehmensführung sowie Innovations-Workshops sind die zentralen Parameter für die zu entwickelnde Digitalisierungsstrategie zu ermitteln und zu dokumentieren. Wichtige Fragen, die im Rahmen eines Innovationsmanagements adressiert und beantwortet werden sollten, sind beispielsweise:

- Wie wird die zukünftige Geschäftsentwicklung des Unternehmens unter den Möglichkeiten der Digitalisierung eingeschätzt?
- Welches sind die Haupt-Geschäftsfelder unseres Unternehmens?
- Kann das existierende Geschäftsmodell weiterbestehen oder wird es obsolet bzw. bedarf es grundlegender Veränderungen?
- Welche Anforderungen haben meine „Connected Customer" heute und wie können sie gezielter durch digitale Produkte und Services bedient werden?
- Welche neuen Geschäftsfelder und Geschäftsprozesse bieten ein Wachstumspotenzial durch Entwicklung und Implementierung von digitalen Produkten?
- Welche aktuellen Herausforderungen sowie rechtliche Regularien sind generell bzw. speziell für die Digitalisierungslösungen des Unternehmens zu beachten?

Im Rahmen der „Digital" Governance kommt der Umsetzung der Kunden- und Serviceorientierung eine besondere Bedeutung zu. Damit wird unter anderem auch eine Harmonisierung der Kunden- und IT-Anforderungen (Customer-Relationship-Management, Demand-Management) in Bezug auf die digitalen Plattformen und IT-Systeme einer Organisation ermöglicht.

Geschäftsprozessmanagement

Die Geschäftsprozessorganisation ist ein Gestaltungskonzept, in dem Geschäftsprozesse vor ihrer Gestaltung analysiert werden („verstehen wollen"), im Prozess zu erfüllende Aufgaben auf Stellen/Rollen verteilt werden, die Gruppenverantwortung für einen Prozess an Bedeutung gewinnt und traditionelle (linienbezogene) Steuerungsverfahren abgelöst sowie die Möglichkeiten digitaler Informations- und Kommunikationstechnik vollständig ausgeschöpft werden, um mittels Digitalisierung und Automatisierung die Geschäftsprozesse zu optimieren.

Das Denken und Handeln in Kategorien einer Geschäftsprozessorganisation führt zum Geschäftsprozessmanagement, das eine Marktorientierung mit strategischen und operativen Entscheidungen für Wertschöpfungsketten verbindet und prozessbezogene organisatorische und personelle Konsequenzen nach sich zieht. Das Konzept und die Handlungsbereiche für das Geschäftsprozessmanagement umfassen mehreren Ebenen:

- **Handlungsbereich „Strategie und Führung":** Ausgehend von den Geschäftszielen und den Geschäftsfeldern des Unternehmens werden die Geschäftsprozesse des Unternehmens abgeleitet. Wesentliche Rahmenbedingungen für die Gestaltung ergeben sich durch die Unternehmenskultur (mehr Zentralisierung oder Dezentralisierung, flache Hierarchien etc.) und die damit vorhandene Umsetzung von Führungs- und Managementprinzipien (Digital Leadership).
- **Handlungsbereich „Prozess-Dokumentation und -Entwurf".**
- **Handlungsbereich „Steuerung und Kontrolle"** (Prozess-Controlling).
- **Handlungsbereich „Optimierung und Implementierung":** Umsetzungsebene (Neugestaltung unter Einsatz etwa digitaler Informations- und Kommunikationstechnologien)

Beachten Sie:

Die Rolle der Prozessmanager sowie der Prozessverantwortlichen erfährt mit der Digitalisierung gravierende Veränderung– vom Dokumentierer der Prozesslandschaft zum Planer, Entscheider, Gestalter und Innovator von zunehmend digital gestützten Unternehmens-Prozesslandschaften.

■

Enterprise Architecture Management

Um die Business-IT-Landschaft sicher steuern (lenken) und zukunftsorientiert weiterentwickeln (planen) zu können, ist für das IT-Management ein tragfähiges Gesamtbild der Architekturen als Orientierungsrahmen unverzichtbar: die Ist-Architektur und Ziel-Architektur von Infrastruktur und Anwendungslandschaft sowie auch der neuen digitalen Technologien. Dazu sind Gestaltungsprinzipien und Systementscheidungen zu formulieren, ebenso wie „strategische" Technologien und Produkte (quasi als Standards) vereinbart und sodann kommuniziert werden sollten.

Im strategischen Architekturmanagement (EAM = Enterprise Architecture Management) werden folgende Elemente der Unternehmensarchitektur erfasst und dokumentiert: die Geschäftsprozesse (Geschäftsprozessarchitektur oder fachliche Architektur), die Applikationen (Anwendungs- oder Applikationsarchitektur) sowie die zugrunde liegende IT-Infrastruktur mit ihren Komponenten (Technologiearchitektur). Ergänzend können die Geschäftsfelder (Geschäftsfeldarchitektur), die Datenbestände (Daten-/Informationsarchitektur), die Softwarearchitektur und die IT-Produkte (IT-Servicearchitektur) aufgenommen und strukturiert dokumentiert werden.

Für alle digitalen Projekte sind frühzeitig Überlegungen darüber anzustellen, welche Unternehmens-IT-Architekturen (Entwicklungswerkzeuge, Applikationen, Daten, Devices, Infrastrukturen und Plattformen) bezüglich der Projektumsetzung besonders geeignet erscheinen und dabei im Einklang mit den vorhandenen Architekturvorgaben stehen.

Beachten Sie:

Architekten stellen für das digitale Projektportfolio eine wichtige „Drehscheibe" dar, da sie für die geplanten Applikationen und Microservices mittels Cloud-, IoT- und Big-Data-Plattformen sowie Technologien wie Machine Learning, Künstliche Intelligenz (KI), Blockchain sowie Data-Analytics ein Zusammenspiel ausgewählter Bereiche (etwa über Plattformen) ermöglichen. Darüber hinaus ist eine adäquate Toolunterstützung für die Entwicklung und Servicierung digitaler Lösungen anzustreben. ∎

Digital Workplace- und HR-Management

Besondere Bedeutung haben (unter den Stichworten Digital Workplace bzw. New Work) die Veränderungen der Digitalisierung einerseits für die Bereitstellung von Arbeitsplätzen und deren Organisation im betrieblichen Kontext. Mit der Einrichtung eines Digital Workplace soll dem Personal im Unternehmen ein zentraler, digitaler Zugang bereitgestellt werden, der alle Beschäftigte des Unternehmens miteinander verbindet sowie Zugriffsmöglichkeiten auf ausgewählte (unternehmensinterne) Daten- und Informationsbestände schafft. Dies macht bereits deutlich, dass ohne entsprechende Personalentwicklung eine solche digitale Transformation nur schwer gelingen wird (vgl. hierzu auch ausführlich Kapitel 12 dieses Handbuchs).

Application Development und Deployment (Operations)

Das Application Development befindet sich im Wandel. Bis 2021 werden 60 % der Anwendungsentwicklungen Platform as a Service (PaaS) nutzen sowie Microservices und Cloud-Funktionen beinhalten. Als Schlüsselelemente der Anwendungsentwicklung werden dabei gesehen (Quelle: IDC InfoBrief, Mai 2019):

- Beschleunigung der Entwicklungszyklen und Steigerung der Produktivität der Entwickler. Da Geschwindigkeit in der digitalen Welt von entscheidender Bedeutung ist, gilt es auch bezüglich der Applikationsentwicklungen nach entsprechenden Optionen zu suchen. Umständliche Entwicklungsmethoden bedürfen der Überprüfung bzw. einer Veränderung durch Maßnahmen, die die Markteinführungszeit verkürzen und die Produktivität der Entwickler erhöhen.

- KI-gestützte Entwicklung: Mittels KI lässt sich vielfach die Geschwindigkeit der Anwendungsbereitstellung verbessern und gleichzeitig die Wettbewerbsfähigkeit eines Unternehmens verbessern.

DevOps (Dev für Development; Ops für Operations) kann dabei als der methodische Ansatz und das Tool gesehen werden, das die agile Entwicklung und den Betrieb von Digitalisierungslösungen intelligent miteinander verzahnt. Wesentliche Voraussetzung für ein Gelingen: die Organisation einer effizienten und vertrauensvollen Zusammenarbeit von Entwicklern, Test-Engineers sowie System-Administratoren. Darüber hinaus wird angestrebt, eine Automatisierung der integrierten Prozesse zu realisieren sowie ein Live-Monitoring der Prozessqualität zu ermöglichen.

Mittels API (für Application Programming Interfaces) stehen standardisierte Programmierschnittstellen bereit. Sie ermöglichen es Entwicklern von Digitalisierungslösungen, ihre Lösungen unter Nutzung der von anderen Organisationen bereitgestellten Anwendungen (Apps) und Daten zu verbinden. So lassen sich damit Daten austauschen und gegebenenfalls ganze Services abrufen. Ein Beispiel dafür ist das disruptive Geschäftsmodell des Fahrdienstes Uber.

Das BAIM-Framework als Ankerpunkt

Einen weiteren Ankerpunkt für die notwendigen Managementdisziplinen zu digitalen Transformationen stellt das BAIM-Framework für EA dar (BAIM = Business – Applications – Information – Management). Die drei Hauptbereiche, auf die sich die Business- und IT-Verantwortlichen konzentrieren, sind (vgl. *https://www.ariscommunity.com/users/frlu/2017-09-03-how-can-enterprise-architecture-support-digital-business-transformation*):

1. **Business Transformation Management:** Wie können wir die Geschäftsmodelle und Kundenwertversprechen verbessern, welche Innovationsprojekte benötigen wir, um unsere Fähigkeiten zu erweitern, und wie können wir die Ergebnisse der Projekte optimieren?
2. **Enterprise Application Management:** Wie kann ich die E2E-Geschäftsprozesse (End-to-End) verbessern, welche Anwendungen benötige ich, um die erforderlichen Funktionen zu unterstützen, und wie kann ich die Anwendungen miteinander und mit der Außenwelt (z. B. Cloud) integrieren?
3. **Enterprise Information Management:** Wie kann ich eine solide Grundlage für vertrauenswürdige (Stamm-) Daten aufbauen, die die Grundlage für eine schnellere und bessere Entscheidungsfindung bildet? Dies ermöglicht Echtzeit-Performance-Analysen, die zur Bewertung von neuen Geschäftsmodellen herangezogen werden können.

Einen Überblick über die wesentlichen Managementdisziplinen gibt Bild 22.3 in Bezug auf digitale Technologien, die Schwerpunkte der Umsetzung in Projekten sein können.

10 Disruptive Technologies	Business & Operating Management	Portfolio- & Project-Management	IT-Service-Management	Business Process Management	IT Enterprise Architecture Management	Platform Integration	Data Management	Enterprise Information Management	Performance Management
Smart devices take over the Internet (IoT & data science)	H	M	H	H	M	H	H	M	M
Smart factories decide on their own (Industry 4.0, robotics & 3D printing)	M	H	H	H	M	M	H	H	H
Machines plan their own maintenance (Predictive maintenance & digital twin)	L	H	M	H	L	H	H	M	M
Block chain make their own value (Block chain & business networks)	L	N	L	H	H	H	M	M	M
Computers learn on their own (Machine learning & AI)	M	L	L	H	L	H	H	H	H
From virtual & augmented reality to operational & commercial reality (Virtual & augmented reality)	H	M	M	H	M	H	H	H	H
Robots become Co-workers ((Chat) Bots & virtual assistant & voice recognition)	L	M	M	H	M	H	H	H	H
Vehicles drive on their own (Drones & self driving vehicles)	L	L	M	H	H	M	M	M	M
AI replaces smart people (Business & cognitive analytics)	H	M	L	H	H	M	H	H	H
Computers are managed in the Cloud (IAAS, SAAS, PAAS)	L	H	H	H	H	H	L	M	H

Bild 22.3 Disruptive digitale Technologien – Zuordnung von Management-Handlungsfeldern [Quelle: BAIM EA Framework: https://www.ariscommunity.com/users/frlu/2017-09-03-how-can-enterprise-architecture-support-digital-business-transformation

■ 22.3 Das digitale Projektportfolio vereinbaren und managen

Erfahrungen sowie Studienergebnisse zeigen, dass derzeit vielfach die digitale Transformation in isolierten Einzelprojekten erfolgt, etwa im Marketing, im Vertrieb oder als reines IT-Projekt. Das sollte nicht so sein:

- Grundsätzlich wird gerade für Digitalisierungsprojekte empfohlen, diese nicht isoliert zu betrachten, sondern auch die Verbindung der verschiedenen digitalen Projekte sowohl in der Planungs- als auch in der Durchführungsphase im Fokus zu haben.

- Durch ein konsequentes digitales Projektportfolio-Management besteht eine gute Chance, die Zusammenhänge zwischen den Projekten aufzuzeigen und die Auswirkungen der digitalen Projekte auf das Unternehmen im Zusammenhang zu ermitteln und darzustellen.
- In der Planungsphase hilft das Denken und Handeln in Projektportfolios, sowohl die zeitliche Planung als auch die Planung des Ressourceneinsatzes für die verschiedenen digitalen Projekte aufeinander abzustimmen. Die Orientierung an Projekt-Roadmaps in der Umsetzungsphase schafft dann die Möglichkeiten, Synergieeffekte flexibel zu nutzen (etwa für die Entwicklungs-, Test- und Implementierungsaktivitäten).

Um aus der Vielzahl der Projektideen (Projektskizzen) sowie von Projektanträge zu den „richtigen" digitalen Projekten zu gelangen, müssen diese sinnvollerweise ein mehr oder weniger geregeltes (aber durchaus auch „schlankes") Bewertungsverfahren durchlaufen. In einem Entscheidungsgremium (zum Beispiel einem Project Advisory Board für digitale Projektvorhaben) sollte dann zeitnah eine Entscheidung über die Durchführung fallen. Für die Projektselektion werden – bezogen auf die Besonderheit der digitalen Projekte – differenzierte Kriterien vereinbart und spezifische Priorisierungsmechanismen verwendet. Ziel der Bewertungsüberlegungen kann so die einvernehmliche Vereinbarung eines Projektportfolios sein.

Folgende Fragen verdeutlichen mögliche Prüfprozesse bzw. Festlegungen im Rahmen des Projektportfoliomanagements bzw. einer Multi-Projektsituation:

- Welche Bedeutung hat das jeweilige (beantragte bzw. in der Pipeline befindliche) digitale Projekt im Vergleich zu den übrigen beantragten bzw. laufenden Projekten?
- Wer erhält welchen Anteil des insgesamt für digitale Projekte verfügbaren Budgets? Wie wird das Gesamtbudget auf die einzelnen digitalen Projekte verteilt?
- Welche Experten (Fachexperten, IT-Experten etc.) sowie ggf. auch Stakeholder und externe Partner sind in den verschiedenen digitalen Projekten heranzuziehen?
- Wie kann mit Änderungen umgegangen werden, die von einem Projekt ausgehen, sich aber auch auf andere Projekte auswirken? (Etwa Entscheidungen über Weiterentwicklung und Implementierung neuer IT-Plattformen oder die Einführung übergreifender digitaler Tools.)

Im Regelfall ergibt sich ein optimaler Projektemix durch strategisches Alignment (gezielter Einbezug des Faktors „Strategische Bedeutung" des digitalen Projekts). Risiken des Scheiterns der ausgewählten Projekte können durch eine realistische Planung vermindert werden. Auswirkungen und Veränderungen in einem Projekt auf andere Projekte werden durch die Portfoliobetrachtung transparenter.

Die Projekte ergeben sich letztlich – basierend auf einer Digitalisierungs-/IoT-Strategie bzw. den eingehenden Projekt-Demands. Diese sind dann konsequent nach einem strukturierten digitalen Masterplan zu konkretisieren und in Projekten umzusetzen. Diese Umsetzung des digitalen Masterplans bedarf einer ganzheitlichen Managementunterstützung für alle Entwickler- und Implementationsteams. Wichtig ist, dass die Unternehmensführung eine digitale Innovationskultur über alle Unternehmensbereiche hinweg fördert und digitale Projekte entsprechend als Sponsor „begleitet".

22.3.1 Verfahren zur Portfolioentwicklung

Für die Entwicklung und Vereinbarung des digitalen Projektportfolios hat sich folgendes Vorgehen bewährt:

- Digitalisierungsprojekte identifizieren und einordnen
- Projektideen mit Digitalisierungsstrategie abgleichen
- Digitale Projektideen skizzieren und (im Project Advisory Board) bewerten
- Personal und Budgets dem Projektportfolio zuordnen (Ressourcenplanung)
- Masterplan „Digitale Projekte" und Roadmapping vereinbaren

22.3.2 Digitalisierungsprojekte systematisch identifizieren

Um zu ersten Ideen für Digitalisierungsprojekte zu gelangen, ist es hilfreich, sich Aufgabenstellungen von typischen Digitalisierungsprojekten zu vergegenwärtigen. Dabei ist es dann sinnvoll, den Kontext und die Rahmenbedingungen der digitalen Projekte „abzustecken".

Die in der Praxis vorkommenden Projekte können hinsichtlich der Zielgruppe, der zu beachtenden Stakeholder sowie des zu bearbeitenden Themengebiets (Architekturebene etc.) nämlich sehr unterschiedlich sein und demgemäß ein spezifisches Vorgehen und adäquate Instrumente erfordern. Digitalisierungsprojekte unterscheiden sich im Wesentlichen durch folgende Merkmale:

- Auftraggeber/Auftragnehmer-Verhältnis
- Aufgabenstellung (Projektinhalt)
- Größe/Umfang (Projektbudget, Projektdauer)
- Innovationsgrad und Komplexität

Auftragsgeber/Auftragnehmer-Verhältnisse in digitalen Projekten

Eine besondere Rolle für eine Projektklassifizierung spielt natürlich der Grad der Einzigartigkeit der Aufgabenstellung. Gefordert ist daher, das vorhandene personelle Know-how für ein neues Projekt stets auch neu zu organisieren und zusammenzuführen. Dies wird insbesondere bei Digitalisierungs-Projekten zum Problem, in denen die Aufgabenstellung zu Projektbeginn noch weitgehend offen ist.

Hinsichtlich der Auslösung von digitalen Projekten und der sich daraus ergebenden Auftraggeber/Auftragnehmer-Verhältnisse kann zwischen internen und externen Projekten unterschieden werden:

- Bei internen digitalen Projekten ist der Auftraggeber in der Regel die Unternehmensführung (insbesondere bei strategischen Projekten) oder eine Fachabteilung (etwa der Bereich Marketing, Vertrieb o. a.), die dann auch zumindest grob die Zielsetzungen und die erwarteten Ergebnisse vorgeben.
- Bei externen digitalen Projekten werden die Projekte durch digitale Solution-Provider für ein Anwenderunternehmen realisiert. Diese Projekte sollen dann meist zu einer definierten Leistung führen, wobei ein möglichst klar formulierter Projektauftrag, in dem auch

die Rahmenbedingungen fixiert werden, vereinbart wird (was natürlich bei innovativen Projekten nicht immer ganz einfach ist).

Typische Aufgabenstellungen (Projektinhalte) in digitalen Projekten

Für die Praxis findet sich bezüglich der Projektinhalte die Unterscheidung in folgende Projekttypen:

- Innovative Produktentwicklungen und strategische Projekte (z. B. Projektierung von innovativen Technologien wie Blockchain, AR, VR, Maschine Learning etc.)
- Digitale Prozessoptimierung für warenbezogene Prozesse (Produktion, Distribution/Vertrieb, Logistik), Kundenkommunikationsprozesse
- Digitalisierung von Verwaltungs- und Finanzprozessen
- Informationssystem- bzw. Informationsmanagementprojekte (Big Data)
- IoT-Projekte (z. B. Predictive Analytics etc.)
- New-Work-Projekte, interne Service- und Arbeitsprozesse digitalisieren

Ein Beispiel für ein digitales Projektportfolio, das im Rahmen eines Entscheidungsboards vereinbart wurde, gibt Bild 22.4.

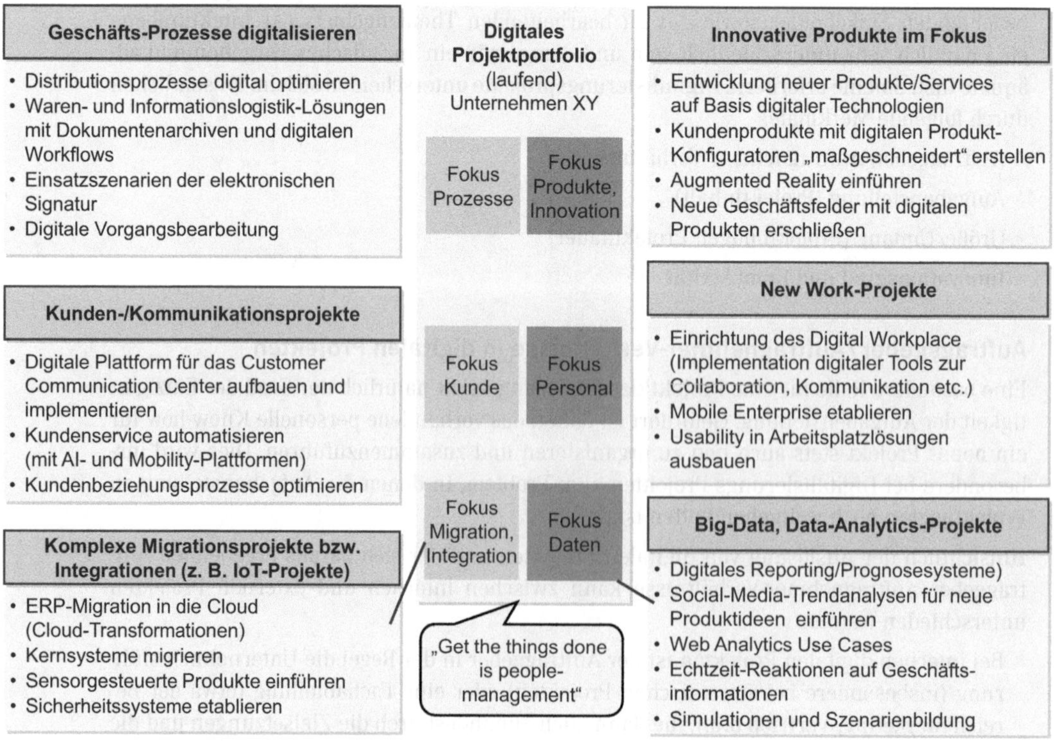

Geschäfts-Prozesse digitalisieren
- Distributionsprozesse digital optimieren
- Waren- und Informationslogistik-Lösungen mit Dokumentenarchiven und digitalen Workflows
- Einsatzszenarien der elektronischen Signatur
- Digitale Vorgangsbearbeitung

Kunden-/Kommunikationsprojekte
- Digitale Plattform für das Customer Communication Center aufbauen und implementieren
- Kundenservice automatisieren (mit AI- und Mobility-Plattformen)
- Kundenbeziehungsprozesse optimieren

Komplexe Migrationsprojekte bzw. Integrationen (z. B. IoT-Projekte)
- ERP-Migration in die Cloud (Cloud-Transformationen)
- Kernsysteme migrieren
- Sensorgesteuerte Produkte einführen
- Sicherheitssysteme etablieren

Digitales Projektportfolio (laufend) Unternehmen XY
- Fokus Prozesse
- Fokus Produkte, Innovation
- Fokus Kunde
- Fokus Personal
- Fokus Migration, Integration
- Fokus Daten

„Get the things done is people-management"

Innovative Produkte im Fokus
- Entwicklung neuer Produkte/Services auf Basis digitaler Technologien
- Kundenprodukte mit digitalen Produkt-Konfiguratoren „maßgeschneidert" erstellen
- Augmented Reality einführen
- Neue Geschäftsfelder mit digitalen Produkten erschließen

New Work-Projekte
- Einrichtung des Digital Workplace (Implementation digitaler Tools zur Collaboration, Kommunikation etc.)
- Mobile Enterprise etablieren
- Usability in Arbeitsplatzlösungen ausbauen

Big-Data, Data-Analytics-Projekte
- Digitales Reporting/Prognosesysteme)
- Social-Media-Trendanalysen für neue Produktideen einführen
- Web Analytics Use Cases
- Echtzeit-Reaktionen auf Geschäfts-informationen
- Simulationen und Szenarienbildung

Bild 22.4 Digitales Projektportfolio – mögliches Ergebnis

22.3.3 Projektideen mit Digitalisierungsstrategie abgleichen

Ein erster wichtiger Ansatzpunkt zur „richtigen" Entscheidung ist die Berücksichtigung des jeweils vorliegenden Projekttyps. Abhängig von der Ausprägung der Projektmerkmale Aufgabenstellung, Größe und Komplexität sowie der Anzahl der parallel laufenden Business-IT-Projekte gilt es in der Unternehmenspraxis, hierfür geeignete Methoden, Vorgehensmodelle, Ressourcenunterstützung und Organisationsformen (Prozesse, Strukturen) zu implementieren, die eine hohe Erfolgsquote der angestrebten digitalen Projekte gewährleisten.

Liegen erste Projektideen in Skizzenform vor, müssen diese mit der Digitalisierungsstrategie abgeglichen und dann in einem Projektportfolio gebündelt werden. Wichtige Aktivitäten sind dabei zunächst die Sammlung, Harmonisierung und Potenzialabschätzung der aus den Unternehmensbereichen kommenden Projektideen (Projektideenpool). Darüber hinaus empfiehlt sich in der Regel eine sukzessive Weiterentwicklung/Spezifikation der vorliegenden Projektideen, um einen optimierten Planungsstand zu erhalten, der dann in entsprechende Projektaufträge münden kann. Letztlich erfolgt in diesem Zusammenhang auch ein Abgleich mit einer vorhandenen Digitalisierungsstrategie.

Empfohlen wird, dass Unternehmen – basierend auf einer Digitalisierungsstrategie – ihre digitalen Geschäftsmodelle konsequent nach einem strukturierten digitalen Masterplan aufbauen und in Projekten umsetzen. Die Umsetzung des digitalen Masterplans bedarf einer ganzheitlichen Managementunterstützung für alle Entwickler- und Implementationsteams.

Wichtig ist darüber hinaus, dass die Unternehmensführung eine digitale Innovationskultur über alle Unternehmensbereiche hinweg fördert. Schlagworte wie Digital Leadership bzw. Digital Empowerment kennzeichnen die Richtung, in die es gehen muss. Führungsverantwortlichkeiten und -rollen (etwa der Chief Digital Officer) können – so die Meinung vieler Experten – dafür sorgen, dass die nötigen Leadership-Skills vorhanden sind und ein Entrepreneur-Geist entsteht.

22.3.4 Digitale Projektideen (im PAB) bewerten

Was sind typische Ausgangsprobleme/Konflikte für die Planung und Steuerung digitaler Transformationsvorhaben/Projekte bzw. zur Bewertung der anstehenden Projekte? Zu klärende Fragen in diesem Zusammenhang sind:

- **Es stehen alternative digitale Vorhaben/Projekte zur Diskussion:** Welche Bedeutung hat das beantragte digitale IT-Projekt im Vergleich zu anderen (beantragten bzw. laufenden) Projekten?
- **Das Budget für die Durchführung von digitalen Projekten ist begrenzt:** Wie wird das Gesamtbudget auf die einzelnen IT- bzw. digitalen Projekte verteilt?
- **Es werden ausreichende und qualifizierte Ressourcen benötigt:** Welche Projekte erhalten welche personellen Ressourcen in welcher Kapazität?
- **Die einzelnen Projekte sind voneinander abhängig in der Umsetzung:** Wie kann mit Änderungen umgegangen werden, die von einem Projekt ausgehen, sich aber auch auf andere Projekte auswirken?

Sobald die digitalen Projektideen die zuvor beschriebene Konkretisierung erhalten haben, ist eine Priorisierung der verschiedenen Projekte des Projektportfolios vorzunehmen. Um die begrenzten Ressourcen der IT bzw. des geplanten Projektteams optimal einzusetzen, sind die Projekte in eine Abarbeitungsreihenfolge zu bringen. Abgeleitet aus der Digitalisierungsstrategie (den strategischen Anforderungen) und den vereinbarten Zielsetzungen sind für eine Einordnung insbesondere auch der Beitrag zum ROI bzw. zur Kundenzufriedenheit von Relevanz. Verabschiedet wird dieses Programm (Projektportfolio) üblicherweise von einem Gremium (z. B. einem Entscheidungsboard) bzw. dem zuständigen CIO/CDO.

Die Nutzung von digitalen Projektportfolios bietet in der Praxis verschiedene Anknüpfungspunkte. Da in der Unternehmenspraxis einerseits die finanziellen und personellen Ressourcen (z. B. Spezialpersonal) zur Durchführung von Digitalisierungsprojekten begrenzt sind, andererseits häufig zahlreiche digitale Projekte parallel in unterschiedlichen Fortschrittsgraden (z. B. in Planung, im Genehmigungsverfahren, in der Fachkonzeption, in der Entwicklung, in Einführung, im Probebetrieb oder in der Wartung befindliche Projekte) bearbeitet werden müssen, ist regelmäßig über die Zusammensetzung von digitalen Projektportfolios zu entscheiden.

Um zu einem geregelten und allgemein akzeptierten Verfahren zu kommen, empfiehlt es sich, wenn für die Einreichung von Projektideen (Projektskizzen) bzw. Projektanträgen bestimmte Inhalte vorgegeben und diese nach Genehmigung zum Bestandteil des Projektauftrags gemacht werden. Durch systematisches Sammeln aller Projektideen und die Bearbeitung von Projektanträgen mittels eines zentralen Gremiums kann eine gemeinsame Datenbasis geschaffen werden, die es dann dem **Project Advisory Board** (PAB) bzw. dem **Projektlenkungsausschuss** (PLA) ermöglicht, sie nach einheitlichen Kriterien zu beurteilen und somit eine Planung und Steuerung des gesamten digitalen Projektportfolios vorzunehmen.

Bild 22.5 zeigt ein Beispiel für mögliche **Gremien und Akteure**, die im Rahmen einer Entscheidungsfindung über ein Projektportfolio sowie für die Umsetzung des Portfolios wesentlich sind.

Bild 22.5 Multiprojektorganisation für digitale Transformationsvorhaben: Gremien und Rollen im Rahmen der Unternehmensorganisation

Bewertung der in das Portfolio/PAB eingebrachten Projekte

Wichtige Grundlage zum Bewerten von digitalen Projektideen ist eine nachvollziehbar begründete Darstellung, dass die durch das jeweilige Projekt sich ergebenden innovativen digitalen Produkte und Dienste die Geschäftsmodelle des Unternehmens verbessern bzw. auf ein grundlegend neues Niveau heben. Außerdem wird durch die Digitalisierung der Arbeits- und Geschäftsprozesse sowie die verstärkte Kundenorientierung (zum Beispiel schnellere Reaktion bei Kundenanfragen) eine höhere Kundenzufriedenheit erwartet. Meist liegt der konkrete Nutzen dieser Veränderungen in vielen Branchen auf der Hand. So besteht durch Digitalisierungslösungen etwa die Chance, dass

- im Produktionsumfeld Produkte höherer Qualität mit höherer Effizienz herstellbar sind,
- im Bereich des Handels bzw. der Logistik eine höhere Effektivität unternehmensübergreifender Prozesse und eine hohe Kundenzufriedenheit erreichbar ist,
- im Dienstleistungsbereich letztlich auch eine bessere Versorgung mit Verwaltungs-, Bildungs- oder auch Gesundheitsdiensten ermöglicht wird.

Dem Projektportfoliomanagement kommt als Entscheidungsprozess für die strategische Auswahl von digitalen Projekten eine besondere Bedeutung zu, wobei neben einer **Projektkategorisierung** die **Projektpriorisierung** und die Zuweisung von Ressourcen und Budgets wesentlich sind. Idealerweise wird das Portfolio aus den Überlegungen und Dokumentationen zu einer IT- und Digitalisierungsstrategie abgeleitet.

Wichtig für eine systematische Projektselektion ist die Festlegung und Vereinbarung von Priorisierungskriterien und die Anwendung eines entsprechenden Verfahrens wie der Portfoliomethodik. Verbreitete Hauptkriterien sind:

- Einschätzung der strategischen Relevanz des jeweiligen digitalen Projekts
- Wirtschaftlichkeitsbeurteilung: u. a. Auswirkungen auf die Kosten/Nutzen-Situation nach der Einsatzphase (= Projekt-ROI)
- Risikobeurteilung und Machbarkeit des Projekts sowie Beherrschbarkeit der Aufgabenstellung (Innovations- und Komplexitätsgrad)
- Grad der Kundenorientierung: Potenzial, vorhandene Kundenwünsche zu erfüllen

Bei Anwendung des Verfahrens „Projektportfoliotechnik" können die Bewertungskriterien in beliebiger Form miteinander kombiniert werden. Dazu zwei Beispiele:

- Beim Wirtschaftlichkeits-Attraktivitäts-Portfolio wird die Wirtschaftlichkeit eines digitalen Projekts dem strategischen Nutzen gegenübergestellt. Digitale Projekte mit hohem strategischen und hohem wirtschaftlichen Nutzen sind die Favoriten im Portfolio, während Projekte mit geringem wirtschaftlichen und geringem strategischen Nutzen für das Portfolio unattraktiv sind.
- Beim Risiko-Attraktivitäts-Portfolio wird das ermittelte Risiko der digitalen Projekte dem strategischen Nutzen einander gegenübergestellt. Gerade digitale Projekte sind, was Termine und Kosten angeht, aufgrund des hohen Innovationscharakters stark risikobehaftet. Projekte mit hohem erwarteten Nutzen und geringem Risiko sollten sofort realisiert werden. Bei Projekten mit niedriger Nutzenerwartung und hohem Risiko ist demgegenüber eher Zurückhaltung angesagt bzw. von einer Durchführung abzuraten.

Als Vorgehensweise zur Entwicklung eines Projektportfolios sind folgende Schritte zu durchlaufen:

1. Art des Portfolios definieren (kombinierte Kriterien): z. B. digitales Strategie-Projektportfolio, Kriterien „Wirtschaftlichkeit" – „Strategische Bedeutung" oder digitales Projektrisiko-Portfolio, Kriterien „Projektrisiko" – „Wirtschaftlichkeit"
2. Kriterien für das Portfolio festlegen (Elemente der Zielgrößen ermitteln; z. B. Wirtschaftlichkeit, Nutzwert, Strategische Bedeutung, Risiko)
3. Handlungsalternativen (= zu bewertende Projekte) angeben für Kombinationen von Zielgrößen definieren und grafisch abbilden (positionieren)
4. Projekte zu den ausgewählten Teilkriterien bewerten und zusammenfassende Portfolio-Werte ermitteln
5. Projektportfolio entwickeln, auswerten und interpretieren (Beantwortung der Frage: Welche Projekte müssen/sollen/können gemacht werden?)

Festzuhalten ist:

Mit Methoden und Instrumenten des Projektportfoliomanagements lassen sich die vielfältigen Aufgaben zur Bewertung, Qualifizierung und kontrollierten Steuerung sämtlicher digitalen Projekte ganzheitlich erfolgreich realisieren (Multiprojektmanagement). Dies beginnt mit der Anforderungsanalyse und reicht von der Priorisierung bis hin zur Realisierung und Produktivsetzung der jeweiligen Projekte.

Im Regelfall ergibt sich ein optimaler Projektmix durch strategisches Alignment (gezielter Einbezug des Faktors „Strategische Bedeutung" des digitalen Projekts). Risiken des Scheiterns der ausgewählten Projekte können durch eine realistische Planung vermindert werden. Auswirkungen und Veränderungen in einem Projekt auf andere Projekte werden durch die Portfoliobetrachtung transparenter.

22.3.5 Masterplan „Digitale Projekte" und Roadmapping

Das vereinbarte Projekt-Portfolio muss in einem nächsten Schritt in einen digitalen Masterplan überführt werden. Diese Vorhabensplanung beschreibt im Wesentlichen die Digitalisierungsprojekte (bzw. der Projekte mit IT-Beteiligung), die in den nächsten Jahren umgesetzt werden sollen.

In der Regel wird den genehmigten digitalen Projekten mit der Projektbeauftragung bereits ein erstes Finanzbudget zugewiesen. Notwendig dazu ist unternehmensintern, dass eine projektübergreifende Kostenplanung erfolgt. Eine enge Koppelung an die meist bereits bestehenden Budgetierungsprozesse ist hier außerordentlich hilfreich. Insbesondere im Zuge der jährlichen Budgetaufstellung können so alle Projekte des Portfolios berücksichtigt werden. Zudem müssen unterjährige Anpassungen an das Budget oder das Projektportfolio aufeinander abgestimmt werden.

Es ist natürlich zu beachten, dass man zum Zeitpunkt der Fixierung des Projektauftrags noch nicht alle Details überblicken kann. So stellt sich mitunter erst im Verlauf der Projektarbeit heraus, dass die Projektarbeit stark mit anderen Fragestellungen verwoben ist, die eigentlich zuvor hätten geklärt werden müssen und ohne deren Beantwortung das laufende digitale Projekt nicht vorankommt.

Die **Umsetzung des digitalen Masterplans** bedarf einer ganzheitlichen Managementunterstützung für alle Entwickler- und Implementationsteams. Sobald der Masterplan „verabschiedet" ist und die Entscheidung für die Durchführung eines digitalen Projekts positiv gefallen ist (das Projekt wurde also genehmigt), bietet es sich für die einzelnen Projekte an, auch entsprechende Projektaufträge zu formulieren und zu vereinbaren. In diesen wird festgehalten:

- die Aufgabenstellung des Projekts sowie die damit verbundenen Zielsetzungen,
- die verschiedenen Rollen der Projektbeteiligten und die verantwortlichen Entscheidungsträger,
- das vereinbarte Projektbudget (wenn bei Projektgenehmigung ein Projektbudget beschlossen wird),
- alle Eckwerte und Rahmenbedingungen, unter denen das Projekt durchzuführen ist.

Was sind die typischen Tätigkeitsfelder für Projektleitungen im Rahmen digitaler Transformationsprozesse?

- Projektpläne zu innovativen, digitalen Themen erstellen und fortschreiben
- Kundenorientierte Roadmaps für die digitale Transformation entwickeln
- Prozesse und Prozessverbesserungen erarbeiten, um Kundenanforderungen in bestehenden oder neu definierten Umgebungen zu integrieren
- Teamlösungen für die digitale Transformation beim Kunden gestalten und dabei innovative Technologien aus den Bereichen Mobile, Cloud, Websolutions und Internet of Things (IoT) einsetzen
- Mitwirkung bei Umsetzungsphasen: von der Analyse und Fachkonzeption über die Gestaltung der IT-Architekturen bis hin zur Implementierung/Rollout-Begleitung von Lösungen und Diensten.

22.4 Digitales Projektportfolio umsetzen

Die Umsetzung des digitalen Projektportfolios erfordert ein hybrides Vorgehen im Rahmen eines Multiprojektmanagements. Nach einer Entscheidung über das Projektportfolio und Budgetierung der als wesentlich bzw. dringend angesehenen digitalen Projekte, stellt sich dann für Unternehmen die Frage: Wie stelle ich durch entsprechendes Einzel- und Multi-Projektmanagement sicher, dass meine digitalen Projekte erfolgreich verlaufen und einen nachhaltigen Praxistransfer ermöglichen?

In jedem Fall muss die Unternehmensorganisation (IT-Management, PMO, Unternehmensführung) sicherstellen, dass die Rahmenbedingungen für erfolgreiche digitale Projekte im Unternehmen gelegt werden, und zielgerichtet überlegen,

- welches (differenzierte) Vorgehensmodell des Projektmanagements für die verschiedenen digitalen Projekte sinnvoll ist,
- welche Ziele in den jeweiligen digitalen Projekten verfolgt und welche Projektergebnisse in den Projekten konkret erwartet werden,
- welche Konzeptions-, Entwicklungs- und Umsetzungsarbeiten anzugehen sind,
- wie die Projektergebnisse zu dokumentieren sind bzw. einer Evaluation unterzogen werden sollen,
- wie die Implementation der Projektergebnisse als Regelangebot/Regelanwendung in der betrieblichen Praxis erfolgen soll (Entscheidungen und Transfermaßnahmen zur nachhaltigen Umsetzung der Projektergebnisse).

Der Projekterfolg ist in hohem Maß auf den Einsatz von geeignetem Personal zurückzuführen. Folglich kommt für IT-Projekte der Ermittlung des Personalbedarfs (nach Qualifikation und Menge) eine besondere Bedeutung zu. Außerdem ist während der Projektdurchführung eine gezielte Steuerung des Personaleinsatzes erforderlich.

Der Erfolg eines Projektteams resultiert sicher nicht allein aus der Leistung der Projektleitung und den vorhandenen fachlichen Kompetenzen der Teammitglieder. Herausragende Projektergebnisse sind nur dann möglich, wenn ein hoch motiviertes Projektteam existiert, in das sich jedes einzelne Teammitglied arbeitsmäßig voll einbringt, und gemeinsam im Hinblick auf die Herausforderungen des jeweiligen digitalen Projekts nach Wegen und Lösungen für einen hohen Projekterfolg gesucht wird. Dies gelingt letztlich nur dann, wenn auch eine „echte" Teamharmonie im Projekt gegeben ist.

Personalbedarfsermittlung

Bereits in der Vorprojektphase stellt sich die Frage, welche Ressourcen benötigt werden, um das geplante Projekt in der gewünschten Zeit unter Beachtung der gesetzten Bedingungen zum Erfolg zu führen. Hier sollte dann auch auf die Ergebnisse der Projektaufwandsschätzung zurückgegriffen werden können.

Projektplaner begnügen sich in der Praxis zuweilen mit einer groben Struktur-, Ablauf- und Zeitplanung. Eine Berücksichtigung der am Projekt beteiligten Ressourcen findet in vielen Fällen nicht statt. Für das Überwachen von Vorgängen und Terminen mag ein solch einfacher Projektplan ausreichen. Dennoch, in der Regel kann man erst durch das Hinzufügen von Ressourcen und die Berücksichtigung der Ressourcenkapazitäten zu den Plandaten gelangen, die für eine erfolgreiche Realisierung eines digitalen Projekts nötig sind.

Neben den Aktivitäten und Terminen sind zur Erfüllung des Projektauftrags also auch die erforderlichen Ressourcen (Mitarbeiter, Sachmittel wie Investitionsgüter, Räume, Fremdleistungen etc.) zu planen. Wichtig ist dabei nicht nur eine Festlegung der Bedarfe, sondern auch eine Einsatzplanung in Abstimmung mit den jeweiligen Ressourcenverantwortlichen sowie das zeitgerechte Anfordern der entsprechenden Ressourcen.

Ressourceneinsatzplanung und -steuerung

Aus den im Rahmen der Terminplanung errechneten Zeiten kann eine Ressourceneinsatzplanung (z. B. Personaleinsatzplanung) vorgenommen werden. Den verschiedenen Arbeitspaketen im Projekt können jetzt konkrete Ressourcen zugeordnet werden, die zu ihrer Ausführung erforderlich sind. Folgende Teilschritte der Personaleinsatzplanung sind zu durchlaufen:

- Ermitteln des Vorrats an Ressourcen (qualifikationsgerecht, zeitgerecht),
- Errechnen des Bedarfs (Arbeitspakete und Teilbarkeit als Rahmendaten, ermittelt aus Anzahl der Mitarbeiter pro Projekteinheit bzw. Zeitvorgabe),
- Gegenüberstellen von Bedarf und Vorrat (Personalmaßnahmen, Verteilzeiten, Grundlasten) und Optimieren der Auslastung,
- Aufgaben, Kompetenzen und Verantwortlichkeiten zuteilen, Planung des Personaleinsatzes im Zeitablauf.

Aus der Einplanung von Ressourcen zu bestimmten Arbeitspaketen können sich im Ergebnis auch Überlastungen für ausgewählte Ressourcen ergeben. Um dennoch eine optimierte Auslastung zu planen, sind Auslastungsdiagramme hilfreich. Sie zeigen auf einer Zeitachse die Einplanung der Ressourcen zu geplanten Terminen während der Projektlaufzeit. In den Auslastungsdiagrammen wird ein Bezug zur Kapazitätsgrenze der Ressourcen hergestellt. Starke Einsatzspitzen sind oft mit erhöhten Kosten verbunden. Deshalb wird jede Projektleitung bemüht sein, eine gleichmäßige Auslastung der Kapazitäten zu gewährleisten.

Praxistipp:

Ein Kapazitätsausgleich kann beispielsweise dadurch geschaffen werden, dass nicht kritische Vorgänge zu einem späteren Zeitpunkt gestartet werden. Jede andere Kapazitätsoptimierung oder -glättung hat entweder eine Terminverschiebung des Projekts oder einen höheren Ressourcenaufwand (durch Einstellung neuer Projektmitarbeiter oder externe Auftragsvergabe) zur Folge.

22.4.1 Ganzheitliches, agiles Projektmanagement ermöglichen

Einigkeit besteht vielfach darüber, dass im digitalen Zeitalter eine neue Projektkultur und agiles Vorgehen für die digitalen Projekte und dessen Management gefordert ist. Unternehmen und ihre Projektleitungen müssen dabei eine Kultur schaffen, in der Mitarbeitern ein systematisches Ausprobieren von innovativen Lösungen ermöglicht wird. Gleichzeitig ist auch eine Beteiligung aller Gruppen und Stakeholder im Unternehmen am digitalen Change wichtig.

Die bewährte Praxis des klassischen Projektmanagements stößt im digitalen Zeitalter, in dem gerade auch bei Projekten Schnelligkeit gefragt ist, oft an Grenzen: zu starr, zu schwerfällig, zu langsam. Die Lösung stellt ein agiles Projektmanagement dar: also Projektteams, die eng zusammenarbeiten, sich weitgehend selbst organisieren und kontinuierlich Zwischenergebnisse gemeinsam mit den Auftraggebern überprüfen.

Vielfach wird darauf hingewiesen, dass ein agiles Projektmanagement wesentlich für eine erfolgreiche digitale Transformation ist. Dabei wird oft eine klare Abgrenzung zum klassischen Projektmanagement vorgenommen, bei dem der Projektverlauf mit Tasks, Meilensteinen und Phasen präzise strukturiert, geplant und gesteuert wird. Projektdokumente, Konzepte und Ergebnisse werden umfassend dokumentiert sowie archiviert und so ein weitgehender Projekterfolg sichergestellt. Diese Option kann aber oft als zu „behäbig" und „unflexibel" gelten, um digitale Projekte optimal zu realisieren.

Ein **Scaled Agile Framework** (SAFe) bietet einen erprobten, ganzheitlichen Ansatz, der aufzeigt, wie agile Ansätze (etwa in digitalen Projekten) eingeführt und agile Ideen mit klassischen Ansätzen ergänzt werden können (= hybrides Projektmanagement), um so den Erfordernissen der Praxis gerecht zu werden. Beim agilen Skalieren kommt es daher darauf an, zuerst die Abhängigkeiten, die zwischen den Teams bestehen, zu reduzieren und dann die verbliebenen Abhängigkeiten zu koordinieren.

Trotz der Positionierung auf agile Vorgehensweisen finden sich in der Praxis natürlich auch Zwischenformen agiler und klassischer Ansätze im Projektmanagement. Es empfiehlt sich, beide Optionen nicht unbedingt als gegensätzliche Pole zu sehen. In der Praxis hat sich beispielsweise gerade bei umfangreichen Großprojekten mit einer Vielzahl zugehöriger Teilprojekte die Kombination von klassischen und agilen Methoden als vorteilhaft erwiesen.

Je nach Projektanforderung kann bei einer hybriden Vorgehensweise der entsprechend zielführendere Ansatz gewählt werden: plan- und ablauforientiert (also klassisch) bzw. rollen- und teamorientiert (also agil). In manchen Projekten bietet es sich auch an, agile Arbeitsmethoden in einzelnen Phasen zu realisieren bzw. diese in klassisch geplanten und durchgeführten Projekten gezielt zu integrieren.

Praxistipp:

Die Darlegungen zeigen, dass digitale Transformationsprojekte verschiedene Besonderheiten aufweisen, die sich von klassischen IT-Projekten gravierend unterscheiden. Einzelne Projektphasen oder ganze Projekte sollten daher „agil" ausgestaltet und mit Kanban-Boards, Sprints, Backlogs, Chats und To-dos durchgeführt werden.

22.4.2 Teamorientiertes Arbeiten sichern

Mit der agilen Denk- und Handlungsweise für das Managen digitaler Projekte geht die Notwendigkeit einher, teamorientierte Arbeitsweisen für das Projektmanagement zu etablieren und erfolgreich zu begleiten. Dazu gehören neben der Auswahl geeigneter Teammitglieder vor allem klar definierte Rollen sowie die Sicherstellung einer effizienten Kommunikation der Teammitglieder untereinander:

- Ein wichtiger Erfolgsfaktor für digitale Projekte liegt in der Zusammensetzung der Projektteams. So erfordern die angestrebten innovativen Produkte und Prozesse in jedem Fall eine vielfältige Expertise zu den verschiedenen Digitalisierungs-Technologien sowie zu den Enterprise-Architekturen, darüber hinaus die Beteiligung des Managements und der Fachbereiche. Die IT-Spezialisten müssen aber mehr denn je über den Tellerrand blicken und ein Business-IT-Alignment unterstützen. Nur bei Kenntnis der Business Architecture lassen sich die angestrebten Ziele im jeweiligen digitalen Projekt gemeinsam erreichen.

- Klar definierte Rollen für die Teammitglieder tragen zur Entlastung bei und verhindern eine kontraproduktive und doppelte Einsatzplanung von Teammitgliedern. Die Fokussierung der Teamarbeit auf Rollen und die daraus resultierende Möglichkeit, ohne ungeplante Unterbrechungen zu arbeiten, führt gleichzeitig zu einer Motivationssteigerung – die geplanten Aufgaben können termingerecht und konzentriert bearbeitet werden. Darüber hinaus schafft das rollenbasierte Arbeiten mehr Zeit für Freiräume, die die Innovationskraft stärken.

Ebenso wichtig wie rollenbasiertes Arbeiten ist eine strukturierte und zielgerichtete Kommunikation. Hierfür sollten klare Kommunikationsregeln gemeinsam im Team vereinbart werden. Jedes Teammitglied, das eine Information zu einem bestimmten Zeitpunkt benötigt, sollte darauf zugreifen können. Hierfür muss festgelegt werden, wer wann mit wem kommuniziert, welche Medien bzw. digitale Tools dafür genutzt und welche Inhalte kommuniziert werden.

Praxistipp:

Rollenbasiertes Arbeiten und klare Kommunikationsregeln für die Teams in den digitalen Projekten erhöhen auch die Flexibilität für die Teammitglieder, sich auf neue, noch zu entwickelnde Rollen vorzubereiten. So ergibt sich ein Zeitfenster für Ideen, Innovationen und kreative Weiterentwicklung für die zu entwickelnden digitalen Produkte und Services.

■ 22.5 Szenarien für digitale Transformationsprojekte

Um einen abgegrenzten Teil einer Organisation digital zu transformieren, werden in Studien verschiedene Schritte oder Stufen vorgeschlagen. Dabei werden vielfach digitale Reifegradmodelle in die Überlegungen zur Projektausrichtung integriert. Diese ermöglichen es, die eigene aktuelle Unternehmenssituation im Vergleich zu einem angestrebten Idealzustand zu bewerten.

Im Rahmen einer Roadmap „Digitale Transformation" besteht die Möglichkeit zu dokumentieren, wie nun in den wesentlichen Bereichen die Umsetzung der Projekte erfolgt. Den Zusammenhang illustriert Bild 22.6.

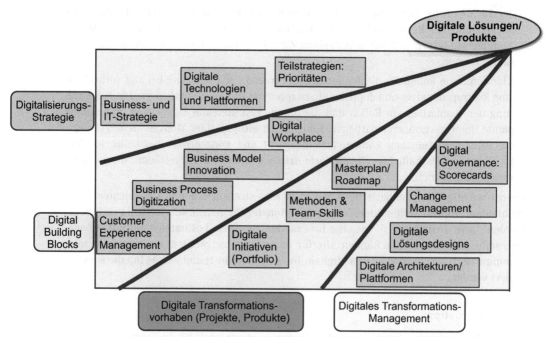

Bild 22.6 Roadmap „Digitale Transformation" – Funktion als Planungs-, Steuerungs- und Kommunikationswerkzeug

22.5.1 Projekte zur Geschäftsfeld- und Produktentwicklung – Business Model Innovation

Die Geschäftsfelder und die Produkte der Unternehmen sind im Hinblick auf vorhandene Digitalisierungspotenziale einer Prüfung zu unterziehen und müssen mit agilen Methoden und Projekten auf die neuen Herausforderungen und Chancen für die Unternehmen neu „aufgesetzt" werden. Bild 22.7 zeigt wesentliche Projektphasen bzw. Arbeitspakete, die in digitalen Projekten dieser Art bedeutsam sind.

Bei der Zusammenstellung der Teams für digitale Projekte zur Geschäftsfeld- und Produktentwicklung sind die Initiatoren und Promotoren aus dem Unternehmen sowie – wenn vorhanden – die Fachkoordinatoren bzw. Business-Analysten, die Enterprise- und IT-Architekten (Solution- und System-Architekten etc.), HR-Experten und IT-Verantwortliche für ausgewählte Domänen einzubeziehen. Darüber hinaus ist – gerade bei disruptiv-innovativen Digitalisierungsansätzen – die Einbeziehung externer Experten weit verbreitet. Nur interdisziplinäre Teams bieten die Chance, innovative Geschäftsmodelle und digitale Produkte/Lösungen zu entwickeln, die auch langfristig am Markt bestehen können.

Prozess	Digitale Produktidee entwickeln	Bewertungsvorbereitung	Projektliste abstimmen	Genehmigung	Einzelprojektmanagement
Verantwortlicher	Business-Analyst	Vorbereitungsteam	Portfolioausschuss	Vorstand	PM-Office
Phase	Strategische Lagebeurteilung	Vorläufiger Projektantrag oder Steckbrief	Entwurf Prio-Liste/ Grobterminplan	Abgestimmte Prio-Liste	Projektantrag
Aufgaben	• Business-Analyse: Geschäftsfelder und -prozesse analysieren • Digitale Produkt- und Service-Analyse • Digitaler Health-Check	• Sammlung, Sichtung, Überprüfung der Anträge/Steckbriefe • Abgleich mit IT-Strategie • Erarbeitung Priovorschlag	• Diskussion und Verabschiedung evtl. Neubewertung der Priorisierungsliste • Vorschlag/ Empfehlung	• Einbringung der abgestimmten Priorisierungsliste in die VoBe • Grobterminplan	• Antragsverfahren • Projektberichtswesen • Projektabschluss
Bearbeitung durch	Business-Analyst, Produktmanagement, Business-Architekt, FB-Verantwortliche; unterstützend: IT, Prozessmanagement	PM-Office, IT, CO, Zentrale IT-Steuerung, Fachbereiche (unterstützend)	Steuergremium IT-Projekte	Vorstand, PM-Office	Bedarfsträger, PM-Office, Vorstand, VBT
Ergebnis	Geschäftsfeld-Abbildung (mit Canvas); Produktstrukturplan	Entwurf Priorisierungsliste/Grobterminplan	Abgestimmte Priorisierungsliste	Freigegebene Projektliste	Freigabe, Durchführung

Bild 22.7 Handlungsfelder und Ergebnisse in digitalen Projekten zur Geschäftsfeld- und Produktentwicklung

22.5.2 Projekte zur Prozessdigitalisierung „aufsetzen"

Prozessmanagement ist für Unternehmen und Verwaltungen ein Konzept, das planerische, organisatorische und kontrollierende Maßnahmen umfasst, um Prozesse eines Unternehmens hinsichtlich Qualität, Zeit, Kosten und Kundenzufriedenheit zielorientiert steuern zu können. Der Prozess selbst stellt sich dabei als eine Gesamtheit von integrierten Tätigkeiten dar, mit denen ein Produkt hervorgebracht und/oder eine Dienstleistung bereitgestellt wird. Mittels Digitalisierung der Prozesse lassen sich die Prozessziele noch besser erreichen, wobei der größte Mehrwert natürlich bei einer durchgängigen Digitalisierung und Automatisierung von Geschäftsprozessen geschaffen wird: etwa die Steigerung der Qualität und Produktivität sowie die Ausrichtung auf die Wünsche und Anforderungen der Kunden.

Bei einer projektmäßigen Umsetzung der Prozessdigitalisierung spielen neue Formen und Potenziale der Vernetzung sowie des Datenmanagements (Big Data, Data Analytics) vielfach eine entscheidende Rolle. Eine grobe Bestandsaufnahme der Prozesslandschaft ist für Digitalisierungsprojekte eine erste wesentliche Orientierung (insbesondere für die obere Managementebene).

Für die Optimierung bzw. Automatisierung von Geschäftsprozessen sowie für konkrete Umsetzungen (etwa die für das digitale Design der Arbeits- und Geschäftsprozesse) sind jedoch detaillierte Darstellungen und genauere Daten unverzichtbar. Die genauere Dokumentation eines Geschäftsprozesses erfolgt heute in Form von modellhaften Darstellungen, die insbesondere durch grafische Formen einen übersichtlichen Zusammenhang der Elemente eines Geschäftsprozesses widerspiegeln. Wichtig ist in jedem Fall, die vorhandenen Geschäftsprozesse einer permanenten Analyse zu unterziehen und daraufhin Optimierungsmöglichkeiten (etwa im Hinblick auf Digitalisierung) zu prüfen.

Neben der Erfassung der zeitlich logischen Prozessanordnung können verschiedene Daten zu den einzelnen Arbeitsschritten erfasst werden, um daraufhin gezielte Auswertungen und Optimierungen vorzunehmen. Beispiele solcher prozessualen Dimensionen sind:

- Zeiten (Durchlaufzeit, Bearbeitungszeit, Transportzeit, Liegezeit),
- Mengen (Anzahl Schnittstellen, Bearbeitungsstufen, Anzahl beteiligter Mitarbeiter),
- Kosten (Prozesskosten, Ressourcen, Deckungsbeitrag etc.),
- Risiken (Risikoarten, Risikobewertung etc.),
- Qualität (Fehler im Input, im Prozess und im Output, Bewertung durch Kunden, ökologische Bewertung).

Damit Geschäftsprozesse definiert, automatisiert und digitalisiert im Rahmen von Projekten eingerichtet werden können, ist eine funktionierende Zusammenarbeit von Fachbereichen und IT unverzichtbar. Nur Vorgehensweisen, die einen Dialog zwischen diesen beiden Bereichen ermöglichen, sind dazu geeignet, digitale Geschäftsprozesse erfolgreich zu implementieren und Mehrwert zu generieren. Methoden und Technologien zur Digitalisierung können dabei eine gemeinsame Sprache und eine leistungsfähige technologische Plattform für alle Beteiligten im Unternehmen bereitstellen.

Wesentliche Projektphasen bzw. Arbeitspakete, die in Projekten zur Digitalisierung von Geschäftsprozessen bedeutsam sind, werden in Bild 22.8 gezeigt.

Prozess	Produktidee entwickeln	Ist-Analyse	Soll-Entwurf	Digitale Entwicklung	Implementierung
Verantwortlicher	Vorbereitungsteam	PL, Prozessmanager, CDO	Prozessmanager, CDO	CDO/CIO	PL, CDO
Phase	Identifikation und Einordnung der zu digitalisierenden Geschäftsprozesse	Prozessanalysen und Identifikation der Digitalisierungs- und Automatisierungspotenziale	Entwurf der (digital) optimierten Geschäftsprozesse	Lösungsentwicklung	Systemeinführung
Aufgaben	• Digitaler Health-Check (Reifegradanalyse) • Konkretisierung des Projektes • Formulierung der Zielsetzungen	• Sammlung und Sichtung von Prozessdaten • Prozessanalysen (nach Zeiten, Kosten, Qualität) • Potenziale bestimmen	• Entwurf des optimierten Geschäftsprozesses der Digitalisierung/ Automatisierung • GP-Dokumentation	• Entscheidung über Lösungsweg • Entwicklungsarbeit (mit OCR, RPA, KI, Chatbots)	• Projektdokumentation • Governance-Empfehlungen • Lösungsübergabe
Bearbeitung durch	Process Owner, Fach- und Führungskräfte; unterstützend: IT, BPM, Enterprise-Architekten	BPM, CDO, IT-Leitung, Architekten, Process Owner, Fach- und Führungskräfte, PL	BPM, CDO, IT-Leitung, Architekten, Process Owner, Fach- und Führungskräfte, PL	BPM, CDO, IT-Leitung, Architekten, Process-Owner, PL, Entwicklungs-Team	BPM, CDO, IT-Leitung, Process-Owner, Fach- und Führungskräfte, PL
Ergebnis	• Ist-Prozesslandkarten • Wertschöpfungsketten	• RACI-Tabelle • BPMN-Diagramm • Prozessanalysedaten	• Wertschöpfung und dig. Reifegrad • Soll-BPMN-Prozess	Lösungsdokumentation	Freigabe, Projektdokumentation

Bild 22.8 Phasen, Handlungsfelder und Ergebnisse in Projekten zur Prozessdigitalisierung

Die Übersicht macht deutlich, dass eine Vielfalt an Management-Experten in den einzelnen Phasen benötigt werden. So ist auch hier eine Zusammenarbeit und Beteiligung von Enterprise-Architekten wesentlich: Eine erfolgreiche Digitalisierung der Prozesse erfordert eine offene, auf performanten Datenaustausch ausgerichtete IT-Architektur. So lassen sich immer wieder neue Verbindungen zwischen Anwendungen, Systemen und Daten erfolgreich aufbauen und nachhaltig implementieren.

22.5.3 Datengetriebene Digitalprojekte

Herausforderungen, die die Dringlichkeit eines datengetriebenen Digitalprojekts (Big-Data-, Data-Analytics-Projekt) verdeutlichen, sind beispielsweise:

- Entscheidungsrelevante Daten liegen nicht transparent vor/unzureichende Datenqualität.
- Produktivitäts-/Innovationspotenziale gezielt nutzen (sonst Verlust an Wettbewerbsfähigkeit).
- Daten zu einem strategischen Geschäftsvermögen machen (Kunden-, Produktdaten etc.).
- Risikomanagement wegen (unbekannt) hoher Fehlerrisiken (Datenqualität) etablieren.

Eine These vorweg: Die Mehrzahl der digitalen Lösungen ist datengetrieben. Empirische Studien sowie zahlreiche Einsatzbeispiele zeigen dabei den vielfältigen Nutzen von Big Data in digitalen Einsatzgebieten. Wichtig dabei ist, dass mit den sogenannten Big-Data-Technologien heute nicht nur strukturierte Daten, wie sie in klassischen Datenbanken vorzufinden sind, sondern auch unstrukturierte Daten, wie sie etwa von Sensoren, RFID-Tags, Smart-Metering-Systemen oder auch im Social Web erzeugt werden, für Geschäftsvorfälle nutzbar gemacht werden können.

Beachten Sie: Im Rahmen von digitalen Big-Data-Anwendungen geht es darum, die Fülle der Daten ganzheitlich zu sammeln und so zu bearbeiten, dass sich präzise Aussagen etwa zu Marktentwicklungen, Geschäftseinflüssen, Leistungsparametern, Kundeninteressen und vielem mehr treffen lassen.

Durch die Zusammenführung von Daten können mit Big-Data-Technologien vielfältig quantitative und qualitative Analysen realisiert werde, die die Data-Services erheblich erweitern. Letztlich wird damit die Basis für Managementmaßnahmen geschaffen, die es Unternehmen ermöglicht, mittels digitaler Lösungen massive Vorteile im Wettbewerb zu erzielen. Ein Beispiel: Mithilfe von Big Data können im Marketing riesige Datenmengen analysiert werden, die es Marketingexperten ermöglichen würden, die Zielgruppen von Marketingmaßnahmen besser zu definieren sowie die angebotenen Produkte und Services gezielter auf vorhandene und neue Kunden abzustimmen.

Durch die umfassende Informationstransparenz von Big-Data-Lösungen werden wichtige Voraussetzungen für eine verbesserte Entscheidungsfindung im Unternehmen geschaffen: Mit Big-Data-Projekten kann da angesetzt werden, wo konventionelle Ansätze der Informationsverarbeitung an Grenzen stoßen. Gleichzeitig können die Fachbereiche im Unternehmen nun eine Flut zeitkritischer Informationen für die Entscheidungsvorbereitung erfolgreich bewältigen.

Mit Big Data und damit verbundenen Datenanalysetechnologien können über Projekte umfassende Optionen zur Datensammlung und Datenanalyse für Digitalisierungslösungen bereitgestellt werden. Neu ist im Rahmen von Digitalisierung etwa die Integration von Funktionen aus den Bereichen Künstliche Intelligenz und Machine Learning, die Analysetechniken erheblich verbessern können. Somit heben drei Faktoren Big Data auf ein völlig neues Niveau:

- die Fülle an strukturierten und unstrukturierten Daten, die auf Auswertung warten,
- eine rasant angewachsene Rechenpower, auf die jedes Unternehmen Zugriff hat sowie
- die Vielzahl leistungsfähiger Tools zu Datenanalyse.

Für datengetriebene Digitalisierungsprojekte sollten die nachfolgenden **Herausforderungen** in den Fokus genommen werden. Sie gewährleisten, dass entsprechende Projekte erfolgreich geplant und realisiert werden können:

- Projekte im Bereich Datenmanagement/Datenintegration beziehen sich auf eine effiziente Speicherung, Verteilung und Bereitstellung der großen Datenmengen. Hier geht es zum Beispiel um neue Speicherarchitekturen im Cloud-Bereich oder auch um geeignete Netzwerktopologien für Datenzentren, welche Big-Data-Analysen umsetzen.
- Im Bereich Datenanalyse sind geeignete statistische oder mathematische Algorithmen zur Modellierung und Darstellung der unterschiedlichen Daten sowie angepasste Mechanismen zur Wissensentdeckung auf großen und dynamischen Datenvolumina relevant. Ein weiteres Problem bei der Analyse ist die mögliche Unsicherheit in den Daten, die aus unterschiedlichen und eventuell unsicheren Quellen stammen.
- Im Bereich Netzwerktechnik sind vor allem Fragestellungen aus den Bereichen Datenübertragung oder Machine-to-Machine-Kommunikation relevant. Hier geht es darum, wie große Datenmengen effizient übertragen werden können oder wie die Daten von einer Vielzahl von Sensoren an eine zentrale Datenhaltung gelangen.

Für die strategische Prüfung, die genaue Analyse der Einsatzbereiche sowie die Auswahl geeigneter Big-Data-Technologien und -Lösungen hat sich die folgende schrittweise Vorgehensweise bewährt:

Zunächst bedarf es einer Analyse der generellen Einsatzpotenziale und der konkreten Einsatzbereiche von Big Data für die jeweilige Organisation bzw. den Fachbereich. Die Komplexität eines Einführungsprojekts „Big-Data-Applikation XY" wird durch die Aufgabenstellung bzw. die zu unterstützenden Prozesse der Organisation/der Abteilung und durch das Umfeld determiniert. Zunächst sind die Einsatzvoraussetzungen bzw. Gelingensbedingungen zu bestimmen.

Konzeptionell ist sicherzustellen, dass beim Datenaustausch poly-strukturierte Daten architektonisch und technisch realisierbar sind! Sollen poly-strukturierte Daten integriert und verarbeitet werden, sollte das Verfahren mit der klassischen Analytik strukturierter Daten kombiniert werden.

Zu prüfen ist anschließend, was mit der verfügbaren Infrastruktur und zu den gegenwärtigen Kosten erreicht werden kann. Ein Problem: Die Grenze zwischen Big-Data- und traditionellen BI- und Data-Warehouse-Szenarien ist fließend. Riesige Neuinvestitionen sind nicht immer nötig.

Big-Data-Projekte werden – das steht außer Zweifel – große Veränderungen in der IT und der Business-Organisation bewirken. Um das erfolgreiche Umgehen mit riesigen Datenmengen, unterschiedlichen Datenformaten und Datenquellen zu realisieren, müssen herkömmliche Methoden und Vorgehensweisen (Datenorganisation, Datenarchitektur, Daten-Management, Datenanalyse und Datenpräsentation) mit neuen speziellen Tools und Konzepten verbunden werden. So lässt sich rasch wirtschaftlicher Nutzen aus den Daten ziehen bzw. eine hohe Datenqualität (etwa für Entscheidungsfindungen) gewährleisten.

Ein abschließender Hinweis zu diesem Typus von Digitalisierungsprojekten: Die Vorbereitung und Durchführung eines digitalen Projekts „Big Data/Data Analytics" erfordern ein schlagkräftiges Team, das die Veränderungen vorantreibt. Notwendig ist das Bilden eines Projektteams, das sowohl die Formulierung von Projektideen als auch die Umsetzung aktiv begleitet. Die richtigen Mitarbeiter für Big Data zu finden, stellt eine nicht gerade einfache Herausforderung dar. Neben klassischen IT-Skills sollten Big-Data-Spezialisten Analytics-Kenntnisse mitbringen und sich darüber hinaus im Business und den Fachabteilungen auskennen. Hier bedarf es bei bestimmten Projektausrichtungen auch der Mitwirkung der Personalvertretungen (insbesondere natürlich bei Applikationen mit Personaldatenverarbeitung).

22.5.4 Digital-Workplace-Projekte

Ausgehend von den anvisierten Veränderungen der Arbeitsplätze und ihrer Organisation gilt es für die Auslegung der Projekte im Anwendungsfall festzulegen, welche Veränderungen durch die digitalen Tools und Applikationen nun angegangen werden sollen. Dabei wird in der Regel ein Stufenkonzept favorisiert, das auf priorisierte Veränderungsbereiche fokussiert und dafür zunächst die betrieblichen Transfer-Festlegungen dokumentiert.

Wesentliche Veränderungen und damit mögliche Teilprojekte betreffen beispielsweise:

- Implementation des Digital Workplace unter Beachtung neuer Arbeitsmodelle für die Belegschaft (lokal, mobil, Home-Office, Anschlussfähigkeit digitaler Tools und Medien etc.)
- Entwicklung neuer Formen der Teamarbeit unter Beachtung der Möglichkeiten innovativer Kooperations- und Kollaborationstools
- Verstärkte Veränderungen im Hinblick auf mobiles Arbeiten.
- Angebot und Erprobung innovativer Technologien zur digitalen Unterstützung von Arbeits- und Geschäftsprozessen (etwa digitale Assistenten, Prozessautomatisierung, KI etc.)

> **Das Wichtigste – zusammengefasst**
>
> - **Für einen erfolgreichen digitalen Wandel ist insbesondere ein verbindliches und intensives Commitment auf der gesamten Managementebene wesentlich.**
> Die Unternehmensführung muss Akzeptanz und Vertrauensmanagement für digitale Unternehmensprodukte schaffen. Das bedeutet gleichzeitig, dass eine Innovationskultur über alle Unternehmensbereiche hinweg gefördert wird sowie ein Digital Leadership bzw. ein Digital Empowerment entwickelt

wird. Ganzheitliche Managementunterstützung für alle Entwickler- und Implementationsteams ist wesentlich.
- Erfolgreiche digitale Transformation erfordert, dass in Unternehmen aller Branchen – ausgehend von einer abgestimmten (rollierenden) Digitalisierungsstrategie – auf nahezu allen Ebenen an verbesserten (datengetriebenen) Prozessen und neuartigen digitalen Produkten mit einem besonderen Kundenfokus gearbeitet werden muss.
- Eine Fixierung der strategischen Überlegungen (mit integrierter Masterplanung) ist wesentlich, um eine optimierte Planung und Steuerung digitaler Projekte sowie digitaler Services der Organisation zu gewährleisten.
- Für die Projektselektion sollten – bezogen auf die Besonderheit und Verschiedenartigkeit digitaler Projekte – differenzierte Kriterien und Priorisierungsmechanismen verwendet werden. Ziel der Bewertungsüberlegungen sollte die einvernehmliche Vereinbarung eines Projektportfolios sein.
- Empfohlen wird, dass Unternehmen – basierend auf einer Digitalisierungs-/IOT-Strategie – ihre digitalen Geschäftsmodelle konsequent nach einem strukturierten digitalen Masterplan aufbauen und in Projekten umsetzen (mit verankertem PAB und PMO).
- Digitalisierungsprojekte erfordern also tendenziell ein eher agiles Vorgehen: Das Realisieren von Innovationen in kürzerer Zeit führt zu neuen Paradigmen in der Entwicklung von digitalen Lösungen. Der Idealfall ist natürlich ein intelligenter hybrider Ansatz.
- Für die digitalen Projekte ist ein Change-Management eine wesentliche Gelingensbedingung, das auch die betrieblichen Veränderungen (digitale Produkte, Arbeits- und Geschäftsprozesse, Personalmanagement etc.) sozial verträglich gestaltet und die Auswirkungen von digitalen Lösungen in ein kontinuierliches ganzheitliches Monitoring überführt.

22.6 Literatur

[APFE18] *Appelfeller, W.; Feldmann, C.:* Die digitale Transformation des Unternehmens. Systematischer Leitfaden mit zehn Elementen zur Strukturierung und Reifegradmessung. Springer Gabler, Wiesbaden 2018

[FE19] *Felden, C.:* DIGITALE TRANSFORMATION. Mehr als nur ein Technologie-Update – Wie Unternehmen ihre Digitalisierungsprojekte zum Erfolg führen. TDWI E-Book. Hrsg. von SIGS DATACOM GmbH, Troisdorf 2019

[HA09] *Hanschke, I.:* Strategisches Management der IT-Landschaft. Ein praktischer Leitfaden für das Enterprise Architecture Management. Hanser, München 2009

[HA18]   *Hanschke, I.:* Digitalisierung und Industrie 4.0 – einfach und effektiv. Hanser, München 2018

[SRAWJ17]   *Schallmo, D.; Rusnjak, A.; Anzengruber, J.; Werani, T.; Jünger, M.:* Digitale Transformation von Geschäftsmodellen: Grundlagen, Instrumente und Best Practice. Springer Gabler, Wiesbaden 2017

[Ti16]   *Tiemeyer, E.:* Digitale Transformation. In: Computer und Arbeit, Heft 12/2016, S. 25 – 30

[Ti17]   *Tiemeyer, E.:* Technologien für die Digitalisierung. In: Computer und Arbeit, Heft 5/2017, S. 26 – 31

[Ti18]   *Tiemeyer, E.:* New Work gestalten. Teil 1 der CuA-Artikelreihe „Arbeitsplätze und Digitalisierung". In: Computer und Arbeit, Heft 11/2018, S. 19 – 24

[UA16]   *Urbach, N.; Ahlemann, F.:* IT-Management im Zeitalter der Digitalisierung: Auf dem Weg zur IT-Organisation der Zukunft. Springer Gabler, Heidelberg 2016

23 Die Autoren

Dipl.-Kfm., MBA Robert Bergmann
war kfm. Geschäftsführer der international tätigen EFR GmbH mit Sitz in München, einem Dienstleister im Bereich Energiemanagement und Smart Metering. Davor arbeitete er für die N-ERGIE Aktiengesellschaft in Nürnberg, wo er zuletzt Leiter des Zentralbereichs „Zentrale IT-Steuerung" war.

Robert Bergmann hat zusammen mit Ernst Tiemeyer das Kapitel 17 *„Enterprise IT-Governance"* verfasst.

Dr. Matthias Farwick
ist Experte im Bereich Cloud-Transformation und gemeinsam mit Dr. Thomas Trojer Co-Geschäftsführer der Firma Txture, die mit ihrer gleichnamigen Software Großunternehmen bei der Migration in die Cloud unterstützt.

Matthias Farwick hat zusammen mit Tobias Schmidt und Thomas Trojer das Kapitel 7 *„Cloud Computing"* verfasst.

Dr. M. Sc. Vanessa Greger
war wissenschaftliche Mitarbeiterin am fortiss – An-Institut der TU München, Fachbereich Information Systems von Professor Krcmar.

Vanessa Greger hat zusammen mit Helmut Krcmar das Kapitel 15 *„IT-Controlling"* verfasst.

Torsten Groll
Inhaber und Geschäftsführer der 1993 gegründeten CTC Computer Training & Consulting. Er verfügt über mehr als 25 Jahre Erfahrung als IT-Berater, Trainer und Dozent. Der Schwerpunkt seiner Beratertätigkeit sind das Softwareasset- und Lizenzmanagement und dessen Verzahnung mit den Geschäftsprozessen im Unternehmen. Er gibt seine Erfahrungen in zahlreichen Seminaren und Webinaren weiter und ist Autor erfolgreicher Bücher und Fachartikel.

Torsten Groll hat das Kapitel 16 *„Lizenzmanagement in IT-Umgebungen"* verfasst.

Univ.-Prof. Dr.-Ing. Norbert Gronau
ist seit April 2004 Inhaber des Lehrstuhls für Wirtschaftsinformatik, insbesondere Prozesse und Systeme an der Universität Potsdam mit den Forschungsschwerpunkten Betriebliches Wissensmanagement und Wandlungsfähige ERP-Systeme und wissenschaftlicher Leiter des am Potsdamer Lehrstuhl angesiedelten Center for ERP Research (CER). Er ist Herausgeber von drei Fachzeitschriften und Autor zahlreicher wissenschaftlicher Veröffentlichungen und Bücher.

Norbert Gronau hat das Kapitel 6 *„Geschäftsprozessorientierte Softwaresysteme"* verfasst.

Dr. Christiana Klingenberg
ist Business Consultant im Kontext Stammdatenmanagement. Dies ist seit vielen Jahren ihr Fokusthema und sie berät erfolgreich weltweit Unternehmen zu Fragestellungen rund um Data Governance und Data Quality.

Christiana Klingenberg hat gemeinsam mit Kristin Weber das Kapitel 5 *„Daten- und Informationsmanagement"* verfasst.

Prof. Dr. Michael Klotz
ist seit 1999 Professor für Betriebswirtschaftslehre, insb. Informationsmanagement, Organisation und Datenverarbeitung an der FH Stralsund. 2008 gründete er das „Stralsund Information Management Team" (SIMAT), in dem Forschung und Projekte im Bereich des Informationsmanagements und der IT-Governance gebündelt sind. Er ist Regionalverantwortlicher (Mecklenburg-Vorpommern) der gfo Gesellschaft für Organisation e. V. und Wissenschaftlicher Beirat des ISACA Germany Chapter sowie in dieser Funktion Mitherausgeber der Zeitschrift „IT-Governance".

Michael Klotz hat das Kapitel 19 *„IT-Compliance"* verfasst.

Dipl.-Kfm. Dietmar Kopperger
ist Leiter des Competence Center Softwaremanagement des Fraunhofer-Instituts für Arbeitswirtschaft und Organisation IAO in Stuttgart.

Dietmar Kopperger hat zusammen mit Anette Weisbecker und Jörg Kunsmann das Kapitel 10 „*IT-Servicemanagement*" verfasst.

Prof. Dr. Helmut Krcmar
war Inhaber des Lehrstuhls für Wirtschaftsinformatik an der TU München. Seine Forschungsinteressen umfassen Informations- und Wissensmanagement, IT-basierte Dienstleistungen, IS, eGovernment sowie verteilte und mobile Arbeits- und Lernprozesse. Er ist Gründer der Beratungsgesellschaft ITM und Mitgründer mehrerer Spin-offs aus dem universitären Umfeld.

Helmut Krcmar hat zusammen mit Vanessa Greger das Kapitel 15 „*IT-Controlling*" verfasst.

Dipl.-Ing. Jörg Kunsmann
ist Senior Managing Consultant bei IBM Global Business Service im Bereich Public Sector und eHealth.

Jörg Kunsmann hat zusammen mit Anette Weisbecker und Dietmar Kopperger das Kapitel 10 „*IT-Servicemanagement*" verfasst.

Dipl.-Inform. Klaus Schmidt
unterstützt als Inhaber des Innomenta Security Consultings Unternehmen bei Aufbau und Optimierung des Managements der Informationssicherheit. Neben der Beratung erlangte er die Zertifizierungen zum CISM und ISO27001-Trainer, nahm einen Lehrauftrag an der Hochschule Fulda wahr, bildet Security Manager aus und ist regelmäßiger Referent von Seminaren im Themengebiet Informationssicherheit.

Klaus Schmidt hat das Kapitel 18 „*Information-Security-Management*" verfasst.

Tobias Schmidt

ist Experte im Bereich Technologie und Innovationsmanagement. Als IT Director eines der führenden Anbieter von Transportverpackungen, treibt er das Thema Cloud-Transformation für über 50 Business Units in ganz Europa mit mehr als 3000 Mitarbeitern.

Tobias Schmidt hat zusammen mit Matthias Farwick und Thomas Trojer das Kapitel 7 *„Cloud-Computing"* verfasst.

Dipl.-Hdl. Ernst Tiemeyer

ist seit mehr als 30 Jahren in leitenden Projektfunktionen sowie als IT-Consultant und im Bildungsbereich bzw. Managementtraining tätig. Schwerpunktmäßig befasst er sich in der Praxis mit Projektmanagement, strategischem IT-Management, Enterprise Architecture Management, Enterprise IT-Governance, IT-Controlling, digitaler Transformation sowie Digital Business.

Ernst Tiemeyer ist der Herausgeber dieses Handbuchs und hat die Kapitel 1 *„IT-Management – Herausforderungen, Handlungsfelder, Rollenverständnis"*, Kapitel 3 *„Management der Digitalisierung"*, Kapitel 4 *„Enterprise Architecture Management (EAM)"*, Kapitel 9 *„IT-Anforderungsmanagement"* und Kapitel 11 *„IT-Systeme und digitale Plattformen managen"*, Kapitel 12 *„Digital Workplace Management"*, Kapitel 13 *„IT-Organisation"*, Kapitel 14 *„Personalmanagement und Leadership im IT-Bereich"*, Kapitel 21 *„Enterprise-IT-Projektmanagement"* und Kapitel 22 *„Digitale Transformation und IT-Management"* verfasst. Zusammen mit Walter Wintersteiger hat er das Kapitel 2 *„Strategisches IT-Management"* sowie mit Robert Bergmann das Kapitel 17 *„Enterprise IT-Governance"* verfasst.

Dr. Thomas Trojer

ist Experte im Bereich Cloud-Transformation und gemeinsam mit Dr. Matthias Farwick Co-Geschäftsführer der Firma Txture, die mit ihrer gleichnamigen Software Großunternehmen bei der Migration in die Cloud unterstützt.

Thomas Trojer hat zusammen mit Matthias Farwick und Tobias Schmidt das Kapitel 7 *„Cloud-Computing"* verfasst.

Prof. Dr. Kristin Weber

ist Professorin für IT-Management und IT-Organisation an der Fakultät Informatik und Wirtschaftsinformatik der HAW Würzburg-Schweinfurt. Sie forscht und berät Unternehmen seit Jahren erfolgreich zu Fragestellungen der Data- und IT-Governance sowie des Stammdaten- und Datenqualitätsmanagements.

Kristin Weber hat zusammen mit Christiana Klingenberg das Kapitel 5 *„Daten- und Informationsmanagement"* verfasst.

Priv.-Doz. Dr.-Ing. habil. Anette Weisbecker

ist Institutsdirektorin am Fraunhofer-Institut für Arbeitswirtschaft und Organisation IAO in Stuttgart und Leiterin des Geschäftsfelds Informations- und Kommunikationstechnik.

Anette Weisbecker hat zusammen mit Jörg Kunsmann und Dietmar Kopperger das Kapitel 10 *„IT-Servicemanagement"* verfasst.

Dr. Walter Wintersteiger

ist Unternehmensberater für Management & Informatik, Lektor an Universitäten und Fachschulen, Ehrenpräsident der Österreichischen Vereinigung für Softwarequalitätsmanagement (STEV), Dornbirn.

Walter Wintersteiger hat zusammen mit Ernst Tiemeyer das Kapitel 2 *„Strategisches IT-Management"* verfasst.

Prof. Dr. Helmut Erich Zsifkovits

ist Vorstand des Lehrstuhls Industrielogistik an der Montanuniversität Leoben, Österreich, außerdem Mitglied des Vorstands der Bundesvereinigung Logistik Österreich (BVL). Arbeitsschwerpunkte sind Logistik, Produktion, IT und Projektmanagement.

Helmut Zsifkovits hat das Kapitel 8 *„IT-Sourcing"* und das Kapitel 20 *„Partnermanagement in der IT"* verfasst.

Index

A

ABC-Technik 951, 956
Abgabenordnung 872
Abschlussphase
- eines Projekts 1030
- Teamentwicklung 650

Abteilungen 613
Abweichungsanalysen 1018
Administrative Komponenten
- des operativen Lizenzmanagements 744

Aktiengesetz 869
Amortisationsrechnung 958
Analyse 196
Anforderungsdefinition 1024
Anforderungsentwicklung 400
Anforderungsmanagement 614
- Software 411

Anforderungsprozess 729
Antragsverfahren 948
Anwender 26
Application Development 1047
Application Programming Interfaces 144
Applikationskonsolidierung 199
Applikationslandschaft 513
Applikationsportfolio 351
Arbeitnehmervertretung 983
Arbeitsmodelle 552
Arbeitspaket 985, 989
Arbeitspaketbeschreibung 989
Arbeitsplatzgestaltung 552
Architekturorientierung 432
Architekturprinzipien 195
Architektursicherheitsmanagement 848
Architekturteam 194
Archivierung 872, 879
Argumentebilanz 958

AR-Techniken 137
Aufgabenanalyse 594
Aufgabendelegation 638
Aufgabenorganisation 594
Aufgabensynthese 594
Auftraggeber 974, 979
Aufwandsschätzung 953, 990
Auswahlphase 293
Auswahlverfahren 297
AWS 333

B

BAIM-Framework 1048
Balanced Scorecard 11, 108
Balanced-Scorecard-Ansatz 11
Balkendiagramm 993
Bedrohungsanalyse 836
Befragungen 410
Belastungsausgleich 999, 1029
Benchmark 688
Benchmarking 688
Berichtsarten 57
Berichtsplan 986
Berichtswesen 677, 687
Beschaffungsgüter-Portfolio 381
Beschaffungsobjekte 364 f.
Beschaffungsstrategie 367
Bestands-Controlling 682
Bestellungsprozess 729
Bewegungsdaten 242
Big Bang 311
Big-Data-Anwendungen 135
Bildungsformate 573
Blockchain 137
BPO (Business-Process-Outsourcing) 618
BSI-Gesetz 872

Budgetierung 679, 944
Bundesdatenschutzgesetz 872, 875, 879, 896
Business Context 762
Business Engineering 72
Business-IT-Alignment 118, 750, 763
Business-IT Maturity Model 937
Business-IT-Roadmap 101
Business-Process-Outsourcing (BPO) 618
Business Relationship Management, Best Practices 937
Business Relationship Manager 385
Business Services 618
Business Value 763

C

CaaS 327
Capability Maturity Model (CMM) 620
Central Information Officer (CIO) 605
Change Control Board 1019
Change Management 954
Chief Compliance Officers 826
Chief Information Officer 870, 888, 892, 903, 905
CIO (Central Information Officer) 605
Claim Management 1019
Cloud
– und Lizenzmanagement 720
Cloud Adoption Frameworks 348
Cloud-Bereitstellung 329
Cloud-Betrieb 352
Cloud Computing 321 f.
Cloud-Computing-Dienste 323
Cloud-Management-Plattformen 358
Cloud-Migration 343
Cloud-Native-Anwendungen 334
Cloud Security Management 855
Cloud-Sourcing 392
Cloud-Strategie 339
Cloud-Transformationsprozess 350
Cloud-Umfeld, Herausforderungen 720
Cloud-Umgebungen 393
CMM (Capability Maturity Model) 620
CMMI (Capability Maturity Model Integration) 883
COBIT® 801, 882, 884 f., 887 f.
Collaboration-Tools 553
Compliance 867 f.
Containerisierung 326
Control Objectives 802

Controlling-Bereiche 673
Corporate Compliance 867, 871, 877, 892, 902, 906
Corporate Compliance-Officer 904
Corporate Governance 871, 881
Corporate-Governance-Grundsätze 752
Corporate Governance Kodex 820
Corporate Learning 573
Customer-Journey 159
Customer Journey Mapping 160
Customer Relationship Management 922
Cyber-physikalische Systeme (CPS) 939

D

Data-Analytics-Systeme 159
Data Fabric 187
Data Lakehouse 188
Data Owner 186
Daten 240, 243, 867, 876, 879
Datenarchitektur 96, 186
Datenkatalog 187
Datenklassifizierung 879
Datenkonsolidierung 199
Datenmanagement 134
Datenschutz 892
Datenschutzbeauftragter 893, 906
Datenschutzgesetzgebung 818
Datenschutz-Grundverordnung 818, 872, 875, 896, 908
Datenschutzzertifikat 819
Datensicherheit 892 f.
Datensicherung 879, 897
Datensteward 272
Datenverschlüsselung 879
Deliverables 953
Demand Management 924
Demotivation 637
Design 196
Designfaktoren 809
Designprozess 809
Deutscher Corporate Governance Kodex 871
DevOps 145
Dienstleister 19
Dienstleistungsorientierung 431, 586
Digital Bootcamps 128
Digital Change 161
digitale Innovationskultur 148
digitale Roadmap 1042
digitale Thinktanks 1043
digitale Transformation 126, 1039

digitale Transformationsprojekte 128
Digital-Health-Check 141
Digitalisierungsinitiativen 138
Digitalisierungslösungen 120
Digitalisierungspotenziale 1062
Digitalisierungsrisiken 147
Digitalisierungsstrategie 138
Digital Labs 1042
Digital Leadership 148
digital mindsets 126
Digital Platform Management 147
Digital Product Roadmap 147
digital scope 142
Digitalvision 142
Digital Workplace 550
Digital-Workplace-Projekte 558
Direkter Einkauf 364
Direkte Kostenverrechnung 485
DMAIC-Zyklus 698
Document Management 157
Dokumentation 869
Dokumentenmanagement 879
Domänen 195
Domänenarchitektur 195
Domänenteam 195
Dreischichtenarchitektur 196
Dual 368
Dual Sourcing 368

E

EA Advisory Board 224
EA-Governance 223
EA-Handlungsfelder 171
Economies of Scale 371, 696
Economies of Scope 371
Eigenpersonal 997
Einführungsphase 293
Einkauf
- operativ 365
- strategisch 365
- zentral vs. dezentral 366
Einzelkosten 1000
Endzeitpunkt 992
Enterprise Architecture Management 890
Enterprise-Mobility-Management 133
Entscheidungsfindung 765
Entscheidungsprobleme 9
Entscheidungsprozess 9
Entscheidungsregeln 765
Entsorgungsprozess 729

ePrivacy-Verordnung 896
E-Procurement 388
- Erfolgsfaktoren 391
Erfahrungsdatenbank 677
Erfolgsfaktorenanalyse 22
Ergebnisabweichungen 1015
Ergebniskennzahlen 12
Erhebungstechnik 409
ERP-Auswahlprozesse 293
ERP-Projekt 299
ERP-Systeme 292
EuroSOX 821

F

Feasibility Study 928
Fertigstellungsgrad 1013
Fertigstellungswert 1014
Finanzierungsfrage 959
Finanzmarktstabilisierungsgesetz 892
Formale Techniken 413
Formierungsphase 649
Fortschrittskontrolle 1013
Forward Sourcing 393
Framework 45, 174, 601
Fremdpersonal 997
Führung 631
Führungsfunktionen 604
Führungsinstrumente 642
Führungskraft 629
Führungsstile 638

G

Gemeinkosten 1001
Geschäftsfelder 125
Geschäftsmodelle 150
Geschäftsprozess 72, 612, 874, 878, 880
Geschäftsprozessoptimierung 152
Gesichtserkennung 136
Gestaltungsprinzipien 597
Global Sourcing 368
GoBD 897
Google Cloud Platform 333
Governance-Domäne 806
Governance-Richtlinien 223
Governance-System 809
Governance-Ziel 775
GRC 753
GRC-System 753
Gremien 270, 614

Grundsätze, strategische 85
Grundschutzkompendium 875, 897
Guidelines 223

H

Handelsgesetzbuch 872
Handlungsportfolios 956
Hardware-Konsolidierung 199
Help-Desk 543, 608
Hinweisgebersystem 876, 880
Hybrid Cloud 329
Hybrid-Multi-Cloud 146

I

IaaS 327
Identitätsmanagement 880
IDW Prüfungsstandard 899
IKS 752
Implementierung 196
Indirekter Einkauf 364
Industrieroboter 121
Information 235, 240f., 243, 251, 260
Information Risk Manager 829
Information Security Auditing 852
Information Security Circle 842
Information Security Management 816
Information Security Management System 830
Information Security Policy 838
Information Security Standards 843
Informationsbedarf 621
Informationsdienstleistung 252
Informationsgut 254, 261
Informationskomponente 248, 255
Informationsmanagement 245, 613, 667
Informationsprodukt 252
Informationsrisiko 259
Informationssystem 72
Informationsverarbeitungsprozess 9
Informelle Techniken 413
Infrastruktur-Controlling 680
Innovationskultur 1042
Innovationsmotor 171
Innovationsperspektive 11
Installationsprozess 729
Instanz 613
Interne IT-Projekte 946
Internes Kontrollsystem 753, 766, 869, 890
Interne Revision 811

Internet der Dinge (IoT) 124, 939
Interviews 410
Investitionsrechnung 958
Investment 668
IoT-Devices 132
IoT-Plattform 121
ISACA 882
ISO/IEC 20000 900f.
ISO/IEC 27000-Reihe 872, 890, 897
ISO/IEC 27002 875, 883
ISO/IEC 27005 890
IT-Abteilung 578
IT-Anforderungsmanagement 397
IT-Architekt 606
IT-Architektur 37
IT-Architekturplanung 513
IT-Architekturteam 215
IT-Auditor 889, 903
IT-Balanced Scorecard 683
IT-Beschaffung 607
IT-Betrieb 167, 608
IT-Compliance 871, 874f., 878
IT-Compliance-Kultur 907
IT-Compliance-Managementsystem 907, 909
IT-Compliance-Officer 891, 902
IT-Compliance-Organisation 902, 905, 907f.
IT-Compliance-Programm 907f.
IT-Compliance-Risiko 907f.
IT-Compliance-Ziele 907f.
IT-Controlling 606, 668
– strategisches 672
IT-Governance 16, 754, 796, 881
IT Infrastructure Library 385
IT-Infrastruktur 167, 876
IT-Infrastrukturprojekte 972
IT-Kennzahlen 622
IT-Konsolidierungsprojekte 198
IT-Kontrollen 892f.
IT-Kontrollsystem 881, 893
IT-Koordination 607
IT-Koordinatoren 402, 607, 926
IT-Kosten 891
IT-Leistungsprozesse 19
IT-Leiter 605
IT-Leitung 604
IT-Lieferant 26
IT-Marketing 923
IT-Normen 870, 875, 890, 899
IT-Notfallmanagement 851
IT-Organisation 32, 98
IT-Personal 29

IT-Planung 606
IT-Portfolio 673
IT-Projekte 56, 893
- Bewertungskriterien 955
- externe 947
- interne 946
IT-Projektcontrolling 57
- Tools 57
IT-Projektleiter 974
IT-Projektleitung 610
IT-Projektmanagement 944
IT-Projekttypen 944
IT-Prozesse 97, 890, 901
IT-Qualitätsmanagement 607
IT-Recht 533, 536
IT-Ressourcen 759
IT-Revision 906, 909
IT-Richtlinien 874, 887, 901, 903
IT-Risiko 881, 890
IT-Risikomanagement 780, 881, 890
IT-Services 45, 695
- Hierarchiestruktur 935
IT-Service-Delivery 602
IT-Servicemanagement 45, 900f.
IT-Service-Prozess 601
IT-Servicestrategien 88, 145
IT-Service-Support 602
IT-Sicherheit 890, 901
IT-Sicherheitsadministrator 829
IT-Sicherheitsgesetz 817
IT-Sicherheitsmanagement 890
IT-Standards 870, 875, 887, 890, 899
IT-Strategie 34
IT-Strategie-Projekt 74
IT-Systemlösungen 31, 507
IT-Systemorganisation 580
IT-Systemplanung, mittelfristig 513
IT-Verträge 893, 898
IT-Ziel 884
ITIL® 883, 900

K

Kapazitätsabstimmungen 1026
Kapazitätsplanung 998, 1029
Katalogmanagement 391
kaufmännische Daten
- für das Lizenzmanagement 725
Kaufmännische Komponenten
- des operativen Lizenzmanagements 745
Kennzahlen 492, 621

Kennzahlendefinition 687
Kennzahlensystem 683
Key-User 301
Kick-off-Meeting 964f.
Kollaborations-Tools 564
Kommunikationsformen 564
Komplexität 374
Komplexitätskostenfalle 375
Komplexitätstreiber im Lizenzmanagement 732
Konflikte 646
Konfliktmanagement 646
Konfliktphase 649
KonTraG 819
Kontrollaufgaben 766
Kontrollgrößen 1010
Kontrollverfahren 1010
Kontrollzeitpunkte 1010
Koordinierungsausschuss 955
Kostenarten 953
Kostenartenrechnung 693
Kostenaspekt 952
Kostencontrolling in Projekten 1015
Kostenerfassung 1013
Kosten-Nutzen-Analyse 679
kostenorientierte Verrechnungspreise 486
Kostenplanung 953
Kostenstellenrechnung 693
Kostenträgerrechnung 693
Kosten- und Finanzplan 986
kritische Erfolgsfaktoren 469
Kritische Infrastrukturen 872f.
Kritischer Pfad 994
Kubernetes 335
Kundenbeauftragte 400
Kundenorientierung 400, 508, 589
Kundenperspektive 11
Kundensegmente 151
Künstliche Intelligenz 136

L

Lagebeurteilung 141
Lastenheft 929
Lean Development 1043
Leistungserbringung 766
Leistungsfähigkeit 766
Leistungsphase 650
Leistungsspezifikation 690
Leistungstiefe 370
Leistungsverrechnung 484, 692

Leitbilder 10
Leitungsaufgaben 761
Lenkungsausschuss 974
Lieferantenbewertung 379
Lieferantenklassifikation 379
Lieferantenmanagement 376
- Ansatzpunkte 377
- Prozess 378
- Standards und Frameworks 385
Lieferorganisation 613
Lieferungsprozess 729
Lizenzmanagement
- Aspekte 714
- kaufmännische Daten 725
- Komplexitätstreiber 732
- on-premises versus Cloud 718
- technische Daten 725
Lizenzmanagement-Prozesse 729
Lizenzrechtliche Komponenten
- des operativen Lizenzmanagements 746
Local Sourcing 368

M

Machbarkeitsstudie 948
Machtpromoter 980
MaComp 871
Make-or-Buy-Entscheidungen 370
Malware 880
Managementaufgaben 15
Management-Domains 806
Managementinformation 795
Managementprozess 8
Managementtätigkeit 8
MaRisk 897
Marketing 607
Marketingmaßnahmen 1020
Marketing-Mix 923, 1020
marktorientierte Verrechnungspreise 485
Marktscreening 300
Materialkosten 1000
Meilensteine 971, 973, 994
Meilensteinsitzung 1034
Meilenstein-Trendanalyse 1015
Mengenmanagement 607
Mentor 981
Metrics 762
Microservice-Architekturen 326
Microsoft Azure 333
Migrationsplan 195
Migrationsroadmap 356

Migrationsstrategie 345
Mitarbeitergespräch 645
mittelfristige IT-Systemplanung 513
Mobile Device Management 133
mobile IT-Systeme 522
mobile Systeme 133
mobile worker 522
Modul- und Komponentenlieferant 369
Motivation 637
Multi-Cloud 329
Multimomentbeobachtung 410
Multiple Sourcing 368
Multiprojektmanagement 982, 1023
Multiprojektplanung 1000
Muss-Projekte 1028

N

Nachfrageorganisation 613
Nachhaltigkeitsmanagement 753
Networking 61
Netzplantechnik 994
Netzwerkprojekte 972
Netzwerkservice 543, 608
New Work 552
Non-Compliance 868, 870f., 886, 904f., 908
Normen 899
Normierungsphase 649
Nutzenaspekte 952
Nutzwertanalyse 380

O

Office of Government Commerce 495
Omni-Channel 125
One Page Management (OPM) 623
On-premise-Clouds 335
On-premise-IT 322
Operatives IT-Controlling 673
Operatives Lizenzmanagement
- Aspekte und Komponenten 742
- kaufmännische Komponenten 745
- lizenzrechtliche Komponenten 746
- technische Komponenten 744
OPM (One Page Management) 623
Orchestrierungsplattform 335
Organisation 48
Organisationskultur 980
Organisationsplan 986
Organisationsprobleme 651

Outsourcing 370, 615
- Vor- und Nachteile 373
- Zwiebelmodell 371
Outsourcing-Partner 618

P

PaaS 328
Performance 668
Personalauswahl 635
Personalbemessung 611
Personalentwicklung 10, 634f.
Personalkapazität 999
Personalkosten 1000
Personentage 990
Pflichtenheft 929
Phasengliederung 971
Physical Internet (PI) 940
Plan-Ist-Vergleiche 1014
Planoptimierung 1028
Planungsaufgaben 761
Planungsmethodik 994
Portfolio-Controlling 675
Portfoliomanagementmethoden 764
Portfoliotechnik 956
Predictive Maintenance 121
Priorisierungsverfahren 955
Prioritäten 61
Privacy by default 819
Privacy by design 819
Private Cloud 329
Process Manager 470
Process Owner 470, 887
Product Owner 304
Produktabnahmebericht 1032
Produkt-Controlling 678
Produktfortschrittskontrolle 1013
Produktlebenszyklus 678
Produktplanung 987
Produktstrukturplanung 987
Produktübergabe 1032
Produkt- und Variantenvielfalt, Ursachen 374
Professional Services 618
Project Closing 1031
Project Office (Projektbüro) 975, 982
Project-Services 618
Projekt
- Kostencontrolling 1015
- Strategierelevanz 951
Projektablaufplan 985, 991
Projektabnahme 1032

Projektabschlussanalyse 1033
Projektabschlusssitzung 1032
Projektantrag 950
Projektarbeit 944
Projektaufbauorganisation 974
Projektauftrag 950, 960
Projektauftraggeber 979
Projektbeirat 974
Projektberichterstattung 1017
Projektberichtswesen 954
Projektbeteiligte 974
Projektbüro (Project Office) 982
Projektcontroller 982
Projektcontrolling 676, 982
Projektdatenbanken 675
Projektende 943
Projekterfahrungen 1034
Projektfortschrittskontrolle 57, 1013
Projektgruppe 974
Projektkostenarten 1000
Projektkostenplanung 1000
Projektkultur 1059
Projektleitung 975
Projektlenkungsausschuss 981
Projektmanagement 610
Projektmanagementaufgaben 961
Projektmanagementprogramme 1007
Projektmanagementsoftware 1021
Projektmarketing 967, 1020
Projektmarketingprozess 1021
Projektmentor 472
Projektmitarbeiter 974
Projektorganisation 307, 974
Projektphasen 952f., 972
Projektplanung 987
Projektportfolios 105, 125, 1029
Projektportfoliomanagement 610, 1023, 1040
Projekt-QS-Plan (Projektqualitätsplan) 1003
Projektqualitätsmanagement 982
Projektqualitätsplan (Projekt-QS-Plan) 1003
Projektqualitätsplanung 1002
Projektreporting 1016f.
Projektressourcen 997
Projektrisiken 949
Projektrisikoplanung 1005
Projektrollen 974
Projektskizze 950
Projektstart 964
Projektstatusdaten 1011
Projektsteuerung 312, 1009
Projektstrukturplan (PSP) 985, 988

Projektteam 976
Projektterminpläne 992
Projekttypen 946
Projektüberwachung 1010
Projektumfeldanalyse 965
Projektumsetzung 954
Projektvisionen 965 f.
Projektvorschlag 950
Projektzeitplan 953
Projektziele 965, 971
Prototypphase 310
Prozess (Verwendung und Betrieb) 729
Prozesse im IT-Sourcing 369
Prozessanalyse 153
Prozessautomatisierung 156
Prozessdigitalisierung 554
Prozesskonsolidierung 199
Prozesskostenrechnung 694
Prozessmanagement 152
Prozessmanager 544, 609
Prozessmodellierung 153
Prozessorganisation 595
Prozessorientierung 431
PSP (Projektstrukturplan) 985
Public Cloud 329

Q

Q-Policy 195
QFD-Workshops 1004
QS-Beauftragte 983, 1003
QS-Plan (Qualitätssicherungsplan) 986
Qualitätsmanagement 954
Qualitätsplanung 1003
Qualitätssicherungsplan (QS-Plan) 986

R

RACI-Tabelle 155, 887
Rahmenbedingungen 950
Rahmenverträge 607
Rahmenwerk 601
Rangfolgeverfahren 956
Rapid Prototyping 1043
Regelprozesse 945
Relationship Management
– Aufgabenfelder 916
– Begriff 914
– ITIL 919
– Potenziale der Digitalisierung 939
– Ziele 915

Reporting 621 f., 624
Requirements Elicitation 404
Requirements Management 925
Requirements-Provider 400
Ressourcenbedarfsplan 997
Ressourceneinsatzmanagement 1040
Ressourceneinsatzplan 997
Ressourceneinsatzplanung 999, 1059
Ressourcenkapazitätsplanung 998
Ressourcenmanagement 997
Ressourcenplan 986
Return on Investment 795
Review 1014
Richtlinienmanagement 880
Risiken 306
Risikoanalyse 844, 1006
Risikoarten 954
Risikobehandlung 1006
Risikobeurteilung 1055
Risikograd 957
Risikomanagement 719, 867, 880, 954, 1005
Risikoplan 986
Risikoportfolio 782
Risikosteuerung 783
Risikotoleranzbereich 782
Risikovorsorge 1006
ROI-Analyse 299
Rollen 270, 603
Rollenkonflikte 651
Rollenkonzept 211, 976
RPA-Technologie 157

S

SaaS 328
Sachfortschritte 1013
Sachfortschrittsabweichungen 1015
Sachfortschrittskontrolle 1013
Sachmittel 581
SAFe 1060
Schätzklausur 1001
Schnittstellenspezifikationen 308
Schutzbedarf 260
Schutzinteresse 816
Schutzklassen 834
Schutzziele 830
Scrum Master 304
Security Capability Maturity Model 856
Security-Governance 826
Security-Reporting 855
semiformale Verfahren 413

Sensorplattformen 132
Serverless Computing 328
Service-Desk 543, 608
Serviceelemente 695
Servicekataloge 695, 925, 934
Servicekultur 480
Service-Level-Agreement 316, 468, 690, 901, 935
– ergebnisbezogene 691
– potenzialbezogene 691
– prozessbezogene 691
Service Level Management 934
Servicemanagementprozesse 468
Service Manager 470
Servicemodule 695
Service Portfolio 385
Service Portfolio Management 924
Service-Prozessverantwortliche 544, 609
Shared Service Center 697
Sicherheitsanforderungen 830
Sicherheitsarchitektur 96
Sicherheitslösungen 850
Sicherungsmaßnahmen 530
Single Sourcing 368, 393
Six-Sigma 698
SLA-Management 145
Software für das Anforderungsmanagement 411
Softwareeinführungsprojekte 972
Softwareentwicklungsprojekte 972
Software- und Netzwerkdienste, Standardisierung 198
Soll-Ist-Vergleich 1010, 1022
Soll-Projekte 1028
Sourcing 362
– Trends 362
Spracherkennung 136
Sprechererkennung 136
Stakeholderanalyse 967
Stakeholdermanagement 920, 967
Stakeholder-Portfolio 921
Stammdaten 242
Standards 893, 899
Standard-IT-Projekte 1028
Standard-Tem 414
Standardisierung 170
– Software- und Netzwerkdienste 198
Standortkonzepte 615
Startups 123
Start-up-Workshop 964 f.
Startveranstaltungen 964
Startzeitpunkt 992

Statusabgleich 1011
Statuserfassung 1011
Statusmeldung 1012
Stellen 610
Stellenaufgaben 610
Stellenbemessung 611
Stellenbeschreibung 611
Stellenbildung 603, 610
Stelleninhaber 611
Steuerungsobjekte 763
Strafgesetzbuch 872
Strategic Actions 762
Strategic Alignment 37
Strategie 67
Strategierelevanz 951
Strategische Grundsätze 85
Strategische Initiativen 762
Strategisches IT-Controlling 672
Supplier Management 363
Supplier Relationship Management (SRM) 363, 384
SWOT-Analyse 77, 141
Systembetrieb 544
Systemdokumentation 544
Systementwicklungsprozess 195
Systemlieferant 369
System-Monitoring 544
System Requirements 401

T

Tätigkeiten koordinieren 637
TCO-Verfahren 620
Teamarbeit 945
Teambildung 648, 945, 976, 978
Teamentwicklung 649
Teamklima 651
Teamkultur 652
Teammanagement 648
Technische Daten für das Lizenzmanagement 725
Technische Komponenten des operativen Lizenzmanagements 744
Technologiearchitektur 96, 189
Technologiemanagement 10
Teilkostenrechnung 693
Teilpläne 985
Telemediengesetz 872
Terminabweichungen 1015
Terminliste 993
Terminplan 985

Terminplanungsmethoden 997
Termin-Trendanalyse 1015
Test 196
Textanalyse 136
Three-Lines-Modell 754
Tools für IT-Projektcontrolling 57
Total-Cost-of-Ownership-Verfahren 620
Transformationsprogramm 1042

U

Überwachungsaufgaben 761
Umfeldanalyse 921
UML 403
Umlageverfahren 485
Umsatzsteuergesetz 872
Umstellungsstrategie 311
Unternehmensführung 26, 980
Unternehmens-Governance 755
Unternehmensleitbild 67
Unternehmensleitung 870
Unternehmensstrategie 22, 67
Unternehmensziele 11
Urheberrechtsgesetz 872
Usability 295, 559
Use Cases 932
– Rollen 932
– Vorgehen 932
User Requirements 401
User Stories 304

V

Validierung 928
Verhaltenskodex 876
Verifikation 928
Vernetzungstechnologien 132
Verrechnungspreise 485
Vertikale Integration 370
Vertragsmanagement 607

Vertrieb 607
Virtualisierungssoftware 325
Visionen 61
Vision-Map 966
Vollkostenrechnung 693, 1000
Vorgangsliste 991 f.
Vorgehensmodell 303, 952
Vorstand 869
Vorstudie 948
VR-Brille 137

W

Web-Conferencing 565
Wertangebote 151
Wertbeitrag der IT 881, 890
Wettbewerbsvorteil 795
Wirksamkeit 957
Wirtschaftlichkeit 21, 957
Wirtschaftlichkeitsbetrachtung 679
Wirtschaftlichkeitsbeurteilung 958, 1055
Wirtschaftlichkeitsüberlegungen 952
Wirtschaftsprüfer 889, 895
Wissen 243 f.
Wissensmanagement 1034
Wissensmanagement-Tools 566

X

XaaS-Konzept 322

Z

Zeitschätzwert 990
Zielanalyse 196
Zielarchitektur 37, 170, 513
Zielgrößen 961
Zielsystem 971
Zielvereinbarungen 643
Zugriffskontrolle 879